Bernd Heidenreich (Hg.)

Politische Theorien des 19. Jahrhunderts

Politische Theorien des 19. Jahrhunderts

Konservatismus
Liberalismus
Sozialismus

Zweite, völlig neu bearbeitete Auflage

Herausgegeben von
Bernd Heidenreich

Akademie Verlag

Herausgegeben mit Unterstützung der
Hessischen Landeszentrale für politische Bildung,
Wiesbaden

Zweite, völlig neu bearbeitete Auflage
der dreiteiligen Publikation:
Bernd Heidenreich (Hg.),
Politische Theorien des 19. Jahrhunderts,
Wiesbaden 1999/2000

Die Deutsche Bibliothek – CIP-Einheitsaufnahme

Ein Titeldatensatz für diese Publikation ist bei
Der Deutschen Bibliothek erhältlich

ISBN 3-05-003682-6

Der Akademie Verlag ist ein Unternehmen der R. Oldenbourg-Gruppe.

Das eingesetzte Papier ist alterungsbeständig nach DIN / ISO 9706.

Einbandgestaltung: Günter Schorcht, Schildow
Satz: Veit Friemert, Berlin
Gesamtherstellung: Druckhaus „Thomas Müntzer“, Bad Langensalza

Printed in the Federal Republic of Germany

Inhaltsverzeichnis

3. Sozialismus und andere Antworten auf die soziale Frage

Politische Theorien des 19. Jahrhunderts als Grundlage des demokratischen Diskurses

Bernd Heidenreich

Der vorliegende Sammelband soll dazu anregen, sich auf den Spuren der wichtigsten politischen Theoretiker des 19. Jahrhunderts mit den Grundlagen unseres politischen Denkens zu beschäftigen und dabei hinter die Kulissen des aktuellen politischen Geschehens unserer Zeit zu schauen. Denn die politischen Diskussionen der Gegenwart können ohne Kenntnis ihrer Vorgeschichte, ohne Analyse und Rezeption der politischen Theorien der Vergangenheit nicht beurteilt werden. Die Vermittlung dieser Grundlagen ist Aufgabe der politischen Ideengeschichte. Sie leistet daher einen notwendigen Beitrag zum Verständnis der zentralen Begrifflichkeiten der politischen Diskussionen, spiegelt die Probleme des politischen Handelns und Denkens und regt zu einer kritischen Auseinandersetzung mit den politischen Theorien der Gegenwart an.

Konservatismus, Liberalismus und Sozialismus kommen im Rahmen dieser Ideengeschichte besondere Bedeutung zu. Denn sie bleiben in ihrem Kern auch im 20. Jahrhundert die dominanten und repräsentativen politischen Theorien, die die programmatischen Grundlagen der demokratischen Parteien bis heute maßgeblich beeinflusst haben.

„Was ist Konservativismus?“, so hat Abraham Lincoln einmal gefragt. „Ist er nicht Festhalten am Alten und Erprobten gegenüber dem Neuen und Unerprobten?“ Diese rhetorische Frage zielt auf eine richtige Antwort, ist doch das Grundprinzip des Konservatismus stets das Bewahren. Dennoch erschöpft er sich keineswegs im Bedeutungsgehalt des lateinischen Verbums „conservare“.

Historisch entstand der Konservatismus als Reaktion und Gegenbewegung auf die Französische Revolution von 1789, ihr Menschenbild und ihr Ideengut. In den Augen ihrer Kritiker stand diese Revolution

– für ein aufklärerisches, individualistisches Denken, das die abstrakte, autonome menschliche Vernunft zum Maßstab aller gesellschaftlichen Ordnung machte,

– für eine radikale Säkularisierung, die die göttliche Ordnung der Welt durch eine rein diesseitige, vom Mensch geschaffene und von ihnen verantwortete Ordnung ersetzte und

– für einen völligen Bruch mit der Geschichte und den gewachsenen Institutionen und Autoritäten, einschließlich der Abkehr von Staat, Kirche und Familie.

Die Kritik an der Revolution war damit zugleich die Geburtsstunde des modernen Konservatismus. Mit Edmund Burkes „Reflections on the Revolution in France" (1790) begann sich die Opposition der europäischen Konservativen gegen die Französische Revolution zu formieren, noch bevor sich die Revolution selbst durch den Terror Robespierres und die Verbrechen der Jakobinerdiktatur (1793/94) diskreditiert hatte. In einer doppelten Wendung gegen den Absolutismus und die Ideen von 1789 setzte der Konservatismus auf – wie es Karl Mannheim formuliert – „eine historisch und soziologisch erfaßbare Kontinuität, die in einer bestimmten historischen und soziologischen Situation entstanden ist und in unmittelbarem Konnex mit dem historisch Lebendigen sich entwickelt". Konservatives Denken hält daher am Konkreten fest. Es versucht, sich der Tradition zu vergewissern und die gesellschaftliche Wirklichkeit pragmatisch zu reformieren.

Sieht man einmal von den französischen Traditionalisten (de Maistre, de Bonald) ab, so beschränkten sich die konservativen Denker des 19. Jahrhunderts (z. B. Müller, Gentz, Stahl etc.) keineswegs auf bloße Antirevolutionsrhetorik. Vielmehr lassen sich aus der konservativen Staatstheorie jener Zeit eine Reihe von Grundsätzen herausdestillieren, die in der politischen Diskussion der Gegenwart noch immer eine wichtige Rolle spielen. Einige dieser Grundsätze seien beispielhaft genannt:

– Der Glaube, daß eine göttliche Absicht die Gesellschaft und das menschliche Gewissen lenkt, vor der sich der einzelne, aber auch die Politik zu verantworten haben.

– Der Respekt vor der Würde des Menschen und vor dem Leben, dem geborenen, dem ungeborenen und dem sterbenden.

– Die Achtung vor der Natur als göttliche Schöpfungsordnung, die dem Menschen anvertraut ist – nicht nur um sie zu beherrschen, sondern auch um sie zu bewahren und zu schützen.

– Die Gewißheit, daß Eigentum und Freiheit zusammengehören, daß wirtschaftliche Nivellierung keinen ökonomischen Fortschritt mit sich bringt und daß die Aufhebung des Privateigentums zum Ende der Freiheit führt.

– Die Hochschätzung der Familie als Keimzelle der Gesellschaft, als Empfindungs- und Wirtschaftsgemeinschaft, die die Generationen umfaßt.

– Das Vertrauen in das überlieferte Recht, die Tradition und die Erfahrung; die Achtung und der Respekt vor der Geschichte und den Leistungen der Vorfahren.

– Die Einsicht, daß Veränderung und Reform nicht identisch sind. Die Skepsis gegenüber dem Zeitgeist und einer eilfertigen Neuerungssucht sowie die Überzeugung, daß Veränderungen notwendig bleiben, aber langsam und mit Augenmaß erfolgen müssen.

Diese Grundsätze sind nicht nur Theorie geblieben, sondern haben Eingang in die konkrete Politik gefunden. Die preußischen Konservativen sind ohne sie ebenso wenig denkbar wie die Gründung der Zentrumspartei. Auch in den politischen Parteien der Gegenwart finden sich ihre Spuren: So versteht sich die CSU in ihrem Programm auch als konservative Partei. Die CDU betont ebenfalls, daß neben dem liberalen und sozialen auch das konservative Element zu ihren geistigen Wurzeln zählt. Schließlich bekennen sich auch die Grünen mit ihren Forderungen nach der Bewahrung der Natur und dem Schutz der Umwelt zu wertkonservativen Positionen.

Nicht nur die christlichen Volksparteien pflegen ihre Traditionen. Auch der politisch organisierte Liberalismus knüpft an seine im 19. Jahrhundert gelegten Grundlagen an. Sie gewinnen Konturen in der Gegenüberstellung der unterschiedlichen Menschenbilder von Liberalen und Konservativen, wie sie Hans-Joachim Schoeps in seiner „Deutschen Geistesgeschichte der Neuzeit" versucht hat:

> „Der liberale Mensch ist optimistischer, er glaubt an die Zukunft der Welt, an die Erreichbarkeit der Ziele, die Vernunft und den guten Willen der Menschen, dahin zu kommen. Er optiert daher für den vernünftigen Fortschritt, weil er eine gute Meinung vom Menschen hat. Der Konservative hingegen glaubt nicht an den Menschen. [...] Er bietet gegen ihn den Staat und die staatliche Ordnung auf, weil der Mensch sich selbst überlassen die Welt gerade nicht vernünftig gestalten und zu einem Weltziele fortschreiten, sondern im Gegenteil die Welt zerstören würde. Deshalb verordnet er einen starken Staat mit einer starken Rechtsordnung, der die Schöpfungswelt sichern und den Menschen vor sich selber schützen soll. [...]
>
> Liberales und konservatives Geschichtsbewusstsein [stehen] nebeneinander. [...] Hier Glaube an die Vernunft und den guten Willen des Menschen – dort Zweifel an der Vernunft und abgrundtiefer Pessimismus hinsichtlich des guten Willens. Hier der Wille, alle staatlichen und reglementären Beschränkungen der individuellen Freiheit des Menschen zurückzudrehen und auf ein Minimum einzuschränken – dort die weite Entwicklung der sozialen Institutionen und der Mut zum Experiment. Hier Empfehlung des starken Staates und fester, den Menschen eingrenzende Ordnungen, um der Selbstzerstörung des Menschen entgegenzuwirken und den Zerfall der Schöpfung zu verhindern. Dort der Wunsch nach Begrenzung und Abbau des Staates, um ihn allmählich in der Gesellschaft aufzulösen oder auf die Mitgliedschaft in der Kulturnation zu reduzieren." (Schoeps, Deutsche Geistesgeschichte der Neuzeit Bd. IV, S. 264)

Wenn auch diese schroffe Kontrastierung und vereinfachende Typisierung zu wenig zwischen den verschiedenen Ansätzen des liberalen Denkens differenziert und daher zu Einwänden herausfordert, so machen sie doch deutlich: Optimismus, Glaube an Vernunft und Fortschritt sowie das Vertrauen in die Fähigkeit des Individuums, wenn es sich nur frei entfalten kann, prägen Weltanschauung und Menschenbild des Liberalismus, die ihre konkrete Ausformung in den Forderungen der Liberalen des 19. Jahrhundert fanden

- politisch in der Forderung nach persönlicher Freiheit, Rechtsgleichheit, Rechtssicherheit und Repräsentation,
- wirtschaftlich in der Forderung nach Gewerbefreiheit, Freizügigkeit, freier Berufswahl, Vertragsfreiheit, freiem Handel und Freiheit des Eigentums,
- geistig in der Forderung nach Freiheit von Dogma und religiösen Beschränkungen sowie nach Freiheit für Wissenschaft, Forschung und Lehre.

Diese Grundüberzeugungen und Forderungen des Liberalismus bestimmen die Richtung einer geistigen Linie, die sich von Adam Smith „An Inquiry into the Nature and Causes of the Wealth of Nations" (1776) über Wilhelm von Humboldts „Ideen zu einem Versuch, die Gränzen der Wirksamkeit des Staates zu bestimmen" (1792) und Alexis de Tocquevilles „De la Démocratie en Amérique" (1835) bis zu den Programmen der gegenwärtigen liberalen Parteien ziehen läßt.

Natürlich sind die meisten dieser liberalen Forderungen längst in die Grundrechte der europäischen Verfassungen, in unsere an den Gesetzen des Marktes orientierte Wirtschaftsordnung und in eine auf Emanzipation, Selbstbestimmung und Individualisierung setzende Gesellschaft eingeflossen. Sie sind zu einem selbstverständlichen Teil unserer demokratischen Kultur geworden. Dennoch bleibt die politische Kernaufgabe des Liberalismus von zeitloser Aktualität. Denn die auf Natur und Vernunftbegabtheit des Gattungswesen Mensch beruhende Freiheit, die sich in der freien Entfaltung des Individuums im privaten und öffentlichen Raum konkretisiert, bleibt ein hohes Gut, das in unterschiedlichen gesellschaftlichen Konstellationen immer wieder neu vor den Eingriffen staatlicher Macht und Fürsorge geschützt werden muß.

Im schärfsten Kontrast zu diesen Vorstellungen der Liberalen standen schon früh die verschiedenen sozialistischen Ideen, die von Anfang an eng mit der sozialen Frage verknüpft waren.

Mit der in England einsetzenden Industriellen Revolution war zugleich die soziale Frage aufgerufen. Denn die durch die industrielle und technische Entwicklung des 19. Jahrhunderts ausgelösten tiefgreifenden wirtschaftlichen und gesellschaftlichen Veränderungen warfen die Frage nach den Lebensbedingungen und der politischen Partizipation der unteren Schichten, der Gesellen und Handwerksburschen sowie der sich seit Mitte des Jahrhunderts langsam entwikkelnden Industriearbeiterschaft auf, die durch die Julirevolution von 1830 und die Februarrevolution von 1848 in Frankreich eine zusätzliche Dynamik gewann.

Die wichtigsten und weltgeschichtlich folgenreichste Antwort auf die soziale Frage formulierte der Sozialismus, dessen Schlüsselbegriffe Gleichheit, Solidarität und Fortschrittsglaube bereits seit der Französischen Revolution von 1789 auf der Tagesordnung der europäischen Politik standen.

Ausgangspunkt war dabei die Forderung nach einer über die liberale Rechtsgleichheit hinausgehenden wirtschaftlichen und sozialen Gleichheit, die nahezu alle Lebensbereiche (z. B. Einkommen, Eigentumsverhältnisse und Bildungschancen) umfaßte und ihre Kernforderung in der Nivellierung der gesellschaftlichen Unterschiede hatte. Eine vermeintlich gerechtere Wirtschafts- und Sozialordnung sollte die Verfügbarkeit des Privateigentums in der Wirtschaft stark einschränken. Die Rechte und Interessen des Individuums traten in diesen sozialistischen Vorstellungen allerdings hinter dem Anspruch der Gemeinschaft bzw. des Kollektivs auf Solidarität im gemeinsamen Kampf für soziale Gerechtigkeit zurück. Die Vertreter des Sozialismus vertrauten darauf, daß die von ihnen angeprangerten gesellschaftlichen Zustände durch die wissenschaftlich-technische Entwicklung und durch die verstärkten Bildungsanstrengungen überwunden werden konnten und sahen auf der Grundlage dieses Fortschrittsglaubens dem geschichtlichen Verlauf optimistisch entgegen.

Historisch reichten die Wurzeln des Sozialismus bis zur Französischen Revolution (Babeuf) jedenfalls aber bis zum Frühsozialismus in England und Frankreich (Owen, Saint-Simon, Fourier) zurück, wo die Industrialisierung deutlich früher als in Deutschland einsetzte und demzufolge auch die soziale Frage eher gestellt wurde. In Deutschland entwickelte vor der Revolution von 1848/49 der Schneidergeselle Wilhelm Weitling sozialrevolutionäres Gedankengut, bis im Jahre 1848 Karl Marx und Friedrich Engels das „Manifest der Kommunistischen Partei“ vorlegten. Marx und Engels reduzierten darin die Geschichte auf den Gegensatz von Klassen und erhoben die Forderung: „Proletarier aller Länder vereinigt euch!“ Sie vertraten die Auffassung, daß sich im Kapitalismus die Gegensätze und Klassenkämpfe so lange verschärfen würden, bis eine sozialistische Revolution die Gesellschaft hinwegfegte. In den Augen von Marx und seinen Anhängern konnte daher sozialreformerische Arbeit am Staat den historisch notwendigen und wünschenswerten Geschichtsverlauf nur verzögern und wurde deshalb als kontraproduktiv verworfen. Demgegenüber setzte Ferdinand Lassalle auf Pragmatismus, Mitarbeit in den Parlamenten, soziale Reformen und den Aufbau starker, autonomer Arbeiterorganisationen, ohne allerdings seinen prinzipiellen revolutionären Anspruch und den Versuch, eine Veränderung des Bestehenden durch einen politischen Umsturz herbeizuführen, aufzugeben. Seine Bemühungen mündeten 1863 in der Gründung des „Allgemeinen Deutschen Arbeitervereins“. Die noch konsequenter sozialrevolutionär orientierten Vertreter des Sozialismus versammelten sich dagegen um August Bebel und Wilhelm Liebknecht in der „Sozialdemokratischen Arbeiterpartei Deutschlands“ in Eisenach (1869). Kam es auch 1875 unter dem Dach der „Sozialistischen Arbeiterpartei Deutschlands“ in Gotha zu einem Zusammenschluß beider

Gruppierungen, so blieb doch der Gegensatz von – trotz aller Revolutionsrhetorik – reformerischem Pragmatismus und sozialrevolutionär-marxistischer Orientierung unverbunden nebeneinander stehen und bestimmt die Diskussion im sozialistischen Lager über den „Revisionismusstreit" Eduard Bernsteins hinaus im Grunde bis zur Sozialdemokratie der Gegenwart und zum Postkommunismus nach dem Zusammenbruch der Diktaturen Osteuropas.

Es wäre jedoch völlig verfehlt, nur im sozialistischen Lager Kompetenz und Lösungsvorschläge für soziale Probleme zu vermuten.

Konservatismus, Liberalismus und Katholizismus suchten und fanden vielmehr bereits im 19. Jahrhundert von ihren jeweils unterschiedlichen Standpunkten aus bedenkenswerte Antworten auf die neuen sozialen und gesellschaftlichen Problemlagen. Das gilt für Hermann Wageners Idee des „sozialen Königtums" und Lorenz von Steins „Sicherung der sozialen Freiheit und [...] Erhebung der arbeitenden Klasse zu Bildung und Besitz" ebenso wie für Franz von Baaders Sozialbindung des Eigentums und Bischof Wilhelm Emmanuel von Kettelers Forderung einer an Thomas von Aquins Eigentums- und Soziallehre geschulter Sozialpflichtigkeit des Eigentums. Solche konservativen und christlichen Ansätze mündeten in die katholische Soziallehre (vgl. die Enzykliken Rerum Novarum (1891) und Quadragesimo Anno (1931) der Päpste Leo XIII. und Pius XI.) und in die evangelische Sozialethik. Daneben fanden sie ihren Ausdruck in den politisch-pragmatischen Lösungen der deutschen Sozialgesetzgebung, die Bismarck in den achtziger Jahren durchsetzte. In der katholischen Zentrumspartei, den konfessionsübergreifenden Unionsparteien, die nach dem Zweiten Weltkrieg in Deutschland entstanden, und den anderen christlich-sozialen Volksparteien Europas wurden diese Traditionen aufgegriffen und weiterentwickelt.

Schon diese einführenden Bemerkungen zeigen: Die Auseinandersetzung mit den politischen Theorien des 19. Jahrhunderts hat auch in der modernen Demokratie nichts von ihrer Aktualität verloren. Der vorliegende Aufsatzband, der aus einer dreiteiligen Publikation der Hessischen Landeszentrale für politische Bildung hervorgegangen ist, stellt Persönlichkeit und Werk einiger wichtiger Repräsentanten des politischen Denkens dieses Jahrhunderts vor, die aus konservativer, liberaler, sozialistischer oder christlicher Perspektive eine Antwort auf die politischen Fragen ihrer Zeit versucht haben und mit ihren Ideen den politischen Diskurs bis in die Gegenwart bestimmen.

Allen Autoren, die mit ihren Beiträgen an diesem Buch mitgewirkt haben, sei dafür herzlich gedankt. Mein besonderer Dank gilt Prof. Dr. Gerhard Göhler vom Otto-Suhr-Institut für Politikwissenschaften der Freien Universität Berlin, der das Entstehen dieser Publikation mit vielen Anregungen begleitet hat.

1. Konservatismus

Betrachtungen über die französische Revolution

Nach dem Englischen des Herrn Burke neu-bearbeitet mit einer Einleitung, Anmerkungen, politischen Abhandlungen, und einem critischen Verzeichniß der in England über diese Revolution erschienenen Schriften

von

Friedrich Gentz.

In Zwei Theilen.

Erster Theil.

Berlin 1793,
bei Friedrich Vieweg dem Aelteren.

Konservatismus im 19. Jahrhundert – eine Einführung

Gerhard Göhler

1. Das Phänomen des Konservatismus

Der Konservatismus ist nicht tot, und er ist auch nicht einfach reaktionär. Zweifellos ist konservatives Denken vor allem rückwärts gewandt, aber wer nach rückwärts schaut, muß nicht von vornherein den Blick auf die Zukunft verschließen. Nur wer auch nach rückwärts schaut, kann Erfahrungen einbringen und für die Zukunft geltend machen. Das Rad muß nicht immer wieder neu erfunden werden. Andererseits – so ist immer wieder zu konstatieren – kann der Blick nach rückwärts die Zukunft auch verstellen. In diesem Spannungsverhältnis sollten wir den Konservatismus diskutieren. Dabei verstehe ich Konservatismus neben Liberalismus und Sozialismus als eine der „Ideologien" sozialer und politischer Bewegungen, die vornehmlich im 19. Jahrhundert entstanden sind und die unser politisches Denken bis in die Gegenwart beeinflussen.

Geht es dem Liberalismus um die freie Entfaltung des Individuums gegenüber aller politischen und gesellschaftlichen Bevormundung, dem Sozialismus um die Verwirklichung von sozialer Gerechtigkeit in einer selbstbestimmten Gemeinschaft, so dem Konservatismus um die Bewahrung des Bewahrenswerten in einem vorgegebenen Ordnungsgefüge. Das lateinische Wort „conservare", von dem sich „Konservatismus" ableitet, hat bekanntlich den Sinn von aufbewahren, instandhalten, retten. „Konservatismus" ist – ebenso wie „Liberalismus" und „Sozialismus" – ein im 19. Jahrhundert entstandenes Kunstwort. Die Wortgeschichte ist ein wenig pikant (Vierhaus 1982, S. 537ff): Der Ausdruck „conservateur/conservatrice" diente als politischer Begriff ursprünglich der Erhaltung der Errungenschaften der Französischen Revolution – und zwar sowohl gegen ihre Radikalisierung als auch gegen ihre Rücknahme. In der Restaurationszeit galt es dagegen anderes zu erhalten. „Le Conservateur" war 1818–1820 die Wochenzeitschrift Chateaubriands und ein Organ der Royalisten; sie stand im Gegensatz zum Liberalismus, allerdings nicht für die Rückkehr zu vorkonstitutionellen Zeiten. In Deutschland hat sich der Begriff „Konservatismus" zur Bezeichnung einer politischen Richtung erst ab den 30er Jahren des

19. Jahrhunderts allmählich durchgesetzt: als Signalwort für die Bewahrung der anti-liberalen und erst recht der anti-demokratischen politischen Ordnung.

Welches Denken und welche sozialen und politischen Bewegungen lassen sich als „konservativ" kennzeichnen, und wie ist ihr „Konservatismus" zu bestimmen? Darüber werden in der Literatur heftige Auseinandersetzungen geführt, die klare, brauchbare Verortungen fast schon unmöglich erscheinen lassen. Aber so hoffnungslos ist die Lage nicht, wenn man sich die unleugbare Vielfalt ein wenig systematisch ansieht.

Ich unternehme daher hier zwei Durchgänge. Zunächst bestimme ich, ausgehend von Mannheims grundlegendem Werk, den Konservatismus als eine *Denkstruktur,* also als eine bestimmte Art und Weise, wie gedacht wird – sodann als *historisches Phänomen,* nämlich in der Abfolge von historischen Etappen.

1.1 Konservatismus als Denkstruktur

Was heißt „konservatives Denken"? Das Fundamentalprinzip ist das *Bewahren.* Zu erhalten sind also grundsätzlich sowohl die Lebensprinzipien des Einzelnen in der Gesellschaft als auch die Ordnungsprinzipien der Gesellschaft und des Gemeinwesens selbst als auch schließlich die Prinzipien der Bindung des Einzelnen an das Ganze. Maßstab ist stets, daß alles erhalten werden soll, was sich bewährt hat – sei es von Gott oder der Natur vorgegeben, sei es als geschichtlicher Erfahrungsgehalt erworben.

Bereits in dieser allgemeinen Bestimmung liegt die entscheidende Abgrenzung gegenüber Liberalismus und Sozialismus, weil diese beiden vielmehr von *konstruktiven* Prinzipien und ihrer Absicherung ausgehen. Wenn der Liberalismus die freie Entfaltung des Individuums propagiert, so beruft er sich auf die Vernunft des autonomen Ich; sie ist die Grundlage und der Maßstab für jede Verfassungskonstruktion. Ganz entsprechend geht der Sozialismus zur Verwirklichung sozialer Gerechtigkeit von der Prämisse aus, daß der Mensch als soziales Vernunftwesen nur in einer selbstbestimmten Gemeinschaft seine Erfüllung findet. Für Liberalismus wie Sozialismus ist die Ordnung des menschlichen Zusammenlebens nach Vernunftprinzipien, aus rationaler Begründung zu erstellen oder entsprechend zu verändern.

Dagegen richtet sich das konservative „Bewahren" auf das Vorhandene, auf die überkommene Ordnung. Weil sie normativ oder historisch vorgegeben ist, stellt sich die Frage, ob sie bewahrenswert ist, eigentlich erst dann, wenn sie von anderer Seite infrage gestellt wird; sie ist virulent, theoretisch wie praktisch, vornehmlich in Umbruchzeiten. Sonst wäre keine Reflexion erforderlich, und erst mit einer solchen Reflexion setzt eigentlich der Konservatismus ein. Im Zeitalter der sozialen und politischen Bewegungen ist Konservatismus deshalb in erster Linie eine Gegenbewegung gegen die Französische Revolution und ihre Wirkungen (dies wird im zweiten Teil näher ausgeführt). Auch theoretisch definiert sich der Konservatismus prinzipiell *reaktiv:* durch seine Gegnerschaft gegen Rationalismus und Aufklärung. Um der abgelehnten politischen Konsequenzen willen ist er anti-aufklärerisch, gegen die Verengung des rationalistischen, vom Ich ausgehenden Denkens macht er das Gefühl, das Irrationale, das Metaphysische, die Religion stark, und er wehrt sich gegen Vernunftkonstruktionen im menschlichen Zusammenleben. Demgegenüber setzen Liberalismus und Sozialismus aus eben diesen Gründen auf den aktiven Entwurf einer vernunftbegründeten Ordnung.

Daß konservatives Denken prinzipiell reaktiv ist, bedeutet nicht zwangsläufig, daß es zugleich *defensiv* ist, wie immer wieder behauptet wird. Bewahren als Gegenstrategie kann defensiv, aber ebenso auch *offensiv* sein. Offensives Bewahren ist kein Widerspruch in sich, zumindest treffen wir diese Verbindung im konservativen Denken immer wieder an – entsprechend der Alltagserfahrung „Angriff ist die beste Verteidigung". Offensiv wird konservatives Denken dann, wenn bestehende Verhältnisse nicht nur als solche bewahrt werden sollen, sondern wenn es primär darum geht, bewährte Prinzipien zu bewahren. Wenn sie in den bestehenden Verhältnissen keinen angemessenen Ausdruck mehr finden, sind diese entsprechend zu ändern – so ein Anliegen der Politischen Romantik zu Beginn des 19. Jahrhunderts. Oder nach historischen Fehlentwicklungen müssen überhaupt erst wieder Verhältnisse geschaffen werden, in denen die einstmals bewährten Prinzipien realisiert werden können – das ist der Ansatz der Konservativen Revolution in den ersten Jahrzehnten des 20. Jahrhunderts. Im Gegensatz zum Liberalismus geht es allerdings auch in der offensiven Variante des Konservatismus stets um das Bewährte, nicht um Konstruktionen aus dem Vernunftgebrauch. Auf jeden Fall sind für die konservative Denkstruktur sowohl Defensive als auch Offensive möglich und gleichermaßen anzutreffen. Es wäre eine unnötige Verengung, den Konservatismus als lediglich defensiv zu bestimmen; viele Elemente würden herausfallen, die wir aus gutem Grund dem Konservatismus zurechnen.

1.2 Konservatismus als historisches Phänomen

Ähnlich komplex stellt sich der Konservatismus bei dem Versuch einer historischen Verortung.

Aber das ist wiederum kein Grund, ihn historisch unnötig einzuengen. Kondylis (1986) sieht den Konservatismus als historisches Phänomen beschränkt auf Adel, der in der alteuropäischen Gesellschaft seine Vorherrschaft und Privilegien gegen das sich emanzipierende Bürgertum behaupten will und damit historisch scheitert. Damit findet der Konservatismus in der zweiten Hälfte des

19. Jahrhunderts sein Ende – es gibt also im 20. Jahrhundert im präzisen Sinne des Wortes keinen „Konservatismus“ mehr. Diese rigide Lösung ist für die historische Verortung und theoretische Diskussion des Konservatismus sehr unbefriedigend, und sie ist, weil letztlich doch nur ein Definitionsproblem, auch unnötig. Tatsächlich haben wir es lediglich mit einer Verlagerung der sozialen Trägerschichten zu tun.

Die historische Entwicklung des Konservatismus ist geprägt durch wechselnde Koalitionen, eine Verlagerung in den sozialen Trägerschichten und veränderte Problemkonstellationen; aber die konservative Denkstruktur – zu bewahren, was bewahrenswert ist – bleibt wirksam erhalten. Ich möchte deshalb bezogen auf Deutschland drei Etappen in der historischen Entwicklung des Konservatismus unterscheiden:

1. Im 18. und 19. Jahrhundert, vornehmlich in der ersten Hälfte des 19. Jahrhunderts, ist Konservatismus eine „Anti-Haltung“ insbesondere des Adels: einerseits gerichtet gegen den fürstlichen Absolutismus mit seinem Versuch einer umfassenden Durchsetzung und Organisation seiner Herrschaft im neuzeitlichen Staat – andererseits gerichtet gegen den Liberalismus mit seinem revolutionär erscheinenden Prinzip der Volkssouveränität und allen Bestrebungen zur Freisetzung ökonomischer Aktivitäten gegenüber bestehenden ständischen Beschränkungen. Im ersten Fall steht der Konservatismus in Koalition mit dem liberalen Bürgertum gegen absolutistische Ansprüche der Krone, im zweiten Fall in Koalition mit der Krone gegen das liberale Bürgertum und auch den liberalen Teil der staatlichen Bürokratie. Das Ergebnis sind – je nach Interessenlage – wechselnde Koalitionen zwischen Adel, Krone und Bürgertum.

2. Vom 19. zum 20. Jahrhundert, abschließend nach dem Ende des 1. Weltkriegs, hat sich das Bürgertum mit seinen liberalen Prinzipien weitgehend durchgesetzt, z.T. sogar in Koalition mit den Konservativen. Damit wechselt die soziale Trägerschaft des Konservatismus: Das arrivierte Bürgertum wird mehr und mehr konservativ, und auch das Kleinbürgertum kommt hinzu, welches nun etwas zu verlieren hat oder zu verlieren fürchtet. So erhält der Konservatismus in der Zwischenkriegszeit da, wo er besonders dynamisch ist, eine bemerkenswerte Wendung. Da sich liberale und teilweise sozialistische Prinzipien nach dem 1. Weltkrieg historisch durchgesetzt haben, ist die gesellschaftliche und politische Ordnung, die nun entstanden ist, nicht wert, daß sie erhalten wird. Vielmehr muß auf die bewährten Prinzipien einer staatlichen und völkischen Gemeinschaft zurückgegriffen werden, und diese sind gegen das Bestehende durchzusetzen und überhaupt erst wieder zu realisieren. Diese konservative Aufbruchstimmung bezeichnet sich selbst in einem scheinbar paradoxen Ausdruck als „konservative Revolution“. Sie hat viele Affinitäten zum Nationalsozialismus.

3. Nach dem 2. Weltkrieg ist die Konstellation für den Konservatismus in Deutschland noch komplizierter; sie bietet der Konservatismusforschung den Anreiz, auf eine durchgehende Verortung des Konservatismus lieber ganz zu verzichten oder jetzt plakativ von „Neo-Konservatismus" zu sprechen. Tatsächlich haben wir jetzt mindestens drei grundsätzlich verschiedene Richtungen: a) die fortgeführte Betonung des „starken Staates" (z.B. Forsthoff); b) den „technokratischen Konservatismus" (Schelsky, Lothar Späth), der auf die Sachgesetzlichkeit der technischen Entwicklung setzt. In beiden Fällen ist wieder das Gegebene zu bewahren, einerseits vermittels staatsfördernder Tugenden, andererseits vermittels der stabilisierenden Macht der Technik. c) Angesichts der Bedrohung des Bestehenden, nämlich sowohl der Natur als auch der Gesellschaft, durch Wachstumsplanung und technische Umgestaltung der Welt wird weit über den politischen Konservatismus hinaus die Erhaltung des Bestehenden zu einem zentralen Problem unserer Gesellschaft. Es geht um die „Umwelt", um die Sicherung vor Selbstzerstörung der Menschheit und um die Aufrechterhaltung von lebensnotwendigen Gemeinschaftsformen – dies ist offensichtlich eine durchaus konservative Position, für die Erhard Eppler die Bezeichnung *Wertkonservatismus* prägt, um sie dem „Strukturkonservatismus" gegenüberzustellen.

Diese Unterscheidung ist nicht unumstritten. Sie macht aber deutlich, daß konservatives Denken heute nicht allein in der Rückwendung zum „starken Staat" oder im Vertrauen auf die Sachzwänge der „Technokratie" in der Nachfolge der früheren Konservativen aufgeht. „Wertkonservatismus" bedeutet ebenfalls den Rückgriff auf oder die Affinität zu ursprünglichem konservativem Gedankengut, ohne allerdings dessen ausgeprägte politische Zielsetzung mit übernehmen zu müssen oder auch nur zu wollen. Hier handelt es sich vielmehr um Zielsetzungen, die wir vor allem mit den Neuen Sozialen Bewegungen in Verbindung bringen. Der Konservatismus ist daher nach dem 2. Weltkrieg letztlich auf zwei Stränge gewissermaßen „neuverteilt", wobei nur der erste i.e.S. als „konservativ" identifizierbar ist, der zweite aber doch genuin konservative Vorstellungen mit aufnimmt.

In diesem Problemhorizont sollte der Konservatismus des 19. Jahrhunderts gesehen werden, und er gewinnt dadurch besonderes Interesse, weil in ihm die Ursprünge des konservativen Denkens liegen. Diesen Ursprüngen wende ich mich nun in zwei Annäherungen zu.

2. Zur Kennzeichnung des Konservatismus im 19. Jahrhundert: zwei Annäherungen

2.1 Konservatismus und Revolution

Was ist das Neue an diesem Konservatismus des 19. Jahrhunderts? Seine Grundintention ist es, das Bestehende, soweit es überkommen ist und sich dadurch bewährt hat, zu bewahren. Nun ist traditionelles, auf historische Kontinuität bedachtes Denken kein neuartiges Phänomen des 19. Jahrhunderts; es gibt den altständischen Konservatismus im 18. Jahrhundert (Justus Möser), und auch der patriarchalische Schweizer Konservatismus Carl Ludwig von Hallers ist diesem Kontinuitätsdenken zuzurechnen; es wirkt nach der Französischen Revolution nur etwas bemühter und ideologischer. Aber die Französische Revolution ist der eigentliche Anstoß für den Konservatismus, sie provoziert die Reaktion auf die Infragestellung aller überkommenen Ordnung in Europa und die Reflexion auf das Überkommene und Bewährte. So hat der Konservatismus seine moderne, bis heute weiterreichende Ausprägung erst als *antirevolutionäre Gegenbewegung* erhalten, vornehmlich und zuallererst gegenüber der *Französischen Revolution von 1789.* Diese Revolution, so wurde es von konservativer Seite aus gesehen, war die letzte praktische Konsequenz eines aufklärerischen, individualistischen Denkens, welches die autonome menschliche Vernunft zum Maßstab aller gesellschaftlichen Ordnung hob und sich anheischig machte, Verfassungen nach diesem Vernunftpostulat zu konstruieren. Damit verbunden brachte die Säkularisierung den Verfall aller gemeinschaftstragenden religiösen und sittlichen Bindungen.

Es ist die Bedeutung von Edmund Burke, daß er in unmittelbarer Auseinandersetzung mit der Französischen Revolution das *Prinzip der historischen Kontinuität* verfocht und die historisch gewachsenen Institutionen verteidigte. Damit gab er, ohne selbst reaktionär, vielleicht nicht einmal „konservativ" zu sein, den Anstoß für die theoretischen Begründungen der Reaktion gegen die revolutionären Umwälzungen sowie der Restauration, d. h. der Wiederherstellung jener vorrevolutionären Verhältnisse, die noch restaurierbar erschienen. Das war eine konstitutionell nicht oder nur möglichst wenig eingebundene Monarchie und – in teilweise widerstreitender Interessenlage – das zugrunde liegende Geflecht altständischer, insbesondere adliger Freiheiten und Privilegien. Zunehmend war es auch der Versuch, gegenüber den sich durchsetzenden modernen Arbeits- und Wirtschaftsformen den sozialen Abstieg der althergebrachten Subsistenzweise aufzuhalten. Insofern erscheint der Konservatismus in besonderem Maße als „Ideologie", als Theorie gesellschaftlicher Ordnung zum Zweck der Durchsetzung der *eigenen Interessen.* Am Bestehenden, soweit es überkommen war, hatten neben der Monarchie vor allem der Adel, Teile der bäuerlichen Bevölkerung, vom sozialen Abstieg bedrohte Handwerker und schließlich die Geistlichkeit ein ebenso materielles wie ideelles Interesse; konservative Theoriegebäude laufen immer wieder auf deren Rechtfertigung hinaus. Aber es würde zu kurz greifen, konservatives Denken nur als den durchsichtigen Versuch einer Rationalisierung handfester Interessen zu entlarven, was er zweifellos auch war. In seiner Reaktion auf die Französische Revolution hat er Ordnungsprinzipien formuliert, die hinausgehend über zeitgebundene Interessenlagen in das politische Denken des 19. und 20. Jahrhunderts eingegangen sind und die – wenn auch umstrittene – Antworten auf Problemlagen geben, mit denen wir es immer noch zu tun haben. Dabei muß man allerdings genauer hinsehen, welche der Positionen hierzu überhaupt gehören. Es bleibt das gute Recht des Ideengeschichtlers, in dem geläufigen Spektrum von konservativen Ursprüngen solche Positionen beiseite zu lassen, denen über die zeitgebundene Interessenlage hinaus eine wirkungsgeschichtliche oder theoretische Bedeutung nicht zugesprochen werden kann; und es ist andererseits zu prüfen, welche der verbleibenden Positionen überhaupt noch genuin dem konservativen Spektrum zuzurechnen sind.

Zu diesem Zweck betrachte ich, ohne Anspruch auf Vollständigkeit, vier idealtypische Reaktionen („Antworten") auf die Französische Revolution, die in der politischen Ideengeschichte als im weitesten Sinne „konservativ" gehandelt werden:

1. Die gegenrevolutionäre Antwort vereint die Protagonisten der Konterrevolution *de Maistre, de Bonald, Donoso Cortes.* Sie wollen das Rad der Geschichte zurückdrehen oder geschichtliche Entwicklungen zumindest stillstellen. Die Menschen sind angesichts ihrer Unvollkommenheit und Schlechtigkeit politisch nur durch ein hierarchisches Ordnungssystem mit einem König oder einem Diktator an der Spitze und geistig/geistlich nur durch die Institution der katholischen Kirche zu beherrschen. Eine solche, rein negatorische Reaktion auf die Französische Revolution oder ihre Folgegeschichte ist naheliegend – als ein politisches Ordnungskonzept ist sie jedoch nicht weiterführend, weil schlicht reaktionär (und damit, weil ausschließlich zeitgebunden, auch historisch überholt). Deshalb ist gerade die umgekehrte, wenn auch ebenfalls kritische Reaktion besonders wirkungsvoll und bedenkenswert:

2. Die *nachrevolutionäre* Antwort. *Burke und Hegel* versuchen, im Gegensatz zum gegenrevolutionären Denken, in der Kritik an der Französischen Revolution zugleich über die Revolution hinauszudenken. Diese nachrevolutionäre Antwort ist ambivalent. Einerseits werden als Reaktion auf die negativen Erfahrungen der Revolution mit ihrer, aus konservativer Sicht, „abstrakten Verfassungskonstruktion" die historischen Kontinuitäten geltend gemacht, weil sie zugleich die eigentlichen Entwicklungspotentiale darstellen. Andererseits wird

die Modernität und neue Qualität des revolutionären politischen Denkens nicht grundsätzlich verdammt, sondern produktiv gewendet. Daher ist es schwierig (bei Hegel noch mehr als Burke), die nachrevolutionäre Antwort auf die Französische Revolution in die Galerie des konservativen Denkens im 19. Jahrhundert einzugliedern. Burke wurde auch von den preußischen Reformern aufgenommen (Frhr. v. Stein), sein Denken wurde weitergeführt vor allem vom historisch-organischen Liberalismus (Dahlmann). Hegel hat eine beeindruckende und sowohl nach „rechts" wie nach „links" weiterführende Synthese aus liberalem und konservativem Denken entfaltet. Genuin „konservative" Konzepte, die als solche theoretische und praktische Bedeutung gewonnen haben und doch jeweils über eine schlichte Anti-Haltung zur Revolution hinausführen, finden wir lediglich in der romantischen und der konstitutionellen Antwort auf die Französische Revolution.

3. Die *romantische* Antwort. Die Politische Romantik (Novalis, A. Müller) ist der Versuch, einen lebendigen, vielfältig in sich vermittelten Staat als Organismus gegen die mechanische Konstruktion der Aufklärung und der Französischen Revolution zu entfalten. Entscheidend ist gegenüber alldem, was bloß „tot" ist, die Idee des Lebens, die durch dynamische Weiterentwicklung eine organische Ganzheitsvorstellung für Individuum, Gesellschaft und Staat erbringt. In Einheit mit einer verklärten katholischen Religion und der Rückwendung zu den ebenfalls verklärten Institutionen des Mittelalters wird eine neue ständisch-hierarchische Ordnung begründet.

Die Politische Romantik, insbesondere A. Müller, wird außerordentlich kontrovers interpretiert. Während Carl Schmitt ihr einen „subjektivierten Occasionalismus" vorwirft und bei A. Müller nur ein haltloses ästhetisches Spiel des opportunistischen Intellektuellen ohne Substanz und Entscheidung zu sehen vermag, betont Karl Mannheim ihre außerordentliche theoretische und politische Bedeutung: Sie habe die altständische Position auf die fortgeschrittenste Denkstruktur ihrer Zeit erhoben: Ihr gelinge die wissenschaftliche Bemächtigung der irrationalen, von der Aufklärung verdrängten Lebensmächte. Tatsächlich verbindet A. Müller eine fortgeschrittene Denkweise (Denken in Gegensätzen und Analogien) mit dynamischem, offensivem Elan: Er sieht nach den revolutionären Veränderungen jetzt v.a. in Naturwissenschaften und Kunst ein neues Zeitalter heraufziehen, welches es ermöglicht, die Welt als lebendige zu gestalten. Sein zentrales Anliegen ist lebendige Einheit – die Einheit von Mensch und Natur, in der das Individuum nicht vernichtet, sondern organisch eingefügt und somit alles in ästhetischer Schönheit lebendig ist. Konkret resultiert daraus das Plädoyer für eine ständisch gegliederte, hierarchisch organisierte Feudalgesellschaft mit einem unumschränkten Monarchen an der Spitze.

4. Die *konstitutionelle* Antwort. Friedrich Julius Stahl gibt, obwohl nur wenig später, ein völlig anderes Bild: Er argumentiert defensiv und rationalistisch; statt Aufbruchstimmung zu verbreiten, sieht er sich gezwungen, die historisch unvermeidlichen Entwicklungen seit der Französischen Revolution anzuerkennen. Ihm kommt es nun vor allem darauf an, sie in ihrer Dynamik stillzustellen. Daraus resultiert allerdings auch seine entscheidende Leistung: Er begründet die Geltung des konstitutionellen Prinzips auch für den deutschen Konservatismus.

Stahl wird heute häufig belacht, weil er seine gesamte politische Philosophie vom persönlichen Gott ableitet. Ungeachtet der Beurteilung dieser Position stehen dahinter höchst moderne Überlegungen. Da alles philosophische Denken der Neuzeit, wie Stahl mit aller Gründlichkeit bis zu Schelling und Hegel nachweist, in der Suche nach einem letzten Fundament nicht tragfähig geworden ist, bleibt jede Letztbegründung ein vorausgesetzter Glaube, eine „Weltanschauung"(!), und sie kann sich nur an der Erfahrung des Gegenstandes selbst bewähren. Diese Erfahrung expliziert Stahl nun ausgehend vom christlichen protestantischen (lutherischen) Glauben, und so fundiert er seine konservative Staatslehre auf dem Prinzip des persönlichen Gottes. Er leitet daraus einerseits personale Herrschaft und sittliche gesellschaftliche Ordnung ab, sieht diese aber andererseits – angesichts der Sündhaftigkeit dieser Welt – durch die historische Entwicklung eingegrenzt. Und diese hat mit der Französischen Revolution dazu geführt, daß der Staat nur mehr Rechtsstaat sein kann und nicht in die Lebensführung der Individuen eingreift. Mit der Durchsetzung des konstitutionellen Prinzips wird die konservative Staatsauffassung für Liberale anschlußfähig, bleibt allerdings scharf von Demokratie abgegrenzt.

Blicken wir zurück: Das nachrevolutionäre Denken eines Burke und eines Hegel haben mögliche Synthesen von Liberalismus und Konservatismus aufgezeigt. Eher „typisch konservativ" sind die politische Romantik (A. Müller) und der Konstitutionalismus von Fr. J. Stahl. Wirkungsgeschichtlich haben sie das konservative Denken vielfältig beeinflußt, konzeptionell enthalten sie – trotz ihrer offensichtlichen Zeitgebundenheit – manche Theorie-Elemente, die auch heute noch diskutiert werden.[1]

---

[1] So angesichts der gegenwärtigen Verrechtlichung und Bürokratisierung die Frage, wie lebendig ein Gemeinwesen sein muß (siehe Adam Müller), und angesichts der nationalsozialistischen Machtergreifung die immer wieder neu entfachte Diskussion über das Verhältnis von Rechtspositivismus und substantiell-sittlichem Staatsdenken (siehe Fr. J. Stahl).

2.2 Merkmale des konservativen Denkens

Die idealtypisch vorgestellten Reaktionen auf die Französische Revolution enthalten trotz vieler Differenzen auch unübersehbare Gemeinsamkeiten, die das konservative Denken im 19. Jahrhundert insgesamt kennzeichnen. Deshalb möchte ich nun, bei aller Vorsicht vor einfachen Generalisierungen, das konservative Denken im 19. Jahrhundert durch einige *Merkmale* beschreiben, die weniger jedes für sich selbst schon Trennschärfe gegenüber anderen, namentlich liberalen Positionen ergeben als vielmehr *in ihrer Verbindung eine spezifische Denkhaltung markieren.*

1. Konservatives Denken ist *historisch.* Die Ordnung des menschlichen Zusammenlebens ist nicht eine einmal, möglichst in der Gegenwart zu bewältigende Aufgabe nach festen Kriterien, sondern sie steht im Fluß der Geschichte, in der Abfolge der Generationen. Herrschaftsprinzipien und Gesellschaftsstrukturen, die sich langfristig entwickelt haben, sind bis zum Beweis des Gegenteils als sinnvoll anerkannt, nicht umgekehrt. Das schließt behutsame Weiterentwicklungen und Reformen nicht aus, wohl aber radikale revolutionäre Veränderungen; „bewahren und entwickeln" heißt die Devise.

2. Konservatives Denken ist *konkret.* Anstelle abstrakter, mechanischer Konstruktionsprinzipien zum Aufbau von Gesellschaft und Staat setzt es auf eine lebendige, vielfach in sich gegliederte Einheit. Nicht das Individuum in der Verallgemeinerung der ihm zukommenden Rechte ist der Maßstab, sondern der Mensch steht in organischen Zusammenhängen, die sich aus den natürlichen Unterschieden und der Art seiner Tätigkeit in der Gesellschaft ergeben. Die Einheit, von der alle gesellschaftliche Ordnung ihren Ausgang nimmt, ist das Volk, in seiner gegliederten Vielfalt, aber auch in seinem unverwechselbar aus Herkunft und Sitten geprägten Charakter. Sein Aufbau ist ständisch, und die Freiheit des einzelnen besteht nicht in der allgemeinen Zubilligung von Wahlmöglichkeiten, sondern in der individuellen Entfaltung in der vorgegebenen Ordnung des Ganzen.

3. Konservatives Denken ist *hierarchisch.* Der Wille, der zu entscheiden hat, ist nicht „unten", sondern „oben" angesetzt. Gegen das liberale Prinzip der Volkssouveränität – „alle Gewalt geht vom Volke aus" – steht das monarchische Prinzip, welches die staatliche Souveränität mit der durch Erbfolge legitimierten Person des Königs identifiziert. Herrschaft ist vor allem personale Herrschaft, die durch überpersönliche Normen des Rechts und Maximen der Wohlfahrt zwar umgrenzt, aber realiter nicht einklagbar ist.

4. Konservatives Denken ist *religiös.* Herrschaft ist von Gott, und die Religion ist gleichermaßen Legitimationsgrund aller Ordnungen menschlichen Zusammenlebens wie selbst auch jener Faktor der politischen Kultur, welcher

moralisch und sittlich die gesellschaftliche Einheit in der gegliederten Vielfalt des Volkes und seine politische Einheit mit dem Herrscher gewährleistet. Religion und ihre hierarchische Organisationsform, die Kirche (sei es als Universalkirche, sei es in konfessioneller Ausprägung), sind die Grundpfeiler konservativen Ordnungsdenkens.

5. Schließlich ist konservatives Denken *modernisierungsskeptisch.* Zwar wird der Privatbesitz als individuelle Entfaltungsmöglichkeit uneingeschränkt bejaht, aber für die Art und die Organisation der Arbeit geht der Blick nach rückwärts in ständisch-feudale Produktionsweisen. Gegen die kapitalistische Markt- und Konkurrenzgesellschaft, die ihren theoretischen Ausdruck zuerst in der klassischen britischen Nationalökonomie gefunden hat, steht das Handwerk, der Handel, der Landbau nach überkommenem Verständnis. Damit kann auch ein schärferer Blick für die negativen Begleiterscheinungen der Industrialisierung und der Durchsetzung kapitalistischen Wirtschaftens verbunden sein; Verarmung, Verelendung und Entfremdung werden als nicht bloß vorübergehende und zu behebende, im übrigen unvermeidliche Begleiterscheinungen der gesellschaftlichen Modernisierung, sondern zunehmend als Krisensymptome gedeutet, welche den Bestand der sittlichen Ordnung grundsätzlich in Frage stellen.

Einzelne dieser Element finden sich, für sich genommen, auch in anderen Positionen; insgesamt kennzeichnen sie – in der gebotenen Vereinfachung eines Überblicks – vor allem das konservative Denken.

3. Das Dilemma des Konservatismus und das Dilemma der Kritik am Konservatismus

Ich kehre zur Gesamtsicht des Konservatismus zurück, die ich im ersten Teil entfaltet habe, und frage auf der Grundlage der Charakterisierung des Konservatismus im 19. Jahrhundert, die den zweiten Teil bildete, nach einer angemessenen Einschätzung.

1. Eine der bekanntesten und zugleich elegantesten Thesen zur Kritik am Konservatismus ist das „Dilemma des Konservatismus“ (Greiffenhagen): Das Dilemma bestehe darin, daß der Konservatismus seinen Kampf gegen den Rationalismus der Aufklärung nur mit dessen eigenen Mitteln zu führen vermag, um gegen ihn zu bestehen – er müsse also gegen seine eigenen Intentionen das Irrationale selbst rationalisieren, wenn er andere Ordnungsstrukturen begründen wolle. Das Überkommene zu bewahren führe also zu einer „irrationale Rationalität“.

Nun hat aber die Politische Romantik gezeigt, daß sie durchaus in der Lage ist, mit dem Überkommenen, z.T. auch Irrationalen begrifflich umzugehen, um ein in sich begründetes Argument zu entwickeln. Stahl geht geradezu von einer irrationalen Setzung, nämlich einem Glaubensakt aus, um den konstitutionellen Konservatismus zu begründen. All das braucht nicht zu überzeugen, ist aber vom Argument her nicht weniger abgesichert als liberale und sozialistische Konstruktionen, weil gute Gründe geltend gemacht werden, um in eine andere Richtung zu gehen. Tatsächlich sind es verschiedene Grunderfahrungen, die die unterschiedlichen Positionen bestimmen, und sie sind theoretisch schwer einzuholen. Für uns folgt daraus, daß wir uns sehr genau der Grunderfahrungen vergewissern müssen, von denen wir in unserem politischen Denken ausgehen.

2. Unabweisbar erscheint zudem eine weiterführende Überlegung. Wer über das Dilemma des Konservatismus spricht, gerät leicht in ein Dilemma der Kritik am Konservatismus – wie es in der heiß umkämpften Unterscheidung von Wert- und Struktur-Konservatismus zum Ausdruck kommt. Wenn bloßes Bewahren bereits als hinreichende Disqualifikation des Konservatismus gilt, werden erhebliche Teile einer heute notwendigerweise bewahrenden Politik mit disqualifiziert. Das reicht über die Erhaltung der Umwelt weit hinaus.

Klärend und hilfreich dürfte Mannheims Unterscheidung von *Traditionalismus* und *Konservatismus* sein (1986, S. 92–98). Der Traditionalismus ist für Mannheim ein „natürlicher Konservatismus", nämlich eine allgemeine menschliche Veranlagung, bei Verunsicherungen reaktiv am Althergebrachten festzuhalten. Demgegenüber ist der Konservatismus ein spezifisches historisches und neuzeitliches Phänomen: bewußtes, sinnorientiertes Handeln, das in einer bestimmten historischen Situation (vornehmlich der Französischen Revolution) entstanden ist und das einen Strukturzusammenhang (möglichst den vorrevolutionären) erhalten will. So ist es auch soziologisch, als „Bewegung", festmachbar. In diesem Sinne läßt sich einerseits der Konservatismus als eine soziale und politische Bewegung mit spezifischer Ideologie über die verschiedenen historischen Problemlagen und Trägerschichten bis in die Gegenwart hinein verfolgen. Andererseits zeigt die gegenwärtige Diskussion zugleich, daß offensichtlich neben dem *Konservatismus* (als soziale und politische Bewegung) auch, mehr oder minder latent, ein *Traditionalismus* historisch einherläuft, der im menschlichen Handeln tief verwurzelt ist. Seit den 1970er Jahren wurde er aufgrund von existentiellen Problemlagen, die uns auch heute noch beschäftigen, manifest, ohne daß er mit dem politischen Konservatismus in einen Topf geworfen werden müßte. Dem konservativen Denken im weitesten Sinn geht es – so könnte man es heute, über Mannheim hinausgehend, formulieren – um die Erhaltung des Erhaltenswerten, welches bedroht ist. *Was* aber nun erhaltenswert ist, daran unterscheidet sich, ob es sich um Konservatismus im engeren, politischen Sinne handelt, dem es um stabile staatliche Strukturen und Wertmuster geht – oder um eine Form des Konservatismus im grundsätzlichen Sinne des

Bewahrens, der trotz partieller Überschneidungen dem politischen Konservatismus durchaus konträr sein kann.

So ist es erforderlich, anstatt Traditionen als solche abzulehnen, alle Traditionen stets daraufhin zu überprüfen, ob sie bewahrenswert sind oder nicht. Das bedeutet – und das ist meine These – im Gegensatz zu einem häufig zu beobachtenden Umgang mit Traditionen: daß ihnen zunächst und bis zum Beweis des Gegenteils die *Vermutung des Bewahrenswerten* zugebilligt wird. Denn an was anderes als an Traditionen sollen wir uns in Umbruchzeiten orientieren, wenn wir nicht alles neu konstruieren wollen? Die für die Politikwissenschaft maßgebende Tradition ist die Geschichte der politischen Ideen. Zwar kann es nicht darum gehen, daß Traditionen, nur weil sie Traditionen sind, übernommen werden müssen. Das funktioniert in der Geschichte der politischen Ideen schon deshalb nicht, weil viele überkommene Argumentationsstränge – alles „Traditionen" – aufgrund ihrer unterschiedlichen Voraussetzungen sich gegenseitig ausschließen und eine Entscheidung verlangen. Wohl aber muß die Grundeinstellung gegenüber Traditionen von einer prinzipiell negativen zu einer prinzipiell positiven verändert werden. Entsprechend muß dann auch die Beschäftigung mit politisch konservativem Denken neu ansetzen. Nicht, daß mit ihm sich nicht weiterhin auseinanderzusetzen wäre – aber als ein einfaches Feindbild taugt es nicht.

Literaturhinweise

Das Phänomen des Konservatismus: Überblick und Charakterisierung

Greiffenhagen, M., Das Dilemma des Konservatismus in Deutschland. München 1971, Neuausgabe Frankfurt/M. 1986.

Kaltenbrunner, G.-K. (Hg.), Rekonstruktion des Konservatismus. Freiburg 1972.

Kaltenbrunner, G.-K. (Hg.), Die Herausforderung der Konservativen. München 1974.

Kondylis, P., Konservativismus. Geschichtlicher Gehalt und Untergang. Stuttgart 1986.

Lenk, K., Deutscher Konservatismus. Frankfurt/M., New York 1989.

O'Sullivan, N., Conservatism. London 1976.

Schumann, H.-G. (Hg.), Konservatismus (1974). Königstein 2.Aufl. 1984.

Vierhaus, R., Art. „Konservativ, Konservatismus". In: Brunner/ Conze/ Koselleck (Hg.), Geschichtliche Grundbegriffe. Historisches Lexikon zur geschichtlichsozialen Sprache in Deutschland. Bd.3, Stuttgart 1982, S. 531–565.

Konservatives Denken im 19. Jahrhundert

Burke, E., Betrachtungen über die französische Revolution. In der Übertragung von F. Gentz (1793), bearbeitet von L. Iser, eingeleitet von D. Henrich, Frankfurt/M. 1967.

Novalis (F. v. Hardenberg), Die Christenheit oder Europa (1799). In ders., Schriften. Hg. von P. Kluckhohn und R. Samuel. 2. Aufl., 4 Bde. und ein Begleitband, Stuttgart 1960 ff.

Haller, C. L. v., Restauration der Staatswissenschaften. 6 Bde. Winterthur 1816 ff. Nachdruck Aalen 1964.

Müller, A., Die Elemente der Staatskunst (1809). 2 Bde. Jena 1922.

Stahl, F. J., Die Philosophie des Rechts. 3 Bde. Heidelberg 1830–1837, 3.Aufl. 1854–1856. Nachdruck Hildesheim 1963.

Brinkmann, R. (Hg.), Romantik in Deutschland. Stuttgart 1978.

Epstein, K., Die Ursprünge des Konservatismus in Deutschland. Frankfurt/M. 1973.

Lübbe, H. (Hg.), Die Hegelsche Rechte. Stuttgart 1962.

Mannheim, K., Konservatismus. Ein Beitrag zur Soziologie des Wissens (1925). Hg. Kettler/Meja/Stehr. Frankfurt/M. 1984.

Scheuner, U., Der Beitrag der deutschen Romantik zur politischen Theorie. Opladen 1980.

Schmitt, C., Politische Romantik. Berlin 1919, 2. Aufl. 1925.

Politisches Denken der deutschen Spätromantik*

Hans-Christof Kraus

I. Die politische Ideenwelt der deutschen Romantik im allgemeinen und das politische Denken der spätromantischen Autoren im besonderen erfreut sich seit etwa eineinhalb Jahrhunderten nicht gerade einer ausgesprochen freundlichen oder auch nur verständnisvollen Beurteilung. Im Gegenteil: In der negativen Bewertung der politischen Romantik waren und sind sich, bis auf wenige, wenngleich gewichtige, Ausnahmen, seit jeher – unter den Zeitgenossen wie unter den Nachgeborenen – die Vertreter der meisten politischen und weltanschaulichen Richtungen einig.

Von Heinrich Heine und den Junghegelianern über Georg Brandes bis hin zu Georg Lukács verurteilten Autoren der politischen Linken die romantische Wirklichkeitsfremdheit, den vermeintlichen oder wirklichen „Irrationalismus", die Verklärung des feudalistischen Mittelalters und das religiöse, auf Rehabilitierung der Rechte der Kirchen abzielende Weltbild[1]. Als Vertreter der politischen Rechten bekämpften Charles Maurras in Frankreich[2] und Carl Schmitt in

---

* Erstdruck in: Literaturwissenschaftliches Jahrbuch, 38. Band, Berlin 1997.

1 H. Heine, Die romantische Schule (1835), in: ders., Historisch-kritische Gesamtausgabe der Werke, hg. v. M. Windfuhr, Bd. VIII/1, Hamburg 1979, S. 121–249; T. Echtermeyer/A. Ruge, Der Protestantismus und die Romantik. Zur Verständigung über die Zeit und ihre Gegensätze. Ein Manifest (1839/40), neu hg. v. N. Oellers, Hildesheim 1972; G. Brandes, Hauptströmungen der Literatur des neunzehnten Jahrhunderts, Bd. I, Berlin 1924, S. 171–420 („Die romantische Schule in Deutschland"); G. Lukács, Skizze einer Geschichte der neueren deutschen Literatur, Berlin 1955, S. 43–57. In diesen Zusammenhang gehört auch die Romantikkritik von H. Hettner, Die romantische Schule in ihrem inneren Zusammenhange mit Goethe und Schiller, Braunschweig 1850.

2 C. Maurras, Romantisme et Révolution, Paris 1922; ders., Dictionnaire politique et critique. Établi par les soins de Pierre Chardon, Bd. V, Paris 1933, S. 120 ff.; siehe dazu auch H. Friedrich, Das antiromantische Denken im modernen Frankreich. Sein System und seine Herkunft, München 1935; F. Schalk, Das antiromantische Denken im modernen Frankreich, in: Historische Zeitschrift 156 (1937), S. 24–39; F.-W. Mül-

Deutschland die Romantik als eine Ideologie der Zersetzung klassischer Formen und klassischen Maßes, als anarchisch-auflösenden Ästhetizismus, als unernsten, das Spiel mit beliebigen Formen und Inhalten betreibenden „Occasionalismus"[3]. Liberale Autoren wiederum, wie etwa Benedetto Croce oder der amerikanische Historiker Gordon Craig, kritisierten die Romantik als „sittliche Krankheit", als Unfähigkeit, an die Segnungen des liberalen Fortschritts glauben zu können oder als Neigung zur „Todesbesessenheit" mit apokalyptischen Zügen[4]. Noch Joachim Fest meinte, den Begriff „Romantizismus" schlichtweg als Synonym für politische Verblendung, für Realitätsverneinung und Wirklichkeitsblindheit gebrauchen zu können.[5]

Dagegen hat das politische Denken der deutschen Romantiker nur vergleichsweise wenige Freunde oder auch nur freundliche Beurteiler gefunden. Erinnert sei hier nur an Ricarda Huch, die mit ihrer zuerst 1899 und 1902 in zwei Bänden veröffentlichten Gesamtdarstellung der romantischen Bewegung das bis heute wohl bedeutendste, gründlichste und gedankenreichste Werk über die deutsche Romantik verfaßt hat[6]; erinnert sei auch an Georg von Below, Oskar Walzel und Paul Kluckhohn, die sich in den 1920er Jahren in einer Reihe wichtiger wissenschaftlicher Publikationen um eine umfassende Rehabilitierung der Romantik bemühten[7]. Wichtig für eine Neurezeption des romantischen

ler, Deutsche und französische Romantik, in: Die deutsche Romantik im französischen Deutschlandbild. Fragen und Fragwürdigkeiten (Schriftenreihe des Internationalen Schulbuchinstituts, Bd. 2), Braunschweig 1957, S. 91–111.

3 C. Schmitt, Politische Romantik, 4. Aufl., Berlin 1984, S. 24: „Die Romantik ist subjektivierter Occasionalismus, weil ihr eine occasionelle Beziehung zur Welt wesentlich ist, statt Gottes aber nunmehr das romantische Subjekt die zentrale Stelle einnimmt und aus der Welt und allem, was in ihr geschieht, einen bloßen Anlaß macht"; ebd., S. 172 f.: „Das ist also der Kern aller politischen Romantik: der Staat ist ein Kunstwerk, der Staat der historisch-politischen Wirklichkeit ist occasio zu der das Kunstwerk produzierenden schöpferischen Leistung des romantischen Subjekts, Anlaß zur Poesie, oder auch zu einer bloßen romantischen Stimmung".

4 B. Croce, Geschichte Europas im neunzehnten Jahrhundert (zuerst 1932), Frankfurt/M. 1979, S. 38–50; G. Craig, Über die Deutschen, München 1982, S. 216–239.

5 J. Fest, Die verneinte Realität. Überlegungen zum Romantizismus heute (1970), in: ders., Aufgehobene Vergangenheit. Porträts und Betrachtungen, München 1983, S. 118–146; ähnlich auch R. Löwenthal, Der romantische Rückfall. Wege und Irrwege einer rückwärts gewendeten Revolution, 2. Aufl., Stuttgart/Berlin/Köln/Mainz 1970.

6 R. Huch, Die Romantik, Bd. I: Blütezeit der Romantik, 8./9. Aufl., Leipzig 1920, Bd. II: Ausbreitung und Verfall der Romantik, 6./7. Aufl., Leipzig 1920.

7 G. von Below, Die deutsche Geschichtschreibung von den Befreiungskriegen bis zu unsern Tagen. Geschichtschreibung und Geschichtsauffassung, 2. Aufl., München/Berlin 1924, S. 4 ff.; ders., Wesen und Ausbreitung der Romantik, in: ders., Über historische Periodisierungen, Berlin 1925, S. 87–108; ders., Zum Streit um die Deutung

politischen Denkens wurde schließlich die Schule des österreichischen Philosophen und Nationalökonomen Othmar Spann, dem maßgebende Neueditionen der politischen Schriften deutscher Romantiker – insbesondere Adam Müllers – zu danken sind[8] und dessen Schüler Jakob Baxa die bis heute grundlegenden Forschungen und Darstellungen zu diesem Thema vorgelegt hat.[9]

Neigten Spann und Baxa wiederum zu einer allzu unkritischen und sicherlich harmonisierenden Interpretation der politischen Romantik, ohne deren unleugbaren Brüche und Defizite angemessen wahrnehmen zu wollen[10], so dürfte es heute eher angebracht sein, möglichst unvoreingenommen und auch unbefangen an die Äußerungen und Thesen der romantischen politischen Autoren heranzugehen: vorschnelle Aktualisierung sollte nunmehr ebenso obsolet sein wie forsche Aburteilung. Es kommt zuallererst darauf an, einen erneuten Zugang zu diesem – vielen Heutigen in der Regel sehr fremdartig anmutenden – Denken zu finden. Zuerst einmal erscheint es notwendig, den hier verwendeten Epochenbegriff der „Spätromantik" etwas näher zu bestimmen. Auch wenn man sich der unleugba-

---

der Romantik, in: Zeitschrift für die gesamte Staatswissenschaft 81 (1926), S. 154–162, erneut abgedruckt in: Begriffsbestimmung der Romantik, hg. v. H. Prang, Darmstadt 1972, S. 135–144; O. Walzel, Deutsche Romantik, 4. Aufl., Bd. I: Welt- und Kunstanschauung, Leipzig/Berlin 1918, S. 104 ff.; P. Kluckhohn, Die deutsche Romantik, Bielefeld/Leipzig 1924, S. 153 ff.; ders., Persönlichkeit und Gemeinschaft. Studien zur Staatsauffassung der deutschen Romantik, Halle/S.1925; ders., Das Ideengut der deutschen Romantik, 4. Aufl., Tübingen 1961, S. 78 ff., 101 ff.

8 A. Müller, Die Elemente der Staatskunst, hg. v. J. Baxa, Bde. I–II, Wien/Leipzig 1922; ders., Versuche einer neuen Theorie des Geldes, hg. v. Helene Lieser, Jena 1922; Adam Müllers Handschriftliche Zusätze zu den „Elementen der Staatskunst", hg. v. J. Baxa. Mit einem Anhang: Verschollene Schriften Adam Müllers aus den Jahren 1812–1818, Jena 1926; ders., Ausgewählte Abhandlungen, hg. v. J. Baxa, 2. Aufl., Jena 1931; Gesellschaft und Staat im Spiegel deutscher Romantik, ausgew. u. hg. v. J. Baxa, Jena 1924. In der von Spann seit 1922 herausgegebenen Buchreihe „Die Herdflamme" erschienen neben zentralen Texten Adam Müllers auch Neuausgaben der politischen Schriften Schellings, Baaders und Friedrich Lists.

9 O. Spann, Die Haupttheorien der Volkswirtschaftslehre (1929), 25. Aufl., Heidelberg 1949; J. Baxa, Adam Müller. Ein Lebensbild aus den Befreiungskriegen und aus der deutschen Restauration, Jena 1930; ders., Einführung in die romantische Staatswissenschaft, 2. Aufl., Jena 1931; ders., Romantik und konservative Politik, in: Rekonstruktion des Konservatismus, hg. v. G.-K. Kaltenbrunner, Freiburg i. Br. 1972, S. 443–468.

10 Vgl. zur politischen Bedeutung und zum Werk Othmar Spanns u. a. M. Schneller, Zwischen Romantik und Faschismus. Der Beitrag Othmar Spanns zum Konservatismus in der Weimarer Republik, Stuttgart 1970; M. Rassem, Othmar Spann, in: Politische Philosophie des 20. Jahrhunderts, hg. v. K. Graf Ballestrem/H. Ottmann, München 1990, S. 89–103.

ren Problematik jeder Epochenbestimmung und -abgrenzung wohl bewußt ist – etwa der Verlockung zum Schematisieren, zur Vernachlässigung von (in der Regel fast immer vorhandenen) Übergängen und Kontinuitäten –, kommt man doch letztendlich nicht umhin, mit diesem Mittel zu arbeiten. Andernfalls fällt man der Gefahr einer allzu unpräzisen Argumentation zum Opfer, denn gerade die Romantik muß, wenn sie näher definiert wird, nicht nur unter systematischen, sondern auch nach historischen Gesichtspunkten bestimmt und differenziert werden, wenn man diesen Begriff auch weiterhin gebrauchen möchte.

So läßt sich die Spätromantik, sehr vereinfacht gesagt, als die letzte von vier Phasen der gesamten romantischen Bewegung bestimmen: Auf die *Präromantik*, die aufklärungskritische literarische und geistesgeschichtliche Strömung im Deutschland der zweiten Hälfte des 18. Jahrhunderts, die sich etwa mit den Namen Hamann, Herder, Klopstock, Jacobi verbinden läßt, folgte seit etwa 1795 die *Frühromantik*, – ein Begriff, mit dem man den Romantikerkreis bezeichnet, der sich in der Zeit bis etwa 1800 in Jena um die Brüder Friedrich und August Wilhelm Schlegel und um ihre berühmten Zeitschriften „Lyceum" und „Athenäum" gesammelt hatte. Als *Hochromantik* wird man die Ära zwischen 1800 und 1813 bezeichnen können, jene große politische und geistesgeschichtliche Umbruchsepoche, in der die bedeutendsten Dichtungen, literatur- und sprachhistorischen Untersuchungen, philosophischen Systeme und politischen Entwürfe der Romantik entstanden. Und als *Spätromantik* wiederum läßt sich die an den Niedergang des napoleonischen Imperiums und die Befreiungskriege anschließende Zeit bis etwa 1848 bezeichnen, die man in der politischen Geschichte mit den Begriffen Restauration und Vormärz umschreibt. Das Revolutionsjahr 1848 darf man deshalb als Schlußpunkt der politischen Romantik auffassen, weil in diesem Jahr die Verwirklichung der Ideale des letzten „Romantikers auf dem Thron", König Friedrich Wilhelms IV. von Preußen, endgültig scheiterte.[11]

Als die fünf wichtigsten und seinerzeit auch bekanntesten politischen Autoren der deutschen Spätromantik, von denen im folgenden ausführlicher zu sprechen sein wird, sind anzusehen: *Adam Müller*[12] mit seinen Spätschriften „Von

---

[11] Vgl. zu dieser Spätphase u. a. E. Lewalter, Friedrich Wilhelm IV. – Das Schicksal eines Geistes, Berlin 1938, bes. S. 329 ff., 347 ff., 392 ff.; R. Benz, Die deutsche Romantik. Geschichte einer geistigen Bewegung, 4. Aufl., Leipzig 1940, S. 471 ff., sowie vor allem die unten (Anm. 59) zitierte grundlegende Arbeit von F.-L. Kroll.

[12] Vgl. A. v. Martin, Die politische Ideenwelt Adam Müllers, in: Kultur- und Universalgeschichte. Festschrift für Walter Goetz, Leipzig/Berlin 1927, S. 305–327; J. Baxa, Adam Müller (Anm. 9); E. Sasse, Adam Müller in Leben und Lehre (Nürnberger Beiträge zu den Wirtschafts- und Sozialwissenschaften, Bd. 55), Nürnberg 1935; G. Polter, Adam Müllers Kritik am Liberalismus, sozialwiss. Diss. Frankfurt/M. 1936; E. R. Huber, Adam Müller und Preußen, in: ders., Nationalstaat und Verfassungsstaat. Stu-

der Notwendigkeit einer theologischen Grundlage der gesamten Staatswissenschaften und der Staatswirtschaft insbesondere" von 1819 und „Die innere Staatshaushaltung; systematisch dargestellt auf theologischer Grundlage" von 1820[13], *Joseph Görres*[14] mit seinen großen zeitkritischen Pamphleten „Teutschland und die Revolution" und „Europa und die Revolution" von 1819 und 1821 sowie mit einigen seiner kleineren politischen Gelegenheitsschriften und auch mit einzelnen Artikeln seines berühmten „Rheinischen Merkurs" aus den Jahren der Befreiungskriege[15], sodann vor allem *Friedrich Schlegel*[16] mit seiner 1820 bis 1823 in der von ihm herausgegebenen Zeitschrift „Concordia" veröffentlichten Artikelserie „Signatur des Zeitalters"[17] sowie mit seinen späten Vorlesungszyklen, der 1827 in Wien vorgetragenen „Philosophie des Lebens"[18], und der „Philosophie der Geschichte" von 1828[19], *Franz von Baader*[20] mit seinen zwischen 1815 und 1835 abgefaßten zeitkritischen Schriften „Über das [...] Bedürfnis einer neuen [...] Verbindung der Religion mit der Politik", „Über den Evolutionismus und Revolutionismus" und „Über das dermalige Mißverhältnis

---

dien zur Geschichte der modernen Staatsidee, Stuttgart 1965, S. 48–70; B. Koehler, Ästhetik der Politik. Adam Müller und die politische Romantik, Stuttgart 1980.

13 Beide erneut abgedruckt in: Müller, Schriften zur Staatsphilosophie, hg. v. R. Kohler, München 1923, S. 177–246, 247–314.

14 Vgl. u. a. Görres-Festschrift. Aufsätze und Abhandlungen zum 150. Geburtstag von Joseph Görres, hg. v. K. Hoeber, Köln 1926; H. Raab, Europäische Völkerrepublik und christliches Abendland. Politische Aspekte und Prophetien bei Joseph Görres, in: Historisches Jahrbuch der Görres-Gesellschaft 96 (1976), S. 58–92; ders., Joseph Görres. Ein Leben für Freiheit und Recht, Paderborn usw. 1978.

15 Bis auf „Europa und die Revolution" sind diese Texte gut zugänglich in der Ausgabe: Joseph Görres, Auswahl in zwei Bänden, hg. v. A. Duch, München 1921, wichtig auch die Einleitungen des Hg. in Bd. I, S. IX–XXXVI, Bd. II, S. IX–XXXII.

16 Vgl. R. Volpers, Friedrich Schlegel als politischer Denker und deutscher Patriot, Naumburg 1917; R. Lorenz, Deutschland und Europa. Friedrich Schlegels Wiener Vorlesungen über die Neuere Geschichte, in: ders., Drei Jahrhunderte Volk, Staat und Reich. Fünfzehn Beiträge zur Neueren Deutschen Geschichte, Wien 1942, S. 291–323; G.-P. Hendrix, Das politische Weltbild Friedrich Schlegels, Bonn 1962; neuere Untersuchungen zum politischen Denken des späten Schlegel fehlen.

17 Wieder abgedruckt in: F. Schlegel, Kritische Ausgabe, hg. v. E. Behler, München/Paderborn/Wien/Zürich 1958 ff., hier Bd. VII, S. 483–596.

18 Wieder abgedruckt in: ebd., Bd. X, S. 1–307.

19 Wieder abgedruckt in: ebd., Bd. IX, S. 1–428.

20 Grundlegend noch immer: D. Baumgardt, Franz von Baader und die philosophische Romantik, Halle/S. 1927; E. Susini, Franz von Baader et le romantisme mystique, Paris 1942; J. Siegl, Franz von Baader. Ein Bild seines Lebens und Wirkens, München 1957.

der Vermögenslosen oder Proletairs“[21], schließlich *Joseph von Eichendorff*[22], der in den 1830er Jahren einige wenig bekannte, aber für die politische Ideenwelt der Spätromantik sehr aufschlußreiche Arbeiten zur Kritik der Säkularisation von 1803 und zur aktuellen preußischen Verfassungsfrage niederschrieb[23].

Jedoch nicht die einzelnen Autoren[24], sondern die zentralen Themen und Motive des politischen Denkens der deutschen Spätromantik[25] werden im fol-

---

21 Alle enthalten in der wichtigen Ausgabe: F. v. Baader, Schriften zur Gesellschaftsphilosophie, hg. v. J. Sauter, Jena 1925.

22 Vgl. u. a. P. Krüger, Eichendorffs politisches Denken, in: Aurora – Eichendorff Almanach 28 (1968), S. 7–32, 29 (1969), S. 50–69; H. Koopmann, Joseph von Eichendorff, in: Deutsche Dichter der Romantik, hg. v. B. v. Wiese, Berlin 1971, S. 416–441; H. G. Pott (Hg.), Eichendorff und die Spätromantik, Paderborn 1985; A. Riemen (Hg.), Ansichten zu Eichendorff – Beiträge der Forschung 1958–1988, Sigmaringen 1988.

23 Im folgenden zitiert nach dem Abdruck in: J. Frhr v. Eichendorff, Werke und Schriften, hg. v. G. Baumann/S. Grosse, Bd. IV: Literarhistorische Schriften, historische Schriften, politische Schriften, Stuttgart 1958.

24 Es versteht sich von selbst, daß mit den voranstehend genannten fünf Autoren nur die wichtigsten Vertreter des politischen Denkens der deutschen Spätromantik hier herangezogen werden. Fraglos hätte eine umfassendere (an dieser Stelle aus Platzgründen nicht zu leistende) Darstellung eine Reihe weiterer Persönlichkeiten zu berücksichtigen, darunter etwa Achim und Bettine von Arnim, Clemens Brentano, Friedrich Daniel Schleiermacher, August Wilhelm Schlegel, Hendrik Steffens, Ludwig Tieck, Friedrich de la Motte-Fouqué, Wilhelm von Schütz, Ludwig Uhland.

25 Eine eigenständige Untersuchung speziell zum politischen Denken der Spätromantik existiert bisher nicht; unverzichtbare Darstellungen zur politischen Romantik im allgemeinen sind immer noch, neben den Arbeiten von J. Baxa (Anm. 9) und P. Kluckhohn (Anm. 7), vor allem Huch, Die Romantik (Anm. 6), Bd. II, S. 296–321, sodann W. Metzger, Gesellschaft, Recht und Staat in der Ethik des Deutschen Idealismus. Aus dem Nachlaß hg. von E. Bergmann, Heidelberg 1917, S. 193 ff., 220 ff., 252 ff.; J. Nadler, Die Berliner Romantik 1800–1814, Berlin 1921, S. 155 ff.; A. v. Martin, Das Wesen der romantischen Religiosität, in: DVJS 2 (1924), S. 367–417; ders., Romantischer ‚Katholizismus‘ und katholische ‚Romantik‘, in: Hochland 23 (1925/26), S. 315–337; G. A. Walz, Die Staatsidee des Rationalismus und der Romantik und die Staatsphilosophie Fichtes, Berlin-Grunewald 1928, S. 242 ff.; W. Näf, Staat und Politik im Zeitalter der Romantik, in: ders., Staat und Staatsgedanke. Vorträge zur neueren Geschichte, Bern 1935, S. 155–178; H. F. Hedderich, Die Gedanken der Romantik über Kirche und Staat, Gütersloh 1941; C. Brinkmann, Romantische Gesellschaftslehre, in: Romantik. Ein Zyklus Tübinger Vorlesungen, hg. v. T. Steinbüchel, Tübingen/Stuttgart 1948, S. 177–194; für die Jahre bis 1815: R. Aris, History of Political Thought in Germany from 1789 to 1815, London 1965, S. 207–341; H. Reiss, Politisches Denken in der deutschen Romantik, Bern 1966; J. Droz, Le Romantisme Allemand et l'Etat. Résistance et collaboration dans l'Allemagne napoléonienne, Paris

genden im Mittelpunkt stehen: Ausgehend von einer Skizzierung des religiösen Universalismus und der Deutung der Welt als göttliche Ordnung (II.) und einem zweiten Abschnitt, der das organische Staatsverständnis der Romantiker, ihre analoge Betrachtungsweise von Mensch, Natur und politischer Ordnung zum Thema hat (III.), werde ich anschließend die romantische Revolutionskritik und ihre Rehabilitierung von Kontinuität und Tradition in den Blick nehmen (IV.), bevor ich mich in weiteren Abschnitten den außenpolitischen Vorstellungen (V.), den Staats- und Verfassungsideen im engeren Sinne (VI., VII.) und schließlich den wirtschaftspolitischen Gedanken und den sozialkritischen Äußerungen der Spätromantiker (VIII.) zuwende.

II. Wenn die Spätromantiker sich mit Politik befaßten, dann taten sie dies als politische Theologen: Ihr Denken ist politische Theologie – und zwar (nach der wichtigen Bestimmung Ernst-Wolfgang Böckenfördes) „institutionelle politische Theologie“. Das bedeutet: Die Spätromantiker machen auf der Grundlage ihres christlichen Glaubens „Aussagen [...] über den Status, die Legitimation, Aufgabe und evtl. Struktur der politischen Ordnung, einschließlich des Verhältnisses der politischen Ordnung zur Religion“[26].

Dem geht allerdings zuerst einmal der unbedingte und niemals angezweifelte Glaube an eine von Gott geschaffene Natur- und Weltordnung voraus – ein Glaube, der gewissermaßen das Grundaxiom, damit das gedankliche Fundament darstellt, von dem aus die politischen Romantiker argumentieren. So bestimmte

---

1966; F. Meinecke, Weltbürgertum und Nationalstaat, hg. v. H. Herzfeld, Werke, Bd. V, München 1969, S. 58 ff., 76 ff. u. a.; H.-J. Schoeps, Deutsche Geistesgeschichte der Neuzeit, Bd. IV: Die Formung der politischen Ideen im 19. Jahrhundert, Mainz 1979, S. 9–39; V. Stanslowski, Natur und Staat. Zur politischen Theorie der deutschen Romantik (Sozialwissenschaftliche Studien, Bd. 17), Opladen 1979; U. Scheuner, Der Beitrag der deutschen Romantik zur politischen Theorie, Opladen 1980; K. Siblewski, Ritterlicher Patriotismus und romantischer Nationalismus in der deutschen Literatur 1770–1830 (Literatur in der Gesellschaft, N. F. Bd. 4), München 1981, S. 151 ff.; unentbehrlich für den Zusammenhang neuerdings auch das dritte Kapitel der bedeutenden Studie von T. Ziolkowski, Das Amt der Poeten. Die deutsche Romantik und ihre Institutionen, München 1994, S. 83–172. – Speziell zur Spätromantik und ihrer geistesgeschichtlichen Verortung bleibt – trotz einzelner umstrittener Thesen – besonders wichtig: A. Baeumler, Das mythische Weltalter. Bachofens romantische Deutung des Altertums, München 1965 (zuerst in: J. J. Bachofen, Der Mythos von Orient und Occident, hg. v. M. Schröter, München 1926, S. XIII–CCXIV).

26 E. W. Böckenförde, Politische Theorie und politische Theologie. Bemerkungen zu ihrem gegenseitigen Verhältnis, in: Religionstheorie und Politische Theologie, hg. von J. Taubes, Bd. I: Der Fürst dieser Welt. Carl Schmitt und die Folgen, 2. Aufl., München/Paderborn/Wien/Zürich 1985, S. 16–25, hier S. 19.

Friedrich Schlegel die Natur als „göttliche Ordnung", in der sich „alles [...] auf den Schöpfer und Lenker der Welt" beziehe[27]; und die Pflicht des mit der Willensfreiheit ausgezeichneten Menschen sah er darin, sich in freier Einsicht als Teil dieser Ordnung zu begreifen und sich in sie einzufügen. Er forderte dies durchaus in dem Bewußtsein, der eigenen Zeit einen Spiegel vorzuhalten, wenn er von „der allgemeinen Masse, [...] der chaotischen Flut der alles mit sich fortschwemmenden Begebenheiten, Meinungen und Parteien" der revolutionären Epoche sprach und im gleichen Atemzug an „die großen Grundsätze der alten Ordnung und Gerechtigkeit" früherer Zeiten erinnerte, die in der Folge der Fehlentwicklungen vor und nach 1789 verlorengegangen seien.[28]

Nicht weniger ging auch Adam Müller vom Glauben an das „Walten der unabänderlichen, natürlichen Ordnung der Dinge"[29] aus und postulierte mit Nachdruck, daß die Herstellung einer richtigen politischen Ordnung nur zu erreichen sei „durch den Gehorsam gegen das ius divinum, gegen die positiven Einrichtungen, Gebote und Satzungen des obersten Weltenrichters und durch den Beistand der göttlichen Gnade"[30]. Der Mensch ist – so Müller – vollkommen in diese göttliche Ordnung eingebunden, er ist „einerseits Diener Gottes, und als solcher zum Gehorsam gegen alle seine Gebote gehalten, andererseits Kind und Ebenbild Gottes, und als solches zur [...] liebevollen Verwaltung des ihm anvertrauten, väterlichen Erbes, dem er [...] als von ihm verordneter Herr der Erde vorsteht"[31].

Alle Staatsgewalt legitimiert sich in dieser Perspektive durch die Tatsache der göttlichen Weltregierung; so stellte Friedrich Schlegel fest: „Für uns ist es [...] eine allgemein anerkannte Lehre geworden, daß alle Obrigkeit und die Gewalt der Könige von Gott sei; und daß aller Gehorsam gegen die Gesetze, und gegen die oberste Staatsgewalt auf dieser göttlichen Grundlage und Autori-

---

27 F. Schlegel, Kritische Ausgabe (Anm. 17), Bd. X, S. 108 f.

28 Ebd., Bd. VII, S. 498 f.

29 Müller, Schriften zur Staatsphilosophie (Anm. 13), S. 204.

30 Ebd., S. 208.

31 Ebd., S. 209. – Daneben hat Müller im Rahmen seiner modernitätskritischen Grundposition die Religion auch als einheitsstiftendes Element aufgefaßt, das die Gegensätze der (später von Max Weber so genannten) auseinanderstrebenden Wertsphären zusammenführt und auflöst; vgl. ebd., S. 234: „Es ist unmöglich, [...] Jurisprudenz und Ökonomie, Recht und Nutzen mit einander zu vertragen, ohne höhere Dazwischenkunft, ohne die Religion, vor deren Erscheinen alle Widersprüche verschwinden"; zur modernitätskritischen Position bereits der Frühromantik siehe H.-C. Kraus, Die Jenaer Frühromantik und ihre Kritik der Moderne, in: Zeitschrift für Religions- und Geistesgeschichte 47 (1995), S. 205–230, zu Max Weber die Hinweise ebd., S. 214 ff.

tät beruhe"[32]. Daß diese Ideen auch in der Restaurationsära nach 1815 keineswegs Allgemeingut waren, sondern erst der konkreten Umsetzung in die Wirklichkeit bedurften, war den Autoren der politischen Spätromantik allerdings durchaus bewußt; so bemerkte etwa Eichendorff: „[D]er Geist der Lüge kann nur vernichtet werden durch den Geist der Wahrheit, durch das Christentum und eine ewige innige Beziehung desselben auf den Staat", und er fügte hinzu, daß nach seiner Überzeugung nur „die innere Wiedergeburt und Verjüngung des Volks durch das Christentum [...] die erste und unerläßlichste Bedingung eines besseren Daseins"[33] zu garantieren vermöchte. Ohne die christliche Religion, so schließlich Franz von Baader, würden „alle Formen der Gesellschaft drückend und unleidlich", denn dem Christentum allein sei die Erlösung von „Menschenverachtung und Menschenhaß" zuzuschreiben, indem es „stolz und despotisch gesinnte Gemüter in demütige, niederträchtig oder sklavisch gesinnte in erhaben gesinnte, feindselige und übeltätige in liebreiche und wohltätige, unverträgliche in friedsame umgestaltet"[34].

Der christliche Universalismus der Spätromantiker leitet also das Postulat der Notwendigkeit einer durch das Christentum fundierten Staatsordnung doppelt ab: zum einen durch die *Grundannahme einer allumfassenden göttlichen Weltordnung* mit Gott als dem Schöpfer der Welt und oberstem Weltenrichter an der Spitze; das bedeutet, daß es keine sinnvolle politische Ordnung geben kann als diejenige, die sich an den Vorgaben und geoffenbarten Prinzipien eben dieses Weltschöpfers und -herrschers orientiert. Zum anderen aber auch durch die Betonung der *ethischen Kraft des Christentums* als einer Religion, die von der Lüge zur Wahrheit führt, von der Unfreiheit zur Freiheit, vom Krieg zum Frieden, vom Haß zur Liebe und vom Despotismus zur Demut vor Gott.

---

32 Schlegel, Kritische Ausgabe (Anm. 17), Bd. X, 150; vgl. auch S. 150 f., wo es unter Bezugnahme auf die Französische Revolution weiter heißt: „Und wenn man auch eine kurze Epoche hindurch alles in dem Staate auf die Vernunft und die unbedingte Freiheit derselben hat gründen wollen: so hat sich der Irrtum grade [sic] in der Erfahrung am meisten als Irrtum gezeigt und durch die Tat selbst widerlegt, und ist man in der Theorie allgemein wieder zu dem Recht und der göttlichen Autorität, als Grundlage der obersten Staatsgewalt zurückgekehrt".

33 J. Frhr. v. Eichendorff, Werke und Schriften (Anm. 23), Bd. IV, 1149.

34 Alle Zitate in: Baader, Schriften zur Gesellschaftsphilosophie (Anm. 21), S. 60 f.; Baader betont im weiteren, daß nur auf dem Wege einer umfassenden allgemeinen religiösen Erneuerung „eine wahrhafte Gegenrevolution für die Zukunft begründet" werden könne: „[N]ur auf solche Weise könnten durch Erringung einer neuen Stufe zur Annäherung einer wahren *Theokratie* alle jene Gräuel der *Dämonokratie* wieder versühnt werden, welche die französische Revolution über die Welt ausschüttete" (ebd., S. 68).

III. Dem universalistischen Denken der Spätromantiker entspricht es, daß die Welt als sinnvolles Ganzes, als von Gott geschaffene Weltordnung angesehen wird, und daraus folgt wiederum, daß es keine durchgehenden und unüberschreitbaren Trennungen zwischen Natur und Mensch, damit auch zwischen natürlicher und politischer Ordnung geben kann. Ein Gemeinwesen, ein Staat, ist nach dieser Auffassung nicht als etwas Künstliches, nur von Menschenhand Geschaffenes anzusehen, sondern als etwas Naturwüchsiges, Organisches, das – natürlichen Vorgängen entsprechend – entsteht, wächst, sich kontinuierlich entfaltet und ausformt, das also nicht zuletzt auch seiner inneren Form nach als etwas dem Organismus Analoges anzusehen ist.[35]

Zu den Kerngedanken der romantischen Naturphilosophie gehört die Überzeugung von der Entsprechung des Großen und des Kleinen, des Makrokosmos und des Mikrokosmos – und diese Idee haben auch die politischen Romantiker übernommen. „In der Tat“, bemerkt Franz von Baader, „liegt eine tiefe, in allen Zeiten, wenigstens dunkel erkannte Wahrheit dieser Parallelisierung der öffentlichen Gesellschaft oder des Staates mit einem wahrhaften Organismus zugrunde, und indem man seit langer Zeit den Menschen eine kleine Welt, d. h. eine kleine partielle Gesellschaft nannte, war man wenigstens der Einsicht nahe, daß die allgemeine Gesellschaft oder die große Welt nur organisch, d. i. gleichfalls nur als ein Mensch im großen [...] und nicht *per aggregationem* oder mechanisch begriffen werden könnte“[36]. Die Existenz jedes einzelnen Menschen sei überhaupt nur durch seine Einbindung in einen größeren organischen Zusammenhang näher zu bestimmen[37]. Und Friedrich Schlegel stellte 1827 fest, der Staat als politisches Individuum im Großen könne „nur in den organischen Gliedern eines Ganzen, und den einzelnen Ständen gefunden werden, in denen der Staat und die Nation historisch fortlebt und sich fortentwickelt, und lebendig erhält; nur in

---

35 Siehe zur organischen Staatstheorie im allgemeinen und zum organischen Denken der politischen Romantik im besonderen O. v. Gierke, Das deutsche Genossenschaftsrecht, Bd. III: Die Staats- und Korporationslehre des Altertums und des Mittelalters und ihre Aufnahme in Deutschland (zuerst 1881), Ndr. Darmstadt 1954, S. 8 ff. u. passim; sowie G. v. Busse, Die Lehre vom Staat als Organismus. Kritische Untersuchungen zur Staatsphilosophie Adam Müllers, Berlin 1928; Aris, History of Political Thought (Anm. 25), S. 288 ff.

36 Baader, Schriften zur Gesellschaftsphilosophie (Anm. 21), S. 417; vgl. auch ebd., S. 276, 347 f., 451 f.

37 Vgl. ebd., S. 348: „Ein einzelnes Individuum einer Familie, einer Gemeinde, eines Standes, Stammes oder Volkes kann und soll ebensowenig abstrakt von dieser Familie, diesem Stande usw. leben und handeln, oder behandelt und beachtet werden als diese Familie, Gemeine [sic], Stand usw. ohne ihn. Beide sind nur miteinander reell und wahrhaftig, und beide verbürgen und assekurieren sich wechselseitig ihre Existenz“.

diesem Sinne bildet eine Nation ein lebendiges Ganzes und großes Individuum"[38]. Auch Joseph Görres übertrug unbedenklich seine in der Naturphilosophie entwickelte Lehre vom Organismus auf Geschichte und Staat, indem er die Gesellschaft und ihre Institutionen als Organismen deutete.[39]

Adam Müller hat diese organologische Betrachtungsweise noch weiter fortgeführt, indem er anthropomorphe Deutungselemente aufnahm, d. h. den Staat direkt in Analogie zum menschlichen Körper stellte: „Was zuvörderst den Gehalt und die Bestandteile angeht, so besteht der Staat (status) eines Menschen aus Personen und Sachen, in demjenigen Verstande nämlich, wie der Körper des Menschen aus Organen besteht, die wie Muskeln und Sinneswerkzeuge mehr abhängig vom Willen des Ganzen, also sächlicher, und aus Organen, die, wie Herz, Magen, Leber, Eingeweide, mehr unabhängig von demselben, also persönlicher erscheinen"[40]. In sehr ähnlicher Weise bestimmte wiederum Schlegel das organische Staatsdenken: Man müsse, wenn man den verderblichen Folgen eines abstrakt-mechanistischen und damit revolutionären Politikverständnisses entgehen wolle, davon ausgehen, „daß sich jene verschiedene Gesellschaftsformen und Arten, oder Abteilungen und Sphären des Menschenvereins, wie die Glieder und Organe des menschlichen Körpers, gegenseitig nicht hemmen und stören, sondern zusammenwirkend unterstützen und wechselseitig heben und tragen sollen, wenngleich ein Glied dem andern untergeordnet, oder über die andern gesetzt sein kann und soll"[41].

Mit dieser letzten Bemerkung ist bereits deutlich formuliert, wogegen sich das organologisch-anthropomorphe Staatsverständnis richtet: gegen den als revolutionär angesehenen Gleichheitsgedanken. Wie die Organe eines Organismus, eines menschlichen Körpers von unterschiedlicher Qualität und Bedeutung sind, so nehmen auch die einzelnen Angehörigen eines – in dieser Weise aufgefaßten – Gemeinwesens eine notwendigerweise politisch ungleiche Stellung ein: Denn Herz und Hirn sind für das Dasein eines organischen Ganzen von zentralerer Bedeutung als etwa Hand oder Fuß.

Insofern verwundert es nicht, daß die Spätromantiker ihren Hauptgegner in einer, wie Schlegel dies ausdrückte, „gewisse[n] rein mathematischen[n] Staatsansicht und Staatsbehandlung" erblickten, die „gar nicht bloß der republikanischen oder liberalen Partei und Sekte eigen" sei, „sondern ebensosehr bei vielen der legitimsten Regierungen gefunden" werden könne.[42] Und Eichendorff wie-

38 Schlegel, Kritische Ausgabe (Anm. 17), Bd. X, S. 253.

39 Siehe dazu die Bemerkungen in der Einleitung von Arno Duch zum zweiten Band seiner Görres-Auswahledition (Anm. 15), S. XXIV ff.

40 Müller, Schriften zur Staatsphilosophie (Anm. 13), S. 223.

41 Schlegel, Kritische Ausgabe (Anm. 17), Bd. VII, S. 539.

42 Ebd., S. 495.

derum konnte um 1830 das vergangene Heilige Römische Reich Deutscher Nation als wahrhaft organisches Gebilde den rein mechanistisch ausgestalteten – und daher von ihm als zutiefst defizitär angesehenen – Staaten der Gegenwart gegenüberstellen: „Wenn nach der früheren Einrichtung Deutschlands der Staat durch Religion, ehrwürdige Gewohnheiten, eigentümliche Sitten und durch eine innige Verbrüderung vom Lehnsverbande bis zu den Zünften hinab ein geistiges, organisch lebendiges Ganze bildete, so wurde nunmehr, mit offenbarer Geringschätzung aller moralischen Triebfedern, die Macht jedes Staates einzig nach statistischen Tabellen, nach der günstigen oder ungünstigen Handelsbilanz und nach Kanonen berechnet. Das Prinzip des Lebens, das gesunde Verhältnis zwischen Seele und Körper des Staats war gestört, die verlorene und verkannte Gewalt der inneren Würdigkeit sollte einzig und allein zuverlässiger vertreten werden durch die äußere Gewalt der Waffen. Und so wurde denn der schöne deutsche Wald, wo Stamm an Stamm in lebendiger mannigfaltiger Eigentümlichkeit die starken Arme ineinanderwob zur grünen Burg der Freiheit, in mechanischer Gleichförmigkeit zu der großen Schlag- und Schlachtmaschine der stehenden Heere verzimmert"[43].

In diesen charakteristischen Formulierungen finden sich bereits wie in einem Brennspiegel zentrale Elemente der spätromantischen politischen Ideenwelt: sowohl die von tiefer *Religiosität* und einer mit dieser eng zusammenhängenden *Naturfrömmigkeit* bestimmte *organische Staatsauffassung* wie gleichzeitig eine scharfe *Kritik an zentralen Manifestationen der politischen Moderne:* dem Auseinanderbrechen traditioneller Lebensordnungen wie der Stände und der Zünfte sowie dem Primat des Militärischen und eines rein rechnerisch-rational bestimmten Wirtschaftslebens.

IV. Dem organischen Denken der politischen Romantiker entsprach es, daß politische Entwicklungen mit den natürlichen Wachstumsvorgängen in Parallele gesetzt wurden; Umstürze und Revolutionen erschienen in dieser Perspektive als ebenso unnatürlich wie krankhaft, als ein einander abwechselndes Wüten der Extreme.[44] Joseph Görres hat diesem Umschlag von der anarchischen Revolution zum diktatorischen Despotismus als eine Entwicklung mit eigener innerer Logik beschrieben: Wenn durch die „Raserei" einer Revolution „endlich Schritt vor Schritt die ganze Leiter menschlichen Frevels durchlaufen, alles Bestehende

---

[43] Eichendorff, Werke und Schriften (Anm. 23), Bd. IV, S. 1147 f.

[44] Zur romantischen Revolutionskritik in Deutschland vgl. die an Materialfülle bisher unüberholte, daher weiterhin grundlegende Arbeit von Andreas Müller, Die Auseinandersetzung der Romantik mit den Ideen der Revolution, in: Romantikforschungen, Buchreihe der Deutschen Vierteljahrsschrift für Literaturwissenschaft und Geistesgeschichte, Bd. 16, Halle/S. 1929, S. 243–333.

gestürzt, alles Feste zerschmettert, alles Hohe geschleift, aller Besitz gewechselt" sei, trete „als notwendiger Gegensatz wieder die Herrschaft der Einheit ein, die anfangs die ermüdeten Kräfte leicht bezwingt, dann aber, da das im Innersten aufgeregte Leben große Widersprüche und die heftigsten zentrifugalen Richtungen geweckt, notwendig scharf und eng die Masse zusammengreifend, nach und nach sich zum höchsten *Despotismus* steigert und wieder eine andere entgegengesetzte Stufenfolge von Freveln durchläuft, bis endlich eine äußere und innere Katastrophe [...] die Extreme wieder gegen die Mitte lenkt. Das ist der Gang, den die englische wie die französische und jede andere Revolution genommen; eine deutsche würde von dieser Naturordnung keine Ausnahme machen"[45].

Das politische Denken der deutschen Spätromantiker ist nun geradezu darauhin angelegt, eben dieser – von ihnen gewissermaßen als historisch-politische Krankheit begriffenen – Entwicklung gedanklich entgegenzuarbeiten und statt dessen die fundamentale Bedeutung von Kontinuität und Tradition als Voraussetzung sinnvoller und friedlicher politischer Existenz hervorzuheben. „Je stärker das Brausen der Masse sich vernehmen läßt", bemerkt denn auch Görres, „je weiter der Schwindel, der die Regierungen ergriffen, die dunkel sie umkreisenden Bogen schlägt; um so dringender ist es, daß die Parteien überall wenigstens bis zu dem Punkte sich verständigen, daß die wirbelnde, gärende Bewegung in eine fließende sich verwandelt und dadurch vorläufig die Gefahr des Durchbrechens aller Dämme abgewendet wird"[46].

Auch Friedrich Schlegel erkannte im „Drang zum Neuen" und der damit zusammenhängenden Abwertung des Vergangenen eine der Hauptgefährdungen der Gegenwart: „Es kann nichts wahrhaft Neues und dauerhaft Lebendiges aus dem Leeren hervorgehen; und wenn der Zusammenhang der organischen Entwicklung einmal unterbrochen ward, so bleibt, wo noch Kraft und Leben vorhanden ist, nur die revolutionäre Unruhe zurück, deren falsche Geburtswehen nichts Dauerndes ans Licht zu bringen vermögen, sondern nur zum moralischen Tode, und zu einer chaotischen Auflösung und allgemeinen Zerstörung alles früher Bestandenen und nicht mehr lebendig Bestehenden führen"[47]. Und Baader wiederum betonte, es sei dringend erforderlich, den „Zustand der ungestümen Aufregung der Sozietät" baldmöglichst zu beenden, „da derselbe in der Tat

---

[45] J. v. Görres, Auswahl in zwei Bänden (Anm. 15), Bd. II, S. 105; vgl. auch die Bemerkung von Schlegel, Kritische Ausgabe (Anm. 17), Bd. X, S. 155: „Die ganze Weltgeschichte ist eigentlich nur ein fortgehender Kampf zwischen dem reinigenden Feuer der göttlichen Strafgerichte und diesem in der zwiefachen Gestalt der Anarchie und des Despotismus immer von neuem sich regenden politischen Lügengeiste".

[46] Görres, Auswahl in zwei Bänden (Anm. 15), Bd. II, S. 106 f.

[47] Schlegel, Kritische Ausgabe (Anm. 17), Bd. VII, S. 537.

[…] gefahrvoll für jeden ist, und jeder Rechtlich- und Gutgesinnte, die freie Evolution der Sozietät aufrichtig Wollende, von Herzen wünschen muß, daß dieser nicht evolutionären sondern revolutionären, nicht wachstümlichen und vorwärts sondern zerstörenden und rückwärts gehenden Bewegung der Sozietät ehebaldigst ein Ende gemacht werden möchte"[48].

Freilich waren sich die Spätromantiker in ihrer Einschätzung über die *Art und Weise*, in der Kontinuität zu sichern sei, *welche* Traditionen wiederaufgenommen werden könnten und welche *nicht* mehr, durchaus uneinig. So findet sich etwa bei Friedrich Schlegel die eher pessimistische Auffassung, zwischen 1789 und 1815 sei so viel an traditioneller politischer Lebenssubstanz zerstört worden, daß eine direkte Anknüpfung an die alte Welt vielfach unmöglich geworden sei[49]; er gab sich dagegen der – auch noch ausgesprochen vage formulierten – Hoffnung hin, die Umbrüche der Gegenwart als schmerzhaften Erziehungsprozeß deuten zu können: „ [I]st es nicht denkbar", fragte er, „daß auch die Menschheit im Großen, daß Nationen und Staaten, sowie ganze Zeitalter […] von der Vorsehung geleitet und durch eine lange Reihe peinlicher und drückender, aber fruchtbarer und heilsamer Zustände und Erfahrungen, zu der Erkenntnis des Rechten, sowie zum rechten Leben selbst hinaufgeführt werden sollen?"[50]

Anders dagegen Adam Müller, für den das Fortleben traditioneller Ordnungen auch in der eigenen Gegenwart nach 1815 eine nicht anzuzweifelnde Tatsache darstellte: „Warum aber besteht nichtsdestoweniger eine gewisse Ordnung der Dinge? Weil der Knochenbau des alten Europa, der sie trägt, noch nicht in Staub zerfallen, weil 30 Jahre der Zügellosigkeit das alte Kapital dieses Weltteils nicht zu verschwenden vermocht haben und weil die Macht der Gewohnheit, der Liebe, der Anhänglichkeit an Stand und Staat ewig mächtiger ist, als alle Liberalität der Theorien. Sie überwindet schweigend das Konstitutions- und Gleichheitsgeschrei des Jahrhunderts. Der einfache Landmann unter dem täglichen Einfluß der Jahreszeiten und des Segens Gottes, der stille Handwerker, die unscheinbaren Teilnehmer des gemeinen Wesens, sind die Erhalter unserer Stände und Freiheiten, retten die Gesinnung, welche Europa groß gemacht"[51].

---

48 F. v. Baader, Schriften zur Gesellschaftsphilosophie (Anm. 21), S. 264.

49 Vgl. Schlegel, Kritische Ausgabe (Anm. 17), Bd. VII, S. 484 ff.; kennzeichnend auch die Bemerkung ebd., 488: „Jener eine Hauptirrtum des Zeitalters, *daß die Revolution* schon abgeschlossen und beendigt sei, wird ohnehin kaum noch jemanden zu täuschen vermögen, oder irgendwo Glauben finden können; da die Tat und die Zeit selbst hier den Gegenbeweis geführt haben".

50 Ebd., S. 486.

51 Müller, Schriften zur Staatsphilosophie (Anm. 13), S. 243; es heißt bezeichnenderweise weiter: „Die Weisen im Lande aber und ihre Wissenschaften, und die Mächtigen, Gebildeten und Großen sind es, welche gegen jene wahren Freiheiten mit ihrer Liberalitätsgleißnerei, ihrem reinen Ertrage, ihrer Geldphilosophie und allen Trugbildern

Dieses Vertrauen auf die normative Kraft des Faktischen gewissermaßen, auf die – sich gleichsam von selbst wieder durchsetzende – Macht von Herkommen und Tradition in der alltäglichen Lebenswelt, wie Müller sie vertrat, haben allerdings nicht alle Vertreter der politischen Spätromantik zu teilen vermocht.

Es verwundert nicht, daß der Untergang des Heiligen Römischen Reiches Deutscher Nation von den Spätromantikern als katastrophaler Bruch einer tausendjährigen, bewährten Kontinuität angesehen wurde und damit als eine der Hauptursachen für die immer noch gefährdete politische Situation nach 1815. So sah Friedrich Schlegel den Reichsdeputationshauptschluß – in seinen Worten: „jene, soviele alte Institute vernichtende Zerstückelung und Verschleuderung des Reichs von 1803, die in jedem der nachfolgenden unseligen Friedensschlüsse weiter fortgesetzt […] ward“[52] – als eine zentrale Voraussetzung der Zerstörung der alten kirchlichen (und damit auch moralisch-politischen) Ordnung Deutschlands an, und Franz von Baader erkannte im Niedergang des Rechtsgedankens und überhaupt des allgemeinen Glaubens an die Gültigkeit des Rechts in Deutschland eine der schlimmsten Folgen der „von Napoleon geschehene[n] Zerstörung der deutschen Reichs- und Rechtsverfassung […], welche trotz ihrer vielen Gebrechen doch die Idee und den Glauben an ein hohes *Völker-Rechtsgeschworenengericht* sowohl in Deutschland als in der Welt aufrecht hielt, d. h. die Idee oder die Überzeugung, daß nicht die gros bataillons, sondern das öffentlich verhandelte, anerkannte und ausgesprochene Recht die Person wie das Eigentum jedes Deutschen beschirmte“[53].

Der historische Kontinuitätsgedanke war den Romantikern in besonders eindringlicher Weise durch Edmund Burkes „Reflections on the Revolution in France“ von 1790 vermittelt worden. Der britische Politiker und Schriftsteller hatte hier seine eigenartige Version einer konservativen Staatsvertragstheorie entwickelt und „society“ als „indeed a contract“ definiert: Darunter verstand er nichts anderes als „a partnership not only between those who are living, but between those who are living, those who are dead, and those who are to be born“[54]. Unter den Spätromantikern war es Franz von Baader, der sich diesen

---

der Begierde ankämpfen. Der Widerspruch zwischen diesem Wahne und jener Realität wird täglich empfindlicher, die Not der Regierungen und Völker größer. Die Bekehrung ist nahe, unser ganzes Verderben ist unsere Gottesvergessenheit“ (ebd.).

52 Schlegel, Kritische Ausgabe (Anm. 17), Bd. VII, S. 510.

53 F. v. Baader, Schriften zur Gesellschaftsphilosophie (Anm. 21), S. 269; vgl. auch die oben (Anm. 43) zitierte Äußerung Eichendorffs!

54 E. Burke, Reflections on the Revolution in France (1790), Harmondsworth 1982, S. 194 f.; weiter heißt es (und auch dieser Gedanke dürfte den Romantikern sehr eingeleuchtet haben!): „Each contract of each particular state is but a clause in the great primaeval contract of eternal society, linking the lower with the higher natures, connecting the visible and invisible world, according to a fixed compact sanctioned by the

Gedanken aneignete: „Das Zeitleben jedes Organismus und also auch des Staates ist selber nur ein beständiges Sichausgleichen und Sichvertragen der Vergangenheit mit der Zukunft, so wie dieser mit jener durch die Gegenwart und in ihr, und die Funktion seines Vitalprinzips ist eben keine andere als die Kontinuität der Evolution des Lebens gegen jene doppelte revolutionierende Hemmung zu schirmen und frei zu halten, von welchen die eine das Werdende zurück- oder abzuhalten strebt, die andere das Gewordene zurückzustoßen oder gar zu tilgen. Die Regierung muß also nicht minder das Recht des Gewordenen und jenes des Werdenden schützen und verbürgen, und eine Regierung, welche sich ausschließlich der Vergangenheit zuwendete, ginge der Versteinerung zu, so wie jene, welche ausschließlich [...] dem Zeitgeist huldigend und sich von der Geschichte losreißend, der Zukunft sich zuwendete, der Verwesung oder Verflüchtigung zuginge“[55].

Die geschichtliche Bewegung und Veränderung war also, wie diese Bemerkungen deutlich zeigen, ein Faktum, das die spätromantischen Denker keineswegs ignorierten. Es kam ihnen nur darauf an, die – wie Görres es ausdrückte – „rechte Mitte“ zwischen Vergangenheit und Gegenwart zu finden[56]. Das Heil liege nicht in der Zerstörung des Vergangenen, betonte Eichendorff, aber – wie er unmißverständlich hinzufügte – „ebensowenig [...] in der unbedingten Wiederkehr zum Alten, denn in der Weltgeschichte gibt es keinen Stillstand“[57]. Gerade weil „das Leben des einzelnen wie der Völker nichts Stillstehendes, sondern, eben weil es lebt, eine ewig wandelnde, fortschreitende Regeneration sei“, wäre es „ein, wo nicht frevelhaftes, doch jedenfalls vergebliches Beginnen [...], irgendeinen historischen Zustand, der ja nur als einzelnes Glied der großen Kette relative Bedeutung hat, als Norm für ewige Zeiten festhalten zu wollen“[58].

---

inviolable oath which holds all physical and all moral natures, each in their appointed place“ (ebd., S. 195).

[55] F. v. Baader, Schriften zur Gesellschaftsphilosophie (Anm. 21), S. 276 f.; im Anschluß daran heißt es ausdrücklich: „Burke hat darum ohne Zweifel die Idee des Sozial- Kontrakts am richtigsten gefaßt, indem er sagte, daß die Sozietät zu jeder Zeit ein Gesellschaftsvertrag der Lebenden mit den noch Ungeborenen sowohl, als mit den Verstorbenen sei“ (ebd., S. 277).

[56] Vgl. Görres, Auswahl in zwei Bänden (Anm. 15), Bd. II, S. 115: „[E]s wird sich [...] leicht die *rechte Mitte* finden, wo die Vergangenheit ihr Recht erhält, die auch einst Gegenwart gewesen, und die Gegenwart, die einst als eine Vergangenheit hinter die kommenden Zeiten tritt, sich nicht selbst aufgeben darf. Denn aus Zeiten wird die Geschichte, wer *eine* negiert, muß alle verneinen, die vorangegangen“.

[57] Eichendorff, Werke und Schriften (Anm. 23), Bd. IV, S. 1183.

[58] Eichendorff, Werke und Schriften (Anm. 23), Bd. IV, S. 1294; ähnlich auch Schlegel, Kritische Ausgabe (Anm. 17), Bd. X, 277: „[A]uch diese auf einer christlichen, mithin milden Absonderung und Teilung der Stände beruhende, organisch-geordnete Staatsver-

Diese letzte Bemerkung freilich ließ sich nicht nur als Selbstkritik eines allzu vergangenheitsfixierten romantischen Konservatismus lesen, sondern auch als ganz aktueller Tadel an der liberalen Staatsund Verfassungstheorie des Vormärz. Allerdings ließ es der korrekte preußische Beamte Eichendorff mit dieser Andeutung bewenden.

V. Die außenpolitischen Vorstellungen[59] und Konzepte der deutschen Spätromantiker sind vor allem durch zwei Aspekte geprägt: Erstens durch die – oft sehr persönliche und unmittelbare – Erfahrung der Umbruchs- und Revolutionsepoche zwischen 1789 und 1815, die zugleich eine Ära intensiver kriegerischer Auseinandersetzungen gewesen ist – angefangen bei den Revolutionskriegen über die Feldzüge Napoleons bis hin zu den Befreiungskriegen der Jahre 1813 bis 1815. Zweitens aber durch eine vierfache Frontstellung: Sowohl gegen den aufgeklärten Kosmopolitismus des 18. Jahrhunderts, gegen den despotischen Imperialismus, wie er beispielhaft von Napoleon verkörpert worden war, sodann gegen die seit Machiavelli in Europa virulente Idee der Staatsräson als reiner Technik der Macht, schließlich aber auch gegen die ersten Anzeichen des modernen Nationalismus, die sich in dieser Zeit bemerkbar machten.

Hier konnte man an das in jeder Hinsicht grundlegende Dokument der politischen Frühromantik, Novalis' Vortrag „Die Christenheit oder Europa“[60] von 1799, anknüpfen, denn bereits in diesem Text war das auch von den Spätromantikern vertretene Ideal eines einheitlichen, von christlichen Werten und Lebensordnungen geprägten, „engen Zusammenschlusses aller Völker und Mächte Europas zu einer dauerhaften, übernationalen und universalen Lebens- und Friedensordnung“[61] vorgedacht, wenn auch noch nicht im Detail ausgeführt und begründet worden.[62]

---

fassung [muß] jedes historisch Neue aufmerksam beachten, und sobald es sich wahrhaft als ein solches bewährt, rechtlich anerkennen, und in ihre alte Ordnung einfügen“.

59 Hierzu grundlegend Kroll, Friedrich Wilhelm IV. und das Staatsdenken der deutschen Romantik, (Einzelveröffentlichungen der Historischen Kommission zu Berlin, Bd. 72), Berlin 1990, S. 143 ff.; aus der älteren Literatur: V. Valentin, Geschichte des Völkerbundgedankens in Deutschland. Ein geistesgeschichtlicher Versuch, Berlin 1920, S. 53 ff.

60 Novalis, Die Christenheit oder Europa. Ein Fragment (1799), in: ders, Schriften. Die Werke Friedrich von Hardenbergs, hg. v. P. Kluckhohn/R. Samuel, Bd. III, 2. Aufl., Stuttgart 1968, S. 507–524.

61 Kroll, Friedrich Wilhelm IV. und das Staatsdenken der deutschen Romantik (Anm. 59), S. 148.

62 Zur Rezeption des Novalis in der Spätromantik vgl. auch die sehr treffende Feststellung von R. Samuel, Die poetische Staats- und Geschichtsauffassung Friedrich von

Insbesondere der Freund und Gefährte des Novalis, Friedrich Schlegel, hat diesen Europagedanken in der Ära nach 1815 wieder aufgenommen und umfassend erneuert. „Sollte es nicht denkbar sein", fragte er 1827, „in einem höhern Prinzip der christlichen Gerechtigkeit einen gemeinsamen moralischen Einheitspunkt für die europäische Staaten-Welt zu finden und allmählich zu gründen?"[63] Bereits fast zwei Jahrzehnte früher hatte Adam Müller ganz in diesem Sinne – dem Gedanken der Staatsräson scharf widersprechend – die Idee eines Bundes der christlichen Völker entwickelt: „Es muß [...] ein Gesetz geben, das noch höher ist, als die Selbsterhaltung des individuellen Staates, einen Bund zu gegenseitiger Garantie unter den individuellen Staaten; und dieses Gesetz muß mit seiner Notwendigkeit jeden einzelnen Staat bis in seine geheimste Stelle, es muß jeden einzelnen Bürger durchdringen. Woher anders könnte dieser Geist zu schöpfen sein als aus der Religion der Gegenseitigkeit, die schon einmal Völker von den mannigfaltigsten Sprachen und Sitten innig miteinander verband?"[64]

Nach dem Niedergang des napoleonischen Systems und der Neuordnung Europas im Jahre 1815 schienen die Möglichkeiten für eine solche Neuordnung und damit für die Errichtung einer dauerhafteren Friedensordnung zuerst in greifbare Nähe gerückt. Welche Formen diese auf das gemeinsame christliche Bekenntnis gegründete Neuordnung Europas im einzelnen haben sollte, darüber gab es unterschiedliche Auffassungen. So schwebte etwa Friedrich Schlegel die Idee eines den Frieden des Kontinents verbürgenden europäischen Zentrums vor, das – anknüpfend an das von ihm verklärend beschriebene Vorbild der mittelalterlichen Kaiser oder auch der Ära Karls V. – durch ein habsburgisches Universalkaisertum ausgefüllt werden sollte.[65] Freilich blieb auch ein solches

---

Hardenbergs (Novalis), Frankfurt/M. 1925, S. 300: „In der Spätromantik wirken sich die inhaltlichen Errungenschaften der Novalisschen Geschichtsphilosophie voll aus. Gerade die eingehende Analyse der frühromantischen Geschichtslehre des Novalis erweist, daß hier fast alle Elemente der Spätzeit im Keime vorliegen [...] Eine eingehende Auseinandersetzung mit Hardenbergs Geschichtsauffassung legt erst richtig den Weg frei für die endgültige Erhellung der Tendenzen der Spätzeit".

63 Schlegel, Kritische Ausgabe (Anm. 17), Bd. X, 279.

64 Müller, Die Elemente der Staatskunst (1808/09), Meersburg/Leipzig 1936, S. 395 f.

65 Vgl. Schlegel, Kritische Ausgabe (Anm. 17), Bd. VII, 527: „Wenn [...] die Erinnerung an das ehemalige Kaisertum und seine Größe in vielen deutschen Gemütern unverlöschlich bleibt; so kann man dieses historisch tiefe Gefühl der Vergangenheit gern teilen, da vielleicht nie im ganzen Lauf der Weltgeschichte, eine größere, organisch reichhaltigere und so lebendig freie Idee im politischen Leben wirklich geworden ist, als diese Idee des altdeutschen christkatholischen Kaisertums, wie es von König *Konrad dem Ersten* bis auf *Karl den V.*, vor der entschiedenen religiösen Teilung der Nation, zwar vielfach abwechselnd, aber immer herrlich und fruchtbar an neuem Leben, bestanden hat"; vgl. zum Zusammenhang auch Hendrix, Das politische Weltbild

für ihn nur einen „Schritt weiter auf der großen Stufenleiter, eine Annäherung und eine Vorarbeit zu dem allgemeinen, allumfassenden Frieden Gottes, der höher ist als alle Vernunft“[66].

Die Vertreter einer realistischeren Version des spätromantischen Europadenkens setzten ihre Hoffnungen auf die Heilige Allianz, ein Bündnis, das der Zar von Rußland, der Kaiser von Österreich und der König von Preußen 1815 miteinander geschlossen hatten. In dem von Alexander I. von Rußland – übrigens unter dem maßgeblichen Einfluß Franz von Baaders[67] – entworfenen Vertragstext hieß es ausdrücklich, die drei Majestäten hätten „die tiefe Überzeugung gewonnen, daß der Kurs, den die Mächte früher in ihren gegenseitigen Beziehungen angenommen hatten, von Grund auf geändert werden muß, und daß es dringlich ist, daran zu arbeiten, daß an seine Stelle eine Ordnung der Dinge gesetzt wird, die sich einzig auf die erhabenen Wahrheiten gründet, welche uns die ewige Religion des göttlichen Heilands lehrt“. In diesem Dokument erklärten die Monarchen deshalb „feierlich, daß der gegenwärtige Akt nur den Zweck hat, vor aller Welt ihren unerschütterlichen Entschluß zu bekunden, daß sie in Zukunft zur Richtschnur ihres Verhaltens im Innern ihrer Staaten wie in den politischen Beziehungen zu jeder anderen Regierung nur die Gebote dieser heiligen Religion nehmen wollen, Vorschriften der Gerechtigkeit, der Liebe und des Friedens, die nicht nur auf das Privatleben anwendbar sind, [...] sondern besonders die Entschlüsse der Fürsten beeinflussen und alle ihre Schritte lenken

---

Friedrich Schlegels (Anm. 16), S. 66 ff., 152 ff.; Ernst Behler, Friedrich Schlegel, Reinbek bei Hamburg 1966, S. 106 f.

66 Schlegel, Kritische Ausgabe (Anm. 17), Bd. X, 265 f.; vgl. auch die Bemerkungen bei Lorenz, Deutschland und Europa (Anm. 16), S. 322. – Bescheidener muten dagegen die 1821 formulierten Schlußworte in Görres' „Europa und die Revolution“ an; J. Görres, Gesammelte Schriften, hg. im Auftrage der Görres-Gesellschaft v. W. Schellberg, Bd. XIII, Köln 1929, S. 284: „Daß die Staaten in ihren inneren Verfassungen und in ihrem äußeren wechselseitigen Verkehr im Kriegs- und Friedensstande, aus jenen unnatürlich gespannten, angestrengten, gewaltsamen Verhältnissen, in die sie unersättliche Eigensucht, frevelnde Gewalt und eine nichtswürdige Politik hinaufgetrieben, zu einfacheren, natürlichen, menschlich und christlich mildern zurückkehren müssen, wenn Ruhe und Zufriedenheit gedeihen sollen, darüber geht ein Ruf und Wink durch die ganze europäische Gesellschaft, und es mögte rathsam seyn, endlich darauf zu hören“.

67 Vgl. hierzu R. Wetzlar, Die heilige Allianz. Von 1815 bis zum Ausbruch des russisch-türkischen Krieges 1827 und ihre Fortwirkung in der deutschen Publizistik, phil. Diss. (masch.) Heidelberg 1922, passim; die Bedeutung Baaders arbeiten vor allem heraus F. Büchler, Die geistigen Wurzeln der heiligen Allianz, phil. Diss. Freiburg i. Br. 1929, S. 10 ff., 49 ff., 61 ff. und H. Schaeder, Autokratie und Heilige Allianz. Nach neuen Quellen (zuerst 1934), 2. Aufl., Darmstadt 1963, S. 46 ff., 65 ff..

sollen als das einzige Mittel zur Befestigung der menschlichen Einrichtungen und zur Heilung ihrer Unvollkommenheiten"[68].

Die Formulierungen dieses Vertrages, auf den auch Görres und Adam Müller zeitweilig ihre Zukunftshoffnungen für Europa setzten[69], zeigen sehr deutlich, daß die politischen Ideen der deutschen Spätromantiker sich im Kontext ihrer eigenen Zeit, also der Ära nach 1815, keineswegs so fremdartig ausnahmen, wie dies aus der Rückschau erscheinen mag. Auch wenn man heute weiß, daß die Heilige Allianz sich als Staatenbündnis wie als Richtschnur für politisches Handeln nicht bewährte, bleibt es doch eine ebenso bemerkenswerte wie charakteristische Tatsache, daß sich in einem politischen Abkommen, das von dreien der mächtigsten europäischen Monarchen dieser Zeit geschlossen wurde, Ideen, Begriffe und Redewendungen finden, die ihrem Tenor nach direkt einem romantischen politischen Traktat entnommen sein könnten.

---

[68] Zit. nach W. Schwarz, Die Heilige Allianz. Tragik eines europäischen Friedensbundes, Stuttgart 1935, S. 52; der französische Originaltext findet sich in: E. R. Huber (Hg.), Dokumente zur deutschen Verfassungsgeschichte, Bd. I: Deutsche Verfassungsdokumente 1803–1850, 3. Aufl., Stuttgart/Berlin/Köln/Mainz 1978, (Nr. 29), S. 83 f.. – Wichtig neuerdings die Studie von W. Pyta, Idee und Wirklichkeit der „Heiligen Allianz", in: Neue Wege der Ideengeschichte. Festschrift für Kurt Kluxen zum 85. Geburtstag, hg. v. F.-L. Kroll, Paderborn/München/Wien/Zürich 1996, S. 285–314.

[69] Görres, Die heilige Allianz und die Völker, auf dem Congresse von Verona (1822), in: Görres, Gesammelte Schriften (Anm. 66), Bd. XIII, S. 413–486; freilich mahnte Görres für die Zukunft ein konsequenteres Eingehen der christlichen Monarchen Europas auf die berechtigten Forderungen ihrer Völker an; vgl. auch den aufschlußreichen Artikel Müllers über die Heilige Allianz vom Mai 1828, abgedruckt in J. Baxa (Hg.), Adam Müllers Lebenszeugnisse, München/Paderborn/Wien 1966, Bd. II, S. 940–942. Müller bemerkt zwar, daß „die ächt christliche Politik der heiligen Allianz, wenn sie nach nichts Geringerem trachtete, als nach erhaltender Gerechtigkeit und Frieden, [...] einem Zeitalter nicht gefallen [konnte], welches in seinem Übermuthe die Beglückung der Welt voran –, und diesem Zwecke die Gerechtigkeit nachgesetzt [...] hatte". Doch er fährt fort: „Nichtsdestoweniger hat weder die Unpopularität der heiligen Allianz, noch die schwere Prüfung, welcher dieses einzig mögliche System eines christlichen Völkerrechts dadurch unterzogen wurde, daß eines der wichtigsten Glieder des europäischen Staatenvereins, nämlich England, demselben nur mit halber Seele beitreten konnte, weil es seit mehr als einem Jahrhunderte den unchristlichen Vorrang der sogenannten öffentlichen Wohlfahrt vor der Legitimität in seine Landesconstitution aufgenommen hatte – verhindern können, daß die Allianz selbst fortbesteht, und hiebei [sic] wird es auch künftig sein Bewenden haben. Salus publica (non suprema, sed) secunda lex esto!" (ebd., S. 941).

VI. Bei den Ideen der Spätromantiker über Staat und Verfassung dürfte es sich um diejenigen Elemente ihres politischen Denkens handeln, die man noch am ehesten als zeitgebunden und nur aus den Bedingungen der Epoche heraus erklärbar ansehen muß. Stärker als anderswo versuchten sie gerade hier an – wirkliche oder vermeintliche – mittelalterliche Vorbilder anzuknüpfen; bereits 1806 hatte Friedrich Schlegel seine „Vorlesungen über Universalgeschichte" mit den bezeichnenden Formulierungen beschlossen: „Die Aufgabe der Politik dürfte [...] wohl keine andere sein als die Verfassung des Mittelalters, wovon ja ohnehin noch so vieles übrig ist, was gar nicht zerstört werden kann, ohne die Bildung des Menschengeschlechtes mitzuzerstören, einerseits wiederherzustellen und andererseits zu vollenden"[70]. Auch Görres lobte das Mittelalter ausdrücklich für die Art und Weise, wie es „alle seine Institutionen ordnete, daß alles harmonisch zusammenstimmend in einen schnellkräftigen, gesunden, blühenden Staatskörper sich vereinigte"[71].

Dieser Idealisierung eines verklärten Mittelalters entsprach eine konsequente Ablehnung der modernen Staatsauffassung; so bezeichnete Adam Müller die staatsphilosophischen Vertragstheorien als „wunderliche und nichtige Konstruktionen" und als „Notbehelfe der endlichen Vernunft, die sich zum Gehorsam gegen die göttlichen Offenbarungen nicht entschließen kann"[72], und auch Eichendorff betonte nachdrücklich, der Staat sei keine, „durch einen ich weiß nicht wann und wie geschlossenen Vertrag, errichtete Vereinigung mehrerer Menschen zur Sicherung ihres irdischen Eigentums", sondern – ganz im Gegenteil – „eine geistige Gemeinschaft [...] zu einem möglichst vollkommenen Leben durch Entwickelung der Geistes- und Gemütskräfte im Volk"[73].

---

[70] Schlegel, Kritische Ausgabe (Anm. 17), Bd. XIV, S. 256. Auch 1827 hat er an dieser Einschätzung des Mittelalters unverändert festgehalten; vgl. etwa ebd. Bd. X, S. 260: „Gewiß [...] bleibt diese politische Verfassung des Mittelalters in der besten Zeit desselben eine höchst merkwürdige, ganz christlich eigentümliche, und in ihrer Art sehr große historische Erscheinung; ebenso kraftvoll und würdig an der monarchischen Seite, als irgendwo sonst in den glänzendsten Epochen der Welthistorie, und noch mannigfaltiger und reicher nach der innern Entwicklung in den republikanischen Bestandteilen und Gliedern, ja wahrhaft freier als selbst unter den gepriesensten jener gemischten Konstitutionen der modernen Zeit".

[71] Görres, Auswahl in zwei Bänden (Anm. 15), Bd. II, S. 108.

[72] Müller, Schriften zur Staatsphilosophie (Anm. 13), S. 219; vgl. dazu auch die treffenden Bemerkungen bei Näf, Der Staat im Zeitalter der Romantik Anm. 25), S. 158 f.

[73] Eichendorff, Werke und Schriften (Anm. 23), Bd. IV, 1150. Der konsequenteste und unerbittlichste konservative Kritiker der Vertragstheorie war der – manchmal, so von Näf, Der Staat im Zeitalter der Romantik (Anm. 25), S. 157, der politischen Romantik zugerechnete – Schweizer Carl Ludwig von Haller, dessen Hauptwerk: Restauration der Staats-Wissenschaft oder Theorie des natürlich-geselligen Zustands der Chimäre

Friedrich Schlegel grenzte seinen Staatsbegriff scharf ab gegen jenen, so seine Formulierung, „alles Leben, Glück und Eigentum der Individuen verschlingenden Leviathan, welcher wie das feindliche Schicksal oder ein böser Dämon durch das Drama der Weltgeschichte hinzieht, und wenigstens im Hintergrunde derselben immer sichtbar bleibt“[74]. Diesem absoluten „Anti-Staat“[75] oder, wie er ausdrücklich sagt, „bösen Staat“, der als *historische Möglichkeit* gleichwohl immer vorhanden ist, stellt er den „wahre[n], organisch geordnete[n] Staat“[76] gegenüber, den organisch-korporativ aufgebauten christlichen Friedens- und Ständestaat: „Zwischen diesen beiden Korporationen, jener einfachsten und ersten, der Familie, als dem festen Grunde in der Tiefe, und dieser andern größten weltumfassenden, der Kirche, als dem erhellenden Himmel in der Höhe, steht nun der Staat, alle andern Stände, gesellschaftlichen Institute, alte und neue, wesentliche und ewige, oder bloß zufällige und vorübergehende Korporationen umfassend, belebend und tragend, leitend und lenkend, in der Mitte. Sein ganzes Sein und Wirken ist an diese Korporationen, wie an seine natürlichen Organe gebunden, er lebt und webt in ihnen, indem er selbst seinem inneren Wesen nach, auch nur eine bewaffnete Korporation, und großes Friedensinstitut ist; und so wie er diese Sphäre, als seine eigentliche Lebensluft verläßt, und sich als absolute Allgewalt, als Militärkraft, Despotismus oder Anarchie aus diesen legitimen Schranken, an die sein Wesen und seine glückliche Fortdauer gebunden sind, herausreißt, so untergräbt er seine eigne Lebenswurzel, und bereitet unvermeidlich sich selbst, früher oder später den Untergang“[77].

Der moderne Konstitutionalismus und mit ihm die Idee der geschriebenen Verfassung[78] verfiel einem scharfen Verdikt: Eine Konstitution im „Sinne des

---

des künstlich-bürgerlichen entgegengesezt [sic], Bde. I–VI, 2. Aufl. Winterthur, 1820–1834, eine einzige Polemik gegen die staatsphilosophische Vertragstheorie darstellt. Haller war zweifelsfrei kein Romantiker, dennoch haben seine politischen Schriften das Denken der Spätromantiker stark beeinflußt; vgl. W. H. v. Sonntag, Die Staatsauffassung Carl Ludwig von Hallers. Ihre metaphysische Grundlegung und ihre politische Formung (List-Studien, Bd. 2), Jena 1929; E. Reinhard, Karl Ludwig von Haller, der „Restaurator der Staatswissenschaft“ (Münsterer Wirtschafts- und Sozialwissenschaftliche Abhandlungen, Bd. 16), Münster 1933; H. Weilenmann, Untersuchungen zur Staatstheorie Carl Ludwig von Hallers. Versuch einer geistesgeschichtlichen Einordnung (Berner Untersuchungen zur Allgemeinen Geschichte, Bd. 18), Aarau 1955.

[74] Schlegel, Kritische Ausgabe (Anm. 17), Bd. VII, S. 547.

[75] Ebd., Bd. VII, S. 550.

[76] Ebd., Bd. VII, S. 547.

[77] Ebd., Bd. VII, S. 525 f.

[78] Vgl. hierzu etwa H. Hofmann, Zur Idee des Staatsgrundgesetzes, in: ders, Recht – Politik – Verfassung. Studien zur Geschichte der politischen Philosophie, Frank-

jetzigen Zeitgeistes" sei, so Schlegel, nichts anderes als „ein Stück Papier"[79], und Eichendorff kritisierte die, wie er sagte, „allzeit fertige Verfassungsfabrikation"[80] mit der Sentenz: „Der Buchstabe tötet immer und überall". Im übrigen führe „der pedantische Götzendienst mit allgemeinen Begriffen, unmittelbar und ohne historische Vermittelung auf das öffentliche Leben angewandt, notwendig zur Karikatur oder Tyrannei, wie die vorletzte französische Revolution sattsam erwiesen hat, wo vor lauter Freiheit kein rechtlicher Mann frei aufzuatmen wagte und wo unter der heiligen Ägide der Vernunft der lächerlichste Unsinn ganz ernsthaft getrieben wurde"[81].

Diese Ablehnung der Verfassungsurkunde resultierte nicht nur aus dem Gegensatz zum zeitgenössischen Liberalismus, sondern beruhte auch auf dem organischen Denkansatz der Romantik, die stets von der Idee einer sich historisch langsam entwickelnden politischen Grundordnung ausging. Eichendorff formulierte diesen Gedanken mit der für ihn charakteristischen Metaphorik: „Mit und in der Geschichte der Nation muß die Verfassung, wenn sie nicht eine bloße Komödie bleiben soll, organisch *emporwachsen*, wie ein lebendiger Baum, der, das innerste Mark in immergrünen Kronen dem Himmel zuwendend, sich selber stützt und hält und den Boden beschirmt, in dem er wurzelt"[82]. Der Ablehnung einer modernen Verfassung entsprach auch die Verneinung des parlamentarischen Zweikammersystems nach dem Vorbild Englands, das bereits vor und erst recht nach 1815 zu einem von vielen deutschen Liberalen, aber auch nicht wenigen Konservativen bewunderten Vorbild avancierte[83];

---

furt/M. 1986, S. 261–295; allgemein H. Mohnhaupt/D. Grimm, Verfassung. Zur Geschichte des Begriffs von der Antike bis zur Gegenwart (Schriften zur Verfassungsgeschichte, Bd. 47), Berlin 1995.

79 Schlegel, Kritische Ausgabe (Anm. 17), Bd. VII, S. 528.

80 Eichendorff, Werke und Schriften (Anm. 23), Bd. IV, S. 1285.

81 Ebd., Bd. IV, S. 1284.

82 Eichendorff, Werke und Schriften (Anm. 23), Bd. IV, S. 1368.

83 Vgl. hierzu u. a. G. Kaufmann, Die englische Verfassung in Deutschland, in: Hansische Geschichtsblätter 28 (1900), S. 1–22; T. Wilhelm, Die englische Verfassung und der vormärzliche deutsche Liberalismus. Eine Darstellung und Kritik des Verfassungsbildes der liberalen Führer, Stuttgart 1928; W. Pöggeler, Die deutsche Wissenschaft vom englischen Staatsrecht. Ein Beitrag zur Rezeptions- und Wissenschaftsgeschichte 1748–1914 (Vergleichende Untersuchungen zur kontinentaleuropäischen und anglo-amerikanischen Rechtsgeschichte, Bd. 16), Berlin 1995; H.-C. Kraus, Die deutsche Rezeption und Darstellung der englischen Verfassung im neunzehnten Jahrhundert, in: Aneignung und Abwehr. Interkultureller Transfer zwischen Großbritannien und Deutschland im 19. Jahrhundert, hg. v. R. Muhs/J. Paulmann/W. Steinmetz (Arbeitskreis Deutsche England-Forschung; Veröffentlichung 32), Bodenheim 1998, S. 89–126.

Schlegel sprach hier nur verächtlich von der „englische[n] Krankheit", die „alle Politiker und liberalen Staatsphilosophen schwindeln" mache und nach und nach „die Völker wie ein epidemisches Fieber" ergreife[84]; ähnlich urteilte auch Görres, der das englische Zweikammersystem als „leere Spiegelfechterei" und „bloße Staatskomödie" bezeichnete.[85]

VII. Die politischen Spätromantiker traten dagegen für den *Ständestaat* ein. Was sie allerdings hierunter verstanden, konnte in einzelner Ausprägung sehr unterschiedlich ausfallen. Ganz traditionalistisch argumentierten Görres und Baader, die beide für eine Restitution des alteuropäischen Dreiständesystems optierten – von ihnen als Einheit von „Lehrstand", „Wehrstand" und „Nährstand" umschrieben. Diese auf frühmittelalterliche, vermutlich sogar indogermanische Ursprünge zurückgehende Ständelehre[86], die sich ebenfalls im Staatsdenken Platons wiederfinden läßt, wandten sie auf die traditionelle Einteilung in *Kirche* (Lehrstand), *Adel* (Wehrstand) und einfaches *Volk* (Nährstand) an.[87] Görres

[84] Schlegel, Kritische Ausgabe (Anm. 17), Bd. VII, S. 527.

[85] Vgl. Görres, Auswahl in zwei Bänden (Anm. 15), Bd. II, S. 152 f.: „Eine solche Ordnung, indem sie durch beinahe gänzliche Absorption des geistigen Elementes die Dreiheit in eine Zweiheit verwandelt, führt alle Nachteile eines Gegensatzes herbei, der keine Bindung findet. Der Adel, der in der Pairskammer vorherrscht, kann seiner Natur nach nicht der Vermittler zwischen den Gemeinen und dem Throne sein; eben weil er ein Ausfluß der Majestät ist, wird er zwar von ihr beschattet, steht aber in der Regel auf ihrer Seite, und tritt daher in solchem Streite als Partei dem dritten Stande gegenüber. Es kämpft also in den Kammern jedesmal die Autorität mit der Freiheit um die Interessen; und wenn nun eine gegen die andere das Veto hat, so wird, da sich entgegengesetzte gleiche Kräfte vollkommen aufheben, das ganze Tun in allen wichtigen Dingen eine leere Spiegelfechterei, eine bloße Staatskomödie und Parade, wo zwar viel gefochten und auf- und abmarschiert, aber mit aller Anstrengung bloß ein Spiel und kein ernstes Geschäft betrieben wird".

[86] Vgl. O. G. Oexle, Die funktionale Dreiteilung der Gesellschaft bei Adalbéron de Laon. Deutungsschemata der sozialen Wirklichkeit im frühen Mittelalter, in: Frühmittelalterliche Studien 12 (1978), S. 1–54; J. Le Goff, Les trois fonctions indoeuropéennes. L'historien et l'Europe, in: Annales È. S. C. 34 (1979), S. 1187–1215; zum Thema grundlegend: G. Dumézil, Mythe et épopée, Bd. I: L'ideologie des trois fonctons dans les épopées des peuples indo-européens, Paris 1968.

[87] Vgl. Baader, Schriften zur Gesellschaftsphilosophie (Anm. 21), S. 388 f.; die anschaulichste Beschreibung ihrer ursprünglichen Ausprägung und Funktion findet sich bei Görres, Auswahl in zwei Bänden (Anm. 15), Bd. II, S. 138 f.: „So war also der *Lehrstand* wesentlich der Bewahrer aller göttlichen und menschlichen Weisheit, von Alter zu Alter durch die Tradition fortgepflanzt; er galt als der Inhaber des ganzen geistigen Vermögens, das in der Gesellschaft im Umlauf war; er vertrat im Staate selbst den *Logos*, das ordnende Prinzip […] – Der *Wehrstand*, in dessen Mitte und Schwerpunkt

kombinierte diese Lehre noch mit der organisch-anthropomorphen Staatstheorie, indem er den Lehrstand als das Haupt, den Wehrstand als die Arme und den Nährstand als den Leib des Gemeinwesens charakterisierte.[88]

Anders Friedrich Schlegel, der sich an der Entwicklung eines eigenen korporativen Staatsmodells versuchte. Der Staat, so führt er aus, entfalte sich geschichtlich in der Entwicklung seiner vier „durch alle Zeiten hindurchgehenden wesentlichen Korporationen", also durch sein „Verhältnis [...] zur *Familie* und zur *Kirche*, als der kleinsten und der größten aller organischen Menschenverbindungen oder Korporationen; dann zur *Gilde*, wenn es anders erlaubt ist, alle Arten von Gewerbe, Verkehr und Handel [...] mit diesem Ausdrucke zu bezeichnen; endlich auch zur *Schule*, worunter wir den Inbegriff des gesamten intellektuellen Lebens, und nicht bloß die gegenwärtige Gelehrten-Republik verstehen, sondern auch den Stufengang der wissenschaftlichen Überlieferung von der Vorwelt aus in die Nachwelt hinüber"[89].

Die von ihm auf den Begriff gebrachte „wahre Idee des christlichen Staats"[90] tritt in der Tat mit hohem ethischen Anspruch auf: Der christliche Staat sei „ein solcher [...], welcher die Würde des Menschen, und das Göttliche in seiner Bestimmung, in allen gesetzlichen Einrichtungen berücksichtigt, und jede wesentliche Verletzung dieses sittlichen Grundbegriffs meidet"[91]; eine seiner wesentlichen und grundlegenden Funktionen liege in der Ehrung des häuslichen Privatlebens und der „sittliche[n] Familienordnung"[92]. Die drei zentralen Grundbestimmungen des christlichen Staates formulierte Schlegel folgendermaßen: „I. *Der christliche Staat ist ein Staat ohne Sklaven, und wo die Ehe als etwas Heiliges betrachtet und behandelt wird*"[93], „II. *Der christliche Staat hat*

---

der Fürst als erster Beweger seine Stellung hatte, sollte als der Schirm und Hort des Vereines und der Schutz des Thrones stehen; die Kraft des Ganzen sollte sich in ihm vereinen [...] – Endlich im *Nährstande* die Kinder der Erde ans Irdische geheftet, mit ihm schaltend und waltend und verkehrend, durch ihrer Hände Arbeit ihre Schätze hebend und mit allen treibenden Kräften den Umlauf der Güter [...] beschickend".

[88] Vgl. Görres, Auswahl in zwei Bänden (Anm. 15), Bd. II, S. 136 f.: „Seit der grauesten Urzeit unterscheidet man drei verschiedene Stände, und jenes uralte Bild, das den Lehrstand und die gesamte Priesterschaft dem Haupte beilegte, den Wehrstand den Armen, den Nährstand dem Leibe oder eigentlicher den inneren Leibesteilen, beweist, daß man schon damals jene Anschauung des Staates als eines lebendigen Organismus gehegt und in ihr die Wechselbeziehung der verschiedenen Teile des Ganzen festgesetzt hat".

[89] Schlegel, Kritische Ausgabe (Anm. 17), Bd. VII, S. 538, vgl. auch S. 554 f.

[90] Ebd., Bd. VII, S. 565.

[91] Ebd., Bd. VII, S. 569.

[92] Ebd., Bd. VII, S. 570; vgl. auch die Bemerkungen ebd., S. 570 f.

[93] Ebd., Bd. VII, S. 567.

vermöge seiner positiven Natur eine entschieden friedliche Tendenz; und die christliche Gerechtigkeit ist jederzeit auch zugleich auch auf ein System der Billigkeit gegründet"[94], und „III. *Der christliche Staat erkennt das rechtliche Dasein der Korporationen an, und beruht selbst auf ihrem organischen Zusammenwirken*"[95].

Die zeitkritische Spitze dieser im dritten Teil der „Signatur des Zeitalters" formulierten politischen Grundsätze verbarg Schlegel keineswegs: In der „gegenwärtige[n] Zeit", so heißt es, sei es dringend notwendig, um die „deutsche Stände-Verfassung" wiederherzustellen und damit sowohl den „korporativen Grundsätzen treu zu bleiben" wie aber auch „den repräsentativen Abweg zu vermeiden", zweierlei zu beachten: „Erstens daß die Einteilung in zwei Kammern, ausschließlich und wesentlich der repräsentativen Verfassung angehört, dem Stände-Verein nach korporativen Grundsätzen aber völlig fremd und demselben eigentlich widerstreitend ist. Zweitens, daß in den Ständen keineswegs bloß das Steuer bezahlende Eigentum, sei es nun das bewegliche des Geldes, oder das erblich feste des wahren Grundeigentums, repräsentiert werden soll, als worin eben das Eigentümliche und Charakteristische der repräsentativen Verfassung besteht; sondern die Stände selbst, als anerkannte und zu Recht bestehende und selbständig geschlossene Korporationen, von denen mithin keine vom Ständeverein ausgeschlossen sein darf"[96] – womit insbesondere, wie es sich versteht, der geistliche und der gelehrte Stand gemeint waren. Die Brücke zur bestehenden deutschen Verfassungswirklichkeit brach Schlegel freilich nicht völlig ab, sondern er ließ immerhin die Möglichkeit gelten, daß ein „guter Geist" die fraglosen Mängel der „fehlerhaften Formen" in den Verfassungen einzelner deutscher Bundesstaaten auszugleichen imstande sei. Außerdem ent-

---

[94] Ebd., Bd. VII,, S. 572; Schlegel betont zwar (ebd., S. 574): „Friede bildet das Ziel, Gerechtigkeit die Grundlage; Friede ist das Wesen, Gerechtigkeit die wesentliche Form des Staats überhaupt, und ganz besonders des christlichen", doch er vergißt nicht, einschränkend anzufügen: „Es ist aber dieser Grundsatz von der friedlichen Tendenz des christlichen Staates nicht so zu verstehen, als sollte eine unbedingte Nachgiebigkeit und mutlose Untätigkeit gegen den Feind und das Unrecht im innern oder nach außen empfohlen, und als die höchste Staatsweisheit in der Verwicklung des Zeitalters angepriesen werden. Wem ist es unbekannt, daß man sehr oft Krieg führen muß, um den Frieden zu gewinnen und auf die Dauer zu sichern, und daß der wahre und gerechte Krieg niemals einen andern Zweck hat? Aber auch nach innen, wie gegen außen, soll der Staat jedes zerstörende und antichristliche Beginnen, innerhalb seines Umkreises, mit dem Schwerte der Gerechtigkeit, und mit der vollen Energie seiner Macht bekämpfen, und besonders jede im Finstern schleichende, antichristliche Verbündung mit dem ganzen Ernst seiner Strenge auflösen und vernichten" (ebd.).

[95] Ebd., Bd. VII, S. 583.

[96] Ebd., Bd. VII, S. 586.

wickelten sich, wie er besonders betonte, „organische Staatseinrichtungen" nicht spontan, sondern in einem langsamen Prozeß, den es nicht durch unzeitige Maximalforderungen zu gefährden gelte.[97]

Hatte Görres immerhin noch ein detailliert ausgearbeitetes Modell eines Einkammersystems – mit den drei Kurien der von ihm genannten drei Stände – vorgelegt[98], so gab sich Schlegel mit Kleinigkeiten dieser Art nicht weiter ab; noch 1827 ließ er vage verlauten: „Es ist noch alles in dieser ganzen Sphäre zu isoliert, das Gute und besonders das Beste zu einzeln und zu formlos, so daß es sich schwer schon jetzt in allen Stücken und einzelnen Punkten, unter eine feste Regel und bestimmte Form würde bringen lassen, und man durch eine zu früh

---

[97] Vgl. ebd., Bd. VII, S. 586 f., wo es unter Anspielung auf die alte deutsche Reichsverfassung heißt: „So unumstößlich aber auch diese Grundsätze an und für sich sind, daß alle Korporationen und Stände in den vollständigen Verein derselben aufgenommen werden, und nur ein Ganzes bilden müssen; indem die altherkömmliche deutsche Abteilung in die verschiedenen Bänke des adligen, geistlichen, oder gelehrten Standes usw., die Einheit der Versammlung nicht aufheben soll, und mit dem dynamischen Gegensatz der zwei Kammern gar nichts gemein hat; so liegt es doch gar nicht in unsrer Absicht ungünstige Folgerungen daraus zu ziehen, und auf die neuern ständischen Einrichtungen einiger deutscher Staaten, wo diese Grundsätze nicht überall durchaus sind beobachtet worden, in voreilige Anwendung bringen zu wollen. Es kommt auch hier wie überall am meisten auf das Wesen an, und die richtige Form ist erst das zweite Erfordernis eines vollkommenen Gelingens. Wo ein guter Geist alle Glieder des Staates beseelt, da kann der wesentliche Zweck und Vorteil einer ständischen Beratung vielleicht auch bei fehlerhaften Formen zum Teil erreicht werden. Zudem belehrt uns auch die geschichtliche Erfahrung, daß neue organische Staatseinrichtungen fast nie in dem Buchstaben der ersten Abfassung stehenbleiben, sondern einiger Zeit bedürfen, ehe sie sich fest ersetzen und ordnen und auf die Dauer bleibend gestalten. Dieser heilsamen innern Selbstentwicklung muß man ihre geschichtliche Zeit lassen, und ihr nicht durch unzeitige Endurteile vorgreifen wollen".

[98] Vgl. Görres, Auswahl in zwei Bänden (Anm. 15), Bd. II, S. 153–56; freilich lehnte auch er das Zweikammernsystem nach englischen Vorbild strikt ab (vgl. ebd., S. 152). Zwei Kammern blockierten sich gegenseitig, während bei einem Dreikammernsystem immer eine der drei mäßigend und ausgleichend zu wirken imstande sei; vgl. bes. ebd., S. 156: „In […] Streitfragen der höhern Art würde, da immer drei Glieder vorhanden sind, von denen je eines das andere in einem Elemente berührt, zu zwei Streitenden immer ein drittes beruhigendes gefunden werden, und am häufigsten, da Adel und Gemeine am öftersten [sic] in den Widerstreit der Interessen kommen, wird der Lehrstand alsdann Schiedsrichteramt versehen". Auch hier zeigt sich, wie bereits bei Friedrich Schlegel, die für die politische Romantik charakteristische Überbewertung der Intellektuellen in der Politik, denen beide Autoren umstandslos die Funktion eines eigenen „Standes" zuordnen!

gegebene organische Ordnung und Gesetzgebung, vielleicht nur mehr hemmen würde, als fördern und entwickeln“[99].

Ganz im Banne der alteuropäischen „Ökonomik“, die den *Oikos*, die Großfamilie, als Keimzelle des Gemeinwesens ansah und nur im „Hausvater“, dem *pater familias* oder Oikosdespoten, den eigentlichen „Bürger“ einer *societas civilis* zu erkennen meinte, bewegte sich Adam Müller.[100] Der Mensch ist für ihn nicht nur über sein Verhältnis zu den Mitmenschen zu definieren – in dieser Beziehung ist jeder Mensch „Glied eines Standes oder Staates“ –, sondern auch über sein Eigentum oder seine „Eigentümlichkeit“ – und in dieser Hinsicht „hat der Mensch einen Stand, ist durch diesen seinen Stand frei und Haupt eines Standes oder Staates“[101]. In irgendeiner Weise ist also jeder Mensch ein „Stand“ oder ein „Staat“[102]; Müller folgert: „der Mensch ist Staat im Staates: status in statu. Niemand kann im Staate oder einem Staate unterworfen und verpflichtet sein, ohne zugleich selbst wieder Staat, d. h. einem Staate vorgesetzt und dergestalt berechtigt zu sein“[103].

Zwar scheint Müller hier – indem er „Stand“ und „Staat“ *im engeren Sinne* als eine Art von Freiheitssphäre jedes *einzelnen* Menschen bestimmt – auf den ersten Blick über die alteuropäische Ökonomik, die als politisches Subjekt nur den Hausvater akzeptierte, hinauszugehen, doch dieser erste Eindruck täuscht: Müller bewegt sich, wie die weiteren Ausführungen zeigen, noch ganz im Rahmen eines traditionellen Politikverständnisses, welches das moderne, insbeson-

---

99 Schlegel, Kritische Ausgabe (Anm. 17), Bd. X, 286; anderes als einen vagen Eskapismus aus der politischen „Zeitungswelt“ in die Wissenschaft vermochte er allerdings – am Schluß der vierzehnten Vorlesung seiner „Philosophie des Lebens“ – nicht anzubieten; vgl. ebd., S. 287: „Wenden wir aber unsre Blicke von der kleinlichen Polemik unsrer Zeit, die mehr und mehr eine Zeitungswelt zu werden droht, hinauf zu größern, mehr historischen und epochemachenden Erscheinungen dieser Art; so ist es dann an diesen wohl sichtbar, wie die Wissenschaft wirklich eine Macht ist, und sein kann“.

100 Zur alteuropäischen Ökonomik sei an dieser Stelle statt vieler nur verwiesen auf die grundlegenden Arbeiten von O. Brunner, Adeliges Landleben und europäischer Geist. Leben und Werk Wolf Helmhards von Hohberg 1612–1688, Salzburg 1949, S. 251 ff.; ders, Land und Herrschaft. Grundfragen der territorialen Verfassungsgeschichte Österreichs im Mittelalter, Wien, 5. Aufl. 1965, S. 254 ff.; ders, Das „Ganze Haus“ und die alteuropäische „Ökonomik“, in: ders, Neue Wege der Verfassungs- und Sozialgeschichte, Göttingen, 3. Aufl. 1980, S. 26–44.

101 Müller, Schriften zur Staatsphilosophie (Anm. 13), S. 177.

102 Vgl. ebd., S.177 f.: „Jeder einzelne Mensch, wie klein oder wie groß er sei, ist Haupt eines Standes oder Staates, als Fürst, als Obrigkeit, als Gutsherr, als Hausvater, als Eigentümer, als Disponent in einem, wenn auch noch so kleinen Wirkungskreise; er hat einen Stand, oder er ist ein Stand, ein Staat; quisque habet suum, ein Gebiet der Eigenheit oder der wahren, realen Freiheit; jeder Einzelne ist juristisches Subjekt.“

103 Ebd., S. 178.

dere von Hegel definierte Staatsverständnis – verstanden als Gegenbegriff zur „bürgerlichen Gesellschaft" – strikt ablehnt[104]. Es geht ihm nicht, wie den Autoren des neueren Naturrechts[105], um die Freiheitsrechte des einzelnen Individuums, sondern um den „Begriff des konkreten Staates"[106] – und ein konkreter Staat ist kein absoluter Staat, der alle Bindungen auflöst und alle traditionellen Formen und Ordnungen nivelliert, sondern er ist ein organisch gegliedertes Gemeinwesen, das sich aus den Ständen und – auf unterer Ebene – aus den Familien, an deren Spitze die Hausväter stehen, zusammensetzt. Eben diese „Hausväter" stellen für Müller das eigentliche Bindeglied zwischen dem Staat im Großen und demjenigen im Kleinen dar – eben weil die Oberhäupter ihres „Hauses", ihrer „Familie" zugleich Teil eines Standes wie auch Stand selbst sind, zugleich Teil und Ganzes.[107]

Was nun die eigentlich angestrebte Staatsform anbetrifft, so traten die Autoren der politischen Spätromantik, was wohl nicht verwundern dürfte, übereinstimmend für die *Monarchie* ein. Noch am weitesten wagte sich hierbei Görres vor, der immerhin für einen Ausgleich zwischen dem monarchischen und dem demokratischen Prinzip mittels starker ständisch-parlamentarischer Institutionen und einer ausgebauten kommunalen Selbstverwaltung eintrat.[108] Das andere Ende des Spektrums repräsentierte wiederum Adam Müller, der sich für den, wie er meinte, „natürlichen" Patrimonialstaat – also ein Gemeinwesen mit einem „patriarchalisch" amtierenden Monarchen an der Spitze – aussprach, der aber ebenfalls für einen vorsichtigen Ausgleich der patrimonialen Staatsgebilde mit den bloß „künstlichen Repräsentativ-Staaten" der Zeit optierte.[109]

---

[104] Vgl. etwa die Äußerung ebd., S. 180: „Ich sehe in der allgemeinen Schwärmerei für die Chimären des absoluten Staates, des absoluten Gesetzes und der absoluten Vernunft nichts anderes, als das Ringen und Drängen eines unglücklichen Geschlechtes nach dem persönlichen Gotte, von dem es abgefallen ist".

[105] Hierzu grundlegend D. Klippel, Politische Freiheit und Freiheitsrechte im deutschen Naturrecht des 18. Jahrhunderts (Rechts- und Staatswissenschaftliche Veröffentlichungen der Görres-Gesellschaft, N. F. Bd. 23), Paderborn 1976.

[106] Müller, Schriften zur Staatsphilosophie (Anm. 13), S. 184.

[107] Vgl. ebd., S. 185: „Der Hausvater ist Vorstand eines Staates, den wir Familie nennen; als solcher ist er 1. gegen außen gewendet, rechtliches Individuum (Zunftgenosse, Stadt- oder Staatsbürger usf.) [...]; dann 2. von innen her betrachtet, Versorger, Verwalter und daher Diener seines Hauses. [...] Der Hausvater ist ferner Glied eines Staates, sei es einer Gemeinde, einer Körperschaft, einer Stadt oder eines Fürstentums; als solches ist er 1. gegen außen gewendet Untertan, verpflichtet, adskribiert, durch seinen Nebenmenschen beschränkt, dann 2. gegen innen gewendet Hausherr, Obrigkeit und Vorstand seiner Familie".

[108] Vgl. Görres, Auswahl in zwei Bänden (Anm. 15), Bd. II, S. 128 f.

[109] Müller, Schriften zur Staatsphilosophie (Anm. 13), S. 300.

Auch Friedrich Schlegel forderte die ständische Monarchie[110] und betonte ausdrücklich, „daß die monarchische Verfassung dem christlichen Staat vorzüglich angemessen sei, schon aus dem Grunde, weil das organische Zusammenwirken der Korporationen, [...] in einem großen Staate wenigstens, fast nur unter der monarchischen Verfassung vollständig gedeihen kann, in jedem Falle leichter und besser als in Republiken“[111], doch den schroffen Royalismus der französischen Traditionalisten de Maistre und de Bonald lehnte er andererseits ebenso unmißverständlich wie konsequent ab.[112]

Für Schlegel steht an der Spitze eines idealen ständischen Gemeinwesens, wie er zu betonen nicht müde wird, der *christliche Herrscher*, der Monarch von Gottes Gnaden, der wiederum selbst Gott unterworfen ist.[113] „Dem christlichen Begriff oder Grundsatz“, heißt es in der „Philosophie des Lebens“, „daß alle Obrigkeit von Gott sei, liegt eine höchst bestimmte Idee, und sehr durchdachtes Prinzip zum Grunde; welches darin besteht, daß das Staatsoberhaupt die göttliche Gerechtigkeit handhaben soll, und daß eben dieses sein Amt und seine Würde bildet, daß es aber in dieser Verwaltung und höchsten Funktion niemand verantwortlich sei als Gott“[114]. Das Staatsoberhaupt definierte Schlegel 1827 zuerst und vor allem durch seine *richterliche Funktion,* die er freilich deutlich über den traditionellen Begriff der Judikative hinausgehend bestimmte: als Einheit von exekutiver, gesetzgebender und richterlicher Gewalt; die „eigentliche und faktische, oder persönliche Teilung der Gewalten“ sei, so betonte er ausdrücklich, „immer ein republikanisches Verfassungs-Prinzip“[115]. – Von einer

---

110 Vgl. Schlegel, Kritische Ausgabe (Anm. 17), Bd. VII, S. 552 f.

111 Schlegel, Kritische Ausgabe (Anm. 17), Bd. VII, S. 576, Anm. 1.

112 Dazu die Feststellung ebd., Bd. VII, 576, Anm. 1: „[W]enn einige französische Ultraschriftsteller die Frage so stellen, als ob die monarchische Verfassung und der christliche Staat völlig eins wären, und die republikanische Staatseinrichtung mit dem christlichen Rechtsbegriff schon an sich streitend sei, so ist dadurch offenbar die Grenze überschritten, und ist dieses nur aus der besondern Stellung jener Schriftsteller im Kampf gegen die revolutionären Grundsätze des Zeitgeistes herzuleiten, welche aber eigentlich ebensowenig echt und altrepublikanisch, als sie unstreitig für die Monarchie zerstörend sind. Auf dem welthistorischen Standpunkt dürfen wir nicht so weit in jene polemische Ansicht der neuern Royalisten hineingehen; da wir weder die Schweizer-Republik und andern ähnlichen eine christliche Verfassung absprechen, noch auch die Protestanten und zahlreichen Katholiken in Nordamerika von dem Umkreise der Christenheit ausschließen dürfen“.

113 Vgl. ebd., Bd. VII, S. 577: „Das evangelische Gesetz von dem bürgerlichen Gehorsam gegen die von Gott angeordnete Obrigkeit, enthält zugleich auch die Unterordnung desselben unter den höhern Gehorsam gegen den obersten Gesetzgeber, von welchem alle Obrigkeit herkommt und ihre Macht hat“.

114 Ebd., Bd. X, S. 249.

115 Ebd., Bd. X, S. 250.

absolutistischen Verfassung unterschied sich die vom späten Schlegel in dieser Weise bestimmte Monarchie allenfalls dadurch, daß er eine begrenzte Mitwirkung der Stände an der Gesetzgebung zulassen wollte.[116]

Baader sah in der Monarchie das ebenso vermittelnde wie ausgleichende Zentrum des aus den traditionellen drei Ständen gebildeten Dreiecks der Verfassung[117], während Eichendorff schließlich die Monarchie zugleich historisch wie funktional legitimierte: Zum einen habe, wie er sagt, „das historische Ineinanderleben von König und Volk zu einem untrennbaren nationalen Ganzen" geführt, das sich in dem „seit Jahrhunderten in gemeinschaftlicher Lust und Not bewährte[n] Band wechselseitiger Liebe und Treue"[118] ausdrücke, zum anderen wiederum dürfe die Funktion des Königtums als Instrument der ausgleichenden, vermittelnden Gerechtigkeit oberhalb der Konflikte der Zeit nicht vergessen werden.

---

[116] Vgl. ebd., Bd. X, S. 250: „Was die Gesetzgebung und gesetzgebende Macht betrifft, so kann nach der bestehenden Verfassung irgend eines bestimmte Staates, dazu auch eine bedeutende Mitwirkung, vorgängige Beratung, selbst der erste Entwurf oder Vorschlag zu einem Gesetz, von einer andern Seite her stattfinden [...] Allein die letzte Sanktion, wodurch ein Gesetz eigentlich ein Gesetz wird, oder wodurch es auch wieder aufgehoben und zurückgenommen werden kann, muß dem Souverän vorbehalten bleiben, sonst hört er auf dieses zu sein".

[117] Baader, Schriften zur Gesellschaftsphilosophie (Anm. 21), S. 389: „[D]as Wort: Etat oder Staat als Singular ist modern und schlecht. Weswegen Ludwig XVI. allerdings Recht hatte, wenn er sagte: *L'Etat c'est moi!* d. h.: Ich als König bin das Zentrum jener drei Etats [gemeint sind, wie oben ausgeführt, Nährstand, Wehrstand und Lehrstand, H.-C.K.]. Ich bin das Herz jener drei Stände [...] Erwartet darum nicht, sagt der König zu diesen drei Ständen, daß ich einem zulieb aus meinem Zentrum heraustrete und mit ihm gegen die übrigen Stände selber Partei machen werde. Denn so wie das Zentrum nur frei bleibt, wenn es sich inner allen dreien Winkeln des Dreiecks hält, so bleibt auch jeder dieser Winkel oder jede Spitze frei, wenn das Zentrum nicht ausschließlich in dasselbe, sondern mit in beide andere Spitzen (Stände) fällt. Nur jener König ist darum ein freier, herrlicher, mächtiger König, welcher König dem Klerus, König dem Adel und König der Gemeinen oder der Demokratie ist". – Ob Baader diese Ideen unter dem Einfluß Benjamin Constants formulierte, der in seinen politischen Schriften den König als eine über den gesellschaftlichen Mächten stehende, neutrale „vierte Gewalt" („pouvoir neutre") definierte, ist nicht mit Sicherheit auszumachen; siehe hierzu L. Gall, Benjamin Constant. Seine politische Ideenwelt und der deutsche Vormärz (Veröffentlichungen des Instituts für Europäische Geschichte Mainz; Abt. Universalgeschichte, Bd. 30), Wiesbaden 1963, S. 166 ff.

[118] Eichendorff, Werke und Schriften (Anm. 23), Bd. IV, S. 1287.

VIII. Unter den Spätromantikern waren es in erster Linie Adam Müller und Franz von Baader, die eigene Gedanken und Ideen auf dem Gebiet des Wirtschaftslebens entwickelten.[119] Das Besitzstreben der modernen Erwerbsgesellschaft haben beide konsequent und unnachsichtig kritisiert. „Je mehr [...] der bloße Ertrag, der Gewinn verkäuflicher Dinge oder des Geldes“ zum Zweck des Menschen werde, warnte Müller, „umso mehr tritt er aus dem Reiche der Freiheit und der Persönlichkeit in das Gebiet der Sklaverei und der Sachen hinüber; umso unedler wird das Geschäft, umsomehr sinkt es [...] zum bloßen Gewerbe hinab“[120]. Er setzte dagegen die Forderung nach religiös-moralischer Fundierung des menschlichen Wirtschaftens: „So lange die Religion der Ausgang und das Ende ist und in dem ihr angemessenen Ansehen [...] steht, vertragen sich beide, das Sein und das Haben, die Liebe zum Werke und das Streben nach dem Ertrage, sehr wohl in demselben Menschen: so lange verträgt sich die Selbstliebe, welche allerdings nach Erweiterung der Eigentümlichkeit, also nach Haben strebt und von Gott dazu berufen ist, mit der Nächstenliebe, welche ihr gesamtes Sein dienend und opfernd dem von Gott vorgesetzten Herrn, dem gemeinen Wesen oder irgend einem gemeinnützigen Werke der Hand und der Kunst darbietet“[121].

Die sozialen Mißstände im England der frühen Industriellen Revolution hat Müller mit äußerster Schärfe kritisiert[122], und auch in bezug auf das Grundei-

[119] Die im engeren Sinne ökonomischen Ideen der politischen Romantik sind bis heute nicht umfassend erforscht; vgl. als ersten Überblick noch immer G. A. Briefs, The Economic Philosophy of Romanticism, in: Journal of the History of Ideas 2 (1941), S. 279–300; H. Freyer, Die Bewertung der Wirtschaft im philosophischen Denken des 19. Jahrhunderts, Leipzig 1921, S. 37–53; kenntnisreiche zusammenfassende Darstellung bei Spann, Die Haupttheorien der Volkswirtschaftslehre (Anm. 9), S. 99–115; sehr knapp: E. Salin, Geschichte der Volkswirtschaftslehre, 4. Aufl., 64 Bern/Tübingen 1951, S. 127–129, und G. Stavenhagen, Geschichte der Wirtschaftstheorie, 4. Aufl., Göttingen 1969, S. 191–193, während P. Mombert, Geschichte der Nationalökonomie, Jena 1927, S. 416–449 den Begriff der „politischen Romantik“ zu weit faßt (von Montesquieu und Herder bis zu Carlyle und Wilhelm von Ketteler).

[120] Müller, Schriften zur Staatsphilosophie (Anm. 13), S. 236.

[121] Ebd., S. 238 f.

[122] Vgl. ebd., S. 260 ff. – Müller hat seine Kritik am Frühkapitalismus am Beispiel der wirtschaftlichen Entwicklung Englands näher ausgeführt und dabei einige der späteren Thesen von Karl Marx, aber auch von Benjamin Disraeli vorweggenommen; vgl. etwa die Feststellungen ebd., S. 260 f.: „Man hat die Bemerkung gemacht, daß sich England infolge seines auf dem Grundsatze der Veräußerlichkeit aller Dinge beruhenden Steuer- und Schuldensystems, der Natur eines Bienenstaates annähere, und so wie dieser in ein taxenzahlendes Arbeitsvolk und in ein andres müßiges Kapitalisten- und Rentierer-Volk zerfalle, für welches letztere der größte Teil der Taxen erhoben werde. Diese in hohem Grade wahre Bemerkung würde in die Sprache unsers gegenwärtigen Werkes übersetzt, also lauten: die beiden Gestalten, unter denen jeder einzelne Bürger

gentum hat er die sozialen Pflichten und Bindungen der Eigentümer mit großem Nachdruck betont. So stellte er fest, „*daß ein strenges Privateigentum von Grund und Boden, von der Nahrungsquelle, auf die nicht bloß der vorübergehende Inhaber, sondern das ganze menschliche Geschlecht angewiesen ist, so unmöglich als unrechtlich ist; daß die Worte Privilegium und Monopol viel zu edel, viel zu menschlich sind, um den Raub zu bezeichnen, den die Theorien und Gesetzgebungen unsers Jahrhunderts begehen, indem sie ein absolutes Privateigentum an Grund und Boden* [...] *feierlich anerkennen*“[123]. Er beharrte darauf, daß Grundeigentum ein von Gott verliehenes Amt darstelle[124], das zum Wohle aller Einwohner eines Gemeinwesens ausgeübt werden müsse – nicht aber zum alleinigen Vorteil des Amtsinhabers.

Daß diese sozialkritischen Ideen freilich nicht auf eine irgendwie geartete Umwälzung bestehender Verhältnisse zielten, sondern – im Gegenteil – aus dem Geiste der Restauration stammten, belegen Müllers Äußerungen zur Gegenwart und Zukunft der Landwirtschaft[125], die ihn als einen konsequenten Gegner der Aufhebung der Erbuntertänigkeit und der Kapitalisierung des ländlichen Wirtschaftens zeigen: „Die ewige Ordnung der Dinge erfordert ein dienstbares und Untertänigkeits-Verhältnis im Ackerbau, und der herrschende, unseelige Irrtum, daß eine allgemeine und bloß industrielle Bewirtschaftung des Bodens möglich, und das ganze Dienst- und Untertänigkeitswesen beim Landbau in ein Arbeits- und Lohnwesen zu verwandeln sei, hat, außer der revolutionären Richtung des Zeitgeistes überhaupt, nur darin seinen Grund, daß die Herren und Eigentümer des Bodens vergessen haben, wie, vor allen Dingen und vor allen ihren Untertanen *sie selbst durch Gottes ewige und schlechthin unabänderliche Anordnung: glebae adscripti*, Untertänige und Diener seien, und es Hochverrat sei, über ein Gut, dem sie als bloße Beamte und Stellvertreter zu dienen berufen sind, nach bloßer Willkür zu verfügen“[126]. Hier wird die Kehrseite der These von der strengen sozialen Bindung allen Eigentums sichtbar: Wenn die Eigentümer als „Beamte“ Gottes aufzufassen sind, dann verfügen sie tatsächlich nicht über das Recht zur eigenmächtigen fundamentalen Umgestal-

erscheinen soll als Haupt eines Staates oder Kapital, und als Glied eines Staates, oder als Arbeiter, haben sich in England [...] voneinander getrennt, und stellen sich in einem gewissen aufgelösten Zustande [...] dar; Kapital und Arbeit, die sich überall wie Material und Werkzeug wechselseitig unterstützen und tragen sollen, zeigen sich in England in große und deshalb natürlicher Weise feindselige Massen getrennt“.

123 Ebd., S. 271.

124 Vgl. ebd., S. 273.

125 Vgl. hierzu noch immer die wichtige Studie von F. Lenz, Agrarlehre und Agrarpolitik der deutschen Romantik, Berlin 1912.

126 Müller, Schriften zur Staatsphilosophie (Anm. 13), S. 287.

tung der traditionellen, überkommenen sozialen Verhältnisse und Ordnungen auf dem Lande.

Die sich bei Müller bereits unübersehbar zu Wort meldende Kritik an den Mißständen der Frühindustrialisierung wurde von Franz von Baader – der nach einer Bemerkung von Friedrich Lenz „vielleicht als ursprünglichster romantischer Denker auf dem Gebiet der Staats- und Gesellschaftslehre gelten“[127] darf – noch konsequenter und deutlicher fortgeführt. Wie vor ihm Müller ging auch Baader davon aus, daß durch den Einfluß des Christentums „die Lehre und de[r] Begriff des Erwerbes, Besitzes und Genusses völlig umgestaltet“ worden sei, „indem es den heidnischen Begriff oder die Meinung eines absoluten Eigentums völlig zerstörte, und [...] jede Verwendung, somit jeden Genuß desselben verwehrte, der nicht sozial, somit antisozial ist, denn wer nicht für die Sozietät lebt, der lebt gegen sie und jeder Separatist ist ein Narr in der Theorie und ein Verbrecher in der Praxis“[128]. Auch Baader beharrte auf der Auffassung, „daß in einem wahrhaft christlichen Volke *jeder* Besitz nur Amtsbesitz“[129] sei dürfe.

Diese Überzeugung führte Baader in seiner 1835 erschienenen berühmten Schrift mit dem wahrhaft barocken Titel „Über das dermalige Mißverhältnis der Vermögenslosen oder Proletairs zu den Vermögen besitzenden Klassen der Sozietät in Betreff ihres Auskommens sowohl in materieller als intellektueller Hinsicht aus dem Standpunkte des Rechts betrachtet“[130] zu einer Sozialkritik von einer – jedenfalls in dieser Zeit – fast beispiellosen Schärfe: „Wer als Augenzeuge nur einen Blick in den Abgrund des physischen und moralischen Elends und der Verwahrlosigkeit geworfen hat, welchen der größere Teil der

---

127 F. Lenz, Friedrich List – Der Mann und das Werk, München/Berlin 1936, S. 137.

128 Baader, Schriften zur Gesellschaftsphilosophie (Anm. 21), S. 303.

129 Ebd., S. 304. – Daß Baader das individuelle Eigentumsrecht trotzdem nicht anzutasten gedachte, zeigen die Bemerkungen ebd., S. 410: „Ein produktiver, wirklicher Bürger eines Staates ist jener, welcher hinreichend produktives Eigentum besitzt, um sowohl an den Staat von seinem reinen Erwerb Abgaben geben als um Eigentumslose als Dienende unterhalten zu können. Hierzu ist aber eine gewisse Größe als ein bestimmtes Moment seines Eigentums nötig, und falls man dieses durch Teilung so weit zertrümmerte, daß das Verhältnis des Besitzenden und Besitzlosen verschwände, somit auch jenes des Herrn und Dieners, so würde hiermit auch die Produktivität des Eigentums für den Staat verschwinden, und das alte Verhältnis würde sich doch wieder herzustellen suchen [...] Das Projekt der Gleichheit des Eigentums wäre [...] der Natur der Sozietät nicht minder widerstreitend als jenes der absoluten Gleichheit aller Stände vor dem Gesetze ohne Berücksichtigung der Ungleichheit und Unterschiedlichkeit ihrer Natur“.

130 Ebd., S. 319–338; siehe dazu auch die wichtige Studie von E. Benz, Franz von Baaders Gedanken über den „Proletair“. Zur Geschichte des vor-marxistischen Sozialismus, in: Zeitschrift für Religions- und Geistesgeschichte 1 (1948), S. 97–123.

Proletairs in England und Frankreich Preis gegeben ist, [...] der wird [...] gestehen müssen, daß die Hörigkeit, selbst in der härtesten Gestalt *(als Leibeigenschaft* [...]*)*, doch noch minder grausam und unmenschlich [...] war [...], als diese Vogelfreiheit, Schutz- und Hilflosigkeit des bei weitem größten Teils unserer, wie man sagt, gebildetsten und kultiviertesten Nationen“[131].

Baader, der die von ihm beschriebenen Verhältnisse z. T. aus eigener Anschauung kannte, empfahl als einzige Möglichkeit zur Verhinderung eines drohenden Umsturzes die Einbindung der Proletarier in einen korporativ organisierten Staat oder wenigstens „die Einbürgerung der Proletairs“ in die Sozietät[132], – wozu als ein erster Schritt die volle Assoziationsfreiheit der Arbeiter, also die Erlaubnis zur Bildung eigener Interessenvereine, gewährt werden müsse. Sonst sei eine soziale und politische Revolution – die man in ihrem Kern sogar als berechtigt ansehen müsse – vollkommen unvermeidlich.[133]

Schließlich hat auch Joseph Görres 1821 mit der ihm eigenen Sprachgewalt die „Klügler“ auf dem Gebiet des Wirtschaftslebens attackiert, die sich „mit jener Eigensucht verbunden“ haben, „die Alles seyn will in Allem, Alles fressen und dem Andern nichts vergönnen, allein leben und Andern das Gleiche nicht gestatten mag, jenem unersättlichen, wolfsartigen Finanzhunger, der Alles verschlingt, ohne daß er je zur Genüge käme“[134]. Eine weitere große – in gleicher Weise politische wie wirtschaftliche – Gefahr sah er in der Aufrechterhaltung der großen stehenden Heere in Europa: Eben diese seien es, die „im Frieden das Mark der Länder fressen, jene vielfältigen Finanzkünste, die die Welt zerrütten, nothwendig gemacht, jene ungeheuern Schuldenmassen aufgehäuft, und zuletzt das Papiersystem herbeygeführt haben, in dem Europa eine große Spielbank worden, wo der bankhaltende Fiskus und die Völker ihr Glück versuchen“[135].

Nicht zuletzt ist die Kritik der politischen Romantiker am modernen parlamentarischen Repräsentativsystem auch von ihren ökonomischen Grundgedanken her zu verstehen. Eine Repräsentation, in der „nur Reichtum und Grundbesitz repräsentiert werden sollen“,[136] lehnte Eichendorff ebenso ab wie Franz von Baader, der betonte, die Misere der „Proletairs“ müsse nicht zuletzt darauf zurückgeführt werden, daß sie „eben in den *konstitutionellen Staaten* (durch Einführung des bloß auf Gut und Geldbesitz begründeten Repräsentativsystems)

---

131 Baader, Schriften zur Gesellschaftsphilosophie (Anm. 21), S. 324 f.
132 Ebd., S. 333.
133 Vgl. ebd., S. 337.
134 Görres, Europa und die Revolution (Anm. 66), S. 281.
135 Ebd., S. 280.
136 Eichendorff, Werke und Schriften (Anm. 23), Bd. IV, S. 1153.

auch zum *nicht mehr gehört werdenden* Teile des Volkes herunter gekommen"[137] seien.

IX. Die vorangegangene Vergegenwärtigung der Grundlagen wie der einzelnen Ausprägungen des spätromantischen politischen Denkens hat gezeigt, in wie starkem Maße diese politischen Konzeptionen und Entwürfe von der allgemeinen Zeiterfahrung der Ära zwischen 1789 und 1815 geprägt waren. In ihnen drückte sich zuerst einmal das Bedürfnis nach *Verlangsamung des historischen Wandels* aus, – eines Veränderungsprozesses, der sich seit dem Ausbruch der Pariser Revolution im Sommer 1789 mit einer vorher nicht gekannten Schnelligkeit vollzogen hatte. Das abrupte Ende des Heiligen Römischen Reiches Deutscher Nation im Jahre 1806 wurde in Deutschland wiederum von vielen Zeitgenossen als überaus schmerzlicher historisch- politischer Kontinuitätsbruch, ja als Katastrophe empfunden – und auch dies spiegelt sich im politischen Denken der Romantiker wider.

Alle Differenzen und Unterschiede, die bei den einzelnen hier behandelten Autoren zu finden sind, können die eine Tatsache allerdings nicht verdecken, daß der Kern der politischen Bemühungen der spätromantischen Denker doch auf *ein* gemeinsames Ziel gerichtet ist: Es geht ihnen um eine umfassende und möglichst tiefdringende Kritik der europäischen Moderne, die sich gerade in jenen Jahren nach der politischen und industriellen „Doppelrevolution" am Ende des 18. Jahrhunderts mit voller Macht zu entfalten begann. Die Ablehnung des modernen Verfassungsstaates und die gleichzeitige unnachsichtige Kritik der modernen Wirtschaft und industriellen Entwicklung mit allen ihren Auswüchsen und sozialen Folgelasten, schließlich auch die deutliche Reaktion gegen den beginnenden Nationalismus innerhalb der einzelnen europäischen Völker sind nur der sichtbarste Ausdruck dieser umfassenden Modernitätskritik.

Das führte einerseits wiederum zur Entwicklung und Propagierung stark vergangenheitsorientierter verfassungspolitischer Ideen, die in einer – wie auch immer im einzelnen begründeten und ausgestalteten – Forderung nach umfassender Restauration des traditionellen Ständestaates oder wenigstens nach einem neuständischen System gipfelten, das die mittelalterlichen Traditionen mit den Anforderungen eines neuen Zeitalters zu verbinden versuchte. Das führte aber andererseits auch frühzeitig zu einer scharfsinnigen Erkenntnis und Kritik der katastrophalen sozialen Mißstände der frühindustriellen Epoche – und hier waren einzelne der spätromantischen Denker wie etwa Franz von Baader ihren liberalen Zeitgenossen in der Tat weit voraus.

---

[137] Baader, Schriften zur Gesellschaftsphilosophie (Anm. 21), S. 329.

Nicht zuletzt aber – und dies dürfte, ungeachtet aller unleugbaren Defizite und Absonderlichkeiten, ebenfalls einen der Vorzüge des politischen Denkens der deutschen Spätromantiker ausmachen – plädierten diese Autoren immer wieder für das Prinzip des *Ausgleichs* in Geschichte und Politik, – ein Prinzip, das sie zuweilen, durchaus selbstkritisch, auch auf sich selbst anwandten. Es sei „ganz gut", bemerkte Joseph von Eichendorff einmal, „daß in den romantischen Mondschein, der die früheren Jahrhunderte wunderbar beglänzte, das morgenkühle, scharfe Tageslicht noch zeitig genug hereinbrach, um die Klüfte und Spalten der längst unterwaschenen und verwitterten Felsen zu beleuchten, die sonst unerwartet über den Häuptern der Sorglosen zusammengestürzt wären". Und er fuhr fort: „Nicht darin liegt das Übel, daß der Verstand, im Mittelalter von gewaltigeren Kräften der menschlichen Natur überboten, sein natürliches Recht wieder genommen, sondern darin, daß er nun als Alleinherrscher sich keck auf den Thron der Welt gesetzt, von dort herab alles, was er nicht begreift und was dennoch zu existieren sich herausnimmt, vornehm ignorierend. Denn jede maßlose Ausbildung einer einzelnen Kraft, weil sie nur auf Kosten der anderen möglich, ist Krankheit, und so geht oft eine geistige Verstimmung durch ganze Generationen und gibt der Geschichte unerwartet eine abnorme Richtung"[138].

Das Bestreben, diese „abnorme Richtung" zu korrigieren, wird man als das Hauptanliegen der politischen Spätromantik bezeichnen können, doch man wird andererseits wohl kaum sagen dürfen, daß Friedrich Schlegel und Adam Müller, daß Joseph Görres, Franz von Baader und Joseph von Eichendorff mit diesem Anliegen sonderlich erfolgreich gewesen sind.

---

[138] Eichendorff, Werke und Schriften (Anm. 23), Bd. IV, S. 1292.

Edmund Burke (1729–1797)

Heinz-Joachim Müllenbrock

Daß Großbritannien einen der führenden Köpfe des Konservativismus hervorgebracht hat, kann nicht überraschen, ist es doch das klassische Land dieser politischen Ausrichtung. Es ist aber nicht nur ein konservatives, sondern zugleich auch immer ein liberales Land gewesen.

Beide Seiten spiegeln sich im Lebensgang des Iren Edmund Burke (1729–1797), des prototypischen britischen Konservativen auch in europäischer Perspektive. Wie trat der Konservativismus Burkes historisch in Erscheinung, was macht seine Substanz aus, und worin bestehen seine möglicherweise noch heute relevanten Ansätze? Diesen Fragen möchte ich in meinem Beitrag nachgehen.

Die überragende Bedeutung Burkes für den Konservativismus, die neuere Darstellungen wie diejenige Frank O'Gormans über konservatives Denken von Burke bis Thatcher (1986)[1] bestätigen, sei einleitend an zwei repräsentativen Äußerungen belegt. Lord Hugh Cecil, der fünfte Sohn des dritten Marquis of Salisbury, des konservativsten aller Premierminister, schrieb 1912 in seinem weit beachteten Buch *Conservatism:* „[...] in Burke Conservatism found its first and perhaps its greatest teacher, who poured forth with extraordinary rhetorical power the language of an anti-revolutionary faith, and gave to the Conservative movement the dignity of a philosophical creed and the fervour of a religious crusade"[2]. Und in einem nach ihrer Niederlage in den allgemeinen Wahlen von 1945 erschienenen Pamphlet der Konservativen Partei heißt es in einem Appell an die Wählerschaft: „In him is contained all that is necessary to political salvation. ‚Back to Burke' ought still to be our motto. Read and re-read the *Reflections on the Revolution in France:* this is an exercise that should be performed at least once a year"[3]. Während das letzte Zitat die Aufmerksamkeit auf jenes zentrale

1 Siehe F. O'Gorman, British Conservatism. Conservative Thought from Burke to Thatcher, London/New York, 1986.

2 L. H. Cecil, Conservatism, London, o.J., S. 40.

3 Zitiert nach L. D. Epstein, Politics of British Conservatism, in: The American Political Science Review 48, 1954, S. 28.

Werk lenkt, das auch im Mittelpunkt meiner Ausführungen stehen wird, erinnert das erste Zitat zugleich an die rhetorisch-polemische Realisierung und an den theoretischen Anspruch von Burkes Standortbestimmung des sich in seiner modernen Form unter seiner Ägide herauskristallisierenden britischen Konservativismus.

I. Als Burke 1790 mit der Veröffentlichung der *Reflections on the Revolution in France* zum Wortführer des britischen Konservativismus und zum Anwalt der alteuropäischen Interessen wurde, war er ein landesweit bekannter, im Unterhaus als Debattenredner hervorgetretener whiggistischer Politiker. Als Whig war er für die politische Emanzipation der irischen Katholiken eingetreten und hatte seine Sympathie mit den nordamerikanischen Kolonisten in deren sich zuspitzender Auseinandersetzung mit der Londoner Metropole bekundet – um zwei seiner wichtigsten Betätigungsfelder zu nennen. Manche – wie bereits Joseph Priestley in seinen *Letters to the Right Honourable Edmund Burke* (1791) – sehen deshalb bis heute in Burkes Stellungnahmen zur Französischen Revolution einen Bruch mit seinen bisherigen liberalen Anschauungen – letztlich allerdings wohl kaum triftig begründet. Burke hat sogleich in *An Appeal from the New to the Old Whigs* (1791) die Prinzipientreue seiner politischen Ansichten energisch unterstrichen und in dem Zusammenhang betont, daß seine Zustimmung zu der Revolution von 1688/89 keinen Widerspruch zu der gegenüber der Französischen Revolution eingenommenen Haltung bedeute, weil die Glorreiche Revolution rein restaurierenden Charakters gewesen sei und – bei einem Minimum an Veränderungsstreben – lediglich darauf abgezielt habe, den verfassungsmäßigen Normalzustand wiederherzustellen.

Man tut gut daran, um Burkes epochemachende Schrift angemessen zu charakterisieren, diese sogleich in ihrem Argumentationskontext als militante Streitschrift zu verankern. Die *Reflections*, von denen man gesagt hat, daß sie für den Konservativismus dasselbe seien wie das *Kommunistische Manifest* für den Sozialismus, erzielten nicht zuletzt deshalb durchschlagende Wirkung, weil ihr Verfasser, von dem Ausbruch der Französischen Revolution in seinem Selbstverständnis als loyaler und verfassungskonformer britischer Staatsbürger be-, ja getroffen, auf dieses Ereignis augenblicklich mit leidenschaftlicher Polemik reagierte. Der von mir gebrauchte Begriff Wortführer impliziert, daß Burke auch und nicht zum wenigsten dank seiner sprachlichen Kompetenz imstande war, politischen Raum diskursiv zu besetzen, daß er mit seiner geradezu spektakulären Verbalisierung politischer Sachverhalte Meinungsführerschaft an sich ziehen konnte. Der gesamte Text, in dem beispielsweise dreigliedrige, die Materie eingängig disponierende Konstruktionen häufiger zu finden sind als in Bacons dafür bekannten Essays und in dem die Bildersprache

Edmund Burke (1729-1797)

wichtiger ist als die logisch-stringente Anordnung des Stoffes, ist ein mit allen Mitteln rhetorischer Raffinesse erstelltes Dokument, dessen affektives Potential voll ausgeschöpft wird im Interesse persuasiver Steuerung. Die für die Sympathielenkung verantwortliche allgegenwärtige Rhetorisierung schafft gewissermaßen die emotionale Grundlage für Burkes sachliche Bewältigung seines Gegenstandes. Nicht zu Unrecht schreibt Friedrich von Gentz in der Einleitung zu seiner Übersetzung (1792) der *Reflections*: „Burke's Werk ist, nach einem strengen Maßstabe beurtheilt, nichts als eine Rhapsodie: aber eine Rhapsodie, aus der sich das vollständigste und regelmäßigste System entwickeln läßt"[4].

Zwar wendet sich Burke nominell an einen jungen französischen Adligen namens Depont – die *Reflections* sind der vielleicht längste Brief der Weltliteratur –, doch ist sein primärer beziehungsweise eigentlicher Adressat England, wo radikale Reformer wie der nonkonformistische Geistliche Richard Price – dessen die Debatte um die Französische Revolution eröffnende Predigt *A Discourse on the Love of Our Country* (1789) bildet im ersten Drittel den Hauptangriffspunkt – mit den französischen Revolutionären sympathisierten. Gegen solche gefährlichen Tendenzen sucht Burke den Konsens mit dem gutsituierten englischen Gentleman, auf dessen Erwartungshorizont seine Rhetorik ausgerichtet ist. Von der Überlegenheit der gemischten, vor der Geschichte bereits bewährten britischen Verfassung durchdrungen – mit rhetorischer Pointierung stellt er dem verworfenen französischen Modell ein bis ins Äußerste stilisiertes Gegenbild gegenüber –, macht Burke aus seiner schroffen Ablehnung der Pariser Vorgänge von Anfang an keinen Hehl – ironisch polarisierende Formulierungen wie „nor as yet have we subtilized ourselves into savages"[5] gehören zur Grundmelodie des Textes. Der naturrechtlich-abstrakten Konstruktion des revolutionären Frankreich, welches in die Hände von spekulierenden Sophisten gefallen sei – die ironische Vokabel „metaphysicians" kehrt mit leitmotivischer Häufigkeit wieder – setzt Burke das durch Tradition sanktionierte, von der Zustimmung vieler Generationen getragene und behutsamen Verbesserungen zugängliche britische Verfassungsmodell mit seinen ausbalancierenden Komponenten entgegen. Gegen die theoretisierend-papierene Gleichmacherei einer sich autonom wähnenden Vernunft zu Felde ziehend – Burkes Skepsis gegenüber dem absoluten Vernunftglauben der Aufklärung ist unverkennbar –, betont er die von der Erfahrung, also der geschichtlichen Vernunft gestützten Prinzipien menschlicher Herrschaft, wie sie in den alteuropäischen Ordnungen ihren Niederschlag gefunden haben. Insbesondere Burkes von den revolutionären Vorstellungen

---

4 F. v. Gentz, Ausgewählte Schriften, 1. Band: Betrachtungen über die französische Revolution. Nach dem Englischen des Herrn Burke, mit Einleitung und Anmerkungen, Stuttgart/Leipzig, 1836, S. 25.

5 E. Burke, Reflections on the Revolution in France, London/New York, 1967, S. 83.

abweichender Natur- und Vertragsbegriff läßt dabei die konservative Stoßrichtung seines Denkens sichtbar werden.

Obwohl Burkes zum Teil recht komplizierte Auseinandersetzung mit den neueren Naturrechtslehren von mir nicht angemessen wiedergegeben werden kann – sie läuft vor allem auf eine Widerlegung der Positionen Rousseaus hinaus –, darf man dahingehend resümieren, daß er die von den neueren Theoretikern wie Hobbes, Locke und Rousseau entwickelten voluntaristischen Staatsgründungskonzeptionen, die von der apolitischen Natur des Menschen ausgehen, ablehnt. Für Burke, der eher an die ältere, von Aristoteles bis Hooker reichende Tradition politischen Denkens anknüpft, aber naturrechtliche Argumente allein nach Maßgabe rhetorischer Zweckdienlichkeit gebraucht, ist der Mensch seiner sozialen Natur nach auf das Leben in einem politischen Gemeinwesen angelegt; das Miteinanderleben der Menschen in einem solchen politischen Gemeinwesen bezeichnet für Burke den wahren Naturzustand, wie er in *An Appeal from the New to the Old Whigs* bekräftigte.[6] Seiner Grundhaltung gemäß erklärt er den Ursprung politischer Gemeinwesen für völlig belanglos gegenüber demjenigen Vertrag, unter dem die Ordnung dieses Gemeinwesens – wie im Falle Englands – vor dauerhaftem Bestand geblieben ist. Eine bekannte Stelle der *Reflections* veranschaulicht Burkes umfassende Vertragskonzeption, die er im Widerspruch zu dem die Unabhängigkeit des einzelnen Menschen postulierenden Urvertragsdenken des neueren Naturrechts formuliert: „Society is indeed a contract. [...] Each contract of each particular state is but a clause in the great primaeval contract of eternal society, linking the lower with the higher natures, connecting the visible and invisible world, according to a fixed compact sanctioned by the inviolable oath which holds all physical and moral natures, each in their appointed place. This law is not subject to the will of those, who by an obligation above them, and infinitely superior, are bound to submit their will to that law“[7]. In dieser semantischen Umbesetzung des umkämpften Begriffs „contract“ tritt die Quintessenz der politischen Weltanschauung Burkes zutage, der, ohne romantische Überspanntheit, den Menschen auch als Gesellschaftswesen in größere, gleichsam kosmische Zusammenhänge einbettet und ihn auf die Anerkennung der von Gott geschaffenen Seinsordnung verpflichten möchte, die durch Hierarchie und Interdependenz gekennzeichnet ist. Dementsprechend sind Anschauungen von einer natürlichen Aristokratie selbstverständlich für Burke, der den englischen Adel als eine funktionslegitimierte Elite verteidigt.

---

6 Siehe The Works of Edmund Burke [Bohn's Standard Library], vol. III: Political Miscellanies, London, 1903, S. 86.

7 Burke, Reflections, S. 93–94.

Burkes christliche Anthropologie als Wegweiserin der Politik kommt aber nicht nur in der transzendenten Verankerung menschlicher Sozietät zum Ausdruck, sondern äußert sich auch in der ebenfalls konservativem Grundempfinden entsprechenden Betonung der defizitären Natur des Menschen, die – in offenkundigem Gegensatz zu dem Perfektibilitätsanspruch von Aufklärung und Revolution – noch auf der letzten Seite der *Reflections* registriert wird. Burkes berühmte Rehabilitierung des Vorurteils („prejudice") – ein weiterer in bewußter Polemik gegen die französischen Aufklärer eingesetzter Begriff – stellt in Rechnung, daß der Mensch ganz wesentlich instinktgeleitet, von irrationalen Antrieben beherrscht und so auch sein politisches Verhalten hauptsächlich von Traditionsgebundenheit und Vorurteilsstrukturen geprägt ist. Die Durchsetzung der Vernunft ist deshalb nach Burkes Auffassung nur dann aussichtsreich, wenn jene sich diese Vorurteilsstrukturen zunutze macht, statt sie radikal zu bekämpfen; daraus resultiert seine Forderung, das politische Bewußtsein der Menschen über die Affekte positiv an die gesellschaftlichen Institutionen zu binden, denen eine vermittelnde Funktion zwischen Vorurteilsdisposition und bloßem Vernunftpostulat zukommt. Auch der gesamte zweite, schon stärker auf Frankreich zuführende Teil der *Reflections* gilt nicht zufällig einer engagierten Verteidigung britischer Institutionen gegen den zugleich destruktiven und hybriden Vernunftanspruch der französischen Revolutionäre. Burkes Witterung für historische Umbrüche läßt ihn das totalitäre Potential der in ihrer Neuartigkeit erkannten Französischen Revolution spüren, und so prognostiziert er – einer der bemerkenswertesten Aspekte der *Reflections* – noch deutlich vor dem Einsetzen der Schreckensherrschaft *(Terreur)* die systematische Ausbreitung von selbstverordnetem politischem Terror, der allerdings nicht imstande sein wird, das utopische Ziel einer unrealistischen Gleichheitsideologie zu erreichen.

II. Aus Burkes zeitgeschichtlich bedingter Imprägnierung seiner antifranzösischen Polemik schälen sich bleibende Grundsätze heraus, die Denken und Praxis der britischen Konservativen seit dem 19. Jahrhundert tief beeinflußt haben – mit „Konservativen" meine ich nicht zuletzt die politische Partei dieses Namens. Für den europäischen Kontinent ist Burkes Einfluß gerade in der unmittelbaren Folgezeit kaum geringer zu veranschlagen – ich erwähne für den deutschen Bereich nur die an Adam Müller vermittelten Anregungen, über den wir noch ein Referat hören werden. Axiomatisch für Burkes Anschauungen ist die tief in seinem sittlichen Empfinden verwurzelte Überzeugung, daß der Mensch als Gesellschaftswesen nicht autark, sondern in ein vorgegebenes, ihn relativierendes, von Gott geschaffenes Ordnungsgefüge hineingestellt ist, welches dem klassizistischen Leitgedanken universeller Harmonie und Abstufung korrespondiert. Aus dieser Grundüberzeugung ergibt sich Burkes Präferenz für eine Sichtweise, die Karl Mannheim in seiner Morphologie konservativen Denkens zu Recht als konstitutiv erkannt hat: nämlich die Neigung, das Normative aus dem geschichtlich tradierten Sein heraus zu verstehen, wohingegen progressives Denken dahin tendiere, das tatsächlich Bestehende nach abstrakten Normen zu beurteilen.[8] Die erläuterten Denkdispositionen zeichnen den Weg vor zu den im einzelnen von Burke vertretenen Auffassungen, die sich namentlich der britische Konservativismus zu eigen gemacht hat. Die Gesellschaft ist für Burke eher ein sogar von der Aura des Geheimnisvollen umgebener Organismus als ein bloß von Menschenhand geschaffenes künstliches und beliebig manipulierbares Gebilde. Der Staat ist auch nicht lediglich ein aktueller Zusammenschluß von Menschen, sondern vielmehr eine einen langen Atem erforderlich machende Gemeinschaft vergangener, jetzt lebender und künftiger Generationen – angesichts Burkes geradezu sympathetischer Achtung vor dem historisch Gewachsenen könnte man sogar von einer Solidargemeinschaft im Zeichen geschichtlicher Vernunft sprechen. Mit dem Kontinuitätsgedanken, der behutsame, graduelle Veränderungen zur Auflage reformerischer Praxis macht, stehen Burkes auch für den deutschen Konservativismus wichtig gewordene Bewunderung des Mittelalters und Wertschätzung des Adels als hauptsächlichem Träger geschichtlichen Geschehens in Verbindung. Zu den Konstanten konservativen Denkens gehört weiterhin die von Burke betonte Bedeutung der Religion als sittlich-formative Kraft und ihre entsprechende Anerkennung durch den Staat – Burke kann auch als Gegenpol zu laizistischen Strömungen in Anspruch genommen werden. Burkes im weitesten Sinne ‚präskriptives' politisches Denken bildet auch die Basis für sein energisches Eintreten für die Aufrechterhaltung angestammter gesellschaftlicher Differenzierungen nach Rang und Besitz und die gleichzeitige Zurückweisung schimärischer Gleichheitstheoreme. In die Vindizierung des Überkommenen fügt sich Burkes Verteidigung des Privateigentums als institutionelle Grundlage einer wohlgeordneten Gesellschaft ein; seine Rechtfertigung aristokratischen Landbesitzes und dessen Gewicht in der Realität der britischen Verfassung ist lange Zeit, zumindest während des 19. Jahrhunderts ein fester Bestandteil konservativen Selbstverständnisses gewesen. Schließlich wird man auch seine Anprangerung des Individuen im Namen politischer oder sozialer Reformen zugefügten Unrechts – die *Reflections* hallen von Empörung darüber wider – zur intellektuellen Grundausstattung konservativen politischen Denkens zählen dürfen, dem Burke langfristige Orientierungsmaßstäbe an die Hand gegeben hat.

Am Anfang des modernen britischen Konservativismus steht so eine Persönlichkeit, die in ihrem geistigen Habitus noch tief in dem klassizistisch geprägten

---

[8] Vgl. K. Mannheim, Wissenssoziologie. Auswahl aus dem Werk, eingeleitet und herausgegeben von K. H. Wolff, 2. Aufl., Neuwied am Rhein/Berlin, 1970, S. 435.

18. Jahrhundert verwurzelt war, der es aber gerade dank ihrer von Leidenschaft erfüllten zeitfühligen Apologie des ihrer Ansicht nach Bewahrenswerten, von einer neuen Ära Bedrohten gelang, über den Augenblick hinausweisende Einsichten zu formulieren. Die spezifischen, mentalitätsgeschichtliche Beschränkungen einschließenden Artikulationsbedingungen der großen Replik Burkes – dieser, überdies einer der besten englischen Prosaisten, wie William Hazlitt[9] am überzeugendsten dargelegt hat, verkörperte gewissermaßen in idealtypischer Weise die Antithese zu der französischen Herausforderung – sind mitverantwortlich für die enorme rezeptionsgeschichtliche Wirkung der *Reflections*.

Zwei wichtige Aspekte, die den britischen Konservativismus des 19. Jahrhunderts und darüber hinaus wesentlich mitprägten und die erst von Disraeli auf die politische Tagesordnung gesetzt wurden, hat Burke nicht angesprochen beziehungsweise nicht in nennenswertem Maße zu seinem Anliegen gemacht. Zum einen handelt es sich um die im 18. Jahrhundert noch nicht in ihren modernen Implikationen aufgeworfene soziale Frage – es ist höchst bezeichnend, daß der englische Roman dieses Zeitraums, der sich wie keine andere Gattung der Eroberung der Wirklichkeit verschrieben hatte, soziale Probleme nicht thematisiert. Burkes vergleichsweises Desinteresse in dieser Hinsicht ist mit verantwortlich für die völlige Verständnislosigkeit, mit der er auf die französischen Umwälzungen reagiert hat. Allerdings ist sofort hinzuzufügen, daß Burke als primäre Ursache der Französischen Revolution nicht wirtschaftliche Bedrückung oder politische Mißregierung, sondern eine neue Theorie von Mensch und Gesellschaft erachtete. Der zweite Aspekt betrifft den imperialen Gedanken oder Imperialismus, der lange zum Profil der Konservativen Partei gehörte, aber im postkolonialen Zeitalter eher als belastendes Erbe empfunden werden dürfte. Zwar befürwortete Burke durchaus die Aufrechterhaltung des Empire – auch in der amerikanischen Debatte trat er keineswegs für eine Loslösung der Kolonien vom Mutterland ein –, doch hatten andere Gesichtspunkte Vorrang für ihn bei der Darlegung seiner Prinzipien. Wenn man bedenkt, daß Burke mit der sozialen Frage und dem Imperialismus zwei Politikbereiche aussparte oder auf Distanz hielt, die in Theorie und Praxis der britischen Konservativen von erheblichem Gewicht waren, erscheint seine Rolle als Ideenspender und gern in Anspruch genommener Gewährsmann für konservative Programmatik um so bemerkenswerter.

III. Die Geschichte ist längst über die Gesellschaftsordnung des 18. Jahrhunderts hinweggegangen, die Burke in ihrer ideellen Substanz – und zwar als gemeineuropäisches Vermächtnis – in den *Reflections* und nachfolgenden

---

9 Siehe dessen Essay „Character of Mr. Burke“ (1807).

Schriften verteidigte. Dennoch enthält sein politisches Glaubensbekenntnis Bestandteile, an die konservatives Denken trotz gänzlich veränderter Umstände – das Wort „circumstances“ ist übrigens ein Burkescher Leitbegriff – noch heute anknüpfen kann, weil sie offenbar Grundbefindlichkeiten konservativer Denkart Rechnung tragen. Sie möchte ich abschließend zur Anregung weiteren Gedankenaustausches kurz anführen. Burkes Bestreben, dem Menschen für sein politisches und gesellschaftliches Handeln über seinen engen Lebenskreis und Interessenhorizont hinausreichende weltanschauliche Orientierung zu bieten, ihn auf die Anerkennung überindividueller Autorität zu verpflichten, verdient hier sicherlich erste Erwähnung. Burkes skeptisches, die Ratio des Menschen eher unter- als überschätzendes Menschenbild läßt ihn den Menschen als Mangelwesen wahrnehmen – „Government is a contrivance of human wisdom to provide for human wants“[10] heißt es in den *Reflections*. Im Sinne seines anthropologischen Realismus erachtet er es für wichtig, die Menschen affektiv an Institutionen zu binden, die, auch vermittels ihres menschlichen Grundbedürfnissen entgegenkommenden Symbolwertes, langfristiger zivilisatorischer Vervollkommnung dienen. Kern institutioneller politischer Zivilisierung ist die Familie: „We begin our public affections in our families. No cold relation is a zealous citizen“[11] verkündet Burke in den *Reflections*. Die Familie erscheint ihm nicht zuletzt deshalb als Muster eines politischen Mikrokosmos, weil sie veranschaulicht, daß Menschen nicht allein aus Vernunftgründen soziale Bindungen eingehen; in gewissem Sinne sieht er es als anthropologische Notwendigkeit an, eine Brücke zwischen privater Moral und öffentlicher bzw. Gesellschaftsmoral zu schlagen. Auch die von Burke vehement bekämpfte egalitäre Ideologie wird stets konservativen Widerspruch herausfordern; Helmut Schoecks Buch *Das Recht auf Ungleichheit* (1979) ist dafür ein noch nicht lange zurückliegendes Beispiel. In Burkes Beharren auf der Notwendigkeit, gesellschaftlicher Vernunft durch behutsame, partielle und institutionell kontrollierte Reformen zum Durchbruch zu verhelfen, ohne dafür eine Instanz mit absoluter Macht zu betrauen, könnte man eine Verwandtschaft zu Poppers Konzept der offenen Gesellschaft erblicken.[12] *Last but not least* sollte Burkes allenthalben heraushörbare Forderung an die Politik, sich auf die irrationalen Seiten der menschlichen Natur einzustellen, seinem politischen Denken die verdiente Aufmerksamkeit sichern – schließlich hat das Burkesche Postulat durch die bitteren Erfahrungen des gerade zu Ende gegangenen zwanzigsten Jahrhunderts, geschichtlicher Vernunft geradezu hohnlachenden Jahr-

---

[10] Burke, Reflections, S. 57.

[11] Ebenda, S. 193.

[12] Die Gemeinsamkeit von Burkes und Poppers Anschauungen betont R. Zimmer, in: Burke zur Einführung, Hamburg, 1995, S. 127–128.

hunderts schmerzliche Dringlichkeit erlangt. Und – das soll wirklich meine letzte Bemerkung sein – eine konservative Europapolitik könnte sich sogar daran erinnern, daß, als er schon bald nach dem Erscheinen der *Reflections* sein Land zur Intervention gegen das friedensstörende Frankreich drängte, Burke dies aus der Überzeugung tat, ein völkerrechtlich begründbares Prinzip müsse im Interesse gemeineuropäischer Solidarität durchgesetzt werden.

Joseph de Maistre (1753–1821) und L. G. A. de Bonald (1754–1840) – zwei Vertreter der Gegenrevolution

Jean-Jacques Langendorf

Liest man die Korrespondenz zwischen dem Savoyer und dem Sohn des Aveyron, zwischen 1812 und 1821, könnte man den Eindruck gewinnen, man hätte es mit geistigen Zwillingen zu tun und daß das Werk des einen das Spiegelbild jenes des anderen sei. Maistre an Bonald aus St Petersburg, am 1./13. Dezember 1814: „Ich habe […] ganz ähnliche Ideen wie Sie. Ich sehe das Böse wie Sie es sehen; mein Auge blickt mit Entsetzen in diese tiefe Cloaque."[1] Dann aus Turin, am 15. November 1817: „Sagen Sie mir doch bitte, ob Sie nicht gespürt haben, daß ich Ihnen um den Hals fiel, nachdem ich gelesen hatte, was Sie an zwei oder drei Stellen über den verabscheuungswürdigen Condillac schreiben, das verhängnisvolle Idol Frankreichs und den Lehrer Ihrer Jugend."[2] Und aus Turin, am 10. Juli 1818: „Wäre es möglich, daß es der Natur gefallen hätte, zwei so völlig gleichgestimmte Saiten aufzuziehen wie Ihren Geist und den meinen! Es ist der vollkommenste Gleichklang, ein einzigartiges Phänomen."[3] Schließlich, im letzten Brief an Bonald aus Turin, vom 4. Dezember 1820: „Bei der Lektüre Ihrer Schriften, Monsieur le Vicomte, muß ich häufig lachen, wenn ich dieselben Gedanken und sogar dieselben Formulierungen finde, wie ich sie zu veröffentlichen gedenke. Diese Übereinstimmung ist sehr schmeichelhaft für mich. Nichts ist so tröstlich wie ein solcher Einklang."[4]

Bonald seinerseits schrieb aus Paris am 16. November 1814: „Ich sehe in manchen Passagen Ihres letzten Essai, daß ich mich in dem von Ihnen erwähnten Werk wiedererkenne […]. Nichts beweist besser, daß die Wahrheit nicht vom Menschen stammt und daß alle aus einer gemeinsamen Quelle schöpfen, wenn sie sie suchen."[5] Endlich steht im letzten Brief Bonalds an Maistre aus

---

1 Lettres et opuscules inédits du comte Joseph de Maistre [...] par son fils le comte Rodolphe de Maistre, Bd. I, Paris 1851, S. 242.

2 Ebd., S. 435.

3 Ebd., S. 453.

4 Ebd., S. 504 f.

5 Ebd., S. 526.

Paris, vom 3. Januar 1821: „Ich empfinde vor allem eine unsagbare Befriedigung, mich mit Ihnen stets auf derselben Linie des Denkens, des Fühlens und der Zuneigung zu befinden.“[6] Man täusche sich aber nicht. Diese Beteuerungen haben mehr mit einem Ausdruck gegenseitigen Respekts zu tun, mit der Ermutigung, nicht allein dazustehen im Kampfe – für die Kirche, die Monarchie, die Restauration, gegen die „Satanie“ der Revolution und der liberalen Ideen – als mit einer gemeinsamen Philosophie. Um auf das militärische Vokabular zurückzugreifen: Wenn die strategischen Ziele auch dieselben sind, so unterscheiden sich die taktischen Vorgehensweisen doch beträchtlich. Oft fassen die letzten Worte eines Menschen auf seinem Totenbett, angesichts der Ewigkeit, wenn es keine Spiegelfechtereien mehr gibt, die Anliegen eines ganzen Lebens zusammen. So rief Joseph de Maistre kurz vor seinem Tode am 26. Februar 1821 aus: „Meine Herren, die Erde bebt, und Sie wollen bauen!“[7] Und Louis-Gabriel-Ambroise de Bonald fand vor seinem Hinscheiden am 19. November 1840 noch die Kraft zu erklären: „Ich habe nur eine einzige Idee gehabt …“[8] Diese beiden knappen Äußerungen zeigen in eindrucksvoller Weise den grundlegenden Unterschied im Denken, aber auch im Verhalten der beiden Männer.

Ein Großteil der Existenz Maistres, der 1753 (ein Jahr früher als Bonald) in Chambéry geboren wurde, also Savoyer und daher Untertan des Königs von Sardinien war, stand im Zeichen der Fieberhaftigkeit. Nach einer frommkatholischen Kindheit ließ er sich in die Freimaurerei einweihen,[9] dann gab er eine gesicherte Stellung zugunsten der ungewissen Zukunft der Emigration auf. 1802 als Repräsentant seines Monarchen nach St. Petersburg entsandt, sollte er seine Heimat, seine Frau und zwei seiner Kinder erst fünfzehn Jahre später wiedersehen. Nach seiner Rückkehr nach Turin wurde er dort Vorsteher der Großkanzlei mit dem Titel eines Staatsministers. Doch diese wenigen Daten vermitteln nur ein sehr unvollkommenes Bild von seiner komplexen Laufbahn. Nachdem er in Lausanne „für die gute Sache“ agiert hatte, repräsentierte er in St. Petersburg einen König ohne Reich. Er schuf sich dort einen weiten Freundeskreis, selbst der Zar stand ihm nahe, aber Maistres Machenschaften zugunsten der Jesuiten und sein katholischer Proselytismus entfremdeten ihn dem Monarchen und zwangen ihn schließlich, Rußland zu verlassen. Im Ausland schrieb er jedoch eines der bedeutendsten Bücher der französischen Sprache. Letztlich brachte er seine ganze Leidenschaft, seine Dynamik, seine Willenskraft, seine Sarkasmen in sein Werk ein. 1797, als er in seinem Vaterland alles

6 Ebd., S. 569.
7 Ebd., S. XXV.
8 J. Bastier, „Présentation“ zu: Réflexions sur la Révolution de juillet 1830 et autres inédits, Paris 1988, S. 145.
9 Siehe J. de Maistre, Die Freimaurerei, Wien 1988.

Joseph de Maistre (1753–1821)

verloren hatte, erlangte er Berühmtheit mit den *Betrachtungen über Frankreich*, und seine Bewunderer erblickten in ihm bereits einen neuen Burke. Seine wichtigsten Werke verfaßte er in den müßigen Stunden des diplomatischen Dienstes: *Die Abende von St. Petersburg*, natürlich, aber auch die *Abhandlung über die Triebkraft der politischen Konstitutionen* [...], *Über das Opfer, Untersuchung der Philosophie Bacons, Die spanische Inquisition* und viele andere.

Buffon sagte, und es ist seither oft genug wiederholt worden: „Der Stil macht den Menschen aus". Betrachten wir ein Porträt Maistres,[10] als er in den besten Jahren stand. Wir erblicken ein klassisches Gesicht mit willensstarken, regelmäßigen Zügen, umgeben von sorgfältig frisiertem, gepuderten Haar, der Mund leicht verächtlich, insgesamt ein schönes Gesicht, das noch die Größe des Ancien Régime widerspiegelt, aber vor allem den Charakter eines Menschen zeigt, der zu seinen Überzeugungen steht, die er für die einzig richtigen hält.

Bei Bonald finden wir eine völlig andere geographische Umwelt und ein ganz anderes Milieu.[11] Das kleine Schloß seiner Familie überragte eine tiefe Schlucht und ein ärmliches Dorf, einige Kilometer von dem Marktflecken Millau im Süden Frankreichs entfernt. Die Landschaft seiner Kindheit wies nur schroffe Felsen an einem Flüßchen auf, während Maistre die erhabenen Savoyer Alpen betrachten konnte. Immerhin scheint die Jugend des künftigen Philosophen nicht so streng gewesen zu sein wie jene Maistres. Mit elf Jahren kam er zu den Oratorianern nach Paris, die bei ihm „eine edle Seele in einer dicken Teigschicht" diagnostizierten. Von 1773 bis 1776 diente er als Musketier des Königs in Versailles. Niemals sollte er den gütigen Blick Marie-Antoinettes vergessen. Der Unterschied wird bereits deutlich: Während sich Maistre in seiner Jugend der Gerichtsbarkeit widmete, war Bonald Soldat bei Hofe. Nach Millau zurückgekehrt, heiratete er und suchte Zerstreuung in den örtlichen Salons. Nachdem er (wie übrigens auch Maistre) die Anfänge der Revolution mit mäßiger Begeisterung begrüßt hatte, stießen ihn ihre Exzesse sehr bald ab, und er emigrierte 1791. In Heidelberg, wo er sich um die Erziehung seiner Kinder kümmerte und Deutsch lernte, verfaßte er die *Theorie der politischen und religiösen Macht*, die 1796 in Konstanz gedruckt wurde. Obwohl man die Schrift in Frankreich einstampfte, gelang es Bonaparte, ein Exemplar zu lesen. Vom Heimweh geplagt, begab sich Bonald 1797 nach Paris, wo er sich zwei Jahre lang versteckt hielt, kehrte 1802 nach Millau zurück und wurde 1810 als Universitätsrat nach Paris berufen. Zu jener Zeit schrieb er *Betrachtung über die Scheidung im 19. Jahrhundert*; den *Analytischen Essay über die Naturgesetze der Gesellschaftsordnung; Die ursprüngliche Gesetzgebung; Philosophische Untersuchungen über die ersten Gegenstände moralischer Erkenntnis* usw.

---

[10] Frontispiz in Bd. I der Lettres et opuscules, a.a.O.

[11] Zu seiner Biographie vgl. H. de Bonald, Notice sur le Vicomte de Bonald, Paris 1841.

L. G. A. de Bonald (1754–1840)

Während der Restaurationszeit wurde er mit Ehren überhäuft. Als Abgeordneter, Staatsminister, Pair de France, Mitglied der Académie française und des Instituts und Mitarbeiter zahlreicher Zeitschriften wurde er gewissermaßen der Ideologe der royalistischen Partei. Trotzdem weigerte er sich 1830, Louis-Philippe den Eid zu leisten, und zog sich auf sein Schloß zurück.

Wie wir es bei Maistre getan haben, betrachten wir jetzt das Bildnis des Vicomtes, und zwar eine von Boilly 1828 sehr genau ausgeführte Zeichnung. Das Haar zunächst: keine Ancien Régime-Frisur à la Maistre, sondern eher eine „Mähne" nach romantischer Manier, obwohl Bonald die am wenigsten romantische Gestalt seiner Zeit war. Das Gesicht – volle Lippen, Bourbonennase, scharfblickende Augen – verrät eine starke Persönlichkeit, fähig zum Kampf und zum Aufbau solider Gebäude, in diesem Fall gedanklicher Gebäude. Doch abgesehen von diesen Differenzen im physischen Stil fallen jene im schriftstellerischen Bereich auf. In Frankreich ist es zum Gemeinplatz geworden, Maistres Ausdrucksweise jener Bonalds entgegenzuhalten und zu dekretieren, ersterer schreibe mit Eleganz und Finesse, während letzterer schwerfällig wie ein Ochse seine Furchen pflüge. Nun ist aber Bonalds Stil ganz einfach ein gediegener und wuchtiger, der die Dinge bei den Wurzeln packt, ein Stil, wie der bedeutende Kritiker Albert Thibaudet betonte, der „an das schmackhafte und gesunde Brot der Auvergne"[12] gemahnt. Im Grunde erinnert der stilistische Unterschied zwischen den beiden Gegenrevolutionären an den Fechter und den Bären in Kleists *Marionettentheater*.

Nachdem Maistre ihm in einem Brief vom 22. März 1819 erklärt hatte, worin sein Amt als Vorstand der Großkanzlei und Staatsminister bestand,[13] konnte Bonald einen Seufzer nicht unterdrücken: „Wie sehr haben mich die Details gefreut, die Sie mir über Ihre Stellung mitteilten! Tugend und Verdienst sind also zu etwas gut, zumindest schätzt man sie irgendwo auf der Welt! Anderswo werden sie mißbilligt, gehaßt und geschmäht. Nach den *Réflexions philosophiques* hat man mir eine Pension gestrichen, die ich notwendig brauchte; die mir verbleibende ist seit acht Monaten nicht bezahlt worden, und ich fürchte sehr, daß sie auch nicht mehr bezahlt wird. Zum Glück verfüge ich noch, aus dem Kronschatz, über die Hälfte dessen, was Bonaparte mich anzunehmen zwang – ansonsten müßte ich betteln gehen. Unter den Bourbonen lebe ich einzig von den Wohltaten Bonapartes, dem ich niemals dienen wollte! Ich habe immer für die Könige geschrieben, aber nur Achtungsbeweise vom Volk erhalten, das

---

[12] Zitiert nach M. Toda, Louis de Bonald. Théoricien de la contre-révolution, Paris 1997, S. 7.

[13] Lettres et opuscules, a.a.O., S. 463 f.

mich stets als Abgeordneten wollte, um seine Interessen zu verteidigen. Andere schreiben nur für das Volk und werden großzügig von den Königen belohnt."[14]

In *Die Entstehung des modernen Frankreich*[15] hat Hippolyte Taine – und nach ihm Augustin Cochin unter anderem in den Philosophen[16] – bewundernswert dargelegt, welche „Wühlarbeit" die Aufklärer geleistet hatten. Montesquieu, Voltaire, Condorcet, die Enzyklopädisten und teilweise Rousseau unternahmen eine regelrechte, konsequente Offensive gegen die Religion, weil sie begriffen hatten, daß sie mit ihr *das* trafen, dessen Grundlage sie bildete: das Prinzip der Monarchie. Bis zu den ersten Ausschreitungen der Französischen Revolution trat ihnen kaum jemand entgegen, entweder weil ihnen keiner gewachsen war (wie Taine ebenfalls zeigte) oder – wie im Fall Rousseaus – weil potentielle Gegner sofort „dämonisiert" und ausgegrenzt wurden. Das erste Verdienst Maistres und Bonalds bestand darin, dank ihrer Erfahrung und ihrer geistigen Fähigkeiten eine effiziente Gegenoffensive organisiert zu haben, indem sie deutlich machten, worauf die Doktrin der Philosophen hinzielte. Dann nahmen sie den gnadenlosen Kampf gegen die giftige Frucht eben dieses Denkens auf: die Revolution. Sie kämpften jedoch mit völlig unterschiedlichen Waffen. In hitziger Sprache, in der brillante Resümees und sogar Paradoxe vorherrschen – und das größte Paradox ist vielleicht, daß der eingefleischte Feind Voltaires ähnlich schrieb wie dieser – interpretiert Maistre die Revolution als unausweichlich, als gottgewollt. „Je näher man sich die scheinbar führenden Männer der Revolution ansieht, desto mehr findet man an ihnen etwas Passives und Mechanisches. Man kann es nicht genug wiederholen: Nicht die Menschen machen die Revolutionen, sondern die Revolution benutzt die Menschen. Sehr richtig hat man gesagt: Sie geht von allein. Dies Wort bedeutet, daß die Gottheit sich in keinem menschlichen Ereignis so deutlich offenbart hat. Benutzt sie die schlechtesten Werkzeuge, so geschieht es, weil sie straft, um zu bessern."[17] Für Maistre stellt die Revolution ein Ganzes dar, er unterscheidet nicht zwischen einem ersten „guten" Stadium und einem zweiten jakobinischen „schlechten", er sieht nur ein „wesensgemäß satanisches" Phänomen.[18] Und wenn sich die Vorsehung dieses Instruments bedient, um Frankreich zu strafen, so deshalb, weil sich seine Bewohner mit Schuld beladen haben. „Wie wenige gibt es unter

---

[14] Paris, 30. März 1819, ebd., S. 555.

[15] Les origines de la France contemporaine, besonders die beiden ersten Bände: L'Ancien Régime, Paris 1906–1907 (26. Aufl.).

[16] In: Les Sociétés de pensée et la démocratie moderne. Etudes d'histoire révolutionnaire, Paris 1978. Dieser Text (S. 11–24) stammt aus dem Jahre 1912.

[17] J. de Maistre, Betrachtungen über Frankreich, hg. von G. Maschke, „Bibliothek der Reaktion", Wien/Leipzig 1991, S. 11.

[18] J. de Maistre, Du Pape, Louvain 1821, 2. Aufl., S. XXXVIII.

den sogenannten unschuldigen Opfern der Revolution, denen ihr Gewissen nicht hätte sagen können:

> ‚Nun ihr die Folgen eures Wahnes spürt
> Erkennt die Schläge, die ihr selbst geführt.‘“[19]

Mit den zunehmenden Greueltaten der Revolution wurden auch die Gegenkräfte stärker und entschlossener. Verfolgt und seiner Güter beraubt, fand der Klerus zu neuer Würde und Energie. „Da das Kirchengut verschleudert ist, kann der Klerus in absehbarer Zeit keine neuen Mitglieder aus niedrigen Motiven finden. Somit tragen alle Umstände zur Hebung der Geistlichkeit bei. Zudem darf man hoffen, daß er angesichts der Aufgabe, die ihm gestellt scheint, das Maß von Selbstentäußerung findet, das den Menschen über sich selbst hinaus hebt und ihn zu Großem befähigt.“[20]

Versteht man die Gottesidee Maistres, so versteht man letztlich die Gesamtheit seiner Theophilosophie. „Eine biegsame Kette, die uns fesselt, ohne uns zu knechten, verbindet uns alle mit dem Throne des Höchsten.“ So beginnen die *Betrachtungen über Frankreich,* und mit diesem einen Satz ist alles gesagt! Der Mensch – und folglich auch der Revolutionär – verfügt bei seinem Handeln über eine Freiheit, deren Grenzen von Gott gesteckt sind. Die in der Gesellschaft lebenden Menschen tun dies konkret „nach den göttlichen Weltgesetzen“ oder nach Traditionen, deren Ursprung in Gott ruht, entsprechend der katholischen Lehre. Die Vorhaben eines Locke, Condillac, Condorcet und vieler anderer, „die Kette zu zerbrechen“, sind eitel, denn sie wollten das Unauslöschliche auslöschen, sich von dem abnabeln, was ihnen überhaupt die Existenz erlaubt. Im Grunde träumten sie wie die Taube Kants, die Atmosphäre zu tilgen, um besser fliegen zu können![21] Außerdem bewegten sie sich im abstrakten Raum, fern von der Wirklichkeit, die zu erfassen sie unfähig waren.

Der Unterschied zwischen Maistre und Bonald wird deutlicher, wenn man in Betracht zieht, daß letzterer versuchte, eine Systematik der Gegenrevolution zu entwerfen. Zunächst beabsichtigte er mit seinem ausgefeilten, tiefsinnigen Werk – Bonald hatte Kant gelesen und war mit Leibniz vertraut – vor allem die rein rationale Zerstörung der Dogmen, auf denen die Ideologie der Revolution beruhte. Aber er ging noch viel weiter, denn er begnügte sich nicht damit, der Gegenrevolution schlagkräftige Waffen an die Hand zu geben, sondern er versuchte auch, ein Modell für die Gesellschaft nach dem Triumph der Gegenrevo-

---

19 Betrachtungen, a.a.O., S. 13.
20 Ebd., S. 24.
21 Vgl. die Analyse von G. Gengembre in: La contre-révolution ou l'histoire désespérante, Paris 1989, S. 124.

lution zu konstruieren. Die Tatsache, daß er seine *Theorie der Macht* in der Emigration verfaßte, wo ihm nur Bossuets *Weltgeschichte,* ein paar Bände Tacitus, *Vom Geist der Gesetze* und der *Gesellschaftsvertrag* zur Verfügung standen, verlieh ihr einen äußerst spekulativen und deduktiven Charakter, da der Autor letztlich nur aus seiner eigenen Geisteskraft schöpfen konnte. Der Mensch hat sich zum Gesetzgeber aufgeworfen und wollte der zivilen und religiösen Gesellschaft eine Verfassung geben. Das war aber ein vergebliches Bemühen, weil bereits zwei *notwendige*, gottgegebene Grundgesetze existierten. Die Gesellschaft ist sowohl politisch als auch religiös, und nachdem die Gesellschaft den Menschen ausmacht, existiert der Mensch nur für sie. Das Menschengeschlecht hat allgemein ein Gefühl für die Existenz Gottes, der den Menschen nach seinem Bilde schuf. Es bestehen daher notwendig Beziehungen zwischen Gott und dem Menschen, „es gibt eine Gemeinschaft zwischen Gott und dem Menschen“[22]wie es eine Gemeinschaft zwischen den Menschen gibt, die auf notwendigen Beziehungen beruht, nach dem Vorbild der notwendigen Beziehungen zu Gott. Und das ist der zentrale Gedanke Bonalds, von dem alles übrige ausgeht, wohl „die einzige Idee …“, von der er auf seinem Totenbett sprach. Die am besten konstituierten Gesellschaften – die jüdische und, noch vollkommener, die christliche – sind jene, die sich am meisten dem Bilde Gottes annähern. Die christliche Monarchie ist ein Modell, das nicht übertroffen werden kann. Sie ist die eigentliche „konstituierte Gesellschaft“, worunter Bonald versteht, daß sich ihre Verfassung, die durchaus nicht schriftlich abgefaßt zu sein braucht, natürlich aus ihrer Geschichte ergibt. Drei Arten der Monarchie sind möglich: die „despotische Monarchie“, die zur Tyrannei wird, weil sie den gottgewollten Gesetzen nicht mehr gehorcht, die „Wahlmonarchie“, die, von den Untertanen abhängig, zur Republik und Demokratie entartet, schließlich die einzig legitime, die erbliche „königliche Monarchie“, deren Macht einig, unteilbar, universal, unabhängig, absolut ist.

Als Gegner des Individualismus sieht Bonald in der Familie das gesellschaftliche „Atom“ schlechthin, außerhalb von ihr ist kein Heil. In diesem Mikrokosmos ist bereits die dreiheitliche Struktur des Weltbaus enthalten (die für Bonald wesentlich ist und ihn zum Vorläufer von Georges Dumézil macht), er ist das kleinste Element der Gesellschaftspyramide. An deren Basis befindet sich die Familie, Vater – Mutter – Kinder, die der Dreiheit König – Minister – Untertanen entspricht. In größerem Maßstab erhält man die Dreiheit Kirche – Staat – Familie, auf noch höherer Ebene Gott – König – Menschen, wobei der Mensch seinerseits der dreifachen Relation Ursache – Mittel – Wirkung unterliegt. Die Beziehungen zwischen den Einzelnen gründen sich auf Willen, Kraft und Liebe.

[22] L. de Bonald, Théorie du pouvoir politique et religieux dans la société civile, Bd. I, Paris 1854, S. 126.

Außerdem siedelt sich jede Existenz in einem dreidimensionalen Zeit- und Raumgefüge an: Vergangenheit – Gegenwart – Zukunft, Oben – Unten – Tiefe. Die Revolution, die sich außerhalb dieser vollkommenen Konstitution stellt, ist daher ein Unwesen, denn sie strebt die Zerstörung der dreiheitlichen Strukturen an, auf denen alles beruht, und damit letzlich die Zerstörung der menschlichen Gesellschaft. Daher attackiert Bonald die Philosophen, die die „notwendigen Wahrheiten“ mit der Behauptung leugnen, die Gesellschaft sei ein Produkt der Menschen, womit sie die tatsächlichen Gegebenheiten umkehren. Und weil sie sie umgekehrt haben, erzielten sie auch das Gegenteil dessen, was sie versprochen hatten: „Die Denunziation wurde zur Tugend, die Plünderung zur Tugend, sogar der Mord zur Tugend. Diese Tugenden hatten ihre Helden, und jene, die getrieben von einem furchtbaren Wetteifer am meisten denunzierten, am meisten plünderten, am meisten mordeten, waren die *tugendhaftesten*; *Toleranz, Humanität, Wohltätigkeit, Kriegsverachtung* stellten nur *Etiketten* dar, die Scharlatane auf ihr Gift geklebt hatten, um die Einfältigen zu täuschen.“[23]

Die Gefahr des Despotismus ist Bonald nicht entgangen, er fragt sich, was den König hindern kann, Gesetze willkürlich zu erlassen. Die Antwort sieht er in den Ministerräten und in den *corps intermédiaires* (Vermittlungsorganen), die die Wünsche und Beschwerden der Untertanen weiterleiten und damit zu einer organischen Gesetzgebung beitragen. Bonald, der bis zur Revolution Bürgermeister von Millau gewesen war und sich in der Gemeindeverwaltung auskannte, betrachtet diese *corps intermédiaires*, die gewissermaßen eine „Erweiterung der Familie“ sind, als wichtige Bestandteile der Gesellschaft.

Da die politische Macht für Bonald die Anwendung der göttlichen Gebote auf die Gesellschaft darstellt, bilden Religion und Politik eine unzertrennliche Einheit. Nachdem die höchst entwickelte Form der Religion der Katholizismus ist, muß die Politik katholisch sein. Indem sie die religiöse Gemeinschaft spaltete, hat die Reformation, das Urbild der Revolution, auch die politische Gesellschaft gespalten, und mit der Zwietracht führte sie deren Tochter ein, die Demokratie.

Weil für Bonald nichts außerhalb der Gesellschaft existiert, in der Gott das Alpha und die Familie das Omega ist, sehen manche, wie Robert Spaemann, in ihm den Begründer der Soziologie. Es steht jedenfalls fest, daß er großen Einfluß auf Auguste Comte ausübte. Aufgrund seiner Studien über das Wesen der Sprache machte ihn Spaemann überdies zum Schöpfer der modernen Linguistik.[24] Bonald, wie übrigens auch Maistre, befaßte sich eingehend mit den Ursprüngen der Sprache in Werken, die er nach der *Theorie der Macht* veröffent-

---

[23] Ebd., S. 495.

[24] R. Spaemann, Der Ursprung der Soziologie aus dem Geist der Restauration. Studien über L. G. A. de Bonald, Stuttgart 1998 (erstmals erschienen 1959).

lichte, weil er darin einen ontologischen Gottesbeweis vermutete. Nachdem die Sprache durch Übertragung erlernt wird, muß es einen ersten „Überträger" gegeben haben, nämlich Gott selbst. Das Denken ist eng mit der Sprache verbunden, die es zum Ausdruck bringt, und „die Sprache ist keineswegs das Produkt des Denkens, sondern dessen Ursprung. Wenn aber die Sprache dem Denken vorausgeht, woher kann sie dann kommen, wenn nicht von Gott selbst?" Die Gesellschaft beruht auf Beziehungen, die sich aus der Sprache herleiten, welche der ganzen Gesellschaft zuteil wurde. Diese Gesellschaft ist also von Gott gewollt, und das Gesetz wurde dem Menschen durch die Sprache gegeben, die einen Ausfluß der göttlichen Allmacht darstellt, es ist daher wahr, natürlich, vollkommen nach dem Bilde seines Schöpfers.

Zwischen Maistre und Bonald gab es schließlich auch einen natürlichen, biologischen Unterschied, könnte man sagen, denn letzterer überlebte ersteren um zwanzig Jahre und erlebte furchtbare Erschütterungen, die der Savoyer nur vorausgeahnt hatte. Für Bonald bedeutete die Julirevolution 1830 das Ende seiner offiziellen Laufbahn. Nachdem er sich geweigert hatte, dem Bürgerkönig den Eid zu leisten, den er für einen Usurpator ansah, verlor er seine Ämter und Würden als Pair de France und Staatsminister und natürlich auch die damit verbundenen finanziellen Vorteile. Er zog sich auf sein Schloß Monna zurück, veröffentlichte nichts mehr, aber schrieb sehr viel, darunter das wichtige und noch immer unveröffentlichte *Du Pouvoir et des devoirs dans la société (Über die Macht und die Pflichten in der Gesellschaft)* oder die erst 1988 erschienenen *Réflexions sur la Révolution de Juillet (Betrachtungen über die Julirevolution).* Alle Ereignisse nährten seinen Pessimismus. Die Geschichte war zum Schauplatz der Seinslosigkeit geworden, schlimmer noch für den Platoniker, sie brachte den Tod der Idee. „Ein republikanisches Frankreich wäre das Ende des monarchischen Europa, und ein republikanisches Europa wäre das Ende der Zivilisation, der Religion, der Politik, das Ende der Gesellschaft, das Ende von allem." Mit dieser Feststellung beschloß er sein Werk über die Revolution von 1830.[25] Das „Ende von allem" zeigt sich in vielen Formen: im Parlamentarismus, „der den Staat der Willkür der Einzelnen ausliefert", im Atheismus, der erschreckende Fortschritte macht und, wenn er endgültig triumphiert haben und zur neuen Religion geworden sein wird, das Ende der Welt und der Gesellschaft bedeutet, weil sie keinen Grund für ihre Existenz mehr kennt, es zeigt sich in der wachsenden Verarmung und Arbeitslosigkeit (begleitet von einer Bevölkerungsexplosion), die eine Zunahme der Gewalt und der Kriminalität bewirken, in schamloser Spekulation, die die Reichen immer reicher und die Armen immer ärmer macht, im Big Business, der „zum Tyrann des Kleinen wird", in der unnatürlichen Aufblähung der Städte und der Verödung der Landgebiete,

---

[25] Réflexions, a.a.O., S. 105.

schließlich in der Entartung der Presse, die zur Industrie geworden ist und nur noch dem Profit nachjagt.

„Nichts ist mehr an seinem Platz", stellte Rivarol fest. Für Maistre war das durch die Revolution bewirkte satanische Chaos der Menschen und Dinge Teil der göttlichen Vorsehung, als Strafe für menschliche Schuld. Bonald dagegen sah darin den Sieg des Bösen über das Gute und das Ende der Gesellschaft, folglich der Geschichte.

Friedrich von Gentz (1764–1832)

Günther Kronenbitter

Ohne Zweifel kann Friedrich von Gentz einen durchaus bemerkenswerten Platz in der Entwicklungsgeschichte des deutschen Konservativismus beanspruchen.[1] Am augenfälligsten wird dies bei seiner Übertragung von Edmund Burkes „Reflections on the Revolution in France", einer Übertragung, welche das Original in perfekter Weise den Lesegewohnheiten der Deutschen seiner Zeit anpaßte, eine Übertragung, die den Übersetzer wie den Übersetzten zugleich dem deutschen Publikum bekannt machte. Eine Übertragung, die aus dem kulturellen Gedächtnis der Deutschen des 19. Jahrhunderts nicht wegzudenken war.

Wie im Falle der Shakespeare-Übersetzung von Schlegel und Tieck, so hat auch im Falle der „Betrachtungen über die Französische Revolution" die Übersetzung für sich selbst den Stellenwert eines Klassikers gewonnen. Darüber hinaus denkt man, wenn man den Namen Gentz hört, doch auch zugleich an Clemens von Metternich, den österreichischen Staatskanzler, der wie kaum ein anderer den Kampf um die Bewahrung des Alten gegen den Ansturm der liberalen und nationalen Bewegung nach dem Wiener Kongreß verkörpert. Gentz war sein enger Mitarbeiter.

Auch wenn der Historiker Heinrich von Srbik Gentz als fast gleichgewichtigen Partner Metternichs bei der Gestaltung einer konservativen Politik für Österreich, den Deutschen Bund, ja für ganz Europa nach 1815 charakterisiert und damit die Bedeutung von Gentz etwas überschätzt, so wird man ihn doch als rechte Hand, als gelegentlichen Ideengeber, als häufigen Vorformu-

---

1 Dieser Beitrag fußt neben den in den folgenden Anmerkungen genannten Publikationen auf G. Kronenbitter, Wort und Macht. Friedrich Gentz als politischer Schriftsteller, Berlin 1994. Einen Überblick über die veröffentlichten Quellen und die Forschungsliteratur bietet Kronenbitter, Vorwort, in Friedrich Gentz, Gesammelte Schriften, hg. v. G. Kronenbitter, 7 Bände, Hildesheim 1997/98, hier Band I. Ueber den Ursprung und den Charakter des Krieges gegen die Französische Revolution, Hildesheim 1997, S. V–XXVII.

lierer, ja als Ghostwriter des Staatskanzlers bewerten dürfen.[2] Was Gentz, zwischen der Veröffentlichung der Übertragung der „Reflections“ von Burke ins Deutsche 1793 und der Zuarbeit für Metternich in den Jahren nach 1812/1813 getan hat, das ist dem allgemeinen Bewußtsein inzwischen doch weitgehend entschwunden. Übersetzer von Burke, Helfershelfer von Metternich – es scheint doch eine klare Sache zu sein, daß Friedrich von Gentz ein Konservativer war, konservativ gedacht, geschrieben und gewirkt hat.

Die Lage scheint indessen eindeutiger zu sein, als sie in Wirklichkeit ist. Denn was bedeutet das Wort „konservativ“ in unserer Zeit, in der die orthodoxen Marxisten innerhalb der kommunistischen Partei der Volksrepublik China im landläufigen Sprachgebrauch schlichtweg als Konservative bezeichnet werden? Lassen sich jenseits des rein Relationalen, des Bewahrenwollens dessen, was gerade ist, egal was immer es auch sei, Anhaltspunkte, Kriterien finden, nach denen Konservativismus näher bestimmt werden kann? Es gibt eine ganze Fülle von Versuchen, dieser Frage auf den Grund zu gehen. Immer wieder ist dabei die wichtige Rolle der Französischen Revolution als Katalysator bei der Herausbildung politischer Strömungen in Deutschland betont worden. Die Ablehnung der Leitideen der Französischen Revolution und des Gedankenguts der Aufklärung, auf der diese aufbauten, reicht aber für eine inhaltliche Füllung des Begriffs Konservativismus keineswegs aus. Die von Panajotis Kondylis entwikkelte These von der frühneuzeitlichen Wurzel des Konservativismus als Abwehrideologie der vom Adel beherrschten „societas civilis“ gegen die Versuche, einen absolutistischen, modernen Staat aufzurichten, geht mir zu sehr an der konkreten Begriffsgeschichte vorbei. Andererseits hat Kondylis auf eindrucksvolle Weise klargemacht, wie viele frühneuzeitliche politische Topoi zum Gedankengut des Konservativismus um 1800 gehören.[3] Im Anschluß an die Studien von Jörn Garber gehe ich davon aus, daß sich in der breiten Palette jener Schriften, die sich in Deutschland kritisch gegen die Französische Revolution wandten, die sowohl das Recht *auf* Revolution als auch den Rechtsbestand *der* Revolution verneinten, durchaus verschiedene Argumentationsrichtungen nachweisen lassen. Manche von ihnen stützen sich auf ein modernisiertes Verständnis des historisch gewachsenen Rechtes als der einzigen Legitimationsgrundlage staatlichen Handelns, während andere beispielsweise doch Gedankengut und Methoden der Aufklärung zur Revolutionskritik zu verwenden

---

2 Vgl. H. Ritter v. Srbik, Metternich. Der Staatsmann und der Mensch, Band I, 2. Aufl., München 1957, S. 343–345 und Günther Kronenbitter, Friedrich von Gentz und Metternich, in: R. Rill, U. E. Zellenberg (Hg.), Strömungen des Konservativismus in Österreich von 1789 bis heute, erscheint 1999.

3 P. Kondylis, Konservativismus. Geschichtlicher Gehalt und Untergang, Stuttgart 1986.

Friedrich von Gentz (1764–1832)

suchten.[4] Welcher der Wege zur Kritik an der Revolution beschritten wurde, das hing von den Umständen ab. Persönliches Temperament und sozialer Hintergrund, Bildungsvoraussetzungen, kulturelles Umfeld, Zielgruppe und Absichten des jeweiligen Autors waren von entscheidender Bedeutung.

Am Beispiel von Friedrich Gentz mag das besonders deutlich werden.[5] Varnhagen von Ense, der Gentz persönlich gekannt hatte und dem wir eines der frühesten literarischen Portraits von Friedrich Gentz – und ein besonders gelungenes obendrein – verdanken, hat den engen Zusammenhang von Leben und schriftstellerischem Wirken seines „Helden" in die Worte gefaßt: „Er hätte nicht schreiben können, was er geschrieben, hätte er nicht auch gelebt, was er gelebt hatte."[6] In die Wiege gelegt war Friedrich Gentz, der 1764 als Sohn eines preußischen Beamten in Breslau geboren wurde, schriftstellerischer Ruhm oder Mitgestaltung der Großmachtdiplomatie keineswegs. Der Vater war ein tüchtiger Staatsdiener, brachte es schließlich sogar zum Generalmünzdirektor Preußens und stammte selbst aus einer Beamtenfamilie. Seine Mutter war eine geborene Ancillon, gehörte also ihrer Herkunft nach zur Crème de la crème der Hugenottenfamilien Berlins. Geistliche und Staatsdiener dominierten also unter Gentz Vorfahren eindeutig. Wie es sich in diesen Kreisen damals gehörte, so pflegte schon der Vater von Gentz breite intellektuelle Interessen. Der Popularphilosoph Christian Garve gehörte zum Freundeskreis des Vaters, und es war eben dieser Vater, der den mehr oder weniger hoffnungsvollen Sproß Immanuel Kant wärmstens empfahl, als er seinen Sohn 1783 zum Studium der Jurisprudenz an die Universität Königsberg schickte. Nach zwei Jahren, 1785, ohne Studienabschluß, verließ Gentz Königsberg wieder, kehrte nach Berlin zurück und trat auf Vermittlung seines Vaters in die innere Verwaltung Preußens ein. Seine Eheschließung mit der Tochter des Oberbaurates Gilly verstärkte nochmals die Bindung von Gentz an das Milieu seiner Herkunft. Zu diesem Milieu paßte, daß Gentz nun aus eigenem Antrieb den Kontakt zu Garve suchte und mit dem Schülerkreis von Immanuel Kant in Verbindung blieb. Seine erste Veröffentlichung 1791 in der „Berlinischen Monatsschrift", dem Flagschiff der preußischen Spätaufklärung, atmete ganz den Geist seiner Erziehung. Er verteidigte unter Rückgriff auf die Naturrechtslehre der Spätaufklärung die Französische

---

4 J. Garber, Spätabsolutismus und bürgerliche Gesellschaft. Studien zur Staats- und Gesellschaftstheorie im Übergang zur Moderne, Frankfurt/M. 1992.

5 Vgl. zur Biographie von Gentz hier und im folgenden G. Mann, Friedrich von Gentz. Gegenspieler Napoleons, Vordenker Europas, Frankfurt/M. 1995 und P. R. Sweet, Friedrich von Gentz. Defender of the Old Order, Westport 1970 sowie Kronenbitter, Wort und Macht (wie in Anm. 1), S. 23–48.

6 K. A. Varnhagen von Ense, Galerie von Bildnissen aus Rahel's Umgang und Briefwechsel. Zweiter Theil, Leipzig 1836, S. 159.

Revolution gegen die Kritik Mösers. 1791, als der Aufsatz erschien, war Gentz noch ein glühender Befürworter und Bewunderer der Neufranken jenseits des Rheins. Auch das paßte vorzüglich zu seiner Herkunft und zu seiner Generation. Dem skeptischeren Garve gegenüber bekannte Gentz emphatisch, er würde das Scheitern der Revolution für das größte Unglück der Menschheitsgeschichte halten.

In dieser Zeit las Gentz heftig und weder Kosten noch Mühen scheuend alles, was Zeitungen, Flugschriften und Broschüren über die Vorgänge in Frankreich berichteten. Einer seiner engsten Vertrauten in dieser Zeit, ein wichtiger Partner bei der Entwicklung seiner Gedanken und beim Formulieren seiner eigenen politischen Anschauungen war Wilhelm von Humboldt. Dessen, der Revolution gegenüber kritische Einstellung, konnte Gentz zunächst nicht teilen, und auch als er Edmund Burkes „Reflections" das erste Mal in die Hände bekam, war er zwar vom Tonfall, der rhetorischen Kraft des Autors beeindruckt, lehnte aber immer noch das Verdammungsurteil, das Burke über die Französische Revolution sprach, strikt ab. Wie es im Einzelnen dazu kam, daß Gentz sich vom Befürworter der Revolution zu einem ihrer schärfsten und profiliertesten Kritiker in deutscher Sprache wandelte, darüber gibt es keine gesicherten Informationen. Nach allem, was wir wissen, und auch nach dem, was Gentz später selbst über diese Abkehr von der Revolution geschrieben hat, dürften mehrere Motive zusammengespielt haben. Den Kontakt mit Humboldt habe ich schon erwähnt, ebenso seine Beschäftigung mit revolutionskritischen Schriften. Abgesehen davon war die Revolutionsbegeisterung in der deutschen intellektuellen Elite jener Zeit bereits deutlich im Rückgang begriffen. Die sich immer klarer abzeichnende Radikalisierung der Revolution führte zur Ernüchterung, auch ließ die heraufziehende Konfrontation zwischen Österreich und Preußen einerseits und dem revolutionären Frankreich andererseits das Bekenntnis zur Revolution langsam aber sicher von relativ praxisferner Reflektion zu einem Bekenntnis für den Gegner der bestehenden Ordnung werden. Für Staatsdiener empfahl sich das keineswegs, im Gegenteil, und so hoffte denn Gentz auch, als er seine Burke-Übertragung dem Publikum zugänglich machte, daß er von der Regierung für seine deutliche Parteinahme gegen die Feinde Preußens belohnt werden würde. Mit Aufsätzen, Übersetzungen und Rezensionen beteiligte sich Gentz in den folgenden Jahren an der öffentlichen Debatte, stets im Sinne der Revolutionskritik und als Befürworter der bestehenden Ordnung. Die Hoffnungen, die Gentz an dieses Engagement geknüpft hatte, erfüllten sich dennoch nicht. Zwar hatte er für kurze Zeit die Möglichkeit zum Aufstieg in den innersten Kreis der Spitzenbürokratie Preußens unmittelbar vor Augen, der Durchbruch zu einer Führungsposition gelang ihm aber nicht.

Ein anderer wichtiger Zweck seines schriftstellerischen Wirkens war es, sich zusätzliche Finanzmittel zu erschließen, derer er dringend bedurfte. Sein eher kärgliches Salär als preußischer Kriegsrat genügte längst nicht mehr, um seinen immer aufwendiger werdenden Lebensstil zu finanzieren. Auf der Suche nach politischen Wirkungsmöglichkeiten und nach höherer sozialer Geltung durchbrach Gentz erstmals ganz deutlich die Schranken seiner Herkunft. In den Salons von Henriette Herz und Rahel Levin, die nach ihrer Eheschließung als Rahel Varnhagen einen festen Platz im Kanon der deutschen Literatur des frühen 19. Jahrhunderts innehat, traf sich eine bunte Mischung von Vertretern verschiedenster sozialer Gruppen, wo ein schriftstellernder Bürgerlicher wie Gentz durchaus noch seinen Platz beanspruchen konnte, wenn er nur geistreich und gescheit genug war. Gentz war aber bestrebt, darüber hinaus den Kontakt zur Aristokratie und zu den diplomatischen Vertretern der anderen Mächte in Preußen zu halten. Für deren Lebensweise und für die in diesen Kreisen damals übliche Spiellust fehlten Gentz eigentlich die Ressourcen. Die Folge war unvermeidlich: Gentz stürzte von einer Schuldenkrise in die andere, er übernahm Publikationsprojekte, mit denen er sich keineswegs identifizieren konnte, feilschte um Vorschüsse und Seitenhonorare, versetzte sogar Manuskripte. Weder dies, noch die Zuwendungen seiner eigenen und der englischen Regierung, die den Kritiker Frankreichs und der napoleonischen Expansion zu unterstützen trachtete, konnten ihn retten. Von Schulden überhäuft verließ Gentz 1802 Berlin und begab sich nach einer längeren Englandreise in die Dienste des Kaisers in Wien. Zurück ließ er eine zerbrochene Ehe, einen Berg von Schulden, aber auch viele Freunde, darunter Rahel Levin, die wenigstens seine Seelenfreundin gewesen war, und der er sich noch bis ins hohe Alter verbunden fühlen sollte.

Wien war in vielem ein Neuanfang, aber doch auch ein Fortsetzen dessen, was ihn in Berlin in den letzten zwei, drei Jahren bewegt hatte. Mit finanzieller Unterstützung durch die preußische Regierung hatte er 1799 und 1800 eine eigene Zeitschrift herausgegeben und fast ausschließlich mit seinen eigenen Beiträgen bestückt, das „Historische Journal". Darin hatte er zum einen seine Kritik an den staatsrechtlichen Grundlagen der Französischen Revolution nochmals und besonders eindringlich formuliert, sich aber andererseits auch einem neuen Themenfeld gewidmet, das in den nächsten Jahren sein Denken und Schreiben beherrschen sollte: Die spürbar werdende Dominanz des napoleonischen Frankreichs in Europa und die Folgen dieser Vorherrschaft für das politische System der Mächte. Als klar wurde, daß König und Regierung Preußens sich auf den von Gentz propagierten, scharf antinapoleonischen Kurs nicht festlegen wollten, verlor Gentz seine Subventionen und mußte das „Historische Journal" einstellen. Er gab aber keineswegs klein bei, sondern vertrat seine Ansichten auch weiterhin in der Öffentlichkeit, selbst wenn er dadurch Schwierigkeiten mit der preußischen Zensur bekam. Hier durchbrach Gentz zum zweiten Mal die Schranken seiner Herkunft: Er begnügte sich nun nicht mehr damit, die preußische Regierung durch intellektuelle Reflexion und politischen Journalismus propagandistisch zu unterstützen, sondern er nahm für sich in Anspruch, auch gegen die Ansicht der Herrschenden seine Vorstellung von einer tragfähigen Ordnung eines europäischen Staatensystems und von den zur Erreichung dieses Zweckes notwendigen außenpolitischen Schritten öffentlich zu verbreiten. In Wien hoffte er nun endlich seinen Fähigkeiten entsprechend eingesetzt zu werden.

Doch schon bald wurde diese Hoffnung enttäuscht. Nur dann, wenn Österreich gerade einen Konfrontationskurs gegen Napoleon steuerte, hatte man regierungsamtliche Verwendung für die spitze Feder von Gentz. Er nützte seine Zeit, um als Agent für England und Rußland tätig zu sein, und um im Inneren Österreichs gegen das Arrangement mit Napoleon zu wettern. So galt er denn schon bald als Drahtzieher der sogenannten „Kriegspartei", jener Unnachgiebigen in der politischen Elite Wiens, die sich auf keine Kompromisse mit dem postrevolutionären Frankreich einlassen wollten. Eigentlich befriedigte dies den Ehrgeiz von Gentz keineswegs, denn schließlich wollte er die Politik mitgestalten und nicht nur die Rolle eines Oppositionellen gegenüber der eigenen Regierung spielen. Ein besonderes Anliegen war es ihm, Österreich und Preußen zu einer Koalition zusammenzubringen. Dafür setzte er sich 1805/1806 energisch ein, jedoch ohne Erfolg. In dieser Zeit entstand auch sein letztes Buch, die berühmt gewordenen „Fragmente aus der neusten Geschichte des politischen Gleichgewichts in Europa". Im Vorwort zu dieser Schrift wird die ganze Verzweiflung deutlich, die Gentz angesichts der bei Austerlitz und bei Jena und Auerstädt zuschanden gewordenen Hoffnungen auf eine antinapoleonische Koalition verspürte. Aber es sollte noch schlimmer kommen. 1809 war Gentz nicht nur erfreut über den Entschluß der österreichischen Regierung, einen neuen Krieg gegen Napoleon zu wagen, mit Begeisterung machte er sich ans Werk, als er den Auftrag erhielt, das offizielle Kriegsmanifest abzufassen. Doch Napoleon blieb wieder Sieger, und nun schien alle Hoffnung dahin. Die Annäherung Österreichs an Napoleon, wie sie der neue Außenminister Metternich ab 1809 betrieb, war Gentz immer noch zuwider.

Es dauerte mehrere Jahre, bis Gentz sich der Ansicht Metternichs anschloß, daß Napoleon nicht durch einen neuen Krieg bezwungen werden konnte, sondern daß es darauf ankam, ihn diplomatisch zu bändigen und gegebenenfalls zu isolieren. Nicht mehr die Niederwerfung Napoleons, sondern die Rettung und Stabilisierung Österreichs wurde nun auch für Gentz zum Leitstern seiner Politik. Damit konnte er in den Jahren nach 1812, ohne sich zu verleugnen, zum engen Mitarbeiter Metternichs werden, zu seinem Experten für Pressearbeit und zu seinem wichtigsten stilistischen Berater bei der Formulierung diplomatischer Schriftstücke. So war es nur logisch, daß Gentz im Gefolge Metternichs den Wiener Kongreß und schließlich auch die Folgekongresse bis hin zu dem von

Verona 1822 aus nächster Nähe inmitten der Repräsentanten der Großen Politik der europäischen Mächte miterlebte. Seine Rolle war und blieb eine helfende, aber als Kongreßsekretär von Wien bis Verona war er stets gut informiert und konnte manchmal hinter den Kulissen seinen Einfluß geltend machen. Als Metternich 1819 die nationalliberale Bewegung in Deutschland durch ein koordiniertes Vorgehen der bedeutendsten Mächte des Deutschen Bundes auszuschalten trachtete, wuchs Gentz die Rolle des wichtigsten Vordenkers der Repressionspolitik des Bundes zu. In der Vorbereitung der Karlsbader Beschlüsse, bei der Durchführung und der theoretischen Fundierung der Zensurpolitik und bei der Propaganda für das „System Metternich" engagierte sich Gentz in den folgenden Jahren stark. Sein Versuch, die veröffentlichte Meinung so unter Kontrolle zu bekommen, daß sie keine Gefahr für die politische Stabilität Europas mehr darstellen konnte, war nur kurzfristig erfolgreich. Spätestens mit dem Aufstand der Griechen gegen die türkische Oberherrschaft Anfang der 1820er Jahre zeigte sich deutlich, daß der antirevolutionäre Konsens der europäischen Regierungen ernsthaft bedroht war.

Im Gefolge des griechischen Aufstandes und der durch ihn ausgelösten Verwicklungen auf dem Balkan verlor Gentz eine wichtige Einnahmequelle, reiche Finanzmittel, die ihm mit Wissen Metternichs aus den Schatullen der osmanischen Statthalter in der Walachei über Jahre hinweg zugeflossen waren und die ihm sein schönes teures Leben in Wien ermöglicht hatten. Auch in Wien war er letztlich ein Außenseiter geblieben, ein Protestant, ein Ausländer mit hörbar norddeutschem Akzent. Sein Adelstitel, den er sich durch den schwedischen Nordsternorden erworben hatte, wurde in Wien erst nach vielen Jahren mühsamen Ringes anerkannt, auch kam Gentz nie über den Titel eines Hofrates hinaus; aber er hatte sich doch einigermaßen in der Wiener Gesellschaft etabliert, auch wenn er zu den allerhöchsten Kreisen nur wenig Zugang fand, und zum Beispiel vom Kaiser dem Vernehmen nach wenig geschätzt wurde. Geldgeschenke ausländischer Potentaten, die Zuwendungen der Hospodaren der Walachei, schließlich Finanzmittel des Hauses Rothschild machten ihm sein Luxusleben weiter möglich. Enttäuscht war er in seinen letzten Lebensjahren dennoch ganz spürbar. Auch seine letzte große Liebe, das Verhältnis mit der jungen, später sehr bekannt gewordenen Tänzerin Fanny Elßler konnte ihm nicht darüber hinweghelfen, sein politisches Lebenswerk nach der Julirevolution von 1830 als weitgehend vernichtet anzusehen. Er unterschied sich darin von Metternich, der weit weniger resignativ gestimmt war. So kam es, daß Gentz, der stets nur durch das Vertrauensverhältnis und das Einvernehmen mit Metternich politischen Einfluß hatte geltend machen können, nun völlig an Bedeutung im politischen Getriebe Österreichs und der europäischen Diplomatie verlor. So hatte Metternich nicht ganz unrecht, wenn er nach dem Tode von Gentz 1832 feststellte, dieser habe ihm, dem Staatskanzler, zuletzt doch nur noch „Phantasiedienste" geleistet.

Es war also ein ausgesprochen bewegtes Leben gewesen, das Gentz gelebt hatte, und so ist es kein Wunder, daß sich in seinem Werk vielfältige Einflüsse, vielfältige Interessen und vielfältige Adressatenkreise spiegeln. Begonnen hatte er in den Traditionen der Aufklärung als ein Vertreter jener von Hans-Ulrich Wehler apostrophierten „verstaatlichten Intelligenz"[7], die das geistige Leben Berlins bis zum Beginn des 19. Jahrhunderts beherrschte. Hier wandte er sich als Schriftsteller an ein gebildetes Bürgertum, das im Sinne der Aufklärung erzogen, für Grundsatzreflexionen theoretischer Art besonderes Interesse hegte. Die dramatischen Ereignisse in Frankreich seit 1789 förderten lebhafte Aufmerksamkeit für die Zeitgeschichte, und auch Gentz hat in diesem Bereich einiges publiziert. In den Jahren zwischen 1799 und 1806, als er sich vorzugsweise mit den Fragen der internationalen Beziehungen auseinanderzusetzen begann, verknüpfte er historische Analyse und Grundsatzreflexion in typischer Weise. In diesen Publikationen und in den zahllosen unveröffentlichten Denkschriften jener Jahre richtete er sich einerseits an einen kleinen Kreis der gebildeten Öffentlichkeit, aber immer mehr und immer ausschließlicher auch an die wirklichen Experten der Großen Politik, an die Diplomaten und Staatsmänner der Regierungen Europas. Zwar blieb er auch in der Öffentlichkeit präsent als pressepolitischer Experte Metternichs, als Propagandist von dessen Politik. Aber sein wesentliches Wirken vollzog sich nun außerhalb des Blickfelds des Publikums. Für Grundsatzreflexion war nicht mehr so viel Zeit und nicht mehr so viel Raum, sondern konkrete Probleme, konkrete Streitfragen galt es nun zu klären.

Bei einem solchen Lebensweg, bei einer solch breiten Palette an Themen, Adressaten und Argumentationsformen fällt es nicht leicht, Gentz' Beitrag zur politischen Theoriengeschichte auf einen Nenner zu bringen. Immerhin lassen sich aber für die Frühphase seines Werkes ganz deutliche Grundlinien politischer Reflexion herausarbeiten.[8] In den Jahren zwischen 1791 und 1799 beschäftigte er sich vornehmlich mit Staatstheorie, die er ganz im Sinne seiner Herkunft und seines Bildungsweges in den Begriffen und mit den Methoden des Naturrechts der Spätaufklärung entwickelte. Trotz seiner Kontakte zu Garve sah er sich selbst eher Kant verpflichtet und sprach von dessen Philosophie als

---

7 H.-U. Wehler, Deutsche Gesellschaftsgeschichte, Band 1, München 1987, S. 210.

8 Vgl. hier und im folgenden G. Kronenbitter, Gegengift. Friedrich Gentz und die Französische Revolution, in: C. Weiß/W. Albrecht (Hg.), Von ‚Obscuranten' und ‚Eudämonisten'. Gegenaufklärerische, konservative und antirevolutionäre Publizisten im späten 18. Jahrhundert, St. Ingbert 1997, S. 579–608 und Kronenbitter, Wort und Macht (wie in Anm. 1), S. 49–81.

seiner „alten Pflegemutter". Dem eigenen Bekenntnis nach verdankte er dieser die Einsicht in den Ausgangspunkt einer vernunftgemäßen Auseinandersetzung mit staatswissenschaftlichen Grundsatzfragen, den Gesellschaftsvertrag. Als a priori notwendige Bedingung der Möglichkeit des Zusammenlebens freier und vernünftiger Wesen war für Gentz das Recht bereits Voraussetzung des gesellschaftlichen Vertrages, dieser wiederum der Entstehungsgrund der nach Rechtsbegriffen einzig möglichen Form gesellschaftlicher Beziehungen. Ab 1793 verwendete er die naturrechtliche Vertragslehre jedoch, ganz im Gegensatz zu Kant und dessen Schülerkreis, dazu, alle normativen Ansprüche zurückzuweisen, die die Revolutionsanhänger aus dem Naturrecht ableiteten. Er bemühte sich, die engen Grenzen des Geltungsanspruchs des auf der Naturrechtslehre aufbauenden Staatsrechts aufzuzeigen. Gentz setzte seine Rechtstheorie allen vertragstheoretisch begründeten politischen Freiheits- und Gleichheitsansprüchen entgegen. So kehrte er die geistigen Waffen der Revolutionsfreunde gegen diese selbst. Mit dieser Interpretation der Vertragslehre knüpfte Gentz an die Traditionen des älteren Naturrechts an, ohne dies sich oder seinen Lesern bewußt zu machen. Der rationale Konservativismus, dem er in dieser Hinsicht zuzuordnen ist, adaptierte die Theorieelemente des aufklärerischen Naturrechts für die Zwecke der Revolutionskritik.

Die geringe handlungsleitende Potenz der so gedeuteten rechtstheoretischen Axiome führte dazu, daß Gentz außerhalb der Rechtslehre nach Orientierungsmarken auf dem Weg zu geglückter politischer Ordnung Ausschau halten mußte. Folgerichtig betonte er in Abgrenzung von Kant das Eigengewicht der Empirie, ohne jedoch den weiterreichenden Stellenwert der Rechtstheorie in Frage zu stellen. Von der Burke-Übersetzung an wird in den Veröffentlichungen von Gentz das Bestreben erkennbar, die dem bildungsbürgerlichen Publikum seiner Zeit geläufigen Formen politischer Reflexion in den Traditionen der Naturrechtslehre mit anderen Ansätzen zu verbinden. Der rationale Konservativismus Gentzscher Prägung öffnet sich dementsprechend auch für historisch-evolutionäre Denkwege. Dies geht mit einer immer stärkeren Bereitschaft, rhetorische Mittel massiv einzusetzen, einher. Seinen Platz innerhalb des Gedankengebäudes von Gentz' politischer Theorie hat die historische Erfahrung in seinen geschichtsphilosophisch-anthropologischen Überlegungen. Gentz sah in der neuzeitlichen Geschichte einen von den historischen Umständen begünstigten, immer schneller verlaufenden wirtschaftlichen und gesellschaftlichen Wandlungsprozeß am Werk, der zwar kulturellen Fortschritt ermöglicht habe, aber durch überzogene politische Ansprüche der geistigen Elite ins Destruktive auszuschlagen drohe. Als Anhänger der anglo-schottischen Schule der Nationalökonomie war Gentz weit davon entfernt, das agonale Element des Menschen, in dem er die eigentliche Triebkraft der zivilisatorischen Entwicklung verortete, zu verdammen und die sozioökonomische Entwicklung Europas zurückdrehen zu wollen. Ein Gegner des Fortschritts ist Gentz daher auch nie geworden. Was er aber angesichts der Französischen Revolution für notwendig erachtete, das war die Mäßigung und Begrenzung der Wandlungsprozesse, der Schutz vor der Entgleisung kultureller Energien ins Zerstörerische, die nur von der autonom entscheidenden Autorität starker Regierungen geleistet werden könne.

In den einzelnen Komponenten seiner politischen Reflexionen der 1790er Jahre folgte Gentz vorgegebenen Mustern und hatte, etwa in Rehberg, Weggefährten, die unabhängig von ihm zu ähnlichen Einsichten gelangten. Rationalistische und empirische Elemente existierten dabei nebeneinanderher. Sein Eklektizismus, der dem Theorienspektrum der Aufklärung verpflichtet ist, setzte der innere Kohärenz von Gentz' Theorie Grenzen. Einheit stifteten der Gegenstand und die politische Stoßrichtung gegen die Revolution. Darüber hinaus begründeten die geschichtsphilosophisch-anthropologischen Überlegungen aber auch eine Leitvorstellung, auf die Gentz bis zu seinem Lebensende in immer neuen Variationen und im Zusammenhang mit ganz unterschiedlichen Fragen zurückgegriffen hat: das Gleichgewichtskonzept. Es wurde ihm nicht nur zum Schlüssel seiner Analyse der internationalen Beziehungen, sondern er deutete damit die Aufgabe der Konservativen im Lauf der Geschichte und seine eigene Rolle im öffentlichen Meinungskampf. Im Anschluß an seine Deutung der Wurzeln und des Verlaufs des historischen Fortschritts fand Gentz zu seinem Welt- und Selbstverständnis. 1805 schrieb er dem Schweizer Historiker Johannes von Müller: „Zwei Principien constituiren die moralische und intelligible Welt. Das eine ist das des immerwährenden Fortschrittes, das andere das der nothwendigen Beschränkung dieses Fortschrittes. Regierte jenes allein, so wäre nichts mehr fest und bleibend auf Erden und die ganze gesellschaftliche Existenz ein Spiel der Winde und der Wellen. Regierte dieses allein, so würde alles versteinern oder verfaulen. Die besten Zeiten sind immer die, wo diese beiden entgegengesetzen Principien im glücklichen Gleichgewichte stehen."[9]

Zwar gab es Phasen im Leben von Gentz, in denen er das Weltgeschehen lieber etwas einseitiger betrachtete, dennoch gibt es kein anderes Leitkonzept in Gentz' Schriften, das so oft und so konstant im Rahmen grundsätzlicher Überlegungen auftaucht, wie das des Gleichgewichts. Die relationale Auffassung des Konservativismus wurde hier mit einer spezifischen Sicht auf den Menschen und seine Geschichte verknüpft. Zugleich diente das Gleichgewichtskonzept Gentz auch zur Klärung seiner eigenen Position im historischen Prozeß. Einer verflossenen Jugendliebe versuchte der alt gewordene Gentz seine Rolle in Politik und Öffentlichkeit daher 1827 mit den Worten klarzumachen: „Die

---

[9] Gentz an J. v. Müller, 23.12.1805, in F. v. Gentz, Schriften. Ein Denkmal, hg. v. G. Schlesier, 5 Bände, Mannheim 1838–1840, hier Band IV, S. 176 f.

Weltgeschichte ist ein ewiger Uebergang vom Alten zum Neuen. Im steten Kreislaufe der Dinge zerstört alles sich selbst, und die Frucht, die zur Reife gediehen ist, löset sich von der Pflanze ab, die sie hervorgebracht hat. Soll aber dieser Kreislauf nicht zum schnellen Untergange alles Bestehenden, mithin auch alles Rechten und Guten führen, so muß es nothwendig neben der großen, zuletzt immer überwiegenderen Anzahl derer, welche für das Neue arbeiten, auch eine kleinere geben, die mit Maß und Ziele das Alte zu behaupten, und den Strom der Zeit, wenn sie ihn auch nicht aufhalten kann, noch will, in einem geregelten Bette zu erhalten sucht. In Epochen gewaltiger Erschütterungen, wie die unsrige, nimmt der Streit zwischen diesen beiden Parteien einen leidenschaftlichen, überspannten, oft wilden und verderblichen Charakter an; das Prinzip bleibt jedoch immer das nämliche, und die Bessern auf beiden Seiten wissen sich vor den Thorheiten und Mißgriffen ihrer Bundesgenossen wohl zu verwahren."[10]

Auch wenn sich Gentz von Fanatismus im Dienst der Bewahrung des Tradierten gegen die Überwältigung durch übereilten Fortschritt distanzierte, so war er in der Auseinandersetzung mit dem politischen Gegner nicht zimperlich. Die Revolution und ihre Anhänger in Deutschland oder Napoleon und seine Speichellecker – alle, die das Gleichgewicht von Fortschritt und Beharrung oder die Ruhe und Sicherheit Europas zu bedrohen schienen, bekamen den Zorn von Gentz zu spüren. Er kämpfte vor und hinter den Kulissen, je nach Situation und nach den eigenen Möglichkeiten. Nach 1815 galt seine besondere Abneigung den nationalliberalen Bewegungen und ihren journalistischen Helfern. Mit seiner Denkschrift über die landständischen Verfassungen von 1819 postulierte Gentz einen unüberbrückbaren Gegensatz zwischen ständisch-monarchischen und repräsentativen Systemen, ganz im Widerspruch zu weiten Teilen der politischen Öffentlichkeit in Deutschland. Und im gleichen Jahr war er auch maßgeblich an der Vorbereitung der Karlsbader Beschlüsse beteiligt, die eben jene Öffentlichkeit der Regierungskontrolle gefügig machen sollten. Die Nationalliberalen in Deutschland gefährdeten aus seiner Sicht die mitteleuropäische Ordnung, Revolutionäre in ganz Europa konnten neue Kriege hervorrufen, und der Vielvölkerstaat Österreich konnte nichts weniger gebrauchen als nationalistische Strömungen. Dementsprechend war Gentz oft für harte Maßnahmen gegen Aufrührer und aufmüpfige Journalisten.[11] Für die Ultras der Konterrevo-

---

[10] Gentz an A. v. Helvig, Oktober 1827, in Gentz, Schriften. Ein Denkmal (wie in Anm. 9), Band V, S. 319.

[11] Vgl. dazu G. Kronenbitter, „Trüffeln oder Erdäpfel". Friedrich Gentz und die politische Sprache, Archiv für Kulturgeschichte 77 (1995), S. 383–403 und Kronenbitter, Wort und Macht (wie in Anm. 1), S. 127–189.

lution hatte er dennoch keine Sympathien, und nach 1830 predigte er für kurze Zeit sogar den Ausgleich zwischen Liberalismus und Monarchie.

Diese im Ganzen eher gemäßigte Haltung hatte u.a. auch damit zu tun, daß Gentz die Grundlagen seines rationalen Konservativismus nie verließ, selbst wenn sich der Schwerpunkt seines Interesses von der Staatstheorie zur Praxis der Großmachtpolitik verschob. Für de Maistre hegte er eine auffallend folgenlose Bewunderung, und seine Hochachtung für das Genie seines engen Freundes Adam Müller führte ihn nicht in das Lager der politischen Romantik. Auch dem politischen Katholizismus, wie ihn sein zum Hofbauer-Kreis gehörender Mitarbeiter Pilat vertrat, stand Gentz mit Reserve gegenüber. Dabei spielte die Tatsache, daß er selbst Protestant geblieben war, keine Rolle, wohl aber seine grundsätzlich instrumentelle Sicht auf die Kirche im politischen Raum. Für ihn, wie auch für Metternich, war der Staat der entscheidende Bezugspunkt politischer Ordnung. Die Traditionen des 18. Jahrhunderts wirkten hier deutlich nach. Wegweisend für den Konservativismus des 19. Jahrhunderts konnte Gentz allein schon deswegen nicht werden, weil er dem als Lebensform verblassenden und als politisches System immer fragiler werdenden ancien régime keine entwicklungsfähigen gesellschaftlichen und kulturellen Stützen suchen konnte und wollte. Seine Haltung zum politischen Wandel, die er geschichtsphilosophisch-anthropologisch begründete, ließ ihn offenkundig solche Stützen als unnötig erachten. Was das Gute und Rechte sei, das es zu bewahren gelte, bedurfte für ihn als Rationalisten und Etatisten im Sinne des 18. Jahrhunderts keiner metaphysischen Klärung. Im Laufe des 19. Jahrhunderts erwies sich rasch, daß ohne einen solchen Bezugspunkt die politische Ordnung einen Legitimationsverlust erleiden mußte.

Bereits 1806 stellte Gentz in den „Fragmenten“ fest, der wahre Begriff des politischen Gleichgewichts sei „diejenige Verfassung neben einander bestehender und mehr oder weniger mit einander verbundener Staaten, vermöge deren keiner unter ihnen die Unabhängigkeit oder die wesentlichen Rechte eines anderen, ohne wirksamen Widerstand von irgend einer Seite, und folglich ohne Gefahr für sich selbst, beschädigen kann.“[12] Die Sicherung der Rechte aller Staaten schloß für Gentz dabei keineswegs die Berücksichtigung des Machtgefälles innerhalb des Staatensystems aus. Über das Gleichgewichtskonzept versuchte er, normative und realpolitische Aspekte der internationalen Politik miteinander zu verrechnen. Mehr war seiner Ansicht nach in dem notwendigerweise anarchischen, auf kündbaren Verträgen aufgebauten System souveräner Staaten nicht zu erreichen. Ein „ewiger Frieden“, das hatte er schon 1800 in direkter Kritik an seinem Lehrer Kant geschrieben, war angesichts der agonalen

---

[12] Gentz, Gesammelte Schriften (wie in Anm. 1), Band IV. Fragmenteaus der neusten Geschichte des politischen Gleichgewichts in Europa, S. 1.

Komponente des Menschen, eine „Schimäre".[13] Diese kriegerische Dimension des menschlichen Wesens war seinem Verständnis nach so unauflöslich mit dem zivilisatorischen Fortschritt verknüpft, daß ein dauerhafter Frieden die Dynamik der Geschichte stillzustellen drohte. Zwischen Universalherrschaft und dauerndem, nicht eingehegtem Krieg, bot sich ihm das Gleichgewichtskonzept als Leitstern einer rationalen und zugleich erfahrungsoffenen Analyse der internationalen Beziehungen an.

Auf dem Feld der internationalen Politik hat Gentz die Gleichgewichtsvorstellung in spezifischer Weise begründet, formuliert und immer wieder auf konkrete politische Fragen angewendet. Auf dem Feld der Verfassungslehre, wo dieses Konzept ebenfalls schon oft und gerne verwendet worden war, zögerte Gentz, es umzusetzen. Für einen frühen Bewunderer der englischen Politik ist das erstaunlich, und das Frühwerk von Gentz ab 1792/93 ist noch dazu von der Rezeption Burkes und bedeutender Anglophiler des französischen Sprachraums geprägt. Tatsächlich gibt es in den Schriften der 1790er Jahre vorsichtige Stellungnahmen, die seine Sympathien für eine nach englischem Muster angelegte Verfassungsordnung andeuten. Seine Stellung als preußischer Beamter mochte ihn daran hindern, diesen Gedanken genauer zu entwickeln. In späteren Jahren, als die europäische Stabilität und der Erhalt Österreichs im Mittelpunkt seines Interesses standen, ordnete er Verfassungsfragen diesen Zielen unter und distanzierte sich zunehmend vom einst so bewunderten Vorbild England. Im Grunde hinderte die Einschätzung der Dynamik des historischen Wandels Gentz daran, ein liberalkonservatives Verfassungsmodell zu propagieren. Für ihn zählte das Gleichgewicht zwischen den Kräften der Erneuerung und denen der Beharrung, und da blieb für ein Gleichgewicht zwischen monarchischer Regierung und einer in einem Parlament repräsentierten politischen Öffentlichkeit kein Raum. Die seiner Ansicht nach seit 1789 sichtbar gewordene dramatische Zuspitzung des Gegensatzes von Umstürzlern und Bewahrern des Alten zwang zu einer instrumentellen Einseitigkeit, die den Kompromiß bis auf weiteres nicht zuließ. Da für Gentz die Revolutionäre und ihre Helfershelfer die politische Diskussion von einem aufrichtigen Ringen um die Wahrheit zu einem Kampf um gesellschaftlich-politische Dominanz verwandelt hatten, galt für ihn:

„Wenn die, welche Aufruhr und Zerstöhrung predigen, einen Bund mit allen Leidenschaften schließen: wie soll die nackende Vernunft ihm entgegentreten! Wenn sie alle Kunststücke der Rede aufbieten, und neue Sprachen erfinden, wo die Alten zu arm oder zu kraftlos sind: wie soll ihr Gegner Eingang finden, sobald er nichts als trockne Wahrheit auf diesen furchtbaren Kampfplatz bringt! Um denen, welche das Elend der alten Staatsverfassungen und die Fehler ihrer Regenten in riesenhaften Carrikaturen aufstellen, nicht ganz das Uebergewicht

[13] Dazu Kronenbitter, Wort und Macht (wie in Anm. 1), S. 299–318.

in der menschlichen Meynung und im Urtheil der Nationen zu lassen, muß man die Schrecknisse der Revolutionen, die Armseligkeit neuer Staatssysteme und die Thorheiten der Volksregierung mit lebhaften Farben mahlen. Wer in einem großen Getümmel sichtbar seyn will, muß einen erhöhten Standort suchen: und wer ein Gewitter überschreyen will, der muß mit der Stimme des Donners reden."[14]

Propaganda und Zensur, Überreden und Überwachen wurden so zu Kennzeichen von Gentz' politischem Wirken. Kein Wunder, daß es neben seiner Rolle als Sekretär der Kongresse zwischen 1814 und 1822 die Burke-Übersetzung und die Vorarbeiten für Karlsbad waren, die dem deutschen Publikum in Erinnerung blieben, nachdem Gentz 1832 gestorben war. Seine Variante eines rationalen und zugleich erfahrungsoffenen Konservativismus geriet hingegen rasch in Vergessenheit. Auf dem Feld der internationalen Politik, wo allen Wandlungsprozessen zum Trotz eine kleine Elite die Fäden noch über Jahrzehnte hinweg in den Händen behalten konnte, verlor sich die Relevanz seiner Einsichten weniger rasch. Institutioneller Rückhalt war und blieb für den Konservativen Gentz der Staat, wie er sich seit Beginn der frühen Neuzeit entwickelt hatte. Ein verklärtes Mittelalter oder eine neue Theokratie kamen für ihn als Orientierungspunkte der politischen Ordnung nicht in Frage. Was gut war für die Sicherung dieser Ordnung, das konnte seiner Meinung nach nur die Vernunft erkennen. Seinen Freund Adam Müller wies er deshalb zurecht: „Ich halte die Vernunft keineswegs für ein bloßes Vermögen der Wahrnehmung – dann wäre sie freilich thierisch zu nennen, – ich halte sie für die wahre und mir bis jetzt einzig bekannte Quelle aller *Erkenntniß*."[15]

Der Rationalismus des 18. Jahrhunderts war ihm dennoch nicht genug, um das Geschehen seiner Epoche und die Grundsätze des politischen Zusammenlebens zu begreifen. Im Sinne von Burke war für Gentz der Staat „weder das Eigenthum eines Menschen, noch der Gegenstand der Willkühr des Volkes; er ist eine ewige Gesellschaft, bestimmt, Gegenwart, Vergangenheit und Zukunft durch ein unauflösliches Band aneinander zu knüpfen; und in diesem Sinne ist er von Gott."[16] Dadurch, daß Gentz sich immer ausschließlicher mit konkreten politischen Fragen beschäftigte und Grundsatzreflexion eher seiner Privatkorrespondenz als seinen immer seltener werdenden Publikationen vorbehielt, war er

---

[14] Gentz, Gesammelte Schriften (wie in Anm. 1), Band VI. Übersetzungen: Einleitungen und Kommentare, Hildesheim 1998, S. 30.

[15] Gentz an A. Müller, 12.5.1817, in J. Baxa (Hg.), Adam Müllers Lebenszeugnisse, Band II, München 1966, S. 51.

[16] Gentz an J. Pilat, 26.4.1825, in: K. Mendelssohn-Bartholdy (Hg.), Briefe von Friedrich von Gentz an Pilat. Ein Beitrag zur Geschichte Deutschlands im XIX. Jahrhundert, Band II, Leipzig 1868, S. 175.

der Mühe enthoben, die unterschiedlichen Elemente seines politischen Denkstils in einer schlüssigen Argumentation zusammenzufassen. Der letztlich doch eher fragmentarische Charakter seines Gesamtwerks hat sicher dazu beigetragen, daß er für die politische Theoriediskussion im 19. Jahrhundert keine wegweisende Rolle spielen konnte. Ein deutscher Burke konnte er ohnedies nicht werden, dafür fehlten in Deutschlands politischer Kultur die Voraussetzungen; Burke eingedeutscht zu haben, das blieb sein auf die Dauer wichtigster Beitrag zur Programmatik des deutschen Konservativismus.

Adam Müller (1779–1829)

Peter Paul Müller-Schmid

Man wird Adam Müllers Staatsauffassung kaum verstehen ohne Einbeziehung auch seiner Reflexionen über Gesellschaft, Wirtschaft, Philosophie, Religion, Kunst. Ähnlich Hegel[1], wenngleich in einer typisch konservativen – „dialektisch", zugleich aber an traditioneller Naturrechtsphilosophie orientierten – Wendung vertritt Müller eine *universalistische* Ordnungsvorstellung der Gesellschaft, deren Ausgangspunkt nicht die typisch moderne, individualistisch motivierte Trennung von Staat und Gesellschaft, vielmehr im Sinne der Tradition der gemeinwohlorientierte Grund der Lebenszusammenhänge bildet. Seine Staatstheorie ist wesentlich Gesellschaftslehre.[2]

Die folgenden Anmerkungen zu einigen Aspekten dieser Gesellschafts- und Staatslehre seien verstanden als Beitrag zu ihrer Interpretation und zur Verdeutlichung ihrer Bedeutung aus dem Kontext universalistischer Philosophie. Ich beginne mit einem zunächst chronologisch-biographischen, auf die einzelnen Werkideen verweisenden Zugang, um dann einige Grundlinien dieser ganzheitlichen Staatslehre in Müllers Hauptwerk selber aufzuzeigen. Daran anschließend sollen grundsätzliche, in der Literatur unterschiedlich beantwor-

---

1 Zum Vergleich der wirtschafts- und sozialpolitischen Ordnungsvorstellungen bei Hegel und bei Adam Müller vgl. T. Harada, Politische Ökonomie des Idealismus und der Romantik. Korporatismus von Fichte, Müller und Hegel, Berlin 1989, S. 66–109 (zu Adam Müller), S. 110–159 (zu Hegel). – Zu Hegels in einer immanentistisch-dialektischen Geschichtsphilosophie begründetem Universalismus, der seinerseits zum philosophischen Ausgangspunkt unterschiedlicher Richtungen emanzipatorisch- universalistischen Gesellschaftsdenkens wurde (Karl Marx, Kritische Theorie, J. Habermas), vgl. P. P. Müller-Schmid, Emanzipatorische Sozialphilosophie und pluralistisches Ordnungsdenken, Stuttgart 1976, S. 61 ff., zur entgegengesetzten Normenlogik des traditionellen Naturrechts vgl. a.a.O., S. 139 ff., 157 ff., 183 ff., 193 ff.

2 Zur sozialphilosophischen Systematik universalistischer Erklärungen in der Staatslehre allgemein, interpretiert aus der Sicht traditioneller Naturrechtslehre vgl. A. F. Utz, Sozialethik. Mit internationaler Bibliographie, III. Teil: Die soziale Ordnung, Bonn 1986, 8. Kapitel (S. 165 ff.).

tete Fragen zur geistesgeschichtlichen Einschätzung dieses Werks wie auch zur Interpretation und Struktur konservativer Staatstheorie überhaupt, schließlich einige abschließende, systematisierende Bemerkungen zur Gesamtwertung zur Sprache kommen.

I. Zeitsituation, Biographie

Zunächst einige Sätze zur Biographie[3]. Adam Müller, am 30.6.1779 geboren in Berlin als Sohn eines preußischen Finanzbeamten, im evangelischen Glauben erzogen, widmete sich nach Abschluß des Gymnasiums in Berlin von 1798 bis 1801 in Göttingen neben philosophischen und historischen Interessen insbesondere dem Studium der Staatswissenschaften bzw. „Diplomatik“. In Göttingen[4] erlebte er die die damalige Umbruchsituation bestimmenden, die Herausbildung seines eigenen konservativen Denkens prägenden, für die Zeit typischen Gegensätze von *rationalistischem Naturrecht* einerseits, *historischem Rechtsdenken* andererseits. Wichtigen Einfluß auf Müller besaßen vor allem der Historiker Arnold Hermann Ludwig Heeren[5] und der bekannte Jurist und Naturrechtskriti-

---

[3] Vgl. J. Baxa, Adam Müller Ein Lebensbild aus den Befreiungskriegen und aus der deutschen Restauration, Jena 1930; Müller, Kritische, ästhetische und philosophische Schriften, Kritische Ausgabe, hg. von W. Schroeder und W. Siebert, 2 Bde. Neuwied 1967, Bd. 2, S. 301–311; A. Langner, Adam Müller (1779–1829), in: Zeitgeschichte in Lebensbildern. Aus dem deutschen Katholizismus des 19. und 20. Jahrhunderts, Bd. 4, hg. von J. Aretz, R. Morsey und A. Rauscher, Mainz 1980, S. 9 ff.; G.-K. Kaltenbrunner, Adam Müller, in: ders., Europa. Seine geistigen Quellen in Porträts aus zwei Jahrtausenden, Band I. Sigmaringendorf, 2. Aufl. 1987 (1. Aufl. 1981), S. 215–228; P. P. Müller-Schmid, Adam Müller, in: StL7 (1987 und 1995), Bd. 3, S. 1235–1236; T. Harada, Adam Müllers Leben und Lehre sowie Bibliographie. Tokyo, Hitotsubashi University, 1995 (Center for Historical Social Science Literature; Study Series No. 33); C. v. Schrenck-Notzing, Adam Müller, in: Lexikon des Konservatismus, hg. v. C. v. Schrenck-Notzing, Graz/Stuttgart 1996, S. 384–386.

[4] Zur politisch-geistigen Bedeutung Göttingens vgl. K. Epstein, Die Ursprünge des Konservativismus in Deutschland. Der Ausgangspunkt: Die Herausforderung durch die Französische Revolution. 1770–1806, aus dem Englischen von J. Zischler, Frankfurt/M./Berlin 1973, S. 633 ff.

[5] Müller widmete ihm später sein staatswissenschaftliches Hauptwerk „Die Elemente der Staatskunst“.– Erwähnt sei, daß die wissenschaftlichen Ansätze Heerens nicht zuletzt auch durch F. v. Savigny, den Begründer der historischen Rechtsschule – er hatte ebenfalls in Göttingen studiert – ihre Weiterführung fanden. – Zur Rolle Heerens in der Entstehungsgeschichte des deutschen Historismus vgl. die Dissertation von I. Kahn, Der Historiker Arnold Hermann Ludwig Heeren. Ein Beitrag zur Geschichte der Göttinger Schule, Diss. Basel 1939.

Adam Müller (1779–1829)

ker Gustav Hugo. Vor allem aber war Göttingen die erste deutsche Universität, in der die wirtschaftsliberalen Ideen von Adam Smith gegenüber dem Merkantilismus bzw. Kameralismus siegreich vordrangen. Müllers Hinwendung zu den Staatswissenschaften ist besonders Friedrich Gentz[6] zuzuschreiben, mit dem Müller eine lebenslange, in einem bedeutenden Briefwechsel dokumentierte Freundschaft verband. Dies trotz der Unterschiede der Charaktere und der philosophischen Anschauungen – Gentz war politisch ein ausgesprochener Realist und in seiner politischen Theorie neben sicherlich vorherrschenden traditionalen Vorstellungen doch auch rationalistischem, trotz seiner späteren Gegnerschaft in vielerlei Hinsicht von Kant[7] geprägtem Denken verbunden, wie dies etwa auf konservativ-katholischer Seite von F. Schlegel kritisiert worden war.[8] Friedrich Gentz, der große Förderer Müllers, übte mit seiner 1793 publizierten Übersetzung von Edmund Burkes 1790 erschienener Schrift „*Reflections on the Revolution in France*“[9] maßgeblichen Einfluß auf Müller wie überhaupt auf den sich im Kampf gegen die Ideen und Auswirkungen der Französischen Revolution bildenden deutschen Konservatismus aus.

Hatte bereits vor der Französischen Revolution Justus Möser gegenüber rationalistischer Gesellschaftsplanung, fürstlichem Absolutismus, Egalitarismus und rationalistischem Naturrecht einen politischen Konservatismus in Deutsch-

---

6 Zur Biographie von Gentz vgl. P. R. Sweet, Friedrich von Gentz. Defender of the Old Order, Madison 1941, Neudr. Westport, Connecticut 1970; H. Rumpel, Friedrich Gentz, in: Neue Österreichische Biographie, Bd. 11. Wien 1957, S. 41 ff.; J. Baxa, Friedrich von Gentz, Wien 1965; G. Kronenbitter, Wort und Macht. Friedrich Gentz als politischer Schriftsteller, Berlin 1994, S. 23 ff.

7 Vgl. P. Pirler, Friedrich von Gentzens Auseinandersetzung mit Immanuel Kant, Frankfurt/M. 1980.

8 Dies darf freilich nicht die Sicht auf den Zweck dieser politisch-theoretischen, vor allem publizistischen Bemühungen von Gentz versperren, d.h. darauf, daß dieses in erster Linie auf *Öffentlichkeitswirkung* bedachte Denken folgerichtig vorrangig im „*rhetorischen*“ Element verwurzelt war – möglichst den Verstehenshorizont, die Denkkategorien des Publikums mit einkalkulierend. Daß für die Analyse der gesellschaftlich-politischen Realität eine an *Empirie* orientierte Reflexion von größter Bedeutung ist, hat Gentz in Anknüpfung an die Popularphilosophie Garves, vor allem auch in seiner *Auseinandersetzung mit Kant* klar herausgearbeitet. Zur politischen Theorie von Gentz vgl. Kronenbitter, Wort und Macht. Friedrich Gentz als politischer Schriftsteller, S. 49 ff.

9 Betrachtungen über die französische Revolution. In der deutschen Übertragung von F. Gentz. Bearbeitet und mit einem Nachwort von L. Iser, Einleitung von D. Henrich, Frankfurt/M. 1967; Betrachtungen über die Französische Revolution. Aus dem Englischen übertragen von F. Gentz, hg. von U. Frank-Planitz, Zürich 1986; E. Burke – F. Gentz, Über die Französische Revolution. Betrachtungen und Abhandlungen, hg. von H. Klenner, Berlin 1991.

land vertreten[10], so kennzeichnet es das Werk Müllers, daß er neben den Erfahrungen mit dem bürokratischen Absolutismus auch die neuen Phänomene des seit der Französischen Revolution sich bildenden politischen Liberalismus sowie des mit den Ideen von Adam Smith siegreich auftretenden wirtschaftlichen Liberalismus von der Basis des konservativen Denkens her einer kritischen Analyse unterzog. Die richtunggebende Leistung Müllers bestand darin, in diese Debatten mit einer bewußt *universalistisch* orientierten Kultur-, Staats- und Wirtschaftsphilosophie eingegriffen zu haben.

Müller rekurriert gegenüber den abstrakt-philosophischen Systemen des Rationalismus und des deutschen Idealismus auf ein bewußt *konkretes Denken*, welches er in seinen frühen Schriften insbesondere bei Burke, anfänglich aber auch bei Adam Smith zu finden meint, von dessen volkswirtschaftlich orientiertem Denkansatz her er 1801 in der „Berliner Monatsschrift" gegen Fichtes abstrakt-vernunftstaatliches System des „geschlossenen Handelsstaats" schrieb.[11] Müller wandte sich freilich trotz aller Hochachtung für Smith recht bald von dessen Gedankengut, insbesondere von demjenigen der deutschen Smithianer ab und wurde zugleich mit seiner Liberalismuskritik immer mehr zum Verteidiger des Feudalismus. Nach nur kurzer Tätigkeit im preußischen Staatsdienst als Referendar an der Kriegs- und Domänenkammer in Berlin zog Müller 1803 auf das Gut Pozarowo seines Studienfreundes S. Kurnatowski ins polnische Südpreußen, wo er den ersten Band eines mehrbändig geplanten, doch Torso gebliebenen Werks über die „*Lehre vom Gegensatze*" verfaßte. Dieses erste größere, 1804 publizierte, wesentliche Gedanken von Novalis und Schelling aufgreifende Werk Müllers liefert die Basis für seinen *Universalismus,* den er im Sinne einer *dialektischen*, den Ausgleich der Gegensätze in einer neuen Einheit von *Kultur* und *religiöser* Weltanschauung suchenden Vermittlungsphilosophie konzipierte.[12] Inwieweit der 1805 in Wien erfolgte Übertritt Müllers

---

10 A. Langner, Zur konservativen Position in der politisch-ökon. Entwicklung Deutschlands vor 1848, in: ders. (Hg.), Katholizismus, konservative Kapitalismuskritik und Frühsozialismus bis 1850. Beiträge zur Katholizismusforschung, Reihe B: Abhandlungen (hg. von A. Rauscher), München/Paderborn/Wien 1975, S. 11–73, hier S. 12ff., 20, 22 f., 25., vgl. auch K. Epstein, Die Ursprünge des Konservativismus in Deutschland, a.a.O., S. 345 ff. – Als Repräsentant der deutschen Aufklärung hingegen wird J. Möser charakterisiert durch K. H. L. Welker, Rechtsgeschichte als Rechtspolitik. Justus Möser als Jurist und Staatsmann, 2 Bde. Osnabrück 1996.

11 Zur Staats- und Wirtschaftskonzeption Fichtes vgl. T. Harada, Politische Ökonomie des Idealismus und der Romantik, a.a.O., S. 8 ff.

12 Zum Zusammenhang von *dialektischem* Denken, wie es vor allem durch Hegel zum zentralen Thema wurde, und konservativem Denken im Werk Adam Müllers vgl. K. Mannheim, Das konservative Denken. Soziologische Beiträge zum Werden des politisch-historischen Denkens in Deutschland, in: Archiv für Sozialwissenschaft und So-

zur katholischen Kirche eine Konsequenz dieses philosophisch-universalistischen Denkens oder aber Ausdruck einer neuen, nicht philosophischen, sondern religiös-konfessionellen Entschiedenheit war, bleibt im dunkeln – nicht nur angesichts der dem religiösen Glauben überhaupt innewohnenden, letztlich einer rationalen Interpretation unzugänglichen Geheimnishaftigkeit, sondern auch angesichts der spärlichen historischen Quellenlage zu diesem Ereignis, das Müller selber lange Zeit weitgehend geheimgehalten hatte. Dies gilt es insbesondere auch zu berücksichtigen bei dem häufig zu findenden Bemühen einer „Erklärung" bzw. Scheinerklärung dieser Konversion als einer sozusagen nur romantischen Modeerscheinung.

Festhalten läßt sich die Tatsache, daß eine akzentuiert *theologische* Fundierung seines Denkens erst in den späteren, Leipziger Schriften Müllers zu beobachten ist. Zunächst verfolgt er die in der *Gegensatzlehre* formulierte, in der gelehrten Öffentlichkeit anfänglich wenig beachtete Gegensatzphilosophie weiter in den 1806 mit großem Erfolg vor der Dresdener Gesellschaft gehaltenen „*Vorlesungen über die deutsche Wissenschaft und Literatur*", denen 1806/1807 und 1807/1808 noch weitere Vorlesungszyklen insbesondere *kunstphilosophischen* Charakters folgten. Viele der wichtigeren Werke Müllers, der 1810 vergeblich in Berlin eine Professur angestrebt hatte und daher auf die gesellschaftliche und publizistische Öffentlichkeit angewiesen war, sind aus solchen Vorlesungszyklen entstanden und beziehen ihre Lesbarkeit, das Geistreiche ihrer Ausführungen, freilich auch manche unsystematisch scheinende Argumentation (bei insgesamt durchaus vorhandener Systematik) aus dem vorrangigen Rednerinteresse des hochbegabten *Rhetorikers*.[13] In seinen 1812 in Wien gehaltenen (1816 in Leipzig veröffentlichten) berühmten „*Zwölf Reden über die Beredsamkeit und deren Verfall in Deutschland*" hat er das Rhetorische zum Thema einer eigenen Vorlesungsreihe gemacht, die zugleich das damit verbundene Interesse Müllers an der Herstellung einer politischen Öffentlichkeit zum Ausdruck brachten.

In Dresden wurde Müller das Zentrum eines Romantikerkreises, dem u.a. der von Müller schon früh in seiner Genialität und Bedeutung erkannte und energisch geförderte Heinrich von Kleist angehörte. Mit Kleist gab Müller 1808 die Kunstzeitschrift „*Phöbus*" – nach verbreitetem Urteil eines der besten Kunst-

---

zialpolitik 57 (1927) S. 68 ff., 470 ff., hier 493; M. Greiffenhagen, Das Dilemma des Konservatismus in Deutschland. München 1971, S. 219 ff.

[13] Zur rhetorischen Begabung Müllers vgl. die von J. Baxa in seinen Anmerkungen zur Neuausgabe der „Elemente der Staatskunst" angeführten Kommentare: A. Müller, Die Elemente der Staatskunst, 3 Bände, Berlin 1809, Neuausgabe von J. Baxa (mit einer Einführung, erklärenden Anmerkungen und bisher ungedruckten Originaldokumenten), 2 Halbbände, Jena 1922, S. 269 ff.

journale der Romantik – heraus. An den 1810 von Kleist gegründeten *„Berliner Abendblättern“* war Müller einer der eifrigsten Mitarbeiter – wiederum Ausdruck der für Müller zentralen Wichtigkeit des politisch-publizistischen Tätigkeitsfeldes, deren Bedeutung man letztlich nur vor dem Hintergrund seiner staatstheoretischen Auffassungen verstehen wird. Mit der Müller 1807 übertragenen Aufgabe, dem in Dresden weilenden Prinzen Bernhard von Sachsen-Weimar[14] staatswissenschaftlichen Unterricht zu erteilen, erwuchs aus der damit verbundenen Erarbeitung von Manuskripten staatswissenschaftlichen Inhalts eine 1808 und 1809 wiederum mit großem Erfolg vor der Dresdener Gesellschaft gehaltene Vorlesungsreihe. Diese 1809 in Berlin unter dem Titel *„Die Elemente der Staatskunst“* veröffentlichte Vorlesungsreihe gilt weithin als die magna charta der politischen Romantik.

In den *„Elementen der Staatskunst“* vertritt Müller mit preußisch-patriotischem und freiheitlichem Pathos ein organisch-feudalstaatlich geordnetes Gemeinwesen. Was seine *Kritik* angeht, so ist insbesondere auf dreierlei zu verweisen: Kritik an dem seit Friedrich II. herrschenden Absolutismus, Kritik hinsichtlich der mit der Einführung wirtschaftsliberaler Strukturen verbundenen sozialen Probleme sowie schließlich Kritik des dem Bonapartismus folgenden Etatismus. Diese grundsätzliche Absolutismuskritik setzt Müller fort in seinen Vorlesungen *„Über König Friedrich II. und die Natur, Würde und Bestimmung der Preußischen Monarchie“*, die er 1810 in Berlin hielt, wo er sich seit 1809 – aus Dresden wegen seiner während des österreichisch-französischen Krieges bewiesenen pro-österreichischen Haltung ausgewiesen – aufhielt. Es dürfte vor allem seinen, insbesondere in den *„Berliner Abendblättern“* im Sinne der feudalen Opposition gegen Hardenberg[15] betriebenen publizistischen Aktivitäten zuzuschreiben sein – in diesem Kontext erwähnt sei auch seine Tätigkeit als Sekretär der kurmärkischen Ritterschaft –, daß sein Versuch, eine dauerhafte Stellung im preußischen Staatsdienst zu erhalten, mißlang. Seit 1811 schließlich wandte sich Müller immer mehr der österreichischen Seite zu. Seine Interessen- und Tätigkeitsfelder fanden ihren Schwerpunkt immer mehr von Österreich her. J. Baxa spricht in seinem Lebensbild von diesen unruhigen Jahren als „Wanderjahren“[16] – Dresden (1805–1809), Berlin (1809–1811), Wien (1811–1813), Tirol (1813–1815, Tiroler Landeskommissar, Befreiungskampf gegen die Fran-

---

[14] Prinz Bernhard von Sachsen-Weimar war der zweite Sohn von Karl August, Goethes fürstlichem Freund und Gönner.

[15] Zur Reformpolitik Hardenbergs vgl. E. Klein, Von der Reform zur Restauration. Finanzpolitik und Reformgesetzgebung des preußischen Staatskanzlers Karl August von Hardenberg, Berlin 1965.

[16] Baxa, Adam Müller Ein Lebensbild aus den Befreiungskriegen und aus der deutschen Restauration, a.a.O., S. 41–320.

zosen), schließlich von Metternich als Kriegskorrespondent ins kaiserliche Hauptquartier entsandt (1815) –, wohingegen er die dann folgenden Jahre ihres kämpferischen (nicht zuletzt religiös-kämpferischen) Charakters wegen als „Kampfjahre“[17] charakterisiert (Generalkonsul der österreichischen Staaten in Leipzig, Herausgeber der „Deutschen Staatsanzeigen“, Gesandter an den Anhaltischen und Schwarzenburgischen Höfen, schließlich Hofrat in der Wiener Staatskanzlei). Einen einflußreichen Gönner in diesen Jahren hatte Müller in Erzherzog Maximilian d'Este gefunden. 1826 erhielt er für seine Verdienste von Österreich den Adelstitel verliehen. In Wien gehörte Müller dem dortigen Romantikerkreis an und war mit Klemens Maria Hofbauer und dem Dichter Zacharias Werner freundschaftlich verbunden. In den Jahren dieser Epoche wandte er sich neben der rhetorischen Thematik wissenschaftlich und publizistisch wiederum staatswissenschaftlichen Fragen zu. Im Zentrum standen jetzt allerdings sozialtheologische und wirtschaftsethische Arbeiten. Am 17. Januar 1829 ist er gestorben. Seine und seiner Frau Sophie von Haza-Müller (26.3.1775–22.11.1849) Grabstätte befindet sich auf dem Friedhof von Maria Enzersdorf bei Wien, wo auch Zacharias Werner und Klemens Maria Hofbauer begraben sind, wo auch sein verdienstvoller Wiederentdecker, Interpret und Biograph Jakob Baxa seine letzte Ruhestätte fand.

Hinsichtlich der soeben erwähnten Schriften aus den Jahren seines österreichischen Engagements wäre noch anzumerken, daß Müllers schriftstellerisches Werk immer mehr von der Thematik der *Restauration* bestimmt wurde. Seine bedeutenden sozialtheologischen und wirtschaftsethischen Schriften aus dieser Zeit, insbesondere die beiden wichtigen Schriften von 1819[18]und 1820[19] folgen deutlich den restaurationsphilosophischen Vorstellungen von Bonald und de Maistre, insbesondere aber dem bedeutendsten Restaurationsphilosophen der Zeit, Carl Ludwig von Haller (trotz einer – letztlich aber unwesentlichen – Kritik an Hallers sozusagen „vertragstheoretisch“ begründetem Prinzip der feudalen Patrimonialherrschaft). Diesen immer grundsätzlicher werdenden Forderungen nach einer feudal verfaßten Gesellschaftsordnung entspricht auf der anderen Seite eine geradezu sozialistisch anmutende *Kapitalismuskritik,* die im Wissen um die Notwendigkeit einer *solidarischen Idee* bereits damals hellsichtig auf viele unheilvolle *Folgen der Waren- und Konkurrenzgesellschaft* verweist. Dieser romantische Konservatismus hat demnach ein recht

---

[17] Baxa, a.a.O., S. 321–474.

[18] Von der Notwendigkeit einer theologischen Grundlage der gesamten Staatswissenschaften und der Staatswirtschaft insbesondere, Leipzig 1819.

[19] Die innere Staatshaushaltung, systematisch dargestellt auf theologischer Grundlage, Leipzig 1820.

merkwürdiges Gepräge. Gerd-Klaus Kaltenbrunner[20] faßt den zwischen Feudalismus und Sozialismus oszillierenden Charakter dieses Konservatismus, die hier zusammenwirkenden Ideen und Gesellschaftsmächte, die in seinen Spätschriften formulierte Kritik Müllers wie folgt zusammen: „Die siegreich vorwärtsdrängende *kapitalistische Geldwirtschaft und Arbeitsteilung* wird gelegentlich in Tönen kritisiert, die an Fourier, Saint-Simon und Owen gemahnen, teilweise sogar an Marx, der Müllers ‚Elemente der Staatskunst' aufmerksam gelesen hat und im ‚Kapital' wiederholt zitiert. So wie sich Metternich einmal als ‚geborenen Sozialisten' bezeichnet hat, finden sich auch bei Müller sozialistische Argumente: man sieht daraus, daß romantische Konservative die gleichen Phänomene im Blick hatten wie die linken Wortführer der proletarischen Opposition. Aristokratie, romantische Intelligentsia und Proletariat stehen im Widerspruch zur Warengesellschaft, zur Welt des Kapitals, des Handels und der Industrie."

Wie aber sieht die Grundargumentation der Müllerschen Staatslehre aus? Was zeichnet seinen ganzheitlichen Ansatz aus? Welche Verbindungslinien gibt es zu sozialphilosophischen Grundansätzen wie „Naturrecht" oder „dialektischer Philosophie"? Von welchen konstituierenden Prinzipien her ist seine Staatslehre zu verstehen? Diesen Fragen sei im folgenden nachgegangen, zunächst in einer kurzen Analyse des Müllerschen Hauptwerks über die „Elemente der Staatskunst".

II. „Die Elemente der Staatskunst": Grundlinien ganzheitlicher Staatslehre

Müllers Hauptwerk, „Die Elemente der Staatskunst"[21], atmen den Geist der auf „*Vermittlung*" tendierenden *Gegensatzlehre.* Dies insbesondere in seiner auf Verschiedenheit und Wettstreit setzenden, für die rechtliche Ordnung konstitutiven *Freiheitslehre* – eine in gewissem Sinne die moderne Rechtsstaatsidee und Parteienlehre (auch die Vorstellung vom Gleichgewicht der Parteien[22]) vorwegnehmende Lehre, die er den extremen Idealisierungen und Vereinseitigungen der *Französischen Revolution* entgegensetzt. Suchten deren Vertreter die abstrakte Freiheit als solche, die sie zugleich mit dem Begriff der Gleichheit verbanden, so denkt Müller, wie er dies etwa in der 7. Vorlesung seiner „Elemente der Staats-

---

[20] G.-K. Kaltenbrunner, Europa. Seine geistigen Quellen in Porträts aus zwei Jahrtausenden, Band I. Sigmaringendorf, 2. Aufl. 1987 (1. Aufl. 1981), S. 225.

[21] Müller, Die Elemente der Staatskunst, 3 Bände, Berlin 1809, Neuausgabe von Jakob Baxa, 2 Halbbände, Jena 1922. Zitiert wird im folgenden nach dieser Neuausgabe.

[22] Vgl. a.a.O., 1. Halbband, S. 135.

kunst" ausführt, im Sinne einer organischen Gesellschafts- und Staatsauffassung Freiheit und Verschiedenheit zusammen. Das *gleichmacherische Prinzip der Moderne*, wie es insbesondere durch die Französische Revolution zum Durchbruch kam, beruhe auf einem Willkürbegriff der Freiheit: „Wenn die Freiheit nichts anders als das allgemeine Streben der verschiedenartigsten Naturen nach Wachsthum und Leben ist, so kann man keinen größeren Widerspruch ausdenken, als indem man, mit Einführung der Freiheit zugleich, die ganze Eigenthümlichkeit, d. h. Verschiedenartigkeit, dieser Naturen aufhebt. Indeß war auch von *meiner* Freiheit in Frankreich nicht die Rede; das Wesentliche, was jene engherzigen Schwärmer meinten, ihre Freiheit und ihre Gleichheit, wurde realisiert"[23]. Dieser Begriff der Freiheit, „da er die Freiheit herausreißt aus jener unendlichen Reaction mit der Gegenfreiheit unter allen möglichen Formen", bedeutet *Willkür*, führt zu *Ohnmacht* und *sklavischer Gesinnung*.[24] „Freiheit ohne Gegenfreiheit ist nichts"[25], wie in einem der ersten Abschnitte der genannten Vorlesung kurz und bündig formuliert wird; denn: „Je mehr jeder einzelne Anspruch des Bürgers die Freiheit hat, gegen einen entgegengesetzten eben so freien Anspruch eines andern Bürgers sich geltend zu machen: um so mehr wird das Gesetz, welches diese gegenseitige Ansprüche reguliren soll, ausgeschliffen und vollendet werden. Je lebhafter und je vielseitiger der Streit ist, den die beiden Partheien vor Gericht führen; je mehr jede Parthei zum Worte kommt [...]: um so gediegener, lebendiger und ideenhafter wird der Urtheilsspruch ausfallen können. Je mehr der Bürgerstand gegen den Adel, und umgekehrt, der Rentenirer gegen seinen Schuldner, der Eigenthümer gegen den Pachter, der Käufer gegen den Verkäufer, und umgekehrt, streiten kann; [...] Je vollständiger der Streit, um so vollständiger das Gesetz; nennen Sie es einstweilen: Gleichgewicht der beiden Partheien."[26] In Richtung eines sozialen Prinzips der Rechtsordnung zusammengefaßt: „Je mehr also Staat und Gesetz, in den unendlichen Streitigkeiten entgegenstehender Rechte, das schwächere Recht in Schutz nehmen [...]: um so lebhafter, gleichmäßiger und gegenseitiger wird der Streit, um so glänzender kann die Gerechtigkeit triumphiren."[27]

Richtig verstandene Staatskunst, wird, wie Müller in seinem Hauptwerk aufweist, diese Elemente zu berücksichtigen wissen. Sie zu verkennen, bedeutet hingegen Mangel an wahrem Realismus, ist Ursache einer *falschen Staatskunst:* „Es ist eine falsche Staatskunst, die durch ihre Bemühung den absoluten Frieden

---

[23] Ebd., S. 151.

[24] Ebd. – „So hat sich eine vermeintliche Freiheit, mit ihrem Gefolge, der Gleichheit, in dem revolutionären Frankreich charakterisirt." (ebd. S. 152).

[25] Ebd., S. 134.

[26] Ebd., S. 134 f.

[27] Ebd., S. 135.

oder einen absoluten Rechtszustand bewirken will."[28] Wer den Streit der Kräfte und sein Motiv, die Freiheit, aus der bürgerlichen Gesellschaft herausnehme und es dahinbringe, daß sich alle diese verschiedenartigen Naturen irgend einem Rechtsbegriffe blindlings und sklavisch unterwerfen würden, der habe „damit nicht nur nichts erreicht, sondern das wahre und lebendige Recht aus den Staaten wirklich verbannt."[29] Müller sieht hierin das ins Unglück führende Bemühen einer *konstruktivistisch-perfektionistischen,* am „*Verstandesbegriff*" und nicht am Leben orientierten *mechanistischen Vernunft* am Werke, die *künstliche Verfassungen* hervorbringe, die Kunst des Herrschens zu mechanisieren suche. Das lebendige Leben könne toten Schranken nicht unterworfen werden, und in dieser Hinsicht wäre es völlig gleich, ob die Willkür eines Tyrannen oder der Formalismus, der tote Buchstabe des weisesten Gesetzes Regel für die unterworfenen Naturen wäre. So habe man nun erst „das Unglück der Welt in ein *System* gebracht: denn der Tod ist zum Richter über das Leben gesetzt."[30]

Es ist im Grunde der *rechtspositivistische,* in gewisser Weise auch dem *rationalistischen Naturrechtsdenken* zugrundeliegende Glaubenssatz von der in der Macht begründeten Rechtssicherheit als erstem Zweck des Rechts, der von Müller einer vehementen *Kritik* unterzogen wird, wenn er schreibt: „Der ewige Friede, sowohl unter den Bürgern desselben Staates, als unter den Völkern, ist bekanntlich die wirkliche Unterwerfung Aller unter Ein und eben dasselbe unumgängliche Gesetz"[31]: Müller interpretiert dies als Wahn, als ob Kriege unrechtliche Zustände, hingegen die Streitigkeiten unter Privatleuten innerhalb desselben Staates deshalb rechtlich wären, weil ein durchsetzungsfähiger Richter für sie da sei.[32] Es sei der Wahn, das Recht zu verstehen vom *Recht des Stärkeren* her: „dieser Wahn hat auch das Problem vom ewigen Frieden unter Völkern, d.h. von der Sicherheit vor Kriegen, und vom ewigen Frieden innerhalb der Staaten, d.h. von der Sicherheit vor Revolutionen, veranlaßt."[33] Hierzu das sarkastische Urteil: „Soll unter den Völkern bloß der Krieg, und innerhalb der Staaten bloß die Rebellion und die Unruhe vermieden werden; besteht *darin* das Wesen unserer politischen Einrichtungen: – wohlan! So setze man den Mächtigsten auf den Thron der Welt, so erlaube man ihm eine Welt-Polizei zu organisiren und zu concentrieren."[34] Was diesem Rechtsordnungsgrundsatz fehle, sei die Freiheit: „Der Streit der Kräfte, der wahre Krieg, die Freiheit, das

28 Ebd., S. 172.
29 Ebd.
30 Ebd., S. 173.
31 Ebd.
32 Ebd., S. 173 f.
33 Ebd., S. 174.
34 Ebd.

Gut aller Güter, fehlt; ohne dasselbe ist die Gerechtigkeit nichts weiter, als consequente Macht, das Recht nichts weiter, als Recht des Stärkeren in ein System gebracht.“[35]

Was Müller diesem positivistischen bzw. – in seinen Begriffen – „mechanistischen“ Denken entgegensetzt, seine Grundphilosophie, ist die *Idee des auf der Freiheit aufbauenden Gesetzes als „lebendiger Idee*“[36] Das Freiheitselement als Element der Bewegung – dieser Kern der geradezu *heraklitischen*, auf *Vermittlung* angewiesenen *Dialektik* ist grundlegend für Müllers so prononciertes Eintreten für das seiner Meinung nach dem *republikanischen* Gedanken überlegene, genauer: diesem eine freiheitliche Ordnung gewährende *monarchische* Prinzip: „Durch den Streit der Freiheit mit der Freiheit bildet sich also in's Unendliche fort ein über allen diesen einzelnen Freiheiten waltendes Recht, Gesetz, oder – um dieses höhere Erzeugniß der Gesellschaft noch lebendiger auszudrücken – die vermittelnde Macht eines Richters, Patriarchen, Monarchen, Fürsten. – Ein unvollkommenes, lebendiges Gesetz ist, allen meinen Voraussetzungen zu Folge, besser als ein noch so logisches, künstliches, aber todtes Gesetz. Darin nun besteht der große Vorzug aller monarchischen Verfassung: das Gesetz wird nicht bloß mechanisch ausgelegt, sondern wirklich repräsentiert durch eine Person.“[37]

Hiermit ist das Zentrum des *organischen Staatsdenkens* bezeichnet. Es liegt in dem Prinzip, daß der *Staat in Analogie* zum *Menschen* zu organisieren und darüber hinaus konkret von einem Individuum zu repräsentieren sei: Die ganze bürgerliche Gesellschaft kann „nur von ihresgleichen beherrscht werden, und die herrschende Idee, der Staat, muß völlig wie ein Mensch organisirt seyn.“[38] Der absolut genommene Verstand könne nicht über Wesen herrschen, deren Leben darin bestehe, daß sie aus Verstand und Empfindung bestünden. Des unaufhörlichen Widerstreites zwischen beiden bedürfe der Staat, so gut wie der einzelne Mensch.[39] Auf den ersten Blick scheine zwar der Buchstabe des Gesetzes den Vorzug der Dauer zu haben.[40] Doch was könne dieses Prinzip schon ausrichten? Was sei alle Dauer des Gesetzes unter den Händen des „*gemüthlosen Sophisten*“[41] im Vergleich zur Person des Monarchen, „von Jedermann verstanden, und doch dem Sophisten so unerreichbar, wie das Geheimniß des Lebens selbst; während alles, dessen Freiheit durch die Sprödigkeit des Geset-

---

35 Ebd., S. 175.
36 Ebd.
37 Ebd.
38 Ebd., S. 173.
39 Ebd.
40 Ebd., S. 176.
41 Ebd., S. 177.

zes verletzt werden mag, zu seiner Zeit in dem Gemüthe des Monarchen seinen Fürsprecher findet! Das bloße Gesetz spricht nur; der Monarch aber spricht und hört. Kurz, der Idee des Rechtes ist die monarchische Verfassung günstiger, als die republikanische."[42] Im übrigen erweise sich, daß auch in *Republiken* das Gesetz nach lebendiger Repräsentation strebe und daß es in jedem Augenblick einen wirklichen Repräsentanten des Gesetzes gebe, nur daß dieser – allzuoft als Demagoge – dauernd wechsle, und daß selbst dann, wenn es sich um den Besten (Aristos) handelte, gemäß dieser Staatsform kein dauerndes Recht bewirkt werde.[43]

Ein entscheidendes Argument für die *monarchische Verfassung* sieht Müller schließlich in der hier konstitutiven *Einheit der Generationen,* der vorangegangenen, der gegenwärtigen und der zukünftigen, die *Freiheit* zur Freiheit der *Staats-Familie* werden läßt. Die *republikanische Verfassung,* von augenblicklichen Interessen bestimmt, werde diesem Anliegen nicht gerecht: „Wie auch Religion und Sitten das Alterthum und das Recht der vorangegangenen Generation in Schutz nehmen mögen – ihre Stimme wird in dem Tumulte der Partheien, denen kein bleibender, mächtiger Richter gegenübersteht und die Wage hält, immer überhört werden; die Freiheit der Gegenwärtigen, der lebendigen Köpfe, wird gegen die Freiheit der Abwesenden, der vorangegangenen und der zukünftigen Generationen [...] immer die Oberhand behalten; die augenblickliche Freiheit der Bürger wird über die ewige Freiheit der unsterblichen Staats-Familie allezeit den Sieg davon tragen"[44]. Demgegenüber sei es gemäß der *monarchischen Verfassung* die Aufgabe der *adeligen und der regierenden Familien,* diese ganzheitlichen Interessen zu vertreten. Um bei allen Beschlüssen des Augenblicks stets auch das Anliegen der „*liberté générale*" bzw. der „*volonté générale*", d.h. der Freiheit des ganzen Staates präsent zu halten, sei nämlich in den neueren Gesetzgebungen ein *Recht der Familien* entstanden und den *Rechten der einzelnen Personen* als *Gleichgewicht* gegenübergestellt worden. Einer Familie habe man die Repräsentation des Gesetzes übertragen, deren Oberhaupt das Interesse des Augenblicks und das der Jahrhunderte in einem hohen Grade in sich vereinige und am besten dazu geeignet sei, „zwischen den Abwesenden und den Gegenwärtigen, zwischen den Familien und den Einzelnen, zwischen der Ewigkeit und dem Augenblicke zu vermitteln."[45] Auf diese Weise sei „das Ziel aller republikanischen Verfassungen, die größtmögliche Entwickelung der liberté générale, durch monarchische Formen viel sicherer und glänzender erreicht worden." Typisch für die von Müller vertretene Staats-

---

[42] Ebd.

[43] Ebd., S. 178.

[44] Ebd.

[45] Ebd., S. 179.

philosophie ist nun weniger seine These, die ursprüngliche Form der bürgerlichen Gesellschaft sei monarchisch gewesen, als die an Vermittlung orientierte These, die Erfahrungen der Zeit hätten gelehrt, daß weder eine absolut-republikanische noch eine absolut-monarchische Form möglich seien, sondern daß Republikanismus und Monarchie nichts anderes als die beiden gleich notwendigen Elemente jeder guten Verfassung seien. Im freien möglichen Streit aller Parteien, deren Konflikt die bürgerliche Gesellschaft ausmache, sei die republikanische Natur aller Verfassung zu sehen, in der höchst lebendigen Entwicklung des Gesetzes ihre monarchische Seite.

Müller interpretiert in seinem Staatsrecht den *Adel* als „göttliche Institution“. Als solcher ist er aber unerbittlich mit strengen *Pflichten*, mit seiner ursprünglichen Verfassung verbunden, d.h. der einzelne Adelige hat sich „nur für den zeitigen Repräsentanten der Familien-Freiheiten, und als zeitigen Nießbraucher der Familien-Rechte“[46] zu verstehen. Vernachlässigt er diese Aufgabe, „will er die Familien-Macht wie ein augenblickliches, bürgerliches Eigenthum behandeln“[47], werden alle seine Rechte zu Vorrechten, zu gemeinen *Privilegien*: „[D]ie Abwesenden werden nicht weiter von ihm repräsentiert: er verhält sich nun zu den übrigen Bürgern gerade eben so, wie jeder andre Monopolist“[48]. Und Müller fügt die – in diesem Kontext nur einem undialektischen Denken überraschend scheinende – Erklärung von der Ohnmacht des Adeligen, vom Verlust seiner geschichtlichen Aufgabe hinzu, da er in dieser, „aller Freiheit widersprechenden Macht“ eben zu ohnmächtig sei, um seiner geschichtlichen Aufgabe, „dem einseitigen Grundsatze von der liberté de tous die Wage zu halten“[49], gerecht werden zu können.

Deutlich ist die *Kritik an Monopolen und Privilegien*[50], liegt es doch in der Konsequenz dieses Ansatzes, jeder *ungleichgewichtigen* Entwicklung der Gesellschaft entgegenzutreten. Diese Kritik gilt für die aufgeklärte Monarchie mit ihrer einseitigen Förderung und Privilegierung einzelner. Sie gilt aber auch, wie der Autor in späteren Abschnitten seines Hauptwerks ausführlich herausgearbeitet hat[51], im Hinblick auf das volkswirtschaftliche Gleichgewicht, das – mit negativen sozialen Folgen – gefährdet ist durch ungleichgewichtige Entwicklung etwa von *Agrarwirtschaft* und *Industrie*, deren letzterer Vorherrschaft um keines augenblicklichen Nutzenkalküls willen vom Staat hingenommen oder gar gefördert werden darf.

46 Ebd., S. 183.
47 Ebd., S. 184.
48 Ebd.
49 Ebd.
50 Ebd., S. 134, 152.
51 Ebd., 2. Halbband, 25. bis 32. Vorlesung, S. 3–155.

In all diesen Elementen wird der für Müllers Staatslehre grundlegende *ganzheitliche* Ansatz erkennbar. Erst recht gilt dies, wo Müller, entgegen den englischen Klassikern, in den *Reichtums- bzw. Kapitalbegriff* einer Nation neben dem gegenwärtig erarbeiteten auch den durch die *früheren* Generationen überlieferten, sowohl *wirtschaftlichen* als auch *kulturellen* Reichtum einbezieht, den zu bewahren Aufgabe einer jeden Nation ist.

Die *Kritik der Französischen Revolution* bildet den Hintergrund der in den „Elementen der Staatskunst“ entwickelten Freiheitsphilosophie. Erstere sei von einer falschen Idee der Freiheit ausgegangen, die im übrigen einzig von den Interessen des „*tiers-état*“ her entwickelt worden sei.[52] Im revolutionären Staatsverständnis fehlt eine der *Freiheit* angemessene *Ordnungsidee eines naturgegebenen Gleichgewichts der Kräfte.* In Müllers Staatslehre erhält diese Ordnungsidee ihr besonderes Kolorit durch ein an die *mittelalterliche* Idee der Ständeordnung (Geistlichkeit, Adel, Bürgertum) anknüpfendes Konzept des Staatsorganismus. Jede von *Natur* und *Geschichte* legitimierte Einheit im staatlichen Verband ist mit eigener *Kompetenz,* einer Art *Selbstverwaltung* ausgestattet, Element eines subsidiären bzw., wie Müller sagt, organischen Aufbaus von Staat und Gesellschaft. Grundlegend ist die Idee einer *christlich* interpretierten gegenseitigen *Angewiesenheit* und *Zugeordnetheit* dieser Staatselemente – eine Idee, die eine wesentliche Rolle spielen wird für die ein Jahrhundert später durch Othmar Spann und seine Schule grundgelegte Renaissance und Systematisierung der nicht zuletzt durch Adam Müller repräsentierten universalistischen Wirtschafts-, Gesellschafts- und Staatslehre. Nicht zuletzt scheinen mit diesen Grundideen Müllers aber auch bereits wesentliche Elemente des zu Beginn des 20. Jahrhunderts von Heinrich Pesch systematisierten, in der katholischen Sozialethik dieses Jahrhunderts zu weitgehender Anerkennung gelangten „*Solidarismus*“ vorausgenommen zu sein.

Hiermit kommen wir zu Fragen der Interpretation und geistesgeschichtlichen Bedeutung dieses Denkansatzes. Handelt es sich, wie ein oft zu findender Topos der Interpretation besagt, um einen einer Erneuerungsbewegung zunächst adäquaten Ausdruck gebenden, schließlich aber die reaktionären und restaurativen Mächte legitimierenden und somit die Zeichen der Zeit verkennenden konservativen Denkansatz? Was aber, so die weitere Frage, hat man in diesem Kontext zu verstehen unter „konservativer Staatstheorie“? Welches ist der Ansatz der von Othmar Spann wiederaufgegriffenen Idee universalistischer Gesellschafts- und Staatsphilosophie? Und andererseits: Welches sind Elemente einer „solidaristischen“ Interpretation der Müllerschen Staatslehre?

---

[52] Vgl. ebd., 1. Halbband, S. 304.

III. Interpretationsschwerpunkte zur geistesgeschichtlichen Bedeutung der Müllerschen Staatslehre

1. Die politische Romantik – von der Erneuerungsbewegung zur Restauration und Reaktion?

Jede ganzheitliche Interpretation der politischen Romantik wird von der Tatsache ausgeprägter Vielgesichtigkeit dieser Bewegung auszugehen haben. Eine eher *„modernitätskritische"* Grundhaltung ebenso wie bereits vorhandene *„moderne"* Elemente der Gesellschafts- und Staatskritik, rückwärts gewandter Traditionalismus ebenso wie vorwärts weisende Ideen gehören zu den Elementen dieser insgesamt von konservativer Grundsicht geprägten „Weltanschauung".

In den zahlreichen, der politischen Romantik gewidmeten Interpretationen findet man immer wieder diese Grundtypik vor, die – je nach den Schwerpunkten, selbstverständlich auch den „weltanschaulichen" Prämissen der Interpretation – entweder den Aspekt einer bei aller ursprünglichen Aufbruchstimmung schließlich doch reaktionär und unbedeutend gewordenen Bewegung und Denkungsart oder aber umgekehrt den Aspekt einer grundsätzlich weiterführenden Erneuerungsbewegung und Gesellschafts- und Staatsethik in den Vordergrund rücken. Für erstere Auffassung typisch ist die oft angeführte Interpretation der Müllerschen Staatslehre bzw. Staatskritik, die Ernst Rudolf Huber – seinerseits von einem an Lorenz von Stein orientierten Verfassungs- und Sozialstaatsdenken geprägt[53] – in seinen Studien zur Geschichte der modernen Staatsidee gibt.[54] Sie sei im folgenden etwas ausführlicher angeführt, gibt sie doch zugleich weitere Einsicht in den geschichtlich-systematischen Kontext unseres Themas.

Adam Müllers Schrifttum, so der Ausgangspunkt dieser Interpretation, manifestiere ganz zentral den Kampf der politischen Romantik um Preußen, wie er klassisch zum Ausdruck komme in seinen Vorlesungen *„Über König Friedrich II. und die Natur, Würde und Bestimmung der Preußischen Monarchie"*, die er im Winter 1810 in Berlin hielt. In der Deutung Hubers ist der preußische Staat für die politische Romantik der Stein des Anstoßes in dem „merkwürdigen Doppelsinn", den dieses Bild besitze: Die politische Romantik stieß sich an der nüchternen Realität des aufgeklärten Militär- und Beamtenstaats, zugleich war dieses Macht- und Wohlfahrtssystem ungeheuer attraktiv als Sitz eines *neuen geistigen Prinzips*, wie es sich in der idealistischen Philosophie entwickelte.[55] Bei aller Kritik an dem seelenlosen *Fabrik- und Maschinenstaat*, der gemäß der

---

[53] E. R. Huber, Nationalstaat und Verfassungsstaat. Studien zur Geschichte der modernen Staatsidee, Stuttgart 1965, S. 8, 127 ff., 249 ff.

[54] Ebd., S. 48 ff.

[55] Ebd., S. 49.

politischen Romantik die alte, ursprüngliche politische Gemeinschaft, die in der *Familie* ihren Ursprung hat, zerstörte, habe sich, so Huber, die Romantik andererseits doch bzgl. Friedrichs des Großen dem „faszinierenden Zauber des einzigartigen Herrschers“[56] nicht entziehen können. Huber verweist des weiteren auf die großen Hoffnungen der Romantiker auf die Thronbesteigung Friedrich Wilhelms III. und der Königin Luise (1797). In einem gewissen Sinne sei es die politische Grundfrage der Zeit gewesen, „ob Preußen sich zum Staat der romantischen oder zum Staat der idealistischen Philosophie entfalten werde.“[57] In diesem Kampf um Preußen sei die Romantik unterlegen: *Preußen* sei nicht der Staat F. Schlegels und Adam Müllers, sondern der Staat Kants und Hegels geworden.[58]

Worin bestand die *Leistung der politischen Romantik?* Huber kritisiert bzw. bedauert die spätere Entwicklung dieser Bewegung von einer *Erneuerungsbewegung* im Kampf gegen Aufklärung, Absolutismus und Klassizismus zu einer Bewegung der *Restauration* und schließlich der *Reaktion,* somit in eine Richtung, die gegenüber der tatsächlichen Entwicklung des modernen Staats hin zum Nationalstaat, zur liberalen Demokratie und zur industriellen Massengesellschaft weiter nicht entfernt sein konnte. Bei aller Kritik anerkennt er *allerdings* den *antiabsolutistischen* Impetus dieser Bewegung. Entgegen polemischen Deutungen wird von ihm der für Müllers Staatstheorie zentrale philosophische Begriff der „*Totalität*“ – ein ebenso von Schiller und von Goethe, insbesondere aber, wenngleich nicht in identischer Bedeutung, von Hegel gebrauchter Begriff – ins rechte Licht gerückt.[59] Zurückkommend auf seine berühmten, aus den Dresdener Vorlesungen 1808/1809 hervorgegangenen „*Elemente der Staatskunst*“, betont Huber die schöpferische Leistung Müllers, das politische Weltbild der Romantik zu einem wirkungsmächtigen System zusammengefaßt zu haben. Seine berühmte These vom Staat als der „Totalität der menschlichen Angelegenheiten“[60] sei als *Gegensatz zum absoluten Staat* zu verstehen. Dieser – charakterisiert durch seine bis zum Despotismus gesteigerte Souveränität des Monarchen, durch schrankenlose Ausdehnung des staatlichen Macht- und Wohlfahrtszwecks, durch seine militärische Hierarchie, durch bürokratischen Zentralismus – sei gerade kein „totaler“ Staat im Sinne des romantischen Denkens. „Totalität des Staats“ bedeute im romantischen Denken mithin „nicht Unterwerfung aller übrigen Lebensbereiche unter einen Teilbereich, der für sich selber, obwohl er nur ein Teil des

---

[56] Ebd.

[57] Ebd., S. 50.

[58] Ebd.

[59] Ebd., S. 53 ff.

[60] Müller, Die Elemente der Staatskunst, Neuausg., Hg. J. Baxa, 2 Bde. Jena 1922, 1. Bd., S. 48.

Ganzen ist, Totalität beansprucht. ‚Totalität des Staats' heißt hier vielmehr die aus Freiheit, innerem Widerstreit und gegenseitiger Bezogenheit gewonnene, gleichgewichtig gegliederte Einheit eines organischen Lebenszusammenhangs."[61] Dies bedeutet eine wichtige Richtigstellung. Mit ihr sind im Grunde sämtliche Versuche, ganzheitliches Denken als solches als „totalitär", „unfreiheitlich" oder wie auch immer zu diskreditieren, ihrerseits desavouiert. Zugleich ist eine Brücke geschlagen zu jener Interpretation, die, wie anschließend noch zu zeigen sein wird, neben den *solidaristischen* die freiheitsverbürgenden *subsidiären* Elemente der Müllerschen Gesellschafts- und Staatslehre betonen.

Mit Recht kommt Huber in diesem Kontext auch auf die „*Gegensatzlehre*" zu sprechen.[62] Der Konservatismus Müllers sei nicht einseitig reaktionär gewesen, vielmehr sei Müller der erste Vertreter des organischen Konservatismus. Als solcher habe er nicht nur im 19. Jahrhundert fortgewirkt, sondern sei später in der Gesellschafts- und Staatslehre Othmar Spanns wieder aufgegriffen worden. Die 1804 erschienene Schrift „Die Lehre vom Gegensatze" habe den „philosophischen Grund dieses nicht einseitig-reaktionären, sondern organischen Konservatismus" zu legen versucht.[63] Alles Leben beruhe dieser Lehre entsprechend auf dem Gegensatz, der zwischen den sich widersprechenden und doch aufeinander bezogenen Elementen des natürlichen und geistigen, des sozialen und politischen Lebens bestehe. Dadurch entstehe das schöpferische Leben und die fortschreitende Bewegung in einem sozialen Organismus. Die romantische Vorstellung der „Totalität", wie sie als erster Novalis entwickelt habe, d.h. die Vorstellung von einer organischen, alle Gegensätze in sich umfassenden Ganzheit liege dieser „Lehre vom Gegensatze" zugrunde. Die romantische Formel „Einheit in der Vielheit" bilde das Zentrum dieses „gegensätzischen" Denkens.

In der Frage der Konkretisierung der allgemeinen staatstheoretischen Postulate, ihrer Anwendung auf die besondere Situation des preußischen Staates verweist Huber auf Müllers Vorlesungen 1810 in Berlin „*Über König Friedrich II. und die Natur, Würde und Bestimmung der Preußischen Monarchie*", die sich in vielem an die kurz vorher entstandenen „Elemente der Staatskunst" anlehnen, zugleich aber die allgemeinen staatstheoretischen Postulate anzuwenden suchen.[64] Insbesondere sei für Müller das Wort von der politischen Totalität zum Losungswort für die Wiederherstellung, Erneuerung und Fortentwicklung eines gedemütigten Gemeinwesens geworden. Es sei ihm um die Bildung und Entwicklung eines wahren Nationalgeistes – im Verständnis Müllers des wahren Souveräns eines jeden Volkes – gegangen, den zu entwickeln für Preußen

---

61 Ebd., S. 55.
62 Ebd., S. 51 f.
63 Ebd., S. 51.
64 Ebd., S. 58 ff.

aus der Sicht Müllers angesichts eines so überragenden Herrschers wie Friedrich II., angesichts einer im friderizianischen Staat mit Allmacht ausgestatteten und das Volk in seinen grundbesitzenden und bürgerlichen Schichten aus dem politischen Handeln verdrängenden Regierung allerdings kaum möglich gewesen sei.

Zur Überwindung des Gegensatzes von Staat und Gesellschaft schlägt Müller die Schaffung einer ständischen Verfassung vor, die im Weg der Integration die Einheit bewirken soll.[65] Die einzelnen Stände sieht er im Sinne seiner Gegensatzlehre als gegensätzliche Parteien, die aus diesem Gegensatz die Einheit der ständischen Ordnung erreichen sollen, wie auch aus dem Gegensatz von Regierung und Ständeverfassung im Weg der Integration die Einheit zu erreichen sei. Huber betont, dieser Gedanke, den Gegensatz von Staat und Gesellschaft durch eine gewählte *Volksvertretung* zu überwinden, sei in Deutschland nicht neu, ebensowenig die Idee, zu diesem Zweck die alten landständischen Vertretungen wieder einzurichten. Müllers Ständeverfassung gehöre in den Kreis der in Preußen vielfach diskutierten *Reformpläne,* wie sie von Stein, Altenstein und auch Hardenberg mit dem Ziel einer preußischen „Nationalrepräsentation" entwickelt worden seien. Trotz des von Müller in der Frage der Ständeverfassung vertretenen Dualismus von *Adel* und *Bürgertum* wirft ihm Huber vor, sich letztlich auf die Seite der Reaktion geschlagen zu haben. Zu seinem wichtigsten Anliegen habe die Erhaltung des Grundeigentums gezählt, d.h. die Sicherung des Adels durch Garantie des unveräußerlichen Grundbesitzes. Bei aller sonstigen Ähnlichkeit seiner Volksvertretungsidee mit den Absichten der *Stein-Hardenbergschen Reformen* habe er dennoch die *frondierende Adelspartei*, die unter ihrem Wortführer Friedrich August Ludwig von der Marwitz für die Erhaltung der Standesschranken und Standesvorrechte und gegen Bauernfreiheit und Gewerbefreiheit kämpfte, unterstützt und sich so mit seiner einseitigen Verteidigung des Adels den Reformern entgegengestellt.

Diese Haltung habe sich im Grunde bereits bei Müllers Berliner *Zeitungsplan von 1809* gezeigt, eine politische Zeitung zu gründen, die um der Schaffung einer wahren und ernsthaften preußischen öffentlichen Meinung willen Regierungs- und Oppositionszeitung zugleich sein sollte.[66] Bei diesem Plan des „doppelten Journals" habe Müller die „Lehre vom Gegensatz" zu einem Mittel der politischen Täuschung herabgewürdigt. Denn eine künstlich und im Auftrag der Regierung gemachte Schein-Opposition wäre niemals in der Lage gewesen, die Rolle einer echten Opposition zu erfüllen. In der preußischen Situation von 1809 sei die Regierung Träger des fortschrittlichen Geistes der Reform, der Staatserneuerung, der politischen Progression gewesen; was sich Opposition

---

[65] Ebd., S. 63 ff.
[66] Ebd. S. 55 ff.

nannte, sei bestimmt gewesen vom Geist der Rückwendung, der Restauration, der Reaktion. „Ein Regierungsblatt wäre in der preußischen Reformzeit liberal, ein Oppositionsblatt wäre altständisch-feudal gewesen.“[67]. Nur aus dieser Lage sei Müllers Zeitungsplan von 1809 verständlich. Die Doppelgesichtigkeit, die in Müllers Plan hervortrete, kennzeichne daher nicht nur seine persönliche Situation, sondern „die geistige Lage der Romantik überhaupt, die sich nach ihrer inneren Struktur in dieser Zeit noch zur Reformpolitik wie zur Reaktionspolitik entwickeln konnte.“[68] Müllers schließlicher Weg ins Lager der feudal-ständischen Reaktion sei bezeichnend für den Weg, den die politische Romantik im Ganzen von nun an immer deutlicher gegangen sei.[69]

2. Elemente moderner christlicher Sozialethik in Müllers Gesellschafts- und Staatsphilosophie

In der Deutung der politischen Romantik, die Ernst Rudolf Huber dem Kampf dieser – nicht zuletzt auch durch Adam Müller repräsentierten – Bewegung um *Preußen* gibt, handelt es sich hierbei um eine Bewegung, die zunächst als eine *Erneuerungsbewegung* im Kampf gegen Aufklärung, Absolutismus, Klassizismus antrat, dann aber zu einer Bewegung der *Restauration* und schließlich der *Reaktion* wurde. Eine andere Interpretationsrichtung betont neben den modernitätskritischen Aspekten dieser Bewegung deren zugleich vorhandene moderne Elemente.

Gemäß dieser Interpretationsrichtung wird die Romantik, insbesondere die Sozialethik Müllers, verstanden als ein in die *moderne christliche Sozialethik* führender Neuansatz des Gesellschafts- und Staatsdenkens unter Rückgriff auf die große mittelalterliche und frühneuzeitliche *Tradition eines metaphysisch-ontologisch begründeten Naturrechts.* Diese zweite Interpretationsrichtung wird insbesondere von Albrecht Langner vertreten, der mit seinen *historisch-systematischen* Studien zu Denkweg und Ideenwelt Müllers neue Wege der Interpretation im Rahmen seiner Arbeiten zur Ideengeschichte modernen christlich-sozialen Denkens erschlossen hat.

Albrecht Langner sieht die Bedeutung Müllers darin, daß er als Schöpfer der organischen Gesellschaftslehre seine *Kritik an Rationalismus, Individualismus und Absolutismus* sowie seine Wirtschafts- und Sozialkritik mit dem für den deutschen Raum von ihm inaugurierten Beginn einer ersten in das Moderne gewendeten *christlichen Sozialethik* in einer während eines ganzen folgenden

[67] Ebd., S. 57.
[68] Ebd., S. 57 f.
[69] Ebd., S. 58.

Jahrhunderts organisch-gesellschaftlichen Denkens lebendig gebliebenen Weise verbinde.[70]

Politikgeschichtlich habe Müller nicht nur als Autor zu gelten, dessen Werk das konservative Denken in Deutschland ein ganzes folgendes Jahrhundert beeinflußt habe, sondern zugleich auch als Repräsentant des sich in Deutschland erst spät konsolidierenden bürgerlichen Selbstbewußtseins in seiner Frühzeit. Was die Bedeutung der Gesellschaftslehre Müllers für den deutschen Katholizismus angeht, sei festzuhalten, daß sie eine, im übrigen noch kaum analysierte, faktische Brücke zur späteren neuscholastischen Sozialethik darstelle. Gerade deren frühe Verbindung mit der auch von Müller sozialontologisch, aristotelisch-thomistisch grundgelegten und zugleich soziologisch wie politisch applikativ entwickelten organischen Gesellschaftslehre führe die seit den sechziger Jahren des 19. Jahrhunderts mit den Arbeiten des Jesuiten Theodor Meyer an Boden gewinnende *neuscholastische Sozialethik* in Deutschland zu ihrem im Vergleich mit anderen Ländern Europas erfolgreichsten Durchbruch.

Was das gesellschaftstheoretische und sozialethische Werk Müllers angeht, so habe man dieses nicht etwa zu verstehen als eine Art Vorgeschichte, vielmehr als den unmittelbaren Beginn des deutschen *katholisch-sozialen Denkens* in Wissenschaft und Politik des 19. und 20. Jahrhunderts. Müllers Konzept bedeute in gewissem Sinne bereits den Beginn eines ersten „politischen Katholizismus", wie er sich ideell unter den damaligen Bedingungen bildete und nach 1850 durch Wilhelm Emmanuel von Ketteler und die *Zentrumspartei* in neuer Weise, aufgrund parlamentarischer und verfassungsstaatlicher Formen eine praktisch-politische Entwicklung erfuhr.[71] Müller habe sein Konzept allerdings unter betont konfessionsübergreifenden Vorzeichen entwickelt. Er habe dem deutschen Konservatismus insofern die erste und zugleich christlich-ethische Form verliehen. Müller beharre darauf, daß Protestantismus und Katholizismus nur zusammen dem christlichen Element sozialethisch und gesellschaftlich-politisch in einer immer säkularisierter werdenden Welt auf die Dauer Geltung verschaffen könnten.

Dieser *christliche Konservatismus* finde seine Fortsetzung zunächst durch Friedrich Julius Stahl und Ketteler, den später führenden Persönlichkeiten der

---

[70] Vgl. hierzu und zum folgenden: Quellentexte zur Geschichte des Katholizismus, Bd. 3: Adam Müller 1779–1829, hg. und erläutert von A. Langner, Paderborn 1988, Einleitung (S. 9–12); die Einleitung, die Erläuterungen und Kommentare dieser Textauswahl wurden vom Autor in einer erweiterten Neubearbeitung wiederum veröffentlicht: Katholische und evangelische Sozialethik im 19. und 20. Jahrhundert, Paderborn 1998, 80–153 (vgl. Einleitung, S. 80–84).

[71] Hierzu und zum folgenden: A. Langner, Katholische und evangelische Sozialethik im 19. und 20. Jahrhundert, ebd., S. 148 ff.

christlichen Konservativen in den beiden Konfessionen. Von beiden werde Müllers Maxime vom *Christentum als „Lebensprinzip" der Gesellschaft* als gemeinchristlich-*irenische* Konzeption vom *paritätischen „christlichen Staat"*, wie ihn bereits Müller anstrebe, d.h. als gesellschaftlich-politische Zentralidee eines konfessionsübergreifenden christlichen Konservatismus fortgeführt. Insgesamt gründe Müllers wesentlich an das *Engagement der christlichen Bürger* gebundene religiös-gesellschaftliche Ideenwelt verfassungspolitisch auf der Maxime, daß ohne eine *Reform* der politischen Institutionen, die die Chancen einer Artikulation und Handlungsfähigkeit erst eröffne, das Ziel einer christlich-konservativ orientierten gesellschaftlich-politischen Gemeinschaftsfront und ihre Effizienz unerreichbar bleibe. Mit diesem Konzept wesentlich verbunden sei eine organisch das Ganze der Gesellschaft in den politischen Prozeß integrierende *antiabsolutistische Reform* im Sinne einer zu schaffenden „freien ständischen Verfassung" und Nationalrepräsentation mit den zwei „ständischen Parteien" von Grundadel und Bürgertum, mit Pressefreiheit und öffentlicher Meinung als wesentlichen Instrumenten des Repräsentationsprozesses und der Einflußnahme auch der religiös-gesellschaftlichen Vorstellungen der Bürger gegenüber der Regierung.

Im Zentrum der Situierung der Müllerschen Gesellschafts- und Staatslehre innerhalb des Kontextes *christlich-sozialen* Denkens steht die Frage nach den *Sozialprinzipien*. Inwieweit ist Müller noch der traditionellen, mittelalterlichen, vorrangig teleologisch, d.h. am Gesellschaftszweck orientierten *Ordo-Philosophie* verhaftet, inwieweit vertritt er bereits eine moderne kausalitätsorientierte, vorrangig an der *individuellen Freiheit* als des Realisators der Werte, *modern-rechtsstaatlich* orientierte Sozialphilosophie?[72] Beides ist vorhanden: Ganzheitsphilosophie, aber auch fast moderne Interessenorientierung, wie A. Lang-

---

[72] Zur Grundlegung einer wirklichkeitsorientierten Sozialethik gehören in der Tat beide Elemente, Gemeinwohl- und Freiheitsorientierung – ein Sachverhalt, der für die christliche, in einem metaphysischen Realismus begründete Sozialethik wesentlich ist, sei diese nun in einem „traditionellen" oder einem „modernen" Kontext gesehen. Vgl. hierzu P. P. Müller-Schmid, Die Menschenrechtsphilosophie als Paradigmawechsel vom Ordodenken zur Subjektivitätsphilosophie der Moderne, in: ders. (Hg.), Begründung der Menschenrechte, Stuttgart 1986, S. 19–27; ders., Normative Voraussetzungen gesellschaftlicher Integration. Die Sichtweise von Soziologie und Sozialphilosophie, in: Die soziale Dimension menschlichen Lebens, hg. von A. Rauscher, St. Ottilien 1995, S. 37–58, hier 55 ff.; A. F. Utz, Ethik des Gemeinwohls. Ges. Aufsätze 1983–1997, im Auftrag der Internationalen Stiftung Humanum herausgegeben von W. Ockenfels, Paderborn/München/Wien/Zürich 1998, Kapitel III (S. 134 ff.; einer realistischen Sozialethik geht es um die „sinnvolle Freiheit aller Bürger im Gemeinwohl", wie Wolfgang Ockenfels in seinem Vorwort diesen Sachverhalt im Sinne der Utzschen Sozialphilosophie formuliert: Ebd., S. 5).

ner in seiner Interpretation des ständischen Denkens als des zentralen sozialstrukturellen Elements der Müllerschen Gesellschafts- und Staatskonzeption im Horizont der Sozialprinzipien gesellschaftlichen Handelns aufzeigt. Im organisch-ständischen Denken Müllers finden sich, so die These, in bereits ersten modernen Ansätzen Konkretisierungen der traditionellen Sozialprinzipien im Sinne des *Person-, des Solidaritäts- und des Subsidiaritätsprinzips.*[73] So erscheint, worauf A. Langner hinweist, *der moderne Gedanke des „Solidarischen"* im Gesamt der katholisch-sozialen Ethik des 19. Jahrhunderts erstmals bei Müller als Zentralmaxime christlicher Gesellschaftsethik und als Konzept eines personalistischen, organisch-solidarischen und organisch-subsidiären Systems.

Es sei ein den Liberalismus bzw. den hier vorherrschenden Individualismus wie auch den Etatismus des damaligen Absolutismus ablehnender dritter Weg. Im „*Solidarismus*"[74] Heinrich Peschs (1854–1926) sei dieser Ansatz weiterentwickelt worden.

H. Pesch hat sowohl dem *Liberalismus* in Ablehnung seines individualistischen Ansatzes als auch dem Kollektivismus des inzwischen etablierten *Sozialismus* sein System des *Solidarismus* entgegengesetzt. Ausgangspunkt der solidaristischen Wirtschafts-, Gesellschafts- und Staatsethik ist die Erkenntnis, daß der zur Solidarität verpflichtete Mensch „Herr der Welt nach Gottes Gebot" ist. Für die Wirtschaftsethik ist es daher gemäß solidaristischem Denken grundlegend, den Menschen zu verstehen als Subjekt und Ziel der Wirtschaft. Für die Staatsethik wichtig ist der *subsidiäre* Aufbau der Gesellschaft, wobei auch der moderne Rechtsstaatsgedanke zum Tragen kommt, der freilich im Sinne des christlich-personalen Menschenbildes am verpflichtenden Wert des Gemeinwohls zurückgebunden wird. Die Weiterentwicklung des „Solidarismus" durch Gustav Gundlach und Oswald von Nell-Breuning hat nachhaltig die neuere *katholische Soziallehre* geprägt.[75]

---

[73] Hierzu und zum folgenden: A. Langner, Katholische und evangelische Sozialethik im 19. und 20. Jahrhundert, ebd., S. 107 ff.

[74] Vgl. A. Rauscher, Solidarismus, in: ders. (Hg.), Der soziale und politische Katholizismus. Entwicklungslinien in Deutschland 1803–1963, Bd. 1. München 1981, S. 340–368; ders., Grundlegung und Begriffsgeschichte des Solidaritätsprinzips, in: Die soziale Dimension menschlichen Lebens, hg. von A. Rauscher, St. Ottilien 1995, S. 1–18 (wieder veröffentlicht in: ders., Kirche in der Welt. Beiträge zur christlichen Gesellschaftsverantwortung, 3. Band, Würzburg 1998, S. 86–102); A. Langner, Katholische und evangelische Sozialethik im 19. und 20. Jahrhundert, ebd., S. 107 ff., 202 ff.

[75] Vgl. hierzu die im 2. Band von „Kirche in der Welt. Beiträge zur christlichen Gesellschaftsverantwortung" (Würzburg 1988) wiedergegebenen Beiträge von Anton Rauscher (zu Heinrich Pesch: S. 587–599, zu G. Gundlach: S. 600–617); zu Nell-

Müller setzt im Rückgriff auf das Prinzip einer „innerlichen Gegenseitigkeit" der Personen bei der Gesellschaft wie beim Individuum an. Es geht um die Einbindung in die Gemeinschaft wie um die legitime Freiheit und Individualität. Gegen den vom Personalitätsprinzip noch weit entfernten antiken Universalismus setzt er einen von einem *Personalismus*[76] her begründeten *Universalismus*[77], d.h. gegen die generalisierende antike Vorrangstellung des gesellschaftlichen Ganzen die Person als „Ebenbild Gottes". Der *Staat* – auch und vor allem als Totalität – ist *subsidiär* strukturiert. Er ist ein Organismus von Organismen, ein organisches System von Staaten, aufbauend auf ethischen Ordnungseinheiten wie vor allem den Familien, den Ständen und Korporationen[78]. Seine Gesellschaftslehre basiert, wie A. Langner analysiert, sozialphilosophisch – nach der Zerstörung des *ontologischen Naturrechts* im universalisierten *mechanistischen*, daher Natur und Ethik trennenden Naturbegriff der Aufklärung – auf dem Ziel einer Wiederherstellung ontologisch orientierter Ethik. Müller rekurriert daher auf den die Zuordnung von Natur und Ethik implizierenden organischen Naturbegriff der Naturrechtstradition *aristotelisch-thomistischer* Prägung.[79] Der Rückgriff auf den Begriff des Organischen geschieht im Sinne der Wiedergewinnung überindividueller Werte und Verbindlichkeiten.[80] Das *18. Jahrhundert* war zur Epoche der Durchsetzung des mechanistischen, *cartesianisch-Newtonschen* Weltbildes der Aufklärung im Bereich der Gesellschaftstheorie geworden. Mensch und Gesellschaft galten wie das Universum von mechanischen, naturgesetzlichen Prozessen her bestimmt. Dieser Auffassung setzte Müller seine Wirtschafts-, Staats- und Gesellschaftstheorie entgegen. Wichtigste Gegentheorie im *wirtschaftstheoretischen* Bereich war die von Adam Smith (1723–1790) mit seinem Prinzip der naturgesetzlichen Selbstregulierung wirtschaftlich-gesellschaftlicher Prozesse vertretene Auffassung.[81] Analoge Ent-

---

Breuning vgl. den Beitrag im 3. Band von „Kirche in der Welt" (Würzburg 1998, S. 673–687).

76 Vgl. hierzu auch Quellentexte zur Geschichte des Katholizismus, Bd. 3, ebd., S. 24.

77 Hierzu wie zum folgenden: Quellentexte zur Geschichte des Katholizismus, Bd. 3, ebd., S. 14.

78 Quellentexte zur Geschichte des Katholizismus, Bd. 3, ebd., S. 21, 30 f. – H.-C. Kraus (Politisches Denken der deutschen Spätromantik, in: Literaturwissenschaftliches Jahrbuch 38 (1997) S. 111–146, hier S. 137) weist darauf hin, daß Adam Müller sich ganz im Banne der alteuropäischen „Ökonomik" bewegte, „die den *Oikos*, die Großfamilie, als Keimzelle des Gemeinwesens ansah und nur im ‚Hausvater', dem *pater familias* oder Oikosdespoten, den eigentlichen ‚Bürger' einer *societas civilis* zu erkennen meinte".

79 Quellentexte zur Geschichte des Katholizismus, Bd. 3, ebd., S. 15.

80 Ebd., S. 23.

81 Ebd., S. 40, 43.

wicklungen waren auf dem Gebiet der *Rechtsphilosophie* zu verzeichnen.[82] Hier wurde das metaphysisch-ontologisch begründete klassische Naturrecht durch ein – ebenfalls als „Naturrecht" bezeichnetes – nurmehr formal verstandenes, Recht und Ethik trennendes, gegenüber *teleologischen* Kategorien gleichgültiges *apriorisches Vernunftrecht* abgelöst, wie es sich in der Entwicklung von Chr. Thomasius (1655–1728) und Chr. Wolff (1679–1754) hin zu Immanuel Kant (1724–1804), insbesondere aber in der Entwicklung zum rechtsphilosophisch zentralen Paradigma der *Vertragstheorie* deutlich herauskristallisierte.

Das für die Wirtschafts-, Staats- und Gesellschaftstheorie Müllers zentrale Motiv ist die Suche nach Orientierung an *überindividuellen Werten.* Wie A. Langner aufzeigt, soll hierzu bei Müller wie in der Romantik allgemein nicht zuletzt auch eine entsprechende *Theorie von Geschichte und Tradition beitragen.*[83] Dies erweise sich an den beiden legitimationstheoretischen Zentralbegriffen „Natur" und „Geschichte", die der gesellschaftsethischen und politischen Instrumentalisierung der Gesellschaftslehre dienten. Damit, so A. Langner, ergebe sich das geschichtsmetaphysische Fundament für die Verbindung einer Legitimität des durch Tradition Bewährten, wie etwa der organisch-ständischen Ordnung, mit einer Rechtskonzeption des auf solche Weise organisch-historisch Gewordenen. Hiermit manifestiere sich zugleich ein konservatives Grundprinzip, das *auf der Basis der überindividuellen Werte von Religion, Natur, Geschichte und Tradition Evolution statt Revolution* postuliere. Das bedeute für den von Müller vertretenen Reformkonservatismus die entschiedene Entgegensetzung kontinuierlicher Fortentwicklung – etwa der ständischen Ordnung im Sinne organischen Werdens – einerseits, des antiständischen, rationalistischen, die Erfahrungen vieler Jahrhunderte übergehenden, utopischen Veränderungswillens andererseits.

3. Der Universalismus Othmar Spanns

Abschließend noch einige Bemerkungen zur erstaunlichen *Renaissance*, die das *universalistische* Denken unter Rückgriff nicht zuletzt auf Elemente sozialphilosophischen Denkens der Romantik, hier insbesondere Adam Müllers, im *20. Jahrhundert* gefunden hat. Hier ist vor allem Othmar Spann (1874–1950) zu nennen, von 1919 bis 1938 Professor der Nationalökonomie und Gesellschaftslehre an der Universität Wien, der zusammen mit seinen Schülern W. Heinrich, J. Baxa, W. Andreae u.a. eine universalistische Begründung der Ökonomie zu geben versuchte.

---

[82] Ebd., S. 15 f., 21, 81 f.

[83] Vgl. ebd., S. 23 f.

Worin bestand sein Programm? Spann war zunächst einmal ein Analytiker und Kritiker des *kapitalistischen* Systems seiner Zeit. Er *kritisiert* seine sozialen Folgeerscheinungen. Im Gegensatz zur alten Ordnung, in welcher die Wirtschaft körperschaftlich geregelt war und daher für die Zunftgesellen gesorgt worden sei, habe der Kapitalismus mit seinem System einer sozial weithin ungebundenen freien Wirtschaft zur Entwurzelung und Deklassierung des Industriearbeiters geführt. Wie Adam Müller und Hegel sieht auch Spann die eigentliche Ursache der sozialen Frage in der Auflösung der alten Korporationen. Erst eine Rückorientierung an der korporatistischen Grundidee gesellschaftlicher Ordnung könne für Abhilfe sorgen. Es gelte, der in der neueren Nationalökonomie weithin fehlenden gesellschaftlichen *Zweckorientierung der Wirtschaft* zum Erfolg zu helfen. Dies aber erfordere eine universalistische Sicht der Ökonomie, wie sie erstmals in der romantischen Nationalökonomie, besonders von Adam Müller, als *„universalistischer Systemgedanke“*[84] entwickelt worden sei. Nicht zuletzt auf den hier vorzufindenden Grundideen gelte es, eine neue Nationalökonomie aufzubauen.[85]

Zu den von Spann *kritisierten* neueren Schulen der Nationalökonomie zählen u.a. die *„neoklassische“ Schule* (Kritik an der vorrangig am Mechanismus der Preisbildung durch Angebot und Nachfrage und somit weitgehend nur an der Quantifizierung der Wirtschaftsphänomene im Preis orientierten Lehre), die *„mathematische“ Schule* (Walras, Pareto, Barone), die *„Grenznutzenschule“* (Kritik an der einseitigen Orientierung am Subjektiven), auch die *marxistische* Lehre. Lobend erwähnt wird vor allem die ältere Richtung der *„geschichtlichen Schule“* (Roscher, Knies, u.a.), deren wirtschaftsgeschichtlichen Forschungen vor allem die Orientierung am staatsorganischen Denken der Romantischen Schule zugrundelägen, während die neuere Richtung, vor allem Schmoller, so wird kritisiert, zu sehr von den Naturwissenschaften beeinflußt sei, so daß im ganzen doch eher theoriefreie empirische Wirtschaftsgeschichtsforschung anstelle des Versuchs sinnvollen Verstehens der Ganzheit vorherrsche.

Diese Ganzheit sieht Spann vor allem von geistigen Kräften bestimmt – *Religion, Philosophie, Wissenschaft und Kunst*, wobei er der *Religion* den Vorrang zuerkennt. Letztere Idee läßt einen gegenüber dem ansonsten ähnlich scheinenden Hegelschen Denken neuen Akzent idealistischen Systemdenkens erkennen, welches bei Hegel einem im Grunde doch rationalistischen Muster folgte. Andererseits ist aber nicht zu verkennen, daß für Spann nur jene große

[84] Vgl. seine Abhandlung „Die Krisis in der Volkswirtschaftslehre“ (München/Leipzig 1930, S. 28).

[85] Vgl. hierzu sein Werk „Die Haupttheorien der Volkswirtschafslehre“, 1949 (1. Aufl. 1911), S. 119 ff., 127 f. (Gesamtausgabe, hg. von W. Heinrich, H. Riehl, U. Schöndorfer, R. Spann, F. A. Westphalen, Graz 1963–1979, Bd. 2, Graz 1969).

philosophische Denktradition zählt, die er „*Idealismus*" nennt und die vom Platonismus über das römische Staatsdenken, die Patristik und Scholastik bis zu den Systemen des Deutschen Idealismus reicht. Er anerkennt im Grunde in der Philosophiegeschichte nur zwei große Systeme der Philosophie: Aufklärung einerseits, Idealismus andererseits, gleichbedeutend mit Atheismus, Agnostizismus bzw. Deismus einerseits, mit Transzendentalismus, Metaphysik, Theismus andererseits. Für erstere Richtung gründe die Normenordnung im Menschen als dem normativen Grund aller Dinge, für letztere in Gott als der ersten Norm.

Über diesen Systementwurf ist im Streit der Ideologien seiner Zeit – Faschismus, Sozialismus, Kommunismus – viel gestritten worden, Spann selber erhielt Lehrverbote sowohl von nationalsozialistischer als auch nach 1945 von kommunistischer Seite. Wie immer man diesen *Systementwurf* beurteilen mag, er besticht durch seine Geschlossenheit und Weite wie auch seinen philosophischen Bedeutungsgehalt. Gerd-Klaus Kaltenbrunner hat mit Recht diese Aspekte betont.[86] *Andererseits* scheint jedoch die normative Seite dieses universalistischen Ansatzes, insbesondere die Frage nach dem personalen Telos des Sozialen, nicht geklärt. Vergleichbar dem Universalismus Adam Müllers, dessen Prinzip des *Vorrangs des Ganzen vor dem Einzelnen* aufgrund des von Schelling übernommenen Organismus-Paradigmas weithin als ein eher ontologisches denn normatives Prinzip erscheint, ist auch im universalistischen Denken Spanns dieses Problem kaum geklärt.

Der katholische Fribourger Sozialphilosoph Arthur F. Utz sieht – bei aller Anerkennung des Verdienstes um die Weiterentwicklung des universalistischen Denkansatzes – diese ungeklärten Fragen bei Spann u.a. darin begründet, daß in dessen von Grund auf *idealistischem* Denkansatz die *realistische* Tradition des Universalismus zu wenig Berücksichtigung finde, wie sie nicht zuletzt in der klassischen Tradition des thomasischen Naturrechtsdenkens vertreten sei. Der Gemeinwohlbegriff – so Utz – sei ein typisch *ethischer*, nicht ein *ontologischer* Begriff.[87] Dies habe Spann in seinem sozialphilosophischen Ansatz verkannt.[88] Im Sinne der klassischen Tradition des Naturrechts sei es wichtig, das Anliegen einer empirisch verwurzelten, jedoch die Empirie transzendierenden und ord-

---

[86] Vgl. G.-K. Kaltenbrunner, Othmar Spann. Das Ganze im Blick haben. Ein deutscher Universalphilosoph aus Österreich, in: ders., Vom Geist Europas. Landschaften – Gestalten – Ideen, Asendorf 1987, S. 381–391. – Zum Universalismus von Othmar Spann vgl. auch T. Harada, Politische Ökonomie des Idealismus und der Romantik, Ebd., 168 ff.

[87] Was nicht bedeute – so Utz im Sinne des klassischen Naturrechts –, daß nicht eine ontologische Grundlage für diese ethische Formung zu suchen sei.

[88] Vgl. A. F. Utz, Sozialethik. Mit internationaler Bibliographie, I. Teil: Die Prinzipien der Gesellschaftslehre, 2. Aufl. Heidelberg/Löwen 1964, S. 43.

nenden, zugleich *personal* orientierten Sozialethik zu berücksichtigen. Utz verweist hierbei auf den großen österreichischen Naturrechtslehrer Johannes Messner (1891–1984), der dieses sozialethische Grundanliegen in einer zugleich Postulate der zeitgenössischen Philosophie berücksichtigenden Weise in seinem klassischen Werk über das „Naturrecht" verwirklicht habe.[89] Insbesondere gelte es, wie dies Utz in seinen Werken zur Sozialethik wie auch in seinen Kommentaren zu Thomas von Aquin in systematisierender Weise aufgewiesen hat, auf einen *realistischen* Gemeinwohlbegriff zu rekurrieren, der als *analoger Ganzheitsbegriff* zu interpretieren sei.[90]

IV. Zusammenfassung: universalistische Zuordnung von Staat, Wirtschaft und Gesellschaft

Im folgenden seien einige zusammenfassende Kernaussagen des Müllerschen Denkens zur universalistischen Zuordnung von Staat, Wirtschaft und Gesellschaft in der Absicht einer systematisierenden Gesamtwertung formuliert.

Der Müllers Werk insgesamt charakterisierende Grundzug ist die *universalistische* Philosophie. Diese bestimmt nicht nur die Lehre vom Staat als solchem, außerhalb dessen, wie Müller sagt, der Mensch nicht zu denken ist, sondern auch die *Zuordnung von Staat, Wirtschaft und Gesellschaft.* Die universalistische Staatsphilosophie Müllers ist nicht zu verwechseln mit abstraktem Kosmopolitismus. Diesem setzt Müller mit der Romantik die *Idee des Nationalen* als *konkret* auf ein sozialethisch-kulturelles Ziel hinordnendes Prinzip entgegen.

Sehr konsequent formulierte Müller im Sinne seines universalistischen Ordnungsdenkens die *Lehre von der Wirtschaft als Nationalökonomie,* d.h. als in Nation, Kultur und Staat integrierte Wirtschaftsordnung.[91] An Adam Smith'

---

[89] A. F. Utz und J. Messner vertreten methodisch unterschiedliche Ansätze der Naturrechtsphilosophie – Utz im Sinne der traditionellen Naturrechtslehre den Ansatz einer deduktiv-metaphysischen, freilich die Empirie nicht vernachlässigenden Analyse, Messner in Übernahme moderner Ansätze den Ansatz einer erfahrungsbezogenen, jedoch die Metaphysik als Prämisse anerkennenden kulturethischen Analyse. In der Sache und im Anliegen einer realistischen, metaphysisch-ontologisch begründeten und personal orientierten Sozialethik kommen beide Naturrechtsdenker jedoch überein. – Vgl. Utz, Ethik des Gemeinwohls, ebd., S. 186 ff.

[90] Vgl. ebd., S. 191 f.

[91] Vgl. K. H. Grenner, Wirtschaftsliberalismus und katholisches Denken. Ihre Begegnung und Auseinandersetzung im Deutschland des 19. Jahrhunderts, Köln 1967, S. 181 ff.

Wirtschaftstheorie bekämpfte er vor allem deren *Individualismus und Materialismus.*[92] Gegen das individualistische Prinzip der *Handels- und Gewerbefreiheit* und das damit verbundene *egoistische Erwerbsstreben* hielt er eine *strenge Regulierung der Wirtschaft* für notwendig. Als *materialistisch* verstand er vor allem das Vorherrschen des „*physischen Kapitals*", dem gegenüber er unter Hinweis vor allem auf Bildung und Wissenschaften die Bedeutung auch des „*geistigen Kapitals*" einer Nation erklärte.

Im Vorherrschen des *materialistischen*, an einem formalen Fortschritt orientierten *Kapitalinteresses* sieht Müller die Ursache für die fast schrankenlose *Arbeitsteilung*, deren Einschränkung er – ihrer der Natur des Menschen und der Gesellschaft widersprechenden Folgen wegen – als Staatsaufgabe bezeichnet. Für die Realisierung seiner wirtschaftspolitischen Ziele kommt der Zuordnung von *Wirtschaft, Staat* und *Gesellschaft* eine zentrale Bedeutung zu. Gegenüber dem Staat und Gesellschaft destabilisierenden *bürgerlich-kapitalistischen System* – Müller kritisiert, dieses kenne nur eine Form des Gemeinwesens, nämlich den *Markt*[93] – betont er die gegenüber den Privatinteressen originäre Gemeinwohlaufgabe des Staats. Die staatliche Gemeinschaft sieht er idealerweise im Sinne einer *feudalen Grundverfassung* und damit von einem bewußt statischen Rechts- und Gesellschaftsverständnis her strukturiert. Im Prinzip des feudal verfaßten Staats sieht Müller eher die Möglichkeit des sozialen, der Natur der Dinge gerecht werdenden, die Stabilität der wirtschaftlichen Entwicklung garantierenden Ausgleichs gegeben als in den marktwirtschaftlich und egalitär-demokratisch organisierten Ordnungen, deren auf Montesquieu zurückgehendes Prinzip der Gewaltenteilung er als mechanistisch ablehnt. Im Sinne der Bewahrung oder Restaurierung dieser den Ausgleich zwischen den einzelnen Bereichen (Landwirtschaft, Stadtwirtschaft, Handel usw.) anstrebenden Ordnung ist Müllers verfassungs- und agrarpolitisches Engagement für den mit dem *Feudalwesen* und dem *Grundbesitz* verbundenen *preußischen Adel* und seine Ablehnung der agrarpolitischen Vorstellungen Albrecht Thaers sowie der Hardenbergschen Reformpolitik zu sehen. Man mag dieses Engagement, gemessen an den agrarpolitischen Zielen der Ablehnung einer rationellen Agrartechnik und der Verhinderung einer aus der Aufhebung des Feudalsystems folgenden *Kommerzialisierung der Landwirtschaft* im Rückblick als gescheitert betrachten. Es ist allerdings kaum zu bestreiten, daß die erst nach zähem Rin-

---

[92] Vgl. E. Klein, Die Auseinandersetzungen Adam Müllers mit den wirtschaftstheoretischen und wirtschaftspolitischen Auffassungen seiner Zeit, in: Katholizismus, konservative Kapitalismuskritik und Frühsozialismus bis 1850. Beiträge zur Katholizismusforschung, Reihe B: Abhandlungen (hg. von A. Rauscher), München/Paderborn/Wien 1975, S. 99–122.

[93] A. Müller, Ausgewählte Abhandlungen, hg. von J. Baxa, Jena 1921, S. 75.

gen erreichte, unter den Nachfolgern Hardenbergs eingeführte neue preußische *Provinzialverfassung von 1823* durchaus einen Kompromiß darstellt und insofern einen Teilerfolg der den Ideen und Schriften Müllers und Hallers folgenden preußischen konservativen Opposition bedeutete.

Die oft globale Kritik an seinem Konservatismus verkennt nicht nur die geschichtliche Situation, sondern auch die angesichts der Folgen des modernen Wirtschaftens nicht zu unterschätzende Bedeutung seiner Sorge um eine naturgemäße und die gegebenen Kulturen achtende Ordnung der Gesellschaft.

Eine der Streitfragen in bezug auf sein Werk ist die Frage nach der wissenschaftstheoretischen Zuordnung seines zwischen klassischem Naturrechtsdenken und dialektischer Philosophie oszillierenden Denkansatzes. Die Frage ist nicht eindeutig zu beantworten, wenngleich die Gegnerschaft zum rationalistischen und mechanistischen Naturbegriff einerseits, die vorherrschend schöpfungs- und offenbarungstheologische Argumentation andererseits für eine im traditionellen Sinne *naturrechtliche Orientierung* zu sprechen scheint. Jedenfalls gilt sein Kampf der *autonomen* und als solche alles instrumentalisierenden *Vernunft*, deren Folgen Müller in einem Brief an Gentz in drastischer Weise kritisiert, werde doch damit der Nächste, der Nebenmensch „ein Instrument der Vernunft, aber nicht mehr ein wahrhaftes Du, welches Achtung fordert und wahrhaftes Geheimnis in sich trägt."[94] Um diese Achtung und um diese Anerkennung des Geheimnisses geht es Müller. Dies ist die zentrale Botschaft seines Konservatismus.

[94] Zitiert bei E. Hanisch, Konservatives und revolutionäres Denken. Deutsche Sozialkatholiken und Sozialisten im 19. Jahrhundert, Wien/Salzburg 1975, S. 40.

Joseph von Görres (1776–1848)

Dieter J. Weiß

„Was du aber erbauen mögest, baue es nicht auf die fließenden Wässer und den Flugsand menschlicher Meinungen, sondern lasse es auf Gott, die Veste aller Haltbarkeit, gegründet seyn. [...] Eins und einig aber ist Gott in seiner Wesenheit, eins und einig ist das Wort, das von ihm ausgegangen, eins und einig der Geist, in dem Beide wieder in Einheit sich verschlingen. Also sey auch die Lehre, zu der du dich mit dem größten Theile deines Volkes bekennst; überall sich selbst gleich, wie die Gottheit, die sie verehrt, sey in ihr ein Glaube, wie eine Taufe, eine Gemeinschaft vom Haupte durch alle Glieder in Liebe und in Eintracht, zusammengehalten durch das gottgewirkte Band, das die unsichtbare Welt mit der sichtbaren zusammenknüpft; ein Gewächs, das gleich dem Rebstock wurzelnd in der Tiefe in zahllosen Zweigen das Laubdach schirmend um die Erde breitet."[1]

Es ist Bayerns großer Kurfürst Maximilian I., der über zwei Jahrhunderte hinweg seinem Nachfolger König Ludwig I. diese Worte mahnend zuruft. Joseph Görres hat seine Staatslehre in eine fiktive Rede gefaßt, die der Kurfürst dem jungen Wittelsbacher zum Regierungsantritt 1825 hält. Geschickt kann Görres dabei an die Monita Paterna, das politische Testament Maximilians I., anknüpfen, in der dieser seine Regierungsgrundsätze für den unmündigen Sohn festgelegt hatte.[2] Görres faßt in dieser Ansprache seine eigene, romantisch geprägte Staatsanschauung zusammen und trifft damit gleichzeitig die Vorstel-

---

1 [J. Görres,] Der Kurfürst Maximilian der Erste an den König Ludwig von Baiern bei seiner Thronbesteigung, in: Der Katholik 18, 1825, S. 219–249, zugleich in 2000 Sonderabzügen, Frankfurt/M. (1825), danach Zitate, hier S. 8; J. Görres, Gesammelte Schriften, hg. im Auftrag der Görres-Gesellschaft v. W. Schellberg u.a., bislang 17 Bände, Köln 1928–1998, hier Bd. 14, S. 102–116, künftig: Gesammelte Schriften.

2 Edition F. Schmidt (Hg.), Geschichte der Erziehung der Bayerischen Wittelsbacher. Von den frühesten Zeiten bis 1750 (Monumenta Germaniae paedagogica 14), Berlin 1892, S. 104–142. Vgl. auch A. Kraus, Das katholische Herrscherbild des 17. Jahrhunderts, in: K. Repgen, Das Herrscherbild des 17. Jahrhunderts (Schriftenreihe der Vereinigung zur Erforschung der Neueren Geschichte 16), Münster 1990.

lungswelt des königlichen Adressaten. Er zeichnet das Idealbild eines christlichen Staates, den er als Gottes Schöpfung nach dem Menschen begreift. Hören wir nocheinmal Görres im Gewande des Kurfürsten:

„Es ist aber der Staat seiner zweifachen Natur nach zwischen die Gebundenheit der Kirche und die Freihheit des Gedankenreiches mitten inne gestellt. Denn gleichwie Gott den einzelnen Menschen aus Staub und Erde zu seinem Ebenbild gestaltet, und mit seinem Geiste ihn begeistet; so hat er die Menschen in ihren endlichen, kreatürlichen Willenskräften durch ihre Instinkte zu Staaten organisch auch verbunden, und den Gebilden den Athem des höhern Lebens eingehaucht, in dem sie sterblich zwar gleich allem Irdischen, doch auch den Unsterblichen nahe gerückt, ein durch Jahrtausende verlängertes Daseyn führen. Das göttliche Element im Staate wird also nur die Entfaltung dieses seinem Innersten eingepflanzten Lebenskeimes, die in's profane Leben hinausgetretene Religion selber seyn, und als eine andere gegen das Irdische gerichtete Form des Glaubens mit ähnlicher Nöthigung, wie die Höhere, die Glieder unter sich und an ihre erste Einheit binden. Der irdische Theil des Staates aber, und alles, was ihm aus dem geistigen Reiche zugewachsen, die Summe aller lebendigen Willenskräfte, die in jenem höhern Bande ihre Vereinigung, und damit ein gesteigertes Daseyn zuerst gefunden, wird dieselbe Freiheit wie alles Geistige mit Recht in Anspruch nehmen, und in ihr dieselbe fortschreitende Verjüngung und Umgestaltung in steter Aneignung und im lebendigen Spiele aller Kräfte und Thätigkeiten erlangen. Du selber bist die Einheit in deinem Volke, dir hat Gott die Herrschaft anvertraut, auf dich hat er einen Theil seiner Oberherrlichkeit gelegt; so zeige dich denn als seinen würdigen Vertreter im Gebiete, das er dir anbefohlen."[3]

Wie Gott aber den Menschen zur Freiheit erschaffen hat, so soll auch der Monarch seinen Untertanen ihre ständischen Freiheiten belassen: „Und da nun Gott, der die Menschen nicht gefunden, sondern sie hervorgebracht, in aller Geschichte herablassend, gleichsam in ständischer Mitwirkung in seinem Regimente sie zugezogen, wie wollest du, ein Sterblicher, aus derselben Wurzel mit den andern Kindern des Staubes hervorgegangen, und einem Volksstamme auf kleine Zeit nur zum Könige gesetzt, deinen Willen über den Willen des Höchsten setzen, und in seinem Namen eine absolute Gewalt ausüben, die er sich selber nicht gestattet?"[4]

Görres entwirft hier das Bild des organischen Staates, des christlichen Staates, in dem alle Gewalt von Gott ausgeht. „Nur wenn du Gottes Rechte achtest, gewinnst du Grund und Befugnis, deine eigenen von ihm abgeleiteten Regentenrechte gegen Alle und selbst gegen Solche zu vertheidigen, die sie in seinem

3 Kurfürst Maximilian, S. 10 f.

4 Ebd., S. 12.

Joseph von Görres (1776–1848)

Namen anzufechten sich gelüsten lassen möchten." Die Verfassung ist gekennzeichnet durch ein ausgeglichenes Verhältnis zwischen der von Gott legitimierten Herrschaft des Monarchen, die kein Absolutismus ist, und den ständischen Mitwirkungsrechten der Bürger.

Teilweise verwirklicht sah Görres sein Verfassungsideal in der bayerischen Verfassung von 1818,[5] die der König bei seiner Thronbesteigung beschworen hatte. Der bayerische Konstitutionalismus wurde für Görres zunehmend zum politischen Modell, er erklärte „die gemischte Form, wie sie da Gott gegründet, als die für den Menschen, wie er aus Kraft und Schwäche, Tugenden und Lastern gemischt erscheint, Paßlichste"[6]. Diese Staatsform beschrieb Görres 1838 in der Einleitung zu den „Historisch-politischen Blättern" als Ausgleich zwischen Despotie und Anarchie:

„Es wird in dieser neuen Verfassung das Königthum anerkannt, welches, als höchster Ausdruck des stabilen Princips, der Beweglichkeit des ihm gegenübergestellten democratischen einen Haltepunkt geben soll. [...] Die Democratie ihrerseits, auf einen engeren oder weiteren Kreis der Habenden beschränkt, giebt, je nach Häuptern zu Majoritäten sich zusammenzählend, durch die Wahl sich eine entsprechende Organfolge, die in mehrere Kammern und Räthe vertheilt, oder in eins verbunden, sie und die ihr einwohnende Selbstbestimmung, gegenüber der bestimmenden Macht der Einheit, vertreten. Ueber alle diese Formen, und dazu noch über gewisse Normen beim ganzen Verfahren, ist man zum voraus übereingekommen, und hat auf diese Uebereinkunft, nachdem man sie in einer sogenannten Charte in Wort und Schrift gefaßt, gegenseitig sich verpflichtet, und es beginnt nun auf dem Grunde des also positiv Gegebenen die Realisierung der Handveste."[7] Die maßgeblichen Entscheidungen sollten in Diskussion zwischen den Gewalten entschieden werden.

Diese ausführlichen Zitate wollte ich Ihnen vorführen, um die zentralen Gedanken der Staatsauffassung von Görres, einen ersten Eindruck von seiner eruptiven Sprachkraft, aber auch von seiner stellenweisen Dunkelheit zu vermitteln. Diese fiktive Rede Maximilians markiert einen Wendepunkt auch im Leben von Görres. Der Mediziner Johann Nepomuk von Ringseis, ein Freund des bayerischen Königs, überreichte diesem das Werk am 15. Februar 1826, der

---

5 Vgl. K. Möckl, Der moderne bayerische Staat. Eine Verfassungsgeschichte vom aufgeklärten Absolutismus bis zum Ende der Reformepoche (Dokumente zur Geschichte von Staat und Gesellschaft in Bayern III/1), München 1979, v.a. S. 238–281.

6 Kurfürst Maximilian, S. 13. Vgl. B. Wacker, Revolution und Offenbarung. Das Spätwerk (1824–1848) von Joseph Görres – eine politische Theologie (Tübinger theologische Studien 34), Mainz 1990, S. 208–210.

7 J. Görres, Weltlage, in: Gesammelte Schriften 16/1, S. 1–40, Zitat S. 16.

davon tief beeindruckt war.[8] König Ludwig sorgte darauf im Frühjahr 1827 für die Berufung von Görres auf eine Professur für „Allgemeine und Literärgeschichte" an die im Vorjahr aus Landshut nach München verlegte bayerische Landesuniversität. Im Wintersemester nahm Görres hier seine Lehrtätigkeit auf. Er selbst kommentierte seine Übersiedlung nach Bayern mit den Worten: „Es ist nun das sechste oder siebte Leben, das ich neu anfange."[9]

Es wäre zu einfach, wenn wir die organische, konservative Staatsauffassung, die aus den Mahnworten Maximilians spricht, für die alleinige politische Position von Görres in Anspruch nehmen würden. Görres führte nach seiner eigenen Aussage sechs bis sieben verschiedene Leben, in deren Lauf sich auch seine politischen Grundüberzeugungen wandelten. Damit mag zusammenhängen, daß sich Görres überhaupt in kein geläufiges Schema pressen läßt. Er war kein Dichter und doch ein Poet, er war kein Historiker und doch über zwanzig Jahre Professor für Geschichte,[10] er war kein Naturwissenschaftler und hatte doch Interesse und Kenntnisse in Medizin, Mathematik, Physik, Chemie und Astronomie.[11] Gerd-Klaus Kaltenbrunner stellt eine noch umfassendere Kette von Antinomien auf: Görres war nacheinander, teils auch gleichzeitig, „Aufklärer und Romantiker, Weltbürger und Patriot, Konservativer und Revolutionär, Republikaner und Monarchist, Volkstribun und Kirchenmann, Christ und Pantheist, Katholik und Gnostiker, Mystiker und Mythologe".[12] Manche Zeitgenossen haben sich mit der Aussage geholfen, daß er ein „Romantiker in der Politik" gewesen sei, der sich in die Politik geflüchtet habe.[13] Gelehrte bis in unsere Zeit haben sich dieser Auffassung angeschlossen.

Verschiedentlich hat Görres versucht, sich von der Politik loszumachen und ausschließlich den Wissenschaften zu widmen, doch holten ihn aktuelle Ereignisse immer wieder zurück. Dazu gehörte etwa der Kölner Kirchenstreit. Ausgelöst hatte ihn 1837 die Verhaftung des Erzbischofs von Köln Clemens August Freiherr von Droste zu Vischering durch die preußische Regierung. Der Kirchenfürst hatte in dogmatischen Fragen und im Mischehenstreit eindeutig die

---

8 K. A. v. Müller, Görres' Berufung nach München, in: Görres-Festschrift. Aufsätze und Abhandlungen zum 150. Geburtstag von Joseph Görres, hg. v. K. Hoeber (Görres-Gesellschaft zur Pflege der Wissenschaft im katholischen Deutschland), Köln 1926, S. 216–246, hier S. 218.

9 Zitiert nach Gesammelte Schriften 3, S. X.

10 A. Kraus, Görres als Historiker, in: Historisches Jahrbuch 96, 1976, S. 93–122.

11 H. Raab, Europäische Völkerrepublik und christliches Abendland. Politische Aspekte und Prophetien bei Joseph Görres, in: Historisches Jahrbuch 96, 1976, S. 58–92, hier S. 58.

12 G.-K. Kaltenbrunner, Joseph Görres, in: Stimmen der Zeit 194/5, 1976, S. 291–304, Zitat S. 291.

13 Raab, Völkerrepublik, S. 59.

katholische Position vertreten. Görres fühlte sich getrieben, kämpferisch Stellung zu beziehen, denn „das Gebot lautete peremtorisch: nimm die Feder zur Hand und schreibe, was dir gesagt werden wird!“[14] In nur vier Wochen warf er den Athanasius aufs Papier, jene Kampfschrift, die den politischen Katholizismus des 19. Jahrhunderts so recht erst begründen half oder doch auf eine entscheidende Bahn brachte.[15] Zeitgenossen wie Friedrich von Gentz, Clemens Brentano oder Joseph von Eichendorff haben Görres deshalb geradezu als Seher oder Propheten gefeiert.[16] Er hat sich auch selbst so gesehen, als „unbequemen Seher“,[17] als „Herold“, der die Aufgabe habe, der Geschichte „das Relais zu bestellen“ und „hinter ihr her das Tagebuch [zu] führen“.[18]

Johann Joseph Görres wurde am 25. Januar 1776 in Koblenz im Hause zum Riesen geboren und am selben Tage getauft.[19] Sein Vater war Holz- und Floßhändler, er gehörte einem Geschlecht von Kleinbauern und Winzern, von Bäkkern, Gastwirten und Handelsleuten an, das an der unteren Mosel ansässig war. Die Mutter entstammte der Familie Mazza aus Broglio in der Valle Maggia nördlich von Locarno im Tessin. Die Familie gehörte zum wohlhabenden Mittelstand der kurtrierischen Residenzstadt.

In Koblenz wurde der junge Görres, der 1793 das Gymnasium verließ, von dem optimistischen Fortschrittsglauben des 18. Jahrhunderts und der Begeisterung für die Ideale der Französischen Revolution erfaßt.[20] Hier, zwischen rheinischer Aufklärung und Französischer Revolution, wuchs er auf ohne einen Staat oder ein Vaterland zu finden. Er schilderte die politischen Zustände seiner Jugend 1819 – in der Maske Napoleons – im Rückblick: „Ein Volk ohne Vater-

---

14 Görres an Giovanelli, München 30. Januar 1838, in: Gesammelte Briefe III, hg. v. F. Binder, München 1874, S. 485.

15 J. Görres, Athanasius, Regensburg 1838; Gesammelte Schriften 17/1. Vgl. Wacker, Revolution und Offenbarung, S. 179–195.

16 Raab, Völkerrepublik, S. 61.

17 Görres an Perthes, Dezember 1819, in: Gesammelte Briefe II, hg. v. F. Binder, München 1874, S. 601.

18 Görres an A. Günther, München 4. Juli 1830, zitiert bei G. Stein, Die Beziehungen von Joseph von Görres zu Wien nebst zwei Briefen von Görres an Anton Günther, in: Historisches Jahrbuch 73, 1954, S. 142–152, hier S. 148.

19 Friedrich, in: ADB 9, 1879, S. 378–389; O. Roegele, in: NDB 6, 1964, S. 532–536; Heribert Raab, Joseph Görres. Ein Leben für Freiheit und Recht. Auswahl aus seinem Werk. Urteile von Zeitgenossen. Einführung und Bibliographie, Paderborn u.a. 1978; Hans-Christof Kraus, Joseph Görres, in: Lexikon des Konservatismus, hg. v. Caspar von Schrenck-Notzing, Graz/Stuttgart 1996, S. 214–217.

20 Raab, Völkerrepublik, S. 60.

land, eine Verfassung ohne Einheit, Fürsten ohne Charakter und Gesinnung, ein Adel ohne Stolz und Kraft".[21]

1794 besetzten die „Neufranken", die französische Revolutionsarmee, Koblenz. Der junge Görres war tief beeindruckt von den Idealen der Französischen Revolution.[22] Seine politische Erstlingsschrift „Der Allgemeine Frieden, ein Ideal" widmete er 1797/98 „der fraenkischen Nation".[23] Im genauen Zitat lautet die Datierung: „Koblenz im VI. Jahr der fraenk. Republik". Überdeutlich wird hier seine Begeisterung für die Französische Revolution, freilich in seiner subjektiven Sicht. Dem politischen Frankreich als der „Mutter der Republiken" weist er die Führungsrolle zu. Es verschmilzt ihm mit der Völkerrepublik und dem künftigen Reich der Humanität. Der allgemeine Friede soll durch die Weltrevolution und eine künftige Völkerrepublik hergestellt werden. Die Rheinländer sollen dazu ihre Philosophie beitragen, aus der Amalgamation der beiden großen Revolutionen werde ein philosophischer König hervorgehen. Die Vereinigten Staaten von Amerika, nicht jedoch Rußland, sollen in die europäische Völkerrepublik aufgenommen werden. Gefahren für diesen Idealstaat gingen in ersten Linie von Rußland und England aus, aber auch Preußen und Österreich finden vor dem Gericht des feuerköpfigen Revolutionärs genausowenig Gnade wie Neapel, Sizilien oder Spanien. Auch mit dem Glauben seiner Väter brach er in dieser Zeit. Dem republikanischen „Patriotischen Club" in Koblenz verschaffte er mit dem „Rothen Blatte" (1797) und dem „Rübezahl" (1798) zeitweilig publizistische Organe, in denen er sich in stark satirischem Tone gegen das Ancien Régime, die „Despotie", wandte.

Vierundzwanzigjährig ging Görres dann im November 1799 nach Paris, um dort die Beschwerden der rheinischen Bevölkerung vorzutragen und die Einverleibung des linken Rheinufers nach Frankreich zu verlangen.[24] Hier gelangte er aber zu einer ernüchternden Erkenntnis des „fränkischen Freystaates", weil er Machtpolitik und nationale Interessen statt hoher revolutionärer Ideale wahrnehmen mußte.[25] Wegen dieser Enttäuschung zog er sich nach seiner Heimkehr

---

[21] J. Görres, Napoleons Proklamation an die Völker Europas vor seinem Abzug auf die Insel Elba, in: Rheinischer Merkur 54 vom 9. 5. 1814, Gesammelte Schriften 6–8.

[22] Vgl. E.-B. Körber, Görres und die Revolution. Wandlungen ihres Begriffs und ihrer Wertung in seinem politischen Weltbild (Historische Studien 441), Husum 1986, mit Literaturhinweisen.

[23] Gesammelte Schriften 1, S. 11–64. Vgl. L. Just, Jos. Görres und die Friedensidee des 18. Jahrhunderts, in: Görres-Festschrift. Aufsätze und Abhandlungen zum 150. Geburtstag von Joseph Görres, hg. v. K. Hoeber (Görres-Gesellschaft zur Pflege der Wissenschaft im katholischen Deutschland), Köln 1926, S. 25–45; Raab, Völkerrepublik, S. 67–72.

[24] Vgl. Körber, Görres und die Revolution, S. 33–39.

[25] Raab, Völkerrepublik, S. 72 f.

für nahezu ein Jahrzehnt aus der Politik zurück und widmete sich unterschiedlichen Studien, Naturwissenschaften und Medizin, orientalischer, nordischer und germanischer Philologie, Kunst, Volkskunde und Mythologie. Was ihm, auch im Studium der Vergangenheit, blieb, war sein Glaube an die Überlegenheit Europas und an die besondere Mission der Franken, die nun an die Deutschen übergegangen sei.[26] Von deutschem Boden sollte nun die geistige Erneuerung Europas ausgehen.

Sein berufliches Auskommen fand Görres in dieser Zeit als Lehrer für Physik und Chemie an der Sekundärschule Koblenz, seinem alten Gymnasium. Einen Universitätsabschluß freilich erwarb er nicht, er war ein Autodidakt im besten Sinne. 1801 heiratete er ohne kirchlichen Segen Katharina von Lassaulx in Form einer Ziviltrauung. Deutlich markiert dies seinen damaligen Abstand von der Kirche seiner Jugend. Die Kinder Sophie (geb. 1802) und Guido (geb. 1805) ließ das Ehepaar erst 1807 taufen.

Von 1806 bis 1808 wirkte Görres dann an der nunmehr badischen Universität Heidelberg, wo er in Kontakt mit den führenden Vertretern der Romantik – Achim von Arnim, Clemens Brentano und Joseph von Eichendorff – kam. Hier entstand seine Würdigung der „teutschen Volksbücher".[27] In der Widmung an Brentano berichtet er über seinen fiktiven Besuch bei Friedrich Barbarossa und den Helden der deutschen Vorzeit. Er hielt Vorlesungen über Ästhetik, altdeutsche Literatur und Naturphilosophie, ohne jedoch eine feste Anstellung finden zu können. Deshalb mußte er 1808 an die Koblenzer Schule zurückkehren, wo er seine wissenschaftlich-literaturhistorischen Studien fortsetzte. Nach der Gründung des Rheinbundes erinnerte Görres im „Wachstum der Historie" daran, daß seit Karl dem Großen die Vereinigung aller christlichen Völker unter einer Herrschaft nicht mehr gelungen sei.[28] „Es sollte nämlich, wie nur eine Kirche das ganze Christenthum umfaßte, so nur ein Kayserthum die ganze politische Welt umschliessen, und diese Würde war den Teutschen zugedacht."[29] Die Reformation, „ein nothwendiges Product des Zeitgeistes", wertete er als „politische und religiöse Revolution". Revolution und Reformation bildeten für ihn wie für andere Romantiker kausal verknüpfte Geschehnisse gleicher

---

26 Ebd., S. 74.

27 Die teutschen Volksbücher. Nähere Würdigung der schönen Historien-, Wetter- und Arzneibüchlein, welche theils innerer Werth, theils Zufall, Jahrhunderte hindurch bis auf unsere Zeit erhalten hat, Heidelberg 1807, in: Gesammelte Schriften 3, S. 169–293.

28 [J. Görres,] Religion in der Geschichte. Erste Abhandlung. Wachstum der Historie, in: Studien, hg. v. C. Daub und F. Creuzer, Bd. 3, [Heidelberg 1807,] Heft 2, S. 313–480, in: Gesammelte Schriften 3, S. 363–440. Vgl. Raab, Völkerrepublik, S. 75.

29 Gesammelte Schriften 3, S. 394.

Art.[30] Die Reformation hatte für ihn die Einheit des christlichen Abendlandes zerstört, der politische „Protestantism" bildete für ihn die Ursache des Zerfalls der Kaisermacht. Er habe den alten gotischen Dom des Reiches zum Einsturz gebracht und die Nation „unter seinen Trümmern" begraben. Eine späte Folge sei die Französische Revolution gewesen.

Görres erkannte dabei klar, daß die Einheit der vorreformatorischen Christenheit und die europäische Ordnung des Mittelalters nicht mehr herstellbar seien.[31] In der späteren Zeit seines Straßburger Exils träumte er zeitweilig von der Synthese zwischen Katholizismus und Protestantismus in einer dritten, johanneischen Kirche, die über der petrinischen und paulinischen zu bauen sei.[32]

Joseph Görres fand zeitlebens keinen Staat, um sich ihm aus voller Überzeugung anzuschließen, am allerwenigsten Preußen, an das die Rheinlande nach dem Wiener Kongreß zum größten Teil gefallen waren. Heimat war ihm der Rhein: „Dieser Rhein fließt wie Blut in unser aller Adern, und ich selbst gedeihe nicht, wo ich seine Luft nicht wittere."[33] Die Preußen waren für ihn Litauer, bei den Österreichern sah er viel slavisches und hunnisches Blut, und auch in Bayern fand er keine Heimat.[34] Die rheinischen Völker und die Franken nahmen den beherrschenden Platz in seinem politischen Denken ein.[35] Noch in seiner Beschreibung der Wallfahrt zum ungenähten Gewande Christi in Trier[36] von 1845 teilt er ihnen eine politische Mission zu. Görres identifizierte Deutschland wohl im wesentlichen mit dem Rhein, erst er machte den Rhein zum nationalen Symbol.

Nach der Vertreibung der französischen Besatzung aus den Rheinlanden wurde Görres zum „Herold der nationalen Einheit der Deutschen" und gründete die Zeitschrift „Rheinischer Merkur", die nur von 1814 bis zum Verbot 1816 erscheinen konnte.[37] Sein Koblenzer Haus wurde in dieser Zeit zu einem Sammelpunkt des rheinischen Geisteslebens. Im Rheinischen Merkur sprach er sich,

---

30 Gesammelte Schriften 3, S. 400 f. Vgl. Raab, Völkerrepublik, S. 76.

31 Raab, Völkerrepublik, S. 76.

32 Vgl. J. Grisar, Görres' religiöse Entwicklung. Vom Unglauben bis zur Pforte der Kirche. Die Rückkehr zum katholischen Glauben, in: Stimmen der Zeit 112, 1927, S. 254–270, 332–351.

33 Zitiert nach Raab, Görres, S. 20.

34 Raab, Völkerrepublik, S. 66.

35 Ebd., S. 67.

36 J. v. Görres, Die Wallfahrt nach Trier, Regensburg 1845. Vgl. Wacker, Revolution und Offenbarung, S. 167–170 (mit Literaturhinweisen).

37 Gesammelte Schriften 6–11. Vgl. A. Duch, Einleitung, S. XXIV, in: J. Görres, Rheinischer Merkur, hg. v. A. Duch (Der deutsche Staatsgedanke XI/1), München 1921; Körber, Görres und die Revolution, S. 66–91.

orientiert an antiken und mittelalterlichen Vorbildern, für eine ständische Verfassung aus, deren Säulen Lehrstand, Wehrstand und Nährstand bilden sollten.[38] Das durch das Haus Österreich erneuerte alte „deutsche" Kaisertum sollte durch eine ständische Verfassung ergänzt werden.[39] Für das zu schaffende Deutsche Reich erstrebte er einen föderalistischen Aufbau, in dem die Macht der Einzelstaaten durch ein Erbkaisertum begrenzt würde.[40] Als gemeinsame Organe des Kaiserreiches entwarf er einen Rat der Stammesfürsten und eine als Reichstag bezeichnete Ständeversammlung.[41] Auch in den einzelnen Bundesstaaten wollte er ständische Versammlungen einrichten. Gleichzeitig forderte er gesicherte Grundrechte für die einzelnen Bürger, persönliche Freiheit, Abschaffung der Folter, Pressefreiheit und geregelte Justiz mit Geschworenengerichten sowie Selbstverwaltung der Gemeinden.[42] Zeitweilig sah er deshalb die katholischen Schweizer Urkantone als politisches Vorbild an, doch war sich wohl auch Görres bewußt, daß sie wegen der Kleinheit ihrer Verhältnisse nur sehr begrenzt als Modell dienen konnten.[43]

Görres erstrebte einen dritten Weg zwischen der Revolution und der nach den Befreiungskriegen herrschenden Restauration, die in ihrer Betonung des Staates ja letztlich eine Folge der Aufklärung war. Sein Ideal bildete die Rückkehr zum Universalismus des Mittelalters mit seinen Freiheitsrechten für ständische Korporationen. So forderte er 1817/18 gegenüber dem preußischen Kronprinzen die „Wiederherstellung der Freiheiten der Landschaften und der uralten wahrhaft deutschen Verfassung".[44] Viele Fragen freilich blieben in dieser Konzeption ungelöst, ein besonderes Problem bildete die geforderte Einbeziehung der Niederlande, Lothringens, der Schweiz sowie weiter Gebiete im Osten und auch Norden in das Reich; auch die Frage der Besetzung der ständischen Gre-

---

[38] Rheinischer Merkur 105 vom 20. 8. 1814, in: Gesammelte Schriften 6–8. Vgl. H.-C. Kraus, Politisches Denken der deutschen Spätromantik, in: Literaturwissenschaftliches Jahrbuch 38, 1997, S. 111–146, hier S. 133–140.

[39] Zusammenfassend Körber, Görres und die Revolution, S. 78–85.

[40] Rheinischer Merkur 138 vom 25. 10. 1814, 181 vom 20. 1. 1815, in: Gesammelte Schriften 6–8, 9–11.

[41] Die künftige teutsche Verfassung, in: Rheinischer Merkur 104 vom 18. 8. 1814 – 107 vom 24. 8. 1814, Der teutsche Reichstag, in: Rheinischer Merkur 116 vom 11. 9. 1814, in: Gesammelte Schriften 6–8.

[42] J. Görres, Teutschland und die Revolution, Koblenz 1819, in: Gesammelte Schriften 13, S. 35–143, hier S. 56, 58, 115. Vgl. Körber, Görres und die Revolution, S. 103.

[43] Vgl. H. Raab, Joseph von Görres und die Schweiz, in: Historisches Jahrbuch 89, 1969, S. 81–115; Wacker, Revolution und Offenbarung, S. 208 f.

[44] Raab, Völkerrepublik, S. 52. Vgl. auch „Die Uebergabe der Adresse der Stadt Coblenz", in: Gesammelte Schriften 13, S. 1–34.

mien war nicht geklärt. Seine ständischen Verfassungsprojekte wurden gleichzeitig von der liberalen Kritik wie der reaktionären Restauration abgelehnt.

Europa spielte stets eine besondere Rolle im historisch-politischen Denken von Görres. Europa war für ihn die Heimat der Freiheit, das die Aufgabe hatte, zu kultivieren und die Barbarenvölker zu zähmen.[45] Im Herzen Europas sah er Deutschland, für dessen Wiedergeburt er im Rheinischen Merkur kämpfte. „Nach dem Prinzip der Mitte soll zwischen Revolution und Despotismus eine politische Lösung gefunden werden."[46] Als Basis der politischen Ordnung forderte er die Wiederherstellung des abendländischen Kaisertums. Auch der Kirche als völkerverbindender Macht kam besondere Bedeutung in seinem Denken zu. Träger der Kaiserkrone konnte für ihn nur das Haus Österreich sein. Görres lehnte allerdings die Restauration der Zeit nach dem Wiener Kongreß als Fortführung der napoleonischen Despotie und damit auch der Revolution ab.[47] Seinen Beifall fanden dagegen die Grundsätze der Heiligen Allianz: Religiosität, Liebe, Gerechtigkeit und Frieden. Ausdrücklich begrüßte er das Bekenntnis der in ihr verbundenen Monarchen, „sich selbst nur als die Delegirten der Vorsehung zu betrachten, um drey Zweige einer und derselben Familie zu regieren, solchergestalt bekennend, daß die christliche Nation, von welcher sie und ihre Völker Theile ausmachen, in That und Wahrheit keinen anderen Souverain als denjenigen hat, dem allein als Attribut die Macht angehört [...] nämlich Gott."[48] Das Herz der aufzurichtenden europäischen Ordnung, nachdem das Unrecht der polnischen Teilung wieder gutgemacht worden sei, sollte das Deutsche Reich bilden.

Joseph Görres publizierte seine politische Haltung nach dem Attentat auf August von Kotzebue, das die Karlsbader Beschlüsse ausgelöst hatte, im September 1819 in dem Werk „Teutschland und die Revolution", das er in nur vier Wochen zu Papier gebracht hatte.[49] Er forderte darin erneut die Einheit Deutschlands in lebendiger Vielheit und die Wiederherstellung des Kaisertums. Gleichzeitig bildete die Schrift eine Anklage gegen die politische Reaktion, lehnte jedoch das französische Postulat der Gleichheit ab. Görres erstrebte vielmehr eine Synthese von Monarchie und Republik. Er selbst charakterisierte seine Schrift: als „von jener wunderbaren Liberalität, die sich gern mit dem Papste verträgt, dem Adel das Wort spricht, vom Mittelalter und der Feudalität be-

---

[45] Raab, Völkerrepublik, S. 79.

[46] Ebd., S. 80.

[47] Ebd., S. 82.

[48] J. Görres, Die heilige Allianz und die Völker, auf dem Congresse von Verona, Stuttgart 1822, in: Gesammelte Schriften 13, S. 411–486, Zitat S. 441.

[49] J. Görres, Teutschland und die Revolution, in: Gesammelte Schriften 13, S. 35–143. Vgl. Raab, Völkerrepublik, S. 85 f.; Körber, Görres und die Revolution, S. 101–107.

scheiden, ja rühmend redet, eine unabhängige Kirche will, kurz, daß man schwören soll, die Schrift sei veritable Ultra, und doch ihr Verfasser von den Cabinetten verfolgt als Liberaler, und im Augenblick einer Reaction von Seite der Minister, die sicher nichts Liberales wollen. [...]"[50] Dieses Werk löste aber den preußischen Haftbefehl gegen Görres aus. Darauf mußte er vor der drohenden Verhaftung und Abführung nach der schlesischen Festung Glatz aus seiner rheinischen Heimat in das französische Straßburg fliehen.

In der Exilszeit vollzog sich die Rückkehr von Görres zur Kirche, die sich in seinen Schriften bereits angedeutet hatte. Von Straßburg führte Görres sein Weg zeitweilig in das schweizerische Aarau, wo er den größten Teil des Jahres 1821 verbrachte. Hier begann er, gemeinsam mit seiner Familie, wieder regelmäßig die hl. Messe zu besuchen und zur vollen sakramentalen Einheit mit der Kirche zurückzufinden. Bereits in der letzten Koblenzer Zeit, vollends aber in den Jahren des Straßburger Exils, gewann das Christliche immer stärkere Bedeutung für seine Ideenwelt.[51] Er erkannte nun in der Abwendung Europas vom Christentum die Ursache für die politischen Wirren und die soziale Misere seiner Zeit. Erst in Straßburg holte er die kirchliche Eheschließung nach. Am Ende der Straßburger Exilszeit entstanden seine ersten kirchlichen Aufsätze in der Zeitschrift „Katholik", die er von 1824 bis 1827 redigierte.

In Aarau verfaßte Görres unter dem Eindruck der Aufstände in Spanien und Neapel seine Schrift „Europa und die Revolution".[52] Man hat sie als Höhepunkt seiner politischen Werke, ja als großartigste politische Schrift der deutschen Literatur bezeichnet. Freilich wurden auch kritische Stimmen wie die von Friedrich Gentz laut: „Ich begreife nicht, wie ein Mann von gesetzten Jahren närrisch genug sein kann, ein solches Buch für etwas anderes als einen mythischen Hymnus auszugeben."[53] Mit gewaltigen Worten schildert Görres die Schrecken der Revolution: „Da bebte die Kirche in ihrem Grunde, da wankten alle Throne, da brach die alte Europasburg. Und es werden alle Zornschalen über Europa ausgeleert, Erdbeben zucken ohne Unterlass durch die zerrüttete Gesellschaft, die Furien schütteln ihr Schlangenhaar, die Zwietracht hat sich im Geschlechte festgewühlt, und will nicht von ihm lassen bis es sich selber aufgerieben."[54] Die Lösung für Deutschland fand er im Vaterunser, „daß Gottes Reich komme, das

---

50 Zitat nach Raab, Völkerrepublik, S. 85.

51 Raab, Völkerrepublik, S. 85.

52 J. Görres, Europa und die Revolution, Stuttgart 1821, in: Gesammelte Schriften 13, S. 149–285. Raab, Völkerrepublik, S. 86–89.

53 Gentz an A. Müller, 16. 9. 1821, Jakob Baxa (Hg.), Adam Müllers Lebenszeugnisse II, München u.a. 1966, S. 498 f., zitiert nach Raab, Völkerrepublik, S. 87.

54 Gesammelte Schriften 13, S. 177.

Reich der Wahrheit und Gerechtigkeit; daß sein Wille geschehe, der nur das Wohl und die Freyheit und das Glück Aller wollen kann; [...]"[55]

Aus dem Straßburger Exil berief König Ludwig I. von Bayern Görres zurück nach Deutschland. Auch wegen des preußischen Haftbefehls zogen sich die Verhandlungen länger hin. Allerdings wurde Görres der Abschied vom Rhein, der ja auch durch Straßburg fließt, nicht leicht. Seine letzten beiden Lebensjahrzehnte wirkte er nun in München.[56] Erst nachdem er schon Jahre als Professor gelehrt hatte, wurde er am 20. Januar 1831 zum Doktor der Philosophie promoviert.[57] 1839 verlieh ihm König Ludwig I. den bayerischen Personaladel. Neben seiner Lehrtätigkeit an der Universität und der Arbeit an politischen, theologischen und mystischen Schriften blieb er weiterhin publizistisch tätig. Zunächst arbeitete er an der Zeitschrift „Eos" mit (1827–1829), seit 1838 war er Mitherausgeber der „Historisch-politischen Blätter für das katholische Deutschland".

In „Eos" veröffentlichte Görres 1828 in der Maske eines Sehers den Beitrag „Der Spiegel der Zeit", in dem er in visionärer Schau die Verwirrung und Gottlosigkeit seiner Gegenwart enthüllt.[58] Als Bühne dienten ihm ein Gebäude aus Basilika und Thronsaal, verbunden durch eine Halle, doch hatten weder Gott noch König noch die Wahrheit mehr einen Platz in dieser Welt: „Aber das Tabernackel des Altares war, wie in der heiligen Woche, offen und leer, das Crucifix verhüllt, der Kelch umgestürzt [...] Die Chorstühle waren zu Ruhebetten eingerichtet, und in ihnen lagen Prälaten jeglichen Ranges in ihrem Ornate wohl geziert; Einige schnarchten in tiefstem Schlaf begraben, Andere waren wie es schien von unruhigen Träumen gestört." Doch auch der Thron stand leer: „Krone, Szepter und die Hand der Gerechtigkeit lagen auf dem Sessel, aber der sie tragen sollte, war nicht zugegen [...]" Angesichts des Versagens der Geistlichen wie der regierenden Kronbeamten vergnügt sich das Volk in der Halle zwischen Basilika und Burg in ekstatischem Tanz, während sich ein anderer Teil im Untergeschoß in Arbeit und Sorge verzehrt. Unter Verneinung jeder Autorität von Kirche und Herrscher fordert das Volk in der Revolution die Gestaltung der Welt nach seinem Gutdünken. Am Ende steht eine Untergangsvision, weil die „verkehrte Welt" den Aufruf zur Umkehr mißachtet: „enger und enger drängten

---

55 Ebd., S. 270.

56 Zu den zwei Jahrzehnten seines Münchner Wirkens vgl. M. Spahn, Der Ausklang, in: Görres-Festschrift. Aufsätze und Abhandlungen zum 150. Geburtstag von Joseph Görres, hg. v. K. Hoeber (Görres-Gesellschaft zur Pflege der Wissenschaft im katholischen Deutschland), Köln 1926, S. 247–271; H. Dickerhoff, Joseph Görres an der Münchner Universität. Auftrag und Wirksamkeit, in: Historisches Jahrbuch 96, 1976, S. 148–181.

57 Gesammelte Schriften 15, S. 36, mit Faksimile der Promotionsurkunde.

58 In: Eos 105 vom 2. 7. und 106 vom 4. 7. 1828, in: Gesammelte Schriften 15, S. 70–78, Zitate S. 73 f., 78. Vgl. Wacker, Revolution und Offenbarung, S. 81–87.

die Verlornen sich an den Verführer, spielend mit seinen Goldschuppen, und in ihrem blanken Spiegel sich mit Wohlgefallen spiegelnd. Da trat die Gestalt trauernd und weinend ins Gewölbe zurück, und als die letzte Lichtspur hinter ihr erlosch, da zog der Drache seine Ringe krampfhaft in sich zusammen, und versank mit seiner Beute in den Abgrund. Die Wellen der Gewässer aber schlugen über den Sinkenden zusammen." Eine positive Deutung liefert Görres nicht, er schaut nur das apokalyptische Ende der Welt. Als Visionär überläßt er die Deutung seinen Lesern.

Im richtungweisenden Eröffnungsaufsatz der „Historisch-politischen Blätter" mit dem Titel „Weltlage" legte Görres 1838 noch einmal seine politischen Grundsätze dar.[59] Das christlich-romanisch-germanisch geprägte Europa stand auch hier im Mittelpunkt seines Denkens, den Extremen des Ostens wie des Westens erteilte er eine Absage. Auf den Athanasius mit seiner Bedeutung für die Bildung des politischen Katholizismus wurde bereits hingewiesen. Weiter führte er diese Gedanken in der „Wallfahrt nach Trier". 1836 bis 1842 erschienen die vier Bände seines Alterswerks, der „Christlichen Mystik", in der er den Widerstreit zwischen Theologie und modernen Naturwissenschaften durch eine leiblich-geistige Harmonielehre zu überwinden trachtete.

Das Münchner Haus von Görres in der Schönfeldstraße wurde zum Treffpunkt für legitim und katholisch gesinnte Männer aus ganz Europa. Er sammelte einen Kreis um sich, zu dem unter anderen Franz von Baader, Ignaz Döllinger, Karl Ernst Jarcke, Ernst von Lasaulx, Karl von Moy, Johann Adam Möhler, George Phillips und Johann Nepomuk Ringseis gehörten. Verbindungslinien liefen auch nach Wien, wo der Hofbauer-Kreis in gleichgestimmter Richtung gewirkt hatte. Seinen Neffen Ernst von Lasaulx und später seinen Sohn Guido sandte Görres als Verbindungsleute in die Kaiserstadt. Görres wurde zum eigentlichen Begründer des politischen Katholizismus, aus seinem Kreis kamen die entscheidenden Anregungen zu seinen späteren Zusammenschlüssen, zum Zentrum und zu den Katholikentagen.[60]

Das letzte politische Glaubensbekenntnis von Görres enthalten die am Vorabend der Märzrevolution 1848 veröffentlichten „Aspecten an der Zeitenwende. Zum Neuen Jahr 1848", in denen er Europa von einer neuen Revolution bedroht

---

[59] J. Görres, Weltlage, in: Historisch-politische Blätter 1, 1838, S. 1–31, 214–231, 261–280, Gesammelte Schriften 16/I, S. 1–40. Vgl. Raab, Völkerrepublik, S. 89–91.

[60] Zum Görres-Kreis vgl. F. Schnabel, Deutsche Geschichte im neunzehnten Jahrhundert 4, Freiburg i.Br. 1937 (ND München 1987), v.a. S. 59, 148–151, 164–177; H. Kapfinger, Der Eoskreis 1828–1832. Ein Beitrag zur Vorgeschichte des politischen Katholizismus in Deutschland, München 1928; F. Borinski, Joseph Görres und die deutsche Parteibildung (Leipziger rechtswissenschaftliche Studien 30), Leipzig 1927 (ND Leipzig 1970), v.a. S. 43–65.

sah.[61] Nun beschwor er hellsichtig die Gefahr des dreigestaltigen Tyrannen „Radikalismus, Kommunismus, Proletariat“. Bereits ausgebrochen sei diese Auseinandersetzung im Kampf der freisinnig-revolutionären Prinzipien mit den katholischkonservativen Urkantonen der Schweiz. Über ihre Niederlage im Kampf um Glauben und Freiheit konnte ihn nur der Satz trösten: „Das Recht aber bleibt ungekränkt, gestern wie heute; immer dasselbe und unwandelbar.“[62] Am 29. Januar 1848 ist Joseph von Görres in München gestorben, wo er seine letzte Ruhe auf dem Alten Südlichen Friedhof fand.[63]

Ich konnte Ihnen hier nur einen knappen Überblick über Werk, politische Weltanschauung und Leben von Joseph von Görres vorführen. Der Reichtum seines Werkes hat natürlich zu einer vielgestaltigen Rezeptionsgeschichte geführt, deren Erscheinungsformen oft mehr über die Auffassungen der Rezipienten als über die Position von Görres selbst aussagen.[64] Während ihn die Linke als Abtrünnigen, als „Renegaten der phrygischen Mütze“ (Ernst Bloch) oder gar als „borniert-fanatische[n] Reaktionär“ (Georg Lukács) abqualifizierte, galt er für katholische Gelehrte und Politiker als „catholicae veritatis defensor“, wie er auf dem 1856 geschaffenen Görres-Fenster des Kölner Domes bezeichnet wird.[65] Der hl. Joseph empfiehlt hier seinen knienden Schützling der Gottesmutter, während in der Sockelzone Standfiguren des hl. Bonifatius und Karls des Großen dargestellt sind. In der politischen Diskussion von Kaiserreich und Weimarer Republik wurde Görres für ganz unterschiedliche Positionen des politischen Katholizismus in Anspruch genommen, die zwischen nationalkatholischen und ultramontanen Richtungen schwankten. Auch nach dem Zusammenbruch der totalitären Herrschaft des Nationalsozialismus spielte Görres in der politischen Diskussion der Bundesrepublik erneut eine Rolle. Seit 1876 wird sein wissenschaftliches Erbe besonders von der „Görres-Gesellschaft zur Pflege der Wissenschaft im katholischen Deutschland“ gepflegt.

Um Ihnen einen Eindruck vom reichen Schaffen und von der nicht minder reichen Forschung zu Görres zu vermitteln, darf ich Ihnen folgende Zahlen nennen: bis zum Tode von Görres 1848 sind 634 Titel von ihm, nach seinem Tode 184 Ausgaben und Teileditionen seiner Werke erschienen, die von der Görres-Gesellschaft herausgegebene maßgebliche Edition der Gesammelten

---

[61] Historisch-politische Blätter 21, 1848, S. 1–34, in: Gesammelte Schriften 16/II, S. 230–250. Vgl. Raab, Völkerrepublik, S. 92.

[62] Gesammelte Schriften 16/II, S. 250.

[63] M. J. Hufnagel, Berühmte Tote im Südlichen Friedhof zu München, München 1969, S. 47–49.

[64] Vgl. H. Raab (Hg.), Joseph Görres, 1776–1848. Leben und Werk im Urteil seiner Zeit (1776–1876) (Gesammelte Schriften, Ergänzungsband 1), Paderborn 1985.

[65] Wacker, Revolution und Offenbarung, S. 13–42, Nachweis der Zitate S. 17 und 19.

Schriften umfaßt bis jetzt 17 gewichtige Bände, dazu kommen 89 Titel mit Briefeditionen und 141 Werke mit unsicherer oder falscher Zuweisung. Die 1993 erschienene umfassende Görres-Bibliographie von Albert Portmann-Tinguely weist außerdem 3357 Schriften über Joseph Görres nach.[66] Trotz dieser intensiven Beschäftigung der Forschung mit dem Werk des großen Rheinländers fehlt bis heute eine umfassende moderne Biographie. Den besten Einstieg in die Beschäftigung mit Joseph Görres scheinen mir neben der Lektüre seiner Werke die Arbeiten von Heribert Raab zu bieten.[67]

Die historische Entwicklung ist über das verfassungspolitische Ideal von Joseph von Görres hinweggegangen und hat andere Lösungen an seine Stelle gesetzt. Nach meiner Überzeugung ändert dies nichts daran, daß sich in seinem Werk im Hinblick auf die Freiheitsrechte der Menschen, aber auch den Ausgleich verschiedener Regierungsformen im Staate durchaus erwägenswerte Gedanken finden lassen. Trotz 150 Jahren Forschungsgeschichte und annähernd 4000 Literaturtiteln gilt es noch immer, Görres zu entdecken, einen Görres, der seine eigenen Anschauungen nicht absolut setzen wollte; seine Bemerkungen hätten: „übrigens nicht die Anmaßung, weder im Loben, noch im Tadeln, einigen Anspruch auf Überlegenheit zu machen; indem sie ein allgemeines Recht der Prüfung für sich selbst in Anspruch nehmen, können sie es leicht wieder Andern gegen sich gestatten, und wollen durch nichts als die Wahrheit sich geltend machen.“[68]

---

66 Görres-Bibliographie. Verzeichnis der Schriften von und über Johann Joseph Görres (1776–1848) und Görres-Ikonographie, bearbeitet v. A. Portmann-Tinguely (Gesammelte Schriften, Ergänzungsband 2), Paderborn u.a. 1993.

67 H. Raab, Europäische Völkerrepublik und christliches Abendland. Politische Aspekte und Prophetien bei Joseph Görres, in: Historisches Jahrbuch 96, 1976, S. 58–92; H. Raab, Joseph Görres. Ein Leben für Freiheit und Recht. Auswahl aus seinem Werk. Urteile von Zeitgenossen. Einführung und Bibliographie, Paderborn u.a. 1978.

68 Glossen in „Der Katholik“, 1824/25, in: Gesammelte Schriften 14, S. 1.

Leopold (1790–1861) und Ernst Ludwig (1795–1877) von Gerlach

Hans-Christof Kraus

I. Die Brüder Leopold und Ernst Ludwig von Gerlach gehörten um die Mitte des 19. Jahrhunderts zu den bekanntesten und auch einflußreichsten konservativen Politikern in Deutschland, obwohl sie niemals eines der höchsten Staatsämter ihrer Heimat Preußen bekleideten.[1] Als langjähriger Freund, Berater und schließlich Generaladjutant des Königs Friedrich Wilhelm IV. übte Leopold von Gerlach[2] in den 1840er und 1850er Jahren einen zeitweilig bedeutenden

---

[1] Die wichtigsten Quellen zum Verständnis des politischen Denken und Handelns der Brüder sind ihre Tagebuchaufzeichnungen und ihre Briefe, die bis heute nur in Auswahl und in z. T. manipulierten bzw. unvollständigen Editionen veröffentlicht worden sind; diese Editionen bleiben gleichwohl – mangels neuerer Ausgaben – bis heute wichtig: Leopold von Gerlach, Denkwürdigkeiten aus dem Leben Leopold von Gerlachs – nach seinen Aufzeichnungen hg. von seiner Tochter [Agnes von Gerlach], Bde. I–II, Berlin 1891–1892; Briefe des Generals Leopold von Gerlach an Otto von Bismarck, hg. von H. Kohl, Stuttgart/Berlin 1912. Von bzw. über Ernst Ludwig liegen vor: Ernst Ludwig von Gerlach – Aufzeichnungen aus seinem Leben und Wirken, hg. v. J. v. Gerlach, Bde. I–II, Schwerin 1903; Von der Revolution zum Norddeutschen Bund. Politik und Ideengut der preußischen Hochkonservativen 1848–1866. Aus dem Nachlaß von Ernst Ludwig von Gerlach hg. v. H. Diwald, Bde. I–II, Göttingen 1970. Für die Jugend der Brüder siehe vor allem: H. J. Schoeps (Hg.), Aus den Jahren preußischer Not und Erneuerung. Tagebücher und Briefe der Gebrüder Gerlach und ihres Kreises 1805–1820, Berlin 1963. Eine Reihe von kleineren Nachlaßeditionen sowie eine umfassende Bibliographie der zahlreichen Broschüren und Zeitschriften- bzw. Zeitungspublikationen von Ernst Ludwig von Gerlach finden sich im zweiten Band der unten (Anm. 3) genannten, 1994 erschienenen Biographie von H.-C. Kraus.

[2] Bisher fehlt leider eine politische Biographie; die bisher beste Arbeit stammt von S. Nobbe, Der Einfluß religiöser Überzeugung auf die politische Ideenwelt Leopold von Gerlachs, phil. Diss. Erlangen 1970. Aus der älteren Literatur sind zu erwähnen: G. Lüttke, Die politischen Anschauungen des Generals und des Präsidenten von Gerlach, phil. Diss. Leipzig 1907; L. v. Keyserling, Studien zu den Entwicklungsjahren der Brüder Gerlach, Heidelberg 1913; R. Augst, Bismarck und Leopold von Gerlach. Ihre persönlichen Beziehungen und der Zusammenhang mit ihren politischen Anschauun-

Einfluß auf die preußische Politik aus, und als Landtagsabgeordneter, Fraktionsvorsitzender, vor allem auch als überaus wirkungsvoller politischer Publizist stand sein etwas jüngerer Bruder Ernst Ludwig[3] über viele Jahre hinweg in der vordersten Reihe der konservativen Parlamentarier im Preußen der sogenannten Reaktionszeit nach der Revolution von 1848/49.

Konservative Theoretiker im strengsten Verständnis dieses Begriffs waren die Gerlachs freilich nicht; sie haben kein politisch-philosophisches System ausgearbeitet wie etwa der von ihnen hochgeschätzte Schweizer Staatstheoretiker Carl Ludwig von Haller, und sie haben auch keine konservative Rechtsphilosophie entworfen wie ihr langjähriger Freund und politischer Mitstreiter, der Jurist Friedrich Julius Stahl; schließlich sind die Gerlachs auch nicht als Autoren umfassender zeitkritischer Erörterungen hervorgetreten wie etwa Joseph Görres, und sie haben ebenfalls keine auf das Zeitalter der Revolution reagierenden politisch-

---

gen, Leipzig 1913; H. v. Petersdorff, Die Gebrüder Gerlach, in: Deutscher Aufstieg. Bilder aus der Vergangenheit und Gegenwart der rechtsstehenden Parteien, hg. von H. v. Arnim/G. v. Below, Berlin/Leipzig/Wien/Bern 1925, S. 83–104; W. Näf, Die Idee der Heiligen Allianz bei Leopold von Gerlach, in: Zeitschrift für Schweizerische Geschichte 11 (1931), S. 459–472; H. Mombauer, Bismarcks Realpolitik als Ausdruck seiner Weltanschauung. Die Auseinandersetzung mit Leopold v. Gerlach 1851–1859, Berlin 1936; H.-C. Kraus, Leopold von Gerlach – Ein Rußlandanwalt, in: Russen und Rußland aus deutscher Sicht – 19. Jahrhundert: Von der Jahrhundertwende bis zur Reichsgründung (1800–1871), hg. v. M. Keller (West-östliche Spiegelungen, hg. v. L. Kopelew, R. A, Bd. 3), München 1992, S. 636–661.

3 Vgl. die ausführliche Darstellung von H.-C. Kraus, Ernst Ludwig von Gerlach – Politisches Denken und Handeln eines preußischen Altkonservativen, Bde. III, Göttingen 1994; aus der älteren und neueren Literatur sind noch wichtig die Studien von H.-J. Schoeps, Das andere Preußen. Konservative Gestalten und Probleme im Zeitalter Friedrich Wilhelms IV., 5. Aufl., Berlin 1981, sodann E. Jedele, Die kirchenpolitischen Anschauungen des Ernst Ludwig von Gerlach, phil. Diss. Tübingen 1910; H. Herzfeld, Ernst Ludwig von Gerlach, in: Mitteldeutsche Lebensbilder, Bd. V, Magdeburg 1930, S. 275–298; A. v. Martin, Autorität und Freiheit in der Gedankenwelt Ludwig von Gerlachs. Ein Beitrag zur Geschichte der religiös-kirchlichen und politischen Ansichten des Altkonservatismus, in: Archiv für Kulturgeschichte 20 (1930), S. 155–182; W. Grundmann, Die Rechtsanschauung von Ernst Ludwig von Gerlach, jur. Diss. (masch.) Tübingen 1953; M. P. Fleischer, Die Antibismarckbroschüren Ludwig von Gerlachs als tagespolitischer Niederschlag einer Geschichtsphilosophie, in: Historische Zeitschrift 225 (1977), S. 297–346; ders., Deus praesens in jure: The Politics of Ludwig von Gerlach, in: Zeitschrift für Religions- und Geistesgeschichte 39 (1987), S. 1–23; H.-C. Kraus, Ein altkonservativer Frondeur als Parlamentarier und Publizist – Ernst Ludwig von Gerlach (1795–1877), in: Konservative Politiker in Deutschland. Eine Auswahl biographischer Porträts aus zwei Jahrhunderten, hg. v. H.-C. Kraus, Berlin 1995, S. 13–35.

Leopold von Gerlach (1790–1861)
Ernst Ludwig von Gerlach (1795–1877)

polemischen Programmschriften formuliert, wie dies bereits im ausgehenden 18. Jahrhundert Edmund Burke und Joseph de Maistre getan hatten.

Auf der anderen Seite aber waren die Gerlachs auch keineswegs nur politische Praktiker im engeren Sinne, schon gar nicht das, was man als Berufspolitiker bezeichnen könnte: Leopold diente sein Leben lang als Offizier, zuletzt als General, und Ernst Ludwig als Jurist und langjähriger Chefpräsident des Oberlandesgerichts zu Magdeburg dem preußischen Staat. Als politisch Handelnde verkörperten sie einen Typus, den man als Gesinnungspolitiker, oder noch präziser – mit einem bekannten Ausdruck Max Webers – als Gesinnungsethiker bezeichnet hat.[4] Ihr ganzes Leben lang orientierten sie sich in überaus strenger Weise an den bereits sehr früh, im Zeitalter der Romantik, der Befreiungskriege und der Restauration nach 1815 gewonnenen konservativen Grundüberzeugungen. Und das führte später nicht selten dazu, daß sie von ihren politischen Gegnern, zuweilen auch von manchen ihrer Mitstreiter als praxisferne Ideologen angesehen und charakterisiert wurden.

Eine Anekdote, die der zweifellos berühmteste politische Zögling der Gerlachs, Otto von Bismarck, in seinen „Gedanken und Erinnerungen" mitteilt, vermag diesen – sicher nicht in jeder Hinsicht unberechtigten – Vorwurf anschaulich zu machen: „Ich erinnere mich", schreibt Bismarck, „daß ich in Gegenwart beider Brüder, des Präsidenten und des Generals, veranlaßt wurde, mich über den ihnen gemachten Vorwurf des Unpraktischen zu erklären und das in folgender Weise tat: ‚Wenn wir drei hier aus dem Fenster einen Unfall auf der Straße geschehen sehn, so wird der Herr Präsident daran eine geistreiche Betrachtung über unsern Mangel an Glauben und die Unvollkommenheit unsrer Einrichtungen knüpfen; der General wird genau das Richtige angeben, was unten geschehen müsse, um zu helfen, aber sitzen bleiben; ich würde der Einzige sein, der hinunter ginge, oder Leute riefe, um zu helfen'"[5].

Diese vielleicht etwas übertriebene Äußerung, mit der Bismarck im Alter auf seine einstigen, längst verstorbenen politischen Gönner zurückblickte, von denen er sich zudem im Unfrieden getrennt hatte,[6] vermag aber doch einen Eindruck wiederzugeben, den nicht wenige Zeitgenossen von den Brüdern Gerlach gehabt haben: Zwei überaus kluge, gebildete, in ihren Überzeugungen standfeste und auch moralisch einwandfreie Persönlichkeiten, die eben doch

---

4 Vgl. M. Weber, Politik als Beruf, in: ders., Gesammelte politische Schriften, 4. Aufl., Tübingen 1980, S. 505–560, bes. S. 551 f.

5 O. v. Bismarck, Die gesammelten Werke, Friedrichsruher Ausgabe, Bd. XV, Berlin 1932, S. 36 f.

6 Über das Verhältnis der Bismarcks zu Gerlach siehe auch die zusammenfassende Darstellung bei Kraus: Ernst Ludwig von Gerlach (wie Anm. 3), Bd. II, S. 709 ff. u. passim.

durch ihre starken Bindungen an den Glauben und die Grundideen ihrer konservativen Gesinnung immer wieder daran gehindert worden sind, ihre eigentlichen politischen Ziele aktiv in die Tat umzusetzen. Dabei verfügten beide durchaus über einen gesunden Sinn für die Mechanismen und Formen politischer Macht – wie hätten sie sonst in den 1850er Jahren zu den zeitweilig einflußreichsten Politikern Preußens gehören können? Doch andererseits blieb ihnen die eigentliche Ausübung politischer Macht versagt durch ihr strenges und zuweilen starres Festhalten an den einmal gefaßten Grundüberzeugungen, aber auch durch ihre Skrupel gegenüber den Anforderungen der politischen Praxis, die nun einmal auch die Fähigkeit zum Kompromiß und zum taktischen Agieren verlangt. Aber vielleicht liegt gerade in dieser Mittelstellung zwischen strenger Theorie einerseits und konkreter Praxis andererseits das eigentliche Charakteristikum dieser beiden Persönlichkeiten, denen man auch aus der Rückschau von eineinhalb Jahrhunderten die Hochachtung wohl nicht versagen kann – denn um eine Welt, in der ausschließlich gesinnungslose Machtpolitiker miteinander konkurrieren würden, wäre es wohl nicht sehr gut bestellt.

II. Leopold von Gerlach lebte von 1790 bis 1861, sein jüngerer Bruder Ernst Ludwig von 1795 bis 1877. Sie entstammten einer typischen Familie des altpreußischen Beamtenadels; die Gerlachs gehörten – wie das Haus Hohenzollern – der calvinistisch-reformierten Konfession an. Neben Leopold und Ernst Ludwig wuchsen drei weitere Geschwister auf: Der älteste Bruder Wilhelm wurde später ebenfalls ein angesehener Jurist, und der jüngste Bruder Otto, ein Theologe, wirkte als Professor an der Berliner Universität und amtierte zugleich als Hofprediger des Königshauses; Wilhelm und Otto starben vor der Zeit, die einzige Schwester, Sophie, bereits in jungem Alter.[7]

Große Bedeutung für die Ausbildung der allgemeinen und besonders auch der politischen Überzeugungen der vier Brüder besaß der Vater, Leopold von Gerlach d. Ä., ebenfalls Jurist, hoher Staatsbeamter und zwischen 1809 und 1813 der erste Oberbürgermeister der Stadt Berlin.[8] Der Vater hatte noch eine Ausbildung als Reichsjurist erhalten und blieb zeitlebens ein Anhänger des Heiligen Römischen Reiches Deutscher Nation; zu seinem gleichnamigen Sohn sagte er einmal, „das Deutsche Reich läge ihm mehr am Herzen als der preußische Staat“[9]. Fried-

---

7 Zur Jugend der Brüder und zum familiären Hintergrund vgl. die Darstellung ebd., Bd. I, S. 33 ff.

8 Über ihn siehe die von einem direkten Nachkommen verfaßte, vortreffliche Biographie: J. v. Gerlach, Leopold von Gerlach 1757–1813. Leben und Gestalt des ersten Oberbürgermeisters von Berlin und vormaligen kurmärkischen Kammerpräsidenten, Berlin 1987.

9 Schoeps (Hg.), Aus den Jahren preußischer Not und Erneuerung (wie Anm. 1), S. 58.

rich der Große dagegen wurde in der Familie Gerlach *nicht* verehrt: Man verweigerte ihm den Beinamen, bezeichnete ihn stets als Friedrich II. und sah ihn wegen seiner aufklärerisch-atheistischen Grundgesinnung stets als problematische Gestalt. Die Mutter Agnes, eine aus Anhalt stammende geborene von Raumer, war eine hoch gebildete Frau, von der die späteren Neigungen ihrer Söhne für romantische Literatur und Philosophie, schließlich auch deren Hinwendung zu streng pietistischen Glaubensüberzeugungen geteilt wurden.

Die Brüder Gerlach erhielten ihre entscheidenden Prägungen in persönlicher, geistiger und vor allem auch politischer Hinsicht in den Jahren zwischen 1806 und 1815, also zwischen der schweren militärischen Niederlage und Besetzung Preußens durch die Truppen Napoleons einerseits und dem Abschluß der Befreiungskriege und der hiermit verbundenen Neuordnung Deutschlands andererseits. Das Erlebnis dieser Jahre, die Demütigung und die bedrückende Besatzungszeit, sodann der Krieg, an dem beide Brüder als junge Soldaten, schließlich als mit dem Eisernen Kreuz ausgezeichnete Offiziere teilnahmen, formte sie mehr als ihre jeweilige Berufsausbildung: Leopold besuchte die Kadettenanstalt, Ernst Ludwig studierte in Berlin, Göttingen und Heidelberg Jurisprudenz. Daneben begeisterten sie sich für die Poesie und die Weltanschauung der Romantik;[10] sie verehrten Ludwig Tieck und dessen Dichtungen, vor allem aber kannten und schätzten sie Clemens Brentano, der einige Jahre zu ihrem engsten persönlichen Freundeskreis gehörte und dem sie auch später ein treues Andenken bewahrten. Ernst Ludwig versuchte sich sogar ebenfalls als romantischer Dichter – einige Fragmente seiner Bemühungen haben sich im Nachlaß erhalten.

Neben und nach der Romantik war es die neupietistische Erweckungsbewegung, die bestimmend in das geistige und auch das persönliche Leben der Brüder eingriff. Man darf hierbei nicht vergessen, daß die Kriege seit 1806, die zahllosen politischen Veränderungen und Umbrüche in Deutschland und Europa, das Ende der fast ein Jahrtausend umfassenden Tradition des Alten Reiches, schließlich auch die eigene Teilnahme an den Befreiungskriegen zwischen 1813 und 1815 bei vielen jungen Menschen dieser Epoche ein besonders starkes Bedürfnis nach Orientierung, nach Sicherheit, nach geistiger und religiöser Ordnung hervorgebracht hatte.[11] Dieses Bedürfnis konnte eine bloß literarisch-geistige Bewegung wie die Romantik nicht stillen, sondern es mußte ein religiöses Element hinzukommen, das sich im Laufe der Jahre nach 1815 zunehmend verstärkte. Die Hinwendung zu einer bewußt einfachen Frömmigkeit, zu einer

---

[10] Hierzu und zum folgenden siehe die Darstellung bei Kraus, Ernst Ludwig von Gerlach (wie Anm. 3), Bd. I, S. 107 ff.

[11] Vgl. hierzu auch H.-H. Muchow, Jugend und Zeitgeist. Morphologie der Kulturpubertät, Reinbek bei Hamburg 1962, S. 113 ff.

stark vom Gefühl bestimmten Gläubigkeit ist auf dieses Bedürfnis unmittelbar zurückzuführen.

Hinzu kommt schließlich, als ein weiteres wichtiges Element früher geistiger Prägung, eine intensive Hinwendung zu Geschichte und Tradition. Beide Brüder, vor allem Ernst Ludwig, waren als junge Studenten an der 1810 eben neu gegründeten Berliner Friedrich-Wilhelms-Universität Schüler eines der berühmtesten Juristen dieser Zeit: Friedrich Carl von Savigny. Er galt bereits früh als Haupt einer neuen Schule seiner Wissenschaft, der historischen Rechtsschule, die bestrebt war, dem Historischen im Recht, der Tradition, dem Herkommen und der Gewohnheit neue Geltung zu verschaffen. Im Gegensatz zur naturrechtlichen Tradition der Aufklärung, die von Savigny verworfen wurde, versuchte er in seiner 1814 publizierten Programmschrift „Vom Beruf unsrer Zeit für Gesetzgebung und Rechtswissenschaft" eine Lehre vom Recht zu begründen, die sich strikt gegen die revolutionäre „Machbarkeit" aller Rechtsordnungen wandte, sondern das wahre Recht als ein in langer Tradition durch Einwirkung des Volksgeistes entstandenes Gewohnheitsrecht ansah.[12] Auch durch diese Anschauungen wurden die Brüder Gerlach in ihren konservativen Überzeugungen geprägt und bestätigt.

Die Jahre der windstillen Restaurationsära zwischen 1815 und 1830, die Epoche des Biedermeier also, verbrachten die Brüder – der eine Berufsoffizier, der andere junger Landgerichtsrat – in relativer Zurückgezogenheit; Familiengründung, der Eintritt in eine Berufslaufbahn, vor allem aber überaus intensive religiöse Aktivitäten bestimmten während dieser Zeit ihr Leben. Der Einsatz für sozial benachteiligte, kranke und verarmte Menschen, auch für ehemalige Sträflinge, die Mitarbeit in diversen Missionsgesellschaften, die Teilnahme an Gebetsstunden und ähnlichem prägte ihr Dasein ebenso wie eine zeitweilige strikte Abstinenz von jeder politischen Aktivität. Doch hielten sie dies nicht sehr lange durch: Bereits Ende der 1820er Jahre wurde in Berlin die „Evangelische Kirchenzeitung" gegründet, deren Herausgeber, der Theologe Ernst Wilhelm Hengstenberg, den Gerlachs nahestand; die Brüder gehörten von Anfang an zu den Mitarbeitern dieses Organs, das sich bis 1848 zum einflußreichsten Organ des norddeutsch-protestantischen Konservatismus entwickeln sollte.[13]

Während der letzten Jahre unter dem alten König Friedrich Wilhelm III. sahen sich die Brüder Leopold und Ernst Ludwig von Gerlach wiederholt in Opposition zur herrschenden politischen Ordnung und zur Politik der damaligen

---

[12] Vgl. umfassend: J. Rückert, Idealismus, Jurisprudenz und Politik bei Friedrich Carl von Savigny, Ebelsbach 1984; zum politischen Denken Savignys auch: H.-C. Kraus, Begriff und Verständnis des „Bürgers" bei Savigny, in: Zeitschrift der Savigny-Stiftung für Rechtsgeschichte, Romanistische Abteilung 110 (1993), S. 552–601.

[13] Vgl. Kraus, Ernst Ludwig von Gerlach (wie Anm. 3), Bd. I, S. 74 ff., 91 ff.

preußischen Regierung. Der König hatte 1817 in den preußischen Landen die protestantische Union zwischen Lutheranern und Reformierten verkündet, ein von ihm besonders lange verfolgtes Anliegen. Nun waren allerdings nicht wenige der überzeugten Lutheraner keineswegs bereit, sich jener von oben verfügten Zwangsvereinigung zu unterwerfen: Diese Altlutheraner, wie sie genannt wurden, schlossen sich zu eigenen Gemeinden zusammen und versuchten, sich dem immer massiver ausgeübten staatlichen Druck zu entziehen. Dies gelang bis zum Tode des alten Königs nicht, und viele altlutherische Gemeinden verließen das Land, um nach Übersee auszuwandern. Ernst Ludwig von Gerlach hat sich wiederholt in Denkschriften an die Regierung, auch in publizistischen Äußerungen, für die Altlutheraner eingesetzt – bis an die Grenze des Möglichen; eine scharfe Auseinandersetzung mit seinem obersten Vorgesetzten, dem Justizminister, blieb ihm nicht erspart.[14]

Auch Leopold von Gerlach nahm in diesen Jahren eine oppositionelle Stellung zur Politik des Königs ein. Bereits jetzt dem engsten Freundeskreis des Kronprinzen Friedrich Wilhelm angehörig, vertrat er auch offen dessen Ansichten. Und da der Prinz – in hohenzollernscher Familientradition, wie man fast sagen kann – die Politik seines Vaters in mehr als einer Hinsicht kritisierte und ablehnte, geriet auch Leopold in das Visier seiner Vorgesetzten: Er wurde aus Berlin nach Frankfurt an der Oder strafversetzt, um ihn aus dem Dunstkreis um den Kronprinzen zu entfernen und damit politisch kaltzustellen.

Im Sommer 1840 starb der alte König, und Friedrich Wilhelm IV., der Freund der Gerlachs, bestieg den preußischen Thron. Wenn die Brüder und einzelne ihrer Freunde und Gesinnungsgenossen nun gehofft hatten, maßgeblichen Einfluß auf die preußische Politik nehmen zu können, dann wurden sie sehr schnell nachhaltig enttäuscht. Der neue König, der „Romantiker auf dem Hohenzollernthron“[15], wie man ihn nicht unzutreffend genannt hat, war nicht gewillt, sich politisch beeinflussen zu lassen. Zudem erwies er sich in seinen politischen Handlungen und Maßnahmen nicht selten als sprunghaft, unentschlossen und widersprüchlich. Die unveröffentlichten Tagebücher beider Brüder zeigen, wie schnell die Gerlachs ihre Hoffnungen auf den König aufgaben; bereits Ende 1842/Anfang 1843 waren sie zu der Auffassung gelangt, daß von

---

[14] Vgl. ebd., Bd. I, S. 165 ff., 174 ff.

[15] Zum politischen Denken des Königs siehe die grundlegende Studie von F.-L. Kroll, Friedrich Wilhelm IV. und das Staatsdenken der deutschen Romantik, Berlin 1990; zu dessen Biographie die umfassende Darstellung von Walter Bußmann in: Zwischen Preußen und Deutschland. Friedrich Wilhelm IV., Berlin 1990 sowie die neuen wichtigen Arbeiten von D. Blasius: Friedrich Wilhelm IV. – Psychopathologie und Geschichte, Göttingen 1992, und D. E. Barclay: Anarchie und guter Wille. Friedrich Wilhelm IV. und die preußische Monarchie, Berlin 1995; hierzu auch die Besprechung des Verfassers in: Der Staat 35 (1996), S. 644–648.

Friedrich Wilhelm IV. keine wesentlichen politischen Neuerungen, erst recht nicht die von ihnen erstrebte Begründung einer ständisch-konservativen Ordnung in Preußen, zu erwarten seien.[16] Allerdings zogen sie aus dieser Diagnose unterschiedliche persönliche Konsequenzen: Während Leopold, der seinem Monarchen und auch der Königin Elisabeth in enger persönlicher Freundschaft verbunden war, in unmittelbarer Verbindung zum Königshof blieb, zog sich Ernst Ludwig, der zwischen 1842 und 1844 zwei Jahre im Berliner Justizministerium gearbeitet hatte, in die Provinz zurück: 1844 übernahm er das Präsidium des Oberlandesgerichts in Magdeburg. Allerdings blieb er auch jetzt noch publizistisch tätig; zudem bemühte er sich im Vorfeld der drohenden Revolution, die er deutlich herannahen sah, um die Sammlung einer konservativen Partei – allerdings mit nur geringem Erfolg.[17] Immerhin entdeckte er in der pommerschen Provinz ein junges politisches Talent, von dem er sich für die weitere Zukunft viel versprach: Otto von Bismarck.

III. Die Revolution von 1848 führte die beiden Brüder Leopold und Ernst Ludwig von Gerlach allerdings sehr bald in das innerste Zentrum der preußischen Politik. Der Umsturz des 18. März wurde für sie zum Ausgangspunkt umfassender politischer Aktivitäten; von der quietistischen und resignativen Haltung mancher ihrer Freunde und Gesinnungsgenossen, die in der Revolution ein Gottesurteil erkennen zu können meinten und sich dementsprechend passiv verhielten, hoben sich die Gerlachs deutlich ab.[18]

Zuerst einmal mußte es ihnen darum gehen, die Kräfte der Gegenrevolution zu sammeln und zu einer möglichst einheitlich handelnden politischen Kraft zu vereinigen. In dieser Hinsicht entwickelte Ernst Ludwig von Gerlach die maßgeblichen Aktivitäten, denn vor allem ihm ist es zu verdanken, daß im Juni 1848 die erste konservativ-gegenrevolutionäre Tageszeitung gegründet wurde, die „Neue Preußische Zeitung“, die in ihrem Titel das Symbol des Eisernen Kreuzes und die Devise „Mit Gott für König und Vaterland“ führte und deswegen bald nur noch „Kreuzzeitung“ genannt wurde.[19] Im Umkreis dieses politischen Organs, das von dem sehr fähigen Redakteur Hermann Wagener[20] (einem

---

[16] Vgl. Kraus, Ernst Ludwig von Gerlach (wie Anm. 3), Bd. I, S. 291 ff.

[17] Vgl. ebd., Bd. I, S. 344 ff.

[18] Vgl. die ausführliche Darstellung ebd., Bd. I, S. 395 ff.

[19] Vgl. K. Danneberg, Die Anfänge der „Neuen Preußischen (Kreuz-) Zeitung“ unter Hermann Wagener 1848–1852, phil. Diss. (masch.) Berlin 1943; M. Rohleder/B. Treude, Neue Preußische (Kreuz-) Zeitung (1848–1939), in: Deutsche Zeitungen des 17. bis 20. Jahrhunderts, hg. von H.-D. Fischer, München-Pullach 1972, S. 209–224.

[20] Zu Persönlichkeit und Politik Wageners siehe H. v. Petersdorff, Hermann Wagener, in: Deutscher Aufstieg. Bilder aus der Vergangenheit und Gegenwart der rechtsste-

Schüler Ernst Ludwig von Gerlachs) geleitet wurde, bildete sich sehr bald die Konservative Partei Preußens, die in den folgenden Jahrzehnten eine wichtige politische Rolle spielen sollte.[21]

Die zweite große gegenrevolutionäre Aktion, an der die Brüder teilnahmen, war das Wirken der sogenannten „Kamarilla“, die als geheimer Beraterkreis des Königs während der zweiten Hälfte des Revolutionsjahres 1848 in Sanssouci tätig war und den zuerst tief niedergeschlagenen, später aber zu neuer Tatkraft erwachenden Monarchen bei den ersten Schritten zur vollen Wiederherstellung seiner politischen Macht beriet. Es gelang den Gerlachs und einigen anderen royalistischen Militärs, Hofbeamten und Politikern, Friedrich Wilhelm IV. auf einen strikt gegenrevolutionären Kurs zu bringen: Die Ablösung der Revolutionsregierungen durch ein konservatives, von dem Grafen Brandenburg geführtes Ministerium war der erste Schritt, die Verlegung der Berliner Nationalversammlung, schließlich deren Auflösung der zweite und entscheidende Schritt zur Beendigung der revolutionären Bewegung in Preußen.[22] Der dritte Schritt allerdings, die Verkündung einer – dazu auch noch relativ liberalen – Verfassungsurkunde, wurde von den Gerlachs nicht mitgetragen; besonders Ernst Ludwig hätte, wäre er von diesem Schritt vorher informiert gewesen, dringend davon abgeraten. Hier wiederum zeigen sich deutlich die Grenzen des Einflusses der Brüder auf den König: Er bediente sich nicht ungern und auch nicht selten ihres Rates und ihrer Verbindungen, aber er folgte doch keineswegs allen ihren Empfehlungen – und schon gar nicht weihte er sie in sämtliche Geheimnisse der von ihm verfolgten Politik ein.

Im Jahre 1850 geriet Ernst Ludwig von Gerlach allerdings beim König in Ungnade, und der Bruder entging dem gleichen Schicksal nur knapp. Das hing mit einem Lieblingsprojekt Friedrich Wilhelms IV. zusammen, dem die Gerlachs heftig opponierten: Gemeinsam mit seinem Freund und Berater Joseph Maria von Radowitz, der in diesem Jahr zeitweilig auch als preußischer Außenminister amtierte, verfolgte der König das Projekt einer zuerst auf Norddeutschland begrenzten, kleindeutschen Einigung durch Preußen.[23] Dieser kleindeutschen, von Preußen geführten „Union“ sollten sich später die übrigen

---

henden Parteien, hg. von H. v. Arnim/G. v. Below, Berlin/Leipzig/Wien/Bern 1925, S. 169–179; W. Saile, Hermann Wagener und sein Verhältnis zu Bismarck. Ein Beitrag zur Geschichte des konservativen Sozialismus, Tübingen 1958.

21 Vgl. die ausführliche Darstellung bei W. J. Orr Jr.: The Foundation of the Kreuzzeitung Party in Prussia, 1848–1850, phil. Diss. University of Wisconsin 1971, sowie Kraus, Ernst Ludwig von Gerlach (wie Anm. 3), Bd. I, S. 410 ff. u. passim.

22 Vgl. Kraus, Ernst Ludwig von Gerlach (wie Anm. 3), Bd. I, S. 443 ff.

23 Hierzu immer noch grundlegend F. Meinecke: Radowitz und die deutsche Revolution, Berlin 1913; siehe auch E. R. Huber: Deutsche Verfassungsgeschichte seit 1789, Bd. II, 3. Aufl., Stuttgart/Berlin/Köln/Mainz 1988, S. 885 ff.

deutschen Länder, und in der Form eines „weiteren Bundes“ schließlich auch Österreich anschließen können. Doch Rußland und der Habsburgerstaat verhinderten durch ihr entschiedenes Veto, das bis zur unmittelbaren Kriegsdrohung ging, das Gelingen dieses Projekts. Die Gerlachs hatten indes nicht nur deswegen opponiert, weil sie hierin eine Gefährdung des von ihnen für Preußen als lebenswichtig angesehenen engen Bündnisses mit Österreich und Rußland gesehen hatten, sondern auch, weil ihnen eine deutsche Einigung im Zuge der Revolution nur neues Wasser auf die gerade zum Stillstand gebrachten Mühlen des Umsturzes zu leiten schien.[24]

Während der sogenannten Reaktionszeit der Jahre bis 1858 erreichten die Brüder Leopold und Ernst Ludwig den Höhepunkt ihres politischen Einflusses.[25] Ernst Ludwig konnte sein gespanntes Verhältnis zum König, wenngleich nur an der Oberfläche, bereinigen, doch in den engsten Beraterkreis des Monarchen wurde er nicht wieder aufgenommen. Dafür übte er als führender Abgeordneter zuerst der Ersten, später der Zweiten Kammer des preußischen Parlaments, von 1855 bis 1858 auch als Vorsitzender einer der beiden konservativen Parlamentsfraktionen, der „äußersten Rechten“, einen keineswegs unbeträchtlichen Einfluß auf die politische Entwicklung im Lande aus. Mit seinen erst monatlich, später vierteljährlich in der „Kreuzzeitung“ veröffentlichten politischen „Rundschauen“ zählte er zudem zu den einflußreichsten politischen Publizisten seiner Zeit, dessen Kolumnen gerade auch deshalb inner- und außerhalb Preußens so aufmerksam gelesen wurden, weil die Verbindungen der Gerlachs zum König allgemein bekannt waren. Hier hoffte man Informationen zu bekommen, die in den Oppositionsblättern oder auch manchen offiziellen Regierungsorganen nicht zu finden waren.[26]

Dabei verfolgten die Gerlachs keineswegs immer die offizielle Linie der Regierung Friedrich Wilhelms IV., und gerade in den frühen 1850er Jahren gerieten sie mehr als einmal mit der konservativen Regierung des Ministerpräsidenten Otto von Manteuffel in Konflikt. Dennoch konnten sie ihre einflußreiche Stellung bis zum Ende der Regierungszeit „ihres“ Königs weitgehend erhalten. Das lag zum einen daran, daß die Brüder die seit 1848 entstandenen politischen Institutionen und neuen Regierungsformen, darunter auch die Verfassung und das Parlament, akzeptierten und für die Verfolgung ihrer konservativen Politik auch durchaus erfolgreich zu nutzen verstanden. Zum anderen aber ist dieser Einfluß darauf zurückzuführen, daß die politisch eng miteinander kooperierenden Brüder in beiden zentralen Bereichen des politischen Handelns

---

[24] Vgl. Kraus, Ernst Ludwig von Gerlach (wie Anm. 3), Bd. I, S. 475 ff., 516 ff.

[25] Hierzu und zum folgenden siehe die ausführliche Darstellung ebd., Bd. II, S. 547 ff., 627 ff.

[26] Vgl. ebd., Bd. II, S. 619 ff.

dieser Zeit präsent waren: Agierte Leopold als Generaladjutant in der unmittelbarsten Umgebung des Königs am Hof – und zwar als ein Mann mit beträchtlichem Einfluß auf die Entscheidungen des Monarchen –, so wirkte Ernst Ludwig in den nach 1848 neu entstandenen Sphären der parlamentarischen Politik und besonders auch in der politischen Publizistik, die jetzt über weit größere Freiheiten als in der Zeit vor der Revolution verfügte. Die enge Zusammenarbeit der Brüder, die trotz kleinerer Streitigkeiten stets politisch Hand in Hand arbeiteten und sich die Bälle verschwiegener Informationen geschickt zuspielten, begründete das Geheimnis ihres politischen Einflusses während dieser Jahre.

Mit diesem Einfluß war es 1858 allerdings schlagartig vorbei, als für den schwer erkrankten König Friedrich Wilhelm IV. sein Bruder und späterer Nachfolger Wilhelm die Regentschaft übernahm.[27] Der Prinzregent, der die Gerlachs seit Jahrzehnten persönlich kannte und – zu Unrecht – für selbstgerechte pietistische Heuchler hielt, stellte die beiden sofort politisch kalt. Die nächsten Jahre sollten sie in selbstgewählter politischer Zurückgezogenheit verbringen. Im Januar 1861 starb nach mehrjährigem Siechtum König Friedrich Wilhelm IV., und sein treuer Diener Leopold von Gerlach folgte ihm nur wenige Tage später; er führte, um noch einmal Bismarcks Erinnerungen zu zitieren, „seinen Tod dadurch fast eigenwillig herbei [...], daß er hinter der Leiche seines Königs bei Wind und sehr hoher Kälte stundenlang in bloßem Kopfe, den Helm in der Hand, folgte. Dieser letzten formalen Hingebung des alten Dieners für die Leiche seines Herrn unterlag seine schon länger angegriffene Gesundheit; er kam mit der Kopfrose nach Hause und starb nach wenigen Tagen. Durch sein Ende erinnert er an das Gefolge eines altgermanischen Fürsten, das freiwillig mit ihm stirbt“[28].

Der übriggebliebene Ernst Ludwig konnte sich erst 1862 wieder zu neuer politischer Aktion aufraffen. In diesem Jahr war der preußische Verfassungskonflikt zwischen der Krone und der Regierung auf der einen, dem von den Liberalen dominierten Abgeordnetenhaus auf der anderen Seite ausgebrochen, und am 23. September wurde auf dem Höhepunkt der Staats- und Verfassungskrise Otto von Bismarck von König Wilhelm I. zum preußischen Ministerpräsidenten ernannt. Obwohl Gerlach in den darauffolgenden Jahren mehrmals für das Abgeordnetenhaus kandidierte, konnte er in der im Lande vorherrschenden feindlichen Stimmung kein Mandat erringen, doch im Hintergrund übte er noch einmal einen gewissen politischen Einfluß aus. Denn *er* war es, der seinem einstigen politischen Zögling und Schüler Bismarck jetzt das Hauptargument im Kampf gegen das Abgeordnetenhaus lieferte: die Theorie von der „Verfassungslücke“, mit der

---

27 Vgl. Huber, Deutsche Verfassungsgeschichte seit 1789 (wie Anm. 23), Bd. III, S. 269 ff.

28 Bismarck, Die gesammelten Werke (wie Anm. 5), Bd. XV, S. 37.

es möglich sei, auch gegen den Willen der Mehrheit der Abgeordneten und ohne einen vom Landtag verabschiedeten Staatshaushalt zu regieren.[29]

Doch die Außenpolitik des neuen Ministerpräsidenten verfolgte der alte Ernst Ludwig von Gerlach mit zunehmendem Unbehagen. Schon dem Krieg gegen Dänemark und der Eroberung Schleswig-Holsteins konnte er wenig abgewinnen, doch der Ausbruch des – von Gerlach als wahrhafte Katastrophe empfundenen – Bruderkrieges zwischen Preußen und Österreich und die hiermit verbundene Sprengung des Deutschen Bundes führte zum endgültigen politischen Bruch. Noch im Mai 1866 rechnete er mit Bismarck in einem größtes Aufsehen erregenden Leitartikel der „Kreuzzeitung" öffentlich ab: Dieser Krieg zerstöre nicht nur die alte Einheit Deutschlands, sondern werde auch die Feinde des Landes, vor allem Frankreich, einladen, sich am Raub deutschen Gebietes zu beteiligen. Bis zuletzt hatte Gerlach am Deutschen Bund als dem Nachfolger des von ihm verehrten Heiligen Römischen Reiches Deutscher Nation festgehalten; im Bund hatte er die legitime, wenngleich freilich auch verbesserungs- und entwicklungsfähige Form einer Gesamtordnung für Deutschland gesehen. Bismarcks Entscheidung zum Bruch mit Österreich und damit in den nachfolgenden Jahren zur kleindeutschen Reichsgründung lehnte er bis an sein Lebensende strikt ab.[30]

Auch nach der Gründung des Deutschen Kaiserreichs von 1871 stand Ernst Ludwig von Gerlach in strikter Opposition zur Regierung Bismarck.[31] Als der Kanzler und preußische Ministerpräsident im Sommer 1872 mit dem Kulturkampf gegen die katholische Kirche begann, stellte sich Gerlach sofort auf die Seite der Angegriffenen. Schon im folgenden Jahr ließ er sich für die katholische Zentrumspartei in den preußischen Landtag, im Januar 1877, wenige Wochen vor seinem Tode, auch noch in den Reichstag wählen. Seine zunehmend schwächeren Kräfte widmete er dem parlamentarischen Kampf gegen die Bismarcksche Kulturkampfgesetzgebung, auch gegen manche liberale Reformmaßnahme, die er verabscheute, so vor allem die Einführung der Zivilehe. Als er in einer seiner politischen Broschüren den allmächtigen Reichskanzler der Gesinnungslosigkeit bezichtigte, ließ ihn dieser 1874 zu einer Geldstrafe verurteilen, worauf Gerlach umgehend sein Amt als Oberlandesgerichtspräsident niederlegte. Im Alter von knapp 83 Jahren starb Ernst Ludwig von Gerlach am 18. Februar 1877 an den Folgen eines Unfalls, ohne sein gerade errungenes Reichstagsmandat noch einnehmen zu können.

---

29 Vgl. H.-C. Kraus, Ursprung und Genese der „Lückentheorie" im preußischen Verfassungskonflikt, in: Der Staat 29 (1990), S. 209–234, sowie ders., Ernst Ludwig von Gerlach (wie Anm. 3), Bd. II, S. 747 ff.

30 Vgl. Kraus, Ernst Ludwig von Gerlach (wie Anm. 3), Bd. II, S. 794 ff.

31 Vgl. hierzu und zum folgenden die ausführliche Darstellung ebd., Bd. II, S. 859–919.

IV. Die politische Ideenwelt der Brüder Gerlach wurzelt in einem umfassenden Komplex von Gedanken und Ideen, die man als alteuropäische Ordnungslehre bezeichnen kann.[32] Im Gegensatz zum politischen Denken der Moderne, das auf die Schaffung neuer politischer Ordnungen nach den Prinzipien menschlicher Vernunft abzielt, geht die traditionelle, die klassische Lehre von der Politik von der Grundannahme eines vorgegebenen „Ganzen" aus, das sich als geordnete „Welt", als ein in sich sinnvoll organisierter und nach göttlich-natürlichen Prinzipien strukturierter Kosmos erweist, in dem alle Menschen und Dinge den ihnen zukommenden Platz einnehmen. Dieser vormoderne, auf bestimmte antike und mittelalterliche Traditionen sich berufende Gedanke, der in der klassischen Naturrechtsidee fortlebt, bestimmte auch weite Bereiche des konservativen Denkens im 19. Jahrhundert.

Der eminent politische Charakter dieser Ordnungsidee erweist sich gerade in deren Differenz zum modernen Denken, und zwar in vier Hauptgesichtspunkten: *Erstens* darin, daß im Ordnungsdenken das Ganze stets vor seinen Teilen, d. h. die Gesamtwelt des politischen Gemeinwesens vor dem einzelnen Individuum rangiert, *zweitens* darin, daß die Weltordnung als von Gott geschaffen und daher ihrer Natur nach als göttlich aufgefaßt wird, *drittens* darin, daß diese göttliche Ordnung in sich hierarchisch strukturiert ist, d. h., daß die einzelnen Individuen als Teile dieser Ordnung ungleich sind, und *viertens* schließlich darin, daß jeder Teil eines Ganzen als Mikrokosmos eines Makrokosmos nur das Abbild einer höheren, umfassenderen Ordnung darstellt.

Zu dieser Ordnung gehört auch die *Einheit von Recht und Moral*, denn wenn beide in gleicher Weise als Teile einer umfassenden, göttlichen Ordnung angesehen werden müssen, dann sind beide in spezifischer Weise aufeinander bezogen, dann kann es also, anders formuliert, keinen wirklichen Gegensatz zwischen beiden Sphären geben, dann darf kein politisches Handeln akzeptiert werden, das gegen gültige Rechts- und Moralgrundsätze verstößt. Das Politische ist also im Rahmen dieses Konzepts kein autonomer, sich nur auf eigene Gesetzmäßigkeiten berufender Bereich menschlichen Handelns, sondern in seinen Regeln, Befugnissen und Grenzen strikt auf die gegebene Ordnung – damit eben auch auf die Rechts- und Moralordnung bzw. die hiervon gesetzten Grenzen – bezogen. Und das bedeutet: Recht und Gerechtigkeit, Politik und Moral fallen zusammen und sind daher untrennbar.

Dieses politische Ordnungsdenken geht ebenfalls von der Grundannahme einer *natürlichen Soziabilität* des Menschen aus; diese erfaßt das einzelne Individuum nicht als isoliertes Wesen, sondern immer schon als Teil eines vorgegebenen Ganzen, einer Einheit. Die kleinste dieser Einheiten bildet die Familie, die

---

32 Vgl. hierzu und zum folgenden die ausführliche Darstellung der Inhalte von Gerlachs politischem Denken ebd., Bd. I, S. 185–290.

sich zur umfassenden Hausgemeinschaft (im traditionellen Sinne) erweitert. Aus diesen Großfamilien wiederum setzt sich nach der traditionellen politischen Lehre das Gemeinwesen zusammen, denn die „Hausväter", also die Familienoberhäupter, sind die eigentlichen Inhaber politischer Rechte. Sie herrschen über alle weiteren Angehörigen des Hauses: Frau, Kinder, Gesinde. Im traditionellen politischen Ordnungsdenken stellt die Familie oder das „Ganze Haus"[33] die kleinste Einheit und damit die Urform von Herrschaft dar, gewissermaßen als eine „Monarchie im kleinen", denn der „Hausvater" herrscht über seine Angehörigen wie der Monarch über sein Land und Gott über die Welt. Diese Analogien beherrschen große Teile der konservativen politischen Ideenwelt des 19. Jahrhunderts, vor allem die Autoren der politischen Romantik, aber auch die Brüder Gerlach, von denen besonders Ernst Ludwig die Grundideen dieser alteuropäischen Ordnungslehre aufgenommen und zusammenfassend formuliert hat.

In einem fast noch stärkeren Maße als andere konservative Denker hat Ernst Ludwig von Gerlach sein politisches Weltbild religiös-theologisch fundiert. Er verstand sich als Theokrat in dem Sinne, als er von der wirklichen und buchstäblichen Herrschaft Gottes über die Welt ausging: Als der eigentliche „Vater aller Menschen" habe Gott, so schrieb Gerlach im Jahre 1831, auch die Verhältnisse der Menschen untereinander nach dem Modell der Vaterschaft gestaltet: Alle wirklichen Väter, Herren, Richter und Könige haben ihre Macht von ihm, denn „Gott nennt sich nicht bloß bildlich Vater, Herr, Richter und König, sondern er ist alles dies in der Tat und in der Wahrheit, im eigentlichsten und tiefsten Sinne; die irdischen Väter, Herren, Richter und Könige dagegen sind nur Abbilder Gottes, durch welche er sich uns offenbart"[34]. So konnte sich Gerlach sogar zu der These vorwagen, „daß der ewige Gott König von Preußen – im staatsrechtlichen Sinne"[35] sei – ein Gedanke, der den meisten Zeitgenossen, sofern sie ihn zur Kenntnis genommen haben, absurd vorgekommen sein muß, der aber doch im Gesamtzusammenhang des Gerlachschen Denkens, einer politischen Ordnungslehre, die zugleich auch politische Theologie ist, als durchaus schlüssig erscheint.

Aus der religiös begründeten Rechtsidee leitet Gerlach zugleich ein umfassendes System menschlicher Pflichten ab; Rechte sind für ihn direkt und unmit-

---

33 Hierzu grundlegend: O. Brunner, Das „Ganze Haus" und die alteuropäische „Ökonomik", in: ders., Neue Wege der Verfassungs- und Sozialgeschichte, 3. Aufl., Göttingen 1980, S. 103–127.

34 [E. L. v. Gerlach], Die Grundzüge der Lehre der heiligen Schrift von der Obrigkeit, in: Evangelische Kirchenzeitung, Nr. 30, 13. 4. 1831, Sp. 236; vgl. auch Kraus, Ernst Ludwig von Gerlach (wie Anm. 3), Bd. I, S. 214 ff.

35 O. Kraus, Aus Heinrich Leos geschichtlichen Monatsberichten und Briefen, in: Allgemeine Konservative Monatsschrift für das christliche Deutschland 51 (1894), S. 1132 (Ernst Ludwig von Gerlach an Heinrich Leo, 29. 12. 1867).

telbar an Pflichten geknüpft. Er hat sich auch nicht gescheut, diesen Zusammenhang seinen adligen Standesgenossen immer wieder vor Augen zu führen. Als sich im Sommer 1848 in Berlin das sogenannte „Junkerparlament" versammelte[36], ein Verein von Grundbesitzern, die sich zur Verteidigung ihres Besitzes gegen die Revolution zusammengeschlossen hatten, da trat Ernst Ludwig von Gerlach mit einer Rede auf, in der er die Bemühungen der Junker, sich von ihren alten Pflichten, wie etwa dem Kirchenpatronat oder der gutsherrlichen Gerichtsbarkeit, frei zu machen, auf das schärfste kritisierte: „Eigentum [...] ist selbst ein politischer Begriff, ein Amt von Gott gestiftet [...]; nur in Verbindung mit den darauf haftenden Pflichten ist das Eigentum heilig; als bloßes Mittel des Genusses ist es nicht heilig, sondern schmutzig. Gegen Eigentum ohne Pflichten hat der Kommunismus recht. Darum dürfen wir die jetzt bedrohten Rechte: Patronat, Polizei, Gerichtsbarkeit nicht aufgeben, denn sie sind mehr Pflichten als Rechte". Es sei die Aufgabe des Adels, Pflichten zu übernehmen und sich für das Ganze des eigenen Gemeinwesens einzusetzen. Diese Haltung verkörpere, so Gerlach weiter, „ein Adel, der nicht allein den vielen hier versammelten alten Namen angehört, die seit Jahrhunderten auf unsern Schlachtfeldern geblutet haben. Er kann auch von denen erworben werden, die wie ich keinen solchen Namen führen [...] Diesen Adel kann keine Nationalversammlung abschaffen"[37].

Daß diese Rede – trotz der für manche Junker unbequemen Wahrheiten, die sie aussprach – großen Eindruck auf seine Standesgenossen machte, ist mehrfach bezeugt. Gerlachs bedeutende politische Autorität als Parteiführer und als führender Publizist der preußischen Konservativen in den 1850er Jahren ist wesentlich auf den Mut und die Entschlossenheit zurückzuführen, die er während des Revolutionsjahres 1848 an den Tag gelegt hatte. Mit dieser Autorität hängt es auch zusammen, daß er mit einem Großteil der preußischen Konservativen die Wendung zum Verfassungsstaat und zum gemäßigten parlamentarischen System vollziehen konnte. Vor 1848 war er ein unbedingter Gegner des modernen Verfassungsstaates gewesen und hatte – ganz nach dem Vorbild der ungeschriebenen Verfassung Englands – für einen langsamen Ausbau des politischen Systems plädiert: So war er in dieser Zeit auch für die Etablierung eines

[36] Vgl. E. Jordan, Die Entstehung der konservativen Partei und die preußischen Agrarverhältnisse von 1848, München/Leipzig 1914, S. 262 ff.; W. Görlitz, Die Junker. Adel und Bauer im deutschen Osten. Geschichtliche Bilanz von 7 Jahrhunderten, 3. Aufl., Limburg a. d. L., 1964, S. 250 ff.; W. Schwentker, Konservative Vereine und Revolution in Preußen 1848/49. Die Konstituierung des Konservatismus als Partei, Düsseldorf 1988, S. 100 ff., 106 ff.

[37] Beide Zitate aus: Ernst Ludwig von Gerlach – Aufzeichnungen aus seinem Leben und Wirken, hg. v. J. v. Gerlach (wie Anm. 1), Bd. I, S. 541.

ständischen Parlaments, zusammengesetzt aus den Vertretern des Adels, des Bürgertums und des freien Bauerntums, eingetreten.

Doch der Verlauf der Revolution hatte ihn – etwas später auch seinen Bruder Leopold – eines besseren belehrt. Die Gerlachs sahen in den Jahren nach 1850 ein, daß es ein Zurück zum preußischen politischen System des Vormärz nicht geben würde. Im Laufe der Jahre vermochten sie den preußischen Verfassungsstaat – trotz ihrer Kritik an vielen Einzelheiten – als Ganzes zu akzeptieren.[38] Dem Prinzip einer *gemäßigten Reform* verschlossen sie sich keineswegs; 1855 schrieb Ernst Ludwig einmal: „Um eine Institution zu konservieren, ist nichts so nötig als sie nicht verfallen, sondern mit den neu hervortretenden Bedürfnissen der Zeit Schritt halten zu lassen"[39]. – Hierbei handelt es sich freilich um eine Formulierung, die der Interpretation und konkreten Anwendung ganz bewußt einen weiten Raum läßt; auch die meisten Liberalen hätten diese Worte immerhin akzeptieren können.

Sogar den eigentlich von der politischen Gegenseite besetzten Begriff des Fortschritts hat Gerlach mit positiven Inhalten füllen können: „Fortschritt ist wirklich ein Hauptcharakter [...] unseres Jahrhunderts", bemerkt er in einem 1863 veröffentlichten Text, in dem er die Ergebnisse dieses Fortschritts keineswegs nur in der Ausbreitung des Christentums über die Welt, sondern auch etwa in der Entstehung der Öffentlichkeit oder in der technischen Entwicklung wahrnimmt. Daß dem Fortschritt *nicht nur* positive Aspekte eignen, steht für Gerlach fest, – in so einem Falle sei es selbstverständlich, daß man „wider die Sünden des Fortschritts" zu kämpfen habe, und dennoch, so Gerlach weiter, „kann der Christ und der Konservative nicht umhin, teilzunehmen am Fortschritt. Er kann nicht daran denken, ihn rückgängig zu machen"[40]. – Das sind ohne Frage erstaunliche Formulierungen für einen derart in der Wolle gefärbten Konservativen wie Ernst Ludwig von Gerlach. Sie zeigen jedoch, daß es sich bei seinem politischen Weltbild nicht um ein ausschließlich rückwärtsgewandtes Denken, auch nicht um ein hermetisch geschlossenes Denkmodell handelt, sondern um einen Bestand an politischen Grundüberzeugungen, der in mancher Hinsicht durchaus wandlungsfähig war, der sich erweitern konnte und neuen Entwicklungen – jedenfalls in gewissen Grenzen – gerecht zu werden vermochte.

---

38 Vgl. Kraus, Ernst Ludwig von Gerlach (wie Anm. 3), Bd. II, S. 598 ff.

39 [E. L. v. Gerlach], Fünf politische Quartal-Rundschauen von Michaelis 1854 bis Neujahr 1856, Berlin 1856, S. 33.

40 E. L. v. Gerlach, Christentum und Königtum von Gottes Gnaden im Verhältnis zu den Fortschritten des Jahrhunderts, in: Evangelische Kirchenzeitung, Nr. 25, 28. 3. 1863, Sp. 308.

V. Die Brüder Gerlach waren in ihrem politischen Denken christliche Universalisten, wie überhaupt der Altkonservatismus des 19. Jahrhunderts – im Gegensatz ebenso zum zeitgenössischen Liberalismus wie auch zum späteren Neukonservatismus – auf universalistischer Grundlage ruht.[41] Um diesen konservativen Universalismus zu verstehen, muß man ihn strikt unterscheiden vom revolutionären, auf der Idee allgemeiner Freiheit und Gleichheit beruhenden Universalismus. Der christlich-konservative Universalismus, von dem das Denken der Gerlachs geprägt war, gründete in der Idee der Herrschaft Gottes über die *ganze* Welt und über *alle* Menschen. Gott habe, schreibt Ernst Ludwig von Gerlach im Jahre 1832, „nicht allein zu seinem Volke Israel, sondern zu allen Völkern geredet, und ihnen sein Gesetz, die Grundlage aller Staatsverfassungen und Rechtssysteme, in den zehn Geboten gegeben und in die Herzen geschrieben“[42].

Diesem Universalismus entspricht es auch, daß die *Reichsidee*, die bewußte Anknüpfung an das 1806 untergegangene Heilige Römische Reich Deutscher Nation, eine zentrale Rolle im Gerlachschen Denken gespielt hat.[43] In der scharfen Ablehnung jedes partikularen Nationalismus unter Berufung auf den übernational-universalen Reichsgedanken konnten sich die Grundsätze dieser politischen Ideenwelt nahezu bruchlos mit den Traditionen der deutschen Geschichte verbinden. Nicht zufällig im Jahre 1849 formulierte Ernst Ludwig von Gerlach daher sein Loblied auf das Alte Reich, mit dem er der modernen, auch von den deutschen Revolutionären vertretenen Nationalidee entgegenzutreten versuchte: „Die deutsche Nation, diese Mutter aller germanischen Nationalitäten, diese Nation, in deren Schoße tausend Jahre lang die Idee des *Reiches* gelebt hat, des Reiches welches, weit hinausgreifend über die engen Schranken der Nationalität, den erhabensten Zielen, welche der Menschheit gesetzt sind, der Realisierung des Reiches Gottes auf Erden, nachstrebte im Wettkampfe mit der Kirche, diese Nation *kann* nicht bloß national sein in dem Sinne wie der Franzose und Engländer es ist. Der Deutsche ist als solcher wesentlich nicht bloß Glied einer Nation im Gegensatz zu andern Nationen, sondern noch in einem andern Sinne als andre Christen, Weltbürger, Genosse des Reiches Gottes. Das Reich Gottes ist sein Vaterland. Dies ist der deutsche von allen andern Nationen unterscheidende Charakter, der Charakter, den Gott selbst durch ihre Geschichte ihr auf-

---

41 Hierzu und zum folgenden vgl. Kraus, Ernst Ludwig von Gerlach (wie Anm. 3), Bd. I, S. 233 ff.

42 [E. L. v. Gerlach], Von einigen Einwürfen gegen die Lehre der heiligen Schrift vom göttlichen Rechte der Obrigkeiten, in: Evangelische Kirchenzeitung, Nr. 4, 14. 1. 1832, Sp. 26.

43 Vgl. Kraus, Ernst Ludwig von Gerlach (wie Anm. 3), Bd. I, S. 234 ff.

geprägt hat, der Charakter, in dem ihr weltgeschichtlicher Beruf enthalten und vorgezeichnet ist“[44].

Deutschland ist für Ernst Ludwig von Gerlach also nicht etwa den anderen Nationen übergeordnet – dies wäre ein krasses Mißverständnis seiner eben zitierten Äußerungen – sondern es ist als Träger der Reichsidee nur eine Art Vorreiter künftiger Entwicklungen. Das übernationale Alte Reich stellte in Gerlachs Sicht nichts anderes dar als ein, freilich unvollkommenes, Abbild künftigen Geschehens, der kommenden Herausbildung eines übernationalen Gottesreichs. Mit dieser sehr eigentümlichen und vielen Zeitgenossen wohl bereits unverständlichen politisch-theologischen Geschichtsdeutung war der moderne Nationalgedanke vollkommen unvereinbar. Gegen die kleindeutsche Nationalidee der preußischen und deutschen Liberalen hat er immer wieder nachhaltig protestiert: Das Nationalitätsprinzip, der von ihm so genannte „heidnische Patriotismus“, wurzelte für ihn in einer Form des partikularen Egoismus, der seiner universalistischen Orientierung diametral entgegenstand.[45] Daher konnte es kein Zufall sein, daß sich Gerlach nach dem Krieg von 1866 von denjenigen seiner früheren Parteifreunde trennte, die sich unter dem Eindruck der Bismarckschen Politik zu überzeugten Anhängern des kleindeutschen Nationalgedankens gewandelt hatten.[46]

Auch die außenpolitischen Orientierungen der Brüder Gerlach sind nicht zu verstehen, wenn man ihr Ordnungsdenken und ihren christlichen Universalismus sowie die damit eng verbundene Reichsidee unberücksichtigt läßt. Hier war es nun Leopold von Gerlach, der sich in stärkerem Maße als sein Bruder mit Außenpolitik befaßte, der z. T. sogar selbst im Auftrag Friedrich Wilhelms IV. in diplomatischer Mission, meistens innerhalb Deutschlands, unterwegs war, der schließlich auch über beste Kontakte nach Rußland verfügte.[47]

Das Schlüsselerlebnis zum Verständnis der außenpolitischen Orientierung der Brüder Gerlach liegt in den Erfahrungen begründet, die sie als junge Menschen in den Jahren 1806 bis 1815 machen mußten. Aus dieser Zeit blieb ihnen eine antifranzösische Grundorientierung, die sie niemals mehr aufgaben. Das heißt nun allerdings keineswegs, daß sie Frankreich als „Erbfeind“ verdammt hätten – im Gegenteil; noch nach der Reichsgründung von 1871 hat sich der alte Ernst Ludwig vehement gegen diese Bezeichnung gewandt – mit dem Argument, es sei für die Deutschen unwürdig, eine alte christliche Nation wie Frank-

---

[44] [E. L. v. Gerlach], Zwölf politische Monats-Rundschauen vom Juli 1849 bis dahin 1850, Berlin 1850, S. 41 f.

[45] Vgl. Kraus, Ernst Ludwig von Gerlach (wie Anm. 3), Bd. I, S. 236 ff.

[46] Vgl. ebd., Bd. II, S. 810 ff.

[47] Dazu siehe u. a. Kraus, Leopold von Gerlach – Ein Rußlandanwalt (wie Anm. 2), passim.

reich mit einem derartigen Begriff zu benennen. Doch der Nachbar im Westen blieb für die Gerlachs stets das Land der Revolutionen und des Umsturzes, der immer wieder folgenden politischen Umbrüche – also der Unruheherd Europas.[48] Und die Zahl der Revolutionen, Umbrüche und Regimewechsel, die zwischen 1789 und 1871 in Frankreich stattfanden, schien ihnen auf den ersten Blick auch Recht zu geben.

Dagegen haben beide Gerlachs der Heiligen Allianz, also dem 1815 zwischen dem russischen Zaren, dem Kaiser von Österreich und dem König von Preußen geschlossenen „Bündnis der drei schwarzen Adler", eine Bedeutung zugemessen, die weit über deren eigentlichen politischen Stellenwert hinausging. In diesem Vertrag hieß es ausdrücklich, die drei Majestäten hätten „die tiefe Überzeugung gewonnen, daß der Kurs, den die Mächte *früher* in ihren gegenseitigen Beziehungen angenommen hatten, *von Grund auf geändert werden muß*, und daß es *dringlich ist, daran zu arbeiten*, daß *an seine Stelle eine Ordnung der Dinge gesetzt wird*, die sich einzig auf die erhabenen Wahrheiten gründet, welche uns die ewige Religion des göttlichen Heilands lehrt". Daher erklärten die drei Monarchen „feierlich, daß der gegenwärtige Akt nur den Zweck hat, vor aller Welt ihren unerschütterlichen Entschluß zu bekunden, daß sie *in Zukunft* zur Richtschnur ihres Verhaltens im Innern ihrer Staaten wie in den politischen Beziehungen zu jeder anderen Regierung nur die Gebote dieser heiligen Religion nehmen wollen, Vorschriften der Gerechtigkeit, der Liebe und des Friedens, die nicht nur auf das Privatleben anwendbar sind, [...] sondern besonders die Entschlüsse der Fürsten beeinflussen und alle ihre Schritte lenken sollen als das einzige Mittel zur Befestigung der menschlichen Einrichtungen und zur Heilung ihrer Unvollkommenheiten"[49].

Es leuchtet auf dem Hintergrund des bereits Ausgeführten ein, daß dieser Text und die hinter ihm stehenden politisch-religiösen Ideen von den Gerlachs begeistert aufgenommen und als Modell und Vorbild für eine fundamentale Neubegründung der europäischen Außenpolitik aufgefaßt wurden[50]; die traditio-

---

48 Vgl. Kraus, Ernst Ludwig von Gerlach (wie Anm. 3), Bd. I, S. 252 f.

49 Die Zitate nach W. Schwarz: Die Heilige Allianz. Tragik eines europäischen Friedensbundes, Stuttgart 1935, S. 52; der französische Originaltext findet sich in: E. R. Huber (Hg.), Dokumente zur deutschen Verfassungsgeschichte, Bd. I: Deutsche Verfassungsdokumente 1803–1850, 3. Aufl., Stuttgart/Berlin/Köln/Mainz 1978, S. 83 f. (Nr. 29). – Zum Zusammenhang siehe auch die vorzügliche Studie von W. Pyta: Idee und Wirklichkeit der „Heiligen Allianz", in: Neue Wege der Ideengeschichte. Festschrift für Kurt Kluxen zum 85. Geburtstag, hg. v. F.-L. Kroll, Paderborn/München/Wien/Zürich 1996, S. 285–314.

50 Vgl. Kraus, Ernst Ludwig von Gerlach (wie Anm. 3), Bd. I, S. 243 ff.; Nobbe, Der Einfluß religiöser Überzeugung auf die politische Ideenwelt Leopold von Gerlachs (wie Anm. 2), S. 147 ff.

nelle Gleichgewichtsdoktrin und auch die Idee einer reinen nationalen Interessenpolitik sahen sie als überholt und veraltet an. Mit der Zeit jedoch mußten sie – gegen ihren Willen – lernen, daß es die Heilige Allianz war, die zunehmend veraltete und politisch außer Kurs geriet. Noch 1832 hatte Ernst Ludwig von Gerlach mit Blick auf die französische Julirevolution geschrieben: „Nicht nur mit den Waffen oder der Macht der verbündeten Fürsten allein können die Revolutionen bekämpft werden. Es liegt ihnen [...] eine Kraft der Lüge und des Irrtums zugrunde, welche der Bajonette und der Kanonen spottet". Eben aus diesem Grunde sei es erforderlich, „gerade jetzt die Heilige Allianz mit erneuerter Dankbarkeit und Liebe, mit frischem Eifer für die ewige Wahrheit, zu der sie sich bekennt, sich und andern in das Gedächtnis zurückzurufen"[51]. – Doch dieses Bekenntnis war vergebens; die letzten Reste des alten Bündnisses brachen während des Krimkriegs von 1853–1856 auseinander, als Österreich zu den gegen Rußland kämpfenden Westmächten übertrat und Preußen seine Vermittlerrolle nicht mehr aufrecht erhalten konnte. Dennoch schrieb der alte Gerlach im hohen Alter rückblickend: „In der Heiligen Allianz war ein ewiges Element, welches noch fortlebt und festgehalten werden muß"[52].

Die enge Bindung Preußens an Österreich ergab sich für die Gerlachs jedoch nicht bloß aus der Heiligen Allianz, auch nicht nur aus der gemeinsamen Waffenbrüderschaft im Kampf gegen Napoleon, sondern vor allem aus der gemeinsamen Geschichte im Rahmen des Alten Reiches. Die Gerlachs dachten ausgeprägt großdeutsch, weil sie an der alten Reichstradition festhielten, und sie haben zeitlebens immer großen Wert auf beste Verbindungen nach Wien gelegt. Großbritannien wiederum wurde von ihnen als Brudernation, als natürlicher Verbündeter des preußischen Staates angesehen. Hinzu kam besonders Ernst Ludwigs ausgeprägte Anglophilie, seine Vorliebe für die ungeschriebene, sich nur aus Traditionen und Konventionen aufbauende, tief in der Geschichte des Landes wurzelnde englische Verfassung, die er zuweilen glorifizierte, weil er ihre neuesten Entwicklungen nicht recht verstanden hatte.[53]

Kurz gesagt: Auch auf außenpolitischem Gebiet zeigten sich Leopold und Ernst Ludwig von Gerlach als ausgesprochene Gesinnungspolitiker, die nicht nur von den Erfahrungen ihrer Epoche, sondern zuerst und vor allem von ihren

---

51 [E. L. v. Gerlach], Die heilige Allianz, in: Berliner politisches Wochenblatt, Nr. 38, 22. 9. 1832, S. 242.

52 Ernst Ludwig von Gerlach – Aufzeichnungen aus seinem Leben und Wirken, hg. v. J. v. Gerlach (wie Anm. 1), Bd. I, S. 151.

53 Vgl. Kraus, Ernst Ludwig von Gerlach (wie Anm. 3), Bd. I, S. 239 ff., 245 ff.; zum Zusammenhang auch: ders., Die deutschen Konservativen, England und der Westen, in: R. Zitelmann/K. Weißmann/Michael Großheim (Hg.), Westbindung – Chancen und Risiken für Deutschland, Frankfurt/M./Berlin 1993, S. 61–102.

fest ausgeprägten politischen Grundüberzeugungen, von den Prinzipien ihrer altkonservativen Gedankenwelt ausgingen. Ein weiteres bekanntes Zeugnis dieser Haltung stellt jener berühmte Briefwechsel dar, den Leopold von Gerlach im Jahre 1857 mit dem damaligen preußischen Bundestagsgesandten in Frankfurt am Main, nämlich Otto von Bismarck, geführt hat. Hier ging es um die Einschätzung des zweiten französischen Kaiserreichs: Sah Gerlach in Napoleon III. nur den Neffen seines Onkels, der das revolutionäre Prinzip der Epoche ebenso verkörperte und der ebenso auf Krieg und Eroberung aus zu sein schien wie einst jener, so plädierte Bismarck demgegenüber für eine moderate Zusammenarbeit zwischen Preußen und Frankreich – schon um der engen Bindung an das ungeliebte Österreich eine außenpolitische Alternative entgegenstellen zu können. Dieser „realpolitischen" Einschätzung der europäischen Machtlage vermochten sich die alten Gerlachs indes nicht mehr anzuschließen – und mit dem bereits hier zum Ausdruck kommenden Gegensatz zu Bismarck war der spätere Bruch von 1866 vorgezeichnet.[54]

VI. Das politische Denken der Brüder Gerlach war ein konservativ-traditionalistisches Einheitsdenken, das in ähnlicher Geschlossenheit im 19. Jahrhundert wohl von einzelnen *Theoretikern* formuliert und auf den Begriff gebracht, jedoch kaum von *Politikern* im eigentlichen Sinne des Wortes vertreten wurde. Darin liegt gerade das Besondere in der Biographie der beiden Gerlachs, daß sie zu den sehr wenigen Konservativen ihrer Zeit gehörten, die sich auf der einen Seite auf ein systematisch und theoretisch fest gefügtes Ideengebäude stützen konnten, auf der anderen Seite aber auch konsequent versuchten, als aktive Politiker diese Ideen – so weit es möglich war – in die Wirklichkeit umzusetzen. In diesem Versuch, Theorie und politische Praxis miteinander zu verbinden, sind sie zweifellos gescheitert, weil ihre Ideen der großen Mehrheit ihrer Zeitgenossen nicht mehr einleuchteten, sondern als veraltet und rückwärtsgewandt erschienen.

Für die durchaus legitimen Bestrebungen der liberalen deutschen Nationalbewegung des 19. Jahrhunderts hatten die Gerlachs ebensowenig Verständnis wie für die Bedeutung und die Problematik der sozialen Frage ihrer Epoche oder auch für die Realpolitik ihres abtrünnigen Schülers und frühen Gefolgsmannes Bismarck, – dem eigentlich sie erst den Seiteneinstieg in seine später so

---

[54] Die wichtigsten dieser Briefe hat Bismarck bekanntlich in seine Memoiren aufgenommen; vgl. Bismarck, Die gesammelten Werke (wie Anm. 5), Bd. XV, S. 111 ff. – Zur Auseinandersetzung Bismarck-Gerlach siehe auch die oben in Anm. 2 genannten Arbeiten von Richard Augst und Hans Mombauer sowie Kraus, Ernst Ludwig von Gerlach (wie Anm. 3), Bd. II, S. 713 ff.

phänomenale Karriere als Diplomat und Politiker ermöglicht hatten.[55] Trotz allem aber bleibt ihre Gesinnungstreue und ihre Aufrichtigkeit eindrucksvoll. Ihr Festhalten an moralischen Grundsätzen auch und gerade in der Politik bleibt – denkt man etwa an die grauenvollen Massenverbrechen der totalitären Regime in unserem Jahrhundert – immer noch bedenkenswert. Die bezeichnenden Formulierungen, mit denen sich Ernst Ludwig von Gerlach im Mai 1866 von Bismarcks antiösterreichischer Politik lossagte, faßten am Abschluß einer Epoche noch einmal den Kern dieses altkonservativen Denkens zusammen: „Hüten wir uns vor der scheußlichen Irrlehre, als umfaßten Gottes heilige Gebote nicht *auch* die Gebiete der Politik, der Diplomatie und des Krieges, und als hätten diese Gebiete kein höheres Gesetz als patriotischen Egoismus. Justitia fundamentum regnorum“[56].

Die politischen Laufbahnen und Aktivitäten der beiden Brüder Gerlach endeten – vielleicht konsequenterweise – im Abseits. Das Verständnis für die von ihnen vertretene Gedankenwelt, auch die Kenntnis der mannigfaltigen historischen und geistesgeschichtlichen Zusammenhänge verschwand rasch. Für die Vertreter der politischen Linken und auch für die Liberalen stellten die Brüder nurmehr ein mehr oder weniger befremdliches Relikt aus der längst in der Dämmerung der Geschichte entschwundenen Ära Friedrich Wilhelms IV., des Romantikers auf dem Thron, dar. Und die späteren preußischdeutschen Konservativen hatten sich die Bismarcksche Perspektive so sehr zu eigen gemacht, daß auch sie kein eigentliches Verständnis für die Gerlachs und deren Gedankenwelt aufbringen konnten. Den großdeutsch-katholisch orientierten Konservativen wiederum waren die Brüder noch zu sehr im preußisch-protestantischen Bereich verwurzelt, um angemessen wahrgenommen werden zu können. Erst in unserer Zeit, in der die politischen und ideologischen Gegensätze des 19. Jahrhunderts der Vergangenheit angehören, ist es wieder möglich geworden, dieser heutzutage vollkommen fremdartig erscheinenden Gedankenwelt erneut unvoreingenommen zu begegnen. Und wenn es darum geht, gewissermaßen das *ganze* Spektrum des politischen Denkens dieser Epoche in den Blick zu bekommen, dann dürfen die Brüder Leopold und Ernst Ludwig von Gerlach ebensowenig fehlen wie die führenden Vertreter der anderen großen politischen Richtungen. Das Recht auf eine ausgewogene und angemessene Würdigung ihrer politischen Existenz kann ihnen heute niemand mehr bestreiten.

---

[55] Siehe zu diesem wenig bekannten Faktum: Kraus, Ernst Ludwig von Gerlach (wie Anm. 3), Bd. II, S. 710.

[56] [E. L. v. Gerlach], Krieg und Bundesreform, in: Neue Preußische Zeitung, Nr. 105, 8. 5. 1866.

Friedrich Julius Stahl (1802–1861)

Wilhelm Füßl

„Es hält Sankt Stahl des Esels Zaum, Sankt Gerlach führt die Truppen.
Zur Seite steht Herr Bismarck treu,
der Erzschelm, in Panzer und Schuppen.
Und die sich als Lanzknechte mit ihren Mähren quetschen,
Das ist Herr Wagner-Don Quixote mit Sancho Pansa-Gödschen."

Dieser Text zu einer Karikatur im „Kladderadatsch"[1], von 1848 bis 1944 Berlins wohl berühmtestes politisch-satirisches Wochenblatt, datiert vom 4. November 1849. Die Reime zeigen, wen die liberale Presse als ihren politisch-publizistischen Hauptgegner sah. Friedrich Julius Stahl, Ernst Ludwig von Gerlach, Otto von Bismarck und die beiden Redakteure Herrmann Wagener und Hermann Goedsche bilden die Zentralfiguren der konservativen Presse, die seit 1848 mit der „Neuen Preußischen Zeitung", nach dem Kreuz in der Vignette auch „Kreuzzeitung" genannt, ihr markantestes Publikationsorgan gefunden hatte. Gerlach und Stahl formen aber auch den Kern der preußischen konservativen Partei nach der Märzrevolution 1848. Im folgenden soll in Grundzügen der Theoretiker und zeitweilige Parteiführer der Konservativen in Preußen in der Mitte des 19. Jahrhunderts vorgestellt werden: Friedrich Julius Stahl. Leitende Fragestellung soll dabei sein, eine Persönlichkeit zu untersuchen, die als „politischer Professor" einerseits eine originäre konservative Staatsauffassung theoretisch formuliert, andererseits als aktiver Parteipolitiker diese Theorien in der politischen Praxis auf ihre Tauglichkeit überprüft hat. Sein konservatives Weltbild vermittelte Stahl als Hochschullehrer, als Mitarbeiter bei verschiedenen Zeitungen und als exponierter und engagierter Vertreter innerhalb der protestantischen Kirche Deutschlands. Aufgrund der großen Breite seiner Aktivitä-

1 K. Schulz, „Kladderadatsch". Ein bürgerliches Witzblatt von der Märzrevolution bis zum Nationalsozialismus 1848–1944 (Bochumer Studien zur Publizistik und Kommunikationswissenschaft 2), Bochum 1975.

ten ist es Stahl gelungen, einen hohen und bleibenden Einfluß zu gewinnen. Politisch bilden grob die Jahre zwischen der französischen Julirevolution 1830 und der Ernennung Otto von Bismarcks zum preußischen Ministerpräsidenten mit dem einhergehenden Beginn des Verfassungskonflikts in Preußen 1862 in etwa den zeitlichen Rahmen der Wirksamkeit Stahls. Die Konzentration auf seine konservative Staatslehre hat notgedrungen zur Folge, daß andere zentrale Themen seiner politischen Tätigkeit, so z.B. Stahls Verhältnis zur Revolution 1848 und zur deutschen Einigung, an dieser Stelle ausgeklammert werden.

1. Zur Biographie Stahls

Persönlichkeit und Werk Friedrich Julius Stahls[2] sind in der Sicht der Zeitgenossen wie der modernen Forschung mit sehr unterschiedlichen Einschätzungen verbunden, die in vielen Fällen von vorschnellen, unreflektierten oder politisch vorgeprägten Urteilen bestimmt sind. Die weit verbreiteten Einordnungen Stahls als „Reaktionär" oder als „konvertierten Juden" haben eine differenzierte Betrachtung seiner wissenschaftlichen, publizistischen und politischen Bedeutung häufig verhindert. Stahl war bereits zu Lebzeiten heftig umstritten. Für seinen einstigen Lehrer Friedrich Wilhelm Joseph von Schelling war Stahl ein „sophistisch jüdelnder Schwätzer"[3]. Selbst frühere Anhänger distanzierten sich schon bald nach seinem Tode von ihm. Symptomatisch ist das Urteil des späteren Reichskanzlers Otto von Bismarck, der nach der Revolution 1848 zur sogenannten „Fraktion Stahl" zählte. Anläßlich des Erfurter Unionsparlaments im Jahr 1850 sprach Bismarck von dem „geliebten Stahl"[4]; einige Jahre später sah er in ihm abschätzig nur den getauften Juden[5]. Es ist fast überflüssig zu erwähnen, daß in der Zeit der nationalsozialistischen Herrschaft der konvertierte Jude Stahl und sein konservatives Denken völlig aus der deutschen Staatsrechtslehre

---

2 Zu Friedrich Julius Stahl gibt es eine Reihe von Arbeiten. Hingewiesen sei an dieser Stelle auf zwei neuere Monographien, in denen die Primärliteratur und die wesentliche ältere Sekundärliteratur erwähnt wird: A. Nabrings, Friedrich Julius Stahl – Rechtsphilosophie und Kirchenpolitik (Unio und Confessio 9), Bielefeld 1983; W. Füßl, Professor in der Politik: Friedrich Julius Stahl (1802–1861). Das monarchische Prinzip und seine Umsetzung in die parlamentarische Praxis (Schriftenreihe bei der Historischen Kommission der Bayerischen Akademie der Wissenschaften 33), Göttingen 1988.

3 Zitiert bei A. Hollerbach, Der Rechtsgedanke bei Schelling. Quellenstudien zu seiner Rechts- und Staatsphilosophie, Frankfurt/M. 1957 (Philosophische Abhandlungen 13), S. 11 Anm. 7.

4 O. v. Bismarck, Die gesammelten Werke XIV/1, Berlin 1933, S. 157.

5 Ebd, XIV/2, S. 645.

Friedrich Julius Stahl (1802–1861)

eliminiert wurden – ein weiterer Grund dafür, daß Stahl heute kaum mehr bekannt ist.

Die widersprüchlichen Einschätzungen der Person Stahls scheinen durch seinen Lebensweg zusätzlich genährt zu werden. 1802 im fränkischen Heidingsfeld als Sohn jüdischer Eltern geboren, aufgewachsen im Hause seines Großvaters Abraham Uhlfelder, Vorsteher der jüdischen Gemeinde in München und Vorkämpfer der bayerischen Judenemanzipation, gab der 17jährige Julius Jolson – so sein Geburtsname – unter dem Einfluß des neuhumanistischen Philologen und bayerischen Schulreformers Friedrich Wilhelm Thiersch (1784–1860) seinen jüdischen Glauben auf und trat 1819 zur evangelisch-lutherischen Konfession über. Dieser Glaubenswechsel, der einer tiefen inneren Überzeugung entsprungen sein muß, wurde für Jolson, der bei seiner Taufe den programmatisch klingenden Namen „Stahl" angenommen hatte, für sein gesamtes späteres Leben prägend.

Während seines Studiums der Jurisprudenz in Würzburg, Heidelberg und Erlangen engagierte sich Stahl in der Burschenschaft. Als dies bekannt wurde, erfolgte der Verweis von der Universität. Erst nach einem Gnadengesuch konnte er seine Studien abschließen. Dem ehemaligen Burschenschaftler wurde im Jahr 1830 die Redaktion der offiziösen bayerischen Zeitung „Der Thron- und Volksfreund" übertragen, die König Ludwig I. persönlich angeregt hatte. Die Zeitung wurde ein Mißerfolg, da es ihr nicht gelang, wichtige Regierungsvertreter zu gewinnen; der vom König erhoffte Stimmungsumschwung gegen die liberale Presse, v.a. gegen die Zeitschrift „Das Bayerische Volksblatt", trat nicht ein. Seine regierungsnahe Tätigkeit machte sich für Stahl anfangs nicht bezahlt. König Ludwig I. schmetterte eine Eingabe des von unregelmäßigen Einnahmen lebenden Stahl im Jahr 1831 mit den markigen Worten ab: „Kann derselbe als Privatdocent nicht seinen Unterhalt erwerben, so mag er eine andere Laufbahn einschlagen"[6]. Immerhin berief er ihn ein Jahr später zum Professor in Würzburg und wiederum zwei Jahre später nach Erlangen.

Als Abgeordneter der Erlanger Universität am bayerischen Landtag 1837 traf Stahl erneut der Bannstrahl Ludwigs I., da dieser Stahls Kritik am Budget der Regierung als liberalen Angriff auf seine monarchischen Rechte interpretierte. Stahl wurde der Lehre des Staatsrechts enthoben und mit dem als minderwichtig eingestuften Zivilrecht betraut. Diese Zurückstufung und die latente Gefahr, in Bayern seine Professur endgültig zu verlieren, waren ausschlaggebend für seinen Wechsel an die Universität in Berlin.

In Preußen stieg Stahl zu einem der gefeiertsten, aber auch angefeindetsten Professoren und Politiker seiner Zeit auf. Seine Vorlesungen galten als gesell-

---

6 Signat Ludwigs I. vom 7.1.1831; Bayerisches Hauptstaatsarchiv München, MInn 23589.

schaftliche Ereignisse, die nicht nur von Studenten, sondern auch von Beamten, Politikern, Militärs und Mitgliedern der königlichen Familie besucht wurden. Innerhalb der Universität genoß Stahl großes Ansehen, wenngleich ihn seine strikte Ablehnung der Lehren Hegels in häufigen Konflikt zur Studentenschaft geraten ließ. In seiner ersten Vorlesung in Berlin, in der Stahls allgemeiner Angriff gegen das Naturrecht einen Sturm der Entrüstung bei den anwesenden Hegelianern auslöste, sollen sogar Mappen, Bücher und Regenschirme gegen den Katheder geflogen sein.[7]

Große Bedeutung gewann Stahl nach der Revolution 1848. Als Abgeordneter in der preußischen Ersten Kammer 1849 bzw. als vom König persönlich auf Lebenszeit berufenes Mitglied des Herrenhauses bis zu seinem Tode 1861 sowie als Parlamentarier des Erfurter Unionsparlaments von 1850 etablierte sich Friedrich Julius Stahl als anerkannter Parteiführer der rechten Konservativen. Dabei formulierte er in seinen Vorlesungen, programmatischen Schriften und Artikeln für die schon erwähnte „Kreuzzeitung" die Grundlinien des preußischen Konservatismus der Nachrevolutionszeit. Gleichzeitig erwies er sich als geschickter Organisator der von ihm mitbegründeten konservativen Partei Preußens in Wahlkämpfen und im Parlament. Als geschätzter Ansprechpartner des preußischen Königs Friedrich Wilhelm IV. und seiner Regierung und durch seinen engen und unmittelbaren Kontakt zur mächtigen „Kamarilla" gewann Stahl enormen Einfluß. Bis zu seinem Tode am 10. August 1861 im bayerischen Bad Brückenau beherrschte Stahl die nach ihm benannte „Fraktion Stahl" im Herrenhaus; allerdings ist unübersehbar, daß sein Einfluß mit Beginn der „Neuen Ära", dem Regierungsantritt des späteren Kaisers Wilhelm I. im Jahr 1858, deutlich abgenommen hatte.

In Würdigung seiner Verdienste wurde nach seinem Tode im preußischen Herrenhaus eine Statue Stahls aufgestellt[8]. Diese Arbeit des Bildhauers Michael Arnold zeigt Stahl in der kennzeichnenden Pose des antiken Redners, eine Anspielung auf seine glänzenden rhetorischen Fähigkeiten. Ihm zu Füßen seine beiden Hauptwerke, die „Philosophie des Rechts" und „Die Kirchenverfassung nach Lehre und Recht der Protestanten". Stahls Gesicht ist nach seiner Totenmaske gestaltet. Zur Finanzierung der Statue kreiste unter den preußischen Konservativen eine Sammelliste, in die sich u.a. auch Otto von Bismarck mit einer namhaften Summe eingetragen hatte.

---

7 Vgl. Brief von H. Beckh an R. Wagner, Nürnberg, 6.3.1841; Staats- und Universitätsbibliothek Göttingen, Cod. M.S. Wagner I.

8 Bleistiftzeichnung Arnolds im Geheimen Staatsarchiv Preußischer Kulturbesitz, Rep. 169 A XXXI, Nr. 38; vgl. W. Füßl, Entwurf einer Statue Stahls für das Preußische Herrenhaus, in: Siehe der Stein schreit aus der Mauer. Geschichte und Kultur der Juden in Bayern, hg. v. B. Deneke, Nürnberg 1988, S. 328.

2. Grundlinien der Rechtsphilosophie und Staatstheorie

Hauptwerke Stahls sind das zu seinen Lebzeiten in drei überarbeiteten Auflagen gedruckte Werk „Die Philosophie des Rechts“[9] und die kleine, aber ausgesprochen wirksame Schrift „Das monarchische Princip. Eine staatsrechtlich-politische Abhandlung“ aus dem Jahr 1845. In ihnen finden sich die zentralen Grundaussagen der Rechtsphilosophie und Staatstheorie Stahls.

Die Grundlage der Stahlschen Rechtsphilosophie ist ein dezidiertes Bekenntnis zum Christentum. Der „persönliche, überweltliche, offenbarungsfähige Gott“[10] ist sein oberstes philosophisches Prinzip. Dieses Bekenntnis impliziert für Stahl die Ablehnung aller rationalistisch-naturrechtlich geprägten Ideen. Zentral ist für ihn das Attribut der „Persönlichkeit“ Gottes, deren wesentliche Bedingung die unbegrenzte Freiheit Gottes ist. Mit der „Persönlichkeit“ sind die Begriffe „Freiheit“ und „Sittlichkeit“ eng verknüpft. Für den Menschen, der als Ebenbild Gottes geschaffen ist, bedeutet das nach Stahl, daß er ebenfalls mit Personenhaftigkeit, also mit Freiheit und Willen ausgestattet ist, allerdings im Rahmen eines göttlichen Weltplans. Damit fällt dem Menschen die Aufgabe zu, bewußt oder unbewußt zur Vollendung dieses Weltplans, zur höchsten Sittlichkeit, beizutragen. Da der Mensch aber durch den Sündenfall strukturell sündhaft geworden ist, kann er die absolute Sittlichkeit, oder verkürzt: das „Gute“, nicht erreichen, sondern sich nur an das Idealbild annähern. Zwischen die Pole „Sittlichkeit“ und „Sündhaftigkeit“, zwischen Ideal und Wirklichkeit, schiebt Stahl die Persönlichkeit des Menschen. Durch seine Persönlichkeit, also mit der Option zu einer (bedingten) freien Entscheidung, hat der Mensch die Möglichkeit, sich an das Ideal der höchsten Sittlichkeit Gottes anzunähern, sich aber auch im negativen Fall für die Sündhaftigkeit zu entscheiden.

Übertragen auf eine staatliche Ordnung postuliert Stahl, daß sie die Sittlichkeit, das Gute, zum bestimmenden Element haben muß. Der Staat ist „bewußte in sich einige Herrschaft nach sittlich-intellektuellen Motiven über bewußte frei gehorchende Wesen von persönlichen Charakter nach jeder Beziehung, ein Reich der Persönlichkeit“[11]. Mit der unverkennbaren Parallelisierung einer mit „Persönlichkeit“ begabten Obrigkeit und eines persönlichen Gottes bekennt sich Stahl zum Gottesgnadentum der Fürsten. In Anlehnung an Römerbrief 13,1 „Denn es ist keine Obrigkeit als von Gott. Wo aber Obrigkeit ist, die ist von Gott verordnet“ lehnt Stahl andere Möglichkeiten staatsbegründender Theorie ab. Vor allem die Vertragstheorie Jean-Jacques Rousseaus, derzufolge die Men-

---

9 Zitiert wird im folgenden nach der 6. Auflage.

10 Stahl, Philosophie des Rechts II/1, 7. Zum folgenden vgl. Füßl, Professor, S. 16 ff.

11 Stahl, Philosophie des Rechts, II/2, S. 1.

schen von sich aus befähigt sind, per Vertrag herrschaftliche Gewalt zu schaffen, ist für Stahl nicht diskutabel.

Diese stark geraffte philosophische Begründung der Staatstheorie zeigt zwei Tendenzen. Erstens: Stahl zielt mit seiner Staatslehre auf eine Legitimierung der Staatsgewalt aus einer sittlichen Idee heraus. Indem Obrigkeit „Herrschaft nach sittlich-intellektuellen Motiven über bewußte frei gehorchende Wesen von persönlichen Charakter“ ist, ergibt sich für Stahl die Folgerung, daß der Staat nicht willkürlich agieren darf, sondern zum Schutz der Persönlichkeit des Individuums Normen formulieren muß, welche z.B. die Integrität der Person, persönliche Freiheit des Staatsbürgers, Schutz des Eigentums, Schutz der Familie, eine staatliche Gliederung in Korporationen, Stände und Gemeinden sowie die Abgrenzung der rechtlichen Beziehungen zwischen Staat und Kirche umschließen. Der Staat muß also nach Stahls Ansicht Rechtsstaat sein, das sei die „Losung“ und der „Entwickelungstrieb der neueren Zeit“[12].

Dieses Bekenntnis zum Rechtsstaat ist eine bemerkenswerte Neuerung in der Geschichte der konservativen Ideen in Deutschland. Es beinhaltet eine klare Abgrenzung zum Absolutismus, dem „bloßen Polizey-Staate“, wie Stahl diese Regierungsform charakterisiert.[13] Schon mit seinem Rechtsbegriff löst sich Stahl in einer für die Zeit vor 1848 nahezu einzigartigen Weise von der traditionellen konservativen Staatslehre, indem er liberale Forderungen nach Rechtsgarantien für das Individuum in sein System integriert. Damit ist Stahl neben Karl Theodor Welcker und Robert von Mohl „einer der Begründer der modernen deutschen Rechtsstaatsidee“[14].

Ein zweiter zentraler Gesichtspunkt, der neben dem Rechtsstaatspostulat aus der Idee des „sittlichen Reiches“ ableitbar ist, ist die Stellung einer Volksvertretung im politischen System Stahls. Eine Volksvertretung wird von Stahl schon 1837 ohne Vorbehalte gefordert, doch sind seine Ansichten insofern von der liberalen Theorie verschieden, als diese die Volksvertretung als Repräsentation der Staatsbürger versteht. Andererseits bekämpft Stahl die Anschauungen der Konservativen Haller, Gentz, Jarcke oder Vollgraff entschieden, da sie die Vertretung des Volkes auf ein ständisches Modell (Adel – Geistlichkeit – Städte) reduzieren wollen. Stahls eigener spezifischer Repräsentationsbegriff ist aus einer doppelten Frontstellung gegen liberale wie altständische Vorstellungen zu interpretieren. Für ihn ist „Repräsentation“ des Volkes nicht die Vertretung verschiedener Individuen, sondern die Verkörperung der „Idee der

---

12 Ebd., S. 137.

13 Ebd., S. 138.

14 D. Grosser, Grundlagen und Struktur der Staatslehre Friedrich Julius Stahls (Staat und Politik 3), Köln/Opladen 1963, S. 83.

Volksexistenz"[15]. Bis weit in die 1840er Jahre hinein ist Stahls Volksvertretung aber sehr nahe am traditionellen konservativen Ständestaat. 1845, mit seiner Schrift „Das Monarchische Princip", vollzog Stahl den endgültigen Bruch zu den altständischen Vertretern, gleichzeitig aber auch zu einem konstitutionellen System, wie er es in England verwirklicht sah.

3. Strukturelemente des monarchischen Prinzips

Ohne hier auf die unterschiedlichen praktischen Ausgestaltungen des sogenannten „monarchischen Prinzips" in den europäischen Staaten zwischen dem Wiener Kongreß 1814/15 und der Revolution 1848 näher eingehen zu wollen, kann man knapp zusammenfassen, daß während dieses Zeitraums das monarchische Prinzip so verstanden wurde, daß der König rechtlich die Staatsgewalt in sich vereine, während die Stände als Vertretung des Volkes nur dann einen politischen Einfluß haben sollten, falls durch den Monarchen Eingriffe in das Eigentumsrecht der Bürger (z.B. durch Steuern) geplant seien. Mit dieser Einschränkung sollte die Ständevertretung ein möglichst geringes Mitspracherecht in der Gesetzgebung und im Finanzwesen haben.

Vorauszuschicken ist, daß die Stahlsche Schrift „Das monarchische Princip" von 1845 nicht zu seinen theoretischen Schriften zählt, sondern als aktuellpolitische Äußerung im Zusammenhang mit dem Verfassungsplan des preußischen Königs Friedrich Wilhelms IV. vom Dezember 1844 gesehen werden muß. Diese Absicht des Königs sowie die seit 1842 tagenden Vereinigten Ausschüsse der Provinzialstände weckten in Preußen Hoffnung auf eine lange erwartete Verfassungsgebung. Stahl griff also mit seiner Veröffentlichung in eine aktuelle Verfassungsdiskussion ein; seine Wortmeldung fand umso höhere Beachtung, als Stahl als anerkannter Konservativer sich darin zu einer echten Volksvertretung bekannte. Gleichzeitig wurde seine hier formulierte Definition des monarchischen Prinzips für die Staatsrechtslehre in Deutschland, aber auch in anderen Ländern, besonders in Spanien, prägend.

Die Kernaussagen Stahls lassen sich in wenigen Worten zusammenfassen. Stahl bekennt sich zum „constitutionellen Princip" als jenem „Ineinandergreifen von Regierung und ständischer Wirksamkeit zur Einem ungetheilten Versorgung des Einen ungetheilten Gemeinwesens"[16]. Obrigkeit und ständische Vertretung wirken ganz im Sinne der erwähnten Zielprojektion des „sittlichen Reiches" zusammen. Wesentlicher ist für Stahl die Konkretisierung dessen, was er

---

[15] Stahl, Philosophie des Rechts II/2, S. 320.

[16] Stahl, Das Monarchische Princip. Eine staatsrechtlich-politische Abhandlung, Heidelberg 1845, S. IX.

unter „monarchischem Prinzip" versteht. Stahls Denken wird dabei von der Frage bestimmt, inwieweit der Monarch zwar formalrechtlich als Souverän fungiert, tatsächlich aber die faktische Macht schon an die Volksvertretung verloren hat. Je nachdem, ob der König oder die Volksvertretung die reale Macht im Staat ausübe, herrsche das „monarchische" oder das „parlamentarische Prinzip". Zu dieser Differenzierung kommt Stahl aufgrund einer Analyse der englischen Verfassungswirklichkeit um 1845. Hier habe das Parlament gegenüber dem König eine dominierende Stellung. Sie beruhe darauf, daß in England das Parlament nicht nur das Petitionsrecht, sondern auch das Initiativrecht in der Gesetzgebung und das unbedingte Steuerverweigerungsrecht habe, daß es das Militärbudget bestimme und über das Instrument der Ministeranklage eine faktische Abhängigkeit der Minister vom Parlament erzeuge.

Im Gegensatz dazu fordert Stahl für das von ihm vertretene monarchische Prinzip, „daß die fürstliche Gewalt dem Rechte nach undurchdrungen über der Volksvertretung stehe, und daß der Fürst thatsächlich der Schwerpunkt der Verfassung, die positiv gestaltende Macht im Staate, der Führer der Entwicklung bleibe"[17]. Um die fürstliche Stellung zu sichern, soll ihm die gesamte Administration untergeordnet sein, die Abfassung der Gesetze zustehen, desgleichen die Festlegung des Haushalts und das Recht der eigenen Regierung. Man kann sicher einwenden, daß Stahl trotz seines Eintretens für eine Volksvertretung mit der von ihm geforderten Machtfülle des Monarchen nahe am absolutistischen Herrscher argumentiert. Allerdings ist festzuhalten, daß Stahl in der Schrift „Das monarchische Princip" die Trennung des monarchischen vom parlamentarischen Prinzip idealiter vornimmt. Seine Strukturelemente des monarchischen Prinzips sind Idealvorstellungen und Maximalforderungen. Stahl selbst interpretiert sie als Rahmen, in dem sich eine monarchisch strukturierte Verfassung bewegen sollte. Ähnlich sahen es auch die politischen Gegner, die Stahls Positionierung des parlamentarischen Prinzips in der politischen Verfassungswirklichkeit zu ihrer eigenen machten. Gleichzeitig ist die Anerkennung einer Verfassung durch Stahl ein wichtiger Fortschritt im konservativen Denken in Deutschland; gerade für viele preußische Konservative war zu diesem Zeitpunkt diese Forderung noch unannehmbar.

4. Der „politische Professor" Stahl

Friedrich Julius Stahl war vor 1848 in Preußen politisch nicht aktiv; allerdings hatte er als Vertreter der Erlanger Universität am Bayerischen Landtag 1837 praktische parlamentarische Erfahrung gesammelt. Nach der Revolution 1848

[17] Ebd., S. 12.

profilierte sich Stahl gegen den Widerstand vieler Gesinnungsgenossen rasch als einer der konservativen Parteiführer in Preußen. Daß dem so war, liegt vielleicht auch daran, daß Stahl seine Thesen zum monarchischen Prinzip bereits vor der Revolution formuliert hatte und nicht als Reaktion darauf, daß er sich schon vor 1848 für eine Verfassung eingesetzt hatte und schließlich nach den Märzereignissen die königlichen Zugeständnisse im März und April in puncto Volksvertretung, Steuerbewilligungs- und Budgetrecht nicht abwehrend als Zerstörung des monarchischen Prinzips, sondern als Weiterbildung der Landesverfassung interpretierte. Indem er die Märzpatente aus der Machtvollkommenheit des Königs erklärte, zwang Stahl die royalistischen Kreise Preußens, dem König auf seinem Weg zu folgen und auf einen reaktionären Staatsstreich zu verzichten. Daß dabei die revolutionären Aufstände in Berlin König Friedrich Wilhelm IV. erst zu seinen Ankündigungen veranlaßt hatten, übersah Stahl geflissentlich. Für ihn war nicht die Art des Zustandekommens der Zugeständnisse, sondern das Faktum an sich entscheidend.

Es ist müßig zu erwähnen, daß Stahls konstitutionelle Ansichten auch in den eigenen Reihen stark bekämpft wurden. Als Stahl am 20. Juli 1848 in der gerade eben neugegründeten „Kreuzzeitung" den Artikel „Das Banner der Conservativen" veröffentlichte, erntete er damit bei seinen Parteigenossen nicht nur Beifall. Obwohl der Artikel im wesentlichen die Inhalte des „Monarchischen Princips" von 1845 wiederholte und mit den Zusagen der Märzpatente verband, kritisierte beispielsweise Leopold von Gerlach, der Bruder Ernst Ludwig von Gerlachs und zentrale Figur der Kamarilla um den preußischen König, diesen „widerwärtigen Artikel". „Diesen Konstitutionalismus verwerfe ich geradezu als unerlaubt und unmöglich. Er verhindert jede gesunde Reaktion, ohne die für uns kein Heil" schrieb Leopold von Gerlach an seinen Bruder.[18] Diese Haltung konnte sich aber nicht durchsetzen und blieb eine Extremmeinung.

Für die preußische Verfassungsentwicklung waren das liberale Wahlgesetz und die von König Friedrich Wilhelm IV. am 5. Dezember 1848 oktroyierte preußische Verfassung von wegweisender Bedeutung. Gerade letztere ist eine sorgfältig geplante Aktion der Monarchie auf die Vorschläge der preußischen Nationalversammlung hinsichtlich einer Verfassungsgebung, ohne selbst „reaktionär" zu sein. Die moderne Forschung ist sich darin einig, daß die Verfassung „ein Kompromiß [war] zwischen König und Ministerium wie zwischen Ministerium und Kamarilla, aber auch ein Kompromiß innerhalb des Ministeriums

---

[18] H. Diwald (Hg.), Von der Revolution zum Norddeutschen Bund. Politik und Ideengut der preußischen Hochkonservativen 1848–1866 (Deutsche Geschichtsquellen des 19. und 20. Jahrhunderts, 46/I–II), Göttingen 1970; hier Bd. II, S. 551.

selbst"[19]. Sie war ebenso ein Kompromiß zwischen den konservativen Strömungen in Preußen. Aus amtlichen Quellen und aus dem Teilnachlaß Friedrich Julius Stahls in der Herzog August Bibliothek Wolfenbüttel wird deutlich, daß Stahl an der Formulierung der preußischen Verfassung vom Dezember 1848 beteiligt war. Inwieweit er sich mit seinen Ansichten des „monarchischen Prinzips" durchsetzen konnte, bleibt unklar. Daß er aber in den Beratungen um die Revision der oktroyierten Verfassung immer wieder gegen den Oktroi argumentierte, verdeutlicht, daß Stahl in der Verfassung eine Reihe von Elementen verankert sah, die er als Rückschlag gegen das von ihm formulierte Prinzip interpretierte.

Kernstück der Verfassung war ohne Zweifel die Zusammensetzung der beiden Kammern und damit verbunden die Wahlrechtsfrage. Die elitäre Erste Kammer wurde von gerade 5,3 Prozent aller männlichen Preußen über 30 Jahre gewählt, die entweder über einen beträchtlichen Grundbesitz verfügten, ein Jahreseinkommen von 500 Talern hatten oder eine Klassensteuer von acht Talern entrichteten. Stahl selbst wurde bei einer Nachwahl als dritter Vertreter der Kreise Nieder- und Oberbarnim, Angermünde, Templin und Prenzlau, also in märkischen Wahlkreisen, in diese Kammer gewählt.

Es ist zweifellos das Verdienst Stahls, in der Ersten Kammer die Formierung der konservativen Partei Preußens betrieben zu haben. Aufgrund eines von ihm entworfenen Programms (ca. Februar/März 1849), von ihm als „Entwurf für eine conservative Partei" bezeichnet[20], formierte sich in beiden Kammern eine Partei, die in der Öffentlichkeit gerne „Fraktion Stahl/Gerlach" genannt wurde. In Wirklichkeit aber war die „Fraktion Stahl/Gerlach" nur ein Teil einer größeren konservativen Partei, deren Gemeinsamkeit in regelmäßigen Versammlungen ihrer Mitglieder aus beiden Kammern im sogenannten Lokal „Stadt London" zum Ausdruck kam.

In den Verhandlungen um die Revision der oktroyierten Verfassung – dieser thematische Schwerpunkt sei hier herausgegriffen – ging es für Stahl darum, die von ihm postulierten Rechte des Monarchen an entscheidenden Stellen – Zusammensetzung der I. Kammer, Budgetrecht und Verantwortlichkeit der Minister – zu schützen. In weiten Teilen ist es ihm und seiner Partei gegen die liberale Partei auch gelungen. Das Dilemma der Liberalen bestand darin, die Monarchie grundsätzlich anzuerkennen, gleichzeitig aber mit dem Steuerverweigerungsrecht und der Ministeranklage durch die Kammern Bestandteile des parlamentarischen Regierungssystems in der Verfassung verankern zu wollen.

---

[19] G. Grünthal, Parlamentarismus in Preußen 1848/49–1857/58. Preußischer Konstitutionalismus – Parlament und Regierung in der Reaktionsära (Handbuch der Geschichte des deutschen Parlamentarismus 2), Düsseldorf 1982, S. 29.

[20] Herzog August Bibliothek Wolfenbüttel, Cod. Guelf. Stahl/Wilkens 6, Nr. 7.

Stahl als brillanter Staatsrechtslehrer hat dieses Grundproblem der Liberalen in den Debatten schonungslos aufgedeckt. Die Verfassungsform der „konstitutionellen Monarchie“, die sich in Preußen nach der Revolution allmählich ausbildete, bereitete erstaunlicherweise den Liberalen größere Schwierigkeiten als dem Konservativen Stahl. Für ihn war diese Verfassung eine organische Fortentwicklung aus der absoluten Monarchie. Für die Absolutisten und Reaktionäre um den König ging das Ineinandergreifen von königlichen und parlamentarischen Rechten, wie es in der Verfassung festgehalten war, schon zu weit. Auch der König selbst liebäugelte immer wieder mit einer Wrangelschen Lösung, also einer gewaltsamen Aufhebung der Kammern. Es ist das Verdienst Stahls, seinen Reformkonservatismus gegen diesen Widerstand durchgesetzt zu haben. Er war es auch, der den preußischen König davon überzeugen konnte, daß seine monarchische Gewalt trotz einer Reihe von Zugeständnissen an die Liberalen faktisch gesichert sei. Auch konnte er Friedrich Wilhelm IV. dazu bringen, trotz seiner kritischen Haltung den Eid auf die revidierte Verfassung abzulegen. Damit war eine Bindung des Fürsten an die Verfassung fixiert, somit ein Element im Staatsdenken Stahls realisiert, für das er schon 1837 eingetreten war. In der politischen Praxis bedeutete dies, daß Stahl im Streit um den Verfassungseid anders als die prinzipientreue Kamarilla und im Gegensatz zu Ernst Ludwig von Gerlach politischen Realitätssinn und ausgesprochen pragmatische Denkweise bewiesen hatte. Für die Verfassungsentwicklung in Preußen war gerade der Verfassungseid des Königs von enormer politischer Bedeutung.

Zusammenfassung

Will man den „politischen Professor“ Friedrich Julius Stahl knapp charakterisieren, so ist eine Kennzeichnung als „Vermittlungsphilosoph“ und „Ausgleichpolitiker“ durchaus angebracht. Seine Verdienste liegen unbestreitbar darin, die Form der „konstitutionellen Monarchie“ mit einem ausgeprägten „monarchischen Prinzip“ formuliert und im Verfassungsleben Deutschlands verankert zu haben. Als Hochschullehrer und Staatsrechtslehrer, als Partei- und Kirchenpolitiker, als Parteiführer der preußischen Konservativen und als Publizist ist er für eine organische Entwicklung der Monarchie eingetreten. Es ist ihm in Teilen gelungen, große Gruppen der Konservativen in Preußen trotz deren Vorbehalte für die konstitutionelle Monarchie zu gewinnen und weitergehende reaktionäre Maßnahmen gegen eine solche Verfassungsentwicklung zu verhindern.

Schriften Stahls (Auswahl)

Die Philosophie des Rechts. 3 Bde. Heidelberg 1830–1837; 2. Auflage 1845–1847; 3. Auflage1854–1856. [Die 1963 bei der Wissenschaftlichen Buchgesellschaft Darmstadt erschienene und hier in der Regel zitierte 6. Auflage ist ein photomechanischer Nachdruck der 5. Auflage von 1878].

Die Kirchenverfassung nach Lehre und Recht der Protestanten. Erlangen 1840.

Das monarchische Princip. Eine staatsrechtlich-politische Abhandlung. Heidelberg 1845.

Die Revolution und die constitutionelle Monarchie. Eine Reihe ineinandergreifender Abhandlungen. Berlin 1848.

Die deutsche Reichsverfassung nach den Beschlüssen der deutschen Nationalversammlung und nach dem Entwurf der drei königlichen Regierungen. Berlin 1849.

Die gegenwärtigen Parteien in Staat und Kirche. Neunundzwanzig akademische Vorlesungen. Berlin 1863.

Wilhelm Heinrich von Riehl (1823–1897)

Heinz-Siegfried Strelow

„Und weißt du, Hans, wie wir in München saßen, beim alten Riehl im Renaissance-Kolleg ...?“ Diese Frage stellte Börries von Münchhausen, der Balladendichter und späte Romantiker aus dem thüringischen Windischleuba, seinem Bruder Hans in dem Gedicht „Tropfen“.[1] Als Börries v. Münchhausen 1896 als junger Student in München das Kolleg des „alten Riehl“ besuchte – übrigens eine Veranstaltung mit stets gewaltigem Zulauf –, hatte er einen greisen Zeitzeugen vor sich, der zwar alle gesellschaftlichen Ehrungen genossen hatte, dessen wissenschaftlicher Stern aber bereits im Sinken begriffen war.

„Der Journalist und Kulturhistoriker Wilhelm Heinrich Riehl ist verehrt, geächtet und ausgebeutet worden. Über seine wissenschaftliche Leistung weiß man wenig“, schreibt Jasper v. Altenbockum in seiner 1994 herausgebrachten Biographie, in der er Riehl als Übergangsfigur „zwischen der Krise der Staatswissenschaft der Spätaufklärung und dem tiefen Streit in der Geschichtswissenschaft am Ende des 19. Jahrhunderts“ verortet.[2] Riehl habe nie die Anerkennung als Gesellschaftswissenschaftler gefunden, weil er sich stets „gegen einen modernen Begriff von Wissenschaft gesträubt hatte und statt dessen im „Taugenichts-Ton des Essayisten“ seine Arbeiten verfaßte.[3] Dies trug ihm bei der „zünftigen“ Wissenschaft den Ruf eines „Belletristen“ ein, der nicht ganz ernst- oder sogar nicht einmal wahrgenommen wurde. An diesem Urteil, das nicht unwesentlich dazu beigetragen haben dürfte, daß Riehl gegen Ende seines Lebens in eine resignative Stimmung verfiel, war der rastlose Literat nicht ganz schuldlos: Riehl war von einer regelrechten „Schreibwut“ besessen, die das Risiko in sich barg, daß zuweilen Quantität vor Qualität ging. Aber die Vielschreiberei war der vielleicht wichtigste Wesenszug dieses konservativen Individualisten, der über sich selbst schrieb: „Ich bin ein Mann, der am liebsten

---

[1] B. v. Münchhausen, Die Balladen und ritterlichen Lieder, Berlin 1908, S. 189

[2] J. v. Altenbockum, Wilhelm Heinrich Riehl 1823–1897. Sozialwissenschaft zwischen Kulturgeschichte und Ethnographie. Köln/Weimar/Wien 1994, S. 7.

[3] Altenbockum, S. 2.

behaglich in seiner Ecke steht und von dort frei hinausblickt in das Getümmel der Welt.“[4]

Leben und Werk – eine biographische Skizze

Wilhelm Heinrich Riehl wurde am 6. Mai 1823 in Biebrich geboren. Die elterlichen Verhältnisse – der Vater übte einen Handwerksberuf aus – waren kleinbürgerlich geprägt und von den Idealen der Französischen Revolution durchdrungen. Der im jungen Riehl früh erwachte Wunsch, Theologe zu werden, fand daher nicht die Billigung des Vaters. Gleichwohl begann Wilhelm Heinrich Riehl im Jahr 1841 ein Theologiestudium in Marburg. Zu seinen Lehrern zählte u.a. Karl Hase, ein erklärter Gegner des Rationalismus und Apologet eines das Mittelalter verklärenden konservativen Christentums. Das Wintersemester 1842/43 verbrachte der Student an der Universität Tübingen, wo ihn der Kulturphilosoph Friedrich Theodor Vischer mit seinen Analysen zum „Natur- und Kunstschönen“ in den Bann schlug. Im Sommersemester 1843 immatrikulierte Riehl sich in Gießen. Es mögen auch Geldsorgen für die Wahl dieser Universität ausschlaggebend gewesen sein – von Gießen war es nicht so weit zum elterlichen Wohnsitz. In Gießen machte Riehl die Bekanntschaft mit Moritz Carrière, einem Freund Bettina v. Arnims aus dem Umfeld des „Romantikerkreises“. Carrière, mit dem Riehl eine lebenslange Freundschaft verbinden sollte, gewann auch prägenden Einfluß auf Riehls Gesellschafts- und Kulturverständnis.

Im Herbst 1843 legte Riehl in Herborn sein Examen ab und erhielt ein Stipendium für die Universität Bonn. Es bedurfte nicht mehr der dort gehörten Vorlesungen Ernst Moritz Arndts und Friedrich Dahlmanns, um die schon in Marburg erwachte Neigung zu „kulturphilosophischen Studien“ zu entfachen; wohl aber ließ das Interesse am erlernten geistlichen Beruf nach. Dafür begann nun „die sociale Politik zu dämmern“. Bereits in seinen ersten politischen und kulturhistorischen Äußerungen klingt dabei jene Weltanschauung an, die in den späteren Schriften letztlich nur noch verfeinert, ausdifferenziert und erweitert wurde: Riehl erkannte,

> „daß der Staat das organisierte Volk, daß er um des Volkes willen da sei; daß die Staatskunst auf die Bedürfnisse des Volkes ziele, daß sie aus dem Volksgeist erwachsen und in der steten Erforschung des Volkslebens gegründet sein müsse.“[5]

---

4 Zitiert nach: V. v. Geramb, Wilhelm Heinrich Riehl. Leben und Wirken, Salzburg 1954, S. 474.

5 W. H. v. Riehl, Religiöse Studien eines Weltkinds, Stuttgart 1894, S. 452.

Wilhelm Heinrich von Riehl (1823–1897)

Mit dem Interesse am „Volksstudium“ schwand die Begeisterung für die Theologie, und folgerichtig brach Riehl im Frühjahr 1844 sein Universitätsstudium ab. In den kommenden anderthalb Jahren lebte Riehl mehr schlecht als recht vom Abfassen von Zeitungsartikeln zu verschiedensten Themen, bis er eine Festanstellung als Redakteur bei der „Frankfurter Oberpostamts-Zeitung“ erreichen konnte, wozu ihm eine Empfehlung Moritz Carrières verhalf. Bis 1847 leitete er dort das Kunstreferat.

Riehl war mit Begeisterung Journalist. Die Aufgabe dieses Berufes sah Riehl darin, den Moment und das „Flüchtige, Bewegliche, Drastische, oft mit Recht einseitige“ in „grellen Schlaglichtern“ festzuhalten.[6] Diese praxisbezogene Einstellung richtete sich bewußt „gegen jede Gegenwartsflucht und abstrakte Lebensferne“, die Riehl am Liberalismus des Vormärz kritisierte, dem er vor allem vorwarf, sich zu einem abgehobenen „Kosmopolitismus der Gegenwart“ zu entwickeln.

Nach einem Intermezzo bei der „Karlsruher Zeitung“ kehrte Riehl bei Ausbruch der revolutionären Ereignisse im März 1848 nach Wiesbaden zurück. Hier übernahm er auf Wunsch der „Gemäßigten“ die Redaktionsleitung der „Nassauischen Zeitung“. Anfangs durchaus mit den Zielen der Revolution sympathisierend, veröffentlichte Riehl am 5. April 1848 als Reaktion auf republikanische Umtriebe in „seiner“ Zeitung das Programm einer „Demokratisch-Monarchischen Partei“. In dieser ersten dezidiert politischen Schrift finden sich sowohl freisinnige als auch konservative Versatzstücke, u.a. die Forderung nach einer konstitutionellen Monarchie nach belgischem Vorbild, einem Zwei-Kammern-System und einem deutschen Nationalparlament sowie nach der Gewährung von Presse- und Vereinigungsfreiheit.[7]

Als „konservativ angelegte Natur, die [...] durch das Jahr 48 erst bewußt konservativ geworden“[8] sei, verließ Riehl im Juni 1850 Hessen-Nassau. Seine Wahlheimat wurde nun das Königreich Bayern, wo ein materiell sicherer, zugleich aber auch von noch größerer Schaffenskraft ausgefüllter Lebensabschnitt begann. In Augsburg, wo er auf Wunsch des Verlegers Georg v. Cotta eine Anstellung bei der „Allgemeinen Zeitung“ – dem angesehensten Medium ganz Bayerns – erhielt, bestand für Riehl nun auch die Möglichkeit, den politischen Journalismus neu aufleben zu lassen und seine „konservativen Ansichten öfter in der Zeitung aussprechen und dazu beitragen zu können, der Zeitung eine kleine Schwenkung zur konservativen Politik zu erleichtern.“[9] Gleichzeitig entstanden in dieser wohl fruchtbarsten Schaffensperiode Riehls neben zahlrei-

---

6 W. H. v. Riehl, Skizzen aus den Rheinlanden, in: Die Grenzboten, 3, 1844, S. 640 f.

7 Vgl. Altenbockum, S. 28.

8 Riehl, Religiöse Studien, S. 468.

9 Brief Riehls an G. v. Cotta, dat. 11.1.1851, zit. n. Altenbockum, S. 32.

chen Novellen seine beiden Hauptwerke: „Die bürgerliche Gesellschaft“(1851) – die ursprünglich unter dem Titel „Die vier Stände als soziale Grundlage einer konservativen Politik“ erscheinen sollte – und „Land und Leute“(1854), die den Grundstock für seine spätere „Naturgeschichte des deutschen Volkes“ bildete. Dieses großangelegte, vierbändige Werk kann als die erste große Anthropogeographie des deutschsprachigen Raumes bezeichnet werden. Erstmals widmete sich Riehl hier dem Versuch, eine „soziale Ethnographie“ der deutschen Volksstämme zu verfassen, wobei er sich methodisch, aber auch weltanschaulich vor allem Justus Möser, Johann Gottfried Herder und Alexander v. Humboldt verpflichtet fühlte.

Die „Bürgerliche Gesellschaft“ zog auch die Aufmerksamkeit König Maximilians II. und des bayerischen Außenministers v. d. Pfordten auf sich, was zur Folge hatte, daß Riehl im Jahre 1853 zum Beauftragten für die Presseangelegenheiten im Ministerium des Königlichen Hauses und des Außenministeriums ernannt wurde. Fortan verkehrte Riehl regelmäßig auch im „Symposion“ und den „Billiardrunden“, wozu der König die führenden Vertreter des „geistigen Münchens“ einlud. Der Aufstieg in die einflußreichsten Kreise Bayerns war gelungen: Noch im selben Jahr erhielt Riehl eine Ehrenprofessur für „Staatswissenschaften, Staatskunst, Gesellschaftswissenschaft, Volkswissenschaft, Cultur- und Staatengeschichte“ an der Universität München. Seine Antrittsvorlesung widmete er der Ethnographie Deutschlands. Mit dem 1857 herausgegebenen Buch „Die Pfälzer“, einem „psychologischen Porträt“ der bayerischen Pfalz, präsentierte Riehl schließlich die literarische Frucht einer wochenlangen Wanderfahrt und zugleich sein erstes volkskundliches Werk, das auf solider empirischer Feldforschung basierte.

Den weiteren Lebensweg kann man als „Bilderbuchkarriere“ bezeichnen: 1857 übernahm der Kulturwissenschaftler gemeinsam mit Felix Dahn die Gesamtleitung des großen volks- und landeskundlichen Werkes „Bavaria“, von dem unter der Federführung Riehls allerdings nur der erste Halbband über Oberbayern (1861) und der Band über die Oberpfalz (1863) abgeschlossen wurde. 1873 avancierte Riehl zum Rektor der Universität München, und 1883 erhob ihn der bayerische König in den Adelsstand. Die Berufung zum Direktor des Bayerischen Nationalmuseums und zum Generalkonservator der Kunstdenkmale und Altertümer Bayerns im Jahre 1885 bildeten die Krönung seines Lebenswerkes. Fast unbegreiflich wirkt, wie Riehl neben diesen arbeitsaufwendigen Berufen unentwegt noch wissenschaftliche und populäre Bücher und Zeitschriftenaufsätze in großer Fülle produzierte, Vertonungen von Liedern Goethes, Eichendorffs und Uhlands vornahm und eine eigene Kulturzeitung, das „Münchner Abendblatt“ redigierte. Gerade diese Unrast darf aber nicht darüber hinwegtäuschen, daß Riehl von der Zunft der Wissenschaft als Feuilletonist abgelehnt wurde und im kulturellen Leben von München ein Einzelgänger blieb.

Erst ein Ende der 1880er Jahre einsetzendes Augenleiden dämmte den Schaffensdrang ein. 1894 stellte er seine bis dahin alljährlich im Frühling und Herbst unternommenen Vortragsreisen durch ganz Deutschland ein. Ebenfalls 1894 – im Todesjahr seiner ersten Frau Bertha – entstand sein letztes Buch „Religiöse Studien eines Weltkindes". Von seiner zweiten Frau Antonie umsorgt, starb Riehl am 16. November 1897.

Mächte des Beharrens, Mächte der Bewegung

Die Natur prägt die Geschichte und damit die Menschen in ihrer regionalen kulturellen Eigenart: Auf diese Formel könnte Riehls Verständnis von Kulturwissenschaft gebracht werden. Landschaften haben aufgrund ihres Klimas, ihrer Bodenbeschaffenheit usw. einen prägenden Einfluß auf die Entwicklung der regionalen Ethnographie, auf die Arbeitsweise, die Mentalität, die Bräuche der dort lebenden Bevölkerung. Jede Kulturlandschaft ist somit ein Mikrokosmos, nicht abgeschlossen, aber doch einzigartig, unverwechselbar. „Die Geschichte lebt in der Landschaft"[10], bringt Jasper v. Altenbockum Riehls Überzeugung auf den Punkt: „Indem Riehl außer der Naturphysiognomie der geographischen Landschaft auch den Menschen in eine geschichtlich wandelbare ‚organische Totalität' der Landschaft einbezog, wurde aus diesem ethnographischen ‚Land' zum einen die Grundkonstante der regionalen und kulturanthropologischen Prägungen der ‚Leute', zum anderen der soziale Integrationsraum einer Personengemeinschaft, wie sie im territorialständischen Sinn bereits der konstitutive Bestandteil eines vorwissenschaftlichen verwaltungspolitischen Landschaftsbegriffs gewesen war."[11]

Dabei war Riehl stark von Vorstellungen der Romantik beeinflußt, ohne allerdings der romantischen Staatsphilosophie Adam Müllers zustimmen zu können: Diese lehnte Riehl ab, da sie das Prinzip des Staates in Analogie zum organischen Naturgeschehen gesetzt hatte, was für den Kulturwissenschaftler bloße Spekulation darstellte. Hingegen war er überzeugt davon, daß die „Gesetze" der Natur auch die „Gesetze" der Geschichte sein konnten: „Die Urbedingungen des Völkerlebens sind in der Natur gegeben, von Gott geordnet; der Mensch kann sie frei entfalten, aber nicht aufheben."[12]

---

[10] Altenbockum, S. 132 f.

[11] Ebd., S. 139.

[12] W. H. v. Riehl, Die Volkskunde als Wissenschaft. Ein Vortrag, in: Kulturstudien aus drei Jahrhunderten, Stuttgart 1859, S. 211.

Riehl untergliederte die sich seit dem Zeitalter der Aufklärung und der industriellen Revolution herausbildende mitteleuropäische Gesellschaftsstruktur in Mächte des Beharrens und Mächte der Bewegung. Zu ersteren rechnete er die bodenständigen und traditionsverbundenen, der überkommenen Agrargesellschaft verpflichteten Stände des Adels und der Bauern, zu letzteren jene beiden Gruppen, die am industriellen Wandel (am „Fortschritt") partizipierten: die Arbeiterschicht und das städtische Bürgertum. Der Begriff des Standes wurde von Riehl dabei in einem romantischen Sinne definiert: Stand war ein blutsmäßig gebundener Rechtskreis, in dem Lebens- und Berufswelt noch eine Einheit bildeten. Der Vorzug des Bauern, so Riehl, sei gerade, daß er als Typus noch Bezug hatte zum natürlich Wachsenden und historisch Werdenden, „daß bei ihm die allgemeine Sitte an die Stelle des individuellen Gefühls" trete.[13]

Demgegenüber zeichnete sich das Bürgertum dadurch aus, daß es kein Stand war, sondern sich aus einer Vielzahl berufsbezogener, „unechter Stände" wie dem Lehrer-, Soldaten- und Beamtenstand zusammensetzte. Die beharrenden, in Einklang mit der Natur lebenden Mächte seien, so Riehl, in steigendem Maße durch „widerbäuerliches Denken" in der Politik, die von liberalen Ideen beherrscht werde, bedroht. Das Vordringen der modernen Erwerbsgesinnung habe zum Verschwinden der alten, auf Fleiß und Erfolgsempfinden beruhenden Arbeitsethik geführt und an ihre Stelle eine bloße materialistische Kalkulation der Lohnarbeit treten lassen. Die Folge der Ausbreitung des Kapitalismus sei eine Zerrüttung der bewährten sozialen Gefüge, eine weitgehende Verproletarisierung der bindungslos gewordenen, in die Städte abwandernden unteren Bevölkerungsschichten. Unter Proletariat ist bei Riehl freilich nicht in marxistischer Lesart eine ausgebeutete Arbeiterschicht zu verstehen. Proletarisierung bedeutete für Riehl vor allem sittliche Verelendung: Proletariat sei der „Inbegriff aller derjenigen, die sich losgelöst haben oder ausgestoßen sind aus dem bisherigen Gruppen- und Schichtensystem der Gesellschaft". Der „vierte Stand" bestehe daher nicht aus Tagelöhnern und Fabrikarbeitern, sondern aus „gebildeten Geistesproletariern [...] perennierenden Predigtamtskandidaten und verhungernden akademischen Privatdozenten,"[14] die ihre fragwürdigen und wurzellosen Weltanschauungen in die unteren Gesellschaftsschichten tragen würden. Die Masse der Industriearbeiter – deren soziale Lage Riehl sehr wohl registrierte – war ihm in diesem Sinne nicht Proletariat, sondern aus ihrem alten Stand gerissene Landbevölkerung. Dieser hätte sich die „sociale Politik" anzunehmen, um sie wieder an eine „bodengebundene" Lebensweise heranzuführen. Denn während der marxisti-

---

[13] W. H. v. Riehl, Die Bürgerliche Gesellschaft, Stuttgart 1851, S. 60.

[14] Ebd., S. 312.

sche Sozialismus auf eine Zerstörung der überkommenen Gesellschaftsordnung hinziele und an deren Stelle eine Politik des „losen Haufens ausgefällter Individuen“ propagiere, ziele die (konservative) „Socialpolitik“ auf „ein Regiment, das aus den natürlichen Ordnungen des wirklichen Volkslebens handelt.“[15]

Zur Riehlschen Sozialpolitik gehörte aber auch die Beschwörung des Schulterschlußes der beiden Mächte der Beharrung, zumal „der Adel [...] ein Bauerntum auf erhöhter Stufe“ sei: „Wenn die Aristokratie ihren eigenen Vorteil wahren will, dann muß sie sich als Schirmherrin der Interessen des kleinen Grundbesitzes erweisen, die selbständige kräftige Blüte des Bauerntums fördern. Dagegen wird der begüterte Adel gewiß seinen Bestand nicht festigen, wenn er seinen Grundbesitz dadurch vermehrt, daß er die kleinen Bauern systematisch auskauft und dieselben so aus freien Grundeigentümern zu seinen Tagelöhnern macht. Was er dadurch materiell gewinnt, büßt er moralisch ein.“

Das „Recht der Wildnis“

Riehls ethnographischer Landschaftsbegriff wurzelte in einem organischen Naturverständnis, das von der „Idee des Ganzen“ und der pantheistischen Weltanschauung („Die Natur in Gott, Gott in der Natur“) beeinflußt wurde. Landschaft hatte für Riehl daher nicht nur eine physiognomische Bedeutung, sondern wurde aufgefaßt als ein „organisches Gebilde, welches lebendig und in sich notwendig wie eine Persönlichkeit“ erwuchs.[16]

Im Zusammenhang mit Riehls Naturbegriff ist es nicht unwichtig, auf seine geistige „Pionierleistung“ für die um die Jahrhundertwende aufblühende Natur- und Heimatschutzbewegung hinzuweisen. Deren Vorreiter wie Ernst Rudorff und Ferdinand Avenarius bezogen sich ganz selbstverständlich auf Riehl. Thomas Adam attestierte Riehl, er habe sich für den Schutz der Natur stark gemacht, „weil sich in ihr das Pendant einer organischen Gesellschaft schauen lasse.“[17] Michael Wettengel hingegen hat in einem Aufsatz jüngeren Datums Zweifel an der ökologischen Vorreiterrolle Riehls geäußert. Riehl habe ein anthropozentrisches Verhältnis zur Natur gehabt, sie sei bei ihm lediglich als

[15] W. H. v. Riehl, Die Naturgeschichte des Volkes als Grundlage einer deutschen Sozialpolitik, Stuttgart 1869, S. XIV.

[16] Altenbockum, S. 132.

[17] T. Adam, Die Verteidigung des Vertrauten. Zur Geschichte der Natur- und Umweltschutzbewegung in Deutschland seit Ende des 19. Jahrhunderts, in: Zeitschrift für Politik, 1, 1998, S. 21.

metapherhafter „Kraftquell des Volkes" zu verstehen: „Nicht um eine Erhaltung der Natur um der Natur willen ging es dabei, sondern um die Bewahrung des Volkstums."[18]

Tatsächlich verband sich Riehls Kritik am Verfall der traditionellen Sitten sehr früh mit einer Fundamentalopposition gegen die Industrialisierung, zu der auch eine *dezidierte* Parteinahme für den Schutz der Natur um ihrer selbst willen zählte:

> „Die grundsätzlichen, die politischen Feinde des Waldes zählen uns die alljährlich sich mehrenden Ersatzstoffe des Holzes vor und deuten siegesgewiß auf die nicht mehr ferne Zeit, wo man gar keine Wälder mehr brauchen wird, wo man alles Waldland in Ackerland verwandeln kann, damit jede Scholle in dem zivilisierten Europa auch einen Menschen ernähre. Dieser Gedanke, jeden Fleck Erde von Menschenhänden umgewühlt zu sehen, hat für die Phantasie eines jeden natürlichen Menschen etwas grauenhaft Unheimliches. [...] Nicht bloß das Waldland, auch die Sanddünen, Moore, Heiden, die Felsen und Gletscherstriche, alle Wildnis und Wüstenei ist eine notwendige Ergänzung zu dem kultivierten Feldland. Jahrhundertelang war es eine Sache des Fortschrittes, das Recht des Feldes einseitig zu vertreten; jetzt ist es dagegen eine Sache des Fortschrittes, das *Recht der Wildnis* zu vertreten neben dem Recht des Ackerlandes."[19]

Eng verbunden mit der Kritik an der Nutzbarmachung der „Wildnis und Wüstenei" war die Großstadtfeindschaft – auch hier nahm Riehl die Zivilisationskritik der konservativen Lebensreformer zu Beginn des 20. Jahrhunderts vorweg. „Eine der tragischsten Folgen des 30jährigen Krieges besteht überhaupt meines Dafürhaltens darin, daß in so vielen deutschen Gauen das richtige Verhältnis zwischen Stadt und Land verschoben, ein einseitiges Vorwiegen zuerst der kleinstädtischen, dann der großstädtischen Interessen über die Interessen des Landvolkes möglich gemacht"[20] worden sei, konstatierte Riehl, der als eine verhängnisvolle Folge der Verstädterung auch den Verlust des Eigentums an Grund und Boden und das Entstehen neuer Abhängigkeiten in Gestalt von Mietsverhältnissen sah. Dieses „wurzellose" Abhängigkeitsverhältnis leiste dem Absterben der traditionellen Volkskultur Vorschub und führe zur Bildung uferlos wuchernder Metropolen, in denen „das angleichende Weltbürgertum" wohne:

> „Es besteht die Naturwidrigkeit und Verschrobenheit bei den künstlichen Städten [...] einzig und allein darin, daß man diese Städte künstlich zu Verkehrsmittelpunkten, zu Industriesitzen, zu großen Städten hinaufschrauben wollte. [...] Bei den ins Ungeheuerliche und Formlose ausgestreckten Großstädten hört der besondere Cha-

---

18 M. Wettengel, Staat und Naturschutz 1906–1945. Zur Geschichte der Staatlichen Stelle für Naturdenkmalpflege in Preußen und der Reichsstelle für Naturschutz, in: Historische Zeitschrift, 257, 1993, S. 358.

19 Riehl, Naturgeschichte, S. 76 f.

20 Ebd., S. 104.

rakter der Stadt als eines originellen, gleichsam persönlichen Einzelwesens von selber auf. Jede Großstadt will eine Weltstadt werden, das heißt uniform allen anderen Großstädten, selbst das unterscheidende Gepräge der Nationalität abstreifend."[21]

Volks-Kunde versus Staats-Theorie

Riehl entwickelte einen differenzierten, teils wissenschaftlich-analytischen, teils ideologisch-verbrämten Volksbegriff, aber keine Staatstheorie. Das lag in der Stringenz seines Denkansatzes, der in der romantisch beeinflußten Vorstellung vom organisch gewachsenen „Naturvolk" wurzelte. Abstrakte etatistische Satzungen waren ihm Bestandteil der strikt abgelehnten Moderne, in der durch den „mechanisch registrierenden und administrierenden Staatsdienst" die „volkstümliche Entfaltung Deutschlands gewaltsam abgebrochen" worden sei.[22]

Deutlich beeinflußt von Herder und Arndt waren für Riehl Stamm, Sprache, Sitte und Siedlung die wesentlichen, identitätsstiftenden Momente, die ein Volk konstituierten. Dieser ethnographische Begriff des Volkes setzte den Bezug zum Staat nicht voraus. Im Gegenteil: Riehls ganzes Mißtrauen galt der nivellierenden Staatsgewalt, „weil sich das Einförmige leichter administrieren und registrieren läßt als das Mannigfaltige, weil die zentralisierte Staatsverwaltung notwendig auch die zentralisierte Gesellschaft nach sich ziehen muß".[23]

Riehls Kritik am zentralisierten Einheitsstaat verband also die traditionell konservative Kritik am „toten Tabellenregiment" des absolutistischen Bürokratismus mit der ethnographisch begründeten Absage an den kosmopolitischen Gedanken der europäischen *societas civilis:* Die „Nation" blieb in Riehls Begriffssystem das „Naturvolk", das unter den Gesichtspunkten „des Stammes, der Sprache, der Sitte und des historischen Bodens, auf dem es erwuchs, in welchem es wurzelt", eine genuin ethnographisch definierte Einheit als „Volksindividualität" bildete.[24]

Aus dieser Anschauung erklärt sich auch, weshalb der Familie und dem Stamm eine hohe Wertschätzung zuteil wurden:

„Die Familie ist der Urgrund aller organischen Gebilde in der Volkspersönlichkeit. [...] Die Familie ist der erste und engste Kreis, in welchem wir unser ganzes menschliches Wesen wiederfinden, uns in uns befriedigt und bei uns selbst daheim fühlen. Sie ist die ursprünglichste, urälteste menschlich-sittliche

---

21 Ebd., S. 106.

22 W. H. v. Riehl, Das Krankhafte in unserer nationalen Entwicklung, in: Frankfurter Oberpostamts-Zeitung, 27,1847.

23 Riehl, Bürgerliche Gesellschaft, S. 292.

24 Altenbockum, S. 55.

Genossenschaft, zugleich eine allgemein-menschliche. Denn mit der Sprache und dem religiösen Glauben finden wir die Familie bei allen Völkern der Erde wieder“[25], betont Riehl und unterstreicht, daß er „die Idee der Menschheit nur in der Summe der mannigfaltigst abgestuften, von Natur ungleichartigen Tatsachen der Familien, Volksgesellschaften und Staaten“ verwirklicht sieht.

Mit seinem Werk „Land und Leute“ unternahm Riehl den Versuch einer ethnographischen Dreiteilung Deutschlands. Während der Norden und Süden durch ruhige, gleichförmige Topographien als „centralisiertes Land“ charakterisiert wurde, sei in den vielgliedrigen und kleinräumigen Mittelgebirgsregionen Südwest- und Mitteldeutschlands der Zug zur „Individualisierung“ unübersehbar. Diese kulturräumliche Dreiteilung in „vorstaatliche Großregionen“ sei schlichtweg eine Naturtatsache, betonte Riehl: „In der Natur des Landes war diese Dreiteilung von Anbeginn vorgezeichnet, allein eine politische Möglichkeit ist sie erst geworden durch den Verfall des deutschen Reiches und das Emporwachsen Österreichs und Preußens zu selbständigen Großmächten.“[26]

Obwohl Riehl ausdrückliches Verständnis für einen soziokulturell begründeten Regionalismus äußerte, für einen „Partikularismus des Volkslebens, der altersgrau ist neben dem noch sehr jungen Institute der fürstlichen Landeshoheit“[27], stellte er dennoch klar, daß eine großdeutsche Einigungsbewegung sich auf Mittelstaaten wie Hannover, Sachsen, Württemberg und vor allem Bayern sowie die beiden Großmächte Österreich und Preußen stützen müsse, was die Assimilierung der Kleinstaaten zur Folge haben werde. Das „Übermaß der Abschließung“ in den Mittelgebirgen habe, so betonte Riehl, das „berechtigte Sonderthum“ in sein Gegenteil umschlagen lassen: In „willkürliche Abschließung eines Landes, das von Natur kein selbständiges Ganzes bildet.“[28] Diese Absage an „Kleinstaaterei“ darf allerdings keinesfalls fehlinterpretiert werden: Des Volkskundlers ganze Gegnerschaft galt der kulturellen Nivellierung und administrativen Zentralisation, die „zur Vernichtung der berechtigten örtlichen Besonderheiten“ führe.

Die politischen Konsequenzen dieser Anschauung lagen auf der Hand: Wenn die Landschaft eng mit der individuellen Bildung des deutschen Volkes bzw. seiner Stämme zusammenhängt, ergab sich hieraus die politische Notwendigkeit, „daß Deutschland wohl zur Einigung, aber nicht zu einer centralisierten Einheit gelangen könne.“[29] In diesem Punkt lieferte der Münchner Kulturwissenschaftler sicherlich auch jenen Kräften das geistige Rüstzeug, die für eine

---

25 Riehl, Naturgeschichte, S. 183.
26 W. H. v. Riehl, Land und Leute, Stuttgart/Augsburg 1854, S. 137.
27 Ebd., S. 201.
28 Ebd., S. 199.
29 Geramb. S. 241.

großdeutsch-föderative Lösung der „deutschen Frage“ plädierten – mithin also auch seinen bayerischen Förderern. So heißt es in den „Schwäbischen Skizzen“:

> „Die Einheit Deutschlands ist nicht etwa in verwaschener Allgemeinheit und Nivellierung aller deutschen Stämme zu finden und zu begründen, sondern gerade in jenen Sonderinteressen der einzelnen Landstriche, die in ihrer Individualität hohe Berechtigung haben, die Deutschland bewahren werden vor einem allmählichen lethargischen Absterben, weil aus ihnen heraus immer neu das deutsche Bewußtsein in seiner reichen Mannigfaltigkeit erblühen wird, weil gerade in der Bewegung, dem Widerstreben, dem Kampf dieser Kontraste (die doch einer höheren Einheit nicht ermangeln) das wahre Leben begründet ist; denn die vollkommene innere Ruhe heißt – Tod.“[30]

Riehls konservativer Gesellschaftsbegriff, noch stark von der klassischen Ordnungsidee des *oikos*, der Lehre vom „ganzen Haus“ wie auch von Herders Volksbegriff geprägt, vertrug sich schlecht mit einer Staatstheorie. Vor allem aber provozierte er den Widerspruch seitens der traditionellen, staatsorientierten Geschichtsschreibung. Den wohl bedeutendsten Streich gegen den Münchner Kulturwissenschaftler vollzog 1859 Heinrich v. Treitschke. In seiner Habilitationsschrift „Die Gesellschaftswissenschaft“ unterstellte er Riehl, mit seinem Volksbegriff einer Fiktion nachzujagen: „So wenig es einen natürlichen Staat gibt, so wenig gibt es natürliche Stände; beide sind historisch geworden.“[31] Treitschke hatte erkannt, daß die Herauslösung aller „gesellschaftlichen“ Lebensbereiche aus der Staatswissenschaft den klassischen politischen Staatsbegriff des Historismus in seinem Kern treffen mußte. Denn nun trat die „Gesellschaft“ als eigenständige, geschichtswirkende Macht *an die Stelle* des Staates. Wenn aber die Untrennbarkeit von Staat und Gesellschaft in Frage gestellt wurde, konnte dadurch einem – aus Sicht der kleindeutschen Historikerschule – gefährlichen Partikularismus der Boden bereitet werden.

Die Kontroverse Riehl-Treitschke hatte somit auch einen politischen Hintergrund. Während Treitschke als ein Historiker der kleindeutsch-preußischen Schule vor allem Riehls Unterbewertung der historischen Rolle des Staates als der institutionellen Einheit einer organisierten Gesellschaft angriff, verfocht Riehl als Vertreter der großdeutsch-föderalistischen Richtung genau jenes Ziel, das Treitschke als „Partikularismus“ überwunden sehen wollte. Galt Treitschke das deutsche „Sonderthum“ als Übelstand, so bezog Riehl hierfür explizit Stellung:

> „Um für die Einheit reif zu werden, müssen wir erst reif werden für das Verständniß und die Würdigung unserer Besonderungen. Hätten wir ... das Sonderthum nicht, so müßten wir zusehen, daß wir es gewännen. Wohl wurzeln die Leiden un-

[30] Aus: Schwäbische Skizzen, zit. n. v. Geramb, S. 120.

[31] Heinrich v. Treitschke, Die Gesellschaftswissenschaft, Leipzig 1859, S. 19.

> serer Nation in diesen Gegensätzen, aber mit den Leiden auch unsere eigentümlichste Lebenskraft."[32]

Exemplarisch läßt sich das völlig gegensätzliche Verhältnis von Riehl und Treitschke zum Volk an der Beurteilung und Bewertung der Bauern studieren. Riehls Vorliebe für die „idyllische Plumpheit der Bauern, welche ganz naturgemäß in dem hellen und reichen Leben der modernen Staaten nur eine untergeordnete Rolle spielen können"[33] traf Treitschkes ganzer Spott. Er attackierte damit eben jene Züge der ländlichen Bevölkerung, die Riehl als deren größten Vorzug ansah: Die bäuerlichen Schichten entsprachen unter allen Bevölkerungsgruppen noch am ehesten dem ethnisch-kulturell definierten „Naturvolk" Riehls, und die vermeintliche „idyllische Plumpheit" entpuppte sich hier als ein Zug noch nicht allzuweit fortgeschrittener „Verderbtheit" durch den Materialismus und Industrialismus der nivellierten Gesellschaft der modernen Nationalstaaten, die Historiker vom Schlage Treitschkes als Idealbild verklärten.

Treitschke kritisierte an Riehls Gesellschaftslehre indes zu Recht, daß es ihm nicht gelungen sei, einen systematischen Gesellschaftsbegriff (neben dem Staat) zu entwickeln. Die systematische Unschärfe und der Mangel an exakter Definition seines Kulturbegriffes machten es Riehls Gegnern denn auch leicht, ihn der Unwissenschaftlichkeit zu bezichtigen. Allerdings traf dieses Verdikt Riehls Selbstverständnis nicht, strebte er doch gerade eine Synthese bisher atomisierter, nebeneinander herlaufender Bereiche der Gesellschaftswissenschaft an. Kulturgeschichte war ihm „die Geschichte der Gesamtgesittung der Völker, wie sich dieselbe in Kunst, Literatur und Wissenschaft, im wirtschaftlichen, sozialen und politischen Leben und dazu allerdings auch in den Privataltertümern ausspricht."[34]

Bilanz

Riehl entwickelte zwar einen vielschichtigen, teils wissenschaftlichanalytischen, teils ideologisch verbrämten Volks-Begriff, aber keine „Staatstheorie". Das entspricht auch seinem Denkansatz, der seinen Ausgang bei den organisch gewachsenen Einheiten in Natur und Geschichte nimmt. Etatistische Satzungen waren ihm fremd, widrigstenfalls Bestandteil der von ihm strikt abgelehnten modernen „politischen Abstraktion".

Es ist Riehls bleibendes Verdienst, dazu beigetragen zu haben, die Geschichtswissenschaft aus dem engen Korsett einer Geschichte der „Haupt- und

---

[32] Geramb, S. 229.

[33] Treitschke, Gesellschaftswissenschaft, S. 67.

[34] Raumers Historisches Taschenbuch, Stuttgart 1871, S. VI.

Staatsaktionen" zu befreien und zu einer unterschiedlichste Aspekte und Disziplinen synthetisierenden Kultur- und Sozialgeschichte zu erweitern. Dabei ging es Riehl keineswegs darum, eine Volkskunde zu begründen, die sich allein dem Ziel verschrieb, die „spezifische Deutschheit" des deutschen Volkes zu belegen; vielmehr hatte Riehl mit seinen „Handwerksgeheimnissen" eine Methode der Feldforschung angeboten, mittels derer *jedes* „Volk in seiner sozialen Lebendigkeit und Mannigfaltigkeit als Strukturprinzip der Gesellschaft"[35] erkannt und gedeutet werden sollte. In seinem Bestreben, „einem naturtheoretisch abgeleiteten Gesellschaftsbild die organologisch beschriebene Gliederung „naturgeschichtlicher" Sozialbindungen entgegenzustellen"[36] und in der Überzeugung, daß nicht Ideen die Wirklichkeit verändern, sondern das materielle Leben selbst, nahm Riehl zudem einige Positionen der interdisziplinär-ganzheitlichen Methodik Karl Lamprechts vorweg.

Als echter oder vermeintlicher Vorläufer der „Volkstumsideologie" der Weimarer Republik sowie der Blut- und Boden-Mythologie des NS-Regimes, das aus Riehls Schriften ideologischen Nektar saugte, wurde er nach 1945 schließlich zur *persona non grata* abgestempelt. Ihn ereilte damit das Schicksal zahlreicher konservativer Zivilisationskritiker, die unter das Verdikt fielen, in einer unseligen Ahnenreihe zu stehen. Gleichwohl: In der wissenschaftlichen Volkskunde ist das Thema Riehl virulent geblieben – die große Riehl-Kontroverse in den späten siebziger und frühen achtziger Jahren belegt dies.[37] In jüngerer Zeit waren es vor allem Historiker und Germanisten, die sich mit der Geschichte der Umweltbewegung beschäftigten, die Riehls Kritik am Industrialismus und der Urbanisierung in einem neuen Licht erscheinen lassen. Auch wenn es vielleicht zu weit führen würde, Riehl zu einem direkten Vorläufer der ökologischen Bewegung zu erheben, so trifft doch Jost Hermands Urteil zu, daß er der erste war, „der unter nationaler Perspektive dem sogenannten Modernisierungsschub nachhaltig entgegenzutreten versuchte und schnell als das geistige Haupt der antiindustriellen Gegenströmung anerkannt wurde."[38] – Wenn nicht als konservativer Staatstheoretiker, so doch als konservativer Kritiker an der Industriegesellschaft hat Riehl also auch heute noch seine Aktualität.

---

35 C. Jantke, Riehls Soziologie des Vierten Standes, in: Soziale Welt 2, 1950/51, S. 241.

36 Altenbockum, S. 39.

37 Zu den konträren Standpunkten hierzu siehe v.a. H. Moser, Wilhelm Heinrich Riehl und die Volkskunde. Eine wissenschaftsgeschichtliche Korrektur, in: Jahrbuch für Volkskunde NF 1, 1978, S. 9-66 u. G. Wiegelmann, Riehls Stellung in der Wissenschaftsgeschichte der Volkskunde, in: Jahrbuch für Volkskunde NF 2, 1979, S. 89-101.

38 J. Hermand, Grüne Utopien in Deutschland. Zur Geschichte des ökologischen Bewußtseins, Frankfurt/M. 1991, S. 83.

2. Liberalismus

Ideen zu einem Versuch,

die Gränzen der Wirksamkeit des Staats zu bestimmen.

Von

Wilhelm von Humboldt.

> Le difficile est de ne promulguer que des lois nécessaires de rester à jamais fidèle à ce principe vraiment constitutionnel de la société, de se mettre en garde contre la fureur de gouverner, la plus funeste maladie des gouvernemens modernes.
>
> **Mirabeau** l'ainé, sur l'édncation publique p. 69.

BRESLAU,
Verlag von Eduard Trewendt.
1851.

Liberalismus im 19. Jahrhundert – eine Einführung

Gerhard Göhler

Sieht man auf Verlauf und Wirkung der drei wichtigsten Ideen und Ideologien der politischen und sozialen Bewegungen des 19. Jahrhunderts – Liberalismus, Konservatismus, Sozialismus –, so scheint der Liberalismus am erfolgreichsten. Die westlichen Demokratien, die sich historisch nach langen Auseinandersetzungen etabliert haben, beruhen auf den liberalen Prinzipien der Verfassung, des Rechtsstaats, der Menschen- und Bürgerrechte und der Gewaltenteilung. Hier haben sich die Forderungen des Liberalismus voll durchgesetzt. Der Konservatismus schwankt dagegen immer zwischen „Wertkonservatismus" und „Strukturkonservatismus" – zwischen einem relativ breiten Konsens, Bewahrenswertes zu erhalten, und stets hoch umstrittenen Forderungen, überkommene Strukturen zu konservieren oder gar zu ihnen zurückzukehren. Der Sozialismus schließlich scheint – und nicht erst seit dem Niedergang des bürokratischen „Realsozialismus" – eine Zukunft nur dort zu haben, wo er seine berechtigten Anliegen mit liberalen Grundelementen der individuellen Freiheitssicherung verbindet. Der Liberalismus also eine „success story"? Wenn dem so sein sollte, dann nur in Form einer Paradoxie. Im Maße, wie der Liberalismus mit seinen politischen Forderungen erfolgreich war, hat er sich gewissermaßen „zu Tode gesiegt". Liberale Parteien – die ersten modernen Parteien, die sich in der politischen Entwicklung des Okzidents herausgebildet haben – verlieren seit dem Ende des 19. Jahrhunderts zunehmend an Bedeutung; die Liberals in England und die Liberalen in Deutschland sind ein instruktives Beispiel für seinen politischen Niedergang. Das Problem der liberalen Parteien liegt nicht nur darin, daß sie aufgrund widriger Umstände in der Wählergunst verloren haben: vielmehr scheint es, als ob sie nach der Durchsetzung liberaler Kernforderungen kaum mehr in der Lage sind, ein sichtbares eigenes Profil zu entwickeln. Überdies führen Dilemmata, die sich aus der politischen Grundposition anscheinend unausweichlich ergeben, zu Flügelkämpfen und Spaltungen stärker als in den anderen großen politischen Blöcken. Was hat es also auf sich mit diesem merkwürdigen Phänomen des Liberalismus?

1. Zur Charakterisierung: Idee und Entwicklung des Liberalismus

Anliegen des Liberalismus ist die *Entfaltung des Individuums:* eine Entfaltung so umfassend, wie es die Handlungsräume aller anderen Individuen und die Belange der Allgemeinheit überhaupt zulassen. Diese individuelle Entfaltung ist gegen alle Eingriffe und Behinderungen von außen zu schützen, gegenüber dem Staat ebenso wie gegenüber der Gesellschaft und einzelnen Mitmenschen. Daraus ergeben sich die wichtigsten politischen Grundforderungen des Liberalismus: Menschen- und Bürgerrechte, Verfassungs- und Rechtsstaat, Gewaltenteilung und Repräsentativsystem. Sie alle sind heute im Kern bei allen demokratischen Parteien unumstritten, sie sind die Grundlage der westlichen Demokratien. Die Auseinandersetzungen um ihre Durchsetzung, welche die Geschichte des Liberalismus ausmachen, sind allerdings höchst kompliziert und alles andere als abgeschlossen.

Zur Orientierung empfiehlt es sich, die historische Entwicklung der liberalen Positionen und Argumentationen in *drei Etappen* zusammenzufassen. Sie ergeben sich aus den jeweils realen Problemlagen, und sie liegen in den verschiedenen Ländern entsprechend ihrer spezifischen Entwicklung auch zeitlich höchst unterschiedlich.

1. Der Name „Liberalismus" leitet sich von den „liberales" her, Anhängern der spanischen Verfassung von 1812. Die Auseinandersetzung in der Sache ist aber viel älter. Die Wurzel des Liberalismus ist der Kampf des aufsteigenden Bürgertums gegen Einschränkungen seiner Lebensführung in geistigen, religiösen und ökonomischen Angelegenheiten durch übergeordnete Gewalten. Gegner ist einerseits der *absolutistische Staat*, der seine Macht zu zentralisieren sucht und damit auch das Bürgertum einschränkt. Andererseits geht der Kampf gegen *feudale Restriktionen*; hier sind die Konflikte nicht so spektakulär, aber viel tiefergehender. Die ökonomische Entfaltung des Bürgertums wird vor allem durch ständische Reglementierungen und Privilegien behindert, während der Staat des Merkantilsystems (z.B. Frankreich und Preußen im 18. Jahrhundert) diese häufig fördert und freistellt. Gegen Hemmnisse von beiden Seiten sucht das Bürgertum seinen Handlungsspielraum immer weiter auszudehnen. Sind Reglementierungen und staatliche Eingriffe der Sache nach oder angesichts der politischen Kräfteverhältnisse unvermeidbar oder gar erwünscht, so ist vor allem Berechenbarkeit erforderlich: Das aufstrebende Bürgertum benötigt Rechtssicherheit und einen Mindesteinfluß in den es unmittelbar betreffenden Angelegenheiten. Wichtigster Hebel ist seit jeher das Recht der Bewilligung von Steuern, von denen die Krone insbesondere zur Kriegsführung abhängig ist; hier geht es mehr und mehr darum, nicht nur besondere Staatsausgaben, sondern

den Staatshaushalt insgesamt und periodisch zu beschließen. Das Parlament als Vertretungskörperschaft hat hier seinen originären Ansatzpunkt. In dieser Dreiecks-Konstellation wehrt sich das Bürgertum gegen Machtzusammenballungen bei der Krone im Bündnis mit dem Adel, aber es unterstützt ebenso die Krone bei der Herstellung einer unmittelbaren und gleichen Untertanenschaft durch Beseitigung ständischer Privilegien und Freisetzung ökonomischer Aktivitäten. Entsprechend wechseln die Koalitionen.

2. Im Maße, wie der Liberalismus die von ihm geforderte Abwehr unberechenbarer staatlicher Eingriffe und die Aufhebung feudaler Einschränkungen durchzusetzen beginnt, weitet sich zugleich sein Blick auf die politische und soziale Ordnung insgesamt: Die bloße Abwehrperspektive geht in eine *Gestaltungsperspektive* über. In der zweiten Etappe geht es dem Liberalismus um die Gestaltung einer *Ordnung der Freiheit*. Diese Entwicklung verläuft in England seit der Durchsetzung des Parlaments in der Glorreichen Revolution von 1688 eher kontinuierlich; sie beginnt in Frankreich abrupt mit der Revolution von 1789 und vollzieht sich in vielen Brüchen; in Deutschland bleibt sie außerordentlich ambivalent: Nach den preußischen Reformen und den süddeutschen Verfassungen in der ersten Hälfte des 19. Jahrhunderts und der gescheiterten Revolution von 1848 wird sie von Bismarck aufgenommen und im Kaiserreich konservativ überdeckt.

Die liberale Forderung auf dem europäischen Kontinent geht jetzt auf eine schriftliche *Verfassung*, um die Organisation der politischen Herrschaft festzulegen und die Rechte und Mitwirkungsmöglichkeiten der Bürger zu gewährleisten. Maßstab ist die freie ungehinderte Entfaltung des Individuums in allen seinen ihm eigenen Lebensbezügen, um sich als Persönlichkeit auszubilden; insbesondere geht es um den Erwerb von Bildung und Besitz.

Zugleich sieht sich der Liberalismus, indem er seine Ziele zur gesamtgesellschaftlichen Gestaltung durchsetzt, vor neuartige Probleme gestellt. Nachdrängende Schichten nehmen die Emanzipationsforderungen des Liberalismus beim Wort und beanspruchen sie, da sie ganz allgemein gelten sollen, auch für sich selbst. So fordern sie, anstelle einer die Gebildeten und Besitzenden begünstigenden Ordnung, gleiche Rechte und Zugangsmöglichkeiten, konkret und gewissermaßen symbolisch verdichtet: das allgemeine und gleiche Wahlrecht. Daran hatte der überkommene Liberalismus nie gedacht, da er die Mitwirkung im Gemeinwesen immer an die Bedingungen von Besitz und Bildung geknüpft hatte. Mit der Ausweitung des Wahlrechts auf die Unvermögenden und Ungebildeten sieht er sich bedenklichen Nivellierungstendenzen einer Massengesellschaft ausgeliefert (worauf Tocqueville als erster eindringlich hingewiesen hat); zudem ist er in neuartiger Weise mit der „sozialen Frage", mit dem Problem von Armut in der Gesellschaft konfrontiert.

3. Die *soziale Frage* hat es immer gegeben, aber Armut galt vornehmlich als ein karitatives Problem. Im Zuge der rapiden Bevölkerungsvermehrung in Europa seit Mitte des 18. Jahrhunderts und der fortschreitenden, neue Unterschichten produzierenden Industrialisierung wurde es immer schwieriger, Armut allein als ein persönliches Schicksal zu interpretieren, dem man, sofern unverschuldet, mit individueller Mildtätigkeit oder, sofern verschuldet, mit Zwang begegnen konnte. Das Problem eines sich mit der Industrialisierung herausbildenden Proletariats wurde nicht nur von Marx auf Strukturgesetze der kapitalistischen Entwicklung zurückgeführt; auch der Liberalismus stand nun vor der Frage, ob nicht die nach liberalen Grundsätzen gestaltete Gesellschaft mit freier ökonomischer Entfaltung zu unerwünschten negativen Folgewirkungen für einen Teil der Bevölkerung führt.

Soweit der Liberalismus diese Zusammenhänge sah und akzeptierte, wandelte er sich zum „*sozialen Liberalismus*". Unterschiede von Arm und Reich waren nicht mehr als natürliche Folgen der unterschiedlichen Fähigkeiten der Menschen, ihrer Faulheit oder ihres Fleißes abzutun, sondern sie erweisen sich als strukturelle Verhinderungen eben jener Chancengleichheit, die der Liberalismus erkämpft und für eine freien Gesellschaft vorausgesetzt hat. Chancengleichheit ist daher immer wieder erst herzustellen, sie entsteht nicht naturwüchsig und nicht allein aus dem freien Spiel der Kräfte. Vielmehr muß der Staat seinerseits zugunsten der sozial Schwachen, die strukturell, ohne eigenes Verschulden benachteiligt sind, kompensierend eingreifen – dies ist der liberale Eintritt in den Wohlfahrtsstaat.

Die „theoretischen Kosten" dieser Einsicht, nämlich erforderliche Veränderungen der liberalen Position, sind beträchtlich: Entgegen der Abwehr von Einflußnahmen in die private Lebensführung sind nun massive Eingriffe und Umverteilungen angezeigt, der Staat wird zum „Interventionsstaat". John Stuart Mill hat diese Konsequenz angedacht, Friedrich Naumann hat sie vollzogen. Das ist eine Weiterentwicklung des liberalen Denkens, die sich von der ursprünglichen Intention stark entfernt und ihr zum Teil widerspricht. So ist es nicht verwunderlich, daß viele Liberale diesen Weg nicht mitgehen wollten und auf der Ursprungsintention beharrten. Infolgedessen kam es in Deutschland immer wieder zu Parteispaltungen bei den Liberalen. Seit 1945 konnte die FDP zwar die Einheit des parteipolitischen Liberalismus aufrechterhalten, aber bis heute ist sie geprägt durch die Spannung zwischen Wirtschaftsliberalen und Sozialliberalen, zwischen einem „rechten" und einem „linken" Flügel.

So fällt es derzeit schwer, trennscharfe Konturen für den Liberalismus auszumachen. Aus historischer Perspektive bleiben trotz aller Ausdifferenzierungen jedoch auch durchgängige Charakteristika des Liberalismus bestehen:

– Philosophisch ist der Liberalismus mit der *Aufklärung* verbunden. Als geistesgeschichtliche Bewegung fordert die Aufklärung die Emanzipation des Individuums von jeder Bevormundung, sei sie politisch, ökonomisch, wissenschaftlich oder religiös ausgerichtet. Das Prinzip der individuellen Autonomie impliziert also konsequent die Veränderung, notfalls auch die revolutionäre Veränderung aller jener bestehenden Verhältnisse, die der Emanzipation des Individuums entgegenstehen.

– Sozial ist der Liberalismus mit dem *Bürgertum* verbunden. So ist er historisch antifeudal eingestellt und wendet sich auch gegen den Staat, wenn dieser in feudaler Tradition das Bürgertum bevormunden will. Andererseits ist der Liberalismus auch antisozialistisch eingestellt, nämlich immer dann, wenn über soziale Reformen hinaus das Privateigentum grundsätzlich in Frage gestellt wird.

– Liberalismus ist *nicht* gleichzusetzen mit *„Ellenbogengesellschaft“*: Die liberale Intention, die autonome Lebensführung in allen Lebensbereichen politisch abzusichern, geht über die Forderung nach freier ökonomischer Entfaltung, auch wenn sie sie ganz wesentlich beinhaltet, doch weit hinaus. Nicht das ökonomisch freigesetzte, sondern das in seinem Besitz *und* in seiner Bildung sich entfaltende Individuum ist das Ziel. Zweifellos hat sich auch ein schrankenloser „Manchester-Kapitalismus“ ausgebildet, der sich allein am Prinzip des *Laissez-faire* orientiert. Aber krasser Individualismus und Egoismus, die sich um den anderen und das Ganze nicht kümmern, sind angesichts der historischen und theoretischen Wurzeln des Liberalismus eher eine Entartungserscheinung; als Ordnungskonzept werden sie vergleichsweise selten propagiert. Entsprechend verhält sich der Liberalismus auch gegenüber dem nachdrängenden vierten Stand, dessen Emanzipationsforderungen weder ökonomisch noch politisch der Interessenlage des liberalen Bürgertums entsprechen. Deshalb grenzt der Liberalismus die Unterschichten mit der Begründung aus, sie verfügten nicht über die erforderliche geistige Reife und Unabhängigkeit des Urteils, um am Gemeinwesen gleichberechtigt teilzuhaben. Aber dies ist auch im überwiegenden liberalen Selbstverständnis nur ein Übergangszustand, der nicht unüberwindlich ist. Vielmehr ist es die Aufgabe der Erziehung, ein allgemeines Qualifikationsniveau zu schaffen, welches es erlaubt, auch die Unterschichten allmählich an die Gesellschaft mündiger Bürger heranzuführen.

2. Ideengeschichtliche Wurzeln

Wie jede soziale und politische Bewegung hat auch der Liberalismus spezifische theoretische Voraussetzungen. Liberale Anliegen – die Interessen des aufsteigenden und sich emanzipierenden Bürgertums – werden in der Geschichte des politischen Denkens zu Ordnungsvorstellungen verdichtet, und diese theoretischen Konzepte sind ihrerseits wieder Grundlage praktischer Politik und somit Bestandteil der weiteren Entwicklung. Die für den Liberalismus des 19. Jahrhunderts grundlegenden politischen Denker sind Locke, Adam Smith, Kant, Sieyes und – bereits in das 19. Jahrhundert hineinragend – Constant. Jeder von ihnen hat Ordnungsvorstellungen formuliert, die zu Prinzipien des Liberalismus geworden sind.

John Locke: Freiheit und Eigentum

Locke ist ohne Zweifel der Begründer des neuzeitlichen politischen Liberalismus, er hat das Freiheitsverständnis des aufstrebenden, von den Einschränkungen des königlichen Absolutismus und feudaler Gewalten sich emanzipierenden Bürgertums klassisch formuliert. In seinen *Two Treatises of Government,* die 1690 kurz nach der englischen Revolution erschienen sind, aber bereits längere Zeit vorher verfaßt wurden, begründet er als vorrangige politische Aufgabe die Sicherung von *property* für das menschliche Individuum. Das Eigentum, das es politisch zu schützen gilt, ist dreifach gefaßt: Es ist das Leben des Individuums, seine Freiheit und sein materieller Besitz, den es sich durch Arbeit erworben hat. Für Locke bilden diese drei Aspekte eine untrennbare Einheit.[1] In der Folge ist immer wieder diskutiert worden, welcher der Aspekte vorrangig sei – ob das Primat der Absicherung des materiellen Besitzes zukomme (woraus sich eine radikale Kritik des Liberalismus entwickeln läßt), oder ob doch vor allem der Schutz des Lebens und die Garantie persönlicher Freiheit im Vordergrund stehe (was den Liberalismus von Ideologievorwürfen entlastet). Gegner und Befürworter des Liberalismus, aber auch dessen verschiedene Flügel selbst, streiten bis heute über die Gewichtung. Dessen ungeachtet erbringt Lockes Argumentation eine Grundlegung des Liberalismus in doppelter Hinsicht: Erstens begründet er die Unverbrüchlichkeit des Eigentums – im weiteren *und* im engeren Sinn – als ein Naturrecht, weil es schon im Naturzustand Geltung hat; zweitens formuliert er, davon ausgehend, das Modell einer politischen Ordnung, deren vornehmster und letztlich einziger Zweck es ist, dieses Eigentum im Sinne einer guten und richtigen Lebensführung der Bürger zu schützen, was wiederum politische Mitsprache und Kontrolle der Eigentümer erfordert.

---

1 J. Locke, The Second Treatise on Government, ed. P. Laslett, Cambridge 1960, §§ 123–124.

Adam Smith: Markt und Moral

Von Adam Smith, einem der wichtigsten Vertreter der britischen Nationalökonomie des 18. Jahrhunderts, stammt das klassische Plädoyer für moderne Wirtschaftsfreiheit; er entwickelt es im Zusammenhang mit der schottischen Aufklärung. Adam Smith ist somit der Begründer des ökonomischen liberalen Denkens, bettet es aber zugleich in eine moralische Sichtweise ein. Für das erste steht die *Inquiry into the Nature and Causes of the Wealth of Nations* (1776), für die zweite die *Theory of Moral Sentiments* (1759). So betont Adam Smith auf der einen Seite, daß ökonomische Prosperität und damit Wohlfahrt für alle einen freien Markt ohne staatliche Einschränkungen und Bevormundungen verlangt. Wenn sich der Wettbewerb ungehindert entfalten kann, stellt sich der positive Effekt für alle Beteiligten wie von einer „unsichtbaren Hand" geleitet ein. Aber das berühmte Theorem der *invisible hand* behauptet nicht voraussetzungslos eine Harmonie durch ungehinderten Wettbewerb. Dies wird oft übersehen. Voraussetzung ist erstens staatliches Handeln, welches „Gerechtigkeit" als Rahmen setzt und aufrecht erhält, zweitens eine bürgerliche Moral der gegenseitigen Anerkennung und Wertschätzung. Handlungsfähigkeit beruht auf Selbstachtung der Bürger, diese ist nur durch Fremdachtung möglich, und sie verlangt ein wechselseitiges Einfühlungsvermögen, *sympathy*. So begründet Adam Smith einen untrennbaren Zusammenhang von Markt (Ökonomie) und Moral, und dieser Zusammenhang ist entscheidend für ein differenziertes Verständnis des Liberalismus. Allerdings sieht Smith auch noch keine grundsätzlichen Probleme darin, beide Aspekte miteinander zu vereinbaren. Erst seine Nachfolger, insbesondere David Ricardo, entwickeln jenen ökonomisch verengten Realismus ohne moralische Gegengewichte, der in den Zynismus des „Manchester-Kapitalismus" mündet.

Immanuel Kant: Rechtsstaat und Öffentlichkeit

Für den deutschen Liberalismus ist das Rechtsstaatsprinzip, wie es Kant formuliert, die entscheidende Grundlage des Politikverständnisses. Auch dieses Prinzip entstammt der Aufklärung, die Kant 1784 für Deutschland wie folgt definiert:

> „Aufklärung ist der Ausgang des Menschen aus seiner selbstverschuldeten Unmündigkeit. Unmündigkeit ist das Unvermögen, sich seines Verstandes ohne Leitung eines anderen zu bedienen."[2]

Die Autonomie, die die Menschen (wieder)gewinnen müssen, ist die Autonomie der Vernunft, die zum alleinigen Gesetzgeber in allen Lebensfragen wird. Die Vernunft gibt den Maßstab sowohl für alle wissenschaftliche Erkenntnis als

---

[2] I. Kant, Beantwortung der Frage: Was ist Aufklärung? In: Werke in sechs Bänden, hg. v. W. Weischedel, Darmstadt 1983, Bd. 6, S. 53.

auch für die praktische Lebensführung der Menschen. Zugleich zeigt Kant ihre theoretischen und praktischen Grenzen auf. Der unbedingte Vernunftanspruch an die individuelle Lebensführung ist auf Ethik und Moral beschränkt, nämlich als Individuum autonom entsprechend dem Sittengesetz zu handeln. Dagegen ist die äußere Form des menschlichen Zusammenlebens, wie sie in der Verfassung und den Gesetzen geregelt ist, nicht auf Moral, sondern auf eine erzwingbare äußerliche Ordnung gegründet. Sie beruht zwar ihrerseits auf Vernunftprinzipien, betrifft aber nicht die individuelle Moral und hängt auch nicht von ihr ab. Daraus ergibt sich ein Dualismus von Moralität und Legalität, der sich für das liberale Verfassungsdenken in Deutschland als höchst folgenreich erwiesen hat. Dem Staat ist keinerlei Zugriff auf die moralische Lebensführung seiner Bürger zugebilligt, und er darf diese in einer politischen Ordnung nach Vernunftprinzipien auch nicht voraussetzen:

> „Das Problem der Staatserrichtung ist, so hart wie es auch klingt, selbst für ein Volk von Teufeln (wenn sie nur Verstand haben) auflösbar und lautet so: ‚Eine Menge von vernünftigen Wesen, die insgesamt allgemeine Gesetze für ihre Erhaltung verlangen, deren jedes aber in Geheim sich davon auszunehmen geneigt ist, so zu ordnen und ihre Verfassung einzurichten, daß, obgleich sie in ihren Privatgesinnungen einander entgegen streben, diese einander doch so aufhalten, daß in ihrem öffentlichen Verhalten der Erfolg eben derselbe ist, als ob sie keine solche böse Gesinnungen hätten'."[3]

Gefordert ist also nicht eine moralisch gute, sondern eine rechtlich legitimierte Ordnung, nämlich eine Verfassung, die formalen Vernunftprinzipien genügt, ohne die individuelle Lebensführung inhaltlich festzulegen. Das ist das Prinzip des *Rechtsstaats*, welches in der Staatsform der Republik basierend auf Gewaltenteilung und Repräsentation verwirklicht wird. Im 19. Jahrhundert hat vor allem Robert v. Mohl das Rechtsstaatsprinzip propagiert, und hier liegt auch die Wurzel des späteren „Rechtspositivismus" im 19. und 20. Jahrhundert. Für Kant ist der Rechtsstaat mit drei Grundforderungen verbunden:

1. gesetzliche *Freiheit*: keinem Gesetz zu gehorchen, dem der Staatsbürger nicht zugestimmt hat;

2. bürgerliche *Gleichheit*: keiner Obrigkeit zu gehorchen, die dem Staatsbürger nicht ihrerseits verantwortlich ist;

3. bürgerliche *Selbständigkeit*: kein Gemeinwesen anzuerkennen, in dem die Erhaltung der eigenen Existenz nicht aus eigenen Kräften und unabhängig von den Rechten anderer möglich ist.[4]

---

3 I. Kant, Zum ewigen Frieden (1795), in: Werke, Bd. 6, S. 224.

4 Vgl. I. Kant, Die Metaphysik der Sitten (1797), Rechtslehre § 46, in: Werke, Bd. 4, S. 432.

Die dritte Bestimmung enthält zugleich alle sozialen Einschränkungen, von denen der Liberalismus des 19. Jahrhunderts ausgeht und die er – siehe oben – auch nur partiell überwindet: Bürgerliche Selbständigkeit setzt zwar politische Gleichberechtigung voraus und enthält die Ablehnung aller Privilegien, aber sie fordert nicht die Verwirklichung sozialer Gleichheit. Vielmehr schließt sie ausdrücklich alle Personen vom Status des aktiv berechtigten Staatsbürgers (und damit von der Wahlberechtigung) aus, die nicht „ihr eigener Herr sind": alle Lohnabhängigen und alle Frauen. Bürgerliche Selbständigkeit fordert lediglich Chancengleichheit, um eine unabhängige Existenz zu errichten und behaupten zu können; kompensatorisch wirkt sie nicht. Deshalb geht es auch nicht um Solidarität mit den sozial Schwachen; dies ist ein sozialistisches oder christlich-konservatives Anliegen, welches dem Liberalismus ursprünglich fremd ist.

Das Vernunftprinzip autonom urteilender Bürger enthält das Prinzip der *Öffentlichkeit* – ohne Öffentlichkeit kann es nicht wirken. Aufklärung vollzieht sich nicht im stillen Kämmerlein, sondern stets nur durch den öffentlichen Gebrauch der Vernunft. Für den Liberalismus des 19. Jahrhunderts werden Pressefreiheit und die Öffentlichkeit der parlamentarischen Beratung zu einer Grundforderung und zum Hebel, um weitere liberale Vorstellungen durchzusetzen. Kant ist noch vorsichtig und versteht unter Öffentlichkeit zunächst die Möglichkeit, sich als Gelehrter an ein gebildetes Publikum zu wenden; hierbei kommt der Philosophischen Fakultät an den Universitäten eine kritische Rolle zu.[5] Habermas hat daraus den Grundsatz einer *normativen Öffentlichkeit* entwickelt, die im vernünftigen, herrschaftsfreien Diskurs zu verbindlichen, weil ausgewiesenen Ergebnissen gelangt.[6]

Sieyes und Constant: moderne Repräsentation

Liberalismus ist grundsätzlich mit dem Repräsentativprinzip verbunden, und so ist er in die moderne „repräsentative Demokratie" eingegangen. Repräsentation steht immer in einem Spannungsverhältnis zur Partizipation, wenn diese als Volksherrschaft im Sinne möglichst unmittelbarer Teilhabe aller Beteiligten verstanden wird. Diese Form der Partizipation ist eine radikal-demokratische und nicht ursprünglich liberale Vorstellung. Dagegen geht Repräsentation auf genuin liberale Forderungen zurück: Die politische Interessenvertretung des Bürgertums sollte ökonomische, politische und geistige Freiheit gewährleisten. Der Liberalismus hat Repräsentation aber nicht mehr im überkommenen Sinn als ständische Repräsentation verstanden, welche die eigene Interessenvertretung in einen geordneten, hierarchisch abgestuften Zusammenhang einfügt.

---

5 Vgl. I. Kant, Der Streit der Fakultäten (1798), in: Werke, Bd. 6, S. 291 f, 296.

6 J. Habermas, Strukturwandel der Öffentlichkeit (1962), Neuauflage Frankfurt/M, 1990.

Moderne Repräsentation ist Repräsentation der (gleichen) Staatsbürger und steht für die Gesamtheit der Staatsbürger im Gemeinwesen – ganz gleich, wie unmittelbar die Repräsentanten den Bürgern verantwortlich sind.

In den USA wird Repräsentation seit den Federalist Papers als ein Wechselverhältnis zwischen Repräsentanten und Repräsentierten verstanden, als eine responsive Repräsentation, in der die gewählten Repräsentanten einerseits die Belange der Allgemeinheit verhandeln, andererseits aber auch die Interessen ihres Wahlkreises vertreten.[7] Dagegen wird in Europa, beginnend mit Burke und radikal ausformuliert vom Abbé Sieyes[8], Repräsentation eher als „freies Mandat" verstanden. So bestimmt das deutsche Grundgesetz

> „Die Abgeordneten des Deutschen Bundestages ... sind Vertreter des ganzen Volkes, an Aufträge und Weisungen nicht gebunden und nur ihrem Gewissen unterworfen" (Art. 38 Abs. 1 GG)

und nimmt damit nur die Vorgabe der ersten französischen Revolutionsverfassung von 1791 auf, an deren Formulierung Sieyes maßgeblich beteiligt war. Allerdings betrifft die Auseinandersetzung um „imperatives" oder „freies" Mandat nicht das Kernstück des liberalen Repräsentativprinzips, auch wenn neuere Auseinandersetzungen in der Bundesrepublik anläßlich des Einzugs der Grünen in den Bundestag dies glauben machen wollten. Im 19. Jahrhundert war der europäische Liberalismus durchaus nicht auf das „freie Mandat" festgelegt, er diskutierte unterschiedliche Formen der Repräsentation, und vermutlich lag es nicht minder im monarchischen Interesse, daß sich in den neuen Verfassungen das Repräsentationsverständnis von Burke und Sieyes in seiner Abgehobenheit von den Volksmassen durchsetzte.

Den Kern des liberalen Repräsentationsverständnisses hat *Benjamin Constant*, ein französisch-schweizer Liberaler, sehr plastisch formuliert. In einer Rede von 1819[9] begründet er das moderne Repräsentativprinzip aus den liberalen Forderungen nach Abstinenz des Staates in ökonomischen Angelegenheiten und Absicherung der persönlichen, privaten Freiheit entsprechend den Interessen des wirtschaftenden Bürgertums. Um freiheitliche Institutionen zu erhalten, die solches leisten, ist im Gegensatz zur antiken Demokratie ein modernes Repräsentativsystem gefordert. Eine unmittelbare Teilhabe am Gemeinwesen

---

7 J. Madison/A. Hamilton/J. Jay, The Federalist Papers, ed. I. Kramnick, London 1987, hier: Fed. No. 57.

8 E. J. Sieyes, Politische Schriften 1788–1790, übers. und hg. v. E. Schmitt und R. Reichhardt, München und Wien, 2. Aufl. 1981. Hier: Überblick über die Ausführungsmittel, die den Repräsentanten Frankreichs 1789 zur Verfügung stehen, S. 17–90; Rede des Abbé Sieyes über die Frage des königlichen Vetos usw., S. 259–276.

9 B. Constant, Über die Freiheit der Alten im Vergleich zu der der Heutigen (1819), in ders., Werke, hg. v. A. Blaeschke und L. Gall, Bd. 4, Berlin 1972, S. 363–396.

und somit eine Teilung der gesellschaftlichen Macht unter alle Bürger war in den antiken Demokratien nur unter den Voraussetzungen von Sklaverei und Familienwirtschaft möglich; die Bürger selbst waren mehr an Politik als an ökonomischer Betätigung interessiert. Inzwischen hat sich das Interesse gewandelt. Im Vordergrund steht die eigene, produktive ökonomische Betätigung seitens der Bürger selbst, und sie läßt ihnen nur mehr wenig Zeit übrig, um sich mit politischen Angelegenheiten zu beschäftigen. Diese werden vielmehr einigen Vertretern übertragen, die in Vollmacht handeln. Ein solches Repräsentativsystem ist nichts anderes, als wenn ein Gutsherr einen Verwalter einsetzt. Entsprechend freigestellt sind die Bürger für ihre eigenen Interessen, denn ihre politischen Interessen, nämlich vornehmlich die Absicherung der ökonomischen Freiheit im Staat, wissen sie durch ihre Repräsentanten wahrgenommen. Dieser Kontext macht es zugleich klar, daß nur solche Persönlichkeiten diese Funktion ausfüllen können, die selbst hinreichend über Besitz und Bildung verfügen.[10]

3. Der Liberalismus im 19. Jahrhundert

Es ist bemerkenswert, angesichts der Varianz von Positionen und Entwicklungen aber auch nicht verwunderlich, daß es bisher keine Gesamtdarstellung des Liberalismus im 19. Jahrhundert gibt.[11] Ein Überblick kann dieses Defizit nicht ersetzen, er kann nur Schwerpunkte bilden. So sollen hier zwei Themen angesprochen werden: der Kampf um die *Konstitution* (exemplifiziert am deutschen Frühliberalismus) und das Problem der *Demokratie* (in der Bandbreite von Tocqueville über J. St. Mill bis Julius Fröbel).

---

[10] Zweifellos wurden die ärmeren Schichten vom Repräsentativsystem zunächst rigide ferngehalten, aber der Grund dafür war *zunächst nicht* (und auch später nicht ausschließlich) ökonomisches Interesse, sondern das Bildungsproblem: Die Liberalen hatten Angst vor dem ungebildeten Pöbel, bei dem sie stets befürchteten, er werde von Demagogen aufgeputscht. Schließlich mußte aber der Liberalismus einsehen, daß das von ihm selbst propagierte Prinzip der Menschen- und Bürgerrechte auch für das allgemeine Wahlrecht spricht.

[11] Heranzuziehen sind: R. Arneson (Hg.), Liberalism, 3 Bde. Cheltenham 1992; L. Gall/R. Koch (Hg.), Der europäische Liberalismus im 19. Jahrhundert. Texte zu seiner Entwicklung, 4 Bde. Frankfurt/M./Berlin/Wien 1981; D. Langewiesche (Hg.), Liberalismus im 19. Jahrhundert. Deutschland im europäischen Vergleich, Göttingen 1988; G. de Ruggiero, Geschichte des Liberalismus in Europa, München 1930; H. Vorländer (Hg.), Verfall oder Renaissance des Liberalismus? Beiträge zum deutschen und internationalen Liberalismus, München 1987.

3.1 Liberalismus und Konstitution: deutscher Frühliberalismus

In Deutschland ist der Liberalismus des 19. Jahrhunderts besonders vielschichtig und heterogen. Die Begründung seiner politischen Vorstellungen erfolgte vornehmlich im Vormärz, vor der Revolution von 1848. Die Grundmuster der Argumentation, die zu dieser Zeit entwickelt wurden, haben ein theoretisches und philosophisches Niveau, das in den späteren Auseinandersetzungen und Fortentwicklungen des Liberalismus nicht mehr erreicht wurde. Ungeachtet dieser Bedeutung ist die Forschung über die unterschiedlichen Strömungen und Positionen noch weitgehend am Anfang, ihre Einordnung in den historischen und sozialen Kontext der politischen Entwicklung sehr offen.[12]

Die Diskussionen im politischen Liberalismus des deutschen Vormärz sind stark um das Problem der *Verfassung* zentriert. Liberale Prinzipien finden ihren Niederschlag in mehr oder weniger explizit ausgeführten Verfassungsentwürfen (so die Verfassungsentwürfe Wilhelm v. Humboldts für Preußen) oder in Grundsätzen, von denen aus Verfassungen entwickelt werden (so das *Lehrbuch des Vernunftrechts und der Staatswissenschaften* von Rotteck). Verfassungen haben eine dreifache Funktion:

– Als *geschriebene* Verfassungen markieren und garantieren sie den erreichten Kräftestand in den politischen Auseinandersetzungen (sei es gegenüber Krone und Adel, sei es gegenüber nachdrängenden radikalen Bewegungen).

– Als *Normensysteme* legen sie die politische Ordnung des Gemeinwesens entsprechend den eigenen Grundsätzen fest.

– Als *Symbolsysteme* bringen sie zum Ausdruck, in welcher Weise die Bürger in das Normensystem des Gemeinwesens integriert werden (z.B. in einem aufklärerisch-naturrechtlichen oder in einem historisch-organischen Verständnis, s.u.).

Die unterschiedlichen Positionen lassen sich etwa wie folgt umreißen. Auf dem äußersten linken Flügel stehen die „Demokraten"; Julius Fröbel hat 1847 eine

---

[12] Vgl. dazu R. Blänkner, Die Idee der Verfassung in der politischen Kultur des 19. Jahrhunderts in Deutschland, in: H. Münkler (Hg.), Bürgerreligion und Bürgertugend. Debatten über die vorpolitischen Grundlagen politischer Ordnung, Baden-Baden 1996. S. 309–341; R. Blänkner, Der Vorrang der Verfassung. Formierung, Legitimations- und Wissensformen und Transformation des Konstitutionalismus in Deutschland im ausgehenden 18. und frühen 19. Jahrhundert, in: R. Blänkner und B. Jussen (Hg.), Institutionen und Ereignis, Göttingen 1998. S. 295–325; K.-G. Faber, Strukturprobleme des deutschen Liberalismus im 19. Jahrhundert, in: Der Staat 14 (1975), S. 201–227; Lothar Gall (Hg.), Liberalismus, Köln 1976; D. Langewiesche, Liberalismus in Deutschland, Frankfurt/M. 1988; J. Sheehan, Der deutsche Liberalismus. Von den Anfängen im 18. Jahrhundert bis zum 1. Weltkrieg 1770–1914, München 1983; P. Wende, Radikalismus im Vormärz, Wiesbaden 1975.

umfassende radikaldemokratische Konzeption ausgearbeitet, sie steht jedoch nur für eine Minderheit. Die Mehrheit der Liberalen vertritt bis 1848 einen Konstitutionalismus in Form eines Dualismus, der die politische Herrschaft zwischen Parlament und Krone aufteilt. Das in zwei Kammern gegliederte Parlament beschließt über die Gesetze, die Krone setzt die Regierung ein und beruft sie ab. Ein parlamentarisches System, das auch für die Monarchie die parlamentarische Verantwortlichkeit der Regierung festschreibt, ist nicht die Intention der konstitutionellen Liberalen im deutschen Vormärz; wichtig ist ihnen, daß das Parlament wenigstens das Recht auf Gesetzesinitiative erhält. Soweit in den deutschen Ländern zu dieser Zeit Verfassungen eingerichtet wurden, entsprechen sie in unterschiedlichem Grad den Forderungen der Liberalen, und diese haben sie in den Parlamenten, häufig sehr zum Mißfallen der Krone, mit vielfältigen politischen Aktivitäten weiter durchzusetzen versucht.

Üblicherweise wird im dualistisch orientierten konstitutionellen Liberalismus zwischen einer auf England ausgerichteten, norddeutschen, eher konservativen Position (Dahlmann) und einer von Rousseau und der Französischen Revolution beeinflußten, süddeutschen, eher republikanischen Position (Rotteck) unterschieden.[13] Neuere Forschungen sprechen dafür, daß wir es hier weniger mit parallelen Strömungen als vielmehr mit einer zeitlichen Abfolge zu tun haben.[14] Bis in die dreißiger Jahre des 19. Jahrhunderts war der deutsche Liberalismus vornehmlich von einem Denken geprägt, das im Gefolge der Aufklärung und vor allem in Anknüpfung an Kant eine vernunftbegründete Verfassung entwikkelte. Hierzu gehört zunächst der Liberalismus des „juste milieu" im mitteldeutschen Raum, dessen Vertreter Pölitz und Krug[15] in den 1820er Jahren mit einer von Kant ausgehenden, popularisierten Philosophie des gesunden Mittelmaßes zu ihrer Zeit eine erhebliche publizistische Wirkung entfaltet und zur Verbreitung des Liberalismus wohl am meisten beigetragen haben. Wenn auch weniger als Pölitz auf die Verfassung ausgerichtet, gehört hierzu auch die Ausarbeitung der Theorie des Rechtsstaates durch *Robert v. Mohl.*[16] Philosophisch von gewichtigerem Kaliber ist *Karl v. Rotteck.* Er verbindet die sittlich rigorose individualistische Freiheitsbegründung von Kant und dem jungen Fichte mit dem Kerngedanken einer identitären Demokratie bei Rousseau, um daraus nicht nur

---

[13] U. Bermbach, Liberalismus, in: I. Fetscher und H. Münkler (Hg.), Pipers Handbuch der politischen Ideen, Bd. 4. München/Zürich 1986. S. 323–368, hier: 350.

[14] Vgl. Blänkner, Anm. 12.

[15] K. H. L. Pölitz, Die Staatswissenschaften im Lichte unserer Zeit, 5 Bde. Leipzig 1823/1824; W. T. Krug, Geschichtliche Darstellung des Liberalismus alter und neuer Zeit, Leipzig 1823.

[16] R. v. Mohl, Die Polizei-Wissenschaft nach den Grundsätzen des Rechtsstaates, 2 Bde. Tübingen 1832/1833.

die klassischen liberalen Forderungen, sondern im Ergebnis auch einen Dualismus von Krone und Parlament zu begründen. Zweifellos stellt sein Versuch, das liberale Freiheitsprinzip in einer systematischen, alles andere als opportunistischen Konzeption mit den Möglichkeiten deutscher Verhältnisse zu verbinden, einen Höhepunkt des liberalen Denkens im Deutschland dar.[17] Demgegenüber vertritt *Friedrich Christoph Dahlmann* eine historisch und organisch ausgelegte Version des Liberalismus. Er verbindet das Aufklärungsideal der Emanzipation des Individuums in starker Aufnahme Burkescher Gedanken mit der historischen Erfahrung und begründet auf diese Weise einen aus der historischen Entwicklung hervorgehenden Staat, der organisch gefügt ist und zugleich liberalen Charakter trägt.[18] Wie es scheint, löst diese historische Argumentation die vernunftrechtliche Begründung zunehmend ab. In den vierziger Jahren des 19. Jahrhunderts hat sie vor allem in der liberalen Hegel-Nachfolge eine verbreiterte Fortführung gefunden, und sie wirkt auch noch hinein in die Wende zur „Realpolitik" *(Rochau)*[19], die der deutsche Liberalismus nach der Erfahrung der gescheiterten Revolution von 1848 vollzieht.

3.2 Liberalismus und Demokratie: Tocqueville – J. St. Mill – Julius Fröbel

Liberalismus ist nicht gleich Demokratie. Historisch gesehen waren die Liberalen nicht zugleich Demokraten. Deutlichstes Zeichen ist die vom Liberalismus stets propagierte Einschränkung im Wahlrecht: Bürger ist nur, wer durch Besitz und Bildung ausgewiesen ist (siehe Kant), daher ist das Wahlrecht für den Liberalismus zunächst immer an einen Zensus gebunden. Erst J. St. Mill bringt Liberalismus und Demokratie in der spezifischen Form des Repräsentationssystems zusammen; seine Position markiert darum die am weitesten entfaltete liberale Demokratietheorie des 19. Jahrhunderts. Zuvor sind die Theorietraditionen von Liberalismus und Demokratie getrennt: Liberalismus ist die Theorie der Entfaltung des autonomen Individuums; entscheidend ist sein Schutz durch den Rechtsstaat. Demokratie ist die Theorie der gleichberechtigten Teilnahme an der Herrschaft durch *alle*, und zwar möglichst *unmittelbar*; Vorbilder sind das klassische Athen und die volonté générale bei Rousseau. Mill nimmt – wie auch der moderne Liberalismus – nicht die *unmittelbare* Teilhabe, wohl aber die

---

17 K. v. Rotteck, Lehrbuch des Vernunftrechts und der Staatswissenschaften, 4 Bde. Stuttgart 1829–35, 2. Aufl. 1840 (Bd. 12), Reprint Aalen 1964; K. v. Rotteck,/C. Welcker, Das Staats-Lexikon. Enzyklopädie der sämtlichen Staatswissenschaften für alle Stände, 15 Bde. Altona 1835–43, 2. Aufl. 1845–1848, Reprint Frankfurt/M. 1990.

18 F. C. Dahlmann, Die Politik (1835), hg. v. W. Bleek, Frankfurt/M. 1997.

19 L. A. v. Rochau, Grundsätze der Realpolitik (1853), hg. v. H.-U. Wehler Frankfurt/M./Berlin/Wien 1972.

Teilhabe *aller* in sein Repräsentativsystem auf und verbindet auf diese Weise die beiden Traditionen. In einer Skala von Tocqueville bis Fröbel läßt sich Mill zwischen einer mehr konservativen (Tocqueville) und einer mehr radikalen (Fröbel) Lesart von Demokratie verorten.

Alexis de Tocqueville registriert – mit großen Vorbehalten und einer fast tragischen Attitüde – das unaufhaltsame Fortschreiten der (Massen-) Demokratie, wie er sie aus seiner Amerikareise kennengelernt hat (*De la démocratie en Amérique*, 1835/40). Er konstatiert eine unaufhaltsame Ausbildung des Gleichheitsprinzips, welches das klassische und ureigene Ideal der Demokratie darstellt – aber es führt zunehmend zur Bedrohung der individuellen Freiheit und Vielfalt. In den Vereinigten Staaten von Amerika, aber schlimmer noch in den Staaten Europas mit ihrer Zentralisierung der Herrschaft entsteht zunehmend die Gefahr einer Tyrannei der Mehrheit. Damit wird das Wechselverhältnis von Freiheit und Gleichheit, welches moderne Gemeinwesen auszeichnen sollte, zum Problem. Der Liberalismus hat das Gleichheitspostulat stets auf die Freiheit der autonomen Bürger, letztlich also auf eine Elite eingeschränkt. Tocqueville muß nun am amerikanischen Beispiel konstatieren, daß sich Gleichheit unaufhaltsam universalisiert. Das Prinzip der Gleichheit tritt damit unauflösbar in ein Spannungsverhältnis zum Prinzip der individuellen Freiheit. Zwar ist Tocqueville nicht durchweg pessimistisch. Die Dezentralisierung der Macht, wie er sie in den Neuengland-Staaten Nordamerikas anhand der Selbstverwaltung der Gemeinden und der tragenden Rolle der Religion kennengelernt hat, bildet ein gewisses Gegengewicht. Aber für Europa, das diese Voraussetzungen nicht erfüllt, kann Tocqueville für das unaufhaltsame Vordringen von Gleichheit und Demokratie nur negative Folgen ausmachen.

John Stuart Mill nimmt die Bedenken und die weithin pessimistische Sicht Tocquevilles ausdrücklich auf, wendet sie aber durch eine ausdifferenzierte normative Theorie der Freiheit ins Positive. Auf diese Weise integriert er auch die Entwicklung zur Demokratie in die Sicht der Liberalen, und so gelangt er zu dem differenziertesten Demokratie- Modell des Liberalismus im 19. Jahrhundert. Aber die unterschiedlichen Pfade der liberalen und der demokratischen Traditionslinie bleiben bei ihm doch deutlich sichtbar. So läßt sich bei Mill besonders gut demonstrieren, daß moderne Repräsentativ-Demokratie nur als eine Verbindung – als ein Kompromiß – aus liberalem und demokratischem Gedankengut verstanden werden kann.[20]

---

[20] Für diese Einsicht braucht man gar nicht den Kritiker Carl Schmitt zu bemühen, der die beiden Komponenten genüßlich auseinandernimmt, siehe: C. Schmitt, Die geistesgeschichtliche Lage des heutigen Parlamentarismus (1923), 2. Aufl. München/Leipzig 1926.

Mill setzt sich vehement für umfassende persönliche Freiheit ein und verteidigt sie gegen alle Versuche der Übermächtigung seitens des Staates, vor allem aber auch seitens der Gesellschaft (*On Liberty*, 1859). Er kämpft für die politischen Rechte und die Beteiligung aller (einschließlich der Frauen) am Gemeinwesen. Aber diese Demokratie muß ein Repräsentativsytem sein (*Considerations on Representative Government*, 1861). Eine direkte Demokratie, in der alle Bürgerinnen und Bürger unmittelbar mitbestimmen, scheitert nicht nur an der technischen Schwierigkeit, die gesamte Bürgerschaft in einem Flächenstaat permanent zu beteiligen. Das ist gewissermaßen das Standardargument des 19. Jahrhunderts für eine repräsentative Demokratie. Das Repräsentativsystem hat auch die Funktion, ein unmittelbares Durchschlagen von Interessen der großen Zahl zu vermeiden.[21] Da das Volk die nötige Reife des politischen Urteils noch nicht erlangt hat, kann es nur über gewählte Repräsentativkörperschaften an der Kontrolle der Regierung und der Gesetzgebung beteiligt werden. Zudem möchte Mill auch das Wahlverfahren noch ausdifferenzieren. Aus der allgemeinen Wahl resultiert lediglich Herrschaft durch die Mehrheit des Volkes; eine solche „Majoritätsdemokratie" steht immer noch vor dem Problem, daß qualifizierte Minderheiten durch die gesellschaftliche Mehrheitsmasse übermächtigt werden. So entwirft Mill ein ausgeklügeltes Wahlrecht mit zusätzlicher Stimmvergabe („plural voting"), um den (intellektuellen) Minderheiten über den quantitativen Proporz hinaus Einfluß zu geben.[22]

Julius Fröbel wendet sich scharf gegen Kompromisse auf Kosten der Demokratie und entwickelt eine Demokratietheorie, die den Gegensatz zwischen Liberalen und Demokraten, der sich in der deutschen Revolution von 1848 als geradezu verhängnisvoll erwiesen hat, sehr plastisch zum Ausdruck bringt. Bis zur Revolution, in der er selbst sehr aktiv war, vertritt er eine radikaldemokratische Position (*System der sozialen Politik*, 1847). Die Individuen können sich, entsprechend ihrer allgemeinen Menschennatur, nur zu einem Staat in Form einer Assoziation verbinden. Hier bestimmen die Bürger unmittelbar, lediglich unterstützt durch zwischengeschaltete Repräsentativverfahren, vermittels des Mehrheitsprinzips über alle ihre Angelegenheiten. Es kann keine Trennung von Staat und Gesellschaft, von öffentlichem und privatem Recht geben. Das Individuum darf zwar selbständig wirtschaften, sein Eigentum ist ihm aber nur vom Staat geliehen und fällt nach seinem Tode an diesen zurück. Auf diese Weise verwirklicht sich der Bürger als ein freies sittliches Individuum, allerdings nur gemäß der „Normalität" der allgemeinen Menschennatur, und so unterliegt er letztlich

---

[21] Vgl. dazu J. S. Mill, Betrachtungen über die repräsentative Demokratie, hg. v. K. L. Shell, Paderborn 1971, Kap. 3 und 5.

[22] Mill, Betrachtungen über die repräsentative Demokratie, Kap. 7.

einem erheblichen Gleichheitsdruck.[23] Weicht er nämlich in seinen individuellen Bedürfnissen von der Normalität ab und ist er auch durch Erziehung nicht auf den rechten Weg zurückzuführen, so verliert er seine Qualifikation als Bürger – er wird wegen „Krankheit" ausgeschlossen.[24]

Fröbel mußte nach der gescheiterten Revolution von 1848, bei der er nur knapp mit dem Leben davongekommen war, in die USA emigrieren. Aufgrund dieser Erfahrungen hat er seine radikaldemokratische Intention ausdrücklich zurückgenommen und in eine autoritäre Position gewendet (*Theorie der Politik*, 1861). Seine theoretischen Voraussetzungen brauchte er dazu nur geringfügig zu verändern.[25]

4. Schlußbemerkung

Ein einführender Überblick muß sich bescheiden, auch wenn es reizvoll wäre, die Eingangsüberlegung wieder aufzunehmen und differenzierter weiterzuführen. Die These lautete, daß sich der Liberalismus politisch „zu Tode gesiegt" hat, weil er in den westlichen Demokratien seine entscheidenden Forderungen vollständig durchsetzen konnte. Aber der Erfolg gilt zunächst nur für die westlichen Demokratien. Ansonsten sieht es anders aus in der Welt – selbst elementare Forderungen wie Menschen- und Bürgerrechte oder eine Konstitution, die auch diesen Namen verdient, stehen erst auf der Tagesordnung.

Ein weiteres kommt hinzu. Der Überblick über den Liberalismus des 19. Jahrhunderts sollte nicht nur die Entwicklung strukturieren und die wichtigsten Themen ansprechen. Er sollte auch deutlich machen, daß das liberale Denken (und entsprechend auch liberale Politik) in unaufgelösten Kontroversen steht, die sich aus widersprüchlichen, aber gleichermaßen unabweisbaren Prinzipien ergeben. Die wichtigste Kontroverse ist der Widerspruch von individueller

---

23 Fröbel geht zwar eindeutig vom Individuum aus, verbindet damit aber höchst problematische Konsequenzen. (Das hat Habermas, der ihn für sein eigenes Konzept in Anspruch nimmt, pikanterweise nicht gesehen – siehe Habermas, Jürgen, Volkssouveränität als Verfahren (1988), in ders., Faktizität und Geltung, Frankfurt/M. 1992, S. 600–631, hier: 612–616.) Sittlichkeit erhält das Individuum erst, wenn es sich zur „allgemeinen Menschennatur" erhebt, diese auf je individuelle Weise darstellt und damit seine eigene „Normalität" gewinnt. Vgl. J. Fröbel, System der sozialen Politik, Mannheim 1947 (Reprint Aalen 1975), Bd. 1, S. 33 ff.

24 Fröbel, System der sozialen Politik, Bd. 2, S. 413 und 418.

25 Dazu näher G. Göhler, Die demokratische Position mit ihren Ambivalenzen – Julius Fröbel, in: H-J. Lieber (Hg.), Politische Theorien von der Antike bis zur Gegenwart, Bonn, Bundeszentrale für politische Bildung, 2. Aufl. 1993, S. 411–435, hier: 432–435.

kraten, u.a. Quesnay und Turgot, kennenlernte. Während dieser Zeit arbeitete er bereits an seinem Hauptwerk, dem *Wealth of Nations*. Die weitgespannten wissenschaftlichen Interessen des 1790 gestorbenen Smith lassen sich auf den gemeinsamen Nenner bringen, das zu erforschen, was man zutreffend als die Naturgeschichte der bürgerlichen Gesellschaft bezeichnet hat[2]. Bei diesem sein Lebenswerk bildenden Vorhaben partizipierte er an der empirischen Geschichtssicht und dem anthropologischen Realismus der schottischen Aufklärungshistorie, mit deren herausragenden Vertretern er in engstem Kontakt stand.

Smiths charakteristische Handschrift zeigt sich schon in der *Theory of Moral Sentiments* (1759), seinem ersten großen Bucherfolg. Darin legt er eine vom Leitbild empirischer Forschung inspirierte Theorie sozialen Verhaltens dar, die insbesondere auseinandersetzt, wie die Anteilnahme der Menschen am Schicksal ihrer Mitmenschen den Zusammenhalt der Gesellschaft fördert. Die bereits im ersten Satz registrierten altruistischen Dispositionen des Menschen erläutert er an der integrierenden Funktion der *sympathy,* in der sich emotionale und kognitive Aspekte durchdringen, sowie des sogenannten unparteiischen Zuschauers oder Beobachters, der das Verstandesmoment sozialer Interaktion verkörpert. Der auf psychische Grundbefindlichkeiten zielende Begriff der *sympathy* ist allerdings ausgesprochen weit gefaßt und keineswegs mit Benevolenz – also der Neigung, anderen Gutes zu tun – gleichzusetzen; er schließt beispielsweise die gesellschaftlicher Stabilität förderliche Bewunderung der Reichen und Großen des Landes ein. Das für die Gesellschaftsbildung letztlich ausschlaggebende Moment ist in dem Streben des Menschen nach Anerkennung und sozialer Billigung zu suchen; seine Gefall- und Prestigesucht motiviert den Menschen zum Erwerb von eigentlich überflüssigem Reichtum und läßt ihn ohne seine Absicht den Weg zum Aufbau einer zivilisierten Gesellschaft einschlagen.[3] Mit diesem Ansatz kann zumindest auf theoretischer Ebene das schon 1898 von August Oncken[4] in Abrede gestellte und vornehmlich von deutscher Seite diskutierte sogenannte Adam-Smith-Problem gelöst werden, die vermeintliche Diskrepanz zwischen den in der *Theory* beschriebenen altruistischen Neigungen und den im *Wealth of Nations* beschriebenen egoistischen Neigungen des Menschen. Man wird sich wohl dahingehend verständigen müs-

---

2 Vgl. die Monographie von H. Medick, Naturzustand und Naturgeschichte der bürgerlichen Gesellschaft. Die Ursprünge der bürgerlichen Sozialtheorie als Geschichtsphilosophie und Sozialwissenschaft bei Samuel Pufendorf, John Locke und Adam Smith, Göttingen 1973.

3 Vgl. R. Brand, Adam Smiths Kritik der politischen Ökonomie, in: Philosophische Rundschau 23, 1976, S. 274.

4 Siehe dessen Darlegungen über „Das Adam Smith-Problem“ in der Zeitschrift für Sozialwissenschaft 1 1898, S. 25–33, 101–108 und 276–287.

Adam Smith (1723–1790)

sen, daß der realistischerweise von der Koexistenz selbstsüchtiger und wohlwollender Neigungen im Menschen ausgehende Smith menschliches Handeln insgesamt von Motivationsüberlagerungen bestimmt sah und im *Wealth of Nations* unter Betonung der schon in der *Theory* aus ethischer Warte keinesfalls verworfenen *self-love*[5] die ökonomische Tätigkeit im engeren Sinne analysierte. Das Wertesystem einer Gesellschaft ist nach Smiths Darlegungen in der *Theory* weder ein Produkt menschlicher Vernunft noch der Ausfluß eines noch von seinem Lehrer Hutcheson angenommenen spezifisch moralischen Organs, sondern entsteht als Nebenprodukt des Strebens nach Anerkennung und Billigung. Die Parallele zum Marktprozeß, der – wie Smith im *Wealth of Nations* erläutert – als Nebenwirkung eigennützigen Verhaltens allgemeinen Wohlstand hervorbringt, drängt sich auf.

Eine Brücke zwischen der *Theory* und dem *Wealth of Nations* schlagen auch die beiden berühmten Passagen über die unsichtbare Hand (Gottes), die eine providentiell-wohlwollende Lenkung der menschlichen Angelegenheiten suggerieren. An einer Stelle der *Theory*[6] sagt Smith, daß die Reichen, obwohl sie von ihrer natürlichen Selbstsucht geleitet werden, doch mit den Armen den Ertrag aller Verbesserungen teilen, die sie in ihrer Landwirtschaft einführen. Von einer unsichtbaren Hand würden sie dahin geführt, beinahe die gleiche Verteilung der zum Leben notwendigen Güter zu verwirklichen, die zustande gekommen wäre, wenn die Erde zu gleichen Teilen unter alle ihre Bewohner aufgeteilt worden wäre. Smiths offenbar in kompensatorischer Funktion bemühte Denkfigur hat naturrechtliche Implikationen, denn die unsichtbare Hand stellt annähernd jenen Zustand wieder her, der nach dem Naturrecht als gleiches Recht aller auf Lebenserhalt als normativ zu betrachten ist.[7] Von natürlicher Freiheit und natürlichen Rechten ist in der *Theory* explizit kaum die Rede, doch gehören sie zu den Grundvorstellungen von Smiths komplexem, seine gesamte Schaffenskraft beanspruchendem Nachdenken über die Naturgeschichte der bürgerlichen Gesellschaft. In seinem Hauptwerk *The Wealth of Nations*, welches der Zivilisationshistoriker Henry Thomas Buckle als „the most important book that has ever been written"[8] bezeichnet hat und auf das ich jetzt zu sprechen komme, knüpft Smith deutlich erkennbar an die Naturrechtstradition insbesondere moderner

---

6 [illegible] etwa A. Smith, The Theory of Moral Sentiments, ed. D. D. Raphael and A. L. [illegible], Oxford 1976, repr. 1997, S. 303–305.

7 [illegible]nda., S. 184–185.

[illegible]chtlichen Dimension der Passage in der Theory siehe insbes. H.-D. Kitt[illegible] und Teleologie: Das Problem der „unsichtbaren Hand" bei Adam Smith, in: H. [illegible]mann und H.-G. Krüsselberg (Hg.), Markt, Staat und Solidarität bei Ad[illegible], [illegible]nkfurt/M./New York 1984, S. 50.

8 [illegible]ry of Civilization in England, vol. I, London 1857, S. 194.

Prägung an. Eine bekannte, zentrale Auffassungen des Autors wiedergebende Stelle im *Wealth of Nations* lautet folgendermaßen: „All systems either of preference or of restraint, therefore, being thus completely taken away, the obvious and simple system of natural liberty establishes itself of its own accord. Every man, as long as he does not violate the laws of justice, is left perfectly free to pursue his own interest his own way, and to bring both his industry and capital into competition with those of any other man, or order of men"[9]. In deutscher Übersetzung lautet die Stelle so: „Gibt man daher alle Systeme der Begünstigung und Beschränkung auf, so stellt sich ganz von selbst das einsichtige und einfache System der natürlichen Freiheit her. Solange der einzelne nicht die Gesetze verletzt, läßt man ihm völlige Freiheit, damit er das eigene Interesse auf seine Weise verfolgen kann und seinen Erwerbsfleiß und sein Kapital im Wettbewerb mit jedem anderen oder einem anderen Stand entwickeln oder einsetzen kann"[10]. Sie bringt Smiths in die Zukunft weisende Leitvorstellung ungehinderten wirtschaftlichen Wettbewerbs zum Ausdruck, verrät aber mit der Formulierung „natural liberty" zugleich die Bindung des Autors an den naturrechtlichen Diskurs im neuzeitlichen Europa. Smiths Weiterentwicklung älterer, naturrechtlich fundierter Liberalismus-Vorstellungen – den von den Zeitgenossen noch nicht benutzten Begriff Liberalismus verwende ich stets im Bewußtsein seiner erst späteren Etablierung – läßt sich durch den Vergleich mit Lockes Konzeption angemessen beleuchten. Dabei ist vorauszuschicken, daß Smith zwar nicht mehr von den abstrakten Setzungen des neueren Naturrechts ausgeht – auf Denkfiguren wie Naturzustand und Vertrag kann er deshalb verzichten –, aber dessen Wertekatalog im Rahmen seines ‚evolutionären', gesellschaftliche Naturgesetze ergründenden, dynamischen Konzepts durchaus fortschreibt. Locke hatte in *Two Treatises of Government* (1690), dem Grundbuch des im 18. Jahrhundert dominierenden Whiggismus – dieser politischen Richtung hat sich auch Smith zeit seines Lebens zugerechnet –, das Recht auf „life", „liberty" und „property" als naturgegebene Mitgift des Menschen hergeleitet. Mit seiner den klassisch-antiken Naturrechtslehren fremden Betonung des Materiellen hatte zudem der wertschöpfenden Arbeit eine Schlüsselstelle zuerkannt und ihr Funktion zugewiesen, das Recht des Menschen auf Erwerb von Eigentum – er- ist Lockes Sammelbegriff für alle zum Leben notwendigen oder wüns...e in ten Dinge – einzulösen. Arbeit, Eigentum und Freiheit stehen also ...erenz einem engen Zusammenhang. Die dem Materiellen eingeräu... gründet bringt es mit sich, daß der Staat von Locke ganz wesentlich ...

[9] A. Smith, An Inquiry into the Nature and Causes of the W...ns, ed. R. H. Campbell, A. S. Skinner and W. B. Todd, 2 vols., Oxfor...97, II, S. 687.

[10] A. Smith, Der Wohlstand der Nationen. Eine Unter...atur und seiner Ursachen, übers. u. hg. v. H. C. Recktenwald, 4. A...8, S. 582.

wird (in der Negativität der Begründung liegt sicherlich eine Parallele zu Hobbes[11]), nämlich mit dem Ziel, die Unzulänglichkeiten des Naturzustandes, eines Zustandes unsicheren Friedens, zu beseitigen. Im Unterschied zur klassischen, etwa aristotelischen Naturrechtstradition dient die Errichtung des Staates also nicht mehr, jedenfalls nicht primär, der Verwirklichung gemeinschaftlichen politisch-ethischen Handelns, sondern der Sicherung und Steigerung individuellen materiellen Wohlergehens; der Staat schafft nur noch die Rahmenbedingungen für die freie, ungehinderte Verfolgung privater Interessen.

Auf der Folie der politischen Philosophie Lockes erkennt man Smiths spezifische Leistung: die Weiterentwicklung liberalen Gesellschaftsdenkens im Kontext des historischen Empirismus der schottischen Aufklärer unter den realgeschichtlichen Rahmenbedingungen Großbritanniens im 18. Jahrhundert. Lockes Naturrechtskonzept wird abgelöst durch das mehr historische Plausibilität beanspruchende Konzept einer Naturgeschichte der bürgerlichen Gesellschaft[12]; seine prinzipielle Wegweisung wird jedoch weiterverfolgt bzw. auf im engeren Sinne wirtschaftlichen Terrain in ihren Konsequenzen systematisch ausgelotet. Der im Menschen angelegte und in freier Betätigung zu realisierende Drang nach Verbesserung seiner Lebensumstände ist ein gesellschaftsstabilisierender, produktiver Impuls; denn, so lautet Smiths optimistische, gleich zu Beginn verkündete Botschaft, indem der Mensch seiner natürlichen, gattungsspezifischen Neigung[13] nachgibt, „to truck, barter, and exchange one thing for another"[14] – mit dem Tauschhandel hängt die von Smith analysierte Arbeitsteilung zusammen –, handelt er im ökonomischen Interesse aller. Bereits im zweiten Kapitel des *Wealth of Nations* erfahren wir, daß der Tausch das scheinbar antagonistische Motiv des Eigennutzens gesamtgesellschaftlich vorteilhaften Belangen zugute kommen läßt. Aus Freiheitsrechten entspringende Konkurrenz gebärt also bei Smith im Gegensatz zu Hobbes kein gefährliches, ja tödliches Konfliktpotential, sondern wirkt als entscheidende Antriebskraft wirtschaftlichen Fortschritts[15]. Die berühmte Passage über die Fügungen einer unsichtbaren Hand[16] hat Smiths Grundgedanken, daß individuell-selbstsüchtiges, auf den eigenen Vorteil bedachtes Handeln unbeabsichtigte Nebenwirkungen hervor-

---

G. Nonnenmacher, Die Ordnung der Gesellschaft. Mangel und Herrschaft in der ...chen Philosophie der Neuzeit: Hobbes, Locke, Adam Smith, Rousseau, Wein- ...89, S. 117.

12 ... in Anm. 2 genannte Buch von Medick.

13 ... Erhebung des Tauschhandels in den Rang einer allgemeinen anthropologi- sc... The... Smit... wendet sich A. H. Müller in: Die Elemente der Staatskunst, erster ... 09, S. 376.

14 Siehe ... into the Nature and Causes of the Wealth of Nations, I, S. 25.

15 Siehe ... nenmacher, Die Ordnung der Gesellschaft, S. 151.

16 ... S 456.

bringt, die von gesamtgesellschaftlichem Nutzen sind, memorierfähig eingekleidet; mit anderen Worten: Das freie Spiel der Marktkräfte ist die entscheidende Voraussetzung für gesellschaftlichen Fortschritt. Smiths Optimismus hinsichtlich einer wohlgeordneten Welt ist freilich nicht mehr das Resultat apriorischer Teleologie, sondern Ergebnis historisch-empirischer Reflexion. Obwohl unterschiedliche Auffassungen darüber bestehen mögen, wieviel er im einzelnen wirtschaftspolitischen Schriften seiner Vorläufer verdankt[17], darf man sich wohl der Mehrheitsmeinung anschließen, daß Smiths historische Leistung darauf beruht, liberales Gesellschaftsdenken auf empirisch-anthropologischer Basis konsequent auf den wirtschaftlichen Bereich zugeschnitten zu haben[18] und daß Smiths maßgeblicher Beitrag zur politischen Ökonomie in der Erkenntnis besteht, daß die den Wohlstand erzeugenden Impulse des Marktes sich nur dann voll auswirken, wenn die Gesetze des Marktes frei und ungehindert zur Geltung kommen können.[19] Es sei in Parenthese hinzugefügt, daß Smiths rigorose Zurückweisung staatlicher Beschränkungen des wirtschaftlichen Freiheitsspielraums nicht zuletzt mit der Hoffnung einherging, die Lage der unteren Bevölkerungsschichten und namentlich der Arbeiter verbessern zu können. Die historische Konstellation, in die Smiths Schaffen hineingestellt war – die Abwehrhaltung gegen die Restriktionen merkantilistischer Wirtschaftspolitik –, brachte es dabei mit sich, daß sein Freiheitskonzept ganz wesentlich mit dem zusammenfiel, was Isaiah Berlin als den Begriff der negativen Freiheit gefaßt hat, nämlich die Freiheit *von* etwas[20], insbesondere die Freiheit von illegitimer Einmischung verschiedener Art.

Smiths Liberalismus, wenngleich auf ungebührliche Übergriffe von staatlicher Seite fokussiert und historisch imprägniert, war aber keineswegs einäugig und entbehrte nicht einer austarierenden Optik – Smith war kein ökonomischer Fachidiot! Dies festzustellen ist auch deshalb angebracht, weil Smith, dessen Bedeutung für das Selbstverständnis des viktorianischen Liberalismus außer Frage steht[21], gerade im deutschen Sprachraum von der Rezeptionsgeschichte

---

17 Siehe z.B. A. Müller-Armack, Genealogie der Wirtschaftsstile. Die geistesge- ...un- chen Ursprünge der Staats- und Wirtschaftsformen bis zum Ausgang des ... ...rund- derts, 3. Aufl., Stuttgart 1944, S. 204–205.

18 So auch R. Walther in: Exkurs: Wirtschaftlicher Liberalismus, Gesch... ...ellungen begriffe, hg. O. Brunner et al., Bd. 3, Stuttgart 1972, S. 794. ...arität bei

19 Siehe auch E. Streißler, Zur Vorgeschichte der wirtschaftspolit... Adam Smiths, in: Kaufmann/Krüsselberg (Hg.), Markt, St... Adam Smith, S. 36. ...nd Economic

20 Vgl. I. Berlin, Two Concepts of Liberty, Oxford 1958, S. ...teenth-Century

21 Das betont J. Robertson, The Legacy of Adam Smit... Development in the Wealth of Nations, in: Victoria...

sehr stiefmütterlich behandelt wurde. So applizierte Franz von Baader bereits im frühen 19. Jahrhundert in seiner Schrift *Ueber das sogenannte Freiheits- oder das passive Staatswirthschaftssystem* (1802) den Begriff „Pseudofreiheitssystem" auf das Gedankengebäude Smiths, dem er die Verlorenheit des staatlicher Obhut beraubten Individuums im Erwerbskampf vorwarf.[22] Um dieselbe Zeit übte Adam Müller harsche Kritik am trügerischen System der Freiheit und an der „Deutsche[n] Nachbeterei des Adam Smith".[23] Um die Mitte des 19. Jahrhunderts wurde das Wort „Smithianismus" zu einem negativen Schlagwort und regelrechten Feindbegriff. Besonders häufig wurde dann der Terminus ‚Manchestertum' in pejorativer Konnotation von Smiths Gegnern eingesetzt; er implizierte rücksichtslosen, ungezügelten Konkurrenzkampf und sozialpolitische Abstinenz des Staates – daß Smith gerade in Deutschland zum einseitigen Apologeten ungehemmter wirtschaftlicher Betätigung reduziert wurde, mag auch damit zusammenhängen, daß er die letzten Lebensfragen aus seinen Erörterungen aussparte. In der deutschen Auseinandersetzung um Adam Smith markierten seit dem letzten Drittel des 19. Jahrhunderts die Begriffe ‚Manchestertum' und ‚Kathedersozialismus' die gegnerischen Fronten.[24] Unter dem zuletzt gebrauchten Begriff versteht man die damals in der deutschen Volkswirtschaftslehre vorherrschende Richtung, die im Gegensatz zum Manchester-Liberalismus Eingriffe des Staates in das Wirtschaftsleben im Interesse sozialer Befriedung forderte.

Diese Beispiele zeigen, daß Smith von seinen (deutschen) Interpreten alles andere als Werkgerechtigkeit zuteil wurde, um diesen zu Anfang meines Beitrages eingeführten Ausdruck wiederaufzugreifen. Trotz seiner energischen Zurückweisung staatlicher Eingriffe in den Wirtschaftsablauf – in dieser prinzipiellen Auffassung folgten ihm so unterschiedliche Denker wie Jean-Baptiste Say in Frankreich sowie Thomas Robert Malthus und David Ricardo in England[25] – kann Smith nämlich nicht, jedenfalls nicht legitimerweise als blauäugiger Exponent eines schrankenlosen Liberalismus an den Pranger gestellt werden, wie ich in den verbleibenden Ausführungen zeigen möchte. Seine Äußerungen sowohl im *Wealth of Nations* als auch in anderen Schriften geben …ifelsfrei zu erkennen, daß Smith zwar einer historischen Kurskorrektur, … neuen Paradigma in wirtschaftspolitischer Hinsicht das Wort redete,

Thought and Practice, ed. Richard Bellamy, London and New York 1990,

22 S… Baader, Sämmtliche Werke, Bd. 6, Leipzig 1854, S. 177.

23 M… Elemente der Staatskunst, erster Theil, S. 374.

24 Vg… kurs: Wirtschaftlicher Liberalismus, S. 807.

25 Vgl. Von… Mertens/W. Reinhard/K. Rosen, Geschichte der politischen Ideen. … Gegenwart, Frankfurt/M. 1994, S. 390–392.

dabei aber nicht von systeminhärenten Mängeln und Problemfolgen der von ihm insgesamt begrüßten zivilisatorischen Entwicklung absah. Seit Jacob Viners mittlerweile klassischem Beitrag aus dem Jahre 1927[26] wird kaum noch bestritten, daß Smith nicht zum Doktrinär einer Laissez-Faire-Ideologie gestempelt werden darf. Er selbst hat den inkriminierenden, die Rezeptionsgeschichte insbesondere seines Hauptwerks belastenden Ausdruck übrigens nie gebraucht.[27] Nicht nur tritt im *Wealth of Nations* die Vorstellung einer benevolent-providentiellen Lenkung der menschlichen Angelegenheiten im Vergleich zur *Theory* stark in den Hintergrund, es wird auch deutlich gemacht, daß sich universelle Harmonie nicht auf alle Bereiche der Wirtschaftsordnung erstreckt. Zwar heißt es abschwächend: „According to the system of natural liberty, the sovereign has only three duties to attend to"[28], doch zeigt die anschließende Definition der Staatsaufgaben, daß Smith auch strukturelle Defizite im System natürlicher Freiheit erkennt. Während die ersten beiden Pflichten, das Land gegen Angriffe von außen zu schützen und jedes Mitglied der Gesellschaft im Innern vor Ungerechtigkeit durch Mitbürger zu bewahren, der Smithschen Generaltendenz entspricht, die Funktionen des Staates restriktiv zu bestimmen, geht die Beschreibung der dritten Staatsaufgabe über solche ‚defensiven' Verpflichtungen hinaus. Es handelt sich um die Pflicht, bestimmte öffentliche Anstalten und Einrichtungen zu gründen und zu unterhalten. Wie er an anderen Stellen des *Wealth of Nations* verdeutlicht, faßt er vier Bereiche für die Erbringung staatlicher Leistungen ins Auge: den Unterhalt von Straßen, Brücken und Wasserwegen; das Post- und Münzwesen; die Gesundheitsfürsorge im Sinne der Verhinderung von Seuchen; und schließlich ein öffentliches Schul- und Bildungswesen. Im Unterschied zu den ersten drei Bereichen tut sich mit der Festlegung des vierten eine sozialkritische, ja in vorsichtigen Ansätzen sogar sozialreformerische Dimension auf, zumal Smith die im Prozeß der Arbeitsteilung eingetretene geistige Abstumpfung der arbeitenden Armen verschiedentlich bedauert. Die Forderung nach gleicher Bildung für alle und von Emanzipation durch Bildung gehört übrigens bis heute zum Programm des politischen Liberalismus.[29] Aber obwohl Smith dem Staat durchaus Gestaltungsspielraum für die Kompensierung prinzipieller struktureller Defizite einräumt – die vornehmlich im fünften, vor allem Aspekten der Besteuerung gewidmeten Buch des *Wealth*

---

[26] Siehe J. Viner, Adam Smith and Laissez Faire, The Long View and the Sh Studies in Economic Theory and Policy, Glencoe, Ill. 1958, S. 213–245.

[27] Siehe I. S. Ross, The Life of Adam Smith, Oxford 1995, S. 275.

[28] Smith, An Inquiry into the Nature and Causes of the Wealth of Nation 987.

[29] Vgl. J. H. Knoll, Liberalismus, in: J. H. Schoeps/J. H. Knoll/C.-E. B n, Konservativismus, Liberalismus, Sozialismus. Einführung, Texte, Biblio München 1981, S. 91.

of Nations entfalteten Beispiele legitimer staatlicher Intervention haben einen beachtlichen Anteil am Gesamttext –, sollte man den schottischen Sozialphilosophen nicht zu einem Sozialreformer moderner Prägung stilisieren. Smith hat die erst im 19. Jahrhundert akut werdende soziale Frage noch nicht aufgeworfen – es ist übrigens bezeichnend, daß der so entschieden der gesellschaftlichen Wirklichkeit zugewandte englische Roman des 18. Jahrhunderts sie ebenfalls nicht thematisiert hat. Selbst mit der angesprochenen Aufdeckung systeminhärenter Mängel zielte Smith nicht auf die Überwindung, sondern auf die Stabilisierung und Verbesserung der von ihm analysierten, das Telos der Geschichte insgesamt erfüllenden kommerziellen Gesellschaft ab. Smith bejahte diese Gesellschaftsordnung, zu deren eigenem Besten er für wirtschaftlichen Liberalismus plädierte. Die Tatsache, daß sein Eintreten für wirtschaftliche Freiheit im Sinne gesamtgesellschaftlicher Interessenwahrnehmung ganz wesentlich gegen die Verknüpfung von ökonomischer Herrschaft und politischer Macht gerichtet war, sollte ihn von dem Zerrbild eines Apostels des einseitigen Kapitalismus befreien – noch die Fabierin Beatrice Webb sah in ihm den Verkünder eines ‚Arbeitgeber-Evangeliums'[30]!

Als Fazit läßt sich meines Erachtens verbuchen, daß der wirtschaftsliberale Smith, der so konsequent wie kaum ein anderer für die freie und selbstverantwortete Entfaltung des Individuums eingetreten ist und dem Staat Begründungszwang für Eingriffe in diesen Freiheitsspielraum auferlegt hat, in der kommerziellen Gesellschaft seiner Zeit die vergleichsweise beste Gewähr dafür sah, die naturrechtliche Bestimmung des Menschen zu Freiheit, allgemeinem Wohlstand und Gerechtigkeit zu verwirklichen. In Anbetracht der nicht hinwegzuleugnenden Unvollkommenheiten des Menschen schien ihm diese Gesellschaftsform ein Höchstmaß an humanen Existenzmöglichkeiten zu verbürgen. Seine liberalen Anschauungen trug er im Vertrauen auf die Selbstordnungskraft der Gesellschaft vor, ohne die Augen vor deren dunklen Seiten zu verschließen. Es war wohl nicht zuletzt sein optimistischer Pragmatismus, der ihn nach dem Zweiten Weltkrieg den Theoretikern der ‚sozialen Marktwirtschaft' als markante Bezugsfigur empfahl. Daß ihre eine Synthese zwischen freier Marktwirtschaft und staatlicher Lenkung erstrebenden Vertreter auf Smith rekurrieren konnten, unterstreicht, daß dieser namentlich in seinem Hauptwerk *The Wealth of Nations* ein konstruktives, ausbaufähiges Angebot liberaler Denkart unterbreitet hatte, deren Relevanz weit über den Kontext seiner Entstehungszeit hinausreicht.

30 So D. Brühl[illegible] Denker der Freiheit: Adam Smith, Sankt Augustin 1992, S. 33.

Adam Smith (1723–1790)

sen, daß der realistischerweise von der Koexistenz selbstsüchtiger und wohlwollender Neigungen im Menschen ausgehende Smith menschliches Handeln insgesamt von Motivationsüberlagerungen bestimmt sah und im *Wealth of Nations* unter Betonung der schon in der *Theory* aus ethischer Warte keinesfalls verworfenen *self-love*[5] die ökonomische Tätigkeit im engeren Sinne analysierte. Das Wertesystem einer Gesellschaft ist nach Smiths Darlegungen in der *Theory* weder ein Produkt menschlicher Vernunft noch der Ausfluß eines noch von seinem Lehrer Hutcheson angenommenen spezifisch moralischen Organs, sondern entsteht als Nebenprodukt des Strebens nach Anerkennung und Billigung. Die Parallele zum Marktprozeß, der – wie Smith im *Wealth of Nations* erläutert – als Nebenwirkung eigennützigen Verhaltens allgemeinen Wohlstand hervorbringt, drängt sich auf.

Eine Brücke zwischen der *Theory* und dem *Wealth of Nations* schlagen auch die beiden berühmten Passagen über die unsichtbare Hand (Gottes), die eine providentiell-wohlwollende Lenkung der menschlichen Angelegenheiten suggerieren. An einer Stelle der *Theory*[6] sagt Smith, daß die Reichen, obwohl sie von ihrer natürlichen Selbstsucht geleitet werden, doch mit den Armen den Ertrag aller Verbesserungen teilen, die sie in ihrer Landwirtschaft einführen. Von einer unsichtbaren Hand würden sie dahin geführt, beinahe die gleiche Verteilung der zum Leben notwendigen Güter zu verwirklichen, die zustande gekommen wäre, wenn die Erde zu gleichen Teilen unter alle ihre Bewohner aufgeteilt worden wäre. Smiths offenbar in kompensatorischer Funktion bemühte Denkfigur hat naturrechtliche Implikationen, denn die unsichtbare Hand stellt annähernd jenen Zustand wieder her, der nach dem Naturrecht als gleiches Recht aller auf Lebenserhalt als normativ zu betrachten ist.[7] Von natürlicher Freiheit und natürlichen Rechten ist in der *Theory* explizit kaum die Rede, doch gehören sie zu den Grundvorstellungen von Smiths komplexem, seine gesamte Schaffenskraft beanspruchendem Nachdenken über die Naturgeschichte der bürgerlichen Gesellschaft. In seinem Hauptwerk *The Wealth of Nations*, welches der Zivilisationshistoriker Henry Thomas Buckle als „the most important book that has ever been written“[8] bezeichnet hat und auf das ich jetzt zu sprechen komme, knüpft Smith deutlich erkennbar an die Naturrechtstradition insbesondere moderner

---

5 Siehe etwa A. Smith, The Theory of Moral Sentiments, ed. D. D. Raphael and A. L. Macfie, Oxford 1976, repr. 1997, S. 303–305.

6 Siehe ebenda., S. 184–185.

7 Zur naturrechtlichen Dimension der Passage in der Theory siehe insbes. H.-D. Kittsteiner, Ethik und Teleologie: Das Problem der „unsichtbaren Hand“ bei Adam Smith, in: F.-X. Kaufmann und H.-G. Krüsselberg (Hg.), Markt, Staat und Solidarität bei Adam Smith, Frankfurt/M./New York 1984, S. 50.

8 H. T. Buckle, History of Civilization in England, vol. I, London 1857, S. 194.

Prägung an. Eine bekannte, zentrale Auffassungen des Autors wiedergebende Stelle im *Wealth of Nations* lautet folgendermaßen: „All systems either of preference or of restraint, therefore, being thus completely taken away, the obvious and simple system of natural liberty establishes itself of its own accord. Every man, as long as he does not violate the laws of justice, is left perfectly free to pursue his own interest his own way, and to bring both his industry and capital into competition with those of any other man, or order of men“[9]. In deutscher Übersetzung lautet die Stelle so: „Gibt man daher alle Systeme der Begünstigung und Beschränkung auf, so stellt sich ganz von selbst das einsichtige und einfache System der natürlichen Freiheit her. Solange der einzelne nicht die Gesetze verletzt, läßt man ihm völlige Freiheit, damit er das eigene Interesse auf seine Weise verfolgen kann und seinen Erwerbsfleiß und sein Kapital im Wettbewerb mit jedem anderen oder einem anderen Stand entwickeln oder einsetzen kann“[10]. Sie bringt Smiths in die Zukunft weisende Leitvorstellung ungehinderten wirtschaftlichen Wettbewerbs zum Ausdruck, verrät aber mit der Formulierung „natural liberty“ zugleich die Bindung des Autors an den naturrechtlichen Diskurs im neuzeitlichen Europa. Smiths Weiterentwicklung älterer, naturrechtlich fundierter Liberalismus-Vorstellungen – den von den Zeitgenossen noch nicht benutzten Begriff Liberalismus verwende ich stets im Bewußtsein seiner erst späteren Etablierung – läßt sich durch den Vergleich mit Lockes Konzeption angemessen beleuchten. Dabei ist vorauszuschicken, daß Smith zwar nicht mehr von den abstrakten Setzungen des neueren Naturrechts ausgeht – auf Denkfiguren wie Naturzustand und Vertrag kann er deshalb verzichten –, aber dessen Wertekatalog im Rahmen seines ‚evolutionären‘, gesellschaftliche Naturgesetze ergründenden, dynamischen Konzepts durchaus fortschreibt. Locke hatte in *Two Treatises of Government* (1690), dem Grundbuch des im 18. Jahrhundert dominierenden Whiggismus – dieser politischen Richtung hat sich auch Smith zeit seines Lebens zugerechnet –, das Recht auf „life“, „liberty“ und „property“ als naturgegebene Mitgift des Menschen hergeleitet. Mit seiner den klassisch-antiken Naturrechtslehren fremden Betonung des Materiellen hatte er zudem der wertschöpfenden Arbeit eine Schlüsselstelle zuerkannt und ihr die Funktion zugewiesen, das Recht des Menschen auf Erwerb von Eigentum – das ist Lockes Sammelbegriff für alle zum Leben notwendigen oder wünschenswerten Dinge – einzulösen. Arbeit, Eigentum und Freiheit stehen also bei Locke in einem engen Zusammenhang. Die dem Materiellen eingeräumte Präferenz bringt es mit sich, daß der Staat von Locke ganz wesentlich negativ begründet

---

9 A. Smith, An Inquiry into the Nature and Causes of the Wealth of Nations, ed. R. H. Campbell, A. S. Skinner and W. B. Todd, 2 vols., Oxford 1976, repr. 1997, II, S. 687.

10 A. Smith, Der Wohlstand der Nationen. Eine Untersuchung seiner Natur und seiner Ursachen, übers. u. hg. v. H. C. Recktenwald, 4. Aufl., München 1988, S. 582.

wird (in der Negativität der Begründung liegt sicherlich eine Parallele zu Hobbes[11]), nämlich mit dem Ziel, die Unzulänglichkeiten des Naturzustandes, eines Zustandes unsicheren Friedens, zu beseitigen. Im Unterschied zur klassischen, etwa aristotelischen Naturrechtstradition dient die Errichtung des Staates also nicht mehr, jedenfalls nicht primär, der Verwirklichung gemeinschaftlichen politisch-ethischen Handelns, sondern der Sicherung und Steigerung individuellen materiellen Wohlergehens; der Staat schafft nur noch die Rahmenbedingungen für die freie, ungehinderte Verfolgung privater Interessen.

Auf der Folie der politischen Philosophie Lockes erkennt man Smiths spezifische Leistung: die Weiterentwicklung liberalen Gesellschaftsdenkens im Kontext des historischen Empirismus der schottischen Aufklärer unter den realgeschichtlichen Rahmenbedingungen Großbritanniens im 18. Jahrhundert. Lockes Naturrechtskonzept wird abgelöst durch das mehr historische Plausibilität beanspruchende Konzept einer Naturgeschichte der bürgerlichen Gesellschaft[12]; seine prinzipielle Wegweisung wird jedoch weiterverfolgt bzw. auf im engeren Sinne wirtschaftlichen Terrain in ihren Konsequenzen systematisch ausgelotet. Der im Menschen angelegte und in freier Betätigung zu realisierende Drang nach Verbesserung seiner Lebensumstände ist ein gesellschaftsstabilisierender, produktiver Impuls; denn, so lautet Smiths optimistische, gleich zu Beginn verkündete Botschaft, indem der Mensch seiner natürlichen, gattungsspezifischen Neigung[13] nachgibt, „to truck, barter, and exchange one thing for another“[14] – mit dem Tauschhandel hängt die von Smith analysierte Arbeitsteilung zusammen –, handelt er im ökonomischen Interesse aller. Bereits im zweiten Kapitel des *Wealth of Nations* erfahren wir, daß der Tausch das scheinbar antagonistische Motiv des Eigennutzens gesamtgesellschaftlich vorteilhaften Belangen zugute kommen läßt. Aus Freiheitsrechten entspringende Konkurrenz gebärt also bei Smith im Gegensatz zu Hobbes kein gefährliches, ja tödliches Konfliktpotential, sondern wirkt als entscheidende Antriebskraft wirtschaftlichen Fortschritts[15]. Die berühmte Passage über die Fügungen einer unsichtbaren Hand[16] hat Smiths Grundgedanken, daß individuell-selbstsüchtiges, auf den eigenen Vorteil bedachtes Handeln unbeabsichtigte Nebenwirkungen hervor-

---

11 Vgl. G. Nonnenmacher, Die Ordnung der Gesellschaft. Mangel und Herrschaft in der politischen Philosophie der Neuzeit: Hobbes, Locke, Adam Smith, Rousseau, Weinheim 1989, S. 117.

12 Siehe das in Anm. 2 genannte Buch von Medick.

13 Gegen die Erhebung des Tauschhandels in den Rang einer allgemeinen anthropologischen Qualität wendet sich A. H. Müller in: Die Elemente der Staatskunst, erster Theil, Berlin 1809, S. 376.

14 Smith, An Inquiry into the Nature and Causes of the Wealth of Nations, I, S. 25.

15 Siehe besonders Nonnenmacher, Die Ordnung der Gesellschaft, S. 151.

16 Siehe Smith, Inquiry, I, S 456.

bringt, die von gesamtgesellschaftlichem Nutzen sind, memorierfähig eingekleidet; mit anderen Worten: Das freie Spiel der Marktkräfte ist die entscheidende Voraussetzung für gesellschaftlichen Fortschritt. Smiths Optimismus hinsichtlich einer wohlgeordneten Welt ist freilich nicht mehr das Resultat apriorischer Teleologie, sondern Ergebnis historisch-empirischer Reflexion. Obwohl unterschiedliche Auffassungen darüber bestehen mögen, wieviel er im einzelnen wirtschaftspolitischen Schriften seiner Vorläufer verdankt[17], darf man sich wohl der Mehrheitsmeinung anschließen, daß Smiths historische Leistung darauf beruht, liberales Gesellschaftsdenken auf empirisch-anthropologischer Basis konsequent auf den wirtschaftlichen Bereich zugeschnitten zu haben[18] und daß Smiths maßgeblicher Beitrag zur politischen Ökonomie in der Erkenntnis besteht, daß die den Wohlstand erzeugenden Impulse des Marktes sich nur dann voll auswirken, wenn die Gesetze des Marktes frei und ungehindert zur Geltung kommen können.[19] Es sei in Parenthese hinzugefügt, daß Smiths rigorose Zurückweisung staatlicher Beschränkungen des wirtschaftlichen Freiheitsspielraums nicht zuletzt mit der Hoffnung einherging, die Lage der unteren Bevölkerungsschichten und namentlich der Arbeiter verbessern zu können. Die historische Konstellation, in die Smiths Schaffen hineingestellt war – die Abwehrhaltung gegen die Restriktionen merkantilistischer Wirtschaftspolitik –, brachte es dabei mit sich, daß sein Freiheitskonzept ganz wesentlich mit dem zusammenfiel, was Isaiah Berlin als den Begriff der negativen Freiheit gefaßt hat, nämlich die Freiheit *von* etwas[20], insbesondere die Freiheit von illegitimer Einmischung verschiedener Art.

Smiths Liberalismus, wenngleich auf ungebührliche Übergriffe von staatlicher Seite fokussiert und historisch imprägniert, war aber keineswegs einäugig und entbehrte nicht einer austarierenden Optik – Smith war kein ökonomischer Fachidiot! Dies festzustellen ist auch deshalb angebracht, weil Smith, dessen Bedeutung für das Selbstverständnis des viktorianischen Liberalismus außer Frage steht[21], gerade im deutschen Sprachraum von der Rezeptionsgeschichte

---

17 Siehe z.B. A. Müller-Armack, Genealogie der Wirtschaftsstile. Die geistesgeschichtlichen Ursprünge der Staats- und Wirtschaftsformen bis zum Ausgang des 18. Jahrhunderts, 3. Aufl., Stuttgart 1944, S. 204–205.

18 So auch R. Walther in: Exkurs: Wirtschaftlicher Liberalismus, Geschichtliche Grundbegriffe, hg. O. Brunner et al., Bd. 3, Stuttgart 1972, S. 794.

19 Siehe auch E. Streißler, Zur Vorgeschichte der wirtschaftspolitischen Vorstellungen Adam Smiths, in: Kaufmann/Krüsselberg (Hg.), Markt, Staat und Solidarität bei Adam Smith, S. 36.

20 Vgl. I. Berlin, Two Concepts of Liberty, Oxford 1958, S. 11.

21 Das betont J. Robertson, The Legacy of Adam Smith: Government and Economic Development in the Wealth of Nations, in: Victorian Liberalism. Nineteenth-Century

sehr stiefmütterlich behandelt wurde. So applizierte Franz von Baader bereits im frühen 19. Jahrhundert in seiner Schrift *Ueber das sogenannte Freiheits- oder das passive Staatswirthschaftssystem* (1802) den Begriff „Pseudofreiheitssystem" auf das Gedankengebäude Smiths, dem er die Verlorenheit des staatlicher Obhut beraubten Individuums im Erwerbskampf vorwarf.[22] Um dieselbe Zeit übte Adam Müller harsche Kritik am trügerischen System der Freiheit und an der „Deutsche[n] Nachbeterei des Adam Smith".[23] Um die Mitte des 19. Jahrhunderts wurde das Wort „Smithianismus" zu einem negativen Schlagwort und regelrechten Feindbegriff. Besonders häufig wurde dann der Terminus ‚Manchestertum' in pejorativer Konnotation von Smiths Gegnern eingesetzt; er implizierte rücksichtslosen, ungezügelten Konkurrenzkampf und sozialpolitische Abstinenz des Staates – daß Smith gerade in Deutschland zum einseitigen Apologeten ungehemmter wirtschaftlicher Betätigung reduziert wurde, mag auch damit zusammenhängen, daß er die letzten Lebensfragen aus seinen Erörterungen aussparte. In der deutschen Auseinandersetzung um Adam Smith markierten seit dem letzten Drittel des 19. Jahrhunderts die Begriffe ‚Manchestertum' und ‚Kathedersozialismus' die gegnerischen Fronten.[24] Unter dem zuletzt gebrauchten Begriff versteht man die damals in der deutschen Volkswirtschaftslehre vorherrschende Richtung, die im Gegensatz zum Manchester-Liberalismus Eingriffe des Staates in das Wirtschaftsleben im Interesse sozialer Befriedung forderte.

Diese Beispiele zeigen, daß Smith von seinen (deutschen) Interpreten alles andere als Werkgerechtigkeit zuteil wurde, um diesen zu Anfang meines Beitrages eingeführten Ausdruck wiederaufzugreifen. Trotz seiner energischen Zurückweisung staatlicher Eingriffe in den Wirtschaftsablauf – in dieser prinzipiellen Auffassung folgten ihm so unterschiedliche Denker wie Jean-Baptiste Say in Frankreich sowie Thomas Robert Malthus und David Ricardo in England[25] – kann Smith nämlich nicht, jedenfalls nicht legitimerweise als blauäugiger Exponent eines schrankenlosen Liberalismus an den Pranger gestellt werden, wie ich in den verbleibenden Ausführungen zeigen möchte. Seine Äußerungen sowohl im *Wealth of Nations* als auch in anderen Schriften geben zweifelsfrei zu erkennen, daß Smith zwar einer historischen Kurskorrektur, einem neuen Paradigma in wirtschaftspolitischer Hinsicht das Wort redete,

---

Political Thought and Practice, ed. Richard Bellamy, London and New York 1990, S. 20.

22 Siehe F. v. Baader, Sämmtliche Werke, Bd. 6, Leipzig 1854, S. 177.

23 Müller, Die Elemente der Staatskunst, erster Theil, S. 374.

24 Vgl. Walther, Exkurs: Wirtschaftlicher Liberalismus, S. 807.

25 Vgl. H. Fenske/D. Mertens/W. Reinhard/K. Rosen, Geschichte der politischen Ideen. Von Homer bis zur Gegenwart, Frankfurt/M. 1994, S. 390–392.

dabei aber nicht von systeminhärenten Mängeln und Problemfolgen der von ihm insgesamt begrüßten zivilisatorischen Entwicklung absah. Seit Jacob Viners mittlerweile klassischem Beitrag aus dem Jahre 1927[26] wird kaum noch bestritten, daß Smith nicht zum Doktrinär einer Laissez-Faire-Ideologie gestempelt werden darf. Er selbst hat den inkriminierenden, die Rezeptionsgeschichte insbesondere seines Hauptwerks belastenden Ausdruck übrigens nie gebraucht.[27] Nicht nur tritt im *Wealth of Nations* die Vorstellung einer benevolent-providentiellen Lenkung der menschlichen Angelegenheiten im Vergleich zur *Theory* stark in den Hintergrund, es wird auch deutlich gemacht, daß sich universelle Harmonie nicht auf alle Bereiche der Wirtschaftsordnung erstreckt. Zwar heißt es abschwächend: „According to the system of natural liberty, the sovereign has only three duties to attend to"[28], doch zeigt die anschließende Definition der Staatsaufgaben, daß Smith auch strukturelle Defizite im System natürlicher Freiheit erkennt. Während die ersten beiden Pflichten, das Land gegen Angriffe von außen zu schützen und jedes Mitglied der Gesellschaft im Innern vor Ungerechtigkeit durch Mitbürger zu bewahren, der Smithschen Generaltendenz entspricht, die Funktionen des Staates restriktiv zu bestimmen, geht die Beschreibung der dritten Staatsaufgabe über solche ‚defensiven' Verpflichtungen hinaus. Es handelt sich um die Pflicht, bestimmte öffentliche Anstalten und Einrichtungen zu gründen und zu unterhalten. Wie er an anderen Stellen des *Wealth of Nations* verdeutlicht, faßt er vier Bereiche für die Erbringung staatlicher Leistungen ins Auge: den Unterhalt von Straßen, Brücken und Wasserwegen; das Post- und Münzwesen; die Gesundheitsfürsorge im Sinne der Verhinderung von Seuchen; und schließlich ein öffentliches Schul- und Bildungswesen. Im Unterschied zu den ersten drei Bereichen tut sich mit der Festlegung des vierten eine sozialkritische, ja in vorsichtigen Ansätzen sogar sozialreformerische Dimension auf, zumal Smith die im Prozeß der Arbeitsteilung eingetretene geistige Abstumpfung der arbeitenden Armen verschiedentlich bedauert. Die Forderung nach gleicher Bildung für alle und von Emanzipation durch Bildung gehört übrigens bis heute zum Programm des politischen Liberalismus.[29] Aber obwohl Smith dem Staat durchaus Gestaltungsspielraum für die Kompensierung prinzipieller struktureller Defizite einräumt – die vornehmlich im fünften, vor allem Aspekten der Besteuerung gewidmeten Buch des *Wealth*

---

26 Siehe J. Viner, Adam Smith and Laissez Faire, The Long View and the Short. Studies in Economic Theory and Policy, Glencoe, Ill. 1958, S. 213–245.

27 Siehe I. S. Ross, The Life of Adam Smith, Oxford 1995, S. 275.

28 Smith, An Inquiry into the Nature and Causes of the Wealth of Nations, II, 687.

29 Vgl. J. H. Knoll, Liberalismus, in: J. H. Schoeps/J. H. Knoll/C.-E. Bärsch, Konservativismus, Liberalismus, Sozialismus. Einführung, Texte, Bibliographien, München 1981, S. 91.

of Nations entfalteten Beispiele legitimer staatlicher Intervention haben einen beachtlichen Anteil am Gesamttext –, sollte man den schottischen Sozialphilosophen nicht zu einem Sozialreformer moderner Prägung stilisieren. Smith hat die erst im 19. Jahrhundert akut werdende soziale Frage noch nicht aufgeworfen – es ist übrigens bezeichnend, daß der so entschieden der gesellschaftlichen Wirklichkeit zugewandte englische Roman des 18. Jahrhunderts sie ebenfalls nicht thematisiert hat. Selbst mit der angesprochenen Aufdeckung systeminhärenter Mängel zielte Smith nicht auf die Überwindung, sondern auf die Stabilisierung und Verbesserung der von ihm analysierten, das Telos der Geschichte insgesamt erfüllenden kommerziellen Gesellschaft ab. Smith bejahte diese Gesellschaftsordnung, zu deren eigenem Besten er für wirtschaftlichen Liberalismus plädierte. Die Tatsache, daß sein Eintreten für wirtschaftliche Freiheit im Sinne gesamtgesellschaftlicher Interessenwahrnehmung ganz wesentlich gegen die Verknüpfung von ökonomischer Herrschaft und politischer Macht gerichtet war, sollte ihn von dem Zerrbild eines Apostels des einseitigen Kapitalismus befreien – noch die Fabierin Beatrice Webb sah in ihm den Verkünder eines ‚Arbeitgeber-Evangeliums'[30]!

Als Fazit läßt sich meines Erachtens verbuchen, daß der wirtschaftsliberale Smith, der so konsequent wie kaum ein anderer für die freie und selbstverantwortete Entfaltung des Individuums eingetreten ist und dem Staat Begründungszwang für Eingriffe in diesen Freiheitsspielraum auferlegt hat, in der kommerziellen Gesellschaft seiner Zeit die vergleichsweise beste Gewähr dafür sah, die naturrechtliche Bestimmung des Menschen zu Freiheit, allgemeinem Wohlstand und Gerechtigkeit zu verwirklichen. In Anbetracht der nicht hinwegzuleugnenden Unvollkommenheiten des Menschen schien ihm diese Gesellschaftsform ein Höchstmaß an humanen Existenzmöglichkeiten zu verbürgen. Seine liberalen Anschauungen trug er im Vertrauen auf die Selbstordnungskraft der Gesellschaft vor, ohne die Augen vor deren dunklen Seiten zu verschließen. Es war wohl nicht zuletzt sein optimistischer Pragmatismus, der ihn nach dem Zweiten Weltkrieg den Theoretikern der ‚sozialen Marktwirtschaft' als markante Bezugsfigur empfahl. Daß ihre eine Synthese zwischen freier Marktwirtschaft und staatlicher Lenkung erstrebenden Vertreter auf Smith rekurrieren konnten, unterstreicht, daß dieser namentlich in seinem Hauptwerk *The Wealth of Nations* ein konstruktives, ausbaufähiges Angebot liberaler Denkart unterbreitet hatte, dessen Relevanz weit über den Kontext seiner Entstehungszeit hinausreicht.

[30] So D. Brühlmeier, Denker der Freiheit: Adam Smith, Sankt Augustin 1992, S. 33.

Emmanuel Joseph Sieyes (1748–1836)

Theo Stammen

Vorbemerkungen

Die folgenden Ausführungen zu *E. J. Sieyes* möchte ich mit *zwei Vorbemerkungen* eröffnen, von denen sich die erste auf die Forschungssituation zur Französischen Revolution und die zweite auf die aktuelle Lage der politischen Ideengeschichte bezieht. Hier scheint es für mich eine wichtige Konvergenz zu geben, aus der wir den leitenden Gesichtspunkt für unsere weiteren Überlegungen gewinnen können.

1. In seiner „Einführung in die Geschichte der Französischen Revolution" (1976) hat *Eberhard Schmitt* einen knappen, präzisen Überblick über die bisherige Historiographie zur Französischen Revolution und die sie leitenden Forschungsansätze gegeben. Sein Überblick beginnt mit den traditionellen Ansätzen des 19. und frühen 20. Jahrhunderts, die sich in die politischen Richtungen des Konservatismus, Liberalismus und Sozialismus differenzieren und kulminiert in der bis in unsere Gegenwart dominanten Alternative *marxistischer* und *strukturalistischer Ansätze*, die aktuell etwa durch die bekannten Werke von *Albert Soboul* und *François Furet* repräsentiert werden.

Im Vorfeld der Zweihundertjahrfeier der Revolution (1789–1989), die nochmals Gelegenheit gab, die aktuelle Forschungslage kritisch zu reflektieren, hat die amerikanische Historikerin *Lynn Hunt* in ihrem innovativen Werk „*Symbole der Macht – Macht der Symbole* – Die Französische Revolution und der Entwurf einer politischen Kultur" (1985, deutsch 1989) das Thema aufgegriffen und nachgewiesen, daß sich inzwischen – in deutlicher *Konkurrenz* sowohl zum marxistischen wie zum strukturalistischen Ansatz, deren *Konflikt* sich auf die Frage reduzieren läßt: „War die Französische Revolution eine *soziale* Revolution mit *politischen* Folgen oder eine *politische* Revolution mit *sozialen* Folgen?" – ein *neuer, dritter* Ansatz etabliert hat, der in der Französischen Revolution primär eine „*kulturelle Revolution* mit politischen und sozialen Folgen" sieht und dem das Ereignis der Revolution entscheidend als ein *Kommunikations-*

Ereignis erscheint, in dessen Verlauf vielfältige sprachliche und nicht-sprachliche Symboliken und eine neuartige politische Rhetorik zur Schaffung einer neuen politischen Kultur beigetragen haben. D.h. daß die Französische Revolution somit als „*Revolution der Kommunikation und der Sprache*" zu verstehen ist.[1]

2. Diese Situation korrespondiert in etwa mit der aktuellen Lage in der politischen Ideengeschichte. Bekanntlich kann man politische Ideengeschichte auf verschiedene Art und Weise betreiben; so haben sich auch hier in der Zeit nach 1945 verschiedene Ansätze entwickelt, die untereinander rivalisieren: ein im strengeren Sinn *geistes- oder philosophiegeschichtlicher*, ein *dogmengeschichtlicher* und ein *sozialgeschichtlicher* Ansatz, die alle ihre positiven, aber auch ihre bedenklichen Seiten haben.

Die *geistes- oder philosophiegeschichtliche Richtung* orientiert sich in der Regel an einem (zu) strengen Begriff politisch-philosophischer *Theorie* und verliert dabei allzuoft und leicht deren soziale und politische Verortung in und Vermittlung zu geschichtlich-konkreten Kontexten aus dem Blick; der *dogmengeschichtliche Ansatz* läßt politische Ideengeschichte nicht selten zu einer Art Vorratsschuppen oder Lagerhaus für politische Doktrinen oder Dogmen aller Art verkommen, über die als feste Lehr- und Wissensbestände für alle erdenklichen Zwecke jederzeit beliebig verfügt werden kann, während die *sozialgeschichtliche Richtung* meistens in die ganz andere, aber kaum minder bedenkliche Gefahr läuft, die Ideen lediglich als *Resultate* und *Funktionen* sozialer und ökonomischer *Interessen,* d. h. als *Ideologien* mißzuverstehen und sie so ihrer Eigenständigkeit und Produktivität in geschichtlich-konkreten Umwelten verlustig gehen zu lassen.

Um diese bedenklichen Probleme zu vermeiden, hat sich in der politischen Ideengeschichte in jüngster Zeit eine Alternative gebildet, die sich vor allem dadurch auszeichnet, daß sie die *sprachlich-kommunikative Struktur* und die *rhetorisch-literarischen Strategien politischer Ideenproduktion* und *-distribution* ernstnimmt und zu einem integralen Forschungsthema erhebt.[2]

Es ist angebracht, die in diesen beiden Vorbemerkungen auffallend übereinstimmenden bzw. *konvergierenden Forschungstendenzen* für das hier zur Debatte stehende ideengeschichtliche Thema „*Sieyes*" zu nutzen. Dies zumindest für den ersten Teil der Ausführungen, die sich schwerpunktmäßig mit der *Pro-*

[1] J. Guilhaumou, Sprache und Politik in der Französischen Revolution, Frankfurt/M. 1989, S. 9.

[2] Vgl. T. Stammen, Rhetorische Textstrategien in der politischen Theorie der Frühen Neuzeit, in: Jahrbuch des politischen Denkens, 1999, und ders., Politische Theorien und rhetorische Textstrategien – Anregung zur Diskussion, in: Jahrbuch der Rhetorik, Bd. 16, 1998.

Emmanuel Joseph Sieyes (1748–1836)

duktion und den *Produktionsbedingungen* der politischen Ideen des Abbé Sieyes beschäftigen werden; sie werden indes auch danach für die *Distributions-* und die *Rezeptionsgeschichte* der politischen Ideen von Sieyes sinnvoll eingesetzt werden können.

Diese Gedanken bestimmen den *Aufbau der folgenden Überlegungen*:

1. Zunächst sollen *zwei Fragen zur Person* gestellt und beantwortet werden: *Wer* war E. J. Sieyes und *was* war E. J. Sieyes? Diese Erörterungen zielen darauf ab, *Entstehung* und *Stellenwert,* aber auch den theoretischen *Status* von Sieyes Gedanken zur Politik in der Epoche der Französischen Revolution genauer verständlich zu machen.
2. So ausgerüstet und informiert können wir uns dann den *leitenden Ideen und Vorstellungen, Begriffen und Konzepten zur Politik* dieses Mannes zuwenden, um sie aus dem zeitgeschichtlichen Kontext und in Bezug auf ihre politischen Intentionen verstehen zu lernen.
3. Schließlich wird es im Kontext dieser Tagung und ihrer Absicht, den *„Aufbruch zur Freiheit"* im *Liberalismus* des ausgehenden 18. und frühen 19. Jahrhunderts zu rekonstruieren, sinnvoll sein, auf die *Rezeptions-* und *Wirkungsgeschichte* des Abbé Sieyes und seines politischen Denkens einzugehen, um so die über das Zeitalter der Französischen Revolution hinausgreifende Bedeutung dieses politischen Denkers zu erörtern.

I. Emmanuel Joseph Sieyes[3]

1. Wer war E. J. Sieyes?

In seiner ebenso gründlichen wie umfassenden Monographie über Sieyes mit dem Titel „Staat, Gesellschaft und Bürger im Denken Emmanuel Joseph Sieyes" (1994) nennt der Schweizer Ideengeschichtler *Thomas Hafen* Sieyes einen *„unbekannten Bekannten"*.

Diese Charakterisierung weist zumindest auf zweierlei hin: Einmal darauf, daß Sieyes im Vorfeld und in der ersten Phase der Französischen Revolution von 1789 durch sein schriftstellerisches wie sein praktisches Engagement wenigstens für kurze Zeit im Rampenlicht der Revolution und der politischen Öffentlichkeit der Zeit stand, aber bald darauf sich zurückzog, nochmals später (1798 ff.) erneut, diesmal im Kontext der Machtergreifung Napoleons eine

---

[3] Die politischen Schriften von E. J. Sieyes werden nach folgenden deutschen Ausgaben zitiert: E. J. Sieyes, Politische Schriften 1788–1790, übers. und hg. v. E. Schmitt und R. Reichardt, Darmstadt und Neuwied 1975; E. Sieyes, Abhandlung über die Privilegien, Was ist der Dritte Stand, hg. v. R. H. Förster, Frankfurt/M. 1968; E. J. Sieyes, Was ist der Dritte Stand? Hg. v, O. Dann, Essen 1988.

allerdings kurze und umstrittene politische Rolle spielte, um dann – zwar von Ehren und Ämtern überhäuft, schließlich ins Exil nach Brüssel getrieben – ein Schattendasein zu führen und, gewissermaßen seinen frühen Ruhm überlebend, 1836 in Paris zu sterben.

Zum anderen darauf, daß entsprechend die Nachwelt – außerhalb der fachwissenschaftlichen Revolutionsforschung – ihm als einem rasch sinkenden Stern keine Kränze flocht und seine Leistung kaum in Erinnerung behielt, so daß heute weder in seiner Geburtsstadt Fréjus noch in der Hauptstadt Paris ein *Denkmal* oder auch nur ein *Straßenname* an ihn erinnert. Auch seine Schriften und sein umfangreicher Nachlaß fanden über anderthalb Jahrhunderte nur geringe Beachtung; eine größere oder gar kritische Ausgabe seiner Schriften steht nach wie vor aus; lange Zeit war die von seinem deutschen Freund K. E. Oelsner bereits 1796 besorgte zweibändige Übersetzung seiner wichtigsten Schriften unter dem Titel „Emmanuel Sieyes Politische Schriften vollständig gesammelt von dem deutschen Übersetzer nebst zwei Vorreden [...]“ die umfassendste Sammlung seiner Werke überhaupt. Sein Nachlaß wurde erst in den 60er Jahren des 20. Jahrhunderts von dem deutschen Historiker Eberhard Schmitt wiederentdeckt, der auch seine Aufnahme in die Bestände der französischen Nationalbibliothek anregte, und erst seit den frühen 70er Jahren von der Forschung erschlossen und ausgewertet. Insofern ist die Charakterisierung Sieyes als *„unbekannten Bekannten“* durchaus zutreffend.

Sein *Lebenslauf* gibt – auch in den folgenden skizzenhaften Abbreviaturen – einigen Aufschluß über die Gründe dafür: 1748 als fünftes Kind eines königlichen Posthalters und Steuereinnehmers in Fréjus geboren, vermochte er aufgrund seiner herausragenden intellektuellen Begabung auf der örtlichen Jesuitenschule 1765 ein Stipendium zu erhalten, durch das ihm der Besuch des Priesterseminars an Saint-Sulpice in Paris ermöglicht wurde – die einzige *Bildungs- und Aufstiegschance*, die sich einem Kind aus kleinbürgerlichem und finanzschwachem Elternhaus damals bot.

Hier studierte Sieyes *Theologie,* wird aber zugleich im Priesterseminar durch eine ausschweifende Lektüre mit den aktuellen Schriften der wichtigsten englischen und französischen *Aufklärer* bekannt: *Voltaire, Rousseau* und die *Enzyklopädisten,* aber auch *Locke, Helvetius* und *Condillac* stehen auf seiner Leseliste und machen ihn erstmals mit *politischen Problemen und Theorien* der Zeit bekannt: bereits zwanzig Jahre *vor* Ausbruch der Revolution!

1772 wird Sieyes dann zum *Priester geweiht*; er macht in der kirchlichen Hierarchie rasch Karriere: Er wird sehr bald Sekretär des Bischofs von Tréguir, bald darauf Domherr ebenda. Als sein Bischof nach Chartres wechselt, folgt Sieyes ihm, wird sein *Generalvikar* und erreicht damit das *höchste* Kirchenamt, das einem Nichtadeligen im Ancien Régime überhaupt zugänglich war.

In der vorrevolutionären Phase wird Sieyes 1787 als Vertreter des Klerus in die Provinzialversammlung von Orleans gewählt – eine für ihn wichtige Lernphase *in politicis* in der sich rasch zuspitzenden politischen, gesellschaftlichen und finanzpolitischen *Krise des französischen Ancien Régimes*. Im Jahr 1788 sieht sich Ludwig XVI. wegen des Zusammenbruchs der Staatsfinanzen (Staatsbankrott) genötigt, die seit 1614 nicht mehr zusammengekommenen *Generalstände (États Généraux)* einzuberufen, um einen letzten Versuch zur Behebung der Krise zu machen.

Dieses Ereignis löst alsbald eine politische Bewegung und Diskussion im ganzen Land aus, die von einer Flut politischer Pamphlete aller Richtungen begleitet wird, an der sich auch Sieyes früh aktiv beteiligt. Noch 1788 erscheint seine *Schrift gegen die Privilegien;* im Januar 1789 folgt seine berühmte Schrift „*Was ist der Dritte Stand?*", die zu einem der größten Erfolge politischer Publizistik und Pamphletistik aller Zeiten wurde: In wenigen Wochen kamen über 30.000 Exemplare dieser Schrift unter die Leute! Über Nacht wird der Abbé Sieyes als politischer Theoretiker und Anwalt der Interessen des Dritten Standes im ganzen Land bekannt.

Diesem Umstand hat er es wohl auch zu verdanken, daß er – sozusagen im letzten Moment – obwohl *Geistlicher* als zwanzigster und letzter Vertreter des *Dritten Standes* von Paris in die Versammlung der Generalstände gewählt und entsandt wird.

Nachdem sich dieser *Dritte Stand* am 17. Juni 1789 – unter maßgeblicher Initiative von Sieyes – zur *Nationalversammlung* erklärt hat und seine Arbeit als solche aufnimmt, tritt Sieyes, dem die Nationalversammlung für ihre politische Konstituierung die maßgeblichen Ideen (der *Nation* und *nationalen Repräsentation*) verdankt, recht bald *in den Hintergrund*. Er ist ein Mann der Feder, nicht der mündlichen Rede vom Rednerpult der Versammlung. Bereits 1791 zieht sich Sieyes mehr und mehr enttäuscht aus der Politik zurück, nachdem er zuvor noch die *Verfassungsdiskussionen* durch seine kompetenten Entwürfe angeregt und maßgeblich bereichert hatte. In der Phase der Robespierreschen Terreur bleibt er ungeschoren, weil er sich *für* die Hinrichtung des Königs ausgesprochen hatte.

Erst nach dem Sturz Robespierres (am 27. Juli 1794) kommt Sieyes auf die politische Bühne zurück und sucht – wenngleich ohne durchdringenden Erfolg – die erneuerte Verfassungsdebatte mit seinen Modellentwürfen zu beeinflussen. Sein politischer Einfluß sinkt indes rasch.

Erst unter der Direktorialverfassung (1795 ff.) wird er (1798) für kurze Zeit *französischer Botschafter in Berlin* am preußischen Hof, erhält ein Jahr später (1799) durch seine Nachwahl in das fünfköpfige *Direktorium* der Republik eine neue Chance zur Fortsetzung seiner politischen Karriere. Beim *Staatsstreich von Napoleon Bonaparte* am 18./19. Brumaire des Jahres 1799 stellt er sich auf die Seite Napoleons, der ihn durch das Amt des Präsidenten des Senats und durch die Ernennung zum „Grafen des Empire“ für seine Dienste belohnt. Eine nennenswerte politische Bedeutung erringt Sieyes unter Napoleon, der sich inzwischen zum Kaiser gekrönt hat, indes nicht mehr.

Nach dem Sturz Napoleons (1815) muß Sieyes unter dem restaurierten Königtum als *„Königsmörder“* ins Exil. Bis zur Juli-Revolution 1830 lebt er daher in Brüssel, kehrt dann aber nach Paris zurück, wo er 1836 – achtundachtzig Jahre alt – stirbt. Seine posthume Reputation bleibt eher gering; zu sehr war er in seinem späteren Leben zwischen die politischen Fronten der Parteien der Revolutionsepoche geraten.

2. Was war Sieyes?

Kommen wir somit zur zweiten Frage: *Was* war Sieyes? – Diese Frage ist im Hinblick auf die Einschätzung und kritische Bewertung seines *politischen Denkens, seiner theoretischen Arbeiten*, aber auch seiner politischen *Praxis* von einiger Bedeutung.

Im vorangehenden *Lebensabriß* hatten wir davon gehört, daß Sieyes Theologie studiert hatte und zum Priester geweiht worden war. Damit hatte er die einzige soziale *Aufstiegschance* genutzt, die ihm damals aus seiner kleinbürgerlichen Welt über die kirchliche Hierarchie den Weg wies. Sieyes war mithin *Kleriker: Abbé Sieyes.*

Die französische Bezeichnung für „Kleriker“ ist *„clerc“*, das unter den Bedingungen des 20. Jahrhunderts vielfach mit *„Intellektueller“* übersetzt wird. Insofern kann man Sieyes auch wohl einen „Intellektuellen“ nennen. In diesem Sinn hatte auch *Julien Benda* den Terminus verstanden, als er seiner Kritik der Intellektuellen des 20. Jahrhunderts den Titel *„La Trahison des clercs“ (1927)* gab: Als „Verrat der *Intellektuellen*“ ist das Buch (erst) 1978 ins Deutsche übersetzt worden. „Verrat der *Kleriker*“ – das hätte im 20. Jahrhundert auch keinen Sinn gemacht.

Auch wenn der (polemische) Begriff des *„Intellektuellen“* in Frankreich erst im Kontext der Dreyfus-Affäre kurz vor 1900 entstand, scheint er doch exakt auf Sieyes zu passen. Denn: Sieyes war sicher im strikten Sinn kein *Philosoph* und auch kein politischer *Theoretiker.* Dazu stand er von Beginn seiner Karriere an zu stark in praktisch-politischen Kontexten.

Er war das, was man heute einen politisch ambitionierten und politisch engagierten *„Intellektuellen“* nennen würde – mit allen *Stärken* und *Schwächen,* die diesem Typus seit je, im einzelnen Falle zu Recht oder Unrecht, zugeschrieben werden.

Vor allem die konkrete politische *Entstehungssituation* seiner diversen politischen Schriften vor und unmittelbar nach Ausbruch der Französischen Revolution 1789 läßt ihn als einen *typischen Vertreter dieser politischen Species* erscheinen.

Insofern entspricht Sieyes auch dem *Bild des französischen Literaten*, wie es *Alexis de Tocqueville* in seinem Werk „*Der alte Staat und die Revolution*" (1858) – im Vergleich zum englischen und zum deutschen Schriftsteller – in kritischer Absicht entworfen hat: Im ersten Kapitel des III. Buches dieses für die Revolutionsforschung bis in unsere Tage bedeutenden Werkes entwickelt Tocqueville unter dem Titel: „Wie die Schriftsteller um die Mitte des 18. Jahrhunderts die ersten Politiker des Landes wurden und welche Wirkungen daraus hervorgingen."[4], eine äußerst aufschlußreiche Typologie des Literaten in der Politik.

In diesem Kapitel, einem der erhellendsten über die Rolle von Literaten und Literatur im Prozeß der Entstehung der großen Französischen Revolution, führt Tocqueville u. a. aus, daß die französischen Literaten in der Mitte des 18. Jahrhunderts – im klaren Unterschied zu ihren Berufskollegen in England und in Deutschland – eine „Art abstrakter literarischer Politik" etablierten, indem sie sich „unablässig mit den Gegenständen, die sich auf die Regierung beziehen", beschäftigten. „Ja, im Grunde war das ihre eigentliche Beschäftigung. Täglich hörte man sie sprechen über den Ursprung der Gesellschaft und deren primitive Formen, über die ursprünglichen Rechte der Bürger und der Staatsgewalt, über die natürlichen und künstlichen Beziehungen der Menschen untereinander, über den Irrtum oder die Berechtigung des Herkommens und über die Prinzipien der Gesetze" (S. 142).

Tocqueville schreibt diese Sätze durchaus in *kritischer* Absicht. Ihm ist diese „abstrakte literarische Politik" in höchstem Maße *bedenklich*, ja *gefährlich*. Für ihn hat die Revolution „so viele abstrakte Bücher über die Regierung hervorgebracht"; diese Literaten (oder Intellektuellen) hätten alle den „gleichen Geschmack an *allgemeinen* Theorien, *vollständigen* Systemen der Gesetzgebung und *genauer Symmetrie* in den Gesetzen; gleiche *Verachtung des tatsächlich Bestehenden*; gleiches *Vertrauen auf die Theorie* [...]; gleiche Lust, auf einmal die ganze Verfassung nach den Regeln der Logik und nach einem einheitlichen Plan neu zu bilden, anstatt zu versuchen, sie in ihren Teilen zu *verbessern*", und dann der Stoßseufzer: „*Schreckenvolles Schauspiel!*" (S. 149, Hervorhebungen von T. St.).

Daß Tocqueville bei seiner Kritik an den revolutionären Intellektuellen (oder intellektuellen Literaten) der Revolution wahrscheinlich exakt und speziell an *Sieyes* gedacht hat, läßt folgende Passage vermuten: „Die Betrachtung so vieler ungerechter oder lächerlicher *Privilegien*, deren Last man immer mehr fühlte

---

4 Deutsche Ausgabe bei DTV, S. 141 ff.

und deren Ursache man immer weniger wahrnahm, trieb oder riß vielmehr den Geist aller dieser Männer gleichzeitig *zur Idee der naturgegebenen Gleichheit der gesellschaftlichen Bedingungen* hin" (S. 143, Hervorhebungen von T. St.). Liest sie sich doch wie eine eindeutige Anspielung auf *Sieyes' „Abhandlung über die Privilegien*" von 1788! Das bedeutet sicher, daß Tocqueville auch gerade *Sieyes als einen solchen Vertreter „abstrakter literarischer Politik*" einordnete. Ob diese Zuordnung angemessen ist, wird gleich zu prüfen sein. Auf jeden Fall ist sie nicht aus der Luft gegriffen!

Vorher kann aber die zweite Frage: „*Was* war Sieyes?" folgendermaßen abschließend beantwortet werden: Sieyes scheint – von seiner Herkunft als Kleriker und von seiner Haupttätigkeit als politischer Schriftsteller und engagierter Pamphletist – einer jener *Intellektuellen* gewesen zu sein, deren Zahl sich am Vorabend der Revolution in Paris auf Zehntausende belief und die (man vergleiche dazu vor allem die Forschungen von *Robert Darnton* und *Roger Chartier*) nur darauf warteten, in der *Krise und Agonie* des Ancien Régimes aus ihren Dachstuben hervorzukommen und schriftstellerisch und politisch aktiv zu werden und ihre politischen Ideen in ihren Pamphleten unters Volk zu bringen, das sie bald begierig aufgriff, und so politische Karriere zu machen.

In diesem literarisch-politischen Milieu beginnt auch Sieyes seine eigentliche Karriere als politischer Schriftsteller, der der beginnenden revolutionären Bewegung in Frankreich in seinen Pamphleten einige der entscheidenden und wirkungsvollsten *Stichwörter* lieferte und somit einen besonders *wichtigen Beitrag zum Entwurf einer neuen politischen Kultur* in Frankreich leistete. Er selbst nennt sich wiederholt einen *„patriotischen Schriftsteller*" und kennzeichnet so sein *Selbstverständnis* in einer revolutionären Situation.

II. Die politischen Ordnungsvorstellungen von E. J. Sieyes

In diesem vorrevolutionären Ambiente wird die eigentümliche und *herausragende Leistung von Sieyes* deutlich und greifbar, wenn man *zwei Dinge* in Betracht zieht: einmal die *literarisch-rhetorische Dimension*, zum anderen die *inhaltlich-sachliche Dimension* seiner Schriften.

Auf die *erste (literarisch-rhetorische) Dimension* kann hier nur andeutungsweise eingegangen werden. Sie ist aber wesentlich, insofern sie ein Doppeltes zeigt: einmal, daß die politischen Schriften Sieyes' aus einer schon in der Entstehung begriffenen und „angeheizten" vorrevolutionären *Kommunikationssituation* entstehen: als literarische *Reaktion* auf unabweisbare *Unordnungsphänomene* in der zu Ende gehenden Welt des Ancien Régimes; zum anderen, daß Sieyes seine *rhetorischen Textstrategien* in seinen Pamphleten gezielt darauf richtet, sprachlich und argumentativ eine entscheidende *Transformation* (wenn

Sie wollen: *Revolution*) der politischen *Sprache* und ihrer *Leitbegriffe* zu inaugurieren. Wir wissen, daß er darin äußerst erfolgreich war. Die Tatsache, daß sein Pamphlet „*Was ist der Dritte Stand?*" in wenigen Wochen in 30 000 Exemplaren überall in Frankreich verbreitet wurde, belegt das eindrucksvoll. Das zeigt auch an, daß Sieyes mit seinen Schriften eine bereits gründlich vorbereitete Kommunikationssituation vorfand.

Daß es ihm in entschiedenem Sinn darum ging, eine *neue politische Sprache* durchzusetzen und damit zugleich eine *alte politische Sprache* auszuschalten, macht Sieyes in einer kurzen Passage aus „Was ist der Dritte Stand?" eindeutig und überzeugend klar; dort lesen wir: „Kurz, alle Wörter wie *taille, franc-fief, utensiles* und so fort werden für immer aus der politischen Sprache verschwinden" (S. 94).

In seinem knappen Essay über Sieyes[5] markiert *Eberhard Schmitt* den historischen Augenblick des Auftritts von Sieyes folgendermaßen:

> „Zu diesem Zeitpunkt, um die Jahreswende 1788/89, erscheinen schlagartig die Sieyesschen Schriften [...] Es sind durchweg *zündend formulierte Pamphlete*, deren *Durchschlagskraft* darauf zurückzuführen ist, daß sie *allerorts gedachte und diskutierte Gedanken zu einem optimalen Zeitpunkt* in einer bis dahin unbekannten, vordergründig wissenschaftlichen, in Wirklichkeit aber *brillant-polemischen Sprache* zusammenfassen.
> Sieyes vollzieht hier in radikaler Weise den *Bruch mit der Vergangenheit*. Er rechnet ab mit all denen, die meinen, eine Reform auf der Grundlage des vorabsolutistischen Feudalherrentums erzielen zu können. Wenn er sich gegen den Kult der Überlieferungen, gegen die alten Urkunden, gegen die *extase gothique* von Beweisjägern und Tatsachensklaven – wie er es nennt – wendet, dann mit der überlegenen Verachtung des *reinen konstruierenden Rationalisten*, der radikal und kompromißlos eine *neue Gesellschaft* baut." (S. 141–142)

Wie schaut diese *rationale Konstruktion* eines neuen politischen Gemeinwesens konkret aus? Was sind die dieser Konstruktion zugrunde liegenden und sie stimulierenden *Erfahrungsanlässe*?

Wenn wir zunächst die *Erfahrungsanlässe* charakterisieren dürfen: Es handelt sich um einen zusammenhängenden Komplex von *Unordnungserfahrungen und -phänomenen*, die Sieyes bereits weit vor Ausbruch der Revolution in der Provinz und dann auch in Paris als Erfahrung von *Ungleichheit* und *Ungerechtigkeit* der sozialen und politischen Verhältnisse des Ancien Régime machte und die bereits das moralische *Pathos* seiner frühen Pamphlete („Über die Privilegien" und „Über den Dritten Stand") bestimmten.

Aus der *zeitkritischen Analyse* dieser gegebenen Verhältnisse ergeben sich folgerichtig Sieyes' Forderungen nach *Aufhebung* der Privilegien des Ancien

---

[5] In: H. Maier u. a. (Hg.), Klassiker des politischen Denkens, Bd. II, S. 141 ff. (Hervorhebungen von T. St.).

Régimes und nach politischer *Gleichberechtigung* des Dritten Standes in der nationalen Repräsentation des französischen Königreiches. Daß diese beiden zunächst erhobenen Forderungen von Sieyes untereinander eng zusammenhängen, liegt auch für Sieyes unmittelbar auf der Hand. Daß die letztlich allein durch eine *neue Verfassung* des Reiches verwirklicht werden können, ist für Sieyes ebenfalls unmittelbar evident; denn er hat sich bereits erheblich *vor* dieser Zeit (schon ab 1771) im Kontext seiner Studien politischer Theorien des Altertums und der Aufklärung ausgiebig mit rationalen *Verfassungsentwürfen* befaßt, die erst vor wenigen Jahren aus seinem Nachlaß bekannt geworden sind.[6]

Das bedeutet: Sieyes reflektiert die genannten *Unordnungserfahrungen* von Anfang an vor dem Hintergrund von und in Bezug auf seine *vorgängigen verfassungstheoretischen Reflexionen und Entwürfe*. Diese sind für ihn in *doppelter* Weise *Maßstab*; einmal Maßstab der *Kritik* der bestehenden Zustände, zum anderen Maßstab für die rationale *Konstruktion* einer neuen Verfassung.

Recht früh tritt in seinem politischen Denken noch die *soziologische Einsicht* hinzu, daß eine effektive Verfassungsreform der zentralen staatlichen Institutionen, speziell eine Reform der politischen Repräsentationsformen nur auf der Basis einer klaren und eindeutigen Erkenntnis und Bestimmung der *Gesellschaft* und ihrer Strukturen sowie einer rationalen *Gebiets-* und *Verwaltungsreform* (in Gestalt neu eingeteilter Departments) erfolgen kann.

Damit sind – angeregt durch die zeitkritischen Analysen der gesellschaftlichen und politischen Gegebenheiten des ausgehenden Ancien Régimes bereits früh *alle konstitutiven Elemente* einer rationalen Verfassungskonstruktion von Sieyes ins Gespräch gebracht.

Sie sollen jetzt, zunächst einzeln, sodann in ihrem Wechselverhältnis näher betrachtet werden. Dabei werden wir weitgehend *chronologisch* vorgehen und Sieyes' politische *Leitideen* sukzessive ins Spiel bringen.

1. Die Idee der Konstitution oder Verfassung

Die *Idee einer Verfassung* (Konstitution) spielt im Denken von Sieyes bereits früh, weit *vor* Ausbruch der Revolution, praktisch schon in den 70er Jahren, eine zunehmende bedeutsamere Rolle. Er gewinnt sie vornehmlich aus seinen intensiven Studien der älteren und modernen Autoren politischer Theorie.

Damit erklärt sich auch, warum Sieyes später öfter als „*lebendiges Verfassungsorakel*" charakterisiert wird und ganz am Ende seines Lebens aus konkretem Anlaß gesagt haben soll: „*La constitution c'est moi*". Aus Zeitgründen kann hier nicht auf diese Verfassungsentwürfe im Detail eingegangen werden.[7] Her-

---

[6] Vgl. T. Hafen, a.a.O., Teil II, Das Verfassungswerk, S. 141–246.

[7] Ebd.

vorhebenswert ist indes, daß Sieyes bereits 1774/76 in zwei Textfragmenten mit den Titeln: „*La Formation active des différentes parties du gouvernment*" (1774/76) und „*Tableau de l'organisation du gouvernement*" (1774/76) seine Verfassungsvorstellungen zu Papier gebracht hat. Thomas Hafen charakterisiert den „*Tableau*" folgendermaßen:

> „Der Tableau baut auf *drei Organen* auf, die voneinander strikt getrennt sind und denen jeweils *eine* Funktion zugeordnet ist; ein *dreikammeriges Parlament* macht die Gesetze; eine fünfgliedrige *staatliche Administration* verbreitet und verwaltet sie, und ein *König* sorgt bei Bedarf für deren Wiederherstellung." (S. 155)

Diesen drei *Institutionen* zugewiesen sind allgemeine politische *Aufgaben*: dem *Parlament*: „faire la loi"; der *Administration*: „dispenser la loi"; und dem *König*: „Sanier la loi".

In diesen frühen Verfassungsentwürfen befaßt sich Sieyes – wie Thomas Hafen in seiner gründlichen Untersuchung herausgearbeitet hat – bereits mit zwei weiteren zentralen, für sein späteres Denken konstitutiven Verfassungsstrukturelementen: einmal mit dem Problem einer möglichst optimalen Organisation der politischen *Repräsentation*; zum anderen (damit eng zusammenhängend) mit dem Entwurf eines (zunächst) *dreikammerigen Parlaments* als Gesetzgebungsorgan.

Diese Entwürfe zeigen deutlich, daß der *Verfassungsgedanke* im politischen Denken Sieyes' schon früh, d. h. deutlich vor Ausbruch der Revolution eine *konstitutive Bedeutung* erlangt hatte; daß er mithin im historischen Augenblick, als die Revolution 1789 ausbrach, bereits auf einen ausgearbeiteten *Fundus* von Verfassungsideen und -entwürfen zurückgreifen konnte.

Das macht auch wohl verständlich, daß Sieyes in den folgenden Jahren (1789 ff.) immer wieder maßgeblichen und gestaltenden Einfluß auf die *meisten* (nicht auf alle) der Revolutionsverfassungen ausübte: zunächst auf die erste Revolutionsverfassung von 1791; dann auf die Verfassung von 1795 und schließlich auch noch auf die Verfassung von 1799, die den Übergang zum napoleonischen (kaiserlichen) Regime markiert. Darauf wird unter einigen Aspekten noch zurückzukommen sein.

Doch vorab ist noch ein Blick erforderlich auf die beiden bekanntesten politischen Schriften, die den *öffentlichen Ruhm* von Sieyes in seiner Zeit auf besondere Weise ausgelöst und bestimmt haben: die Schriften „*Über die Privilegien*" und „*Was ist der Dritte Stand?*".

Es wurde schon festgestellt, daß das *Motiv* zu diesen beiden Schriften aus der unmittelbaren Erfahrung von *Ungleichheit und Ungerechtigkeit* unter den sozialen und politischen Verhältnissen des ausgehenden Ancien Régimes entsprang.

Es ist ein durchaus bemerkenswertes Phänomen, daß es in der Regel erhebliche theoretische Schwierigkeiten macht, eine passable allgemeine Bestimmung oder gar Definition von „*Gerechtigkeit*" und „*Gleichheit*" zu geben; daß es aber eine unmittelbare evidente *Alltagserfahrung* für nahezu jeden Menschen davon gibt, was *ungerecht* und *ungleich* in konkreten sozialen und politischen Verhältnissen ist – *vor* aller philosophischer Reflexion über das abstrakte *Wesen* von Gerechtigkeit und Gleichheit.

Hier liegt wohl auch das Geheimnis des großen publizistischen Erfolgs dieser beiden frühen Schriften von Sieyes und ihrer aktuellen Breitenwirkung, daß sie nämlich bei ihrer Publikation unmittelbar auf den angemessenen *Resonanzboden* konkreter Erfahrungen der meisten betroffenen Menschen im damaligen Frankreich stießen.

In betont *rhetorisch organisierten* Texten konnte Sieyes auf die in der damaligen französischen Gesellschaft überall vorhandenen Ungleichheits- und Ungerechtigkeits-Erfahrungen rekurrieren und sie sprachlich *öffentlich* machen.

Nicht nur öffentlich machen, sondern zugleich auch *authentisch interpretieren* und so in den kritischen, gegen die Verhältnisse des Ancien Régimes gerichteten *politischen Diskurs* einführen, ja durch seine rhetorischen Formen bald eine *Diskurshegemonie* etablieren, die dann für die erste Phase der Revolution bestehen blieb und maßgebende Bedeutung für die Konstituierung des Dritten Standes als Nationalversammlung gewinnen konnte.

Das war eine *enorme Leistung*; wahrscheinlich für die Initiation der Revolution – nämlich gegen den alten, bisher dominierenden einen *neuen politischen Diskurs* durchzusetzen: – die *entscheidende* Leistung, die Sieyes hier erbrachte.

Dies macht ein weiteres Mal deutlich, daß und inwiefern die Französische Revolution in einem hohen Maße auch „eine Revolution *der Sprache und der Kommunikation*“ war.

Dabei ist zu bedenken, daß diese „*Revolution der Sprache*“ *zwei* charakteristische Aspekte besitzt: einmal einen *subversiven* Aspekt, indem sie die *alten* Leitbegriffe, die der Legitimation des Ancien Régimes dienten, *unterläuft* und *außer Kraft setzt,* und zum anderen zugleich einen *konstruktiven* Aspekt, indem sie die *neuen Leitbegriffe für die Legitimation* der neuen politischen Ordnung in den öffentlichen Diskurs implementierte und zur durchschlagenden politischen Wirkung brachte.

Der subversive Diskurs richtete sich vor allem gegen die Privilegien und deren gesellschaftliche Akzeptanz und Achtung. In seiner „Abhandlung über die Privilegien“ (1788) gelingt es Sieyes, der alten Privilegienordnung auch noch den letzten Rest an Geltung zu entziehen und sie total zu destruieren. So wenn er schreibt: „Alle Privilegien sind also ihrem Wesen nach ungerecht, hassenswert und dem höchsten Zweck jeder staatlichen Gemeinschaft entgegengesetzt.“[8]

---

[8] E. Sieyes, Abhandlung über die Privilegien, 1968, S. 25.

Diese dezidierte argumentative *Destruktion* der Privilegienordnung und das dazu aufgebotene rhetorische Pathos des Textes geben den Blick frei auf ein kompaktes normatives Wissen des Autors vom *Wesen des Menschen und der rechten gesellschaftlichen Ordnung*, auf die sich eine *politische Ordnung* angemessen zu beziehen und zu stützen hat. Sieyes spricht hier von „*Gesetzen der Natur*" und deduziert entsprechend:

> „Die *Gesetze der Natur*, das vergesse man nie, sind nie ohnmächtig oder überflüssig. Hat sie (= die Natur) nicht beschlossen, den Menschen nur in der *Gleichheit* der *Glückseligkeit* zu gewähren?"[9]

Wenn das so gilt, dann gnade Gott den Privilegien! Von diesen „Gesetzen der Natur" her müssen die Privilegien als schlimmes „Vorurteil" erscheinen und entsprechend ein für allemal verschwinden:

> „Das *Vorurteil,* durch das sich die Privilegien erhalten, ist das *verderblichste, das je die Erde gequält hat.* Es hat sich mit der gesellschaftlichen Organisation aufs engste verbunden, es verdirbt sie immer gründlicher, je mehr Interessen sich bemühen, es aufrechtzuerhalten. *Was für Gründe, den Eifer der wahren Patrioten zu entflammen!*"(S. 50)

Es ist ihm bekanntlich voll gelungen, „den Eifer der wahren Patrioten zu entflammen" und *gegen* die Privilegienordnung in der Französischen Revolution ab 1789 zu mobilisieren: Auf *destruktive Weise* in der Schrift gegen die feudale Privilegienordnung des Ancien Régimes; auf *konstruktive Weise* vor allem in der Schrift über den Dritten Stand, die im Frühjahr 1789 erschien und die mit den bekannten Fanfaren-Sätzen beginnt:

> „Der Plan dieser Schrift ist ganz einfach. Wir haben uns drei Fragen vorzulegen. 1. Was ist der dritte Stand? – *Alles.* 2. Was ist er bis jetzt in der staatlichen Ordnung gewesen? – *Nichts.* 3. Was verlangt er? – *Etwas darin zu werden!*"[10]

Es ist hinlänglich bekannt, daß diese Thematik „*Was ist der Dritte Stand?*" aus der mit der Einberufung der Generalstände aufgebrochenen Diskussion über die *Repräsentation* im Königreich Frankreich, d. h. über die „*Repräsentativität* des bestehenden Regierungssystems"[11], entstanden war.

Bekanntlich bezog sich diese Diskussion zunächst auf *zwei* Streitpunkte: einmal ob die *Zahl* der Vertreter des Dritten Standes auf dem Niveau von 1614 verbleiben oder angesichts der inzwischen entstandenen überlegenen Größe des Dritten Stands *verdoppelt* werden sollte; und zum anderen ob in der neu berufenen Versammlung der *Generalstände* nicht mehr nach *Ständen (vote par ordre)*, sondern nach *Köpfen (vote par tête)* abgestimmt werden sollte. *König* wie *Adel*

---

9 Ebd., S. 37.
10 Ebd., S. 55.
11 J. Fetscher/H. Münkler (Hg.), Handbuch der politischen Ideen, Bd. 4, S. 25.

und *Geistlichkeit* (also die ersten beiden Stände) wollten aus leicht durchschaubaren Motiven den alten *Modus* erhalten wissen. Der *Dritte Stand* konnte sich auf diese alte Ordnung, die die sozialen und politischen Verhältnisse des frühen 17. Jahrhunderts, nicht aber die des ausgehenden 18. Jahrhunderts reflektierte, nicht länger einlassen. Darum ging der Verfassungskonflikt zu Beginn des Jahres 1789.

In diese Kontroverse stieß Sieyes mit seiner Schrift „*Was ist der Dritte Stand?*“ hinein, um diesem Streit, der zunächst durchaus *noch in den Verfassungsgrenzen des Ancien Régimes* ablief, eine ganz andere *Alternative* entgegenzusetzen, die bereits dieses alte Verfassungssystem deutlich *transzendierte:* indem sie es zuerst theoretisch, bald auch praktisch infrage stellte und überwand.

Und zwar durch ein neuartiges revolutionäres Verständnis politischer Repräsentation, das sich seinerseits auf ein neues Verständnis der Leitbegriffe von *Volk* und *Nation*, von *Gesellschaft, Staat, Politik* stützte. Das geht im wesentlichen auf *Sieyes' politische Schriften*, vor allem auf seine Schrift „*Was ist der Dritte Stand?*“ zurück.

Denn in dieser Schrift hat Sieyes – neben der *Destruktion* der alten politischen Leitbegriffe – auch die *Konstruktion* der entscheidenden neuen und zukunftsweisenden politischen Leitbegriffe des modernen Verfassungsstaates wirkungs- und folgenreich unternommen.

Es geht hier zuerst um das Konzept von „*Nation*“, das Sieyes braucht, um einen positiven politischen Begriff vom Dritten Stand zu entwerfen; dies geschieht, indem der Dritte Stand, dessen *Inferiorität* aufgehoben werden soll, als eine „*vollständige Nation*“ vorgestellt und behauptet und somit zur ersten und entscheidenden *Grundlage* des politischen Gemeinwesens gemacht wird. Dabei ist „Nation“ in diesem Kontext einmal eine *soziale*, zum anderen eine *politische* Kategorie. Der soziale Begriff „*Nation*“ steht hier primär für *Gesellschaft,* insofern sie aus „*Arbeiten im Privatinteresse*“ besteht. *Arbeit* (erst in zweiter Linie Eigentum) und *Arbeitsbeziehungen* konstituieren für Sieyes Gesellschaft als Vereinigung von Individuen. Die dem Privatinteresse dienenden Arbeiten unterteilt Sieyes in *vier Formen*:

1. Arbeiten als Bearbeitung von Natur (Naturprodukte) – in der Landwirtschaft;
2. Arbeit als Produktion von Gütern – in der Manufaktur;
3. Arbeit als Austausch von Naturprodukten und Güter – im Handel;
4. Arbeit als Wissenschaft und Kunst sowie Dienstleistungen freier Berufe.

„Das sind die Arbeiten – so Sieyes – die die *Gesellschaft erhalten*“ und zugleich auch hervorbringen. Insofern sind sie unverzichtbar und konstitutiv.

So erhält die Frage: „*Wer* verrichtet sie (diese Arbeiten)?“ entsprechend vorrangige Bedeutung. „*Der Dritte Stand*“, ist die eindeutige und einleuchtende

Antwort. Denn die beiden anderen Stände haben an diesen gesellschaftlich relevanten Tätigkeiten keinen nennenswerten Anteil. Für Sieyes ist es *„überflüssig,* sie [die Arbeitsformen] einzeln durchzugehen, um zu zeigen, daß der *Dritte Stand* auf allen diesen Gebieten *neunzehn Zwanzigstel* leistet, daß nur er mit allen wirklich beschwerlichen Arbeiten belastet wird, die der privilegierte Stand zu übernehmen sich weigert" (S. 57).

Insofern bildet der Dritte Stand bereits aus sozioökonomischer Perspektive *praktisch* eine vollständige Nation: insofern er die *Gesellschaft* in ihren vielfältigen Arbeitsbeziehungen konstituiert und ausmacht.

Es scheint wichtig, diesen spezifisch soziologischen Gesellschaftsbegriff von Sieyes noch durch ein zweites Zitat (aus der Rede gegen das königliche Veto) zu belegen. Dort heißt es:

> „Die neuen europäischen Völker gleichen den alten Völkern recht wenig. Bei uns geht es um nichts anderes als um Handel, Landwirtschaft, Manufakturen usw. Der Drang nach Reichtum aus allen Staaten Europas nur riesige Werkstätten zu machen: Man kümmert sich vielmehr um Konsum und Produktion als um die Glückseligkeit. *Deshalb gründen sich die politischen Systeme heute ausschließlich auf die Arbeit; die der Produktion dienenden Fähigkeiten des Menschen sind alles;* die moralischen Fähigkeiten weiß man kaum noch zu nutzen, obgleich sie die reichsten Quellen der wahrsten Freuden werden könnten. Wir sind also gezwungen, im größten Teil der Menschen nichts als *Arbeitsmaschinen* zu sehen."[12]

Diese Sätze sind zunächst rein *deskriptiv* zu verstehen. Sie beschreiben *faktische gesellschaftliche* Verhältnisse, die darüber hinaus aber zugleich auch die *Grundlagen* für die Konstituierung der *politischen* Nation bilden.

Diese Passage ist wichtig auch in dem Sinne, daß „Nation" in diesem Kontext (noch) *keinerlei Konnotationen zu modernem „Nationalismus"* oder gar *„ethnischen Nationalismus"* besitzt; es handelt sich vielmehr um eine an (individuellen und/oder gruppenspezifischen) *Privatinteressen,* auch *Privateigentum* orientierte (heute würde man sagen: *pluralistische*) *Gesellschaft.*

Kommen wir jetzt zur Erläuterung des *politischen* Nations-Begriffs. Zur Kennzeichnung dieses Konzepts trägt Sieyes eine andere, evolutionäre Argumentation vor: Er unterscheidet entsprechend *drei* Entwicklungs*stufen* oder -*epochen* der *politischen Nations- oder Volksbildung*:

1. „Für die *erste Epoche* ist eine mehr oder weniger beträchtliche Anzahl von Individuen anzunehmen, die sich vereinigen möchten. Schon allein durch diese Tatsache bilden sie eine *Nation:* Sie haben alle Rechte einer solchen; es geht nur noch darum, sie auszuüben. Diese erste Epoche ist gekennzeichnet durch das *Spiel der Einzelwillen.* Sie erst schaffen die gesellschaftliche Vereinigung; sie sind der *Ursprung aller öffentlichen Gewalt*".

---

[12] E. J. Sieyes, Politische Schriften, S. 266.

> 2. „Die zweite Epoche ist gekennzeichnet durch das Handeln des *gemeinschaftlichen Willens*. Die Gesellschafter wollen ihrer Vereinigung Beständigkeit verleihen; sie wollen den *Zweck der Vereinigung* erfüllen. Sie beraten sich also untereinander und einigen sich auf die *Erfordernisse der Öffentlichkeit* und auf die *Mittel* zu ihrer Verwirklichung: Die Gewalt liegt hier [...] bei der Öffentlichkeit. Gewiß bilden die *Einzelwillen* nach wie vor *Ursprung* und *Grundbestandteile* der öffentlichen Gewalt; aber jeder einzelne für sich genommen ist in seiner Macht gleich null. *Diese Macht liegt nur im Ganzen. Die Gemeinschaft bedarf eines gemeinschaftlichen Willens;* ohne Einheit des Willens würde sie es nie dahin bringen, als wollendes und handelndes Ganzes aufzutreten. Sicher besitzt dies Ganze kein Recht, das nicht auch dem gemeinschaftlichen Willen zustünde.“ (S. 165)

Mit der Aussage, daß „die Gemeinschaft eines *gemeinschaftlichen Willens*“ bedarf, kommt *Sieyes Rousseau* ziemlich nahe.

Es bleibt aber eine wesentliche *Differenz* bestehen, die – auch Rousseau gegenüber – den eigentümlichen Ansatz von *Sieyes* verdeutlicht: einmal im *Begrifflichen,* insofern Sieyes *nicht* von „volonté *générale*“, sondern von „volonté *commune*“ spricht; zum anderen *sachlich,* insofern Sieyes in diesem „gemeinschaftlichen Willen“ nicht wie Rousseau „nur“ eine Zusammenfassung der *gemeinschaftsbezogenen Anteile der Einzelwillen* sieht, während die anderen, *egoistischen* Anteile ausgefiltert werden müssen, sondern ihre *einfache Zusammenfassung*; (er unterscheidet mithin nicht zwischen einer *„volonté des toutes“* und einer *„volonté générale“* wie Rousseau). Das ist bedeutsam, gerade für die zukünftige Verfassungstheorie.

In dieser Hinsicht ist Sieyes Willenskonzeption politisch *„handlicher“* und besser *„umsetzbar“* als die von Rousseau. Gleichwohl bleibt eine gewisse *Abhängigkeit* von Rousseau bestehen; das trifft vor allen Dingen insofern zu, als (wie Eberhard Schmitt formuliert) Sieyes „auf dem Boden der denknotwendigen ursprünglichen *Volkssouveränität* Rousseaus“ steht. Ohne diese Volkssouveränitäts-Konzeption Rousseaus wäre die Sieyessche Konzeption der politischen Nation nicht denkbar gewesen. Aber auch dies nicht, ohne eine ganz wesentliche *Modifikation* an der Lehre Rousseaus anzubringen: Rousseau hielt bekanntlich die in der Volkssouveränität sich ausdrückende „volonté générale“ *nicht* für *vertretbar* (repräsentierbar) und lehnte daher in seinem *„Contrat social“* jegliche Form der Repräsentation klar ab.

Demgegenüber gelangt Sieyes aus praktischen wie grundsätzlichen Erwägungen nicht nur zur Akzeptanz politischer Repräsentation; sondern wird vielmehr zum eigentlichen Begründer moderner politischer Repräsentation, das Thema „Repräsentation“ gewinnt daher in seinen Schriften zentrale Bedeutung.

In der begründenden Argumentation dazu macht Sieyes jedoch zuvor einen Gedankensprung und geht zunächst auf die dritte Epoche der Gesellschaftsentwicklung ein:

3. „Doch überspringen wir die Zwischenzeiten. Die Gesellschafter sind *zu zahlreich* und über ein *zu weites Gebiet verstreut,* als daß sie ihren gemeinschaftlichen Willen *einfach selbst* ausüben könnten. Was tun sie nun? – Sie fassen *gesondert alle Befugnisse zusammen*, die erforderlich sind, um für die Bedürfnisse der Gesellschaft zu sorgen. Und die Ausübung dieses Teils des Nationalwillens und somit der Nationalgewalt *vertrauen sie einigen aus ihrer Mitte an.* Damit beginnt die *dritte Epoche*, das Zeitalter einer *„Regierung durch Vollmacht*" (S. 165), einer Regierung durch *Repräsentation.*

Mit diesen Vorüberlegungen tritt Sieyes in das Thema der *politischen Repräsentation* ein, das in seiner politischen Theorie einen zentralen Stellenwert einnimmt.

Zwei eher *praktisch* zu nennende Gesichtspunkte geben ihm dazu den Anlaß, in dieses (sonst ideengeschichtlich eher „metaphysisch" aufgeladene) Thema einzusteigen: daß die vereinigten Individuen *zu zahlreich* sind und daß sie auf einem *zu großen Territorium* verteilt sind, um „den gemeinschaftlichen Willen *einfach selbst* auszuüben".

Beide Gesichtspunkte *zusammen* geben die praktische Grundlage für ein Repräsentativsystem, das Sieyes mit folgenden Sätzen begründet: Eine *Regierung durch Vollmacht (gouvernement exercé par procuration)* bedeutet:

> „1. Die Gemeinschaft begibt sich durchaus nicht ihres Rechtes zu wollen; das ist ihr unveräußerliches Eigentum, sie kann *lediglich die Ausübung dieses Rechtes übertragen.*
>
> 2. Die Körperschaft der Abgeordneten kann selbst *nicht die volle* Ausübungsbefugnis dieses Rechtes besitzen. Die Gemeinschaft hat dieser Körperschaft *natürlich nur so viel von ihrer umfassenderen Gewalt anvertraut*, wie zur *Aufrechterhaltung der guten Ordnung notwendig ist.* Denn in solchen Dingen gibt man nicht mehr als nötig.
>
> 3. Es kommt der Körperschaft der Abgeordneten *also nicht zu, die Grenzen der ihr anvertrauten Gewalt zu verrücken.* Es versteht sich, daß eine solche Befugnis ein Widerspruch in sich selbst wäre." (S. 165, Hervorhebungen von T. St.)

Im Vergleich zur vorangehenden zweiten Epoche ist diese dritte Epoche dadurch charakterisiert, „daß nun nicht mehr der *wirklich* gemeinschaftliche Wille handelt, sondern ein *stellvertretender* gemeinschaftlicher Wille," – eine politische Repräsentation, die sich durch zwei Merkmale auszeichnet: „1. Die Körperschaft der Repräsentanten vertritt diesen Willen *nicht unbegrenzt* und in seinem *vollen Umfang;* sie vertritt *nur einen Teil* des großen gemeinschaftlichen Willen der Nation. 2. Die Abgeordneten üben diesen Willen nicht kraft eigenen

Rechts aus, sondern als das *Recht anderer;* der gemeinschaftliche Wille existiert *nur als Auftrag*" (S. 166, Hervorhebungen von T. St.).

Im Hinblick auf die konkrete Verfassungssituation von 1789 in Frankreich bringt Sieyes indes noch eine wichtige Differenzierung an, die zugleich von allgemeiner Bedeutung für die europäische Verfassungstheorie seit der Französischen Revolution geworden ist. Er unterscheidet nämlich zwischen einer „*außerordentlichen*" und einer „*gewöhnlichen*" Repräsentation.

Die „gewöhnliche" konstituiert das normale Gesetzgebungsorgan (Parlament), während die „außergewöhnliche" die verfassungsgebende Versammlung (Nationalversammlung) begründet.

Die hier von Sieyes vorgeschlagene *Unterscheidung* der Nationalrepräsentation in eine *verfassunggebende* und eine *gesetzgebende* Versammlung oder in eine „*konstituierende*" und in eine „*konstituierte*" Gewalt ist für die Entwicklung des modernen demokratischen Verfassungsstaats von ziemlicher Tragweite.

Als „konstituierende" Gewalt ist die Nationalrepräsentation der *Verfassung* oder dem *Grundgesetz* zeitlich wie systematisch „voraus", indem sie diese erst konstituiert; darin drückt sich die eigentliche Souveränität der Nation aus. *Sieyes* betont allerdings immer wieder, daß die „konstituierende" Gewalt in der Form der Nationalversammlung gleichwohl *auftragsgebunden* ist und entsprechend nur handelt. Denn sie hat (von der Nation) den durchaus begrenzten „*Auftrag*", lediglich eine *Grundverfassung* des Gemeinwesens zu entwerfen und zu verabschieden. Sie hat – um es *negativ* auszudrücken – nichts mit der „normalen" Gesetzgebungsarbeit zu tun; dazu bedarf es der Einrichtung einer „*konstituierten*" Versammlung (oder Repräsentation) eines Parlaments, das nun seinerseits naturgemäß keine verfassungsgebende Gewalt oder Kompetenz mehr besitzt.

Nur unter der besonderen Situation der Revolution, wie der von 1789, ist die zeitweise, zeitlich begrenzte Verbindung der beiden Aufgaben in ein und derselben Institution: eben in der Nationalversammlung, zu der sich der Dritte Stand am 17. Juni 1789 erklärt hat, möglich. Dies allerdings nur situationsbedingt und vorübergehend. Nach der Systematik der Sieyesschen Verfassungstheorie sollen die verschiedenen Funktionen (Verfassunggebung und Gesetzgebung) normalerweise auch von zwei verschiedenen Institutionen wahrgenommen werden.

Im vorletzten Kapitel von „Was ist der Dritte Stand?" hat *Sieyes* unter dem Titel „Was man hätte tun sollen" dieses Thema genauer entfaltet. Dort heißt es: „Die *gewöhnlichen* Stellvertreter des Volkes haben den Auftrag, nach den Grundsätzen der Verfassung den ganzen Bereich des gemeinschaftlichen Willens zu vollziehen, welcher zur Erhaltung einer guten gesellschaftlichen Verwaltung nötig ist. Ihre Macht ist auf die Geschäfte der Regierung begrenzt." Im Unterschied dazu: „*Außerordentliche* Stellvertreter werden die junge *neue* Vollmacht haben, welche ihnen die Nation geben will. Da sich eine große Nation jedesmal, wenn außerordentliche Umstände es fordern könnten, nicht wirklich versammeln kann, so muß sie die bei diesen Gelegenheiten notwendigen Vollmachten *außerordentlichen Stellvertretern* anvertrauen." „Eine Versammlung außerordentlicher Stellvertreter ersetzt nun die Versammlung der Nation" (S. 84–85).

Und dann noch: „Doch es bleibt wahr, daß eine außerordentliche Stellvertretung nicht mit der gewöhnlichen gesetzgebenden Versammlung zu vergleichen ist; denn sie habe *ganz verschiedene Befugnisse*" (S. 85, Hervorhebungen von T. St.).

Sieyes wird nicht müde, die Bedeutung dieser Unterscheidung immer wieder nachdrücklich zu betonen: „Dies sind keineswegs unnütze Unterscheidungen. Alle Grundsätze, die wir soeben angeführt haben, sind wesentlich für die gesellschaftliche Ordnung. Diese würde nicht vollständig sein, wenn ein einziger Fall sich ereignen könnte, für den sie nicht Verfahrensregeln anböte, die im Stande sind, allem abzuhelfen" (S. 85–86).

Sätze wie diese sind Ausdruck eines Glaubens an die unbedingte *Machbarkeit* sozialer und politischer Verhältnisse: an ihre rationale, zweckvolle Konstruktion.

Auf der anderen Seite läßt *Sieyes* auch nicht locker, die *Vorgeordnetheit* und *Souveränität der Nation* immer aufs neue hervorzuheben: „Die Nation ist immer Herrin, ihre Grundverfassung umzugestalten. Besonders dann, wenn dieselbe bestritten wird, ist sie gezwungen, sich eine neue zu geben. Alle Welt stimmt dem heute zu." Dieser letzte Satz stimmte natürlich 1789 noch keineswegs; und er ist in diesem Kontext von *Sieyes* auch nicht *deskriptiv,* sondern klar *präskriptiv* und zukunftsbezogen gemeint. Ihm geht es darum, seinen Landsleuten einzuhämmern, daß die verfassunggebende Gewalt Sache allein der *Nation* ist. „Dieses Recht gehört nur der *Nation* allein, unabhängig – wir hören nicht auf, es zu wiederholen – von allen Ordnungen und Bedingungen" (S. 87). Auf diesem Recht (der Nation) ist die Kompetenz der Nationalrepräsentanz begründet. Und hier gilt ferner, daß der gemeinschaftliche Wille (wo immer er sich artikuliert), die *Meinung der Mehrheit* und nicht der Minderheit ist.

Schließlich: die einzelnen Argumentationsschritte zusammenfassend, stellt Sieyes mit Nachdruck fest:

> „Es ist ausgemacht, daß bei der gewöhnlichen wie der außerordentlichen *Repräsentation* der Einfluß nur nach dem Verhältnis der *Personen* stattfindet, die das Recht haben, sich vertreten zu lassen. Die repräsentative Versammlung steht für alles, was sie an der Stelle der Nation selbst zu tun hat. Ihr Einfluß muß dieselbe *Natur*, dieselben *Verhältnisse* und dieselben *Regeln* haben." (Damit ist auch implizit das „*freie* Mandat" begründet.) „Wir fassen zusammen – fährt *Sieyes* an dieser Stelle fort –, daß es unter den Grundsätzen eine vollkommene Übereinstimmung gibt, um festzustellen: 1) daß allein eine außerordentliche Repräsentation die

> Grundverfassung verändern oder uns eine geben darf; 2) daß die verfassungsgebende Repräsentation sich ohne Rücksicht auf die Unterscheidung der Stände bilden muß“ (S. 89).

Daß Sieyes auch einen maßgeblichen Einfluß auf die *Einführung der Departments* in Frankreich hatte, sei an dieser Stelle lediglich erwähnt. Dieses Projekt stand in engster Verbindung mit seiner Idee einer *einheitlichen Nationalrepräsentation*, um die es ihm ja entscheidend ging. Sie (die Nationalrepräsentation) bedurfte einer geopolitischen oder verwaltungsorganisatorischen Fundierung, die einen *negativen* und einen *positiven* Aspekt besaß:

- *negativ* insofern sie die herkömmlichen und gewachsenen Strukturen regionaler und lokaler Zuordnungen *aufheben* sollte;
- *positiv* insofern sie eine Einteilung der Republik nach dem Prinzip der Gleichheit intendierte: Die Verwaltungseinheiten (= *Departments*) sollten möglichst gleich groß sein und so als Grundlage der Wahlen die Gleichwertigkeit der Stimmen der Wahlberechtigten bewirken.

Daß die Departments-Konstruktion auch noch Ausfluß des „geometrischen Geistes“ der *Revolution* allgemein (man denke an Kalender und Maßreformen!) und *Sieyes* im besonderen war, sei hier nur nebenbei erwähnt.

Zum Schluß dieser Erörterungen sei an dieser Stelle noch einmal auf die wichtige *literarisch-rhetorische Dimension* der Schriften von Sieyes zurückgekommen.

Es ist – auch gerade bei den am ehesten als „*systematisch*“ anzusprechenden Passagen z. B. seiner Schrift „*Was ist der Dritte Stand?*“ – stets zu beachten, daß sich Sieyes mit seinen Gedanken, Ideen, Forderungen oder Vorschlägen in der Regel an ein großes Hörer- oder Leserpublikum wendet und daß seine Texte von daher einen entschieden hohen *Appellations*-Charakter besitzen.

Sie sind aus einer konkret-geschichtlichen besser: politisch-aktuellen *Situation* und aufgrund besonders kritischer Erfahrungen entstanden und in eine politisch brisante, *höchst explosive* Situation hineingesprochen: nicht zu ihrer *Analyse* allein, sondern mit dem *Anspruch,* in dieser Situation etwas praktisch zu bewirken; sie sind insofern politische „*Wortergreifungen*“, die auf *politische Wirkung* hin intendiert und konzipiert sind: eindeutig polemisch Stellung nehmend *für die Rechte und Interessen des Dritten Standes*, für den sich Sieyes, obwohl er als *Abbé* eigentlich dem *ersten* Stand zuzurechnen ist, entschieden und kompromißlos einsetzt und Partei ergreift und zugleich gegen die obsoleten Privilegien des ersten und zweiten Standes.

Daß dies sich so verhält, geht besonders eindrucksvoll aus dem *Schlußabschnitt* von „Was ist der Dritte Stand?“ hervor, der den zukunftsweisenden und zur Handlung auffordernden Titel trägt: „*Was zu tun übrig bleibt!*“.

Daraus sei folgende kurze Passage, die auch gerade von der eingesetzten *Metaphorik* her die eindeutige *rhetorische Textstrategie* des Verfassers offenlegt. Dort lesen wir:

> „Bei einem an die Knechtschaft gewöhnten Volk kann man die Wahrheiten *schlafen* lassen. Aber wenn ihr die Aufmerksamkeit weckt, wenn ihr anmahnt, zwischen denselben (den Wahrheiten) und dem *Irrtum* zu wählen, so heftet sich der *Geist* an die *Wahrheit,* so wie sich *gesunde Augen dem Licht zuwenden.* Die *Aufklärung* in der Moral kann sich aber nicht bis zu einem gewissen Punkt verbreiten, ohne freiwillig oder mit Gewalt zur *Gerechtigkeit* zu führen: weil die Wahrheiten in der Moral an die Rechte gebunden sind [...] Es ist nicht mehr möglich, sie zu vergessen noch sie mit einer unfruchtbaren Gleichgültigkeit zu betrachten. Bei diesem neuen Zustand der Dinge ist es natürlich, daß die unterdrückten Klassen lebhafter das Bedürfnis spüren, *zur guten Ordnung zurückzukehren* [...] Dem Dritten Stand obliegt es also, die größten Anstrengungen und fast alle Vorleistungen zur nationalen Erneuerung zu erbringen“[13].

Diese Passage ist aus mehreren Gründen aufschlußreich: einmal wegen der *Metaphorik der „Aufklärung“* als geistig politischer Bewegung, zum anderen wegen der *Wirkung* dieser Aufklärung auf die politische Praxis des Dritten Standes und schließlich drittens wegen der *Rollenzuweisung an den „patriotischen Schriftsteller“* (oder *Intellektuellen*), die hier implizit geboten wird. Ihm wird eine entscheidend mobilisierende Funktion in diesem Geschehen der „*Aufklärung*“ zugeschrieben.

Im Ganzen charakterisiert diese Passage die *Intention* der politischen „Botschaft“ und das *Selbstverständnis* des patriotischen Schriftstellers Sieyes in der konkreten Lage der beginnenden Revolution in Frankreich. Daß *Sieyes* damit auch seine *eigene Rolle* und *Bedeutung* beschreibt, versteht sich von selbst.

Schluß

Zum Abschluß dieser Erörterungen sei noch – in knappen Zügen – ein *Ausblick auf die Rezeptions- und Wirkungsgeschichte* der politischen Theorie von Sieyes geboten.

Schon zur Zeit seines Lebens standen einer Rezeption und Wirkung *zwei Umstände* hindernd im Wege, die *Sieyes' Reputation* in der nachrevolutionären französischen politischen Öffentlichkeit stark beeinträchtigt haben:

– Für die konservativen Kreise, die mit der Restauration der Bourbonen 1815 wieder Oberwasser bekamen, galt Sieyes als „Königsmörder“, hatte er doch mit für die Verurteilung und Hinrichtung von König Ludwig XVI. gestimmt.

---

[13] Ders, Was ist der Dritte Stand? ed. O. Dann, 1988, S. 93 (Hervorhebungen v. T. St.).

Daher mußte er 1815 das Land verlassen und lebte bis 1830, bis zur Julirevolution, in Brüssel – fernab von der französischen Politik. Als er 1830 hochbetagt nach Paris zurückkommen konnte, fehlten ihm die physischen und geistigen Kräfte für einen erneuten Einstieg in die Politik; 1836 starb er, wie bereits erwahnt, im Alter von achtundachtzig Jahren.

– Mit den *gemäßigten liberalen Anhängern* der Revolution hatte es sich Sieyes dadurch verdorben, daß er 1798/99, als Mitglied des Direktoriums, maßgeblich den *Staatsstreich des Napoleon Bonaparte*, den *18. Brumaire*, vorbereiten und durchführen half, was zugleich das definitive Ende der eigentlichen Revolutionsära bedeutete. Napoleon belohnte Sieyes zwar mit allerlei materiellen und immateriellen Gütern und Ehren, *zerstörte* aber seine persönliche *politische Reputation* in Frankreich auch für die spätere Zeit.

So stand Sieyes zwischen den beiden großen, von der Revolution bestimmten politischen Ideen- und Parteienströmungen, von beiden eher *gemieden* als gesucht. Es gibt manche Charakterisierung von Zeitgenossen über Sieyes' Person und Wesen, die sehr *abschätzig* ist.

Diese Zwischenstellung zwischen den politischen Fronten in Frankreich im 19. und frühen 20. Jahrhundert mag auch die Ursache dafür sein, daß sein *Werk* und sein *Nachlaß* so geringschätzig behandelt, ja schlicht vergessen und vernachlässigt wurden.

Diese eher negative Rezeption von *Person* und *Schriften* hat aber nicht dazu geführt, daß seine *Ideen über Verfassung, Staat, Nation und Repräsentation vergessen worden wären*. Im Gegenteil: Sie waren durch ihren Einfluß auf den ersten entscheidenden Durchbruch der Revolution gewissermaßen zum *Gemeingut* und *Grundbestand des konstitutionellen politischen Denkens sowohl in Frankreich als auch im übrigen Europa* geworden – vielfach ohne Wissen darüber, *von wem* diese Ideen stammten. Die Person ihres Urhebers verlor sich im kollektiven Gedächtnis.

Insofern war und blieb Sieyes auch in dieser Hinsicht (wie Thomas Hafen ihn charakterisiert hat) ein „*unbekannter Bekannter*".

Hinsichtlich seiner Rezeptions- und Wirkungsgeschichte ist allerdings noch eine *Ergänzung* und *Korrektur* anzubringen – nämlich was seine Aufnahme im *zeitgenössischen Deutschland* betrifft. Hier war sein Name von Beginn an *viel leuchtender und dominierender* als im revolutionären Frankreich. Das hatte seinen vornehmlichen Grund in dem Umstand, daß sich schon in der ersten Phase der Revolution in der (wie wir gesehen hatten) Sieyes' politische *Ideen herausragende Bedeutung* gewonnen hatten, eine Schar *deutscher „Freunde der Revolution"* in Paris um ihn sammelte, seine Ideen aufnahm und zugleich Autor und Schriften nach Deutschland vermittelte.

Zu diesen „Freunden der Revolution" gehörten namhafte Personen wie Graf *Schlabrendorff,* Karl Friedrich *Reinhard,* Karl Friedrich *Cramer,* Georg *Kerner,* schließlich auch Konrad Engelhart *Oelsner* und Gottfried *Ebel.* Die beiden zuletzt Genannten sind deswegen so bedeutend, weil sie gemeinsam schon 1796 jene Ausgabe der Schriften von Sieyes in deutscher Sprache besorgten, die bis ins 20. Jahrhundert die einzige umfassende Ausgabe seiner Schriften blieb und insofern auch heute noch für die Forschung außerordentlich wichtig ist; sie trug den Titel:

> „Sieyes Politische Schriften, vollständig gesammelt von dem deutschen Übersetzer, nebst zwei Vorreden über Sieyes' Lebensgeschichte, seine politische Rolle, seinen Charakter, seine Schriften, o.O. 1796 – zwei Bände."

Der Übersetzer war Gottfried *Ebel,* der Herausgeber Konrad Engelbert *Oelsner,* der auch durch sein umfangreiches Werk *„Luzifer oder Gereinigte Beiträge zur Geschichte der Französischen Revolution"* (1797/1799), das nach dem Urteil von Varnhagen von Ense „die unmittelbarsten Hilfsquellen zur Geschichte der ersten Jahre der französischen Revolution" enthält, Hervorragendes für die Rezeption der Ereignisse und Ideen der Französischen Revolution im zeitgenössischen Deutschland geleistet hat.

Natürlich wurde die Beziehung zwischen Sieyes und Deutschland durch das Jahr, das Sieyes als französischer Botschafter in Berlin (1798/99) verbrachte, noch wesentlich intensiviert. In Berlin ist wohl auch die Idee entstanden, Sieyes mit Kant in Kontakt zu bringen. Schon vorher war Sieyes mit Kants Schrift *„Zum ewigen Frieden"* (1795) bekanntgeworden. Seine Bemühung, mit Kant in einen Briefwechsel einzutreten, weil er in ihm auch einen „Freund der französischen Revolution" sah, scheiterte wohl an Kant selbst, der in dieser Zeit wegen seiner kleinen politischen Schriften wiederholt Schwierigkeiten mit der preußischen Zensur bekam und insofern zurückhaltend sein mußte, in Kontakt mit einem führenden Theoretiker der Französischen Revolution zu treten. Ein Brief von Sieyes an Kant, von dem es eine Abschrift gibt, blieb entsprechend von diesem unbeantwortet.

Gleichwohl kann man von einem bemerkenswerten Einfluß des politischen Denkens Sieyes' auf den deutschen Frühkonstitutionalismus und Frühliberalismus sprechen; dafür steht – neben den deutschen „Freunden der Revolution" in Paris mit Oelsner und Ebel – auch und nicht zuletzt *Wilhelm von Humboldt.*

Sieyes hatte Wilhelm von Humboldt (1799) in Berlin kennengelernt, der von ihm schrieb:

> „Er (Sieyes) hat die hauptsächlichsten Basen der Konstitution, das Repräsentativsystem, die Einheit der Republik und die Einteilung des Landes begründet, und seine Ideen sind ein reicher Vorrat gewesen, aus dem andere mit und ohne seine Absicht geschöpft haben. Aber er hat fast nichts einzelnes, und dies nicht selbst, durchgesetzt"[14].

---

[14] Zitiert nach: O. Dann, Einleitung zu: Sieyes, Was ist der Dritte Stand, 1988, S. 25.

Von hierher ist es sicherlich angemessen und berechtigt zu vermuten, daß – wie Ernst Fraenkel und Eberhard Schmitt es taten – ein Einfluß der politischen Ideen Sieyes' auf das liberale Verfassungsdenken in Deutschland im 19. und sogar ins 20. Jahrhundert als sicher und selbstverständlich anzunehmen ist – auf das Verfassungswerk der Paulskirchenversammlung ebenso wie auf die Weimarer Reichsverfassung und schließlich (implizit) auch noch auf das Bonner Grundgesetz nach dem Zweiten Weltkrieg.

Alexis de Tocqueville (1805–1859)

Karl-Heinz Breier

1. Tocquevilles Krisenerfahrungen

Als im Jahre 1835 Alexis de Tocquevilles Buch *Über die Demokratie in Amerika* erscheint, befindet sich Frankreich in einem desolaten Zustand. Seit 1789 halten das revolutionsgeschüttelte Land gravierende politische Veränderungen in Atem: Revolution, Jakobinerterror, Revolutionskriege, Kaiserzeit, die Napoleonischen Siege, die anschließenden Niederlagen, die Restauration sowie die Juli-Revolution von 1830, die die danach benannte Juli-Monarchie begründet. Nach all diesen wechselnden Verfassungen und Regimen gleicht die eingekehrte Ruhe einer Friedhofsruhe, in der das einflußreiche Großbürgertum die politische Ordnung prägt.

> „Die neuen Machthaber des ‚juste milieu' aber" – so Hereth – „haben aus diesem erschöpften Frankreich eine riesige Aktiengesellschaft gemacht, deren Führungsschicht ihre Aktivität weitgehend auf Gewinnstreben beschränkt. Nutzen und Vorteil sind die neuen Kategorien der sozialen Organisation der Gesellschaft."[1]

Die alte, vorrevolutionäre Gesellschaft und ihre Ordnung sind von der demokratischen Revolution zuerst erschüttert und schließlich zerstört worden. Die ehemaligen Ordnungskategorien, die das Zusammenleben in der aristokratischen Ständegesellschaft bestimmten, sind in sich zusammengebrochen und besitzen keine Geltung mehr. Das gegenseitige Schutz- und Treuverhältnis zwischen Privilegierten und Schutzbefohlenen ist aufgehoben; die Fesseln der Zünfte- und Ständegesellschaft sind abgestreift; die Hierarchie der alten Ordnung, die jeden unabänderlich an seiner durch Geburt zugewiesenen gesellschaftlichen Position festhielt, ist außer Kraft gesetzt.

> „In den fünfzig Jahren, seit Frankreich in Umwandlung begriffen ist, haben wir selten Freiheit, immer aber Unordnung gehabt. In dieser durchgängigen Verwirrung der Begriffe und der allgemeinen Erschütterung der Anschauungen [...] ist

---

[1] M. Hereth, Alexis de Tocqueville. Die Gefährdung der Freiheit in der Demokratie, S. 19.

> die öffentliche Tugend unsicher geworden und der persönliche Sittenbegriff ins Wanken geraten."[2] „Daher rührt die seltsame Verwirrung, deren unfreiwillige Zeugen wir sind."[3]

Diese Krisenerfahrungen Tocquevilles, die er als scharfsinniger Beobachter unter der friedfertigen Oberfläche von Ruhe und Ordnung ausmacht, leiten während seines zehnmonatigen Amerika-Aufenthalts in den Jahren 1831/32 sein Erkenntnisinteresse. Offiziell in die USA entsandt, um im Auftrag der französischen Regierung mit seinem Freund Gustave de Beaumont das Gefängniswesen zu studieren, richtet der ausgebildete Jurist sein Hauptaugenmerk auf die Sitten, Gebräuche und Gewohnheiten des von der Zerstörung der europäischen Ständegesellschaft unbeschwerten Amerika. In bewußt politischer Absicht ist ihm daran gelegen, die in freiheitlicher Lebensweise unerfahrenen Europäer über die Möglichkeiten und Gefährdungen von Freiheit in der Demokratie aufzuklären:

> „Nicht bloß zur Befriedigung einer an sich gerechtfertigten Neugierde habe ich Amerika studiert; ich wollte dort lernen, was uns zum Nutzen gereichen könnte."[4]

Der politische Mensch Tocqueville, der in der zweiten Republik – also nach 1848 – Abgeordneter, Mitglied des Verfassungsausschusses, Vizepräsident der Nationalversammlung und eine kurze Zeit auch Außenminister seines Landes war, ist alles andere als ein weltabgewandter Theoretiker, der der politischen Betriebsamkeit den Rücken zukehrt. Er ist kein Philosoph, der sich von der Gesellschaft abwendet, weil ihn etwa das machtversessene und geschwätzige Treiben anödete. Tocqueville lebt kein kontemplativ-theoretisches Leben, das sich bewußt von den Niederungen einer allein am Schein orientierten Höhlengesellschaft fernhält, um in akademischer Abgeschiedenheit nach dem vollen Sein, der Einsicht und der damit verbundenen Wahrheit zu suchen.

Ebensowenig gehört er zu jener von ihm heftig kritisierten Spezies weltfern schwelgender Literaten. Vor ihnen warnt er vehement in seinem Buch *Der Alte Staat und die Revolution*, das er nach dem Staatsstreich von 1851 schreibt. Der Untergang der zweiten Republik ist für ihn Anlaß, sich aus der Politik zurückzuziehen. Nachdem er mehr als zwei Jahrzehnte lang und durchaus in führender Position aktiv Politik betrieben hat, rechnet er nun mit den theoretisierenden *écrivains* ab. Jene überaus phantasiebegabten Schriftsteller, die bar jeder politischen Urteilskraft mit ihren abstrakt-idealen Salonweisheiten bereits im 18. Jahrhundert das Feld des politischen Handelns für sich reklamierten, schadeten mehr der politischen Freiheit als daß sie diese förderten.[5] Im Gegensatz zu den von ihm kritisierten Literaten – und Hereth reiht Tocqueville daher in die ver-

---

2 A. Tocqueville, Über die Demokratie in Amerika, S. 700.

3 Ebd., S. 13.

4 Ebd., S. 16.

5 Vgl. A. Tocqueville, Der alte Staat und die Revolution, S. 141 ff.

Alexis de Tocqueville (1805–1859)

schüttete Tradition der politischen Rhetorik ein[6] – wendet sich der politische Autor Tocqueville ganz praktisch an seine französischen Mitbürger:

> „Wenn ich den Zustand betrachte, den mehrere europäische Nationen bereits erreicht haben und dem alle anderen zustreben, so bin ich persönlich geneigt zu glauben, daß es unter ihnen nur noch Raum geben wird für die demokratische Freiheit oder für die Tyrannei der Cäsaren.“[7]

Angesichts dieser Alternative möchte Tocqueville seine Mitbürger für die Republik gewinnen. Ihnen die Vorzüge und Chancen vor Augen zu führen und gleichermaßen die Herausforderungen zu umschreiben, die mit einem Aufbruch zur Freiheit verbunden sind, bildet den Kern seiner politischen Wissenschaft.

2. Die demokratische Revolution

De Tocqueville ist kein Reaktionär und ebensowenig ist er ein rückwärtsgewandter Aristokrat, der in nostalgischer Verklärung einer abermaligen Restauration das Wort redete. Zutiefst ist er davon überzeugt, daß die „demokratische Revolution“, die er in seinem Buch *Über die Demokratie in Amerika* analysiert, einen weltgeschichtlich unumkehrbaren Prozeß darstellt. Um dies zu unterstreichen, divinisiert er das Geschehen der letzten Jahrhunderte als ein gleichsam göttlich inspiriertes „Werk der Vorsehung“.

„Die allmähliche Entwicklung zur Gleichheit der Bedingungen [...] ist allgemein, sie ist von Dauer, sie entzieht sich täglich der Macht der Menschen.“[8] Nahezu alle umwälzenden Neuerungen der vergangenen Jahrhunderte scheinen diese Einschätzung zu bestätigen.

> „Geht man die Blätter unserer Geschichte durch, so trifft man sozusagen auf kein einziges bedeutendes Ereignis, das sich im Laufe von siebenhundert Jahren nicht zum Vorteil der Gleichheit ausgewirkt hätte. Die Kreuzzüge und die Kriege mit England raffen die Adligen dahin und zerstückeln ihre Güter; die Einrichtung der Gemeinden trägt die demokratische Freiheit mitten in die Feudalmonarchie hinein; die Erfindung der Feuerwaffen macht Gemeine und Adlige auf dem Schlachtfelde gleich; der Buchdruck bietet ihrem Geist die gleichen Hilfsmittel; die Post trägt die Aufklärung zur Hütte des Armen wie an das Tor der Paläste; der Protestantismus lehrt, daß alle Menschen in gleicher Weise imstande sind, den Weg zum Himmel zu finden. Das sich entdeckende Amerika öffnet dem Glück tausend neue Wege [...].“[9]

---

6 Vgl. M. Hereth, Alexis de Tocqueville. Die Gefährdung der Freiheit in der Demokratie, S. 80 ff.

7 A. Tocqueville, Über die Demokratie in Amerika, S. 363.

8 Ebd., S. 8.

9 Ebd., S. 7 f.

Je mehr sich mit dem Niedergang der hierarchisch festgefügten Ordnung die gesellschaftlichen Fesseln lockern und je mehr mit dem Verschwinden privilegierter Stände die gesellschaftlichen Schranken fallen, desto mehr Handlungsmöglichkeiten eröffnen sich dem einzelnen. Mehr und mehr können immer größere gesellschaftliche Gruppen ihrem individuellen Erfolg nachstreben und sich als Schmied ihres eigenen Glückes begreifen. Während in der vormodernen Welt jeder Handelnde sich nur im Rahmen und nach den Regeln seines gleichsam naturwüchsig festgelegten Handlungsraumes bewegen konnte, bietet die zunehmende Angleichung der gesellschaftlichen Bedingungen nun zunehmende Möglichkeiten, eigeninitiativ und selbstverantwortlich sein Leben in die eigene Hand zu nehmen. Was wir heute als Ausdruck zunehmender Individualisierung wahrnehmen, hat Tocqueville in seinem Ursprung erkannt und in seiner originären Gestalt – eben als Paradigma oder als Musterbild – zum erstenmal thematisiert.

„Mitten unter uns geht eine große demokratische Revolution vor sich“[10]; und die neue Gesellschaft, die sich unwiderstehlich Bahn bricht – in den letzten Jahren des 20. Jahrhunderts zeigt sich dieser Prozeß in seiner globalen Dimension[11] –, ist für Tocqueville eine demokratische Wettbewerbsgesellschaft der gleichen Startchancen:

> „In demokratischen Zeitaltern bewirkt die gesteigerte Beweglichkeit der Menschen und die Ungeduld ihrer Wünsche, daß sie unaufhörlich ihren Standort wechseln und daß die Bewohner der verschiedenen Länder sich vermischen, sich sehen, sich anhören und nachahmen. Nicht nur die Angehörigen eines gleiches Volkes werden sich also ähnlich; die Völker selber gleichen sich wechselseitig an, und alle zusammen bilden für das Auge des Betrachters nur mehr eine umfassende Demokratie, in der jeder Bürger ein Volk ist. Das rückt zum ersten Male die Gestalt des Menschengeschlechtes ins helle Licht.“[12]

Wenn auch Raymond Aron betont, daß Tocqueville bei seiner Verwendung des Begriffes „Demokratie“ mitunter die klassische Definition als einer von Monarchie und Aristokratie unterschiedenen Regierungsform im Auge hat,[13] so ist doch nicht zu übersehen, daß Tocqueville in der ihm eigentümlichen Bedeutung des Wortes unter „Demokratie“ in erster Linie einen Gesellschaftszustand versteht. „‚Demokratie‘ oder genauer ‚demokratische Gesellschaft‘ (société démo-

---

[10] Ebd., S. 5.

[11] Was wir heute unter dem Begriff „Globalisierung“ diskutieren, handelt von der Weiterentwicklung und weltweiten Ausbreitung jener „demokratischen Revolution“, deren Grundsignatur Tocqueville in seinem Amerika-Buch nachzeichnet.

[12] A. Tocqueville, Über die Demokratie in Amerika, S. 560.

[13] Vgl. R. Aron, Über die Freiheiten. Essay, S. 14.

cratique) ist" – so Ernst Vollrath – für Tocqueville „ein Epochenbegriff."[14] Und als Epoche, die heute wesentlich vorangeschritten unter dem Stichwort „Globalisierung" in ihrer eben globalen Bedeutung diskutiert wird, hebt sich die demokratische Gesellschaft entscheidend von der vorangegangenen und überwundenen Epoche der ständischen Feudalgesellschaft ab.

Wer daher wie etwa Gerhard Himmelmann Tocquevilles Begriff der „Demokratie" als Staatsform begreift und im gleichen Atemzug davon spricht, daß „Tocqueville die Durchsetzung der Demokratie historisch für unausweichlich"[15] hält, hat Tocqueville im Kern nicht verstanden. Tocqueville sieht nicht etwa das Ende der Geschichte herannahen, an dessen Abschluß die Staatsform der Demokratie unausweichlich sei. Weit gefehlt. Er sagt vielmehr: Die vordemokratischen Zeiten, in denen eine Obrigkeit kraft ihres Geburtsprivilegs über ihre Untertanen herrschte, sind endgültig passé. Diese einst unangefochtene – in ihrem Selbstverständnis von Gottes Gnaden abstammende – Herrschaftshierarchie ist einschließlich ihrer gesamten Autorität unwiederbringlich in sich zusammengebrochen. Dies ist der entscheidende Hintergrund, vor dem der Aristokrat de Tocqueville handelt, spricht und eben auch schreibt. Insbesondere allen rückwärtsgewandten Nostalgikern innerhalb der einstigen Feudalklasse will er klarmachen: „Die alte Zeit ist endgültig vorbei", und – besonders den reaktionären Schwärmern unter ihnen buchstabiert er vor – „sie ist auch nicht wieder erneuerbar":

> „Nicht um den Wiederaufbau einer aristokratischen Gesellschaft handelt es sich also, sondern darum, aus dem Schoß der demokratischen Gesellschaft, in der Gott uns leben heißt, die Freiheit hervorgehen zu lassen."[16]

Angesichts dieses unaufhaltsamen geschichtlichen Prozesses, der in seinem unwiderruflichen Charakter einer göttlichen Vorsehung gleicht, stehen die mit einem Mal unabhängigen Menschen vor der gigantischen Herausforderung, sich als politisch Gleiche selbst zu regieren. Und in diesem Zusammenhang ist es alles andere als „unausweichlich", daß die Menschen diese epochale Herausforderung in ihrer Radikalität begreifen, und ebensowenig ist es „unausweichlich", daß sie hinreichend politisch gebildet sind, um – der Herausforderung angemessen – die neue Epoche zu bestehen und zu meistern.

„Eine völlig neue Welt bedarf einer neuen politischen Wissenschaft."[17] Tocquevilles berühmter Satz aus dem Einleitungskapitel seines Amerika-Buches

---

14 E. Vollrath, Tocqueville über die politischen Implikationen des neuzeitlichen Individualismus, S. 243.

15 G. Himmelmann, Das Bild des Bürgers in der politikwissenschaftlichen Theorie und in der politischen Praxis. Grundlagen für die „Handlungsorientierung" im politischen Unterricht?, S. 36.

16 A. Tocqueville, Über die Demokratie in Amerika, S. 818.

wird vor diesem Hintergrund in seiner Reichweite allererst verständlich. Im Zeitalter der „égalité des conditions“, in dem die Privilegien der Feudalgesellschaft ihre Geltungskraft eingebüßt haben, sind die meisten Menschen im Umgang mit ihrer errungenen Unabhängigkeit höchst unerfahren. Zwar sind sie zunehmend rechtlich emanzipiert, aber ihr ganzes Denken und ihre ganzen Gewohnheiten können mit der drastischen Veränderung ihrer Lebensumstände nicht Schritt halten.

3. Die Gefahr des Despotismus

Um die Größe der Herausforderung zu begreifen, ist es sinnvoll, sich die gegenwärtigen Ereignisse in Osteuropa vor Augen zu halten: Nachdem vor dreizehn Jahren die alte, kommunistische Herrschaftsordnung zusammengebrochen ist, stehen die Menschen des ehemaligen Ostblocks vor der gleichen gewaltigen Herausforderung wie das nachrevolutionäre Europa zu Zeiten Tocquevilles. Es gilt, das gesamte politische, wirtschaftliche und gesellschaftliche Leben neu zu gestalten, und von daher ist Tocquevilles Frage höchst aktuell:

> „Für wen wäre diese Studie aufschlußreicher und nutzbringender als für uns, die wir von einer unwiderstehlichen Bewegung täglich fortgerissen, wie Blinde vielleicht dem Despotismus, vielleicht der Republik, sicher aber einer demokratischen Gesellschaftsordnung entgegentreiben?“[18]

„In den demokratischen Zeitaltern ist daher, wie mir scheint, der Despotismus besonders zu fürchten.“[19] Nun, welche Art von Despotismus fürchtet er?

> „Ich will mir vorstellen, unter welchen neuen Merkmalen der Despotismus in der Welt auftreten könnte: ich erblicke eine Menge einander ähnlicher und gleichgestellter Menschen, die sich rastlos im Kreise drehen, um sich kleine und gewöhnliche Vergnügungen zu verschaffen, die ihr Gemüt ausfüllen. [...] Über diesen erhebt sich eine gewaltige, bevormundende Macht, die allein dafür sorgt, ihre Genüsse zu sichern und ihr Schicksal zu überwachen. Sie ist unumschränkt, ins einzelne gehend, regelmäßig, vorsorglich und mild. Sie wäre der väterlichen Gewalt gleich, wenn sie wie diese das Ziel verfolgte, die Menschen auf das reife Alter vorzubereiten; statt dessen aber sucht sie bloß, sie unwiderruflich im Zustand der Kindheit festzuhalten; es ist ihr recht, daß die Bürger sich vergnügen, vorausgesetzt, daß sie nichts anderes im Sinne haben, als sich zu belustigen. Sie arbeitet gerne für deren Wohl; sie will aber dessen alleiniger Betreuer und einziger Richter sein; sie sorgt für ihre Sicherheit, ermißt und sichert ihren Bedarf, erleichtert ihre Vergnügungen, führt ihre wichtigsten Geschäfte, lenkt ihre Industrie, ordnet ihre

---

[17] Ebd., S. 9.
[18] Ebd., S. 225.
[19] Ebd., S. 818.

Erbschaften, teilt ihren Nachlaß; könnte sie ihnen nicht auch die Sorge des Nachdenkens und die Mühe des Lebens ganz abnehmen?“[20]

Eine weltgeschichtlich neue Art des Despotismus hat Tocqueville offensichtlich vor Augen, und davor will er warnen. Nach Tocqueville befinden sich die Menschen des neuen, demokratischen Zeitalters am Scheideweg:

Gelingt den von der Obrigkeit befreiten Menschen das schwierige Unternehmen, eine intakte Republik zu etablieren, die sich dadurch auszeichnet, daß die Menschen zu Bürgern werden und sich über vielfältiges Einmischen ihrer eigenen öffentlichen Angelegenheiten annehmen? Oder aber überantworten sich die nunmehr Gleichen einer allzuständigen Verwaltungsdespotie, die ihnen das politische Handeln abnimmt und die fürsorglich für Ruhe und Ordnung sorgt?

Erheben aus der Unmündigkeit entlassene Menschen den selbstbewußten Anspruch, ihre Stimme einzubringen in die Welt und die Welt, in der sie leben, verantwortlich mitzugestalten, oder aber lassen sie den sich eröffnenden politischen Raum verwaisen, indem sie – wie Tocqueville es nennt – „vernachlässigen [...], Herr ihrer selbst zu bleiben“?[21]

„Es gibt in der Tat einen sehr gefährlichen Übergang im Leben der demokratischen Völker. Entwickelt sich in einem dieser Völker die Vorliebe für materielle Genüsse schneller als die Bildung und die freiheitliche Gewohnheit, so tritt ein Augenblick ein, da die Menschen vom Anblick der neuen begehrten Güter fortgerissen werden und wie außer sich sind. Nur auf das Reichwerden bedacht, bemerken sie nicht mehr das enge Band, welches das Wohlergehen jedes einzelnen von ihnen mit dem Gedeihen aller verknüpft. Man braucht solchen Bürgern die Rechte, die sie besitzen, nicht zu entreißen; sie lassen sie selber gern fahren. Die Ausübung ihrer politischen Rechte erscheint ihnen als eine ärgerliche Störung, die sie von ihrem Gewerbe abhält. Handelt es sich darum, ihre Vertreter zu wählen, die Staatsautorität zu stützen, die gemeinsame Sache gemeinschaftlich zu besorgen, so fehlt es ihnen an Zeit; sie können diese so kostbare Zeit nicht mit unnützen Arbeiten vergeuden. Das sind müßige Spielereien, die sich gewichtiger und mit ernsten Daseinsdingen beschäftigter Menschen nicht ziemen. Diese Leute glauben, der Nützlichkeitslehre zu gehorchen, aber sie haben davon nur eine grobe Vorstellung, und um sich dem, was sie ihre Geschäfte nennen, besser zu widmen, vernachlässigen sie das Hauptgeschäft, nämlich Herr ihrer selbst zu bleiben.“[22]

Während in den durch die Feudalaristokratie beherrschten vordemokratischen Gesellschaften die Reichen ihres Reichtums sicher waren und ganz selbstverständlich nicht für den Erwerb von Reichtum lebten, sondern auf der Basis ihres durch das Feudalgefüge gesicherten Wohlstandes ihr Leben führten, hatten sich

---

[20] Ebd., S. 814.
[21] Ebd., S. 630.
[22] Ebd.

die Armen in ihr Schicksal gefügt. Jahrhundertelang hatten sie sich mit der als unveränderbar hingenommenen Situation abgefunden. Kurzum:

> „Der Rang aller Menschen war unwiderruflich durch ihre Geburt, ihren Beruf und ihren Besitz festgelegt. Jeder kannte seine Stellung auf der gesellschaftlichen Stufenleiter; er suchte weder aufzusteigen, noch fürchtete er, tiefer zu sinken."[23]

Demgegenüber stellt die demokratische Gesellschaft sich in ihrer Grundstruktur als durchlässig, flexibel[24] und darin egalitär dar:

> „Nachdem die Vorrechte und Beschränkungen der Klassen aufgehoben wurden und die Menschen die Fesseln für immer zerbrochen haben, die sie unbeweglich festhielten, greift der Fortschrittsgedanke auf alle über; das Verlangen nach Aufstieg regt sich gleichzeitig in allen Herzen; jedermann will aus seiner Stellung herauskommen. Der Ehrgeiz beherrscht das Fühlen aller."[25]

Die Frage ist: Wie gehen die Menschen mit dieser ungewohnten Situation um? Wie handeln sie, das heißt, von welchem Geist des Handelns – Montesquieu spricht vom *principe du gouvernement* – lassen sie sich in ihren Unternehmungen leiten? Schließen sie sich auf den unterschiedlichsten Ebenen und in den verschiedensten Institutionen zusammen, und zwar in dem Bewußtsein, daß die Ausgestaltung der neuen politischen Ordnung ihre ureigenste Angelegenheit ist, die entsprechend Tatkraft und Engagement abverlangt, oder aber ist jeder auf sich und seine private Existenz fixiert?

Anders gewendet: Trägt jeder – selbstverständlich im Rahmen seiner Talente und Möglichkeiten – vielleicht auch nur einen klitzekleinen Teil dazu bei, die neue Ordnung in eine intakte Freiheitsordnung zu verwandeln? Oder aber versucht jeder angesichts der neuen, sich ja nun erst bietenden Gelegenheit, seinen Schnitt zu machen und ohne Blick auf die Gesellschaft einzig und allein seinen privaten Wohlstand zu erhöhen?

4. Der individualisme

Tocqueville ist alles andere als ein Träumer. Er ist sich darüber im klaren, welch große Faszination von der neuen Aussicht ausgeht, selbständig und eigenständig handeln zu können. Da liegt es ganz nahe, daß jeder sich in erster Linie um sich selbst kümmert. Die althergebrachten Bindungen zwischen den

---

[23] J. Feldhoff, Die Politik der egalitären Gesellschaft. Zur soziologischen Demokratie-Analyse bei Alexis de Tocqueville, S. 29.

[24] Vgl. dazu R. Sennett, Der flexible Mensch. Die Kultur des neuen Kapitalismus, wo Sennett sehr anschaulich die psychische Disposition des entwickelten demokratischen Menschentypus nachzeichnet.

[25] A. Tocqueville, Über die Demokratie in Amerika, S. 735.

Menschen haben ihre Geltungskraft verloren, und angesichts der verlockenden Möglichkeiten, nun aus eigenen Kräften privat und beruflich aufzusteigen, liegt es auf der Hand, daß ein vorher nicht nur unerschwinglicher, sondern überhaupt unerreichbarer Wohlstand ins Zentrum des eigenen Strebens rückt.

Die damit einhergehende Geschäftigkeit, die Tocqueville auf Schritt und Tritt in den Vereinigten Staaten begegnet, droht die Menschen einzunehmen und in den Bann zu ziehen. Doch – und dies ist zu beachten – Tocqueville geht es nicht darum, das Wohlstandsstreben zu diskreditieren. Ganz entschieden stellt er klar:

> „Nicht das werfe ich der Gleichheit vor, daß sie die Menschen zur Jagd nach verbotenen Genüssen treibt; sondern daß sie sie mit dem Begehren erlaubter Genüsse ganz und gar ausfüllt.“[26]

Der Ehrgeiz, der sich in einer Gesellschaft zunehmend gleicher Wettbewerbschancen Bahn brechen kann, stachelt die Menschen in ihrem Innersten an, und Alexis de Tocqueville sieht die Gefahren, die einer Gesellschaft drohen, wenn die Menschen sich in sich einschließen und nur noch auf sich fixiert um ihren eigenen Nabel kreisen.

Mit dem Begriff des *individualisme* beschreibt Tocqueville die Haltung jenes Menschentypus, der sich aus dem Zwischen des politischen Bereichs herauszuhalten versucht. In dieser Haltung sieht er eine der Hauptgefahren, denen die politische Freiheit in der Moderne ausgesetzt ist:

> „Der Individualismus ist ein überlegendes und friedfertiges Gefühl, das jeden Bürger drängt, sich von der Masse der Mitmenschen fernzuhalten und sich mit seiner Familie und seinen Freunden abzusondern; nachdem er sich eine kleine Gesellschaft für seinen Bedarf geschaffen hat, überläßt er die große Gesellschaft gern sich selbst.“[27]

Die Rede ist nicht von der Selbstsucht, die Tocqueville als „leidenschaftliche und übersteigerte Liebe zu sich selber“[28] begreift. Dieses Laster narzißtischer Egozentrik, das „den Menschen dazu treibt, alles nur auf sich zu beziehen und sich selber vor allem den Vorzug zu geben“[29], hat es zu allen Zeiten gegeben. Was Tocqueville zur Sprache bringt, ist der Habitus, ja die Lebensweise des von der Politik zurückgezogenen Privatmannes, der meint, mit dem freiwilligen Sich-Fernhalten von den öffentlichen Angelegenheiten in besonderer Weise sein eigener Herr zu bleiben.[30]

---

[26] Ebd., S. 622.
[27] Ebd., S. 585.
[28] Ebd.
[29] Ebd.
[30] Vgl. M. Hereth, Tocqueville zur Einführung, S. 87 ff.

Diese verkürzte Auffassung von Freiheit hält Tocqueville für einen grandiosen Trugschluß, und hierin liegt der Gewinn, Tocquevilles Freiheitsverständnis für die politische Bildung zu Rate zu ziehen.

5. Die Sicherung der privaten Freiheit

Die Sicherheit der privaten Freiheit beruht auf der Geltung und Stabilität einer Freiheitsordnung. Soweit reicht auch die Einsicht der neuzeitlichen Vertragstheorie, die sich daher – wie etwa an Hobbes und Kant gezeigt werden kann – der theoretischen Frage nach der Legitimität von Herrschaft widmet. Anläßlich dieser Frage nach der Rechtfertigung von Herrschaftseingriffen entwerfen sie Verfassungsgrundrisse, die einerseits gegen mögliche Anarchie gerichtet sind – man denke an den Leviathan bei Hobbes – und die darüber hinaus jeder Form von Rechtlosigkeit – man denke an Kants Rechtsstaatsbegründung – Einhalt gebieten sollen. Freiheit in diesem vertragstheoretischen Sinne wird verstanden als Sicherheit, das heißt als ein gesicherter Zustand, all denjenigen Tätigkeiten nachgehen zu können, die im Rahmen einer Rechtssicherungsordnung nicht die Freiheit aller anderen einschränken. Freiheit besteht in dem Recht zur möglichst ungehinderten Entfaltung individueller Unabhängigkeit, die der Staat als obrigkeitliches Rechtsinstitut zu garantieren hat.

> „Das Zentrum dieser Politik-Auffassung bildet der Staat als ebenso kompetente wie befugte Rechtsherrschaftsordnung, die den pflichtschuldigen Gehorsam ihrer Untertanen legitimerweise einfordern kann, denen der Staat Recht, Frieden und Sicherheit verbürgt.“[31]

Es wird deutlich, daß in dieser Perspektive der „Staat“ als obrigkeitlicher Souverän wahrgenommen wird, der als Rechtsdurchsetzungsstaat den Gehorsam seiner Untertanen einfordern kann. Außerdem ist er mit der souveränen Kompetenz ausgestattet,

> „jeden Angriff von innen wie von außen abzuwehren, und berechtigt, um willen seiner Sicherheit sich zu vergrößern und zu diesem Zweck die Mittel seiner Untertanen personell und finanziell in Anspruch zu nehmen.“[32]

In dieser polaren sprachlichen Gegenüberstellung von Staat und Gesellschaft, an die wir uns gewöhnt haben, tritt der Staat den einzelnen Individuen gleichsam als eigene Substanz gegenüber. Im deutschsprachigen Raum wird dem Staat sogar – spätestens mit Hegels Verabsolutierung des Staates als „Wirklichkeit der sittlichen Idee“ – eine eigentümliche Weihe zuteil. So wird kurzerhand das Politische auf den Staat reduziert, und es dominiert in der Folge eine verfestigte

---

[31] E. Vollrath, Grundlegung einer philosophischen Theorie des Politischen, S. 108.
[32] Ebd., S. 117.

etatistische Bewußtseinslage – eine Bewußtseinslage, die in ihrer Mächtigkeit selbst ihre vermeintlichen Gegner noch gefangen hält.

Wie ließe es sich sonst erklären, daß Partizipationstheoretiker diese Bewußtseinslage zwar aufbrechen wollen, aber genau genommen der paradoxen Frage nachgehen, wie der Bürger am besten am Staat partizipiert? Da ist dann von dem Staat und – besitzanzeigendes Fürwort (!) – *seinen* Bürgern die Rede und nicht – was der Freiheit von Bürgern viel angemessener ist – von den Bürgern und *ihrer* politischen Ordnung.

Selbst der ehemalige Bundespräsident Roman Herzog verfällt in seiner Abschiedsrede, die er anläßlich des 50. Geburtstages unseres Grundgesetzes gehalten hat, auf Verbalakrobatik: „Der Staat muß sich dem (!) Bürger als Beteiligungsstaat präsentieren." Dieser vermeintlich einfache Satz drückt die ganze Hilflosigkeit aus, über Bürgerfreiheit zu sprechen. Wenn „*der* Staat" als Subjekt (?) sich „*dem* Bürger" in bestimmter Weise „präsentieren" soll, so kann überhaupt nicht in den Blick kommen, daß in einer Republik doch die (!) Bürger selbst die politischen Subjekte sind. Zur Sicherung ihrer Bürgerfreiheit bedienen sich die Bürger ihrer politischen Ordnung, und sofern sie in einer intakten Republik ihr handlungsermöglichendes Institutionengefüge als ein schützenswürdiges Bürgergut ansehen, muß ihnen jeglicher Etatismus reichlich abstrus vorkommen. Denn: „Man soll es für keine Knechtschaft halten, sondern für Befreiung aus der Knechtschaft, wenn man nach der Verfassung lebt."[33]

Was den bewußtseinsmäßigen Zustand unserer Bundesrepublik anbelangt, so wirft diese Selbstinterpretation des höchsten Amtsinhabers kein gutes Licht auf das Amtsverständnis in unserer Republik. Denn was der ehemalige Bundespräsident einfordert, scheint ihm seine eigene Redeweise zu vereiteln: Anstatt als höchster Amtsinhaber auch in der Sprache die Verbundenheit zu seinen Mitbürgern auszudrücken und darüber das Band unter Bürgern zu festigen, appelliert er als vermeintlich Außenstehender an ein ihm äußeres Staatsgebilde, oder aber er – der höchste Repräsentant – appelliert an sich selbst, „sich dem Bürger als Beteiligungsstaat (zu) präsentieren." Beides jedoch ist widersinnig.

Daß ausgerechnet dieser Satz von der Tagesschauredaktion als mustergültiges Plädoyer für ein neues Staatsverständnis in den 20-Uhr-Nachrichten gesendet und als einziger Redeausschnitt zur Dokumentation der letzten großen Rede des scheidenden Bundespräsidenten herangezogen wird, wirft ein ebenso bezeichnendes Licht auf die vorherrschende Bewußtseinslage innerhalb der politischen Schicht.

Für Alexis de Tocqueville indes stellt sich nicht die Frage nach der Partizipation des zum überdimensionalen Singular zusammengeschmolzenen Bürgers. Die alte Ordnung ist endgültig in sich zusammengebrochen, und angesichts der

---

[33] Aristoteles, Politik, 1310 a 35 f.

danach folgenden wechselnden Verfassungen plädiert er entschieden für die Form bürgerlicher Selbstregierung in einer Republik. So gesehen geht er seine Analysen nicht staatstheoretisch an, sondern ganz praktisch vom Handeln und Handeln-Können der sich in ihrer Pluralität erfahrenden Bürger. Diese sind nun in besonderer Weise herausgefordert; denn genau genommen ist ihnen die Obrigkeit abhanden gekommen, die bisher alles Politische absorbiert hatte. Tocquevilles Eingangsbemerkung, wonach eine völlig neue Welt einer neuen politischen Wissenschaft bedarf, wird vor diesem Hintergrund in all ihrer Brisanz und Radikalität allererst verständlich.

6. Bürgersinn als Bollwerk gegen Herrschaftsanmaßungen

In Situationen, in denen womöglich die Freiheit auf der Kippe steht, kommt für Tocqueville alles darauf an, wie bedacht, entschlossen und klug die Bürger handeln und auf welches politische Wissen sie in ihrem Tun zurückgreifen können. Hier nun zieht Tocqueville seine Amerika-Erfahrungen zu Rate:

> „Richten wir unseren Blick auf Amerika, nicht um die Einrichtungen, die es für sich schuf, sklavisch nachzuahmen, sondern um diejenigen besser zu verstehen, die uns gemäß sind [...] Die Gesetze der französischen Republik können und müssen in vielen Fällen andere sein als die der Vereinigten Staaten, aber die Grundsätze, auf denen die amerikanischen Verfassungen fußen, die Grundsätze der Ordnung, der Mäßigung der Gewalten, der wahren Freiheit, der aufrichtigen und tiefen Achtung vor dem Recht sind allen Republiken unentbehrlich, sie gelten für alle, und man kann von vornherein sagen, daß da, wo sie fehlen, die Republik bald verschwunden sein wird.“[34]

Um die neu gewonnene individuelle Freiheit als politisch gefestigten Zustand zu garantieren, ist es unabdingbar, die neue Freiheitsordnung fest in der Welt zu verankern. Und dies geschieht allein auf der Ebene konkreten Handelns, sprich in der aktiven Ausgestaltung der neuen Ordnung. So verführerisch es auch sein mag, sich angesichts der neu errungenen Freiheit allein der privaten Freiheitsbetätigung hinzugeben, allein aus dem öffentlich sichtbaren Freiheitsvollzug speist sich die neue Ordnung und gewinnt ihrerseits erst Stabilität. Dies ist Tocquevilles zentrale Einsicht.

Das heißt, jenseits ihrer legitimatorischen Begründung, die als theoretisches Unternehmen ein Akt der konstruierenden Vernunft ist, beruht eine zur Welt gebrachte republikanische Ordnung auf der Art und Weise konkreten politischen Handelns und in der Folge erlangt sie Stabilität über die freiheitlichen Haltungen und Gewohnheiten, die die Ordnung mit Leben ausfüllen. Daß diese

---

[34] A. Tocqueville, Über die Demokratie in Amerika, S. 4.

das Zusammenleben prägenden Haltungen und Gewohnheiten ihrerseits in einer intakten Republik in der Einsichtsfähigkeit menschlicher Vernunft wurzeln, ist zwar unabdingbar. Aber – und darauf weist Tocqueville deutlich hin – politische Freiheit hängt nicht an der Genialität philosophisch begründeter Vernünftigkeit. Politische Freiheit als die Lust, die eigene Welt handelnd und sprechend mitzugestalten, ist weniger an das innere Wollen und dessen vernunftgeleitete Moralität gebunden als vielmehr an das weltliche Handeln-Können.

> „Die Amerikaner haben den Individualismus, die Frucht der Gleichheit, durch die Freiheit bekämpft, und sie haben ihn besiegt. Die Gesetzgeber Amerikas [...] dachten, daß es außerdem ratsam sei, jedem Teil des Gebiets ein eigenes politisches Leben zu geben, um die Gelegenheiten zu gemeinsamem Handeln der Bürger ins Unabsehbare zu vermehren und diese täglich spüren zu lassen, daß sie voneinander abhängen. Das war ein weises Vorgehen."[35]

In seiner Untersuchung *Über die Demokratie in Amerika* zeigt er auf, daß eine Republik etwas grundlegend anderes ist als eine gigantische Aktiengesellschaft, in der die einzelnen durch die Gemeinsamkeit des Gewinnstrebens zusammengehalten werden. Interessen, die den Wechselfällen des Lebens unterliegen, geben kein stabiles Fundament einer Freiheitsordnung ab. Erst wenn Freiheit als eine in sich erstrebenswerte Lebensweise erfahren wird, verankert in den Einrichtungen der Republik und eingebunden in die Handlungsgewohnheiten möglichst vieler Bürger, erwachsen aus dieser Praxis die Macht und die Stabilität einer Freiheitsordnung.

Je föderaler eine politische Ordnung aufgebaut ist, desto mehr Bürger können am politischen Leben teilhaben. Und je mehr Amtsinhaber vor Ort Verantwortung übernehmen, desto machtvoller ist die Republik als öffentlich sichtbares Gut im öffentlichen Leben präsent.

Durch die liebgewonnene Gewohnheit, sich handelnd und sprechend an den öffentlichen Angelegenheiten zu beteiligen, wird die Republik den Bürgern zu einem Teil ihrer selbst. Bürgerstolz und Bürgerwürde können sich entwickeln, und in dem Maße, in dem diese Qualitäten in möglichst vielen Bürgern verankert sind, bildet ein solcher „Bürgerbund"[36] ein unerschütterliches Bollwerk gegen jegliche Verlockung zur Tyrannei.

Im Gegensatz zu verfaßten Freiheitsordnungen basieren Tyranneien auf angemaßter Herrschaft und auf der bloßen Furcht vor dieser Anmaßung. Weder den Herrschern noch den Beherrschten kommen besondere Qualitäten zu, wenn man einmal von den zweifelhaften Qualitäten absieht, über die Spießgesellen verfügen müssen, wenn sie sich in wechselseitiger Kumpanei einander andie-

---

[35] Ebd., S. 591.

[36] Vgl. M. Riedel, Auf der Suche nach dem Bürgerbund, in: P. Schmidhuber (Hrsg.), Orientierungen für die Politik? München 1984, S. 83 ff.

nen. Etienne de la Boétie hat in seinem *Discours de la servitude volontaire*[37] paradigmatisch ausformuliert, auf welchen „Tugenden", d. h. auf welcher Niedertracht die Machenschaften einer angemaßten Herrschaft beruhen.

Willkürherrschaften bedienen sich anspruchsloser Gewalt und sind daher in ihrem Kern unpolitisch, wogegen intakte Freiheitsordnungen höchst anspruchsvoll sind. Die Herausforderung für eine Republik als die anspruchsvollste politische Ordnung besteht in nichts Geringerem, als darin, den Gehalt und das Selbstverständnis dieser Bürgerordnung in möglichst vielen Köpfen und Herzen zu verankern. Hierin liegt die genuine Herausforderung aller verantwortlichen politischen Bildung.

In dem Maße, in dem Bürger gemeinsam diskutieren, debattieren, beratschlagen, entscheiden und das Entschiedene verantworten, entwickelt sich so etwas wie Bürgersinn. Es ist der Geschmack an der Freiheitsbetätigung, der *goût de la liberté*, der insbesondere die aktiven Bürger veranlaßt, sich für die Bewahrung ihrer politischen Ordnung einzusetzen.

> „Die freien Einrichtungen, die die Bewohner der Vereinigten Staaten besitzen, und die politischen Rechte, von denen sie einen so regen Gebrauch machen, erinnern jeden Bürger beständig und in unzähligen Formen daran, daß er in Gesellschaft lebt. Sie lenken seinen Geist immerzu auf diesen Gedanken, daß Pflicht wie Vorteil den Menschen gebieten, sich ihren Mitmenschen nützlich zu erweisen; und weil er keinen besonderen Grund sieht, sie zu hassen, insofern er weder jemals ihr Sklave noch ihr Herr ist, neigt sein Herz leicht zum Wohlwollen. Man befaßt sich mit dem öffentlichen Wohl zuerst notgedrungen, dann aus freien Stücken; was Überlegung war, wird Instinkt, und durch stetes Arbeiten für das Wohl seiner Mitbürger, nimmt man schließlich die Gewohnheit und die Neigung an, ihnen zu dienen."[38]

Im besten Falle eint die Bürger das gemeinsame Bewußtsein, ja die nur gemeinsam erfahrbare Realität, daß diese Ordnung einen Tätigkeitsbereich eröffnet, der nur im handelnden Miteinander existiert. In diesem Zusammenhang ist es höchst bedeutsam, daß sowohl die politische Wissenschaft als auch die politische Bildung mit einer freiheitsangemessenen Sprache die Republik in größtmöglicher Sichtbarkeit erhellen und die darin erfahrene Realität sprachlich und symbolisch durchdringen. Nur so läßt sich das öffentliche Gut einer lebendigen republikanischen Grundordnung zur Erscheinung bringen. In dem Maße, in dem sich Menschen nun als bewußte Bürger ihrer gemeinsamen Ordnung erfahren, können sie auch als Bürgen ihres gemeinsamen Gutes füreinander einstehen. In einem solchen Land, in dem der Bürgergeist die sozialdominante Bewußtseinslage ausmacht, dürfte es nicht schwer fallen, bereits dem anfänglichen Treiben

---

[37] Vgl. E. La Boétie, Von der freiwilligen Knechtschaft, hrsg. v. H. Günther, Frankfurt/Main 1980, S. 81 ff.

[38] A. Tocqueville, Über die Demokratie in Amerika, S. 593 f.

von Verfassungsfeinden, die für sich den öffentlichen Raum reklamieren, frühzeitig zu begegnen.

Allerdings, das Gemeinsame, was die Beteiligten miteinander verbindet, ist nichts Identisches, wie etwa von Rousseau die Idee der Souveränität eines einheitlichen Volkswillens gedacht wird. Das republikanisch Gemeinsame ist von anderer Qualität. Es erwächst aus der Art und Weise des Zusammenschließens. Indem sich verschiedene Personen miteinander verbinden, konstituieren sie in ihrer Pluralität ein gemeinsames Bezugs- und Perspektivengeflecht, das institutionell einer republikanischen Verfassung, einer Vereinbarung unter politisch Gleichen entspricht. Das Entscheidende ist, daß dieser Bürgerbund quer liegt zu allen obrigkeitlichen Herrschaftstypen, seien sie nun traditional, charismatisch oder bürokratisch legitimiert.

Im Unterschied zur res privata, in der wir uns verbitten, daß andere sich einmischen, lebt die res publica geradezu davon, daß eine hinreichend große Zahl von Bürgern teilhat. Ein Mensch, der sich nicht an der Polis beteiligt, ist entweder ein Tier oder ein Gott.[39] Aristoteles weist deutlich darauf hin, daß wer sich souverän, absolut, also gleichsam göttlich wähnt, an einer spezifisch weltbezogenen Lebensweise nicht teilhaben kann. Als einzelner, der seinen Mitmenschen den Rücken kehrt, verzichtet er geradezu auf eine weltorientierte Existenz, die nur über die Etablierung eines gemeinsamen Handlungs-, Urteils- und Erinnerungsraumes gelebt und erfahren werden kann. Dieser Bereich des Gemeinsamen, der meist alles andere als ein harmonischer ist, eröffnet Bürgern einen Tätigkeitsraum, ohne den sie ihr Bürgersein überhaupt nicht leben könnten, und der aus dieser Teilnahme erwachsende Bürgersinn stellt für die Beteiligten ein gemeinsames Gut dar.

7. Die amerikanischen Einrichtungen politischer Freiheit

Die alltäglichen Sitten und die eingeübten Gewohnheiten sind daher für Tocqueville das Entscheidende: Denn „die Gesetze sind immer unbeständig, soweit sie nicht auf den Sitten ruhen; die Sitten bilden die einzige widerstandsfähige und dauerhafte Macht in einem Volk". So rühmt er das vielfältige und selbst organisierte amerikanische Gemeindeleben:

> „Die Gemeindeeinrichtungen sind für die Freiheit, was die Volksschulen für die Wissenschaft sind; sie machen sie dem Volke zugänglich; sie wecken in ihm den Geschmack an ihrem freiheitlichen Gebrauch und gewöhnen es daran. Ohne Ge-

[39] Vgl. Aristoteles, Politik, 1253 a 27 ff.

> meindeeinrichtungen kann sich ein Volk eine freie Regierung geben, aber den Geist der Freiheit besitzt es nicht."[40]

Ebenso lobt Tocqueville die erzieherische Bedeutung des Geschworenengerichts, in dem Bürger über ihre streitenden Mitbürger zu Gericht sitzen:

> „Das Geschworenengericht ist in erster Linie eine politische Einrichtung. [...] Das Geschworenensystem trägt unglaublich dazu bei, das Urteil des Volkes zu bilden und seine natürliche Einsicht zu fördern. Das ist meiner Meinung nach sein größter Vorzug. Man muß es als eine unentgeltliche und immer offene Schule ansehen, wo jeder Geschworene sich über seine Rechte unterrichtet, wo er täglich mit den gelehrtesten und gebildetsten Mitgliedern der höheren Klassen verkehrt, wo er über Gesetze auf Grund ihrer unmittelbaren Anwendung unterrichtet wird, und wo sie ihm durch die Bemühungen der Anwälte, die Ansichten der Richter und selbst die Leidenschaften der Streitparteien verständlich gemacht werden. Ich denke, die praktische Klugheit und der gesunde politische Sinn der Amerikaner ist hauptsächlich ihrem langen Gebrauch des Geschworenensystem in bürgerlichen Rechtsfällen zuzuschreiben. Ich weiß nicht, ob das Geschworenengericht denen nützt, die rechtliche Streitfälle haben, aber ich bin sicher, daß es denen, die sie beurteilen, sehr nützlich ist."[41]

In gleicher Hochachtung spricht Tocqueville von dem vielfältigen Pressewesen. Er bezeichnet die freien Zeitungen als „Mittel, um täglich miteinander zu sprechen, ohne sich zu sehen, und um gemeinschaftlich vorzugehen, ohne sich versammelt zu haben."[42]

Überhaupt, das rege Vereinswesen, das Tocqueville in den USA vorfindet, fasziniert ihn gleichermaßen. Jedoch meint er mit seinem Ausdruck *association* weniger das uns bekannte Vereinsleben als vielmehr die zum Teil sehr spontanen politischen Zusammenschlüsse, die am ehesten unseren Bürgerinitiativen entsprechen.

Resümierend kommt Tocqueville daher zu dem Schluß, daß die rechtliche Gleichheit, die die Bürger nebeneinander stellt, die Bürger nicht notwendigerweise voneinander isolieren, entfremden und auf ihr privates Erfolgsstreben reduzieren muß. Wenn es gelingt – und darin dienen ihm die Vereinigten Staaten als Vorbild –, „die Kunst der Vereinigung"[43] im gesamten öffentlichen Leben zu entwickeln und ganz selbstverständlich zu praktizieren, so steht keine Despotie zu befürchten, die ja in der Vereinzelung und Ohnmacht der einzelnen gründet. Mächtig, eben handlungsmächtig, werden allein Bürger, die diese – wie Tocqueville es nennt – „Grundwissenschaft"[44] beherzigen. Erst in der Ver-

---

40 A. Tocqueville, Über die Demokratie in Amerika, S. 68.

41 Ebd., S. 316 ff.

42 Ebd., S. 601.

43 Ebd., S. 606.

44 Ebd.

bindung und im Zusanmmenhandeln mit anderen Menschen läßt sich politische Freiheit als originäre Freiheit zum Handeln erfahren.[45]

8. Tocquevilles Einbürgerungswissenschaft und die politische Bildung

Vor diesem Hintergrund kann Tocqueville, der sich selbst auch als „Liberalen neuer Art“ bezeichnet, viel zur politischen Bildung beitragen. Mit Tocqueville kann die politische Bildung den Blick auf das Bereichernde der politischen Institutionen richten. In den Institutionen und über die handelnde Teilnahme und Ausgestaltung politischer Institutionen vollzieht sich eine Erweiterung menschlicher Existenz zum Bürgersein hin.

Das ist eine ganz andere Zugangsweise zum Politischen, als etwa die Zugangsweise der ökonomischen Theorie der Politik, die das Politische rein strategisch und als verlängerten Arm des privaten Nutzenkalküls begreift.[46] Aus der Perspektive der ökonomischen Theorie der Politik erscheint es als rational, sich als „Trittbrettfahrer“ zu verhalten. Mit einem Minimum an Engagement für ein öffentliches Gut gilt es ein Maximum an privatem Glück hervorzubringen. Die Erfahrung, daß politische Freiheit, das Zusammenhandeln mit anderen, in sich ein erstrebenswertes Gut darstellt und damit nicht als Tätigkeits*aufwand* zur Erlangung eines privat aneigenbaren Glücks*ertrages* in Rechnung gestellt werden kann, ist ihr nicht zugänglich. Politische Freiheit als im weitesten Sinne weltbezogenes Tätigsein ist nicht ein bloßes Mittel, das einem äußeren Zweck dient.

Als gelungene Aufenthaltsweise in der Welt handelnder Menschen ist der politischen Freiheit eine Form menschlicher Praxis zu eigen, die ihrerseits nicht als Kosten oder als Aufwand für ein anderes Gut veranschlagt werden können. Im erfülltesten Sinne läuft diese Praxis auf das hinaus, was die amerikanischen Gründungsväter „public happiness“ nannten. Im Unterschied zum privaten Glück wird diese Form gelungener Existenz allein im Zusammenhandeln mit anderen erfahrbar. Neben der Privatexistenz tritt ein originärer Bereich menschlicher Existenz zutage, den kein einzelner in seiner Einzelheit je in den Blick bekommen könnte.

Jenseits der Engführung einer allein um Produktion und Konsumtion sich drehenden Lebensweise verweist die politische Freiheit damit auf einen Wirk-

---

45 Vgl. G. Riescher, Die Praxis politischer Freiheit. Individualismus und Gemeinsinn bei Alexis de Tocqueville und den amerikanischen Kommunitaristen, S. 84 ff.

46 Vgl. K.-H. Breier, Bürgersinn und Ordnungsrahmen. Überlegungen zur individualethischen Verankerung von Ordnungsethik. S. 161 ff.

lichkeitsbereich, der, wenn er bewußt wahrgenommen und gelebt wird, einen wesentlichen Teil der eigenen Personalität ausmacht. Das heißt, es kommt darauf an, in der politischen Bildung deutlich zu machen, daß es nicht nur sinnvoll ist, politische Institutionen als Gehorsamsinstanzen zu begreifen, die die private Freiheit einengen. In gleichem Maße gilt es zu thematisieren, inwiefern politische Einrichtungen als Chance zu aktiver Weltgestaltung begriffen werden können und wieweit sie dazu taugen, im konkreten Tätigsein die Bürgeridentität zu festigen und zu stärken.

Welchen Schaden in diesem Zusammenhang jede Form des Etatismus anrichtet, liegt daher auf der Hand. Denn in dem Maße, in dem die politische Realität zurechtgestutzt wird auf die Gegenüberstellung eines übermächtig-herrscherlichen Staates auf der einen Seite und der ihm in ohnmächtiger Resignation unterworfenen Untertanen auf der anderen Seite, haben wir im Grunde schon den gedanklichen Schritt zu einer möglichen Verwaltungsdespotie vollzogen. Hier die gängelnde Obrigkeit und dort der ohnmächtig unmündige Untertan, dem es in der Tat schwer fallen dürfte, sich *Bürger* zu nennen. In dieser Diktion bliebe den Schülern bereits im Ansatz jeder Zugang zur Erfahrung politischer Freiheit verschlossen. Daher muß alle republikförderliche politische Bildung diese Denkblockade zu durchbrechen helfen.

Da höre ich bisweilen in den Universitätsseminaren in Kiel: „Ich bin doch nur ein kleiner Student, und ich werde höchstens einmal ein kleiner Lehrer sein." Und in den Seminaren an der Universität der Bundeswehr in Hamburg hörte ich: „Ich bin doch nur ein längerdienender Soldat, sicherlich, bereits ein Offizier, aber höchstens als General könnte man etwas bewegen." So reden sie sich klein, und es ist nur schwer erträglich, wie in einem Seminar der politischen Wissenschaft diese angehenden Politiklehrer (!) ihre Bürgerverantwortung leugnen, und zwar eine Bürgerverantwortung, die sie als künftige Diener ihrer Republik in besonderer Weise zu übernehmen sich anschicken.

Offensichtlich haben diese Abiturienten – und nicht nur diese, denn das gleiche konnte ich vor Jahren auch in Münchner Seminaren hören – in ihrer ganzen bisherigen politischen Bildung noch nie etwas von der zuerst von Platon geäußerten Einsicht gehört, wonach insbesondere den Politik lehrenden wie den waffentragenden Bürgern eine herausgehobene Bedeutung für die Stabilisierung einer politischen Ordnung zukommt.

Doch unseren Heranwachsenden dürfen wir diesen Mangel nicht ankreiden. Der tiefere Blick offenbart vielmehr den beklagenswerten Zustand, in dem sich die politische Bildung – und zwar im weitesten Sinne – befindet. Der gesellschaftliche Skandal, daß Amtsinhaber sich genötigt sehen, der institutionalisierten politischen Bildung kontinuierlich den Geldhahn zuzudrehen, muß unbedingt wieder auf die Tagesordnung der öffentlichen Debatte. Und diese Debatte wird auch nicht dadurch entbehrlich, daß immer dann „Feuerwehrgelder" bereitgestellt werden, wenn glatzköpfige Verfassungsfeinde durch besonders sensationelle Übergriffe den Medien Schlagzeilen liefern.

Doch nicht nur die finanzielle Ausblutung der institutionalisierten politischen Bildung ist zu beklagen. Was wir uns und unseren Kindern dringend zu Bewußtsein bringen müssen, ist Tocquevilles Einsicht, daß aus der Freiheit der Reichtum erwächst, aber nicht aus dem Reichtum die Freiheit.[47] Anders ausgedrückt, die private Freiheit, Wohlstand und Reichtum zu erwerben, ist ein hohes Gut. Indessen, Menschen, die ihrem privaten Erwerbsstreben alles unterzuordnen bereit sind und gleichsam besessen dem Reichtum nachjagen, räumen Ruhe und Ordnung die allerhöchste Priorität ein. Sie sind bereit, ihre politische Freiheit bei der ersten Unordnung aufzugeben.

Wer seine Freiheit nur um des Reichtums willen liebt, der aus ihr hervorgeht, läuft Gefahr, daß er auch seinen Reichtum gefährdet, sobald er aufhört, seine politische Freiheit zu praktizieren. Am sichersten ist für Tocqueville die Freiheit verankert, wenn die Bürger sie um ihrer selbst willen schätzen. „Wer in der Freiheit etwas anderes als sie selber sucht, ist zur Knechtschaft geboren“[48], schreibt Tocqueville in seinem zweiten großen Buch *Der alte Staat und die Revolution.*

Wo freiheitliche Tugenden wie Eigeninitiative, Verantwortungsbewußtsein, Risikobereitschaft, Zivilcourage, praktische Vernunft und Urteilskraft zu verkümmern drohen, hat die Freiheit keinen leichten Stand. Denn in dem Maße, wie die Menschen darauf verzichten, die formale Berechtigung zu politischem Handeln praktisch einzulösen, sickert die „Herrschaft des Niemand“ – wie Hannah Arendt die Bürokratie nennt – zunehmend in alle Bereiche des öffentlichen Lebens ein. Und sind die Menschen erst einmal der politischen Freiheit entwöhnt, so fällt es in der Tat „schwer, sich auszudenken, wie es Menschen, die auf die Gewohnheit eigener Lenkung völlig verzichtet haben, gelingen könnte, diejenigen richtig auszuwählen, die sie führen sollen.“[49] Freiheit – so Tocqueville – ist genau genommen eine Lebensweise, und als solche ist sie nur schwer theoretisch zu beschreiben. Am besten ist es, Freiheit wird ganz praktisch erfahren, im eigenen Tätigsein.

Der politischen Wissenschaft kommt in dieser Hinsicht die Aufgabe zu, die Menschen über die neuen Möglichkeiten politischen Handelns in der Gesellschaft aufzuklären.[50] Das aber heißt, es bedarf einer politischen Wissenschaft,

---

47 Vgl. K.-H. Breier, Der Individualismus als Bedrohung der politischen Freiheit, S. 34 ff.

48 A. Tocqueville, Der alte Staat und die Revolution, S. 169.

49 A. Tocqueville, Über die Demokratie in Amerika, S. 817.

50 Vgl. H. A. Rau, Demokratie und Republik. Tocquevilles Theorie des politischen Handelns, S. 17 ff.

die sich der Mitverantwortung für die Gesellschaft, in der sie sich zu Wort meldet, bewußt ist, und es bedarf einer Wissenschaft, der es gelingt, die Menschen in ihrer nun möglichen Bürgerexistenz in den Blick zu nehmen.[51] Dazu schreibt Eric Voegelin:

> „Theorie ist nicht ein beliebiges Meinen über die menschliche Existenz in Gesellschaft; sie ist vielmehr ein Versuch, den Sinn der Existenz durch die Auslegung einer bestimmten Klasse von Erfahrungen zu gewinnen."[52]

So gesehen läßt sich Tocquevilles neue politische Wissenschaft als sprachlich-symbolische Durchdringung der neuen gesellschaftlichen Realität verstehen. Dabei leitet ihn der praktische Anspruch, sowohl die zunächst geistige als auch die im konkreten Handeln sich vollziehende Einbürgerung über eine freiheitsangemessene Sprache zu begleiten.

Auch wenn das über Jahrhunderte eingeübte und in Sprache und Gewohnheiten eingefleischte vorrepublikanische Denken noch lange Zeit Macht über uns Festlandseuropäer haben mag, Tocqueville wirbt für die Republik. Er schreibt – so könnte man meinen –, um auch uns die Augen zu öffnen. Politische Bildung im Geiste Tocquevilles liefe auf ein Plädoyer, ja eine andauernde Rede über politische Freiheit hinaus: Schaut her, es gibt keine Obrigkeit mehr! Wir sind nun Bürger einer Republik und als Bürger stehen wir selbst in der Verantwortung. Unser eigenes Handeln steht auf der Probe. Wir selbst müssen unserem zukünftigen Handeln eine Verfassung zugrundelegen, wir selbst müssen politische Institutionen einrichten, wir selbst müssen Wahlverfahren abwägen, wir selbst müssen Repräsentanten in Ämter bringen und wir selbst müssen aufmerksam über die verfassungsgemäße Amtsführung unserer Amtsinhaber wachen.

Darin besteht die ungeheure Herausforderung jeder republikanischen Regierungsform, und in ihrer Entsprechung gehört es zu den Aufgaben der politischen Bildung, jeder Generation von Heranwachsenden bei der Einbürgerung in ihre politische Ordnung zur Seite zu stehen. Denn da eine Republik vom Handeln der Bürger ihren Ausgang nimmt, ist sie nur so machtvoll und gefestigt, wie es ihr gelingt, auch die Nachwachsenden zum Weiterhandeln zu ermuntern, zu ermutigen und zu befähigen.

Der Anspruch von Menschen, sich selbst zu regieren, ist höchst anspruchsvoll, und eine politische Ordnung bürgerlicher Selbstregierung, die sich ihrer Vorziehenswürdigkeit und ihrer Qualitäten nicht bewußt ist, ist höchst zerbrechlich. In diesem Sinne ist Tocqueville alles andere als ein Denker des 19. Jahrhunderts. Tocquevilles *Aufbruch zur Freiheit* weist den Weg in eine menschen-

---

[51] Vgl. K.-H. Breier, Politische Wissenschaft als Bürgerwissenschaft. Hannah Arendt über Bürgerfreiheit in der Republik, S. 160 ff.

[52] E. Voegelin, Die Neue Wissenschaft der Politik. Eine Einführung, Freiburg/München 1991 (4. Aufl.), S. 99.

würdige Zukunft, in eine Zukunft, die freiheitsbegabten Menschen allein würdig ist.

Literatur

Aristoteles, Politik, hrsg. von Günther Bien, Hamburg 1981 (4. Aufl.)

Aron, R., Über die Freiheiten. Essay, Stuttgart 1981

La Boétie, E., Von der freiwilligen Knechtschaft, hrsg. von Horst Günther, Frankfurt/M. 1980

Breier, K.-H., Bürgersinn und Ordnungsrahmen. Überlegungen zur individualethischen Verankerung von Ordnungsethik, in: Kruber, K.-P. (Hrsg.), Konzeptionelle Ansätze ökonomischer Bildung, Bergisch Gladbach 1997, S. 161–186

Breier, K.-H., Der Individualismus als Bedrohung der politischen Freiheit, in: Wilmes, H. (Hrsg.), Materialien zum Kursunterricht Sozialkunde/Politik, Teil 2, Köln 1998, S. 34–40

Breier, K.-H., Politische Wissenschaft als Bürgerwissenschaft. Hannah Arendt über Bürge freiheit in der Republik, in: Berg-Schlosser, D./Riescher, G./Waschkuhn, A. (Hrsg.), Politikwissenschaftliche Spiegelungen. Festschrift für Theo Stammen zum 65. Geburtstag, Opladen/Wiesbaden 1998, S. 160–173

Feldhoff, J., Die Politik der egalitären Gesellschaft. Zur soziologischen Demokratie-Analyse bei Alexis de Tocqueville, Köln/Opladen

Hereth, M., Alexis de Tocqueville. Die Gefährdung der Freiheit in der Demokratie, Stuttgart 1979

Hereth, M., Tocqueville zur Einführung, Hamburg 1991

Himmelmann, G., Das Bild des Bürgers in der politikwissenschaftlichen Theorie und in der politischen Praxis. Grundlagen für die „Handlungsorientierung" im politischen Unterricht?, in: Breit, G./Schiele, S. (Hrsg.), Handlungsorientierung im Politikunterricht, Schwalbach/Ts. 1998, S. 35–61

Rau, H. A., Demokratie und Republik. Tocquevilles Theorie des politischen Handelns, Würzburg 1981

Riedel, M., Auf der Suche nach dem Bürgerbund, in: Schmidhuber, P. (Hrsg.), Orientierungen für die Politik? München 1984, S. 83–99

Riescher, G., Die Praxis politischer Freiheit. Individualismus und Gemeinsinn bei Alexis de Tocqueville und den amerikanischen Kommunitaristen, in: Berg-Schlosser, D./Riescher, G./Waschkuhn, A. (Hrsg.), Politikwissenschaftliche Spiegelungen. Festschrift für Theo Stammen zum 65. Geburtstag, Opladen/Wiesbaden 1998, S. 84–95

Sennett, R., Der flexible Mensch. Die Kultur des neuen Kapitalismus, Berlin 1998

Tocqueville, A., Über die Demokratie in Amerika (1835/1840), München 1984 (2. Aufl.)

Tocqueville, A., Der alte Staat und die Revolution (1856), München 1978

Voegelin, E., Die Neue Wissenschaft der Politik. Eine Einführung, Freiburg/München 1991 (4. Aufl.)
Vollrath, E., Grundlegung einer philosophischen Theorie des Politischen, Würzburg 1987
Vollrath, E., Tocqueville über die politischen Implikationen des neuzeitlichen Individualismus, in: Hoffmann, T./Majetschah, S. (Hrsg.), Denken der Individualität. Festschrift für Josef Simon zum 65. Geburtstag, Berlin/New York 1995, S. 239–252

John Stuart Mill (1806–1873)

Wilhelm Hofmann

Johns Stuart Mills Rechtfertigung der Freiheit, die einen Kernbestand liberalen politischen Denkens bildet, soll in folgenden Ausführungen in drei Schritten vorgestellt werden. Zunächst werden einige Anmerkungen zum biographischen Ort seines Freiheitsdenkens die Einordnung der inneren wie äußeren Bedingungsfaktoren seines Denkens ermöglichen (1). Dann wird Mills Argumentation zur Freiheitsproblematik rekonstruiert (2) und in einem abschließenden Teil gezeigt wie auf der Ebene der politischen Institutionen für Mill Freiheit und repräsentativer Regierung aufeinander bezogen werden müssen (3).

1. Der biographische Ort von John Stuart Mills Überlegungen zum Problem der Freiheit

Es ist eine Trivialität, wenn man behauptet, daß jedes politische Denken einen wie auch immer vermittelten Erfahrungsbezug hat. In der biographisch-historischen Perspektive fallen Genesis und Geltung einer Theorie zwar nicht zusammen, sie ermöglicht aber ein besseres Verständnis der Widersprüche und Ausgangpunkte eines Denkens und erlaubt es daher, den systematischen Überschuß des jeweiligen Ansatzes besser zu verorten.

Das gilt selbstverständlich auch für das politische Denken John Stuart Mills. In seinem Fall kommt aber noch ein zweites, politiktheoretisch besonderes interessantes Moment hinzu: Seine Autobiographie wird gerne selbst als Argument der politischen Theorie eingesetzt.[1] Sie wird neben anderen seiner Schriften verwendet, um zu zeigen, daß die philosophische Schule, der sich Mill selbst mit zeitweise größerer, zeitweise kleinerer Distanz zurechnete, eine Sackgasse der Aufklärung darstellt: Gemeint ist der Utilitarismus Benthamscher

[1] Mills Autobiographie findet zunehmend auch als eigenständiger Beitrag zur politischen Theorie Beachtung. Vgl. F. H. Sawyier, Philosophy as Autobiography – John Stuart Mills Case, in: Philosophy Research Archives XI/1986, S. 169–180.

Provenienz – vielleicht die moral- und politiktheoretische Schule mit der größten Wirkung im angelsächsischen Kulturkreis. Beispielhaft sei für diese Strategie Alasdair McIntyre angeführt, der polemisch auf eine schwere seelische Krise im Leben Mills anspielt, wenn er in seinem Buch *Jenseits der Tugend* von 1981 schreibt: „John Stuart Mill, das erste Kind der Lehre Benthams und gleichzeitig der hervorragendste Kopf und Charakter, der sich je zum Benthamismus bekannt hat, brauchte einen Nervenzusammenbruch, um sich zumindest selbst klarzumachen, daß sie nicht richtig ist."[2] Mills Leben wird hier unter der Hand zum Kronzeugen der Gegenaufklärung.

Jeremy Bentham (1748–1832) hatte im Rückgriff auf David Hume, Helvetius und Joseph Priestley eine an Nützlichkeitserwägungen orientierte Moral- und Politiktheorie, wenn schon nicht selbst erfunden, so doch in einem Maß systematisiert, das alle bisherigen Ansätze dieser Art weit übertraf. Bereits in seinen frühesten Schriften – dem *Fragment on Government* (1776) und der *Introduction to the Principles of Morals and Legislation* (1780/89) formuliert er als das universelle Kriterium allen richtigen Handelns das sogenannte Prinzip des größten Glückes der größtmöglichen Zahl.

> „Die Natur hat die Menschheit unter die Herrschaft zweier souveräner Herrn gestellt: Schmerz und Freude. Sie allein zeigen uns, was wir tun sollen, wie sie auch bestimmen, was wir tun werden. Auf der einen Seite ist der Maßstab für richtig und falsch, auf der anderen die Kette der Ursachen und Wirkungen an ihren Thron gebunden. Sie regieren uns in allem, was wir tun, in allem, was wir sagen, in all unserem Denken. Jede Anstrengung, die wir unternehmen können, ihre Herrschaft abzuschütteln, wird nur dazu dienen, sie zu demonstrieren und zu bestätigen. In seinen Reden mag ein Mensch behaupten, ihrem Reich abzuschwören, aber in der Realität wird er immer ihr Untertan bleiben. Das Prinzip der Utilität ist sich dieser Unterwerfung bewußt, es akzeptiert sie als die Grundlage seines Systems, das zum Ziel hat, das Gebäude des Glücks durch Vernunft und Recht zu errichten. Systeme, die diese Herrschaft in Frage stellen, spielen mit Worten anstatt sinnvoll zu sein, sie bieten Launen statt Vernunft, Dunkelheit statt Licht."[3]

Mit dem Prinzip der Utilität, so erklärt der Autor in einer seiner berühmt-berüchtigten Fußnoten, ist dasjenige System gemeint, daß „das größte Glück all derjenigen, deren Interessen bei einer Angelegenheit in Frage stehen, als das richtige und angemessene und zwar einzig richtige und angemessene Ziel menschlichen Handelns zuläßt: menschlicher Handlungen in jeder Situation, insbesondere aber in der Funktion eines oder mehrerer der Menschen, die Regierungsfunktionen ausüben."

---

2 A. MacIntyre, Der Verlust der Tugend (After Virtue, 1981), Frankfurt/M 1987, S. 90.

3 J. Bentham, An Introduction to the Principles of Morals and Legislation (1780/89), hg. von J. H. Burns/H. L. A. Hart, mit neuer Einleitung von F. Rosen, Oxford 1996, S. 11. Übersetzung W. Hofmann.

John Stuart Mill (1806–1873)

Bentham selbst hat dieses Prinzip während seines langen und produktiven Lebens für praktisch alle Lebensbereiche unendlich variiert, was eine auf 65 Bände angelegte Werkausgabe mehr als deutlich belegt. Kennzeichnend für diese Position, der im wesentlichen Punkten auch Johns Vater James Mill anhing und in deren Geist der junge Mill erzogen wurde, sind folgende Elemente:

- Ein strikter Empirismus: Erfahrung allein ist als Quelle von Erkenntnis zugelassen: Erkenntnis, die sich nicht aus Erfahrung ableiten läßt, ist „vage Generalisierung" oder „Fiction" und muß sich dem empirischen Test unterziehen, der da in Variation des berühmten Dictums von Francis Bacon lautet: fiat observatio.
- Deterministische Handlungstheorie: Keine Handlung geschieht ohne ein sie verursachendes Motiv. Es gibt kein Handlungsmotiv, das nicht einem Interesse korrespondieren würde.
- Radikaler Individualismus: Die Gesellschaft ist eine auf dem Weg der Generalisierung gewonnene Fiktion der Relation der Subjekte zueinander und hat unabhängig von ihren Mitgliedern keine wirkliche Existenz. Jedes Individuum beurteilt prinzipiell selbst am besten, was es glücklich macht.
- Moralischer Konsequentialismus: Die moralische Qualität einer Handlung wird primär durch Abschätzung ihrer Folgen für das Glück des Individuums und der Gesellschaft bewertet. Jegliche Gesinnungsethik wird als lebensfeindlich zurückgewiesen, da es für das Opfer keine Bedeutung hat, wenn etwa der Inquistor die „gute" Absicht hat, eine Seele durch die Verbrennung des Körpers zu retten.
- Begründungsrelevant für die Moral- und Rechtstheorie ist allein der individuelle oder allgemeine Nutzen einer Handlung bzw. Institution: Alle Naturrechtstheorien, Theorien des Common Sense oder des Intuitionismus (Kant) sind nicht haltbar. Sie sind mit den Worten Benthams „Blödsinn auf Stelzen".

Politiktheoretisch wurden von den sich um Bentham und James Mill scharenden sogenannten „Philosophical Radicals" folgende Postionen vertreten.[4] Sie erklärten allen nicht aus den individuellen und gesellschaftlichen Glückskalkülen rechtfertigbaren Sitten und Gewohnheiten, insbesondere dem englischen Gewohnheitsrecht (common law) den Krieg. Ziel war hier eine Rationalisierung und Codifizierung des Rechts. Ferner sollte durch eine radikale Ausweitung des Wahlrechtes die Herrschaft der Wenigen (ruling few) demokratisch kontrolliert und an die Interessen der Beherrschten (subject many) rückgebunden werden.

---

4 Für einen Überblick vgl. E. Halévy, The Growth of Philosophical Radicalism (1901–1904), engl. 1928, Reprint Clifton, New Jersey 1971.

Ordnet man Mill hier ein, so bezieht man ihn auf die weit in das 19. Jahrhundert hineinreichende Spätaufklärung. Allerdings hat er sich selbst einerseits genau dazu bekannt, hat aber gleichzeitig erfolgreich den Anspruch erhoben, die Positionen der von Bentham und seinem Vater inspirierten „Radicals" in einigen wesentlichen Punkten modifiziert zu haben. Bevor auf diese Modifikationen eingegangen werden kann, müssen aber einige Ausführungen zur Biographie Mills seine angestrebten Differenzierungen plausibler machen.

In Mills Biographie sind es vor allem drei Phasen, die unser besonderes Interesse verdienen, da sie in unmittelbarer Verbindung zu seinem später entwickelten Begriff von Freiheit stehen, oder aber dessen Ausdruck sind. Es sind dies: seine Kindheit und eine schwere seelische Krise, seine Beziehung zu Harriet Taylor, sowie seine Zeit als Parlamentsabgeordneter.

Kindheit, Jugend und Krise

John Stuart wurde von seinem Vater privat unterrichtet und zwar nach dem sogenannten „Lancaster monitorial system". Nach diesem System gibt der Schüler das gerade Gelernte unmittelbar an jüngere Schüler, in Mills Fall die eigenen Geschwister weiter. Das System wurde von den radikalen Aufklärern um James Mill und Bentham besonders gelobt, da es einem Lehrer erlauben sollte, gleichzeitig mehrere hundert Schüler zu unterrichten. John berichtet später, daß er seine Aufgabe gehaßt habe, da sein Vater ihn für die ausbleibenden Lernfortschritte seiner Geschwister voll verantwortlich machte.

Das Lernpensum und das Lerntempo, dem John Stuart unterworfen wurde, sind beeindruckend, ja beängstigend. Der junge Mill lernt mit drei Jahren altgriechisch – sein Vater ist von Platon begeistert – und mit acht Jahren Latein. Es schließen sich Übungen in Arithmetik, Geometrie und Rhetorik an. Der Junge lernt das effiziente Bearbeiten von Literatur nach dem System der „marginal contents", bei dem gelesene Texte am Rand des Buches zusammengefaßt werden.

Praktisch muß man sich das so vorstellen: Während Mill Senior an einem Schreibtisch sitzt und über lange harte Jahre hinweg das Brot der Familie ausschließlich über schriftstellerische Tätigkeiten verdient bis ihm seine *History of British India* (1818) eine Stelle bei der Ostindien Gesellschaft einbringt, übersetzt Mill Junior einen altgriechischen Text, für den ihm vorher die nötigen Vokabeln kurz erklärt worden waren. Lange Spaziergänge dienen in den Pausen der Rekapitulierung des jeweils gelernten Stoffes.

Mill beklagt sich in seiner Autobiographie bitter darüber, daß dies sehr oft ein quälendes Lernen war. Es gab, um nur ein Beispiel zu nennen, kein altgriechisch-englisches Wörterbuch, so daß der Junge bei jeder vergessenen Vokabel den Vater, dessen größte Untugend die Ungeduld war, bei der Arbeit unterbrechen und ihn damit beim Erwerb des Familienunterhaltes stören mußte. Dies galt auch in anderen Fächern, da James Mill, sei es aus Zeitgründen sei es, weil er es für unnötig hielt, mit Erläuterungen zum Lernstoff äußerst sparsam war. Für das Kind bedeutete dies ein Leben unter permanenter Überforderung. Mill schreibt: „Mein Vater verlangte von mir nicht nur das Äußerste, das ich zu leisten in der Lage war, er verlangte von mir das, was ich unter Aufbietung all meiner Kräfte beim besten Willen nicht leisten konnte.“[5]

Diese Erziehungsmethode vernachlässigt die emotionale Seite praktisch vollständig. Ihr Ergebnis ist mit den Worten desjenigen, an dem sie experimentell ausprobiert wurde, eine „reasoning machine“, die bereits mit zwölf Jahren problemlos die Analytiken des Aristoteles lesen konnte – im Original versteht sich –, der aber jeder Bezug zum praktischen Leben und zu den Mitmenschen fehlt.

In Mills späteren Schriften ist eine der Spuren dieser Erziehung, daß er sich mit aller erdenklichen Schärfe gegen jede Form von Paternalismus, der eine Identität der Interessen von Eltern und Kindern behauptet, wendet und die Reform Familie und Erziehung für die wichtigsten sozialpolitischen Aufgaben hält.[6] Auf der systematischen Ebene seines Denkens führt die Interpretation der eigenen Erfahrung zu einer kritischen Distanz gegenüber der von seinem Vater und Bentham vertretenen Variante des Utilitarismus. Sie werden der überzogenen Aufklärung angeklagt, die letztlich aus Gefühlsfeindschaft eine halbierte Humanität hervorbringt.

Diese Kritik radikalisiert sich dadurch, daß Mill vom Herbst 1826 an eine schwere seelische Krise durchmacht, die er ebenfalls seiner Erziehung zuschreibt. Er war zu diesem Zeitpunkt trotz seiner Jugend bereits ein etabliertes Mitglied der sich um seinen Vater und Bentham scharenden „philosophical radicals“ geworden und stand im Kontakt mit der intellektuellen Elite seines Landes. 1822 hatte er (mit 16 Jahren!) die „Utilitarian Society“ gegründet und damit dem Utilitarismus seinen Namen gegeben, hatte als Autor an der Gründungsphase der *Westminster Review* Anteil (1824), war dabei die „London Debating Society“ mit aus der Taufe zu heben und arbeitete auf Bitten Benthams an der Herausgabe von dessem fünfbändigen Werk über juristische Beweisführung (Rationale of Judical Evidence 1826/27).

Seiner eigenen Interpretation nach entfaltete nun die Maxime der Benthamiten, daß es keine Aufklärung der Gefühle brauchte, sondern eine der Vernunft,

---

5 J. S. Mill, Autobiography, Collected Works of John Stuart Mill Bd. 1, Toronto 1981, S. 9. Übers. W. H.

6 Vgl. ebd., S. 175.

da die Gefühle schon für sich selbst sorgen würden,[7] ihre volle schädliche Wirkung in Gestalt einer absoluten Antriebsschwäche. In den Worten Mills:

> „Vom Winter 1821 an, als ich das erste mal Bentham gelesen hatte und insbesondere vom Start der Westminster Review an hatte ich, was man wahrhaft ein Lebensziel nennen kann: Ich wollte ein Reformer der Welt sein. Meine Vorstellung meines eigenen Glückes war vollkommen identisch mit diesem Ziel. Die persönliche Zuneigung, die ich mir wünschte, war ausschließlich die von Mitstreitern bei diesem Unternehmen. [...] Aber die Zeit kam, zu der ich aus diesen Vorstellungen wie aus einem Traum erwachte."[8]

Mill gerät in einen Zustand nervöser Spannung und kann nicht umhin, sich die Frage nach dem Sinn seines Lebens vorzulegen. Sie nimmt in seinem Fall folgende Form an:

> „Nimm an, alle Deine Lebensziele würden verwirklicht. All die Verbesserungen der Institutionen und Meinungen, die du erwartest, könnten in eben diesem Moment vollendet werden: Wäre das für Dich eine wirkliche Freude und ein großes Glück? Ein ununterdrückbares Selbstbewußtsein antwortete: Nein! Mir sank das Herz: Das gesamte Fundament, auf dem mein Leben aufgebaut war, brach zusammen. Mein ganzes Glück hatte ich in der Verfolgung dieses Ziels gesucht. [...] Es schien so, daß mir nichts mehr geblieben war, wofür es sich zu leben lohnte."[9]

Mill kommt zu dem Schluß, daß es seiner Erziehung nicht gelungen war, seine Gefühle an das „größtmögliche Glück der größtmöglichen Zahl" zu binden, sondern nur in seinem Verstand zu verankern.[10] Das hat fatale Folgen, da der Wurm der dauernden Analyse letztlich die Triebfeder der Gefühle zerfressen hat. Er vergleicht sich selbst mit einem gut ausgerüsteten Schiff, dem allerdings die Segel zur Fortbewegung fehlen. Zunächst lebt er wie vorher weiter, was er mit der Tatsache begründet, daß man ihn so gut auf seine intellektuellen Exerzitien gedrillt hatte, daß er diese weiterführen konnte, auch wenn er allen Glauben daran verloren hatte.[11]

Eine erste Erleichterung von seinen seelischen Leiden findet er, als er in einer Memoirensammlung die lebensnahe Beschreibung des Todes eines Familienvaters liest und in Tränen ausbricht. Man braucht nicht ein Anhänger der psychoanalytischen Textinterpretation zu sein, wenn man dem Autor hier nicht glaubt, daß ihn das Mitleid – ein Gefühl also – zu Tränen gerührt hat, sondern eher der bewußtwerdende Todeswunsch gegenüber dem Vater. Für unseren Zusammenhang allerdings bedeutsamer sind die weiteren Schritte zur Gene-

---

7 Vgl. ebd., S. 113.
8 Ebd., S. 137. Übersetzung W. H.
9 Ebd., S. 138. Übersetzung W. H.
10 Vgl. ebd., S. 149.
11 Vgl. ebd., S. 143.

sung. Mill geht schrittweise auf Distanz zu den radikalen Zirkeln, denen er angehört. Er liest im Herbst 1828 Gedichte von William Wordsworth (1770–1840) und freundet sich mit Anhängern Samuel Taylor Colderiges (1774–1832) an. Andere Eideshelfer gegen den väterlichen Vernuftbenthamismus werden ihm Goethe und die Autoren der „kontinentalen Reaktion auf das 18. Jahrhundert". Er beginnt sich selbst, am deutlichsten wird dies später in seinem Aufsatz über Colderige von 1840, als eine Brücke zwischen dem überzogenen Rationalismus der Aufklärung und dem Emotivismus der Romantik zu verstehen.[12] Der letzte Anstoß zur Gesundung kommt aber nicht aus dem Reich der Bücher sondern von einer Frau: Harriet Taylor.

Harriet Taylor und die Erfahrung gesellschaftlicher Isolierung

Mill lernt 1830 die verheiratete Harriet Taylor kennen und es entwickelt sich eine Beziehung, die in einer gewollten und oft stilisierten Symbiose mündet. Er trifft sie, obwohl dies von ihrem Ehemann nur kurze Zeit akzeptiert wird, unternimmt mit ihr Reisen und widmet ihr seine *Principles of Political Economy* (1848) mit einer so schwärmerischen Widmung, daß er diese wieder zurückziehen muß und den Widmungstext nur in einigen wenigen privaten Exemplaren einrücken lassen kann. Die Details dieser Beziehung, die Mill so überhöht, daß er Harriet die intellektuelle Autorenschaft fast aller seiner reiferen Werke zuschreibt, brauchen uns hier nicht zu interessieren. Interessant für uns ist die Reaktion der victorianischen Gesellschaft auf diese notorische Liaison. Mill und Harriet werden, auch nach der durch den Tod ihres Mannes 1851 möglichen Eheschließung bis zum Tod Harriets 1858 gesellschaftlich praktisch vollständig isoliert.

Das unmittelbare Produkt dieser Erfahrung ist die Freiheitsschrift und eine veränderte Perspektive auf die Gesellschaft, die englische zumal. Mill beschreibt die Isolierung als einen selbstgewählten Rückzug aus einer eigensüchtigen und mittelmäßigen Umgebung, in der es von Wichtigtuern nur so wimmelt.[13] Bereits früher in *The Spirit of the Age*[14] formulierte Überlegungen zu den Problemen, die sich aus einer Demokratisierung und Nivellierung der Kultur ergeben könnten, erhalten nun einen konkreten, sehr privaten Erfahrungshintergrund. Sie werden erweitert hin auf die Frage nach den Grenzen der Autorität

---

[12] Vgl. J. S. Mill, Colderige, in: Essays on Ethics, Religion and Society, Works of John Stuart Mill Bd. 10, Toronto 1969, S. 117–165.

[13] Vgl. Autobiography, S. 235.

[14] Bei diesen Texten handelt es sich um zeitkritische Artikel Mills, die er unter dem Eindruck der Beschäftigung mit Auguste Comte verfaßt und in der Zeit von Januar bis Mai 1831 in der Zeitschrift *The Examiner* veröffentlicht hatte. Sie wurden erst 1942 von F. A. v. Hayeck in Buchform publiziert.

der Gesellschaft über die Individuen. Was ihre Beziehung zueinander betraf, so bemerkt Mill „haben wir nie die Vorschriften der Gesellschaft als bindend in einer so rein privaten Angelegenheit akzeptiert“.[15]

Intellektuell führt die Beziehung Mill wieder näher heran an die „Häresien des Benthamismus“, ja er behauptet, Harriet und er hätten sich vermehrt sozialistischen Gedanken geöffnet, ohne allerdings je deren Kollektivismus zu akzeptieren. Auch die Aufklärung und ihre Betonung der Vernunft erscheinen nun in einem besseren Licht. In der Schrift zur Frauenemanzipation bekennt das Autorenpaar:

> „Das reaktionäre neunzehnte Jahrhundert tritt namentlich durch ein Vorurteil in einen sehr charakteristischen Gegensatz zum achtzehnten, es mißt nämlich den außerhalb des Denkvermögens liegenden Elementen der menschlichen Natur dieselbe Unfehlbarkeit bei, welche das achtzehnte Jahrhundert den denkenden und schließenden Elementen eingeräumt haben soll. An die Stelle der Apotheose der Vernunft haben wir die des Instinktes gesetzt, und Instinkt nennen wir alle Regungen in uns, wofür wir keine vernünftige Begründung aufzufinden vermögen.“[16]

Es scheint, als drohe dem Schiff nun eher das Kentern von der anderen, der überbetont emotionalen Seite, so daß sich Mill wieder eher auf die Seite der Vernunft zu werfen gezwungen sieht.

Die parlamentarische Arbeit 1865–1868

Nach dem Tod seiner Frau publizierte der seit geraumer Zeit selbst schwer kranke Mill eine Reihe von Texten, deren Entstehungszeit teilweise bereits mehrere Jahre zurücklag und die seinen Ruhm als einem der wichtigsten Theoretiker des utilitaristischen Liberalismus begründeten: *On Liberty* 1859, *Thoughts on Parliamentary Reform* 1859, *Considerations on Representative Government* 1861, *Utilitarianism* 1861, *The Subjection of Women*1869. Er ist längst durch seine Logik (1843) und die Politische Ökonomie (1848) ein berühmter Autor, als ihn ein Wählerkomitee bittet, für den Wahlkreis Westminster zu den Wahlen von 1865 zu kandidieren. Mill stellt eine Reihe von eigentlich unannehmbaren Bedingungen: Er werde keinen Wahlkampf machen und gedenke keine privaten Mittel für seine Wahl zu investieren. Außerdem werde er sich, wenn gewählt, nicht um lokale Probleme kümmern. Das Komitee akzeptierte und Mill wurde gewählt.

Seine parlamentarischen Aktivitäten kreisen zu einem erheblichen Teil insbesondere um das, was er selbst ironisch seine „Spinnereien“ genannt hat – die Einführung des Frauenwahlrechtes und die Einführung der proportionalen

---

[15] Ebd., S. 237. Übersetzung W. H.

[16] J. St. Mill/H. Taylor Mill/H. Taylor, The Subjection of Women, London 1851, zitiert nach: Die Hörigkeit der Frau, hg. von U. Helmer, Königstein/Ts. 1997, S. 9.

Repräsentation in Großbritannien. Das sind aber nicht die Gründe, derentwegen er 1868 seinen Sitz wieder an den Gegner von 1865 verliert. Ganz im Gegenteil findet sein Antrag in Disraelis Wahlreformgesetz von 1867, das Wort „man" durch das geschlechtsneutrale „person" zu ersetzen, was einer Einführung des Frauenwahlrechtes durch die Hintertür gleichgekommen wäre, zwar keine Mehrheit im Unterhaus, aber doch beachtliche Unterstützung. Auch sein Eintreten für das Wahlsystem Thomas Hares, daß das reine englische Mehrheitswalrecht durch ein Verhältniswahlrecht mit landesweiten Listen ersetzen sollte, war zwar nicht erfolgreich, brachte aber niemanden ernstlich gegen ihn auf. Was ihn seinen Sitz kostete, ihm Drohbriefe einbrachte, die ihm seine Ermordung ankündigten und die whigs im Unterhaus über den zwar parteifreien, aber ihnen zugerechneten Philosophen verzweifeln ließen, war in der Summe sein rücksichtsloses Eintreten für seine Überzeugungen in drei politischen Fragen.

Erstens setzte Mill sich mit Nachdruck für die Durchführung einer Landreform in Irland ein. Seine Überlegungen sahen vor, daß die Landbesitzer, die nicht ihr Land zu fairen Bedingungen verpachten wollten, von staatlicher Seite dazu veranlaßt werden sollten. Außerdem trat Mill für die mildere Bestrafung von irischen Freiheitskämpfern, den sogenannten Feniern ein. Zweitens war Mill Mitglied, dann Vorsitzender des sogenannten Jamaica Commitee und dessen Sprachrohr im Unterhaus. Das Komitee verlangte die Untersuchung und Bestrafung der Vorgehensweise des Gouverneurs von Jamaica Colonel Eyre, der einen regionalen Aufstand zum Anlaß genommen hatte, mit Militärgerichten und härtester Bestrafung die englischen Rechtsgarantien gegenüber den Untertanen außer Kraft zu setzen. Das Komitee war letztlich erfolglos, es sah sich aber einer Welle des Rassismus gegenüber. Drittens hielt Mill, obwohl er von den politischen Überzeugungen her anderer Meinung war, Kontakt zum extremen Flügel der Radikalreformer. Er stemmte sich nach den Hyde Park Riots mit aller Macht gegen eine Beschneidung der Versammlungsfreiheit und verhinderte eine Eskalation der Proteste, indem er auf die Mitglieder der Reform League mäßigend einwirkte. Außerdem unterstützte er ideell und finanziell die Parlamentskandidatur von William Bradlaugh, einem radikalen Atheisten, dessen Radikalität in Glaubenssachen er zwar nicht nachvollziehen konnte, mit dem Argument, der Kandidat sei ein fähiger Mann und genieße das Vertrauen der Arbeiter. Sein Eintreten für seine Überzeugungen in diesen drei Feldern zeigt Mills persönliches Verständnis von der Ausübung politischer Freiheit – es zeigt, daß er lieber eine unpopuläre Position vertrat und seinen Sitz riskierte, als wesentliche Überzeugungen zu opfern.

Mills Modifikation des Utilitarismus

Bevor dieser Überblick über den Kontext der Millschen Freiheitslehre abgeschlossen werden kann, muß nochmals kurz auf die eingangs idealtypisch herausgestellten Positionen des Benthamismus eingegangen und kurz geklärt werden, wo die zentralen Veränderungen liegen, die Mill hier vornimmt. Dies ist insbesondere deshalb wichtig, weil sie vor allem politiktheoretisch relevante Bereiche betreffen.

Mill bekennt sich zum Empirismus, Determinismus, Konsequentialismus und lehnt naturrechtliche Konstruktionen rundweg ab. Auch den radikalen methodischen Individualismus der Benthamiten teilt er weitgehend, wenn er etwa in der Logik darauf hinweist, daß der Mensch im gesellschaftlichen Zustand immer noch ein Mensch ist, der den Gesetzen der individuellen menschlichen Natur gehorcht.[17] Allerdings akzeptiert er das moralphilosophische Argument nicht, daß prinzipiell jeder der beste Richter seines Glücks ist, da dies die nur noch quantitativ beurteilbare Nivellierung aller Freuden bedeuten würde. Er erweitert den Utilitarismus zum sogenannten „qualitativen Utilitarismus" und formuliert die meistdiskutierten Sätze der angelsächsischen Moraltheorie:

> „Ein höher begabtes Wesen verlangt mehr zu seinem Glück, ist wohl auch größeren Leidens fähig und ihm sicherlich auch in höherem Maße ausgesetzt als ein niedriges Wesen; aber trotz dieser Gefährdung wird es niemals in jene Daseinsweise absinken wollen, die es als niedriger empfindet. [...] Wer meint, daß diese Bevorzugung des Höheren ein Opfer an Glück bedeutet [...] vermengt die zwei durchaus verschiedenen Begriffe des Glücks und der Zufriedenheit. Es ist unbestreitbar, daß ein Wesen mit geringerer Fähigkeit zum Genuß die besten Aussichten hat, voll zufriedengestellt zu werden; während ein Wesen von höheren Fähigkeiten stets das Gefühl haben wird, daß alles Glück, das es von der Welt, so wie sie beschaffen ist, erwarten kann, unvollkommen ist. Aber, wenn diese Unvollkommenheiten überhaupt nur erträglich sind, kann es lernen, mit ihnen zu leben, statt die anderen zu beneiden, denen diese Unvollkommenheiten nur deshalb nicht bewußt sind, weil sie sich von den Vollkommenheiten keine Vorstellungen machen können, mit denen diese verglichen werden. Es ist besser ein unzufriedener Mensch zu sein als ein zufriedenes Schwein; besser als ein unzufriedener Sokrates, als ein zufriedener Narr. Und wenn das Schwein oder der Narr anderer Ansicht sind, dann deshalb, weil sie nur die eine Seite der Angelegenheiten kennen."[18]

Wenn es Formen des Glücks gibt, zu deren Beurteilung bestimmte Menschen einfach nicht befähigt sind, weil ihnen die charakterlichen oder bildungsabhängigen Voraussetzungen fehlen, dann ergibt sich daraus zwangsläufig eine

---

[17] Vgl. J. S. Mill, A System of Logic Ratiocinative and Inductive, Collected Works of John Stuart Mill, Bd. 8, S. 879.

[18] J. S. Mill, Der Utilitarismus, übers. von D. Birnbacher, Stuttgart 1985, S. 17 f.

Asymmetrie zwischen den Menschen in Bezug auf das ihnen zustehende Urteil. Wir werden das Echo des qualitativen Utilitarismus in den Argumenten zur Freiheitsproblematik wiederfinden.

Was nun die politiktheoretischen Modifikationen, die Mill am traditionellen Utilitarismus Benthams und seines Vaters vornimmt betrifft, so fallen besonders folgende Positionen ins Auge: Institutionen müssen sich zwar dem Urteil der nutzenabwägenden Vernunft beugen, ihre Kritik und Reform muß aber zugleich berücksichtigen, daß keinesfalls jedes beliebige institutionelle Arrangement zu jeder Entwicklungsstufe der Gesellschaft und der sie bildenden Individuen paßt. Politische Institutionen sind wie Maschinen: Die Kraft, die sie treibt, muß von außen kommen und zu ihnen passen. Daraus folgt, daß die radikale Ausweitung des Wahlrechtes keinesfalls immer eine Verbesserung darstellt, wenn nicht die nötigen zivilisatorischen Voraussetzungen, wie etwa Bildung, Gemeinwohlbindung und Übung in Selbstorganisation auf der Seite der Wähler vorhanden sind. Die Folgerung aus diesen von Mill behaupteten Veränderungen lautet: Gesellschaftliche Reformen müssen zu den jeweiligen kulturellen Niveaus passen und in ihrer Konzipierung kommt der intellektuellen Kompetenz des Gebildeten eine besondere Bedeutung zu. Dies gilt insbesondere auch für komplexe repräsentative Institutionen, die für sich betrachtet nicht das politische Allheilmittel darstellen, das die Benthamiten in ihnen sehen wollten.

2. Die Theorie der Freiheit

Die zentrale Fragestellung, die ihn und seine Frau bei der Diskussion der Thesen von *On Liberty* beschäftigt haben, lautete nach Mills autobiographischer Selbstauskunft:

> „Wir betrachteten als das größte soziale Problem, das es zu lösen gelte die Frage, wie man die größtmögliche individuelle Freiheit mit dem gemeinsamen Besitz der Ressourcen dieses Globus und der gleichen Teilhabe an den Früchten der Arbeitsteilung vereinigen könnte."[19]

Wie also lassen sich die individuelle Freiheit und das Wohl von Gemeinschaften, deren umfassendste die Menschheit darstellt, miteinander verbinden? Geht es um eine Rechtfertigung der Freiheit, so bieten sich prinzipiell folgende drei Argumentationsstrategien an:

1. Man kann die Freiheit des Individuums als ein natürliches Recht betrachten, daß ihm in jedem Falle zusteht und zu dessen Gewährung die Gesellschaft prinzipiell durch Natur, Gott oder Vernunft verpflichtet ist.

---

[19] J. S. Mill, Autobiograhy, S 239. Übersetzung W. H.

2. Man kann die individuelle Freiheit so durch Recht und Moral normieren, daß eine Sphäre ausgegrenzt wird, in der sie geübt werden kann, ohne daß die Gesellschaft betroffen ist. Damit stellt man Privatsphäre und Gesellschaft nicht gegeneinander sondern nebeneinander.

3. Man kann die Geschichte der Freiheit des Individuums als eine Geschichte ihrer Nützlichkeit für die Gesellschaft erzählen.

John Stuart Mill weist in der Tradition des Benthamismus die erste Strategie zurück und kombiniert die Argumente der Strategien zwei und drei in *On Liberty* zu seiner klassischen Verteidigung der Freiheit, so daß individuelle Freiheit und Gemeinwohl nebeneinander bestehen können und zugleich die Ausübung der Freiheit des Individuums das Gesamtglück der Gesellschaft auf verschiedene Weise erhöht.

Zu 1. Die Zurückweisung des natürlichen Rechts auf Freiheit

Bereits am Beginn von *On Liberty* stellt Mill für seine Ausführungen zum Thema fest:

> „Es ist angebracht, festzustellen, daß ich auf jeden Vorteil verzichte, der meiner Argumentation aus der Idee eines von allen Nützlichkeits-Erwägungen unabhängigen abstrakten Rechtes erwachsen könnte. Ich betrachte Nützlichkeit als das letzte Kriterium in allen ethischen Fragen; aber es muß Nützlichkeit im weitesten Sinne sein, gegründet auf die dauernden Interessen des Menschen als fortschreitenden Wesens.“[20]

Damit ist aber jedem überzeitlichen Freiheitsanspruch, wie ihn etwa in Nachfolge Lockes und Rousseaus die französische Erklärung der Menschen- und Bürgerrechte formuliert hat, die Stoßkraft genommen.[21] Freiheit ist schon darum nicht das, was eine vernünftige Natur uns als dauernde Mitgift gegeben hat,

---

20 J. S. Mill, Über Freiheit, übers. v. A. v. Borries, Frankfurt/M. 1987, S. 17 f.

21 „Der Mensch wird, wie nachgewiesen worden ist, mit einem Rechtsanspruch auf vollkommene Freiheit und uneingeschränkten Genuß aller Rechte und Privilegien des natürlichen Gesetzes in Gleichheit mit jedem andern Menschen geboren.“ John Locke, Zweite Abhandlung über die Regierung (1689), hg. v. W. Euchner, Frankfurt/M. 1977, § 87. „Der Mensch ist frei geboren, und überall liegt er in Ketten.“ J.-J. Rousseau; Vom Gesellschaftsvertrag (1762), übers. v. H. Brockard, Stuttgart 1980, I,1 und „Die allen gemeinsame Freiheit ist eine Folge der Natur des Menschen.“ ebd., I, 2. Die Erklärung der Menschen- und Bürgerrechte: „Artikel 1. Frei und gleich an Rechten werden die Menschen geboren und bleiben es. Die sozialen Unterschiede können sich nur auf das gemeine Wohl gründen. Artikel 2. Der Zweck jedes politischen Zusammenschlusses ist die Bewahrung der natürlichen und unverlierbaren Menschenrechte. Diese Rechte sind Freiheit, Eigentum, Sicherheit und Widerstand gegen Bedrückung.“ zitiert nach: W. Markov, Revolution im Zeugenstand, Bd. 2, Frankfurt/M. 1987, S. 105.

weil, wie Mill in den *Essays on Religion* ausführt, es nur Naturgesetze gibt, an die wir uns bei Strafe des Mißerfolges unserer Handlungen halten, während Rechtbegriffe per Definition Produkt menschlicher Anstrengungen und damit künstlich-kulturell sind. Als Naturwesen betrachtet ist der Mensch lediglich ein Tier. Humanität ist nicht ein Ergebnis der natürlichen Instinkte, sie ist, wo immer sie auftritt, ein Sieg gegen unsere Instinkte.[22]

Damit kann Freiheit nur noch als ein historisch-gesellschaftliches Produkt begriffen werden, das wie alle menschlichen Einrichtungen abhängt von dem jeweiligen Stand der Phylo- bzw. Ontogenese, also der Stammesgeschichte der Gattung wie der Lebensgeschichte des Individuums.

> „Wir sprechen nicht von Kindern oder von jungen Leuten unterhalb des Alters, das vom Gesetz als das der männlichen oder weiblichen Volljährigkeit festgesetzt wird. Diejenigen, die noch der Fürsorge anderer bedürfen, müssen vor ihren eigenen Handlungen ebenso wie vor Schaden von außen geschützt werden. [...] Aus demselben Grund können wir hier jene rückständigen gesellschaftlichen Zustände außer Betracht lassen, in denen die menschliche Gattung selbst noch als unmündig angesehen werden kann. [...] Das Prinzip der Freiheit läßt sich nicht anwenden auf irgendeinen Zustand vor der Zeit, da die Menschheit der Vervollkommnung durch Diskussion in Freiheit und Gleichheit fähig geworden ist."[23]

Wenden wir uns nun den verbleibenden beiden positiven Rechtfertigung mustern der Freiheit zu.

Zu 2. Die Koexistenz von individueller Freiheit und gesellschaftlicher Ordnung

Mill vertritt nachdrücklich die These, daß sich ein Bereich ausweisen lasse, in dem menschliches Tun und Lassen das Wohl der Mitmenschen nicht berührt. Hier, im eigentlichen Reich der Freiheit, wurzeln die von ihm benannten Dimensionen der Freiheit: Gedanken und Meinungsfreiheit, die Freiheit der Lebensführung und die Versammlungsfreiheit. Da es sich um einen zentralen Punkt handelt, soll Mill hier nochmals ausführlich zu Wort kommen:

> „Doch es gibt eine Sphäre des Handelns, an der die Gesellschaft im Unterschied zum Individuum, wenn überhaupt ein Interesse, dann nur ein indirektes hat: sie umfaßt den gesamten Teil des Lebens und Verhaltens eines Menschen, der nur ihn selbst betrifft, oder, wenn er auch andere betrifft, so nur mit ihrer freien, freiwilligen und nicht erschlichenen Zustimmung und Teilnahme. Wenn ich sage, nur ihn selbst, so meine ich, direkt und in erster Instanz: denn was immer ihn selbst berührt, das kann andere durch ihn berühren, [...]. Dies ist dann also die eigentliche Region menschlicher Freiheit. Sie umfaßt erstens den inneren Bereich des Be-

---

22 Vgl. J. S. Mill, Three Essays on Religion, in: Essays on Ethics, Religion and Society, Collected Works of John Stuart Mill, Bd. 10, Toronto 1969, S. 393.

23 Über Freiheit, S. 17.

> wußtseins, Gewissensfreiheit im umfassendsten Sinn fordernd, Freiheit des Denkens und Fühlens, absolute Freiheit der Meinung und des Empfindens in bezug auf alle praktischen oder spekulativen, wissenschaftlichen, moralischen oder theologischen Gegenstände. […] Das Prinzip verlangt zweitens Freiheit der Neigung und der Beschäftigung, die Freiheit, unserem Leben einen unserem eigenen Charakter gemäßen Rahmen zu geben, die Freiheit, so zu handeln, wie es uns gefällt, welche Konsequenzen daraus auch folgen mögen: ohne Behinderung von seiten unserer Mitmenschen, solange unser Tun ihnen nicht schadet, selbst wenn sie unser Verhalten als töricht, verkehrt oder unrecht betrachten. Drittens folgt aus dieser Freiheit des Individuums die Freiheit, in denselben Grenzen, des Zusammenschlusses von Individuen; die Freiheit, sich für irgendeine Sache zu vereinigen, die nicht eine Schädigung anderer einschließt, […].“[24]

Diese Grenzziehung, die Mill hier vornimmt, spiegelt sich auch in seiner Moralphilosophie im engeren Sinne. Auch hier trennt er zwischen einem Bereich, in dem das Handeln des Individuums zwar nicht moralisch indifferent ist, aber doch so weit auf den engsten Kreis der nächsten Menschen bezogen ist, daß eine Beurteilung nach dem globalen Handlungsziel der Glücksvermehrung der Gemeinschaft eher unangebracht ist und einer Sphäre nach außen gerichteten Tuns, das andere berührt und daher, insbesondere wenn es um politisches Handeln geht, der moralischen Qualifizierung unterworfen werden muß.[25]

Aus dem bisher angeführten Argumenten ergibt sich zunächst, daß die Rechte der Gemeinschaft in Bezug auf eine Einschränkung der individuellen Freiheit im wesentlichen negativer Natur sind. Wenn es nämlich stimmt, daß sich eine Klasse von Handlungen ausweisen läßt, die niemandem schaden, so gilt im Umkehrschluß, daß ihr Verbot auch niemandem nutzen kann. Ein Verbot ist damit nicht mehr in den Kategorien des Utilitarismus rechtfertigbar, allerdings eindeutig widerlegbar. Es würde nämlich nicht nützen, sondern automatisch Schaden anrichten – mit anderen Worten Glück vernichten. Dies gilt insbesondere, wenn es um den Körper und den Geist des handelnden Individuums geht

---

[24] Ebd., S. 19.

[25] „Die große Mehrzahl aller guten Taten hat ihren Zweck nicht im Wohl der Welt, sondern im Wohl einzelner Individuen, aus dem sich das Wohl der Welt zusammensetzt; und selbst der Tugendhafteste braucht in seinen Rücksichten nur insoweit über die jeweiligen Einzelpersonen hinauszugehen als nötig ist, um sich davon zu überzeugen, daß er durch sein Wohltun nicht die Rechte, d.h. die berechtigten und gesetzlich legitimierten Interessen anderer verletzt. Die Vermehrung des Glücks ist nach der utilitaristischen Ethik der Zweck der Tugend; aber die Gelegenheiten, in denen es – eine unter tausend ausgenommen – in der Macht einer einzelnen Person steht, dieses in größerem Umfang zu tun und zu einem öffentlichen Wohltäter zu werden, ergeben sich nur ausnahmsweise; und nur in solchen Fällen hat er die Pflicht, den öffentlichen Nutzen zu berücksichtigen.“ Utilitarismus S. 32 f.

und sonst keine Wirkungen feststellbar sind. Dann gilt unbedingt: „Über sich selbst, über seinen eigen Körper und Geist, ist das Individuum souverän.“[26]

Wenn also gezeigt werden kann, daß eine Handlung niemandem schadet, dann steht ihrer Verhinderung im Gesamtkalkül des menschlichen Glückes kein Nutzen gegenüber. Wir befinden uns im Bereich einer vorgesellschaftlichen Ordnung, in der gesellschaftliche Vorschriften nicht angemessen sind. Mill treibt aber die Argumentation noch ein wesentliches Stück weiter. Es kann nämlich gezeigt werden, daß die jeweiligen Handlungen aus der Klasse von Handlungen, die andere Menschen nicht berühren, sogar noch die Gesamtsumme des aggregierten Glückes der Menschheit vergrößern. Am deutlichsten hat er diese These in seinen beiden Essays über Auguste Comte formuliert, dem er einen gefährlichen Einheitswahn vorwirft. Die rhetorische Frage gegen das Ideal der Ausrichtung der ganzen Menschheit auf ein Ziel lautet: „Ist es nicht so, daß die Menschheit, die ja immerhin aus einzelnen Menschen besteht, ein höheres Maß an Glück erreicht, wenn jeder unter der Berücksichtigung der für das Wohl der anderen nötigen Regeln, sein eigenes Glück verfolgt, als wenn er das Glück der anderen zu seinem einzigen Zweck macht und sich selbst keine persönlichen Freuden mehr erlaubt, die über die reine Selbsterhaltung hinausgehen?“[27]

Gegen jede radikale Forderung eines individuellen Glücksverzichtes wendet Mill das Argument, eine solche Forderung sei in keinem Fall universalisierbar. Die Individuen müssen zwar nach den Vorschriften der utilitaristischen Morallehre ihr eigenes Glück unter bestimmten Umständen dem Glück der anderen Menschen opfern, dies darf aber keine uneingeschränkte Forderung werden. Wenn nämlich alle ihr Glück für die Gemeinschaft opfern, dann bleibt kein Glück mehr übrig um dessen Willen sich solch ein Opfer noch lohnen würde.[28]

Wir haben damit die Argumentationsebene rekonstruiert, auf der Mill zu zeigen versucht, daß individuelle Freiheit nur aus Gründen der Schadensabwendung für andere Individuen beschränkt werden darf, da sich ansonsten das aggregierte Glück der Gemeinschaft nicht vergrößert, sondern verringert. Ein Denken, daß sich am größtmöglichen Glück der größtmöglichen Zahl orientiert, kann also seiner Meinung nach zeigen, daß unter der Voraussetzung einer ausgrenzbaren Privatsphäre keine guten Gründe für die Beschränkung der Freiheit beigebracht werden können und daß zugleich aus der Perspektive des gesamtgesellschaftlichen Glückskalküls die Praxis individueller Freiheit zum Gesamt-

---

[26] Über Freiheit, S. 17.

[27] J. S. Mill, Auguste Comte and Positivsm, in: Essays on Ethics, Religion and Society, Collected Works of John Stuart Mill, Bd. 10, Toronto 1969, S. 337. Übers. W. H.

[28] Vgl. ebd., S. 338.

glück dadurch beiträgt, daß die Individuen ihr individuelles Glück in Freiheit suchen.

Zu 3. Der gesellschaftliche Nutzen der Freiheit

Die dritte Argumentationslinie überbietet nun diese auf dem aggregierten Glück der vergesellschafteten Individuen beruhende Argumentation um die langfristige evolutionäre Perspektive. Sie behauptet, daß die individuelle Freiheit und ihre Praxis der Gesellschaft nicht nur durch die Vergrößerung des Glücks der freien Individuen nutzt, sondern daß dabei noch ein intersubjektiver Überschuß herausspringt: die Entwicklung der Gesamtgesellschaft. Nur eine Gesellschaft, die ihren Mitgliedern Freiheit gewährt, wahrt ihre Chance auf den Fortschritt all ihrer Einrichtungen, seien diese wissenschaftlicher, politischer oder moralischer Natur. Es kann prinzipiell keinen Fortschritt geben, wenn nicht an einer bestimmten Stelle der Entwicklung Individuen das Neue versuchen. Die andere Option bildet das Absinken der Kultur in einen statischen Zustand, in dem zwar allgemeinverbindliche und mit absoluter Geltung versehene Handlungsnormen und Weltbilder jeden Zweifel und jede Unsicherheit verhindern oder ersticken, in dem aber auch keine wirkliche Entwicklung möglich ist. Es liegt also im wohlverstandenen Interesse auch derjenigen, die einzelne Manifestationen individueller Freiheit nicht zu billigen vermögen, daß prinzipiell Freiheit gewährt wird. Diese Argumentation demonstriert Mill ausgiebig an der Gedanken- und Meinungsfreiheit und an der Freiheit der Lebensführung.

Aus utilitaristischen Gründen sollte eine unbeschränkte Gedanken- und Meinungsfreiheit herrschen, da sich deren Nutzen eindeutig erweisen läßt. Ihre positive Formulierung lautet: „Wenn die ganze Menschheit minus eines Menschen einer Meinung wäre und nur dieser Eine der entgegengesetzten Meinung, so wäre die Menschheit nicht mehr berechtigt, ihn zum Schweigen zu verurteilen, als er berechtigt wäre, die Menschheit zum Schweigen zu verurteilen, wenn er die Macht dazu hätte.“[29] Täte sie dies, so würde sie sich der Möglichkeit berauben, der Wahrheit ein Stück näher zu kommen. Wenn man nämlich die einfachsten Optionen zuläßt:

– die abweichende Meinung ist richtig,
– die abweichende Meinung ist falsch oder gar absurd,
– keine der Meinungen ist die ganze Wahrheit,

dann ergibt sich daraus, im ersten Fall die erwähnte Gefahr des Wahrheitsverlustes und die Beanspruchung eines Unfehlbarkeitsstandpunktes mit möglicherweise fatalen Folgen für die Praxis der Gesellschaft. Im zweiten Fall beraubt sich die von der Mehrheit geteilte wahre Überzeugung der Möglichkeit, durch

[29] Über Freiheit, S. 24.

die Widerlegung des Irrtums ihre Vitalität zu beweisen; sie fällt auf das Niveau eines bloßen Dogmas herab. Im dritten, weitaus häufigsten Fall, bietet die Zulassung der Meinungsfreiheit die einzig angemessene Form der Annäherung an die Wahrheit, da zumindest die Option wechselseitiger Überzeugung besteht, was den Diskurs zu einem offenen Lernprozeß machen kann.

Mill macht die Rückbindung der Meinungsfreiheit an die Nützlichkeit dadurch besonders stark, daß er nicht nur behauptet, „Wahrheit sei ein Teil der Nützlichkeit", sondern auch nachdrücklich auf das zentrale Problem der Entscheidungsfindung unter kontingenten Bedingungen (d.h. mangelhaftes Wissen und Unsicherheit) bezieht: „Völlige Freiheit des Widerspruches und der Widerlegung unserer Meinung ist die Grundvoraussetzung dafür, daß wir das Recht haben, ihre Wahrheit zu Zwecken des Handelns anzunehmen; und unter keinen anderen Bedingungen kann ein Wesen mit menschlichen Fähigkeiten irgendeine rationale Sicherheit besitzen, Recht zu haben."[30] Nur über die absolute Diskussionsfreiheit kann es den Menschen gelingen, ihre Erfahrungen im Lichte der individuellen Vernunft so zu interpretieren, daß dabei ihre weitere Vervollkommnung möglich wird. Ähnliches gilt für die Freiheit der Lebensführung, die Mill für besonders gefährdet hält.

Die Freiheit der Lebensführung wird mit ähnlichen Argumenten wie die Meinungsfreiheit begründet, sie wird jedoch im Vergleich mit dieser von Mill deutlich enger gefaßt, da nach den uns bereits bekannten grundlegenden Argumenten hier die Möglichkeit, daß andere vom Handeln des Individuums berührt werden, deutlich größer ist.[31] Auch die Spontaneität und Originalität des Individuums werden unter Berufung auf Wilhelm v. Humboldt an die zwei erwähnten Glücksdimensionen rückgebunden:

> „Wie es nützlich ist, daß es, solange die Menschheit unvollkommen ist, verschiedene Meinungen gibt, so auch, daß es verschiedene Lebensexperimente gibt; daß den verschiedenen Arten von Charakter freier Spielraum gewährt werden sollte, von der Schädigung anderer abgesehen; und daß der Wert verschiedener Lebensweisen praktisch erprobt werden sollte, wenn irgend jemand sich für geeignet hält, sie zu versuchen. […] Wo nicht des Menschen eigener Charakter, sondern die Tradition oder Gewohnheiten anderer Leute die Verhaltensregel sind, da fehlt einer der Hauptbestandteile des menschlichen Glücks und durchaus der wichtigste Faktor des individuellen und sozialen Fortschritts."[32]

---

30 Ebd., S. 27.

31 „Niemand behauptet, daß Handlungen so frei sein sollten wie Meinungen. Im Gegenteil, sogar Meinungen verlieren ihre Immunität, wenn die Umstände unter denen sie geäußert werden, solche sind, daß ihre Äußerung zu einer direkten Anstiftung zu einer Übeltat wird." Über Freiheit, S. 68.

32 Über Freiheit, S. 69.

Wer nämlich seinen Lebensplan von anderen vorgeschrieben bekommt, der sinkt vom Niveau des menschlichen Individuums auf das von nachahmenden Affen herab. Der Mensch ist keine Maschine, die nach einem vorliegenden Plan zusammengebastelt werden kann und dann auch noch funktioniert. Er muß vielmehr als Baum begriffen werden, der verlangt zu wachsen und sich nach allen Seiten zum Licht zu entfalten. Erst das macht ihn zum lebendigen Wesen.[33]

Nun gibt es also zwar keine vernünftigen Gründe, die individuelle Lebenspraxis der Menschen zu beschneiden, jedoch sieht Mill gerade hier die größten Gefahren von der gesellschaftlichen Entwicklung her drohen. Die modernen Gesellschaften tendieren zum Sieg der Durchschnittlichkeit, der uns dahin führen kann, daß immer mehr Menschen nach immer weniger Mustern leben. Diese negative Selektion kann unter der Hand die gesellschaftliche Entwicklung stillstellen, da sie nur noch das Belanglose zuläßt:

> „Ein Mensch kann, ohne getadelt zu werden, das Rudern oder das Rauchen oder die Musik oder athletische Übungen oder Schach oder Kartenspiele oder das Studium lieben oder nicht lieben, weil sowohl die, die all diese Dinge lieben, wie die, die sie nicht lieben, zu zahlreich sind, um unterdrückt zu werden. Der Mann aber und noch mehr die Frau, die angeklagt werden können, entweder das zu tun, ‚was niemand tut' oder nicht zu tun, ‚was jedermann tut', sind der Gegenstand so herabsetzender Bemerkungen, als hätte er oder sie ein schweres moralisches Verbrechen begangen."[34]

Nach Mills Meinung ist der Krieg gegen die Individualität bereits erklärt worden.[35] Besonders betroffen sind geniale Menschen, da sie ein besonders hohes Maß an Individualität leben[36] und da die allgemeine Tendenz dahin geht, alles Hohe zu erniedrigen und alles Niedrige zu erhöhen.[37]

Die Gefahren, die hier liegen, können kaum überschätzt werden. Es sind Gefahren, die die Entwicklungsfähigkeit der Gesellschaft betreffen, da die sich radikalisierenden Tendenzen demokratischer Gesellschaften eine Konstellation hervortreiben können, in der sich die Gesellschaft von den einzigen Quellen der Innovation, den herausragenden Individuen selbst abschneidet.[38] Was dann noch bleibt, ist entweder Stillstand oder die Innovation der Herde, die beispielsweise daran ablesbar ist, daß wir zwar keine mittelalterliche Kleiderordnung mehr haben, daß dafür aber die periodisch wechselnden Moden dazu führen, daß eine

---

33 Vgl. ebd., S. 72.
34 Ebd., S. 83.
35 Vgl. ebd., S. 86.
36 Vgl. ebd., S. 79.
37 Vgl. ebd., S. 88.
38 Vgl. ebd., S. 85.

fast noch größere Uniformität herrscht. Man trägt etwas anderes, aber nur wenn es alle tun.

Diese Bemerkungen Mills speisen sich nicht nur aus literarischen Quellen von Humboldt bis Tocqueville und den eigenen lebensgeschichtlichen Erfahrungen, sie haben eine wesentliche Quelle in seinem qualitativen Utilitarismus, der keinesfalls alle Glücksbestrebungen von Menschen als gleichwertig ansehen will. Wenn moralphilosophisch gelten soll, daß höhere Freuden einen moralisch höheren Wert in der Gesamtkalkulation des Glückes haben, dann muß das auch gesellschaftliche Auswirkungen haben. Seine Verteidigung der Freiheit ist eben auch die Verteidigung der Lebensform des Intellektuellen, der nicht bloß die Tolerierung seiner Position erwartet, sondern so fest von deren Überlegenheit überzeugt ist, daß er ihre Übernahme durch die weniger gebildeten Menschen, zumindest in der langfristigen Perspektive, erwartet und verlangt. Kaum reflektiert wird dabei ein mögliches Recht derjenigen, die nicht den Maßstäben des genialen Autors entsprechen, auch ihre Vorstellungen von individuellem Glück und von Freiheit zu leben. Mit anderen Worten: ein Recht auf freie Mittelmäßigkeit kann es mit Mill nicht geben.

3. Die Ordnung der Freiheit: Repräsentation

Mills Liberalismus gilt zu Recht als untrennbar mit seiner Theorie der repräsentativen Regierung verbunden. Repräsentative Regierungen sind sozusagen die positive Ordnung der Freiheit und bereits in seinen früheren Schriften zur Repräsentationsproblematik identifiziert er die Notwendigkeit der Regierung mit ihrer repräsentativen Gestalt. „Wie nämlich die Menschen im gesellschaftlichen Zustand der Regierung bedürfen, damit der Stärkere nicht seinen Nachbarn unterdrückt, so bedürfen die Menschen im Regierungszustand einer demokratischen Repräsentation, da ohne diese diejenigen, die die Regierungsmacht haben, den Rest der Bevölkerung unterdrücken werden.“[39]

Er begreift demokratische Repräsentation, ganz im Sinn der „Philosophical Radicals“ als einen idealen Schutzmechanismus gegen eine vom Gemeinwohl abweichende Politik der Regierung. Daraus ergibt sich zwangsläufig die Forderung nach einer möglichst weiten Fassung des Wahlrechtes. Mill möchte das Wahlrecht auf die ganze erwachsene Bevölkerung ausweiten, mit den einzigen Wahlqualifikationen, daß die Wähler Steuern zahlen und nachweisen müssen, daß sie lesen und schreiben können. Das Argument hierfür hat nichts an seiner Stichhaltigkeit verloren: „Wer keine Stimme bei der Bestellung der Regierung

---

[39] J. S. Mill, Rationale of Representation (1835), in: Collected Works of John Stuart Mill, Bd. 18, S. 18 f. Übers. W. H.

hat, der muß erwarten, daß seine Interessen den Interessen derjenigen nachgeordnet werden, die Einfluß auf die Zusammensetzung der Regierung haben. Er ist eigentlich kein Staatsbürger."[40] Das gilt insbesondere für Frauen, die nur über das aktive und passive Wahlrecht in die Lage versetzt werden können, ihre Individualität auch politisch zu artikulieren.

Das Stimmrecht bindet, im Sinne von Benthams „duty and interest juncture principle", die Pflicht der Repräsentanten, das Interesse ihrer Wähler zu berücksichtigen, gleichrangig an deren Interesse, an der Macht zu bleiben. Es ist ein zentraler Mechanismus gegen die Verselbständigung von Herrschaft, die ungebunden notwendig die Freiheit der Beherrschten zerstören muß. Daher muß jede Regierung als unvollkommen gelten, in der nicht all die, die den Gesetzen gehorchen müssen, auch an der Bestellung derjenigen einen Anteil haben, die sie erlassen und ausführen.[41] Was dabei gemeint ist, läßt sich an Mills Fabel von der Repräsentation verdeutlichen: „Eines Tages ereignete sich ein Aufstand unter den wilden Tieren. Die kleinen Tiere hatten es im wahrsten Sinn des Wortes satt, von den großen gefressen zu werden. Die Masse bestehend aus Schweinen, Ziegen und Schafen war der Herrschaft der angeblich klügeren und tugendhafteren Großen müde geworden. Sie verlangten, von fairen Gesetzen regiert zu werden und um das sicherzustellen, den Schutz einer repräsentativen Regierung. Der Löwe, der sich starkem Druck ausgesetzt sah, versammelte die Aristokratie des Waldes um sich und sie versprachen zusammen demjenigen eine große Belohnung, dem eine Lösung ihres so drängenden Problems einfallen würde. Der Fuchs bot eine Lösung an und sprach, nachdem sein Angebot angenommen war, folgendermaßen zu der versammelten Menge: ‚Ihr verlangt eine repräsentative Regierung: nichts ist vernünftiger – die absolute Monarchie ist mir ein Graus. Aber ihr müßt auch eurerseits gerecht bleiben. Es sollte nicht die Zahl der Bürger repräsentiert werden, sondern deren Interessen. Das Tigerinteresse, das Wolfsinteresse und all die anderen großen Interessen des Reiches sollten zusammen mit den Interessen der großen Menge repräsentiert werden. Wollt ihr denn, nur weil ihr die Mehrheit seid, daß nur euere Interessen repräsentiert werden und die der anderen Gruppen der Gesellschaft ausgeschlossen werden? Mein königlicher Herr lehnt die Anarchie ab, aber er ist kein Feind einer vernünftigen und gut geordneten Freiheit. Wenn ihr euch also wieder unterwerft, dann bietet er euch seine gnädige Verzeihung und die Repräsentation der Gruppen an.' Das Volk war zufrieden, etwas bekommen zu haben, was den Namen Repräsentation trug, ging auseinander und es wurden Wahlen aus-

---

[40] J. S. Mill, Thoughts on Parliamentary Reform (1859), in: Collected Works of John Stuart Mill, Bd. 18, S. 322. Übers. W. H. Vgl. auch Betrachtungen über die repräsentative Regierung, hg. v. K. L. Shell, Paderborn 1971, S. 146.

[41] Vgl. Thoughts, S. 323.

geschrieben. Die Tiger wählten 6 Tiger, die Panther 6 Panther, die Krokodile 6 Krokodile und die Wölfe 6 Wölfe. Die restlichen Tiere, denen man 6 Repräsentanten zugestanden hatte wählten einmütig 6 Hunde. Das Parlament wurde mit einer Thronrede des Löwen eröffnet, die Einigkeit forderte. Danach legte der Schakal, der damals Finanzminister war, den königlichen Haushalt vor und beantragte nach einer Lobrede über die königlichen Tugenden die Bewilligung von einer Million Schafe für die Unterstützung dieser Tugenden. Der Antrag wurde mit Nachdruck vom Kabinett unterstützt. Der Tiger, der zu dieser Zeit in Opposition war, hielt eine eloquente Gegenrede. Er sprach lang und mit Nachdruck über die Notwendigkeit des Sparens und prangerte die Verschwendungssucht der Minister an. Dann beantragte er, daß seine Majestät mit einer halben Million Schafen zufrieden sein sollte. Die Hunde erklärten, daß sie durchaus einsahen, daß ihre Majestät essen müsse und gestanden so viele Schafe zu, wie es dem Herrn beliebte. Sie verwahrten sich aber mit aller Macht dagegen, daß einer ihrer Wähler lebendig verspeist werden könnte. Diese scharfe Zurückweisung wurde mit Geheul beantwortet. Der erste Impuls der Aristokratie wollte diese zum direkten Angriff mit Zähnen und Klauen auf die Repräsentanten des Volkes treiben. Nachdem aber der Löwe auf die Unehrenhaftigkeit eines solchen Tuns verwiesen hatte und der Fuchs darauf, daß es zu neuen Unruhen führen könnte, gaben sie sich damit zufrieden, die Demagogen niederzustimmen. Das Ergebnis kann vermutet werden. Der Löwe erhielt seine Million Schafe, der Fuchs seine Pension von tausend Gänsen jährlich und die Panther, Wölfe sowie die anderen Mitglieder der Aristokratie bekamen so viele Lämmer und Kälber auf die stille Art, wie sie eben verschlingen konnten. Sogar die Hunde, die Widerstand nutzlos fanden, sicherten sich einen Teil der Beute. Als man das letzte Mal von ihnen hörte, nagten sie die Knochen ab, die ihnen der Löwe von seinem königlichen Tisch aus zugeworfen hatte."[42]

Allerdings glaubt Mill nicht, daß eine Demokratisierung der Repräsentation in der Form der Stimmrechtsausweitung allein hinreicht, um eine gute Regierung zu sichern. Es ist eine hohle Phrase, wenn von der Selbstregierung des Volkes in der Demokratie gesprochen wird. „Das ‚Volk', das die Regierung ausübt, ist nicht immer dasselbe Volk, über das sie ausgeübt wird; und die ‚Selbstregierung' von der man spricht, ist nicht die Regierung eines jeden durch sich selbst, sondern die eines jeden durch alle anderen."[43]

Das bedeutet aber, daß das, was gerade den Vorteil der Repräsentation ausmachen sollte, nämlich ein hohes Maß an politischer Partizipation mit einem

[42] Rede von John Stuart Mill in der London Debating Society vom 19.5.1826, abgedruckt in: Rationale of Representation FN S. 44 f. Übers. W. H.

[43] Über Freiheit, S. 10.

Höchstmaß an sachlich-politischer Kompetenz zu verbinden,[44] im Verlauf der Demokratisierung verloren gehen könnte. Das geschieht in dem Moment, in dem Repräsentation sich zur bloßen Delegation verwandelt,[45] also wenn die demokratische Mehrheit begreift, was für eine Macht in ihren Händen liegt und wenn gleichzeitig die Repräsentanten sich bedingungslos der Mehrheitsmeinung ausliefern. Dann setzt sich eine amorphe öffentliche Meinung direkt in Politik um, eine Politik nach dem unkorrigierten Willen der Mehrheit, einem Willen, der keinesfalls immer das Gemeinwohl im Auge haben muß. Diese Gefahr droht, so Mill, insbesondere unter den Bedingungen des Mehrheitswahlrechtes, das tendenziell die Repräsentation der Minderheit verhindert.[46] Einer Minderheit, die er übrigens insbesondere in den Gebildeten ausmacht.[47]

Welche Mechanismen können nun diese Entwicklung verhindern? Mill nennt zunächst den deliberativen Charakter des Parlamentes selbst. Es ist gleichsam der politisch institutionalisierte Diskurs als Folge der Meinungsfreiheit. So lange es ‚Kongreß der Volksmeinungen' [bleibt], ein Forum, auf dem nicht nur die vorherrschende Meinung des Volkes, sondern auch einzelner Gruppierungen und, soweit möglich, die Meinung jeder bedeutenden Persönlichkeit aus seiner Mitte auftreten und die Diskussion herausfordern kann"[48], so lange ist die zentrale Funktion pluraler Repräsentation – die Funktion des Widerspruches[49] – erhalten. Das Parlament ist institutionalisierte Freiheit.

Dieser deliberative Charakter des Parlamentes sollte, so Mill, nach unten radikalisiert werden. Da die Ausübung des Wahlrechtes dem Wähler Macht über andere gibt, sollte diese Macht, die seine Stellung mit der des gewählten Repräsentanten vergleichbar macht, auch öffentlich ausgeübt werden. Mill tritt für die öffentliche Stimmabgabe und gegen die geheime Wahl ein, da dadurch über die Struktur des Verfahrens die Öffentlichkeit der Entscheidung und mithin ihre Rechtfertigung gegenüber den legitimen Interessen der anderen Mitbürger erzwungen werden kann.[50] Damit Minderheiten angemessen repräsentiert werden, möchte er das proportionale Wahlrecht mit landesweiten Listen durchsetzen und tritt für ein Pluralwahlrecht für überdurchschnittlich Gebildete ein.

Last not least aber kann die Freiheit auf Dauer nur dadurch gesichert werden, daß sich die Menschen zu einem moralischen Zustand weiterentwickeln, in dem sie ihre egoistischen und dem Glück der anderen entgegenstehenden Bestrebun-

---

44 Vgl. Rationale, S. 23.
45 Vgl. Betrachtungen über die Repräsentative Regierung, S. 190.
46 Vgl. ebd., S. 121.
47 Vgl. ebd., S. 131.
48 Ebd., S. 101.
49 Vgl. W. Hofmann, Repräsentative Diskurse, Baden-Baden 1995, S. 289 ff.
50 Vgl. Betrachtungen über die repräsentative Regierung, S. 172 ff.

gen zu Gunsten einer Orientierung am Glück der anderen unterordnen, ja dahin kommen, daß ihnen das Glück anderer zur Quelle des eigenen wird. Die letzte Instanz, die die harmonische Koexistenz der Individuen sicherstellen kann, ist die sich evolutionär eher ausbildende allgemeine Sympathie mit den Mitmenschen. Erst sie wird die Praxis der individuellen Freiheit zu einer der humanen Solidarität werden lassen:

„In dem vergleichsweise frühen Stadium menschlichen Fortschritts, in dem wir uns jetzt befinden, vermag in der Tat kaum jemand jenes umfassende Gefühl der Einheit mit allen anderen zu empfinden, das jeden ernsthaften Konflikt in den Grundzügen der Lebensführung ausschließen würde; doch bereits derjenige, in dem das Gemeinschaftsgefühl überhaupt nur entwickelt ist, kann sich nicht dazu verstehen, seine Mitmenschen als Rivalen zu betrachten, die mit ihm um die zum Glück erforderlichen Mittel im Kampf liegen und denen er wünschen muß, daß sie bei der Verfolgung ihrer Ziele scheitern, damit er seine Ziele erreicht. Das tiefwurzelnde Selbstverständnis, demgemäß sich jedes Individuum schon jetzt als gesellschaftliches Wesen sieht, wird es ihm als eines seiner natürlichen Bedürfnisse erscheinen lassen, die eigene Gesinnungen und Ziele mit denen der Mitmenschen in Einklang zu wissen. Mögen Verschiedenheit der Meinungen und der geistigen Bildung es ihm auch unmöglich machen, viele ihrer Gesinnungen zu teilen [...], so möchte es sich doch sagen können, daß seine Ziele mit den ihrigen übereinstimmen, daß es sich dem nicht widersetzt, was sie eigentlich wollen, nämlich ihrem eigen Wohl, sondern es im Gegenteil befördert. [...] Diese Überzeugung ist die fundamentale Sanktion der Moral des größten Glücks (sympathetic sanction).“[51]

[51] Utilitarismus, S. 58 f.

Wilhelm von Humboldt (1767–1835)

Günther Kronenbitter

Präsent ist Wilhelm von Humboldt bis in unsere Tage hinein vor allem mit seinen Reflexionen über Auftrag und Aufbau der Universität, sind doch die Hochschulen mindestens seit Jahrzehnten in der Krise, und wer würde sich besser als bildungspolitischer Reibebaum anbieten, als der Programmatiker der Reformuniversität des 19. Jahrhunderts? Von diesem spezifischen Gebrauch abgesehen, sind die Schriften Wilhelm von Humboldts in den Debatten der kulturell und politisch Interessierten kaum präsent. Dazu hat zweifellos der Umstand beigetragen, daß er im Unterschied zu seinem Bruder Alexander, dessen Leben und dessen schriftstellerisches Werk ganz im Zeichen der großen Lateinamerikareise steht, schwer auf ein Themenfeld oder auf einen Wirkungsbereich festgelegt werden kann. Zu vielseitig in seinen Talenten, zu schwankend in seinen Interessenschwerpunkten war Wilhelm von Humboldt, um klar und unzweideutig der Politik oder der Gelehrsamkeit, *einer* bestimmten Wissenschaft oder gar *einer* politischen Strömung zugeschlagen zu werden. Ihn mit Haut und Haar dem deutschen Frühliberalismus einverleiben zu wollen wäre unsinnig, und so soll die Bestimmung von Humboldts Verbindung zum liberalen politischen Denken mit dem Blick auf den Lebensweg und die facettenreiche Entwicklung seiner Interessen beginnen.[1]

1767 wurde Wilhelm von Humboldt in Potsdam geboren. Sein Vater Alexander Georg von Humboldt (1720–1779) stammte aus einer Offiziers- und

---

1 Zum folgenden vgl.: R. Haym, Wilhelm von Humboldt. Lebensbild und Charakteristik, Berlin 1856 u.ö.; B. Gebhardt, Wilhelm von Humboldt als Staatsmann, 2 Bände, Stuttgart 1896/99; S. A. Kaehler, Wilhelm von Humboldt und der Staat. Ein Beitrag zur Geschichte deutscher Lebensgestaltung um 1800, München 1927 u.ö.; E. Kessel, Wilhelm v. Humboldt. Idee und Wirklichkeit, Stuttgart 1967; P. Berglar, Wilhelm von Humboldt, Reinbek bei Hamburg 1970 u.ö.; H. Scurla, Wilhelm von Humboldt, Werden und Wirken, Berlin 1970 u.ö.; P. R. Sweet, Wilhelm von Humboldt. A Biography, 2 Bände, Columbus, Ohio 1978–80; T. Borsche, Wilhelm von Humboldt, München 1990.

Beamtenfamilie, die erst seit 1738 mit einem gesicherten Adelstitel aufwarten konnte. Ursprünglich Offizier, schied Alexander Georg nach einer Verletzung aus dem Militärdienst aus und fand in Hofkreisen neue Aufgaben sowie nicht zuletzt auch das rechte Umfeld, um seine Begabung für das gesellige Leben zu entfalten. Wilhelms Mutter Maria Elisabeth, geborene Colomb (1741–1796), kam aus einer französischen Refugié-Familie, die es durch Manufakturbesitz zu neuem Wohlstand gebracht hatte. In erster Ehe mit Rittmeister von Holwede verheiratet, verfügte sie bei ihrer Hochzeit mit Alexander Georg über ein beträchtliches Vermögen, das später zur materiellen Basis für die von ökonomischen Zwängen wenig belastete Lebensgestaltung Wilhelms wurde. Von besonderer Bedeutung wurde für Wilhelm das Schloß Tegel bei Berlin, das die Mutter in die Familie Humboldt einbrachte. Staatsdienst und Gewerbe, Neuadel und Hugenottentum hatten also in der Familientradition ihren Platz. Für die nicht dem alten Adel zuzurechnenden Eliten Preußens waren dies recht typische Ingredienzien. Besitz und Beziehungen boten Wilhelm wie seinem zwei Jahre später geborenen Bruder Alexander (1769–1859) ein gutes Fundament, um am eigenen Ruhm zu bauen.

Ein drittes, wichtiges Startkapital, das die Brüder ihrem Elternhaus zu danken hatten, war Bildung. Wilhelm und Alexander erhielten privaten Unterricht, wie das dem Lebenszuschnitt der Familie entsprach. Zu den Hauslehrern zählte u.a. auch Johann Heinrich Campe, der später vor allem als Pädagoge berühmt wurde. Mehr als zehn Jahre lang fungierte für beide Brüder Gottlieb Kunth als Erzieher, der nach dem Tod des Vaters 1779 zur prägenden Figur in der Jugend Wilhelms wurde. Ab 1785 begann die systematische Vorbereitung zum Studium, u.a. durch den Geheimrat Christian Wilhelm von Dohm über Nationalökonomie und Statistik, den Kammergerichtsrat Ernst Ferdinand Klein über Naturrecht und den Popularphilosophen Johann Jakob Engel über Philosophie. Schon früh geriet Wilhelm so in Kontakt mit wichtigen Vertretern der Berliner Spätaufklärung, die im Kreis um Moses Mendelssohn und die „Berlinische Monatsschrift" ihre prominentesten Repräsentanten gefunden hatte. Abgerundet wurde dieser persönliche Kontakt mit den Größen des kulturellen Lebens dadurch, daß Kunth ihn und Alexander 1785/86 in den Salon der Henriette Herz einführte. Hier traf Wilhelm u.a. auf den schwedischen Diplomaten Karl Gustav Brinkmann, die Grafen Dohna-Schlobitten mit ihrem Hauslehrer Friedrich Schleiermacher, auf Dorothea Veit, die Tochter Mendelssohns und spätere Frau Friedrich Schlegels sowie Franz Leuchsenring. Die Salons, die Henriette Herz und Rahel Levin in Berlin führten, waren Sammelpunkte intellektuellen Lebens und im ständisch geprägten sozialen Umfeld Preußens gleichsam exterritorial. Spielerisch ließen sich hier Gegenentwürfe zur bestehenden Gesellschaft erproben, etwa im „Tugendbund", dem u.a. auch Wilhelm von Humboldt angehörte.

Wilhelm von Humboldt (1767–1835)

Ernst, um nicht zu sagen trist, waren die Verhältnisse an der Viadrina in Frankfurt an der Oder, an der die beiden Humboldts unter der Anleitung ihres Erziehers 1787 das Studium begannen. „Wenn Sie jemand wissen, der gern Doktor werden will und nichts gelernt hat, schicken Sie ihn nur her", ließ Wilhelm einen Jugendfreund wissen.[2] Nach nur einem Semester des Jurastudiums verließ er Frankfurt, trennte sich von Kunth und – zeitweilig – von seinem Bruder. Mit der Georgia-Augusta in Göttingen bezog Humboldt nun eine noch sehr junge, aber überaus angesehene Universität. Er ließ sich bei der Auswahl der Vorlesungen ganz von seinen Interessen leiten und hörte u.a. Physik bei Georg Christoph Lichtenberg, Universalgeschichte bei August Ludwig Schlözer und alte Sprachen und Literatur bei Christian Gottlob Heyne. Damit gewann er Einblick in eine andere Wissenskultur als die der Berliner Spätaufklärung, in der er herangewachsen war. Eine besondere Passion entwickelte Humboldt für die Altphilologie, die für seine späteren Forschungen von großer Bedeutung werden sollte. Eine Reise an Rhein und Main diente nicht zuletzt der Pflege bzw. dem Knüpfen von Kontakten, insbesondere mit dem Ehepaar Therese und Georg Forster sowie mit Friedrich Heinrich Jacobi. 1789 beendete Humboldt sein Jurastudium ohne Abschluß, was damals nicht ins Gewicht fiel, und unternahm im Sommer desselben Jahres eine ausgedehnte Reise ins revolutionäre Paris. Anders als sein Reisebegleiter und früherer Lehrer Campe, dessen „Briefe aus Paris" die deutsche Öffentlichkeit eingehend und euphorisch über das Geschehen in Frankreich informierten, war Humboldt von der Revolution nicht nachhaltig beeindruckt.

Das mochte damit zu tun gehabt haben, daß er zu dieser Zeit bereits ganz im Bann seiner Beziehung zu Caroline von Dacheröden (1766–1829) stand. Im Sommer 1788 hatte Wilhelm Caroline, ein korrespondierendes Mitglied des „Tugendbunds", auf dem Besitz ihres Vaters Burg-Örner bei Mansfeld besucht, und schon Ende des folgenden Jahres verlobten sich die beiden. Sie war das einzige Kind eines früh verwitweten hohen Beamten, das von Rudolf Zacharias Becker als Hofmeister unterrichtet und von Koadjutor Karl Theodor von Dalberg, dem späteren Großherzog von Frankfurt und Primas des Rheinbundes, gefördert worden war. Für die Verhältnisse der Zeit durchaus ungewöhnlich, war bewußt für einen hohen Bildungsstandard gesorgt worden. Was ihr in den Augen von Humboldt einzig noch fehlte, waren Griechischkenntnisse. Im April 1790 bat er seine Verlobte, das Versäumte nachzuholen, und er verband diesen Wunsch mit einer offenen, wohl auch stilisierten Schilderung der Verbindung, die Antikenverehrung und emotionale Not in seiner Jugend eingegangen waren: „Denn nicht wahr, Du lernst Griechisch? [...] Ich hatte eine so traurige frühe Jugend. Die Menschen quälten mich; ich hatte keinen, der mir etwas war, oder

2 Zitiert nach Berglar, Humboldt, S. 26.

wenn ich mir auch manchmal einen so idealisierte – so konnt' ich mit ihm nicht umgehen. Das gab mir so eine eigentliche Liebe zu Büchern, und in das trokkenste Studieren mischte sich so eine Empfindung, so eine Anhänglichkeit, die aus Bitterkeit gegen die Menschen entsprang und oft nicht ohne Tränen war. Das empfand ich beim Griechischen am meisten, weil man immer schalt, daß ich zu viel Zeit darauf verwendete, und ich wirklich viel darum litt."[3]

Gut ein Jahr später, im Mai 1791, kam Humboldt in einem weiteren Brief an seine Braut auf dieses Thema zurück: „Ich las damals viel griechische Geschichte. Die Bilder der Vorzeit standen groß vor mir da, ich sehnte mich, jenen Männern nachzuringen. Ich mied meine Gespielen und jede Gesellschaft, ich fühlte mir den Busen so weit von meinen Entschlüssen, Entwürfen, und das Leben der andern mißfiel mir."[4] Erst später, so sah es Humboldt, habe er aus dieser Misanthropie herausgefunden. In seiner Freude über eine neue, bessere Lebensperspektive entwickelte Wilhelm an, mit und für Caroline eine Sinndeutung ihrer Beziehung, die die zeittypische Überhöhung der Liebe aufgriff und zum Drehpunkt von Humboldts Betrachtung von Mensch und Gesellschaft erhob.[5] „Neue, noch von keinem Menschen vielleicht gepflückte Blüten muß unsre Liebe uns darreichen, sie muß Kräfte wecken, deren Möglichkeit wir jetzt auch in den höchsten Momenten nur zweifelnd ahnden. [...] Mit dieser Liebe, in dieser Freiheit muß sich die Seele auch ohne Fesseln emporheben, muß sie die ganze, ungeschwächte Stärke erhalten, die tausend hemmende Fesseln ihr raubten. [...] Nur der Mensch ist es eigentlich, auf den sich alles Wissens schrankenloser Kreis zurückzieht. Er ist des Menschen ewiges, nur bald mittelbares, bald unmittelbares Studium. Aber meist vermögen wir ihn nur zu erkennen an kalten, toten, unfruchtbaren Zeichen, meist wird uns nur die Summe seiner Wirkungen, nicht sein inneres, lebendiges, ewig reges Wirken offenbar. Daher kommt es, daß wir so viel Wert, ich möchte sagen, so einzigen auf die Resultate der Dinge legen, daß wir die Kraft vernachlässigen, wie sie an sich ist und wirkt. Und das ist nicht Fehler einer schiefen Richtung des Geistes, einer falschen Bildung, es geschieht, weil, um der Seele unmittelbares Dasein zu sehen, die Seele die Seele ergreifen, erwärmen, mit sich vereinen muß."[6]

Nach einer kurzen Referendarszeit am Kammergericht Berlin schied Humboldt 1791 als Legationsrat aus dem Staatsdienst aus, heiratete und verbrachte

---

3 Die Brautbriefe Wilhelms und Karolinens von Humboldt. Hg. v. A. Leitzmann, Leipzig o. J., S. 121 f.

4 Ebd., S. 433.

5 Die Widersprüche in Humboldts Liebesleben zwischen Text und Praxis stellt Berglar, Humboldt, S. 32–41 und 140–142 heraus, allerdings im Duktus einer Empörung, die nicht mehr recht nachvollziehbar ist.

6 Brautbriefe, S. 418 f.

die Jahre 1792/93, abgesehen von einigen kleineren Reisen, auf den thüringischen Gütern des Schwiegervaters, zumeist auf Burg-Örner. Die Geburt der ältesten Tochter Caroline 1792 rundete das Familienglück ab. Den Anforderungen an sich selbst entsprechend, beließ es Humboldt nicht dabei, das Landleben zu genießen, sondern er versuchte, die ihm nun möglich scheinende umfassende Bildung und Entfaltung seelischer Kraft im Austausch mit anderen voranzutreiben. Erste Publikationen, Humboldts „Ideen über die Staatsverfassung, durch die neue französische Konstitution veranlaßt" in der „Berlinischen Monatsschrift" 1792, ursprünglich als Brief an seinen Freund Gentz verfaßt, der Teilabdruck der „Ideen zu einem Versuch, die Grenzen der Wirksamkeit des Staates zu bestimmen" in Friedrich Schillers „Thalia" und in der „Berlinischen Monatsschrift" waren Ansätze öffentlichen Auftretens. Wichtiger aber, und daran sollte sich auch später nichts ändern, waren für Humboldt persönliche Kontakte. Prägend wurde die Zusammenarbeit und die Vertrautheit mit Schiller, mit dem er über seine Frau in Beziehung stand, denn diese war eng befreundet mit den Schwestern von Lengefeld, mit Caroline von Beulwitz und mit Lotte, die Schillers Frau wurde. Nach der Übersiedlung nach Jena 1794 ergriff er die Gelegenheit zu intensivem Gedankenaustausch mit dem Dichter, der sich in jenen Jahren in den „Briefen über ästhetische Erziehung" und in dem Essay „Über naive und sentimentalische Dichtung" ausdrücklich auch theoretischen Fragen widmete. Es war Schiller, dem Humboldt 1792 eine Pindar-Übersetzung zusandte, und in Schillers „Horen" erschienen 1795 zwei Aufsätze aus Humboldts Feder.

Die schwere Erkrankung der Mutter machte schon im Sommer desselben Jahres der unbeschwerten Bildungsidylle ein Ende. Die Aufenthalte am Krankenbett in Tegel, dann, nach den Tod der Mutter, im Herbst 1796 Erbschaftsfragen machten ein ruhiges Weiterarbeiten an den in Jena begonnenen Studien unmöglich. Fragment blieb auch eine groß angelegte Literaturtheorie, von der 1799 unter dem Titel „Ästhetische Versuche. Erster Teil" nur eine Abhandlung „Über Göthe's Hermann und Dorothea" erschien. Diese Schrift, für lange Jahre Humboldts einzige Monographie, entstand nicht mehr in Jena, sondern in Paris. Elisabeth von Humboldt hatte ihren Söhnen ein beträchtliches Vermögen hinterlassen, das Alexander zur Vorbereitung, Durchführung und Veröffentlichung seiner großen Forschungsreise nach Lateinamerika nutzte. Wilhelm, weniger entschlossen, wollte erst nach Oberitalien, übersiedelte dann aber 1797 mit seiner inzwischen um die beiden Söhne Carl Wilhelm und Theodor erweiterten Familie nach Paris. Die Familie nahm er auch auf eine erste Spanienreise mit, die ihn zu Sprachforschungen anregte. 1801 fuhr Humboldt nochmals in den Süden, um im französischen und spanischen Baskenland linguistische Studien zu betreiben, die für die Entwicklung seiner Sprachtheorie wichtige Anstöße lieferten.[7] In die

[7] Zu Humboldts Sprachtheorie vgl. Borsche, Humboldt, S. 136–170.

Jahre seines Aufenthalts in Paris fällt Napoleons Griff nach der Macht, zuerst in Frankreich, dann auch schon in Europa; trotz oder wegen vielfältiger gesellschaftlicher Verbindungen erwies sich Humboldt, wie schon 1789, von der Tagespolitik wenig beeindruckt.

Um so überraschender, daß er sich, kaum nach Preußen zurückgekehrt, um einen diplomatischen Posten bemühte und von 1802 bis 1808 Preußen als Resident beim Päpstlichen Stuhl vertrat. Große Politik fand in dem kleinen Reststaat von Napoleons Gnaden kaum statt, und so ließen die Amtspflichten Zeit genug, um viele Kontakte, gerade auch zu deutschen Romreisenden, aufzubauen und zu pflegen sowie um Antiken- und Sprachstudien zu betreiben. Vom Tod seines ältesten Sohnes Carl Wilhelm nachhaltig erschüttert, hatte Humboldt bald darauf den Verlust seines Freundes Schiller zu beklagen; sein Sohn Gustav starb, keine zwei Jahre alt, 1807. Im folgenden Jahr beschloß Humboldt, sich von seinem Posten beurlauben zu lassen und nach Deutschland zu fahren, nicht zuletzt, um nach dem Familienbesitz zu sehen, den der Franzosenkrieg in Mitleidenschaft gezogen hatte. Noch kurz vor seinem Sturz betrieb Karl Freiherr vom Stein die Berufung Humboldts zum Leiter des preußischen Unterrichtswesens. Im Februar 1809 erhielt Humboldt seine Ernennung zum Geheimen Rat und Direktor der Sektion für Kultus und Unterricht im Ministerium des Innern. In die nur sechzehn Monate dauernde Zeit als Sektionschef fallen jene wichtigen Reformschritte, die den Nachruhm Humboldts begründen sollten. Er konnte auf Vorarbeiten und Anregungen – u.a. von Fichte und Schleiermacher – aufbauen, hatte wichtige Mithelfer und konnte sein Werk nicht abschließen, aber unter seiner Leitung wurde das Schulwesen im Sinne von Zentralisierung und von Niveausicherung durch das Abitur umgestaltet und mit der Stiftung der Berliner Universität das Modell einer Hochschule geschaffen, in der Forschung und Lehre eine Einheit bilden und Wissenschaft ohne Rücksicht auf externe Zwänge betrieben werden sollten.

Alle Erfolge trösteten Humboldt nicht darüber hinweg, daß ihm der Rang eines Ministers versagt geblieben war, und so reichte er schon Ende April 1810 sein Entlassungsgesuch ein. Immerhin erhielt er den Charakter eines Staatsministers und wurde im Juni zum preußischen Gesandten in Wien ernannt. Auf seinem neuen Posten arbeitete er an der diplomatischen Vorbereitung der Koalition, die 1813 Napoleons Truppen aus Mitteleuropa vertrieb. Hier und beim Wiener Kongreß 1814/15 war Humboldt ein wichtiger Helfer des Staatskanzlers Hardenberg, allerdings mit nur geringen Spielräumen für eigenständige politische Akzentsetzungen. Ein Themenfeld, in das er sich einarbeitete, war die Neugestaltung der politischen Ordnung Zentraleuropas. Schon im Dezember 1813 legte er eine „Denkschrift über die deutsche Verfassung“ vor. Durchaus mit Bezug zur politischen Machtverteilung betonte er darin wie dringlich es sei, Deutschland als Staatenverein – und zwar auf der Basis der Verständigung zwischen Preußen und Österreich – zu begründen. In einem Memoire „Ueber die Mediatisierten" vom Mai 1815 machte Humboldt klar, daß er eine Rückkehr zu den Herrschaftseinheiten des Alten Reichs ebensowenig wünschte wie einen Einheitsstaat. Er „fürchte nicht, der Undeutschheit und der Ungerechtigkeit beschuldigt zu werden, wenn ich, ursprünglich allerdings auf ungerechtem Wege entstandene, aber hernach wiederholt anerkannte Verhältnisse mit Gewalt und auf eine mir eigenmächtig scheinende Weise umzustossen abrathe."[8]

Manches von Humboldts Vorschlägen floß in die Grundordnung des 1815 ins Leben gerufenen Deutschen Bundes, die Bundesakte, ein. Die Ausgestaltung der politischen Wirklichkeit im Deutschen Bund, bei der sich Preußen, nach Humboldts Ansicht, von Metternich ins Schlepptau nehmen ließ, mißfiel ihm. Da zudem die Einlösung des vom preußischen König gegebenen Verfassungsversprechens auf sich warten ließ und Humboldt vehement für die Einrichtung von Landständen plädierte, geriet er immer stärker in Widerspruch zu der von Hardenberg vertretenen Politik. Des Staatskanzlers Bereitschaft, die Karlsbader Beschlüsse mitzutragen, spitzte den Konflikt zu. Humboldt, der in Paris und auf dem Kongreß von Aachen, in der Territorialkommission des Bundes, als Gesandter in London und für kurze Zeit sogar als Minister für Ständische Angelegenheiten mit wichtigen Spitzenfunktionen betraut worden war, wurde als einer der Wortführer der Kritik an Hardenberg gestürzt. Der erzwungene Rückzug aus der Politik führte in neue Freiräume, die Humboldt nutzte, um seinen wissenschaftlichen Neigungen, vor allem seinen Sprachforschungen, zu folgen. Davon zeugen u.a. die Reden, die er als Mitglied der Akademie der Wissenschaften zwischen 1820 und 1829 hielt. Als kulturpolitischer Experte wurde er schließlich wieder herangezogen und 1830 gar erneut in den Staatsrat berufen.

Dieser versöhnliche Ausklang einer preußischen Karriere mit Hindernissen wurde jedoch überschattet vom Tod seiner Frau 1829. Humboldt selbst begann an der Parkinsonschen Krankheit zu leiden. Einer Brieffreundin gegenüber erklärte er 1833, daß die Vergänglichkeit des Menschen der Probierstein höherer Ideale sei: „Der große Wert der Ideen wird vorzüglich an folgendem erkannt. Der Mensch läßt, wenn er von der Erde geht, alles zurück, was nicht ausschließlich und unabhängig von aller Erdenbeziehung seiner Seele angehört. Dies aber sind allein die Ideen, und dies ist auch ihr echtes Kennzeichen. Was kein Recht hätte, die Seele noch in den Augenblicken zu beschäftigen, wo sie die Notwendigkeit empfindet, allem Irdischen zu entsagen, kann nicht zu diesem Gebiet gezählt werden. Allein diesen Moment bereichert durch geläuterte Ideen zu erreichen, ist ein schönes, des Geistes und des Herzens würdiges

---

[8] Wilhelm von Humboldts Politische Denkschriften, hg. v. B. Gebhardt. 2. Band 1810–1813, Berlin 1903 [Gesammelte Schriften Band XI], S. 313.

Ziel."[9] 1835 starb Wilhelm von Humboldt in Tegel, wenige Tage, nachdem der Kronprinz und sein Bruder, der spätere Kaiser Wilhelm, ihn noch am Krankenbett besucht hatten.

Achtung und Interesse für das Werk des Verstorbenen waren nicht gering, und so erschienen schon ab 1841 „Gesammelte Werke" in sieben Bänden, auf Veranlassung Alexander von Humboldts. Zwischen 1903 und 1936 wurden „Wilhelm von Humboldts Gesammelte Schriften" in 17 Bänden im Auftrag der Preußischen Akademie der Wissenschaften herausgegeben. Dazu kamen noch Ausgaben seiner Korrespondenz u.a. mit Jacobi, Caroline von Humboldt – in sieben Bänden –, Goethe, Brinckmann und vor allem Schiller.[10] Unter dieser Fülle an Tradiertem ist nicht allzuviel, was sich, jenseits amtlicher Schriften, explizit mit politischen Fragen auseinandersetzt. Die wichtigste Ausnahme bilden die 1792 nur in Bruchstücken und erst 1851 vollständig publizierten „Ideen zu einem Versuch, die Gränzen der Wirksamkeit des Staats zu bestimmen". Kurz nach dem Ende der Paulskirchenversammlung, dem meist umstandslos als Scheitern interpretierten Ende der Revolution von 1848/49 in Deutschland, wurden Humboldts „Ideen" zu einem Text, an den liberale Hoffnungen angekoppelt werden konnten. Sowohl die Sonderstellung dieser Schrift in Humboldts Oeuvre wie auch die Rezeptionsgeschichte machen es notwendig, diesem Werk besondere Aufmerksamkeit zu schenken, wenn es darum geht, dem liberalen Humboldt auf die Spur zu kommen.

Entstanden sind die „Ideen zu einem Versuch, die Grenzen der Wirksamkeit des Staates zu bestimmen" nicht ganz aus heiterem Himmel, sondern im Gefolge einer ersten politiktheoretischen Publikation von Humboldt, der „Ideen über Staatsverfassung, durch die neue französische Constitution veranlaßt", die im August 1791 zunächst als Brief an seinen Freund Gentz niedergeschrieben und im Januar 1792 anonym in der „Berlinischen Monatsschrift" veröffentlicht wurde. Hier lieferte Humboldt eine Fundamentalkritik an der Französischen Revolution, deren Anspruch, ein völlig neues Staatsgebäude konstruieren zu wollen, er strikt ablehnte. Nicht die Frage der Umsetzbarkeit der von der Nationalversammlung beschlossenen Blaupause beschäftigte ihn dabei und auch nicht die naturrechtlichen Implikationen der Verfassungsgebung. Humboldts Ansatzpunkt war ein völlig anderer, der ihn von den übrigen Revolutionsgegnern seiner Zeit deutlich unterschied. Er hob hervor, daß als Prinzip jeder gesellschaftlichen Praxis davon auszugehen sei, daß alles menschliche Wissen und jedes Erkenntnisvermögen stets begrenzt sei, denn dieses „beruht auf allgemeinen, d. i. wenn wir von Gegenständen der Erfahrung reden, unvollständigen und

[9] Wilhelm von Humboldts Briefe an eine Freundin. Ausgewählt und eingeleitet v. A. Leitzmann, Leipzig o. J., S. 256.

[10] Vgl. dazu die Zusammenstellung bei Borsche, Humboldt, S. 173–175.

halbwahren Ideen, von dem Individuellen vermögen wir nur wenig aufzufassen, und doch kommt hier alles auf individuelle Kräfte, individuelles Wirken, Leiden, und Geniessen an."[11]

Hier kam nun jener Grundzug ins Spiel, der Humboldts Reflexionen über Mensch und Politik, Staat und Gesellschaft wie ein roter Faden durchzieht, nämlich sein durchgängiges Interesse an Kräften, jenen Antrieben also, die die Entwicklung des Einzelnen ebenso prägen wie die der Gemeinschaft. „Was im Menschen gedeihen soll, muss aus seinem Innren entspringen, nicht ihm von aussen gegeben werden, und was ist ein Staat, als eine Summe menschlicher wirkender und leidender Kräfte?"[12] Diese Kräfte können aus der Sicht Humboldts nur in ihren kontingenten Erscheinungsformen wahrgenommen, nie aber aus einer Entwicklungslogik deduziert werden. „Die Vernunft hat wohl Fähigkeit, vorhandnen Stoff zu bilden, aber nicht Kraft, neuen zu erzeugen. Diese Kraft ruht allein im Wesen der Dinge, diese wirken, die wahrhaft weise Vernunft reizt sie nur zur Thätigkeit, und sucht sie zu lenken. Hierbei bleibt sie bescheiden stehen. Staatsverfassungen lassen sich nicht auf Menschen, wie Schösslinge auf Bäume propfen."[13] Im Unterschied zu Konservativen wie Burke nahm Humboldt bei seiner evolutionären Revolutionskritik am Individuum und seinen Entwicklungschancen Maß. Hier berührten sich die Erfahrungswelten von Geselligkeit und Liebe und die Grundaxiome politischer Reflexion.

Der Schlüsselbegriff, der diese Verknüpfung ausdrückt, ist der der „Mannigfaltigkeit". Er steht im Zentrum der im Sommer 1792 niedergeschriebenen „Ideen zu einem Versuch, die Gränzen der Wirksamkeit des Staats zu bestimmen".[14] Ausgangspunkt der Argumentation im sogenannten „Grünen Buch" ist die Frage, „zu welchem Zwek die ganze Staateinrichtung hin arbeiten, und welche Schranken sie ihrer Wirksamkeit sezen soll?"[15] Die schon im Jahr zuvor angedeutete Kritik eudämonistischer Zwecksetzungen wird hier zu einer systematisch begründeten Abkehr vom Gestaltungsanspruch des modernen Staates, wie er sich im aufgeklärten Absolutismus friderizianischer oder josephinischer Prägung ebenso wie im revolutionären Frankreich manifestierte. Anthropologischer Reflexion kommt dabei besonderes Gewicht zu, wobei der Entfaltung der Kräfte des Individuums die Aufmerksamkeit Humboldts gilt: „Der wahre Zwek des Menschen – nicht der, welchen die wechselnde Neigung, sondern welchen

---

11 Wilhelm von Humboldt, Schriften zur Anthropologie und Geschichte. Hg. v. A. Flitner und K. Giel [Werke in fünf Bänden Band I], 2. Auflage, Darmstadt 1969, S. 35.

12 Ebd., S. 36.

13 Ebd.

14 Ebd., S. 56–233.

15 Ebd., S. 56.

die ewig unveränderliche Vernunft ihm vorschreibt – ist die höchste und proportionirlichste Bildung seiner Kräfte zu einem Ganzen. Zu dieser Bildung ist Freiheit die erste, und unerlassliche Bedingung. Allein ausser der Freiheit erfordert die Entwikkelung der menschlichen Kräfte noch etwas andres, obgleich mit der Freiheit eng verbundenes, Mannigfaltigkeit der Situationen."[16]

Die eigene Lebenserfahrung, die Einsamkeit seiner Jugend, die Geselligkeit in den Berliner Salons und das Glück der Beziehung zu seiner Frau färbten Humboldts Bild, das zugleich die Linien einer gelebten und reflektierten Kultur des Kommunizierens festhält, die für Spätaufklärung wie Romantik große Bedeutung hatte. „Durch Verbindungen also, die aus dem Innren der Wesen entspringen, muss einer den Reichthum des andren sich eigen machen."[17] Nur so folge der Mensch seiner Bestimmung, der Entfaltung der „Eigenthümlichkeit der Kraft und der Bildung. Wie diese Eigenthümlichkeit durch Freiheit des Handelns und Mannigfaltigkeit der Handelnden gewirkt wird; so bringt sie beides wiederum hervor."[18] Diesen Grundvoraussetzungen muß nach Humboldt die politische Ordnung Rechnung tragen. Positives vermag der Staat nun hier nicht zu leisten, im Gegenteil: Humboldt sieht die Gefahr, daß das Streben des Staates, den Wohlstand der Nation zu heben, die Gesellschaft gleichsam lähme. „Statt dass die Menschen in Gesellschaft treten, um ihre Kräfte zu schärfen, sollten sie auch dadurch an ausschliessendem Besitz und Genuss verlieren; so erlangen sie *Güter* auf Kosten ihrer *Kräfte*. Gerade die aus der Vereinigung Mehrerer entstehende Mannigfaltigkeit ist das höchste Gut, welches die Gesellschaft giebt, und diese Mannigfaltigkeit geht gewiss immer in dem Grade der Einmischung des Staats verloren."[19] Letztlich führe die Intervention des Staates in den moralischen Niedergang:

„Wer oft und viel geleitet wird, kommt leicht dahin, den Ueberrest seiner Selbstthätigkeit gleichsam freiwillig zu opfern. Er glaubt sich der Sorge überhoben, die er in fremden Händen sieht, und genug zu thun, wenn er ihre Leitung erwartet und ihr folgt. Damit verrükken sich seine Vorstellungen von Verdienst und Schuld. Die Idee des erstern feuert ihn nicht an, das quälende Gefühl der leztern ergreift ihn seltner und minder wirksam, da er diesselbe bei weitem leichter auf seine Lage, und auf den schiebt, der dieser die Form gab. Kommt nun noch dazu, dass er die Absichten des Staats nicht für völlig rein hält, dass er nicht seinen Vortheil allein, sondern wenigstens zugleich einen fremdartigen Nebenzweck beabsichtet glaubt, so leidet nicht allein die Kraft, sondern auch die Güte des moralischen Willens. [...] Wie jeder sich selbst auf die sorgende

16 Ebd., S. 64.
17 Ebd., S. 64 f.
18 Ebd., S. 65.
19 Ebd., S. 71.

Hülfe des Staats verlässt, so und noch weit mehr übergiebt er ihr das Schiksal seines Mitbürgers. Dies aber schwächt die Theilnahme, und macht zu gegenseitiger Hülfe träger. [...] Wo aber der Bürger kälter ist gegen den Bürger, da ist es auch der Gatte gegen den Gatten, der Hausvater gegen die Familie."[20]

Von den zuletzt genannten Sorgen Humboldts abgesehen, könnte das hier gezeichnete Szenario aktueller liberale Zeitkritik entnommen sein. Es fehlt auch nicht der Hinweis darauf, daß der Staat letztlich immer vergeblich interveniere, denn „[s]elbst den besten Fall angenommen, gleichen die Staaten, von denen ich hier rede, nur zu oft den Aerzten, welche die Krankheit nähren, und den Tod entfernen. Ehe es Aerzte gab, kannte man nur Gesundheit, oder Tod."[21] Auffallend ist dabei, daß Humboldt kaum ökonomietheoretische oder wirtschaftsgeschichtliche Argumentationshilfen heranzieht, sondern sich ganz auf seine Leitvorstellung eines Individuums stützt, das dazu bestimmt sei, in Freiheit unter Freien sein Eigenstes herauszubilden. Versuchte der Staat weitergreifende regulierende Eingriffe, so müsse er gemäß der Selbstläufigkeit bürokratischer Regelsetzung in immer weitere Bereiche der Privatsphäre der Bürger eindringen; nur die Garantie der Sicherheit nach innen und außen bleibt somit als legitime Aufgabe. Auch ohne Anleihen bei der anglo-schottischen Schule o.ä. gelangt Humboldt daher zu folgendem Schluß: „[D]er Staat enthalte sich aller Sorgfalt für den positiven Wohlstand der Bürger, und gehe keinen Schritt weiter, als zu ihrer Sicherstellung gegen sich selbst, und gegen auswärtige Feinde nothwendig ist; zu keinem andren Endzwekke beschränke er ihre Freiheit."[22]

Alles übrige wollte Humboldt der Selbstorganisation der Gesellschaft überlassen, in ihren Teilen oder auch zur Gänze. Vertragliche Verpflichtung nach dem Konsensgrundsatz postulierte er als Prinzip einer solchen „Nationalanstalt" oder eines „Nationalvereins". Nur so ließen sich etwa Vorkehrungen gegen Naturkatastrophen, Hungersnöte und dergleichen in einer Weise treffen, durch die die Freiheit des Einzelnen nicht der Willkür der Majorität unterworfen werde.[23] Nun prüfte Humboldt konkrete Felder staatlichen Wirkens darauf, inwieweit dieses Staatshandeln der Sicherheit als Garantie gesetzmäßiger Freiheit notwendig sei, einer Sicherheit, die der Einzelne nicht erreichen könne, der er aber um des Genusses der Freiheit willen bedürfe. Das Ergebnis der theoretischen Überlegungen mündete in das Bild eines minimalistisch vorgestellten Rechtsstaats, eines Nachtwächters nach innen und außen. Er habe, nahm Humboldt für sich in Anspruch, „die vortheilhafteste Lage für den Menschen im Staat [aufsuchen wollen]. Diese schien mir nun darin zu bestehen, dass die

---

[20] Ebd., S. 75.

[21] Ebd.

[22] Ebd., S. 90.

[23] Ebd., S. 92 f.

mannigfaltigste Individualität, die originellste Selbständigkeit mit der gleichfalls mannigfaltigsten und innigsten Vereinigung mehrerer Menschen neben einander aufgestellt würde – ein Problem, welches nur die höchste Freiheit zu lösen vermag.“ [24] Wie ihm selbst durchaus bewußt war, handelte es sich hier um ein Ideal, dessen Umsetzung nur schrittweise und unter Berücksichtigung der empirisch vorfindlichen Hemmnisse erfolgen konnte.

Humboldt warnte vor Übereilung und vor den Zerstörungspotentialen, die im Gebrauch der Freiheit lagen – hieraus erschloß sich die politische Relevanz umfassender, humanistischer Bildung. Zugleich schlug hier aber auch seine ablehnende Haltung gegenüber revolutionären Umsturzversuchen durch. Dies und die rigorose Kritik am Gebrauch der Staatsmacht zur Umgestaltung der Lebensverhältnisse legen es nahe, Humboldt eher in die Nähe des gemäßigten Frühkonservativismus der 1790er Jahre zu rücken. Sein späteres politisches Eintreten für Judenemanzipation, Pressefreiheit, Landstände und Konstitution wiederum paßt besser zu den liberalen Forderungen des Vormärz. Betrachtet man das „Grüne Buch“ vor dem Hintergrund von Humboldts Biographie, dann wird vor allen Dingen eines deutlich: Politische Theorie war für Humboldt ein vergleichsweise unbedeutender Aspekt der Reflexion über die Möglichkeiten der umfassenden Entfaltung der Persönlichkeit, und zwar zuerst und vor allem *seiner* Persönlichkeit. Die Radikalität, mit der er von diesem Standpunkt aus die politische Ordnung überdachte, machen eine ideengeschichtliche Etikettierung – mit der ohnehin nicht viel gewonnen wäre – problematisch. *Rezipiert* wurde Humboldts Text jedenfalls gleich bei seinem Erscheinen 1851 als grundlegende Schrift des Liberalismus, und die scharfe Gegenüberstellung von Gesellschaft und Staat macht diese Einschätzung nachvollziehbar.

Die Leitlinien von Humboldts „Ideen zu einem Versuch, die Gränzen der Wirksamkeit des Staats zu bestimmen“ sind trotz der Abwendung von Fragen der politischen Theorie auch noch in späteren Schaffensperioden, so etwa in den Überlegungen zur Reform des Bildungswesens präsent. 1792 hielt Humboldt öffentliche Erziehung nur dort für erlaubt, wo es um die Bildung des Menschen, nicht um die Zurichtung von Bürgern gehe. Im 1810 verfaßten „Entwurf über die innere und äußere Organisation der höheren wissenschaftlichen Anstalten in Berlin“ findet sich als Prinzip der Universität „Einsamkeit und Freiheit“. „Da aber auch das geistige Wirken in der Menschheit nur als Zusammenwirken gedeiht, und zwar nicht bloß, damit Einer ersetze, was dem Anderen mangelt, sondern damit die gelingende Thätigkeit des Einen den Anderen begeistere und Allen die allgemeine, ursprüngliche, in den Einzelnen nur einzeln oder abgeleitet hervorstrahlende Kraft sichtbar werde, so muß die innere Organisation dieser Anstalten ein ununterbrochenes, sich immer selbst wieder belebendes, aber

[24] Ebd., S. 211.

ungezwungenes und absichtsloses Zusammenwirken hervorbringen und unterhalten."[25] Dieses Wechselspiel der Kräfte dürfe der Staat nicht durch Auflagen von außen her behindern, gerade um des Staatswohls willen, denn „nur die Wissenschaft, die aus dem Innern stammt und ins Innere gepflanzt werden kann, bildet auch den Charakter um, und dem Staat ist es ebenso wenig als der Menschheit um Wissen und Reden, sondern um Charakter und Handeln zu thun."[26]

Bei seinem Eintreten für ständische Vertretungskörperschaften in Preußen dehnte Humboldt den 1792 gesteckten Rahmen. In seiner Denkschrift über „Ständische Verfassung in Preußen" im Februar 1819 sprach er sich für die aktive Teilnahme der Bürger an der Gesetzgebung aus.[27] Er erklärte die Kontrolle der Staatsverwaltung und, damit verbunden, die Steigerung der Effizienz der Administration, nicht die Schaffung einer Opposition gegen die Krone zum Ziel einer solchen Maßnahme. Auch die Begründung für die vorgeschlagene Sicherung der Grundrechte auf Freiheit der Person, des Eigentums, des Gewissens und der Presse, diese dienten der Förderung des Rechtsbewußtseins des Volkes, war vorsichtig formuliert. Außerdem wies Humboldt auf den alteuropäischen Traditionszusammenhang hin, in dem die vorgeschlagenen ständisch strukturierten Vertretungen auf den drei Ebenen der Kommune, der Provinzen und des preußischen Gesamtstaats standen. An eine Entmachtung adeliger Grundbesitzer dachte Humboldt nicht, im Gegenteil: Er erwartete sich von einer nach Ständen gewählten Vertretung eine Bremswirkung gegenüber bürokratischem Reformaktionismus. Ohne eine geschriebene Verfassung könne dennoch keine konstitutionelle Monarchie, ja eigentlich gar keine Monarchie mehr existieren. Die Alternative zu Konstitution und Partizipation, so suggerierte Humboldt, sei eigentlich die Despotie – und die war mit der Sicherung der Freiheit und also mit der Entwicklung der sittlichen Kraft des Einzelnen wie der Nation unvereinbar.

Ein Liberaler im Sinne der sich langsam formenden Parteiungen Deutschlands ist Humboldt jedoch nie geworden. Er arrangierte sich, bei aller Kritik, letztlich doch mit der vorkonstitutionellen preußischen Monarchie, und es ist bezeichnend, wie scharf er im Mai 1831 eine Brieffreundin zurechtwies, die Sympathien für die polnischen Aufständischen geäußert hatte: „Sie haben wohl nicht recht über die Sache gedacht oder kennen sie nicht. Über alle solchen Dinge ist es dann besser sich zu bescheiden, kein Urteil haben zu können. Das unsägliche Unglück der polnischen Revolution fällt allein auf die Urheber des

25 Wilhelm von Humboldt, Eine Auswahl aus seinen politischen Schriften, hg. v. S. Kaehler, Berlin 1922, S. 80.

26 Ebd., S. 82.

27 Ebd., S. 168–229.

strafbaren Unternehmens."[28] Humboldt war und blieb vor allem an der ungestörten Entfaltung seiner Individualität interessiert, und wo diese gefährdet schien, da stellte er sich an die Seite jenes Macht- und Institutionengefüges, dem er durch Herkunft und Tätigkeit besonders verbunden war – dem preußischen Staat. Seine Biographie und sein Werk können so als ein Experiment liberaler Lebensgestaltung gelesen werden; sie dokumentieren aber auch ein Scheitern. Ohne das feste Fundament wirtschaftsbürgerlicher Geltungsansprüche blieb die von Humboldt repräsentierte Spielart liberalen Denkens für die Organisierung politischer Meinungsbildung wenig brauchbar. Am Ende stand bei Humboldt ein praktizierter, wenn auch ungläubiger Konservativismus.

[28] Briefe an eine Freundin, S. 231.

Friedrich Christoph Dahlmann (1785–1860)

Wilhelm Bleek

Vorbemerkung: Verknüpfung von Leben und Werk Dahlmanns

Friedrich Christoph Dahlmann gehört sicherlich nicht zu den bedeutendsten politischen Theoretikern des Liberalismus, ja er selbst hätte sich vermutlich dagegen verwahrt, dieser wie überhaupt einer politischen Strömung zugezählt zu werden. Doch seine politischen Überzeugungen, die er vor allem in seinem 1835 erschienenen Werk über „Die Politik“ formuliert hat, spiegeln nicht nur die dramatische Biographie dieses Professors der Politik- und Geschichtswissenschaft, sondern auf exemplarische Weise auch die Hoffnungen und das Scheitern der zugleich freiheitlichen und nationalstaatlichen Bestrebungen des deutschen Bürgertums im 19. Jahrhunderts wider.

In diesem Beitrag werden daher die politikpraktischen Erfahrungen Friedrich Christoph Dahlmanns mit seinen einschlägigen politiktheoretischen Konzeptionen parallelisiert und soll auf diese Weise die Einheit von Leben und Werk eines „politischen Professors“ vor dem Hintergrund seiner Zeitepoche herausgearbeitet werden.

1. Dahlmanns Jugend und erste Professur in Kiel (1785–1829)

Friedrich Christoph Dahlmann wurde am 13. Mai 1785 in Wismar geboren, das damals noch unter schwedischer Herrschaft stand. Wer heute die Stadt an der Ostseeküste besucht, erfährt trotz aller Zerstörungen im Zweiten Weltkrieg und Vernachlässigungen in der Zeit der DDR nicht nur den architektonischen Charme einer geschichtsreichen Hansestadt, sondern auch den landschaftlichen Eindruck, daß Wismar wie Rostock, Greifswald und Stralsund nicht zu dem Territorium von Mecklenburg bzw. Vorpommern, sondern der eigenen Welt der Hansestädte am „mare balticum“ gehört. Dahlmanns jugendliche Sozialisation wurde durch die Tatsache geprägt, daß sein Vater als Bürgermeister in der Hansestadt die alte, wenn auch in der frühen Neuzeit reduzierte Städtefreiheit verkörperte und seine Vorfahren väterlicher- wie mütterlicherseits sich nicht nur in kommunalen Ämtern, sondern auch im schwedischen wie im dänischen Staatsdienst hervorgetan hatten.

Dahlmann studierte im ersten Jahrzehnt des 19. Jahrhunderts in humanistischer Tradition in Kopenhagen und Halle klassische Philologie und promovierte in diesem Fach 1810 an der traditionsreichen, aber im Untergang befindlichen Universität Wittenberg. Prägender aber wurden die zeitgenössischen Erfahrungen zunächst der deutschen Niederlagen gegen das napoleonische Frankreich und dann der deutschen Befreiungskriege. So unternahm Dahlmann im Mai 1809 mit Heinrich von Kleist unter patriotischem Vorzeichen eine abenteuerliche Wanderung durch Böhmen und Mähren zum Schlachtfeld von Aspern. Im Jahr 1812 erhielt er an der Universität Kiel eine außerordentliche Professur für Geschichte, ohne je eine Vorlesung in diesem Fach gehört zu haben, was nicht so ungewöhnlich war, wenn man um die Bedeutung der sprachwissenschaftlichen Quelleninterpretation und des Studiums der Antike für die sich entfaltende Geschichtswissenschaft – und auch die ältere Lehre der Politik – weiß.

1815 machte die „fortwährende Deputation der schleswig-holsteinischen Prälaten und Ritterschaft" den jungen Professor zu ihrem Sekretär. In diesem Amt als bürgerlicher Berater der Stände setzte sich Dahlmann nicht nur für die Erhaltung der hergebrachten Privilegien, sondern mehr noch für deren Fortentwicklung zu einer zeitgemäßen staatsbürgerlichen Verfassung, für die staatsrechtliche Einheit der beiden Herzogtümer sowie für deren gemeinsame Einbeziehung in den deutschen Nationalverband ein. In Auseinandersetzung mit den absolutistischen und zentralistischen Tendenzen in Dänemark, dessen König in Personalunion auch Herzog von Schleswig und Holstein war, griff Dahlmann auf historische Rechte wie die Zusage aus dem Ripener Vertrag von 1460 an die beiden Herzogtümer zurück, „dat se bliwen ewig tosamene ungedeelt". Die politischen Bemühungen in diesem Amt haben nicht nur Dahlmanns lebenslanges Engagement für die Sache der Schleswig-Holsteiner entfacht, sondern auch die Grundlagen für seine politiktheoretische Konzeption gelegt.

2. Politik auf der Grundlage der Geschichte

Dahlmann wurde in diesen Auseinandersetzungen nicht nur zum Pionier der geschichtlichen Argumentation in der praktischen Politik, welche die bürgerliche Bewegung Deutschlands im 19. Jahrhundert prägte, sondern auch zum Vater der historischen Betrachtungsweise in der akademischen Lehre von der Politik.

Friedrich Christoph Dahlmann (1785–1860)

Dieses zentrale Axiom seines Werkes über „Die Politik“ war schon in deren Untertitel angelegt: „Die Politik, auf den Grund und das Maaß der gegebenen Zustände zurückgeführt“. Mit dem Hinweis auf die „gegebenen Zustände“ als Gegenstand seiner Bemühungen setzt sich Dahlmann von den naturrechtlichen Vertragskonzeptionen der frühen Neuzeit und den idealistischen Konstruktionen des 18. Jahrhunderts ab, wie sie in der ersten Hälfte des 19. Jahrhunderts noch durch die Wortführer des südwestdeutschen Liberalismus (Rotteck, Welcker u.a.) vertreten wurden. Die Lehre der Politik hatte nach Dahlmanns Auffassung nicht von abstrakten Wunschvorstellungen, sondern von vorfindbaren Wirklichkeiten auszugehen.

Der „Grund“, d.h. die Verursachung der „gegebenen Zustände“ war für Dahlmann an erster Stelle ein historischer. Nach seiner Auffassung „drängt alle Behandlung von Staatssachen im Leben und in der Lehre zur Historie hin, und durch sie auf eine Gegenwart“ (§ 15). Nur wer um die geschichtliche Herkunft der politischen Gegenwart weiß, könne diese verstehen und weiterentwickeln. Allerdings wendet sich Dahlmann gegen die konservative Grundannahme, alles geschichtlich überlieferte sei per se die politisch beste Lösung: „Niemand möchte weniger als ich der Ansicht derer zugezählt werden, welche den Satz aufstellen: diese Einrichtung ist gut, denn sie ist historisch.“ Geschichtlichkeit war für Dahlmann ein Grundtatbestand des politischen Lebens, aber kein Argument, mit welchem die politische Entwicklung eingefroren oder gar rückgängig gemacht werden sollte.

Dahlmann steht vielmehr in einer älteren Tradition der Geschichtsauffassung, für welche die Vergangenheit vor allem Anschauungsmaterial zur Lösung aktueller Probleme bietet. In diesem Sinne faßt er das Kapitel über die Systematik der Staatswissenschaft folgendermaßen zusammen: „Der Politik bleibt die würdige Aufgabe, mit einem durch die Vergleichung der Zeitalter gestärkten Blicke die nothwendigen Neubildungen von den Neuerungen zu unterscheiden, welche unersättlich seys der Muthwille seys der Unmuth ersinnt.“ (§ 237). Mit diesem Programm steht Dahlmann in der Tradition der historisch vergleichenden Politikwissenschaft, die schon in den antiken Politiklehren angelegt war und im 18. Jahrhundert vor allem von Montesquieu verkörpert wurde, aber auch im 20. Jahrhundert mit seinen dramatischen Systemwechseln zumal in Deutschland zu großer Bedeutung gelangte.

3. Dahlmann in Göttingen (1829–1837)

Nachdem der vergebliche Kampf für die Rechte der schleswig-holsteinischen Stände ihn bei der dänischen Staatsbürokratie so unbeliebt gemacht hatte, daß die versprochene Beförderung zum Ordinarius ausblieb, nahm Dahlmann im

Herbst 1829 einen Ruf an die Universität Göttingen an. An der Hannoverschen Landesuniversität übernahm er eine ordentliche Professur in der Philosophischen Fakultät mit der Verpflichtung, über „Politik, Kameral-, Finanz- und Polizeiwissenschaft und Nationalökonomie, sowie über deutsche Geschichte“ zu lesen. Zur gleichen Zeit wurden auch Jakob und Wilhelm Grimm auf germanistische Professuren an der Göttinger Universität berufen; zwischen Dahlmann und den Brüdern Grimm entwickelte sich nicht nur eine persönliche Freundschaft, sie inspirierten sich auch gegenseitig mit ihren Ansichten zur Bedeutung von Sprache und Geschichte für die politische Einheit des deutschen Volkes.

Dahlmann wurde 1831 Vertreter der Universität Göttingen in der zweiten hannoverschen Kammer und war 1833 an der Ausarbeitung eines neuen hannoverschen Staatsgrundgesetzes und des Gesetzes über das königliche Haus beteiligt. Als er sich 1833 nicht mehr der Neuwahl in die Kammer stellte und von Hannover nach Göttingen zurückkehrte, setzte sich Friedrich Christoph Dahlmann das Ziel, vor dem Hintergrund seiner inzwischen gewonnenen politischen Einsichten und gesetzgeberischen Erfahrungen seine akademischen Vorlesungen über „Die Politik“ auszuarbeiten, die im Herbst 1835 in erster Auflage erschienen.

Doch Dahlmanns Hoffnungen auf ein friedliches Gelehrtendasein zerstoben schon zwei Jahre später mit dem Verfassungsstreich des neuen hannoverschen Königs. Als am 1. November 1837 König Ernst August von Hannover nach seiner Thronbesteigung einseitig das Staatsgrundgesetz von 1833 aufhob und alle hannoverschen Staatsdiener vom Eid auf diese Verfassung entpflichtete, legten sieben Professoren der Landesuniversität Göttingen in einem Schreiben an das Universitätskuratorium Protest gegen diesen monarchischen Staatsstreich ein. Nicht nur aufgrund der Rechtslage, sondern auch aufgrund ihrer Verpflichtung als Professoren und ihres persönlichen Gewissens seien sie weiterhin an die Verfassung gebunden und würden eine nicht gemäß dem Staatsgrundgesetz von 1833 gebildete Ständeversammlung nicht als rechtmäßig anerkennen. Zu diesen sieben von damals 32 Professoren der Göttinger Universität gehörten so bekannte Gelehrte wie die beiden Germanisten Jacob Grimm und Wilhelm Grimm, der Literaturhistoriker Georg Gottfried Gervinus, der Staatsrechtler Wilhelm Eduard Albrecht, der Orientalist Heinrich Ewald und der Physiker Wilhelm Weber. Doch die Initiative zu diesem Protest, die Ausarbeitung der Eingabe und deren öffentliche Rechtfertigung lagen bei Friedrich Christoph Dahlmann. Die königliche Strafmaßnahme folgte auf dem Fuße, alle sieben Professoren wurden umgehend aus ihren Ämtern entlassen und Dahlmann zusammen mit Jacob Grimm und Gervinus als angebliche Rädelsführer des Landes verwiesen. Als Wortführer der „Göttinger Sieben“ wurde Dahlmann zur Symbolfigur der bürgerlich-liberalen Verfassungsbewegung im 19. Jahrhundert. Nun griff vor allem das gebildete Publikum zu jenem Standardwerk über „Die

Politik“, in welchem Dahlmann zwei Jahre vor dem Göttinger Ereignis nicht nur die Grundzüge einer verfassungsmäßigen Monarchie, sondern auch das passive Widerstandsrecht gegen verfassungswidrige Akte der Obrigkeit konzipiert hatte.

4. Gute Verfassung und Widerstand

Im Mittelpunkt von Dahlmanns Politikkonzeption stand die Idee einer maßvollen, einer gemäßigten Verfassung. Mit diesem normativen Politikverständnis, das er bereits im Untertitel der „Politik“ in dem Begriff „Maaß der gegebenen Zustände“ zum Ausdruck gebracht hatte, stand Dahlmann in jener Tradition der älteren Politiklehre, die über Jahrhunderte mit dem Namen von Aristoteles verbunden war. Danach ist derjenige Staat in „guter Verfassung“, in welchem das Sittengesetz geachtet wird, die monarchischen, aristokratischen und demokratischen Elemente sich gegenseitig mäßigen und die Konstitution sowohl die Obrigkeit als auch die Staatsbürger in ihren Rechten sowie Pflichten bindet und nur im Konsens beider aufgestellt und geändert werden kann. An die Spitze seiner Konzeption einer „guten Verfassung“, wie er sie vorbildhaft in England verwirklicht sah, setzte Dahlmann trotz seiner enttäuschenden Erfahrungen mit Monarchen das erbliche Königtum. Ausschlaggebend für diese Anhänglichkeit an die überkommene Staatsform waren traditionale Motive der Macht der Gewohnheit und der angestammten Treue, aber auch symbolische Überlegungen zur Einheit der staatlichen Repräsentanz. Dahlmann propagierte damit sowohl das allgemeine Prinzip des Konstitutionalismus als auch die spezielle Regierungsform der konstitutionellen Monarchie, zwei zentralen politischen Forderungen des deutschen Bürgertums im 19. Jahrhundert.

Bei allem bildungsbürgerlichen Optimismus in die Einsicht und Vernunft der Träger der Staatsgewalt rechnete Dahlmann doch damit, daß die königliche Regierung sich möglicherweise nicht an den Geist des Sittengesetzes und die Normen der Verfassung halten würde. In einem zentralen Kapitel seiner „Politik“ (§§ 200–207) setzte er sich daher mit dem „Rechte des Widerstandes“ auseinander. Dahlmann wandte sich gegen ein allgemeines Widerstandsrecht, weil dessen Ausübung leicht die Mechanismen des Rechtsstaates an die Seite schieben und die gesetzte Verfassungsordnung untergraben könne und somit zu einem Recht auf Revolution führen würde, die es nach seiner Grundauffassung, wenn irgend möglich, zu vermeiden galt. Doch auf der anderen Seite könne das Volk nicht gezwungen werden, jedem verfassungswidrigen Befehl zu folgen, denn sonst würde jeder Unterschied zwischen faktischer und rechtmäßiger Regierung aufgehoben. Daher kam Dahlmann zu dem Schluß: „Politische Erfahrung räth, gewisse Wege des erlaubten Widerstandes freiwillig zu eröffnen, damit die zerstörenden durch Warnung bei Zeiten, um so sicherer verschlossen bleiben“ (§ 203). Das verfassungsmäßige Widerstandsrecht sollte sich daher „auf gewisse Weigerungen, ein Verneinen des Gehorsams in gewissen Fällen, ein Nicht-Thun ohne alle aggressive Zuthat“ beschränken (§ 203). Die unterste Stufe eines solchen verfassungsmäßigen Notwehrrechtes der Staatsbürger gegen verfassungswidriges Verhalten der Regierung war das Instrument der – strafrechtlichen – Ministeranklage durch die Volksvertretungen. Darüber hinaus sollten die Untertanen das Recht zur Steuerverweigerung haben, wenn die Steuergesetze und -verordnungen nicht verfassungsgemäß mit Zustimmung der Ständevertretung zustande gekommen waren. 1847 fügte Dahlmann in der zweiten Auflage der „Politik“ einen Passus ein über „das Recht der Unterthanen, nach welchem auch die Gerichtshöfe sich zu halten angewiesen sind, die Regierung eines Fürsten, welcher die Bestätigung der Landesverfassung verweigert, als noch nicht angetreten zu betrachten“ (§ 203). Damit reagierte der Politikprofessor auf die Erfahrung des königlichen Verfassungsbruchs von 1837. Dieses Recht zum passiven Widerstand durch Versagung war für ihn weniger ein gegen den Staat und den Fürsten gerichtetes politisches Recht des Staatsbürgers, als vielmehr eine sittliche Pflicht der Persönlichkeit zur Erhaltung der Vorstellung vom „guten Staat“ in einer „guten Verfassung“.

5. Dahlmann ohne Lehramt und seine Wiederanstellung in Bonn (1837–1847)

Nach der Entlassung und Ausweisung aus Hannover war Dahlmann fünf Jahre lang stellungsloser Privatgelehrter. Doch der mutige Protest der Göttinger Sieben gegen den Verfassungsbruch der Obrigkeit und deren willkürliche Reaktion erregten in ganz Deutschland über alle politischen Grenzen hinweg ungeheures Aufsehen; so wurden Sammlungen zur Unterstützung der stellungslosen Hochschullehrer durchgeführt und die sieben Professoren stiegen in den Rang von Heroen der bürgerlichen Öffentlichkeit auf.

Nachdem in Preußen 1840 Friedrich Wilhelm IV., ein König mit kulturellen Ambitionen unter dem Einfluß der deutschen Romantik, den Thron bestiegen hatte, besserten sich die Aussichten der in Göttingen entlassenen Professoren auf eine Wiederanstellung. Die Brüder Grimm wurden nach Berlin berufen und Dahlmann konnte auf Anregung Bettina von Arnims in Bonn im Herbst 1842 einen Lehrstuhl für Staatswissenschaften und deutsche Geschichte übernehmen. An der Rheinischen Hochschule unterrichtete Dahlmann in den 1840er Jahren in Bonn mit großem Zuspruch nicht nur zahlreiche künftige Gelehrte und Staatsdiener, sondern auch Prinzen und spätere Monarchen wie den preußischen Thronfolger Friedrich, der 1888 für 99 Tage deutscher Kaiser wurde und dessen liberale Grundauffassungen auf Dahlmann als seinen akademischen Lehrer zurückgingen.

6. Öffentliche Meinung und der gebildete Mittelstand

Dahlmann hat die gesellschaftliche und politische Bedeutung, die dem Hochschullehrerberuf vom vormärzlichen Bildungsbürgertum zugemessen wurde, in seiner „Politik" selbst begründet. Er sprach allerdings nicht vom „Bürgertum", sondern bezeichnete dieses als den „Mittelstand", meinte damit weniger einen historischen Bezug auf die alte Ständegesellschaft und deren Verfassung als vielmehr eine Aussage über den Ort des Bürgertums in der Mitte von Gesellschaft und Staat seiner Zeit. Der Mittelstand als „Kern der Bevölkerung" und „Schwerpunkt des Staates" hatte für die „gemessene Fortbildung" des Gemeinwesens zu sorgen, „in ihm ruht gegenwärtig der Schwerpunkt des Staates, der ganze Körper folgt seiner Bewegung"(§ 237). Dieser politischen Mitte des Volkes wollte Dahlmann mit seiner Lehre der „Politik" Hilfestellung und Wegweisung geben.

Weder der ökonomische Besitz noch der soziale Status, sondern die allgemeine und umfassende Bildung legitimierten nach Auffassung des vormärzlichen Bürgertums und seiner professoralen Wortführer dessen öffentliche Meinungsführerschaft. Dahlmann erhob daher in seiner „Politik" Bildung in den Rang eines Verfassungsprinzips und widmete deren Institutionen und Inhalten vier umfangreiche Kapitel (§§ 259–289).

Der Glaube an die Macht der Bildung erhob in der bildungsbürgerlichen Politikkonzeption der ersten Hälfte des 19. Jahrhunderts die öffentliche Meinung zu einer Gewalt, die über allen anderen politischen Gewalten stand und auf diese einen wegweisenden und mäßigenden Einfluß ausübte. Es ist bezeichnend, daß Dahlmann 1835 in seiner „Politik" lediglich im Zusammenhang mit der öffentlichen Meinung von einer „Nation" sprach: „Wo der Geist der Nation einen hohen Schwung nimmt, da allein ist öffentliche Meinung, und diese ist dann eine Macht, ununterbrochen und mehr aus der Tiefe wirkend als alle politischen Institutionen" (§ 259). Die öffentliche Meinung war für ihn jene Kraft, welche die Staatsorgane in die Schranken verfassungsmäßigen Handelns weisen und bei Konflikten zwischen ihnen einen Konsens herbeiführen konnte. (vgl. die klassische Arbeit von Jürgen Habermas über den „Strukturwandel der Öffentlichkeit", 1962).

7. Dahlmann in der Paulskirche (1848/49)

Die vormärzliche Meinungsführerschaft und Popularität Friedrich Christoph Dahlmanns ließ es als selbstverständlich erscheinen, daß er nach dem Ausbruch der Revolution in Deutschland im März 1848 im April 1848 in die verfassunggebende Nationalversammlung gewählt wurde und in deren Beratungen in der Frankfurter Paulskirche eine führende Stellung einnahm. Schon zuvor war der Bonner Professor von Preußen in den Ausschuß der 17 Vertrauensmänner entsandt worden und arbeitete zusammen mit seinem vormaligen Göttinger Mitstreiter Eduard Albrecht den ersten Entwurf eines Reichsgrundgesetzes aus. Als führendes Mitglied der erbkaiserlichen und später kleindeutschen Casino-Partei, welche die rechte Mitte der Nationalversammlung verkörperte, dominierte Dahlmann vor allem die Arbeit im Verfassungsausschuß und nahm in großen Plenarreden insbesondere zu Organisations- und weniger zu Grundrechtsfragen Stellung. Hier bot sich ihm die Gelegenheit, seine in der „Politik" entwickelte Verfassungskonzeption einer konstitutionellen Monarchie, die gleichermaßen die Freiheitsrechte der einzelnen Bürger wie den Ordnungsgedanken der staatlichen Gemeinschaft sichern sollte, in die Wirklichkeit umzusetzen.

8. Reform und Revolution

Vor Ausbruch der Revolution hatte Dahlmann wie die Mehrheit des deutschen Bürgertums dem Gedanken einer Massenerhebung kritisch gegenüber gestanden, danach tat er alles, um den revolutionären Umsturz wieder in die geordneten Bahnen einer verfassungsmäßigen Reform zu lenken. Dieser Furcht vor der Revolution und Bevorzugung der Reform hatte Dahlmann schon 1835 in seiner „Politik" beredten Ausdruck gegeben: Selbst wenn die Revolution, wie im Zusammenhang mit dem Widerstandsrecht ausgeführt, durch die Willkür des Herrschers sittlich gerechtfertigt sei, hebe das ihre fatalen Folgen doch nicht auf: „Auch die aufs Beste ausgehende Revolution ist eine schwere Krise, die Gewissen verwirrend, die innere Sicherheit unterbrechend" und schlage leicht von einer politischen Revolution gegen Herrscher und Dynastie „zu einem Umsturze der ganzen gesellschaftlichen Ordnung um" (§ 206).

Mehr noch als die absolutistische Bedenkenlosigkeit von reaktionären Monarchen und deren restaurativ eingestellten Handlangern, der sich die Göttinger Sieben mit Bekenntnistreue entgegengestellt hatten, fürchtete das vormärzliche Besitz- und Bildungsbürgertum im Gefolge des Schreckbildes der französischen Revolution den Terror der Volksherrschaft. Schon mit der Demokratietheorie Jean-Jacques Rousseaus, aber auch mit den naturrechtlichen und rationalistischen Vertragstheorien, von denen südwestdeutsche Liberale wie Karl von Rotteck inspiriert wurden, konnte der historisch und organisch eingestellte Dahlmann nichts anfangen, sah in ihnen einen gefährlichen ersten Schritt zur Anarchie. Er und die ihm gleichgesinnten nord- und ostdeutschen Liberalen taten alles, um durch eine gemäßigte Reform die umfassende Revolution zu verhindern. Doch sollte das nicht gelingen und wurden diese politischen Repräsentanten und Denker des Bürgertums durch die Zeitumstände vor die Wahl zwischen Aufrechterhaltung und Umsturz der gesellschaftlichen Ordnung gestellt, so entschieden sie sich mehrheitlich für das Erstere. Diese Konsequenz führte schließlich auch zum Scheitern der bürgerlichen Verfassungsbewegung von 1848/49 und zur Aussöhnung des Bürgertums mit den alten Gewalten in der zweiten Hälfte des 19. Jahrhunderts.

9. Resignation und Lebensabend (1850–1860)

Auch dem fast 63jährigen Friedrich Christoph Dahlmann blieb die bittere Erfahrung des Scheiterns seiner Reformhoffnungen im Jahr 1848/49 nicht erspart. Zum Höhe-, aber auch Wendepunkt im öffentlichen Ansehen wurde für ihn die erneute Auseinandersetzung mit der schleswig-holsteinischen Frage. Am 5. September 1848 erreichte er die Sistierung, d.h. Vollzugsaufschub des von Preußen mit Dänemark abgeschlossenen Malmöer Waffenstillstandes durch die Nationalversammlung, weil er darin einen Verrat an der gerechten Sache der Schleswig-Holsteiner und eine Unterwerfung unter das Vetorecht der europäischen Großmächte gegen die deutsche Einigung sah. Die von Dahlmanns eigener Fraktion getragene Reichsregierung, die keine realpolitische Alternative zu dem Waffenstillstand sah, trat zurück. Kurze Zeit sah es so aus, als ob der Bonner Professor selbst an die Spitze der Reichsregierung treten würde, doch dann wurde er auf den Boden der Realitäten zurückgeholt. Innenpolitisch gelang es Dahlmann nicht, die negative Mehrheit gegen den Waffenstillstand aus linken, rechten und schleswig-holsteinischen Abgeordneten in eine positive Mehrheit für eine Regierungsbildung umzusetzen. Auch waren dem Anhänger des Regierungssystems der konstitutionellen Monarchie, wie er es in der „Politik“ entwickelt hatte, die Spielregeln des parlamentarischen Regierungssystems suspekt, wie sie sich 1848 in der Nationalversammlung durchgesetzt hatten. Außenpolitisch dokumentierte der Ausgang der Krise, die Zurücknahme des Sistierungsbeschlusses, daß die deutsche Einheit, mochte sie moralisch auch noch so begründet sein, nicht gegen die machtpolitischen Interessen der europäischen Mächte durchzusetzen war.

Auch nach dieser schweren Krise des September 1848, die in Frankfurt zu einem blutigen Barrikadenaufstand führte, mühte sich die politische Mitte der

Nationalversammlung, ihr doppeltes Ziel einer freiheitlichen Verfassung und der Herstellung der nationalstaatlichen Einheit Deutschlands durch einen Kompromiß mit der gemäßigten Linken im März 1849 doch noch zu erreichen. Doch die liberal-bürgerliche Mehrheit der deutschen Nationalversammlung mußte ihre Hoffnungen endgültig begraben, als im Mai 1849 König Friedrich Wilhelm IV. von Preußen, der Dahlmann 1842 auf den Bonner Lehrstuhl berufen hatte und dem er sich mit seinem historisch-organischen Denken verbunden fühlte, die ihm von einer Deputation der Nationalversammlung unter Teilnahme Dahlmanns angetragene deutsche Kaiserkrone ablehnte. Wenige Tage später, am 21. Mai 1849, traten die meisten Abgeordneten der Mitte aus der Paulskirche aus; die Austrittserklärung stammte aus Dahlmanns Feder.

Dahlmann versuchte danach als Teilnehmer an der Gothaer Versammlung und als Mitglied des Erfurter Parlaments sowie der preußischen ersten Kammer zu retten, was an der bürgerlich-liberalen Einheitsbewegung noch zu retten war. Doch zum Herbst 1850 kehrte er endgültig nach Bonn an die Universität zurück. Er übernahm keine politische Aufgabe und publizistische Tätigkeit mehr. In seinen Lehrveranstaltungen verlagerte sich sein Engagement und das Interesse seiner Studenten immer mehr auf Vorlesungen über neuzeitliche Geschichte. Doch bis zu seinem Tod am 5. Dezember 1860 las der Bonner Professor für Staatswissenschaften und deutsche Geschichte in jedem Wintersemester über „Die Politik“, trug die Lehrsätze seines Hauptwerkes mit Überarbeitungen und Ergänzungen vor. In seinem letzten Lebensjahr brach Friedrich Christoph Dahlmann ein autobiographisches Manuskript bei der Schilderung der Vorgeschichte der Frankfurter Nationalversammlung mit dem resignativen, wenn nicht deprimierten Satz ab: „Leider hat kein einziger der heitren Ausblicke, welche das Vorwort in die deutsche Zukunft wirft, sich erfüllt“.

10. Freiheit und Macht

Im Frühjahr 1850 sprach Dahlmann auf der Gothaer Versammlung den verzweifelten Satz: „Jetzt stehen wir nur noch der brutalen Thatsache gegenüber.“ Damit meinte er die realen Machtverhältnisse in Deutschland, die keine Verwirklichung der bürgerlichen Hoffnungen nach Einheit und Freiheit erlaubten. Viele Historiker und Publizisten haben später unterstellt, daß das liberale Bürgertum und seine Wortführer nach der Ohnmachtserfahrung von 1848/49 eine Wende vom Idealismus zum Realismus, vom Freiheits- zum Machtgedanken, wenn nicht sogar von der Reform zur Restauration vollzogen hätten.

Als Beleg für diese realpolitische Wende des liberalen Bürgertums von der Priorität des Freiheitsideals zum Vorrang des Machtgedankens ist von dem Historiker Friedrich Meinecke (Die Idee der Staatsräson in der neueren Geschichte, 1906) Dahlmanns Äußerung in der Paulskirche zitiert worden: „Denn es ist hier nicht nur die Freiheit, die der Deutsche meint, es ist zur größeren Hälfte die Macht nach der es ihn gelüstet.“ Doch Meinecke und ihm folgend zahlreiche weitere Autoren wie der Verfassungshistoriker Ernst Rudolf Huber haben Dahlmanns parlamentarische Äußerung falsch zitiert und dadurch ihre Aussage erheblich simplifiziert. In Wirklichkeit erklärte Dahlmann am 22. Januar 1849 in der Debatte über das Reichsoberhaupt und hatte dabei vor allem seine bitteren Erfahrungen mit der Sistierung des Malmöer Waffenstillstandes im Auge: „Die Bahn der Macht ist die einzige, die den gährenden Freiheitstrieb befriedigen und sättigen wird, der sich bisher selbst nicht erkannt hat. Denn es ist nicht bloß die Freiheit, die er [der Freiheitstrieb, W.B.] meint, es ist zur größeren Hälfte die Macht, die ihm bisher versagte, nach der es ihm [dem Freiheitstrieb, W.B.] gelüstet.“ Das Subjekt dieses Satz ist also nicht „der Deutsche“, den Meinecke erfindet, sondern der „Freiheitstrieb“, der sich nicht eigenständig, sondern nur unter günstigen Machtverhältnissen verwirklichen kann.

Daß Freiheit ohne Macht nicht möglich sei, ist keine späte Erkenntnis der Liberalen unter dem Eindruck der Bismarckschen Einigung Deutschlands mit „Blut und Eisen“, sondern wurde ihnen bereits in der Ohmachtserfahrung der deutschen Einheits- und Verfassungsbewegung von 1848/49 bewußt. Diese Einsicht brachte August Ludwig von Rochau 1853 mit seinen „Grundsätzen der Realpolitik, angewendet auf die staatlichen Zustände Deutschlands“ auf den paradigmatischen Begriff, doch hatte Dahlmann sie bereits 1835 mit seiner Betonung der „gegebenen Zustände“ vorbereitet, auch wenn „Macht“ und „Nation“ zwei Begriffe sind, die er erst unter dem Eindruck der Erfahrungen der Paulskirche von 1848/49 in seinen politischen Sprachgebrauch aufnahm.

Nachbemerkung

Dahlmanns politiktheoretische Konzeption, die mehr dem politischen Freiheitsbegriff der älteren Ständegesellschaft des 18. Jahrhunderts als dem Demokratieprinzip der industriellen Massengesellschaft des 20. Jahrhunderts zugewandt war und zwischen Konservatismus und Liberalismus als ideengeschichtlichen Grundströmungen des 19. Jahrhunderts steht, ist heute in vielen Einzelheiten hoffnungslos veraltet. Doch gelang Dahlmann in seiner Zeit auf eigentümliche Weise die Vermittlung zwischen dem idealistischen Persönlichkeitsideal der Aufklärung und dem organischen Geschichtsbild der Romantik, zwischen der älteren Lehre der Politik und dem neuen Fach der Geschichtswissenschaft und nicht zuletzt zwischen den konstitutionellen Freiheitsforderungen und den nationalen Einheitsbemühungen. In dieser Synthese von zeitgenössischen Denkströmungen konnte sich das deutsche Bildungsbürgertum der ersten Hälfte des

19. Jahrhunderts wiederfinden. Hätten sich diese politischen Ideen und ihre verfassungsrechtlichen Konsequenzen 1848/49 in die politische Wirklichkeit umsetzen lassen, so wäre Deutschland zwar noch keine moderne Demokratie geworden, hätte aber einen wichtigen Schritt auf dem Weg zu einer „westlichen Demokratie" getan, wie ihn exemplarisch Großbritannien und die USA gegangen sind. Unter diesen Vorzeichen hätte der deutsche Sonderweg des autoritären Kaiserreiches und der totalitären Diktatur des Dritten Reiches vermieden werden können. Auch heute noch, nach dem Ende des 20. Jahrhunderts, enthält die Politikkonzeption Friedrich Christoph Dahlmanns Aussagen von klassischer Gültigkeit, an die ich erinnern wollte: die Einsicht in die Geschichtlichkeit der politischen Gegenwart, die Forderung nach Mäßigung in der Verfassungsordnung und die Verknüpfung von realistischer Analyse mit der Bewahrung normativen Grundannahmen in Politikwissenschaft und öffentlicher Meinungsbildung.

Robert von Mohl (1799–1875)

Michael Henkel

I. Einleitung: Neoliberalismus, abstrakter Rechtsstaat und die Kritik des Sozialstaates

Der Liberalismus ist seit John Rawls' *Theorie der Gerechtigkeit* von 1971 und besonders nach der politischen Zeitenwende 1989/90 wieder verstärkt in der Diskussion. Dabei zeigt sich, daß heute – wie schon zu früheren Zeiten – eine klare Beantwortung der Frage, was eigentlich liberal sei, was den Liberalismus ausmache, trotz aller Bemühungen kaum möglich ist.[1] Diese Debatte ist hier nicht zu verfolgen.[2] Vielmehr ist die Aufmerksamkeit zunächst auf eine spezifische Richtung gegenwärtigen liberalen Denkens zu richten. Diese präsentiert sich scharf profiliert, mit klaren Aussagen, konzisen Argumenten sowie konkreten Antworten und erzeugt so den Eindruck, daß im wesentlichen durchaus klar ist, was man unter Liberalismus zu verstehen habe. Gemeint ist diejenige Spielart liberalen Denkens, die man im englischen Sprachraum als *libertarianism* im Unterschied zum *liberalism* bezeichnet[3], und die im folgenden als Neoliberalismus bezeichnet wird.

---

1 Eine exemplarische Stimme ist etwa L. v. Wiese, Der Liberalismus in Vergangenheit und Zukunft, Berlin 1917, der von der „Vieldeutigkeit des Wortes Liberalismus" (S. 58) spricht.

2 Siehe zur jüngeren Liberalismusdiskussion exemplarisch die Sammelbände E. Brix/W. Mantl (Hg.), Liberalismus. Interpretation und Perspektiven, Wien/Köln/Graz, 1996; K. Michalski (Hg.), Die liberale Gesellschaft. Castelgandolfo-Gespräche 1992, Stuttgart 1993; H. G. Nutzinger (Hg.), Liberalismus im Kreuzfeuer. Thesen und Gegenthesen zu den Grundlagen der Wirtschaftspolitik, Frankfurt/M. 1986 (anders, als der Titel suggeriert, setzen sich die Beiträge zu diesem Band nicht nur mit Fragen der Wirtschaftspolitik auseinander); H. Vorländer (Hg.), Verfall oder Renaissance des Liberalismus? Beiträge zum deutschen und internationalen Liberalismus, München 1987.

3 Siehe dazu die Artikel *liberalism* und *libertarianism,* in: The Blackwell Encyclopaedia of Political Thought, hg. von D. Miller, Oxford 1991, S. 285–289, 289–291.

Natürlich spricht auch der Neoliberalismus nicht mit einer Stimme, vielmehr differenziert er sich in unterschiedliche Richtungen und Ansätze. Dennoch lassen sich einige zentrale Punkte benennen, in welchen die Neoliberalen zweifellos übereinstimmen.[4]

I. Zentral ist zunächst die Überzeugung, daß die unverfälschte Wettbewerbsordnung des reinen Marktes über die preisgesteuerte Allokation von Waren und Dienstleistungen zum optimalen gesellschaftlichen Reichtum und das heißt zum größten Wohl der Individuen führt.

II. Voraussetzung des freien Marktes und seiner Wohltaten ist in der neoliberalen Perspektive, daß sich der Staat auf den Schutz individueller Freiheitsrechte beschränkt. Die Aufgabe des Staates besteht demnach in der Garantie einer freien Zivilrechtsordnung, das heißt in der Garantie des Eigentums- und des Vertragsrechts. Ansonsten hat der Staat mittels des Strafrechts dafür zu sorgen, daß die Bürger auch untereinander ihre Rechte nicht verletzten.

III. Den genannten Postulaten liegt ein spezifisches Freiheitsverständnis zugrunde. Freiheit meint hier in erster Linie das rechtlich garantierte Privateigentum und das Recht, über dieses Eigentum frei im Rahmen der Privatrechtsordnung zu verfügen. Freiheit wird also verstanden als negative Freiheit, als eine „Freiheit von“, namentlich als Freiheit von staatlichem Zwang.[5]

IV. Die Auffassung vom Primat des Marktes, das Verständnis des Rechtsstaates und das beiden zugrundeliegende Freiheitsverständnis führen zu einer strikten Kritik des Neoliberalismus am Sozialstaat. Diese Kritik erfolgt in unterschiedlicher Intensität, wobei nicht-marktkonforme staatliche Leistungen oft zwar nicht generell abgelehnt, jedoch nur dann als legitim anerkannt werden, wenn sie vom Markt prinzipiell nicht bereitgestellt werden können oder wir-

---

4 Eine gute Einsicht in das neoliberale Denken vermitteln exemplarisch die folgenden Schriften neoliberaler Autoren: M. Friedman, Kapitalismus und Freiheit, Frankfurt/M./Berlin/Wien 1984, ders./R. Friedman, Chancen, die ich meine. „Free to Choose“. Ein persönliches Bekenntnis, Frankfurt/M./Berlin/Wien 1983, E. Weede, Wirtschaft, Staat und Gesellschaft. Zur Soziologie der kapitalistischen Marktwirtschaft und der Demokratie, Tübingen 1990.

5 „Die liberale Auffassung von Freiheit ist oft als ein lediglich negativer Begriff beschrieben worden, und das zu Recht. Wie Frieden und Gerechtigkeit bezieht sie sich auf die Abwesenheit eines Übels, auf eine Bedingung, die Möglichkeiten eröffnet, aber keine bestimmten Vorteile garantiert.“ (F. A. v. Hayek, Liberalismus, Tübingen 1979, S. 23). Zum Begriff der negativen Freiheit siehe insbesondere die inzwischen klassische Arbeit von I. Berlin, Zwei Freiheitsbegriffe (1958), in: ders., Freiheit. Vier Versuche, Frankfurt/M. 1995, S. 197–256.

Robert von Mohl (1799–1875)

kungsvoller als marktmäßige Leistungen sind.[6] Eine Politik zugunsten einzelner Gruppen indes wird zurückgewiesen.
Die in den vier Punkten zusammengefaßte neoliberale Doktrin führt im Ergebnis zu den bekannten Forderungen nach dem „schlanken Staat", nach Deregulierung, Privatisierung und gar nach Entpolitisierung[7] etc. Solche Forderungen und die zugrundeliegenden Auffassungen haben heute nicht nur wissenschaftliche, sondern auch politische Konjunktur und sie prägen in nicht unerheblicher Weise das Erscheinungsbild des gegenwärtigen Liberalismus.

Die skizzierten Auffassungen des Neoliberalismus kann man als abstrakt im Sinne Hegels bezeichnen. Abstrakt ist demnach ein Denken, das die Dinge und Gegebenheiten gedanklich aus den Zusammenhängen löst, in welchen sie stehen.[8] Abstraktes Denken ist mithin einseitiges Denken. Dementsprechend kann die neoliberale Konzeption des Rechtsstaates insofern als abstrakt charakterisiert werden, als in ihr nur auf die Garantie von individuellen Rechten, aber weder auf deren gesellschaftliche und politische Realisierungsbedingungen noch auf die freiheitsrelevanten Konsequenzen individuellen Freiheitsgebrauchs abgehoben wird.

Demgegenüber steht eine Tradition des Liberalismus, aus deren Perspektive die neoliberale Konzeption des abstrakten Rechtsstaates als ein halbierter Liberalismus erscheint. Diese Tradition folgt der Einsicht, daß der moderne Verfassungsstaat Rechts- *und* Sozialstaat sein muß, soll das ihm zugrundeliegende Prinzip der Freiheit wirklich werden.[9] Sie öffnet sich der Komplexität der Wirklichkeit und stellt die Verwirklichung der Freiheit in den Kontext ihrer sozialen und politischen Bedingungen. Paradigmatisch für diese Tradition steht das Werk des altliberalen Staatswissenschaftlers Robert von Mohl. Sein Staatsdenken wird im folgenden in der Absicht vorgestellt, den Blick auf eben diese Tradition freizulegen, die auch mehr als 200 Jahre nach Mohls Geburt und 127 Jahre nach seinem Tod Argumente für eine Kritik des halbierten Liberalismus

---

6 „Die liberale Forderung nach Freiheit verlangt, daß niemand von anderen Menschen in seinen persönlichen Anstrengungen behindert wird, erwartet aber nicht, daß die Gemeinschaft oder der Staat bestimmte Güter bereitstellt. Sie schließt kollektives Handeln nicht aus, wo es sich für die Bereitstellung gewisser Leistungen als nötig oder zumindest wirkungsvoller erweist, betrachtet das aber nur vom Standpunkt der Zweckdienlichkeit, und deshalb eingegrenzt durch das Grundprinzip der gleichen Freiheit unter dem Gesetz." (v. Hayek, Liberalismus, S. 23 f.).

7 Siehe A. de Jasay, Liberalismus neugefaßt – für eine entpolitisierte Gesellschaft, Berlin 1995.

8 Siehe G. W. F. Hegel, Wer denkt abstrakt? (1807), in: ders., Jenaer Schriften 1801–1807 (Werke, Band 2), Frankfurt/M. 1986, S. 575–581.

9 Siehe dazu etwa die Beiträge in K. Holl/G. Trautmann/H. Vorländer (Hg.), Sozialer Liberalismus, Göttingen 1986.

zu liefern vermag, die selbst der liberalen Denkweise entspringen. Im Verlaufe der Darstellung wird dabei nochmals auf den Neoliberalismus Bezug genommen, um die beiden liberalen Denkweisen einander gegenüberzustellen.

II. Robert von Mohl: Biographisches

Der am 17. August 1799 in Stuttgart geborene Mohl entstammt einer altwürttembergischen Honoratiorenfamilie.[10] Sein Vater war Regierungspräsident, Mitglied der Ersten württembergischen Kammer, zuletzt Konsistorialpräsident; mütterlicherseits war Mohl Urenkel des Reichspublizisten und Rechtskonsulenten der württembergischen Stände Johann Jakob Moser. Die elterliche Erziehung vermittelt dem jungen Mohl ein strenges Pflichtbewußtsein, zugleich ebnet sie den Weg für eine bürgerliche Laufbahn. Mohl studiert in Tübingen und Heidelberg Jurisprudenz, promoviert 1821 in Tübingen und wird dort nach einer ausgedehnten Bildungsreise bereits 1824 als außerordentlicher Professor auf einen juristischen Lehrstuhl berufen; 1827 wird er dortselbst ordentlicher Professor der Staatswissenschaften. Lange Jahre bekleidet er daneben das Amt des Oberbibliothekars der Universität. Politische Verwicklungen führen 1845 zu seiner Versetzung von der Universität zu einer Verwaltungstätigkeit bei der Kreisregierung nach Ulm, woraufhin Mohl im Dezember 1845 seinen Abschied aus dem württembergischen Staatsdienst nimmt.[11]

1846 wird Mohl in den Stuttgarter Landtag gewählt, 1847 wird er Professor in Heidelberg. 1848 zieht er in das Vorparlament und in die Nationalversammlung in Frankfurt ein. Hier gehört er dem linken Zentrum, d.h. der „Fraktion“ Württemberger (später Augsburger) Hof an, wird in den Verfassungsausschuß berufen und im August 1848 Reichsjustizminister. Diese Stellung hat er bis Mai

---

[10] Siehe zum folgenden die auf Mohls ausdrücklichen Wunsch erst postum erschienenen zweibändigen Lebens-Erinnerungen, Stuttgart, Leipzig 1902 sowie E. Angermann, Robert von Mohl. 1799–1875. Leben und Werk eines altliberalen Staatsgelehrten, Neuwied/Berlin 1962, 19–94. Kurzporträts zu Leben und Werk Mohls sind: E. Angermann, Mohl, in: Staatslexikon. Recht, Wirtschaft, Gesellschaft, hg. von der Görres-Gesellschaft, 3. Band, 7., völlig neu bearbeitete Auflage, Freiburg/Basel/Wien 1987, Sp. 1204 f.; F. Ronneberger, Zum 100. Todestag des Robert von Mohl, in: Die Verwaltung 9 (1976), S. 63–72; M. Stolleis, Robert von Mohl, in: Handwörterbuch zur deutschen Rechtsgeschichte, III. Band, hg. v. A. Erler/E. Kaufmann, Berlin 1984, Sp. 617–621.

[11] Siehe zu der politischen Affaire ausführlich Mohl, Lebens-Erinnerungen, II, 5 ff, zu der Versetzung insbes. S. 6.

1849 trotz der verschiedenen Kabinettswechsel inne.[12] Nach dem Scheitern der Nationalversammlung widmet er sich in Heidelberg für einige Jahre nochmals intensiv der Wissenschaft, wechselt 1861 aber endgültig in die Politik: In diesem Jahr wird er Vertreter Badens beim Bundestag in Frankfurt, nach der Auflösung des Deutschen Bundes 1867 Gesandter in München. 1874 bewirbt sich Mohl um ein Mandat im Reichstag des Kaiserreiches. In Erfüllung dieses Mandats ereilt ihn nach einem außerordentlich reichen und produktiven Leben als Gelehrter, Parlamentarier und Diplomat in der Nacht auf den 5. November 1875 in Berlin der Tod. Bezeichnend ist, daß man „den Toten am Morgen [...] mit dem Buche in der Hand"[13] gefunden hat.

III. Staat und Gesellschaft im Denken Robert von Mohls

1. Verfassung und Verwaltung

Mohls außerordentlich umfangreiches wissenschaftliches Œuvre ist ein Produkt jener enzyklopädischen Gelehrsamkeit, die mit Mohls Generation infolge der Ausdifferenzierung der Wissenschaften im 19. Jahrhundert von der Bühne der Forschung trat. Während er selbst noch in der überkommenen Tradition der enzyklopädisch betriebenen Policey- und Staatswissenschaft steht[14], befördert er in seinem Werk die Ausdifferenzierung und Trennung derjenigen wissenschaftlichen Disziplinen, die sich mit Staat, Verwaltung und Politik befassen. Robert

---

[12] Zu Mohls politischer Tätigkeit in der Nationalversammlung siehe jetzt P. Nordblom, Robert von Mohl, in: F. Engehausen/A. Kohnle (Hg.), Gelehrte der Revolution. Heidelberger Abgeordnete in der deutschen Nationalversammlung 1848/49, Ubstadt-Weiher 1998, S. 41–67.

[13] Angermann, Robert von Mohl, S. 94.

[14] Siehe dazu ausführlich das Standardwerk von H. Maier, Die ältere deutsche Staats- und Verwaltungslehre, 2., neubearbeitete und ergänzte Auflage, München 1980 sowie M. Stolleis, Geschichte des öffentlichen Rechts in Deutschland, erster Band: Reichspublizistik und Policeywissenschaft 1600–1800, München 1988, S. 334–393; zweiter Band: Staatslehre und Verwaltungswissenschaft 1800–1914, München 1992, passim, insbes. S. 243 ff. Der ältere Polizeibegriff ist erheblich umfassender als der des heutigen Polizeirechts und meint die am Staatszweck der Wohlfahrt orientierte gesamte praktische Verwaltung. Siehe zum älteren Polizeibegriff neben den vorgenannten Arbeiten die Studien von P. Preu, Polizeibegriff und Staatszwecklehre. Die Entwicklung des Polizeibegriffs durch die Rechts- und Staatswissenschaften des 18. Jahrhunderts, Göttingen 1983 und R. Schulze, Policey und Gesetzgebungslehre im 18. Jahrhundert, Berlin 1982.

von Mohl ist in dieser Hinsicht – und nicht nur in dieser – eine Figur des Übergangs.[15]

Einen bedeutenden Beitrag leistet Mohl namentlich für die Unterscheidung und Trennung von Verfassungsrecht einerseits und Verwaltungsrecht andererseits. Bereits seine frühe Schrift über *Das Bundes-Staatsrecht der Vereinigten Staaten von Nord-Amerika*[16] von 1824 ist auf die gesonderte Behandlung des Verfassungsrechts im ersten und des Verwaltungsrechts im zweiten Band angelegt. Zwar ist der zweite Band nicht erschienen, doch setzt Mohl den Gedanken einer getrennten Behandlung der beiden Rechtsgebiete in seiner umfassenden Darstellung des positiven Staatsrechts seiner Heimat unter dem Titel *Das Staatsrecht des Königreiches Württemberg*[17] fort, der Schrift, die ihn mit einem Male berühmt macht. In der Sache findet Mohl die Unterscheidung bereits vor und schon vor Erscheinen seines Werkes waren Lehrbücher erschienen, welche die Ausdrücke „Verfassungsrecht" und „Verwaltungsrecht" verwendeten.[18]

---

[15] U. Scheuner bezeichnet in seiner gründlichen Arbeit Der Rechtsstaat und die soziale Verantwortung des Staates. Das wissenschaftliche Lebenswerk von Robert von Mohl, in: Der Staat 18 (1979), S. 1-30, Mohl als „eine Gestalt des Übergangs und der Vermittlung älterer Überlieferungen" (S. 29), nicht ohne den Hinweis, daß Mohl als Formulierer neuer Gedanken, „die oft seiner Epoche erheblich vorausgingen", auch mehr als dies ist. Siehe auch Maier, Staats- und Verwaltungslehre, S. 232.

[16] R. Mohl, Das Bundes-Staatsrecht der Vereinigten Staaten von Nord-Amerika. Erste Abtheilung: Verfassungsrecht, Stuttgart, Tübingen 1824. Mohl ist einer der wenigen deutschen Staatswissenschaftler, die sich im Vormärz mit der US-amerikanischen Verfassung beschäftigen, mit der er sich auch in späteren Jahren mehrfach auseinandersetzt. Die Arbeit ist auch ein früher Ausdruck seines lebenslangen Interesses an der staatswissenschaftlichen Literatur des europäischen und außereuropäischen Auslandes, die er zeitlebens ausführlich rezipiert. Frucht dieser Studien ist eine Vielzahl von Aufsätzen über die entsprechende ausländische Literatur. Ein Teil dieser Studien findet sich in: Geschichte und Literatur der Staatswissenschaften. In Monographien dargestellt, 3. Bde., Erlangen 1855, 1856, 1858. Zu Mohls Beschäftigung mit der US-Verfassung siehe M. Dreyer, Die Verfassung der USA. Ein Modell für deutsche Verfassungsentwürfe des 19. Jahrhunderts?, in: J. Elvert (Hg.), Deutschland und der Westen im 19. und 20. Jahrhundert, Band 1, Transatlantische Beziehungen (HMRS, Beiheft 7), Stuttgart 1993, S. 225–246, hier S. 226 ff. und S. 237 f.

[17] R. Mohl, Das Staatsrecht des Königreiches Württemberg. Erster Theil, das Verfassungsrecht, Tübingen 1829, Zweiter Theil, das Verwaltungsrecht, Tübingen 1831. Zur Würdigung dieser Schrift siehe neben den nachfolgend genannten Arbeiten noch M. Friedrich, Geschichte der deutschen Staatsrechtswissenschaft, Berlin 1997, S. 203.

[18] Siehe dazu M. Stolleis, Verwaltungslehre und Verwaltungswissenschaft 1803–1866, in: K. G. A. Jeserich/H. Pohl/G.-C. Unruh (Hg.), Deutsche Verwaltungsgeschichte, Band 2: Vom Reichsdeputationshauptschluß bis zur Auflösung des Deutschen Bun-

Doch ist Mohl der erste, der die „sich allmählich ausformende Trennung zwischen Verfassungs- und Verwaltungsrecht [...] modellhaft“[19] durchführt. Die Stringenz von Anlage und Durchführung des Werkes wirkten stilbildend, und so übte die Arbeit auf nachfolgende Autoren landesstaatsrechtlicher Lehrbücher einen großen Einfluß aus und blieb „das lange maßgebliche Muster.“[20]

Die besondere Leistung Mohls besteht hier indes nicht nur in der systematischen Unterscheidung der beiden Rechtsgebiete, sondern vor allem darin, daß er Verfassungs- und Verwaltungsrecht aufeinander bezieht. Verwaltung nämlich hat für Mohl die Aufgabe der Konkretisierung der Verfassung. Ausdrücklich bezeichnet er als die Aufgabe der Verwaltung die Anwendung des allgemeinen Gedankens der Verfassung „auf die verschiedenen täglich vorkommenden Verhältnisse und Vorfälle“ bzw. die „Anwendung der durch die Verfassung festgestellten obersten Grundsätze auf die einzelnen Fälle.“[21]

Den Gedanken der Konkretisierung der Verfassung durch die Verwaltung faßt Mohl nahezu drei Jahrzehnte nach Erscheinen des zweiten Bandes seines württembergischen Staatsrechts in der *Encyklopädie der Staatswissenschaften* zusammen. Er führt dort aus: „Verfassung ist die Summe der Einrichtungen und Bestimmungen, welche den concreten Staatszweck feststellen, den zu seiner Verwirklichung bestimmten Organismus in den wesentlichen Grundzügen ordnen und erhalten, die zur Durchführung nöthige Staatsgewalt nach Form, Grenzen und Inhaber bezeichnen, endlich die Verhältnisse zwischen den Staatsangehörigen (Einzelnen sowohl als gesellschaftlichen Kreisen) und der Gesammtheit grundsätzlich regeln. Die Verwaltung dagegen ist die Gesammtheit der Vorschriften und Handlungen, welche dazu bestimmt sind, den Inhalt der Verfassung in allen einzelnen vorkommenden Fällen zur Anwendung zu bringen und demgemäß das ganze Leben im Staate einheitlich zu leiten. Die Verfassung ist also die Grundlage, der Grundsatz, das Ruhende und Feste; die Verwaltung aber das sich Bewegende und Wechselnde, die Wirksamkeit und die Anwendung im Staate.“[22]

Gegenüber Mohls Konstruktion eines auf die Verfassung bezogenen Verwaltungsrechts (und eines verfassungsmäßigen Verwaltungshandelns) bedeutet die nach 1850 zunehmende Entpolitisierung des Verwaltungsrechtes im Rechtspo-

---

des, Stuttgart 1983, S. 56–94, hier S. 87 und Scheuner, Rechtsstaat und soziale Verantwortung, S. 14.

19 Stolleis, Geschichte des öffentlichen Rechts, II, S. 173.

20 Ders., Verwaltungslehre und Verwaltungswissenschaft, S. 79, siehe auch ders., Geschichte des öffentlichen Rechts, II, S. 173.

21 R. v. Mohl, Das Staatsrecht des Königreiches Württemberg, zweiter Band, Das Verwaltungsrecht, 2. Auflage, Tübingen 1840, S. 3.

22 Ders., Encyklopädie der Staatswissenschaften, Tübingen 1859, S. 130 f.

sitivismus[23] (der indes für die Durchsetzung einer selbständigen Verwaltungsrechtslehre und die Herausbildung des Allgemeinen Verwaltungsrechts seine eigenen spezifischen Verdienste hat) aus heutiger Perspektive einen Rückschritt. Diese Entwicklung spiegelt sich in ihrer Konsequenz in jenen berühmten Worten Otto Mayers wider, daß das Verfassungsrecht vergehe, Verwaltungsrecht aber bestehen bleibe. In der Konsequenz dieses Gedankens liegt dann der Satz im Vorwort zur dritten Auflage des epochemachenden Werkes Mayers über *Deutsches Verwaltungsrecht* aus dem Jahre 1924: „Groß Neues ist ja seit 1914 und 1917 nicht nachzutragen.“[24] Seit Otto Mayers Werk hat sich indes – namentlich unter der Geltung des Grundgesetzes – vieles verändert: Die Entwicklung ging wieder hin zu Mohls Erkenntnis, daß „die Verwaltung [...] ganz innerhalb des Gedankens der Verfassung“[25] sei.[26] In einem in diesem Kontext häufig zitierten Aufsatz sprach der damalige Präsident des Bundesverwaltungsgerichts Fritz Werner 1955 vom Verwaltungsrecht als konkretisiertem Verfassungsrecht[27] – und vertrat damit eine Position, die Mohl im Grundsatz bereits 125 Jahre zuvor wegbereitend entwickelt hatte. Mohls Unterscheidung und Verhältnisbestimmung zwischen Verfassung und Verwaltung steht von Anfang an im Kontext seiner Konzeption des Rechtsstaates. Bereits im *Staatsrecht des Königreiches Württemberg* wird die Ordnung des öffentlichen Rechts aus der Perspektive des Rechtsstaatsbegriffs erarbeitet. Eine systematische Entfaltung der Rechtsstaatskonzeption bringt indes erst die *Polizei-Wissenschaft nach den Grundsätzen des Rechtsstaates*[28], die in ihrer ersten zweibändigen Auflage bereits bald nach Erscheinen des zweiten Bandes des württembergischen Staatsrechts 1832/33 erscheint. Erich Angermann bezeichnet dieses Buch „trotz aller Mängel im einzelnen“ als Mohls „wohl [...] bedeutendstes Werk.“[29]

---

23 Siehe dazu Stolleis, Geschichte des öffentlichen Rechts, II, 276 ff., S. 381–384; ders., Verwaltungslehre und Verwaltungswissenschaft, S. 88 ff.

24 O. Mayer, Deutsches Verwaltungsrecht, Erster Band, 3. Auflage, 1924, zitiert nach dem Nachdruck Berlin 1969, hier VI. Zu Mayer siehe Stolleis, Geschichte des öffentlichen Rechts, II, S. 403 ff.

25 Mohl, Encykolopädie, S. 133.

26 Siehe exemplarisch das Lehrbuch von H. Maurer, Allgemeines Verwaltungsrecht, 12. Auflage, München 1999, S. 12 f.

27 F. Werner, Verwaltungsrecht als konkretisiertes Verfassungsrecht, in: DVBl 1959, S. 527–533, dort S. 527 zu Otto Mayer.

28 Hier wird zitiert nach der überarbeiteten dreibändigen zweiten Auflage: R. v. Mohl, Die Polizei-Wissenschaft nach den Grundsätzen des Rechtsstaates, erster und zweiter Band, 2., umgearbeitete Auflage, Tübingen 1844, dritter Band, System der Präventiv-Justiz oder Rechts-Polizei, Tübingen 1845. Eine dritte, abermals überarbeitete Auflage erschien 1866.

29 Angermann, Robert von Mohl, S. 119.

2. Der Rechtsstaat

Mohls Konzeption des Rechtsstaates ist zum einen „die erste eingehende rechtsdogmatische Ausarbeitung der Rechtsstaatsidee“[30], kann aber zum anderen – wie die wegweisende Studie Katharina Sobotas über *Das Prinzip Rechtsstaat* zeigt – auch heute noch als Quelle für eine angemessene Rekonstruktion des grundgesetzlichen Rechtsstaatsprinzips fruchtbar gemacht werden.

Mohl knüpft an die aufklärerisch-vernunftrechtliche Tradition des Rechtsstaatsgedankens an. Der in dieser Tradition (die in Deutschland namentlich von Wilhelm von Humboldt, Kant und Schiller entscheidend geprägt wurde) entwickelte Rechtsstaatsbegriff ist unhintergehbar, da die Rechtmäßigkeit staatlichen Handelns ebenso wie der gesetzliche Rechtsschutz des Individuums schlicht die *conditio sine qua non* eines freiheitlichen Staates darstellt, was auch für Mohl eine Selbstverständlichkeit ist. Dementsprechend bestimmt Mohl im *Staatsrecht des Königreiches Württemberg*, daß „der Staatstheilnehmer“ im Rechtsstaat „nicht durch willkürliche Befehle einer höheren menschlichen oder übersinnlichen Macht, sondern nur durch allgemeine, für alle gültige Gesetze Aenderungen und Bestimmungen seines Rechtsverhältnisses erfahren“[31] dürfe.

Hiermit verweist Mohl also den Rechtsstaat auf die Rechts- bzw. genauer die Gesetzförmigkeit des staatlichen Handelns, wodurch die formale Seite des Rechtsstaates zu einem wesentlichen Aspekt des Konzepts wird: „Heilighaltung alles Rechtes ist der erste Grundsatz in einem Rechtsstaate.“[32] Gleichwohl geht Mohl über die rein formale Sichtweise des Rechtsstaates hinaus.[33] Ausdrücklich weist er die Auffassung – die er insbesondere auch Kant und der vernunftrechtlichen Schule zuspricht – als unvollständig zurück, nach der die Aufgabe des Staates allein im Rechtsschutz bestehe.[34] Dementsprechend geht es Mohl mit seinem Rechtsstaatsbegriff um die Aufhebung jener Unvollständigkeit. Die konzeptionelle Grundlage hierfür gewinnt er aus der Betrachtung des in der Verfassung verankerten Zwecks eines Rechtsstaates. Dazu schreibt er: „Ein

---

[30] K. Sobota, Das Prinzip Rechtsstaat. Verfassungs- und verwaltungsrechtliche Aspekte, Tübingen 1997, S. 265 f., siehe auch ebd. S. 308.

[31] Mohl, Staatsrecht Württemberg, I, S. 182.

[32] Ders., Polizei-Wissenschaft, I, S. 21.

[33] Der Aspekt des formalen Rechtsstaates in Mohls Rechtsstaatsbegriff wird von Angermann betont. Siehe Angermann, Robert von Mohl, passim, insbes. etwa S. 38, 128, 196.

[34] „Wenn der Rechtsstaat so häufig, namentlich von der Kantischen Naturrechts-Schule, blos als eine Anstalt zur Sicherung der Rechte erklärt und behandelt wird, so springt die Unvollständigkeit dieser Ansicht in die Augen. Wer möchte und könnte in einem Staate leben, der nur Justiz übte, allein gar keine polizeiliche Hülfe eintreten ließe?“ Mohl, Polizei-Wissenschaft, I, S. 10, Fn. 1.

Rechtsstaat kann [...] keinen anderen Zweck haben, als den: das Zusammenleben des Volkes so zu ordnen, daß jedes Mitglied desselben in der möglichst freien und allseitigen Uebung und Benützung seiner sämmtlichen Kräfte unterstützt und gefördert werde."[35] Der Mensch, dessen freie Entfaltung durch den Rechtsstaat „unterstützt und gefördert" werden soll, wird dabei als ein „sinnlich-geistiges Wesen"[36] vorgestellt.

Mohl betrachtet den Rechtsstaat ebenso wie diejenigen Staatstypen, die er dem Rechtsstaat entgegenstellt (Theokratie, Despotie, Patrimonialstaat und patriarchalischer Staat[37]) als Ausdruck eines historisch gewachsenen Selbstverständnisses, das heißt der Mentalität eines Volkes. Der Rechtsstaat entspricht dem Selbstverständnis eines freien Volkes, das seine Lebenszwecke „in der möglichst allseitigen vernunftmäßigen Ausbildung sämmtlicher geistiger und körperlicher Kräfte, welche in den Menschen gelegt sind"[38], findet, was die Entfaltung des Individuums meint: „Jeder Einzelne legt, und zwar in seiner Doppeleigenschaft als sinnlich-geistiges Wesen, einen hohen, nicht blos rechtlichen, Werth auf sich, verlangt über sich verfügen zu dürfen, hierbei unterstützt zu werden, und findet in Streben und Ausbildung sein Glück."[39] Die Beschränkungen, denen das Individuum dabei unterliegt, sind gesetzt von der Vernunft und vom Recht. Entsprechend soll der Bürger im Rechtsstaat „handeln und sich bewegen innerhalb der Gränzen der Vernunft und des Rechtes."[40] Hier denkt Mohl ganz modern und im Sinne der liberalen Ideen der Aufklärung: Das Recht „definiert die Trennlinie zwischen privater Freiheit und Staatsunterworfenheit"[41], die Vernunft leitet den Einzelnen in seiner Lebensführung. Indes handelt es sich bei Mohl nicht etwa um eine von aller Erfahrung gereinigte Vernunft, sondern gemeint ist die „aus Lebensklugheit und praktischer, möglichst beruflicher Erfahrung erwachsen[e]"[42] Vernunft.

Die von Mohl zugrundegelegte Vorstellung vom Menschen hat für den Rechtsstaat unter den vorfindlichen Bedingungen der sich industrialisierenden Gesellschaft zur Konsequenz, daß er sich um seines Zweckes willen nicht auf die Aufrechterhaltung der Rechtsordnung beschränken kann, sondern vielmehr dort, wo es dem einzelnen Individuum nicht von alleine möglich ist, seine vernünftige Lebensführung zu fördern, die allgemeinen Grundlagen hierfür bereit-

---

35 Ebd., S. 8.
36 Ebd., S. 4.
37 Siehe ebd., S. 5.
38 Ebd.
39 Ebd., siehe auch ebd., S. 7.
40 Ebd., S. 8.
41 Sobota, Prinzip Rechtsstaat, S. 309.
42 Ebd.

zustellen. Die Notwendigkeit sozialstaatlichen Handelns ergibt sich aus den negativen sozialen Folgen der Industriegesellschaft.[43]

Damit obliegt dem Rechtsstaat eine soziale Verantwortung[44], die aber nicht mehr die obrigkeitlich-paternalistische Herstellung der Wohlfahrt für die Untertanen, sondern die vielmehr eine Konsequenz aus der Verpflichtung des Rechtsstaates auf Freiheit, d.h. auf Beförderung der freien Entfaltung des Einzelnen ist. Abgesehen von der Tatsache, daß das wohlfahrtliche Handeln der Polizei im Rechtsstaat an das Gesetz gebunden ist[45], wird der Freiheitssinn des sozial verantwortlichen Staates nicht zuletzt darin deutlich, daß Mohl stets von einem Primat der individuellen Selbständigkeit, der Eigenverantwortung und der Selbsthilfe ausgeht.[46] Das soziale – in Mohls Worten: polizeiliche – Tätigwerden des Rechtsstaates hat in bezug auf jene Lebenslagen, die dem einzelnen ob seiner Selbstbestimmung zunächst zuzumuten sind, im Prinzip subsidiären Charakter.

So bestimmt Mohl in der *Encyklopädie der Staatswissenschaften* die Aufgabe des Rechtsstaates als „eine doppelte“: „Erstens, Aufrechterhaltung der Rechtsordnung im ganzen Bereiche der Staatskraft, als ein Bedürfnis und ein Gut an sich und die Bedingung alles Weiteren. Zweitens, die Unterstützung vernünftiger menschlicher Zwecke, wo und insoweit die eigenen Mittel der einzelnen oder bereits zu kleineren Kreisen vereinigten, Betheiligten nicht ausreichen. [...] Das dadurch entstehende Verhältniß ist ohne Zweifel wegen der Verbindung von Selbstbestimmung und von kräftiger Unterstützung zur Ausbil-

---

[43] Zu nennen sind für die ersten Entwicklungsdekaden der Industriewirtschaft zu Beginn des 19. Jahrhunderts etwa die hohe Gesundheits- und Unfallgefährdung insbesondere bei der Industriearbeit, die für Familien oft ökonomisch unverzichtbare Kinderarbeit, lange Arbeitszeit, mangelnde Absicherung bei Alter, Invalidität, Krankheit etc. Bei diesen Erscheinungen handelte es sich um eine Strukturkrise der Gesellschaft, mithin um ein allgemeines Phänomen, dem daher in erster Linie die staatlich organisierte Allgemeinheit effektiv begegnen konnte.

[44] „Die ‚soziale Frage‘ ist in seiner [i.e. Mohls, M.H.] Sicht ein Problem des Staates, nicht der Gesellschaft.“ (A. Bark, Robert von Mohl, in: M. J. Sattler (Hg.), Staat und Recht. Die deutsche Staatslehre im 19. und 20. Jahrhundert, München 1972, S. 23–42, Anmerkungen 166–169, hier S. 37).

[45] Siehe dazu ausführlich Mohl, Polizei-Wissenschaft, I, S. 31 ff., im einzelnen auch Sobota, Prinzip Rechtsstaat, 313 f., S. 316 f.

[46] Siehe etwa Mohl, Polizei-Wissenschaft, II, S. 116: „Die Polizei [hat] nicht zu helfen [...], wo der Einzelne selbst zu Stande zu kommen vermag.“ Ferner ders., Encyklopädie, S. 325: Grundsatz für die Tätigkeit des Rechtsstaates bleibe „die Selbstthätigkeit des Einzelnen und in zweiter Reihe die der gesellschaftlichen Kreise; beides jedoch wird ergänzt und geordnet durch den einheitlichen Gedanken und die Gesammtmacht des Staates.“ Siehe zum Ganzen auch Sobota, Prinzip Rechtsstaat, S. 315.

Blieb Mohl die demokratische Idee fremd, so wandelte er sich andererseits von einem Anhänger der Auffassung, daß die Regierung in der konstitutionellen Monarchie politisch allein dem Monarchen verantwortlich sei, zu einem Verteidiger der parlamentarisch verantwortlichen Regierungsweise innerhalb der konstitutionellen Monarchie.[80] Seine Entwicklung in der Frage der Stellung der Volksvertretung steht vor dem Hintergrund der Einsicht in die Funktionsschwächen des Dualismus der Staatsleitung in der konstitutionellen Monarchie, und seine Konzeption muß von dort her als Versuch angesehen werden, nach Lösungsmöglichkeiten für die Probleme – durchaus im Sinne westlicher Vorbilder, namentlich Englands – zu suchen.[81]

Daß eine Befürwortung der parlamentarisch verantwortlichen Regierungsweise automatisch die Frage nach der Zusammensetzung des Parlamentes nach sich zieht und eine Lösung verlangt, liegt auf der Hand. Den Weg des allgemeinen Wahlrechts lehnt Mohl wie gesehen ab. Stattdessen entwickelt er zur Lösung dieser Frage ein Modell, nach dem die Repräsentation des Volkes mittels Sondervertretungen für berufliche Interessen, Regionalvertretungen und ein zentrales Parlament erfolgen soll. In diesen Vorstellungen zeigen sich die Grenzen des Mohlschen politischen Denkens. Michael Stolleis kommentiert zutreffend: „Das Ganze war unpraktikabel und, angesichts der Machtverhältnisse nach 1850, auch unrealistisch, aber doch ein charakteristischer Vermittlungsversuch eines Altliberalen, der den langen Übergang von der Ständegesellschaft in die demokratische Gesellschaft mitvollzog, ohne sich zum letzten Schritt entschließen zu können."[82]

IV. Robert von Mohl und der Liberalismus der Gegenwart

Es ist unschwer zu sehen, daß Mohls prinzipielle Ansichten über den Rechtsstaat heute nicht nur Allgemeingut im politischen Denken geworden sind, sondern daß sie sich im Verfassungsstaat unserer Zeit realisiert haben. Wenn wir heute Mohls Arbeiten lesen, finden wir in vielen Punkten unser politisches

80 Siehe dazu im einzelnen ausführlich H. Boldt, Deutsche Staatslehre im Vormärz, Düsseldorf 1975, S. 233–261, Angermann, Robert von Mohl, S. 388–448; ferner V. Hartmann, Repräsentation in der politischen Theorie und Staatslehre in Deutschland. Untersuchung zur Bedeutung und theoretischen Bestimmung der Repräsentation in der liberalen Staatslehre des Vormärz, der Theorie des Rechtspositivismus und der Weimarer Staatslehre, Berlin 1979, S. 98–116, Scheuner, Rechtsstaat und soziale Verantwortung, S. 24 ff., Sobota, Prinzip Rechtsstaat, S. 310 ff. sowie knapp: Stolleis, Geschichte des öffentlichen Rechts, II, S. 175 f.

81 Siehe dazu Scheuner, Rechtsstaat und soziale Verantwortung, S. 26.

82 Stolleis, Geschichte des öffentlichen Rechts, II, S. 176.

Selbstverständnis zum Ausdruck gebracht. Dies gilt weniger für einzelne Lösungsvorschläge Mohls (etwa bezüglich des allgemeinen Wahlrechts), bei denen er immer wieder den Vorstellungen seiner Zeit verhaftet bleibt, aber es gilt zweifellos für seine erfahrungsgesättigte und wirklichkeitsnahe Darlegung der Prinzipien eines freiheitlichen Staates, eines Rechtsstaates. Wenn Mohls prinzipielle Vorstellungen für uns heute selbstverständlich sind, sie uns *prima facie* keine Überraschungen bieten, so reflektiert diese Tatsache in den Worten Lothar Galls „den in dieser Form historisch fast einmaligen Vorgang, daß eine politische und soziale Reformbewegung sich in der Substanz, d.h. hinsichtlich ihrer sachlichen Hauptforderungen soweit durchsetzte – wenngleich vielfach nicht aus eigener Kraft –, daß sie ihren ursprünglichen und spezifischen, sie von anderen unterscheidenden Charakter fast völlig einbüßte."[83] Dieser Umstand hat nun verschiedene Konsequenzen für den zeitgenössischen Liberalismus:

Zum einen bedeutet er, daß heute – von politischen Randgruppen abgesehen – alle gesellschaftlich-politischen Vorstellungen liberale Vorstellungen sind. Für einen parteipolitischen Liberalismus resultiert hieraus das Problem des programmatischen Profils: Mit einer Überzeugung, die alle teilen, kann man sich nicht mehr vor anderen auszeichnen. Dies soll hier nicht weiter verfolgt werden.

Zum anderen bedeutet es aber folgendes: Mit den von Mohl auf den Begriff gebrachten Prinzipien des sozialen Rechtsstaates läßt sich auch heute noch die prinzipielle Legitimität des Sozialstaates ausweisen und zeigen, daß der Sozialstaat selbst einen Freiheitssinn hat. Folgt man hierin Mohl, so zeigt sich, daß die neoliberale Kritik, die heute dem Sozialstaat mit dem Argument der Freiheit die Legitimität zu entziehen sucht, auf einem verkürzten Freiheitsverständnis beruht, das der Wirklichkeit nicht gerecht wird. So erweist sich aus der Perspektive des Mohlschen Liberalismus nicht nur, *daß* der gegenwärtige Neoliberalismus eine Ideologie darstellt, sondern auch, *warum* dies so ist: Es hat seinen Grund im eingangs skizzierten abstrakten Freiheitsdenken, das sich mit dem Gedanken beruhigt, Freiheit sei bereits dann wirklich, wenn das Individuum rechtlich (und primär zum freien Wirtschaften) freigesetzt wird. Diese Sichtweise blendet aus, was Mohl in seinen Überlegungen in Rechnung stellt, daß nämlich die rechtlich garantierte Freiheit des Einzelnen auch auf nicht-rechtlichen allgemeinen Voraussetzungen beruht, nämlich insbesondere materiellen und bildungsmäßigen. Diese allgemeinen Voraussetzungen unter den Bedingungen der Industriegesellschaft zu sichern, ist die Aufgabe des modernen sozialen Rechtsstaates, soll die freie Entfaltung der Person Realität werden können.

---

83 L. Gall, Einleitung, in: ders. (Hg.), Liberalismus, 3. Auflage, Königstein/Ts. 1985, S. 9–19, hier S. 15.

Die derart entfaltete Position Mohls legt es nahe, sein Denken als *sozial- liberales Ordnungsdenken* zu kennzeichnen. Doch kann dieses Denken auch noch in anderer Weise charakterisiert werden. Mohls inhaltliche Resultate lassen sich nämlich auf einen spezifischen Aspekt seines Denkens zurückführen, und es ist dieser Aspekt, in dem man aus politiktheoretischer Perspektive vielleicht den eigentlichen Gewinn einer heutigen Auseinandersetzung mit dem Werk Robert von Mohls sehen kann und der sich erst dem zweiten Blick auf dieses Werk offenbart. Dieser Aspekt ist Gegenstand der folgenden Überlegungen.

V. Robert von Mohl und der aristotelische Sinn für Angemessenheit im politischen Denken

In der Darstellung des Mohlschen Staatsdenkens wurde versucht, eine Eigenart dieses Denkens hervorzuheben. Diese Eigenart soll als Mohls *Sinn für Angemessenheit* bezeichnet werden. Bei jeder Frage, die Mohl beschäftigt, läßt er sich von seinen Prinzipien leiten, die er aus einer Aufklärung des bürgerlichen Selbstverständnisses gewinnt. Von diesen Prinzipien ausgehend wägt er bei jedem Problem andere Auffassungen ab, sucht nach Argumenten, die für diese sprechen, also deren wahren Kern, und sucht ebenso nach Gegenargumenten. Kaum läßt sich Mohl hinreißen zu apodiktischem Urteil, stets ist er offen und immer orientiert er sich an den realen Gegebenheiten als dem Ausgangspunkt seines Urteils. Die einzig richtige Lösung gibt es für ihn nicht, alles hat mehrere Seiten. So schreibt er beispielsweise einmal in bezug auf die Arbeiterfrage: „Sehr wünschenswerth wäre ohne Zweifel, wenn ein einziger und einfacher Gedanke gefunden werden könnte, welcher an sich untadelhaft und zu gleicher Zeit mächtig genug wäre, die Frage zur allgemeinen Zufriedenheit zu ordnen. Leider ist dem aber nicht so und kann nicht sein, weil die itzt bestehenden Missstände nicht nur manchfach sind, sondern auch, zunächst wenigstens, verschiedenen Ursachen entspringen. [...] Wenn eine richtige Gewältigung der Frage so einfach wäre und in dem Kreise der gewöhnlichen Gedanken läge, so würde sie schon längst gelöst sein und nicht von aller Welt für so schwierig gehalten werden und auch thatsächlich sich als solche ausweisen.“[84]

Die Wirklichkeit ist bunt und vielfaltig und sie erfordert in Mohls Sicht ein für diesen Umstand angemessenes Denken, ein Denken, das die Dinge in ihren mannigfachen Kontexten und Zusammenhängen sieht, ein Denken, dem Simplifizierung und Utopismus fremd sind. Ganz nüchtern schreibt Mohl in diesem Sinne: „In der Politik muss man das Erreichbare sich vorsetzen und nicht das

[84] Mohl, Staatsrecht, Völkerrecht und Politik, III, S. 566 f.

Bessere den Feind des Guten sein lassen."[85] Man kann solches Denken als konkretes dem abstrakten Denken entgegengesetzen.[86]

In einem weiteren Schritt kann man nun diese politische Denkweise Mohls als *aristotelisch* bezeichnen. Maß und Mitte sind die regulativen Ideen des Aristoteles, und Maß und Mitte kennzeichnen durchweg Mohls Staatswissenschaft. Aber noch mehr berechtigt dazu, Mohls Denken als aristotelisch zu bezeichnen.[87] Wie Aristoteles geht Mohl nicht von abstrakten Prinzipien aus, sondern er orientiert sich an der bunten Realität, an dem Selbstverständnis der beobachteten Gesellschaft, aus dem er seine Prinzipien gewinnt.[88] Und schließlich sind sowohl Mohls Auffassung vom Menschen als einem sinnlich-vernünftigen Wesen wie auch seine Überzeugung, daß der Staat der Entfaltung der menschlichen Anlagen zu dienen habe, aristotelisch. Die Charakterisierung des Mohlschen Denkens als aristotelisch bedeutet keineswegs, daß Mohl in systematischer Weise Aristoteles rezipiert und sich ausdrücklich – wie etwa Dahlmann – in eine aristotelische Tradition gestellt hätte. Beides ist nicht der Fall.[89] Aber wenn man die aristotelische Denkweise als einen durch die genannten Merkmale bestimmten *Typus* auffaßt, besteht doch Berechtigung, Mohls Denken unter diesen Typus, für den Aristoteles der herausragende und paradigmatische Repräsentant ist, zu fassen.

Der Mohlsche Aristotelismus ist dabei nicht der paternalistische Aristotelismus oder aristotelische Eudämonismus der älteren Policeywissenschaft und der Reichspublizistik vor 1800. Letzterer stellt zweifellos eine durch bestimmte historische Entwicklungen in Deutschland verursachte Verzerrung des Aristote-

[85] Ebd. S. 581.

[86] In diesem Sinne ließe sich Mohls Denkweise als konkretes Ordnungsdenken charakterisieren. Dieser Begriff gilt indes aufgrund seiner Prägung durch Carl Schmitt, bei dem er in engem Zusammenhang mit einer Apologie der nationalsozialistischen Praxis steht, als diskreditiert und erschwert so im Zweifel eine nüchterne Diskussion. Zu Schmitts Konzeption des konkreten Ordnungsdenkens siehe H. Hofmann, Legitimität gegen Legalität. Der Weg der politischen Philosophie Carl Schmitts, 3. Auflage, Berlin 1995, insbes. S. 172 ff.

[87] Die hier zugrundegelegte Konzeption des Aristotelismus folgt im wesentlichen der Interpretation von Sobota, Prinzip Rechtsstaat, S. 283–299.

[88] Diese Methode wird von Eric Voegelin, Die Neue Wissenschaft der Politik. Eine Einführung, 4. Auflage, Freiburg, München 1991, S. 52 ff. als „das aristotelische Verfahren kritischer Klärung" vorgestellt.

[89] Überhaupt hat sich Mohl nie als Philosoph verstanden – Grund dafür, daß sein Werk keinen philosophisch-systematischen Charakter hat. Siehe dazu etwa Scheuner, Rechtsstaat und soziale Verantwortung, S. 7 oder Sobota, Prinzip Rechtsstaat, S. 310: „Philosophen hat Mohl nichts zu bieten." Seinen Mangel an philosophischer Begabung konstatiert Mohl selbst in den Lebens-Erinnerungen, I, S. 91 f.

lischen Denkens dar[90]: Für Aristoteles selbst waren Politik und politische Ordnung ein Verhältnis von Freien und Gleichen untereinander, während der absolutistische Staat – aufgeklärt oder nicht – ein Verhältnis zwischen paternalistischer Obrigkeit und unfreien Untertanen darstellte. Für Mohl aber war die Freiheit Grundlage des modernen Rechtsstaates.

VI. Ausblick

Robert von Mohls Leistung besteht zum einen darin, in der Freiheit – verstanden als die allseitige, leiblich-geistige Entfaltung der Persönlichkeit – ein Prinzip zu sehen, das in sich wandelnden gesellschaftlichen Kontexten immer wieder neu verwirklicht werden muß. Entsprechend muß für ihn der auf dem Prinzip Freiheit beruhende Rechtsstaat unter den Bedingungen der Industriegesellschaft sozialer Rechtsstaat sein. Die Freiheit als Prinzip ist für Mohl also ein Optimierungsgebot. Damit stellt er sich bereits von seinem Ansatz her gegen – heute innerhalb des Liberalismus durchaus verbreitete – Auffassungen, welche die Verwirklichung von Freiheit in der Garantie von Rechtsregeln sehen, ohne die sozialen Konsequenzen eines entsprechenden Freiheitsgebrauchs zu berücksichtigen. Solche Auffassungen, die regelmäßig eine Freiheitsfeindlichkeit des Sozialstaates konstatieren, müssen aus einer Mohlschen Perspektive als doktrinär erscheinen.

Auf der anderen Seite – und hierin liegt eine weitere Leistung – verdeutlicht Mohls Ansatz, wie politische Ordnung nur aus einem – aus ihrem – Prinzip heraus angemessen verstanden werden kann. Gerade diesbezüglich kann Mohl heute lehrreich sein, wenn etwa in der Staatsrechtslehre gelegentlich davon die Rede ist, daß man juristisch auf das Rechtsstaatsprinzip verzichten könne, da dieses allein in einzelnen Verfassungsnormen kodifiziert sei und sich von daher ein Rekurs auf das Rechtsstaatsprinzip als solches erübrige.[91] Diese Auffassung verkennt indes den eigenständigen normativen Sinn des Rechtsstaatsprinzips,

---

[90] Viele Vorstellungen von Aristoteles und dem Aristotelismus, die heute manche Vertreter liberaler Konzeptionen verbreiten, sind noch immer in diesem Zerrbild befangen, woraus sich dann ein mehr oder weniger dezidierter Anti-Aristotelismus ergibt. Solches wird dem Denken des Aristoteles natürlich keineswegs gerecht. Siehe exemplarisch etwa W. Kersting, Die politische Philosophie des Gesellschaftsvertrags, Darmstadt 1994, S. 1 ff.

[91] So namentlich P. Kunig, Das Rechtsstaatsprinzip, Tübingen 1986 oder F. E. Schnapp, Art. 20, in: I. v. Münch/P. Kunig (Hg.), Grundgesetz-Kommentar, Band 1, 4. Auflage, München 1992, Rn. 21.

Das Zukunftsbild, das er entwarf, war, so hat man gesagt, das „einer klassenlosen Bürgergesellschaft ‚mittlerer' Existenzen."[1]

Die politische Philosophie des nachkantischen Liberalismus war synkretistisch, von verschiedensten Traditionen geprägt. Naturrechtliche Vertragslehren wirkten ebenso fort wie englisches Recht und ständisch-libertäres Herkommen. Erst im „Projekt" der Verfassungsgebung nach 1815 vereinigten sich Strebungen und Gedanken. In der Philosophie konstitutioneller Politik traten die Schuldifferenzen zurück, welche Rationalisten und Anhänger des historischen Rechts sonst trennten.

Der Bauplan liberaler Politik war dualistisch konstruiert – wie das System selbst, dem sein Bemühen galt. Dualismus meinte zunächst Gewaltenteilung, aber er bedeutete mehr als diese. Über die Scheidung von Funktionen hinaus meinte er die Abgrenzung von Sphären des Politischen. Da war auf der einen Seite das Parlament als Repräsentanz der politischen Gesellschaft, als Vertretung der Kommunität des Besitzes, des festen wie des mobilen, aber doch eher des Mittelstandes als des großen Geldes. Schutzanstalt privater Rechte sollten die ständischen Kammern sein. Ihr „Königsrecht" war deshalb die Mitentscheidung über Steuern und Budget. In ihm trat das Treuhänderische ihrer Aufgabe am sinnfälligsten zutage. Im weiteren Sinne, d. h. über die Finanzrechte der Kammern hinausreichend, waren die Landtage Wahrer der Grundrechte der Bürger. Liberale Politik hieß, die in den Verfassungen vereinten Rechte gegenwärtig zu halten, die Regierungen auf Einhaltung und Fortbildung zu verpflichten.

Immer war es die Abwehrhaltung gegen eine vorgegebene Ordnung, welche die Gedankenrichtung des Liberalismus bestimmte. Staat und Verwaltung waren unter deutschen Verhältnissen das Kontinuitätsverbürgende, das historisch Mächtige. Die Liberalen selbst haben sich früh in diese Erkenntnis gefügt. Auch darein, daß sie die Verfassungen aus den Händen der Regierungen entgegennahmen und daß die Politik noch über Jahre dorthin gravitierte; daß Autoren und Ständevertreter sich in der Rolle von Sprechern zu üben hatten, von Kritikern, deren die Administration bedurfte, von Verhinderern, wenn der Staat sich gegen die Konstitution vergehen sollte.

Dafür war der Liberalismus in der Staatsgesellschaft die vorherrschende geistige und politische Kraft. Er dominierte in den Kommunen, ja das Selfgovernment war ein Stück seiner selbst. Aber auch das Assoziationswesen – denn der Vormärz war eine Zeit der Vereine – war ohne ihn nicht zu denken. Allenthalben zeigten sich Liberale, die „Edlen des Mittelstandes", als Stifter und Initiatoren

[1] L. Gall, Liberalismus und „bürgerliche Gesellschaft". Zu Charakter und Entwicklung der liberalen Bewegung in Deutschland, in: Histor. Zs., Bd. 220 (1975), S. 353. – Die folgenden Anmerkungen beschränken sich ganz auf den Beleg.

Karl von Rotteck (1775–1840)

präsent: in den Zusammenschlüssen zur Förderung von Wohlfahrt und Hilfe, in Bürgermuseen und Turnvereinen, in Wahlklubs und Liederkränzen. Sie aktivierten Philhellenismus und Polenfreundschaft.

Freilich war die beherrschende Rolle als gesellschaftliche Produktivkraft immer die andere Seite dessen, daß der Staat ganz mit der Administration in eins gesetzt wurde; daß er als Kontrahent der Gesellschaft galt. Diese Entgegensetzung der Sphären war unvermeidlich, da das Nichtstaatlich-Politische sich in einem Freiraum konstituierte, den der Staat ihr überlassen hatte. Indessen verstärkte der Liberalismus diese Trennung noch, indem er sie gedanklich kultivierte. Sein Ziel war die Balance von Staat und politischer Gesellschaft. Solle sie gelingen, so bedürfe die Gesellschaft des inneren Zusammenhalts, der Kohärenz. Es ist dies der Grund, weshalb der frühe Liberalismus dem Prinzip politischer Parteiung widerstrebte und seine Vorbehalte auch später nicht zur Ruhe brachte. Die ersten Wahlvereine empfanden sich daher auch noch keineswegs als „Pars" in einem exklusiven, Vorstellungen und Interessen trennenden Sinne. Nur unter schweren Skrupeln haben die Kammerliberalen der dreißiger und vierziger Jahre sich der Notwendigkeit von Fraktionsbildungen gebeugt. Die Konkurrenz mit „gouvernementalen" Abgeordneten in den Landtagen zwang sie ihnen gleichsam auf. Als die Praxis den Streit schon längst überholt hatte, standen die Begriffe – Partei, Faktion, Fraktion – unter Liberalen immer noch im Zwielicht, schienen sie das Ende des vertrauten Systems herbeizuführen. Erst im Vorfeld der Revolution sind Politik und Sprachgebrauch wieder zur Dekkung gekommen.

Schließlich gehören auch die Aversionen des Frühliberalismus gegen das Prinzip der „Parlamentarregierung" in dieses Kapitel. Wie die Existenz von Parteien und Fraktionen in seinen Augen die notwendige politische Kompaktheit der Landtage in Frage stelle, so werde diese nicht minder geschwächt – und damit die Balance gefährdet –, wenn der Übergang vom Parlament zur Regierung durchlässig, wenn das Ministerium im Landtag geboren werde. Freilich waren die weitsichtigeren unter den liberalen Vormännern schon in den dreißiger Jahren bemüht, über ihre Kontrollrechte hinaus die Politik der Regierung zu beeinflussen, wenn nicht informell zu steuern. Indessen wollten sie auf die Ungebundenheit gewählter Repräsentanten doch nicht verzichten. So war die Königsfrage künftiger Verfassungspolitik zugleich die Achillesferse liberalen Denkens. Sie ist es bis in die Spätzeit des Konstitutionalismus geblieben.

Zu den maßgeblichen Agenten eines solchen Liberalismus, wie er hier in gedrängter Form vorgestellt wurde, zählte der Freiburger Jurist und Staatslehrer Karl von Rotteck. Aber er war darüber hinaus doch noch etwas mehr, er war politischer Exponent einer Region. Der Kunststaat Baden, der sich in der Napoleonzeit aus kleinräumiger Gemengelage gebildet hatte und diesen Bestand auch noch 1815 zu erhalten wußte, er zeigte eine auffällige Affinität zur rationalen

Struktur der Rotteckschen Staatsdoktrin. Tertium comparationis war die Konstitution, die Verfassung. Die badische Staatsführung nutzte das Instrument, um dem Lande eine politische Identität zu verschaffen und – etwaigen ständischen Interventionen des Deutschen Bundes vorzubeugen. Zugleich aber war die Verfassung, wiewohl gänzlich anders verstanden, das Identifikationsmittel, das Schibboleth der politischen Liberalen, jenes Konstrukt, welches allein die politische Freiheit, so meinte man, zu verbürgen vermochte. Insofern war jeder Liberale im Grunde ein Verfassungskonstrukteur. Karl von Rotteck war einer der auffälligsten von ihnen.

Rotteck war Kind der Region, und dies galt nicht nur geburtsbezogen, sondern auch geistig, mental. Er war Sohn eines von Joseph II. nobilitierten Arztes, des späteren Direktors des Freiburger medizinischen Instituts. Die Rottecks waren in der Ortenau, die Vorfahren der Mutter, Kleriker und Anwälte zumeist, im Lothringischen zu Hause. Josephinismus und französische Aufklärung bestimmten die Erziehung im Elternhaus, das ein bürgerliches, ein bildungsbürgerliches war. Und dies in allen Belangen. Eben 15jährig, begann Rotteck in seiner Heimatstadt Freiburg ein Studium der Rechte, das er 1797 22jährig glanzvoll, aber ohne Neigung zu einem juristischen Broterwerb beschloß. Es folgte nur ein Jahr später der Ruf auf die vakante Freiburger Professur für „Allgemeine Weltgeschichte", einer jener Glücksfälle, ohne die große Karrieren selten gelingen. Alles dies sagt sich so leicht dahin. Eben noch anständig promoviert, befand sich der Geprüfte auf der Lehrkanzel eines ihm eigentlich fremden Faches wieder. Aber mehr noch, erstaunlicher noch: Der Beschenkte revanchierte sich mit einer literarischen Leistung – wiewohl einige Jahre ins Land gingen. Ja, noch mehr, der historische Autodidakt Rotteck entwickelte sich zu einem höchst erfolgreichen historischen Schriftsteller. Seine Arbeiten waren aus zweiter Hand verfaßt, dafür lesbar und populär. Die „Allgemeine Weltgeschichte" (9 Bde., 1812–1827), ein spätes Stück pragmatischer Historiographie, geschrieben im Geiste Voltaires, war, darin nur der Bibel vergleichbar, selbst in entlegenen Bauernhäusern des badischen Landes verbreitet. Im Todesjahr des Verfassers hatte sie die für jene Zeit ganz ungewöhnliche Auflage von 100 000 Exemplaren erreicht. Der Gelegenheitshistoriker als Bestsellerautor – so bietet sich der erste Teil der Biographie unseres Helden dar.

1818 wechselte Rotteck in die rechtswissenschaftliche Fakultät auf ein juristisches Lehramt über. Der „Pädagoge des Vernunftrechts" trat in seine Domäne ein. Im gleichen Jahr auch bestimmte ihn die Universität zu ihrer Vertretung in der 1. Kammer, in der die neue Verfassung der Korporation Sitz und Stimme angewiesen hatte. Der 43jährige lebte fortan jene Doppelexistenz, die, auf ihn exemplarisch bezogen, hernach „politisches Professorentum" genannt wurde.

Aber diese Liaison war ungewöhnlich für jene Jahre, wenn sie auch später, nach 1830 zumal, eine gewisse Verbreitung erfuhr. Aber 1818, als unser Protagonist ins Licht der Öffentlichkeit trat, war der politische Horizont doch eher verdüstert. Der Vorhut-Liberalismus der Befreiungskriege, wie ihn etwa Ernst Moritz Arndt und Joseph Görres darstellten, er war beiseite gedrängt, ja er war kaltgestellt, durch die Allianz, durch das Komplizentum der preußisch-österreichischen, der Metternich-Wittgensteinschen Politik. Der neue, der Kammer-, der Vereins- und Presseliberalismus der 1830er Jahre, er zeigte sich indes noch ganz in den Anfängen. Und ein solcher Anfang war Karl von Rotteck, vielleicht war er der Anfang schlechthin. Oder wie er sich selbst 1819 einem Freunde mitteilte: „Ich betrete den neuen Wirkungskreis mit gerechter Schüchternheit, doch mit reinem und treuen Willen.“[2] Das war, als der Landtag eröffnet wurde.

Ständekammern wurden damals auch in Bayern und Württemberg eröffnet. Und dies war überall etwas gänzlich Neues. Aber allein in Baden trat im Parlament sogleich ein Abgeordneter hervor, der liberales Gedankengut in ständische Anträge verwandelte, welcher die Theorie des politischen Freisinns zur ständischen Praxis machte. Karl von Rotteck eben, der Deputierte seiner Universität in der 1. Kammer.

Rottecks Begehren ging zum einen dahin, Zehnten und Fronen als feudale Abgaben zu beseitigen, es zielte zum anderen ganz allgemein auf die Abschaffung aller Privilegien des Adels. Natürlich fanden seine Anträge keine Mehrheit. Aber sie waren öffentlich und von einem staatlichen Katheder verbreitet worden. Und vor allem: Das Publikum, die Wählerschaft nahm sie zur Kenntnis, erklärte den Redner zu ihrem Sprachrohr. Als Rotteck nach Schluß des Landtags nach Freiburg zurückkehrte, wurde er vierspännig eingeholt, mit Fahnen und Trompetenschall. Hier zum ersten Mal knüpfte sich die Verbindung von gesinnungstüchtigem Regionalliberalismus und folgebereitem Bürgerwillen, welche wir später so häufig beobachten. Ob Welcker in Baden, Behr und Hornthal in Bayern, Uhland und Pfizer in Württemberg: Sie alle erlangten eine kleine Unsterblichkeit. Schon gar, wenn sie unter dem Druck der Regierung standen, erst recht, wenn sie vom Staatsdienst dispensiert wurden. Freilich gelangte dieser Mechanismus erst in den 1830er Jahren zum Durchbruch. Als Rotteck ihn das erste Mal vorführte, herrschte in Deutschland das Klima der 20er Jahre, eine halkyonische Zeit, wie Ranke befand, eine Zeit von Stillstand und Repression, wie man nach 1830 erkannte.

Rotteck selbst wollte beides zusammenführen: den Parlamentarier und den Wissenschaftler; den Politiker, den Praktiker und den Autor. 1819 hatte er eine Schrift des Titels „Ideen über Landstände“ zum Druck gegeben; in den 1820er Jahren verfaßte er – neben anderem – ein zweibändiges „Lehrbuch des Vernunftrechts und der Staatswissenschaften.“

---

[2] Zit. n. Rotteck, Gesammelte Schriften, Bd. 4 (Biographie), S. 255.

Freilich bedeutete das Schreiben dickleibiger Folianten in politicis damals nicht sogleich den Rückzug in den Turm der Wissenschaft, wie man vermuten möchte. Denn die Pointe solchen Schreibens lag ja eben darin, daß Werke, wenn sie über 20 Bogen zählten, der Karlsbader Vorzensur enthoben waren. Zensurbefreit aber waren nur Parlamentsprotokolle – und dies erklärt das ausladende Reden in den ständischen Kammern – sowie Bücher besagten Umfangs. Manche oppositionellen Invektiven waren in ihnen versteckt. So auch in dem dreibändigen Werk unseres Protagonisten.

Rottecks Liberalismus war – und dies unterschied ihn von dem seiner deutschrechtlichen und germanophilen Antipoden – ganz rationalistisch, ganz französisch, wenn man so will, beschaffen. Er war aufgeklärt in einem ganz elementaren Verständnis. Etwas Locke, etwas Rousseau, etwas Kant, aber ganz gegen den romantischen wie gegen den Hegelschen Zeitgeist gerichtet. Der Staat sei nur durch Vertrag zu legitimieren. Dies war für ihn ganz unzweifelhaft. Und darin folgte er Rousseau. Auch darin, daß der Gesamtwille herrschen solle, ein theoretisches Konstrukt, gewiß, aber doch auch eine Potenz, die allen Bürgern eigen sei. Insofern war seine Lehre republikanisch: Das Gemeinwesen sei die Summe seiner Bürger oder doch die Summe ihres politischen Verstandes. Und die Politik des gemeinen Wesens sei der Ausfluß des Willens der Bürger oder doch ihrer Mehrheit. Soweit war es Rousseau, dem Rotteck folgte. Aber dies war doch auch eine Theorie, eine Lehre, die sich an den Gegebenheiten der Zeitgeschichte stieß. Denn diese waren monarchisch geprägt, wieder monarchisch geprägt, denn die Geschichte nach 1815 begann mit einer Wiederauferstehung des Royalismus. Moderne Flächenstaaten zu organisieren, dazu erschien eine Republik nicht fähig. So trat die Monarchie wieder in ihr historisches Recht, nachdem die französische Revolution sie einstweilen getilgt hatte. Unter Laborbedingungen schien ihr damals keine Zukunft beschieden.

Rotteck sah diesen Zwiespalt, und er suchte ihn dadurch zu überbrücken, daß er eine Theorie des Dualismus aufstellte, das Markenzeichen seiner Theorie, à la longue betrachtet. Die ideale Staatsgewalt sei einheitlich, unteilbar, die personifizierte dagegen zwiefach, gespalten in eine natürliche und eine künstliche. Künstliches Organ seien Monarch und Regierung, natürliches Organ die Vertretungen des Volkes, die Repräsentationen. Auch die Staatsspitze sei eine Agentur der „societas“, der Gesellschaft, ganz im Sinne jener aufgeklärt-virtuellen Einbindung des Fürsten in einen Vertragskontext. Aber dieser Fürst, so Rotteck weiter, besitze nur den Rest der politischen Gewalt in Gestalt der staatlichen Exekutive. Es ist gerade die Umkehrung der Metternichschen Deutung des konstitutionellen Systems, die wir hier beobachten, die wir hier finden. Denn jene sah den Fürsten als Inhaber der Staatsgewalt, wohingegen die Stände nur an deren Ausübung teilhatten. Im berühmten Artikel 57 der Wiener Schlußakte von 1820 hat diese Auslegung ihre bundesrechtliche Bekräftigung und damit praktische Folge erfahren.

Die politische Gewalt aber lag für Rotteck beim Volk, das diese freilich an Abgeordnete delegierte, an ein Parlament. Nicht weil – wie manche Liberale glaubten – sich erst durch Beauftragung, durch Repräsentation das Politische zu konstituieren vermöge, sondern weil die Umstände solches verlangten. Die modernen Flächenstaaten verlangten die Delegation. Nicht weil die Bürger zur Politik nicht fähig seien – wie abermals mancher Liberale insinuierte –, sondern weil die Menge der Beteiligten und die räumliche Weite die Konzentration geböten. Das Parlament war für Rotteck eine technische Hilfe, nicht das Gefäß, welches den gemeinen Willen erst erzeuge. Oder hören wir ihn selbst, ein Zitat aus dem „Lehrbuch des Vernunftsrechts und der Staatswissenschaften“: „Seine [des Abgeordneten] Pflicht bleibt immer, fürs gemeine Wohl zu sprechen, das Interesse der Gesammtheit höher als jedes besondere zu achten, und den erkennbaren Gesammtwillen des Volkes sich sein höchstes Gesetz seyn zu lassen: aber eben dieses ist die Pflicht seiner unmittelbaren Kommittenten auch; es ist für diese moralisch, ja rechtlich unmöglich, ihm einen anderen Auftrag zu geben. Denn nicht sind es vereinzelte Gemeinden, Klassen oder Bezirke, in deren Namen er spricht, sondern solche, die zu einem größeren Gemeinwesen, zum Staat, schon vereinigt sind.“ Und: „Der natürliche oder wahre Repräsentant muß die Gesinnung oder den Willen der Repräsentirten ausdrücken.“[3]

Das war die Rousseauische Grundschicht in Rottecks politischer Philosophie. Bei keinem deutschen Liberalen der Zeit tritt sie so unverfälscht hervor. Und dies hatte Folgen: Rotteck verlangte die direkte Wahl der Deputierten, der Parlamente. Eine indirekte Bestellung – verwandle die Ausübung des Wahlrechts und verhöhne den wahren Gesamtwillen –.[4] Sie wissen, daß der zeitgenössische Parlamentarismus gerade die umgekehrte Regel kannte. Bis 1870 wurde indirekt gewählt. Nur bei der Paulskirche war dieses Prinzip – aber auch nur zum Teil – durchbrochen. Zum anderen forderte Rotteck das Einkammersystem. Eine ständische Vertretung – schon gar, wenn man dem Adel Avancen mache – sei mit dem Grundsatz der atomistischen Repräsentation unvereinbar. Zum anderen müßten bei konsequenter Verfolgung dieses Gedankens so viele Kammern gebildet werden, wie es gesellschaftliche Gruppen gäbe. Sie wissen, daß auch in diesem Belang in Deutschland die umgekehrte Praxis zu gelten begann. Unter den größeren Staaten war es allein Kurhessen, welches das Einkammersystem adoptierte.

Soweit dürfen wir in Rotteck den Rousseau-Adepten erblicken, und als solcher stellte er unter den Liberalen seiner Zeit gewiß eine Besonderheit dar. Aber

---

3 Ideen über Landstände, hier zit. n. Sammlung kleinerer Schriften, Bd. 2, S. 79 u. 83.
4 Ebd., S. 136 f.

unser Protagonist hat es damit doch nicht bewenden lassen. Er war Praktiker einer vormärzlichen Ständeversammlung, und der Theoretiker, der er ebenfalls war, ist davon nicht unbeeindruckt geblieben.

Da war vor allem das Wahlrecht, bei dem er zu Konzessionen schritt. Hier votierte Rotteck ohne Umschweife für die Einschränkung des passiven Stimmrechts. „Die Nation... mag billig eine Bürgschaft dafür verlangen, daß Diejenigen, welche in ihrem großen Rathe sitzen, dem Gesammtinteresse treu und persönlich ergeben seyen."[5] Diese Bürgschaft aber gebe allein das Vermögen, der Grundbesitz, den man zum Maßstab nehme. Beim aktiven Stimmrecht hingegen zeigte sich Rotteck gespalten. Gewiß ließ er jene Theorie nicht gelten, daß das Vermögen die Aktieneinlage sei, welche der Bürger in den Staat investiere und daß sich nach ihr – nach ihrer Höhe vor allem – das Wahlrecht bemesse. Nein, dies erschien ihm als Verkennung, als Denaturierung des Staates, der ja eine ethisch-politische, mithin eine trans-ökonomische Einrichtung sei, kein Gegenstand für plutokratisches Spiel. Andererseits erschien ihm das unbegrenzte, allen Bürgern zugeteilte Wahlrecht aber doch auch als eine politische Chimäre, denn es verkenne die Verführungs-, ja die Bestechungsanfälligkeit des besitzlosen politischen Subjekts, des Pöbels zumal. Die Klasse der ökonomisch Abhängigen, der Eigentumslosen, sei aus den Wahlberechtigten auszuscheiden: Dies erschien ihm als ein Gebot der Vernunft, aber auch als ein Gebot der Selbsterhaltung eines Systems, das von der Balance der politischen Kräfte lebe und das die Schwächung der Seite der Stände nicht dulde.

Das Jahr 1830 hat die Epoche des Vormärz zutiefst gespalten. Die nach 1815 geschaffenen Verfassungen waren Instrumente des Staates gewesen, Gebietszugänge zu integrieren sowie Einwohnerschaft und Verwaltung zu versöhnen. Die neuen Ständeversammlungen wurden in dieses Verfahren einbezogen. Es war erfolgreich, solange sich kein Widerspruch in den Kammern geltend machte. Eine Rechnung, die aufging. Die Parlamente bewährten sich als Verlängerungen der Staatsgewalt in die Kammern hinein. Dies war so bis 1830. Die französische Julirevolution erweckte in den Kammern aber den Widerstand, verwandelte liberales Denken in parlamentarische Opposition. Die Verfassungen, sie wurden beim Wort genommen.

Aber weit mehr noch. Das Jahr 1830 machte die Gesellschaft in Deutschland politisch: in Presse, in Vereinen und eben auch in den Parlamenten. Die Konditionsschwächen des Deutschen Bundes wurden zum Geburtshelfer einer weitgreifenden Emanzipation. Das Leben wurde politisch, d.h. es wurde kontrovers und parteiisch. Und das Politische griff auf die unteren Schichten, die Handwerker, die Gesellen, über. Was 1848 fast über Nacht aus dem Boden schoß, es hatte eine Geschichte, eben die Geschichte von 1830.

---

[5] Ebd., S. 144.

In Baden, dem Wirkungskreis unseres Helden, hatte bis 1830 eine liberale Verwaltung mit den Liberalen des Landtags den Ausgleich gesucht und ihn – denn Aufklärung war das verbindende Element – auch gefunden. 1830 indes war es damit vorbei. Gouvernementaler und parlamentarischer Liberalismus trennten sich, gingen auseinander. Jener suchte den Schulterschluß mit der Metternichschen Politik der Eindämmung, dieser wurde freiheitlich, wurde grundrechtsbewußt und nutzte die Instrumente der parlamentarischen Opposition, der ständischen Kontrolle zumal. Mit anderen Worten: Die politische Realität trat ein in die Vorhaben des Rotteckschen, des dualistischen Modells. Seit 1830 war Rotteck, der alles 1819 schon einmal vorprobiert hatte, die Verkörperung eines politischen Systems.

Die Regierung als Sphäre des Herkommens, der Landtag als Advokat des Fortschritts, als Sprecher der neuen Staatsgesellschaft – so hieß die Verteilung der Rollen. Aber diese hieß auch: absorptive Vertretung der societas durch die Kammern, durch einen klassenübergreifenden Liberalismus, der dem Politischen, dem Parlamentarisch-Politischen die gedankliche Façon verlieh. Dies war das politische System in seiner neuen, in seiner Rotteckschen Gestalt, und es hat sich der deutschen Tradition auf eine tiefe Weise eingeprägt, weit über die Zeit Rottecks hinaus. Die letzten Spuren lassen sich noch in der Republik von Weimar auffinden. Aber dieses System wurde in den 1830er Jahren doch auch bedrängt, ja eingedünnt, in Frage gestellt. Durch zwei Dinge, die wir hier erwähnen müssen: das Vordrängen parteiischer Spaltung des Politischen und – damit zusammenhängend – die Bestreitung des Monopols der Liberalen auf Opposition durch eine demokratische Linke. In beiden Fällen war Rotteck der Don Quichotte, der tragische Held, der Kämpfer gegen etwas, das nicht mehr zu verhindern war.

Beginnen wir mit dem ersten. In dem Maße, wie die Landtage renitent, rebellisch wurden, von Erfüllungsgehilfen der Regierungen zu deren Kritikern, ja zu deren politischen Antipoden, erstrebten die Regierungen ihrerseits Stützpunkte in den Ständen. Sie förderten gouvernementale Kandidaten und behinderten solche der Opposition. So sie aber Erfolg hatten, war der korporative Widerstand der Institution dahin, war der Landtag nach Richtungen gespalten, nach Parteien polarisiert. Mochten die Administrationen oder mochten die Liberalen die Mehrheit haben: Die Landtage waren, schweizerisch gesprochen, nicht mehr monokolor, sie waren nicht mehr „Rotteckisch“. Und dies waren fast alle deutschen Kammern: die badische wie die württembergische, die bayerische wie die hessische. Rotteck selbst hat diese Entwicklung übrigens kommen sehen, und er hat sich ihr mit der Macht des Wortes entgegengestellt. „Wir wollen gar nichts anderes als die freie, durch keinen ungebührlichen Einfluß gestörte Ausübung der allen Bürgern und Einwohnern zustehenden Wahlrechte und Pflichten. Wir sind also keine Partei, sondern vielmehr die Bürgerschaft und Einwohnerschaft selbst, wenigstens ihre getreueste und vollständigste Repräsentation." Und etwas weiter: „Wer gegen unser Beginnen sich erhebt, der bildet eine Partei, denn er setzt dem allgemeinen Recht eine besondere Anmaßung entgegen."[6] Das war ein Wort, welches der Entwicklung, die längst begonnen hatte, nicht zu wehren vermochte und doch dem deutschen Liberalismus bis ins 20. Jahrhundert einen tiefen Zweifel eingab.

Und da war die andere, die zweite Provokation, die das Rottecksche Weltbild in melancholische Farben tauchte: die Abspaltung der Linken, der Radikalen, der Demokraten, oder wie immer man die Abtrünnigen bezeichnen will. Denn auch dies gehört zu dem Erscheinungsbild der frühen 1830er Jahre: Der Liberalismus erhielt Konkurrenz als Bewegung der Opposition, und diese war republikanisch und demokratisch. Als ihre Zentren galten die Pfalz und Hessen, in geringerem Maße auch Baden und Württemberg. Die öffentliche Selbstdarstellung dieser Bewegung war das Hambacher Fest, ein radikales, kein liberales Ereignis. Ludwig Uhland hatte indigniert abgelehnt, an ihm teilzunehmen. Rotteck ebenfalls. Es schmerzte ihn, daß Philipp Jakob Siebenpfeiffer, sein treuester Schüler, dort eine radikale Rede hielt, für demokratische Zwecke agitierte. Der ganze Affekt der Liberalen gegen Hambach entlud sich im 6. Band des „Staatslexikons." „Viele Reden wurden gehalten – die meisten ohne einigen Werth, alle ohne praktische Bedeutung. Es waren meistens allgemeine Phrasen gegen Unterdrückung durch die Fürsten, nicht ein Vorschlag, was dagegen zu thun sei." Und dann, das Ereignis gänzlich in die Niederungen des Geschäftlichen herabziehend: Einige Gastwirte wollten eine größere „Lustbarkeit" veranstalten, sie leitete unverkennbar ein geldliches, ein „pecumäres", ein materielles Interesse.[7]

Natürlich gab es auch Verbindendes zwischen den sich entzweienden Brüdern der Opposition. Es waren die Umstände des Politischen, es war die Repression, es war die Verfolgung, welche sie einte. Und dies war nicht wenig. Und es gab auch programmatisch Vereinigendes. Es gab die Motion auf Freiheit der Presse, welche Karl Theodor Welcker im badischen Landtag einbrachte, die Furore machte, die sogar die Regierung zur Vorlage eines Gesetzes animierte, die dann freilich den Deutschen Bund als Gegenpart heraufrief.

Von Welcker haben wir bisher noch nicht gehandelt, obwohl er in der Literatur und populären Überlieferung gleichsam als Dioskur von Rotteck gilt. Welcker war Hesse von Herkunft, Professor in Heidelberg, in Bonn, wo ihm die Beschlüsse von Karlsbad zusetzten. 1822 wurde er nach Freiburg berufen. Aber das kollegiale Zusammenspiel mit dem nur mäßig geschätzten Kollegen Rotteck war doch eher kühl. Rotteck war der badische Volksmann, dem die Landtags-

---

6 Gesammelte Schriften, Bd. 2, S. 577.

7 Ebd., S. 327 f.

kandidaturen 1831 gleich im Dutzend offeriert wurden, Welcker war der Fremde, der von den Brosamen seines populären Kollegen zehrte.

Freilich: Mit der Pressemotion, die ihn mit einem Schlage berühmt machte, zog auch Welcker ein in den politischen Olymp. Was ihn mit Rotteck zu einem Paar machte, war etwas anderes, war die gemeinsam durchlittene Verfolgung, war die innere Emigration, war das Schreiben am Rande der Zensur, war das „Staatslexikon“, ein Produkt der politischen Verbannung.

Vier Wochen nach dem Hambacher Fest begann der Deutsche Bund, nachdem er seine Kontenance wiedergefunden hatte, das politische Terrain zu planieren. Am 28. Juni 1832 verabschiedete er Richtlinien, die den Einzelstaaten die Kontrolle ihrer Landtage einschärften; Bestimmungen, die Budget- und Gesetzgebungsrecht verkürzten, die Rede- und Berichtsfreiheit einschränkten sowie den Versammlungen untersagten, die Bundesverfassung authentisch zu interpretieren. Am 5. Juli folgte ein zweites Beschlußpaket, ein Maßregelngesetz, das Presse, Vereine und Versammlungen nun ganz in die Obhut der Verwaltung nahm, ihnen das Politische austrieb und die Regierungen zum fortgesetzten Austausch ihrer Erkenntnisse anhielt.

Darüber hinaus richtete sich die Pressepolitik des Bundes aber auch gegen einzelne Objekte, so Stromeyers „Wächter am Rhein“. Betroffen war indes auch die badische Szene. Am 16. August 1832 wurden die „Allgemeinen Annalen“, Rottecks wissenschaftliches Sprachrohr, verboten. Am 19. Juli schon war ein Dekret gegen den „Freisinnigen“ ergangen, Rottecks Tagblatt, das Herzstück seiner Aktualpublizistik. Aber die Eingriffe richteten sich nicht nur gegen die Organe des Liberalismus, sie betrafen auch die Akteure selbst, ihre privatberuflichen Umstände und Bewandtnisse. Im Herbst 1832 wurde die Freiburger Universität geschlossen. Das Ministerium sperrte Rotteck und Welcker Hörsaal und Katheder. Zum Verbot, Tagblätter und Periodika zu edieren, trat der Entzug des akademischen Lehrrechts.

Aus dieser Beschränkung politischer Mitteilung, welche den Inkriminierten die politische Lebensluft nahm, ist der Gedanke einer Unternehmung entstanden, welche die Zensur umging oder ihr doch die alles zerstörende Wirkung nahm: das „Staatslexikon“. Der Vater der Idee war Friedrich List, aber das Besondere erst haben ihr Rotteck und Welcker gegeben: ein Lesebuch, welches die Glaubenslehre des Liberalismus verbreitete, freilich im Gewande sachlich vielfältiger Unterrichtung. Wie Jacob Grimm sein „Deutsches Wörterbuch“ am liebsten in den Händen der Hausväter sah, die Weib, Kindern und Gesinde am Abend vorläsen, so imaginierten auch die Verfasser des „Staatslexikons“ ihr Produkt als Haus- und Vorlesebuch. Und so ist es wohl auch nicht selten, im Gegensatz zu Grimm, geschehen. In der Tat hat sich das „Staatslexikon“ eine fast kanonische Geltung im zeitgenössischen Bürgertum, auch dem der einfachen Stände, erworben, obwohl sein Umfang von zwölf Bänden sehr schnell den Rahmen des ursprünglich Geplanten überschritt. Hier wurde nicht nur ein aufstrebender, mit der Verbreitung des Politischen einhergehender Bildungstrieb gefördert, hier trat auch ein Liberalismus hervor, der sozial alles einte, was den Feudalismus in jeder Form hinter sich gelassen hatte. Und natürlich: Die Lektüre war – im Gegensatz zu Tagblättern und Flugschriften – frei von aller Zensur. Noch in der Paulskirche finden wir das „Staatslexikon" auf den Bänken der Abgeordneten, politischer Katechismus und Nachschlagewerk zugleich.

So sehen wir Rotteck – kommen wir zum Schluß – in der Rückschau als Mitschöpfer einer Lehre, welche den Vormärz fast dominant beherrschte. Vielleicht noch mehr als Repräsentanten einer allgemeinen Zeitstimmung, einer Zeitstimmung, welche das Politische umstandslos, durch den reinen Gedanken verwirklichen wollte. Deutlich wird dies aus dem Abstand der Epoche der fünfziger Jahre, einer Zeit, welche die „Realpolitik" für sich zu entdecken glaubte.

Schriften

Allgemeine Geschichte vom Anfang der historischen Kenntnis bis auf unsere Zeiten, für denkende Geschichtsfreunde, 9 Bde. Freiburg 1812–1826.

Ideen über Landstände, Karlsruhe 1819.

(mit J. Chr. Frhr. v. Aretin) Staatsrecht der konstitutionellen Monarchie. Ein Handbuch für Geschäftsmänner, studierende Jünglinge und gebildete Bürger, 3 Bde. Altenburg 1824–1828 (2. Aufl. Leipzig 1838–1840).

Lehrbuch der Vernunftsrechte und der Staatswissenschaften, 4 Bde. Stuttgart 1829–1835 (Bd. I und II in 2., verb. u. verm. Aufl. 1840).

Geschichte des Badischen Landtags von 1831, als Lese- und Lehrbuch für's Deutsche Volk (Deutsche Volksbibliothek, Bd. I), Hildburghausen, New York 1833.

Geschichte der badischen Landtage von Einführung der Verfassung bis 1832, Stuttgart, Leipzig 1836.

Sammlung kleinerer Schriften, meist historischen oder politischen Inhalts, 5 Bde. Stuttgart, Leipzig 1829–1837.

Gesammelte und nachgelassene Schriften mit Biographie und Briefwechsel. Geordnet und herausgegeben von … Hermann v. Rotteck, 5 Bde. Pforzheim 1841–1843.

„Erlauchter Vertheidiger der Menschenrechte!" Die Korrespondenz Karl von Rottecks, Bd. 1 (Einführung und Interpretation), Bd. 2 (Briefregesten), hrsg. v. Rüdiger v. Treskow, Freiburg 1990/92.

Literaturhinweise

Brandt, Hartwig: Landständische Repräsentation im deutschen Vormärz. Politisches Denken im Einflußfeld des monarchischen Prinzips (POLITICA, Bd. 31), Neuwied, Berlin 1968.

Ehmke, Horst: Karl von Rotteck, der „politische Professor", Karlsruhe 1964.

Jobst, Hans: Die Staatslehre Karl v. Rottecks, in: Zs. f. d. Gesch. d. Oberrheins, Bd. 103 (1955), S. 468-98.

Schöttle, Rainer: Politische Theorien des süddeutschen Liberalismus im Vormärz. Studien zu Rotteck, Welcker, Pfizer, Murhard, Baden-Baden 1994.

Treskow, Rüdiger v.: Rotteck und Welcker. Beginn der parlamentarischen Debatte in Baden (1819–1832), in: Südwestdeutschland. Die Wiege der deutschen Demokratie, Stuttgart 1997, S. 95–115.

Zehntner, Hans: Das Staatslexikon von Rotteck und Welcker. Eine Studie zur Geschichte des deutschen Frühliberalismus, Jena 1929.

Julius Fröbel (1805–1893)

Rainer Koch

Julius Fröbel gehörte zu den eigenwilligsten Theoretikern des vormärzlichen deutschen Liberalismus. Aus der Perspektive einer vorindustriellen, kleinstädtischen Lebenswelt und deren bürgerlichen Selbstverständnis umriß er mit erstaunlicher Klarheit die Probleme der modernen, flächenstaatlichen Demokratie und postulierte gegen die zeitgenössische Theorie der Repräsentation als einer der ersten Parteien von verfassungsmäßiger Existenz.[1]

Den drängenden sozialen Fragen seiner Zeit, den Zukunftssorgen der agrarischen und kleingewerblichen Mittelschichten, dem ländlichen und städtischen Armenwesen und den noch als peripher empfundenen Problemen der Industriearbeiterschaft begegnete Fröbel mit dem originellen Konzept einer demokratisierten Mittelstandsgesellschaft. Er verband dabei aus der feudalen Eigentumsordnung abstrahierte Elemente, ein in sozialer Verantwortung geteiltes Eigentum, mit Denkanstößen, die er vom französischen Frühsozialismus empfangen hatte.

Seine Forderung nach breiter Vermögensstreuung mit Hilfe einer wirtschaftlich und sozial ausgleichenden staatlichen Wirksamkeit in Form von „Staatslehen" schuf dabei zugleich eine kaum zu überbrückende Spannung zu einem Grundansatz seiner politischen Theorie, nämlich seiner Skepsis gegenüber dem Staat und dessen Institutionen. Der Kernsatz der Rousseauschen Anthropologie einer gleichen Bildbarkeit aller prägte sein vom Weltbild der Aufklärung durchdrungenes Denken und ließ ihn immer wieder aufs neue nach Wegen der Begrenzung und Kontrolle von Herrschaft suchen.

Anders als Lorenz v. Stein war Fröbel keineswegs bestrebt, dabei den ungeheuren Machtzuwachs des sozialinterventionistischen, bürokratischen Staates in-

---

1 Zum folgenden: Th. Tupetz, Julius Fröbel, Ein Lebenslauf, in: HZ 68, 1892, S. 122–125; 72, 1894, S. 122–124; E. Feuz, Julius Fröbel. Seine politische Entwicklung bis 1849, Leipzig 1932; W. Mommsen, Julius Fröbel. Wirrnis und Weitsicht, in: HZ 182, 1956, S. 497–532; R. Koch, Demokratie und Staat bei Julius Fröbel 1805–1893. Liberales Denken zwischen Naturrecht und Sozialdarwinismus, Wiesbaden 1978.

stitutionell zu neutralisieren, ihn aus dem Machtkampf der Parteien herauszuhalten, jede Staatsmetaphysik war ihm von Grund auf fremd. Vielmehr versuchte Fröbel – vom Beispiel des Verwaltungsaufbaus der Vereinigten Staaten beeindruckt – durch Dezentralisation und durch ein Wahlbeamtentum die Verwaltung unter demokratische Kontrolle zu stellen und hoffte zudem, in den „Interessen" ein natürliches Gegengewicht zur Bürokratie zu finden. Von der Problemstellung wie auch vom funktionalistischen Staatsbegriff her war Fröbel somit ein bedeutsamer Vorläufer von Friedrich Naumann.

Sein Postulat war das in der gesellschaftlichen Praxis sich verwirklichende und sich in geordneter Freiheit selbstbestimmende Individuum. Die Menschheit als „quantitativ unbegrenzte, von keiner Erfahrung bestimmte Menschenmöglichkeit", die historische Realisierung der „idealen Natur des Geschlechtes", war für ihn das Ziel aller Geschichte. Der kategorische Imperativ der Kantschen Ethik ließ ihn für diesen Prozeß des Fortschritts die formalen Bedingungen benennbar machen: Menschenrechte, Rechtsstaat, Gewaltenteilung.

Die geschichtstheoretische Überzeugung aber, daß dies auch alles mit innerer Notwendigkeit so käme, bezog er aus dem linkshegelianischen Lager. Die Religionskritik Ludwig Feuerbachs war für ihn von fundamentaler Bedeutung. In der Dialektik von individueller Freiheit auf der einen und Begrenzung menschlicher Individualität durch Natur und Kultur auf der anderen Seite sah er den unerschöpflichen Motor allen geschichtlichen Fortschritts.

Dieser für den tonangebenden zeitgenössischen Liberalismus keineswegs ungewöhnlichen Verbindung von sozialstaatlichen Überzeugungen mit einer für das Zeitalter Hegels bemerkenswerten Ablehnung jeder ideologischen Überhöhung des Ganzen gegenüber dem einzelnen, gegen jede ethisch legitimierte Priorität des „Staates" oder der „Gesellschaft" gegenüber dem Individuum, entsprach auch seine schroffe Absage an das seit Fichte und Herder gewiesene, kulturell begründete nationalstaatliche Konzept.

Wie für seinen Zeitgenossen Alphonse de Lamartine so war auch für Fröbel allein das Bekenntnis zu einer freiheitlichen Verfassung konstitutives Merkmal für „Nation". Staatsnation, nicht Kulturnation, so lautete seine Ernest Renan vorwegnehmende Mahnung gegen den Geist der Zeit.

Carl Ferdinand Julius Fröbel wurde am 16.Juli 1805 im Schwarzburg-Rudolstädtischen Griesheim bei Stadt Ilm geboren. Der rationalistische Geist des elterlichen Pfarrhauses, die Auseinandersetzungen mit dem Herrenhuter Pietismus, haben seine Kindheit ebenso geprägt, wie die besondere soziale Stellung seiner Familie. Nach dem frühen Tod des Vaters 1814 ermöglichten Freitische den Besuch des Gymnasiums zu Rudolstadt, 1817 nahm ihn sein Onkel Friedrich Fröbel in die soeben gegründete Keilhauer Erziehungsanstalt auf. Das von Pestalozzi beeinflußte erzieherische Ideal der freien Selbsttätigkeit der Menschen im Dreiklang mit Gott und Natur bestimmten Fröbels individualistische

Julius Fröbel (1805–1893)

Ethik, die Keilhauer Ideale eines in Allseitigkeit bildbaren und zur Freiheit bestimmten Menschen sollten die anthropologischen Grundlagen seiner politischen Theorie bis zur Jahrhundertmitte fixieren.

1825 bot ihm einer seiner Keilhauer Lehrer Arbeit: Im Auftrag des Cotta'schen Verlages durchzogen sie den Schwarzwald und die oberrheinische Ebene. Die topographischen Studien weckten Fröbels Interesse an vergleichender geomorphologischer Betrachtung und an den wechselnden kulturellen Prägungen der Landschaft. Wenn auch noch ohne Systematik und theoretischen Zusammenhang: Die Frage nach dem Verhältnis von Natur und Kultur sollte für ihn von entscheidender Bedeutung werden.

Das anschließende Studium der Geographie und Mineralogie führte Fröbel nach München, Jena und Berlin. Die Studienorte wurden zugleich zu Etappen der Abkehr von der Schellingschen Naturphilosophie und vom Weltbild der Romantik. An der soeben von Landshut nach München verlegten Universität hörte er bei Martius und Oken, hospitierte bei Görres, lehnte noch jede Spezialisierung zugunsten eines universalistischen Zugriffs der Naturphilosophie ab. Seine Freundschaft mit Gabriel Riesser, dem nachmals bedeutendsten Vertreter des deutschen Judentums in der Paulskirche, rührte aus jenen Münchener Tagen. Seit 1825 erlernte er Englisch und Italienisch, alsbald trat Portugiesisch hinzu und seit dem Frühjahr 1828 wirkte Fröbel als Übersetzer im Dienst des Landesindustriecomptoirs in Weimar.

Jena wurde seine zweite Universität, hier geriet er durch die Einflüsse von J. F. Fries in den Bann der Kantschen Philosophie. In Auseinandersetzung mit der historischen Anthropogeographie Karl Ritters bezog Fröbel in einem Aufsehen erregenden Beitrag Position[2], fand die Aufmerksamkeit Alexander von Humboldts, trat in Kontakt zur Geographischen Gesellschaft in Berlin. Trotz seiner wissenschaftlichen Erfolge bewahrte ihn aber allein ein großzügiges Darlehn Joseph Mendelssohns vor größter Not. Nie wieder, so sollte er später notieren, sei ihm „eine so edle und freie Gastlichkeit" begegnet, wie bei den Mendelssohns.[3] Anfang 1833 erhielt er von seinem Förderer Karl Herzog die Mitteilung, daß die Stadt Zürich eine Universität eröffne und daß an der dortigen Cantonsschule die Stelle eines Geographie-Lehrers ausgeschrieben sei. Empfehlungsschreiben Herzogs und Humboldts gaben den Ausschlag, zugleich erhielt er eine Privatdozentur für Mineralogie und wurde 1836 zum außerordentlichen Profes-

---

2 J. Fröbel, Einige Blicke auf den jetzigen Zustand der Erdkunde, in: Annalen der Erd-, Völker- und Staatenkunde, hg. v. H. K. W. Berghaus, Bd. IV, Berlin 1831.

3 Ders., Ein Lebenslauf. Aufzeichnungen, Erinnerungen, Bekenntnisse, 2 Bde., Stuttgart 1890–91, hier: Bd. 1, S. 67; siehe: H. Weber, Zwei Selbstbiographien: Karl Hase. Julius Fröbel, in: Preuß. Jbb. 67,1891, S. 264. 278; ders., Julius Fröbels Selbstbiographie. 2. Teil, in: Preuß. Jbb. 70, 1892, S. 611, 635.

sor ernannt. Im gleichen Jahr erschien sein wissenschaftliches Hauptwerk zum „Entwurf eines Systems der geographischen Wissenschaften“.[4]

Mit einigem Geschick gelang es Fröbel, seine Familie nach Zürich zu holen: seinen Bruder Karl als Lehrer für Englisch an der Industrieschule, seinen Bruder Theodor als Universitätsgärtner. Auch seine Mutter und seine Schwester, die kurz nach dem Umzug verstarb, zogen in die Schweiz. 1838 heiratete er Kleophea Zeller, die Tochter eines Seidenfabrikanten aus Balgrist, und erwarb das schweizer Bürgerrecht.

Das Spannungsverhältnis zwischen der wissenschaftlichen Zielsetzung des Hochschullehrers und den Fragen nach den Bedingungen möglichst allgemeiner Volksbildung des Cantonsschullehrers aber trieb Fröbel in ein politisches Engagement. Wie denn der Staat konstituiert und organisiert sein müsse, der ein demokratisches Bildungsanliegen befördere, wurde nun für ihn die beherrschende Frage. „Von der Schule“, so schrieb er 1840 in einer anonym erschienenen Broschüre, „geht alle höhere Ausbildung der menschlichen Gesellschaft aus“.

Der Züricher „Straußenhandel“ von 1839, die erbitterten Auseinandersetzungen um die Berufung von David Friedrich Strauß auf den Lehrstuhl für Theologie, der Schlag von Klerus und Land gegen die liberale Partei im Großen Rat, waren für Fröbel entscheidend: „Am 6. September des Abends war ich nicht nur in meiner politischen Gesinnung sondern auch in meinen Sympathien ein Radikaler!“[5] Die Lehrtätigkeit an der Universität legte er Ende 1841 nieder, ein Jahr später auch die Verpflichtungen an der Cantonsschule.

Seine Frau unterstützte mit ihrem Erbteil vorbehaltlos Fröbels Entschluß, die verlegerischen Geschäfte am „Literarischen Comptoir Zürich und Winterthur“ zum beruflichen Lebensinhalt zu machen.

Herweghs „Gedichte eines Lebendigen“ ließen das Literarische Comptoir zu einer bedeutenden Sammelstelle für „zensurflüchtige Manuskripte“ werden[6], Gustav Siegemund, Arnold Ruge und August Ludwig Follen traten als Teilhaber dem Unternehmen bei. Neujahr 1842 erschien die erste Nummer des „Deutschen Boten aus der Schweiz“ mit der erklärten Hoffnung, daß eine politische

---

4 Ders., Entwurf eines Systems der geographischen Wissenschaften, in: Mitteilungen aus dem Gebiete der theoretischen Erdkunde, hg. v. J. Fröbel/O. Heer, Zürich 1836; hierzu: G. Müller, Die Untersuchungen Julius Fröbels über die Methoden und die Systematik der Erdkunde und ihre Stellung im Entwicklungsgange der Geographie als Wissenschaft, Diss. Halle 1908.

5 Ders., Friedrich Rohmer aus Weissenburg in Franken und seine messianischen Geschäfte in Zürich. Ein Wort in eigener Sache und zugleich ein Beitrag zur Geschichte reaktionärer Spekulationen unserer Tage, Zürich, Winterthur 1842, S. 26 f.

6 Ders., Ein Lebenslauf, Bd. 1, S. 96 f. vgl.: W. Näf, Das Literarische Comptoir Zürich und Winterthur, Bern 1929, S. 79 f.

„Regeneration" die Schweiz zur Wiedervereinigung mit einem freien Deutschland führen werde.

Eben jene am alten Reich vor 1806 ausgerichtete Orientierung der Fröbelschen politischen Phantasie machte seine vorübergehende Verbindung mit den Brüdern Rohmer erklärlich. Friedrich Rohmers Koalition mit Johann Caspar Bluntschli, einem der Wortführer des Septemberputsches 1839, ihre Gründung einer liberal-konservativen Partei, führten jedoch rasch zum Konflikt. Der publizistische Schlagabtausch endete in einem Prozeß und Fröbels Verurteilung. Gleichwohl, Rohmer, vor allem aber Bluntschli, waren diskreditiert und Fröbel sollte alsbald Bluntschlis Rache erfahren.

Ausführlich legte Fröbel im „Schweizerischen Republikaner" seinen politischen Standort dar, sein Ziel einer Verankerung des Liberalismus in den Gruppen des alten Mittelstandes, entwickelte ein revolutionäres Konzept auf der Grundlage einer ordnungspolitisch und sozial hochgradig konservativen Anschauung. Im Liberalismus des Juste-Milieu lösten Fröbels Vorstöße einen Sturm der Entrüstung aus, er wurde des „Kommunismus" verdächtigt. Dieser von Bluntschli massiv unterstützte Vorwurf sollte Fröbel, der soeben noch mit Hoffmann von Fallerslebens „Deutschen Gassenliedern" und den „Deutschen Liedern aus der Schweiz" dem Literarischen Comptoir Glanzpunkte gesetzt hatte, an den Rand des wirtschaftlichen Ruins treiben.

Im Frühjahr 1843 war Wilhelm Weitling nach Zürich gekommen und sofort wegen „kommunistischer Umtriebe" verhaftet worden. Da Fröbel im „Schweizerischen Republikaner" gegen die Behandlung Weitlings protestierte, war es für Bluntschli ein Leichtes, ihn in den Weitling-Prozeß zu verwickeln. Als wenig später neben Schriften Ruges und Ludwig Feuerbachs auch noch Bruno Bauers „Das entdeckte Christentum" im Literarischen Comptoir erschien, wurde Fröbel – wiederum durch Intervention Bluntschlis – wegen des Verbrechens der Religionsstörung zu einer Haft- und Geldstrafe verurteilt.

Ruges Forderung nach einer „Auflösung des Liberalismus in Demokratismus" war für Fröbel von großer Faszination. Die Nachricht, daß die „Rheinische Zeitung" verboten und Karl Marx ausgewiesen worden war, erlaubte weitreichende Pläne: Ruge ging daran, die Redaktion des „Deutschen Boten aus der Schweiz" Marx zu übertragen und das Projekt der „Deutsch-Französischen Jahrbücher" mit ihm zu realisieren. Fröbel reiste nach Paris, trat in Kontakt zu Louis Blanc, Heinrich Heine, Lamartine. Gleichwohl, der große Plan einer deutsch-französischen „Alliance intellectuelle" schlug fehl. Zudem zerbrach in dieser kritischen Phase die Freundschaft zwischen Ruge und Marx, die sich fortan mit übelsten Anschuldigungen verfolgten.

Anfang 1845 erging ein Beschluß des Bundestages, sämtliche Verlagsartikel des Literarischen Comptoirs vom Vertrieb zu sperren. Ruge und Fröbel mußten ihre in der Schweiz unhaltbar gewordene Position aufgeben, Fröbel ging nach

Dresden. Die Entscheidung für Ruge und gegen Marx bedeutete zugleich die Hinwendung zu einer politischen Ethik, in deren Werthierarchie die Freiheit des Individuums und seine Selbstverwirklichung an oberster Stelle standen. Eine liberale Staats- und Gesellschaftslehre wurde nun zur Aufgabe, deren Lösung ihn neben Ruge und Gustav von Struve zum bedeutendsten Theoretiker der vormärzlichen Demokratie werden ließ.

Unter dem Pseudonym C. Junius erschien 1846 die „Neue Politik", welche schon ein Jahr später als „System der socialen Politik" eine zweite, nun namentlich gekennzeichnete Auflage erfuhr.[7]

Fröbels Staatslehre ist anthropozentrisch begründet und bezieht ihren Zukunftsoptimismus aus dem Glauben an einen letztendlichen Triumph des Geistes der Freiheit. Subjekt seiner Geschichtstheorie ist der sich zur geistigen und wirtschaftlichen Autonomie entwickelnde Mensch, die „Menschheit [...] als Verein freier, bewußter Menschen" das „objective Culturziel der Weltgeschichte".

Das Streben nach individueller Selbstverwirklichung in einer durch Natur und Kultur bedingten und durch „Interessen" strukturierten Gesellschaft ist die in der konkreten historischen Situation stets neu auszulotende Aufgabe des Individuums, sein „subjektives Culturziel".[8]

Von diesen Prämissen ausgehend, erhob Fröbel fünf Grundforderungen, die seine Staatslehre entscheidend prägten:

1. Oberster Zweck eines staatsbegründenden Vertrages muß es sein, die Regeln freier Selbstverwirklichung festzulegen und sie zugleich als unabänderliche Bedingungen des „objektiven Culturziels" jedem Eingriff des Gesetzgebers zu entziehen. Eine vernunftrechtliche Theorie überpositiver Grundnormen ist Prämisse des Fröbelschen Demokratiemodells.

2. Das sich selbstverwirklichende Individuum als Urheber allen positiven Rechts ist im Sinn von Rousseaus „Contrat social" Souverän und zugleich Untertan selbstgeschaffener Normen. Fröbels Staatslehre baut auf einer im Kern atomistischen Lehre der Volkssouveränität auf.

3. Volkssouveränität als staatsrechtliches Prinzip begründet, daß Gesetze durch Mehrheitsentscheid Verbindlichkeit erlangen; entschieden wandte sich Fröbel gegen Rousseaus Vorschlag einer von der volonté des tous abgelösten volonté générale und gegen seine Konstruktion des législateur.

4. Demokratie als Mehrheitsentscheid aller mündigen Bürger innerhalb vorverfassungsrechtlicher Wertentscheidungen ist im Kompetenzbereich zentralstaatlicher

---

7 C. Junius, Neue Politik, 2 Bde., Mannheim 1846; J. Fröbel, System der socialen Politik, 2 Bde., Mannheim 1847 (= 2. Aufl. der „Neuen Politik"), ND, hg. v. R. Koch, Aalen 1975.

8 Ebd., S. 35.

Organe möglichst eng zu begrenzen. Demokratie muß „von unten auf" gestaltet werden, Gemeindeselbstverwaltung und Föderalismus sind wesentliche Strukturelemente.

5. Demokratie, Gewaltenteilung, Rechtsstaat müssen notwendig einhergehen mit der Sicherung der materiellen Bedingungen von Freiheit. Soziale Sicherheit und Volksbildung sind Wesenselemente einer demokratischen Ordnung.[9]

Fröbel war in Dresden auferlegt, sich jeder Auseinandersetzung mit der „Litteraturpolizei" zu enthalten. Gleichwohl plante er mit Ruge – parallel zu Robert Blums „Staatslexikon" – eine „Hausbibliothek aller Natur- und Geisteswissenschaften" nach dem Vorbild der französischen Enzyklopädisten – doch mit Fröbel wollte sich zu diesem Zeitpunkt keiner der bedeutenden Gelehrten mehr einlassen, zu groß war die Furcht vor politischer Diskreditierung.

Fröbel wandte sich daraufhin dem Theater zu, trat in Kontakt zu Richard Wagner. Die Stellung des Theaters in einem freien Volksleben wurde beherrschendes Thema. Nach einem Perikles-Roman[10] erschien Anfang 1848 sein auf den Freiheitskampf der Stadt Genf gegen Savoyen bezogenes Drama „Die Republikaner" als Teil einer angedachten Trilogie.[11] Der Ausbruch der Februarrevolution in Frankreich jedoch, so erinnerte sich Fröbel, „beseitigte alle ästhetisch-literarischen Pläne und wurde auch für mich ein tempora mutantur et nos in illis".[12]

Heinrich Hoff, der Mannheimer Verlagsbuchhändler, forderte ihn Mitte März 1848 auf, die Redaktion der „Deutschen Volkszeitung" in Mannheim zu übernehmen. Immer wieder trat Fröbel nun in zahlreichen Artikeln für die Sache der Republik ein, wählte „Wohlstand, Bildung, Freiheit für alle" zum Motto und erläuterte seinen Begriff der Volkssouveränität.[13]

Die mangelnde Resonanz der Aufstände Heckers und Struves bestärkten zugleich seinen wachsenden Pessimismus. Es galt für ihn nun, die demokratische Bewegung als Partei zu organisieren.

Am 14. Juni 1848 folgte Fröbel der Einladung zum ersten Demokratenkongreß nach Frankfurt am Main. Die Konflikte mit den Kommunisten um Marx, Engels, Heß drohten die demokratische Linke zu spalten. Vor allem Fröbel, so der scharfsichtige Beobachter Ludwig Bamberger, war es zu danken, daß der

---

9 Siehe auch: J. Fröbel, Monarchie oder Republik. ein Urtheil aus der deutschen Volkszeitung besonders abgedruckt, Mannheim 1848, S. 6.

10 J. Fröbel, Perikles. Ein geschichtlicher Roman, Leipzig 1847.

11 Ders., Die Republikaner. Ein historisches Drama, Leipzig 1848.

12 Ders., Ein Lebenslauf, Bd. 1, S. 167.

13 „Deutsche Volkszeitung", Nr. 4, 21, 22, 25, April 1848, sowie die als Sonderdruck erschienene Abhandlung „Monarchie oder Republik", Mannheim 1848; zur Fröbelschen Konzeption der Volkssouveränität: Koch, Demokratie und Staat, S. 78 f., 93 f.

Zentralausschuß schließlich ein liberales, republikanisches Manifest verabschiedete. Julius Fröbel wurde – fast einstimmig – zum Vorsitzenden des „Zentralausschusses der deutschen Demokraten" mit Sitz in Berlin gewählt. Bis Mitte August 1848 war Fröbel in dieser Funktion der wohl entscheidendste Mann der demokratischen Bewegung in Deutschland.

Bereits am 10. Juli legte er einen „Organisationsplan für die demokratische Partei Deutschlands" vor. Doch die Organisation der Partei stieß auf politischen Widerstand. Demokratische Kreisvereine wurden durch die Polizei aufgelöst, Teilnahme unter Strafe gestellt. Im Sommer befand sich der Zentralausschuß in größten finanziellen Problemen. Fröbel reiste nach Wien, um die Verbindung zu österreichischen Demokratenvereinen herzustellen.

Für wenige Monate gelang es Fröbel, die demokratische Bewegung zumindest nach außen hin zu einen: Die schlesischen Rustikalvereine, der Handwerker- und Gewerbekongreß, der Gesellenkongreß als Beginn der Arbeiterbewegung standen von Juli bis September 1848 unter dem Einfluß der Demokraten. Als Fröbel den Vorsitz im Zentralausschuß niederlegte, setzten die Kommunisten ein Programm zur Lösung der sozialen Frage durch, das die demokratische Vereinsbewegung endgültig spalten sollte.

Kurz vor seiner Reise nach Wien erreichte Fröbel ein Schreiben des „Vereinigten Volksvereins" zu Schleiz mit dem Anerbieten, in der Nachfolge von J. G. A. Wirth das Fürstentum Reuß jüngere Linie in der Paulskirche zu vertreten. Fröbel akzeptierte, auch in der Hoffnung, die Spannungen zwischen der Vereinsbewegung, den „Klubisten", und den Parlamentariern der äußersten Linken zu mildern.

Als Fröbel am 6. Oktober 1848 zur Fraktion „Donnersberg" stieß, lag die Beschlußfassung der Nationalversammlung zum Malmöer Frieden bereits mehr als drei Wochen zurück, der Septemberaufstand in Frankfurt war niedergeschlagen, Struves Putschversuch in Baden gescheitert und die Reaktion formierte sich überall. Die Fraktionen der Linken hatten im „Klub der Vereinigten Linken" ein Koordinationsorgan geschaffen.

Die Wiener Oktoberrevolution veranlaßte die „Vereinigte Linke" eine Delegation zu entsenden: Robert Blum vom „Deutschen Hof", und Julius Fröbel vom „Donnersberg". Am 17. Oktober trafen sie in der bereits von den Truppen Windischgrätz eingeschlossenen Stadt ein. Die Wiener Revolutionäre ernannten Blum und Fröbel zu Offizieren. Beide kämpften in der Nähe des Praters. Die Niederlage der Wiener Revolution, die standrechtliche Erschießung Blums und die Vorgänge um die Begnadigung Fröbels sind hinreichend bekannt. Fröbel vermutete zu Recht in seiner Schrift „Wien, Deutschland und Europa", in der er im September 1848 ein drohendes Zerfallen des österreichischen Staates beklagte, den entscheidenden Grund für sein glücklicheres Schicksal.[14]

Nach Frankfurt zurückgekehrt, konzentrierte er seine Arbeit auf die Nationalversammlung, war Mitglied des Dreißiger-Ausschusses für die Durchführung der Reichsverfassung. Fragen der Ausgestaltung der Reichsgewalten, insbesondere der Kompetenzen des Reichsgerichtes, beschäftigten ihn. Zugleich versuchte er, wenn auch vergebens, sein Föderalismuskonzept durchzusetzen. Das Ziel eines staatlichen Volksbildungswesens, die Aufhebung geistlicher Schulaufsicht und kirchlicher Schulträgerschaft, die Auseinandersetzung mit der sozialen Frage – vor allem die Vollendung der Bauernbefreiung – waren weitere Schwerpunkte der parlamentarischen Arbeit.

Mit zwei bedeutenden Grundsatzreden, Schlüsseldokumente für die Selbsteinschätzung der 1848er Demokraten, ist Fröbel in der Nationalversammlung hervorgetreten. In den entscheidenden Debatten über die Staatsform und das Reichsoberhaupt ergriff er am 22. Januar 1849 das Wort: „Ich bin der Meinung, daß die Demokratie auf dem gegenwärtigen Standpunkte der europäischen Geschichte eine Unvermeidlichkeit geworden ist. Sie mag nun dem einen gefallen, dem anderen mißfallen, das hat keinen Einfluß auf die Frage. Ich urteile darin wie Tocqueville in seinem Werk über die amerikanische Demokratie“.[15]

Anders als die parlamentarisch gesonnene Mehrheit seiner Fraktion trat Fröbel für ein Präsidialsystem ein. Zugleich forderte er eine mitteleuropäische Föderation mit Wien als Sitz der Zentralgewalt. Noch einmal, unmittelbar vor der Kaiserwahl, wandte sich Fröbel am 20. März 1849 an das Paulskirchenparlament: Das Kaisertum sei ein „greller Anachronismus“, die Demokraten seien an „diesem großen Wendepunkte der Geschichte unseres Vaterlandes [...] die Fahnenträger der Zukunft“.[16]

Nach dem Sieg der Gegenrevolution in Wien und Berlin versuchte die Linke noch einmal, mit dem „Centralmärzverein“ eine enge Bindung zwischen demokratischer Volksbewegung und Parlamentsfraktion herzustellen. Erneut wurde im Kampf um die Reichsverfassung deutlich, in welchem Ausmaß die Kommunisten die demokratische Vereinsbewegung paralysierten. Angesichts dieser bedrohlichen Situation wurde eine Generalversammlung aller Märzvereine nach Frankfurt am Main einberufen. Am 6. Mai 1849 versammelten sich im „Wolfseck“ ca. 300 Delegierte unter einem lebensgroßen Bild Robert Blums, Vorsitzender war Julius Fröbel.

---

14 J. Fröbel, Wien, Deutschland und Europa, Wien 1848.

15 Stenographischer Bericht über die Verhandlungen der deutschen constituierenden Nationalversammlung, hg. v. F. Wigard, 9 Bde., Frankfurt a. M. 1848/49, Bd. VII, S. 4822 f.

16 Ebd., Bd. VIII, S. 5870.

Zwei Entscheidungen trugen seine Handschrift: Der Mehrheitsbeschluß zugunsten von Nationalversammlung und Reichsverfassung und der „Aufruf an das Deutsche Heer“, sich loyal hinter die Reichsverfassung zu stellen. Am 30. Mai 1849 trat zum letzten Mal die Nationalversammlung in Frankfurt zusammen. Nach dem Ausscheiden der Österreicher und der „Erbkaiserpartei“ war die Linke unter sich, man beschloß die Verlegung des „Rumpfparlaments“ nach Stuttgart. Keine drei Wochen später sprengte Württembergisches Militär die Versammlung. Als Zivilkommissär der Revolutionsregierung versuchte Fröbel noch vergebens, in das belagerte Rastatt zu kommen. Anfang Juli 1849 floh er in die Schweiz. Mit Ludwig Bamberger ging er sodann nach Hamburg, wich auf das britische Helgoland aus, traf schließlich am 24. September in Liverpool ein. Fünf Tage später verließ er auf einem amerikanischen Segelschiff inmitten irischer Auswanderer Europa.

Die knapp acht Jahre, die Fröbel in Nord- und Mittelamerika verbrachte, haben sein politisches Denken von Grund auf geändert, haben ihn schließlich zu einem materialistischen Pragmatismus geführt. Die Begründung politischer Theorie und politischen Handelns aus den Prinzipien individueller Freiheit ersetzte er Zug um Zug durch eine Politik, die ihre Rechtfertigung in „naturhistorischen Tatsachen“ suchte. „Realpolitik“ verdrängte ideale Zielsetzungen. Vor deutschen Emigranten in New York hielt er zunächst Vorträge über die 1848er Revolution, dann gründete er mit zwei Kompagnons eine Seifensiederfabrik von fragwürdigem Ansehen. 1850 in Konkurs gegangen, beteiligte er sich an der von Franz Heinrich Zitz gegründeten Agentur für deutsche Aussiedler und schrieb für die „New York Tribune“.

Alsbald begeisterte ihn der Plan eines Kanals vom Atlantischen zum Pazifischen Ozean. Gemeinsam mit seinem Sohn reiste er nach Nicaragua, unternahm Expeditionen weit in das Landesinnere hinein. Das Projekt war jedoch auf betrügerischen Machenschaften aufgebaut, im September 1851 kehrte Fröbel ernüchtert nach New York zurück.

Nun griff er in die Parteikämpfe zwischen den Demokraten des Südens und den Republikanern des Nordens ein. Nachhaltig warnte er die deutschen Emigranten vor einer Überschätzung der Ideen der Revolution, auch Prometheus sei „an den Felsen der Wirklichkeit“ geschmiedet worden.[17] Im Auftrag des jüdischen Handelshauses Mayer u. Co. übernahm Fröbel im Sommer 1852 die Begleitung eines Transportes nach Chihuahua im Norden Mexikos. Seine Schilderungen des Apachengebietes, der ihm fremden Tierwelt und Vegetation der Trockenzonen sind ebenso eindrucksvoll, wie die Berichte seiner Reise nach Texas 1853, das Wiedersehen mit Christian Kapp in San Antonio oder mit

---

[17] J. Fröbel, Die Zukunft Europas vom Standpunkte des Flüchtlings (New Yorker Allgemeine Zeitung, 19. Feb. 1852), in: Kleine politische Schriften, Bd. 1, S. 3–12.

seinem Jugendfreund Wislicenus in St. Louis, einem Beteiligten des Frankfurter Wachensturms von 1832.[18]

Wieder in New York, stellte er das Chemiestudium seines Sohnes sicher, nachmalig Professor an der New Yorker Universität. Die zweite Handelsreise, die ihn nach El Paso führte, war ein Mißerfolg. Ein waghalsiger Treck durch die Wüstengebiete Arizonas brachte ihn schließlich nach Kalifornien. Im Herbst 1854, Fröbel war inzwischen amerikanischer Staatsbürger, trennte er sich von Mayer u. Co. Gemeinsam mit Karl Rühl begründete er das deutschsprachige „San Francisco Journal". Zwei Themenkomplexe bestimmten seine Kommentare: die Sklavenfrage und der Krimkrieg.

Die Sklaverei der Schwarzen, so Fröbel, sei weder eine Frage humanitärer Prinzipien noch eine solche des Eigentumsrechts. Vielmehr sei sie aus den Notwendigkeiten weltweiter Zivilisationsleistung der Rassen zu beantworten. „Kulturhistorische Zweckmäßigkeit" schließe Sklavenarbeit für die Weiterentwicklung fortgeschrittener Länder aus. Ebenso deutlich aber betonte er, daß Rassen dann von bürgerlicher und politischer Selbständigkeit ausgeschlossen bleiben sollten, wenn sie intellektuellen und sittlichen Anforderungen der zivilisierten Welt nicht genügten.[19]

Als sich im September 1854 der Krimkrieg endgültig zu einem großen europäischen Konflikt ausweitete, wurde Fröbels Interesse wieder ganz von den Problemen der Alten Welt in Anspruch genommen. Amerika und Rußland seien die Pole der neuen Weltordnung, mit unterschiedlichen Prinzipien, aber ähnlichen Interessen, und Westeuropa müsse, so meinte er, – unter französischer Führung – seine Rolle neu definieren. Auch wenn Fröbel im Frühjahr 1856 noch mit Hecker, Struve und Kapp den Wahlkampf des Republikaners John Fremont unterstützte und noch einmal bei einem Eisenbahnprojekt in Mittelamerika Unterkommen suchte; am 09. Juli 1857 gab er seine amerikanischen Träume auf und schiffte sich nach Le Havre ein.

Seine zweite Ehe mit Karoline Mördes mag die Entscheidung zur Rückkehr bestimmt haben. Karoline, Tochter des vormaligen bayerischen Ministers Graf von Armansperg öffnete Fröbel unmittelbaren Zugang zu den Führungsschichten jenes „Dritten Deutschland" dessen Rolle er in einer europäischen Föderation zu definieren beabsichtigte.

In kürzester Zeit gelang es Fröbel, den ihn immer noch belastenden Ruf eines Revolutionärs zu überwinden und bereits 1859, nach der Niederlage Österreichs bei Magenta und Solferino, machte ihn seine Abhandlung zum Waffenstillstand

---

[18] Ders., Aus Amerika. Erfahrungen, Reisen, Studien, 2 Bde., Leipzig 1857–58.

[19] Ders., Die Negersklaverei in den Vereinigten Staaten als eine Frage der Ethik, der Politik und der Culturgeschichte, in: ders., Aus Amerika, Bd. 1, S. 124–188.

von Villafranca zu einem der einflußreichsten politischen Publizisten seiner Zeit.[20]

Zwei Jahre später erschien der erste Band seiner „Theorie der Politik", eine deutlichen Abrechnung mit seiner liberal-demokratischen Vergangenheit. Aus dem Theoretiker der Volkssouveränität war ein Verfechter der Staatssouveränität geworden, ein Hegelianer, der die anthropologischen Grundannahmen und die staatstheoretischen Konsequenzen, die ihn im Vormärz und in der Revolution geleitet hatten, nun auf das schärfste bekämpfte.[21] Wie August Ludwig v. Rochau war er der Auffassung, daß die Machtfrage und nicht die Frage nach Prinzipien an die Spitze allen politischen Denkens zu stellen sei. Mit der „Theorie der Politik" begab sich Fröbel auf eine höchst problematische, alle Werte am kulturellen Selbstverständnis und der rassischen Eigenart relativierende Bahn.

Wichtigste Konstante in seinem Denken blieb die Fixierung auf eine im Kern vorindustrielle Lebenswelt, zugleich eine Ablehnung kapitalistischer wie sozialistischer Wirtschaftsformen zugunsten von genossenschaftlichen Assekuranz-Gedanken und staatlicher Wirtschaftslenkung.

Höhepunkte des politischen Wirkens von Fröbel vor 1866 waren die von ihm maßgeblich initiierte großdeutsche Parteiversammlung in Frankfurt 1862, die Gründung des „Deutschen Reformvereins" und sein Anteil am österreichischen Bundesreformplan von 1863. Unter dem Eindruck des Scheiterns des Frankfurter Fürstentages und voller Unzufriedenheit über die österreichische Politik nach 1864 wandte er sich wieder den Trias-Plänen zu. Der württembergische leitende Minister Varnbüler verschaffte ihm Einfluß auf den offiziösen „Staatsanzeiger", Fröbel reiste in Diensten der Stuttgarter Regierung nach Wien und Paris. Die Ereignisse von 1866 aber veranlaßten ihn zu einem „Übergang auf den Standpunkt der neuen Tatsachen": „Nicht wer recht hat, sondern wer recht behält, ist die große Frage der Politik [...] Auf der Rückseite der Münze [...], auf der die Gedankensouveräne Kant, Fichte und Schelling zu sehen sind, steht nun einmal Bismarck".[22]

In München gab Fröbel ab Juli 1867 die offiziöse „Süddeutsche Presse" heraus, verfolgte in Abstimmung mit Ministerpräsident Hohenlohe das Ziel eines Süddeutschen Bundes in Anlehnung an den Norddeutschen Bund unter

---

20 Ders., Deutschland und der Friede von Villafranca, Frankfurt a. M. 1859.

21 Ders., Theorie der Politik als Ergebnis einer erneuerten Prüfung demokratischer Lehrmeinungen, Bd. 1: Die Forderungen der Gerechtigkeit und Freiheit im Staate, Bd. 2: Die Thatsachen der Natur, der Geschichte und der gegenwärtigen Weltlage, als Bedingungen und Beweggründe der Politik, Wien 1861–1864, Nd. hg. v. R. Koch, Aalen 1975.

22 Ders., Ein Lebenslauf, Bd. 2, S. 450 f.; vgl.: K. G. Faber, Realpolitik als Ideologie. Die Bedeutung des Jahres 1866 für das politische Denken in Deutschland, in: HZ 203, 1966, S. 1–45.

preußischer Führung. Sein Konflikt mit der katholischen Partei, die keinesfalls einen nach Berlin gerichteten Kurs akzeptierte, dann seine Auseinandersetzung mit Richard Wagner, führten zum Abbruch der königlichen Subventionen. Fröbel übernahm nun, aus dem „Reptilienfonds“ der preußischen Regierung gestützt, die „Süddeutsche Presse“ in sein Eigentum; zweimal, im Dezember 1868 und im März 1867 traf er wegen der Ausrichtung der Pressearbeit mit Bismarck zusammen.

1870 erschien der erste Teil seines Werkes „Die Wirthschaft des Menschengeschlechtes“.[23] Es wurde ein Bekenntnis für das Ideal wirtschaftlicher Selbständigkeit und zugleich eine Aufforderung an den Liberalismus, nach wie vor im handwerklichen Mittelstand das wichtigste Element wirtschaftlichen und gesellschaftlichen Lebens zu sehen. Ähnlich wie Gustav Schmoller war Fröbel der Auffassung, nach einer „Reinigungskrise“ werde der Mittelstand in der industriellen Welt „Veredelungsprozesse“ in Produktion und Distribution vorantreiben. Als Gegengewicht zur Arbeiterklasse und als Stabilisator in einer von Entfremdung bedrohten Welt komme ihm zentrale politische Bedeutung zu. Die Begrenzung des Monopolkapitalismus durch eine mittelstandsfreundliche Wirtschaftsverfassung auf der einen Seite, schroffe Ablehnung sozialdemokratischer Forderungen auf der anderen, resultierten aus einer für viele Liberale typischen Verbindung von hegelianischem Staatsgedanken, sozialdarwinistischer Entwicklungsphilosophie und utilitaristischem Realismus.

An den Bedürfnissen einer berufsständisch gegliederten und hierarchisierten Gesellschaft müsse auch das Konzept der allgemeinen Volksbildung neu überdacht werden. Fröbel hat mit seiner bildungspolitischen Konzeption der 1870er Jahre, mit seiner Erklärung, daß das „Streben nach Gleichheit der Bildung sich auf einem Irrwege befindet“, die Ausgangsfrage seines politischen Lebens überhaupt erneut aufgeworfen. Die Absage an das ihn im Vormärz leitende Menschenbild der Aufklärung ging einher mit einem nun als liberal definierten Zweckdenken.

Nach 1871 verlor die preußische Regierung das Interesse an der „Süddeutschen Presse“, 1873 verkaufte Fröbel sein Unternehmen. Nun, 68jährig, hielt er den Zeitpunkt für gekommen, durch eine einflußreiche Stelle im Auswärtigen Dienst die Erfolge seiner geheimen Missionen und seiner Pressearbeit honoriert zu erhalten. Nach einer Abschiedsaudienz bei Bismarck trat er Ende Mai 1873 seine Stelle als deutscher Konsul in Smyrna an, ab Februar 1876 in Algier –

---

[23] Ders., Die Wirthschaft des Menschengeschlechtes auf dem Standpunkte der Einheit idealer und realer Interessen, 1. Teil: Die Grundverhältnisse und allgemeinen Vorgänge der Wirthschaft, Leipzig 1870, 2. Teil: Die Privatwirthschaft und die Volkswirthschaft, Leipzig 1874.

enttäuscht, daß er keine bedeutendere Aufgabe in der Wilhelmstraße erhalten hatte.

Während seiner Dienstjahre in Algier vollendete Fröbel die dritte seiner großen „Politiken". Nach einer beinahe 40jährigen Feindschaft mit J. C. Bluntschli reichte er ihm nun, versöhnt mit einem konservativen Liberalismus, die Hand.[24] Nicht in der Selbstbestimmung des Individuums, sondern in der machtpolitischen Selbstbehauptung des nationalen Staates als einer Konkretisierung der sittlichen Idee sah er die oberste Norm politischen Handelns, ja das Ziel von Geschichte überhaupt. Machtstaat, Rassenfrage, berufsständisch gegliederte Gesellschaft: Fröbel hatte seit 1850 Zug um Zug alle Verankerung politischer Theorie in einer individualistischen Ethik preisgegeben.

1888 – kurz vor Vollendung seines vierundachtzigsten Lebensjahres – bat Fröbel, wenige Monate nach dem Tod seiner Frau, um Entlassung aus dem Reichsdienst. Er kehrte in die Schweiz, dem Ausgangspunkt seines politischen Werdegangs zurück und verfaßte seine Autobiographie. Er verstarb am 6. November 1893.

In einem Nachruf – zugleich typisch für die Werthaltung der Intellektuellen im Wilhelminismus – charakterisierte ihn 1893 sein langjähriger Freund Friedrich Pecht:

> „Die Natur hatte ihn verschwenderisch mit ihren Gaben überschüttet, ihn mit vollendeter Mannesschönheit, eiserner Gesundheit, ungewöhnlichem Mut und Thatkraft, hoher Intelligenz und Idealität bei nur allzureicher Phantasie wie mit unermüdlicher Arbeitskraft und Arbeitslust ausgestattet, aber diese Verschwendung ihrer schönsten Gaben einen Zug von allzugroßer Beweglichkeit des Wesens und ein Bedürfnis nach steter Veränderung beigemischt. Sicherlich ist mit ihm einer der interessantesten Achtundvierziger dahingegangen, dessen unzerstörbarer Idealismus und tiefe Humanität ihn außerordentlich charakteristisch für jene kosmopolitische Periode unserer deutschen Geschichte machen."[25]

---

[24] Ders., Gesichtspunkte und Aufgaben der Politik. Eine Streitschrift nach verschiedenen Richtungen, Leipzig 1878.

[25] Zit. n. Sandner, in: ADB 49, 1904, S. 163–172, hier: S. 171 f.

Friedrich Naumann (1860–1919)

Gerd Fesser

Der Bekanntheitsgrad Friedrich Naumanns ist heute nicht mehr sehr groß. Immerhin gibt es in fast allen größeren Städten Deutschlands Naumann-Straßen. Die FDP-nahe Bildungseinrichtung trägt seinen Namen. Theodor Heuss, der erste Bundespräsident, war bekanntlich ein Schüler Naumanns und schrieb dessen Biographie.[1] In den Jahren seines politischen Wirkens – also vom Ende der 1890er Jahre bis zu seinem Tode – und auch noch in den Jahren der Weimarer Republik war Naumann weithin bekannt. Seit den 1930er Jahren ging sein Bekanntheitsgrad zurück. Zu Anfang der 1960er Jahre hat man ihn dann als Ahnherrn einer sozialliberalen Koalition von SPD und FDP entdeckt.[2] Da ist durchaus etwas dran.

Die sechsbändige Ausgabe der Werke Naumanns[3] umfaßt nur einen begrenzten Teil seines Schaffens. Die Bibliographie von Milatz[4] führt 2100 Bücher, Broschüren und Aufsätze Naumanns auf. Man weiß heute, daß diese Übersicht unvollständig und die Zahl der Veröffentlichungen Naumanns tatsächlich noch erheblich größer ist.

Einige Lebensdaten: Friedrich Naumann wurde im Jahre 1860 in dem Dorf Störmthal bei Leipzig als Sohn eines evangelischen Pfarrers geboren. Er besuchte die Fürstenschule zu St. Afra in Meißen und studierte 1879 bis 1883 in Leipzig und Erlangen Theologie. Danach arbeitete er 1883 bis 1885 im „Rauhen Hause“, einer Erziehungseinrichtung der Inneren Mission in Horn bei Hamburg, als sogenannter Oberhelfer – eine Art Sozialarbeiter. 1886 bis 1890 war er Pfarrer in dem Dorf Langenberg in Sachsen. 1890 bis 1897 wirkte er in Frankfurt am Main als Vereinsgeistlicher der Inneren Mission. Seit 1895 gab er die Wochenschrift „Die

---

1 T. Heuss, Friedrich Naumann. Der Mann, das Werk, die Zeit, 3. Aufl., München/ Hamburg 1968.

2 Siehe insbesondere E. Eppler, Liberale und soziale Demokratie. Zum politischen Erbe Friedrich Naumanns, Villingen 1961.

3 F. Naumann, Werke, Bde. 1–6, Köln-Opladen 1964 [Druck 1966–1969].

4 A. Milatz, Friedrich-Naumann-Bibliographie, Düsseldorf 1957.

Hilfe“ heraus. 1897 schied Naumann aus dem Pfarramt aus und siedelte nach Berlin über. Im Jahre 1900 erschien sein Buch „Demokratie und Kaisertum“. Von 1907 bis 1912 und von 1913 bis 1918 war er Mitglied des Reichstags. Er vertrat die linksliberale Freisinnige Vereinigung, die sich 1910 mit zwei weiteren kleineren Parteien zur Fortschrittlichen Volkspartei zusammenschloß. 1915 veröffentlichte Naumann das Buch „Mitteleuropa“. Im Jahre 1919 wurde er Mitglied der Weimarer Nationalversammlung und Vorsitzender der Deutschen Demokratischen Partei (DDP). Am 24. August 1919 ist er gestorben.

Im politischen Wirken Naumanns kann man drei Phasen unterscheiden: eine christlich-soziale bis 1895, eine nationalsoziale 1896–1903, eine linksliberale seit 1903. Seine Hinwendung zur Politik fiel in eine Zeit heftiger Auseinandersetzungen um die Sozialpolitik. Seit 1888 regierte Kaiser Wilhelm II. Der junge Monarch strebte danach, selbst zu regieren, ein „persönliches Regiment“ zu errichten. Er war, als er den Thron bestieg, noch keine 30 Jahre alt, ohne wirkliche politische Erfahrung, dabei von maßlosem Geltungsdrang erfüllt.

Wilhelm II. beschloß, sich auf dem Felde der Sozialpolitik gegenüber Bismarck zu profilieren. Der Kanzler hatte seit 1878 die Sozialdemokratie mittels des berüchtigten Sozialistengesetzes bekämpft. Zugleich hatte er in den 1880er Jahren seine bedeutsamen, für die damalige Zeit vorbildlichen Sozialversicherungsgesetze vorgelegt. Der zwölfjährige Feldzug, den der „Eiserne Kanzler“ gegen die junge Arbeiterbewegung führte, war ein Fehlschlag. 1878 hatte die Sozialdemokratie bei den Reichstagswahlen 415 000 Stimmen erhalten, 1890 hingegen waren es mehr als 1,4 Millionen.

Innerhalb der evangelischen Kirche gab es Männer, die sehr wohl erkannt hatten: Sozialpolitik durfte sich nicht auf staatliche Fürsorge „von oben“ beschränken. Es mußte vielmehr soziale Selbsthilfe „von unten“ hinzukommen. Aus solcher Einsicht heraus war im Jahre 1878 die christlich-soziale Bewegung des Hofpredigers Adolf Stoecker[5] entstanden. Stoecker war ein begnadeter Redner. Die Massen strömten ihm zu. Es waren freilich nicht, wie er gehofft hatte, die Arbeiter, sondern Handwerker und Kleinhändler. In den Kreisen der kleinen Gewerbetreibenden gab es einen latenten Antisemitismus. Stoecker merkte schnell, daß bei seinen Zuhörern Äußerungen gegen die Juden auf eine besonders große Resonanz stießen. Er steigerte sich nun in immer schrillere antisemitische Ausfälle hinein.

Der Hofprediger hatte viele begeisterungsfähige Studenten, junge Pfarrer und Lehrer für seine Bewegung gewonnen. Zu Beginn der 1890er Jahre nahm dann ein Teil der jüngeren Christlich-Sozialen mehr und mehr Anstoß an Stoeckers autoritärer und selbstgefälliger Art, seiner Demagogie und seinem Antisemitis-

---

[5] Über Stoecker siehe G. Brakelmann, M. Greschat, W. Jochmann, Protestantismus und Politik. Werk und Wirkung Adolf Stoeckers, Hamburg 1982.

Pfarrer in Frankfurt a. M.
1894

Friedrich Naumann (1860–1919)

mus. Insbesondere mißfiel ihnen, daß Stoecker sich eng an die preußischen Konservativen – jene sturen Verteidiger sozialer und politischer Besitzstände – anschloß.

Stoecker selbst hatte im Jahre 1890 den Evangelisch-Sozialen Kongreß gegründet und den „Jungen" so ein Diskussionsforum verschafft. Seit 1892 nahm Friedrich Naumann an den Kongressen teil, und er wurde sofort zum allgemein anerkannten, ja umjubelten Wortführer der „Jungen".

Gleich sein erster Auftritt hatte für Furore gesorgt. Naumann hatte seine Rede unter folgenden Leitsatz gestellt: „Der Zweck der Ehe ist die Erzeugung und Erziehung von Kindern". Über das Echo, das Naumanns Vortrag fand, hat sein Weggefährte Hellmut von Gerlach später geschrieben:

> „Das war so herzerfrischend natürlich, daß ein förmliches Zittern durch die Versammlung ging: die jungen Mädchen senkten errötend die Augen, die Mütter fanden es skandalös, die Herren schüttelten die Köpfe. Eine 60jährige Gräfin neben mir protestierte: ‚Der Herr will Christ sein!' Stoecker, dessen Ehe nicht mit Kindern gesegnet war, nahm besonderen Anstoß. Der Eindruck war der: Ein Wolf ist in unsere Herde eingedrungen!"[6]

Naumann hatte sich der christlich-sozialen Bewegung angeschlossen, war aber nicht Mitglied von Stoeckers Partei geworden. Auch in seinen theologischen Ansichten neigte er nicht zur Orthodoxie wie Stoecker, sondern zu den liberalen Positionen seines Schwagers und Freundes Martin Rade[7]. Ganz im Unterschied zu dem politisierenden Hofprediger hegte er gegenüber der Arbeiterbewegung keinerlei Berührungsängste.

Die Autorität und Zuneigung, die Naumann im Kreis seiner Mitstreiter fand, ist aus seinen Charaktereigenschaften zu erklären. Pose und autoritäres Gehabe waren ihm völlig fremd. Jedermann spürte seine Lauterkeit, Bescheidenheit, Sachlichkeit. Die Vermutung liegt nahe, daß viele der Christlich-Sozialen Naumann gerade deshalb so schätzten, weil die Starallüren Stoeckers sie mittlerweile befremdeten.

Naumann und seine Weggefährten sorgten dafür, daß vielen Konservativen regelrechte Schauer über den Rücken liefen. So erklärte dieser im Jahre 1893 auf dem Evangelisch-Sozialen Kongreß: Die Sozialdemokratie sei „eine abweichende Erscheinung am Leib des alten Christentums". Sie sei „die erste große evangelische Häresie" und „innerweltlicher Chiliasmus"[8]. Die konservativen Kreise machten nun gegen die rebellischen „Jungen" Front. Karl Ferdinand

---

[6] Zit. nach: Findbücher zu den Beständen des Bundesarchivs, Bd. 55: Nachlaß Friedrich Naumann. Bestand N 3001. Bearb. v. U. Krey und T. Trumpp, Koblenz 1996, S. XII.

[7] Über Rade siehe A. C. Nagel, Martin Rade – Theologe und Politiker des Sozialen Liberalismus. Eine politische Biographie, Gütersloh 1996.

[8] F. Naumann. Werke, Bd. 1: Religiöse Schriften, S. 336.

Freiherr von Stumm-Halberg, Großindustrieller und sozialpolitischer Ratgeber Wilhelms II. , wütete im Reichstag gegen „Naumann und Konsorten". Jeder seiner Angestellten, der Naumanns Zeitschrift „Die Hilfe" abonniert hatte, wurde sofort entlassen.

Im Jahre 1895 erfuhren Naumann und seine Freunde zwei Impulse, welche ihren Übergang von christlich-sozialen zu nationalsozialen Positionen forcierten. Der konservative Leipziger Rechtslehrer Rudolf Sohm[9] trennte in einem Vortrag Staatsdenken und christlichen Glauben strikt und verwarf die Vorstellung, es könne einen christlichen Sozialismus geben.

Im gleichen Jahr hielt der geniale junge Soziologe Max Weber in Freiburg seine Antrittsvorlesung. Er legte darin unter anderem den tiefen Zusammenhang zwischen Innen- und Außenpolitik dar und betonte: Das Reich sei gefährdet, solange die deutsche Sozialdemokratie außerhalb von Staat und Gesellschaft stehe. Schließlich prägte er den so unendlich oft zitierten Satz: „Wir müssen begreifen, daß die Einigung Deutschlands ein Jugendstreich war, den die Nation auf ihre alten Tage beging und der Kostspieligkeit halber besser unterlassen hätte, wenn sie der Abschluß und nicht der Ausgangspunkt einer deutschen Weltmachtpolitik sein sollte".[10] Diese Sentenz Webers war die „Initialzündung für die Entstehung eines liberalen Imperialismus im Wilhelminischen Deutschland".[11]

Naumann las die gedruckte Fassung von Webers Vortrag und war tief beeindruckt. In der „Hilfe" schrieb er über Webers Vortrag: „Hat er nicht recht? Was nützt uns die beste Sozialpolitik, wenn die Kosaken kommen? Wer innere Politik treiben will, der muß erst Volk, Vaterland und Grenzen sichern, er muß für nationale Macht sorgen. Hier ist der schwächste Punkt der Sozialdemokratie. Wir brauchen einen Sozialismus, der regierungsfähig ist [...] Ein solcher Sozialismus muß deutschnational sein".[12]

Im Jahre 1896 gründeten Naumann und seine Freunde eine eigene politische Partei, den Nationalsozialen Verein[13]. Der Nationalsoziale Verein entwickelte sich just so, wie der skeptische Max Weber es vorausgesagt hatte. Die neue Organisation kam nicht über den Status einer Splitterpartei hinaus. Der Verein hatte 1897 rund 350 Mitglieder und 1903 auch erst 3 000. Bei den Reichstagswahlen von 1898 erhielt man 27 000 Stimmen und im Jahre 1903 30 000 (=

---

9 Über Sohm siehe A. Bühler, Kirche und Staat bei Rudolf Sohm, Zürich 1965.

10 M. Weber, Gesammelte Politische Schriften, 2., erw. Aufl., Tübingen 1958, S. 23.

11 W. J. Mommsen, Max Weber und die deutsche Politik 1890–1920, 2., überarb. u. erw. Aufl., Tübingen 1974, S. 76.

12 Die Hilfe, Nr. 28 vom 14. 7. 1895, S. 2.

13 Siehe D. Düding, Der Nationalsoziale Verein 1896–1903. Der gescheiterte Versuch einer parteipolitischen Synthese von Nationalismus, Sozialismus und Liberalismus, München/Wien 1972.

0,3 %). Nach dem Wahldebakel von 1903 beschloß der Vertretertag der Nationalsozialen auf Initiative Naumanns, den Verein aufzulösen. Naumann selbst und die meisten der Vereinsmitglieder traten in die Freisinnige Vereinigung ein.

Friedrich Naumann hat sich Max Webers Forderung nach einer deutschen „Weltpolitik" zu eigen gemacht und sie dann energisch vertreten. In der Folge hat er sehr viel zur „Weltpolitik"[14] veröffentlicht. In der Werkausgabe ist aber davon nur wenig enthalten. Insbesondere fehlen die entsprechenden Beiträge in der „Hilfe" und die Einzelveröffentlichungen, darunter die Schrift „Asia", fast völlig. Bereits die Rede Naumanns auf dem Gründungskongreß in Erfurt enthielt ein dezidiertes Bekenntnis zur deutschen „Weltpolitik" mit klarer Frontstellung gegen Großbritannien. Naumann sagte:

> „Es geht nicht an, daß England allein über die ganze Erde seine Macht ausdehnt; wir brauchen für unser Bevölkerungswachstum Kolonien […] wenn wir Kolonialbesitz erhalten und weiter erwerben wollen und müssen, bedürfen wir einer Flotte. Und die ist eine der produktivsten Anlagen […] Unser Brot wird hängen an unseren Schiffen".[15]

Zu Beginn des Jahres 1897 erschien Naumanns „Nationalsozialer Katechismus", der in der Form eines Frage-Antwort-Spiels einige der krassesten Formulierungen Naumanns zur „Weltpolitik" enthält. Eingangs stellte Naumann die Frage: „Was ist das Nationale" und antwortete: „Es ist der Trieb des deutschen Volkes, seinen Einfluß auf der Erdkugel auszudehnen".[16]

Naumann forderte, den künftigen großen Krieg gegen England öffentlich zu erörtern und das Volk so auf diesen Konflikt vorzubereiten. Er erklärte, daß Deutschland weitere Kolonien benötige, stellte die Frage: „Bei welchen Gelegenheiten können solche Kolonien gewonnen werden?" und antwortete: „Bei Friedensanschlüssen nach glücklichen Seekriegen".[17]

Im Jahre 1899 veröffentlichte Naumann im Anschluß an eine Orientreise die Schrift „Asia", die einige besonders offenherzige Äußerungen enthält. So erklärte Naumann kategorisch: „Keine Verbrüderung mit England! Nationale Politik".[18] Zu dieser Zeit waren ja Verhandlungen über ein deutsch-britisches Bündnis im Gange, und Naumann warnte: Ein Deutschland, das mit England verbündet sei, werde zur Bedeutungslosigkeit herabsinken. Zur Politik gegen-

---

[14] Zur deutschen „Weltpolitik" siehe G. Fesser, Der Traum vom Platz an der Sonne. Deutsche „Weltpolitik" 1897–1914, Bremen 1996.

[15] Protokoll über die Vertreter-Versammlung aller National-Sozialen in Erfurt vom 23. bis 25. November 1896, Berlin (1897), S. 40.

[16] F. Naumann. Werke, Bd. 5: Schriften zur Tagespolitik, S. 201.

[17] Ebenda, S. 209.

[18] F. Naumann, „Asia". Eine Orientreise über Athen, Konstantinopel, Baalbek, Nazareth, Jerusalem, Kairo, Neapel, 7., unveränderte Aufl., Berlin-Schöneberg 1909, S. 145.

über der Türkei sagte er: „Wir müssen das Land wirtschaftlich von uns abhängig machen, um es später politisch kontrollieren zu können“.[19]

Nach der berüchtigten „Hunnenrede“ Wilhelms II. protestierten nicht nur sozialdemokratische, sondern auch liberale Blätter heftig. Naumann rief diesen Kritikern in der „Hilfe“ zu: „Wir halten diese ganze Zimperlichkeit für falsch“. Das trug ihm den Namen „Hunnenpastor“ ein. Doch Naumann trumpfte noch auf: „Aufsteigende Völker“ sollten es mit dem „allgemeinen Gedanken des Mitleids“ nicht übertreiben.[20]

Wie ist das leidenschaftliche Engagement Naumanns für die Flottenrüstung und „Weltpolitik“ zu erklären? Naumann war lernfähig. Die Kehrseite dieser Eigenschaft war, daß er mitunter Einflüssen des imperialistischen „Zeitgeistes“ allzu rasch erlag. Er besaß auch nicht die begriffliche Schärfe seines Freundes Max Weber. Hinzu kam ein Hang zum Pathos. Die Folge waren solche „Ausrutscher“ wie seine Äußerungen zur „Hunnenrede“ Wilhelms II.

Im Jahre 1900 veröffentlichte Naumann sein Buch „Demokratie und Kaisertum“[21]. Er ging von einer Bestandsaufnahme des deutschen Parteiensystems aus und legte dar: Die alte Elite habe ihren Anspruch auf die politische Führung verwirkt, eine regierungsfähige neue Elite stehe noch nicht bereit. Der Autor hoffte, Kaiser Wilhelm II. werde sich als „nationaler Imperator“ und „Verkörperung des nationalen Gesamtwillens“[22] künftig auf die Mehrheit des Volkes stützen und sich an die Spitze des Ringens um Fortschritt und Modernisierung stellen.

Naumann rückte die modernen Züge Wilhelms in den Vordergrund – sein sozialpolitisches Programm von 1890, sein Interesse für die Technik, seine Flottenrüstung – und feierte den Kaiser als „Virtuosen des modernen Verkehrszeitalters“.[23]

Das Fazit seiner Ausführungen über die Politik Wilhelms lautete: „Wer das neue industrielle Deutschland will, der muß die Flotte wollen. In diesem Punkt ist unser Kaiser ganz modern und macht sich zum Führer einer unausweichbaren Lebensforderung der Gesamtnation. [...] Wir Deutschen haben wieder ein großes praktisch-politisches Ideal, wir glauben an unsere nationale Zukunft und trauen dem, der sie uns zeigt“.[24]

Im folgenden Jahr stellte Naumann in seiner neuen Zeitschrift „Die Zeit“ die Frage: „Sind wir eigentlich ein Volk, das sich ohne einen Cäsar selbst regieren

---

19 Ebenda, S. 164.
20 T. Heuss, S. 148 u. 150.
21 In: F. Naumann. Werke, Bd. 2: Schriften zur Verfassungspolitik.
22 Ebenda, S. 265.
23 Ebenda, S. 261.
24 Ebenda, S. 328 f.

kann?", und er gab die Antwort: Der „neudeutsche Cäsarismus" sei kein „geschichtlicher Irrtum", sondern eine „zeitgeschichtliche Notwendigkeit".[25]

Die Hoffnungen, die Naumann in Wilhelm II. setzte, waren reines Wunschdenken. Die Geschichtswissenschaft ist sich heute im negativen Urteil über diesen Kaiser einig. Wilhelm war oberflächlich, sprunghaft und geradezu arbeitsscheu. Thomas Nipperdey hat ihn das „fleischgewordene Unglück der jüngeren deutschen Geschichte vor Hitler" genannt.[26]

Die Passagen über Wilhelm stehen im Buch „Demokratie und Kaisertum" neben anderen Passagen, mit denen sie eigentlich nicht vereinbar sind. Naumann hatte nämlich sehr wohl erkannt, daß Deutschland sich zwar auf wirtschaftlichem Gebiet dynamisch entwickelte, sein politisches System aber damit nicht Schritt gehalten, hinter der Entwicklung in Westeuropa zurückgeblieben war. Er sprach klar aus, daß die alte adlige Elite abgewirtschaftet hatte und von der Macht verdrängt werden sollte. Und er forderte, das politische System im liberalen und demokratischen Sinne umzugestalten. Dabei stellte er das Zweiparteiensystem Großbritanniens als Vorbild dar.

Als die entscheidende Kraft bei der Umgestaltung Deutschlands sah Naumann die Arbeiterbewegung an. Er stand den Bestrebungen der Arbeiterbewegung mit Respekt und Sympathie gegenüber. Und er hat sich in der 1. Auflage seiner Schrift selbst als Sozialisten bezeichnet.[27] In der 3. Auflage vom Jahre 1904 hat er diesen Satz dann weggelassen.

Naumann entwickelte in seiner Schrift folgenden Gedankengang: Das Endziel der Sozialdemokratie, nämlich die sozialistische Revolution, die Eroberung der Macht, sei unrealistisch. Die Führer der Partei wüßten das im Grunde auch, hielten aber trotzdem an ihrer revolutionären Programmatik fest. In der Praxis würden sie eine vorsichtige Politik machen, die darauf abziele, im Rahmen der bestehenden Ordnung Reformen durchzusetzen. Naumann rief die Führer der Sozialdemokratie auf, sich zu dem zu bekennen, was sie in der Praxis ohnehin tun würden. Er schrieb: „Das alte sozialdemokratische Ideal einer Vernichtung der bürgerlichen Gesellschaft verschiebt sich in das neue, kleinere, aber dafür aussichtsreichere Ideal, innerhalb dieser Gesellschaft ein Machtfaktor von steigender Wirksamkeit zu werden. In Wirklichkeit ist dieses Ideal längst an Stelle des alten getreten, nur fehlt bisher die Anerkennung der vollzogenen Verschiebung. *Das neue Ideal heißt Herstellung einer Periode, in der Deutschland von links her von demokratischer Seite regiert wird.* Nicht der ganze Kapitalismus,

---

[25] Die Zeit, 1901, Nr. 1, S. 9 f.

[26] T. Nipperdey, Deutsche Geschichte 1866–1918, Bd. 2: Machtstaat vor der Demokratie, München 1982, S. 421.

[27] F. Naumann, Demokratie und Kaisertum, Ein Handbuch für innere Politik, Berlin-Schöneberg 1900, S. 3.

nicht die bürgerliche Gesellschaft soll gestürzt, aber der politische Einfluß der konservativ = klerikalen Majorität im Staat soll gebrochen werden."[28]

Naumann war in den folgenden Jahren bestrebt, die Rechte der Gewerkschaften zu sichern, und er forderte, den Arbeitern eine betriebliche Mitbestimmung einzuräumen. Im Jahre 1906 erschien sein Buch „Neudeutsche Wirtschaftspolitik", in dem er sich für einen „Fabrikparlamentarismus" aussprach.[29] Er trat dafür ein, betrieblichen Arbeiterausschüssen in der Personalpolitik, bei der Arbeitszeitregelung, bei der Ausarbeitung der Fabrikordnungen und bei der Sicherheit am Arbeitsplatz ein Mitspracherecht zu geben.[30] Die Mitarbeit von Gewerkschaftsvertretern in den Ausschüssen war für ihn unerläßlich.

Im Herbst 1908 löste dann ein Interview Wilhelms II. , das in der britischen Zeitung „Daily Telegraph" erschien, in Deutschland in allen politischen Lagern einen Sturm der Kritik am Kaiser aus.[31] Naumann schüttelte nun seine Illusionen über den Kaiser ab. Am 8. November erklärte er in der „Hilfe":

> „Wenn Wilhelm II. [...] fortfahren will, persönliche Politik zu treiben, so wird er es sich zuzuschreiben haben, wenn der Abend seines Lebens sich verdüstert, denn soviel ist jetzt schon klar, daß sich das deutsche Volk trotz seiner wahrhaft großen Geduld die Wiederholung der Gefährdung des Nationalschicksals durch den Kaiser nicht ins Endlose gefallen lassen wird."[32]

In den folgenden Monaten hat Naumann mehrere Aufsätze veröffentlicht, in denen er ganz klar den Übergang zur parlamentarischen Monarchie forderte. So erschien Anfang 1909 in der „Hilfe" sein Artikel „Das Königtum", in dem es heißt: „Es soll im Namen des Königs und Kaisers regiert werden, aber nicht von ihm. Es soll im Auftrage des Kaisers regiert werden, aber vom Vertrauensmann der Parlamentsmehrheit."[33] Peter Theiner bemerkt völlig zu Recht, Naumann sei mit diesem Postulat zu „einem der ganz wenigen Vertreter des Parlamentarisierungsgedankens im späten Kaiserreich" geworden.[34]

Naumann war davon überzeugt, daß nur ein politisches Bündnis zwischen Liberalen, Nationalliberalen und Sozialdemokraten es ermöglichen würde, greifbare Reformen durchzusetzen. Er nannte ein solches Bündnis „Großblock

---

[28] Ebenda, S. 7.

[29] F. Naumann. Werke, Bd. 3: Schriften zur Wirtschafts- und Gesellschaftspolitik, S. 422 f.

[30] Ebenda, S. 423 ff.

[31] Siehe G. Fesser, Reichskanzler Bernhard Fürst von Bülow. Eine Biographie, Berlin 1991, S. 105 ff.

[32] Zit. nach: T. Heuss, S. 288.

[33] F. Naumann. Werke, Bd. 2, S. 432.

[34] P. Theiner, Sozialer Liberalismus und deutsche Weltpolitik. Friedrich Naumann im Wilhelminischen Deutschland (1860–1919), Baden-Baden 1983, S. 190.

von Bassermann bis Bebel" (Ernst Bassermann war der Vorsitzende der Nationalliberalen Partei).

Der „Großblock", den Naumann erstrebte, bestand in Baden bereits seit 1905. Auf der Reichsebene wäre seine Formierung seit dem großen Wahlerfolg der Sozialdemokraten und Liberalen im Jahre 1912 rechnerisch überhaupt kein Problem gewesen. Er kam aber auf der Reichsebene bis 1918 nicht zustande, weil die Masse des deutschen Bürgertums Naumanns Idee eines Zusammengehens mit der Sozialdemokratie schroff ablehnte.

Ganz allmählich haben sich am Vorabend des Ersten Weltkrieges die außenpolitischen Vorstellungen Naumanns gewandelt. Zwar blieb er ein Verfechter der „Weltpolitik". So hat er im November 1911 beklagt, daß „Deutschland bei der Aufteilung Afrikas objektiv zu kurz gekommen" sei.[35]

Andererseits beunruhigten ihn die Kriegstreibereien des rechten Lagers, und er begann zu ahnen, daß die Voraussetzungen für eine erfolgreiche deutsche „Weltpolitik" gar nicht gegeben waren. In der „Hilfe" vom 30. August 1908 sprach Naumann sich für einen defensiven außenpolitischen Kurs aus.[36] Während der zweiten Marokkokrise 1911, die durch den berüchtigten „Panthersprung" nach Agadir ausgelöst wurde, nahm er eine gemäßigte Position ein und warnte vor „nationalistischen Überpatrioten und der Hysterie der Militärfreunde".[37] Nach der Beilegung der Krise trumpften in Deutschland die „nationalen" Kreise auf und ergingen sich in nationalistischen Ausfällen gegen die Reichsregierung, namentlich gegen Reichskanzler Bethmann Hollweg. Für Naumann war das „nur ein Grund mehr, die Reihen der Friedensfreunde zu stärken".[38]

Zu Pfingsten 1914 nahm Naumann in Basel an einem Treffen liberaler und sozialistischer Parlamentarier aus Frankreich und Deutschland teil. Bei dieser Gelegenheit lernte er Jean Jaurès kennen, der bald darauf von einem französischen Nationalisten ermordet wurde.

Am Vorabend des Weltkrieges hatte Naumann auf die Tagespolitik der Fortschrittlichen Volkspartei nur wenig Einfluß. Seine Ideen fanden aber weit über die Partei hinaus bei vielen nachdenklichen Menschen, die auf Veränderungen, auf eine Modernisierung und Demokratisierung des politischen Systems hofften, Anklang.

Naumann besaß einen großen Freundeskreis von Gleichgesinnten, mit dem er eine ausführliche Korrespondenz führte.[39] Zu diesem Kreis gehörten beispiels-

---

[35] Die Hilfe, Nr. 46 vom 16. 11. 1911, S. 723.

[36] Die Hilfe, Nr. 35 vom 30. 8. 1908, S. 558.

[37] Die Hilfe, Nr. 31 vom 3. 8. 1911, S. 574 f.

[38] Die Hilfe, Nr. 46 vom 16. 11. 1911, S. 723.

[39] Siehe dazu U. Krey, Der Naumann-Kreis im Kaiserreich: Liberales Milieu und protestantisches Bürgertum, in: Jahrbuch zur Liberalismus-Forschung, 7. Jg. , 1995, S. 57–81.

weise die Theologen Adolf von Harnack und Martin Rade, die Verleger Eugen Diederichs, Wilhelm Ruprecht und Walter de Gruyter, die Nationalökonomen Max Weber und Lujo Brentano, die Industriellen Robert Bosch und Carl Petersen, Aktivistinnen der Frauenbewegung wie Gertrud Bäumer und Minna Cauer.

Im Frühjahr 1914 kreiste Naumanns Denken vor allem um ein geplantes Staatslexikon aus liberaler Sicht, das er herausgeben wollte. Im Juli unternahm er dann mit seiner Familie eine ausgedehnte Urlaubsreise durch Belgien. Erst am 31. Juli 1914 kehrte er zurück. Am folgenden Tage erklärte das Deutsche Reich Rußland den Krieg. Der Kriegsausbruch kam für Naumann völlig überraschend.

Für Naumann gab es keinen Zweifel daran, daß Deutschland einen Verteidigungskrieg führe. Er glaubte seit Herbst 1914 nicht mehr an einen Sieg Deutschlands und hoffte lediglich darauf, daß der Krieg mit einem Remis, einem Unentschieden enden würde. Den uneingeschränkten U-Boot-Krieg hielt er für einen Fehler, und er lehnte ihn ab. Er hat sich deshalb unter anderem mit seinem alten Freund Gottfried Traub überworfen. Am 12. Oktober 1916 schrieb er an Traub:

> „Sobald die Uboot Kampagne anfängt, tue ich zwar bis zu allerletzt meine Pflicht weiter, aber ich glaube dann nicht mehr an die innere Möglichkeit, daß Gott uns segnet, denn in der Idee, ein Weltreich von Jahrhunderten mit technischen Apparaten zu stürzen, liegt historisches Ueberschätzen, das was die Griechen Hybris nannten.“[40]

Vor 1914 hatte Naumann von einem großen deutschen Kolonialreich geträumt. Der Kriegsverlauf hatte ihm gezeigt, daß der deutsche Kolonialbesitz aufgrund der britischen Seeherrschaft nicht erfolgreich verteidigt werden konnte. Während des Weltkrieges hat Naumann das bekannteste und einflußreichste seiner Bücher veröffentlicht: „Mitteleuropa“. Sein früherer Mitstreiter Helmut von Gerlach nannte diese Schrift „eins der geistvollsten und zugleich unheilvollsten Bücher, die je in deutscher Sprache erschienen sind“[41]

Da Naumann nicht mit einem Sieg Deutschlands und seiner Verbündeten rechnete, wollte er wenigstens einen Weg aufzeigen, wie die künftige Existenz und Großmachtstellung Deutschlands und Österreich-Ungarns gesichert werden konnte. Er schlug deshalb den Zusammenschluß der beiden Länder zu einem Staatenbund vor. Wirtschaft, Verteidigung und Außenpolitik sollten gemeinsam sein. Der gemeinsame Staat sollte parlamentarisch regiert werden.

So vorsichtig Naumann auch formulierte, so eindeutig ist trotzdem: Der mitteleuropäische Staatenbund, der ihm vorschwebte, sollte kein Bund gleichberechtigter Partner sein, sondern unter der Führung, der Hegemonie Deutsch-

---

[40] Bundesarchiv Koblenz, Nachlaß Traub, Nr. 66, Bl. 113R.

[41] H. v. Gerlach, Von Rechts nach Links, Frankfurt a. M. 1987, S. 143.

lands stehen. In Naumanns Buch ist zu lesen: „Mitteleuropa wird im Kern deutsch sein, wird von selbst die deutsche Welt- und Vermittlungssprache gebrauchen …".[42] Naumann verglich die Rolle, die Deutschland im vereinigten Mitteleuropa spielen sollte, in aller Selbstverständlichkeit mit der Rolle Preußens im Kaiserreich. Zu Österreich-Ungarn gehörten damals bekanntlich noch die heutigen Staaten Tschechien, Slowakei, Slowenien, Kroatien und Bosnien, dazu Galizien und Siebenbürgen. Die nichtdeutschen Völker, die in Österreich-Ungarn lebten, sollten in dem mitteleuropäischen „Oberstaat" Autonomierechte erhalten.

Vergleicht man Naumanns Mitteleuropa-Konzept mit den diversen Kriegszielprogrammen, die damals in Deutschland formuliert wurden[43], dann kann man ihm durchaus bescheinigen, daß es eine „um Verständigung bemühte Handschrift" trug und unter den deutschen Kriegszielentwürfen als „tiefschürfender, als auch für andere annehmbarer und auch als zukunftsweisender" hervorragte.[44] Naumann verfocht seine Mitteleuropa-Idee mit stärkstem Engagement. An den Mediziner Ernst von Düring schrieb er am 29. Februar 1916: „Meine Zeiteinteilung ist so, dass ich die kurzen reichstagsfreien Wochen in Oesterreich verbringe, weil es meine persönliche Kriegsaufgabe ist, dort die Wege für den Zusammenschluss zu ebnen".[45]

Die Idee des „Burgfriedens" hat Naumann viel bedeutet. Er unterließ deshalb bis 1917 jegliche öffentliche Kritik an der Reichsregierung. Nach dem Sturz des Reichskanzlers Bethmann Hollweg geriet die Regierung vollends ins Schlepptau der III. Obersten Heeresleitung, die dem Phantom eines „Siegfriedens" nachjagte. Die Reichstagsmehrheit aus SPD, Linksliberalen und Zentrum forderte demgegenüber einen Verständigungsfrieden sowie zügige innere Reformen. Im September 1918 verlangte Naumann die Entmachtung Ludendorffs, des „starken Mannes" der obersten Heeresleitung, im Oktober 1918 forderte er die Abdankung des Kaisers und des Kronprinzen.

Erst die Novemberrevolution machte auf der Regierungsebene den Weg frei für eine Zusammenarbeit der bürgerlichen Linken mit der Sozialdemokratie. Unter Naumanns maßgeblicher Mitwirkung entstand 1918/19 jene Koalition

---

[42] F. Naumann. Werke, Bd. 4: Schriften zum Parteiwesen und zum Mitteleuropaproblem, S. 595.

[43] Siehe F. Fischer, Griff nach der Weltmacht. Die Kriegszielpolitik des kaiserlichen Deutschland 1914/18, Düsseldorf, Nachdruck (1994) der Sonderausgabe 1967; E. R. Huber, Deutsche Verfassungsgeschichte seit 1789, Bd. 5: Weltkrieg, Revolution und Reichserneuerung 1914–1919, Stuttgart/Berlin/Köln/Mainz 1978, S. 217–244.

[44] J. Frölich, Zwischen Weltpolitik und Weltkrieg: F. Naumanns Mitteleuropa-Konzept, in: Mitteleuropäische Mythen und Wirklichkeiten. Hg. v. P. Gerlich/K. Glass/B. Serloth, Wien/Torun 1996, S. 184 u. 186.

[45] Bundesarchiv Berlin, Nachlaß Naumann, Nr. 28, Bl. 5.

von DDP, Zentrum und SPD, welche das Fundament der Weimarer Demokratie legte.

Die letzten Lebensjahre Naumanns waren durch eine permanente Überlastung gekennzeichnet. Naumann war im Reichstag, gehörte zahlreichen Gremien an, redigierte die „Hilfe" fast allein und schrieb einen großen Teil ihrer Beiträge, verfaßte Bücher und hielt Vorträge. Viele Bürger aus seinem Wahlkreis trugen ihm ihre Sorgen und Beschwerden vor, und Naumann korrespondierte deshalb mit zahlreichen staatlichen Stellen. Die Kombination von Arbeitsüberlastung und unzureichender Ernährung hat bei Naumann zu einem körperlichen Verfall geführt.

Nach Kriegsende wurde Naumann in die Nationalversammlung gewählt und war maßgeblich an der Ausarbeitung der Weimarer Verfassung beteiligt. Er war der erste Vorsitzende der DDP. Im August 1919 fuhr Naumann an die Ostsee nach Travemünde, um sich etwas zu erholen. Hier ist er an den Folgen eines Schlaganfalls gestorben. Er war nur 59 Jahre alt geworden. Aus dem Abstand mehrerer Jahrzehnte heraus hat Peter Theiner 1985 in einem Vortrag eingeschätzt, Friedrich Naumann sei neben Gustav Stresemann der „gedanklich wohl wirkungsmächtigste" deutsche Liberale des 20. Jahrhunderts gewesen.[46]

---

[46] Politische Matinee zum 125. Geburtstag Friedrich Naumanns in Heilbronn am 24. März 1985. Dokumentation. Hg. v. d. Reinhold-Maier-Stiftung, S. 22, in: Stadtarchiv Heilbronn, ZS P 296.

3. Sozialismus und andere Antworten auf die soziale Frage

Manifest

der

Kommunistischen Partei.

Veröffentlicht im Februar 1848.

London.

Druck von R. Hirschfeld, English & Foreign Printer,

48, Clifton Street, Finsbury Square.

1818.

Antworten auf die soziale Frage – eine Einführung

Gerhard Göhler

Zunächst scheint alles höchst einfach: Die soziale Frage – so gilt es gemeinhin für das 19. Jahrhundert – bezieht sich auf die Lage der durch den Kapitalismus geschädigten Arbeiterklasse, und die Antwort ist Sozialismus – sei es als soziale Reform oder als Revolution. Ein näheres Zusehen allerdings zeigt eine Vielzahl von Antworten, von denen der Sozialismus nur einen Teil ausmacht, und manche dieser Antworten gab es bereits, bevor die „soziale Frage" im Wortsinn überhaupt gestellt wurde. Ganz einfach ist die Situation also nicht.

Was die *Antworten* betrifft: Auf die soziale Frage antwortet vor allem und spezifisch der Sozialismus. Aber die Palette der Antworten ist außerordentlich breit, und sie umfaßt die wichtigsten sozialen und politischen Bewegungen des 19. Jahrhunderts: Sozialismus ebenso wie Liberalismus und Konservatismus. Da gibt es bürgerliche und nicht-bürgerliche, reformistische, revolutionäre und durchaus rückwärtsgewandte Antworten.

Was die *Frage* betrifft: Neu ist, daß sich das 19. Jahrhundert erstmals nicht nur mit dem Politischen, sondern auch mit dem Sozialen befaßt, nicht nur mit „Politik", sondern auch mit „Gesellschaft". Erstmals werden soziale Probleme als Ordnungsprobleme gesehen und diskutiert, die das Gemeinwesen im ganzen betreffen. Wie immer, wenn sich eine neue Problemsicht durchsetzt, folgt die Benennung mit zeitlicher Verzögerung.[1] So wird der Begriff „soziale Frage" in Deutschland erst seit den 40er Jahren des 19. Jahrhunderts gebraucht, obwohl die Problematik seit längerem diskutiert wurde – Adam Müller und G. W. F.

---

1 Die Identifizierung des Wortgebrauchs ist schwierig, da die *Geschichtlichen Grundbegriffe* (hg. v. O. Brunner/W. Conze/R. Koselleck, Stuttgart 1972–1997) kein entsprechendes Stichwort enthalten (nicht einmal das Stichwort „sozial"). Der Wortgebrauch, der hier zu finden sein müßte, wird auch in den großen Lexika und Fach-Enzyklopädien nicht historisch präzisiert. So vermerkt Meyers Enzyklopädisches Lexikon lapidar, die soziale Frage, synonym mit der Arbeiterfrage, sei „nach der Mitte des 19. Jahrhunderts zum Schlagwort geworden" (Meyers Enzyklopädisches Lexikon, Bd. 22, Mannheim, Wien, Zürich 1978, S. 155).

Hegel haben sie bereits zu Beginn des 19. Jahrhunderts mit aller Schärfe diagnostiziert. Der Wortgebrauch in Deutschland ist eine Übersetzung der französischen „question sociale", wie überhaupt die Anschauung für das Problem – aufgrund der verspäteten ökonomischen und technischen Entwicklung in Deutschland – aus dem Westen, zunächst aus England und sodann zunehmend aus Frankreich kommt.[2] 1840 hat Heinrich Heine in seiner Korrespondenz aus Paris den deutschen Ausdruck zum erstenmal gebraucht[3], verbunden ist er aber vor allem mit dem Werk von Lorenz v. Stein. Der Autor der *Geschichte der sozialen Bewegung in Frankreich* (1850) stellt 1848 in der zweiten Auflage seines vorausgehenden, in Deutschland vielgelesenen Buchs *Der Sozialismus und Kommunismus des heutigen Frankreichs* fest: „Die Frage nach der Verwirklichung der Gleichheit im Besitze ist die *soziale Frage* selber; und ihr Entstehen ist die direkte Tatsache des französischen Lebens, die durch die Julirevolution [von 1830] entscheidend festgestellt ist".[4] Lorenz v. Stein stellt die Frage in durchaus sozialkonservativer Absicht, um einer Revolution entgegenzuwirken, aber er macht sie damit für die unterschiedlichen Positionen zum künftigen Thema.

Lassen wir uns, derart vorgewarnt, ein wenig darauf ein, was die soziale Frage für uns historisch bedeutet, wie das Spektrum der Antworten aussieht und welche Grundmuster der Argumentation in ihnen erkennbar sind.

Was ist die soziale Frage?

Meyers Enzyklopädisches Lexikon macht eine instruktive Unterscheidung: Die soziale Frage bezeichnet im „*weiteren Sinn* [...] die Diskrepanz zwischen einer nach dem historischen Entwicklungsstand möglichen vernünftigen Gesellschaftsordnung und den tatsächlichen gesellschaftlichen Verhältnissen. Im *engeren Sinn* hat die soziale Frage die ökonomische Lage der Arbeiterklasse zum Gegenstand"[5]. Die Beschäftigung mit der sozialen Frage vollzieht sich

---

2 Vgl. E. Pankoke, Sociale Bewegung – sociale Frage – sociale Politik, Stuttgart 1970, S. 52 f.

3 Pankoke 1970, S. 49 Anm. 1.

4 L. Stein, Der Sozialismus und Kommunismus des heutigen Frankreichs, 2. Aufl. 1848. Zitiert nach M. Hahn, (Hg.), L. Stein: Proletariat und Gesellschaft. Text nach der zweiten Auflage von „Der Sozialismus und Kommunismus des heutigen Frankreichs" (1848), München 1971, S. 189. Stein sieht sich damit selbst in der Rolle des Protagonisten der „sozialen Frage", vgl. C. Quesel, Soziologie und Soziale Frage. Lorenz von Stein und die Entstehung der Gesellschaftswissenschaft in Deutschland, Wiesbaden 1989. S. 20.

5 Art. „Soziale Frage", in: Meyers Enzyklopädisches Lexikon, Bd. 22, S. 155 f.

demnach auf zwei unterschiedlichen Ebenen. *Zum einen* ist die soziale Frage dezidiert normativ. Es geht hierbei letztlich um soziale Gerechtigkeit und um eine entsprechend legitimierte Gesellschaftsordnung. Wer diesen normativen Zusammenhang so nicht sieht oder nicht als prinzipielles Problem einstuft – im 19. Jahrhundert ein Großteil der Liberalen und ein Teil der Konservativen –, der argumentiert nicht über die „soziale Frage", sondern fragt höchstens danach, ob allzu große soziale Probleme für die Gesellschaft dysfunktional sind. *Zum anderen* ist die soziale Frage für uns ein spezifisch historisches Problem des 19. und beginnenden 20. Jahrhunderts. Sie ist mit den ökonomischen und sozialen Umwälzungen verbunden, die nicht nur Armut, sondern mit der Industrialisierung eine auf Ausbeutung beruhende systematische Verelendung der Arbeiterschaft erzeugt haben, oder eben mit der Wendung vom „Pöbel" zum „Proletariat" (Conze).

Die soziale Frage kann nicht isoliert gesehen werden, sie ist vielmehr unmittelbar mit der *Industriellen Revolution* verbunden und durch diese bedingt. Die Industrielle Revolution ist gekennzeichnet durch

- die Durchsetzung des Marktes und der Konkurrenz als vorherrschendes Wirtschaftsprinzip;
- arbeitsteilige, maschinengestützte Fertigungsmethoden zur rationellen und durchorganisierten Herstellung von Massenprodukten;
- eine neuartige Mobilität auf der Grundlage von freien, jederzeit auflösbaren Arbeitsverträgen und begünstigt durch die Revolutionierung des Verkehrswesens;
- die Auflösung überkommener ständischer Strukturen, an deren Stelle mehr und mehr ökonomisch definierte „Klassen" treten.

Alle diese – hier nur stichwortartig benannten – Entwicklungen haben nicht nur eine Verelendung weiter Kreise der Bevölkerung zur Folge. Der sozialstrukturelle Wandel, in den die Modernisierung einmündet, bündelt die Probleme der „arbeitenden Klassen" zu jenem Krisenszenario, welches man dann im Laufe des 19. Jahrhunderts als die „soziale Frage" bezeichnet.

Der Umbruch von der feudalen Agrargesellschaft zur kapitalistischen Industriegesellschaft führt zu einer Auflösung der traditionellen Sozialstrukturen mit ihren Sicherungssystemen. So endet mit der sogenannten „Bauernbefreiung" einerseits die persönliche Abhängigkeit vom Grundherrn, die im Feudalsystem kaum überwindbar war – andererseits entfällt nun aber auch die dem Feudalsystem eigene patriarchalische Fürsorgepflicht, welche eine zwar häufig willkürliche, insgesamt aber leidlich funktionierende soziale Absicherung gewährleistete. Hinzu kommt seit der Mitte des 18. Jahrhunderts eine bis dahin unerlebte Bevölkerungsexplosion, welche die sozialen Probleme rein quantitativ dramatisch verschärft. Tendenziell bildet sich, zusätzlich zu dem seit jeher bestehenden Bodensatz an Armut in den unterständischen Schichten, als neues soziales Phänomen ein Industrieproletariat heraus. Es ist sozial entwurzelt, lebt trotz eines 12–17stündigen Arbeitstages stets am Rande oder unterhalb des Existenzminimums, bleibt trotz formeller Vertragsverhältnisse dem Arbeitgeber ausgeliefert und in seinen Arbeitschancen zudem noch extrem konjunkturabhängig. Das alles unter fürchterlichen Wohnverhältnissen und mit systematischer, durch die Lebensbedingungen geradezu erzwungener Kinderarbeit.[6] Aus altbekannten Armutsphänomenen, dem Pauperismus, entsteht im Zuge von Industrialisierung, Bevölkerungsexplosion und sozialstrukturellem Wandel ein völlig neuartiges Bündel sozialer Probleme. Betroffen ist ein wachsender Teil der Bevölkerung, den Marx sehr plastisch als „industrielle Reservearmee" beschreibt.

In der Forschung ist es durchaus umstritten, ob die Industrielle Revolution durch die sozialen Umwälzungen erst ermöglicht wurde oder ob sie sie selbst bewirkt hat. Unumstritten ist jedoch, daß bereits für die Zeitgenossen der soziale Wandel dramatisch spürbar wird. Seine negativen Auswirkungen werden nicht nur ökonomisch, sondern vor allem auch aus moralischer Perspektive in ihren zerstörerischen Konsequenzen für die Gesellschaft diskutiert. So konstatiert Hegel in seiner *Rechtsphilosophie* von 1821 für einen großen, ständig zunehmenden Teil der Bevölkerung den „Verlust des Gefühls des Rechts, der Rechtlichkeit und der Ehre, durch eigene Tätigkeit und Arbeit zu bestehen"[7]. Bereits zu Anfang des Jahrhunderts formuliert er noch schärfer in seinen Frühschriften: „Die Bestialität aller Verachtung des Hohen tritt ein [...] Das absolute Band des Volks, das Sittliche, ist verschwunden, und das Volk aufgelöst"[8]. Das ist der Verfall der moralischen Basis moderner Gesellschaften.

Die soziale Frage ist also nicht nur ein ökonomisches Problem: Sie ist ein Grundproblem der politischen Ordnung der Moderne. Objektiv, bezogen auf die politische Ordnung, werden ihre tragenden Gerechtigkeitsprinzipien verletzt. Die negativen Auswirkungen des Wandels, die in der sozialen Frage gebündelt sind, widersprechen universalen Prinzipien, wie sie der Aufklärung und der Französischen Revolution zugrunde liegen, ebenso wie auf der Gegenseite dem guten alten Recht der historischen Tradition, welches das konservative Denken zu bewahren versucht. Subjektiv, auf Seiten der Mitglieder der Gesellschaft, gehen in einem immer größeren Teil der Bevölkerung jene Wertvorstellungen

---

[6] Marx hat diese Verhältnisse auf der Grundlage liberaler Quellen eindrücklich im ersten Band des *Kapital* im Kapitel über den „Arbeitstag" beschrieben.

[7] G. W. F. Hegel, Grundlinien der Philosophie des Rechts (1821), § 244.

[8] G. W. F. Hegel, System der Sittlichkeit (1802/03). In: G. Göhler (Hg.), Georg Wilhelm Friedrich Hegel: Frühe politische Systeme, Frankfurt/M./Berlin/Wien 1974, S. 94.

verloren, welche den Konservativen und einem Teil der Liberalen als moralische Basis für gesellschaftliche Stabilität gleichermaßen unverzichtbar erscheinen. Damit ist auch durch die realen Lebensverhältnisse die politische Ordnung bedroht. In beiden Hinsichten ist die soziale Frage nicht mehr durch Ausgrenzung und Niederhaltung der Betroffenen zu lösen – dafür ist sie gesellschaftlich zu fundamental und politisch zu brisant. Nicht nur Marx war der Meinung, man müsse das Übel bei den Wurzeln fassen. Bei dem Versuch, die soziale Frage zu bewältigen, geht es um nicht weniger als um die „Entproletarisierung des Proletariats“[9].

Antworten auf die soziale Frage

Wo die soziale Frage zum Thema wird, liegen die Unterschiede weniger in der Problemwahrnehmung und der Phänomenbeschreibung. Entsprechend setzt sich auch, als Reaktion darauf, zunehmend die generelle Einschätzung durch, daß individuelle karitative Hilfeleistungen zur Lösung der sozialen Frage nicht ausreichen, sondern daß es struktureller Maßnahmen bedarf. Allerdings gehen die Antworten völlig auseinander, wenn es um die Bewältigung der Probleme und die damit verbundene Zielvorstellung geht. Wie läßt sich eine stabile und gerechte Ordnung gewinnen oder wiederherstellen? Die Antworten sind revolutionär oder reformistisch, sie sind vorwärts oder rückwärts gewandt. Diese Einteilungskriterien sind allerdings nur bedingt brauchbar. Versuchen wir zwischen revolutionären und reformistischen Antworten zu unterscheiden, so ergibt sich eine Asymmetrie. Nur der Sozialismus, und hier stets wiederum nur ein Teil von ihm, strebt zur Lösung der sozialen Frage eine fundamentale, revolutionäre Veränderung an. Häufig gehen dabei auch noch revolutionäre Theorie und reformistische Praxis zusammen. Schließlich erscheint dem einen revolutionär, was der andere als Reform erstrebt – so ist es dem sozialistischen Reformismus und auch dem sozialen Liberalismus in der Außenwahrnehmung ergangen. Die Vorwärts- oder Rückwärtsgewandtheit hat andere Unschärfen. Zweifellos versteht sich der Sozialismus als vorwärts gewandt, und auch der Liberalismus nimmt diese Ausrichtung für sich in Anspruch. Aber der Konservatismus, der das Überkommene bewahren möchte, steht stets in dem Dilemma, auf neue Entwicklungen angemessen reagieren zu sollen, ohne daß der Blick nach rückwärts dafür schon ausreicht. Wenn es gilt, bewährte Prinzipien angesichts des dramatischen Wandels wieder in Kraft zu setzen, muß das Bestehende verändert und angepaßt werden – bis hin zu einer „konservativen Revolution“. Das sind die Ambivalenzen und

[9] T. Nipperdey, Deutsche Geschichte 1800–1866, München 1983, S. 243.

Spannungsverhältnisse, die es bei den Antworten auf die soziale Frage aus unterschiedlichen Positionen zu beachten gilt.

1. Sozialismus

Der Sozialismus ist die Antwort auf die soziale Frage par excellence. Ohne die soziale Frage hätte er sich nicht etablieren können, er ist der natürliche Anwalt der Betroffenen, und mit den Veränderungen in der sozialen Problemlage, mit der Entwicklung und Domestizierung des Kapitalismus verändert sich auch seine Stoßrichtung. Verbunden mit einem Großteil der Arbeiterbewegung und den Gewerkschaften, oszilliert er zwischen zwei strategischen Optionen, die miteinander nur schwer vereinbar sind: Auf der einen Seite fordert er angesichts der Mißstände in den realen Lebensbedingungen der lohnarbeitenden Bevölkerung konkrete ökonomisch-soziale Verbesserungen und eine institutionelle Absicherung der Bewegung durch ein allgemeines und gleiches Wahlrecht. Auf der anderen Seite ist er theoretisch auf lange Zeit überzeugt, daß nur eine Umwälzung aller überkommenen Gesellschaftsstrukturen – ökonomisch die Aufhebung des Privateigentums an den Produktionsmitteln, sozial die Aufhebung der Klassenspaltung der Gesellschaft – basierend auf der politischen Machtergreifung durch das Proletariat das Ende der Ausbeutung und echte Emanzipation aller Gesellschaftsglieder bewirken kann. Lenin hat die Alternative klar definiert: Es geht um „Ökonomismus" und „Handwerklerei" einerseits oder um Revolution andererseits[10], und die letztere hat er mit seinem Rigorismus in Rußland herbeigeführt.

Die entscheidenden theoretischen Voraussetzungen hat *Marx* bereitgestellt. In seiner frühen, „humanistischen" Periode (Althusser) übt er fundamentale Kritik an der zeitgenössischen Gesellschaft, weil die Verhältnisse trotz Hegels gegenteiliger Beschwörung solange nicht vernünftig sein können, wie sie durch Privateigentum, Arbeitsteilung und entfremdete Arbeit bestimmt sind. Das historische Ergebnis ist die Herausbildung einer Klasse, die alles Elend und alle Ohnmacht in sich vereint: das Proletariat. Aber warum keine Reformen? Dazu bedarf es einer systematischen Analyse der modernen Ökonomie, und diese Analyse unternimmt der späte Marx vornehmlich in seinem entscheidenden theoretischen Werk, dem *Kapital*. Hier versucht er, in kritischer Weiterführung der modernen politischen Ökonomie den immanent-wissenschaftlichen Nachweis zu erbringen, daß das kapitalistische System aufgrund seiner eigenen Funktionsbedingungen nicht reformierbar ist und deshalb an Krisen zerbricht oder durch eine Revolution abgelöst wird. Die soziale Frage wird damit zum Bezugspunkt einer radikalen Gesamtanalyse und -strategie.

---

[10] W. I. Lenin, Was tun? Drängende Fragen unserer Bewegung (1902). In: Werke, Bd. 5.

Demgegenüber hat der *Frühsozialismus* das Manko, wie Marx richtig konstatiert, daß er seine Gesellschaftskritik und seine utopischen Ziele nicht wissenschaftlich durch eine fundierte ökonomische Analyse begründet und damit zwar edle Ziele verfolgt, aber in Spintisiererei und Phantasterei befangen bleibt. Sicherlich hat Marx die Wirkung des Frühsozialismus im politischen Kampf bewußt zu gering angesetzt – tatsächlich ist die Wirkung frühsozialistischer Ideen auf die verschiedensten sozialreformerischen Projekte erheblich –, aber eine innere Logik ist seiner Polemik nicht abzusprechen. Die Vielfalt der frühsozialistischen Projekte und Projektionen ist schwer systematisierbar, die Utopien einer gerechten, auf Gleichberechtigung basierenden Sozialordnung, teils in der Realität versucht und gescheitert, teils nur theoretisch entworfen, sind heute nicht so ohne weiteres ernst zu nehmen. Sie reichen von Produktionsgemeinschaften und/oder einer Tauschbank, die nicht profitorientiert ist (Owen, Proudhon, Blanc), bis zu einer neuen Bestimmung der Industriegesellschaft als Gemeinschaft gleichberechtigter Produzenten (Saint-Simon) oder zu einer völlig neuen Form der Vereinigung von Erzeugung und Verbrauch in dem institutionellen Konstrukt der „Phalange“ (Fourier). Was bleibt, ist die Kritik des liberal-kapitalistischen Besitzindividualismus und die Idee einer sozial gerechten, möglichst egalitären und ausbeutungsfreien Gesellschaftsordnung auf solidarischer (kommunitärer) Basis. Auch kann die schlichte, manchmal skurrile Konstruktion neuer gesellschaftlicher Institutionen und Ordnungen durchaus zu neuen Überlegungen anregen.

In Deutschland wird der *Marxismus* durch seine intellektuelle Kraft – Marx als der unschlagbare Analytiker, Engels als der geniale Vereinfacher und Propagator – bis in das 20. Jahrhundert hinein in der *Theorie* und somit ideologisch führend: Programmatisch kommen weder die Gewerkschaften noch der Lassalleanische Flügel der Arbeiterbewegung (Vereinigungsparteitag 1875 in Gotha) gegen ihn an. In der *Praxis* führen allerdings die Erfordernisse und die Erfolge der gewerkschaftlichen Organisation einerseits, der parlamentarische Siegeszug der deutschen Sozialdemokratie andererseits zu einer reformistischen Wende. Diese findet seit dem Ende des 19. Jahrhunderts auch theoretisch, vorbereitet durch den späten Engels und ausgearbeitet durch Bernstein, im sogenannten „Revisionismus“ ihren Ausdruck. Es dauert allerdings noch bis zum Godesberger Programm von 1959, bis die SPD auch offiziell von der Revolutionsideologie der klassenlosen Gesellschaft Abschied nimmt.

2. Sozialer Liberalismus

Insgesamt nimmt der Liberalismus gegenüber der sozialen Frage eine ambivalente Haltung ein. Sie entspringt nicht nur politischer Opportunität, sondern ergibt sich auch aus der liberalen Grundintention. Zuallererst geht es dem

Liberalismus um die Freiheit des Individuums. Dessen Mündigkeit ist nur gewährleistet, wenn es sich gegen alle von außen kommenden Einschränkungen und Zwänge behaupten kann. Das sind historisch die feudalen Privilegien, welche die freie Entfaltung des Bürgers behindern, und die Willkür der Krone im absolutistischen Staat. Für diesen Selbstbehauptungswillen des bürgerlichen Individuums spielt die soziale Frage noch keine Rolle. Das Problem für den Liberalismus entsteht, wenn die soziale Frage ernsthaft wahrgenommen wird. Sie wird dann zum Gegenargument gegen einen Fortschrittsglauben, der allein in der Freisetzung von äußeren Zwängen das bestmögliche Entwicklungspotential für jedes Individuum erblickt. Ein Teil der Liberalen gelangt zu der Einsicht, daß die geforderte Chancengleichheit für alle Bürger nicht allein durch den Abbau von Herrschaftsformen erreicht ist, die ihre freie Entfaltung behindern – diese Chancengleichheit muß vielmehr kompensatorisch erst hergestellt werden, da das bestehende Gesellschaftssystem eine strukturell bedingte Chancenungleichheit aufweist. Bereits Hegel hatte in seiner Kritik des Liberalismus darauf hingewiesen (im Abschnitt „Bürgerliche Gesellschaft" der *Rechtsphilosophie*), daß mit liberalen Prinzipien immanent der Kluft von Armut und Reichtum und der ökonomischen und moralischen Verelendung eines großen Teils der Bevölkerung nicht beizukommen ist[11]. Daraus ergibt sich ein echtes Dilemma: Einerseits kann nur der Staat durch korrigierende Eingriffe die Chancengleichheit für alle herstellen – andererseits wehrt sich der Liberalismus gerade gegen regulierende staatliche Eingriffe. Das historische Ergebnis ist die Spaltung der Liberalen in Wirtschaftsliberale und Sozialliberale, die bis heute fortbesteht und die den Liberalismus politisch entscheidend geschwächt hat. Die Sozialliberalen propagieren inzwischen alle erforderlichen Maßnahmen, um ungleiche Marktchancen durch korrigierende Eingriffe des Staates zu kompensieren – so schließen sie sich dem Konzept der sozialen Marktwirtschaft an. Im 19. Jahrhundert ist von sozialliberaler Seite vor allem Hilfe zur Selbsthilfe gefragt, weil eine solche die Autonomie des Individuums am wenigsten tangiert. Daraus resultiert das Prinzip der Genossenschaften, wie es Schulze-Delitzsch erfolgreich realisiert hat. Eine weitere und hierin für den gesamten Liberalismus typische Antwort auf die sozialen Frage liegt in der Qualifikation durch Bildung. Es ist die Aufgabe staatlicher Bildungseinrichtungen, daß alle Bürger, vornehmlich die Armen, einen Grad der Urteilsfähigkeit erreichen, der sie im wirtschaftlichen Konkurrenzkampf bestehen läßt und in politischen Angelegenheiten unabhängig von äußeren Beeinflussungen einsichtsfähig macht.

[11] G. W. F. Hegel, Grundlinien der Philosophie des Rechts, §§ 243 ff.

3. Konservatismus

Während der Liberalismus die Freisetzung einer mobilen bürgerlichen Leistungs- und Klassengesellschaft anstrebt, geht es dem Konservatismus darum, diese Entwicklung rückgängig zu machen oder doch zumindest einzudämmen. Konkreter Bezugspunkt bleibt die agrarische, handwerkliche Gesellschaft. In den zugehörigen Schichten findet der Konservatismus seine Resonanz und seine Ressourcen, vom grundbesitzenden Adel bis hin zu den durch Industrialisierung existenzbedrohten Gesellen und Handwerkern. Daher übt er scharfe Kritik am Kapitalismus und propagiert die Rückkehr zur Religion und zu überlieferten sittlichen Werten wie Treue und Rechtschaffenheit. Soweit er sich als sozialer Konservatismus versteht, entwirft er institutionell eine korporative Organisation der Gesellschaft unter Einschluß der Arbeiterschaft (so die von Franz v. Baader propagierte Idee der obligatorischen Organisation von Arbeitern unter der Führung von Priestern), woraus im 20. Jahrhundert die Vorstellung eines „korporativen", nämlich organisch nach Berufsständen gegliederten Staates wird. Praktisch tritt dieser Konservatismus dann für korrigierende Staatsmaßnahmen in der Sozialpolitik ein – das wichtigste Resultat im Deutschland des 19. Jahrhunderts ist die von Bismarck initiierte und durchgesetzte Sozialgesetzgebung.

Die konservative Antwort auf die soziale Frage gründet stets in Kapitalismuskritik und mündet in dem Versuch, die vom Kapitalismus benachteiligten Schichten – wenn der Kapitalismus schon nicht abzuschaffen ist – in eine organisch gegliederte Gesellschaft zu reintegrieren. Das Grundmuster der konservativen Kapitalismuskritik hat der politische Romantiker *Adam Müller* geliefert. Er entwirft zu Beginn des 19. Jahrhunderts eine organische Staatslehre, die das Gemeinwesen als eine lebendige Gemeinschaft aller konkurrierenden gegenwärtigen Interessen und gespeist aus prägenden Traditionszusammenhängen erhalten oder wiedererwecken will. „Der Staat ist nicht eine bloße Manufaktur, Meierei, Assekuranz-Anstalt oder merkantilistische Sozietät; er ist die innige Verbindung der gesamten physischen und geistigen Bedürfnisse, des gesamten physischen und geistigen Reichtums, des gesamten inneren und äußeren Lebens einer Nation, zu einem großen, energischen, unendlich bewegten und lebendigen Ganzen"[12]. Gegen diese lebendige Totalität ist die soziale Problematik, beruhend auf dem Mißbrauch des Eigentums, eine dissonante Störung. Müller hat zu seiner Zeit das Proletariat noch nicht gekannt, aber seine Kritik an einem verdinglichten Eigentumsbegriff im Kapitalismus unterscheidet sich von den Analysen des jungen Marx nur in der Ausdrucksweise[13]. Sie läßt sich unmittelbar auf die sozia-

---

[12] A. Müller, Die Elemente der Staatskunst (1809), 2 Bde., hg. v. J. Baxa, Jena 1929, Bd. 1, S. 37. Zur Lehre vom Eigentum, Bd. 1, S. 154 ff (8. Vorlesung).

[13] Marx hat die Bedeutung der Kapitalismus-Kritik von Adam Müller verkannt und lediglich polemisch (wenn auch nicht ganz falsch) reagiert: „Das Verfahren unseres

le Frage anwenden. Eigentum nämlich, so Adam Müller, ist nicht das Besitzen toter Gegenstände, sondern ein lebendiges Wechselverhältnis zwischen Menschen und Sachen. Der Mensch, der Eigentum besitzt, verbindet sich mit den ihm nützlichen Eigenschaften in Form einer Allianz zu gegenseitiger Hilfe und Unterstützung. Aus dieser lebendigen Gemeinsamkeit erwächst die Idee des Rechts. Das Privateigentum ist kein unabhängiger Rechtstitel, sondern Teil einer Verantwortungsgemeinschaft, und diese Verantwortungsgemeinschaft muß den gesamten Staat durchziehen. Nicht Eigentum ist etwas Abstraktes, Unpersönliches, sondern der fehlende Zugang zu ihm. Wer kein Eigentum besitzt, hat auch an der Lebendigkeit des Gemeinwesens nicht teil. So ergibt sich aus der organischen Eigentums- und Staatslehre des politischen Romantikers Adam Müller das Potential für eine durchgreifende, aber voll nach rückwärts gewandte Lösung der sozialen Frage: Sicherung des adligen und kirchlichen Grundeigentums, Rückkehr zur organisch gegliederten, hierarchischen Ständegesellschaft und Verhinderung von Modernisierung.

Das ist zunächst die Grundmelodie des konservativen politischen Denkens. Was die soziale Frage betrifft, wird sie entscheidend ergänzt durch das Werk des *Lorenz v. Stein*. Es mag ein wenig verwundern, den Autor der *Geschichte der sozialen Bewegung in Frankreich*, der sich intensiv mit dem Proletariat befaßt und die „soziale Frage" in Deutschland propagiert, dem konservativen, also rückwärts gewandten Denken zuzuordnen. Aber es ist ein Konservatismus, der sich den drängenden Problemen seiner Zeit öffnet, um Lösungen zu finden, die die drohende soziale Revolution noch verhindern können. Lorenz v. Stein hat durch seinen Frankreich-Aufenthalt zu Beginn der 40er Jahre des 19. Jahrhunderts die frühsozialistischen Theorien ebenso wie die Realität der kapitalistischen Ausbeutung kennengelernt, und er ist in tiefer Sorge, daß in den sozialen Bewegungen basierend auf dem Proletariat ein unbeherrschbares Potential für eine soziale Revolution heranwächst. Deshalb gilt es, die soziale Frage ernstzunehmen und Mittel für eine Integration des Proletariats zu finden, um die bestehende Ordnung aufrechtzuerhalten. Sein Lösungsvorschlag ist die soziale Reform, die die arbeitende Klasse zu Besitz und Bildung erhebt und die vor allem von einem aufgeklärten Königtum vorangetrieben wird.[14]

Beide Stränge – die Kapitalismuskritik und der intensive Blick auf das Proletariat – können verdeutlichen, daß es neben dem Sozialismus der Konservatismus ist, der sich am intensivsten mit der sozialen Frage auseinandersetzt.

Müller ist für die Romantik in allen Fällen charakteristisch. Ihr Inhalt besteht aus Alltagsvorurteilen, abgeschöpft von dem oberflächlichen Schein der Dinge. Dieser falsche und triviale Inhalt soll dann durch eine mystifizierende Ausdrucksweise ‚erhöht' und poetisiert werden" (MEW 25, S. 411).

[14] Vgl. den Beitrag von Wilhelm Bleek zu Lorenz von Stein in diesem Band, S 585–602.

Die Analysen Lorenz v. Steins sind vermittelt durch *Hermann Wagener*, dem wichtigsten sozialpolitischen Berater von Bismarck, zur Grundlage der Bismarckschen Sozialgesetzgebung geworden.

4. Die Kirchen

Die konstruktive Reaktion der Kirchen auf die soziale Frage steht zwischen Konservatismus und Sozialismus und läßt sich nicht trennscharf abgrenzen. Der Grundbegriff, der zur Diagnose und zur Lösung der sozialen Frage verwendet wird, heißt *christlich-sozial*, und er macht genau diese Zwischenposition der Kirchen deutlich. Er wurde von dem Katholiken *Franz v. Baader* geprägt, der darunter das „geistliche Prinzip“ zur „gründlichen Restauration der Sozietät“ verstand.[15] In diesem Sinn unterstützt der Mainzer Bischof *Ketteler*, auch wenn er selbst den Begriff nicht verwendet, alle christlich-sozialen Bestrebungen, und der Protestant *Wichern* sieht in der Förderung christlich-sozialer Zwecke eine positive Antwort auf die Gefahr des Kommunismus. Allerdings wird christlicher Sozialismus stärker von der katholischen Kirche als vom Protestantismus unterstützt. Die *katholische Soziallehre*, gipfelnd in der Sozialenzyklika „Rerum novarum“ von 1890, sieht in der Lösung der sozialen Frage im christlich-sozialen Sinn eine unabdingbare Voraussetzung für die Realisierung der menschlichen Würde. Nur auf diesem Wege wird der Mensch, wie ihm aufgetragen, zum Ebenbild Christi auf Erden. Der *Protestantismus* ist in dieser Frage zwiespältiger. Einerseits wird die christlich-soziale Bewegung propagiert und unterstützt (Rudolf Todt, der frühe Adolf Stoecker, Hermann Wagener, der frühe Friedrich Naumann), andererseits wird der soziale Impetus in doppelter Weise überlagert und abgedrängt: zum einen durch die politische Wendung zum Nationalen (Stoecker, Naumann), zum anderen durch die theologische Trennung von christlicher Botschaft und Weltgestaltung, wie sie wirkungsvoll Karl Barth vertreten hat. Diese Trennung in alter lutherischer Tradition sieht dringende soziale Probleme, ohne sie verkennen zu wollen, nicht als ureigene Aufgabe der christlichen Glaubensverkündigung an und überläßt sie der Lösung durch die Politik.

Fazit

Die Antworten auf die soziale Frage im 19. Jahrhundert, das sollte dieser Vorblick zeigen, sind vielfältig und keinesfalls auf den Sozialismus beschränkt.

---

[15] A. Kuhn, Art. „Christentum“, Exkurs „christlich-sozial“. In: Brunner/Conze/ Koselleck (Hg.), Geschichtliche Grundbegriffe, Bd. 1, Stuttgart 1972, S. 815–820, hier: S. 818.

Manches Überraschende läßt sich entdecken, manches scheinbar Ungereimte hat einen verborgenen Sinn. Viel wurde an den Phänomenen herumgetastet, aber auch die systematisch-wissenschaftliche Antwort von Karl Marx entwikkelte keine prognostische Stärke. Entgegen seiner Erwartung erwies sich der Kapitalismus angesichts des konkreten Problemdrucks und einer massiven Interessenorganisation der Arbeiterschaft in vielen Bereichen als erstaunlich lernfähig. Manche der Probleme begleiten uns allerdings auch heute noch.

Die Frühsozialisten

Thilo Ramm

I. Der Begriff

1. Der Begriff Frühsozialismus hat sich seit mehr als einer Generation in der Literatur als Sammelbezeichnung für die sozialistischen und, da Sozialismus hier im weiten Sinne verstanden wird, auch für die kommunistischen Theorien durchgesetzt, die zwischen den französischen Revolutionen von 1789 und 1848 in der Vorphase der Industrialisierung entstanden sind. Anders als die Bezeichnung „vormarxistischer Sozialismus" ist er wertneutral, denn er sieht im Wirken von Karl Marx und Friedrich Engels nicht die kopernikanische Wende der Ideengeschichte des Sozialismus. Er übernimmt nicht die politische Diskriminierung im „Kommunistischen Manifest" (1848), die den „utopischen Sozialismus", die die „phantastische Schilderung der zukünftigen Gesellschaft" als unrealistisch oder politisch gar nicht gewollt abtut, um die frühsozialistischen Schulen als unerwünschte politische Konkurrenten auszuschalten, zu der die revolutionären radikalen Babouvisten Karl Marx und Friedrich Engels willkommene Bundesgenossen waren.

Die französische Revolution von 1789 markiert in der Geschichte der politischen Theorie den politischen Umbruch, der sie von früheren Erörterungen der besten menschlichen Ordnung, etwa von Thomas Morus „Utopia" (1519) oder Campanellas „Sonnenstaat" (1613) unterscheidet. Von nun ab erscheint die vorgefundene Ordnung nicht mehr als stabil und unveränderbar, sondern konnte sogar umgestürzt werden. Jede politische Theorie wurde als politisch realisierbar angesehen. Andererseits zeigte der stete Wechsel der französischen Verfassungen und Herrschaftsordnungen, wie instabil sie waren.

Reichtum und Vielfalt der frühsozialistischen Theorien spiegeln sich auch in ihrer Darstellungsweise. Neben der Agitationsschrift treten die an die Herrschenden gerichteten Denkschriften, Satiren, Manifeste, Reden und Diskussionen, Gesetzesentwürfe und systematische Ausarbeitungen. Dies alles erschwert es, sie inhaltlich zusammenzufassen – sie sind weder einer Entwicklungsphilosophie noch einer Bevölkerungsgruppe, wie der Arbeiterklasse zuzuordnen noch beanspruchen sie das Monopol der Wissenschaftlichkeit. Ihnen gemeinsam ist der Blick auf die Gesamtordnung. Sie sind Zeugnisse der Suche nach der richtigen Form menschlichen Zusammenlebens. Werden sie an den Schlagworten der französischen Revolution von 1789 „Freiheit, Gleichheit, Brüderlichkeit“ gemessen, so erstreben sie die Konkretisierung der Brüderlichkeit, verwerfen die reine Rechtsgleichheit und fragen statt der „Freiheit wovon“ nach der „Freiheit wozu“. Sie teilen nicht den extremen Individualismus des Gesetzes Chapelier (1791) und lehnen die auf den individuellen Egoismus gegründete Wettbewerbswirtschaft ab. Sie erstreben die konfliktfreie harmonische Regelung der zwischenmenschlichen Beziehungen, nehmen die Gegenposition zum Individualismus ein und sehen in der Gruppe oder in der (nationalen) Gesamtheit den Träger der Gesellschaftsordnung.

Die liberale Trennung von Gesellschaft und einem auf die Sicherheit beschränkten Staat („Nachtwächterstaat“) heben die Frühsozialisten auf, setzen aber – mit Ausnahme Babeufs, der noch zur Endphase der französischen Revolution gehört, und seiner späteren Anhänger, den Babouvisten – auf die Überzeugungskraft ihrer Theorien und eine friedliche Entwicklung innerhalb der Gesellschaft oder auf deren beispielhafte oder experimentelle Verwirklichung in neugegründeten Gemeinschaften in den Vereinigten Staaten. Sie beziehen sich auf die vorindustrielle Zeit oder die Zeit der beginnenden Technisierung der Produktion.

Wie alle politischen Theorien sind auch die frühsozialistischen Theorien in Herrschaftssysteme und zur Herrschaftslosigkeit tendierende Systeme („Anarchismus“ oder „natürlichen Ordnung“) einzuteilen, in denen auch die Religion einen Platz findet, sofern diese nicht als Motor für eine Umwälzung genutzt werden soll. Ferner sind die frühsozialistischen Theorien nach der Art der Durchsetzung und der Rezeption von Elementen der vorgefundenen Ordnung zu klassifizieren, Sie überschneiden sich mit dem Begriff Anarchismus, wenn dieser als Oberbegriff verwandt wird oder mit dem traditionellen Kanon. So wird Johann Gottlieb Fichtes (1762–1814) Schrift „Der geschlossene Handelsstaat“ (1800) nicht dem Frühsozialismus zugerechnet, weil er als einer der Hauptvertreter des deutschen Idealismus angesehen wird. Ferdinand Lassalle wird, obschon er die Forderungen des französischen Frühsozialisten Louis Blanc übernommen hat, dem „wissenschaftlichen Sozialismus“ zugeordnet, wobei der Grund offen bleibt: weil er Hegelianer war oder zum Schüler von Karl Marx gestempelt wurde.

Als die geistig bedeutendsten und politisch einflußreichsten Frühsozialisten sind anzusehen: Gracchus Babeuf (1760–1797), Claude Henri de Rouvroy Graf Saint-Simon (1760–1825) mit seinen Schülern Saint-Amand Bazard (1791–1832) und Barthélémy Enfantin (1796–1864), Robert Owen (1771–1858), Francois-Marie Charles Fourier (1772–1837), Etienne Cabet (1788–1856), Wilhelm Weitling (1808–1871) und Louis Blanc (1811–1882). Sie haben zahlreiche Theoretiker beeinflußt, vielfach in einem solchen Maße, daß sie zu ihren Schulen gezählt werden können. Es gab erbitterte Schulstreitigkeiten und Behauptungen der Priorität, ebenso aber auch vielfach wechselseitige Rezeptionen und Vermischungen, vor allem im letzten Jahrzehnt vor der französischen Februarrevolution (1848). Ungeachtet dessen sind die frühsozialistischen Theorien nach ihren Herkunftsländern klar von einander zu unterscheiden.

II. Der französische Frühsozialismus

Die frühsozialistischen Theorien haben ihren Schwerpunkt in Frankreich. Die Revolution von 1789 hatte die Menschen- und Bürgerrechte proklamiert und die überkommene feudalistische Ordnung beseitigt, ohne selbst indessen eine dauerhafte neue politische Ordnung an die Stelle zu setzen. Die Anfangshoffnung, eine solche mit der Krone vereinbaren zu können (Verfassung von 1791), war enttäuscht worden und hatte mit der Hinrichtung des Königs geendet. Dasselbe Schicksal traf Robespierre, dessen rote Schreckensherrschaft nach seiner Hinrichtung (1794) durch den weißen Terror abgelöst wurde. Die direktdemokratische Verfassung von 1793, die nicht in Kraft gesetzt worden war, wurde durch die Direktorialverfassung von 1795 und diese wiederum durch die Konsulatsverfassung von 1797 abgelöst. Der Erste Konsul auf Lebenszeit Napoleon Bonaparte wurde Kaiser, bis schließlich der Zusammenbruch des Kaisertums mit der Restauration der Bourbonen (1814) endete. Doch auch danach blieb Frankreich politisch unruhig: Die Julirevolution (1830) führte zu einem Dynastiewechsel: Der „Bürgerkönig" Louis Philippe aus dem Hause Orléans bestieg den französischen Thron.
Üblicherweise werden der Beginn des französischen Frühsozialismus mit der „Verschwörung für die Gleichheit" des Gracchus Babeuf als letztem und radikalsten Ausläufer der Revolution von 1789 und das Ende mit dem Historiker und Journalisten Louis Blanc gesetzt, der Mitglied der nach der Februarrevolution von 1848 gebildeten provisorischen Regierung war.

Gracchus Babeufs Verschwörung wurde 1796 während des Direktoriums durch Verrat aufgedeckt und er ein Jahr später hingerichtet. Babeuf (geb.1760) sammelte als geschickter Agitator nach Robespierres Tod die Reste der Bergpartei, aber auch die Anhänger des von Robespierre liquidierten Radikalen Hébert und gewann einen bedeutenden Einzelgänger wie den Atheisten Sylvain Maréchal, den Verfasser des „Manifests der Gleichen", das allerdings nicht das Programm der Verschwörer darstellt. Als Theoretiker stand der ehemalige feudalistische Grundbuchkommissar unter dem bestimmenden Einfluß der Lehren von Jean-Jacques Rousseau, von dem hochangesehenen Völkerrechtler und Historiker Abbé Mably (1709–17789) und dem unbekannt gebliebenen Morelly, der den „Code de la Nature" (1755) verfaßt hatte.

Der überlebende Mitverschwörer Philippe Buonarotti (1761–1837) gab in seinem Buch „Conspiration pour l'égalité dite de Babeuf" (Brüssel 1837) die Pläne der Neuordnung wieder. Die direkte Demokratie wird über den französischen Verfassungsentwurf von 1793 hinaus weiter entwickelt, das Privateigentum auf die in Natur zugeteilten Konsumgüter beschränkt, jeder Privathandel verboten und eine allgemeine Arbeitspflicht und umfassende Jugenderziehung eingeführt. Redefreiheit wird nur in einer besonderen Art von Volksversammlungen gewährt, in denen Gleichheit und Volkssouveränität nicht angegriffen und keine Beschlüsse gefaßt werden dürfen. Es gibt keine private Sphäre mehr. „In der sozialen Ordnung bemächtigt sich das Vaterland des Individuums bei seiner Geburt und verläßt es nicht bis zu seinem Tode." Nur eine Möglichkeit, dem zu entgehen, besteht: Nach Abschluß der Erziehung und vor Eintragung in die Bürgerlisten werden die Jugendlichen über die Natur des Gesellschaftsvertrags und alle sich daraus ergebenden Rechte und Pflichten aufgeklärt Sie werden sodann gefragt, ob sie einen Teil der Gesellschaft bilden wollen. Wer sich weigert, wird verbannt und mit einem Lebensmittelvorrat über die Grenze gebracht. In der Übergangszeit zur neuen Ordnung werden Konzentrationslager zur Umerziehung politischer Gegner eingerichtet und die Grenzen zum Ausland hermetisch abgeriegelt.

Von Buonarottis Buch datiert der Babouvismus. Er wurde nach der Julirevolution und dem Lyoner Arbeiteraufstand von 1831 („vivre en travaillant ou mourir en combattant") und dem Putsch (1839) des Berufsrevolutionärs Louis-Auguste Blanqui (1805–1881), der die meiste Zeit seines Lebens im Gefängnis zubrachte, eine nach der Anhängerzahl und der revolutionären Energie bedeutsame Bewegung. Deswegen nahmen ihn Karl Marx und Friedrich Engels auch von ihrem Verdikt über den „utopischen Sozialismus" im „Kommunistischen Manifest" aus.

Viele Gemeinsamkeiten mit Babeufs Lehren weist der „ikarische Kommunismus" des Rechtsanwalts, Parlamentariers und Historikers Etienne Cabet auf. Sein Hauptwerk „Voyage en Icarie" (1839) ist – aus Agitationsgründen wie als Reaktion auf die Verurteilung Cabets wegen eines Pressevergehens bedingt – in Romanform gekleidet. Es enthält die juristisch exakt ausgearbeitete Konzeption einer neuen Gesellschaft auf Basis der Gleichheit und im Anschluß als Zusammenfassung die „Grundsätze der Gemeinschaftslehre". Danach sind die beiden „natürlichen Rechte" das „Recht zu leben", d.i. „das Recht, von allen Naturgütern zur Nahrung, Kleidung und Wohnung Gebrauch zu machen und sich gegen jeden Angriff zu verteidigen" und „das Recht, alle seine körperlichen Kräfte zu betätigen, d.i. die Freizügigkeit, das Recht zu arbeiten, sich zu vereinigen und zu versammeln, in Ehe zu leben und eine Familie zu haben. Von ihnen sind die von der Gesellschaft, die auf dem gemeinsamen Interesse aller Vergesellschafteten beruht, gewährten Rechte zu unterscheiden. Erstrebt wird die „Gemeinschaft“: „Eine Nation [soll] ein Ganzes von gleichmäßig assoziierten, verpflichteten, berechtigten Personen werde[n], so daß folglich das Einzelinteresse mit dem Allgemeininteresse zusammenwachse, verschmelze und einen einzigen gesunden, lebendigen Körper oder Gesellschaftsorganismus bilde“ – nach dem Wahlspruch: „Alle für einen und einer für alle“. Zunächst Befürworter eines gewaltsamen Umsturzes vertrat Cabet später eine Politik der Gewaltlosigkeit. Er suchte den friedlichen Übergang und hoffte auf die Verwirklichung seiner Ideen durch die Demokratie, in der er sich freilich als Diktator sah. Ungeachtet seiner wachsenden Anhängerzahl in seinen Erwartungen enttäuscht, entschloß er sich im Dezember 1847 einen Großversuch in Amerika durchzuführen. Entgegen dem Widerspruch seiner Parteifreunde, die eine Schwächung des Kommunismus in Europa befürchteten, gründete er in Illinois eine kommunistische Kolonie. Nach heftigen Auseinandersetzungen wurde er aus ihr ausgestoßen und starb bei den Vorbereitungen, eine neue Kolonie zu gründen, in St. Louis (1856).

Anders als der Naturrechtler Babeuf knüpfte Graf Henri de Saint-Simon, der Gründer einer großen und für die französische Geistesgeschichte höchst bedeutsamen Schule, an die gesicherte Erkenntnisse versprechenden Naturwissenschaften an, während er in seiner Geschichtsphilosophie von Caritat de Condorcet (1743–1794) stark beeinflußt wurde. Zunächst Oberst im amerikanischen Unabhängigkeitskrieg wurde er mit dem planmäßigen Aufkauf der gegen wertloses Papiergeld verschleuderten Nationalgüter zu einem der größten Grundstücksspekulanten und erwarb ein großes Vermögen, „um ein großes Industrieunternehmen zu organisieren, eine wissenschaftliche Schule der Vervollkommnung zu begründen, um, in einem Wort, zu dem Fortschritt der Aufklärung und der Verbesserung des Loses der Menschheit beizutragen“. Nach dem Zerwürfnis mit seinem Geschäftspartner verarmte er aufgrund einer verschwenderischen Lebensführung, ohne die von ihm erhoffte angesehene öffentliche Stellung erringen zu können. Nach zwanzigjährigem Elend unternahm er einen Selbstmordversuch (1823) und wurde dann von seinem Schüler Rodrigues, einem Bankier, bis zu seinem Tod (1825) unterhalten.

Von seiner ersten Veröffentlichung, den „Briefen eines Genfer Einwohners“ (1803), bis zur letzten, dem „Neuen Christentum“ (1825), bekämpfte Saint-Simon in zahlreichen Schriften und Zeitschriften („Die Industrie“ 1816–1819, „Der Staatsmann“ 1819, „Der Organisator“ 1819, „Der Katechismus der Industriellen“ 1823/24 und „Einige philosophische Ansichten zum Gebrauch für das 19. Jahrhundert“ 1825) die Versuche, die feudale Gesellschaftsordnung wiederherzustellen. Die Epoche des auf Gewalt gegründeten kriegerischen Feudalismus war für ihn abgelaufen und die des friedlichen, auf die Arbeit gegründeten

Industrialismus angebrochen. Die Industriellen, die die drei großen Klassen der Bauern, Handwerker und Kaufleute umfassen, bilden die produktiven Teile der Nation. Sie sind zu Unrecht der Herrschaft der „Parasiten“, der unproduktiven Klasse des Adels, der Juristen und der Regierung unterworfen. Nach dem Vorbild des Mittelalters soll die geistige Gewalt den Wissenschaftlern, die weltliche den Unternehmern zufallen, deren Hauptaufgabe es ist, große industrielle Projekte zu verwirklichen – schon 1783 hatte Saint-Simon dem Vizekönig von Mexiko den Bau eines interozeanischen Kanals vorgeschlagen. Den Unternehmern als den geistig Überlegenen und als ihren geborenen Beschützern ordnen sich die Arbeiter freiwillig unter, nicht als Untertanen, sondern als Gesellschafter. Sie nehmen am Fortschritt der „positiven Wissenschaft“ teil, der ihnen in religiösen Sätzen ihrer geistigen Fähigkeit entsprechend vermittelt wird. Beseitigung der unproduktiven Klasse, Ersetzung der Regierung durch Verwaltung und Durchführung großer industrieller Projekte, hierin besteht für Saint-Simon die Lösung der sozialen Frage. In seiner „Einführung in die wissenschaftliche Arbeit des 19. Jahrhunderts“ (1807/08) hatte er die wissenschaftliche Welt aufgefordert, an einer neuen Enzyklopädie mitzuarbeiten, die auf der Basis der Empirie ein neues Weltbild entwerfen sollte. Dies blieb ebenso erfolglos wie seine „Denkschrift über die Wissenschaft vom Menschen“ (1812), in der er deren Grundzüge skizzierte und ein umfassendes Arbeitsprogramm aufstellte, das weitere Werke über die Philosophie, über die Wiederherstellung des Klerus und die nationale Reorganisation der Völker versprach. 1814, zu Beginn des Wiener Kongresses, forderte Saint-Simon eine von den nationalen Regierungen unabhängige Gesamtregierung Europas („Über die Neuordnung der europäischen Gesellschaft“).

Die Hauptschrift von Saint-Simons Schülern Saint-Armand Bazard (1791–1832), einem ehemaligen Offizier und späteren Verwaltungsangestellten, und Barthélémy-Prosper Enfantin (1796–1864), einem Kaufmann, vertieften and veränderten in wesentlichen Punkten seine Lehre in der „Exposition de la Doctrine de Saint-Simon“ (1829/30). Wie Saint-Simon sahen auch sie in der Geschichte die stete Verminderung der Gewalt über den Menschen und die Vermehrung der Freiheit. Die menschlichen Gemeinschaften dehnen sich aus: von der Familie über die Gemeinde zur Nation und Kirche. Die gegenwärtige „kritische“ Epoche wird durch die letzte und größte „organische Epoche“ abgelöst. In ihr entfällt die Ausbeutung der Arbeiter durch die Unternehmer mit der Beseitigung der freien Konkurrenz. Das individuelle Erbrecht wird als letzte Form des „Geburtseigentums“ abgeschafft und auf den Staat übertragen. Die neue Ordnung ist hierarchisch aufgebaut. In ihr wird dem Einzelnen entsprechend seinen Fähigkeiten, die eine sorgfältige staatliche Erziehung zu erkennen hilft, sein Platz angewiesen. Seine Leistung bestimmt die Höhe seines Einkommens. „Jeder nach seiner Fähigkeit, jede Fähigkeit nach ihrer Leistung“ lautet die Devise.

Claude-Henri de Saint-Simon (1760–1825)

An die Stelle des freien Unternehmertums tritt die Lenkung der Produktion durch die Kreditvergabe der zentralisierten Banken. Die Bankiers werden mit der Menschenführung betraut und haben die sittliche Ordnung mit den Mitteln der Predigt und der Beichte aufrecht zu halten – sie werden, wie der zweite Band der Schrift klarstellt, zu Priestern und der Staat zur Theokratie.

Das Zerwürfnis der beiden „Väter" der saint-simonistischen Schule über die Frage der künftigen Stellung der Frau (Enfantin forderte deren völlige Emanzipation und die Regelung der Geschlechtsbeziehungen durch den Priester) führte zur Spaltung der Schule. Ihr folgten weitere, so daß der Saint-Simonismus zur einflußlosen Sekte wurde. Enfantin wurde Initiator des Suezkanalprojekts. Der Zusammenbruch des Saint-Simonismus machte die Bahn für den Fourierismus frei.

Als Sohn eines reichen Kaufmanns geboren und zum Kaufmann trotz seines Widerwillens bestimmt, verlor Charles Fourier das ererbte Vermögen während der Revolution und entrann im aufständischen Lyon nur knapp dem Tode. Er blieb zeitlebens kaufmännischer Angestellter in drückenden Verhältnissen. Seine drei Hauptwerke sind: „Die Theorie der vier Bewegungen" (1808), „Die Abhandlung über die landwirtschaftlich-häusliche Assoziation" (1822) und „Die neue industrielle und sozietäre Welt" (1829), doch hat er zahlreiche Schriften hinterlassen, in denen er ohne Rücksicht auf die öffentliche Meinung seine letzten Schlußfolgerungen gezogen hat. Als scharfer Beobachter der bestehenden Gesellschaftsordnung hat er deren Gebrechen aufgespürt und unbarmherzig dargestellt und systematisiert. Neben den Betrügereien im Handel hat sein Hauptinteresse den Geschlechtsbeziehungen gegolten, ihrem Widerspruch zwischen Sein und Sollen, zwischen der Wirklichkeit und der Moral. Als Gegner jeglicher spekulativen und Anhänger der empirischen Wissenschaft sieht Fourier den Fehler der bestehenden Ordnung darin, daß sie die menschlichen Triebe unterdrückt statt sie ausleben zu lassen und ihnen eine für die Gesellschaft nützliche Befriedigung zuzuweisen. Dies soll durch Phalangen geschehen, die jeweils achtzehnhundert Menschen der verschiedensten Charaktertypen umfassen sollen. Die Arbeit in den Phalangen erfolgt in Gruppen und Serien. Sie ist jeweils kurz und abwechslungsreich. Die Gruppen stehen allen, Männern wie Frauen, offen. Die Zugehörigkeit ist freiwillig und beruht oder schafft auch persönliche Beziehungen ihrer Mitglieder zueinander. Die Gruppen und die nächsthöheren Einheiten der Serien untereinander stehen in Wettbewerb zueinander. Fourier ist Anhänger der Ungleichheit, daher auch des Privateigentums und der Standesunterschiede. Doch sollen ihre bisherigen Nachteile beseitigt werden, indem alle Triebe und Fähigkeiten gleichgewertet und für ihre Befriedigung in der Vielzahl von Gruppen und Serien gesorgt wird. Der Arbeitsertrag in ihnen wird nach Arbeitsleistung, Talent und Kapital verteilt. Dies und die Neugestaltung des Erbrechts bewirken eine Streuung des Eigentums. Die Befriedigung aller menschlicher Triebe garantiert die Harmonie. Es kommt ausschließlich darauf an, ihnen die richtige Richtung zu weisen, so etwa die Vorliebe Jugendlicher für den Schmutz auszunutzen und in „kleinen Horden" und in „kleinen Banden" zu organisieren, die unangenehme Arbeiten verrichten. Die weltweit organisierten Phalangen werden durch industrielle Armeen miteinander verklammert, die große gemeinnützige Arbeiten wie Kanal- und Straßenbauten, Flußregulierungen oder Trockenlegung von Sümpfen betreiben. Wie die Phalangen zeichnen sich auch die industriellen Armeen durch das Nebeneinander von Arbeit und Vergnügen aus.

Fourier erhoffte die Verwirklichung seiner Ideen von einem Wohltäter, der ihm eine Million Francs zur Verfügung stellen sollte – vergeblich. Nach seinem Tod wurde der ehemalige Ingenieuroffizier Prosper Considerant (1808–1893) Haupt der fourieristischen Schule und stellte Fouriers Lehren in seinem dreibändigen Hauptwerk „Soziale Bestimmung" (1838/39) dar.

Jean Joseph Louis Blanc wurde als Historiker mit seiner „Geschichte der zehn Jahre" (1841–1844), in der er die Regierung des Bürgerkönigs Louis Philippe scharf kritisierte und den Gegensatz zwischen besitzender und nicht besitzender Klasse herausarbeitete, bekannt. Bereits zuvor hatte er eine Artikelreihe über die „Organisation der Arbeit" (ab 1840 als Buch, 9. erw. Aufl. 1850) veröffentlicht, in der er die Gründung von Produktivgenossenschaften der Arbeiter mit staatlicher Kreditgebung forderte – hiervon erwartete er die Überwindung des Systems der freien Konkurrenz durch die freie Konkurrenz. Voraussetzung für die staatliche Intervention war die Ersetzung des Zensuswahlrechts durch das allgemeine Wahlrecht. Louis Blanc verlagerte damit pragmatisch die frühsozialistische Diskussion über das Endstadium auf das Übergangsmittel und verband sie mit der radikalen Demokratie. 1848 scheiterte er politisch. Zusammen mit dem Arbeiter Alexandre Albert (1815–1898) wurde er nach der Februarrevolution zwar Mitglied der provisorischen Regierung, konnte jedoch seine Forderung, ein „Ministerium des Fortschritts" zu errichten, nicht durchsetzen. Er wurde Vorsitzender der sog. Luxembourg-Kommission, in der die Vertreter der sozialistischen Schulen ihre Pläne zu einer Verbesserung der sozialen Verhältnisse erörterten. Die „Nationalwerkstätten", in denen bis Mai 1848 über 118 000 Arbeiter, zuletzt mit sinnlosen Erdarbeiten, beschäftigt wurden, waren nicht die von ihm erstrebten Produktivgenossenschaften und unterstanden zudem nicht ihm, sondern dem Arbeitsminister. Dennoch dienten sie nach ihrem Zusammenbruch der Regierung als Beweis dafür, daß seine Pläne undurchführbar seien. Seine Erfolglosigkeit, seine Zurückhaltung bei der großen Arbeiterdemonstration vom 17. März und das Scheitern einer von ihm geförderten Massendemonstration vom 15. April ließen Blancs Popularität schwinden. Am Putsch des Pariser Proletariats vom 15. Mai 1848 war er ebenso wenig wie am Juniaufstand der Pariser Arbeiter beteiligt. Fälschlich der Beteiligung am letzteren angeklagt, ging er ins Exil nach England und kehrte erst nach dem Sturz von Napoleons III. (1870) nach Frankreich zurück, ohne fortan als Abgeordneter größeren politischen Einfluß zu haben. Der Pariser Kommune stand er feindlich gegenüber.

III. Englischer Frühsozialismus

Dem englischen Frühsozialismus fehlt der revolutionäre Akzent, den der französische durch die Beseitigung der Monarchie und die Hinrichtung des Königs erhalten hatte. Die Parallelvorgänge lagen mehr als ein Jahrhundert zurück. Seit der „glorious revolution" hatte der König seine beherrschende Stellung eingebüßt. Es fehlte in England die der Vertreibung des französischen Adels vergleichbare radikale Zerschlagung des Großgrundbesitzes. Dies erklärt die Stoßrichtung der Schriften von Thomas Spence (1750–1814), William Ogilvie (1716–1813) „Versuch über das Recht des Eigentums auf Land" (1781) und Charles Hall (etwa 1740–1820) „Die Auswirkungen der Zivilisation" (1815). Sie alle beziehen sich auf die gerechte Verteilung von Grund und Boden.

Die Gewerbefreiheit war durchgesetzt worden, so daß das „freie Spiel der Kräfte" Wirklichkeit war. Die Nationalökonomie wurde zur beherrschenden Wissenschaft und Adam Smiths „Untersuchung über das Wesen und die Ursachen des Volkswohlstands" (1776) sah in der Arbeit die Quelle allen Wohlstands. Insofern zentrierte sich die Auseinandersetzung um die Arbeit. Sie war von der Unterwerfung unter den Handel zu befreien, ihren Ertrag galt es dem Arbeitenden zuzuwenden. Die Technisierung der Produktion wurde zum Problem. Es gab erste gewalttätige Proteste der Arbeiter, die Zerstörung der mechanischen Webstühle (Maschinenstürmer 1811/12) und grobe Mißstände durch Kinderarbeit und Frauenarbeit.

Der theoretischen Auseinandersetzung fehlte der naturrechtliche Schwung, aber auch der Doktrinarismus und Dogmatismus, den die französische Revolution kennzeichnete. Immerhin wirkte auch sie sich aus, insbesondere ihr radikaler Individualismus, die sich im Verbot aller Verbände (Loi Chapelier 1791) äußerte. Doch erfolgte in England 1824/25 mit der Aufhebung der Koalitionsverbote eine Kehrtwendung und machte den Weg für die Gewerkschaftsbewegung frei. Für die allgemeine Entwicklung wichtig wurde die utilitaristische Philosophie von Jeremias Bentham (1748–1832), nach dem es galt, das größtmögliche Glück der größtmöglichen Zahl von Menschen zu verwirklichen.

Robert Owen nahm in dieser Zeit eine zentrale Stelle ein. Er war das Musterbeispiel eines erfolgreichen, sozial denkenden Unternehmers. Schon im Alter von 18 Jahren Spinnmaschinenfabrikant, leitete er als Geschäftsführer die größte Spinnerei Manchesters und ab 1. Januar 1800 die Fabrik New Lanark,

Robert Owen (1771–1858)

die er in jahrelangen Anstrengungen zu einem mustergültigen Unternehmen machte und die als Vorbild arbeitgeberischer Fürsorge seinen Namen weit über England hinaus bekannt werden ließ. Seine Erfahrungen wertete er in seiner Schrift „Eine neue Gesellschaftsauffassung“ (1812–1814) aus. Ein Jahr später begann er den Kampf um die Arbeiterschutzgesetzgebung. Gegen den heftigen Widerstand der englischen Fabrikanten kam ein freilich gegenüber seinen Vorschlägen erheblich abgeschwächtes Gesetz über die Kinderarbeit in Spinnereien zustande. Erfolglos blieben seine Bemühungen, Armenkolonien zu errichten, in denen Arbeitslose für ihren Unterhalt selbst sorgen sollten („Bericht an die Grafschaft Lanark“ 1820).

Entschiedener Gegner von Malthus, der das soziale Elend auf die Bevölkerungsvermehrung zurückführte und ihr durch sexuelle Enthaltsamkeit abhelfen wollte, sah er die Ursache der Handelskrisen im geringen Verbrauch der Arbeiterschaft mit ihrem niedrigen Lohn. Owen wandte sich mit seinen Reformvorschlägen an den Aachener Kongreß (1818) und die europäischen Regierungen, fand jedoch kein Gehör. In England geriet er durch seine Forderung einer Scheidungsreform und durch seine Angriffe auf die anglikanische Kirche in Isolation. In dieser Situation begann er in Indiana ein großangelegtes Experiment, um die Richtigkeit seiner Theorie darzutun (New-Harmony). Die neue Gesellschaft sollte sich in kleine Gemeinschaften gliedern, innerhalb derer alle die ihrem Alter entsprechende gleiche Nahrung, Kleidung und Erziehung erhalten. Das Eigentum an unbeweglichem Besitz sollte der Gemeinschaft zustehen und die Produktion nach den Richtlinien der Vollversammlung der volljährigen Einwohner durch die Exekutive gelenkt werden – später wollte Owen die Regierung für innere Angelegenheiten den über 30jahre alten Mitgliedern, und die Regierung für auswärtige Angelegenheiten den über 40jährigen überantworten. New Harmony brach nach einigen Jahren zusammen, da Owen häufig für längere Zeit abwesend war, der Schritt von der Übergangsgesellschaft zum Kommunistischen Gemeinwesen zu früh getan worden war und es vor allem an Handarbeitern gefehlt hatten. Owen wandte sich wiederum England zu und suchte, gestützt auf die inzwischen aufgekommene Konsumvereinsbewegung und die Gewerkschaften, in der Londoner Arbeitsbörse 1832–1834 durch direkten Austausch unter den Erzeugern ihnen den vollen Arbeitsertrag zukommen zu lassen. Mit der Einführung eines Arbeitsgelds, das sich durch die für die Produkte aufgewandten Arbeitszeit zu bemessen habe, sollten Unternehmerprofit und Zwischenhandel beseitigt und damit der Preis auf die Selbstkosten herabgedrückt werden. Als auch dieses Experiments scheiterte, beschränkte sich Owen auf die Agitation in Vorträgen, Diskussionen und Schriften, da er entsprechend seiner Lehre von der Willensunfreiheit den Menschen als Produkt der Umstände und damit als nicht verantwortlich für sein Denken und Handeln ansah. Neben der „Vorlesung über eine völlig neue Gesellschaftsordnung" (1830) sind als seine Hauptwerke „Das Buch der neuen moralischen Welt" (8 Teile 1836–1844), der „Katechismus der neuen moralischen Welt" (1838) und „Die Revolution im Denken und Tun der Menschheit" (1849) zu erwähnen. In seiner Autobiographie (1857–1858) berichtete er über seine Tätigkeit bis 1820. Owen verlor die meisten Anhänger nach seiner Bekehrung zum Spiritualismus.

Parallel zum Wirken Owens und seiner Anhänger und den vielfachen Bestrebungen einer sozialen Umbildung des Liberalismus liefen die großen Streiks der dreißiger und vierziger Jahre und die politische Organisation der Arbeiter. Ihre „Chartismus" genannte Bewegung forderte das allgemeine gleiche Wahlrecht, um über die Gesetzgebung das Los der arbeitenden Bevölkerung zu verbessern. Doch blieb ihre Massendemonstration vom 10. April 1848 erfolglos – die Februarrevolution griff nicht auf England über.

IV. Deutscher Frühsozialismus

In dem politisch zersplitterten Deutschland, das nicht die Trennung von Staat und Gesellschaft durchgeführt hatte und zudem in den konstitutionellen Monarchien die Ideologie des „aufgeklärten Absolutismus" beibehielt, die im Fürsten den möglichen Träger von politischen und sozialen Reformen ansah, nahm der Frühsozialismus eine Sonderstellung ein. Noch in der deutschen Revolution von 1848 war offen, ob die Entscheidung für die Gewerbefreiheit oder für eine modifizierte Zunftverfassung fallen solle. Der deutsche Frühsozialismus war in dieser Situation intellektueller Import vor allem aus Frankreich, weniger aus England. Als Vermittler traten Lorenz von Stein („Sozialismus und Communismus in Frankreich" 1842 und 2. Aufl. 1842), sowie „Die Geschichte der sozialen Bewegung in Frankreich" 1850) und Karl Grün („Die soziale Bewegung in Frankreich und Belgien" 1845) auf. Eine unmittelbare Brücke schlugen die Schriften Wilhelm Weitlings. Sie waren Emigrantenliteratur, die in unmittelbarem Kontakt zu den originären Werken entstanden und diese verarbeiteten.

Wilhelm Weitling, uneheliches Kind einer Magd und eines französischen Offiziers, ging als Damenschneider-Geselle auf Wanderschaft und verließ Preußen, um nicht Soldat werden zu müssen. In Paris veröffentlichte er im Auftrag des „Bunds der Gerechten" die Schrift „Die Menschheit wie sie ist und wie sie sein sollte" (1838). In ihr entwickelte er den Plan einer Gesellschaft, die auf dem Nebeneinander einer streng gleichheitlichen Grundordnung mit allgemeiner Arbeitspflicht und Gütergemeinschaft beruhte. Er verschob den Akzent auf die Letztere in seinem zweiten Werk „Garantien der Harmonie und Freiheit" (1842). Als Agitator des „Bunds der Gerechten" in der Schweiz tätig, belegte Weitling in seiner Schrift „Das Evangelium des armen Sünders" (1843) seine

Theorien mit Bibelstellen und propagierte das Bündnis mit den Kriminellen als den ausgewiesenen Feinden der Gesellschaft. Wegen Anstiftung zum Verbrechen gegen das Eigentum, Anreizung zum Aufruhr, öffentlichem Ärgernis und Religionsstörung zu zehn Monaten Gefängnis verurteilt, wurde er aus der Schweiz verbannt und an Preußen ausgeliefert. Statt nach Amerika auszuwandern ging er nach London (1844) und später nach Brüssel, wo er mit Marx und Engels zusammentraf. Mit ihnen geriet er in Konflikt über die politische Taktik, insbesondere über das Verhältnis von Proletariat und Bourgeoisie und die Grundlegung der revolutionären Theorie. Während er an den unmittelbaren Übergang zur kommunistischen Gesellschaftsordnung glaubte und sich für die proletarische Revolution des Gefühls, ja sogar der Religion zu bedienen suchte, vertrat Marx die Auffassung, daß vor der Verwirklichung des Kommunismus erst die Bourgeoisie zur Macht kommen müsse. Nach seinem Zerwürfnis mit Marx und Engels wanderte Weitling in die Vereinigten Staaten aus und kehrte während der Märzrevolution von 1848 nur vorübergehend nach Deutschland zurück, ohne indessen eine politische Rolle zu spielen. In Amerika gründete er eine Gewerbeaustauschbank nach dem Muster Owens und eine kommunistische Siedlung. Als diese zusammenbrachen, zog er sich gänzlich von der Politik zurück.

Als eine Spätwirkung des französischen Frühsozialismus, fünfzehn Jahre nach der Revolution von 1848, kann Ferdinand Lassalles Rückgriff auf Louis Blancs Forderungen angesehen werden, Produktivassoziationen mit Staatshilfe zu errichten und das allgemeine Wahlrecht einzuführen. Sie wurden zur Losung des „Allgemeinen Deutschen Arbeitervereins", auf den die deutsche sozialdemokratische Partei zurückgeht.

Eine Sonderstellung in der Geschichte des deutschen Frühsozialismus und des Frühsozialismus überhaupt nimmt Anton Menger (1841–1906) ein. Der Wiener Zivilrechtler, allgemein bekannt als Kritiker des ersten Entwurfs des deutschen Bürgerlichen Gesetzbuch, hat als bester Kenner des Frühsozialismus dessen Theorien in zweifacher Weise verarbeitet: in sozialen Grundrechten und als Ordnungskonzeption. Seine Schrift „Das Recht auf den vollen Arbeitsertrag" 1886, 4. Aufl. 1910) behandelt das „Recht auf Existenz", das „Recht auf Arbeit" und das am radikalsten gegen das Privateigentum an den Produktionsmitteln gerichtete „Recht auf den vollen Arbeitsertrag". Seine „Neuen Staatslehre" (1902) konzipiert die neue Gesellschafts- und Staatsordnung. Insofern kann Anton Menger als Vollender des Frühsozialismus angesehen werden. Die tatsächliche Entwicklung hat er indessen nicht beeinflußt – und dies gilt für die frühsozialistischen Theorien allgemein.

V. Würdigung

Der Frühsozialismus gehört in der Ideengeschichte der politischen Theorie, mit Ausnahme von Louis Blanc, zu den Theorien, die eine andere als die vorgefundene Ordnung entwerfen. Insofern besteht eine Verbindung zu Morus, Campanella, aber auch zu Platons Staat. Inwieweit Übereinstimmungen oder Ähnlichkeiten auf Übernahmen deuten, mag dabei dahingestellt bleiben, da die ordnungspolitischen Lösungsmöglichkeiten begrenzt sind. Werden die Ordnungskonzeptionen nach ihren Trägern idealtypisch von einander unterschieden, so wenden sich die frühsozialistischen Theorien insgesamt gegen den Individualismus und basieren entweder auf der Gruppe (Fourier, Owen) oder der Gesamtheit (Babeuf, Cabet, Saint-Simon und die Saint-Simonisten und Weitling). Ihr Bezugspunkt ist überwiegend noch eine landwirtschaftlich-handwerkliche Gesellschaft ohne hochentwickelte Arbeitsteilung. Dies gilt selbst für Owen, obschon dieser von der Arbeitersiedlung einer Spinnerei (New Lanark) ausgegangen ist. Erst bei Cabet und Weitling, also etwa um 1840, findet die Technisierung ihren Platz in der Gesellschaftsordnung.

Der historische Einschnitt ist die Februarrevolution von 1848 – mit dem doppelten Zusammenbruch: in Gestalt von Louis Blanc, der sich als Anhänger des friedlichen Übergangs weigert, den Weg des gewaltsamen Umsturzes zu gehen, und im Juniaufstand der Pariser Arbeiter. Noch stärker war die Enttäuschung über England, das sich der Revolution überhaupt versagte. Von da ab dominierten die Theorien des sozialen Übergangs, bei denen das Endstadium in den Hintergrund trat. Dem kamen die sozialen Zugeständnisse des Liberalismus bei der gesetzlichen Regelung des Arbeitsverhältnisses, die Gewerkschaftsbewegung und die politischen Konzessionen mit Einführung des allgemeinen Wahlrechts entgegen.

Hinweise

Zur Terminologie

Die Terminologie wurde stets als Waffe in der wissenschaftlich-politischen Auseinandersetzung verwandt und stand (und steht teilweise noch immer) unter marxistischem Einfluß. Maßgebend sind für den Marxisten die Urteile von Karl Marx und Friedrich Engels, insbesondere des „Kommunistischen Manifests“. Indessen sind vier Phasen der Beschäftigung der marxistischen „Klassiker“ mit ihren Vorläufern zu unterscheiden: Die erste ist die des Kennenlernens und Suchens und ihrer propagandistischen Benutzung. Sie mündet in das freilich nicht verwirklichte Vorhaben, eine „kommunistisch-sozialistische Bibliothek“ und im ebenfalls erfolglos gebliebenen Versuch, sich mit den anderen Schulen zunächst zu verständigen und sodann die eigene Theorie durchzusetzen. Das „Kommunistische Manifest“ spricht den eigenen Führungsanspruch für die Theorie und Politik sodann klar aus und enthält das Verdammungsurteil („utopischer Sozialismus“), obschon dies mit der Anerkennung der kritischen Leistung verbunden ist. In der dritten Phase, die der Pariser Kommune (1871), bleibt zwar Karl Marx dabei, bezieht aber dennoch vorsichtig die Zukunftsgestaltung in die eigene Theorie ein. Den Abschluß, als die Konkurrenzgefahr beseitigt ist, stellt Friedrich Engels' Schrift (Der „Anti-Dühring“ bzw. „Die Entwicklung des Sozialismus von der Utopie zur Wissenschaft“ 1878) dar. Er hält die Überordnung der eigenen Theorie aufrecht, würdigt aber die Verdienste der „Vorläufer“.

Die Stichworte der marxistischen Wertung sind: Gesetzmäßigkeit der geschichtlichen Entwicklung als ökonomischer Prozeß, Klassenkampf, Atheismus und Revolution, deren Voraussetzung die Konzentration der revolutionären Kräfte ist, die die endlosen Streitigkeiten über die künftige Ordnung erschweren. Indessen setzten Karl Marx und Friedrich Engels die mit der Ordnungsvorstellung gegebene politische Zielsetzung voraus. Und dieses Bewußtsein geht verloren, wenn der Marxismus zum Glaubensinhalt einer Bewegung wird und sich diese verselbständigt. Die Ernüchterung, wenn die alte Machtordnung, so wie dies 1918 in Deutschland erfolgt, zerbricht und die Sozialdemokratie als Partei mit revolutionärer Zielsetzung keine neue an deren Stelle setzt, spiegelt sich dann in der Theorie: Der Utopismus wird rehabilitiert (so Ernst Bloch „Thomas Münzer. Vom Geist der Utopie“ 1818), allerdings dort nur als politisches Wollen. Bloch hat später, 1946, eine Ideengeschichte („Freiheit und Ordnung. Abriß der Sozial-Utopien“) nachgeliefert. Karl Mannheim setzte die Utopie als notwendigen Teil des Wunsches nach radikaler gesellschaftlicher Veränderung der Ideologie als Verhüllung der bestehenden Machtverhältnisse entgegen („Ideologie und Utopie“ 1929).

Seit der russischen Oktoberrevolution 1917 ist die Frage zu beantworten, wie sich die revolutionäre Praxis zur früheren Theorie verhält. Sie konnte solange umgangen werden, wie noch die Erwartung der Weltrevolution herrschte oder Stalins „Sozialismus in einem Land“ mit den Besonderheiten einer industriell zurückgebliebenen Gesellschaft zu erklären versucht wurde. Doch ist auch nach 1945 die Frage erst spät, nach dem Ende der DDR, aufgeworfen worden (vgl. dazu Ramm, „Anton Menger und die DDR oder Theorie und Praxis des Sozialismus“ in Juristische Zeitgeschichte, Abt. 2 Bd. 6 Themen juristischer Zeitgeschichte 2000, S. 17). Die allgemeine Zuordnung der Theorien zu politischen Ordnungen bleibt als Aufgabe für die Zukunft.

Bei den Utopien als den „nirgendwo“ existierenden oder auch als den Idealtypen bestehender politischer Ordnungen ist die Frage nach der Realisierbarkeit wesentlich. Sie kann von vornherein verneint werden, indem man sie als politisches „Schlaraffenland“ abtut. Die Einkleidung in Romanform spricht jedenfalls nicht gegen die Ernsthaftigkeit des politischen Wollens ihres Verfassers. Sie schützte vor Verfolgungen durch die Herrschenden und vor der Zensur und war zudem als eine auf den einfachen Mann bezogene verständliche Darstellungsform ein Mittel der weiteren Verbreitung,

Zur Literatur

Der Aufsatz beruht auf meiner Darstellung „Die großen Sozialisten als Rechts- und Sozialphilosophen" Bd. 1 1955 und der Quellensammlung „Der Frühsozialismus" 2. Aufl. 1968

Weitere Literaturangaben in:

Die frühen Sozialisten hrsg. von Frits Kool und Werner Krause, eingeleitet von Peter Stadler 1967.

Die Frühsozialisten hrsg. von Michael Vester 2 Bde., 1970.

Jacques Droz (Hrsg.), Geschichte des Sozialismus Bd. 1–3 dtsch. 1974–1975 (= Bd. 1 der Histoire générale du socialisme, 1972).

Manfred Hahn (Hrsg.), Vormarxistischer Sozialismus, 1974.

J. Höppner u. W. Seidel-Höppner, Von Babeuf bis Blanqui 2 Bde., Leipzig 1975.

Aus der älteren Literatur sind zu erwähnen:

Max Beer, Allgemeine Geschichte des Sozialismus und der sozialen Kämpfe 7. Aufl. fortgeführt v. Hermann Duncker, 1931

Élie Halévy, Histoire du socialisme européen, 1948

Henryk Grossmann u. Carl Grünberg Anarchismus, Bolschewismus, Sozialismus, 1971 (Artikel aus dem Wörterbuch der Volkswirtschaft 4. Aufl. 1930–1931).

Karl Marx (1818–1883)

Theo Stammen

I. Karl Marx wurde am 5. Mai 1818 im damals preußischen Trier als Sohn des zum Protestantismus übergetretenen angesehenen jüdischen Advokaten Heinrich Marx und seiner niederländischen Frau Henriette geboren. Er besuchte von 1830–1835 das Trierer Friedrich-Wilhelm-Gymnasium; erheblichen Einfluß auf seine literarische Bildung hatte der spätere Schwiegervater Ludwig von Westphalen. Nach dem Abitur (1835) schrieb sich Marx zum Studium der Rechtswissenschaften an der Universität Bonn ein; außer juristischen Vorlesungen besuchte Marx solche zur Geschichte und Literatur, er hörte u. a. bei August Wilhelm Schlegel. Auch am studentischen Leben nahm Marx rege teil: er wurde Mitglied der „Trierer Landsmannschaft" und wurde sogar im Juni 1836 „wegen nächtlichen ruhestörenden Lärmens und Trunkenheit" zu einer eintägigen Karzerstrafe verurteilt. In die Bonner Studienzeit fallen intensive dichterische Versuche.

Nach zwei Semestern wechselt Marx – mit ausdrücklichem Einverständnis seines Vaters – an die Berliner Friedrich-Wilhelm-Universität, die damals fraglos das Zentrum des wissenschaftlichen Lebens in Deutschland bildete. 1836 läßt sich Marx bei der juristischen Fakultät immatrikulieren, hört auch zunächst rechtswissenschaftliche Vorlesungen (u. a. bei Savigny und Gans), treibt aber zunehmend intensiver – auch privat-historische und philosophische Studien; seit April 1837 studiert er besonders Hegels Philosophie und macht sich mit der Hegelschen Schule bekannt. In seinem berühmten Brief an den Vater (vom 11. Nov. 1837) gibt er ausführlich Rechenschaft über den sich anbahnenden Studienwechsel von der Rechtswissenschaft zur Philosophie. 1841 promoviert er mit einer philosophiehistorischen Arbeit *(Differenz der demokritischen und epikureischen Naturphilosophie)* – aus politischen Gründen – an der Universität Jena und trat – da sich durch eine tiefgreifende Wende in der preußischen Kultur- und Wissenschaftspolitik seine Hoffnungen auf eine akademische Laufbahn zerschlagen hatten – in die Redaktion der (liberalen) *Rheinischen Zeitung* in Köln ein, wo er bald Chefredakteur wurde. Unter den immer schwieriger werdenden Bedingungen der preußischen Zensur legte Marx indes bereits im März

1843 diese Funktion nieder und ging – nach einem kurzen Aufenthalt in Kreuznach (wo er am 9. Juni 1843 Jenny von Westphalen aus Trier heiratete) – im Oktober 1843 ins Exil nach Paris, um dort gemeinsam mit Arnold Ruge die *Deutsch-Französischen Jahrbücher* herauszugeben. 1844 erschien der erste (und einzige) Band derselben. Wegen seiner Beiträge in diesem Jahrbuch und in der Emigrationszeitung *Vorwärts* wurde Marx im Februar 1845 auf Verlangen der preußischen Regierung aus Paris ausgewiesen; er siedelte nach Brüssel über, wo er – nun schon in enger Freundschaft und Arbeitsgemeinschaft mit Friedrich Engels (1820–1895), dessen Aufsatz *Umrisse zu einer Kritik der Nationalökonomie* (1844) für Marx bahnbrechend war – die Grundlagen seiner Geschichts- und Gesellschaftstheorie in der *Deutschen Ideologie* und anderen Schriften ausarbeitete und zugleich Kontakte und politischen Einfluß in der exildeutschen und internationalen Arbeiterbewegung zu gewinnen suchte. Von Brüssel aus verzichtete Marx von sich aus auf seine preußisch-deutsche Staatsangehörigkeit. Er trat in Verbindung u. a. mit Moses Heß, wurde gemeinsam mit Engels Mitglied im „Bund der Kommunisten" (Sitz London), von dem er und Engels im Herbst 1847 den Auftrag erhielten, ein Parteiprogramm auf der Grundlage seiner Geschichts- und Gesellschaftstheorie zu formulieren. Dieses Programm erschien als Broschüre im Februar 1848 – unmittelbar vor Ausbruch der Revolution in Paris und anderen europäischen Hauptstädten unter dem Titel *Manifest der kommunistischen Partei,* fand damals aber nur geringe Beachtung und Verbreitung.

Nach Ausbruch der Februar- bzw. Märzrevolution in Europa ging Marx, nun auch als unerwünschte Person aus Belgien ausgewiesen, über Frankreich nach Deutschland – nach Köln zurück, um dort gemeinsam mit Engels und anderen sozialistischen Freunden durch die Herausgabe der *Neuen Rheinischen Zeitung – Organ der Demokratie* und durch die *Forderungen der kommunistischen Partei* politischen Einfluß auf den Fortgang der Revolution zu gewinnen. 1849 unterliegt die Revolution in Deutschland überall den Kräften der Reaktion; Marx und seinen Freunden wird der Prozeß gemacht; von der Anklage der „Aufreizung der Rebellion" schließlich freigesprochen, wird er am 16. Mai 1849 als Staatenloser aus dem Deutschen Bund ausgewiesen; am 24. August 1849 verläßt Marx Deutschland und geht nach London, dem zentralen Ort des europäischen politischen Exils, wo er bis zum Tode (1883) in verschiedenen Stadtteilen mit seiner Familie zum Teil unter extrem schlechten Bedingungen lebt und vorwiegend in der Bibliothek des British Museum arbeitet.

Die nächsten Jahre, ja Jahrzehnte des Londoner Exils sind gekennzeichnet durch wechselnde Aktivitäten auf drei Gebieten: auf journalistisch-publizistischem, auf politisch-agitatorischem und wissenschaftlich-ökonomischem Gebiet.

Karl Marx (1818–1883)

Zunächst glaubten Marx und Engels, die Revolution habe nur eine kurze „Pause“ eingelegt, um dann ihren endgültigen Durchbruch europaweit zu schaffen. Deswegen die publizistischen Versuche 1850 mit der Gründung der *Neuen Rheinischen Zeitung – politisch-ökonomische Revue* als Monatsschrift und – nach deren Scheitern – der Herausgabe der Monatsschrift *Die Revolution*, die in den USA erschien, aber auch ein Mißerfolg wurde – obwohl Marx mit *Klassenkämpfe in Frankreich 1848–1850* (1850) und *Der achtzehnte Brumaire des Louis Napoleon* (1852) zwei seiner besten politischen Schriften beisteuerte. Nach 1852 schrieb Marx innen- und außenpolitische Analysen und Kommentare für die *New York Daily Tribune*.

Seine spätere politische Publizistik stellte Marx ganz in den Dienst der internationalen Arbeiterbewegung, die – nach der Auflösung des „Bundes der Kommunisten“ (1852) – in den 1860er Jahren mit der Gründung der „Internationalen Arbeiter-Assoziation“ (IAA) (1864) auf eine gänzlich neue organisatorische Basis gestellt wurde. Marx verfaßte für die IAA die programmatische *Inauguraladresse*, die sich ausführlich mit der außenpolitischen Situation befaßte, und entwarf auch die Statuten. Dadurch, daß der „Generalrat“ der IAA seinen Sitz in London hatte, konnten Marx und Engels ihren Einfluß auf deren Leitung geltend machen, wie er sich z. B. in der Schrift *Der Bürgerkrieg in Frankreich* aus Anlaß der Pariser Kommune (1870/71) niederschlug. Die Reputation von Marx konnte allerdings nicht verhindern, daß er in der IAA zunehmend in die heftigsten ideologischen und taktischen Kontroversen – u. a. mit Proudhon und vor allem mit Bakunin – verwickelt wurde, die auf dem Kongreß von Den Haag (1872) ihren Höhepunkt erlebten. Die Leitung der IAA wurde daraufhin nach New York verlegt, verlor dadurch aber rasch an Bedeutung und löste sich 1876 auf. Statt dessen konzentrierte sich die Aufmerksamkeit von Marx (wieder) auf die Entwicklung der *deutschen* Arbeiterbewegung. So kommentierte er 1875 kritisch das Programm des Gothaer Parteitags, auf dem sich die „Lassalleaner“ und die „Eisenacher“ (d. h. die Anhänger von Bebel und W. Liebknecht) zu *einer* Partei vereinigt hatten.

Die meiste Zeit seines Londoner Exils verwandte Marx indes auf das Studium der klassischen politischen Ökonomie. Die *Kritik der politischen Ökonomie* (so auch der Untertitel zum *Kapital*), an der Marx praktisch von 1850 bis zu seinem Tode arbeitete, war das „Herzstück“ seiner gesamten Theorie. In immer neuen Anläufen suchte er die Stoffmassen dazu zu bändigen; zahlreiche Manuskripte entstanden hieraus, die zum größten Teil erst postum publiziert wurden, so z. B. die *Grundrisse der Kritik der politischen Ökonomie (Rohentwurf)*. Immer wieder mußte Marx dieses Unternehmen unterbrechen, bis schließlich 1867 der erste Band des *Kapital* erscheinen konnte. Den zweiten und dritten Band hat er nicht mehr vollendet, Engels gab sie 1885 und 1894 aus dem Nachlaß heraus und K. Kautsky publizierte 1910 unter dem Titel *Theorien über den*

Mehrwert schließlich noch vier Bände mit ökonomischen Studien aus dem Nachlaß. Als im Dezember 1882 Marxens Frau und bald darauf im Januar 1883 seine Tochter Jenny starben, verfielen die durch extensive Arbeit und langjährige Krankheiten untergrabenen Kräfte von Karl Marx rapide. Am 14. März 1883 ist er in London gestorben.

II. In Marxens Geburtsjahr 1818 lag die nationaldeutsche Erhebung der Befreiungskriege gegen Napoleon erst wenige Jahre zurück; gegen sie war es auf dem Wiener Kongreß (1814–1815) den konservativen Mächten Rußland, Österreich und Preußen, untereinander zur Heiligen Allianz verbunden, noch einmal gelungen, eine Ordnung der europäischen Verhältnisse aufzurichten, die auf dem vorrevolutionären Prinzip der monarchischen Legitimität beruhte und darauf gerichtet war, die für teuflisch erachteten Ideen der großen Französischen Revolution von 1789 überall in Europa zu unterdrücken. Im Deutschen Bund trat man unter des Fürsten Metternich Ägide in die Ära der Restauration, die für das liberale Bürgertum, vor allem für die akademische Jugend, insofern eine „herbe Enttäuschung“ sein mußte, als „der Freiheitskrieg gegen das napoleonische Weltreich zwar das Joch der Fremdherrschaft zerbrochen, aber das einheitliche nationale Reich nicht gebracht hatte“[1]. In dieser Epoche des „Widerspiels von progressiver Bewegung und restaurativer Beharrung“[2] wuchs der junge Karl Marx heran.

Als Marx 1836 nach Berlin kam, war Hegel schon fast fünf Jahre tot; gleichwohl beherrschte seine Philosophie nach wie vor noch die Berliner Universität. Heute, wo Philosophie an den Universitäten eher ein zurückgezogenes Dasein führt, kann man sich eine solche durchdringende, alle anderen Wissenschaften, auch die von der Natur, zutiefst dominierende Wirkung, wie sie damals von Hegels Philosophie ausging, kaum mehr vorstellen.

Dennoch war mit Hegels Tod die deutsche Philosophie in eine schwere Krise geraten, nach Rudolf Haym war sie „im Zustande vollkommener Herrenlosigkeit, im Zustande der Auflösung und Zerrüttung“[3]. Der Grund dafür lag nicht zuletzt in dem von Hegel erhobenen Anspruch, in seinem Denken habe sich die abendländische Philosophie „vollendet“, indem ihm die Versöhnung des Bewußtseins mit der Wirklichkeit gelungen sei.[4] Angesichts der „*Vollendung* der Philosophie“ mußte das Geschäft des Philosophierens für Hegels Schüler natur-

---

1 F. Schnabel, Deutsche Geschichte im 19. Jahrhundert, Taschenbuchausgabe, Bd. 4, S. 20.

2 W. Conze, Spannungsfeld, S. 207.

3 R. Haym, Hegel und seine Zeit, Berlin 1857, Nachdruck Darmstadt 1962, S. 4.

4 Vgl. A. Baruzzi, Einführung in die politische Philosophie der Neuzeit, Darmstadt 1983.

gemäß problematisch werden. Uneinig über die Aufgabe der Philosophie zerfiel die Hegel-Schule bald in die *Links-* und *Rechtshegelianer*. Bis in die Gegenwart sind die Linkshegelianer im Gespräch geblieben – nicht zuletzt deshalb, weil Karl Marx ihnen zeitweise angehörte.[5] Die Rechtshegelianer hingegen werden meist wegen des politisch mißverstandenen Wörtchens „Rechts" ungerechterweise als Konservative, ja als Reaktionäre eingestuft. Wie sehr unzutreffend das ist, hat Hermann Lübbe überzeugend dargelegt. Danach repräsentiert der rechte Hegelianismus „im Element der Philosophie politisch-*liberales*, an der Klassik gebildetes bürgerliches Bewusstsein". Insofern er „eher Ausdruck als bewegende politische Kraft" sei, bestätige er sich „als eigentlicher Hegelianismus, sofern Hegel schon mit seiner Funktionsbestimmung der Philosophie, Geist der Zeit in Gedanken zu sein, dieser statt der Aktion die Repräsentation zuwies".[6]

Mochten die Rechtshegelianer sich mit dieser bloß repräsentativen Funktion der Philosophie zufriedengeben, die Linkshegelianer drängten nach Hegels Vollendung der Philosophie auf deren Verwirklichung: Statt der spekulativen *Theorie* erstrebten sie die an der Zeit orientierte *Praxis*, als deren erste Stufe ihnen die *Kritik*, die radikale Kritik der Religion, der Philosophie, der Politik, kurz: aller geistigen und politischen Grundlagen des Zeitalters erschien.

Durch die Teilnahme an den philosophischen Gesprächen des linkshegelianischen „*Doktorclubs*" geriet Marx zuerst intensiver mit Hegels Philosophie in Berührung, deren „groteske Felsenmelodie" ihm jedoch „nicht behagte". Erst als er sich seinerseits darum bemühte, „im Wirklichen selbst die Idee zu suchen", geriet er aufs neue in die Nähe Hegels. Der Brief an den Vater bezeugt das: „Mein letzter Satz war der Anfang des Hegelschen Systems [...] Während meines Unwohlseins hatte ich Hegel von Anfang bis Ende, samt den meisten seiner Schüler kennengelernt [...] und immer fester kettete ich mich selbst an die *jetzige Weltphilosophie*, der ich zu entrinnen suchte" (I., S. 14 f.).

So affektiv diese Beziehung des Angezogenwerdens *und* Widerstrebens zugleich anfänglich auch gewesen sein mag, schon die Vorstudien zur Dissertation offenbaren den tieferen Grund dafür in der Sache der Philosophie selbst. Die Beziehung von Marx zu Hegel wird jetzt bestimmt „durch einen *Einwand* gegen Hegel und durch das unbeirrbare *Festhalten* an einem Hegelschen Gedanken"[7]. Der Einwand bezieht sich auf den von Hegel erhobenen Anspruch, durch die in seinem System vollendete Philosophie sei die Versöhnung des Bewußtseins mit der Wirklichkeit erreicht; für Marx bleibt hier „eine Einseitig-

---

5 Vgl. dazu K. Löwith, Die Hegelsche Linke, Einleitung, S. 7 ff.

6 H. Lübbe, Die Hegelsche Rechte, Einleitung, S. 10; vgl. dazu auch H. Lübbe, Politische Philosophie in Deutschland, Basel 1963, S. 27 ff.

7 D. Henrich, Karl Marx als Schüler Hegels, in: Marxismus-Leninismus, Berliner Universitätstage 1961, Berlin 1961, S. 8–9.

keit zurück, wenn die Philosophie das Vernünftige in der Wirklichkeit nur in der Gestalt des *Begriffs* faßt"[8]. Das Vernünftige müsse vielmehr erst durch die Philosophie verwirklicht werden. Diese Marxsche Argumentationsweise impliziert bereits, daß er Hegels Prinzip der Vermittlung und Versöhnung der Gegensätze zwischen Vernunft und Wirklichkeit auch für sich als verbindlich akzeptiert und an ihm festhält. Das heißt: Marx verbindet „die Einsicht in das Unvermögen der nur theoretischen Form von Hegels Philosophie mit der Einsicht, dennoch Philosophie und Welt, Begriff und Wirklichkeit in einer Einheit von jener Struktur zu denken, die zum erstenmal von Hegel entwickelt worden ist"[9]. Die Verbindung dieser beiden Gedanken, des Gedankens der gleichzeitigen Bewährung der Einheit von Begriff und Wirklichkeit – das macht die Eigentümlichkeit der Marxschen Hegel-Nachfolge und Schülerschaft aus,[10] deren Programm in den schon erwähnten Vorstudien zur Dissertation in folgendes Bild gekleidet wird: „Wie Prometheus, der das Feuer vom Himmel gestohlen, Häuser zu bauen und auf der Erde sich anzusiedeln anfängt, so wendet sich die Philosophie, die zur Welt sich erweitert hat, sich gegen die erscheinende Welt. So jetzt die Hegelsche" (I, S. 102).

Marx stimmt mit den anderen Linkshegelianern – etwa den Gebrüdern Bauer – darin überein, daß sich die Kritik der bestehenden Verhältnisse und Ideen als der erste Schritt zur Verwirklichung von Vernunft und Philosophie darstellt. Doch Marx ist radikaler: Für ihn ist es „ein psychologisches Gesetz, daß der in sich frei gewordene *theoretische* Geist zur *praktischen* Energie wird, als Wille aus dem Schattenreich des Amenthes hervortretend, sich gegen die weltliche, ohne ihn vorhandene Wirklichkeit kehrt [...] Allein die Praxis der Philosophie ist selber theoretisch. Es ist die Kritik, die die einzelne Existenz am Wesen, die besondere Wirklichkeit an der Idee mißt [...] Indem die Philosophie als Wille sich gegen die erscheinende Welt herauskehrt, ist das System zu einer abstrakten Totalität herabgesetzt, d. h. es ist zu einer Seite der Welt geworden, der eine andere gegenübersteht [...] Was innerliches Licht war, wird zur verzehrenden Flamme, die sich nach außen wendet. So ergibt sich die Konsequenz, daß das Philosophisch-Werden der Welt zugleich ihr Verlust, daß was sie nach außen bekämpft, ihr eigener innerer Mangel ist [...]" (I, S. 71).

So wendet Marx sich gegen alle diejenigen, die glauben, die Philosophie verwirklichen zu können, ohne sie aufzuheben, oder sie aufzuheben, ohne sie zu verwirklichen. Verwirklichung und Aufhebung der Philosophie – das ist für Marx identisch. Verwirklichung der Philosophie bedeutet ihm nichts anderes, als daß die Idee aus der Sphäre des reinen Denkens in die Sphäre der Praxis

---

[8] Ebd., S. 9.
[9] Ebd., S. 9–10.
[10] Ebd., S. 10.

überführt wird, wodurch der bestehende Zwiespalt zwischen Idee und Wirklichkeit nicht mehr nur spekulativ, sondern praktisch aufgehoben wird. D. h. Verwirklichung und Aufhebung der Philosophie sind für Marx immer nur in der Praxis möglich.[11]

So abstrakt diese Gedanken Marxens auch scheinen mögen – sie werden erstmals konkret in der publizistischen Tätigkeit ab 1842 als Redakteur der *Rheinischen Zeitung* in Köln.

Die umfangreiche kritische Tätigkeit, die Marx hier bald entfaltete, ist als eine erste Stufe im Prozeß der Verwirklichung der Philosophie zu begreifen, die Marx zuvor theoretisch-philosophisch begründet hatte. Hier hatte Marx erstmals Gelegenheit, Elemente der konkreten alltäglichen Wirklichkeit kritisch an der Idee zu messen. Zwar dauerte seine Tätigkeit an der Rheinischen Zeitung nicht allzu lange; bereits im März 1843, kurz bevor die Zeitung der strengen preußischen Zensur durch Verbot zum Opfer fiel, schied Marx eben wegen der Zensurverhältnisse aus der Redaktion aus; am 25. Januar 1843 schrieb er an Ruge: „Es ist schlimm, Knechtsdienst für die Freiheit zu verrichten und mit Nadeln statt mit Kolben zu fechten. Ich bin der Heuchelei, der Dummheit, der rohen Autorität und unseres Schmiegens, Rückendrehens und Wortklauberei müde geworden […] *In Deutschland kann ich nichts mehr beginnen*“ (MEW 27. S. 415)

Indes: so kurz diese publizistische Tätigkeit auch war – ihre Bedeutung für die Prägung des Marxschen Denkens kann schwerlich überschätzt werden. Gestand doch Marx später selber, hier zum erstenmal Gelegenheit gehabt zu haben, „über sogenannte materielle Interessen mitsprechen zu müssen“ (IV, S. 837). Die zeitgenössischen *kommunistischen* Bestrebungen Berliner Mitarbeiter der Rheinischen Zeitung fanden nicht Marxens Beifall und Unterstützung; in einem Brief an Ruge (30. November 1842) drückt er die Befürchtung aus, daß jene „durch ihre politische Romantik, Geniesucht und Renommisterei die Sache der Partei der Freiheit kompromittieren […] Ich forderte sie auf, weniger vages Raisonement, großklingende Phrasen, selbstgefällige Bespiegelungen und mehr Bestimmtheit, mehr Eingehen in die konkreten Zustände, mehr Sachkenntnis an den Tag zu fördern“ (MEW 27, S. 412).

Im Oktober 1843 ging Marx zu Ruge ins Exil nach Paris, um dort mit ihm gemeinsam die *Deutsch-Französischen Jahrbücher* herauszugeben. Die jetzt anbrechende Zeit von 1843–1845 ist für die geistige Entwicklung Marxens von ganz entscheidender Bedeutung gewesen. Seine Beiträge in den *Deutsch-Französischen Jahrbüchern* (1844), die Aufsätze *Zur Judenfrage* und *Zur Kritik der Hegelschen Rechtsphilosophie – Einleitung*, sind dafür Beweis. Hier hatte Marx endlich eine angemessene Plattform gefunden, von der aus er ungehindert

[11] Vgl. dazu S. Landshut, Einleitung zu: Karl Marx, Die Frühschriften, S. XX.

sein Ziel verfolgen konnte: die rücksichtslose Kritik des Bestehenden, „rücksichtslos sowohl in dem Sinne, daß die Kritik sich nicht vor ihren Resultaten fürchtet und ebensowenig vor dem Konflikt mit den vorhandenen Mächten“ (I, S. 447).

Speziell in der *Kritik der Hegelschen Rechtsphilosophie – Einleitung* gedieh dieses Verfahren der Kritik zu äußerster Konzentration. Ausgangspunkt bildet hier die bereits von Ludwig Feuerbach und Bruno Bauer betriebene *Religionskritik*, auch für Marx ist sie die Voraussetzung aller Kritik. Marx resümiert die Resultate seiner Vorgänger und – das ist entscheidend – transponiert sodann die Religionskritik auf eine völlig andere Ebene. War die Religion noch für Feuerbach ein anthropologisch- einzelmenschliches Problem, so ist sie für Marx jetzt ein *sozialpathologisches* Phänomen.[12] Sie ist ihm das verkehrte Weltbewußtsein eines Wesens, das in einer verkehrten Welt lebt, und somit Ausdruck der menschlichen Selbstentfremdung oder „phantastische Verwirklichung des menschlichen Wesens, weil das menschliche Wesen keine wahre Wirklichkeit besitzt“ (I, S. 488). Besäße der Mensch diese wahre Wirklichkeit, lebte er nicht in der Entfremdung, in einer zerrissenen Welt – die Religion würde als etwas gänzlich Überflüssiges ins Nichts versinken; denn „[d]ie Religion, an sich inhaltslos, lebt nicht vom Himmel, sondern von der Erde, und mit der Auflösung der verkehrten Realität, deren Theorie sie ist, stürzt sie von selbst“ (MEW 27, S. 412; an Ruge, 30. 11. 1842).

Da die Religion nichts anderes ist als Ausdruck der verkehrten Welt, ist für Marx die Kritik an und der Kampf gegen die Religion nichts als der „Kampf gegen jene Welt, deren geistiges Aroma die Religion ist [...] Die Religion ist der Seufzer der bedrängten Kreatur, das Gemüt einer herzlosen Welt, wie sie der Geist geistloser Zustände ist. Sie ist das *Opium des Volkes*“ (I, S. 488)[13].

Nach dieser „Entlarvung“ der Religion braucht Marx sich nicht länger bei ihrer Kritik aufzuhalten. Entscheidend für ihn ist, daß er den Blick nun von den mit der Religion gegebenen Scheinproblemen weg auf die wirklichen Probleme lenken kann. Allein von diesen her bestimmt sich die weitere Aufgabe einer zur Verwirklichung drängenden Philosophie, die Marx so formuliert: „Es ist also die Aufgabe der Geschichte, nachdem das Jenseits der Wahrheit verschwunden ist, die Wahrheit des Diesseits zu etablieren. Es ist zunächst die Aufgabe der Philosophie, die im Dienste der Geschichte steht, nachdem die Heiligengestalt der menschlichen Selbstentfremdung entlarvt ist, die Selbstentfremdung in ihrem unheiligen Gestalten zu entlarven. Die Kritik des Himmels verwandelt

---

[12] Vgl. dazu Löwith, Von Hegel zu Nietzsche, S. 350 ff., und: H. Gollwitzer, Die marxistische Religionskritik und der christliche Glaube, 3. Aufl., München/Hamburg 1970.

[13] Zu der Formel „Opium des Volkes“ vgl. Gollwitzer, Die marxistische Religionskritik und der christliche Glaube, S. 23–28.

sich damit in die Kritik der Erde, die Kritik der Religion in die Kritik des Rechts, die Kritik der Theologie in die Kritik der Politik“ (I, S. 489).

Schon in der 1843 noch in Deutschland geschriebenen, von Marx aber nie veröffentlichten Arbeit *Kritik des Hegelschen Staatsrechts*, in der Marx die Paragraphen 261 bis 313 von Hegels *Grundlinien der Philosophie des Rechts* (1821) mit Hilfe der Feuerbachschen Umkehrung der idealistischen Metaphysik einer scharfsinnigen Kritik unterzieht, hat Marx ein Stück dieser Kritik des Rechts und der Politik geliefert. Daran kann er jetzt anknüpfen.

Feuerbach folgend, stellt Marx an Hegel fest, „daß er überall die Idee zum Subjekt mache und das eigentliche, wirkliche Subjekt [...] zum Prädikat“ (I, S. 266). Es komme jetzt darauf an, diese verkehrten Verhältnisse umzukehren. Hegel geht von der Idee des Staates aus und leitet aus ihr in einem deduzierenden Verfahren Familie und bürgerliche Gesellschaft ab. Familie und bürgerliche Gesellschaft erscheinen bei Hegel so als „wirkliche Staatsteile, [...] sie sind Daseinsweisen des Staates“ (I, S. 263). In Wirklichkeit verhält es sich aber genau umgekehrt: Familie und bürgerliche Gesellschaft „machen sich selbst zum Staat; sie sind die Treibende, [...] die Voraussetzungen des Staates, sie sind die eigentlichen Tätigen“ (I, S. 262).

Hat Marx den Hegelschen Staat als ein bloßes Abstraktum denunziert, so gewinnt er damit zugleich auch für die Praxis eine revolutionäre Gegenposition; aus seiner Destruktion der Hegelschen Staatsphilosophie folgt konsequent ein radikaler *Demokratismus*; denn aus der Ablehnung der Hegelschen Position ergibt sich zwangsläufig die Antithese: „Das Volk allein ist das Konkretum, [...] der wirkliche Staat“ (I, S. 290). So folgt logisch aus der Marxschen Position, daß das Volk das eigentliche Konkretum des politischen Lebens sei, die Anerkennung des Prinzips der Volkssouveränität, das für Hegel noch „zu den verworrenen Gedanken, denen die wüste Vorstellung des Volkes zugrundeliegt“[14], gehört.

> „Die Monarchie kann nicht, die Demokratie kann aus sich selbst begriffen werden. In der Demokratie erlangt keines der Momente eine andere Bedeutung, als ihm zukommt. Jedes ist wirklich nur Moment des ganzen Demos [...] Die Demokratie ist das aufgelöste Rätsel aller Verfassungen. Hier ist die Verfassung nicht nur *an sich*, dem Wesen nach, sondern der *Existenz*, der Wirklichkeit nach in ihrem wirklichen Grund, den wirklichen Menschen, das *wirkliche Volk* stets zurückgeführt und als sein eignes Werk gesetzt. Die Verfassung erscheint als das, was sie ist, freies Produkt des Menschen“ (I, S. 292).

Während Hegel von der Idee des Staates ausgeht, daraus die bürgerliche Gesellschaft und die Familie ableitet und so den Menschen zum „versubjektivierten Staat“ macht, geht für Marx die Demokratie vom Menschen aus und macht den

---

[14] G. W. F. Hegel, Grundlinien der Philosophie des Rechts, § 279, 245.

Staat zum „verobjektivierten Menschen. So ist die Demokratie das Wesen aller Staatsverfassung, der sozialisierte Mensch, als eine besondere Staatsverfassung" (I, S. 293).

Man kann sicher nicht sagen, daß Marx in dieser Kritik Hegel gerecht wird; es kommt ihm auch nicht darauf an; es handelt sich hier nicht um eine immanente Hegelkritik. Marx ficht vielmehr gegen Hegel bereits von einem „anderen Elemente" aus. Die Tatsache, daß er gegen Hegel ficht, hat nicht nur philosophische, sondern primär *politische* Gründe. Indem er sich gegen Hegels Staatsphilosophie wendet, wendet er sich zugleich gegen die politischen Zustände in Deutschland, deren idealer Ausdruck ihm Hegels Philosophie ist. So ist die Kritik an Hegel beides: „sowohl die kritische Analyse des modernen Staates und der mit ihm zusammenhängenden Wirklichkeit als auch die entschiedene Verneinung der ganzen bisherigen Weise des deutschen politischen und rechtlichen Bewußtseins, dessen vornehmster universellster, zur Wissenschaft erhobener Ausdruck eben die spekulative Rechtsphilosophie ist" (I, S. 496).

Die Entlarvung des Hegelschen Staatsbegriffs ist zugleich die Entlarvung des preußischen Staates. Und indem Marx der Hegelschen Staatsidee seine eigene, die Idee der „wahren Demokratie", entgegensetzt, setzt er den preußischen Verfassungszuständen diese revolutionäre demokratische Idee entgegen. Deutlich ist zu erkennen, wie bei Marx der philosophische Gedanke, einmal zur „praktischen Energie" geworden, danach drängt, die bloß theoretische Kritik zu transzendieren und sich politisch-praktisch zu konkretisieren. Daß er dabei in seiner Radikalität alle Forderungen liberaler Zeitgenossen und auch der Linkshegelianer weit hinter sich läßt, geht aus eben dieser *Kritik der Hegelschen Rechtsphilosophie* deutlich hervor. Marx treibt hier „den kritischen Kampf der Philosophie mit der deutschen Welt" (I, S. 495) soweit, daß er unmittelbar in die Praxis mündet, in eine „*Revolution*, die Deutschland nicht nur auf das offizielle Niveau der modernen Völker erheben soll, sondern auf die menschliche Höhe, welche die Zukunft dieser Völker sein wird" (I, S. 497). Dazu, daß die Verwirklichung und zugleich Aufhebung dieser revolutionären Philosophie in der Praxis erreicht werden kann, bedarf es indes der „materiellen Gewalt".

Marx entwickelt deshalb, noch bevor er durch die Schriften von Friedrich Engels und der französischen Sozialisten real mit der konkreten Existenz des *Industrieproletariats* in England und Frankreich konfrontiert wird, philosophisch den Begriff des Proletariats als des „passiven Elements" oder der „materiellen Grundlage" der kommenden Revolution. Da es nicht genüge, daß der Gedanke zur Verwirklichung dränge, und da eine radikale Revolution nur die Revolution radikaler Bedürfnisse sein könne (I, S. 499), entdeckt Marx in dialektisch-philosophischem Verfahren das Proletariat als „eine Klasse mit *radikalen* Ketten [...], einen Stand, welche die Auflösung aller Stände ist, eine Sphäre, welche [...] kein *besonderes* Recht in Anspruch nimmt, weil kein *besonderes*

Unrecht, sondern das *Unrecht schlechthin* an ihr verübt wird, [...] welche mit einem Wort der *völlige Verlust* des Menschen ist, also nur durch die *völlige Wiedergewinnung des Menschen* sich selbst gewinnen kann" (I, S. 503) (Hervorhebungen von T. St.).

In diesem Proletariat findet die revolutionäre, auf Verwirklichung drängende Philosophie ihren Kampfgefährten. Im Prozeß der menschlichen Emanzipation ist die Philosophie für Marx der *Kopf*, das Proletariat das *Herz*; beide sind unzertrennlich, unverzichtbar und aufeinander angewiesen. Denn „die Philosophie kann sich nicht verwirklichen, ohne die Aufhebung des Proletariats, das Proletariat kann sich nicht aufheben ohne die Verwirklichung der Philosophie" (I, S. 505).

III. Marx hat diesen Entwurf einer proletarischen Philosophie, die auf einer kritischen Analyse der politischen Zustände in Deutschland beruht, noch in Paris auf Grund neuer Erfahrungen und Studien entscheidend weitergeführt und auf neue materialistische Grundlagen gestellt. Das Studium der klassischen englischen Nationalökonomie von Adam Smith und David Ricardo, der französischen und deutschen Frühsozialisten sowie vor allem die jetzt geschlossene enge Freundschaft mit Friedrich Engels, dessen frühe ökonomische Schrift *Umrisse zu einer Kritik der Nationalökonomie* 1844 in den *Deutsch-Französischen Jahrbüchern* erschienen war und die Marx später eine „geniale Skizze zur Kritik der ökonomischen Kategorien" (VI, S. 840) nannte, gaben dazu den Anstoß.[15] Marx mußte angesichts dieser neuen Wirklichkeiten erkennen, daß er trotz des radikalen Infragestellens alles Bestehenden bisher noch nicht bis auf die realen Fundamente der menschlichen Entfremdung durchgedrungen war: auf ihre *ökonomisch-sozialen* Bedingungen. Das wird in Paris jetzt nachgeholt. Hier erkennt Marx, daß „die Anatomie der bürgerlichen Gesellschaft in der politischen Ökonomie zu suchen ist" (VI, S. 838). Im Einklang mit dieser Einsicht in die sozialen und ökonomischen Bedingungen der bürgerlichen Gesellschaft verschiebt sich auch allmählich seine Zielvorstellung von der „wahren Demokratie" zur „klassenlosen Gesellschaft". In diesen Monaten des Pariser Aufenthalts arbeitet Marx – nach einem Zeugnis Ruges an Feuerbach vom 29. 8. 1844 – „mit ungemeiner Intensität, aber er vollendet nichts, er bricht überall ab und stürzt sich immer von neuem in ein endloses Büchermeer". Die Resultate dieser rastlosen Studien, eine Reihe von mehr oder weniger umfangreichen Fragmenten, blieben fast 90 Jahre unbekannt; erst 1932 wurden sie als *Ökonomisch-philosophische* oder *Pariser Manuskripte* ediert und haben

[15] Vgl. dazu M. Friedrich, Philosophie und Ökonomie beim jungen Marx, Berlin 1960, S. 104 ff.

seither als „das einzige Dokument, das in sich die ganze Dimension des Marxschen Geists umspannt“[16], die Marxinterpretation bis in die Gegenwart ganz entscheidend bestimmt.[17]

Was Marx in diesen Texten liefert, sind Entwürfe zu einer philosophischen „Kritik der politischen Ökonomie“; sie dient dem Zwecke, sich über die realen Bedingungen zu verständigen, unter denen das Proletariat in der Geschichte erscheint und sich in einem revolutionären Akt aus der Entfremdung befreien kann. Marxens Denken bewegt sich hier vornehmlich in *zwei* Richtungen: einmal bemüht er sich darum, das *Problem* der menschlichen Entfremdung in der bürgerlichen Gesellschaft unter allen möglichen Hinsichten vollständig darzustellen; zum anderen will er den Weg zur *Aufhebung* eben dieser Entfremdung und zur Selbstverwirklichung des Menschen in der klassenlosen Gesellschaft zeigen. Man kann ohne Vergröberung sagen, daß dies die Themen sind, die von nun an bis zu seinem Tode Marx beinahe ausschließlich beschäftigen.

Wieder ist es Hegel, von dem Marx in diesen Analysen ausgeht, jetzt jedoch nicht mehr von dessen *Rechtsphilosophie*, sondern von der *Phänomenologie des Geistes* (1807), die Marx „die wahre Geburtsstätte und das Geheimnis der Hegelschen Philosophie“ nennt (I, S. 641). Marx resümiert: „Das Große an der Hegelschen *Phänomenologie* [...] ist [...], daß Hegel die Selbsterzeugung des Menschen als einen Prozeß, [...] den Menschen als das Resultat seiner eigenen *Arbeit* begreift“ (I, S. 645). Der von Hegel allein auf den Prozeß des Wissens gemünzte Begriff der Arbeit wird jetzt von Marx auf den realen sinnlichen Menschen in seiner konkreten, geschichtlichen Welt bezogen. Doch hat Marx Hegel hier nicht einfach allgemein anthropologisch umgedeutet, wie Marxinterpreten der Gegenwart mitunter glauben machen wollen. Weder hier noch sonst ist Marx darauf bedacht, das allgemeine Wesen des Menschen und der Gesellschaft philosophisch zu untersuchen; das anzunehmen heißt Marx ontologisch oder existentialphilosophisch zu verzeichnen.[18] Vielmehr sind seine „philosophischen“ Begriffe zugleich stets „soziologisch“ und „ökonomisch“ gemeint und auf seine konkrete Gegenwart bezogen. Nur so ist es zu verstehen, daß Marx am Ende seiner Hegel-Interpretation sagt: „Hegel steht auf dem Standpunkt der modernen Nationalökonomie. Er erfaßt die Arbeit [...] als das sich bewährende Wesen des Menschen“ (I, S. 646).

---

[16] S. Landshut, Einleitung zu: K. Marx, Die Frühschriften, S. XXXI.

[17] Vgl. dazu als ein erstes Zeugnis: H. Marcuse, Neue Quellen zur Grundlegung des Historischen Materialismus. Erste Interpretation der Pariser Manuskripte von Karl Marx, Berlin 1968.

[18] J. Habermas, Theorie und Praxis. Sozialphilosophische Studien, Neuwied/Berlin S. 169; vgl. dort auch die Kritik an der modernen philosophischen Marxinterpretation, S. 276 ff.

Umgekehrt sind die „soziologischen" und „ökonomischen" Kategorien Marxens auch immer als „philosophische" zu verstehen. Dadurch unterscheidet sich Marx von den klassischen Nationalökonomen seiner Zeit, die zwar von den wirtschaftlichen Verhältnissen der bürgerlichen Gesellschaft ausgehen, diese aber letztlich nicht „begreifen" können, weil sie sie nicht auf das ihr zugrundeliegende menschliche Wesen zurückzuführen vermögen (I, S. 559).[19]

Bei der Analyse der menschlichen Arbeit durch Marx steht der negative Aspekt im Vordergrund: In der konkret-geschichtlichen Situation – „wir gehen von einem nationalökonomischen, gegenwärtigen Faktum aus" (I, S. 560) – erfährt Marx die Arbeit am Schicksal des Proletariats als die Kraft, die die radikalste Form der Entfremdung bewirkt. So muß es ihm darum gehen, das Elend, welches also aus dem *Wesen* der heutigen Arbeit selbst hervorgeht, zu begreifen (I, S. 518). Davon ausgehend, daß die bürgerliche Gesellschaft „in die beiden Klassen der Eigentümer und der eigentumslosen Arbeiter zerfallen" (I, S. 518 und 559) ist, beschreibt Marx die *erste* Stufe der menschlichen Selbstentfremdung so: „Der Gegenstand, den die Arbeit produziert, ihr Produkt, tritt ihr als ein fremdes Wesen, als eine von dem Produzenten unabhängige Macht gegenüber" (I, S. 561). Aus dieser Entfremdung des Arbeiters vom Produkt seiner Arbeit entsteht notwendigerweise als *zweite* Stufe die Entfremdung des Arbeiters von seiner Arbeit als von seiner wesentlichen Tätigkeit. Das geschieht dadurch, daß in der kapitalistischen Arbeitsorganisation die Arbeit dem Arbeiter äußerlich wird und nicht mehr zu seinem Wesen gehört, daß der Arbeiter sich in seiner Arbeit nicht mehr bejaht, sondern verneint, nicht wohl, sondern unglücklich fühlt. Er fühlt sich erst außer der Arbeit bei sich und in der Arbeit außer sich. Seine Arbeit geschieht schließlich nicht mehr freiwillig, sondern unter Zwang: ist „Zwangsarbeit. Sie ist daher nicht die Befriedigung eines Bedürfnisses, sondern sie ist nur ein Mittel, um Bedürfnissen außer ihrer zu befriedigen [...] Sie gehört einem anderen, sie ist der Verlust seiner selbst" (I, S. 564 f.).

Hieraus folgt zwingend die *dritte* Stufe der Entfremdung als die Selbstentfremdung des Menschen von seinem Wesen. Dadurch, daß das Produkt der Arbeit dem Arbeiter geraubt wird und die wesentliche menschliche Tätigkeit, die Arbeit, zum äußeren Zwang wird, ist das Verhältnis des so unter den Bedingungen der bürgerlichen Gesellschaft arbeitenden Menschen zu sich selbst entscheidend gestört: sein eigenes Wesen wird ihm äußerlich, ist nicht mehr Ziel und Inhalt seines Lebens, sondern nur noch Mittel. Das Leben wird zum *„Lebensmittel"*. „Die entfremdete Arbeit kehrt das Verhältnis dahin um, daß der Mensch,

[19] Vgl. dazu H. Jansohn, Herbert Marcuse. Philosophische Grundlagen, 2. Auflage, Bonn 1974 und: H. Arendt, Vita Activa oder Vom tätigen Leben, Stuttgart 1960, S. 76 ff.

eben weil er bewußtes Wesen ist, seine Lebenstätigkeit, sein Wesen nur zu einem Mittel für seine Existenz macht“ (I, S. 567).

Die weitere Folge dieser Selbstentfremdung ist – als *vierte* Stufe – die Entfremdung des Menschen von seinem Mitmenschen. Gerade in diesem durch die entfremdete Arbeit gestörten Verhältnis des Menschen zum anderen Menschen offenbart sich der unmenschliche Charakter der bürgerlichen Gesellschaft. Auf die Frage nämlich, wer denn das fremde Wesen sei, das sich sowohl das Produkt der Arbeit als auch die Arbeit als Lebensvollzug aneigne, findet Marx die eindeutige Antwort: es kann nur der Mensch selber sein.

> „Wenn das Produkt der Arbeit nicht dem Arbeiter gehört, eine fremde Macht ihm gegenüber steht, so ist dies nur dadurch möglich, daß es einem anderen Menschen außer dem Arbeiter gehört. Wenn seine Tätigkeit ihm Qual ist, so muß sie einem anderen Genuß und die Lebensfreude eines anderen sein. Nicht die Götter, nicht die Natur, nur der Mensch selbst kann diese fremde Macht über den Menschen sein“ (I, S. 570).

Hiermit hat Marx das primäre Ziel seiner ersten „Kritik der politischen Ökonomie“ erreicht und den Nachweis geführt, daß unter den Bedingungen der bürgerlich-kapitalistischen Gesellschaft der Mensch in seiner Arbeit sein wahres menschliches Wesen nicht gewinnen kann, sondern verlieren muß. Für die von Marx ins Auge gefaßte Lösung und Aufhebung der Entfremdung ist es wichtig, daß er die Entfremdungsproblematik, die über vier Stufen entfaltet wurde, in einem dialektischen Bezug zum *Privateigentum* sieht: „einerseits ist das Privateigentum das Produkt, das Resultat, die notwendige Konsequenz der entäußerten Arbeit“ (I, S. 571); andererseits hilft aber das Privateigentum beständig dazu, daß sich die menschliche Arbeit weiter entfremdet. Es ist somit das Mittel, durch das sich die menschliche Arbeit entäußert, also „die Realisation dieser Entäußerung“ (I, S. 572). Es besteht so zwischen entäußerter Arbeit und Privateigentum eine Wechselwirkung, die zugleich erklärt, warum die Aufhebung des Privateigentums die *condicio sine qua non* der Aufhebung der menschlichen Entfremdung ist. Dazu schreibt Marx:

> „Die positive Aufhebung des *Privateigentums*, als die Aneignung des *menschlichen* Lebens, ist daher die positive Aufhebung aller Entfremdung, also die Rückkehr des Menschen aus Religion, Familie, Staat etc. in sein *menschliches*, d. h. *gesellschaftliches* Dasein“ (I, S. 595).

Der positive Ausdruck dieser Aufhebung des Privateigentums ist für Marx der „*Kommunismus*“, der sich für ihn über die Stufe des „rohen und gedankenlosen Kommunismus“, der eigentlich, weil er die Persönlichkeit des Menschen durchaus noch negiert, „nur der konsequenteste Ausdruck des Privateigentums“ ist (I, S. 591), und über die Stufe des noch politischen (demokratischen oder despotischen), aber noch unvollendeten, weil immer noch mit dem Privateigentum, d. h. „mit der Entfremdung des Menschen affizierten“ (I, S. 593) Kommunismus entfalten wird. Dieser Kommunismus ist in den Augen von Marx die „positive Aufhebung des *Privateigentums als menschlicher Selbstentfremdung* und darum (die) wirkliche *Aneignung des menschlichen Wesens* durch und für den Menschen, (die) vollständige Rückkehr des Menschen für sich als eines *gesellschaftlichen*, d. h. menschlichen Menschen. Dieser Kommunismus ist als vollendeter Naturalismus = Humanismus, als vollendeter Humanismus = Naturalismus, er ist die *wahrhafte* Auflösung des Widerstreits zwischen dem Menschen mit der Natur und mit dem Menschen, die wahre Auflösung des Streits zwischen Existenz und Wesen, zwischen Vergegenständlichung und Selbstbetätigung, zwischen Freiheit und Notwendigkeit, zwischen Individuum und Gattung. Er ist das aufgelöste Rätsel der Geschichte und weiß sich als diese Lösung" (I, S. 593 f.).

Die Analyse der bürgerlichen Gesellschaft, die Marx in den *Pariser Manuskripten* am Leitfaden der menschlichen Selbstentfremdung durchführt, weitet sich hier zur sozialen *Prophetie* und *Utopie*. Marx hat damit ein zweites Mal – allerdings auf einer höheren Ebene – den Punkt erreicht, der in der *Kritik des Hegelschen Staatsrechts* durch die „wahre Demokratie" markiert war. Ihr entspricht der „Kommunismus" der *Ökonomisch-philosophischen Manuskripte*.

IV. Die radikale antipreußische Agitation Marxens in den *Deutsch-Französischen Jahrbüchern*, besonders aber im Pariser *Vorwärts*, der nach dem Eingehen der *Jahrbücher* das publizistische Organ Marxens war, hatte die preußische Regierung dazu veranlaßt, bei Guizot die Ausweisung von Marx aus Frankreich zu erwirken. So wandte sich Marx mit Frau und Kind im Februar nach Brüssel, wo er als „Ew. Majestät sehr bescheidener und sehr gehorsamer Diener" (MEW 27, S. 601 Br. an belg. König) mit Erfolg um Asyl nachgesucht hatte. Um weiteren Nachstellungen der preußischen Regierung zu entgehen, beantragt er noch im gleichen Jahr die „*Entlassung* aus dem Königlich preußischen Untertanenverband behufs der *Auswanderung* nach den Vereinigten Nordamerikanischen Staaten" (MEW 27, S. 604 Br. an Trierer Oberbürgermeister Görtz), an die er aber nie ernsthaft dachte. Die Entlassung wird ihm sofort gewährt, und so ist Marx hinfort bis zu seinem Tode staatenlos.

Über Europa beginnen sich die Gewitterwolken einer neuen Revolution zusammenzuziehen. Der schlesische Weberaufstand (1844) wird von Marx noch in Paris als ein Vorzeichen dieser Revolution begrüßt. Marx und Engels, der seit April 1845 ebenfalls in Brüssel lebt, arbeiten jetzt eng zusammen; schon bald erscheint das noch in Paris gemeinsam verfaßte polemische Werk *Die heilige Familie* (1845). Als zweite Gemeinschaftsarbeit entsteht damals auch die *Deutsche Ideologie* (Winter 1845/46, veröffentlicht erst 1932), eine konzessionslose *Kritik der neuesten deutschen Philosophie in ihren Repräsentanten*

Feuerbach, B. Bauer und Stirner und des deutschen Sozialismus in seinen verschiedenen Propheten (so der Untertitel). Das Motiv der Abrechnung mit den ehemaligen Freunden und Mitstreitern ist ebenso wie bei der Kritik an Hegel ihre unzureichende Art der Versöhnung zwischen Vernunft und Wirklichkeit.

Das polemische Buch verdient Aufmerksamkeit, weil Marx und Engels hier ihren (schon vorher konzipierten) *historischen Materialismus* in systematischer Form ausbreiten: als eine Geschichtsbetrachtung unter der Voraussetzung, „daß die Menschen imstande sein müssen zu leben, um ‚Geschichte machen' zu können" (II, S. 28). Dieses Leben produzierten die Menschen selbst, indem sie die Lebensmittel produzieren; dadurch unterscheiden sie sich von den Tieren. Von dieser Produktion der materiellen Bedingungen des Lebens hängt alles andere ab. Insbesondere die menschlichen Vorstellungen oder Ideen sind von den materiellen Bedingungen der Existenz abhängig. Sie sind bedingt durch die je bestimmte Entwicklung der Produktivität. „Das Bewußtsein kann nie etwas andres sein als das bewußte Sein, und das Sein der Menschen ist ihr wirklicher Lebensprozeß" (II, S. 23). Für diese Art der materialistischen Geschichtsbetrachtung gilt also:

> „Es wird von den wirklich tätigen Menschen ausgegangen und aus ihrem wirklichen Lebensprozeß auch die Entwicklung der ideologischen Reflexe dieses Lebensprozesses dargestellt. Auch die Nebelbildungen im Gehirn der Menschen sind notwendige Sublimate ihres materiellen, empirisch konstatierbaren und an materielle Voraussetzungen geknüpften Lebensprozesses. Die Moral, Religion, Metaphysik und sonstige Ideologie und die ihnen entsprechenden Bewußtseinsformen behalten hiermit nicht länger den Schein der Selbständigkeit. Sie haben keine Entwicklung, sondern die ihre materielle Produktion und ihren materiellen Verkehr entwickelnden Menschen ändern mit dieser ihrer Wirklichkeit auch ihr Denken und die Produkte ihres Denkens. *Nicht das Bewußtsein bestimmt das Leben, sondern das Leben bestimmt das Bewußtsein*" (II, S. 23).

Mit dieser Lehre, die alles Geistige unter einen generellen Ideologieverdacht stellt, setzt bereits die Vergröberung und die Popularisierung der revolutionären Philosophie von Marx ein, an der später Friedrich Engels maßgeblich Anteil hat. Man versteht diese Tendenz erst dann zutreffend, wenn man berücksichtigt, daß die Hauptaktivität von Marx und Engels während der Brüsseler Jahre praktisch politisch-agitatorischen Zielen galt: der Vorbereitung der proletarischen Revolution durch die Organisation einer revolutionären Arbeiterbewegung. Um zweierlei war man hier besonders bemüht: Einmal wurden Beziehungen zu den verschiedenen sozialistischen Gruppierungen im westlichen Europa, besonders Frankreich und England, angeknüpft in der Absicht, eine einheitliche internationale sozialistische Arbeiterbewegung zu organisieren; zum anderen versuchten Marx und Engels, den von Marx gegründeten „wissenschaftlichen Sozialismus" gegen alle anderen Spielarten des Sozialismus durchzusetzen und den

Anhängern klarzumachen, daß „die wissenschaftliche Einsicht in die ökonomische Struktur der bürgerlichen Gesellschaft als einzig haltbare theoretische Grundlage aufgestellt und endlich in populärer Form auseinandergesetzt ward, (daß) es sich nicht um Durchführung irgendeines utopischen Systems handle, sondern um die selbstbewußte Teilnahme an dem unter unseren Augen vor sich gehenden geschichtlichen Umwälzungsprozeß der Gesellschaft“[20].

Die zweite Absicht erfüllte sich wenigstens insoweit, als der aus dem „Bund der Gerechten“ 1847 entstandene Londoner „*Bund der Kommunisten*“ Marx und Engels beauftragte, auf der Basis dieses wissenschaftlichen Sozialismus das definitive Programm des Bundes auszuarbeiten. Die Engelsschen *Grundsätze des Kommunismus* (1847) benutzend, stellte Marx bis Anfang Februar, also nur wenige Tage vor Ausbruch der Pariser Februarrevolution von 1848, das *Manifest der kommunistischen Partei* fertig, das in rhetorisch brillanter Form die Grundgedanken der vorher entwickelten revolutionären Philosophie Marxens entschieden popularisierte. Damals wie gesagt wenig beachtet, liegt die ungeheure Anziehungskraft und Sprengkraft dieses epochemachenden Dokuments bis heute darin, daß es sich aller moralischen Appelle enthält und statt dessen in einer sich streng wissenschaftlich gerierenden Analyse die Grundgesetze der Weltgeschichte im allgemeinen und der bürgerlichen Gesellschaft im besonderen darlegt und aus ihnen dann die zwingenden Konsequenzen für die revolutionäre Umgestaltung der gesellschaftlichen Verhältnisse und die Selbstbefreiung der Menschen durch das Proletariat zieht.

Die im Februar 1848 zuerst in Paris, dann im März in Berlin und Wien ausbrechende *Revolution* schien zuerst den Prophezeiungen Marxens Recht zu geben: das Ende der bürgerlich-kapitalistischen Gesellschaft schien gekommen zu sein. Über Paris gingen Marx und Engels daher unverzüglich nach Deutschland zurück, wo sie in Köln durch die *Neue Rheinische Zeitung* Einfluß auf das revolutionäre Geschehen zu gewinnen suchten. Doch vergebens: die Revolution brach bereits 1849 überall zusammen; die alten Mächte in Preußen und Österreich behielten die Oberhand; das Bürgertum, durch die Paulskirchenversammlung repräsentiert, konnte die erhoffte politische Umgestaltung nicht durchsetzen; das Proletariat, in Deutschland damals ohnehin noch kaum entwickelt, hatte keine nennenswerte Rolle in diesem Geschehen gespielt.

V. War schon das liberale deutsche Bürgertum durch den Ausgang der 1848er Revolution so enttäuscht, daß es sich resigniert von der Politik abwandte, sich mit den restituierten Mächten arrangierte und sich ganz aufs Wirtschaften warf und einer neuen „Realpolitik“ huldigte, so erst recht Karl Marx: Alle

---

[20] W. Blumenberg, Karl Marx in Selbstzeugnissen und Bilddokumenten, S. 73.

seine Hoffnungen, durch wissenschaftliche Erkenntnisse für ihn zur festen Gewißheit erhärtet, waren gescheitert. Trotz seiner intensiven Bemühungen, trotz seiner Agitation – er reiste nach Berlin und Wien[21] – und seiner Versuche, durch persönliches Engagement die Revolution zu radikalisieren und sie von der politischen in die soziale Revolution voranzutreiben, hatten sich die proletarischen Kräfte in Deutschland als zu schwach erwiesen. Marx, staatenlos, wurde aus Preußen ausgewiesen und ging mit seiner Familie über Paris nach London. Der dort 1847 begründete „*Bund der Kommunisten*", in dem Marx seit dem Kommunistischen Manifest eine führende Rolle spielte, überlebte das Fiasko der Revolution nicht lange: innere Streitigkeiten führten 1852 zu seiner Auflösung; damit hatten Marx und Engels auch den mühsam errungenen organisatorischen Rückhalt in der Arbeiterbewegung wieder verloren. Sie waren jetzt isolierter als je zuvor. Zwar gab Marx vor, „diese öffentliche, authentische Isolation, worin wir zwei, Du und ich, uns jetzt befinden", gefalle ihm, da „sie ganz unserer Stellung und unseren Prinzipien entspricht", und Engels antwortete ihm: „Was soll uns, die wir auf die Popularität spucken, die wir an uns selbst irre werden, wenn wir populär zu werden anfangen, eine ‚Partei', d. h. eine Bande von Eseln, die auf uns schwört, weil sie uns für ihresgleichen hält" (MEW 27, S. 184 und 190) – in Wirklichkeit mußten sie sich in ihrer Arbeit um Jahre zurückgeworfen fühlen. Die These, Marx sei zeitlebens ein geschlagener 1948er gewesen und geblieben, hat sicher ihre Berechtigung. In den ersten Jahren des britischen Exils standen Marx und Engels „auf dem Tiefpunkt ihres öffentlichen Wirkens"[22]. Unter schlimmster materieller Not mußte Marx – nach seinen eigenen Worten – „ganz von vorne wieder anfangen" (VI, S. 841).

Zwei Fragen beschäftigten ihn und Engels jetzt zentral: 1. Warum war die 1948er Revolution nach hoffnungsvollem Beginn überall so schnell zusammengebrochen? 2. Wann werden, den Entwicklungsgesetzen des Kapitalismus entsprechend, die Bedingungen für eine neue, nunmehr effektive soziale und totale Umwälzung der Verhältnisse wieder geschaffen sein?

Die Antwort auf die erste Frage war darin zu finden, daß die nach der Wirtschaftskrise von 1847 bald wieder einsetzende wirtschaftliche Prosperität in den europäischen Ländern 1849 die Revolution gebremst und zum Scheitern verurteilt hatte. Den beiden Freunden war klar, daß eine Krise des kapitalistischen Wirtschaftssystems die unabdingbare *Voraussetzung* für eine politische und soziale Revolution sei: „Eine solche Revolution ist nur in Perioden möglich, wo diese beiden Faktoren, die modernen Produktivkräfte und die bürgerlichen Produktivformen, miteinander in Widerspruch geraten [...] Eine neue Revoluti-

---

[21] H. Steiner, Karl Marx in Wien – die Arbeiterbewegung zwischen Revolution und Restauration 1848, Wien 1978.

[22] Blumenberg, Marx, S. 98.

on ist nur möglich im Gefolge einer neuen Krise. Sie ist aber auch ebenso sicher wie diese" (MEW 7, S. 440). Was den politischen Sieg der „Konterrevolution" angeht, so erklärt Marx ihn in seiner Schrift *Die Klassenkämpfe in Frankreich* (1848–1850) dialektisch auf folgende Weise:

> „Was in diesen Niederlagen erlag, war nicht die Revolution. Es waren die vorrevolutionären traditionellen Anhängsel, Resultat gesellschaftlicher Verhältnisse, die sich noch nicht zu scharfen Klassengegensätzen zugespitzt hatten [...] Mit einem Wort: Nicht in seinen unmittelbaren tragikomischen Errungenschaften brach sich der revolutionäre Fortschritt Bahn, sondern umgekehrt in der Erzeugung einer geschlossenen, mächtigen Konterrevolution, in der Erzeugung eines Gegners, durch dessen Bekämpfung erst die Umsturzpartei zu einer wirklich revolutionären Partei heranreifte" (III/1, S. 121 ff.).

Was die zweite Frage angeht, so mußte Marx zugeben, daß durch den Fehlschlag der 1848er Revolution die Herrschaft des Proletariats von einem *Nahziel* zu einem *Fernziel* geworden war. Es bedurfte einer neuen wirtschaftlichen Krise, genauer: einer Kette von aufeinanderfolgenden Krisen, um das kapitalistische System zu erschüttern. Und es bedurfte der neuen Strategie der „Revolution in Permanenz". Es sei das Interesse und die Aufgabe der Sozialisten, sagte Marx jetzt, „die Revolution permanent zu machen, so lange, bis alle mehr oder weniger besitzenden Klassen von der Herrschaft verdrängt sind" (MEW 7, S. 248). Diese neue Strategie bestimmte in den Jahren des Londoner Exils sowohl die publizistische Tätigkeit von Marx *(Neue Rheinische Zeitung – Politisch-Ökonomische Revue, Die Revolution)* als auch seinen Einsatz für die internationale Arbeiterbewegung. In der *Inauguraladresse* für die „Internationale Arbeiter Assoziation" (IAA) (1864) weist er darauf hin, „daß das Elend der Arbeiterklasse sich in den Jahren 1848–1864 nicht vermindert hat, obwohl diese Periode in der Entwicklung der Industrie und im Wachstum des Handels unerreicht dasteht." Er ruft zum allgemeinen Kampf für die „Befreiung der Arbeiterklasse" auf, dessen Erfolg einerseits von einer Organisation, andererseits von der internationalen Solidarität der Arbeiter abhänge (III/2, S. 866 ff.).

Nach dem Scheitern der „Ersten Internationalen" erkannte Marx, daß die Arbeiterbewegung sich in einem Zeitalter der Nationalstaaten zunächst auf *nationaler Ebene* organisieren müßte, bevor an eine internationale Integration zu denken sei. Deshalb wandte er sich in seinem letzten Lebensjahrzehnt (wieder) der Entwicklung der Arbeiterbewegung in Deutschland zu. Die Entstehung der *„Sozialistischen Arbeiterpartei Deutschlands"*, die sich 1875 auf dem Gothaer Parteitag aus dem von Lassalle 1863 gegründeten *„Allgemeinen Deutschen Arbeiterverein"* (ADAV) und der 1869 in Eisenach von Bebel und Liebknecht gegründeten *„Sozialdemokratischen Arbeiterpartei"* bildete, mußte er freilich vom Standpunkt seines „revolutionären Sozialismus" skeptisch und kritisch beurteilen: Die *Kritik des Gothaer Programms* (erst 1891 von Engels veröffentlicht) gibt davon deutlich Zeugnis.

Das umfassende *wissenschaftliche* Fundament zum „revolutionären Sozialismus“ legte Marx jedoch in der *Kritik der politischen Ökonomie*, mit der er sich von 1850 bis zu seinem Lebensende nahezu ununterbrochen beschäftigte. Das äußerst komplexe Corpus dieser Schriften, bestehend aus publizierten und unpublizierten Arbeiten, aus Fragmenten und Exzerpten wird im gesamten Umfang wohl erst im Rahmen der neuen historisch-kritischen Marx-Engels-Gesamtausgabe (neue MEGA) überschaubar und interpretierbar werden.

VI. Hier sollen lediglich zunächst die Etappen der Entstehung dieser *Kritik der politischen Ökonomie* anhand der Marxschen Schriften nachvollzogen, dann kurz die wichtigsten Aspekte behandelt, die nach Marxens *Kapital* den Kapitalismus konstituieren, und schließlich die Grundgedanken dieser Geschichts- und Gesellschaftstheorie an einem zentralen Textstück interpretiert werden.

Marx hatte seine ökonomischen Studien auf der Grundlage des *Kommunistischen Manifests* (1847/48) in einer Artikelserie wieder aufgenommen, die 1849 in der *Neuen Rheinischen Zeitung* unter dem Titel *Lohnarbeit und Kapital* fragmentarisch erschienen ist. Nach Marxens Worten zwang aber die historische Entwicklung dazu, ab 1850 in London „ganz von vorn wieder anzufangen“ (VI, S. 841). Die erste Frucht der neuen Beschäftigung ist die (von Marx selbst nicht publizierte) *Einleitung zu einer Kritik der politischen Ökonomie* (1857). Der Entwurf ist wegen der methodologischen Überlegungen (Marx beschäftigte sich zur gleichen Zeit mit Hegels *Logik*) und von der Sache her interessant, weil hier erstmals der dialektische Zusammenhang von Produktion, Distribution, Austausch und Konsumtion erfaßt ist (vgl. VI, S. 802 ff.). Die nachfolgenden *Grundrisse der Kritik der politischen Ökonomie* (Rohentwurf 1857/58, 1862 unvollendet, nicht für den Druck niedergeschrieben, 1939/41 veröffentlicht) zeugen von der Schwierigkeit, die Fülle des Stoffs in einer vorgesehenen Gliederung unterzubringen. Auch der in Briefen an Lassalle vom Februar und März 1858 mitgeteilte Plan, sein *„Opus Magnum“* (im Brief an Kugelmann Ende 1862 wird erstmals der endgültige Titel *Das Kapital* mitgeteilt) solle aus 6 Büchern: Kapital, Grundeigentum, Lohnarbeit, Staat, internationaler Handel, Weltmarkt bestehen, wird nicht ausgeführt.

Statt dessen erscheint 1859 im Druck *Zur Kritik der Politischen Ökonomie – Erstes Heft,* in dem sich Marx die Mehrwerttheorie erarbeitet hat. Zur weiteren Klärung der Mehrwertsproblematik verliert sich Marx jedoch in eine Fülle von vorwiegend historischen Studien, die, zunächst als historischer Exkurs zu Heft II der *Kritik* gedacht, zu einer eigenständigen historisch-kritischen Untersuchung der Entwicklung der bürgerlichen Politischen Ökonomie wurden. Die

Theorien über den Mehrwert (1861/62) wurden wie bereits betont von K. Kautsky erst 1910 in vier Bänden aus dem Nachlaß ediert. Das geplante 2. Heft der *Kritik*, schon Ende 1862 weitgehend konzipiert, ist dann 1867 als 1. Band des *Kapitals* erschienen, nach den immensen Schwierigkeiten vom Autor mit Stolz verkündet. Mit dem Erscheinen des 1. Bandes hatte sich die Konzeption des Gesamtwerks nochmals entschieden verändert:

„Das ganze Werk [...] zerfällt in folgende Teile:

Buch I Produktionsprozeß des Kapitals.

Buch II Zirkulationsprozeß des Kapitals.

Buch III Gestaltung des Gesamtprozesses.

Buch IV Zur Geschichte der Theorie." (MEW 31, S. 543, Brief an Kugelmann vom 13. 10. 1866).

Die ersten drei Bücher sollten der systematischen und methodologischen Kritik der bürgerlichen Politischen Ökonomie und zugleich der Konstituierung der neuen sozialistischen Politischen Ökonomie gewidmet sein. Die Bände 2 und 3, die Marx weitgehend abgeschlossen hatte, gab Engels 1885 und 1894 aus dem Nachlaß des verstorbenen Freundes heraus. Das vierte Buch, das eine historische Darstellung der bürgerlichen Politischen Ökonomie und ihrer Kategorienbildung enthalten sollte und das Marx nicht geschrieben hat, kann vom Material her durch die *Theorien über den Mehrwert* vertreten werden.

Wir können hier nur in Kürze auf die wichtigsten Aspekte eingehen, die Marx im *Kapital* als für den Kapitalismus konstitutiv erarbeitet: Im Zentrum steht das Kapital, das Geld, als die eigentliche Personifikation des bürgerlich-kapitalistischen Zeitalters und der mit ihm untrennbar verbundenen menschlichen Selbstentfremdung und Verdinglichung. Unter der Herrschaft des Kapitals werden alle, auch die menschlichen Verhältnisse, zu Waren- und Tauschverhältnissen; „im Geld hat die Entfremdung des menschlichen Wesens ihren äußersten Ausdruck erhalten". So kann Marx von der „verkehrenden Macht des Geldes" sprechen[23]:

„Wenn das Geld das Band ist, das mich an das menschliche Leben, das mir die Gesellschaft, das mich mit der Natur und den Menschen verbindet, ist das Geld nicht das Band aller Bande? Kann es nicht alle Bande lösen und binden? Ist es darum nicht auch das allgemeine Scheidungsmittel? Es ist die wahre Scheidemünze wie das wahre Bindungsmittel, die galvanochemische Kraft der Gesellschaft" (I, S. 633 f.).

Das Geld verkehrt jedes menschliche Verhältnis in sein Gegenteil: „Es verwandelt die Treue in Untreue, die Liebe in Hass, den Hass in Liebe, die Tugend in Laster, das Laster in Tugend, den Knecht in den Herrn, den Herrn in den

---

[23] Landshut, Einleitung zu Marx, Die Frühschriften, S. XL.

Knecht" (I, S. 635 f.), und begründet auf diese Weise das eigentliche *Unglück* des Menschen, der in dieser Gesellschaft zu leben gezwungen ist; denn „wenn du liebst, ohne Gegenliebe hervorzurufen, d. h. wenn dein Lieben nicht die Gegenliebe produziert, wenn du durch eine Lebensäußerung als liebender Mensch dich nicht zum geliebten Menschen machen kannst, so ist deine Liebe ohnmächtig, ein Unglück" (I, S. 636).

Unter dieser verkehrenden Wirksamkeit des Kapitals steht die bürgerliche Gesellschaft, speziell die Arbeitswelt. Marx, dessen Ziel es ist, „das ökonomische Bewegungsgesetz der modernen Gesellschaft zu enthüllen" (IV, S. XX), schreitet mit seiner Analyse von dem Verhältnis der Arbeit (als der wesentlichen menschlichen Tätigkeit) zum Kapital (als dem Symbol der menschlichen Entfremdung) fort und untersucht die pervertierenden Wirkungen des Kapitals auf die Arbeit. Er erkennt, daß sich der Wert einer jeden produzierten Ware letztlich nach der in sie investierten Arbeit (oder Arbeitszeit) bemißt, daß aber der Kapitalist am Markt in der Regel einen viel höheren Preis erzielt, als der Arbeiter Lohn für die von ihm in die Produktion geleistete Arbeit erhält. D. h. Marx konstatiert eine deutliche Diskrepanz zwischen dem Preis der Waren auf dem Markt (den der Kapitalist einsteckt) und dem Preis der Ware Arbeit, die der Arbeiter zu veräußern gezwungen ist und für die er durch den Arbeitslohn abgefunden wird. Da der Arbeiter in einer Arbeitsstunde mehr Werte produziert als er für seine Arbeit Lohn erhält, schafft er dem Kapitalisten beständig einen *„Mehrwert"*. Dieser Mehrwert sammelt sich beim Kapitalisten, akkumuliert sich bei ihm.

In dieser Akkumulation des Kapitals sieht Marx einen der entscheidenden Bewegungsvorgänge des Kapitals, durch den mit innerer Notwendigkeit ein weiterer Vorgang ausgelöst wird: die „Konzentration des Kapitals" in immer weniger Händen. Durch die notwendigerweise ungleichmäßige Akkumulation des Kapitals werden im Konkurrenzkampf der Kapitalisten gegeneinander die je schwächeren Partner nach und nach ausgeschaltet, das Kapital versammelt sich in immer weniger Händen, während die gesamte andere Gesellschaft in den unaufhaltsamen Prozeß der Verproletarisierung und Verelendung hineingerät. Es ist speziell bei diesem *„Gesetz der Verelendung"* deutlich, wie darwinistische Gedanken in die Marxsche Theorie der kapitalistischen Gesellschaft einfließen.[24]

---

[24] Vgl. dazu den Brief von Marx an Engels (18. 6. 1862): „Es ist merkwürdig, wie Darwin unter Bestien und Pflanzen seine englische Gesellschaft mit ihrer Teilung der Arbeit, Konkurrenz, Aufschluß neuer Märkte, ‚Erfindungen' und Malthusschen ‚Kampf ums Dasein' wiedererkennt. Es ist Hobbes ‚bellum omnium contra omnes' und es erinnert an Hegel in der ‚Phänomenologie', wo die bürgerliche Gesellschaft als ‚geisti-

Den Vorgang der Verelendung interpretiert Marx schließlich dialektisch: indem das Kapital, das immer weniger Kapitalisten gehört, so eine immer größere Proletariermasse erzeugt, erzeugt es seine eigenen Totengräber. Denn die wachsende Zahl der Proletarier wird einmal das Maß ihrer Verwertbarkeit im Arbeitsprozeß übersteigen; es entsteht dann eine ungeheure „industrielle Reservearmee", die bei der weiter fortschreitenden Konzentration des Kapitals, d. h. zugleich bei fortschreitender Verelendung der Massen immer größer wird und unausweichlich eine allgemeine Krise des kapitalistischen Systems heraufführen wird. Marx war der Überzeugung, daß die Zentralisation der Produktionsmittel und des Kapitals in den Händen von immer weniger Kapitalisten und die Vergesellschaftung der Arbeit mit der Zeit einen solchen Grad erreicht haben werden, „wo sie unverträglich werden mit ihrer kapitalistischen Hülle", wo also die *Produktivkräfte* den *Produktionsverhältnissen* entwachsen sein werden. Diese Hülle werde dann – im *Akte der Revolution* – gesprengt werden, die Herrschaft der wenigen über die vielen werde damit zu Ende sein und an ihre Stelle die Herrschaft der vielen über die wenigen treten, die *Diktatur des Proletariats*. Damit habe zugleich die Stunde des kapitalistischen Privateigentums, des Privateigentums an den Produktionsmitteln, geschlagen. Die Gesellschaft werde selbst die zum gesellschaftlichen Eigentum gewordenen Produktionsmittel in die Hand nehmen und die Produktion als gesellschaftliche übernehmen. Damit werde sich die Gesellschaft aus der Selbstentfremdung (als der Unterwerfung unter die Herrschaft des Kapitals) befreien.[25]

Die politökonomischen Studien des *Kapitals* verstand Marx – trotz all ihrer Abstraktheit – als theoretische Grundlage der internationalen Arbeiterbewegung und ihrer Aktion. Diese Intention wurde nicht immer von den Adressaten akzeptiert. Er mußte sich – u. a auch von Freunden wie W. Liebknecht – den Vorwurf gefallen lassen, die Darstellungsweise sei nicht populär genug. „Wirklich populär können *wissenschaftliche* Versuche der Revolutionierung einer Wissenschaft nie sein", antwortete Marx (MEW 30, S. 640). Immerhin hielt Engels in dieser Frage zu ihm, wenn er über das *Kapital* schreibt: „Es ist die politische Ökonomie der arbeitenden Klasse, auf ihren wissenschaftlichen Ausdruck reduziert" (MEW 16, S. 365). Wichtig ist auch, daß diese Untersuchungen deswegen – trotz der zeitlichen Differenz – den entscheidenden Grundgedanken der Frühschriften, die vierfache Entfremdung des Menschen „aufzuheben", festhalten. Das zeigt sich gerade auch an dem im folgenden interpretierten Text.

Das *Vorwort* zur *Kritik der Politischen Ökonomie – Erstes Heft* (1859) enthält folgende Textpassage, die Marx selbst als „das allgemeine *Resultat*", und

ges Tierreich', während bei Darwin das Tierreich als bürgerliche Gesellschaft figuriert" (Marx-Engels-Werke, Bd. 30, S. 249).

25 Vgl. dazu Landshut, Einleitung zu: Karl Marx, die Frühschriften, S. LVIII.

zugleich als *„Leitfaden"* seiner Studien kennzeichnet und die die Grundgedanken seiner Geschichts- und Gesellschaftstheorie auf knappstem Raum zusammenfaßt:

> „In der gesellschaftlichen Produktion ihres Lebens gehen die Menschen bestimmte, notwendige, von ihrem Willen unabhängige Verhältnisse ein, Produktionsverhältnisse, die einer bestimmten Entwicklungsstufe ihrer materiellen Produktivkräfte entsprechen. Die Gesamtheit dieser Produktionsverhältnisse bildet die ökonomische Struktur der Gesellschaft, die reale Basis, worauf sich ein juristischer und politischer Überbau erhebt, und welcher bestimmte gesellschaftliche Bewußtseinsformen entsprechen. Die Produktionsweise des materiellen Lebens bedingt den sozialen, politischen und geistigen Lebensprozeß überhaupt. Es ist nicht das Bewusstsein der Menschen, das ihr Sein, sondern umgekehrt ihr gesellschaftliches Sein, das ihr Bewusstsein bestimmt. Auf einer gewissen Stufe ihrer Entwicklung geraten die materiellen Produktivkräfte der Gesellschaft in Widerspruch mit den vorhandenen Produktionsverhältnissen oder, was nur ein juristischer Ausdruck dafür ist, mit den Eigentumsverhältnissen, innerhalb deren sie sich bisher bewegt hatten. Aus Entwicklungsformen der Produktivkräfte schlagen diese Verhältnisse in Fesseln derselben um. Es tritt dann eine Epoche sozialer Revolution ein. Mit der Veränderung der ökonomischen Grundlage wälzt sich der ganze ungeheure Überbau langsamer und rascher um. In der Betrachtung solcher Umwälzungen muß man stets unterscheiden zwischen der materiellen, naturwissenschaftlich treu zu konstatierenden Umwälzung in den ökonomischen Produktionsbedingungen und den juristischen, politischen, religiösen, künstlerischen oder philosophischen, kurz, ideologischen Formen, worin sich die Menschen dieses Konflikts bewußt werden und ihn ausfechten. Sowenig man das, was ein Individuum ist, nach dem beurteilt, was es sich selbst dünkt, ebenso wenig kann man eine solche Umwälzungsepoche aus ihrem Bewußtsein beurteilen, sondern muß vielmehr dieses Bewußtsein aus den Widersprüchen des materiellen Lebens, aus dem vorhandenen Konflikt zwischen gesellschaftlichen Produktivkräften und Produktionsverhältnissen erklären. Eine Gesellschaftsformation geht nie unter, bevor alle Produktivkräfte entwickelt sind, für die sie weit genug ist, und neue höhere Produktionsverhältnisse treten nie an die Stelle, bevor die materiellen Existenzbedingungen derselben im Schoß der alten Gesellschaft selbst ausgebrütet worden sind. Daher stellt sich die Menschheit immer nur Aufgaben, die sie lösen kann, denn genauer betrachtet wird sich stets finden, daß die Aufgabe selbst nur entspringt, wo die materiellen Bedingungen ihrer Lösung schon vorhanden oder wenigstens im Prozeß ihres Werdens begriffen sind. In großen Umrissen können asiatische, antike, feudale und modern bürgerliche Produktionsweisen als progressive Epochen der ökonomischen Gesellschaftsformation bezeichnet werden. Die bürgerlichen Produktionsverhältnisse sind die letzte antagonistische Form des gesellschaftlichen Produktionsprozesses, antagonistisch nicht im Sinne von individuellem Antagonismus, sondern eines aus den gesellschaftlichen Lebensbedingungen der Individuen hervorwachsenden Antagonismus, aber die im Schoß der bürgerlichen Gesellschaft sich entwickelnden Produktivkräfte schaffen zugleich die materiellen Bedingungen zur Lösung dieses

Antagonismus. Mit dieser Gesellschaftsformation schließt daher die Vorgeschichte der menschlichen Gesellschaft ab." (VI, S. 838–40).

Diese Zeilen sind ein „Leitfaden", der ein am methodologischen Prinzip der Totalität orientiertes Erklärungskonzept der menschlichen Gesellschaft enthält und sich – zum besseren Verständnis – in *Teilargumentationen* untergliedern läßt.

Deren erste formuliert – auf dem Hintergrund der zunächst in der *Deutschen Ideologie* (1845/46) begründeten (historisch-materialistischen) „Wissenschaft vom Menschen" (II, S. 15) – eine *universalgeschichtliche Perspektive*. In ihrem Zentrum steht die Bestimmung des Menschen als gesellschaftlich produzierendes (arbeitendes) Wesen, das Produktionsverhältnisse (gesellschaftliche Verhältnisse, die vor allem durch die Stellung der Klassen zueinander, durch die konkreten herrschenden Eigentumsverhältnisse an Produktionsmitteln sowie durch die Austausch-, Distributions- und Konsumtionsbeziehungen charakterisiert sind) eingeht, die in der geschichtlich-konkreten Situation bestimmten Produktivkräften (Ensemble von menschlicher Arbeitskraft, Produktionsmitteln, Formen der Arbeitsteilung und Entwicklungsstand von Technologie und Wissenschaft) entsprechen. Beide zusammen bilden die ökonomische Gesamtstruktur der Gesellschaft oder die *Gesellschaftsformation*, als solche die reale Basis des Lebens, die als bestimmend für die gesellschaftlichen Bewußtseinsformen gesehen wird; insofern bestimmt für Marx das gesellschaftliche Sein das Bewußtsein.

Darauf baut eine *zweite* Argumentation auf, die auf das „*Bewegungsgesetz*" der Geschichte abzielt. Bewegung ergibt sich zwangsläufig aus der Spannung oder dem Widerspruch zwischen den dynamischen materiellen Produktivkräften und den weniger dynamischen Produktions- oder Eigentumsverhältnissen – dergestalt, daß diese Verhältnisse aus ursprünglich förderlichen „*Entwicklungsformen*" der Produktivkräfte in hinderliche „*Fesseln*" derselben umschlagen. Aus diesen Widersprüchen entsteht eine gesellschaftliche und ökonomische Krisensituation, die eine „*Epoche der sozialen Revolution*" einleitet, in der die alten, überholten Produktionsverhältnisse überwunden und durch neue abgelöst werden.

Die *dritte* Argumentation nimmt die Differenzierung zwischen Basis und Überbau nochmals auf, um zu betonen, daß die gesellschaftlichen Umwälzungen (Revolutionen) nicht vom Überbau, sondern von der Basis, d. h. von der Widersprüchen zwischen den ökonomischen Produktivkräften und den Produktionsverhältnissen, die sich auf gesellschaftlicher Ebene als Klassenkämpfe artikulieren, ausgelöst werden. Die Bewußtseinsformen und -inhalte sind demgegenüber aus den Widersprüchen des materiellen Lebens zu erklären.

Die *vierte* Argumentation betrifft die Struktur des historischen Prozesses. Jeglicher revolutionäre Voluntarismus wird abgelehnt. Der Text spricht von historischen „*Aufgaben*", die sich stets nur dort und dann stellen, wo die materiellen Bedingungen der Lösung schon – zumindest im Ansatz – vorliegen.

Die *fünfte* und *letzte* Argumentation schlägt noch einmal den Bogen zur universalhistorischen Perspektive der *ersten* zurück; sie gliedert die weltgeschichtliche Entwicklung von der Frühzeit bis zur Gegenwart von ihren ökonomischen Grundlagen her in *vier Epochen*, die durch die *asiatische, antike, feudale und modern bürgerliche Produktionsweise* gekennzeichnet sind. Jede Produktionsweise hat zunächst eine „progressive" Rolle im Hinblick auf die sich entwickelnden Produktivkräfte zu spielen. Zwischen beiden haben sich aber allmählich Widersprüche und/oder Klassenkämpfe entwickelt, die die epochale Produktionsweise über sich hinaus zur nächsten weitergetrieben haben.

Bemerkenswert ist, daß Marx die moderne bürgerliche Produktionsweise als Epoche dadurch gegenüber den vorangehenden hervorhebt, daß er sie als „*letzte antagonistische*", d. h. von Klassenkämpfen beherrschte, ausweist. Ähnlich wie im „*Kommunistischen Manifest*", wo es heißt, die Bourgeoisie habe nicht nur die Waffen geschmiedet, die ihr den Tod bringen, sie habe vielmehr auch – in den Proletariern – die Männer gezeugt, die diese Waffen führen werden (II, S. 825), erzeugt auch hier die bürgerliche Gesellschaft – „in ihrem Schoß" neue Produktivkräfte, die die bürgerlichen Produktionsverhältnisse und die Klassengesellschaft überwinden werden: das *Proletariat.*

Das Proletariat ist für Marx deswegen zum „Stand der *Befreiung*" der Menschheit prädestiniert, weil es unter den konkreten gesellschaftlichen und ökonomischen Bedingungen der bürgerlichen Gesellschaft ein „Stand der *Unterjochung*" ist, eine „Klasse mit radikalen Ketten", eine Klasse, welche [...] der völlige Verlust des Menschen ist, also nur durch die völlige Wiedergewinnung des Menschen sich selbst gewinnen kann". Dadurch ist das Proletariat für Marx die „materielle Grundlage" der Revolution (I, S. 498–504). Mit der „Aufhebung" des gesellschaftlichen und ökonomischen Antagonismus der bürgerlichen Gesellschaft durch das Proletariat wäre dann die „*Vorgeschichte der menschlichen Gesellschaft*" vollendet; die eigentliche Geschichte als Geschichte der von der Entfremdung emanzipierten Menschen könnte damit beginnen.

VII. Diese Textpassage kann auch als „Leitfaden" für die *Politische Theorie* von Marx im engeren Sinn gelten. Marx hat ja keine geschlossene Ausarbeitung seiner *politischen Theorie* oder *Staatslehre* hinterlassen. Im Gesamtplan seiner auf sechs Bücher veranschlagten *Kritik der Politischen Ökonomie* war zwar auch ein Buch, „Staat" betitelt, vorgesehen; dieser Plan wurde aber wenig später zugunsten der heute vorliegenden Konzeption des *Kapitals* fallengelassen. So gibt es nur mehr über das ganze Werk verstreute Einzelaussagen und -bemerkungen zur politischen Theorie allgemein oder zur Staatslehre speziell. Schwerpunkte sind besonders im Frühwerk festzustellen – in der kritischen Auseinandersetzung mit der Hegelschen *Rechtsphilosophie* – sowie in den aktuell politischen Schriften um 1848 (*Kommunistisches Manifest, Klassenkämpfe in Frankreich, Der achtzehnte Brumaire des Louis Napoleon*). Im letzten Lebensjahrzehnt lösen dann aktuelle politische Ereignisse in Frankreich und Deutschland wieder politisch-theoretische Erörterungen aus (*Der Bürgerkrieg in Frankreich,* 1871, *Kritik des Gothaer Programms,* 1875). Hinzuzunehmen sind die systematisierenden und zugleich popularisierenden Verarbeitungen Marxscher politisch-theoretischer Positionen durch Engels in *Anti-Dühring* (1878), *Entwicklung des Sozialismus von der Utopie zur Wissenschaft* (1880), *Der Ursprung der Familie des Privateigentums und des Staates* (1884) sowie in verschiedenen *Vorworten* zu Schriften von Marx nach dessen Tod.

Marxens Denken über Politik und Staat hat somit seinen systematischen Ort im Kontext seiner kritischen Geschichts- und Gesellschaftstheorie und lebt aus den gleichen Motiven. Marx hat schon früh erkannt, daß „Rechtsverhältnisse wie Staatsformen weder aus sich selbst zu begreifen sind noch aus der sogenannten allgemeinen Entwicklung des menschlichen Geistes, sondern vielmehr in den materiellen Lebensverhältnissen wurzeln, deren Gesamtheit Hegel, [...], unter dem Namen ‚bürgerliche Gesellschaft' zusammenfaßt, daß aber die Anatomie der bürgerlichen Gesellschaft in der politischen Ökonomie zu suchen sei"(VI, S. 838). Dieser (materialistischen) Perspektive bleibt Marx auch in allen späteren politisch-theoretischen Aussagen treu – sowohl in den „*ideal*soziologischen" Vorstellungen als auch in den „*real*soziologischen" Analysen[26]. „Idealsoziologisch", d. h. normativ ist Marxens politische Theorie an der Aufhebung der menschlichen Entfremdung bzw. an der Befreiung des Menschen orientiert. Seine „realsoziologischen" Analysen, der konkret-geschichtlichen Wirklichkeit verpflichtet, suchen die Bedingungen dieser Entfremdung und ihrer Aufhebung zu erforschen. Das primäre „realsoziologische" Erkenntnisziel Marxens ist die Bestimmung von Stellung und Funktion des Politischen, konkret: des Staates im Zusammenhang von Entwicklung und Aufrechterhaltung der menschlichen Entfremdung unter den Bedingungen bürgerlich-kapitalistischer Produktionsverhältnisse.

Marx hatte die *ökonomischen* Ursachen und Bedingungen der Entfremdung in der Arbeitsteilung, im Zwiespalt von Lohnarbeit und Kapital und nicht zuletzt im Privateigentum an Produktionsmitteln gesehen. *Soziologisch* spiegeln sich für ihn diese Entfremdungsverhältnisse in der *Klassenstruktur* der bürgerlichen Gesellschaft, d. h. im *Antagonismus* zwischen Bourgeoisie und Proletariat.

---

[26] Die Unterscheidung stammt von E. Nolte, Marxismus, Faschismus, Kalter Krieg – Vorträge und Aufsätze, Stuttgart 1977, S. 48 ff.

„Die besitzende Klasse und die Klasse des Proletariats stellen dieselbe menschliche Selbstentfremdung dar. Aber die erste Klasse fühlt sich in dieser Selbstentfremdung wohl und bestätigt, weiß die Entfremdung als *ihre eigene Macht* und besitzt in ihr den *Schein* einer menschlichen Existenz; die zweite fühlt sich in der Entfremdung vernichtet, erblickt in ihr ihre Ohnmacht und die Wirklichkeit einer unmenschlichen Existenz." (MEW 2, S. 37).

Das *Kommunistische Manifest* hatte diese Klassenanalyse in berühmt gewordenen Sätzen als universalhistorische Gesetzlichkeit formuliert: „Die Geschichte aller bisherigen Gesellschaft ist die Geschichte von Klassenkämpfen" (II, S. 817).

Für die Politische Theorie wichtig zu klären ist die Frage, welche Rolle der Staat in diesem das gesellschaftliche Leben bestimmenden Klassenkampf spielt. Engels sagt dazu in *Der Ursprung der Familie, des Privateigentums und des Staats* (1884): „Der Staat ist [...] das Eingeständnis, daß diese Gesellschaft sich in einem unlösbaren Widerspruch mit sich selbst verwickelt, sich in unversöhnliche Gegensätze gespalten hat, die zu bannen sie ohnmächtig ist." (MEW 21, S. 165 f.). Im *Kommunistischen Manifest* hat Marx aufgezeigt, wie sich die bürgerliche Gesellschaft bei ihrem Aufstieg den Staat zum *Instrument* ihrer Herrschaft gemacht hat: „Jede dieser Entwicklungsstufen der Bourgeoisie war begleitet von einem entsprechenden *politischen Fortschritt*. Unterdrückter Stand unter der Herrschaft der Feudalherren, bewaffnete und sich selbst verwaltende Assoziation in der Kommune, hier unabhängige städtische Republik, dort dritter steuerpflichtiger Stand der Monarchie, dann zur Zeit der Manufaktur Gegengewicht gegen den Adel in der ständischen oder in der absoluten Monarchie und Hauptgrundlage der großen Monarchien überhaupt, erkämpfte sie sich endlich seit der Herstellung der großen Industrie und des Weltmarktes im modernen Repräsentativstaat die ausschließlich politische Herrschaft. Die moderne Staatsgewalt ist nur ein Ausschuß, der die gemeinschaftlichen Geschäfte der ganzen Bourgeoisieklasse verwaltet" (II, S. 819–820).

Die moderne Staatsgewalt als „Ausschuß der Bourgeoisie" – Marx hat diese dominierende Position in seinem Staats- und Politikverständnis später bei der Thematik des Normalarbeitstages bemerkenswert relativiert; hier wird gezeigt, daß die Identität zwischen den Interessen der bürgerlichen Klasse und dem Staat nicht vollkommen ist, daß vielmehr das Proletariat durch den Staat, durch Arbeitszeitgesetze ein gewisses Maß an Schutz seiner Existenz erhalten kann.

Hier ist übrigens auch ein Ansatz angelegt, der (später) zu der These vom „friedlichen" (d. h. nicht gewaltsamen) Übergang von der kapitalistischen Gesellschaft zum Sozialismus benutzt werden konnte. Engels hat dieses Problem – nach Marxens Tod – im Vorwort zur Neuauflage der „Klassenkämpfe in Frankreich" (1895) diskutiert, d. h. zu einer Zeit, wo die deutsche Sozialdemokratie nach der Aufhebung der Sozialistengesetze bemerkenswerte Wahlerfolge bei den Reichstagswahlen erzielen konnte. Dort heißt es: „Die Geschichte hat aber auch uns unrecht gegeben [...] Sie hat auch die Bedingungen *total umgewälzt*, unter denen das Proletariat zu kämpfen hat. Die Kampfweise von 1848 ist heute (1895) in jeder Beziehung veraltet [...] Die deutschen Arbeiter hatten [...] zudem ihrer Sache noch einen zweiten großen Dienst erwiesen neben dem ersten, der mit ihrer bloßen Existenz als die stärkste, disziplinierteste, die am raschesten anschwellende sozialistische Partei gegeben war. Sie hatten ihren Genossen aller Länder eine neue, eine der schärfsten Waffen geliefert, indem sie ihnen zeigten, *wie man das allgemeine Stimmrecht gebraucht* [...] Mit dieser erfolgreichen Benutzung des allgemeinen Stimmrechts war aber eine ganz *neue Kampfweise* des Proletariats in Wirksamkeit getreten [...] Und so geschah es, daß Bourgeoisie und Regierung dahin kamen, sich weit mehr zu fürchten vor der gesetzlichen als vor der ungesetzlichen Aktion der Arbeiterpartei, vor den Erfolgen der Wahl als vor denen der Rebellion.“ (III/2, S. 1075–1083).

Für die frühere Phase der Konstituierung der Marxschen (und Engelsschen) Staatstheorie blieb indes die These vom Staat als Instrument in der Hand der herrschenden (bürgerlichen) Klasse bestimmend und bestimmte auch das Verhältnis des Proletariats zum politischen System. In dieser Form wurde sie später in die marxistische Staatstheorie bei Lenin und Stalin übernommen.

Konsequent mußten die Urheber dieses Staatsverständnisses daraus auch die idealsoziologische Forderung ableiten, daß es – unter den Bedingungen der Entfremdung, von denen das Proletariat am härtesten betroffen war, – darauf ankomme, „*alle Verhältnisse umzuwerfen*, in denen der Mensch ein erniedrigtes, ein geknechtetes, ein verlassenes, ein verächtliches Wesen ist“ (MEW 1, S. 390). „Alle Verhältnisse umwerfen“, die ökonomischen, sozialen und auch die politischen – das meint *Revolution*. So gewinnt der *Revolutionsbegriff* in Marxens politischer Theorie zentrale Bedeutung; auch seine Verwendung hat einige Akzentuierungen und Bedeutungswandlungen durchgemacht; in den frühen Pariser Schriften bevorzugt Marx einen emphatischen Revolutionsbegriff, der auf die Wiedergewinnung der (entfremdeten) Menschlichkeit des Menschen abzielt. Später tritt die konkret-politische Machtergreifung des Proletariats als strategisches Ziel der Revolution in den Mittelpunkt. Gleichzeitig gibt es gewisse Bedeutungsschwankungen, je nachdem ob Marx Revolution mehr in der Tradition der (politischen) Französischen Revolution von 1789 oder mehr im Kontext der von England ausgehenden Industriellen Revolution verstand.[27]

Wichtig ist, daß Marx kein Vertreter einer *voluntaristischen* Revolutionstheorie war wie etwa seine Zeitgenossen Bakunin oder Blanqui, die für den

---

[27] Vgl. dazu das wichtige Buch von E. Nolte, Marxismus und Industrielle Revolution, Stuttgart 1983, passim, bes. S. 309 ff.

erfolgreichen Umsturz nur den starken Willensentschluß zum revolutionären Losschlagen postulierten. Für Marx hingegen hing der Erfolg einer sozialistischen (wie bürgerlichen) Revolution von den ökonomischen Voraussetzungen und Rahmenbedingungen ab; sie müßten *„reif"* sein für die Revolution. „Eine Gesellschaftsformation geht nie unter, bevor alle Produktivkräfte entwickelt sind, für die sie weit genug ist, und neue höhere Produktionsverhältnisse treten nie an die Stelle, bevor die materiellen Existenzbedingungen derselben im Schoße der alten Gesellschaft selbst ausgebrütet worden sind. Daher stellt sich die Menschheit immer nur Aufgaben, die sie lösen kann, denn genauer betrachtet wird sich stets finden, daß die Aufgabe selbst nur entspringt, wo die materiellen Bedingungen ihrer Lösung schon vorhanden oder wenigstens im Prozeß ihres Werdens begriffen sind." (VI, S. 839–840). In Zusammenhang dieser bereits zitierten Argumentation fand Marx auch eine hinreichende Erklärung für das Fehlschlagen und Scheitern der Revolution von 1848 in Frankreich und Deutschland.

Unter dieser (unabdingbaren) Voraussetzung hatte – wieder „idealsoziologisch" betrachtet – die Revolution für Marx in der Regel notwendigerweise *gewaltsamen* Charakter. Er ging davon aus, daß die alte herrschende Klasse ihre Herrschaftspositionen – auch im politischen Bereich (Staat) – nicht freiwillig oder kampflos räumen und aufgeben würde. Erst in der Spätzeit wird die Möglichkeit eines friedlichen Übergangs eingeräumt.

Das primäre Ziel der Revolution variiert. Zunächst lautet es stets: „Eroberung" der Staatsmacht, Inbesitznahme der politischen Institutionen des (bürgerlichen) Staates und Umfunktionieren derselben für die neuen Zwecke der proletarischen Umwälzung. Später führten die Erfahrungen mit der Pariser Commune von 1871 zu der Einsicht, die bestehende Staatsmaschinerie sei nicht einfach vom Proletariat zu übernehmen. Denn: „In dem Maße, wie der Fortschritt der modernen Industrie den Klassengegensatz zwischen Kapital und Arbeit entwikkelte, erweiterte, vertiefte, in demselben Maße erhielt die Staatsmacht mehr und mehr den Charakter einer öffentlichen Gewalt zur Unterdrückung der Arbeiterklasse, einer Maschine der Klassenherrschaft. Nach jeder Revolution, die einen Fortschritt des Klassenkampfes bezeichnet, tritt der rein unterdrückende Charakter der Staatsmacht offener und offener hervor." (*Der Bürgerkrieg in Frankreich*, III/2, S. 919 ff.).

Die *Commune* war als „soziale Republik" gerade das Gegenteil des alten politischen Systems; sie sollte nicht eine parlamentarische, sondern eine arbeitende Körperschaft sein, vollziehend und gesetzgebend zu gleicher Zeit. Ihre Abgeordneten waren jederzeit absetzbar und an die Instruktionen ihrer Wähler gebunden. Die *Commune* war nach Marx „wesentlich eine *Regierung der Arbeiterklasse*, das Resultat des Kampfes der hervorbringenden gegen die aneignende Klasse, die endlich entdeckte politische Form, unter der die ökonomische Befreiung der Arbeit sich vollziehen konnte" (III/2, S. 923–927).

Gleichgültig, welche der Varianten des Übergangs auch den Vorrang erhielt – in jedem Falle mußte die revolutionäre Neuordnung des politischen, sozialen und (vor allem auch) ökonomischen Systems zumindest übergangsweise durch eine Form der *Diktatur* durchgesetzt werden. In dem Artikel *Krisis der Konterrevolution* erklärt Marx entsprechend: „Jeder provisorische Staatszustand nach einer Revolution erfordert eine Diktatur; und zwar eine *energische Diktatur*" (MEW 5, S. 402). Besonders deutlich ist hierzu die Schrift *Kritik des Gothaer Programms*: „Zwischen der kapitalistischen und der kommunistischen Gesellschaft liegt die Periode der revolutionären Umwandlungen der einen in die andre. Der entspricht auch eine politische Übergangsperiode, deren Staat nichts anderes sein kann als die *revolutionäre Diktatur des Proletariats*" (MEW 19, S. 28). Die *Diktatur des Proletariats* ist „die Permanenzerklärung der Revolution" und als solche der „notwendige Durchgangspunkt zur *Abschaffung der Klassenunterschiede überhaupt*" (MEW 7, S. 89).

In dem vielzitierten Bekenntnisbrief an den Sozialisten J. Weydemeyer in New York hatte Marx schon 1852 betont: „Was ich neu tat, war 1. nachzuweisen, daß die *Existenz der Klassen* bloß an *bestimmte historische Entwicklungsphasen der Produktion* gebunden ist; 2. daß der Klassenkampfe notwendig zur Diktatur des Proletariats führt; 3. daß diese Diktatur selbst nur den Übergang zur *Aufhebung aller Klassen* und zu einer *klassenlosen Gesellschaft* bildet" (MEW 28, S. 507 f.).

Diese Zeugnisse aus verschiedenen Epochen von Marxens Leben lassen deutlich werden, daß für Marx die Diktatur des Proletariats auf jeden Fall eine notwendige Übergangsform der politischen Machtorganisation war. Marx war kein Utopiker wie Thomas Morus oder Campanella, die ihre Wunschländer bis ins kleinste Detail des Lebens – bin in die Kleider- und Speiseordnungen – präzis auszumalen pflegten. Daher hat er auch nie eine detaillierte Beschreibung der „klassenlosen Gesellschaft" oder des „Kommunismus" gegeben. Diese Begriffe haben in seinem Denksystem „idealsoziologische" Funktion im Sinne einer *regulativen Idee*; sie geben eher die *Richtung* als das *Ziel* der Entwicklung an. Gleichwohl gibt es – wieder über das ganze Werk verstreut – einige Aussagen von Marx, die gewisse Elemente der Ordnung der erstrebten kommunistischen Gesellschaft bezeichnen und deren Zuordnung zueinander erkennen lassen.

Bemerkenswert ist, daß der Begriff „*Kommunismus*" schon in den Frühschriften aus der Pariser Zeit entfaltet wird; Marx unterscheidet in den *Ökonomisch-philosophischen Manuskripten* unter dem Titel „Privateigentum und Kommunismus" drei Formen des Kommunismus: den *rohen* Kommunismus, der ihm nur „die Vollendung" des Neids und insofern „eine Erscheinungsform von der Niedertracht des Privateigentums" ist; den *politischen* Kommunismus, „demokratisch oder despotisch, mit Aufhebung des Staates, aber zugleich noch unvollendetem und immer noch mit dem Privateigentum, d. h. der Entfremdung des Menschen, affiziertem Wesen", und den *„Kommunismus als positive Aufhebung des Privateigentums"* als menschlicher Selbstentfremdung und darum als wirkliche Aneignung des menschlichen Wesens durch und für den Menschen (I, S. 593–594).

An die Stelle dieses emphatischen Kommunismus-Begriffs tritt in den späteren Schriften eine konkretere Vorstellung: „Was den Kommunismus auszeichnet, ist nicht die Abschaffung des Eigentums überhaupt, sondern die Abschaffung des bürgerlichen Eigentums. Aber das moderne bürgerliche Privateigentum ist der letzte und vollendetste Ausdruck der Erzeugung und Aneignung der Produkte, die auf Klassengegensätze, auf der Ausbeutung der einen durch die andern beruht. – In diesem Sinn können die Kommunisten ihre Theorie in dem einen Ausdruck: *Aufhebung des Privateigentums*, zusammenfassen" (MEW 4, S. 475).

Wichtig für die Charakterisierung der kommunistischen Gesellschaft ist auch, daß in ihr die Arbeitsteilung – mit ein Grund für Entfremdung – wegfallen soll. So heißt es in der *Kritik des Gothaer Programms*, daß „in einer höheren Phase der kommunistischen Gesellschaft, nachdem die knechtende Unterordnung der Individuen unter die Teilung der Arbeit, damit auch der Gegensatz zwischen geistiger und körperlicher Arbeit verschwunden ist, [...] die Gesellschaft auf ihre Fahnen schreiben (kann): Jeder nach seinen Fähigkeiten, jedem nach seinen Bedürfnissen" (MEW 19, S. 21).

Als Synonym taucht auch der Begriff *„Reich der Freiheit"* gelegentlich auf; dazu findet sich im *Kapital* eine interessante Stelle: „Das Reich der Freiheit beginnt in der Tat erst da, wo das Arbeiten, das durch Not und äußere Zweckmäßigkeit bestimmt ist, aufhört, es liegt also der Natur der Sache nach jenseits der Sphäre der eigentlichen materiellen Produktion. [...] Die Freiheit in diesem Gebiet (in der materiellen Produktion) kann nur darin bestehen, daß der vergesellschaftete Mensch, die assoziierten Produzenten, diesen ihren Stoffwechsel mit der Natur rationell regeln, unter ihre gemeinschaftliche Kontrolle bringen, statt von ihm als von einer blinden Macht beherrscht zu werden; ihn mit dem geringsten Kraftaufwand und unter den ihrer menschlichen Natur würdigsten und adäquatesten Bedingungen vollziehn" (MEW 25, S. 828). Das Reich der Freiheit setzt mithin – *Freizeit* voraus, die aus der Verkürzung der für die Notwendigkeiten des Lebens aufzubringenden Arbeitszeit gewonnen werden kann.

Ein letztes, besonders problematisches Element der kommunistischen Gesellschaft sei noch erwähnt: die Idee, daß hier der Staat als eine der Gesellschaft gegenüberstehende Ordnungsmacht aufgehoben, *„absterben"* werde. Engels hat die vielzitierte Formel geprägt: „An die Stelle der *Regierung über Personen* tritt die *Verwaltung von Sachen* und die Leitung von Produktionsprozessen" (MEW

20, S. 262). Hier streift die Prognostik von Marx das Utopische – offensichtlich verleitet durch die Rousseausche Idee einer möglichen Identität der Regierenden und Regierten, des Einzelmenschen und der Gattung Mensch.

VIII. Fraglos hat die Wirkungs- und Rezeptionsgeschichte der Marxschen Theorie der Geschichte und Gesellschaft durch den Zusammenbruch des Sozialismus als System und Ideologie (1989) eine markante *Zäsur* erfahren. *Vor* diesem Datum gehörte die Wirkungsgeschichte der Marxschen Theorie in Gestalt verschiedener Formen des *Marxismus* zum Erscheinungsbild des ausgehenden 19. und vor allem des 20. Jahrhunderts, deren sich die Ideengeschichtsforschung unter verschiedenen (westlichen wie östlichen) Gesichtspunkten angenommen hatte. *I. Fetscher, L. Kolakowski, W. Leonhard* und *P. Vranicki*[28] hatten in mehr oder weniger umfassenden, zum Teil mehrbändigen Werken versucht, die Wirkungsgeschichte des Marxismus differenziert aufzuarbeiten; gleichwohl konnten diese materialreichen Werke in der Regel *nur* die „*Hauptströmungen* des Marxismus" (so der Titel von Kolakowskis Darstellung) rekonstruieren. Für jede dieser Bemühungen war es entscheidend, aus welcher *Perspektive* die Frage nach der *Wirkung* des Marxschen Werkes gestellt und verfolgt wurde: aus einer mehr politisch-ideengeschichtlichen, einer geschichts-philosophischen, einer real- oder ideologiegeschichtlichen. Im Kontext dieses politisch- ideengeschichtlichen Versuchs wird naturgemäß der Akzent auf einer politisch-ideengeschichtlichen Perspektive der Marxschen Wirkungsgeschichte liegen müssen; allerdings können die anderen Perspektiven nicht gänzlich ausgeblendet werden, will man das Bild der Wirkung der Marxschen Theorien vor allem im 20. Jahrhundert nicht allzusehr verzerren. So bleibt für diese Wirkungsgeschichte im Ganzen natürlich die realgeschichtliche Tatsache bestimmend, daß die Marxsche Lehre in den verschiedenen Gestalten des *Marxismus* die maßgebliche Grundlage der Ideologie und Programmatik zunächst der europäischen Arbeiterbewegung und -parteien, später (nach der Oktoberrevolution von 1917 in Rußland) des Sowjetkommunismus und der davon abgeleiteten Strömungen des Weltkommunismus nach dem Zweiten Weltkrieg (1945) gebildet hat. W. Leonhard hat diesen Differenzierungsprozeß des Marxismus als Ideologie unter dem Titel „Die Dreispaltung des Marxismus" dargestellt und kritisch analysiert.

Grundlegend wichtig für diese Wirkungsgeschichte ist indes der Transformationsprozeß, der die ursprüngliche Theorie von Karl Marx zum Marxismus

---

[28] I. Fetscher, Marxismus, seine Geschichte in Dokumenten, München 1983; L. Kolakowski, Die Hauptströmungen des Marxismus – Entstehung, Entwicklung, Zerfall, 3 Bde., München 1977, S. 79; W. Leonhard, Die Dreispaltung des Marxismus, Düsseldorf 1970; P. Vranicki, Geschichte des Marxismus, 2 Bde., Frankfurt 1972, S. 74.

umformte. I. Fetscher hat diesen Prozeß unter dem Titel „Von der Philosophie des Proletariats zur proletarischen Weltanschauung“ in einer Reihe von sehr sorgfältigen Einzelstudien analysiert und dabei die These aufgestellt, daß „die kritische Theorie von Karl Marx [...] sich bis zur Unkenntlichkeit verändert (habe), bevor sie zum Mittel der Indoktrination und Disziplinierung von Parteimitgliedern und Staatsangehörigen kommunistischer Länder gemacht werden konnte“[29]. Fetscher macht dafür Engels, Kautsky und vor allem Lenin verantwortlich, betont jedoch, daß „die Ursachen dieser *Perversion* des Marxschen Ansatzes nicht in der denkerischen Unzulänglichkeit der Exponenten dieser Entwicklung zu suchen (seien), sondern in politisch-psychologischen Notwendigkeiten“[30], die sich jeweils aus der konkret-geschichtlichen Situation ergaben, in der Engels und später Lenin ihre jeweils spezifische Fortentwicklung der Marxschen Lehre betrieben haben. So war z. B. das auslösende Moment für die Entstehung des Historischen Materialismus als *Weltanschauung* ein parteipolitisches: die deutsche Arbeiterbewegung sollte für ihren politischen Aufstieg in ihrer ideologischen Einheit gefestigt werden.

Ähnlich hatte die Transformation der Marxschen Theorie zum Marxismus-Leninismus in der Sowjetunion durch Lenin und Stalin den Zweck, der KPdSU in der Dogmatik der Sowjetideologie ein effektives Legitimations- und Integrationsinstrument zu liefern. Aus der Geschichte des 20. Jahrhunderts ist an vielen Beispielen – auch im kommunistischen China – ersichtlich, daß diese Umformung der ursprünglichen Marxschen Ideen zu einer Herrschaftsideologie die entscheidende Voraussetzung für die weltgeschichtliche Wirkung und Bedeutung des Marxismus bis zum Zusammenbruch des Sozialismus als Herrschaftssystem und -ideologie 1989 gewesen ist. Vergessen darf man angesichts dieser Transformation allerdings nicht, daß es in der Verfalls- und Instrumentalisierungsgeschichte der Marxschen Theorie im 20. Jahrhundert immer wieder Versuche gegeben hat, das originale humanistische Anliegen von Karl Marx, wie es sich vor allem in seinen *Frühschriften* artikuliert hatte und wie es in der Dogmatik und Rechtfertigungsideologie des Marxismus-Leninismus verloren gegangen war, neu zu beleben und wieder herzustellen. Die intensivsten und zugleich theoretisch folgenreichsten Versuche dazu wurden nicht zufällig in den zwanziger und frühen dreißiger Jahren im Kontext einer „Hegel-Renaissance“ und im Zusammenhang mit der Erstedition verschiedener Marxscher Schriften unternommen; sie verbinden sich bis heute mit den Namen von Georg Lukàcs, Karl Korsch, Ernst Bloch, Herbert Marcuse und Max Horkheimer.

In diesem Kontext verdienten die 1923 erschienenen Schriften von Lukàcs „Geschichte und Klassenbewußtsein“ und von Korsch „Marxismus und Philo-

---

[29] Fetscher, Karl Marx und der Marxismus, München 1985, S. 9.
[30] Ders., a.a.O., S. 181 und 207.

sophie“, in denen es um die Wiedergewinnung des philosophischen Ansatzes von Marx ging, besondere Hervorhebung. Auf andere, in der Zielrichtung aber verwandte Weise haben Anfang der 30er Jahre Marcuse und Horkheimer den Versuch einer Erneuerung der ursprünglichen Marxschen Philosophie unternommen, der zur Begründung der „Kritischen Theorie“ im Umkreis des Frankfurter *Instituts für Sozialforschung* und der (später sogenannten) „Frankfurter Schule“ geführt hat, von der unter Horkheimer, Adorno und Habermas in den 1960er Jahren noch einmal für kurze Zeit wichtige Impulse für die Marxismus-Diskussion ausgingen.

Mit dem *Zusammenbruch* des Sozialismus als System und Ideologie seit 1989 ist der Marxismus sowohl in seiner orthodoxen Fassung als auch in seinen neomarxistischen Varianten und Spielarten in seine größte *Krise* geraten; der Systemwechsel in den Staaten Ost-, Mittel- und Südosteuropas haben ihm als *Staatsideologie* ein definitives Ende bereitet; nur noch in wenigen Staaten Ostasiens (in den Volksrepubliken China, Vietnam und Nordkorea) hat er als solche überdauern können. Aber auch in den neomarxistischen Spielarten hat der Marxismus seinen Einfluß auf Politik und Kultur weitestgehend eingebüßt. Seine Wirkungsgeschichte scheint damit am Ende des 20. Jahrhunderts zum definitiven Abschluß gekommen zu sein.

Hat damit auch *Karl Marx* als *„Klassiker* des politischen Denkens“ im Rahmen der politischen Ideengeschichte jegliche *Bedeutung* und damit auch seinen *Platz* unter den Klassikern verloren? Das dürfte nicht der Fall sein. Eine solche Einschätzung würde auf einer falschen Zuordnung von Theorie und Praxis in der politischen Ideengeschichte beruhen. Mit den Ereignissen von 1989 ist Karl Marx nicht aus der Reihe der „Klassiker des politischen Denkens“ ausgeschieden. Ein Indiz dafür ist sicher die Tatsache, daß die zweite „Marx-Engels-Gesamtausgabe“ (MEGA) – nach zehn Jahren Unterbrechung – unter neuer Herausgeberschaft und in neuem Verlag seit 1999 fortgesetzt wird.

So könnte das Ende des Marxismus als dogmatische Ideologie totalitärer Staaten mit 1989 u. a. auch die *Chance* zu einer neuen Beschäftigung mit den Schriften von Karl Marx eröffnen und sein Werk im Kontext der Real- und Ideengeschichte des 19. Jahrhunderts in seiner Leistung und Bedeutung von aktuellen politischen Implikationen und Optionen befreit unverstellt erfahr- und deutbar machen.

Hinweise

A. Texte

1. Werkausgaben

Karl Marx/Friedrich Engels, Werke, Schriften, Briefe – Historisch-kritische Gesamtausgabe (von der 1. Abt. Werke, erschienen 8 Bände, von der 3. Abt., Briefe, 4 Bände, Frankfurt/M., dann Berlin, zuletzt Moskau 1927 bis 1935) (= MEGA). – Karl Marx/Friedrich Engels, Werke, in 39 Bänden und 2 Ergänzungsbänden (Frühschriften), Berlin 1956 ff. (*derzeit größte und umfassendste Ausgabe der Werke und Briefe in chronologischer Anordnung)* (= MEW). – Karl Marx, Werke, Schriften, Briefe (ed. H. J. Lieber u. a.), Stuttgart und Darmstadt, 7 Bde., 1962 ff. (*bes. sorgfältige Textgestaltung*). – Karl Marx/Friedrich Engels: Gesamtausgabe, Berlin 1975 ff. (Neue MEGA, historisch-kritisch, auf über 100 Bände in vier Abteilungen veranschlagt, bisher 30 Bände erschienen, nach der Wende unterbrochen, jetzt fortgesetzt 1999).

2. Auswahlausgaben

Karl Marx, Die Frühschriften (ed. S. Landshut), Stuttgart 1953, u. ö. – Karl Marx, Ausgewählte Schriften (ed. B. Goldenberg), München 1962. – Karl Marx/Friedrich Engels, Studienausgabe in vier Bänden (ed. I. Fetscher) (Fischerbücherei), Frankfurt/M. 1966.

3. Wichtige Einzelausgaben

Karl Marx, Kritik des Hegelschen Staatsrechts (ed. und mit einem Nachwort von Th. Stammen) (Reclam), Stuttgart 1973. – Karl Marx, Das Manifest der kommunistischen Partei (ed., kommentiert und mit einem Vorwort von Th. Stammen) München ^{2}1978 – Karl Marx/Friedrich Engels, Über Ludwig Feuerbach (Reclam), Leipzig 1972 (= neuveröffentlichte Fassung des 1. Kap. des I. Teils der „Deutschen Ideologie"). – Karl Marx, Grundrisse der Kritik der politischen Ökonomie (Rohentwurf), Frankfurt/M. o. J. (Berlin 1953). – Arnold Ruge/Karl Marx (Hrsg.), Deutsch-Französische Jahrbücher (Faksimile-Nachdruck), Darmstadt 1967. – Karl Marx/Friedrich Engels, Über Kunst und Literatur, 2 Bde., Berlin 1967. – Karl Marx/Friedrich Engels, Staatstheorie, hg. v. E. Hennig u. a., Frankfurt/M./Berlin (Ullstein TB) 1974 (*wichtige Quellenedition*!). – H. M. Enzensberger (Hrsg.), Gespräche mit Marx und Engels, 2 Bde., Frankfurt/M. 1981 *(interessante Aussagen von Zeitgenossen).*

B. Literatur

1. Bibliographien

Hans-Joachim Lieber/Peter Ludz, Zur Situation der Marxforschung, in: Kölner Zeitschrift für Soziologie, 10. Jg. 1858; Erich Thier, Etappen der Marxinterpretation, in: Marxismusstudien, 1. Folge, Tübingen 1954; Iring Fetscher, Der Marxismus im Spiegel der französischen Philosophie, in: Marxismusstudien, 1. Folge 1954; Jürgen Habermas, Zur philosophischen Diskussion um Marx und den Marxismus, in: J. Habermas, Theorie und Praxis, Neuwied 1963 (*besonders wichtig*).

2. Darstellungen und Untersuchungen

2.1 Biographien und biographische Studien

Isaiah Berlin, Karl Marx, München 1959, Werner Blumenberg, Karl Marx, Reinbek 1962 u. ö. (*instruktiv und gut lesbar*); Auguste Cornu, Karl Marx – Friedrich Engels, Leben und Werk, Berlin 1954 ff. (bisher 3 Bde., die bis 1846 reichen) *(umfangreichste und detaillierteste Biographie, von einem orthodox-marxistischen Gesichtspunkt geschrieben, abgebrochen*); Gustav Mayer, Friedrich Engels (2 Bde.), Den Haag 1934, Neuausgabe Köln 1971 (*nach wie vor außerordentlich wichtig)*; Franz Mehring, Karl Marx, Geschichte seines Lebens, Leipzig 1911 (viele Neuausgaben und Auflagen) (*nach wie vor lesenswert);* David McLellan, Karl Marx, München 1974.

2.2 Chroniken zum Leben von K. Marx

Marx-Engels-Lenin-Institut (Moskau), Karl Marx – Chronik seines Lebens in Einzeldaten (hrsg. v. V. Adoratskij), Moskau 1933 (Nachdruck 1972 (*außerordentlich aufschlußreich und wichtig für die gesamte Lebens- und Werkgeschichte*); Maximilien Rubel (Hrsg.), Marx-Chronik. Daten zu Leben und Werk, München 1968 (leider ohne Register).

2.3 Interpretationen und Untersuchungen

Zum Gesamtwerk

Jean-Yves Calvez, Karl Marx, Darstellung und Kritik seines Denkens (*eingehende Gesamtdarstellung mit Kritik vom katholischen Standort*), Freiburg-Olten 1964; Walter Euchner, Karl Marx, München 1982 (*knappe, aber ausgezeichnete Gesamtdarstellung und Interpretation);* Iring Fetscher, Von Marx zur Sowjetideologie, Frankfurt/M. [17]1972 (*instruktiv*); Helmut Fleischer, Marx und Engels. Die philosophischen Grundlinien ihres Denkens, Freiburg 1970 (*hervorragende interpretative Einführung, umfangreiche Bibliographie*); Klaus Hartmann, Die Marxsche Lehre. Eine philosophische Untersuchung zu den Hauptschriften, Berlin 1970 (*gründliche und umfassende Interpretation des gesamten Marxschen Werkes, sehr materialreich*); Karl Korsch, Karl Marx (1938) Neudruck Frankfurt/M. 1967 (*bedeutsam als neomarxistische Deutung*); Peter Stadler, Karl Marx,

Ideologie und Politik, Göttingen 1966; (*instruktive Einführung in das Gesamtwerk von Marx am Faden der Biographie*).

Zum Frühwerk

Manfred Friedrich, Philosophie und Ökonomie beim jungen Marx, Berlin 1960 (*ausgezeichnete Interpretationen*); Georg Lukács, Der junge Marx – seine philosophische Entwicklung, 1840 – 1844, Pfullingen 1965; Johann Mader, Zwischen Hegel und Marx – zur Verwirklichung der Philosophie, München/Wien 1975; Heinrich Popitz, Der entfremdete Mensch, Frankfurt/M. [2]1967 (*wichtige Interpretationen zum Frühwerk*); Werner Schuffenhauer, Feuerbach und der junge Marx, Berlin, 2. bearbeitete Aufl. 1972 (*grundlegende Untersuchung*); Theo Stammen, Nachwort zu: K. Marx, Kritik des Hegelschen Staatsrechts (Reclam), Stuttgart 1973; Erich Thier, Das Menschenbild des jungen Marx, Göttingen 1957.

Zum Spätwerk

Kritik der politischen Ökonomie heute – 100 Jahre „Kapital", Frankfurt/M. 1968; Ernest Mandel, Entstehung und Entwicklung der ökonomischen Lehre von Karl Marx, Frankfurt/M. 1968; Helmut Reichelt, Zur logischen Struktur des Kapitalbegriffs bei Karl Marx, Frankfurt/M. 1970; Roman Rosdolsky, Zur Entstehungsgeschichte des Marxschen „Kapitals" (2 Bde.), Frankfurt/M. 1968; Paul Sweezy, Theorie der kapitalistischen Entwicklung. Eine analytische Studie über die Prinzipien der Marxschen Sozialökonomie, Köln 1959, jetzt auch: Frankfurt/M. 1970; Walter Tuchscheerer, Bevor das „Kapital" entstand. Die Herausbildung und Entwicklung der ökonomischen Theorie von Karl Marx in der Zeit von 1843 bis 1858, Berlin 1968; Witali S. Wygodski, Die Geschichte einer großen Entdeckung – Über die Entstehung des Werkes „Das Kapital" von Karl Marx, Berlin 1970; Jindrich Zeleny, Die Wissenschaftslogik bei Marx und das „Kapital". Frankfurt/M. 1968 (*außerordentlich bedeutende Studie zur Marxschen Methode*).

Zu Einzelaspekten

Hannah Arendt, Tradition und Neuzeit, in: dies., Fragwürdige Traditionsbestände im politischen Denken der Gegenwart, Frankfurt/M. 1957, 9–40; dies, Vita Activa – vom tätigen Leben, Stuttgart 1960; Hans Barth, Wahrheit und Ideologie, Erlenbach-Zürich [2]1961; Werner Conze, Vom „Pöbel" zum „Proletariat". Sozialgeschichtliche Voraussetzungen für den Sozialismus in Deutschland, in: H. U. Wehler (Hrsg.), Moderne deutsche Sozialgeschichte, Köln 1966, 111 ff.; ders., Das Spannungsfeld von Staat und Gesellschaft im deutschen Vormärz, in: ders., (Hrsg.), Staat und Gesellschaft im deutschen Vormärz, Stuttgart 1962, 207 ff.; Ralf Dahrendorf, Soziale Klassen und Klassenkonflikt in der industriellen Gesellschaft, Stuttgart 1957 (*wichtig für das Problem des Klassenkampfes*); ders., Marx in Perspektive, Hannover 1952; Iring Fetscher, Marx und der Marxismus, München 1967, überarbeitete und erweiterte Neuausgabe 1985 mit dem Untertitel „Von der Ökonomiekritik zur Weltanschauung" (*wichtige Aufsätze zu allen*

Epochen und Aspekten des Marxschen Werkes); ders. (Hrsg.), Marxismusstudien, Tübingen 1954 ff., bisher 7 Folgen (*wichtige Aufsatzsammlungen zu allen Aspekten des Marxismus und seiner Wirkungsgeschichte*); Helmut Fleischer, Sozialphilosophische Studien, Berlin 1973 (*wichtige Interpretationen zu Einzelaspekten des Marxismus*); ders., Marxismus und Geschichte, Frankfurt/M. 1969 (*wichtige Darstellung des historischen Materialismus*); Helmut Gollwitzer, Die marxistische Religionskritik und der christliche Glaube, München 1965 (*wichtige Studie*); Jürgen Habermas, Zwischen Philosophie und Wissenschaft. Marxismus als Kritik, in: J. Habermas, Theorie und Praxis, Neuwied 1963 (Neuausgabe mit neuem Vorwort: Frankfurt/M. 1973) (*wichtig*); ders., Erkenntnis und Interesse, 1968 (Neuausgabe mit wichtigem Nachwort 1973) (*wichtig, bes. Teil I*); Günter Hillmann, Marx und Hegel, Frankfurt/M. 1966; Helmut Klages, Technischer Humanismus, Philosophie und Soziologie der Arbeit bei Karl Marx, Stuttgart 1964; Heinz-Dieter Kittsteiner, Naturabsicht und Unsichtbare Hand – zur Kritik geschichtsphilosophischen Denkens, Frankfurt/M./Wien (Ullstein TB) 1980; Karl Korsch, Marxismus und Philosophie, Frankfurt/M. 1966 (*wichtige Studie*); Kurt Lenk, Ideologie, Neuwied 1964 u. ö. (*wichtige Aufsatzsammlung zum Ideologie-Problem)*; ders., Marx in der Wissenssoziologie, Neuwied 1973 (*wichtige Untersuchung zum Ideologie-Problem*); Karl Löwith, Von Hegel zu Nietzsche, Stuttgart [5]1964 (*klassische Darstellung der Geistesgeschichte des 19. Jh.*); ders., Die Hegelsche Linke, Stuttgart 1962 (*wichtige Einleitung*); ders., Max Weber und Karl Marx, in: ders., Gesammelte Abhandlungen, Stuttgart 1960; ders., Weltgeschichte und Heilsgeschehen, Stuttgart 1953; Hermann Lübbe, Die Hegelsche Rechte, Stuttgart 1963; Georg Lukács, Geschichte und Klassenbewußtsein, Berlin 1923; Neuausgabe Neuwied 1968; Georg Lukács, Zur Ontologie des gesellschaftlichen Seins (Marx), Neuwied 1973; Herbert Marcuse, Vernunft und Revolution, Neuwied 1963 u. ö.; ders., Über die philosophischen Grundlagen des wirtschaftswissenschaftlichen Arbeitsbegriffs, in: ders.., Kultur und Gesellschaft, Bd. 2, Frankfurt/M. 1965; Theodor Schieder, Das Problem der Revolution im 19. Jh. in: ders., Staat und Gesellschaft im Wandel unserer Zeit, München 1958; Rolf Peter Sieferle, Die Revolution in der Theorie von Karl Marx, Frankfurt/M./Berlin/Wien (Ullstein TB) 1979; Alfred Schmidt, Der Begriff der Natur in der Lehre von Marx, Frankfurt/M. 1962, Neuauflage 1971 (*sehr wichtig*); Peter Stadler, Wirtschaftskrise und Revolution bei Marx und Engels, in: Hist. Zeitschrift 1993/1964), 113 ff.

Ferdinand Lassalle (1825–1864)

Thilo Ramm

1. Am 4. Dezember 1862 forderten Angehörige des Leipziger Zentralkomitees zur Berufung eines deutschen Arbeiterkongresses Ferdinand Lassalle auf, ihnen seine Ansichten über die Arbeiterbewegung und besonders über den Wert der Genossenschaften des Liberalen Schulze-Delitzsch für die Unbemittelten auszusprechen.

Wer war dieser Lassalle? Er war ein Privatgelehrter, doch ließ er sich schwer fachlich einordnen. Er hatte sich mit philosophischen Arbeiten hervorgetan: mit der „Philosophie Herakleitos des Dunklen von Ephesos" (1858), der bedeutendsten geschichtsphilosophischen Monographie der Hegelschen Schule, mit Schriften wie „Die Hegelsche und Rosenkranzsche Logik und die Grundlage der Hegelschen Geschichtsphilosophie im Hegelschen System" (1861) und war in der Berliner Philosophischen Gesellschaft der Festredner zur Fichte-Feier mit der „Philosophie Fichtes und der deutsche Volksgeist" (1862) gewesen. Doch gehörte er mit seinem zweibändigen Werk „Das System der erworbenen Rechte. Eine Versöhnung des positiven Rechts und der Rechtsphilosophie" (1861) dem Bereich der *Rechtswissenschaft* an. Mit seiner Schrift „Der italienische Krieg und die Aufgabe Preußens" und seiner Kommentierung von Fichtes hinterlassenen politischen Fragmenten („Fichtes politisches Vermächtnis und die neueste Gegenwart" (1860) hatte er sich als politischer Publizist betätigt. Aber auch auf *literarischem* Gebiete war er mit einem Aufsatz über Lessing (1861), seiner ungemein scharfen Rezension „Herr Julian Schmidt, der Literaturhistoriker" (1862) und seiner historischen Tragödie „Franz von Sickingen" (1859) vertreten.

Als 1848er Revolutionär war Lassalle in Düsseldorf hervorgetreten und nach einem Freispruch durch die Geschworenen von einem Zuchtpolizeigericht zu einer halbjährigen Gefängnisstrafe verurteilt worden. Die Erinnerung an den skandalträchtigen Ehescheidungs- und Vermögensauseinandersetzungsprozeß, den er als Generalbevollmächtigter für die Gräfin Hatzfeldt geführt hatte, mochte demgegenüber eher verblaßt sein – immerhin vermochte er seit dessen erfolgreicher Beendigung (1854) aufgrund seiner sehr hohen Honorierung als unabhängiger Privatmann zu leben.

Unmittelbar gegenwärtig waren noch die beiden acht Monate vor der Leipziger Anfrage gehaltenen Vorträge in Berlin. Der erste Vortrag vom 12. April 1862 „Über den besonderen Zusammenhang der gegenwärtigen Geschichtsperiode mit der Idee des Arbeiterstandes", den Lassalle „*Arbeiterprogramm*" nannte, enthielt bereits die prinzipielle Antwort: In ihm bezeichnete Lassalle den vierten Stand, den Arbeiterstand, als gleichbedeutend mit dem ganzen Menschengeschlecht, so daß seine Sache die Sache der gesamten Menschheit und seine Freiheit die Freiheit der Menschheit selbst und seine Herrschaft die Herrschaft aller sei. Die „sittliche Idee des Arbeiterstandes" sei „die Solidarität der Interessen, die Gemeinsamkeit und die Gegenseitigkeit der Entwicklung". Ihr setzt Lassalle die „Nachtwächteridee" der Bourgeoisie entgegen, nach der der sittliche Staatszweck ausschließlich und allein darin bestehe, die persönliche Freiheit des einzelnen und sein Eigentum zu schützen. Lassalle begründet dies historisch. „Die Geschichte ist ein Kampf mit der Natur; mit dem Elend, der Unwissenheit, der Armut, der Machtlosigkeit und somit der Unfreiheit aller Art, in der wir uns befanden, als das Menschengeschlecht im Anfang der Geschichte auftrat. Die fortschreitende *Besiegung* dieser Machtlosigkeit – das ist die Entwicklung der Freiheit, welche die Geschichte darstellt. In diesem Kampfe würden wir niemals einen Schritt vorwärts gemacht haben oder jemals weiter machen, wenn wir ihn als *einzelne jeder für sich, jeder allein,* geführt hätten oder führen wollten. Der *Staat* ist es, welcher die *Funktion* hat, diese *Entwicklung der Freiheit,* diese *Entwicklung des Menschengeschlechts* zur Freiheit zu vollbringen." Den Staat definiert der Hegelianer Lassalle als die „Einheit der Individuen in einem sittlichen Ganzen, eine Einheit, welche die Kräfte *aller* einzelnen, welche in diese Vereinigung eingeschlossen sind, millionenfach vermehrt, die Kräfte, welche ihnen *allen* als einzelnen zu Gebote stehen würden, millionenfach vervielfältigt". Sein Zweck sei es, „*durch* diese Vereinigung die einzelnen in den Stand zu setzen, *solche Zwecke*, eine solche *Stufe des Daseins* zu erreichen, die sie als einzelne nie erreichen können, sie zu befähigen, eine Summe von *Bildung, Macht und Freiheit* zu erlangen, die ihnen sämtlich als einzelnen schlechthin unersteiglich wäre [...] mit andern Worten, die menschliche *Bestimmung*, d. h. die Kultur, deren das Menschengeschlecht *fähig* ist, *zum wirklichen Dasein* zu gestalten; er ist die *Erziehung und Entwicklung* des Menschengeschlechts zur Freiheit". Dies war ein positives Staatsverständnis, das diamentral der liberalen Staatsnegation, dem „Nachtwächterstaat", entgegengesetzt war. Doch bedeutete dies keine Parteinahme für den damaligen preußischen Staat, und noch weniger für die Monarchie in ihrem Konflikt mit dem Abgeordnetenhaus über die Heeresvermehrung. Dieser Konflikt hatte die Blütenträume der „Neuen Aera" beendigt: Mit der Thronbesteigung Wilhelms I. schienen sich die Hoffnungen der Liberalen zu erfüllen: die Bestätigung der Verfassung durch den König aus freien Stücken und eine politische Amnestie versprachen eine neue Epoche. Doch wollte der König

Ferdinand Lassalle (1825–1864)

das preußische Heer umorganisieren und die Linie auf Kosten der Landwehr stärken – und dies weckte den politischen Argwohn, das Heer könne, wie schon 1849 vom damaligen „Kartätschenprinzen" Wilhelm innenpolitisch eingesetzt werden. Das Abgeordnetenhaus verweigerte die dazu erforderlichen Mittel. Wilhelm I. nahm die Umorganisation dennoch vor. Es kam zu einem schweren Verfassungskonflikt, den die Berufung Bismarcks zum preußischen Ministerpräsidenten noch weiter verschärfte.

Lassalle nahm klar Stellung. Vier Tage nach dem „Arbeiterprogramm", am 16. April 1862, hielt er in einem Berliner Bürgerbezirksverein den Vortrag „Über Verfassungswesen" und wiederholte ihn später in drei weiteren Bürgervereinen. Er wandte sich von der geschriebenen Verfassung ab und der „wirklichen" Verfassung zu, jenem „Grundgesetz", das tiefer liege, als andere „gewöhnliche" Gesetze und eben deren Grund bilde, und ihnen fortwirke und derart auf sie einwirke, „daß sie in einem gewissen Umfange notwendig so und nicht anders werden wie sie eben sind". Diese bestimmende tätige Kraft bezeichnet Lassalle als „die *tatsächlichen Machtverhältnisse*, die in einer gegebenen Gesellschaft bestehen". Er zählt auf: den König, dem das Heer gehorcht und die Kanonen, den Adel, der Einfluß bei Hof und König hat, die großen Industriellen, die Bankiers, aber auch die allgemeine Bildung, den Entzug der persönlichen Freiheit der Kleinbürger und Arbeiter, so daß auch sie in den alleräußersten Fällen ein Stück Verfassung seien.

Dieser „wirklichen" Verfassung der tatsächlichen Machtverhältnisse setzt Lassalle die rechtliche, die geschriebene Verfassung, „das Blatt Papier", entgegen: „Die *tatsächlichen* Machtverhältnisse schreibt man auf ein Blatt Papier nieder, gibt ihnen *schriftlichen* Ausdruck, und wenn sie nun *niedergeschrieben* worden sind, so sind sie nicht nur *tatsächliche* Machtverhältnisse mehr, sondern jetzt sind sie auch zum *Recht* geworden, zu *rechtlichen* Einrichtungen, und wer dagegen angeht, wird bestraft!"

Die realen Machtverhältnisse lassen sich ändern. Lassalle zeigt an der preußischen Revolution von 1848, wie das Übergewicht der unorganisierten Macht der Nation zur Veränderung der organisierten Macht hätte genutzt werden können. Durch eine Herabsetzung der Dienstzeit der Soldaten auf sechs Monate, durch die Wahl der niederen Offiziere bis zum Major, durch die Abschaffung der Kriegsgerichtsbarkeit, durch die Inbesitznahme des militärischen Geräts, durch vom Volk gewählte Behörden. Da alles dies nicht geschehen sei, konnte der König mit seiner organisierten Macht die Revolution niederschlagen.

Lassalle faßt zusammen: „Verfassungsfragen sind ursprünglich nicht Rechtsfragen, sondern Machtfragen; die wirkliche Verfassung eines Landes existiert nur in den reellen tatsächlichen Machtverhältnissen, die in einem Lande bestehen; geschriebene Verfassungen sind nur dann von Wert und Dauer, wenn sie der genaue Ausdruck der wirklichen in der Gesellschaft bestehenden Machtverhältnisse sind".

Die politischen Konsequenzen für den Verfassungskonflikt zog Lassalle in seinem zweiten Vortrag über Verfassungswesen „Was nun?" vom 17. November 1862. Er charakterisierte den Widerspruch zwischen der wirklichen Verfassung Preußens und der geschriebenen Verfassung als „Scheinkonstitutionalismus". Um den bloßen Anschein eines verfassungsmäßigen Zustands zu beseitigen, forderte er die preußische Abgeordnetenkammer auf, sich des „gewaltigsten politischen Mittels" zu bedienen: der „Macht des Aussprechens dessen was ist", das nach Fichte ein Lieblingsmittel Napoleons I. gewesen sei. Die Abgeordnetenkammer solle daher den bloßen „Schein eines verfassungsmäßigen Zustandes" dadurch beseitigen, daß sie ihre Sitzungen auf unbestimmte Zeit, und zwar solange aussetze, bis die Regierung den Nachweis angetreten habe, daß die verweigerten Ausgaben zur Heeresvermehrung nicht länger fortgesetzt würden. Lassalle empfahl damit eine ähnlich radikale Position, wie sie vierzehn Jahre zuvor das preußische Abgeordnetenhaus bezogen hatte, als es auf die Verlegung seines Sitzes von Berlin nach Brandenburg durch den König mit Beschluß, die Steuern zu verweigern, geantwortet hatte. Theoretisch gesehen war es ja auch derselbe Konflikt – es ging um die, nunmehr allerdings verfassungsgebotene Vereinbarung zwischen zwei Mächten. Lassalle wollte ihn so ausweiten, so daß letzthin nur die gewaltsame Auseinandersetzung blieb. Er wollte die Revolution von 1848 erneuern, weshalb er das „Arbeiterprogramm" vorausschickte. Genauso wie Marx mit dem „Kommunistischen Manifest" wollte er die Arbeiterbewegung, die Druck auf das Bürgertum auszuüben vermochte, als selbständige Macht ins politische Spiel bringen. Indessen ließ sich das Bürgertum, ließ sich das preußische „Kreisrichterparlament" nicht radikalisieren. Es blieb im Rahmen seiner Kompetenzen und weigerte sich nur, den Mehrkosten der Heeresvermehrung zuzustimmen.

2.1 Lassalle kam erst am 1. März 1863 mit seinem „Offenen Antwortschreiben" der Aufforderung der Angehörigen des Leipziger Zentralkomitees nach, sich zu äußern. In der Zwischenzeit war er wegen des „Arbeiterprogramms" angeklagt worden, „die besitzlosen Klassen zu Haß und zur Verachtung der Besitzenden öffentlich angereizt zu haben". Er verteidigte sich mit der Rede „Die Wissenschaft und die Arbeiter" (16. Januar 1863) und später vor dem Berliner Kammergericht mit der Rede „Die indirekte Steuer und die Lage der Klassen" (12. Oktober 1863). Es waren Verteidigungsreden, die als Agitationsschriften verwandt wurden.

2.2 Im „Offenen Antwortschreiben" stellte er als politisches Programm einer Arbeiterpartei die Vertretung des Arbeiterstandes in den gesetzgebenden Körperschaften Deutschlands auf und forderte, das allgemeine, gleiche und direkte Wahlrecht einzuführen. In sozialer Hinsicht kämen die Forderungen nach Freizügigkeit und Gewerbefreiheit über fünfzig Jahre zu spät. Die Stiftung von Sparkassen, Invaliden-, Hilfs- und Krankenkassen hätten nur einen „relativen, äußerst untergeordneten und kaum der Rede werten Nutzen". Der Arbeiterstand müsse vielmehr als Produzent von der Herrschaft des *„ehernen Lohngesetzes"* befreit werden, nach dem „der durchschnittliche Arbeitslohn immer auf dem notwendigen Lebensunterhalt reduziert bleibt, der in einem Volk gewohnheitsmäßig zur Fristung der Existenz und zur Fortpflanzung erforderlich ist". Er müsse, damit ihm der Produktionsüberschuß zufalle, sein eigener Unternehmer werden. Der Staat habe die Aufgabe, ihm die Mittel und Möglichkeiten zur Selbstorganisation und Selbstassoziation zu verschaffen. Er müsse Produktivassoziationen für die fabrikmäßige Großproduktion organisieren.

Die Voraussetzung hierfür, die Wiedereinführung des 1849 abgeschafften allgemeinen und direkten Wahlrechts, nennt Lassalle das politische und das soziale Grundprinzip, die Grundbedingung aller sozialen Hilfe. Es sei das einzige Mittel, die materielle Lage des Arbeiterstandes zu verbessern.

Mit seiner doppelten Forderung knüpft Lassalle unmittelbar an die 1848er Revolution an. Der Historiker und Journalist Louis Blanc hatte vor ihrem Ausbruch die über die Gestaltung der künftigen Ordnung zerstrittenen französischen frühsozialistischen Schulen auf die Losung zu einigen gesucht, Produktivassoziationen mit Staatshilfe zu errichten. Im Verlauf der Revolution wurden unter Berufung auf sie Arbeitslose für Pariser Festungsbauten in den „Nationalwerkstätten" beschäftigt, was sie diskreditierte – Lassalle stellt dies in einem Anhang zum „Offenen Antwortschreiben" klar. Das allgemeine und direkte Wahlrecht war damals nicht nur in Frankreich, sondern auch in Deutschland durchgesetzt worden, bis es dann durch ein nach dem Vermögen abgestuftes Wahlrecht, wie etwa das preußische Dreiklassenwahlrecht, durch Oktroi ersetzt wurde. Allerdings war es zwischenzeitlich ebenfalls diskreditiert worden, denn mit seiner Hilfe war es Napoleon III. gelungen, zunächst Präsident der französischen Republik und sodann Kaiser zu werden.

2.3 Lassalle stieß nochmals nach: mit seinen Reden vor dem Leipziger Arbeiterverein „Zur Arbeiterfrage" (16. April 1863) und, zur Disputation mit Schulze-Delitzsch aufgefordert, der sich dieser freilich entzog, mit seiner Rede vom 17. und 19. Mai 1863 in Frankfurt, dem *„Arbeiterlesebuch"*. Wenige Tage später, am 23. Mai 1863, wurde in Leipzig der „Allgemeine Deutsche Arbeiterverein" gegründet. Als sein erster Präsident und praktisch unbeschränkter Alleinherrscher auf fünf Jahre wurde Lassalle gewählt.

Hieran schloß sich die Arbeiteragitation: Lassalles als Broschüre gedruckte und verteilte Ansprache „An die Arbeiter Berlins" (1863) und schließlich das

Buch „Herr Bastiat–Schulze von Delitzsch. Der ökonomische Julian oder Kapital und Arbeit“ (1864). Die „Ansprache an die Arbeiter Berlins“ trug Lassalle eine Hochverratsanklage ein, gegen die er sich erfolgreich verteidigte (12. März 1864) und einen Freispruch erreichte. Damals forderte er ein „soziales Volkskönigtum“, das zugunsten der Arbeiter interveniere. Lassalle vollzog die entschiedene Kehrtwendung gegen die Liberalen, die Hinwendung zu Bismarck, mit dem er über die Einführung des allgemeinen Wahlrechts verhandelte. In seiner letzten Rede zum ersten Stiftungsfest des „Allgemeinen Deutschen Arbeitervereins“, der „Ronsdorfer Rede“ vom 22. Mai 1864, tat Lassalle die Gründung von Gewerkschaften und Streiks ab – als „vergebliche Anstrengungen der Sache, der Ware Arbeitskraft, sich als Mensch gebärden zu wollen“. Das Koalitionsrecht bringe „nur in wenigen und flüchtig vorübergehenden Ausnahmefällen gewissen Arbeiterkreisen eine Erleichterung, könne aber niemals eine wirkliche Verbesserung der Lage des Arbeiterstands herbeiführen“.

Am 31.8.1864 starb Lassalle in Genf an seinen im Duell wegen einer Frau erlittenen Verletzungen.

2.4 Wer die Arbeiteragitation Lassalles zu würdigen sucht, hat sich mit zwei Fragekreisen auseinanderzusetzen. Der erste ist der theoretische: Er bezieht sich auf die ökonomische Forderung, Produktivassoziationen mit Staatshilfe einzurichten. Der zweite würdigt die Arbeiteragitation als Versuch, die Machtverhältnisse zu ändern.

a) Lassalle hat seine ökonomische Forderung in seinem Briefwechsel mit Carl Rodbertus fortentwickelt und ihre Ausbaufähigkeit dargetan. Doch seine Strategie war, die liberale Wirtschaft als ausweglos für die Arbeiter zu schildern – das „eherne Lohngesetz“, das er den Aussagen der liberalen Ökonomie entnahm, zeigte dies –, da es die Grundaussage der maximalen Verbilligung durch die Konkurrenz auf den Lohn anwandte. Daher bedürfe es der radikalen Lösung, des Ansetzens bei der Eigentumsfrage.

Den wirklichen Hintergrund seines „Offenen Antwortschreibens“ enthüllte Lassalle in einem Schreiben an die Gräfin Hatzfeldt: „Das Schönste dabei ist, daß das Manifest eigentlich durchaus konservativ ist – das Wort in seinem guten und intelligenten Sinne genommen – streng konservativ und die lebhafteste Anerkennung und Adhäsion der besitzenden Stände verdient. Aber freilich ist ebenso sicher, daß es durchaus revolutionär wirken muß, da den besitzenden Ständen eben jede Billigkeit, jede Gerechtigkeit, jede Einsicht fremd ist und sie eben das am wenigsten wollen, daß auf friedlichem Wege die arbeitenden Klassen sich ihrem Privilegium entwinden. Je leichter dies auszuführen wäre und je mehr diese Leichtigkeit aufgezeigt wird, ohne irgendeinen Besitz zu verletzen, desto wütender werden sie!“.

b) Der „Allgemeine Deutsche Arbeiterverein“ war für Lassalle ein Machtinstrument. Im „Offenen Antwortschreiben“ hoffte er auf hunderttausend Mitglieder – real waren es bei seinem Tode ganze viertausendsechshundert, sehr viel weniger als die dreiundzwanzigtausend Mitglieder des 1860 gegründeten Nationalvereins. Dies war zu wenig für ein eigenes revolutionäres Spiel – vor allem dann, wenn der preußischen Fortschrittspartei jede Neigung zur Revolution abging. Sicherlich war die quantitative Stärke nicht alles. Die Begeisterung der Mitglieder und Lassalles straffe diktatorische Führung mochten einiges ausgleichen. Doch reichte dies nicht aus, zumal Lassalle über keinen Rückhalt in der Presse verfügte. Sie wurde von den Liberalen beherrscht und stand gegen ihn. Sein Plan, mit Karl Marx und Friedrich Engels eine Zeitung herauszugeben, blieb unverwirklicht.

Ein Mittel Lassalles, die Staatsgewalt zu schwächen, war, auf den Krieg hinzuarbeiten. Publizistisch hatte er dies schon 1859 in seiner Stellungnahme zur Haltung Preußens im österreichisch-italienischen Konflikt („Der italienische Krieg und die Aufgabe Preußens“) getan, als er für eine „Politik Friedrichs des Großen“ eintrat, in Österlich einzumarschieren und das deutsche Kaisertum zu proklamieren. 1861 versuchte er, Garibaldi zu einem Angriff auf die Donaumonarchie zu bewegen, damit in Ungarn und Wien eine neue Revolution entstehen und auf Berlin zurückwirken könne. 1864, kurz vor seinem Tode, beabsichtigte er, für die Annexion Schleswig Holsteins durch Preußen einzutreten. Wer Sieger würde, konnte offen bleiben: In jedem Falle, einerlei ob die Donau-Monarchie zerschlagen oder diese das durch den Verfassungskonflikt innerlich geschwächte Preußen besiegte, die Chancen einer Revolution wurden größer.

Lassalle suchte in seinem Kampf gegen den Liberalismus andere Wissenschaftler als Verbündete zu gewinnen. Dabei war es ihm gleichgültig, ob dies der Demokrat Rodbertus, der konservative V. A. Huber oder der Materialist Louis Büchner, der Verfasser von „Kraft und Stoff“, war. Sie sollten nur seine Autorität mehren. Lassalle hatte allein bei Rodbertus Erfolg, und auch dort nur einen partiellen, denn dieser engagierte sich nur für den ökonomischen Teil seines Programms. Weiterhin suchte Lassalle die verbliebenen 1848er um sich zu scharen – die Brücke bildete die Forderung des allgemeinen Wahlrechts. Doch stand dem sein ökonomisches Programm entgegen.

Lassalle war der Revolutionär in einem Lande, dessen revolutionäre Kraft seit 1849 durch die blutige Niederwerfung der Aufstände, die Einkerkerung oder die Flucht der Revolutionäre weitgehend aufgezehrt war. Er war auf sich selbst angewiesen, wenn die revolutionäre Flamme neu entfacht werden sollte. Dazu benutzte er die moralische Diskreditierung des Gegners, dessen Irreführung und die Mehrung seiner eigenen politischen Macht. Sie alle fanden Platz in Lassalles weitem Revolutionsbegriff, der seinem weiten Verfassungsbegriff entsprach.

Revolution hieß schon, die bestehende Ordnung erschüttern – und zwar auch in ihrem, für den damaligen christlichen Staat selbstverständlichen Anspruch, eine sittliche Ordnung zu verkörpern. Dieses Vorgehen bildet einen Strang in Lassalles Leben, zumal es sich an einem Einzelfall demonstrieren ließ. So wollte er Heinrich Heines Forderung an seinen Vetter, ihm die durch dessen Vater ausgesetzte Rente weiter zu zahlen, zu einem öffentlichen Kampf gegen die Bankiers benutzen. Der Hatzfeldtsche Ehescheidungsprozeß war ihm ein Kampf für die Emanzipation der Frau. Der literarische Feldzug gegen den Literaturhistoriker Julian Schmidt und gegen die liberale Presse richtete sich gegen den Bildungsanspruch des Bürgertums.

Den Revolutionsbegriff verband Lassalle in seinen Gerichtsreden mit dem Erkenntnisanspruch der Wissenschaft und definierte ihn als grundlegende geistige Veränderung. In der Arbeiteragitation versicherte er hingegen seinen Anhängern: Wenn ich allgemeines Wahlrecht sage, so muß es von Euch als Revolution verstanden werden, und damit meinte er die gewaltsame Veränderung. Und so wurde der alte 1848er Revolutionär auch verstanden.

Ein wichtiges, von Lassalle immer wieder benutztes Mittel zur Herbeiführung einer revolutionären Situation war es, auf die Interessen der Herrschenden einzugehen und ihnen zu zeigen, wie sie sie durchsetzen könnten – um dieselben Prinzipien nachher gegen sie zu verwenden. So eröffnete sein „System der erworbenen Rechte“ mit Hilfe der Hegelschen Philosophie der richterlichen Gewalt die Möglichkeit, die Feudalrechte zu beseitigen – doch konnten dieselben Rechtskriterien auch gegen das Bürgertum verwandt werden. Oder Lassalle stellte in seinem „Offenen Antwortschreiben“ bescheidene Forderungen, deren Erfüllung das bestehende Gesellschaftssystem sichern würde – in der Gewißheit, daß sie abgelehnt und diese Ablehnung dann empörend gefunden und der Schluß gezogen würde, daß gar keine Reform gewollt sei. Andererseits: Sollte der Vorschlag, Produktionsgenossenschaften mit Staatshilfe zu errichten, angenommen werden, dann müsse sich der Staat in einem Großexperiment so engagieren, daß die Umkehr auf diesem Wege – und zwar je später sie erfolge, um so mehr – das Volk gegen ihn aufbringen, und er an Autorität verlieren würde. So fügen sich Lassalles Appelle an das „soziale Volkskönigtum“ in seine politische Konzeption ein.

Je weniger tatsächliche Macht Lassalle besaß, um so mehr mußte er bestrebt sein, die eigene Autorität zu stärken. So ging seine Taktik dahin, die Einführung des Wahlrechts auf seinen Einfluß zurückzuführen – dem dienten seine Verhandlungen mit Bismarck. In seiner letzten Rede zog er die Parallele zu den englischen Verhältnissen, zur Einwirkung Cobdens auf den englischen Premierminister Peel bei der Aufhebung der englischen Kornzölle. Läßt sich allerdings dann aber auch nicht die umgekehrte Überlegung anstellen, daß Lassalle von Bismarck benutzt worden wäre? Wer sah sich in ihren Verhandlungen als der Stärkere an: So soll Lassalle auf Bismarcks Frage, ob nicht ein Wahlbündnis zwischen Konservativen und Arbeitern möglich sei, geantwortet haben: „Augenblicklich, Exzellenz, mag es so scheinen, als sei eine Allianz zwischen der Arbeiterpartei und der konservativen Partei möglich, aber wir würden nur eine kurze Strecke Wegs miteinander gehen, um dann um so erbitterter uns zu bekämpfen". Worauf Bismarck entgegnet haben soll: „Ach, Sie meinen, es kommt darauf an, wer von uns der Mann ist, der mit dem Teufel Kirschen essen kann. Nous verrons".

2.5 Es bleibt die Frage nach der subjektiven Ehrlichkeit Lassalles. In einem Brief an Karl Marx hat Lassalle behauptet, seit 1840 Revolutionär und seit 1843 entschiedener Sozialist zu sein. Folglich ging die Entscheidung für die Revolution der für den Sozialismus voraus, wurde aber nicht durch die schlesischen Weberaufstände provoziert, die sich nahe Lassalles Vaterstadt Breslau abgespielt hatten. Lassalles Entscheidung für die Revolution fiel aufgrund eines literarischen Erlebnisses, mit dem er sich als Jude identifizierte: In seinem Jugendtagebuch bekannte sich der 15jährige Lassalle zum Judentum:

„Ich glaube, ich bin einer der besten Juden die es gibt, ohne auf das Zeremonialgesetz zu achten". Hieran schließen sich unter dem Eindruck von Bulwer-Lyttons Roman „Leila, oder die Belagerung von Granada" (1838) die Sätze: „Ich könnte wie jener Jude in Bulwers ‚Leila' mein Leben wagen, die Juden aus ihrer jetzigen drückenden Lage zu reißen. Ich würde selbst das Schafott nicht scheuen, könnte ich sie wieder zu einem geachteten Volke machen." Lassalle bezeichnet es als seine „Lieblingsidee", an der Spitze der Juden mit der Waffe in der Hand für deren Selbständigkeit zu kämpfen (2. 2. 1840). Drei Monate später trägt er nach den Ritualmordvorwürfen von Damaskus den Satz ein: „Gab es je eine Revolution, welche gerechter wäre, als die wenn die Juden in jener Stadt aufständen, sie von allen Ecken anzünden, den Pulverturm in die Luft sprengten und sich mit ihren Peinigern töteten?" Dann drückt er seine tiefe Enttäuschung aus: „Feiges Volk, du verdienst kein besseres Los! Der getretene Wurm krümmt sich, du aber bückst dich nur tiefer! Du weißt nicht zu sterben, zu vernichten, du weißt nicht was gerechte Rache heißt, du weißt nicht dich mit deinen Feinden zu begraben und sie im Todeskampf noch zu zerfleischen! Du bist zum Knecht geboren!" (21.5.1840). Wurzelt also Lassalles Revolutionsbejahung im Judentum? Diese Frage ist insofern zu verneinen, als es für den Hegelianer keine bleibende Verbindung gab. Das Verdikt Hegels über das Judentum führte Lassalle dazu, sich von der jüdischen Konfession zu lösen, ohne daß er freilich deshalb zum Christentum übertrat. In seiner „Seelenbeichte" erklärt er dies: „Bei uns macht es nichts mehr aus, jüdisch zu sein, denn bei uns in Deutschland, Frankreich, England ist das bloß eine Religion und nicht eine Nationalität. Man ist bei uns Jude, wie man Protestant oder Katholik ist und daher, besonders wenn man einen Ruf von Geist und

Talent wie den meinigen hat, gleichberechtigt mit aller Welt." Lassalle erklärt sich zwar bereit, um der Heirat willen Christ zu werden. Doch gäbe er damit nur einem Vorurteil nach, und dies „wäre eine Feigheit". Es wäre aber auch eine Heuchelei, da er kein Christ sei. Damals erklärt er: „Ich liebe die Juden gar nicht. Ich hasse sie sogar ganz allgemein. Ich sehe in ihnen nichts als die äußerst entarteten Söhne einer großen, längst vergangenen Zeit. Diese Menschen haben in den Jahrhunderten ihrer Versklavung die Eigenschaften von Sklaven angenommen, und deshalb bin ich ihnen so unfreundlich gesinnt. Ich habe auch keinerlei Berührung mit ihnen. Unter meinen Freunden und in der Gesellschaft, die mich umringt, gibt es fast keinen einzigen Juden". Noch schärfer äußerte sich Lassalle gegenüber Bernhard Becker, den er später zum Nachfolger als Präsidenten des „Allgemeinen Deutschen Arbeitervereins" bestimmte: „Es gibt vorzüglich zwei Klassen von Menschen, die ich nicht leiden kann: die Literaten und die Juden – leider gehöre ich zu beiden". Lassalle war nicht der „deutsche Jude", war auch nicht der „Deutsche der ersten Stunde". Voll assimiliert und voll aufgenommen in der Welt der Wissenschaft, ein Prozeß, zu dem sicherlich die Gräfin Hatzfeldt ganz wesentlich beigetragen hat, war er Deutscher geworden.

Die abstrakte Entscheidung für die Revolution basierte auf der intellektuellen Erkenntnis der Widersprüchlichkeit der bestehenden Zustände. Er ging freilich über deren bloße intellektuelle Negation hinaus und drückte das eigene Sendungsbewußtsein aus, die Vorstellung, zur grundlegenden politischen Veränderung berufen zu sein. Der Revolutionär wurde Sozialist, weil er wie Karl Marx der Proletarier als Macht bedurfte. Allerdings setzten beide zunächst die Akzente unterschiedlich – und dies erklärte sich aus ihrer Biographie. Marx hatte als Emigrant das französische Proletariat und seine Bereitschaft zur Revolution kennengelernt. Aus den englischen Zuständen, deren Kenntnis ihm Engels vermittelt hatte („Die Lage der arbeitenden Klassen in England" 1845), schloß er auf die Revolutionsbereitschaft des englischen Proletariats. Die Weltrevolution verschmolz sich bei ihm mit der Gesetzmäßigkeit der geschichtlichen Entwicklung, bei der die Entwicklung der Produktivkräfte zur Herrschaft des Proletariats führten. Demgegenüber blieb Lassalle bei Hegels Lehre von der welthistorischen Persönlichkeit – und dies entsprach dem geringen Gewicht des deutschen Proletariats. Es war dies freilich nur ein Unterschied für die Übergangszeit. Das Endziel, die Herstellung einer auf Freiheit und Gleichheit beruhenden, einer klassenlosen Gesellschaft blieb dasselbe.

Die Ereignisse von 1848/49 führten freilich zur Annäherung der Positionen, da auch Karl Marx und Friedrich Engels nur im nationalen Bereich politisch handeln konnten. Mit dem Scheitern der Revolution und der Frage nach der eigenen Rolle bei einem Wiederaufleben der revolutionären Entwicklung setzte sich Friedrich Engels in zwei Schriften „Revolution und Konterrevolution in Deutschland" und im „deutschen Bauernkrieg" auseinander. In einem zurückgebliebenen Land wie Deutschland mit einer „avancierten Partei" käme diese beim ersten Konflikt und bei einer wirklichen Gefahr an die Macht, und das sei „jedenfalls vor ihrer Zeit". Dann aber sei sie gezwungen, die Interessen einer fremden Klasse durchzuführen und gerate so in eine schiefe Stellung und sei unrettbar verloren. Lassalle ist fern von diesem Pessimismus, vielleicht auch deshalb, weil er während des Revolutionsgeschehens wegen des Hatzfeldtprozesses und sodann wegen seiner Beteiligung am revolutionären Geschehen im Gefängnis saß – er befand sich nur drei Monate lang in Freiheit. Er war insofern persönlich vom Scheitern weniger betroffen. Theoretisch blieb seine Position ungebrochen. Danach ist der revolutionäre Führer zur Abkürzung der geschichtlichen Entwicklung berufen. Er beendet die Geburtswehen der neuen Gesellschaft durch einen Kaiserschnitt. Lassalle erspart sich die Auseinandersetzung mit Übergangsmaßregeln. Er setzt auf die „Diktatur der Einsicht", die sich an Fichtes Theorie vom Zwingherrn zur Einheit anlehnt.

3. In Lassalles Theorie sind also zwei Abschnitte von einander scharf zu unterscheiden: jener der Machterlangung, der Revolutionierung von dem der Handhabung der Macht nach einem Umsturz. Beide Male ist das Verhältnis zum Recht von zentraler Bedeutung. Im ersten Abschnitt benutzt es Lassalle – formal ohne jede Respektierung der Machtverhältnisse. Die Bindung der Machthaber an das Recht ist für ihn eine Waffe. Insoweit besteht wiederum eine Kontinuität vom Schüler, der die Zulassung zum Abitur durchzusetzen sucht bis hin zu seinen späten Gerichtsreden, in denen er sich auf die Freiheit der Wissenschaft beruft und die strikte Wortlautinterpretation des Strafgesetzes zugrunde legt.

Eine Schlüsselstellung nimmt Lassalles „System der erworbenen Rechte" ein. In der Vorrede dieses großen, noch heute beachteten juristischen Werkes beschrieb er als den „innersten Grund der politischen und sozialen Kämpfe": „Der Begriff des erworbenen Rechts ist wieder einmal streitig geworden, und dieser Streit ist es, der das Herz der heutigen Welt durchzittert und die tief inwendige Grundlage der politischen und sozialen Kämpfe des Jahrhunderts bildet." Lassalles konkretes Anliegen war es, den Richtern die Waffen in die Hand zu geben, um die Feudallasten zu lösen. Dabei machte er freilich deutlich, daß dasselbe für das Eigentum, und zwar auch für das bürgerliche Eigentum, gelte. Eine glanzvolle Monsteranmerkung behauptet, daß die geschichtliche Entwicklung zur fortlaufenden Einengung des Erbrechts führt. In der Geschichte der Rechtswissenschaft markiert Lassalle damit den Einbruch der Geschichtsphilosophie in die Rechtsphilosophie. Seine juristische Argumentation ging dahin: Kein Gesetz dürfe rückwirken, welches das Individuum nur durch Vermittlung seiner Willensaktion treffe. Hingegen dürfe ein Gesetz rückwirken, das das Individuum in seiner „unwillkürlichen allgemein-menschlichen oder natürlichen oder es nur dadurch trifft, daß es die Gesellschaft selbst in ihren organisatorischen Institutionen ändert". Lassalle begründet dies mit dem Begriff des Gesetzes, das Ausdruck des Rechtsbewußtseins des ganzen Volkes sei. Nur der individuelle Wille setze dem Grenzen. Er allein mache das Wesen der erworbenen Rechte aus. Denn der Gesetzgeber dürfe nicht bewirken, daß das Individuum etwas anderes wolle, als es wirklich gewollt habe. Solch ein rückwirkendes Gesetz sei kein Gesetz.

Eine eigene Bindung an das Recht erkannte Lassalle nicht an. Dies zeigte sein Verhalten während des Hatzfeldt-Prozesses. Es entsprach aber auch der theoretischen Konzeption, der unbedingten Verurteilung des bestehenden Zustandes als einen unsittlichen. Gegen ihn ist eben alles erlaubt.

Die Veränderung des Bestehenden durch den politischen Umsturz behandelte Lassalle in seiner gerichtlichen Verteidigungsrede – „Assisenrede" – von 1849. In ihr bezichtigte er die königliche Gewalt, die Gesetze des Landes gebrochen zu haben, „jene ersten und heiligsten Gesetze, jene Palladien der allgemeinen Freiheit, die man nicht antasten kann, ohne den Staat in seine Grundtiefen einzustürzen, ohne dem Recht aller Bürger von der Oder bis zum Rhein gleichsam wie durch einen elektrischen Stab eine tödliche Wunde zu versetzen, jene Gesetze über die Bürgerwehr, Pressefreiheit, Assoziation für die persönliche Freiheit, über die Befugnis und die Unverletzlichkeit der Volksvertretung". Dies nahm auf die „rheinischen Freiheiten" bezug, auf die seit der französischen Annexion erhaltenen Rechte und war auf die Geschworenen gemünzt. Das zweite Argument war, daß sich die tatsächlichen Machtverhältnisse geändert hätten und durch Gesetze rezipiert worden seien. So sei ein neuer Rechtszustand geschaffen worden. Dies zielte auf die Zusicherung Friedrich Wilhelms IV., mit der Volksvertretung eine neue Verfassung zu vereinbaren. Damit geriet freilich Lassalle auf einen unsicheren Boden, da der Monarch doch auch die eingetretene Machtveränderung wieder rückgängig machen konnte – was er bekanntlich auch getan hat. Für Lassalle gab es indessen kein rechtliches Zwischenstadium, sondern nur einen neuen Rechtszustand, und die politische Reaktion war mit seiner Geschichtsphilosophie unvereinbar. Nach ihr gab es auch keine der geschichtlichen Abkürzung entsprechende Verlängerung eines Zustands.

Etwas klang die Problematik schon in der „Assisenrede" (1849) an, wenn Lassalle mit den Berufsrichtern der Zeit der Konterrevolution abrechnete, die ihre Mitglieder und Präsidenten wegen ihrer Abstimmung als Abgeordnete aus dem Amt zu entfernen forderten oder sie selbst durch moralischen Zwang zum Austritt nötigten. Hier stellt er den Großmut des deutschen und französischen Volkes gegenüber, das keine Rache an seinen Peinigern genommen und das formelle Recht derer, die es bekämpft hätten, geachtet habe. Preußen sei der erste Staat der Welt gewesen, in dem man der Nation den Schimpf angetan habe, die Bürgerklasse selbst für fähig zu halten, sich zum Komplizen einer volksfeindlichen Regierung herzugeben.

Lassalle sah die Revolution durchaus realistisch. In einem Brief aus dem Jahr 1853 hat er rückschauend zwar bekannt, niemand habe mehr als er empfunden, „wieviel Lächerliches, Ekelhaftes und Wüstes die Demokratie, und ganz besonders im Jahre 1848, an sich hatte" und dennoch gemahnt, in den Zerstörungen so vieler Blüten des Daseins und so vieler liebgewonnener Interessen des Lebens durch den „Schirokkowind" der siegreichen Revolution den „göttlichen Atem der Geschichte und des menschlichen Fortschritts (zu entdecken), ... der mit Recht eine Welt der Existenzen als bloßen Dünger auf den Boden seines Wachstums wirft".

Die „Diktatur der Einsicht" hieß, den eigenen Willen als den des welthistorischen Führers zum revolutionären Programm zu erheben, ohne dabei an irgendwelche rechtliche Schranken gebunden zu sein. Lassalle praktizierte die Diktatur bereits im „Allgemeinen Deutschen Arbeiterverein". Er forderte „strengste Einheit und Disziplin". Nur die Diktatur der Einsichtigen, nicht die Krankheit des individuellen Meinens und Nörgelns könne „die großen gewaltigen Übergangsarbeiten der Gesellschaft bewerkstelligen". Dies bedeutete mehr, als durch straffe Führung die Schwäche des Vereins wett zu machen. Die Diktatur wurzelt in der Theorie, im Vorrang dessen, der die geschichtliche Entwicklung kennt und sie deshalb zu gestalten – und dies heißt, sie abzukürzen vermag. Lassalle wollte die Herrschaft der Bourgeoisie überspringen.

Aber, und dies führt zur zweiten Selbstaussage, wiederum des jungen Lassalle, wie weit hätte ihn jener „Ehrgeiz großen Stils" geführt, von dem Bismarck in seiner berühmten Reichstagsrede vom 7. September 1878 sprach. Damals kennzeichnete Bismarck dessen Gesinnung boshaft, aber der Sache nach durchaus treffend als „durch und durch monarchisch". Dabei fügte er hinzu: „Ob das deutsche Kaisertum (dem Lassalle, wie er, zugestrebt sei) gerade mit der Dynastie Hohenzollern oder mit der Dynastie Lassalle abschließen sollte, das war ihm vielleicht zweifelhaft". Der Biograph stellt den Bezug zur Tagebucheintragung des jungen Lassalle von 1840 her, der nach einer Fiesko-Aufführung schrieb: „Ich weiß nicht, trotzdem ich jetzt revolutionär-demokratisch-republikanische Gesinnung habe wie einer, so fühle ich doch, daß ich an der Stelle des Grafen Lavagna ebenso gehandelt und mich nicht damit begnügt hätte, Genuas erster Bürger zu sein, sondern nach dem Diadem meine Hand ausgestreckt hätte. Daraus ergibt sich, wenn ich die Sache bei Licht betrachte, daß ich bloßer Egoist bin. Wäre ich als Prinz oder Fürst geboren, ich würde mit Leib und Seele Aristokrat sein. So aber, da ich bloß ein schlichter Bürgersohn bin, werde ich zu seiner zeit Demokrat sein." Einige Jahre später bezeichnete sich Lassalle gegenüber Heinrich Heine als den neuen Mirabeau. Und der Revolutionär Mirabeau hatte sich bekanntlich mit der Monarchie tief eingelassen.

War es denkbar, daß sich Lassalle auf einen politischen Kompromiß mit der preußischen Monarchie eingelassen hätte?

Diese Frage ist indessen hypothetischer Art, da Lassalle 1864 starb und damals noch eine Revolution möglich erschien. Niemand sollte anders beurteilt werden als innerhalb seiner Zeit, und diese stellte Lassalles revolutionäre Ehrlichkeit nicht auf die Probe. Nach 1866, nach Bismarcks Maßhalten gegenüber Österreich und dem Einigungskrieg gegen Frankreich wurde die politische Konstellation eine andere. Die revolutionären Hoffnungen waren zerstört, auch wenn das französische Kaisertum gestürzt war – dies zeigte die Niederschlagung der Pariser Kommune. Und die Annexion Elsaß-Lothringens machte die traditionelle Frankreichorientierung der deutschen Sozialisten zunichte. Was ist nun aber die Aussage über Lassalles Stellung zur sozialen Frage? Und wie hat Lassalle auf die spätere deutsche Entwicklung eingewirkt?

4.1 Ferdinand Lassalles konkrete Antwort, seine Doppelforderung, das allgemeine Wahlrecht und Produktivassoziationen mit Staatshilfe einzuführen, war nicht als allgemeingültige Lösung der sozialen Frage gedacht. Lassalle wollte einen Revolutionierungsprozeß einleiten, in dessen Mittelpunkt er selbst stand. Theorie und Leben bilden bei Lassalle eine untrennbare Antwort. Ihren Schwerpunkt finden sie in der Lehre vom Übergang zur staats- und klassenlosen Gesellschaft. Sie ist die Einforderung der Diktatur. Es ist die Diktatur des einzelnen, die auf Deutschland bezogen ist. Schon insofern ist es prinzipiell richtig, vom nationalen Lassalle zu sprechen. Er war sogar entschiedener Gegner des Föderalismus, da die Föderation die bisherige deutsche Geschichte ausmache. Wer „ein erbliches monarchisches einiges deutsches Kaisertum mit gänzlicher Kassierung der 35 Untersouveränitäten wolle, und sei es auch mit allen Schnörkeln, Quasten und sämtlichen Mentalitäten der Burschenschaftszeit" (stehe) doch immer noch auf einer viel höheren Stufe der Intelligenz und politischen Wahrheit als die Föderativ-Republikaner. Er bezeichnete die Frankfurter Reichsverfassung deswegen als eine „reaktionäre Utopie". Doch ging er noch einen Schritt weiter, indem er den Deutschen eine welthistorische Aufgabe zuerkannte. Das germanische Volk sei zum herrschenden Volk berufen. Gegen sein absolutes Recht, Träger der gegenwärtigen Entwicklungsstufe des Weltgeistes zu sein, würden die Geister der anderen Völker rechtlos.

4.2 Wer war also Lassalle? Nach seinem Selbstverständnis war er ein nationaler sozialistischer Revolutionär, ein Revolutionär in Deutschland, der als solcher an die Gegebenheiten dieses Landes gebunden war, der die radikalsten Strömungen aufspürt, sich ihrer bedient, sie bündelt und vergrößert. Er sah sich als Führer an und sicherlich trifft Max Webers Typisierung des charismatischen Führers auf ihn zu. Er gehört damit in die Reihe jener Persönlichkeiten, die über ein halbes Jahrhundert später Rußland, Italien und Deutschland beherrschten – nur daß nunmehr Lenin, Trotzki, Stalin und Adolf Hitler, mit dem Lassalle sicherlich die größte Ähnlichkeit aufweist, den Schritt von der Theorie zur Praxis taten. Die Legitimationskraft seines philosophischen Systems wäre allerdings stärker gewesen als Hitlers Berufung auf die Vorhersehung. Das Erschreckende war für mich, vor fünfzig Jahren zu entdecken, daß Lassalle der politische Theoretiker der deutschen idealistischen Philosophie ist, der die Theorie des revolutionären Führers und die Idee der Menschheitsnation bis zur letzten Konsequenz ausgebildet hat.

Dies ist das Verständnis Lassalles, wie er sich selbst gesehen hat. Denn er hat die Einheit seines Lebens und Werkes stets behauptet und war stolz auf die geistige Kontinuität. Von einer Entwicklung kann nicht gesprochen werden, nur von taktischen Anpassungen an veränderte Gegebenheiten. Insofern kann sein „System" auch aus den vielen Selbstzeugnissen zusammengesetzt werden, die er hinterlassen hat. „System" ist freilich bei Lassalle nicht als fachspezifisches Hauptwerk mißzuverstehen. Dies gibt es bei ihm nicht, obschon das „System der erworbenen Rechte" noch am ehesten in diese Richtung geht. Lassalle ist in allen Disziplinen, auch in der Nationalökonomie, Autodidakt gewesen und geblieben. Er hat in der Jugend sich während eines Semesters die Hegelsche Philosophie angeeignet, genauso wie er in den Hatzfeldt-Prozessen sich das positive Recht angeeignet hat und schließlich die Problematik der „erworbenen Rechte" beherrscht hat. All dies waren indessen für den brillanten Universalisten stets Mittel für den konkreten, taktischen Zweck gewesen.

4.3 Vom Eigenverständnis Lassalles und seiner historisch-theoretisch-politischen Analyse ist die Wirkungsgeschichte zu unterscheiden. Sie ist ein Kapitel für sich und hat das Eigenverständnis vielfach überschattet. Lassalle wurde als Gegenspieler von Karl Marx und Friedrich Engels angesehen. Dies war er sicherlich der Theorie nach. Er ist bei der idealistischen Philosophie stehen, ist Junghegelianer geblieben und ist ihnen nicht auf dem Weg zur materialistischen Geschichtsauffassung gefolgt. Dies schloß weder die lange Jahre währende, zum Schluß allerdings erkaltende persönliche Beziehung, noch Übereinstimmungen in der Wertung der politischen Situation aus. Andererseits bedingten die Standorte Berlin und London-Manchester und die internationale oder nationale Agitation gravierende Wertungsunterschiede.

Das eigentliche Problem war nach Lassalles Tod, wie mit seiner Hinterlassenschaft umzugehen war. Die eine Möglichkeit, die die Gräfin Hatzfeldt wählte, war die des buchstabengläubig orthodoxen Festhaltens an den konkreten Forderungen. Doch wurden sie auf die Produktivassoziationen mit Staatshilfe beschränkt, nachdem für die Wahlen zum Norddeutschen Reichstag das allgemeinen Wahlrecht für das Reich – nicht für Preußen – eingeführt wurde. Damit und mit der deutschen Einigung „von oben", als Bund der Fürsten und freien Städte, ohne demokratischen Anteil – jenseits der Ausnutzung des Kampfes gegen den „Erbfeind" Frankreich – waren die Karten des weltpolitischen Spiels neu gemischt. National hieß fortan den neuen Gegebenheiten Rechnung tragen und sich in den staatlichen Rahmen des Reichs fügen. Dies sollte die Berufung auf Lassalle bewirken, wobei die Staatsintervention auch durch die Sozialversicherung und, allerdings begrenzt, auf das Arbeitsrecht bezogen wurde. Freilich war dies ein Sprengsatz für die deutsche sozialdemokratische Partei, zu der sich der „Allgemeine Deutsche Arbeiterverein" und die 1869 als deutscher Zweig der „Internationale" von 1864 gegründete Sozialistische Arbeiterpartei 1875 zusammengeschlossen hatten. In den Richtungskämpfen innerhalb der SPD hat Lassalle eine wesentliche Rolle gespielt, wobei freilich die Faszination des charismatischen Führers mit der schwindenden Erinnerung an ihn allmählich verblaßte. Nach 1918 schien nochmals ein Lassalleanismus, und zwar diesmal näher an Lassalles eigentlicher Position möglich – als der Versailler Frieden eine starke nationale Strömung entstehen ließ und die bisherige soziale Stellung der deutschen Arbeiterschaft stark beeinträchtigte. Doch war die konkrete Aussage Lassalles zu dürftig, um an ihn voll anzuknüpfen. Es blieb allein die Mahnung, sich dem Staat zuzuwenden. Im Nationalsozialismus endlich war für den „Juden" Lassalle kein Platz.

Nachweise

Einzelnachweise können meiner Schrift Ferdinand Lassalle als Rechts- und Sozialphilosoph, 1953, 2. Aufl. 1955, und nunmehr Ferdinand Lassalle. Der Revolutionär und das Recht 2000, sowie meiner Auswahl Ferdinand Lassalle. Ausgewählte Texte, 1962 entnommen werden.

Bibliographie

Bert, Andreas, Ferdinand Lassalle – Allgemeiner Deutscher Arbeiterverein, Archiv für Sozialgeschichte, 1963; und eingeleitet von Cora Stephan 1981.

Ausgaben

Reden und Schriften, Neue Gesamtausgabe mit einer biographischen Einleitung, hrsg. von Eduard Bernstein, 3 Bde 1892/93 (enthält nicht den „Heraklit" und den Vortrag „Über die Hegelsche und Rosenkranzsche Logik" und das „System der erworbenen Rechte" nur auszugsweise).

Gesammelte Reden und Schriften, herausgegeben und eingeleitet von Eduard Bernstein. Vollständige Ausgabe in 12 Bänden, Berlin 1919/20 (enthält weder die „Assisenrede" noch die „Kassettenrede", noch den Lassalleschen Kriminalprozeß 2. und 3. Heft). Nach Jenaczek in: Ferdinand Lassalle. Reden und Schriften, 1970, der auf die Erstdrucke zurückgeht, sind die Ausgaben Bernsteins nicht zuverlässig.

Nachgelassene Briefe und Schriften, hrsg. von Gustav Mayer, 6 Bände, Stuttgart/Berlin 1920–1925 (Bd.3 enthält den vollständigen Briefwechsel zwischen Lassalle und Marx und Engels, Bd. 4 den Briefwechsel mit der Gräfin Hatzfeldt, Bd. 6 den Briefwechsel Lassalles mit Rodbertus) .

Gustav Mayer, Bismarck und Lassalle, ihr Briefwechsel und ihre Gespräche, 1928.

Eine Liebesepisode aus dem Leben Ferdinand Lassalles, Tagebuch – Briefwechsel Bekenntnisse 1878 (verbesserte Übersetzung der franz. verfaßten sog. „Seelenbeichte" in der Auswahl von Hirsch 1963).

Ferdinand Lassalles Tagebuch, hrsg. von Paul Lindau, Durch Nord und Süd, Bd. 57 Heft 1 67–1 71, separat Breslau 1892, (verb. hrsg. von Friedrich Hertneck, Berlin o. J. 1926).

Ina Britschgi-Schimmer, Lassalles letzte Tage. Nach den Originalbriefen und Dokumenten des Nachlasses Berlin 1925.

Auswahlen

besorgten unter den verschiedensten Untertiteln: Stefan Grossmann (1919), Franz Diederich (1920), Hans Feigl (1920), Karl Renner (1923), Ludwig Maenner (1926), Thilo Ramm (1962), Helmut Hirsch (1963), Friedrich Jenaczyk (1970).

Biographien

Eduard Bernstein, Ferdinand Lassalle. Eine Würdigung des Lehrers und Kämpfers Berlin 1919.

Hermann Oncken, L. Eine politische Biographie (unübertroffen) 1904, 4. Aufl. 1923, 5. (gek.) Aufl.1966.

Shlomo Na'aman, Lassalle, 1970.

Kürzere neuere Darstellungen

Eckard Colberg (1969), Hans Peter Bleuel (1979), Gösta von Uexküll (1974), Wolfgang Kessler (1984) und Hans Jürgen Friederici (1985).

– Zum „System der erworbenen Rechte" und der juristischen Auseinandersetzung mit ihm vgl. G. Bückling, Das wohlerworbene Recht in seinen Beziehungen zu den Gedanken des Rechtes und der Macht. Ein Beitrag zur Geschichte des 19. Jahrhunderts, 1932.

– Zu Lassalles Stellung zum Judentum vgl. eingehend die sorgfältige Untersuchung von Edmund Silberner, Sozialisten zur Judenfrage. Ein Beitrag zur Geschichte des Sozialismus von Anfang des 19. Jahrhunderts bis 1914, aus dem Englischen von Arthur Mandel 1962, 160 (Daselbst auch weitere Belege über die spärlichen Äußerungen Lassalles über Judentum und Juden. Lassalle hat den Literarhistoriker Julian Schmidt angegriffen: „Oh, Sie Jude, Jude! Sollten Sie vielleicht von Bankiers bestochen sein und durch den weitgreifenden Einfluß ihrer Literaturgeschichte unser Publikum unmerklich zu judaisieren?“).

Eduard Bernstein, Franz Mehring, Gustav Mayer, Hermann Oncken (zurückhaltend: Deutscher der ersten Generation) und am schärfsten Julius Vahlteich, ein Mitbegründer des ADAV, haben den Einfluß von Lassalles jüdischer Abstammung auf sein Wirken hervorgehoben.

Die schlimmsten antisemitischen Äußerungen finden sich bei Karl Marx in seinem Briefwechsel mit Friedrich Engels, der Lassalle, Ephrahim Gscheit, Jüdel Braun, Jakob Wieseltier, Jakob Wiesenriesler, „Itzig“ oder „jüdischen Nigger“, „wasserpolackischen Juden“ genannt hat. Marx’ Charakterisierung „jüdischer Baron oder baronisierter Jude“ bezieht sich auf den Einfluß der Gräfin Hatzfeldt auf den Assimilierungsprozeß.

Zum Verhältnis von Marx und Lassalle vgl. Thilo Ramm, Lassalle und Marx, Marxismusstudien, 3. Folge (1960), 185.

Hans Kelsen, M. oder L.? in: Archiv für die Geschichte des Sozialismus und der Arbeiterbewegung 11 (1925), 261.

Aus marxistischer Sicht

Georg Lukacs, Die Sickingendebatte zwischen M. und L. (1931) , auch in: Karl Marx und Friedrich Engels als Literarhistoriker (1952), 5.

Hermann Klenner, Marx und Engels gegen Lassalles Verfassungstheorie und Realitätspolitik, Staat und Recht 1953, 223.

Zu Lassalle aus psychoanalytischer Sicht

Erwin Kohn, L., der Führer Imago – Bücher IX 1926.

Zu den unterschiedlichen Bewertungen Lassalles vgl. deren Zusammenstellung in Helmut Hirschs Auswahl (1963) , die freilich weder meinen Vergleich mit Lenin und Hitler, noch den Vergleich Shlomo Na’amans (F.L., Deutscher und Jude o.J. – 1968), 5.105) mit Trotzki enthält.

Willy Hellpach und Theodor Heuß (Hitlers Weg 1932, S. 115) haben L. als Hitlers Vorläufer genannt, letzterer mit dem ehernen Lohngesetz und der Parteidiktatur – mir war der Staatsterrorismus das Vergleichsmerkmal.

Eduard Bernstein (1850–1932)

Wilfried Rudloff

1. Was Marxismus ist, läßt sich zwar nicht immer leicht, im Hinblick auf die Urväter aber noch einigermaßen treffsicher umschreiben. Der Versuch hingegen, den Begriff Revisionismus inhaltlich zu füllen, muß nahezu zwangsläufig scheitern. Revisionismus ist die kritische Überprüfung der Marxschen Lehren. Da sich aber an vielen Stellen und von sehr unterschiedlicher Warte aus am Gedankengebäude des Marxismus etwas hinzufügen oder umgekehrt auch etwas von ihm wegnehmen läßt, gewinnt der Begriff erst Leben, wenn er mit konkreten Personen verbunden werden kann. Wer freilich als ein Revisionist zu gelten hat, mag dann immer noch umstritten sein. Aus der Sicht des sowjetischen Marxismus-Leninismus waren die Maoisten Revisionisten, aus der Sicht der Maoisten hingegen die Anhänger der leninistischen Spielart des Marxismus.[1]

Dennoch pflegt am Anfang der Galerie herausragender Denkerpersönlichkeiten des Revisionismus meist derselbe Name zu stehen, der Name Eduard Bernsteins. Bernstein, dessen Lebensbogen sich von den Nachklängen der Revolution von 1848 bis kurz vor die Machtergreifung Hitlers spannt, hat die pejorativ gedachte Fremd- zur affirmativen Selbstbezeichnung gemacht und damit dem Revisionismus ein erstes Gesicht gegeben.[2] In gelehrten Werken zum Revisionismus steht er in Nachbarschaft zu Abweichlern und Abtrünnigen wie Leo Trotzki, Ernst Bloch oder Enrico Berlinguer, zu Reformern, Radikalen und Radikalreformern, solchen, die den Marxismus korrigieren, und solchen, die den authentischen Marxismus wiederherstellen wollten.[3] Den Zeitgenossen galt

---

1 H. Grebing, Der Revisionismus. Von Bernstein bis zum „Prager Frühling", München 1977, S. 11 ff.

2 Zur Genese der Bezeichnung vgl. E. Bernstein, Der Revisionismus in der Socialdemokratie, in: Ein revisionistisches Sozialismusbild. Drei Vorträge von Eduard Bernstein, hg. und eingeleitet v. H. Hirsch. Hannover 1966, S. 5 ff.

3 Vgl. Grebing, Der Revisionismus; L. Labedz, (Hg.), Der Revisionismus, Köln 1965; für eine Darstellung des Revisionismus in der deutschen Sozialdemokratie aus DDR-

er als der „Erz-Revisionist“ schlechthin.[4] Wenn die Antwort des Sozialismus auf die soziale Frage in der Trias von Kritik an der bestehenden Gesellschaft, Entwurf einer besseren Ordnung und Aufzeigen des Weges von der einen zur anderen besteht,[5] und wenn der Marxismus zwischen beiden Gesellschaften die notwendige Zäsur einer Revolution eingeschoben hat, so zeichnet sich Bernsteins Revisionismus dadurch aus, daß er die Grenzen zwischen dem bürgerlichen und dem sozialistischen Gesellschaftssystem wieder aufgeweicht, die Übergänge entschärft und die Formen vermischt hat. Die soziale Frage konnte auch in der Gegenwart wieder eine Antwort finden.

Bernstein war Mitglied der Sozialistischen Arbeiterpartei Deutschlands (SAPD, der späteren SPD), wie sie 1875 aus der Vereinigung der „Eisenacher“ Sozialdemokraten und der Lassalleaner hervorgegangen war. Unter dem Sozialistengesetz Bismarcks seit 1878 schweren Repressalien ausgesetzt, radikalisierte sich die neue Partei, machte den vorher nur bruchstückhaft rezipierten Marxismus zur unangefochtenen Parteiideologie und geriet schärfer noch als ohnehin in Frontstellung zum bestehenden Staat.[6] Die Ausgrenzung von außen verstärkte die Abschottung von innen, die Erfahrung von Ohnmacht und Unterdrückung weitete den Resonanzraum für die Lehren des Marxismus, die Widrigkeiten der Gegenwart steigerten die Attraktivität einer Weltanschauung, die den Untergang der bürgerlichen Klassengesellschaft in Aussicht stellte und einen radikalen Gegenentwurf bereitzuhalten schien.[7] Allzu tiefgründig wird man sich die Rezeption des Marxismus indes nicht vorstellen dürfen, das Parteivolk, ja selbst noch mancher Parteiführer hatte nur sehr ungefähre Vorstellungen von dessen Grundgedanken.[8] Gleichwohl, ihrer Programmatik nach

---

Sicht, mit dem dort üblichen Opportunismus-Verdikt und allerlei polemischen Verzerrungen und Entgleisungen, vgl. E. König, Vom Revisionismus zum „demokratischen Sozialismus“. Zur Kritik des ökonomischen Revisionismus in Deutschland, Berlin 1964.

4 E. Bernstein, Entwicklungsgang eines Sozialisten (1924), in: ders., Sozialdemokratische Lehrjahre. Entwicklungsgang eines Sozialisten, hg. und mit einem Nachwort versehen von M. Tetzel, Berlin 1991, S. 224.

5 H. Stuke, Sozialismus I, Geschichte, in: Handwörterbuch der Wirtschaftswissenschaften Bd. 7, Stuttgart u.a. 1977, S. 1–28, hier S. 4.

6 H.-J. Steinberg, Sozialismus und deutsche Sozialdemokratie. Zur Ideologie der Partei vor dem 1. Weltkrieg, 5., erw. Aufl., Berlin/Bonn 1979, S. 27 ff.

7 Zur Sozialdemokratie jener Jahre vgl. auch V. L. Lidtke, The Outlawed Party. Social Democracy in Germany, 1878–1890, Princeton 1966.

8 Steinberg, Sozialismus, S. 129 ff.; vgl. auch D. Langewiesche/K. Schönhoven, Arbeiterbibliotheken und Arbeiterlektüre im Wilhelminischen Deutschland, in: Archiv für Sozialgeschichte XVI (1976), S. 135–204, hier S. 195 ff.

Eduard Bernstein (1850–1932)

verstanden sich die Sozialdemokraten seit den achtziger Jahren als eine durch und durch marxistische Partei.

2. Zu den wichtigsten Popularisatoren des Marxismus gehörte in den Jahren des Sozialistengesetzes der junge Eduard Bernstein. Ehe er Ende der neunziger Jahre die Lawine der Revisionismus-Debatte lostrat, hatte Bernstein sich wie kaum ein zweiter einen Namen als radikaler und linientreuer Verkünder der Marx-Engelsschen Theorien gemacht. Wenn Engels bei seinem Tode 1895 Bernstein, gemeinsam mit August Bebel, zum Verwalter seines literarischen Nachlasses einsetzte, so war dies Ausdruck eines bis dahin kaum getrübten Verhältnisses geistiger Verwandtschaft oder besser noch: Gefolgschaft.[9]

Als Sohn eines jüdischen Lokomotivführers 1850 geboren und in bescheidenen Verhältnissen aufgewachsen, hatte es Bernstein bis zum Bankangestellten gebracht, als er 1878, im Jahr des Sozialistengesetzes, seine Stellung aufgab, um im Dienste des wohlhabenden Sozialisten Karl Höchberg in die Schweiz zu ziehen. Im Exil avancierte er schnell zu einem der tonangebenden Parteiintellektuellen. 1881 übernahm Bernstein die Redaktion des in Zürich erscheinenden inoffiziellen Parteiorgans „Der Sozialdemokrat", fintenreich nach Deutschland eingeschleust bald das publizistische Rückgrat der illegalen Partei. Der „Sozialdemokrat" wurde unter Bernsteins Federführung zum Organ des radikalen, des marxistischen Flügels der Partei.[10] 1888 wurde Bernstein aus der Schweiz ausgewiesen, die Schweizer Regierung gab damit dem Druck aus Berlin nach.[11] Die anschließende Übersiedlung nach London war für den Parteitheoretiker in mehrfacher, dabei durchaus gegenläufiger Hinsicht folgenreich. Während sein Verhältnis zum seit Jahrzehnten in England lebenden Friedrich Engels, nach dem Tod von Karl Marx der Übervater aller europäischen Sozialisten marxistischer Observanz, noch enger als bereits zuvor wurde,[12] erweiterte der Einblick in die englischen Verhältnisse seinen politischen Horizont, und dies mit durchaus dauerhafter Wirkung. In den Schätzen der Bibliothek des Britischen Muse-

---

9 P. Gay, Das Dilemma des demokratischen Sozialismus. Eduard Bernsteins Auseinandersetzung mit Marx, Nürnberg 1954, S. 77; als biographische Darstellungen vgl. außer Gay auch P. Angel, Eduard Bernstein et l'évolution du socialisme allemand, Paris 1961; F. L. Carstens, Eduard Bernstein 1850–1932. Eine politische Biographie, München 1993; M. Steger, The quest for evolutionary socialism. Eduard Bernstein and social democracy, Cambridge 1997.

10 Lidtke, The Outlawed Party, S. 89 ff. und 129 ff.

11 Von der Lebensphase zwischen 1872 und 1888 handelt Bernsteins autobiographischer Bericht „Sozialdemokratische Lehrjahre", neu veröffentlicht in: ders., Sozialdemokratische Lehrjahre.

12 Vgl. E. Bernsteins Briefwechsel mit Friedrich Engels, hg. v. H. Hirsch, Assen 1970.

ums, dort, wo der Exilant Marx einst das Material für die Begründung seiner politischen Theorie zusammengetragen hatte, suchte nun Bernstein, ebenfalls zum Exil gezwungen, die Quellen für dessen Revision. Besonders aber war es die Begegnung mit der evolutionär-pragmatischen, nicht-marxistischen Spielart des Sozialismus, wie sie die sogenannten Fabier, die „Fabian Society" um George Bernhard Shaw, Sidney und Beatrice Webb, pflegten, die für die weitere Entwicklung von Bernsteins Denken außerordentliche Bedeutung erlangte.[13] So wie Marx im gesellschaftlich am weitesten vorangeschrittenen England das geeignete Betrachtungsfeld für seine Analyse des Kapitalismus gefunden hatte, so fand Bernstein wenige Jahrzehnte später im – auch politisch in mancherlei Hinsicht fortgeschritteneren – England des ausgehenden Jahrhunderts den Beobachtungsstand, von dem aus er seinen Versuch beginnen konnte, dem Marxismus seinen revolutionären Stachel zu nehmen. Auch nach dem Ende des Sozialistengesetzes 1890 mußte Bernstein noch gut zehn Jahre ausharren, ehe der Haftbefehl gegen ihn im Reich aufgehoben wurde und er nach Deutschland zurückkehren konnte.

3. Inzwischen war aus dem Nachlaßverwalter von Marx und Engels ein in der Partei stark angefeindeter Häretiker geworden, ein Zweifler an den Lehren der marxistischen Kirchenväter, dessen Schriften die innerparteiliche Diskussion entflammten und an dessen Positionen sich die Geister schieden. Wie so oft traf den Renegaten auch hier die Wut der dem Glauben treu Gebliebenen mit doppelter Wucht. Mehrere Parteitage sollten sich mit Bernsteins Ansichten auseinandersetzen, ohne jedoch die theoretischen Dissonanzen aus der Welt schaffen zu können. Was also war geschehen?

---

13 Bernstein hat die Bedeutung der Fabier für seine revisionistische Wende in einem biographischen Abriß herunterzuspielen versucht, vgl. Bernstein, Entwicklungsgang eines Sozialisten, S. 211; die neuere Forschung, die viel Mühe darauf verwendet hat, die intellektuelle Verwandtschaft Bernsteins zu den Fabiern zu rekonstruieren, ist ihm in dieser Selbstdeutung nicht gefolgt, vgl. v.a. B. Gustafsson, Marxismus und Revisionismus. Eduard Bernsteins Kritik des Marxismus und ihre ideengeschichtlichen Voraussetzungen, 2 Bde., Frankfurt/M. 1972, hier Bd. 1, S. 127 ff.; H. Hirsch, Der „Fabier" Eduard Bernstein. Zur Entwicklungsgeschichte des evolutionären Sozialismus, Berlin/Bonn-Bad Godesberg 1977; ders., Die bezüglich der Fabian Society transparenten Kommunikationsstrukturen als Teilaspekte der internationalen Voraussetzungen zur Herausbildung des Revisionismus von Eduard Bernstein, in: H. Heimann/T. Meyer, (Hg.), Bernstein und der Demokratische Sozialismus, Berlin/Bonn 1978, S. 47–58; H. Frei, Fabianismus und Bernsteinscher Revisionismus 1884–1900. Eine ideologisch-komparatistische Studie über wissenschaftstheoretische, philosophische, ökonomische, staatstheoretische und revolutionstheoretische Aspekte der Marxschen, fabischen und Bernsteinschen Theorie, Bern/Frankfurt/M./Las Vegas 1979.

Es waren vor allem zwei Veröffentlichungen, an denen sich der Streit entzündete. Seit 1896 erschien in der „Neuen Zeit“, der theorieorientierten Wochenschrift seines bisherigen Freundes und baldigen innerparteilichen Kontrahenten Karl Kautsky, eine „Probleme des Sozialismus“ betitelte Artikelfolge aus Bernsteins Feder.[14] Aufgefordert, die dort angerissenen, in einer Reihe von Punkten sehr herausfordernden Gedanken ausführlicher darzulegen, veröffentlichte Bernstein 1899 seine bald berühmt gewordene Schrift „Die Voraussetzungen des Sozialismus und die Aufgaben der Sozialdemokratie“ – die in mehr als dreißig Sprachen übersetzte „Bibel des Revisionismus“, wie Peter Gay einmal etwas hochgegriffen gesagt hat.[15] Kaum daß der Marxismus als Parteiideologie fest etabliert war, wurde nun die Debatte um dessen Grundlagen, Stellenwert und Gehalt wieder in die Partei hineingetragen, und zwar nicht etwa von außen, durch einen bürgerlichen Kritiker, sondern durch einen herausragenden Theoretiker des sozialistischen Lagers selbst.[16] Angesichts der führenden Rolle der deutschen Sozialdemokratie im Rahmen der Zweiten Internationale mußte die Bernstein-Kontroverse bald eine weit über das Reich hinaus ausstrahlende Bedeutung erlangen.[17] Worin lag der Stein des Anstoßes?

Bernstein unternahm es in den „Voraussetzungen“, das von Marx und Engels hinterlassene Theoriegebäude einer kritischen Inventur zu unterziehen. Sein Ziel war es, jene Kluft zwischen revolutionärer Phraseologie und sozialreformerischer Praxis zu überbrücken, wie sie seit dem Sozialistengesetz im politischen Alltag der Sozialdemokratie immer stärker Einzug gehalten hatte. Die Partei sollte sich, wie Bernstein schrieb, dazu durchringen, „wieder das scheinen zu wollen“, was sie in Wirklichkeit war, eine „demokratisch-sozialistische Re-

---

14 Wiederabgedruckt in E. Bernstein, Zur Theorie und Geschichte des Socialismus. Gesammelte Abhandlungen, neue, umgearbeitete und ergänzte Ausgabe, 4. Aufl., Teil II, Probleme des Socialismus, Berlin 1904.

15 E. Bernstein, Die Voraussetzungen des Sozialismus und die Aufgaben der Sozialdemokratie, hg. und mit einem Nachwort versehen v. M. Tetzel, Berlin 1991 (erstmals 1899); Gay, Das Dilemma, S. 89; vgl. auch Steger, The quest, S. 85; Kautsky bezeichnete das Werk als „die erste Sensationsschrift“ in der Literatur der deutschen Sozialdemokratie, vgl. K. Kautsky, Bernstein und das sozialdemokratische Programm. Eine Antikritik, 2. Aufl. 1976, S. 1.

16 G. A. Ritter, Die Arbeiterbewegung im Wilhelminischen Reich. Die Sozialdemokratische Partei und die Freien Gewerkschaften 1890–1900, 2. Aufl., Berlin-Dahlem 1963, S. 159 f.

17 L. Kolakowski, Die Hauptströmungen des Marxismus. Entstehung, Entwicklung, Zerfall, Bd. II., München 1978, S. 35, kennzeichnet den Streit um den Revisionismus als „das bedeutendste Ereignis in der ideologischen Geschichte der Zweiten Internationale“; vgl. auch J. Braunthal, Geschichte der Internationale, Bd. 1., Hannover 1961, S. 263 ff.

formpartei".[18] Ob er bei seiner Kritik den beiden Gründervätern immer gerecht wurde, war zwar bald Gegenstand heftigen Streites – und angesichts der zahlreichen Ambiguitäten, die das Werk von Marx und Engels durchziehen, sollte es dabei auch bis heute bleiben. Wir müssen indes auf entsprechende Rückspiegelungen an den Texten der Urväter weitgehend verzichten – und können dies auch, denn um die politische Bedeutung der Marxschen Lehren zu erhellen, bedarf es weniger des Blickes auf sie selbst als auf ihre Wirkungs- und Rezeptionsgeschichte. Soviel aber läßt sich wohl sagen: Jene Grundannahmen zum kapitalistischen Entwicklungsgang, wie sie in vulgarisierter Marx-Exegese und für den Tagesbedarf notwendigerweise vergröbert die Gedankenwelt eines erheblichen Teils der sozialdemokratischen Parteieliten bestimmten, jene Grundannahmen dürfte Bernstein nicht vollends verkannt haben. Denn der Aufschrei, der bald durch die Partei ging, wandte sich nicht nur gegen seine vermeintlichen Fehldeutungen der Programmatik, sondern mindestens ebenso sehr gegen die Abwege vom politischen und theoretischen Tugendpfad, auf welche Bernsteins Wegweisungen zu führen schienen.[19]

Worum ging es in der Sache? Bernsteins Vorgehen bei seiner Kritik war stark empirisch-induktiven Charakters. Er nutzte die neuesten Befunde der Sozialstatistik, um den Beweis zu führen, daß weder das, was er die Zusammenbruchstheorie nannte, noch das, was von ihm als Verelendungstheorie bezeichnet wurde, auf dem Prüfstand der Empirie standzuhalten vermochte. Beide Streitpunkte – Zusammenbruchs- und Verelendungstheorie – standen alsdann im Mittelpunkt der von Bernstein eröffneten und hauptsächlich von Kautsky erwiderten Schlacht der statistischen Daten, auf deren intrikate Einzelheiten hier nicht näher eingegangen zu werden braucht.[20] Gegen die im „Kommunistischen Manifest", im „Kapital" oder auch noch im Erfurter Parteiprogramm von 1891 präsente Zukunftsannahme, die kleinen und mittleren Existenzen würden mehr und mehr zwischen den Mühlrädern des Kapitalismus zerrieben und alsdann von den großen Kapitalmagnaten verschluckt werden, verwies Bernstein, kaum zu Unrecht, auf die Überlebens- und Anpassungsfähigkeit der mittleren Schichten. Er widersprach dabei, wie seine Opponenten geflissentlich übersahen, nicht eigentlich der These von der wachsenden Konzentration der Unternehmen – die er im Gegenteil statistisch durchaus bestätigt sah –, sondern vielmehr der Vorstellung einer zunehmenden Entdifferenzierung und Polarisierung der Gesell-

---

[18] Bernstein, Die Voraussetzungen, S. 188; zur Entrüstung, die diese Formulierung in der Partei auslöste, vgl. Bernstein, Entwicklungsgang eines Sozialisten, S. 221.

[19] Für ersteres steht etwa die Antikritik Kautskys, für zweiteres die Rosa Luxemburgs. Dazu unten mehr.

[20] Vgl. als Analyse der statistischen Datenauswertung G. Hohorst, Die sozialstatistischen Streitfragen der Revisionismusdebatte, in: Heimann/Meyer, Bernstein, S. 320–332.

schaft in Kapitaleigner hier und Lohnabhängige dort.[21] Ganz allgemein, so erkannte Bernstein, vereinfachte sich die Klassengliederung nicht, sondern wurde im Gegenteil immer komplizierter.[22] Dazu trat dann der Nachweis, daß auch von einer wachsenden Verelendung der Lohnabhängigen, wie sie etwa das Erfurter Programm prophezeit hatte, nicht wirklich die Rede sein konnte.[23] Die Ergebnisse der zeitgenössischen Steuerstatistik, aus der Bernstein schöpfte, sprachen hier bereits eine andere Sprache.[24] Wenn Bernstein allerdings auch den Umstand unterstrich, daß sich die Zahl der Aktionäre beträchtlich mehrte, und dies als eine gegenläufige Tendenz zur Konzentration des Kapitals gewertet sehen wollte, war dies für die Überzeugungskraft seiner Argumente nicht unbedingt von durchschlagender Bedeutung.

Die beiden Kernargumente indes – gegen die Prognose einer Dichotomisierung der Gesellschaft in nur noch zwei sich antagonistisch gegenübertretende Klassen wie auch gegen die Erwartung der wachsenden Verelendung der Lohnabhängigen – widersprachen in einem übergeordneten Zusammenhang, und das war nun entscheidend, Grundannahmen der marxistischen Revolutionstheorie, nämlich der Erwartung einer sich zunehmend zuspitzenden gesellschaftlichen Lage, die mit drängender innerer Logik auf eine allumfassende Krise, den großen Kollaps und die Umwälzung der bisherigen Produktions- und Gesellschaftsverhältnisse hinsteuern mußte.[25] Die kapitalistische Produktion erzeuge „mit der

---

21 Darauf weist hin: T. Meyer, Bernsteins konstruktiver Sozialismus. Eduard Bernsteins Beitrag zur Theorie des Sozialismus, Berlin/Bonn–Bad Godesberg 1977, S. 212 ff., ein grundlegende Untersuchung, die, auch wenn sie zur Übersystematisierung neigt, Bernsteins Denken bislang am konsequentesten analysiert hat.

22 Für eine analoge Argumentation vgl. Bernstein, Der Revisionismus, S. 25 ff.; Bernstein wies auch als einer der ersten auf die Bedeutung der zunehmenden Binnendifferenzierung der Arbeiterklasse hin, vgl. dazu G. A. Ritter/K. Tenfelde, Arbeiter im Deutschen Kaiserreich 1871–1914, Bonn 1992, S. 426.

23 Schon Engels hatte an der Verelendungsthese des Erfurter Programms Anstoß genommen, vgl. T. Schelz-Brandenburg, Eduard Bernstein und Karl Kautsky. Entstehung und Wandlung des sozialdemokratischen Parteimarxismus im Spiegel ihrer Korrespondenz 1879 bis 1932, Köln u.a. 1992, S. 222 f.; C. Gneuss, Um den Einklang von Theorie und Praxis. Eduard Bernstein und der Revisionismus, in: I. Fetscher, (Hg.), Marxismus-Studien, Zweite Folge, Tübingen 1957, S. 198–226, hier S. 208 f.

24 Vgl. auch Bernstein, Der Revisionismus, S. 30 ff., mit zusätzlichen Befunden der Einkommensteuerstatistik.

25 Zu der strittigen Frage, ob es eine marxistische „Zusammenbruchstheorie" überhaupt gegeben hat, und wenn ja, in welcher Form, vgl. allgemein R. Walther: „... aber nach der Sündflut kommen wir und nur wir". „Zusammenbruchstheorie", Marxismus und politisches Defizit in der SPD, 1890–1914, Frankfurt/M. u.a. 1981, dort zu Bernstein bes. S. 136 ff. (Walther bestreitet zwar die Existenz einer solchen Theorie bei Marx, sieht sie aber dem Denken von Bebel und, mit Abstrichen, Kautsky, durchaus zugrun-

Nothwendigkeit eines Naturprozesses ihre eigene Negation“, hatte Marx in einem berühmten Kapitel des ersten Bandes des „Kapitals“ geschrieben.[26] Und August Bebel rief auf dem Erfurter Parteitag der Sozialdemokraten 1891 aus: „Die bürgerliche Gesellschaft arbeitet so kräftig auf ihren eigenen Untergang los, daß wir nur den Moment abzuwarten brauchen, in dem wir die ihren Händen entfallende Gewalt aufzunehmen brauchen.“[27] Wenn Bernstein hiergegen Einspruch erhob, berührte er einen Dreh- und Angelpunkt sozialistischer Zukunftserwartungen.

Behielt Bernstein in den bisher genannten Punkten auf längere Sicht betrachtet durchaus recht, wird sich dies für ein drittes seiner Argumente, die Tendenz zur Glättung der wirtschaftlichen Krisen- und Konjunkturzyklen, kaum ähnlich sagen lassen. Hier nun erst recht ging es um die Begründbarkeit der Erwartung, daß der von immer heftigeren Krisen geschüttelte Kapitalismus in schnellen Schritten seinem finalen Zusammenbruch entgegeneile. Die Zweifel, die Bernstein am baldigen Heraufziehen der Abendröte des Kapitalismus hegte, sah er durch die Weiterentwicklung der kapitalistischen Wirtschaftsweise gerechtfertigt, wie sie seit den Zeiten von Marx beobachtet werden konnte. Als Gegenkräfte, welche die Krisenanfälligkeit des Kapitals zu entschärfen und die destruktive Tragweite der wirtschaftlichen Wechsellagen abzufedern vermochten, nannte er die Elastizität des modernen Kreditwesens, die gewaltige Expansion des Weltmarktes, die Pufferwirkung der neuentstandenen Kartelle und Trusts und die ausgleichenden Effekte des verbesserten Verkehrs- und Kommunikationswesens – Faktoren, deren krisenverzögernde Wirkung guten Teils auch Engels schon konzediert hatte, aber eben nur, um in ihnen zugleich den Keim

---

de liegen – die Bernsteinsche Deutung hält er indes für ein Phantasieprodukt); ferner V.-M. Rautio, Die Bernstein-Debatte. Die politischideologischen Strömungen in der Sozialdemokratischen Partei Deutschlands 1898–1913, Helsinki 1994, S. 184 ff. und 235 ff. Daß aber Bernstein in diesem Punkt den sozialdemokratischen Marxismus vor der Jahrhundertwende in seinem Nerv getroffen hatte, gesteht auch ein solch kritischer Kommentator wie Colletti zu, vgl. L. Colletti, Bernstein und der Marxismus der Zweiten Internationale, Frankfurt/M. 1971, S. 18.

26 K. Marx, Das Kapital. Kritik der politischen Ökonomie, Bd. 1. (Marx-Engels-Werke, Bd. 23), Berlin 1962, S. 791.

27 Zit. nach G. A. Ritter, Das Deutsche Kaiserreich 1871–1914. Ein historisches Lesebuch, Göttingen 1981, S. 283; vgl. auch Kautskys Erläuterung des Erfurter Programms: K. Kautsky, Das Erfurter Programm, 20. Aufl. Berlin 1980, S. 102; umfassend zu den Revolutionserwartungen und Zukunftsbildern in der deutschen Sozialdemokratie L. Hölscher, Weltgericht oder Revolution. Protestantische und sozialistische Zukunftsvorstellungen im deutschen Kaiserreich, Stuttgart 1989 (zu Bebel vgl. dort S. 307 ff., zu Bernstein S. 256 ff. und 371 ff.).

für später nur um so heftigere Verwerfungen auszumachen.[28] Kurz, Bernstein sprach dem fortgeschrittenen Kapitalismus eine ungleich größere Vitalität und Regenerationsfähigkeit zu, als dies die marxistische Orthodoxie jemals einzugestehen bereit gewesen wäre. „Es spricht somit eine grosse Wahrscheinlichkeit dafür, dass wir mit dem Fortschritt der wirtschaftlichen Entwicklung für gewöhnlich überhaupt nicht mehr mit Geschäftskrisen der bisherigen Art zu thun und alle Spekulation auf solche als die Einleiter der grossen gesellschaftlichen Umwälzung über Bord zu werfen haben werden."[29]

Aber Bernstein ging noch einen Schritt weiter. Einmal angenommen, so meinte er, daß sich entgegen seiner Überzeugung die These vom nahenden Zusammenbruch des Kapitalismus nun doch bewahrheiten sollte, bleibe dann immer noch die Frage, ob dieser mit einem Schlag, so wie es die herkömmliche Theorie sich ausmalte, überhaupt wünschenswert wäre. Denn mit dem Kollaps des alten Systems, ob nun primär an seinen eigenen Widersprüchen zugrunde gegangen oder aber durch den Sukkurs revolutionärer Gewalt überwunden, stünden die Kräfte der Revolution, also vornehmlich die Arbeiterschaft, vor der ungeheuer komplexen Aufgabe, von einem Moment auf den anderen alle Verantwortung für die Führung des Staats- und Wirtschaftslebens übernehmen zu müssen – eine Aufgabe, für die sie bislang kaum irgend vorbereitet seien. „Wir können nicht", so schrieb er, „von einer Klasse, deren große Mehrheit eng behaust lebt, schlecht unterrichtet ist, unsicheren und ungenügenden Erwerb hat, jenen hohen intellektuellen und moralischen Stand verlangen, den die Einrichtung und der Bestand eines sozialistischen Gemeinwesens voraussetzen."[30] Im übrigen aber, so fügte er mit Blick auf die krisenfixierte marxistische Transformationstheorie hinzu, seien Zeiten der Prosperität ungleich mehr zum Umbau der Gesellschaft geeignet als Phasen des Niedergangs mit ihren weitaus ungünstigeren Erfolgsbedingungen für grundstürzende Neuerungen.[31]

All dies schien gegen die Idee einer Umwälzung en bloc und in einem Akt zu sprechen – und weit mehr für ein allmähliches Hineinwachsen in den Sozialismus. Die sozialistische Bewegung bedurfte für ihren Vormarsch nicht der ultimativen Krisen, und sie war nach Bernsteins Überzeugung auch besser beraten, wenn sie von dem „Wahne" Abstand nahm, „über Nacht ans Ruder zu kom-

---

[28] Marx, Das Kapital. Kritik der politischen Ökonomie, Bd. 3, hg. v. F. Engels, (Marx-Engels-Werke, Bd. 25), Berlin 1964, S. 506; Anm. 8 (die Anm. stammt von Friedrich Engels als dem Herausgeber).

[29] Bernstein, Zusammenbruchstheorie und Colonialpolitik (1898), in: ders., Zur Theorie und Geschichte, Teil II, S. 79–97, hier S. 91; vgl. auch ders., Der Revisionismus in der Socialdemokratie, S. 34 ff.

[30] Bernstein, Die Voraussetzungen, S. 210.

[31] Ebd., S. 66; Bernstein, Zusammenbruchstheorie und Colonialpolitik, S. 96 .

men".[32] Den Sozialismus konnte es für Bernstein nur in „Teillieferungen"[33] geben, inauguriert in wohlerwogenen Einzelschritten (die sich aber gewiß nicht von selbst einstellen würden, sondern hart erkämpft werden mußten). Positiv gewendet hieß das aber auch, daß mit dem Aufbau des Sozialismus nicht bis zum revolutionären Eklat gewartet werden mußte, sondern im Hier und Jetzt der bestehenden Gesellschaftsordnung begonnen werden konnte. Bernsteins Revisionismus rührte damit gleich an zwei Tabus – dem Heros des Proletariats als Hauptakteur der gesellschaftlichen Umwälzung und, für viele anstößiger noch, dem Gedanken der politischen Revolution als einem Akt radikaler Transformation. Und wie auch immer man zu deren Wünschbarkeit stehen mochte, Bernsteins Argumentation hatte gerade im letzten Punkt vieles für sich: Die Komplexität moderner Gesellschaften und die wachsende Ausdifferenzierung ihrer Glieder ließen die Vorstellung eines schlagartigen und vollständigen Elitenaustauschs immer fragwürdiger werden. 1918/19 sollte sich zeigen, daß die alte Sozialdemokratie in dem Moment, als es mit der Revolution endlich ernst wurde, vor den Konsequenzen eines solchen Schrittes sehr schnell zurückwich.[34]

Daß Bernstein schließlich auch der Idee einer im Handumdrehen durchgeführten und dazu noch möglichst vollständigen Überführung der Produktionsmittel in Gemeineigentum nichts abzugewinnen vermochte, war nach

---

[32] Ders., Kritisches Zwischenspiel (1898), in: ders., Zur Theorie und Geschichte, Teil II, S. 97–109, hier S. 108; vgl. auch schon ders., Utopismus und Eklektizismus (1896), in: ebd., S. 32–40, hier S. 34 f.; Bernsteins Kritik am marxistischen „Blanquismus", dem irrigen Glauben an die schöpferische Kraft der gewaltsamen Revolution, traf allerdings auf ein weit vielschichtigeres Revolutionsverständnis, als Bernsteins Ausführungen den Anschein erweckten, und dies galt sowohl für Marx wie auch später für die Sozialdemokratie; vgl. Bernstein, Die Voraussetzungen, S. 42 ff., und die unterschiedlichen Deutungen bei Walther, „... aber nach der Sündflut", S. 144 f.; und Meyer, Bernsteins konstruktiver Sozialismus, S. 157 ff., der unterstreicht, daß es Bernstein nicht so sehr um die Gewalt als vielmehr um die Vorstellung eines mit der sozialistischen Revolution notwendig verbundenen rapiden Sprungs in eine ganz andere Ordnung der Gesellschaft gegangen sei. Zumindest aber war Bernsteins Diktion hier höchst irreführend.

[33] T. Meyer, Bernsteins konstruktiver Sozialismus in den Grundzügen, in: Heimann/Meyer, Bernstein, S. 559–569, hier S. 561 f.

[34] Vgl. dazu E. Bernstein, Die deutsche Revolution von 1918/19. Geschichte der Entstehung und ersten Arbeitsperiode der deutschen Republik, hg. und eingeleitet v. H. A. Winkler, Bonn 1998, S. 237, und – in Anlehnung an u.a. Bernstein – H. A: Winkler, Die Sozialdemokratie und die Revolution von 1918/19. Ein Rückblick nach sechzig Jahren, Berlin/Bonn 1979, bes. S. 16 ff.; sowie ähnlich ders., Von der Revolution zur Stabilisierung. Arbeiter und Arbeiterbewegung in der Weimarer Republik 1918 bis 1924, Berlin/Bonn 1984, S. 24 f.; ders., Weimar 1918–1933. Die Geschichte der ersten deutschen Demokratie, München 1993, S. 13 f.

all dem nur folgerichtig. Eine sozialistische Wirtschaftsordnung erheischte für Bernstein nicht zwingend die Vollsozialisierung und auch keine vollständig zentralisierte Produktionsplanung.[35] Wo der Sozialismus als anhaltender Prozeß und nicht als großer Sprung verstanden wurde, kam es mehr auf die nächsten Schritte und weniger auf die letzten Etappen an. Wenn die großen Monopolgesellschaften vergesellschaftet würden, mochte die neu heranreifende Ordnung ansonsten sehr verschiedene Eigentumsformen beherbergen. Alles andere hielt Bernstein für Selbstüberhebung und mußte mit schwerwiegenden Einbußen im Produktionsniveau bezahlt werden – dafür war die Komplexität der Wirtschaftsverhältnisse längst zu groß und umgekehrt die Kompetenz der Arbeiterschaft noch immer zu gering. Worauf es ankam, war das Recht zur Kontrolle der wirtschaftlichen Verhältnisse durch geeignete Organe der Gesellschaft, die Einengung der Macht des Kapitals auch ohne Expropriation. Daher dann auch Bernsteins gern zitierter Satz: „In einem guten Fabrikgesetz kann mehr Sozialismus stecken, als in der Verstaatlichung einer ganzen Gruppe von Fabriken."[36] In der Umwälzung der Eigentumsordnung jedenfalls vermochten die Revisionisten weit weniger als die orthodoxen Marxisten eine notwendige Bedingung für die Ermöglichung von Freiheit zu sehen.[37] Aktuell blieb bis zum letzten Seufzer des untergehenden Realsozialismus Bernsteins Mahnung, durchaus unsozialistisch sei es, dort, wo der Staat unwirtschaftlicher als die Privatindustrie arbeite, der staatlichen Eigentumsform dennoch den Vorzug vor der privaten zu geben.[38]

So zeichnete sich in Bernsteins Schriften in mittelfristiger Perspektive eine gemischtwirtschaftliche Ordnung ab[39] – mit zwar vergesellschafteten, jedoch deshalb nicht unbedingt verstaatlichten, sondern möglichst auch kommunalisierten, d.h. dezentraler Kontrolle zugänglichen Monopolunternehmen;[40] mit einem fortbestehenden, aufgrund starker Mitbestimmungsrechte aber im Zaum gehaltenen Sektor der Privatwirtschaft und mit einem ausbaufähigen, dabei weder sozialistischen, noch richtig kapitalistischen Element genossenschaftlichen Wirtschaftens, für das er insbesondere in seiner Hauptschrift ausholend

---

35 Meyer, Bernsteins konstruktiver Sozialismus, S. 353 ff.

36 Bernstein, Zusammenbruchstheorie und Colonialpolitik, S. 95.

37 S. Miller, Das Problem der Freiheit im Sozialismus. Freiheit, Staat und Revolution in der Programmatik der Sozialdemokratie von Lassalle bis zum Revisionismusstreit, Frankfurt/M. 1964, bes. S. 258.

38 Meyer, Bernsteins konstruktiver Sozialismus, S. 361.

39 Dies gerade auch in den aufgeregten Wochen der Revolution von 1918, vgl. E. Bernstein, Was ist Sozialismus? in: Ein revisionistisches Sozialismusbild, S. 23 ff. (ein Vortrag in Berlin im Dezember 1918).

40 Zu Bernsteins Sympathien für die fabianische Idee des „Municipalsozialismus" vgl. Frei, Fabianismus, S. 365 ff.

Werbung machte.[41] Die Konsumgenossenschaften waren es denn auch, die – gemeinsam mit den Gewerkschaften – das demokratische Element im Wirtschaftsleben verkörpern sollten (dem alten Gedanken der Produktivgenossenschaften vermochte Bernstein hingegen wenig abzugewinnen).[42] Solche Überlegungen deuteten auf einen weiteren Unterschied zu Marx hin: Während für diesen alle Veränderungen des Gesellschaftssystems von der Sphäre der Produktion ausgehen mußten, rückte Bernstein stärker die Sphäre der Distribution in den Vordergrund, die Verteilung der erzeugten Werte.[43] Bei all dem darf jedoch nicht übersehen werden, daß das „Hineinwachsen“ in den Sozialismus auf kurz oder lang eben auch ein „Herauswachsen“ aus dem Kapitalismus bedeuten sollte. Nichts wäre also irreführender, als Bernstein in ökonomischen Angelegenheiten zu einem systemimmanenten Reformbastler herunterzustufen. Die kapitalistische Produktionsweise hielt er für ebenso vergänglich wie noch jede ihr vorausgegangene.

Daß die Ordnung der gegenwärtigen Gesellschaft zutiefst ungerecht und deshalb der Überwindung bedürftig war, daran ließ Bernstein keinen Zweifel. Worum es ihm ging, waren die Bedingungen der Möglichkeit, komplexe Gesellschaften grundlegend umzugestalten.[44] Die soziale Frage des 19. Jahrhunderts war noch lange nicht beantwortet, und die Antwort mußte weiterhin „Sozialismus“ lauten. Nachdem aber Bernstein sein Sozialismusverständnis von elementaren Theorieschichten des orthodoxen Marxismus gehäutet hatte, lautete die Anschlußfrage: Was verstand er noch unter Sozialismus? Was blieben, was wurden dessen regulative Prinzipien?

„Die stetige Erweiterung des Umkreises der gesellschaftlichen Pflichten, d.h. der Pflichten und correspondierenden Rechte des Einzelnen gegen die Gesellschaft“, schrieb er 1898, „und der Verpflichtungen der Gesellschaft gegen die Einzelnen, die Ausdehnung des Aufsichtsrechts der in der Nation oder im Staat organisierten Gesellschaft über das Wirtschaftsleben, die Ausbildung der demokratischen Selbstverwaltung in Gemeinde, Kreis und Provinz und die Erweiterung der Aufgaben dieser Verbände – alles das heisst für mich Entwicklung zum Socialismus oder, wenn man so will, stückweise vollzogene Verwirklichung des Socialismus.“[45] Unabhängig von ihrer inhaltlichen Ausrichtung ga-

---

41 Bernstein, Die Voraussetzungen, S. 111 ff.

42 Auf Aktualisierung bedacht, in der Deutung Bernsteins jedoch nicht über Meyer hinausgelangend: F. Vilmar, Beiträge Eduard Bernsteins zu einer Theorie der Wirtschaftsdemokratie, in: Heimann/Meyer, Bernstein, S. 333–345.

43 Hierauf hat beispielsweise bereits hingewiesen: E. Rikli, Der Revisionismus. Ein Revisionsversuch der deutschen marxistischen Theorie (1890–1914), Zürich 1936, S. 61 f.

44 T. Meyer, Was bleibt vom Sozialismus? Reinbek bei Hamburg 1991, S. 62.

45 Bernstein, Zusammenbruchstheorie und Colonialspolitik, S. 94.

ben Tendenzaussagen solcher Art zu erkennen, daß für Bernstein die nächsten Etappen auf dem Weg zum Sozialismus wichtiger waren als die Zielklarheit hinsichtlich des angestrebten Endzustandes. Der gesellschaftliche Fluchtpunkt, auf den die beschriebenen Tendenzen – Ausdehnung der vergesellschafteten Lebensbereiche, zunehmende Kontrolle der Gesellschaft über die Wirtschaft, Ausbau der demokratischen Teilhabe- und Mitbestimmungsrechte – hinsteuerten, wurde mit zunehmender Entfernung immer unschärfer (in diesem Punkt unterschied er sich dann kaum von seinen Kritikern). Der Aufbau des Sozialismus folgte keinem fixen Masterplan, sondern einem stets von neuem zu überdenkenden Ideal von sozialer Gerechtigkeit.[46]

Am häufigsten und nachdrücklichsten bezogen sich Bernsteins Versuche, den Begriff „Sozialismus" definitorisch zu umkreisen, auf den Gedanken der „Genossenschaftlichkeit"; es gebe kein Wort, antwortete er seinen Kritikern, das in gleicher Weise das ganze der sozialistischen Bestrebungen umspanne.[47] Genossenschaftlichkeit meinte nicht etwa eine gesellschaftliche Organisationsform, sondern im Kern das politische Ordnungsprinzip der Demokratie, mithin die gleichberechtigte Teilhabe aller an den politischen Entscheidungen.[48] Gegenüber der Ökonomie als Wurzelgrund des Sozialismus lenkte Bernstein damit das Augenmerk wieder stärker auf die Sphäre der Politik. Sozialismus, so schrieb er an Kautsky, sei in letzter Instanz Demokratie bzw. Selbstverwaltung.[49] Demokratie war Bernstein mehr als ein Mittel zum Zweck, sie war selbst ein Stück Sozialismus, und sie war zugleich „die Form der Verwirklichung des Sozialismus."[50] Sein Demokratiebegriff legte die Meßlatte sehr hoch. Es ging ihm weniger um die äußere Fasson als um die innere Substanz. In den „Voraussetzungen des Sozialismus" übersetzte er Demokratie in „Abwesenheit von Klassenherrschaft", einen Gesellschaftszustand, in dem „keiner Klasse ein politisches Privilegium gegenüber der Gesamtheit zusteht."[51] Demokratie wurde nicht als Herrschaft der Mehrheit über die Minderheit definiert, sondern als Vorrang der Allgemein- gegenüber den Sonderinteressen verstanden. Auch wenn ein präzises sozialistisches Gesellschaftsmodell in

---

[46] Vgl. beispielsweise die eher nichtssagenden Definitionsversuche in Bernstein, Der Sozialismus einst und jetzt 3. Aufl. Berlin/Bad Godesberg 1975, S. 10; ders., Was ist Sozialismus? (1918), in: ders., Ein revisionistisches Sozialismusbild, S. 27.

[47] Bernstein, Kritisches Zwischenspiel, S. 98.

[48] Bernstein, Wie ist wissenschaftlicher Socialismus möglich?, in: Ein revisionistisches Sozialismusbild, S. 42.

[49] Steger, The quest, S. 140; zur Unmöglichkeit, den Sozialismus ausschließlich aus der Ökonomie abzuleiten vgl. z.B. die Äußerung bei E. Bernstein, Abweisung von Missdeutungen, in: ders., Zur Theorie und Geschichte, Teil III, S. 20–33, hier S. 25.

[50] Bernstein, Die Voraussetzungen, S. 150.

[51] Ebd., S. 142.

solchen Ordnungsbegriffen nicht mehr immer zu erkennen war, erschien ihm die Demokratie doch als die gegebene Regierungsform für sein gradualistisches Transformationskonzept – je demokratischer die politischen Einrichtungen seien, um so weniger bedürfe es der großen politischen Katastrophen, um so mildere Formen nähmen die Klassenkämpfe an, um so weiter würden sich die Brückenköpfe des Sozialismus in die bestehende Gesellschaftsordnung hineintreiben lassen.[52] In einer Situation, in der weder auf der Seite der sozioökonomischen Bedingungen noch im Hinblick auf die Handlungskompetenz der Arbeiterschaft die Voraussetzungen für einen Umsturz im Stil der großen „Entscheidungsschlacht" gegeben waren, gab es zum demokratischem Weg der Durchsetzung des Sozialismus keine Alternative. Zum Bestand jener revolutionären Phraseologie, die Bernstein deshalb tunlichst abzustoßen nahelegte, gehörte vornweg die – sowieso schon ziemlich verstummte – Rede von der „Diktatur des Proletariats".

Auf derselben Linie lag es, wenn die Aufwertung des Parlamentarismus einen zentralen Richtpunkt des praktischen Politikverständnisses der Revisionisten bildete – mit dem Parlament nicht nur als Bühne der Agitation, sondern auch als Arena tatsächlicher Gesellschaftsveränderung, und mit einer parlamentarischen Reformpolitik, die nicht nur Palliativmittel, Vorspiel und Abschlagszahlung auf die kommende Revolution sein würde, sondern im Zentrum einer Strategie des sukzessiven Umbaus in Richtung Sozialismus stehen sollte. Neben der Neubewertung von Gewerkschaften und Konsumgenossenschaften und neben der – in den Reihen der Sozialdemokraten keineswegs selbstverständlichen – Hochschätzung der Arbeit in den Gemeindevertretungen war dies das zentrale Anliegen der politischen Praxis des Revisionismus.[53] Die Möglichkeiten einer direkten Gesetzgebung durch das Volk, wie sie etwa das Erfurter Programm gefordert hatte, beurteilte er hingegen reserviert.[54] Bernsteins Aussagen zum Transformationsproblem waren damit um einiges klarer als die Auslas-

---

52 Vgl. z.B. die im „Vorwärts" vom 23.10.1898 abgedruckte Erklärung Bernsteins an seine Kritiker, zit. in: Bernstein, Die Voraussetzungen, S. 12.

53 Vgl. Bernstein, Der Revisionismus, S. 38; zum letztgenannten Gesichtspunkt vgl. auch A. v. Saldern, Die Gemeinde in Theorie und Praxis der deutschen Arbeiterorganisationen 1863–1920, in: Internationale wissenschaftliche Korrespondenz zur Geschichte der deutschen Arbeiterbewegung 12 (1976), S. 295–352; dies., Sozialdemokratische Kommunalpolitik im wilhelminischen Zeitalter. Die Bedeutung der Kommunalpolitik für die Durchsetzung des Reformismus in der SPD, in: K.-H. Naßmacher (Hg.), Kommunalpolitik und Sozialdemokratie. Der Beitrag des demokratischen Sozialismus zur kommunalen Selbstverwaltung, Bonn-Bad Godesberg 1977, S. 18–62.

54 Bernstein, Die sozialpolitische Bedeutung von Raum und Zahl, in: ders., Zur Theorie und Geschichte, Teil II, S. 58–78, hier S. 65 f.

sungen der meisten seiner marxistischen Opponenten, die zwar keineswegs immer ein solch eruptives, gewaltsames Revolutionsbild hegten, wie Bernstein suggerierte, sich aber in der Regel über die Wege und Mittel der Revolution – und erst recht über die zukünftige Gestalt einer sozialistischen Gesellschaft – nur vage zu äußern pflegten.[55]

Was für das Verhältnis von Sozialismus und Demokratie galt, galt in ähnlicher Weise auch für das von Sozialismus und Liberalismus. Bernstein näherte Liberalismus und Sozialismus stärker einander an als irgendein anderer prominenter sozialdemokratischer Parteitheoretiker seiner Zeit, verkürzte dabei den Liberalismus jedoch um seine gesellschaftspolitische Komponente. Was er unter Liberalismus verstand, waren vornehmlich die Bürger-, Menschen- und Freiheitsrechte, die Institutionen des Rechtsstaates und Organe der parlamentarischen Demokratie. Die Abkehr von der Illusion, zwischen Individuum und Gattung werde sich im Sozialismus eine Identität der Interessen einstellen, und die Einsicht in die wachsende Komplexität moderner Gesellschaften verliehen den liberalen Institutionen der Interessenvermittlung in Bernsteins Denken ein neues Gewicht.[56] Die politischen Errungenschaften des bürgerlichen Zeitalters erschienen ihm nicht nur erhaltenswert, sondern auch als elementare Bestandteile einer künftigen sozialistischen Ordnung. Der Sozialismus sei legitimer Erbe des Liberalismus, es gebe, befand Bernstein, „keinen liberalen Gedanken, der nicht auch zum Ideengehalt des Sozialismus gehörte“.[57] Der Gedanke der Freiheit stand ihm, wo es zum Konflikt kam, höher als der der Gleichheit – dieses, so schrieb er 1910, sei ein „zeitweiliges“, jenes aber ein „ewiges Menschheitsideal“.[58] Gleichheit verstand er als gleiche Freiheit.[59] Bernsteins Fusion der liberalen Ideen von Rechtsstaatlichkeit und Freiheitssicherung mit dem sozialistischen Gedankengut von Gemeinwohlverpflichtung und Vertei-

---

55 Vgl. zum hier angesprochenen Problem des Verhältnisses von Parlament, Reform und Revolution die vielschichtige Analyse von E. Pracht, Parlamentarismus und deutsche Sozialdemokratie 1867–1914, Pfaffenweiler 1990, bes. S. 128 ff., 211 ff., 220 ff. und 232 ff.

56 T. Meyer, Liberalismus und Sozialismus – die Beispiele Lassalle und Bernstein, in: ders. (Hg.), Liberalismus und Sozialismus, Marburg 1987, S. 36–52, insbes. S. 47 ff.

57 Bernstein, Die Voraussetzungen, S. 150.

58 Dazu P. Gilg, Die Erneuerung des demokratischen Denkens im Wilhelminischen Deutschland. Eine ideengeschichtliche Studie zur Wende vom 19. zum 20. Jahrhundert, Wiesbaden 1965, S. 150; Meyer, Bernsteins konstruktiver Sozialismus, S. 292 ff., das Zitat ebd., S. 294.

59 D. Haselbach, Liberaler Sozialismus und Sozialdemokratie. Von Eugen Dühring zu Leonard Nelson, in: Meyer, Liberalismus und Sozialismus, S. 53–62, hier S. 57 f.; T. Meyer, Grundwerte und Wissenschaft im Demokratischen Sozialismus, Berlin/Bonn 1978, S. 72 ff.

lungsgerechtigkeit ist deshalb als prototypische Formulierung eines modernen Verständnisses von „sozialer Demokratie" bezeichnet worden.[60] Man darf dabei jedoch nicht übersehen, daß dem deutschen Liberalismus des 19. Jahrhunderts das Ideal der repräsentativen Demokratie, wie es in Bernsteins politischer Gedankenwelt eine so bedeutsame Rolle spielte, nicht gerade in Fleisch und Blut übergegangen war, wie ja auch gleichermaßen in Rechnung gestellt werden müßte, daß gesellschaftspolitisch zwischen dem Liberalismus und Bernsteins Sozialismus noch immer Welten lagen. Schon deshalb ist der Titel „Sozialliberalismus" wohl kaum angebracht.

Bernstein war nicht frei von überoptimistischen Fehleinschätzungen. Das betraf, wie gesehen, die Annahme von der Entschärfung der wirtschaftlichen Krisenzyklen, betraf aber auch die Aussichten einer schrittweisen Überführung des bestehenden Systems in den Sozialismus. Läßt man sich auf das Gedankenspiel der hypothetischen Frage ein, was geschehen wäre, wenn die Sozialdemokraten die Mehrheit im Reichstag erlangt oder dort auch nur ein entschlossenes Bündnis der radikalen Reform zu schmieden vermocht hätten, wird man unter den gegebenen Umständen des wilhelminischen Kaiserreichs nicht ohne weiteres annehmen können, damit sei dann schon der Weg frei für eine durchgreifende Umformung der sozialen Ordnung gewesen. Bereits Bernsteins Hoffnung, mit den Parteien des Linksliberalismus – den Kräften des „fortschrittlichen Bürgertums" – ein Bündnis zur Demokratisierung des Deutschen Reiches eingehen zu können, ruhte auf überaus brüchigen Grundlagen.[61] Hier wie in den meisten Fragen der Revisionismus-Debatte blieben denn auch die innerparteilichen Fronten unversöhnt. Für die Theoretiker des Parteizentrums war der Sozialismus nicht mit, sondern nur gegen das Bürgertum zu haben, ebenso wie der Parlamentarismus notwendige, nicht aber hinreichende Bedingung für die Transformation der Gesellschaft sein konnte. Daß die demokratischen Formen bereits genügten, um eine künftige Klassenherrschaft des Proletariats auf seinem Weg zur Emanzipation überflüssig zu machen, dafür boten, wie Kautsky Bernstein entgegenhielt, die Verhältnisse in den fortgeschrittenen politischen Ordnungen des Kontinents kaum irgendeine Anschauung.[62] Aus der Sicht Kautskys vermochte die Errichtung der bürgerlichen Demokratie den großen

60 Steger, The quest, S. 135.

61 Zu den Berührungspunkten und -blockaden vgl. etwa K. Wegner, Theodor Barth und die Freisinnige Vereinigung. Studien zur Geschichte des Linksliberalismus im wilhelminischen Deutschland (1930–1910), Tübingen 1968, S. 121 ff.; P. Theimer, Sozialer Liberalismus und deutsche Weltpolitik. Friedrich Naumann im Wilhelminischen Deutschland (1860–1919), Baden-Baden 1983, S. 102 ff.; D. Langewiesche, Liberalismus in Deutschland, Frankfurt/M. 1988, S. 224 ff.; Gilg, Die Erneuerung, S. 159 f.; Steger, The quest, S. 157 ff. und 194 ff.

62 Kautsky, Bernstein, S. 172.

„Entscheidungskampf" zwischen Arbeiterschaft und Bürgertum nicht zu verhindern.[63] Eine friedliche Transition auf der Grundlage der Demokratie, wie sie in England vielleicht möglich erscheinen mochte, sei in Deutschland nicht zu erwarten, antwortete er Bernstein auf dem Stuttgarter Parteitag 1898.[64]

4. Wie also antworteten die innerparteilichen Gegenspieler auf Bernsteins Bestrebungen, das marxistische Theoriearsenal zu entrümpeln? Ein Schlaglicht auf deren Reaktion vermag erst richtig zu zeigen, welch explosive Qualität Bernsteins Querdenkereien in weiten Kreisen der Partei beigemessen wurde. Daß sich eine ganze Reihe von Parteitagen mit dem Revisionismus-Problem abquälte, wurde bereits erwähnt. August Bebel, der Parteivorsitzende, sah die Einheit der Partei in Gefahr und bekämpfte Bernsteins Ansichten mit wachsender Unerbittlichkeit. Die letzte große Bernstein-Debatte, 1903 in Dresden, mündete, wie ähnlich schon vier Jahre zuvor, in einer Resolution, die an der Verurteilung der revisionistischen Grundaussagen keinen Zweifel ließ.[65] Theoriegeschichtlich interessanter als die wiederholten Parteitagsgefechte waren jedoch die beiden wichtigsten Gegenschriften, Kautskys „Bernstein und das Sozialdemokratische Programm. Eine Antikritik." (1899) und Luxemburgs „Sozialreform oder Revolution" (1899).[66]

Kautsky hatte eine Weile gebraucht, ehe er die häretische Qualität der Auslassungen seines Freundes begriffen hatte. Um so schärfer fiel dann seine Replik aus. Von Bebel zur Unnachgiebigkeit angetrieben, schlüpfte er nun endgültig in die Rolle des „defensor fidei".[67] Mit seiner „Antikritik" war das Tuch

---

63 I. Gilcher-Holthey, Das Mandat des Intellektuellen. Karl Kautsky und die Sozialdemokratie, Berlin 1986, S. 174 f. und 180 ff.

64 G. P. Steenson, Karl Kautsky, S. 118 f.; Gilcher-Holthey, Das Mandat, S. 143 f.

65 Vgl. dazu eingehend den ersten Teil der Arbeit von Rautio, Die Bernstein-Debatte, mit detaillierten Einblicken in die innerparteilichen Winkelzüge und Frontverläufe, dort auch, S. 367 ff., die gegen den Revisionismus und Bernstein gerichteten Resolutionen der Parteitage 1899, 1901 und 1903.

66 Für einen auch zeitlich weitergespannten Überblick vgl. D. Lehnert, Die Rezeption Bernsteins in der „linken" Kritik, in: Heimann/Meyer, Bernstein, S. 353–383, der zugleich auf die dauerhafte Prägekraft des anti-revisionistischen Bernstein-Bildes hinweist.

67 So M. Salvadori, Karl Kautsky and the Socialist Revolution 1880–1938, London 1979, S. 59, dort, S. 62 ff., auch die eingehendste Schilderung von Kautskys „Antikritik"; vgl. ferner D. Lehnert, Reform und Revolution in der Strategiediskussion der klassischen Sozialdemokratie, Bonn-Bad Godesberg 1977, S. 223 ff., der allerdings über Gebühr bemüht ist, die Unterschiede zwischen Kautsky und Bernstein herunterzuspielen; T. Meyer, Karl Kautsky im Revisionismusstreit und sein Verhältnis zu Eduard Bernstein, in: J. Rojahn/T. Schelz /H.-J. Steinberg (Hg.), Marxismus und De-

zwischen Kautsky und Bernstein zerschnitten, und es brauchte lange, bis sie sich einander wieder annähern sollten.[68] Garniert von allerlei polemischen Sticheleien trug Kautsky als nunmehr unangefochtener Cheftheoretiker der Partei eine Vielzahl von oft durchaus bedenkenswerten, im einzelnen hier freilich nicht näher zu referierenden Argumenten gegen Bernsteins empirische Analyse der gesellschaftlichen Entwicklung vor. Gegen die aus der Mehrung der Aktiengesellschaften gefolgerte These der Zunahme der Besitzenden wandte Kautsky etwa ein, was sich vermehre, sei „nicht die Zahl der Besitzenden, sondern innerhalb dieser Klasse die der müßigen Besitzenden."[69] Daß Bernsteins Überzeugung, dem Proletariat fehle noch die Reife zur Übernahme der Macht, mit dem Argument beiseite geschoben wurde, die Arbeiterschaft habe in den Parlamenten und Gemeindevertretungen bereits hinlänglich bewiesen, daß sie jeden Vergleich mit der Bourgeoisie aushalten könne, war kaum anders zu erwarten gewesen – ohnehin, so fügte Kautsky hinzu, werde es sich ja nur um die Herrschaft einer Klassenelite handeln können.[70] Theoretisch erheblicher schon war, daß Kautsky Bernstein vorhielt, Marx und den Marxismus der Sozialdemokratie in einer ganzen Reihe von Punkten mißverstanden, wenn nicht entstellt zu haben.[71] Die Verelendungstheorie suchte er zu retten, indem er statt von einer absoluten von einer relativen Verelendung ausging – von einem schrumpfenden Anteil der Arbeiter am Gesamtwohlstand –, und damit von einem „sozialen Elend", das mit der Zahl der Proletarier nun einmal ständig wachse.[72] Mit am stärksten ins Gewicht fiel aber für Kautskys Argumentation, daß er die den orthodoxen Marxisten zugeschriebene Vorstellung, der Zusammenbruch der bestehenden Gesellschaftsordnung werde gleichsam naturgesetzlich aus den Widersprüchen der kapitalistischen Produktionsweise hervorgehen, als selbstfabrizierte Chimäre der Revisionisten abtat. In ihr, so erwiderte Kautsky, werde die zentrale Bedeutung unterschlagen, die der wachsenden Macht und Reife des Proletariats als der zur Revolution treibenden Kraft beigemessen werden müsse. Gegenüber den ökonomischen Kausalitäten, den „objektiven" Faktoren der marxistischen Revolutionstheorie, brachte Kautsky hier stärker die „subjektiven" in Anschlag, was ihn, wenigstens in diesem Zusammenhang, weniger als jenen „Deterministen" und gar „Fatalisten" erschei-

---

mokratie. Karl Kautskys Bedeutung in der Geschichte der sozialistischen Arbeiterbewegung, Frankfurt/M./New York 1992, S. 57–71.

68 Vgl. dazu insbes. Schelz-Brandenburg, Eduard Bernstein, ferner Steenson, Karl Kautsky, S. 121 ff.

69 Kautsky, Bernstein, S. 98 ff., Zitat S. 103.

70 Ebd., S. 191 ff.

71 Vgl. etwa zum Revolutionsbegriff Kautsky, Bernstein, S. 182 ff., sowie oben Anm. 32.

72 Kautsky, Bernstein, S. 114 ff.

nen läßt, als der er in der Geschichtsschreibung zur deutschen Arbeiterbewegung gemeinhin gilt.[73] Von einer Zusammenbruchstheorie, so behauptete Kautsky, könne weder bei Marx und Engels, noch bei den Sozialdemokraten die Rede sein, womit er dann freilich souverän über so manche gegenteilige Evidenz hinwegging. Indem er unhaltbar gewordene Positionen stillschweigend eskamotierte oder doch zumindest zurechtbog, suchte er Bernsteins Kritik ins Leere laufen zu lassen. Das schloß nicht aus, daß das eben noch Negierte, wiewohl abgeschwächt, durch die Hintertür wieder zurückkehrte. So versicherte er im Fortgang seiner Ausführungen, die kapitalistische Produktionsweise treibe die Arbeiterschaft immer mehr in den Klassenkampf, sie lasse das Proletariat an Zahl wachsen, seine Bewegung an Schlagkraft reifen und mache dessen Sieg damit – nun doch – „unvermeidlich“.[74]

Fulminanter als Kautskys Zurückweisung, scharfzüngiger noch im Ton und auch scharfsinniger in der Gedankenführung fiel Rosa Luxemburgs Philippika gegen Bernstein aus. Ihre Broschüre „Sozialreform oder Revolution“ wandte sich nicht so sehr gegen vermeintliche Fehldeutungen der marxistischen Theorie, das erschien ihr im Falle von Bernstein vergebliche Liebesmühe. Bernsteins Theorien galten Luxemburg, wie ihr Biograph treffend bemerkt hat, als „bürgerliche Konterbande in sozialistischer Verpackung.“[75] Worum es ihr vornehmlich ging, war klarzustellen, daß sich die Theorie nicht nach der Praxis zu richten hatte, sondern umgekehrt die Praxis nach der Theorie. Waren also beide, Luxemburg und Bernstein, der Auffassung, daß zwischen Theorie und Praxis der Partei eine Einheit bestehen müsse,[76] so unterschied sie voneinander auf fundamentale Weise, daß der Veränderungsbedarf jeweils am anderen Pol des Verhältnisses von Denken und Handeln ausgemacht wurde. Ganz anders als Kautsky beharrte Luxemburg ausdrücklich auf der „Zusammenbruchstheorie“ – daß der Kapitalismus an seinen inneren Widersprüchen zugrunde gehen werde und der Sozialismus eine historische Notwendigkeit darstelle, daran ließ sie keinen Zweifel.[77] Kreditsystem und Kartelle vermochten, so hielt sie Bernstein entgegen, die Widersprüche der kapitalistischen Produktionsweise nicht zu entschärfen. Weit davon entfernt mußten sie als Katalysatoren der Überproduktion und Mehrer der „Anarchie der kapitalistischen Welt“ deren Krisenanfälligkeit vielmehr noch auf

73 Für den Versuch einer differenzierteren Einordnung vgl. Gilcher-Holthey, Das Mandat, S. 83 ff.; vgl. auch Rautio, Die Bernstein-Debatte, S. 243 ff., D. Geary, Karl Kautsky, Manchester 1987, S. 92 ff., Steenson, Karl Kautsky, S. 7 f.

74 Kautsky, Bernstein, S. 48.

75 P. Nettl, Rosa Luxemburg, Köln/Berlin 1967, S. 228.

76 Vgl. Lehnert, Reform und Revolution, S. 210.

77 Vgl. dazu auch Rautio, Die Bernstein-Debatte, S. 192 f.

die Spitze treiben.[78] Zugleich besaß das revolutionäre Subjekt für Luxemburg mehr noch als für Kautsky ausschlaggebende Bedeutung. Ein durch das Proletariat möglicherweise „verfrüht" unternommener Versuch, die Macht zu übernehmen, konnte bei ihr noch immer als notwendige Reifungsetappe „im Feuer langer und hartnäckiger Kämpfe" erscheinen, koste es nur, was es wolle.[79] Der Revolution wurde wieder ihr Rang als unverzichtbarer „Schöpfungsakt" im Klassenkampf zurückgegeben, während das Klein-Klein der parlamentarischen Gesetzgebungsmühen für „das politische Fortvegetieren der Gesellschaft" zu stehen hatte.[80] Parlamentarische Reformarbeit konnte nicht, wie man Bernsteins Ausführungen interpretieren mochte, als in die Breite gezogene Revolution verstanden werden, sondern bedeutete Verzicht auf jegliche soziale Umwälzung. Wo Bernstein die Widrigkeiten betonte, die einer revolutionären Machtergreifung des Proletariats im Wege standen, um statt dessen den Weg der parlamentarischen und gewerkschaftlichen Reformarbeit zu weisen, insistierte Luxemburg umgekehrt auf der schieren Unmöglichkeit, durch Sozialreform die Lage des Proletariats von Grund auf verändern zu können: Die letzte Bedeutung des politischen Kampfes lag dann einzig in der wachsenden Erkenntnis, daß nur durch die Hammerschläge der Revolution der Weg zur sozialistischen Gesellschaft freizuräumen sei.[81] Sozialreform war Rosa Luxemburg allenfalls ein Exerzierfeld für die Vorbereitung zur revolutionären Entscheidungsschlacht, die Gegenwartsarbeit eine Schule zur Stählung des revolutionären Klassenbewußtseins.[82] Die Versuche der Gewerkschaften etwa, das kapitalistische Lohngesetz zu durchbrechen und die Lage der Arbeiter zu heben, mußten, solange sie sich auf dem Boden der bestehenden Gesellschaftsordnung bewegten, „Sisyphusarbeit" bleiben.[83] Die Überwindung von Kapitalismus und Ausbeutung hatte, anders als Bernstein anzunehmen schien, von der Sphäre der Produktion, nicht der Verteilung auszugehen, denn nur durch die Aufhebung der kapitalistischen Gestalt der Warenproduktion konnte das damit verbundene Lohnsystem außer Kraft gesetzt werden. So hatte Luxemburg für „die Idee Bernsteins, das Meer der kapitalistischen Bitternis durch flaschenweises Hinzufügen der sozialreformerischen Limonade in ein Meer der sozialistischen Süßigkeit zu verwandeln", ebenso nur Spott übrig wie für dessen Trugschluß, „den Hühnerstall des Parlamentarismus für das beru-

---

[78] R. Luxemburg, Sozialreform oder Revolution? in: dies., Politische Schriften, Bd. I. hg. und eingeleitet v. O. K. Flechtheim, Neuauflage Frankfurt/M. 1975, S. 47–133, hier S. 56 ff., Zitat S. 61.

[79] Ebd., S. 122.

[80] Ebd., S. 114.

[81] Ebd., S. 82 ff.

[82] Dies betont die Biographie von Nettl, Rosa Luxemburg, S. 222 ff.

[83] Luxemburg, Sozialreform, S. 104.

fene Organ zu halten, wodurch die gewaltigste weltgeschichtliche Umwälzung: die Überführung der Gesellschaft aus den kapitalistischen in sozialistische Formen vollzogen werden soll."[84] Die schlichte Alternative zwischen Sozialreform und Revolution lautete: Entweder man betreibt Sozialreform, verharrt dann aber auf dem Boden des bestehenden Gesellschaftssystems, oder man will dieses überwinden, muß dann aber auf die Illusion verzichten, die soziale Frage durch ein stückweises Verschieben der Grenze zwischen kapitalistischer und sozialistischer Ordnung lösen zu können.

5. Der Furor Luxemburgs und die Schärfe der Kautskyschen Streitschrift wurden noch durch eine zusätzliche Dimension der Auseinandersetzung hervorgerufen. Denn Bernsteins Kritik hatte nicht nur an zentralen Stützpfeilern der politischen Ökonomie des Marxismus gerüttelt[85], festgefügte Grundannahmen zum zukünftigen Entwicklungsgang des Kapitalismus in Zweifel gezogen und markante Eckpunkte der Parteistrategie in Frage gestellt. Sein Revisionsversuch nahm auch die philosophischen und wissenschaftstheoretischen Grundlagen der marxistischen Lehre nicht aus. Indem er dabei an den Prämissen des Marxismus als Wissenschaft rührte, war sein Bemühen nicht mehr eigentlich, wie er trotz allem noch stets behauptete, auf eine immanente Korrektur einzelner Elemente des Marxschen Denkens ausgerichtet – spätestens hier begann es, die Fundamente des Theoriegebäudes selbst zu untergraben.[86] Die Frage Kautskys, was denn vom Marxismus noch bleibe, wenn man die Werttheorie, die Dialektik, den Materialismus, den Klassenkampf, den proletarischen Charakter der Bewegung in Frage stelle, gewann dadurch nur um so größere Berechtigung.[87]

Bereits in den „Voraussetzungen" zog Bernstein in scharfer Polemik gegen die Anverwandlung der Hegelschen Dialektik durch Marx und Engels zu Felde. Wenn er vor den „Fallstricken" der Hegelschen „Widerspruchslogik" warnte,[88]

---

84 Ebd., S. 81 und 119.

85 Für Bernsteins Relativierung der Marxschen Wertlehre, ein elementarer Bestandteils der Lehre von Marx, muß hier als Hinweis genügen: Bernstein, Arbeitswert und Nutzwert, in: ders., Zur Theorie und Geschichte, Teil III, Socialistische Controversen, Berlin 1904, S. 101–115; ders., Die Voraussetzungen, S. 52 ff.; sowie G. Himmelmann, Die Rolle der Werttheorie in Bernsteins Konzept der politischen Ökonomie des Sozialismus, in: Heimann/Meyer, Bernstein, S. 300–318.

86 Grebing, Der Revisionismus, S. 39.

87 Steenson, Karl Kautsky, S. 123; vgl. auch Gustafsson, Marxismus und Revisionismus, S. 78.

88 Bernstein, Die Voraussetzungen, S. 34 ff.; vgl. hierzu vertiefend auch H.-P. Jäger, Eduard Bernsteins Panorama. Versuch, den Revisionismus zu deuten, Frankfurt/M./Bern 1982, S. 130 ff.

wurzelte solche Skepsis nicht zuletzt in seiner Überzeugung, daß die geschichtliche Entwicklung keineswegs nur als ein Kampf sich ablösender Gegensätze verstanden werden könne. Für Bernstein war sie ebenso sehr durch evolutionäre Übergange bestimmt – und dies um so mehr, je fortgeschrittener die Gesellschaft war. „Die Geschichte", so schrieb er 1898/99, „lässt sich [...] kein Entweder-Oder vorschreiben. Ihr Motto ist: sowohl-als auch."[89] Das Denken in dialektischen Sprüngen, so Bernsteins philosophisch nicht allzu tiefschürfende und Marx auch nicht vollends gerecht werdende Kritik, habe den Revolutionär im Philosophen dazu verleitet, einseitig auf einen gewaltsamen Umsturz der Verhältnisse, dialektisch gesprochen: auf das Umschlagen von Quantität in Qualität, zu setzen. Der ungarische Marxist Georg Lukács, starker Sympathien für Bernstein unverdächtig, hat diesen Zusammenhang im Zungenschlag des Anti-Revisionisten einmal in die Worte gefaßt, „daß gerade die Dialektik aus der Methode des historischen Materialismus entfernt werden muß, wenn eine folgerichtige Theorie des Opportunismus, der revolutionsfreien ‚Entwicklung', des kampflosen ‚Hineinwachsens' in den Sozialismus begründet werden soll."[90]

Bernstein blieb dabei nicht stehen. Mit dem Materialismus nahm er ein weiteres Herzstück marxistischen Denkens ins Visier. Friedrich Engels hatte in seinem – in Arbeiterkreisen vergleichsweise populären – „Anti-Dühring" geschrieben, erst durch die beiden Entdeckungen der materialistischen Geschichtsauffassung und der Theorie des Mehrwerts sei der Sozialismus zur Wissenschaft geworden,[91] und Kautsky befand in seiner Antikritik ganz in diesem Sinne, der Marxismus stehe und falle mit der materialistischen Geschichtsdeutung.[92] Es war jedoch Bernsteins Überzeugung, „daß die Verachtung des Ideals, die Erhebung der materiellen Faktoren zu den omnipotenten Mächten der Entwicklung Selbsttäuschung ist."[93] Unter dem Eindruck der neukantianischen Strömung in der deutschen Gegenwartsphilosophie sah er seinem Entwurf des Sozialismus nicht primär historische Gesetzmäßigkeiten zugrunde liegen, sondern moralische Antriebe, ein gemeinsames Ideal von Gerechtigkeit. Umgekehrt formuliert galt

---

[89] E. Bernstein, Dialektik und Entwicklung, in: ders., Zur Theorie und Geschichte, Teil III, S. 72–100.

[90] G. Lukács, Geschichte und Klassenbewußtsein. Studien über marxistische Dialektik, 9. Aufl., Darmstadt/Neuwied 1983, S. 64; Lukács selbst sollte es, wenn auch aufgrund gänzlich anderer „Abweichungen", widerfahren, von der sowjetmarxistischen Orthodoxie des Revisionismus bezichtigt zu werden.

[91] F. Engels, Herrn Eugen Dührings Umwälzung der Wissenschaft, Zürich 1934, S. 12.

[92] Kautsky, Bernstein, S. 8.

[93] Bernstein, Die Voraussetzungen, S. 211, vgl. auch ders.: Das realistische und das ideologische Moment im Socialismus, in: ders., Zur Theorie und Geschichte, Teil II, S. 123–147; M. Steger, Historical materialism and ethics: Eduard Bernsteins revisionist perspective, in: History of European Ideas 14 (1992), S. 647–663, hier S. 652 ff.

für Bernstein, daß der Kapitalismus nicht aufgrund seiner inneren Widersprüche untergehen werde, sondern aufgrund der Tatsache, daß er ungerecht war. „Wenn wir genau prüfen", so schrieb er 1899 an den österreichischen Sozialisten Viktor Adler, „so ist es nicht der hypothetische Zukunftsstaat, der uns zu Sozialisten macht, auch nicht der Ausblick auf die große allgemeine Expropriation, sondern unser Rechtsgefühl. Dieses aber, das Streben nach Gleichheit und Gerechtigkeit, ist, soweit ideelle Kräfte in Betracht kommen, das dauernde Element in der Bewegung, das alle Wandlungen in der Doktrin überlebte, aus dem sie zu allen Zeiten immer wieder neue Kraft schöpft."[94]

Die Geschichte jedenfalls war für Bernstein, um ein Diktum der Begründer des Marxismus zu variieren, das Reich der Freiheit, nicht das der Notwendigkeit. Das Ziel des Sozialismus war nicht das in die politische Programmatik aufgenommene Telos einer naturnotwendig sich abspulenden Geschichtsmechanik.[95] Materialisten, das seien Calvinisten ohne Gott, lautete ein auf die calvinistische Prädestinationslehre anspielendes Aperçu Bernsteins.[96] Im Kern ging der Streit um die Interpretation des Basis-Überbau-Problems und damit um die determinierende Qualität der Produktionsverhältnisse, und Bernstein berief sich bei seiner Kritik auch auf den späten Engels. Dieser hatte in einem vielzitierten Brief 1890 die Idee von der Ökonomie als dem einzig bestimmenden Moment des gesellschaftlichen Entwicklungsgangs als absurd abgetan und es vorgezogen, von den Produktionsverhältnissen als den „in letzter Instanz" ausschlaggebenden Wirkungsfaktoren zu sprechen.[97] Solche Selbstauslegungen ließen sich allerdings nach beiden Seiten hin dehnen, und Bernsteins Kritiker lagen wohl kaum falsch, wenn sie ihm entgegenhielten, das „in letzter Instanz" lasse an den Kausalitätsverhältnissen eben doch keinen Zweifel. Aber darauf braucht es in unserem Zusammenhang nicht anzukommen. Entscheidend war, daß bei Bernstein die Produktionsverhältnisse von der Basis der gesellschaftlichen Entwicklung schlechthin zu nur noch *einer* historischen Triebkraft in Konkurrenz mit anderen herabgestuft wurden.[98] Und entscheidend war weiter, daß Bernstein den historischen Materialismus auf ein Maß zurückstutzen wollte, das

---

[94] Zit. nach G. A. Ritter, Die sozialdemokratische Arbeiterbewegung Deutschlands bis zum Ersten Weltkrieg, in: ders., Arbeiterbewegung, Parteien und Parlamentarismus. Aufsätze zur deutschen Sozial- und Verfassungsgeschichte des 19. und 20. Jahrhunderts, Göttingen 1976, S. 21–54, hier S. 39.

[95] Vgl. H. Lübbe, Politische Philosophie in Deutschland. Studien zu ihrer Geschichte, Basel 1963, S. 120.

[96] Bernstein, Die Voraussetzungen, S. 18.

[97] G. Stamer, Die Kunst des Unmöglichen oder die Politik der Befreiung. Über Eduard Bernsteins halbherzigen Versuch, Marx mit Kant zu korrigieren, Frankfurt/M. 1989, S. 138 f.; Gustafsson, Marxismus und Revisionismus, S. 36 ff., bes. S. 42.

[98] Vgl. auch Grebing, Der Revisionismus, S. 41.

den Subjekten der Geschichte ein höheres Maß an autonomer Willensfreiheit und der Geschichte einen stärkeren Faktor an Kontingenz zumaß, als es im Lehrgebäude marxistischer Orthodoxie gemeinhin zugestanden wurde.[99]

Wissenschaftstheoretisch bedeutsam war schließlich die kategoriale Unterscheidung von Sein- und Sollensaussagen, die Bernstein – unter Zuhilfenahme etwas anderer Begriffe, in der Sache aber gleich – in einem für Aufsehen sorgenden Vortrag zu Beginn des Jahrhunderts traf und die manches von dem vorwegnahm, was wenig später Max Weber in bahnbrechender Weise fordern sollte.[100] Indem er Wissenschaft und Sozialismus wieder stärker voneinander dissoziierte, die Wissenschaft dem Reich der Seins-, den Sozialismus der Sphäre der Sollensaussagen zuordnete, stellte Bernstein letztlich die Begriffskombination des „wissenschaftlichen Sozialismus" in Frage, und damit die von Marx und Engels vertretene Auffassung, ihre Spielart des Sozialismus sei nicht mehr einfach nur Ideologie und Glaubenssache, sondern wissenschaftlich ableitbare Erkenntnis aus der Analyse des gesellschaftlichen Entwicklungsgangs. Die wissenschaftliche Betrachtung gesellschaftlicher Verhältnisse einerseits und die Formulierung politischer Ziele andererseits konnten für Bernstein nicht mehr als ein einheitlicher Erkenntnisprozeß verstanden werden, die normativen Grundaussagen des Sozialismus waren wissenschaftlich unentscheidbar. Das war das eine. Durch Bernsteins Unterscheidung von Seins- und Sollensaussagen wurde die Wissenschaft jedoch, wie hinzugefügt werden muß, nicht erkenntnistheoretisch entmachtet, sie wurde vielmehr in ihrer Autonomie gestärkt. Und sie blieb auch weiterhin für den Sozialismus unverzichtbar. Denn das andere war, daß erst die wissenschaftliche Überprüfung jener ethischen Überzeugungen, die bei Bernstein in den Kern des sozialistischen Denkens einrückten, zu klären vermochte, wie realistisch, wie stark in den gesellschaftlichen Begebenheiten fundiert die angestrebten Ziele waren. Vor allem aber bedurfte es der Wissenschaft, um gesicherte Erkenntnisse darüber gewinnen zu können, welche Mittel zu einem gesetzten Ziel würden führen können. Der Sozialismus blieb auf die Wissenschaft angewiesen, ohne selbst im Grunde noch Wissenschaft zu sein.[101]

---

[99] Lidtke, Le premesse teoriche des socialismo in Bernstein, in: Istituto Giangiacomo Feltrinelli, Annali 15 (1973), Storia del marxismo contemporaneo. 2. Aufl., Milano 1975, S. 147–164, hier S. 153 f.; vgl. auch Steger, The quest, S. 108 ff.

[100] Bernstein, Wie ist wissenschaftlicher Socialismus möglich?; W. Weber, Die „Objektivität" sozialwissenschaftlicher und sozialpolitischer Erkenntnis, in: ders., Gesammelte Aufsätze zur Wissenschaftslehre, hg. v. J. Winckelmann, Tübingen 1988, S. 146–214.

[101] Vgl. auch Meyer, Bernsteins konstruktiver Sozialismus, S. 257 ff. und 269 ff.; ders., Wissenschaft und Sozialismus bei Marx, in der Konzeption Eduard Bernsteins und in der Gegenwart, in: Heimann/Meyer, Bernstein, S. 250–273; F. Spreer, Bernstein, Max

6. So ließe sich der Gehalt des Bernsteinschen Revisionismus auf einige eingängige Formeln bringen, Formeln größtenteils, die Bernstein selbst zu Lebzeiten bereitgestellt hatte: Evolution statt Revolution, soziale Reform statt Zusammenbruchserwartung, ethischer Sozialismus statt dialektischer Materialismus, Eklektizismus statt Utopie, parlamentarische Demokratie statt Diktatur des Proletariats. Methodisch setzte Bernstein an die Stelle abstrakter Deduktionen einen geschärften Tatsachenblick. Aber in solchen Formeln steckt immer auch ein Stück sinnentstellender Verkürzung. Bernstein hat kein geschlossenes theoretisches Werk hinterlassen. Und wie bei Marx und Engels findet sich in seinen Schriften Widersprüchliches zuhauf. Sein Realismus ging einher mit überhöhtem Fortschrittsglauben. Was er mit Blick auf die gesellschaftlichen Realitäten an Klarsicht bewies, ließ er, sobald es sich um die Chancen einer Transformierbarkeit des Kaiserreichs in eine sozialistische Demokratie handelte, an nüchternem Urteil vermissen. Bernstein hat den Begriff der Revolution von den zahlreichen Mystifikationen befreit, die ihn im sozialistischen Denken umgaben, dabei aber die integrative Funktion unterschätzt, welche die radikale Rhetorik für eine Außenseiterpartei besaß – die identitätsstiftende Kraft der revolutionären Zukunftserwartung, das einigende Band des chiliastischen Glaubens, die verheißene Entschädigung für die Paria-Stellung in der Gegenwart. Stand die marxistische Ideologie für Siegesgewißheit, so Bernsteins Kritik für Skepsis und Zweifel. Viele der in Gewerkschaften, Ortskrankenkassen, Gemeindevertretungen für nachhaltige Reformen eintretenden Parteimitglieder wollten von der radikalen Rhetorik nicht lassen, auch wenn sie sich in ihrer praktischen Alltagsarbeit längst auf anderen Gleisen bewegten. Aber die ideologische Wagenburgmentalität der Sozialdemokraten hatte auch ihren Preis. Er bestand in einer Verhärtung der innenpolitischen Fronten und in Einbußen an politischer Beweglichkeit.

Die Revisionismus-Debatte der deutschen Sozialdemokratie war im letzten Vorkriegsjahrzehnt abgeflacht, ohne daß sich deshalb die Positionen irgend angenähert hätten. Der Zwiespalt zwischen radikaler Rhetorik und reformistischer Praxis blieb erhalten, die ideologische Einheit der Partei stand mehr und mehr in Frage. Die voneinander abweichenden Theorie- und Strategieauffassungen traten immer mehr in Gestalt divergierender Strömungen in Erscheinung – die revolutionäre Linke um Luxemburg und Liebknecht, das marxistisch-attentistische Zentrum um Bebel und Kautsky, schließlich die Revisionisten und die pragmatisch orientierten Reformisten auf dem rechten Flügel, und weitere

---

Weber und das Verhältnis von Wissenschaft und Politik in der Gegenwartsdiskussion, in: ebd., S. 274–290; Steger, The quest, S. 101.

Differenzierungen kündigten sich an.[102] Fast alle Parteien der Zweiten Internationale kannten inzwischen intensive Bemühungen, die Positionen des – nach wie vor hegemonialen – Marxismus zu überdenken, in Frankreich etwa durch Jean Jaurès, in Italien durch Ivanoe Bonomi, in Rußland durch Pjotre Bernardowitsch Struve.[103] In den Niederungen der Partei wurde das meist, und nicht nur in Deutschland, mit einem gerüttelten Maß an Indifferenz quittiert. Der Streit der Auguren tobte weitab vom Parteialltag in den von dort aus kaum zugänglichen Gipfellagen der theoretischen Höhenkämme. Ein ob der wiederholten Bernstein-Debatten hinlänglich entnervter Delegierter machte auf dem Münchner Parteitag 1902 den Vorschlag, es wäre vielleicht „ratsam, wenn die Akademiker zwei oder drei Tage vor dem allgemeinen Parteitag ihren besonderen Parteitag abhalten" würden.[104]

Was Bernstein selbst anging, nahm dessen weiterer Weg bald eine unerwartete Wendung. Im Ersten Weltkrieg fand er sich unversehens im Lager jener linken Fraktionsminderheit wieder, die sich aus Opposition gegen die Zustimmung zu den Kriegskrediten von der Mehrheit der Reichstagsfraktion trennte und 1917 zur Unabhängigen Sozialdemokratischen Partei zusammentat – dort stand er dann Seite an Seite mit seinen vormaligen Gegenspielern Karl Kautsky, Rosa Luxemburg und Karl Liebknecht.[105] Ideologisch in den Reihen der Linkssozialisten nie richtig beheimatet, kehrte Bernstein nach dem Krieg in den Schoß der Mehrheitspartei zurück. Er nahm entscheidenden Einfluß auf die Formulierung des Görlitzer Parteiprogramms von 1921, ein Dokument der Erneuerung aus dem Geiste des Revisionismus – mußte dann aber erleben, wie die Partei nur vier Jahre später im Heidelberger Programm weitgehend zu den hergebrachten Rezepturen marxistischer Ideologietradition zurückkehrte.[106] Bis

[102] Vgl. dazu noch immer C. E. Schorske, Die große Spaltung. Die deutsche Sozialdemokratie von 1905 bis 1917, Berlin 1981 (erstmals amerikanisch 1955).

[103] Kolakowski, Die Hauptströmungen des Marxismus. Bd. II; Braunthal, Geschichte der Internationale. Bd. 1, S. 263 ff.; Gustafsson, Marxismus und Revisionismus; G. Arfé, Storia del socialismo italiano (1892–1926), Torino 1965, S. 71 ff.

[104] Zit. nach Miller, Das Problem der Freiheit, S. 225.

[105] Zur Entwicklung der Sozialdemokratie im Weltkrieg vgl. S. Miller, Burgfrieden und Klassenkampf. Die deutsche Sozialdemokratie im Ersten Weltkrieg, Düsseldorf 1974; zu Bernstein dies., Bernsteins Haltung im Ersten Weltkrieg und in der Revolution 1918/19, in: Heimann/Meyer, Bernstein, S. 213–221.

[106] Winkler, Von der Revolution, S. 434 ff.; ders., Der Schein der Normalität. Arbeiter und Arbeiterbewegung in der Weimarer Republik 1924 bis 1930, Berlin/Bonn 1985, S. 320 ff.; ders., Klassenbewegung oder Volkspartei? Zur Programmdiskussion in der Weimarer Sozialdemokratie 1920–1925, in: Geschichte und Gesellschaft 8 (1982), S. 9–54; ders., Eduard Bernstein as Critic of Weimar Social Democracy, in: R. Flet-

1928 blieb Bernstein zwar noch Reichstagsabgeordneter, seine Stimme fand aber in der Partei immer weniger Gehör. Sein Tod im Dezember 1932 verhinderte, daß er am Ende seines Lebens auch noch Zeuge von Hitlers Machtergreifung hätte werden müssen.[107]

Zuletzt war es nicht nur um Bernstein selbst sehr still geworden, auch seine Theoriebeiträge gerieten immer mehr in Vergessenheit. Wenn überhaupt erlebten sie eine Renaissance weniger bei der Abfassung des Godesberger Programms von 1959 – wie man an sich ja hätte annehmen dürfen –, als vielmehr Mitte der siebziger Jahre, als die Wiederentdeckung Bernsteins und des Revisionismus dazu dienen sollte, Dämme gegen die Irr- und Abwege einer neomarxistischen Reideologisierung sozialdemokratischer Parteiprogrammatik zu errichten.[108] Mancher meinte nun, einen tiefen Griff in die Asservatenkammer historischer Theoriedebatten nehmen zu müssen. So ernannte Peter Glotz Bernstein zum Vorreiter des Sozialliberalismus, der Abkehr von radikaler Phraseologie, der Erhaltung des liberalen Erbes und des Einsatzes für eine wohlverstandene, was heißen sollte: temperierte Demokratisierung der Gesellschaft.[109] Andere wollten Bernsteins Revisionismus aus der Umklammerung von falschen rechten Freunden und ebenso falschen linken Feinden retten, ihn als Theoretiker der Halblinken gegen die Ultralinken aufmöbeln und seinen Ansatz als systemverändernde Integrationsideologie revitalisieren.[110] Die meisten sahen jedoch recht klar, daß die drängenden Fragestellungen der Zeit über Bernstein hinweggegangen waren.[111] Das war denn auch die angemessenste Position für einen

cher (Hg.), Bernstein to Brandt. A Short History of German Social Democracy, London 1987, S. 167–183.

107 Hierzu auch Steger, The quest, S. 245 ff.

108 Dazu polemisch aus Sicht der linken Bernstein-Kritik C. Butterwegge, Der Bernstein-Boom in der SPD. Grundlagen, Geschichte und Funktion der gegenwärtigen Revisionismus-Renaissance, in: Blätter für deutsche und internationale Politik 23 (1978), S. 579–592; zur wissenschaftlichen Wiederentdeckung Mitte der siebziger Jahre vgl. auch D. W. Morgan, The Father of Revisionism Revisited: Eduard Bernstein, in: Journal of Modern History 51 (1979), S. 525–532.

109 P. Glotz, Thesen zur Aktualität Bernsteins, in: Heimann/Meyer, Bernstein, S. 89–95.

110 H. Heimann, Die Bedeutung des revisionistisch-reformistischen Theorieansatz Bernsteins für den Demokratischen Sozialismus, in: Die Neue Gesellschaft 24 (1977), S. 1017–1022; vgl. auch ders., Theoriediskussion in der SPD, Frankfurt/M./Köln 1975, S. 251 ff.

111 Vgl. G. Schwan, Betrachtungen zur Aktualität Bernsteins, in: Heimann/Meyer, Bernstein, S. 110–113; J. Strasser, Einige Bemerkungen zur aktuellen Bedeutung Eduard Bernsteins, in: ebd., S. 114–117; W. Jüttner, Die Reaktivierung Eduard Bernsteins – ein Beitrag zur Entwicklung sozialistischer Theorie und Praxis? in: Die Neue Gesell-

Theoretiker, der stets für die Anpassung der Programmatik an die sich wandelnden Zeitverhältnisse gestritten hatte. So blieb er zuletzt – zwar nicht unehrenhaft, doch für Theoretiker immer ein schlechtes Zeichen – nur noch den Historikern anvertraut. Gelegentlich noch blitzte der Name auf, doch dann mehr als Symbolfigur für den immerwährenden Revisionsbedarf des Sozialismus oder den Vorrang von Teilreformen vor dem großen Systementwurf. 1990 mußte Michail Gorbatschow eingestehen, man habe Bernstein im Lager des Marxismus immer gebrandmarkt – und das war wohl wahr –, heute müsse man sagen, er habe recht behalten.[112]

In der jubiläenerprobten Ahnengalerie der Sozialdemokratie besaß er inzwischen einen respektablen Platz, aber die Rolle des „vielleicht wichtigsten Wegbereiters der modernen Sozialdemokratie"[113] (Th. Meyer) blieb Bernstein wohl doch nur im Konjunktiv vorbehalten. Auch wenn im Godesberger Programm bei genauem Hinsehen vieles an Bernstein erinnern mochte, verlor mit zunehmendem zeitlichen Abstand die Frage nach geistigen Vorbildern und intellektuellen Verwandtschaften für viele doch an Virulenz. Über dem Schreibtisch Helmut Schmidts als Bundeskanzler, einem überzeugten Anhänger des kritischen Rationalismus, hing das Porträt des unerschrockenen Marxisten August Bebel.[114]

schaft 24 (1977), S. 1023–1025; vgl. abwägend auch H.-J. Steinberg, Zur politischen Aktualität Eduard Bernsteins, in: ebd., S. 1014–1017.

[112] E. Pößneck, Was wollte Eduard Bernstein? Eine Betrachtung zum Inhalt seiner Gesellschaftsauffassung, Leipzig 1993, S. 5.

[113] T. Meyer, Das kann der SPD nur nützen: Bernsteins konstruktiver Sozialismus, in: Die Neue Gesellschaft 24 (1977), S. 849–855, hier S. 850.

[114] H. Schmidt, Weggefährten. Erinnerungen und Reflexionen, Berlin 1996, S, 74.

Hermann Wagener (1815–1889)

Hans-Christof Kraus

I. Der moderne deutsche Sozialstaat beruht, ideenhistorisch gesehen, auf drei verschiedenen Traditionslinien, die bis weit in das 19. Jahrhundert zurückreichen. Als erste ist hier ohne Frage die sozialistische Tradition zu nennen, die sich in der *Arbeiterbewegung* politisch konstituierte und in ihrer sozialdemokratischen Ausprägung seit der Weimarer Republik und dann vor allem nach 1945 maßgeblich zum Aufbau sozialstaatlicher Strukturen in Deutschland beigetragen hat. Als zweite große Traditionslinie muß die *christliche Soziallehre* genannt werden, die ebenfalls vor eineinhalb Jahrhunderten zu entstehen begann und in späterer Zeit, nach dem Zweiten Weltkrieg, den Aufbau einer modernen sozialen Marktwirtschaft – zuerst in Westdeutschland – in vielen grundlegenden Aspekten mitgeprägt hat. Die dritte dieser sozialstaatlichen Traditionslinien ist heute die am wenigsten bekannte: Gemeint ist der deutsche *Sozialkonservatismus*, der von den ersten Anfängen im Umfeld der Politischen Romantik über den Kathedersozialismus und die Bismarcksche Sozialgesetzgebung bis hin zu sozialkonservativen Entwürfen aus der Ära der Zwischenkriegszeit reicht, die etwa mit Namen wie Othmar Spann und Werner Sombart verbunden sind.

Die Ursprünge der sozialkonservativen politischen Ideenwelt liegen in ganzheitlichen, universalistischen Ordnungsvorstellungen, wie sie für die Vormoderne charakteristisch sind. Die Wirklichkeit wird hier verstanden als ganzheitliches Ordnungssystem, als harmonische, göttlich verbürgte Ordnung, deren integraler Bestandteil eine ebenso strukturierte Sozialordnung darstellt. Die Menschen sind nach diesem Modell nicht an sich, sondern nur vor Gott gleich. In ihrer konkreten, d. h. weltlichen sozialen Existenz gehören sie nach göttlichem Willen kraft Geburt einer sozialen Schicht, einem Stand an, der ihnen ihren Platz innerhalb der sozialen Ordnung zuweist. Fürstlich, adelig, bürgerlich, bäuerlich, – arm oder reich, – frei oder unfrei, – oben oder unten: Die Stellung jedes Menschen ist definiert von seiner (durch Herkunft bedingten) Standeszugehörigkeit. Dieser sozialen Ungleichheit korrespondiert allerdings das Gebot der Nächstenliebe, der moralischen Pflicht zur Mildtätigkeit gegenüber den Schwachen und zur Unterstützung der in Not Geratenen.

Dieses traditionalistisch-vormoderne Weltbild wurde seit dem Ende des 18. Jahrhunderts durch die drei großen Revolutionen: die *intellektuelle* Revolution der Aufklärung, die *politische* Revolution diesseits und jenseits des Ozeans, schließlich auch durch die (zuerst in Großbritannien einsetzende) *industrielle* Revolution nachhaltig erschüttert und langfristig dem Untergang anheimgegeben. Die geistige, politische und sozial-ökonomische Moderne erlebte im 19. Jahrhundert ihren Siegeszug und veränderte damit das Leben der Menschen, das im vorrevolutionären Zeitalter Alteuropas noch vergleichsweise statisch und von wenigen grundlegenden Veränderungen geprägt gewesen war. Die hiermit verbundene langsame Auflösung traditioneller Lebensordnungen, dazu auch neue landwirtschaftliche Produktionsformen führten zu einem raschen Ansteigen der Bevölkerungszahl in fast allen europäischen Ländern, und dieser Vorgang wiederum zog unabsehbare soziale Folgen nach sich.

Es entstand ein Phänomen sozialer Verarmung und Verelendung, das man bereits früh als „Pauperismus" bezeichnete. Hierauf waren nun sehr verschiedene Reaktionen möglich: Als Anhänger wirtschaftsliberaler Ideen – des Manchesterliberalismus, wie man damals sagte – konnte man im Pauperismus entweder ein kurzes, vorübergehendes Moment im ökonomischen Aufstieg, eine kleine Störung im Wirtschaftsablauf erblicken, oder, sozialdarwinistisch gewendet, ein notwendiges Absteigen der Leistungs- und Anpassungsschwachen im ökonomisch-sozialen Überlebenskampf. Die andere Reaktion aber war die sozialkonservative Variante: Der Pauperismus wurde hier als schwere Krise des sozialen Lebens begriffen, der man mit allen möglichen und vertretbaren Mitteln – von einem Ausbau der Armenfürsorge bis zu einer neuen Wirtschaftsgesetzgebung – abzuhelfen versuchte.

Nicht zufällig waren es in Deutschland die Vertreter der Politischen Romantik wie etwa Adam Müller und Franz von Baader, die angesichts der Verelendungstendenzen des frühen 19. Jahrhunderts als erste der liberalen Wirtschaftsphilosophie die Idee der sozialen Bindung des Eigentums entgegenstellten. Der ökonomische wie der politische Liberalismus wurden von diesen Autoren – zu denen später andere traten, etwa Joseph Maria von Radowitz oder Victor Aimé Huber, in England Thomas Carlyle und Thomas Chalmers – als Element der sozialen Zersetzung, der Zerstörung gewachsener und bewährter politisch-sozialer Grundordnungen begriffen und nachhaltig bekämpft. Diese antiliberal-traditionalistische, aber doch keinesfalls immer rückwärtsgewandte, auch nicht nur sozialromantische Grundperspektive hat den Sozialkonservatismus bis ins frühe 20. Jahrhundert hinein tief geprägt.[1] Jedenfalls ist, wie auch das große

[1] Zum Sozialkonservatismus, der noch nicht umfassend und im Zusammenhang dargestellt worden ist, siehe u. a.: W. O. Shanahan, The Social Outlook of Prussian Conservatism, in: The Review of Politics 15 (1953), S. 209–252; ders., Der deutsche Prote-

Hermann Wagener (1815–1889)

Projekt der seit 1994 erscheinenden „Quellensammlung zur Geschichte der deutschen Sozialpolitik 1867 bis 1914“[2] zeigt, die spezifisch deutsche sozialstaatliche Tradition ohne Kenntnis der sozialkonservativen Ideenwelt und der Aktivitäten sozialkonservativer Politiker während des 19. Jahrhunderts nicht angemessen zu verstehen.

II. Zu den herausragendsten Politikern dieser Richtung zählt Hermann Wagener.[3] Er war ein Sohn der Mark Brandenburg und wurde am 15. März 1815 in

---

stantismus vor der sozialen Frage, München 1962; J. Baptist Müller, Der deutsche Sozialkonservatismus, in: Konservatismus. Eine deutsche Bilanz, München 1971, S. 67–97; D. Blasius, Konservative Sozialpolitik und Sozialreform im 19. Jahrhundert, in: Rekonstruktion des Konservatismus, hg. von G.-K. Kaltenbrunner, Freiburg i. Br. 1972, S. 469–488; K. Hornung, Die sozialkonservative Tradition im deutschen Staats- und Gesellschaftsdenken, in: Soziales Denken in Deutschland zwischen Tradition und Innovation, hg. von J.-D. Gauger/K. Weigelt, Bonn 1990, S. 30–68; speziell zur Politischen Romantik: H.-C. Kraus, Politisches Denken der deutschen Spätromantik, in: Literaturwissenschaftliches Jahrbuch 38 (1997), S. 111–146 (leicht veränderte Fassung in diesem Band, S. 33–69) – Neuere Überblicke bei H. Beck, Die Rolle des Sozialkonservatismus in der preußisch-deutschen Geschichte als Forschungsproblem, in: Jahrbuch für die Geschichte Mittel- und Ostdeutschlands 43 (1995), S. 59–91, und K. Hornung, Sozialkonservatismus, in: Lexikon des Konservatismus, hg. v. C. v. Schrenck-Notzing, Graz/Stuttgart 1996, S. 515–517.

2 Quellensammlung zur Geschichte der deutschen Sozialpolitik 1867 bis 1914, hg. v. K. E. Born/H. Henning/F. Tennstedt, Bd. I/1 ff., Stuttgart/Jena/New York 1994 ff. – Diese wichtige und editorisch vorzügliche Ausgabe enthält im ersten Band eine Fülle von Originaltexten und weiteren Hinweisen zur sozialpolitischen Tätigkeit Wageners und seines persönlichen wie politischen Umfeldes; sie bleibt für jede weitere Bearbeitung des Themas unverzichtbar.

3 Eine umfassende politische Biographie existiert nicht, daher sind die drei umfangreichsten Darstellungen (zwei davon ungedruckt!) noch immer unentbehrlich: F. Eberhardt, Friedrich Wilhelm Hermann Wagener. Die ideellen Grundlagen seines Konservatismus und Sozialismus. Ein Beitrag zur Geschichte und Psychologie des Konservatismus, phil. Diss. (masch.) Leipzig 1922; S. Christoph, Hermann Wagener als Sozialpolitiker. Ein Beitrag zur Vorgeschichte der Ideen und Intentionen für die große deutsche Sozialgesetzgebung im 19. Jahrhundert, phil. Diss. (masch.) Erlangen 1950; W. Saile, Hermann Wagener und sein Verhältnis zu Bismarck. Ein Beitrag zur Geschichte des konservativen Sozialismus, Tübingen 1958; die biographischen Angaben im folgenden nach diesen Arbeiten. Kürzere Darstellungen sind: H. v. Petersdorff, Hermann Wagener, in: Deutscher Aufstieg. Bilder aus der Vergangenheit und Gegenwart der rechtsstehenden Parteien, hg. v. H. v. Arnim/G. v. Below, Berlin/Leipzig/Wien/Bern 1925, S. 169–179; H.-J. Schoeps, Hermann Wagener, ein konservativer Sozialist, in: ders., Das andere Preußen. Konservative Gestalten und Probleme im Zeitalter Friedrich Wil-

Seegelitz im Kreis Neuruppin als Sohn eines Landpfarrers geboren (er war also nur fünfzehn Tage älter als sein Altersgenosse und späterer zeitweiliger politischer Mitstreiter Otto von Bismarck). Nach dem Besuch des Gymnasiums in Salzwedel studierte er von 1835 bis 1838 Jurisprudenz an der Universität Berlin. Bereits hier zeigten sich seine ausgeprägten politischen und religiösen Interessen und Vorlieben, denn er hörte nicht etwa den linksliberalen Hegelschüler Eduard Gans, sondern studierte vorrangig bei Friedrich Carl von Savigny und vor allem bei dessen streng konservativ-legitimistisch gesinnten Schüler Carl Wilhelm von Lancizolle[4].

Nachdem Wagener 1841 seine erste juristische Staatsprüfung absolviert hatte, ging er als Referendar an das Landgericht in Frankfurt a. d. Oder, vielleicht auf Vermittlung seines Lehrers Lancizolle, der mit dem Vizepräsidenten des dortigen Gerichts, Ernst Ludwig von Gerlach, seit gemeinsamen Studententagen eng befreundet war. Der junge Jurist kam hier in ein geistiges und politisches Umfeld, das ihn tief prägen sollte; die antirevolutionäre und antiliberale Grundhaltung sowie die konservative Idee des „christlichen Staates" sind ihm von Gerlach, der offenbar einen großen Eindruck auf Wagener gemacht hat, vermittelt worden.[5] Die Verbindungen, die ihm hier eröffnet wurden, halfen ihm auch beruflich weiter: Nach dem letzten Examen nahm Wagener eine Tätigkeit in der preußischen Domänenverwaltung auf; sein unmittelbarer Vorgesetzter war Gerlachs Schwager Ernst Senfft von Pilsach, pietistischer Laienprediger und ebenfalls ein streng kirchlich gesinnter Mann, der es später bis zum Oberpräsidenten von Pommern bringen sollte. 1847 holte Gerlach, inzwischen Oberlandesgerichtspräsident von Magdeburg, den vielversprechenden jungen Juristen als Gerichts- und gleichzeitig als Konsistorialassessor in die Hauptstadt der Provinz Sachsen.

Hier wurde Wagener sogleich in die Kämpfe der evangelischen Orthodoxie und der Vertreter des Pietismus gegen die hier besonders einflußreichen theologischen Rationalisten, die bürgerlich-liberal gesinnten „Lichtfreunde", mit hineingezogen; in eine Auseinandersetzung innerhalb der evangelischen Kirche

---

helms IV., 5. Aufl., Berlin 1981, S. 203–228; K. Hornung, Preußischer Konservatismus und soziale Frage – Hermann Wagener (1815–1889), in: Konservative Politiker in Deutschland, hg. v. H.-C. Kraus, Berlin 1995, S. 157–183. – Ebenfalls noch wichtig: G. Ritter, Die preußischen Konservativen und Bismarcks deutsche Politik 1858 bis 1876, Heidelberg 1913; W. Vogel, Bismarcks Arbeiterversicherung. Ihre Entstehung im Kräftespiel der Zeit, Braunschweig 1951, S. 118 ff.

4 Vgl. M. Lenz, Geschichte der königlichen Friedrich-Wilhelms-Universität zu Berlin, Bde. I–IV, Halle/S. 1910–1918, hier Bd., II/1, S. 209 ff., 384 ff., 474 ff.

5 Vgl. H.-C. Kraus, Ernst Ludwig von Gerlach. Politisches Denken und Handeln eines preußischen Altkonservativen Bd. I, Göttingen 1994, S. 341 f., 410.; Saile, Hermann Wagener und sein Verhältnis zu Bismarck (wie Anm. 3), S. 8 f.

also, in der sich bereits die politischen Frontstellungen des Revolutionsjahres 1848 abzuzeichnen begannen.[6] Wagener kämpfte allerdings, wie gesagt werden muß, aus ehrlicher und tiefgegründeter religiöser Überzeugung gegen jene Kräfte, denen daran gelegen war, den christlichen Glauben auf die Ebene des rationalen Denkens zu heben und – auf Kosten des religiösen Gehalts – von allen scheinbar „rückständigen" Elementen zu reinigen. Bereits während seines Berliner Studiums hatte er religiösen Zirkeln angehört und sich darüber hinaus im Laufe der Zeit durch unablässige Lektüre eine erstaunlich breite theologische Bildung angeeignet.

Er entwickelte in diesen Jahren eine geradezu kämpferische Religiosität, die sich dem säkularen Zeitgeist auf allen Gebieten mit Entschiedenheit entgegenstellte. Verstärkt wurde diese Tendenz noch durch Wageners Beitritt zu der apostolischen Sekte der Irvingianer (oder Altapostolischen Gemeinde) im März 1848. Hervorgegangen war diese radikale christliche Glaubensgemeinschaft aus der Londoner Erweckungsbewegung; ihr Begründer, der Prediger Edward Irving, erstrebte in erster Linie die Erneuerung der christlichen Urkirche, da er das baldige Ende der Welt vermutete. So wurden in dieser Sekte urkirchliche Ämter, also Apostel, Propheten und Evangelisten, wieder zum Leben erweckt, und besonders großes Gewicht wurde auf das Laienpriestertum gelegt.[7] Auch Wagener hat als Diakon seiner Glaubensgemeinschaft gewirkt und Predigten gehalten, was ihm von seiten seiner altkonservativ-kirchlich orientierten Gesinnungsfreunde jetzt und später immer wieder Anfeindungen eingebracht hat. Die stark karitative, auf tätige christliche Nächstenliebe hin angelegte Lehre Edward Irvings und dessen Anregers und Lehrers Thomas Chalmers hat auch Wageners soziales Bewußtsein tief und nachhaltig geprägt.[8]

Die antirevolutionär-konservative politische Grundrichtung, zu der sich Wagener seit dem Ausbruch der Revolution von 1848 offen bekannte, wurde also aus mehreren Quellen gespeist. Im Zentrum aber stand zweifellos seine

---

6 Vgl. dazu u. a. W. Breywisch, Uhlich und die Bewegung der Lichtfreunde, in: Sachsen und Anhalt. Jahrbuch der Historischen Kommission für Sachsen und Anhalt 2 (1926), S. 159–221; J. Brederlow, „Lichtfreunde" und „Freie Gemeinden". Religiöser Protest und Freiheitsbewegung im Vormärz und in der Revolution von 1848/49, München/Wien 1976; Kraus, Ernst Ludwig von Gerlach (wie Anm. 5), Bd. I, S. 357 ff.

7 Vgl. O. Eggenberger, Art. „Katholisch-Apostolische Gemeinde", in: Die Religion in Geschichte und Gegenwart, Bd. III, Tübingen 1959, Sp. 1196 f.; informativ auch der ältere Artikel von T. Kolde, Irving, Edward und der Irvingianismus, in: Realencyclopädie für protestantische Theologie und Kirche, hg. v. A. Hauck, Bd. IX, Leipzig 1901, S. 424–437.

8 Vgl. Eberhardt, Friedrich Wilhelm Hermann Wagener (wie Anm. 3), S. 59 ff., bes. S. 71 ff.; Saile, Hermann Wagener und sein Verhältnis zu Bismarck (wie Anm. 3), S. 6 ff., 13 f.

starke Gläubigkeit, die sich gleich in zweifacher Hinsicht politisch auswirkte: den aufstrebenden bürgerlichen Liberalismus bekämpfte er *einerseits* wegen seiner rationalistischen, teilweise auch offen atheistischen Tendenzen, die er als fatale Vorboten eines entchristlichten (und damit – in seiner Perspektive – zutiefst sündhaften) kommenden Zeitalters ansah, und *andererseits* wegen seiner, wie es schien, sozial auflösenden Folgen. Der Wirtschaftsliberalismus galt ihm als Ursache für die Vernichtung historisch gewachsener und traditioneller sozial-ökonomischer Ordnungsstrukturen, deren Verlust als der Hauptgrund für die allgemeine Verarmung und vielfache Verelendung der Unterschichten angesehen wurde. Hermann Wageners politischer Lebensweg war also bereits sehr früh vorgezeichnet.

Im Revolutionsjahr gehörte er zu den ersten, die nach dem Umsturz im März 1848 aus politischen Gründen ihres Amtes enthoben wurden. Zusammen mit seinen Altersgenossen Moritz von Blanckenburg, Hans von Kleist-Retzow und Otto von Bismarck (den er vermutlich um 1847 im Umfeld Gerlachs und Blanckenburgs kennengelernt hatte) stürzte Wagener sich sogleich in die antirevolutionäre Agitation. Die Brüder Gerlach, Ernst Ludwig und Leopold[9], General und enger Vertrauter König Friedrich Wilhelms IV., setzten nun einen schon länger erwogenen Plan ins Werk: die Schaffung einer konservativ-gegenrevolutionären Tageszeitung, die ab Juli 1848 unter dem Namen „Neue Preußische Zeitung“ erschien und bald schon wegen des Eisernen Kreuzes im Titel nur noch „Kreuzzeitung“ genannt wurde. Als Chefredakteur fungierte Hermann Wagener, der bereits vorher journalistisches Talent bewiesen hatte.[10] Sein Mentor Gerlach setzte es im übrigen durch, daß der Chefredakteur die neue Zeitung ungehindert von Eingriffen der Geldgeber des Blattes leiten konnte.[11]

Das „Programm“ der Kreuzzeitung, an dessen Formulierung Wagener mit großer Sicherheit beteiligt war, gab die Richtung vor: Man wolle nicht, hieß es darin einerseits, „dass die Revolution, die als Thatsache nicht ungeschehen zu

---

9 Vgl. zu beiden die Skizze von H.-C. Kraus, Leopold und Ernst Ludwig von Gerlach, in diesem Band, S. 155–178.

10 Vgl. hierzu nebenden Darstellungen in der Literatur über Wagener auch P. A. Merbach, Die Kreuzzeitung 1848–1923. Ein geschichtlicher Rückblick, in: Neue Preußische (Kreuz-) Zeitung, 16. 6. 1923 (Festnummer zum 75-jährigen Jubiläum), S. 2 ff.; K. Danneberg, Die Anfänge der „Neuen Preußischen (Kreuz-) Zeitung“ unter Hermann Wagener 1848–1852, phil. Diss. (masch.) Berlin 1943, S. 25 ff.; K. Koszyk, Deutsche Presse im 19. Jahrhundert. Geschichte der deutschen Presse, Teil II, Berlin 1966, S. 130 ff.; W. J. Orr Jr., The Foundation of the Kreuzzeitung Party in Prussia, 1848–1850, phil. Diss. University of Wisconsin 1971, S. 55 ff.; M. Rohleder/B. Treude, Neue Preußische (Kreuz-) Zeitung (1848–1939), in: Deutsche Zeitungen des 17. bis 20. Jahrhunderts, hg. von H.-D. Fischer, München-Pullach 1972, S. 209 ff.

11 Vgl. Kraus, Ernst Ludwig von Gerlach (wie Anm. 5), Bd. I, S. 413 f.

machen ist, sich als Princip unseres öffentlichen Lebens festsetze, dass dem deutschen Volke im Namen der Freiheit und des Fortschritts fremde und undeutsche Institutionen aufgedrungen werden", – doch andererseits bekannte man ebenfalls, man werde „zugleich [...] in der neuen Ordnung der Dinge, die wir mit ihren Verheissungen ernst beim Wort nehmen, diejenigen Elemente aufweisen, welche wahre Realität und Inhalt haben, die lebensfähigen Triebe (unter organischer Anknüpfung an das geschichtlich Gegebene) zu positiven Bildungen [...] zu entwickeln und so zu zeigen suchen, wo wahre Freiheit und wahrer Fortschritt liegt"[12]. Das war sehr geschickt formuliert, denn man zog sich hier nicht auf die unfruchtbare Position einer starren Fundamentalopposition gegen die neue Lage zurück, sondern man nahm die Revolutionäre beim Wort und versuchte sogar, im Kampf um die zentralen Begriffe der Zeit – Freiheit und Fortschritt – an Boden zu gewinnen. Eben diese Taktik sollte Wagener während seiner gesamten politischen Laufbahn verfolgen.

III. Nur fünf Jahre amtierte Wagener als Chefredakteur des konservativen Parteiblattes, das sich bald zu einer der bekanntesten und meistgelesenen, freilich auch vielgehaßten Tageszeitungen Preußens entwickelte. Das lag auf der einen Seite an dem hohen Informationsgehalt der Kreuzzeitung, die über viele Sympathisanten und Informanten in den oberen und obersten Staatsinstitutionen verfügte, und zum anderen an der harten und schonungslosen Agitation des Blattes, das auch vor unsauberen Methoden nicht zurückschreckte. Seitdem Wagener noch im Revolutionsjahr von einem fanatischen Revolutionär überfallen und schwer verletzt worden war (er hatte den Angriff und dessen Folgen nur infolge seiner schnellen Reaktion und starken Konstitution bald überwinden können)[13], nahm er selbst keine Rücksichten mehr im Kampf gegen seine Gegner.

Die bis dahin „unerhörte Schärfe und Gehässigkeit"[14] verschaffte dem Blatt viele Kritiker, auch im eigenen Lager. Hinzu kam, daß der Chefredakteur sich mit Mitarbeitern umgab, sich auf Informanten und Zuträger verließ, zu denen er lieber Abstand gehalten hätte. Jedenfalls geriet er dadurch mehr als einmal in große Schwierigkeiten: Das größte Aufsehen erregte ein Hochverratsprozeß gegen zwei demokratische Berliner Abgeordnete, Benedikt Waldeck und Karl d'Ester, der in den Jahren 1849/50 geführt wurde. Das Belastungsmaterial gegen die Angeklagten, das vom Mittelsmann eines Kreuzzeitungsredakteurs geliefert worden war, stellte sich als Fälschung heraus: Die Angeklagten wur-

---

[12] Zitiert nach dem Abdruck in: Hermann Wagener, Erlebtes – Meine Memoiren aus der Zeit von 1848 bis 1866 und von 1873 bis jetzt, Bd. I, Berlin 1884, S. 6 f.

[13] Vgl. ebd., Bd. I, S. 16 f.

[14] Saile, Hermann Wagener und sein Verhältnis zu Bismarck (wie Anm. 3), S. 13.

den freigesprochen und Wagener mußte zugeben, daß er sich in der Wahl seiner Mittel vergriffen hatte.[15] Seinem Wahlspruch: der Zweck heilige die Mittel – wenn es nur der rechte Zweck sei[16], hatte bereits Gerlach scharf widersprochen, doch Wagener dachte nicht daran, sein Vorgehen zu ändern.

Immer wieder gab es Konflikte um die Kreuzzeitung und ihre Berichterstattung, deren Schärfe sich auch in der beginnenden Reaktionszeit der frühen 1850er Jahre keineswegs milderte. Wagener, der sich während seiner langen politischen Laufbahn niemals durch besonderes taktisches Geschick oder durch Gespür für Situationen und Persönlichkeiten auszeichnete, brachte sich nach mannigfachen Fehlgriffen, nach Attacken auf die Regierung des Ministerpräsidenten Otto von Manteuffel und auch nach mehreren sehr ungeschickten außenpolitischen Artikeln schließlich um seine Stellung als Chefredakteur. Nachdem das Blatt seit 1850 mehrere Male polizeilich beschlagnahmt und Wagener mit mehreren Gerichtsverfahren überzogen worden war, trat er im Juni 1853 von seinem Posten zurück; selbst das persönliche Eingreifen des Königs – der die Kreuzzeitung als einziges preußisches Blatt regelmäßig zu lesen pflegte – konnte Wagener von diesem Schritt nicht abhalten. Immerhin zeigten sich die preußischen Junker, deren Sache der kämpferische Publizist fünf Jahre lang mit Erfolg vertreten hatte, jetzt nicht kleinlich: Wagener erhielt ein Ehrengeschenk von 32 000 Talern, für das er sich im Kreis Neustettin ein Gut erwarb und auf diese Weise vorübergehend selbst zum Junker wurde.[17]

Doch er begnügte sich in den folgenden Jahren keineswegs mit dem Dasein eines Gutsbesitzers: Noch im gleichen Jahr wurde er im Zuge einer Nachwahl in das preußische Abgeordnetenhaus gewählt, dem er fortan – allerdings mit zwei Unterbrechungen – bis 1870 als Mitglied der konservativen Parlamentsfraktion angehören sollte.[18] In diesen Jahren begann er auch die Eierschalen der altkonservativ-ständischen Gedankenwelt, die ihm vor 1848 von seinen politischen Lehrmeistern vermittelt worden war, langsam abzustreifen. Je mehr er erkannte, daß angesichts der neuen sozialen und gesellschaftlichen Realitäten die alte Welt der vorrevolutionären ständischen Ordnung endgültig der Vergangenheit angehörte, entwickelte er erstmals in Ansätzen seine sozialpolitischen Ideen, die

---

15 Vgl. dazu die Darstellung bei W. Biermann, Franz Leo Benedikt Waldeck. Ein Streiter für Freiheit und Recht, Paderborn 1928, S. 153–238; vgl. Kraus, Ernst Ludwig von Gerlach (wie Anm. 5), Bd. II, S. 610.

16 Vgl. Saile, Hermann Wagener und sein Verhältnis zu Bismarck (wie Anm. 3), S. 23.

17 Vgl. hierzu u. a. ebd., S. 26 ff.; Kraus, Ernst Ludwig von Gerlach (wie Anm. 5), Bd. II, S. 615 ff.

18 Die genauen Angaben bei B. Haunfelder, Biographisches Handbuch für das preußische Abgeordnetenhaus 1849–1867, Düsseldorf 1994, S. 261 f.: Wagener gehörte dem Abgeordnetenhaus als Vertreter pommerscher Wahlkreise (Köslin, später Stettin) in den Jahren 1853–1858, 1861 und 1863–1870 an.

ihn später bekannt machen sollten. Starken Einfluß übte damals auf ihn Lorenz von Steins Konzept eines „sozialen Königtums" aus.[19] Kerngedanke dieser Konzeption war: Der (wie Wagener voraussehen zu können meinte) künftig durch das liberale Wirtschaftsbürgertum politisch immer stärker an den Rand gedrängte Monarch sollte versuchen, durch ein Bündnis mit den Unterschichten gegen das Besitzbürgertum seine Machtposition wieder zu verstärken, und zwar auf dem Wege einer umfassenden staatlichen Sozialpolitik.

In einem bereits 1855 verfaßten und gedruckten Programmentwurf für die konservative Partei[20] zitierte Wagener die zentrale Formulierung Steins, das Königtum werde „fortan entweder ein leerer Schatten oder eine Despotie werden oder untergehen in Republik, wenn es nicht den hohen sittlichen Muth hat, ein Königthum der socialen Reform zu werden"[21]. Neben dem *wirtschaftlichen* Liberalismus habe, so Wagener, auch der *politisch-soziale* Liberalismus „zur Lösung der gesellschaftlichen Bande, zur Atomisirung der Gesellschaft geführt. Daher wird der Cultus des Individuums zu beseitigen, die Gesellschaft in ihre Rechte wieder einzusetzen [...] sein". Und in einer weiteren Bemerkung ließ er noch einmal die religiös-moralischen Motive seines politischen Denkens anklingen: „Niemand täusche sich mit der Hoffnung, die Gesellschaft retten zu können, so wie sie ist, mit ihren Mängeln und Gebrechen, mit ihrem Trug und Geiz, mit ihrer Selbstsucht, Ungerechtigkeit und Lieblosigkeit: diese Gestalt der Gesellschaft ist schon gerichtet. Wem die Rettung der Gesellschaft mehr ist als eine politische Phrase, der wird dieselbe nur darin finden, dass er die Gesellschaft auf ihre sittlichen, natürlichen, gesunden Grundlagen zurückführt und so der Kirche in dem Staat, dem Staat in der Gesellschaft ein gedeihliches Feld ihrer Thätigkeit zur Besserung der Menschen eröffnet"[22].

Mit einzelnen Details eines sozialpolitischen Aktionsprogramms hielt sich Wagener hier noch zurück, doch entfaltete er bald andernorts eine umfassende publizistische Tätigkeit. Zuerst arbeitete er in dem 1855 gegründeten sozialpo-

---

19 Vgl. dazu u. a. D. Blasius, Lorenz von Steins Lehre vom Königtum der sozialen Reform und ihre verfassungspolitischen Grundlagen, in: Der Staat 10 (1971), S. 33–51; E.-W. Böckenförde, Lorenz von Stein als Theoretiker der Bewegung von Staat und Gesellschaft zum Sozialstaat, in: ders., Staat – Gesellschaft – Freiheit, Frankfurt/M. 1976, S. 146–184.

20 Abgedruckt (mit Kürzungen) in: Hermann Wagener, Die kleine aber mächtige Partei – Nachtrag zu „Erlebtes", Berlin 1885, S. 5–14.

21 Zitiert nach: ebd., S. 9; das Zitat ist (ohne Kennzeichnung und Namensnennung) aus Lorenz von Steins Frühwerk Der Socialismus und Communismus des heutigen Frankreichs von 1842 übernommen, wie bereits Eberhardt, Friedrich Wilhelm Hermann Wagener (wie Anm. 3), S. 242, ermittelt hat; siehe auch Saile, Hermann Wagener und sein Verhältnis zu Bismarck (wie Anm. 3), S. 46, Anm. 16.

22 Beide Zitate: Wagener, Die kleine aber mächtige Partei (wie Anm. 20), S. 13, 10.

litischen Spezialorgan, der „Berliner Revue“ mit, einer Zeitschrift, die zwar später, in den 1860er Jahren, in seinen Besitz überging, jedoch stets ein Zuschußgeschäft blieb.[23] Und zum anderen begann er 1859 mit der Herausgabe eines großangelegten und sehr umfangreichen „Staats- und Gesellschafts-Lexikons“, das bis 1867 in dreiundzwanzig starken Bänden erschien[24] und dessen sozialpolitische Artikel Wagener allein verfaßte.[25] Bereits im Einleitungsartikel sparte der Herausgeber nicht mit Kritik an der eigenen, der konservativen Klientel: Der Vorwurf der Liberalen sei durchaus berechtigt, „daß es fast allenthalben die herrschenden Stände gewesen sind, welche, anstatt das Volk in der Beschäftigung mit den Problemen der socialen und staatlichen Organisation zu erziehen, wie auf Parole die Schleusen der Speculation, der Agiotage, des persönlichen Reichwerdens geöffnet, den schmutzigsten Egoismus, die Verachtung der Arbeit und des redlichen, aber mäßigen Erwerbes förmlich patronisirt und dem ‚souverainen Staatsbürger‘ [...] gestattet habe, die gesellschaftliche Anarchie auf die höchste Spitze zu treiben, unbekümmert darum, daß der gesellschaftlichen Anarchie die politische auf dem Fuße folgt“[26].

Allerdings darf die Mehrdeutigkeit dieser Formulierungen nicht übersehen werden. Wagener richtete sich hier keineswegs nur gegen den liberalen Hauptgegner, den er als Schuldigen für die von ihm konstatierte „gesellschaftliche Anarchie“ namhaft zu machen versuchte, sondern in gleicher Weise (wenn auch in der Form deutlich verhaltener) gegen die Vertreter der alten Gesellschaft, besonders gegen die Führungsspitzen der konservativen Partei, die nach dem Ende der Reaktionszeit der 1850er Jahre nach neuen politischen Strategien suchte. Wagener stieß hier erstmals mit seinem früheren Lehrmeister und Förderer Gerlach zusammen, der in dieser Zeit für eine vorsichtige Annäherung an den gemäßigten bürgerlichen Liberalismus plädierte.[27]

Doch er ließ in seinen politischen Bemühungen nicht ab, die preußischen Konservativen für einen aktiven sozialpolitischen Kurs mit scharf antiliberalem Akzent zu erwärmen. 1859 publizierte er seine Broschüre „Was wir wollen“,

---

23 Immer noch grundlegend hierzu die ausführliche Studie von A. Hahn, Die Berliner Revue. Ein Beitrag zur Geschichte der konservativen Partei zwischen 1855 und 1875, Berlin 1934.

24 Staats- und Gesellschafts-Lexikon. In Verbindung mit deutschen Gelehrten und Staatsmännern hg. v. H. Wagener [sic], Bde. I–XXIII, Berlin 1859–1867.

25 Vgl. hierzu neben den Bemerkungen in der Wagener-Literatur auch die knappe Studie von H. Puchta, Die Entstehung politischer Ideologien im 19. Jahrhundert, dargestellt am Beispiel des Staatslexikons von Rotteck-Welcker und des Staats- und Gesellschaftslexikons von Herrmann Wagener, phil. Diss. Erlangen 1972, S. 14 ff. u. passim.

26 Staats- und Gesellschafts-Lexikon (wie Anm. 24), Bd. I, S. 14 (Artikel „ABC, politisches“).

27 Vgl. Kraus, Ernst Ludwig von Gerlach (wie Anm. 5), Bd. II, S. 745 f.

die auf einem Vortrag vor der (konservativen) Fraktion von Blanckenburg beruhte.[28] Die Bedeutung dieses Textes liegt darin, daß sein Autor hier erstmals skizzenhaft die Umrisse eines modernen berufsständischen Korporatismus entwarf, der den Kern seiner neugewonnenen politischen Überzeugungen darstellte. Wageners zentraler Gedanke besteht darin, zu einer neuen politischen „*Organisation der Arbeit*“ zu finden: Es sei unmöglich, sagt er, „daß die Arbeit und die Arbeiter ohne eine solche existieren, und selbst der Communismus in seiner schlimmsten Gestalt ist doch ein berechtigter Nothschrei der in der Anarchie verkommenden Arbeit“[29].

Diese „Organisation der Arbeit“ besteht für ihn in der politischen Indienstnahme aller berufsgenossenschaftlichen Assoziationen, die sich nach dem Vorbild der mittelalterlichen Zünfte und Innungen gebildet haben. Aus diesen Assoziationen sollen „politische Corporationen“ gebildet werden, aus denen sich das neue Gemeinwesen, das Wagener vor Augen schwebt, zusammensetzt. „*Ein politischer Stand*“, sagt er ausdrücklich, „*ist* ja eben nichts Anderes, als eine *gesetzlich und staatlich anerkannte Berufs-Genossenschaft*“. Den liberal besetzten Begriff des „Staatsbürgers“ definiert er auf nicht ungeschickte Weise neu, wenn er feststellt: „Der ächte und tiefste Begriff des *Staats*bürgerthums ist es ja eben, daß das Individuum [...] mit allen seinen Rechten und Pflichten auf den Staat [...] bezogen wird, dafür aber auch die Garantie seiner socialen und politischen Existenz von ihm [...] sucht und empfängt. Ebenso muß auf der anderen Seite der Staat die Gesammt-Thätigkeit aller seiner Bürger [...] auf allen Gebieten als seinen Inhalt betrachten und damit die ‚Gesellschaft‘ zum freien inhaltsvollen Organismus des Staates selbst erheben: der einzige Weg, um jenen unheilvollen Gegensatz von Staat und Gesellschaft [...] verschwinden und in der organischen Berufspflicht Aller zu *einem* lebendigen Ganzen zusammenwachsen zu lassen“[30].

Die Stoßrichtung dieser Gedanken ist klar: Der bereits von Hegel und Lorenz von Stein als Jahrhundertproblem erkannte und tiefdringend analysierte Dualismus von (bürokratischem) Staat und (bürgerlicher Wirtschafts-) Gesellschaft soll durch ein neokorporativ strukturiertes Gemeinwesen „aufgehoben“ und auf diese Weise überwunden werden. Und dieser Prozeß schließt zugleich die Lösung der immer drängender sich artikulierenden „sozialen Frage“ ein, denn auch die Arbeiterschaft, der „vierte Stand“, soll als *gleichberechtigter* Teil in eine derartige neue Ordnung eingehen. Die politische Strategie des heutigen König-

---

28 H. Wagener, Was wir wollen. Ein Wort zur Verständigung. Vortrag, gehalten in der Fraction v. Blanckenburg, Berlin 1859; unter gleichem Titel erschien ein weiterer Vortrag (nun mit dem Untertitel: „Organisations-Principien. Armee. Familie“).

29 Wagener, Was wir wollen (1. Vortrag) (Wie Anm. 28), S. 17.

30 Die Zitate ebd., S. 18 f.

tums sei, so Wagener, keine andere als die des absolutistischen Zeitalters: Wie man damals mit Hilfe des aufstrebenden Bürgertums den Feudaladel entmachtet und den modernen Staat geschaffen habe, sei es nun an der Zeit, „gewissenhaft zu prüfen, ob nicht auch die neuere industrielle Lehnsherrlichkeit bereits an der Grenze angekommen sei, die von den Trägern einer neuen Organisation bewacht wird, ob die Verlassenheit und Hülfslosigkeit der industriellen Arbeiter nicht schon so groß ist, um ihre Aufmerksamkeit und Hülfe in Anspruch zu nehmen, und ob die Organisationskeime der Gegenwart bedeutend genug sind, daß Regierung und Gesetzgebung an sie anzuknüpfen vermögen“[31].

IV. Mit diesen Ideen konnte sich Wagener in der kurzen, gemäßigt liberalen „Neuen Ära“ in Preußen[32] nach der Regierungsübernahme Wilhelms I. und dem Sturz des als ausgesprochen reaktionär geltenden Ministeriums Manteuffel in den Jahren 1858 bis 1862 weder innerhalb der eigenen, der preußischen konservativen Partei, noch im Rahmen einer neuen politischen Organisation durchsetzen.[33] Er blieb innerhalb des eigenen Lagers ein Außenseiter. Und diese Position schien sich um 1860 noch zu festigen, denn in diesen Jahren führte er einen zähen Kampf gegen die alten Häupter der konservativen Partei um angebliche Ansprüche auf das Vermögen der Kreuzzeitung. Er hatte sich mit seinem „Staats- und Gesellschafts-Lexikon“ und vermutlich auch mit anderen finanzi-

---

31 Ebd. (2. Vortrag), S. 21; weiter heißt es: „Und wenn das Bürgerthum des Mittelalters sich nicht mit dem müßigen Vertrauen auf die allmähliche Wirkung des *laissez aller* begnügte, sondern in einer langen Reihe von Aufständen und Kämpfen seine gesetzliche und staatliche Anerkennung erzwang, so dürften wir der gegenwärtigen Bewegung wohl einen ähnlichen Verlauf prognosticiren“ (ebd.).

32 Vgl. dazu u. a. S. Bahne, Vor dem Konflikt. Die Altliberalen in der Regentschaftsperiode der „Neuen Ära“, in: Soziale Bewegung und politische Verfassung. Festschrift für Werner Conze, hg. von U. Engelhardt/V. Sellin/H. Stuke, Stuttgart 1976, S. 154–196; K. H. Börner, Die Krise der preußischen Monarchie von 1858 bis 1862, Berlin 1976; neuerdings auch die Bemerkungen bei H. Spenkuch: Das Preußische Herrenhaus. Adel und Bürgertum in der Ersten Kammer des Landtages 1854–1918, Düsseldorf 1998, S. 58 ff., sowie bei H.-C. Kraus, Militärreform oder Verfassungswandel? – Kronprinz Friedrich von Preußen und die „deutschen Whigs“ in der Krise von 1862/63, in: Adel und Bürgertum in Deutschland, Bd. I, Entwicklungslinien und Wendepunkte im 19. Jahrhundert, hg. v. H. Reif, Berlin 2000, S. 207–232, bes. S. 231 f., Anm. 94.

33 Eine Geschichte der preußischen Konservativen fehlt bis heute; für die Jahre der „Neuen Ära“ siehe neben den ersten Abschnitten der älteren, heute teilweise überholten Arbeit von Ritter, Die preußischen Konservativen und Bismarcks deutsche Politik (wie Anm. 3), die Darstellung bei Kraus, Ernst Ludwig von Gerlach (wie Anm. 5), Bd. II, S. 721 ff., 732 ff. u. passim.

ellen Transaktionen augenscheinlich übernommen und war gezwungen, möglichst rasch neue Geldquellen aufzutun. Mit (gelinde gesagt) sehr unfeinen Methoden setzte Wagener die Parteihäupter unter Druck – und erst auf seine Drohung hin, das leitende Komitee der Zeitung zu verklagen und damit einen großen politischen Skandal auszulösen, gaben die alten Herren nach und erfüllten Wageners finanzielle Ansprüche.[34] Dabei kam es zum endgültigen Bruch mit seinem alten Lehrmeister und Förderer Gerlach, der fortan jede Zusammenarbeit mit Wagener, auch eine künftige parlamentarische Fraktionsgemeinschaft, strikt verweigerte.

Doch das Erstaunliche war: Wagener kam sofort wieder auf die Füße, und zwar deshalb, weil die Partei – in der überaus prekären Lage, in der sie sich nach der katastrophalen Wahlniederlage von 1858 befand – auf seine unbestritten hervorragenden politischen Talente als Organisator, Redner und Publizist nicht verzichten konnte. Unter seiner Leitung wurde als Gegengründung zum 1859 entstandenen, mächtig aufstrebenden liberalen „Deutschen Nationalverein" im September 1861 der „Preußische Volksverein" begründet[35], dessen Programm die Handschrift Wageners trug: Neben der üblichen Kritik an den liberalen Verfassungsreformideen fanden sich im dritten Punkt einige in der Sache eher zurückhaltend-gemäßigte, in der Formulierung aber eindeutige Forderungen: „Schutz und Wertachtung der ehrlichen Arbeit, jedes Besitzes, Rechtes und Standes; keine Begünstigung und ausschließliche Herrschaft des Geldkapitals; kein Preisgeben des Handwerks und Grundbesitzes an die Irrlehren und Wucherkünste der Zeit. Freiheit in der Teilnahme des Untertanen an der Gesetzgebung und in der Autonomie und Selbstregierung der Korporationen und Gemeinden [...] Kein Einlenken in den bureaukratischen Absolutismus und in die soziale Knechtschaft durch das Mittel einer schranken- und zuchtlosen Anarchie"[36]. Das war (wohl vor allem mit Rücksicht auf den adeligen Anhang der neuen politischen Gruppierung) ausgesprochen zurückhaltend formuliert, jedenfalls wenn man Wageners frühere Äußerungen bedenkt. Doch die nicht nur antiliberale, sondern auch entschieden antikapitalistische Stoßrichtung seiner Ausführungen war vollkommen klar, und die Invektiven gegen „Geldkapital" und „Wucherkünste", auch die – nur scheinbar – marginalen Bemerkungen über die erstrebte

34 Vgl. zu dieser unerquicklichen Affäre die (ältere Darstellungen korrigierenden) Ausführungen bei Kraus, Ernst Ludwig von Gerlach (wie Anm. 5), Bd. II, S. 733 ff.

35 Vgl. dazu, immer noch grundlegend: H. Müller, Der Preußische Volksverein, phil. Diss. Greifswald 1914; außerdem Ritter, Die preußischen Konservativen und Bismarcks deutsche Politik (wie Anm. 3), S. 38 ff.; Hahn, Die Berliner Revue (wie Anm. 23), S. 92 ff.; T. Nipperdey, Die Organisation der deutschen Parteien vor 1918, Düsseldorf 1961, S. 18 ff.

36 Zitiert nach dem Abdruck bei Müller, Der Preußische Volksverein (wie Anm. 35), S. 25.

politische Funktion der „Korporationen“, ließen das eigentliche Anliegen des Verfassers dieser Programmpunkte deutlich durchscheinen.

Wagener hatte hiermit das Minimalprogramm der Konservativen am Beginn des großen preußischen Verfassungskonflikts auf den Begriff gebracht.[37] Worum ging es in diesem Streit? Das preußische Heer, dessen innere Struktur seit dem Ende der Befreiungskriege fast unverändert geblieben war, sollte umfassend reformiert und verstärkt werden; ein Vorhaben, dessen Notwendigkeit bei allen politischen Kräften im Lande anerkannt war. Gestritten wurde nur um die Art der Ausführung und um einzelne Details dieser Reform. Und hier konnten sich Parlament und Monarch nicht einigen, da sich der König auf keinen Kompromiß mit dem – bald schon von den Linksliberalen dominierten – Abgeordnetenhaus einlassen wollte. Auf dem Höhepunkt der Krise wurde Ende September 1862 Otto von Bismarck, Wageners früherer Mitstreiter aus den Tagen der achtundvierziger Revolution, zum Ministerpräsidenten ernannt.

Diese sich bereits seit 1861 abzeichnende, jetzt akut gewordene politische Konstellation mußte Wagener als geradezu ideal für einen neuen Versuch erscheinen, seine politischen Fernziele ihrer Verwirklichung näherzubringen. Denn jetzt war die alte Frontstellung des Jahres 1848 – altpreußische Monarchie gegen liberales Bürgertum – wiederhergestellt, ja der politische Liberalismus erschien nun als „Feind Nummer eins“ der neuen Regierung Bismarck. Wagener entfachte eine Fülle politischer Aktivitäten; er ließ sich 1861 und dann wieder (nach einer Zwangspause) 1863 ins Abgeordnetenhaus wählen, um das kleine Häuflein der übriggebliebenen Konservativen als Regierungspartei zu organisieren. Im Oktober 1862 erklärte er in einer Rede vor dem Preußischen Volksverein: „Wenn es uns jetzt nicht gelingt, die soziale Frage zu lösen, – unsere Gegner sagen es uns mit Recht – so ist all unser Laufen und Mühen umsonst“[38].

Wagener entwickelte sich nun sehr schnell zu einem der engsten politischen Berater des Ministerpräsidenten, für den er bereits im Oktober 1862, wenige

---

[37] Zum Konflikt siehe u. a. F. Löwenthal, Der preußische Verfassungsstreit 1862– 1866, München/Leipzig 1914; K. Kaminski, Verfassung und Verfassungskonflikt in Preußen 1862–1866, Königsberg/Berlin 1938; T. Nipperdey, Deutsche Geschichte 1800–1866. Bürgerwelt und starker Staat, München 1983, S. 749–768; beste neuere Darstellung: E. R. Huber, Deutsche Verfassungsgeschichte seit 1789, Bd. III, Stuttgart/Berlin/Köln/Mainz 1988, S. 275–369; knapp: H. Schulze, Preußen von 1850 bis 1871. Verfassungsstaat und Reichsgründung, in: O. Büsch (Hrsg.), Handbuch der preußischen Geschichte, Bd. II, Berlin/New York 1992, S. 326 ff.

[38] Neue Preußische Zeitung, Nr. 257 (1862), zit. nach Saile, Hermann Wagener und sein Verhältnis zu Bismarck (wie Anm. 3), S. 79.

Tage nach dessen Amtsantritt, eine Denkschrift verfaßte[39], in der er Bismarck nicht nur die „rücksichtslose und energische Anwendung aller gesetz- und verfassungsmäßigen Mittel, um die Disziplin wiederherzustellen", empfahl, sondern ebenfalls auf die Notwendigkeit aufmerksam machte, „den Bann zu lösen, welcher die Masse der Bevölkerung zu einem willenlosen Werkzeuge der Fortschrittspartei macht"[40]. Erstes Anliegen der neuen Regierung sollte es also sein, die Opposition zu spalten, sich zwischen das – in der Fortschrittspartei politisch organisierte – liberale Bürgertum und die Masse der Unterschichten zu stellen, und dies natürlich in der Weise, daß man sich der bestehenden sozialen Probleme aktiv annahm.

In einer zweiten Denkschrift vom 18. Oktober 1862 entwarf Wagener bereits konkrete Pläne für erste Maßnahmen im Hinblick auf eine Sozialreform[41]: Nicht nur seien die Handwerker gegen die zu starke Konkurrenz der Industrie durch eine neue Gewerbeordnung in Schutz zu nehmen, sondern auch die „Arbeiterfrage" müsse jetzt entschieden angepackt werden. Drei Punkte stellte er dabei in den Vordergrund: „a) Die Feststellung eines Minimums von Tageslohn mit völliger Freigebung der Stück- und Akkordarbeit als Ausdruck der Wahrheit, daß auch in der Industrie die menschenwürdige Existenz das Eine und Wesentlichste ist. b) Die gesetzliche Feststellung der Zusammengehörigkeit des Arbeiters und der Fabrik und zwar so" – und hier kamen Wageners neokorporative Auffassungen ins Spiel –, „daß der Arbeiter nicht mit der einzelnen Fabrik, sondern mit dem betreffenden Fabrikzweige in Verbindung gesetzt wird. c) Die Anerkennung des Satzes, daß andauernde Mitarbeit auch Miteigentum verschaffen muß"[42].

Diese Forderungen nach staatlich festgesetzten Mindestlöhnen, nach korporativer Organisation der Arbeiter und nach Miteigentum am Betrieb waren zu jener Zeit fraglos revolutionär. Deshalb reagierte Bismarck auf diese Vorschläge denn auch mehr als zögerlich; sein politisches Ziel war es im Grunde, einen Verfassungsbruch, gar einen Staatsstreich, nach Möglichkeit zu vermeiden und über kurz oder lang zu einem Kompromiß mit dem bürgerlichen Liberalismus im Lande zu gelangen, um seine „Revolution von oben" durchzu-

---

39 Abgedruckt in: Saile, Hermann Wagener und sein Verhältnis zu Bismarck (wie Anm. 3), S. 133–135 („Promemoria: Was im Innern zunächst geschehen muß", 1. 10. 1862).

40 Beide Zitate ebd., S. 134, 133.

41 Abdruck ebd., S. 135–137.

42 Ebd., S. 137; in einer folgenden Bemerkung knüpfte er, nicht ungeschickt, an das Beispiel der preußischen Reformzeit nach 1806 an: „Die Sätze b) und c) sind dieselben, welche der Emanzipation der früheren ländlichen Arbeiter, der Bauern zugrunde liegen und schon um deswillen in den Vordergrund zu stellen" (ebd.).

führen, und dieses Ziel hat er bekanntlich 1866 auch erreicht.[43] Zudem hätte sich, wie mit Sicherheit angenommen werden kann, ein großer Teil der altadelig-konservativen Kräfte einem derart tiefgreifenden sozialen und politischen Umbau, wie Wagener ihn vorschlug, entschieden widersetzt. Durch die Kapitalisierung der Landwirtschaft waren nicht wenige Großgrundbesitzer selbst zu Unternehmern geworden; sie konnten nach Lage der Dinge gar nicht daran denken, ihren eigenen materiellen Interessen zuwider zu handeln, indem sie Wageners Ideen unterstützten.

Dieser scheint die Reserven des Ministerpräsidenten bald bemerkt zu haben, denn in einer weiteren Denkschrift vom April 1863 argumentierte er nun stärker mit dem taktischen Argument. Er empfahl Bismarck jetzt ganz offen den Staatsstreich: man möge umgehend „eine *königliche Diktatur* [...] öffentlich proklamieren [...], als ein Notrechtsmittel, nicht zur Beseitigung, sondern zur Bewahrung der Verfassung: nur so wird es der Krone gelingen, die Sympathien zu gewinnen und die Elemente um sich zu scharen, welche ihr unentbehrlich sind, und um zu einem nachhaltigen Siege hindurchzudringen". Anschließend führte er sein – wie er meinte – schlagkräftigstes Argument ins Feld: „Die noch gesunden und königlich gesinnten Elemente des Volkes, auf deren Sympathie es wesentlich ankommt, sind die Armee, die ländliche Bevölkerung und die große Masse des Arbeitertums in den Städten [...]"; und genau *dieser* Bevölkerungsteil werde, so Wagener weiter, „jede energische Kraftäußerung der Krone mit unbedingter Zustimmung begrüßen [...], um so mehr, als die Massen stets eine starke Regierung wollen und das Landvolk im Grunde am liebsten den Absolutismus wieder hätte. Wie schwer aber die Sympathien dieser Klassen ins Gewicht fallen, wird man leicht ermessen, wenn man erwägt, daß dieselben nahezu 75 % der gesamten Bevölkerung betragen"[44]. Konkrete Vorschläge für eine staatliche Sozialpolitik machte er an dieser Stelle nicht noch einmal, doch er betonte am Schluß seiner Ausführungen mit großem Nachdruck seine zentrale These, das einzige Mittel zu einer positiven Lösung der aktuellen Staatskrise liege für die Regierung jetzt darin, „sich die Sympathien der großen Massen der Bevölkerung durch tatkräftiges Eintreten für deren materielle und moralische Interessen zu sichern"[45].

Noch ein weiterer Aspekt dieser Denkschrift ist interessant. Nur wenige Zeit später, im Herbst 1863, fanden die berühmten Gespräche Bismarcks mit Las-

---

[43] Vgl. dazu etwa Huber, Deutsche Verfassungsgeschichte (wie Anm. 37), Bd. III, S. 348 ff.; L. Gall, Bismarck. Der weiße Revolutionär, Frankfurt/M./Berlin/Wien 1980, S. 373 ff.

[44] Alle Zitate: Saile, Hermann Wagener und sein Verhältnis zu Bismarck (wie Anm. 3), S. 139 (Promemoria, 18. 4. 1863).

[45] Ebd., S. 144.

salle statt.[46] Nach den letzten Abgeordnetenhauswahlen am 28. Oktober 1863, die mit einem überwältigenden Sieg der bürgerlich-linksliberalen Opposition geendet hatten[47], sah sich der preußische Ministerpräsident in einer fast aussichtslosen Lage, – doch eine zeitweilige Militärdiktatur, die von einigen konservativen Ultras innerhalb der Armee und in der Umgebung des Königs angeraten wurde[48], lehnte er weiterhin ab. Auf seiner Suche nach einer gangbaren politischen Alternative begab sich Bismarck nun aber auf einen Weg, den Wagener indes nicht mehr gutheißen konnte: Er suchte Kontakte zum damals bedeutendsten Führer der sich allmählich konstituierenden Arbeiterbewegung, um sich über die Möglichkeiten einer eventuellen politischen Zusammenarbeit zu informieren.

Es ist zu vermuten, daß Wagener – auf Bismarcks Wunsch hin – über Mittelsmänner die Verbindung zu Ferdinand Lassalle hergestellt hat[49]; Wagener und Lassalle scheinen sich, wenn man den Erinnerungen des erstgenannten trauen darf, bereits vorher persönlich gekannt zu haben[50]: Den Arbeiterführer habe er stets, so Wagener aus der Rückschau zwei Jahrzehnte später, „für einen sehr klugen und energischen Mann gehalten“[51], für einen „Mann von hochgespannter Sinnlichkeit, bei dessen öffentlichem Auftreten auch Egoismus und Eitelkeit ihre Rolle spielten“ – und trotzdem sei nicht zu leugnen, „dass er es durchaus ehrlich mit den Arbeitern gemeint und dass es ihm vor allen Dingen darauf angekommen sei, die Arbeiter den Täuschungen der Bourgeoisie zu entziehen“. Doch Wagener fügte ausdrücklich hinzu: „Sein vermeintliches Liebäugeln mit der Regierung ist [...] nicht ernsthaft zu nehmen. Lassalle war durchaus nicht der Mann, sich von Anderen benutzen zu lassen: er wollte selber herrschen“[52].

---

46 Vgl. u. a. H. Oncken, Lassalle – Eine politische Biographie, 4. Aufl., Stuttgart 1923, S. 374 ff., bes. S. 388 ff.; S. Na'aman, Lassalle, Hannover 1970, S. 676 ff. u. passim.

47 Vgl. Huber, Deutsche Verfassungsgeschichte seit 1789 (wie Anm. 37), Bd. III, S. 319 f.

48 Vgl. dazu etwa L. Dehio, Die Pläne der Militärpartei und der Konflikt, in: Deutsche Rundschau 213 (1927), S. 91–100; siehe auch G. A. Craig, Die preußisch-deutsche Armee 1640–1945. Staat im Staate, Düsseldorf 1960, S. 171 ff.; G. Ritter, Staatskunst und Kriegshandwerk. Das Problem des „Militarismus“ in Deutschland, Bd. 1, Die altpreußische Tradition (1740–1890), 3. Aufl., München 1965, S. 185.

49 Vgl. Saile, Hermann Wagener und sein Verhältnis zu Bismarck (wie Anm. 3), S. 86, bes. 101 f.; die bisher umfangreichste Lassalle-Biographie von Na'aman (wie Anm. 46) bestätigt Sailes (und Wageners) Angabe allerdings nicht.

50 Vgl. Wagener, Erlebtes (wie Anm. 12), Bd. II, S. 6; Oncken, Lassalle (wie Anm. 46), S. 332, 373, 376.

51 Wagener, Erlebtes (wie Anm. 12), Bd. II, S. 6.

52 Die Zitate ebd., II, S. 39 f.; vgl. auch die zutreffende Bemerkung von Na'aman, Lassalle (wie Anm. 46), S. 695: „Lassalle und Wagener konnten einander ge- und mißbrauchen – nie konnten sie auch nur einen Schritt auf dem sozialen Gebiet miteinander gehen“.

Zu dieser – in der Sache sicher treffenden – Einsicht war Wagener schon im Frühjahr 1863 gelangt, doch es kam neben dieser Diagnose noch etwas anderes hinzu: Er fürchtete Lassalle als (wenigstens zeitweiligen) potentiellen Konkurrenten im Umfeld Bismarcks, denn er selbst erstrebte das Monopol des *alleinigen* sozialpolitischen Beraters und Mitarbeiters des Ministerpräsidenten[53]. So findet sich in der für Bismarck verfaßten Denkschrift vom 18. April 1863 denn auch eine unmißverständliche Warnung vor Lassalle: der Arbeiterführer sei „ein gefährlicher Egoist mit dem Anstriche eines verstandesmäßigen Sozialisten, der wie die ‚Reaktion' ihn, so seinerseits die Reaktion für seine Zwecke und als Übergangsstadium auszunützen versucht"[54]. Für Wagener war Lassalle zuerst und vor allem ein politischer *Revolutionär*, dessen Wege und Ziele er als absolut unvereinbar mit denen einer konservativen Sozialpolitik ansah: „Wir wollen", so Wagener in einer im Sommer 1864 gehaltenen Rede vor dem Preußischen Volksverein, „nur reinigen, mithelfen und heilen. Wir wollen keinen Ausgleich im kommunistischen Sinn zwischen Arbeitern und Arbeitgebern, sondern wollen den Arbeiter in menschenwürdige Stellung und in sein Christenrecht einsetzen"[55].

Zu Karl Marx hielt Wagener Distanz, wenngleich er seine Schriften kannte und seinen Namen gelegentlich erwähnte.[56] Und auf Marx wiederum, der ihn 1861 von der Pressetribüne des Preußischen Abgeordnetenhauses als Parlamentsabgeordneten erlebte, scheint er einen gewissen Eindruck gemacht zu haben; so heißt es in einem Brief an Engels vom 10. Mai 1861, in dem Marx von seinem Besuch in Berlin berichtet, Wagener gehöre zu den einzigen „wenigstens anständig aussehenden Figuren in diesem Pygmäenstall"[57] – womit im übrigen das Parlament gemeint war!

Im Jahre 1864, dem dritten des nicht enden wollenden Verfassungskonflikts, legte er dem Ministerpräsidenten eine weitere Denkschrift vor[58]: Gerade weil

---

53 Vgl. Saile, Hermann Wagener und sein Verhältnis zu Bismarck (wie Anm. 3), S. 84 ff.

54 Ebd., S. 142 (Denkschrift Wageners).

55 Neue Preußische Zeitung, Nr. 129, 1864; zit. nach Saile, Hermann Wagener und sein Verhältnis zu Bismarck (wie Anm. 3), S. 87.

56 Vgl. etwa Wagener, Erlebtes (wie Anm. 12), Bd. II, S. 7: „[…] doch bestand die wesentliche Schwäche seiner [Lassalles, H.-C.K.] Position, welche auch von seinen Schülern noch nicht überwunden worden ist, darin, dass er bei seinen Angriffen auf das Kapital, ebenso wie sein Vorgänger Marx, stets nur das producirende und nicht das speculirende Kapital in das Auge fasste, so dass bei ihm von dem grossen speculirenden und alle unsere Verkehrsverhältnisse beherrschenden Kapital an den Börsen kaum die Rede ist".

57 K. Marx/F. Engels, Werke, Bd. 30, Berlin 1964, S. 168 (Marx an Engels, 10. 5. 1861).

58 Abgedruckt bei Schoeps, Hermann Wagener, ein konservativer Sozialist (wie Anm. 3), S. 208 f.

das alte, traditionelle Pietätsverhältnis zwischen Volk und Hohenzollerndynastie der vorrevolutionären Zeit langsam zu schwinden drohe, sei es im Interesse des Überlebens der monarchischen Staatsform mehr als dringend erforderlich, „des baldigsten neue Bande und neue Beziehungen zwischen Krone und Volk zu suchen". Und man könne der „Opposition der Bourgeoisie" nur dadurch wirksam begegnen, daß sich die Regierung „in ihren Hintermännern [d. h. denen der ‚Bourgeoisie', H.-C.K.], dem kleinen Gewerbe- und dem Arbeiterstande, dem für seine sozialen und politischen Interessen bis dahin die rechten Stützpunkte fehlen und deren politische Bedürfnisse stets nach der monarchischen Gewalt gravitieren, sich ein politisches Gegengewicht schafft"[59]. Hier wird ein weiterer zentraler Unterschied zu Lassalles Auffassungen und überhaupt zu den sozialistischen Bestrebungen deutlich, die sich ausschließlich auf die Industriearbeiterschaft konzentrierten, während es Wagener darum ging, eine wesentlich breitere antiliberale Front in Form einer korporativen Einbindung klein- und unterbürgerlicher Schichten in den Staat zustandezubringen – eine Front, die eben nicht nur aus Arbeitern, sondern auch aus Handwerkern und kleinen Gewerbetreibenden bestand.[60]

Doch Wagener befand sich Mitte der 1860er Jahre in einer schwierigen Lage. Während auf der einen Seite Bismarck seinen Ideen zwar Interesse entgegenbrachte, sich hinsichtlich ihrer konkreten politischen Umsetzung aber überaus skeptisch zeigte und auch wenige Anstalten machte, Wageners Vorschläge aufzugreifen, verstärkte sich innerhalb der konservativen Partei der Unmut gegen ihn. Im Sommer 1865 publizierte Ernst Ludwig von Gerlach eine Artikelserie in der Kreuzzeitung (sie wurde anschließend separat als Broschüre veröffentlicht), in der er mit Wageners Ideen scharf ins Gericht ging: Gerlach bestritt rundheraus, daß es so etwas wie eine „Arbeiterfrage" überhaupt gebe: die Arbeiter seien weder ein Stand noch hätten sie jemals Aussicht, ein Stand zu werden, insofern sei die These, es komme jetzt auf den Kampf des vierten gegen den dritten Stand an, vollkommen sinnlos.[61] Zudem sei, so Gerlach weiter,

---

[59] Zit. nach ebd., S. 208 (Denkschrift Wageners, 1. 3. 1864), und er fügte bezeichnenderweise an: „[...] in ähnlicher Weise wie das absolute Fürstentum den Widerstand der alten Stände durch Hebung des modernen Bürgertums gebrochen hat".

[60] Vgl. ebd., S. 208 f.: „Um dies aber zu vermögen, muß die Regierung nicht allein unbedingt Herr ihrer bisherigen Organe sein, sondern sie muß es auch verstehen, *neue Organe* zu schaffen, welche geeignet sind, die Volks-Gruppem, welche man in Bewegung setzen will, sozial und politisch zusammenzufassen und denselben zum Wort zu verhelfen. Die fortgesetzten Versuche, die Opposition der Bourgeoisie durch die mit ihr durch Bildung und Interesse verbundene Bürokratie auszutreiben, sind ebenso kurzsichtig wie wirkungslos".

[61] Vgl. [E. L. v. Gerlach], Der Landtag von 1865. Vom Verfasser der Rundschauen, Berlin 1865, S. 49 ff.; vgl. auch R. Meyer, Der Emancipationskampf des vierten Stan-

„jeder Haß irgendeines Standes [...] von Uebel und besonders sollte der Conservative solchen Hasses sich schämen. Widerwille gegen die Bourgeoisie, oder gegen das große Capital, oder gegen die Industrie ist eben so unsittlich als Widerwille gegen den Adel oder gegen das Königthum"[62]. Der Arbeiter habe dem Fabrikherrn untertan zu sein, und jener wiederum sei verpflichtet, seinen Untergebenen in Notlagen zu helfen. Allenfalls in äußersten Zwangslagen könne es Aufgabe des Staates sein, mit „Almosen" helfend einzugreifen.[63]

Auch wenn der Name Wageners hier nicht genannt worden war, wußte doch jeder halbwegs Informierte, wen Gerlach hier im Visier hatte. Der Angegriffene antwortete in einer der nächsten Nummern der Parteizeitung; die beispiellose Schärfe des Tones machte deutlich, daß er hier seine endgültige Abrechnung mit seinem einstigen geistigen Mentor und politischen Förderer vollzog: Es gelte endlich zu begreifen, führte Wagener aus, daß „die sogenannte ‚Arbeiterfrage' eine *Herrschafts*-Frage im eminentesten Sinne" und zugleich eine „Organisations-Frage" sei, deren richtige Lösung allein die „jetzige, lediglich aus der Negation geborene, compacte Opposition zu sprengen" imstande sei. Im weiteren fiel es Wagener nicht eben schwer, der Gerlachschen These, einen vierten Stand gebe es nicht und werde es nicht geben, den Boden zu entziehen: „Es giebt überhaupt thatsächlich keine Stände mehr und es handelt sich vielmehr darum, etwas Entsprechendes neu zu gestalten. Die Signatur der Zeit ist eben die Auflösung und Zersetzung aller überkommenen Institutionen und Organismen [...] und die ‚Arbeiterfrage' ist eben die Aufgabe, an Stelle dessen, was verloren gegangen und nicht mehr zu halten ist, andere zeitgemäße Institutionen und Organismen zu begründen und damit dem Fortschritte der Zersetzung einen Damm entgegenzustellen". *Der* Staatsmann sei bereits unrettbar verloren, der „das, was noch der Erhaltung werth und fähig ist, dadurch unheilbar compromittirt, daß er es mit den zur Carricatur gewordenen Gestaltungen einer früheren Epoche verquickt". Wer in der Gegenwart im vollen Wortsinne „regieren" wolle, habe Abschied zu nehmen von der „Idylle unwiederbringlich verlorener patriarchalischer Zustände"[64].

---

des, 2. Aufl., Bd. I, Berlin 1882, S. 373 f.; Saile, Hermann Wagener und sein Verhältnis zu Bismarck (wie Anm. 3), S. 94 ff.; Kraus, Ernst Ludwig von Gerlach (wie Anm. 5), Bd. II, S. 788 ff.

62 [Gerlach], Der Landtag von 1865 (wie Anm. 61), S. 51.

63 Vgl. ebd., S. 54 ff.; immerhin trat auch Gerlach für ein sozialpolitisches Minimalprogramm ein, so sprach er sich ausdrücklich für staatliche Beschränkung der Arbeitszeit, Verbot der Kinderarbeit, Inspektion der Fabriken und für einen grundsätzlich arbeitsfreien Sonntag aus; vgl. Kraus, Ernst Ludwig von Gerlach (wie Anm. 5), Bd. II, S. 790.

64 Alle Zitate nach: H. Wagener, Erwiderung an den Herrn Verfasser der Rundschauen, in: Neue Preußische Zeitung, Nr. 257, 2. 11. 1865; er schloß mit den Worten: „Die conservative Partei hat nur die eine Alternative: entweder sich selbst mit dem le-

In *epochaler* Hinsicht war Wageners Zeitdiagnose der Gerlachschen ohne jeden Zweifel weit überlegen. Mit bloßen „Almosen" konnte man den sozialen Problemen der in Deutschland mächtig sich regenden Industriellen Revolution schon in den 1860er Jahren nicht mehr begegnen. Auf der anderen Seite aber hatte Gerlach wohl mit seinem Hinweis auf die noch eher geringe Zahl der eigentlichen Industriearbeiter und auf die ebenso unbestreitbare Heterogenität der damaligen Unterschichten (die auch Tagelöhner, Landarbeiter, kleine Gewerbetreibende, Handwerksgesellen usw. umfaßte) ebenfalls nicht unrecht.[65] Eine politische Macht von tragender Bedeutung stellte die Arbeiterschaft in jenen Jahren jedenfalls noch nicht dar. Sie war zwar bereits auf dem Wege, eine solche zu werden – und Wagener hat diese Entwicklung zutreffend vorausgesehen –, doch in der Zeit kurz vor der Reichsgründung kamen seine Diagnosen und Voraussagen über kommende soziale Umwälzungen zu früh.

V. Bismarck erkannte in dieser Zeit, daß Wagener in vielem recht hatte, und er stellte damals immer wieder Überlegungen darüber an, wie die Arbeiterfrage, ja die soziale Frage überhaupt, mit politischen Mitteln gelöst und zugleich in der Auseinandersetzung mit dem liberalen Besitzbürgertum erfolgreich instrumentalisiert werden könnte[66]; auch über neue Formen wirtschaftlicher und verfassungspolitischer Organisation hat er nachgedacht.[67] Doch andere Ereignisse, vor allem die außenpolitischen und kriegerischen Entwicklungen dieser Zeit im Vorfeld der deutschen Einigung, hielten ihn offensichtlich davon ab, diese Wege weiter zu beschreiten und den damit verbundenen Problemen größere Aufmerksamkeit zu schenken. Immerhin band Bismarck seinen alten Mitstreiter Wagener jetzt noch enger an sich, indem er ihn im März 1866, nach anhaltendem Widerstand des Königs, in den preußischen Staatsdienst holte und ihn zum Zweiten Vortragenden Rat im Staatsministerium ernannte.[68] Wagener war hier

---

bendigen Inhalt und den Aufgaben der Gegenwart zu erfüllen, oder aber je länger desto mehr mit den absterbenden und verschwindenden Gestaltungen der Vergangenheit zusammenzuschrumpfen und zu verkümmern. Lasset die Todten ihre Todten begraben!" (ebd.).

65 Vgl. Kraus, Ernst Ludwig von Gerlach (wie Anm. 5), Bd. II, S. 793.

66 Vgl. dazu u. a. A. Richter, Bismarck und die Arbeiterfrage im preußischen Verfassungskonflikt, Stuttgart 1933; Vogel, Bismarcks Arbeiterversicherung (wie Anm. 3), jeweils passim.

67 Siehe die Hinweise bei Schoeps, Hermann Wagener, ein konservativer Sozialist (wie Anm. 3), S. 211 f.

68 Vgl. Saile, Hermann Wagener und sein Verhältnis zu Bismarck (wie Anm. 3), S. 97 ff.; die Einstellung erfolgte am 28. 3. 1866, laut Quellensammlung zur Ge-

vor allem für Parlamentsfragen zuständig (er selbst blieb weiterhin Abgeordneter), sowie für Kirchenfragen und natürlich für alle sozialpolitischen Angelegenheiten, soweit diese nicht unter das Ressort des Handelsministeriums fielen. Wageners Eigensinn, auch seine Unerfahrenheit im Bürodienst sowie mancherlei Nebengeschäfte (etwa das „Staats- und Gesellschafts-Lexikon", das noch bis 1867 erschien), machten die Zusammenarbeit mit dem Ministerpräsidenten nicht eben einfach. Wenn man von Wagener einen Gesetzesentwurf anforderte, bemerkte Bismarck viele Jahre später einmal, habe er am nächsten Tag einen Leitartikel geliefert.[69]

Der nun endlich auch amtlich etablierte Mitarbeiter des preußischen Minsterpräsidenten nutzte seine neugewonnene Stellung natürlich vor allem dazu, seine sozialpolitischen Reformpläne weiter voranzubringen. In diesem Zusammenhang stellte sich mehr denn je die Frage nach einem neuen Wahlrecht, zuerst für Preußen und ein Jahr später ebenfalls für den neubegründeten Norddeutschen Bund. Bereits seit 1862 trat Wagener für die Einführung des allgemeinen, gleichen und direkten Wahlrechts ein.[70] Das hing unmittelbar mit den Erfahrungen der Jahre nach der politischen Wende in Preußen von 1858 zusammen und beruhte auf der kaum anzuzweifelnden Tatsache, daß die Liberalen ihre großen parlamentarischen Mehrheiten im Abgeordnetenhaus in erster Linie dem Dreiklassenwahlrecht verdankten, das die Besitzenden nachhaltig begünstigte.[71] Bereits in seiner Denkschrift vom 18. April 1863 hatte er Bismarck vorsichtig darauf hingewiesen, daß der in der Arbeiterschaft sich artikulierende „Ruf nach *allgemeinem direkten Wahlrecht*"[72] der Regierung durchaus die Möglichkeit einer neuen Strategie eröffnen könne, die sowohl eine Waffe im Kampf gegen den oppositionellen bürgerlichen Liberalismus bieten, als auch den möglichen Ausgangspunkt einer neuen sozialen Politik im Interesse der unteren Schichten bilden könne. Wagener hatte, wie Hermann Oncken zutreffend feststellte, in der Tat erkannt, „daß sich aus der kompakten Opposition die Partei des allgemeinen Stimmrechts und die Partei, die nur insofern etwas von der Politik wissen wolle,

---

schichte der deutschen Sozialpolitik 1867 bis 1914 (wie Anm. 2), Bd. I/1, S. 171, Anm. 2.

69 O. v. Bismarck, Die gesammelten Werke (Friedrichsruher Ausgabe), Bde. I–XV, Berlin 1924–1932; hier: Bd. VIII, Gespräche, Bd. 2, Berlin 1926, S. 660 (zu Heinrich von Poschinger, 6. 5. 1889).

70 Vgl. hierzu vor allem Saile, Hermann Wagener und sein Verhältnis zu Bismarck (wie Anm. 3), S. 87 ff.

71 Vgl. dazu u. a. G. Grünthal, Parlamentarismus in Preußen 1848/49–1857/58. Preußischer Konstitutionalismus, Parlament und Regierung in der Reaktionsära, Düsseldorf 1982, S. 66 ff. u. passim; Huber, Deutsche Verfassungsgeschichte seit 1789 (wie Anm. 37), Bd. III, S. 49 ff.

72 Saile, Hermann Wagener und sein Verhältnis zu Bismarck (wie Anm. 3), 142.

als sie dabei mit ihrer gesellschaftlichen Stellung interessiert sei, voneinander loszulösen im Begriffe ständen"[73].

Das preußische Wahlrecht wurde nicht geändert (es blieb, wie man weiß, bis 1918 fast unverändert in Kraft), doch das Wahlrecht zum Reichstag des Norddeutschen Bundes, der 1867 erstmals zusammentrat, entsprach dem modernen Prinzip der allgemeinen, gleichen, direkten und geheimen Stimmabgabe.[74] Bei den preußischen Konservativen war die Einführung dieses Wahlrechts höchst umstritten, doch Wagener gehörte zu denen, die am Zustandekommen dieser Entscheidung maßgeblich mitbeteiligt waren[75], und auch Bismarcks Einsatz für das neue Wahlrecht dürfte nicht zum mindesten dem Einfluß Wageners zuzuschreiben sein. Aus der Rückschau des Jahres 1884 hat Wagener freilich kritisch angemerkt: „Selbstverständlich war die Einführung des allgemeinen gleichen directen Wahlrechts ein sehr gefährliches und zweischneidiges Experiment, und ich habe seinerzeit wiederholt und auf das Eindringlichste darauf hingewiesen, dass es diesem Stimmrecht gegenüber nur die eine Alternative gebe: entweder die Socialreform mit Energie und Consequenz in die Hand zu nehmen, oder aber allmälig in die sociale Revolution hineinzutreiben"[76]. Denn er hat niemals daran gezweifelt, daß eine fehlende oder mangelhafte Sozialpolitik nur den Aufstieg einer immer stärker werdenden sozialistischen Oppositionspartei nach sich ziehen konnte. Und diese Annahme sollte sich bekanntlich bewahrheiten.

Erst spät ist bekannt geworden, daß Wagener im August 1866 auch den Entwurf für eine Verfassung des neu zu begründenden Norddeutschen Bundes ausgearbeitet hat[77], der sich in mancher Hinsicht an die Paulskirchenverfassung

---

73 Oncken, Lassalle (wie Anm. 46), S. 291.

74 Vgl. Huber, Deutsche Verfassungsgeschichte seit 1789 (wie Anm. 37), Bd. III, S. 646 f.; grundlegend die Darstellung von K. E. Pollmann, Parlamentarismus im Norddeutschen Bund 1867–1870, Düsseldorf 1985, S. 66–92.

75 Vgl. Pollmann, Parlamentarismus im Norddeutschen Bund (wie Anm. 74), S. 81 f.

76 Wagener, Erlebtes (wie Anm. 12), Bd. II, S. 42; weiter heißt es: „Leider aber gab man sich in den Kreisen der Regierung nur zu lange der Täuschung hin, die sociale Bewegung, diese Cardinalbewegung unserer Zeit, mit kleinen Concessionen abspeisen und nöthigenfalls polizeilich beherrschen zu können, ja man ging demnächst so weit, aus rein politischen Gründen die antisocialen Parteien, welche von einer Socialreform absolut Nichts wissen wollten, fast für ein Jahrzehnt zu herrschenden Mächten zu erheben und durch Ausnahme-Gesetze und Massregeln die Rückendeckung des politischen Manchesterthums zu übernehmen" (ebd.).

77 Das folgende nach O. Becker, Bismarcks Ringen um Deutschlands Gestaltung, hg. v. A. Scharff, Heidelberg 1958, S. 224–230; Becker sah den Verfassungsentwurf noch vor dem Zweiten Weltkrieg ein – ob er sich erhalten hat, ist nicht bekannt. Vgl. auch

anlehnt, in der Tendenz aber zu ihr in schärfstem Gegensatz steht. Der Historiker Otto Becker, der den Entwurf noch einsehen konnte, bemerkt: Wageners Verfassung „ist auf Stärkung der Krongewalt gegenüber parlamentarischen Machttendenzen bedacht. Sie sieht den Fortschritt nicht wie die Paulskirche im Individualismus und freien Spiel der Kräfte, sondern in dem Aufbau einer sozial und antikapitalistisch ausgerichteten Selbstverwaltung mit Hilfe korporativer Neugestaltung auf berufsständischer Basis“[78]. Zwar sieht der Entwurf einen nach allgemeinen, gleichen und freien Grundsätzen gewählten Reichstag vor, doch sind Legislative und Exekutive streng getrennt; das Reichsministerium soll ausschließlich dem Reichsoberhaupt verantwortlich sein. Alle Bürger des neuen Reichsgebildes erhalten das Recht, sich „zur Verfolgung wirtschaftlicher, sozialer und öffentlicher Zwecke“ zusammenzuschließen und entsprechende Organisationen zu gründen. Diesen – nach Berufsständen sich auffächernden – Körperschaften soll, wenn sie gemeinnützigen Zwecken dienen, das Recht zukommen, „als staatliche Körperschaften anerkannt und mit Korporationsrechten ausgestattet zu werden“[79]. Wie es scheint, hätte sich Bismarck nicht ungern einige der von Wagener vorgetragenen Argumente für die Konstituierung des Norddeutschen Bundes zu eigen gemacht[80], doch er hatte – und zwar jetzt noch in stärkerem Maße als früher – Rücksicht auf seine neuen liberalen Bündnispartner zu nehmen.

In den Jahren 1866 bis 1869 entwickelte Wagener weiterhin unverdrossen eine Fülle sozialpolitischer Aktivitäten. Zuerst ist an dieser Stelle allerdings einer Affäre zu gedenken, die kein besonders günstiges Licht auf Wagener fallen läßt. Im April 1866 beauftragte er Eugen Dühring, einen jungen Privatdozenten für Philosophie und Nationalökonomie an der Universität Berlin, der ihm durch seine soeben publizierte „Grundlegung der Volkswirthschaftslehre“ aufgefallen war[81], mit der Ausarbeitung einer Denkschrift für die preußische Regierung über ökonomische Assoziationen und die Möglichkeiten einer Berufsorganisation der Arbeiter. Dühring ging auf den Vorschlag ein; er bestand jedoch auf der strikten

---

die Hinweise bei Schoeps, Hermann Wagener, ein konservativer Sozialist (wie Anm. 3), S. 213.

78 Becker, Bismarcks Ringen um Deutschlands Gestaltung (wie Anm. 77), S. 225.

79 Vgl. ebd., S. 225 ff., die Zitate S. 227; Wagener empfiehlt weiter: „Die sich so nach Berufsgenossenschaften konstituierenden Innungen und Korporationen sollen die zur Erhaltung der Ordnung innerhalb dieser Verbände notwendige obrigkeitliche und richterliche Gewalt erhalten und Innungsgerichte bilden, die neben Gemeinde- und Schöffengerichten stehen“ (ebd., S. 227).

80 So die These Beckers, ebd., S. 229.

81 Zu Person und Werk Dührings siehe die vorzügliche Studie von G.-K. Kaltenbrunner, Eugen Dühring, in: Zeitschrift für Religions- und Geistesgeschichte 22 (1970), S. 58–79.

Vertraulichkeit seiner Darlegungen. Doch er mußte es erleben, daß seine Denkschrift noch im gleichen Jahr – und darüber hinaus noch unter dem Autorennamen Wageners – als separate Schrift veröffentlicht wurde.[82]

Nachdem bereits eine zweite Auflage der Schrift erschienen war, protestierte Dühring gegen diesen Umgang mit seinem Text[83]; er stellte beim Ministerpräsidenten persönlich einen Antrag auf ein Disziplinarverfahren gegen Wagener. Dieser verteidigte sich erst mit dem Argument, die Publikation sei auf Anordnung der Regierung erfolgt; der Verlag habe eigenmächtig seinen Namen auf die Titelseite gesetzt. Mit dieser Erklärung nicht zufrieden, ging Dühring nun mit einer eigenen Kampfbroschüre an die Öffentlichkeit[84] und verklagte Wagener vor Gericht. Dieser wurde schließlich in zweiter Instanz zu Schadensersatz verurteilt, doch ein Disziplinarverfahren gegen ihn kam niemals zustande.[85] – Politisch bemerkenswert blieb diese von Wagener veranlaßte – und immerhin halboffizielle – Publikation in jedem Fall; so bemerkt auch Dühring im Rückblick: „Eine staatsministerielle Denkschrift, vom entschiedenen Arbeiterstandpunkt aus geschrieben, mit der Organisation der Arbeitercoalitionen als Programm ausgesprochenermaassen auf die Erhöhung der Löhne zielend, die als zurückgeblieben und in ihrer Niedrigkeit als für die ganze Volkswirthschaft unzuträglich gekennzeichnet wurden, – das war etwas bis dahin Unerhörtes“[86].

Diese Affäre hinterließ allerdings keinen guten Eindruck; eine amtliche Beförderung Wageners scheint hierdurch 1868 vereitelt worden zu sein.[87] Der Streit mit Dühring zeigt ebenfalls eine weitere Eigenschaft Wageners, deren Bedeutung für eine Analyse seines Denkens und Handelns nicht unterschätzt werden darf: seine Unbedenklichkeit im Umgang mit dem geistigen Eigentum anderer und seine starke Neigung zum theoretischen Eklektizismus. Er war kein Denker und kein Wissenschaftler, weder ein politischer Philosoph noch ein Nationalökonom, sondern in erster Linie ein den Tagesfragen zugewandter politischer Publizist. Er nahm Anregungen dort auf, wo er sie finden konnte, und er verarbeitete in seinen vielen Publikationen mannigfache Einflüsse und

---

82 [H. Wagener], Denkschrift über die wirthschaftlichen Associationen und die 218 socialen Coalitionen, Neuschönefeld/Leipzig 1866.

83 Vgl. hierzu die Darstellung in der – von der Wagener-Forschung im engeren Sinne bisher übersehenen – Autobiographie des Philosophen und Nationalökonomen: E. Dühring, Sache, Leben und Feinde. Als Hauptwerk und Schlüssel zu seinen sämmtlichen Schriften, 2. Aufl., Leipzig 1903, S. 144–155.

84 E. Dühring, Die Schicksale meiner socialen Denkschrift für das Preußische Staatsministerium. Zugleich ein Beitrag zur Geschichte des Autorrechts und der Gesetzesanwendung, Berlin 1868.

85 Vgl. E. Dühring, Sache, Leben und Feinde (wie Anm. 83), S. 152 f.

86 Ebd., S. 154 f.

87 Vgl. Saile, Hermann Wagener und sein Verhältnis zu Bismarck (wie Anm. 3), S. 103 f.

Lektüren; neben Dühring haben wohl Lorenz von Stein und vor allem Karl von Rodbertus-Jagetzow den größten Einfluß auf Wageners nationalökonomische und politische Anschauungen und Konzeptionen ausgeübt.[88]

Politisch blieb er weiterhin rastlos tätig. In den letzten Jahren vor der Reichsgründung entwickelte er den Plan einer rechtlichen Grundlegung für die Einrichtung von Gewerkvereinen, denen das Recht juristischer Personen zukommen sollte. Verbunden waren diese Planungen mit weiteren Entwürfen für die Einrichtung von Fabrikinspektoraten und gewerblichen Schiedsgerichten zur Regelung der Konflikte zwischen Arbeitgebern und Arbeitnehmern und zur Aushandelung von Lohntarifen. „Nach 50 Jahren", so führte Wagener am 11. Februar 1869 in einer großes Aufsehen erregenden Rede vor dem Reichstag des Norddeutschen Bundes aus, „wird kein Mensch mehr begreifen, wie es überhaupt möglich gewesen ist, daß ein Zustand solange hat bestehen können, wo der Arbeiter aus dem Produkt der Arbeit lediglich seinen konkreten Preis bezogen hat. Meine Herren, solche Dinge sind ebenso wie die Leibeigenschaft und die Hörigkeit nur solange aufrechtzuerhalten, bis das Bewußtsein ihrer Verwerflichkeit in die Massen hineingekommen ist"[89].

Es scheint aber nicht nur der Ausbruch des Krieges von 1870 gewesen zu sein, der, wie man vermutet hat, eine reale Umsetzung dieser offenbar sehr weitgediehenen Entwürfe verhinderte[90], sondern zuerst und vor allem die neue politische Konstellation in Preußen und im Norddeutschen Bund: Bismarck hatte sich im Sommer 1866 mit den Liberalen ausgesöhnt, indem er ihr kleindeutsches Programm, das des Deutschen Nationalvereins, zu seinem eigenen gemacht hatte. Allerdings war er in seinen entscheidenden politischen Maßnahmen fortan auf die parlamentarische Unterstützung der Liberalen angewiesen. Schon der Versuch einer Umsetzung der Ideen und Vorschläge Wageners wäre sowohl im preußischen Landtag wie auch im Reichstag des Norddeutschen Bundes auf entschiedenen Widerstand gestoßen und hätte Bismarcks Aufbaupo-

---

88 Zu Lorenz von Stein als Sozialpolitiker und -theoretiker vgl. den Beitrag von Wilhelm Bleek im vorliegenden Band, S. 585–602; zu Wageners Verbindung mit Rodbertus siehe vor allem die Publikation: Aus Rodbertus' Nachlaß. Herausgegeben und mit einem Nachwort versehen von Hermann Wagener, Minden i. Westf. 1886; neueste Studie zu Rodbertus: U. Engbring-Romang, Karl Rodbertus (1805–1875) – Sozialismus, Demokratie und Sozialreform. Studien zu Leben und Werk, Pfaffenweiler 1990.

89 Stenographische Berichte über die Sitzungen des Reichtages des Norddeutschen Bundes, Berlin 1869, S. 392; hier zit. nach Saile, Hermann Wagener und sein Verhältnis zu Bismarck (wie Anm. 3), S. 109; vgl. auch Schoeps, Hermann Wagener, ein konservativer Sozialist (wie Anm. 3), S. 211.

90 Vgl. Saile, Hermann Wagener und sein Verhältnis zu Bismarck (wie Anm. 3), 102 f.

litik insgesamt gefährdet. Dieses Risiko wollte und konnte der Ministerpräsident und neue Kanzler nicht eingehen.[91]

Im Sommer 1869 wandte sich Wagener noch einmal mit einer umfangreichen Denkschrift an Bismarck, um ihn – nicht zuletzt angesichts des fortschreitenden Verfalls der alten konservativen Partei – zu einer entschiedenen innenpolitischen Wende aufzufordern.[92] Eine starke Politik der Regierung sei mit stets wechselnden Mehrheiten und in dauernder Abhängigkeit von einem im Grunde staatsfernen und in der Sache egoistischen Liberalismus nicht möglich: Die „Klasse der Handelsleute und Industriellen, mit denen die Regierung sich bis dahin vorzugsweise beschäftigt" habe, sei jedenfalls „am wenigsten geeignet [...], einen dauerhaften Stützpunkt zu gewähren. Diesen Klassen ist der Staatsbegriff überhaupt abhanden gekommen, bei ihnen ‚figuriert der Staat nur auf Handlungs- und Betriebsunkostenkonto', sie können nicht regieren, auch wenn sie wollten, sie können nur opponieren und zersetzen"[93].

Dagegen müsse sich die Regierung, wie Wagener weiter ausführte, vor allem „zu den arbeitenden Klassen wenden, nicht allein, weil man mit dem allgemeinen Stimmrecht nur dann dauernd regieren kann, wenn man die Masse der Bevölkerung dauernd in der Hand behält, sondern auch um den Staatsbegriff überhaupt wieder zur Anerkennung zu bringen, und zwar nach allen Seiten hin"[94]. Als konkretes Rezept für eine solche innenpolitische Kehrtwende empfahl Wagener die Reorganisation, eigentlich die Neubegründung der konservativen Partei auf sozialkonservativer Grundlage. Die Regierung sollte sich selbst – und zwar durch weit ausgreifende wirtschafts- und sozialpolitische Maßnahmen – eine solide parlamentarische Basis schaffen, und die neue Partei wiederum sollte auf einer engen Interessengemeinschaft des Grundbesitzes, des Handwerks, der kleinen Gewerbetreibenden und der Arbeiterschaft beruhen. Als geeignete politische Schritte empfahl er u. a. eine Neuregelung der Hypothekengesetzgebung und des Immobilienkredits, Errichtung von Landwirtschafts- und Gewerbekammern, Einrichtung von Fabrikinspektionen, schließlich auch eine die Interessen der Massen der Bevölkerung stärker berücksichti-

---

91 In diesem Zusammenhang bemerkt Otto Becker: Bismarcks Ringen um Deutschlands Gestaltung (wie Anm. 77), S. 229: „Daß niemand den Liberalen so verhaßt war wie Hermann Wagener, hing gerade mit seinen sozialen Bestrebungen zusammen. Wäre aber der Friedensschluß mit den Liberalen oder ihre Spaltung nicht gelungen, dann hätte Bismarck den inneren Kampf auf der Grundlage einer sozial-konservativen Politik fortgesetzt und Wagener wohl ins Ministerium berufen".

92 Abgedruckt in Saile, Hermann Wagener und sein Verhältnis zu Bismarck (wie Anm. 3), S. 144–149.

93 Ebd., S. 147.

94 Ebd.

gende Handels- und Zollpolitik.[95] – Der Kanzler hat diese Denkschrift, wie seine Anstreichungen und (teilweise russischen!) Randbemerkungen beweisen, intensiv durchgearbeitet, doch den Kern des Wagenerschen Anliegens, eine offene und klare Trennung von den Nationalliberalen, bezeichnete Bismarck ausdrücklich als „nicht möglich“[96].

VI. Um eine Neugründung der konservativen Partei auf sozialkonservativer Grundlage hat sich Wagener in den Jahren 1870 bis 1872 intensiv bemüht. Sein Anfang 1872 verfaßter „Entwurf eines sozial-konservativen Programmes“[97] war ganz auf die aktuelle Lage – den beginnenden Kulturkampf gegen die katholische Kirche[98] – bezogen sowie auf Bismarcks Bemühungen, die Integration des eben neu begründeten Reiches zu festigen. Eine neue Regierungspartei müsse, heißt es in diesem Text, entschlossen „mit den lebendigen Elementen und Kräften der Gegenwart [...] rechnen“. Folgende Fragen hätten dabei in den Vordergrund zu treten: „die *monarchische*, die *nationale* und die *soziale* und, in Verbindung mit den beiden letzteren, die *kirchliche*, soweit diese überhaupt Gegenstand der politischen Aktion sein kann und darf“. Eine antimonarchische Entwicklung innerhalb Deutschlands würde günstigstenfalls „mit einer Föderativ-Republik abschließen und eine solche Föderativ-Republik mit dem allgemeinen direkten Wahlrecht dürfte schwerlich im Stande sein, die Massen der Bevölkerung im Zaume zu halten und den gefährlichsten Ausartungen der sozialen Bewegung Halt zu gebieten“[99].

Von hier aus kam Wagener wieder auf sein zentrales Thema zu sprechen, indem er bemerkte, die soziale Frage hänge aufs engste mit der nationalen Entwicklung zusammen, „allerdings aber auch nach der andern Seite in der Weise, daß eine gesunde Entwicklung des deutschen Reiches nur möglich bleibt, wenn dieselbe sich im Einklang mit den Bedürfnissen und den berechtigten Postulaten der Masse des Volkes vollzieht“[100], – wenn die Reichsregie-

---

95 Ebd., S. 147 ff.

96 Einzelne Hinweise dazu bei Saile, Hermann Wagener und sein Verhältnis zu Bismarck (wie Anm. 3), S. 144 ff.; siehe besonders auch die Bemerkungen und die Faksimiles aus dieser Denkschrift bei E. Engelberg, Bismarck, Bd. II, Das Reich in der Mitte Europas, Berlin 1990, S. 58 ff., hier S. 59!

97 Abgedruckt in: Aus Rodbertus' Nachlaß (wie Anm. 88), S. 5–8.

98 Vgl. hierzu die Darstellungen bei Huber, Deutsche Verfassungsgeschichte seit 1789 (wie Anm. 37), Bd. IV, S. 645–831; sowie G. Franz, Kulturkampf. Staat und katholische Kirche in Mitteleuropa von der Säkularisation bis zum Abschluß des preußischen Kulturkampfes, München 1954, S. 185–280.

99 Die Zitate ebd., S. 6 f.

100 Ebd., S. 7.

rung also eine Sozialpolitik betreibe, die das Volk vor den politischen Einflüssen und Machtbestrebungen der drei Internationalen (der schwarzen, roten und goldenen) zu bewahren imstande sei.[101] Mit dieser Invektive vor allem gegen die „goldene" Internationale der Kapitalisten gedachte er einer neuen „Monarchisch-nationalen" oder „Sozial-konservativen" Partei ein neues, bis dahin noch nicht gekanntes politisch-propagandistisches Schlachtfeld zu eröffnen.

Doch Wageners Aktivitäten blieben nicht nur erfolglos, sie scheiterten auf der ganzen Linie[102], weil er die sozialen und gesellschaftlichen Entwicklungen der Zeit, genauer: das langsame Zusammenrücken von alten und neuen Führungsschichten, von Adel und Bürgertum, nicht erkannte oder einfach nicht wahrhaben wollte. Die 1866 neu entstandene, strikt bismarcktreue kleine Freikonservative Partei (die späteren Reichskonservativen)[103] wurde in erster Linie von Großgrundbesitzern und Großindustriellen getragen, die an sozialpolitischen Neuerungen nicht im mindesten interessiert sein konnten, während den Resten der früheren preußischen Altkonservativen die Aktivitäten Wageners zunehmend unheimlicher wurden; sie scheinen in dieser Zeit den Versuch unternommen zu haben, Wagener und seinen Freund und Mitstreiter Moritz von Blanckenburg als „verkappte Demokraten" aus der Partei auszustoßen.[104]

Der Kulturkampf brachte seit Ende 1871 eine politische Konstellation mit sich, die den Bestrebungen Wageners ungünstiger denn je sein mußte. Zum einen schied damit ein potentieller Bündnispartner für seine sozialpolitischen Bestrebungen von vornherein aus. Denn auch die Katholiken – allen voran der Mainzer Erzbischof Wilhelm Emanuel von Ketteler[105] – hatten seit einiger Zeit

---

[101] Vgl. ebd.: „Da die Behandlung der sozialen Frage in Deutschland niemals weder im antimonarchischen, noch im antinationalen Sinne erfolgen darf, so folgt daraus eine entschiedene Bekämpfung aller sozialen Bestrebungen, welche sich nicht auf der Basis der monarchischen Staats- und Gesellschaftsordnung oder im Gegensatze gegen die Nationalität vollziehen wollen (Volksstaat-Internationale). Dabei ist jedoch nicht außer Acht zu lassen, daß es nicht zwei, sondern drei ‚Internationale' giebt: Die schwarze, die rothe und die goldene (Kaptalisten-Internationale) und daß von diesen die letztere für den Bestand der Staaten und Dynastien nicht die ungefährlichste ist".

[102] Vgl. dazu u. a. Hahn, Die Berliner Revue (wie Anm. 23), S. 227 ff.; Saile, Hermann Wagener und sein Verhältnis zu Bismarck (wie Anm. 3), S. 110 f.; O. Pflanze, Bismarck, Bd. II, Der Reichskanzler, München 1998, S. 30 f.

[103] Hierzu vgl. neuerdings V. Stalmann, Die Partei Bismarcks. Die Deutsche Reichs- und Freikonservative Partei 1866–1890, Düsseldorf 2000.

[104] Vgl. Saile, Hermann Wagener und sein Verhältnis zu Bismarck (wie Anm. 3), S. 110.

[105] Siehe dazu den Beitrag von U. Nothelle-Wildfeuer, im vorliegenden Band S. 627–645. – Auch auf seiten des politischen Katholizismus war man inzwischen auf Wage-

eigene Ideen für eine Neuordnung der staatlichen Sozialpolitik entwickelt, die Wagener nicht unbekannt geblieben sein dürften. Und zum anderen war Bismarck jetzt noch in stärkerem Maße als vor 1871 von der Unterstützung der Liberalen abhängig, die ihn in dieser Zeit denn auch mehr als einmal zu politischen Maßnahmen und Entscheidungen zwangen – etwa zur Einführung der Zivilehe –, die er im Grunde ablehnte.[106]

Nichtsdestoweniger versuchte Wagener in seinen beiden Denkschriften, die er dem Reichskanzler im Januar und im April 1872 einreichte[107], seine sozialpolitischen Ideen und Vorschläge der gegebenen neuen Situation anzupassen. Nur so ist der (bei ihm bis dahin unbekannte) scharf antikatholische Akzent zu verstehen, den er nun in seine Argumentation einführte: Es bedürfe keines Beweises, heißt es in dem Promemoria für Bismarck vom 29. Januar 1872, „daß von allen Gegnern die ultramontane Partei die stärkste und gefährlichste ist, und zwar wird diese Gefahr in dem Maße sich steigern, als es den kirchlichen Organen gelingt, die Massen der Bevölkerung mit sich zu verbinden“. Die katholische Kirche arbeite konsequent auf eine solche Verbindung hin, „und zwar in der Weise, daß man die sozialen Postulate akzeptiert, soweit dies vom kirchlichen Standpunkte aus irgend möglich ist und es sich auch bereits zurechtgelegt hat, selbst mit der ‚Internationalen‘ Hand in Hand gehen zu können“, und im übrigen sei die Kirche „der sozialistischen Agitation nicht nur in betreff der Organisation überlegen, sondern sie hat vor derselben auch noch den religiösen Fanatismus voraus, welcher sich auf keinem Gebiete wirksamer entwickeln läßt als eben den sozialen Bestrebungen der Massen gegenüber“.[108]

---

ner aufmerksam geworden. Der bedeutende konservativ-katholische Publizist J. E. Jörg weist in seiner Bestandsaufnahme der sozialen Bewegungen seiner Zeit, dem wichtigen Buch: Geschichte der social-politischen Parteien in Deutschland, Freiburg i. Br. 1867, S. 209, ausdrücklich auf die „Richtung des geistvollen Justizraths *Wagener*“ hin, und er fügt an: „Die Fraktion, welche sich an die Riesenkraft dieses Mannes anschließt, ist unzweifelhaft aus der Zunftreaktion hervorgegangen, aber sie ist, wie uns scheint, schon weit darüber hinausgegangen. Sie verhält sich insbesondere nicht mehr bloß abwehrend und defensiv gegen die Großindustrie, sondern sie zieht die letztere selber in den Kreis ihrer Berechnung. Sie will nicht bloß die Reste alter Organisationen des Handwerks conserviren, sondern sie verlangt eine das ganze Erwerbsleben umspannende organische Neuordnung, wodurch namentlich auch der Kampf des Großcapitals mit der Lohnarbeit beigelegt, beziehungsweise die letztere in ihrem Recht geschützt werden soll“. – Die Hand zu ergreifen, die ihm hier angeboten worden war, blieb Wagener am Beginn der 1870er Jahre verwehrt.

[106] Vgl. Kraus, Ernst Ludwig von Gerlach (wie Anm. 5), Bd. II, S. 880 ff.

[107] Abgedruckt (mit Kürzungen) in: Quellensammlung zur Geschichte der deutschen Sozialpolitik 1867 bis 1914 (wie Anm. 2), Bd. I/1, S. 276–281, 296–301.

[108] Die Zitate ebd., S. 276 f. (Nr. 94).

Nachdem er das beunruhigende Szenario eines doppelten – sozialistisch-katholischen – Gegners an die Wand gemalt hat, erneuert er seinen alten Vorschlag einer aktiven staatlichen Sozialpolitik mit dem Argument, es gebe nur *einen* Gedanken, der „dem jetzt sehr mächtigen katholisch-kirchlichen Gedanken [...] mit Aussicht auf Erfolg politisch ebenbürtig gegenübergestellt werden kann, nämlich den sozialen". Neben der Einsetzung einer Sachverständigen-kommission für Sozialreform fordert Wagener vor allem ein „praktisches Vorgehen mit dem Institut der Fabrikinspektoren oder [...] der Arbeitsämter", denn nur hierin sei „die Möglichkeit einer Organisation gegeben, welche auf dem politischen Gebiet selbst der Organisation der katholischen Kirche nicht bloß gewachsen, sondern sogar überlegen sein würde. Den materiellen Tendenzen der Gegenwart gegenüber ist der Sozial-Kaiser stärker als selbst der Sozial-Papst"[109].

Die Idee war auf jeden Fall originell: Mit Hilfe eines „Sozial-Kaisers" dem „Sozial-Papst" den Wind aus den Segeln zu nehmen und auf diese Weise zu versuchen, vor allem den unteren Schichten des katholischen Kirchenvolks ihren Kirchenoberen abspenstig zu machen, schien auf den ersten Blick eine durchaus praktikable Taktik zu sein. Doch sie war es nicht, und konnte es im Rahmen der gegebenen politischen Verhältnisse auch nicht sein: Denn eine auf parlamentarische Mehrheiten angewiesene Regierung, die sich in diesem Fall nicht allein auf die Konservativen, sondern eben auch auf die Liberalen stützen mußte, konnte die Idee eines „Sozial-Kaisers", der in umfangreichem Maße soziale Wohltaten auf Kosten des Besitzbürgertums verteilen sollte, nicht in die Wirklichkeit umsetzen.

Sehr viel detaillierter und inhaltlich konkreter war der Inhalt der zweiten Denkschrift Wageners vom 24. April 1872. Hierin entwickelte er den Vorschlag nachhaltiger staatlicher Eingriffe in das Wirtschaftsleben, ohne jedoch – wie seine Gegner ihm damals und später vorwerfen sollten – einer allumfassenden Sozialisierung der Wirtschaft das Wort zu reden. Immerhin plädierte er für eine „Festsetzung eines *Maximums für Kapitalzins- und Risikoprämie* für jegliche Kapitalanlage", um auf diese Weise „zu dem Geiste zurück[zukehren], aus dem die Wuchergesetze entstanden sind". Auch beim Fortbestehen des Freihandelssystems (das als solches vom Autor nicht infrage gestellt wird) müsse den Handelsverträgen „ein System von Produktionsverträgen, die zunächst auf gleichmäßige Wuchergesetze in allen Staaten hinauslaufen dürften", gegenübergestellt werden, um gleiche Wettbewerbsbedingungen zu schaffen.[110] Dies war zu jener Zeit freilich eine utopische Vorstellung; an Realisierungschancen einer Interna-

---

[109] Die Zitate ebd., S. 278 f. (Nr. 94); siehe auch die aufschlußreichen ergänzenden Hinweise auf einige – dieser Denkschrift zugehörige – ungedruckte Manuskripte aus dem Wagener-Nachlaß, ebd., S. 279 f., Anm. 9.

[110] Die Zitate ebd., S. 297 f. (Nr. 100).

tionalisierung staatlicher Maßnahmen für eine Wirtschaftslenkung war um 1872 kaum zu denken.

Er unterschied anschließend mehrere Formen der zu treffenden Maßregeln. Zu Beginn die vorbereitenden: Hier schlug er zuerst eine „umfassende und genaue Enquete über den Zustand der Arbeiterbevölkerung“ vor, sodann, zweitens, eine gründliche Steuerreform, nämlich die Abschaffung der indirekten Steuern auf „volkstümliche unentbehrliche Lebensmittel“, sodann „starke Besteuerung des Geldkapitals in seiner Börsenbewegung“ sowie die „Einführung einer starken Erbschaftssteuer“ und schließlich eine Reform der Kreditgesetzgebung mit dem Ziel, „die Vorteile des Monopols der Staatsbank [...] nicht mehr ausschließlich dem Großkapital zugute kommen“[111] zu lassen. Als Sofortmaßregeln mit direkter Wirkung auf das Wirtschaftsgeschehen empfahl er die Einführung des Normalarbeitstages von vorerst zehn Stunden, strenges Verbot der Sonntags- und Neuregelung der Nacht- und Schichtarbeit zugunsten der Arbeiter, sodann die Einsetzung von Fabrikinspektoren.[112]

Schließlich entwickelte Wagener in seiner Denkschrift „Maßregeln, welche den *Keim* der künftigen *Organisation der Produktion* in sich tragen“ und die auf den Vorschlag einer *begrenzten* ökonomischen Tätigkeit des Staates hinauslaufen.[113] Wenn der Staat über die Fähigkeit verfüge, das Post-, Fernmelde- und Eisenbahnwesen in die eigenen Hände zu nehmen, dann sei er auch imstande, bestimmte Bereiche des Wirtschaftslebens für sich zu monopolisieren (wie beispielsweise schon die Tabakindustrie), nicht zuletzt dort, wo er, der Staat, selbst als Konsument auftrete, denn niemand könne „etwas dagegen sagen, wenn der Staat selbst sich seine Bedürfnisgegenstände produziert [...] und die so entstandene neue Einnahme zu zivilisatorischem Vorgehen verwendet“. Und Wagener schloß mit der für das historische Bewußtsein dieser Epoche typischen Formulierung: „Es darf wohl daran erinnert werden, daß die Stadt Athen zur Zeit ihrer Blüte den Gewinn aus dem Handelsverkehr in angemessener Verteilung ihren Bürgern zugute kommen ließ“[114].

Aufschlußreich ist nun, daß Bismarck – ungeachtet der mangelnden Praktikabilität vieler dieser Vorschläge, die in jener Zeit, wie bemerkt, parlamentarisch nicht mehrheitsfähig waren – Wageners Aktivitäten auf diesem Gebiet auch in der Folgezeit unterstützte, ja ihn offenbar noch zur Ausweitung

---

[111] Die Zitate ebd., S. 298 f (Nr. 100).

[112] Vgl. ebd., S. 299 (Nr. 100).

[113] Das Zitat ebd., S. 300 (Nr. 100); siehe ebd. die charakteristische Feststellung: „‚Der Staat darf keine Industrie treiben‘, sagt *Manchester*. ‚Der Staat und *nur* der Staat muß die Industrie treiben und leiten‘, sagen die *Sozialisten*. ‚Der Staat kann und muß *unter Umständen* Industrie treiben‘, sagen *wir*“.

[114] Die Zitate ebd., S. 300 f. (Nr. 100).

seiner Tätigkeit animierte. Jedenfalls knüpfte Wagener auf Bismarcks Geheiß Kontakte zu den akademischen „Kathedersozialisten" um Gustav Schmoller, Lujo Brentano und Adolph Wagner sowie zu dem von ihnen 1872 begründeten „Verein für Socialpolitik", und im November dieses Jahres präsidierte der Geheime Regierungsrat Wagener einer deutsch-österreichischen Expertenkonferenz über die Themen der sozialen Frage und der sozialistischen Agitation. Obwohl die Österreicher Anweisung hatten, nur über die Frage einer gemeinsamen Sozialistenbekämpfung zu sprechen, gelang es Wagener aber dennoch, „das umfassendere Problem der sozialen Reformen anzusprechen"[115]. Man konnte sich am Ende zwar auf eine Reihe gemäßigter Reformvorschläge einigen, doch eine praktische deutsch-österreichische Zusammenarbeit auf diesem Gebiet kam letztlich nicht zustande.[116]

VII. Daß Hermann Wagener viele politische Feinde hatte, wird bei der Fülle und Eigenart seiner einschlägigen Aktivitäten und auch im Hinblick auf seine direkte und zuweilen durchaus rücksichtslose Kampfesweise niemanden verwundern.[117] Einer der einflußreichsten Industriellen der Zeit, der spätere Freiherr Carl von Stumm-Halberg, schrieb im November 1872 an den nachmaligen Handelsminister Heinrich von Achenbach: „Übrigens wäre es mir ganz lieb, wenn Wagener bei dieser Gelegenheit beseitigt würde. Denn der Mann spielt auf sozialem Gebiet eine ganz gefährliche Rolle und ist durch seine jetzige Stellung doch sehr einflußreich"[118]. Es scheint, daß man in bestimmten Industriellenkreisen und auch innerhalb der gegnerischen Parteien – vor allem der liberalen – nur auf eine Gelegenheit gewartet hat, um Wagener zu stürzen.

Anfang 1873 war es so weit. In dieser Zeit wurden die ersten Gründerskandale ruchbar, und es stellte sich heraus, daß auch Wagener in einen solchen verwickelt war. Ob mit oder ohne persönliches Verschulden – das konnte bis heute, da eine umfassende Wagener-Biographie immer noch fehlt, nicht ab-

---

[115] Pflanze, Bismarck (wie Anm. 102), Bd. II, S. 31.

[116] Das in Wageners Nachlaß befindliche umfangreiche Protokoll der Tagung ist auszugsweise abgedruckt in: Quellensammlung zur Geschichte der deutschen Sozialpolitik 1867 bis 1914 (wie Anm. 2), Bd. I/1, S. 337–377 (Nr. 118).

[117] Vgl. dazu u. a. O. Becker, Bismarcks Ringen um Deutschlands Gestaltung (siehe Anm. 77), S. 229.

[118] Zit. nach: F. Hellwig, Carl Ferdinand von Stumm-Halberg 1836–1901, Heidelberg 1936, S. 106 (Stumm an Achenbach, 11. 11. 1872); auch zitiert in: Schoeps, Hermann Wagener, ein konservativer Sozialist (wie Anm. 3), S. 224, Anm. 12; Saile, Hermann Wagener und sein Verhältnis zu Bismarck (wie Anm. 3), S.112, Anm. 109; Engelberg, Bismarck (wie Anm. 96), Bd. II, S. 81.

schließend geklärt werden.[119] Es ging um die Pommersche Zentralbahn, an deren Begründung im Jahre 1870 Wagener sowohl dienstlich wie privat beteiligt gewesen war – und zwar mit Genehmigung Bismarcks. Als zwei Jahre später diese zweifellos nicht unprekäre Vermischung amtlicher und privat-finanzieller Aktivitäten des Geheimen Regierungsrates bekannt wurde und auch das problematische geschäftliche Gebaren der Bahngesellschaft ins Gerede kam, geriet Wagener ins Visier seiner Feinde. Eduard Lasker hielt am 14. Januar und am 17. Februar 1873 zwei Reichstagsreden, in denen er Wagener scharf angriff; damit löste er einen – von der oppositionellen Presse sofort vehement aufgegriffenen – politischen Skandal aus, der Bismarck treffen sollte[120] und dem Wagener schließlich zum Opfer fiel.

Die politische Gesamtkonstellation war denkbar ungünstig: Bismarck war in dieser Zeit gesundheitlich angeschlagen und hatte die Leitung des preußischen Staatsministeriums zeitweilig an Roon abgegeben, der aber – ebenfalls aus gesundheitlichen Gründen – seiner Aufgabe nicht mehr vollkommen gewachsen war. Der alte Generalfeldmarschall, dem die Zusammenhänge dieser Angelegenheit nicht bekannt waren und der auch kein näheres Verhältnis zu Wagener unterhielt, wurde durch Laskers Attacken vollkommen überrascht und konnte als unmittelbarer Vorgesetzter des Angegriffenen nicht mehr entsprechend parieren. Bald schaltete sich auch der Kaiser und König ein, der eine amtliche Untersuchung anordnete (darauf mußte Lasker seinen im Reichstag gestellten Antrag auf Einsetzung eines parlamentarischen Untersuchungsausschusses zurückziehen).

Die Königliche Spezialkommission kam im Juni 1873 zu dem Schluß, daß Wagener wenigstens eine juristische Mitschuld am Niedergang der Bahngesellschaft zukomme, und daraufhin trat dieser – übrigens gegen Bismarcks ausdrücklichen Wunsch – von seinem Posten zurück. Er wurde mit einem Verweis und normaler Pension am 1. Oktober 1873 aus dem Staatsdienst entlassen.[121] Er selbst verzichtete darauf (wie ursprünglich vorgesehen), seinen eigenen Standpunkt öffentlich darzulegen; später sollte er in der Rückschau des Jahres 1884 feststellen: „Dass ich im Jahre 1873 stillgeschwiegen, hatte darin seinen Grund, dass nach den Lehren der Geschichte dieselben politischen Leidenschaften, welche die Anklage dictiren, auch die Verurtheilung zu bewirken pflegen und dass ich es um so mehr vorzog, meine amtliche Stellung zu quittiren, als die-

[119] Vgl. vorerst die Darstellungen bei Christoph, Hermann Wagener als Sozialpolitiker (wie Anm. 3), S. 150 ff.; Saile, Hermann Wagener und sein Verhältnis zu Bismarck (wie Anm. 3), S. 114 ff.; aus der Perspektive des Betroffenen: Wagener, Erlebtes (wie Anm. 12), Bd. II, S. 55 ff.

[120] Vgl. dazu auch Gall, Bismarck (wie Anm. 43), S. 530.

[121] Vgl. Saile, Hermann Wagener und sein Verhältnis zu Bismarck (wie Anm. 3), S. 119.

selbe ohne einen energischen Rückhalt bei meinem Vorgesetzten, den ich leider in der Lasker-Affaire nicht fand, überhaupt ein verlorener Posten war“[122]. Mit der letzten Bemerkung war nicht Bismarck, sondern Roon gemeint, denn der Kanzler hatte in der Tat alles versucht, um den bewährten und in mancher Hinsicht unersetzbaren Mitarbeiter zu halten; er hatte ihm sogar nach der zweiten Laskerschen Rede am 7. Februar „mit aller Absicht in voller Uniform am hellen Tage vor allen Leuten“[123] seinen Besuch abgestattet, um ihm öffentlich seines uneingeschränkten Vertrauens zu versichern.

Es war alles vergebens gewesen. „Wagener ist [...] ein Mann“, hatte Bismarck schon im März des Jahres festgestellt, „dessen Taten ich nicht alle vertreten will, der aber höchstens das getan hat, was Hunderte und Aberhunderte in allen Ehren stehende Männer auch getan haben“[124]. Und Wagener selbst war zutiefst verbittert darüber, daß man an ihm offensichtlich ein Exempel statuierte, ohne den gleichen Maßstab an andere, auch fürstliche „Gründer“ anzulegen.[125] Eduard Lasker hatte sein prominentes Opfer zwar zur Strecke gebracht – und damit übrigens den unversöhnlichen Haß Bismarcks auf sich gezogen – , doch belastend für ihn war und blieb, wie Ernst Engelberg mit Recht formulierte, „der von vielen geteilte Verdacht, er habe mit zweierlei Maß gemessen und ‚aberhunderte‘ aus seinem eigenen Lager geschont, die viel militantere Gründer und geschicktere Spekulanten waren als Wagener“[126]. Die Angelegenheit war übrigens mit dem Rücktritt Wageners nicht beendet: In einem Zivilprozeß mit der Pommerschen Zentralbahn wurde er zur Zahlung von 1,8 Millionen

---

[122] Wagener, Erlebtes (wie Anm. 12), Bd. II, S. 58.

[123] Bismarck, Die gesammelten Werke (wie Anm. 69), Bd. VIII, S. 68 (zu Gustav von Diest, 19. 3. 1873).

[124] Ebd., Bd. VIII, S. 68.

[125] Vgl. die späteren Bemerkungen in: Wagener, Erlebtes (wie Anm. 12), Bd. II, S. 58 f.: „Was mich [...] einigermassen frappirte, war, dass es Niemand als einen Widerspruch empfand, gefürstete Personen, die höchsten Würdenträger der Krone, mit einem anderen Masse zu messen, als mich, den kleinen bürgerlichen Beamten, und daß Vorkommnisse, welche man mir gewissermassen als ein Verbrechen anrechnete, an der Stellung jener Herren spurlos vorübergingen. Es erinnert mich dies an einen Ausspruch von Justus Moeser, welcher sagt: ‚Wenn es in der Welt blos nach Verdienst ginge, müsste sich jeder anständige Mensch gleich todtschiessen.‘ Ich habe niemals an der Börse gespielt, ich habe mich niemals an dem Coursgewinn unter günstigen Umständen emittirter Actien betheiligen lassen und alle die Ausstreuungen, als hätte ich grosse Schätze gesammelt, waren eitel Lügen“.

[126] Engelberg, Bismarck (wie Anm. 96), Bd. II, S. 81.

Reichsmark Schadensersatz verurteilt – und war damit finanziell vollkommen ruiniert.[127]

Bismarck hatte ihn jedenfalls nicht fallen lassen. Wagener blieb auch weiterhin einer seiner engsten – nun natürlich inoffiziellen – Berater für bestimmte Fragen, vor allem für die Bereiche der Sozialpolitik und für das Verhältnis zwischen Regierung und konservativer Partei, und der Kanzler unterstützte ihn auch finanziell. Noch in der Zeit, als sein Rücktritt bereits absehbar war, Ende Juli 1873, hatte Wagener für Bismarck eine weitere umfangreiche Denkschrift verfaßt[128], in der er *einen* zentralen Grundgedanken der späteren Bismarckschen Sozialgesetzgebung vorwegnahm: Es sei „um jeden Preis zu verhindern, daß die arbeitende Bevölkerung [...] zu einer großen, kompakten, oppositionellen Masse sich zusammenschließt", und daher müsse „die weitere Entwicklung der sozialen Frage und [...] die Reform der betreffenden Gesetzgebung und Institutionen mit den beherrschenden Elementen und den Fundamentaleinrichtungen des preußischen Staates und [...] des Deutschen Reiches in Verbindung und [...] in Einklang"[129] gesetzt werden. In *anderer* Hinsicht jedoch warnte er jedoch besonders nachdrücklich vor einer Verschärfung des Kampfes gegen die – in dieser Zeit allerdings noch eher schwache – sozialdemokratische Arbeiterbewegung.[130]

Wagener scheint nach seinem Abgang aus dem Staatsdienst seine sozialpolitischen Aktivitäten, obwohl viele frühere Kontakte abgerissen waren, noch forciert zu haben. Jedenfalls besuchte er 1874 zusammen mit seinem Schüler und engsten Vertrauten Rudolph Hermann Meyer, der bald selbst als bedeutender sozialpolitischer Autor hervortreten sollte[131], die Jahrestagung des „Vereins

[127] Vgl. Vogel, Bismarcks Arbeiterversicherung (wie Anm. 3), S. 125, Anm. 1; Saile, Hermann Wagener und sein Verhältnis zu Bismarck (wie Anm. 3), S. 121.

[128] Im Auszug abgedruckt in: Quellensammlung zur Geschichte der deutschen Sozialpolitik 1867 bis 1914 (wie Anm. 2), Bd. I/1, S. 457–459 (Nr. 136, 31. 7. 1873).

[129] Ebd., S. 458 (Nr. 136).

[130] Vgl. die bezeichnenden Formulierungen ebd.: „Solange der Staat und dessen Gesetzgebung mit dem Arbeiterstande und dessen Bestrebungen nichts weiter anzufangen weiß, als diesen als Feind zu behandeln und jene unter eine Ausnahmegesetzgebung zu stellen, wird selbstverständlich der Arbeiterstand auch seinerseits je länger, desto mehr dazu fortschreiten, seinen Gegensatz gegen den bestehenden Staat zu verschärfen und zu verbittern, und sich mit der Überzeugung zu durchdringen, daß die Zerstörung des bestehenden Staates die unabweisliche Vorbedingung der Verbesserung seiner Lage sei. Noch sind wir glücklicherweise nicht bis dahin gelangt, noch sind in unserem Arbeiterstande staatliche Reminiszenzen und nationale Sympathien lebendig, doch wird man allerdings nicht mehr viel falsche Schritte tun dürfen, wenn man nicht auch unseren Arbeiterstand der Internationalen unwiederbringlich in die Arme treiben will".

[131] Vgl. über ihn die noch unentbehrliche, aber insgesamt nicht mehr befriedigende Darstellung von K. Feibelmann, Rudolf Hermann Meyer – Ein Beitrag zur politischen

für Socialpolitik", über die beide einen (offenbar wenig günstigen) Bericht für den Kanzler verfaßten.[132] Es folgten auch weitere Denkschriften: Im Januar 1875 drängte Wagener noch einmal auf eine gründliche empirische Untersuchung der bestehenden Arbeitsverhältnisse, und er fügte einen von Meyer stammenden Entwurf für ein Gesetz zur Einführung des Normalarbeitstages mit bei.[133] Bismarck war an diesen Ausführungen – wie immer – interessiert, doch er versäumte es nicht, die wiederum in der Sache sehr weit gehenden Wagenerschen Vorschläge mit skeptischen Randglossen zu versehen.[134]

Die letzte – und in der Sache wohl gehaltvollste – seiner großen Denkschriften legte Wagener dem Reichskanzler im November 1875 vor.[135] Angesichts der bestehenden ökonomischen Krise[136] gelte es in erster Linie, den Schutz der eigenen Arbeitskraft mit allen zur Verfügung stehenden Mitteln zu gewährleisten, denn „ein Volk, welches es nicht versteht, vor allen Dingen seine Arbeitskraft in der geeigneten Form vollständig auf den Weltmarkt zu bringen, ist schon von Hause aus besiegt"[137]. Das gegenwärtig angewandte wirtschaftliche Rezept einer „Herabsetzung der Löhne und Steigerung der Arbeitsleistung" sei in doppelter Hinsicht ökonomisch kontraproduktiv: Zum einen, weil es die arbeitenden Massen dem bestehenden Staat noch weiter entfremde, zum anderen, weil hierdurch die Konsumtionskraft breiter Bevölkerungskreise und damit die Inlandsnachfrage geschwächt werde. Unter Berufung auf Rodbertus führte Wagener aus, daß gegenwärtig die Überproduktion bereits beginne, „obschon

---

Ideengeschichte des neunzehnten Jahrhunderts, phil. Diss. Leipzig 1933 (es handelt sich um eine von H. Freyer und E. Brandenburg betreute Dissertation); wichtig auch die knappe Studie von H.-J. Schoeps, Rudolph Meyer und der Ausgang der Sozialkonservativen, in: ders., Studien zur unbekannten Religions- und Geistesgeschichte, Göttingen u. a. 1963, S. 335–344. Meyers Hauptwerk „Der Emancipationskampf des vierten Standes" wurde bereits zitiert (siehe oben, Anm. 61). Ein wichtiges Quellenwerk ist auch die späte Publikation: Rudolph Meyer, Hundert Jahre conservativer Politik und Literatur, Wien/Leipzig o. J. (1895).

[132] Vgl. Saile, Hermann Wagener und sein Verhältnis zu Bismarck (wie Anm. 3), S. 119 f.; Hahn, Die Berliner Revue (wie Anm. 23), S. 245; Meyer, Hundert Jahre conservativer Politik und Literatur (wie Anm. 131), S. 269 ff.; Vogel, Bismarcks Arbeiterversicherung (wie Anm. 3), S. 125.

[133] Vgl. Hahn, Die Berliner Revue (wie Anm. 23), S. 247; Meyer, Hundert Jahre conservativer Politik und Literatur (wie Anm. 131), S. 284 ff.

[134] Vgl. Saile, Hermann Wagener und sein Verhältnis zu Bismarck (wie Anm. 3), S. 120.

[135] Abgedruckt in: Quellensammlung zur Geschichte der deutschen Sozialpolitik 1867 bis 1914 (wie Anm. 2), Bd. I/1, S. 465–470 (Nr. 139, 1. 11. 1875).

[136] Vgl. dazu u. a. die Studie von H. Rosenberg, Große Depression und Bismarckzeit. Wirtschaftsablauf, Gesellschaft und Politik in Mitteleuropa, Berlin 1978.

[137] Quellensammlung zur Geschichte der deutschen Sozialpolitik 1867 bis 1914 (wie Anm. 2), Bd. I/1, S. 466 (Nr. 139).

die Masse der Bevölkerung noch große Quantitäten der betreffenden Artikel mit Leichtigkeit aufnehmen könnte und daß die heimische Industrie gerade um deswillen der auswärtigen Konkurrenz so wenig gewachsen ist, weil ihr das sichere Fundament des inneren Marktes fehlt“[138].

Neben der „sozialistischen Agitation“ sieht Wagener vor allem das Phänomen der Massenauswanderung als gleichermaßen politisches wie als ökonomisches Alarmzeichen an, dem der Staat mit sofortigen sozialpolitischen Verbesserungsmaßnahmen zu begegnen habe: Die Möglichkeit, „die soziale Lage und den Standard of Life der arbeitenden Klassen zu heben und zu verbessern“, liege, so Wageners Hauptthese, „einzig und allein darin beschlossen, daß die Verwendung der nationalen Arbeitskraft in der rechten Weise reguliert und überwacht wird, eine Aufgabe, deren pflichtmäßige Erfüllung der sozialistischen Agitation wie mit einem Schlage den Boden unter den Füßen wegziehen würde. Was der dunkle Instinkt der Massen von den sozialistischen Volksbeglückern erhofft, das vermag eine einsichtige Regierung in durchaus ungefährlicher Weise zu gewähren, wenn sie ihre segensreiche Aufgabe als nationaler Volkswirt begreift und ihr Wohlwollen gegen die arbeitende Klasse noch durch etwas anderes betätigt, als durch Verkürzung der Löhne und Verlängerung der Arbeitszeit“[139].

Es ist nicht bekannt, wie Bismarck auf diese Ausführungen reagiert hat. Wageners Aufforderung an die Regierung, sich als „nationaler Volkswirt“ zu betätigen, um sozialen, ökonomischen und vor allem politischen Fehlentwicklungen entgegenzuarbeiten, scheint ihm auf der einen Seite durchaus eingeleuchtet zu haben. Doch auf der anderen Seite wußte er nur zu gut, daß alle Maßnahmen, die Wagener vorschlug, der legislativen Absicherung bedurften, um in die Wirklichkeit umgesetzt zu werden. Die Verfassung des Reiches bot keine andere Möglichkeit; massive Eingriffe in das Wirtschaftsleben – also in den ureigensten Bezirk der Betätigung des Bürgertums – waren auf dem Wege der Anordnung von oben, wie einst in der preußischen Reformzeit nach 1806, nicht mehr möglich. Und die bestehenden parlamentarischen Mehrheitsverhältnisse ließen keine Maßnahmen zu, die dem von den liberalen Parteien dominierten Bürgertum überdurchschnittliche finanzielle Opfer abgefordert hätten.

VIII. Um die Mitte der 1870er Jahre begann sich die enge Zusammenarbeit des Reichskanzlers mit seinem alten Weggefährten und politischen Mitstreiter Wagener langsam ihrem Ende zuzuneigen. Die finanzielle Situation des letzteren war nach dem Gerichtsurteil des Prozesses mit der Pommerschen Zentralbahn

---

138 Die Zitate ebd., S. 466 f. (Nr. 139).
139 Die Zitate ebd., S. 470 (Nr. 139).

äußerst prekär, und es scheint ihm kaum etwas anderes übrig geblieben zu sein, als seine noch bestehende Verbindung zum mächtigsten Politiker des Landes zu immer neuen Hilfeersuchen zu benutzen. Bismarck ließ ihm denn auch immer wieder einmal kleinere Summen aus verschiedenen finanziellen Töpfen der Regierung zukommen, auch scheint er 1875 den Versuch unternommen zu haben, Wagener wieder einen wichtigen Posten im Bereich des politischen Journalismus, die Chefredaktion der regierungsnahen „Norddeutschen Allgemeinen Zeitung", zukommen zu lassen – doch dieses Vorhaben scheiterte. Auch schlugen spätere Versuche fehl, den verarmten und verbitterten Wagener wieder in den Staatsdienst zu bringen, ihn etwa ein Generalkonsulat im Ausland übernehmen zu lassen.[140]

Der ständig drängelnde und fordernde ehemalige Weggefährte und Mitarbeiter begann dem Kanzler um 1876/77 langsam lästig zu werden. Bismarck half zwar immer wieder mit kleineren Summen aus, um Wagener und dessen Familie vor dem drohenden Ruin zu retten, doch dieser beging nun zwei gravierende Fehler, die zum Abbruch der Verbindung zu Bismarck führten. Zum einen ersuchte Wagener den Kanzler, seinen Schüler und Mitarbeiter Rudolph Meyer zu rehabilitieren, der Bismarck in mehreren, großes Aufsehen erregenden Zeitungsartikeln und Broschüren wegen seiner Wirtschaftspolitik scharf angegriffen und „als Erfüllungsgehilfen des deutschen Kapitalismus"[141] diffamiert hatte – ein Ansinnen, das Bismarck, der gerade in dieser Zeit mannigfache Attacken dieser Art abwehren mußte[142], rundheraus ablehnte. Als Wagener daraufhin in einem Brief beleidigt Abschied vom Kanzler nahm, schrieb ihm dieser einen langen Brief, den man mit Recht als „ein aufrichtiges und großes Dokument der Beziehungen zwischen beiden Männern"[143] bezeichnet hat. Bismarck verhehlte nicht sein Befremden über Wageners Umgangsformen der letzten Monate, und er hielt an seinem Standpunkt unverändert fest, doch er fügte hinzu: „Ich würde es sehr bedauern, eine so bedeutende Kraft wie die Ihrige in einer meiner widerstrebenden Richtung thätig zu sehen, aber ich bin nicht unbillig genug, es Ihnen zu verdenken, wenn Sie [...] Sich Selbst zu helfen suchen, wie Sie können, und wie es Ihren Ueberzeugungen entspricht". Trotzdem werde „die etwaige Verschiedenheit unserer Wege in dem jedenfalls kürzeren Rest unseres Lebens für

---

140 Vgl. Saile, Hermann Wagener und sein Verhältnis zu Bismarck (wie Anm. 3), S. 121 ff.

141 Pflanze, Bismarck (wie Anm. 102), Bd. II, S. 47; vgl. auch Feibelmann, Rudolf Hermann Meyer (wie Anm. 131), S. 4 ff., 80 ff. u. passim; Schoeps, Rudolph Meyer und der Ausgang der Sozialkonservativen (wie Anm. 131), S. 335 f.; Saile, Hermann Wagener und sein Verhältnis zu Bismarck (wie Anm. 3), S. 126 f.

142 Vgl. dazu u. a. Pflanze, Bismarck (wie Anm. 102), Bd. II, S. 44–49.

143 Saile, Hermann Wagener und sein Verhältnis zu Bismarck (wie Anm. 3), S. 127.

mich nicht das Band zerreißen, welches 30 Jahre freundschaftlicher Beziehungen und gemeinschaftlicher Kämpfe geschaffen haben"[144].

Darauf hin kam es erst zu einer Wiederannäherung von seiten Wageners, der jetzt aber seinen zweiten – entscheidenden – Fehler beging, und offenbar noch einmal eine Andeutung darüber fallen ließ, daß er über vielerlei Erfahrungen und Kenntnisse, auch aus seiner Amtszeit, verfüge, von denen Bismarck nicht wollen könne, daß sie an die Öffentlichkeit gelangten. Damit war für den Kanzler das Maß voll, und er brach im Sommer 1877 die Beziehungen zu Wagener endgültig ab.[145] Noch einmal hat Wagener vier Jahre später versucht, als die Sozialgesetzgebung Bismarcks mit der Errichtung der Unfallversicherung begann, im Oktober 1881 seinen Kontakt zum Reichskanzler wieder aufzunehmen und ihm seine Mitarbeit an der neuen – von ihm selbst seit drei Jahrzehnten ja immer wieder angeregten – staatlichen Sozialpolitik anzubieten: Er glaube, hieß es in seinem an Bismarck gerichteten Schreiben, „von den jetzt im Vordergrund stehenden sozialen und volkswirtschaftlichen Frage mehr [zu] verstehe[n], als die Sozialpolitiker von gestern, welche die Führung mit einem sehr wenig befriedigenden Erfolge übernommen"[146] hätten. Immerhin scheint Wagener, wie er in seinem Brief an Bismarck ebenfalls andeutete, noch einmal Entwürfe und Ausarbeitungen für eine Denkschrift zur Gestaltung der Arbeiter- und Invalidenversicherung entworfen zu haben.[147] Doch er beging nun wieder einen gravierenden Fehler und wagte es, Bedingungen zu stellen und vorab seine eigene politische Rehabilitierung zu verlangen. Bismarck ließ ihn kurz und knapp durch seinen Sohn Herbert und durch Lothar Bucher abfertigen.

Der Bruch von 1877 war also nicht mehr zu heilen; Wagener hatte den Bogen endgültig überspannt. Ihm blieb jetzt nur noch der Weg des Publizisten, um seine Ideen der Öffentlichkeit mitzuteilen. Die umfangreichste und inhaltlich wichtigste Veröffentlichung dieser letzten Jahre war – neben seinen Memoiren und einigen kleineren Studien[148] – die 1878 anonym publizierte (156 Drucksei-

---

144 Bismarck, Die gesammelten Werke (wie Anm. 69), Bd. XIV/2, S. 877 (Bismarck an Wagener, 8. 9. 1876).

145 Vgl. Saile, Hermann Wagener und sein Verhältnis zu Bismarck (wie Anm. 3), S. 127 f.

146 Abdruck des Briefes ebd., S. 159 f. (Wagener an Bismarck, 30. 10. 1881).

147 So bemerkt Vogel: Bismarcks Arbeiterversicherung (wie Anm. 3), S. 125, Anm. 4, daß er im Wagener-Nachlaß noch „bruchstückhafte, undatierte Aufzeichnungen über Alters- und Invalidenversorgung der Arbeiter" gefunden habe. Saile versucht (allerdings ohne weitere Begründung) eine Datierung dieser Entwürfe auf „etwa Anfang 1876", vgl. ders., Hermann Wagener und sein Verhältnis zu Bismarck (wie Anm. 3), S. 120.

148 Siehe Wagener, Erlebtes (wie Anm. 12); Die kleine aber mächtige Partei (wie Anm. 20); Aus Rodbertus' Nachlaß (wie Anm. 88); [Anonym], Kritik der „Quintessenz des Sozialismus" von Schäffle, Bielefeld/Leipzig 1878; Die Politik Friedrich

ten umfassende) Schrift „Die Lösung der sozialen Frage vom Standpunkte der Wirklichkeit und Praxis. Von einem praktischen Staatsmanne“. Unter dem nicht eben konservativen Motto „Denn alles, was besteht, Ist werth, daß es zu Grunde geht“ (bekanntlich ein – hier etwas abgewandelter – Ausspruch des Mephistopheles aus dem „Faust“) versuchte er hier noch einmal eine Zusammenfassung seiner wichtigsten Auffassungen und Thesen zur Entwicklung und Gegenwart der sozialen Frage, verbunden mit einigen überaus kritischen Anmerkungen zur bestehenden Lage in Deutschland, also zur Bismarckschen Politik der ausgehenden 1870er Jahre.

Ausgerechnet im Jahr des Sozialistengesetzes findet Wagener – bei aller politischen Gegnerschaft – durchaus verständnisvolle Worte für den Sozialismus, den er, mit einem vergleichenden Blick auf die Französische Revolution von 1789, als Emanzipationsbewegung der Arbeiter für *historisch* ebenso berechtigt und notwendig hält wie es einst die bürgerliche Gegenbewegung zur Adelsherrschaft gewesen sei[149], denn das Faktum könne nun einmal nicht geleugnet werden, daß man nach dem Niedergang des alteuropäischen Feudalismus nunmehr „den neuen Feudalismus der Industrie, das Brod- und Lohn-*herrn*thum und eine neue Hörigkeit“ aufgerichtet habe, „in welcher der Hunger die Peitsche ersetzt und der Fleckentyphus an die Stelle der früheren Polizei-Verbote ungezügelter Volksvermehrung getreten“ sei. Und in der Folge dieser Entwicklung sei wiederum „die frühere Einheit des Volkes – das sich heute als *bourgeoisie* und *peuple* in unversöhnlichem Hasse gegenübersteht“[150] – bewußt zerstört worden.

Noch einmal vertrat er hier mit Vehemenz seine – im Anschluß an Lorenz von Stein bereits vor Jahrzehnten vertretene – These der Notwendigkeit einer Monarchie der sozialen Reform, die er als einzige Möglichkeit postulierte, diese Staatsform in die Moderne hinüberretten zu können: Das Königtum müsse sich wieder auf seinen „ursprünglichen Beruf“ besinnen, „der Schirmherr der Schwachen, der König der Bettler und der Vater der Masse des Volkes zu sein [...] und sich zu der einzig möglichen Form der Monarchie der Zukunft, dem *sozialen Königthum*, auszugestalten. Als König der Industrie-Fürsten, als

Wilhelm IV., Berlin 1883; [Anonym], Aus den Aufzeichnungen eines alten preußischen Staatsmannes, in: Deutsche Revue 13/II (1888), S. 318–328; 13/III (1888), S. 92–103; [Anonym], Fürst Bismarck und der Aufbau des Deutschen Reiches, in: Deutsche Revue 14/I (1889), S. 1–19, 129–142, 257–268; 14/II (1889), S. 1–10, 129–137.

149 Vgl. [H. Wagener], Die Lösung der sozialen Frage vom Standpunkte der Wirklichkeit und Praxis. Von einem praktischen Staatsmanne, Bielefeld/Leipzig 1878, S. 17 ff., 23 ff. u. passim; siehe zu dieser Schrift auch die Bemerkungen bei Hornung, Preußischer Konservatismus und soziale Frage (wie Anm. 3), S. 167 ff.

150 Die Zitate aus: [Wagener], Die Lösung der sozialen Frage (wie Anm. 149), S. 31 f.

Schirmherr der Börsen-Barone und als Wohlthäter der oberen Zehntausend müssen die Wurzeln des Königthums je länger desto mehr verdorren und sein Glanz erblassen"[151]. Aufschlußreich ist indes, daß Wagener sich hier nicht mehr nur auf eine Wiederholung alter Thesen beschränkte, sondern sogar, gerade am Beginn der Bismarckschen Sozialistenverfolgung, die Empfehlung aussprach, „die durch die Verfassung des deutschen Reiches eröffnete Möglichkeit" zu ergreifen, „die Sozialdemokratie als politische Partei mit der Gesetzgebung und Verwaltung in praktische Berührung zu bringen"[152]. – Erst vier Jahrzehnte später, kurz vor dem Ende des von Bismarck begründeten Deutschen Kaiserreiches, sollte erstmals ein Sozialdemokrat in die preußische Regierung eintreten.

Den offen bekundeten Materialismus und Atheismus der modernen sozialen Bewegung empfand der tief gläubige Christ Wagener als zentrale Bedrohung.[153] Gerade deshalb stehe, so führte er in seiner Schrift aus, in besonderem Maße die Kirche in der Pflicht eigener sozialen Betätigung[154] – eben um eine noch weiter um sich greifende Entfremdung und Abkehr breiter Volksmassen von traditionellen religiösen Bindungen zu verhindern. Es zeigt sich hier, daß die religiösen Wurzeln und Antriebe für Wageners politisches Handeln auch in seiner Spätzeit noch vorhanden und durchaus lebendig waren, so findet sich etwa die charakteristische Formulierung: „Die *allgemeine Bruderliebe* hat in der That noch niemand anderswo gefunden, als in den Postulaten des Christenthums und in der Person seines Begründers"[155].

Noch einmal erhob er – mit dem ausdrücklichen Hinweis darauf, „daß für die Monarchie und das Königthum nichts gefährlicher und verhängnißvoller ist, als sich mit der jeweilig herrschenden Gesellschaftsklasse zu identifiziren und die gegen letztere gerichteten Angriffe der sozial beherrschten Klasse als gegen sich selbst gemünzte zu betrachten und zu bekämpfen"[156] – eine Liste mit Forderungen für eine sofort ins Werk zu setzende staatliche Sozialreform: „*Gesundheits-*

---

[151] Ebd., S. 66.

[152] Ebd., S. 13; dies sei das einzig wirksame Mittel, fuhr er fort, „die sozialistischen Schwärmer zu ernüchtern und sie aus den Utopien ihrer Theorien auf den Boden der Thatsachen und der Möglichkeiten zurückzuführen" (ebd.).

[153] Vgl. vor allem die Ausführungen ebd., S. 70 ff.

[154] Vgl. vor allem ebd., S. 77: „Was in der heiligen Schrift als unzweifelhafte Lehre zu finden ist, das ist die *Freiheit, Gleichheit* und *Brüderlichkeit* aller Menschen *in und vor Gott*, und nur die rechte Verkündigung dieser Lehre, verbunden mit der entsprechenden Praxis nach allen Seiten, wird der Kirche die Kraft gewähren, die entgegenstehenden Irrthümer zu überwinden und die ihr gebührende Herrschaft über die Gemüther der Menschen wieder zu gewinnen"; vgl. über die sozialen Pflichten der Kirche auch Wageners Ausführungen ebd., S. 122 ff.

[155] Ebd., S. 74.

[156] Ebd., S. 84.

Fürsorge; Haftpflicht-Gesetz (dessen Ausdehnung und Verschärfung); *Beschränkung der Sonntags-, der Frauen- und Kinder-Arbeit; Normal-Arbeitstag; Fabrik-Inspektoren; Schieds- und Gewerk-Gerichte; Gewerbekammern; Modifikationen der Gewerbe-Ordnung* und was sonst noch hierher zählt"[157]. Die Frage nach sozialer „Selbsthülfe oder Staatshülfe" sei nur eine Scheinalternative: Es komme darauf an, auf sozialpolitischem Gebiet zu einem umfassenden Zusammenwirken von Staat, Gesellschaft und Kirche zu gelangen.[158] Vorausgehen müsse dem allerdings (auch dies eine alte, oft wiederholte Forderung Wageners) eine umfassende sozialpolitische Enquete der bestehenden Verhältnisse, um den richtigen Maßstab für eine gerechte Verteilung des gemeinsam erwirtschafteten Produktes zu finden.[159]

Und wie bereits in seiner Denkschrift vom November 1875[160] warnte Wagener (im Anschluß an Gedanken des jüngst verstorbenen Rodbertus) auch jetzt noch einmal vor der Tatsache, „daß der gegenwärtige Zustand jede Sicherheit der Existenz-Bedingungen sowie der Familien für die Arbeiter – und nicht für diese allein – unbedingt ausschließe; daß die Produktion wesentlich um deßwillen sich äußerlich als *Ueber*produktion fühlbar mache, weil die Konsumtions- und Kaufkraft in der Masse der Bevölkerung zerstört und geschwunden sei und daß es an volkswirthschaftlichen Blödsinn streife, in derartigen Krisen die fortgesetzte und gesteigerte Minderung der Konsumtionskraft des Volkes als Heilmittel zu empfehlen"[161]. Auch mit diesen Gedanken – die im Jahre 1878 wirkungslos verhallen mußten – war Wagener ohne Zweifel seiner Zeit weit voraus.

Mit der Bismarckschen Sozialgesetzgebung der 1880er Jahre hat sich Wagener nicht mehr detailliert auseinandergesetzt. Nur im zweiten Band seiner politischen Erinnerungen hat er die Kombination von staatlicher Sozialpolitik auf der einen und politischer Unterdrückung der Sozialdemokratie auf der anderen Seite strikt verworfen: Es sei, bemerkt er ausdrücklich, „eine vergebliche Hoffnung und ein aussichtsloses Bemühen, die Sympathien der Masse für die Regierung und für eine conservative Socialpolitik zu gewinnen, so lange man dabei be-

---

[157] Ebd., S. 88; er fügte ausdrücklich an: „es ist und wird dies alles auch heute noch von dem Sozialismus verlangt, ja was noch mehr ist, wir wären auf allen diesen Gebieten schwerlich schon so weit fortgeschritten, wenn die Sozialdemokratie, und zwar zu ihrem Ruhm, hier nicht so rührig und kräftig gerüttelt und geschüttelt hätte".

[158] Ebd., S. 98.

[159] Vgl. ebd., S. 106: „Endlich kann nur durch eine genaue Feststellung der vorhandenen Arbeitskraft, ihrer Verwendung und Verwerthung sowie ihres quantitativen und qualitativen Verhältnisses zum Kapital ein verläßlicher Anhaltspunkt für die ausgleichende Gerechtigkeit des Staates und ein richtiger Maßstab für eine *gerechte Vertheilung des gemeinsamen gesellschaftlichen Produktes aller an alle* gewonnen werden".

[160] Siehe Anm. 135.

[161] [Wagener], Die Lösung der sozialen Frage (wie Anm. 149), S. 137.

harrt, dieselbe als Deutsche zweiter Klasse zu behandeln und unter Ausnahmegesetze zu stellen"[162]. Es ist nicht bekannt, ob Bismarck von Wageners späten publizistischen Äußerungen noch Kenntnis genommen hat, und man kann wohl annehmen, daß er dies (auch angesichts der Tatsache, daß Wagener seine Schriften zumeist anonym publizierte) nicht getan hat. Hierauf mag es vielleicht zurückzuführen sein, daß der Reichskanzler seinem einstigen Weggefährten ein im ganzen freundliches Andenken bewahrte, als dieser am Ostersonntag des Jahres 1889 starb. Im Kondolenzbrief an die Familie hieß es jedenfalls: „Ich verliere in dem Verstorbenen einen langjährigen Mitarbeiter, der in schweren Zeiten mir mit seinem reichen Wissen und seiner unermüdlichen Tätigkeit tapfer zur Seite gestanden hat"[163].

IX. Woran scheiterte Hermann Wagener? Diese Frage stellt sich auch dann, wenn man anerkennen muß, daß er in vielem Recht hatte und eine Reihe von Voraussagen formulierte, die buchstäblich eintrafen. Trotzdem ist es nicht zu leugnen, daß er in seinen politischen Bestrebungen unter den Umständen seiner Epoche tatsächlich glücklos geblieben ist. Es lassen sich hierfür drei Hauptgründe anführen.

Zuerst ist Wageners schroffer, in mehr als einer Hinsicht „schwieriger" Charakter zu nennen, der ihn scheitern ließ. An seiner Klugheit und seiner Kompetenz ist ebensowenig zu zweifeln wie an seinen immensen politischen Talenten – sowohl als Parlamentarier, als Redner wie auch als Journalist und Schriftsteller. Doch er besaß nicht die Gabe, „diplomatisch" agieren zu können, sich bei Gelegenheit einmal zurückzunehmen oder Kompromisse zu schließen, ohne die kein Politiker auskommen kann. Auch fehlte es ihm an Feinheit der Sitten und Gewohnheiten, wohl auch an persönlicher Kultur, die im Umgang mit seinem –

---

[162] Wagener, Erlebtes (wie Anm. 12), Bd. II, S. 82; es heißt weiter: „Man empfindet es in jenen Kreisen [gemeint sind ‚Arbeiterwelt' und ‚Socialdemocratie', H.-C.K.] mit steigender Verbitterung nicht blos als einen Widerspruch, sondern fast als eine bewußte Ironie, die Arbeiter auf den gesetzlichen Weg zu verweisen und ihnen diesen gesetzlichen Weg, wenn auch nicht geradezu zu verschliessen, so doch mit allen möglichen Hindernissen zu umgeben, indem man es ihnen beispielsweise auf das Wesentlichste erschwert, ihre Anschauungen und Bestrebungen bei den Wahlen zur Geltung zu bringen und hier auch den gesetzlichen Weg als den ungesetzlichen behandelt"; es sei aus diesem Grunde „kaum etwas dabei zu verwundern, wenn die also behandelten Arbeiter den Lockungen Derjenigen Folge leisten, welche sie auf den revolutionären Weg verweisen" (ebd., S. 82 f.).

[163] Hier zit. nach Saile, Hermann Wagener und sein Verhältnis zu Bismarck (wie Anm. 3), S. 130 (nach einem Abdruck Rudolph Meyers in der Deutschen Revue von 1890).

vor allem in den Anfangsjahren vorwiegend adelig bestimmten – politischen Umfeld nun einmal notwendig waren.

Zum zweiten muß, wenn nach den Ursachen von Wageners Erfolglosigkeit gesucht wird, die Ungunst der jeweiligen gesamtpolitischen Konstellation berücksichtigt werden. In den Jahren zwischen 1862 und 1866 schien zwar zuerst der schroffe Gegensatz der Regierung Bismarcks zum bürgerlichen Liberalismus den Anfängen einer staatlichen Sozialpolitik günstig zu sein, doch die Einigungskriege gegen Dänemark und Österreich, überhaupt die deutsche Politik jener Zeit, nahmen Bismarck als Lenker dieser Politik so sehr in Anspruch, daß er den ganz anders gearteten sozialen Problemen nur eher geringe Aufmerksamkeit zuwenden konnte. Und nach 1866 – erst recht in der Periode zwischen 1871 und 1878/79 – war Bismarck auf die Unterstützung der Liberalen im preußischen Landtag und auch im Reichstag dringend angewiesen, um seine Politik einer inneren Konsolidierung der neuen „kleindeutschen" Ordnung legislativ abzusichern. Auch nur der bescheidene Versuch zu einer „Lösung" der sozialen Frage auf Kosten des liberalen Wirtschaftsbürgertums war unter dieser Konstellation nicht im mindesten denkbar. Und als 1881 schließlich die Sozialgesetzgebung begann, hatte sich der durch den Skandal von 1873 schwer angeschlagene Wagener durch sein äußerst ungeschicktes Gebaren gegenüber Bismarck politisch längst selbst ins Abseits gestellt. Daß der Kanzler nach 1877 mit ihm nichts mehr zu tun haben wollte, ist jedenfalls verständlich.

Noch ein dritter Aspekt kommt hinzu: Wagener fand – trotz zäher, unablässiger Bemühungen seit Mitte der 1850er Jahre – keine parteipolitische und damit parlamentarische Basis für seine sozialreformerischen Bestrebungen. Daß der bürgerliche Liberalismus in ihm, vor allem wegen seiner zeitweilig sehr großen Nähe zu Bismarck, einen gefährlicheren Feind als in der (in dieser Zeit noch zahlenmäßig schwachen, sich gerade erst organisierenden) sozialistischen Arbeiterbewegung sehen mußte, leuchtet unmittelbar ein. Auch die marxistisch orientierten Sozialisten, die auf Revolution und Umsturz setzten, mußten in Wagener als „bürgerlichen Reformisten" einen Gegner sehen, der – wenn ihm denn Erfolg beschieden gewesen wäre – das revolutionäre „Klassenbewußtsein" der Arbeiter gefährdet hätte. Und die Konservativen wiederum, seine eigene Partei, waren einerseits zu sehr auf ihre eigenen ökonomisch-politischen Interessen konzentriert – sei es als Gutsbesitzer traditioneller Art, sei es als Unternehmer oder kleinbürgerliche Gewerbetreibende –, und andererseits eher noch zu einer maßvollen Annäherung an das bürgerlich-liberale Lager bereit, als daß sie Wageners Ratschlägen gefolgt wären. Die Brisanz der sozialen Frage, die er mit seltener Klarheit erkannte und in seinen Schriften immer wieder eindringlich auf den Begriff brachte, wurde von fast allen Angehörigen der konservativen Parteien Preußens und später des Reiches nicht wahrgenommen. Einige

Lorenz von Stein (1815–1890)

Wilhelm Bleek

Vorbemerkung

Mein Beitrag über Lorenz von Stein und seine Antwort auf die soziale Frage gliedert sich in sechs Abschnitte: In einem ersten biographischen Teil will ich zeigen, wie Stein bereits durch seine Herkunft mit dem Gegenstand vertraut wurde, den er später zu einem zentralen Thema seines umfangreichen wissenschaftlichen Werkes gemacht hat. In einem zweiten Abschnitt soll herausgearbeitet werden, daß Stein unter dem Einfluß von philosophischen und frühsozialistischen Ideen, die ganz ähnlich bei Karl Marx zu konstatieren sind, noch vor diesem zu einem Grundverständnis der sozialen Frage kam, welches der marxistischen Analyse erstaunlich ähnlich ist. Doch die politische Antwort auf die soziale Frage, die im dritten Abschnitt zu skizzieren ist, fiel ganz anders aus: Lorenz von Stein propagierte nicht die proletarische Revolution, sondern ein „Königtum der sozialen Reform", die sozialstaatliche Aufhebung der Klassengegensätze. Tragende Institutionen dieser konservativen Reform, das wird im vierten Abschnitt gezeigt werden, sind der Staat und das Königtum und deren wesentliches Instrument, die daseinsgestaltende Verwaltung, welche das Ziel eines aktiven, auch sozialreformerischen Staates umzusetzen hat. Im fünften Abschnitt ist ein kurzer Blick zu werfen auf die wissenschaftstheoretischen und -organisatorischen Konsequenzen, die Lorenz von Stein aus seiner gesellschaftstheoretischen und sozialpolitischen Analyse ableitete. Im abschließenden Abschnitt wird deutlich, warum Stein mit seinen Überlegungen in seiner eigenen Zeit kaum Wirkung erzielte, aber in der zweiten Hälfte des 20. Jahrhunderts eine erstaunliche Rezeption erlebte.

I. Biographie

Lorenz Stein wurde mit der Armut als dem Kern der „sozialen Frage“ bereits durch seine eigene Jugend vertraut.[1] Er wurde am 15. November 1815 in Eckernförde in Schleswig geboren und mit dem Namen „Wasmer Jacob Lorentz“ in das Taufregister eingetragen. Doch nicht der offiziell angegebene „Lorentz, ein Kaufmann aus Berlin“ war sein Vater, sondern der als Pate neben der Mutter auftretende „Obristleutnant Lorentz Jacob von Wasmer“, worauf auch der zweite Vorname des Neugeborenen hinweist. Lorenz Stein, wie der Junge sehr bald nach dem Familiennamen seiner Mutter genannt wurde, war das Produkt einer außerehelichen Verbindung zwischen der Offizierswitwe Anna Stein und einem adligen Oberstleutnant in dänischen Diensten, wurde doch damals das Herzogtum Holstein wie Schleswig in Personalunion vom dänischen König regiert. Sein Vater bekannte sich durchaus zu seiner neuen Familie, doch die Wasmers mißbilligten diese morganatische Verbindung („Ehe linker Hand“) mit einer bürgerlichen Frau. Da der Vater früh verstarb, erlebte Lorenz harte Jugendjahre, die er 1855 in seinem Lebenslauf für die Bewerbung auf die Wiener Professur mit „Hindernissen“ nur andeutete.[2] Mit sechs Jahren kam Lorenz Stein in ein militärisches Armenpflegeheim in seinem Heimatort, das ihm eine straffe Erziehung, aber auch gewisse Bildung vermittelte, die aber nach dem Vorbild des Vaters in eine militärische Karriere geführt hätte.

1832 brachte ein Inspektionsbesuch der Anstalt durch den dänischen König Friedrich VI. die Wende: Der Sechszehnjährige offenbarte dem „guten König“ seine adelige Abstammung und den Wunsch, die akademische statt der militärischen Karriere einzuschlagen. Daraufhin ermöglichte der Monarch Lorenz Stein den Besuch des Gymnasiums in Flensburg und ab 1835 der Universität in Kiel. Dort absolvierte er nicht nur das Ausbildungsstudium der Rechtswissenschaften, sondern besuchte entsprechend dem vormärzlichen Bildungsideal auch allgemeinbildende Vorlesungen in Philosophie und Staatswissenschaften. 1837 ging er für ein Jahr nach Jena und trat an dieser traditionsreichen Universität auch der Burschenschaft bei, damals noch eine radikale Studentenverbindung, welche von der Obrigkeit verfolgt wurde. 1839 bestand Stein in Kiel das erste juristische Examen, war kurz an der schleswig-holsteinischen Kanzlei in Kopenhagen tätig und promovierte im folgenden Jahr mit einer rechtsgeschichtlichen Arbeit über den dänischen Zivilprozeß zum Doktor der Jurisprudenz. Aufgrund seines sehr

---

1 Grundlegend zur Biographie: W. Schmidt, Lorenz von Stein. Ein Beitrag zur Biographie, zur Geschichte Schleswig-Holsteins und zur Geistesgeschichte des 19. Jahrhunderts, Eckernförde 1956.

2 Der Lebenslauf ist abgedruckt in: D. Blasius/E. Pankoke, Lorenz von Stein. Geschichts- und gesellschaftswissenschaftliche Perspektiven, Darmstadt 1977, S. 181–187.

Lorenz von Stein (1815–1890)

guten Examens erhielt der deutsche Untertan des dänischen Königs von diesem ein Reisestipendium, das Lorenz Stein zunächst für zehn Monate im Jahr 1841 nach Berlin und dann anschließend für anderthalb Jahre bis zum März 1843 nach Paris führte.

Beide Studienaufenthalte wurden prägend für die wissenschaftliche Auseinandersetzung Lorenz Steins mit der „sozialen Frage". Bevor darauf im folgenden Abschnitt ausführlicher eingegangen wird, will ich diese biographische Einleitung um der Vollständigkeit willen bis zum Lebensende des 1868 geadelten Gelehrten weiterführen. Nach der Rückkehr aus Paris lehrte Lorenz Stein ab 1843 an der Universität Kiel und erhielt dort 1846 die Ernennung zum außerordentlichen Professor. Der Tod seines monarchischen Gönners im selben Jahr und der zentralstaatliche Kurs des Nachfolgers auf dem dänischen Thron führte zur Intensivierung der schon lange schwelenden Konflikte um die Unteilbarkeit und nationale Zugehörigkeit der beiden Herzogtümer Schleswig und Holstein. Stein engagierte sich wie die meisten seiner Kieler Kollegen für die schleswig-holsteinischen Belange, unterlag zwar bei der Wahl zur deutschen Nationalversammlung in der Frankfurter Paulskirche dem gemäßigteren Historiker Georg Waitz, vertrat aber die provisorische schleswig-holsteinische Regierung in Paris und wurde 1849 in die schleswig-holsteinische Landesversammlung gewählt. Die Niederlage der bürgerlichen Revolution und die Restauration der dänischen Regierung in den beiden Herzogtümern hatte für Stein wie andere Kieler Professoren einschneidende Konsequenzen: 1852 verlor er seine Professur, mußte seine Heimat verlassen und hielt sich in den folgenden Jahren mühsam als Journalist über Wasser.

1855 wurde Stein auf die Lehrkanzel, so heißen die Lehrstühle in Österreich auch heute noch, für Staatswissenschaft und Nationalökonomie an die Universität Wien berufen. Dort wirkte der Gelehrte in den nächsten drei Jahrzehnten nicht nur als einflußreicher Universitätslehrer und erhielt 1868 den mit dem Adelstitel verknüpften österreichischen Kronenorden. Lorenz von Stein verfaßte auch eine Vielzahl von gleichermaßen grundlegenden und umfangreichen Lehrbüchern zu allen Gebieten der Staats- und Wirtschaftswissenschaften. Politisch engagierte er sich nicht mehr, seine Experimente als privater Unternehmer brachten ihm nur Schulden ein. Nach der Emeritierung im Jahr 1888 starb Lorenz von Stein am 23. Oktober 1890 auf seinem Landsitz bei Wien. Im Rückblick auf sein Leben hat sich wohl für Lorenz Stein erfüllt, was er 1852 abstrakter in seiner Gesellschaftsanalyse formulierte: „Nur die Ausgezeichneten und Glücklicheren gehen von einer Klasse zur andern über; aber die ausgezeichneten Gaben sind nicht minder selten als das ausgezeichnete Glück."[3]

---

[3] L. v. Stein, Geschichte der socialen Bewegung in Frankreich von 1789 bis auf unsere Tage (im folgenden GsB), 3 Bde., Leipzig 1850–1855, Darmstadt 1959, Bd.1, S. 29

II. Die Analyse der sozialen Frage

Bereits während seines Studienaufenthaltes in Berlin im Jahr 1841 vertiefte Stein nicht nur durch Studien bei dem Hegel-Schüler Eduard Gans seine methodologisch-dialektische Prägung als Hegelianer, sondern wurde auch durch den Kontakt mit linken Jung-Hegelianern wie Arnold Ruge, Bruno Bauer sowie Karl Marx und ihrem Publikationsorgan, den „Hallischen Jahrbüchern", mit Schriften zur sozialen Frage, insbesondere aus der Feder von Frühsozialisten, vertraut. Konsequenterweise schloß sich ein zweijähriger Aufenthalt in Paris an, während dessen der junge Norddeutsche nicht nur seine Lektüre der französischen Frühsozialisten wie Saint-Simon und Fourier vertiefte, sondern auch führenden Persönlichkeiten der sozialistischen Bewegung und Publizistik persönlich begegnete. Vor allem aber konnte er vor Ort die politischen und sozialen Entwicklungen Frankreichs seit der Revolution von 1789, die er als Entfaltung einer kapitalistischen Gesellschaft verstand, studieren.

Die Ergebnisse dieser Forschungen schlugen sich in einem erstmals 1842 von Lorenz Stein veröffentlichten Buch nieder: „Der Sozialismus und Communismus des heutigen Frankreichs. Ein Beitrag zur Zeitgeschichte".[4] Dieses erste, mehr ideengeschichtlich ausgerichtete Buch machte seinen Autor in Deutschland über Nacht bekannt. 1848 erschien eine gründlich überarbeitete und erweiterte zweite Auflage, doch nach der Revolution von 1848/49 ließ Stein die Studie in einem neuen, dreibändigen, mehr gesellschaftsgeschichtlich und -theoretisch profilierten Werk aufgehen: der „Geschichte der sozialen Bewegung in Frankreich von 1789 bis auf unsere Tage"[5] (im folgenden abgekürzt: GsB). Dieses Werk, das auch im 20. Jahrhundert immer wieder aufgelegt wurde, hat die Rezeption Lorenz von Steins und seiner Analyse der sozialen Frage und sozialpolitischen Folgerungen geprägt, auch wenn die Fachwissenschaft interessante Entwicklungen und Varianten zwischen den verschiedenen Fassungen der Steinschen Gesellschaftslehre herausarbeiten konnte.[6] Im folgenden sollen daher die Hauptaussagen der „Geschichte der sozialen Bewegung" skizziert werden.

Das Werk könnte von seinem Titel her, zumal wenn man den Untertitel der „Zeitgeschichte" in der ersten Fassung mitberücksichtigt, als eine traditionelle historische, höchstens ideen- und sozialgeschichtliche Untersuchung verstanden

---

4 L. Stein, Der Socialismus und Communismus des heutigen Frankreichs. Ein Beitrag zur Zeitgeschichte, Leipzig 1842.

5 L. v. Stein, Geschichte der socialen Bewegung in Frankreich von 1789 bis auf unsere Tage, 3 Bde., Leipzig 1850–1855, Neudruck: hg. v. G. Salomon, München 1921, Neudruck: Darmstadt 1959.

6 Vgl. vor allem die Arbeiten von M. Hahn, insbesondere ders., Bürgerlicher Optimismus im Niedergang. Studien zu Lorenz Stein und Hegel, München 1969.

werden. Doch die Ambition des gelernten Juristen und gelehrten Philosophen und Staatswissenschaftlers ging viel weiter: Er wollte nicht nur Geschichtswissenschaften und Staats- sowie Gesellschaftswissenschaften, heute würden wir sagen: Sozialwissenschaften, verknüpfen, sondern theoretisch im Hegelschen Sinne auf eine höhere Ebene heben. Davon zeugen vor allem die einleitenden 150 Seiten des ersten Bandes über den „Begriff der Gesellschaft und die Gesetze ihrer Bewegung".

Im Mittelpunkt der subtilen Überlegungen des promovierten Juristen und habilitierten Staatswissenschafters stehen nicht das Recht und der Staat, sondern die Gesellschaft. Das macht, zumindest in Deutschland, das ideen- und wissenschaftsgeschichtlich Neue an seiner Lehre aus. In der Gesellschaft verwirklichen sich die einzelnen als wirtschaftliche Individuen. So ist die Gesellschaft als die Gemeinschaft des Güterlebens für Lorenz Stein das eigentliche Subjekt der Geschichte, ihre Eigenständigkeit ist seine zentrale Entdeckung. Grundlegend für die Entwicklung der „industriellen Gesellschaft" – auch diesen Begriff macht Lorenz von Stein populär – sind die wirtschaftlichen Verhältnisse, genauer gesagt: der Besitz bzw. Nichtbesitz von Kapital, der Gegensatz von Kapital und Arbeit. Mit Steins eigenen Worten: „Mithin ist die Ordnung der menschlichen Gemeinschaft, welche auf der Güterbewegung und ihren Gesetzen beruht, im wesentlichen stets und unabänderlich die Ordnung der Abhängigkeit derer, welche nicht besitzen, von denen, welche besitzen. Das sind die beiden großen Klassen, die unbedingt in der Gemeinschaft erscheinen, und deren Existenz durch keine Bewegung in der Geschichte und durch keine Theorie aufgehoben werden können." (GsB, Bd.1, S. 24).

Die Geschichte der industriellen Gesellschaft, wie er sie exemplarisch in Frankreich während der ersten Hälfte des 19. Jahrhunderts beobachtet, offenbart sich Lorenz Stein als ein Antagonismus von Kapital und Proletariat, den er schonungslos darstellt. Dieser Gegensatz bestimmt auch Politik und Verfassung. Die kapitalbesitzenden Unternehmer haben notwendigerweise das Interesse, ihren Gewinn zu maximieren, um auf diese Weise ihr Kapital zu vermehren. Das bewirkt auf der anderen Seite, daß das Einkommen der Arbeitenden auf ein Existenzminimum gedrückt wird, ihnen damit nichts zur eigenen Kapitalbildung übrig bleibt. Die Konsequenz dieses gesetzmäßigen Gegensatzes von Kapital und Arbeit ist die soziale Frage, die Armut der arbeitenden Klasse in einem umfassenden, nicht bloß auf den Lebensstandard bezogenen Sinne.

„Verarmung und Armut", so folgert Lorenz Stein, ist „eine unvermeidliche Begleiterin der industriellen Gesellschaft und ein perennierendes Übel in dem industriellen Arbeiterstande". (GsB, Bd.2, S. 76) Arbeit macht nicht mehr frei, wie es früher die Philosophen postulierten, sondern führt unter den industriellen Bedingungen zur Unfreiheit, zur elementaren Abhängigkeit der Arbeitenden von den Kapitalbesitzenden. Der Zustand der nichtbesitzenden Arbeiter verschärft sich noch durch die Einführung der Maschinen und Handelskrisen mit „unabweisbarer Konsequenz“ bis hin zur Arbeitslosigkeit: „Diese Armut der industriellen Gesellschaft ist der Pauperismus, die industrielle oder die Massenarmut.“ (GsB, Bd.2, S. 74). Selbst wenn der Arbeiter seine Beschäftigung behält und seine materielle Existenz gesichert ist, so führt doch seine Arbeit unter den arbeitsteiligen Bedingungen der industriellen Gesellschaft zur immateriellen, geistigen Verarmung: „Der industrielle Arbeiter verliert damit den freien Blick über das Ganze der Tätigkeit, von der er nur noch ein fast willensloses Glied ist; mit ihm die Möglichkeit, ein eigentliches, aus mannigfachen Elementen zusammengesetztes Unternehmen zu verstehen und zu leiten; seine geistige Arbeitsfähigkeit wird in ihrem Aufschwung gebrochen, und die notwendige Voraussetzung alles Erwerbens eines Kapitals ihm auf diese Weise gerade durch dasselbe genommen, womit er seinen Erwerb machen soll.“ (GsB, Bd.2, S. 79). Stein beschreibt mit eigenen Worten das Übel eines „Verbrauch(s) von Arbeitenden zugunsten des Kapitals“ (GsB, Bd.2, S. 86), welches zur gleichen Zeit Marx als Entfremdung des Menschen durch den Prozeß der Arbeitsteilung auf den philosophischen Begriff bringt und Engels anhand der Lage der arbeitenden Klassen in England schildert.

So eindringlich Lorenz Stein die soziale Frage analysiert, so eindeutig ist seine Schlußfolgerung: Es handelt sich bei ihr um die zentrale Herausforderung der industriellen Gesellschaft. Diese Analyse und ihre Konsequenzen beruhen auf Steins Beobachtung der französischen Zustände, deren Eintreten er auch für Deutschland prognostiziert, wenn nicht etwas Grundlegendes dagegen unternommen werde. Steins Ausführungen zur sozialen Frage, das ist hoffentlich deutlich geworden, zeichnen sich durch erstaunliche Gemeinsamkeiten mit den Auffassungen von Karl Marx aus, gehen diesen sogar voraus: Was Lorenz Stein in den Jahren 1842 bis 1852 formulierte, führte Karl Marx in den Jahren 1844 bis 1859 aus.[7] Die gemeinsame dialektisch-methodische Prägung durch die Hegelsche Philosophie und inhaltliche Rezeption der französischen Frühsozialisten erklären diese Ähnlichkeiten. Um so unterschiedlicher fallen die Antworten der beiden Denker auf die soziale Frage aus.

III. Die Antwort auf die soziale Frage: Soziale Reform

Stein wie Marx sehen in ihrer Analyse der industriellen Gesellschaft eine soziale, nicht lediglich politische Revolution voraus. Doch während der letztere sie begrüßt und zu ihr aufruft, will der erstere mit seinen wissenschaftlichen Lehren

---

[7] Zum Verhältnis von Lorenz Stein und Karl Marx vgl. D. Blasius, Lorenz von Stein als Geschichtsdenker, in: Blasius/Pankoke, Lorenz von Stein, S. 34–45.

helfen, sie zu vermeiden. Nach Lorenz Stein wird den nichtbesitzenden Arbeitern durch den Prozeß ihrer Verelendung ihre Lage immer deutlicher, sie werden sich ihrer selbst bewußt, bilden somit die Klasse des Proletariats. Dieses fordert von der besitzenden Klasse die soziale Gleichheit, die ihnen aber aufgrund des Interesses der Kapitalisten an Kapitalvermehrung nicht gewährt wird. Auch der Staat als Instrument der herrschenden Klasse verweigert sich. So entsteht schließlich im Proletariat die Absicht, die Staatsgewalt selbst an sich zu reißen.

Doch diese soziale Revolution ist nach Auffassung Lorenz Steins „ein Unglück" (GsB, Bd.1, S. 127): Unterwirft sie doch den Staat wieder den Sonderinteressen einer einzelnen Klasse. Diese wird, mit Steins Worten, „die Staatsgewalt für dieses Sonderinteresse ihrer eigenen gesellschaftlichen Stellung gebrauchen; sie wird vermöge der Staatsgewalt alle anderen Interessen und Aufgaben ihm unterordnen; sie wird dem unterworfenen Teile der Gesellschaft die freie Selbstbestimmung nehmen, und vor allem zu dem Zwecke ihm die Teilnahme an der Staatsgewalt versagen. Indem sie somit die Hälfte der Gemeinschaft von dem seinem Begriffe nach allen Gemeinsamen ausschließt, macht sie den Staat und die Gesellschaft unfrei. Die Unfreiheit ist nicht minder da, wo die Arbeit das Kapital, als da, wo das Kapital die Arbeit beherrscht. Der Sieg des Proletariats ist der Sieg der Unfreiheit, während er der Sieg der Freiheit sein sollte." (GsB, Bd.1, S. 127). Das revolutionäre Proletariat kann seinen Sieg nur sichern, so formuliert Stein in kritischer Vorwegnahme der Leninschen Revolutionslehre, indem es die Staatsgewalt an sich reißt, eine Diktatur des Proletariats errichtet: „Die wirklich gelungene soziale Revolution führt daher stets zur Diktatur. Und indem diese Diktatur über der Gesellschaft steht, nimmt sie alsbald den Charakter jener Macht an, die ihrer Natur nach über die Gesellschaft erhaben ist. Sie erklärt sich für die selbständige Staatsgewalt, und bekleidet sich mit dem Recht, der Aufgabe und der Heiligkeit derselben. Das ist das Ende der sozialen Revolution." (GsB, Bd.1, S. 131). Schlimmer noch, der Widerstand der bisher herrschenden Klasse gegen die Herrschaft des Proletariats führt zu einem existenziellen Kampf, den Lorenz Stein im Rückblick auf die Erfahrungen der Französischen Revolution, aber auch in Vorahnung der sowjetischen Revolution als „Terrorismus, Schreckensherrschaft" bezeichnet (GsB, Bd.1, S. 130). Der „Gegenschlag" in Gestalt einer Konterrevolution werde nicht lange auf sich warten lassen. So führe der revolutionäre Weg zu einem ewigen Kreislauf von Revolutionen, die schließlich nicht nur die Freiheit, sondern auch die Existenz aller gefährde.

Den Ausweg aus dem permanenten Widerspruch zwischen Kapital und Arbeit, aber auch dem Teufelskreis der Revolutionen sieht Stein in einer vom Staat, aber auch der Einsicht der besitzenden Klassen getragenen sozialen Reform. Die Reform entspringt der Einsicht in die Schädlichkeit der Revolution, die soziale Reform wird von den Kapitalisten als Prophylaxe der sozialistischen Revolution akzeptiert. Über das Königtum und die Beamtenschaft als die Träger der sozialen Reform wird im folgenden Abschnitt zu reden sein. Hier soll zunächst der Inhalt der sozialen Reform skizziert werden, wie sie der Gesellschaftsanalytiker Stein der herrschenden Klasse, insbesondere aber dem Monarchen nahe legte.

Lorenz Stein verstand unter sozialen Reformen nicht lediglich die wohlfahrtsstaatliche Abmilderung der sozialen Folgen der Industrialisierung, die sozialpalliative Verbesserung der ökonomischen Verhältnisse der arbeitenden Klasse innerhalb einer strukturell unveränderten Klassengesellschaft. Ihm ging es vielmehr um eine qualitative Veränderung des Gesellschaftsaufbaus bei Erhaltung der Grundstruktur einer marktwirtschaftlichen Ordnung. Stein sah sich gleichermaßen in der idealistischen Tradition der deutschen Philosophie und der empirischen Erkenntnis der französischen Gesellschaftsanalytiker, wenn er als wesentliche Aufgabe die Sicherung der sozialen Freiheit aller zur staatsbürgerlichen Gemeinschaft Gehörenden durch die „Erhebung" der arbeitenden Klasse zu Besitz und Bildung postulierte. Nur Besitz ermögliche Freiheit, den nach Steins Auffassung existentiellen Wert menschenwürdigen Daseins. Daher müsse es dem Proletariat ermöglicht werden, durch seine Arbeit Kapital zu erwerben: „Die Bestimmung der persönlichen Freiheit in dieser Gesellschaft liegt mithin darin, daß die letzte Arbeitskraft die Fähigkeit habe, zum Kapitalbesitze zu gelangen. Durch diese Fähigkeit ist mithin die Möglichkeit in die Sphäre jedes einzelnen gelegt, die gegebene Gestalt der gesellschaftlichen Klassen, und die mit ihnen gegebene Abhängigkeit zu durchbrechen." (GsB, Bd.1, S. 136). Das Kapital soll nicht mehr die Arbeit beherrschen, sondern umgekehrt sollte es allen Individuen ermöglicht werden, durch Arbeit zu Kapital zu gelangen.

In dieser so verstandenen sozialen Reform spielt nach Steins Auffassung die Reform des Bildungswesens eine zentrale Rolle. Da der Erwerb von materiellen Gütern wesentlich vom Besitz geistiger Güter abhängt, ist die Bildung die erste Voraussetzung zum Aufstieg in den Kreis der Besitzenden. Mit diesem Hinweis trägt Lorenz Stein nicht nur seinen eigenen biographischen Erfahrungen Rechnung, sondern stellt auch seine Beeinflussung durch den Geist der preußischen Reformen unter Beweis. Insgesamt ist seine Konzeption einer sozialen Reform als Antwort auf die soziale Frage vom Pathos der preußischen Reformer, nicht nur an der Spitze des Staates, sondern auch in der gleichgesinnten Beamtenschaft, inspiriert. Was den Freiherrn vom Stein, Hardenberg, Wilhelm von Humboldt, Gneisenau und andere preußische Staatsmänner zu Beginn des 19. Jahrhunderts für die Reform von Gewerbe- und Agrarverfassung, kommunaler Selbstverwaltung, Militärorganisation, Schule sowie Universität beflügelt hat, will der „heimliche Preuße“ Lorenz Stein auf dem Gebiet der Gesellschaftsverfassung verwirklichen.[8]

IV. Institutionen zur Lösung der sozialen Frage: Staat, Königtum und Verwaltung

Doch wie vereinbart Lorenz Stein als der scharfsinnige Analytiker der sozialen Frage, der immer wieder die Gesetzmäßigkeit der kapitalistischen Ökonomie und der damit einhergehenden Verelendung der arbeitenden Klassen betont, damit seine offensichtlich idealistische Antwort auf die soziale Frage, nämlich den Vorschlag einer sozialen Reform? Drei Institutionen sind es, die seiner Meinung nach die soziale Reform initiieren, tragen und durchführen sollen: der Staat, das Königtum und die Verwaltung. In diese drei Institutionen setzt er seine Hoffnung, daß die Reform als Alternative zur Revolution gelingen kann.

Zwar sieht der Gesellschaftsanalytiker Lorenz Stein, daß sich in der gesellschaftlichen Konfrontation von besitzender und nichtbesitzender Klasse die herrschende Klasse darum bemüht, die Staatsgewalt zu instrumentalisieren, und daß in der sozialen Revolution die proletarische Klasse bestrebt ist, die Staatsgewalt an sich zu reißen. Doch der Hegelianer Stein geht davon aus, daß der Staat als die Verkörperung der sittlichen Ideen dazu berufen ist, seine Unabhängigkeit zu bewahren, Garant der Freiheit gegenüber der gesellschaftlichen Unfreiheit zu sein und als Schlichter und Moderator in den gesellschaftlichen Konflikten zu wirken. Schon im Vorwort zu der „Geschichte der sozialen Bewegung“ formuliert Lorenz Stein die für ihn zentrale Frage, „ob und in welcher Weise es möglich ist, durch die Staatsgewalt und besonders aber die Staatsverwaltung die Lage dieser durch die Natur der bloßen Arbeit notwendig abhängigen Klasse zu einer unabhängigen, materiell freien zu machen.“ (GsB, Bd.1, S. 4). Wenig später versteht Stein „die Aufgabe und die Macht der Staatsgewalt der Abhängigkeit der bloß arbeitenden, nichtbesitzenden Klasse gegenüber“ als „die eigentliche soziale Frage unserer Gegenwart“. (GsB, Bd.1, S. 5). Diese Frage ist für ihn „von allerhöchster Wichtigkeit; sie ist keine theoretische mehr, sie ist eine praktische geworden“ (ebenda). So appelliert Lorenz Stein durch seine wissenschaftliche Gesellschaftsanalyse an den Staat, der alle Staatsbürger umfasse, sowohl aus der besitzenden wie der nichtbesitzenden Klasse, die Initiative zur „sozialen Reform“ zu ergreifen, wir würden heute sagen: als Sozialstaat die gesellschaftlichen Voraussetzungen für die Freiheit und Gleichheit aller Staatsbürger zu schaffen. Und später, am Ende des Abschnittes über

[8] Vgl. D. Blasius, Lorenz von Stein und Preußen, in: Historische Zeitschrift Bd. 212 (1971), S. 339–362.

Kommunismus, Sozialismus und soziale Demokratie nennt Stein als Alternative zur sozialen Revolution die Verknüpfung der nichtbesitzenden, arbeitenden Klasse mit der Gewalt, „die ihrer Natur nach die Erhebung der niederen Klasse zu ihrer eigenen Aufgabe machen muß. Diese Gewalt ist der Staat". (GsB, Bd.1, S. 119)

Stein beläßt es aber nicht bei dem abstrakten Hinweis auf „den Staat" als die ausgleichende Kraft im gesellschaftlichen Konflikt, er nennt auch mit dem Königtum jene Institution, die mehr als alle anderen staatlichen Institutionen nicht nur die Einheit des Staates verkörpere, sondern auch zum Träger der sozialen Reform berufen sei.[9] Ein Blick auf den systematischen Aufbau der drei Bände der „Geschichte der sozialen Bewegung in Frankreich" zeigt uns, welche Bedeutung das Königtum für seine Analyse und Therapie der sozialen Frage hat: Während auf den ersten hundert Seiten des 1. Bandes prinzipielle Ausführungen über den „Begriff der Gesellschaft und die Gesetze ihrer Bewegung" und des 2. Bandes über die „industrielle Gesellschaft, ihre Herrschaft und ihr Gegensatz" stehen, ist im 3. Band der gesellschafts- und ideengeschichtlichen Schilderung der französischen Entwicklung „Die Lehre vom Königtum" vorangeschaltet. Im Königtum sieht Stein mit Hegel die Idee des Staates verkörpert, doch begründet er die Vorrangstellung des Monarchen nicht wie die monarchistischen Lehren seiner Zeit – es sei nur Friedrich Julius Stahl genannt – mit dem theologisch aufgeladenen Prinzip des Gottesgnadentums, sondern formuliert eine neue, gesellschaftliche Begründung der Bedeutung des Königtums. Der Monarch, der wie ein Schiedsrichter über dem gesellschaftlichen Pluralismus der Interessengegensätze steht, soll seine besondere verfassungsrechtliche Stellung dazu benutzen, diejenigen Spannungen auszugleichen, die andernfalls destruktive Konsequenzen für die menschliche Gesellschaft hätten. Das Königtum muß seine Macht für die Hebung der niederen Klassen einsetzen; auch die besitzende Klasse wird ihm diese Tat letztlich danken, weil sie die soziale Revolution verhindert, ja unnötig macht.

In der Verknüpfung von sozialer Reform und Königtum sieht Lorenz Stein eine Chance für beide, sowohl für die Durchführung der sozialen Reform als auch zur Bewahrung der Monarchie. Gleich zu Anfang des Abschnittes über die Lehre vom Königtum konstatiert er: „In der Tat, es ist Zeit, daß wir den Mut fassen, die große Frage nach dem Königtum offen und tief zu erforschen. Denn in Deutschland wenigstens ist das Königtum noch eine gewaltige Macht, und wenn es in Frankreich verschwinden konnte, ohne Europa in einen allgemeinen Krieg zu stürzen, so kann es das in Deutschland nicht mehr." (GsB, Bd.3, S. 3). Indem das Königtum sich der sozialen Frage annimmt und an die Spitze der

---

[9] Vgl. D. Blasius, Lorenz von Steins Lehre vom Königtum der sozialen Reform und ihre verfassungstheoretischen Grundlagen, in: Der Staat 10 (1971), S. 33–51.

sozialen Reform stellt, erneuert es unter den Bedingungen der industriellen Gesellschaft seine Legitimität. Eindringlich appelliert der Monarchist Stein an die Monarchen – und hat dabei insbesondere den preußischen König im Auge: „Alles Königtum wird fortan entweder ein leerer Schatten, oder eine Despotie werden, oder untergehen in der Republik, wenn es nicht den hohen sittlichen Mut hat, ein Königtum der sozialen Reform zu werden."(GsB, Bd.3, S. 41). So weist der Philosoph Stein, der an Hegels Idee vom Königtum als der höchsten Verkörperung des Staates anknüpft, und der Rechtshistoriker Stein, der um die Bedeutung des germanischen Königtums in der deutschen Geschichte weiß, den Gesellschaftsanalytiker Stein auf einen Ausweg aus der scheinbar unvermeidbaren sozialen Revolution und dem bedrückenden Zyklus von Klassenkämpfen und Gewaltherrschaft: das „Königtum der sozialen Reform". Noch einmal mit Lorenz Steins eigenen Worten: „Das wahre, mächtigste, dauerndste und geliebteste Königtum ist das Königtum der gesellschaftlichen Reform." (GsB, Bd.3, S. 40). Auf diese Weise konzipiert nicht nur der Gesellschaftsanalytiker Stein eine soziologische Theorie der konstitutionellen Monarchie, sondern schlägt auch der Monarchist Stein den Fürsten eine politische Überlebensstrategie vor.

Das Königtum hat sich mit seiner Autorität an die Spitze der sozialen Reform zu setzen, doch zu ihrer Durchführung bedarf es eines Apparates, den Lorenz Stein in der Verwaltung und Beamtenschaft identifiziert. Beide, die personelle und die inhaltliche Seite der Staatstätigkeit, hat Lorenz Stein in anderen Veröffentlichungen sehr ausführlich behandelt, in der „Geschichte der sozialen Bewegung in Frankreich" nur angedeutet. Doch schon zu Anfang des ersten Bandes dieses ersten Hauptwerkes hat der junge Kieler Extraordinarius konstatiert: „Der Staat wird daher, um die Abhängigkeit der niederen Klasse zu heben, zuerst in der Verfassung die Gleichheit des öffentlichen Rechts als obersten Rechtsgrundsatz aufstellen; in der Verwaltung wird er die Hebung der niederen Klassen zum wesentlichen Gegenstand seiner Tätigkeit machen. Es ist nicht nötig, die einzelnen Maßnahmen, durch welche dies erreicht wird, hier dazulegen; die Aufstellung des Prinzips wird genügen." (GsB, Bd.1, S. 48).

Bei der Konzipierung der politisch-institutionellen Umsetzung der „sozialen Reform" als der Antwort auf die soziale Frage stützt sich der Hegel-Schüler und „heimliche Preuße"[10] Lorenz Stein ganz offensichtlich auf das preußische Ideal einer Trias von vernunftsorientierter Staatsidee, aufgeklärtem Königtum und effizienter Beamtenschaft. Die Frage war allerdings, ob dieses zu Beginn des 19. Jahrhunderts angemessene Ideal in der politischen Wirklichkeit der zweiten Jahrhunderthälfte noch realistisch sein würde.

---

[10] Damit wird nicht auf die Vermutung angespielt, daß Stein im Vormärz als preußischer „Geheimagent" in Paris tätig gewesen sein soll: J. Grolle, Lorenz von Stein als preußischer Geheimagent, in: Archiv für Kulturgeschichte 50 (1968), S. 82–96.

V. Die Aufgabe der Staats- und Gesellschaftswissenschaften

Seinen eigenen Beitrag bei der Verwirklichung der sozialen Reform sah Lorenz von Stein nicht nur in der Analyse der sozialen Frage, sondern auch in der Gestaltung des Wissenschaftssystems entsprechend den Herausforderungen der industriellen Gesellschaft.[11] In der „Geschichte der sozialen Bewegung" konstatierte Stein, daß im Gegensatz zu Frankreich, wo die sozialen Bewegungen das treibende Element seien, sich Deutschland die Chance biete, durch die „socialen Wissenschaften" die gesellschaftliche Entwicklung zu gestalten. Durch die Untersuchung der paradigmatischen „socialen Bewegung" in der französischen Industriegesellschaft könnten die politisch Verantwortlichen in Deutschland lernen, solange es noch nicht zu spät ist, mittels einer „socialen Reform" die „sociale Revolution" zu vermeiden. So kam nach Lorenz von Steins Auffassung den Wissenschaften eine zentrale Bedeutung sowohl bei der Konzipierung als auch Durchführung der sozialen Reform zu.

Dabei stand für Lorenz Stein an erster Stelle die Forderung nach einer Wissenschaft von der Gesellschaft, heute würden wir sagen, Soziologie. Er gehört neben Robert Mohl und Wilhelm Heinrich Riehl zu jenen deutschen Gelehrten, die um die Mitte des 19. Jahrhunderts in Konsequenz der offensichtlichen Trennung von Staat als Herrschaftsorganisation und Gesellschaft als Verband wirtschaftender Individuen eine eigenständige Wissenschaft von der Gesellschaft oder Gesellschaftswissenschaft forderten. Schon im Vorwort des ersten Bandes seiner „Geschichte der socialen Bewegung in Frankreich" von 1852 nennt Stein als sein erstes Anliegen den „Versuch, den Begriff der Gesellschaft als einen selbständigen hinzustellen und seinen Inhalt zu entwickeln". (GsB, Bd.1, S. 6). Diese Wissenschaft hat, wie es Stein in den langen Einleitungskapiteln zu den drei Bänden ausführt, die Bewegungsgesetze der industriellen Gesellschaft zu erforschen.

Doch Stein forderte nicht nur die Etablierung einer neuen Wissenschaft von der Gesellschaft, sondern setzte sich auch für eine Wiederbelebung der traditionsreichen Analyse der Verwaltung ein.[12] Diese Bemühungen standen, neben nationalökonomischen Arbeiten, im Mittelpunkt der zweiten Hälfte seines wissenschaftlichen Lebenswerkes, schlugen sich vor allem in der achtbändigen

---

[11] Vgl. das anregende Kapitel: „Lorenz von Steins ‚Wissenschaft der Gesellschaft' als deutsche Alternative zu den Ideen der ‚socialen Bewegung'", in: E. Pankoke, Sociale Bewegung – Sociale Frage – Sociale Politik. Grundfragen der deutschen „Socialwissenschaft" im 19. Jahrhundert (Industrielle Welt, Bd.12), Stuttgart 1970, S. 126–134.

[12] Vgl. H. Maier, Die ältere deutsche Staats- und Verwaltungslehre (Polizeiwissenschaft). Ein Beitrag zur Geschichte der politischen Wissenschaft in Deutschland (Politica, Bd. 13), Neuwied, Berlin 1966, 2. Auflage, München 1980.

„Verwaltungslehre“ nieder, die von 1865 bis 1884 erschien.[13] In ihr knüpfte er an die Tradition der ausufernden Policey- und Kameralwissenschaften des 17. und 18. Jahrhunderts als den „Gebrauchswissenschaften des frühneuzeitlichen Territorialstaates“ (Hans Maier) an, suchte ihre ausufernde Vielfalt aber im Hegelschen Sinne aufzuheben, alle Gebiete und Aspekte der staatlichen Verwaltungstätigkeit zu synthetisieren und auf den Begriff zu bringen. Dabei stand, wie es eine programmatische Kapitelüberschrift in Steins erstmals 1870 erschienenem „Handbuch der Verwaltungslehre“ formulierte, „die Verwaltung als der arbeitende Staat“ im Mittelpunkt der Überlegungen.[14] Ich darf daran erinnern, daß schon das Vorwort der „Geschichte der socialen Bewegung“ der „Arbeit“, nicht nur des Arbeiters, sondern auch des Wissenschaftlers, eine, wenn nicht die zentrale Bedeutung in der Industriegesellschaft zumaß. Es ist bezeichnend nicht nur für Steins breite Auffassung von den gesellschaftsgestaltenden Aufgaben der öffentlichen Verwaltung, sondern auch für seinen reformerischen Optimismus, daß er zwei der acht Bände seiner „Verwaltungslehre“ dem Bildungswesen widmete.

Lorenz von Stein war ein Universalgelehrter auf allen Gebieten des Gesellschaftswissenschaften in ihrer Mehrzahl. Nicht nur forderte er die Etablierung einer Gesellschaftswissenschaft in der Einzahl, bemühte sich um die Aktualisierung der Verwaltungswissenschaft und schrieb grundlegende Lehrbücher auf dem Gebiet der Volkswirtschaftslehre, der Finanzwissenschaft und des Verwaltungsrechts. Auch sorgte er sich um die philosophische und organisatorische Einheit dieser sich ausdifferenzierenden Wissenschaften. Diesem Anliegen galt vor allem sein letztes großes Buch von 1876, eine Programmschrift zu „Gegenwart und Zukunft der Rechts- und Staatswissenschaften“.[15] Sie enthielt ein subtiles philosophisches Plädoyer für die Einheit aller politischen Wissenschaften, wobei Lorenz von Stein fünf Jahre nach der kleindeutschen Reichsgründung noch ganz selbstverständlich von der großdeutschen Entität ausging. So verkörperte Stein in seinem theoretischen Anspruch, aber auch seinen praxisbezogenen Werken nochmals die Einheit der „gesamten Staatswissenschaft“, wie sie zuvor Robert von Mohl propagiert und zum Gegenstand seiner 1841 gegründeten Tübinger „Zeitschrift für die gesamte Staatswissenschaft“ gemacht hat.

---

13 L. v. Stein, Die Verwaltungslehre in 8 Theilen, Stuttgart 1866–1884, Neudruck: Aalen 1962.

14 L. v. Stein, Handbuch der Verwaltungslehre und des Verwaltungsrechts, Stuttgart 1870, S. 22.

15 Vgl. auch die Programmschrift: Lorenz von Stein, Gegenwart und Zukunft der Rechts- und Staatswissenschaften Deutschlands, Stuttgart 1876.

Doch Lorenz von Stein beließ es nicht bei diesen wissenschaftstheoretischen und -politischen Forderungen im Zusammenhang mit Realisierung der „socialen Reform“, er sorgte sich auch um ihre Umsetzung in die Praxis der Bildung und Ausbildung der Beamtenschaft.[16] Schon 1844 forderte er als Privatdozent der Kieler Universität eine staatswissenschaftliche Vorbildung der höheren Verwaltungsbeamten[17] und setzte sich später, auch in Österreich, immer wieder dafür ein, daß das Verwaltungspersonal nicht nur ein juristisches „Brotstudium“, sondern ein umfassendes rechts- und staatswissenschaftliches Bildungsstudium absolvierte, wie er es selbst in Jena, Berlin und Kiel verfolgt hatte.

VI. Wirkung und Nachwirkung

Damit sind wir bei dem letzten Aspekt dieses Beitrages, der Frage nach der Wirkung und Nachwirkung der vielfältigen wissenschaftlichen Überlegungen und politisch-administrativen Anregungen Lorenz von Steins. Um mit dem letztgenannten Punkt anzufangen: Sein Plädoyer für eine den gesellschaftsgestaltenden Aufgaben des Staates angemessene Bildung der Verwaltungsbeamten blieb fruchtlos, in Österreich und noch deutlicher im Deutschen Reich setzte sich nach preußischem Vorbild in der zweiten Hälfte des 19. Jahrhunderts das Juristenprivileg für den höheren Verwaltungsdienst endgültig durch. Es kam zwar zur Gründung von Rechts- und Staatswissenschaftlichen Fakultäten, doch deren Fächer setzten sich immer mehr voneinander ab, bis sie sich im 20. Jahrhundert an den meisten Universitäten zu eigenständigen Fakultäten ausdifferenzierten. Die umfassende Verwaltungswissenschaft, die Lorenz von Stein mit Verweis auf die vielfältigen Funktionen des „arbeitenden Staates“ forderte, wurde im letzten Drittel des 19. Jahrhunderts zur Verwaltungs*rechts*wissenschaft verkürzt, jetzt interessierte nicht mehr das gestaltende „Was“, sondern nur das juristische „Wie“ der Verwaltungstätigkeit. Und schließlich wurde in Deutschland in der Mitte des 19. Jahrhunderts, im Gegensatz zu Frankreich, die Einführung der Wissenschaft von der Gesellschaft durch den Widerspruch der Staatsideologen, an der Spitze den borussischen Historiker

---

16 Vgl. das einschlägige Kapitel in meiner Dissertation: W. Bleek, Von der Kameralausbildung zum Juristenprivileg. Studium, Prüfung und Ausbildung der höheren Beamten des allgemeinen Verwaltungsdienstes in Deutschland im 18. und 19. Jahrhundert, Berlin 1972, S. 254–261.

17 L. Stein, Die Nothwendigkeit einer staatswissenschaftlichen Vorbildung auf der Landeshochschule, in: Neue Kieler Blätter 1 (1843), S. 291–311.

und Politiklehrer Heinrich von Treitschke[18], verhindert. Diese gelang erst zu Beginn des 20. Jahrhunderts den Gründungsvätern der deutschen Soziologie um Ferdinand Tönnies, Georg Simmel und vor allem Max Weber.

Etwas erfolgreicher als mit seinen wissenschaftstheoretischen Überlegungen und wissenschaftspolitischen Forderungen war Lorenz von Stein mit seinen Vorschlägen zur sozialen Reform. In vielem war er ein Vorläufer und Inspirator jener Nationalökonomen wie Johann Karl Rodbertus, Hermann Wagener, Adolph Wagner, und Gustav Schmoller, die 1872 den „Verein für Socialpolitik" gründeten und in der Tradition von Lorenz von Steins „Königtum der sozialen Reform" für das wirtschafts- und sozialpolitische Engagement der Wissenschaft und des Staates eintraten, und für die sich der zunächst pejorativ gemeinte Begriff der „Kathedersozialisten" einbürgerte.[19] Wir wissen, daß 1864 über Hermann Wagener der soeben zum preußischen Ministerpräsidenten ernannte Otto von Bismarck mit Steins Konzeption des sozialen Königtums vertraut wurde.[20] Sicherlich haben Steins Gedanken auf die sozialpolitischen Reformen eingewirkt, mit denen zwei Jahrzehnte später das Deutsche Reich unter seinem Kanzler Bismarck der aufsteigenden Sozialdemokratie den Wind aus den Segeln nehmen wollte, doch ging die Einführung der Sozialversicherung mit ihren drei Säulen der Krankenversicherung, der Unfallversicherung und der Altersversicherung und nach Bismarcks Abtritt der Arbeitslosenversicherung längst nicht so weit wie Lorenz von Steins sozialreformerischer Vorschlag, der arbeitenden Klasse den Besitz von Kapital zu ermöglichen. Schon eher knüpfte der sozialliberale Friedrich Naumann mit seiner Konzeption einer Aussöhnung von „Kaisertum und Demokratie"[21] an der Wende vom 19. zum 20. Jahrhundert an Steins Vorstellung eines „sozialen Königtums" an. Doch die Hohenzollernmonarchie verharrte in ihren feudalististisch-aristokratischen Traditionen und bemühte sich höchstens um das Bündnis mit dem industriellen Großbürgertum und dem Bildungsbürgertum, hat nie jene gesellschaftliche Öffnung gegenüber der Arbeiterschaft gewagt, die Lorenz von Stein dem Königtum um die Mitte des 19. Jahrhunderts als Überlebensstrategie empfohlen hatte. Wenn Lorenz von Stein noch zu seinen Lebenszeiten und in den Jahren nach seinem Tod einen nennenswer-

---

18 In dessen Leipziger Habilitationsschrift im Fach Staatswissenschaft: H. v. Treitschke, Die Gesellschaftswissenschaft. Ein kritischer Versuch, Leipzig 1859, Neudruck: Darmstadt 1980).

19 Vgl. P. Schiera, Laboratorium der bürgerlichen Welt. Deutsche Wissenschaft im 19. Jahrhundert, Frankfurt/Main 1992., S. 174 ff.

20 Siehe D. Blasius, Lorenz von Steins Lehre vom Königtum der sozialen Reform und ihre verfassungspolitischen Grundlagen, in: Der Staat, Bd. 10 (1971), S. 33–51, hier S. 22.

21 F. Naumann, Demokratie und Kaisertum. Ein Handbuch für die innere Politik, Berlin-Schönberg 1900.

ten Einfluß auf Wissenschaft und Politik ausgeübt hat, dann muß man nicht sein Heimatland Deutschland und sein Gastland Österreich, sondern das ferne Japan nennen: Unter seinen Wiener Hörern waren viele Japaner, die seine Lehren in ihrem Land bekannt machten. Noch kurz vor seinem Tode hat Stein 1889 Gutachten zu innen- und außenpolitischen Fragen für den japanischen Ministerpräsidenten Graf Kuroda erstellt und wesentlich die japanische Verfassungs- und Verwaltungsreform des ausgehenden 19. Jahrhunderts beeinflußt.[22]

In Deutschland und Österreich aber konnte Lorenz von Stein keine wissenschaftliche Schule begründen, deren Mitglieder seine Lehre verteidigt und weitergetragen hätten. Für solche Schulbildung, wie sie im 19. Jahrhundert wesentlich mediokeren Gelehrten gelang, war nicht nur sein Werk zu umfassend, sondern waren auch seine Gedankengänge zu anspruchsvoll und vor allem seine Sprache zu dunkel. So sind seine wissenschaftlichen Leistungen und gesellschaftlich-politischen Forderungen nach seinem Tode über ein halbes Jahrhundert in Vergessenheit geraten.

Doch in der Bundesrepublik Deutschland haben die Ideen Lorenz von Steins seit den sechziger Jahren eine erstaunliche Renaissance erlebt. Nicht nur ist er von Historikern, Rechts- und Sozialwissenschaftlern als ein scharfsinniger Analytiker der industriellen Gesellschaft und Verfechter interdisziplinärer Wissenschaftsbemühungen wiederentdeckt worden.[23] Auch hat er die Bemühungen um eine sozialwissenschaftliche Verwaltungslehre und insgesamt die Integration der Staats- und Sozialwissenschaften angeregt, es sei nur sein früher Einfluß auf das große Werk von Niklas Luhmann genannt. Vor allem aber hat man zu Recht in Lorenz von Steins Konzeption eines „Königtums der sozialen Reform" als Antwort auf die „soziale Frage" eine ideengeschichtliche Grundlage für die Prinzipien des „Sozialstaates" und des „sozialen Rechtsstaates" gesehen, wie sie im Grundgesetz verankert worden sind und immer noch zu den leitenden Maximen deutscher Politik gehören.[24]

So ist Steins weniger als konservativ, sondern besser als reformistisch zu bezeichnender Antwort auf die soziale Frage wie insgesamt seinem Werk eine erstaunliche Langzeitwirkung beschieden worden. Offensichtlich war er als Gesellschaftsanalytiker und politischer Idealist in vielem seiner Zeit voraus. Er

---

22 Vgl. E. Grünfeld, Lorenz von Stein und Japan, in: Jahrbücher für Nationalökonomik und Statistik Bd. 45 (1913).

23 Vgl. die beiden Sammelbände: E. Forsthoff (Hg.), Lorenz von Stein: Gesellschaft – Staat – Recht, Frankfurt/Main 1972 und R. Schnur (Hg.), Staat und Gesellschaft: Studien über Lorenz von Stein, Berlin 1978.

24 Exemplarisch: E. W. Böckenförde, Lorenz von Stein als Theoretiker der Bewegung von Staat und Gesellschaft zum Sozialstaat, in: Alteuropa und die moderne Gesellschaft. Festschrift für Otto Brunner, Göttingen 1963, S. 248–277, auch in: ders., Staat, Gesellschaft, Freiheit, Frankfurt/M. 1976, S. 146–184.

selbst scheint geahnt zu haben, daß seine Ideen in der eigenen Zeit wenig Anklang finden und erst später in ihrer Prägnanz und Prognostik gewürdigt werden würden, schrieb er doch im Oktober 1849 im Vorwort zum ersten Band seiner „Geschichte der sozialen Bewegung in Frankreich“: „Wir, die wir jetzt als Lebende arbeiten, haben nur den Boden zu bereiten, auf dem eine kommende Zeit mit glücklicher Hand den Samen streuen wird.“ (GsB, Bd.1, S. 7). Aus diesem Vorwort möchte ich abschließend auch den letzten Satz zitieren, weil er die optimistische Grundeinstellung wiedergibt, die Lorenz von Stein auch nach Enttäuschungen wie dem Scheitern der Revolution von 1848/49 beibehielt: „Unser ist die Arbeit. Die Morgenstunde der Weltgeschichte mit ihrer kräftigen Belebung in den ersten Strahlen der nahenden Sonne hat unsere Zeit geweckt, hat ihr die Kraft, die Lust, das Vertrauen der Jugend gegeben. Wir wollen diese Stunde nicht verlieren.“

Franz von Baader (1765–1841)

Theo Stammen

I. Einführung

Eines der wichtigsten politisch-praktischen wie politisch-theoretischen Probleme des 19. Jahrhunderts ist sicher die sogenannte *„Soziale Frage"*, wie sie in der Folge der „Industriellen Revolution" überall in Europa aufkam. Sie bezeichnete den epochebestimmenden Grundkonflikt der modernen Massengesellschaften zwischen Kapital und Arbeit bis weit ins 20. Jahrhundert hinein, löste Reformen und Revolutionen aus und verwandelte das Gesicht der Geschichte.

Im Bewußtsein des 20. und neuerdings des 21. Jahrhunderts hat sich seit langem die Meinung zur Überzeugung gefestigt, Entdeckung und Bearbeitung dieser *„Sozialen Frage"* seien überall und ausschließlich eine Errungenschaft und Leistung der *sozialistischen Bewegungen*, wie sie unter so verschiedenen Bezeichnungen wie „Frühsozialismus", „utopischer Sozialismus" bis hin zu „wissenschaftlichem Sozialismus" vornehmlich in England und Frankreich, später auch in Deutschland und anderen europäischen Ländern in der sogenannten *„Vormärz"*-Epoche (1815–1848) in verschiedenen Ausprägungen entstanden und politisch wie publizistisch auftraten.

Diese Meinung, die sich nicht selten auch in den einschlägigen wissenschaftlichen Darstellungen findet, ist indes *einseitig* und verfälscht durch ihre Einseitigkeit die Wirklichkeit. Denn keineswegs haben sich nur die (politischen und intellektuellen) Vertreter des „vierten Standes", der aufsteigenden Arbeiterschaft, als unmittelbar Betroffene mit den zunehmend problematischen Auswirkungen der industriellen Revolution auf die Lebens- und Arbeitsverhältnisse der proletarisierten Massen, ihrer Frauen und Kinder, befaßt und darüber eine öffentliche Diskussion angefacht; es gab auch andere gesellschaftliche Gruppen und Kräfte, andere Ideenproduzenten und -vermittler, die durch die neuen und oft extremen Arbeitsverhältnisse aufgeschreckt sich kritisch mit den zunehmend schlimmen, menschenunwürdigen Verhältnissen in der industriellen Arbeitswelt und den städtischen Ballungsgebieten auseinandersetzten und dringende Reformen anmahnten. Dazu gehörten in Deutschland einmal kirchlich-religiöse Kreise in beiden großen Konfessionen (Katholizismus und Protestantismus), auch Vertreter der damals aufkommenden politischen Parteien und vielfach auch Vertreter literarisch-philosophischer Bewegungen. Dazu gehörte auch die *„Romantische Bewegung“*, von der man – ebenfalls einem landläufigen, aber weitgehend unzutreffenden Vorurteil zufolge – kaum eine sozialkritische Zeitanalyse oder entsprechende Reformvorschläge erwartet.

Es ist sachlich unzureichend und unzutreffend, ein Bild oder einen Begriff der „Romantischen Bewegung“ allein aus der Lektüre von Joseph von Eichendorffs „Aus dem Leben eines Taugenichts“ gewinnen zu wollen. Man vergißt dabei, daß die Romantik als literarische und philosophische Bewegung von ihrem Ursprung her eigentlich ein *„Großstadtgewächs“* war und in *Berlin* entstand und aufwuchs.

So ist es im Grunde auch nicht verwunderlich, daß die Romantiker, denen man *Wirklichkeitssinn* nicht absprechen darf, auch die neuen *sozialen Realitäten*, die die Industrialisierung überall mit sich brachte und durch die die *„gute alte Zeit“* revolutioniert wurde, kritisch wahrnahmen und reflektierten.

Beispielhaft sei hier lediglich auf *Bettine von Arnim, geb. Brentano* (1785–1859) verwiesen, die sich nach dem Tode ihres Mannes, des romantischen Dichters *Achim von Arnim*, in Berlin engagiert als Schriftstellerin etablierte und sich zunehmend intensiver mit den sozialen Mißständen im damaligen Preußen auseinandersetzte. Aus auf Sozialreform hin orientiertem Engagement entstanden verschiedene Werke Bettine von Arnims, die damals Aufsehen und kontroverse öffentliche Diskussionen auslösten und der mutigen Schriftstellerin Anfeindung, Verfolgung, ja sogar gerichtliche Verurteilung und Gefängnishaft eintrugen.[1] Erwähnt seien einmal ihr Buch *„Dies Buch gehört dem König“* (1843), zum anderen das *„Armenbuch“* (entstanden 1844/45, wegen des Ausbruchs des Schlesischen Weberaufstandes damals nicht publiziert), die beide als ausgesprochen *sozialkritisch* und *sozialreformerisch* gelten können und die sich auch durch einen ganz neuartigen methodischen, heute würde man sagen: empirisch-sozialwissenschaftlichen Zugriff auf die Wirklichkeit auszeichneten; so stellte sie im „Armenbuch“ die desolaten Lebensverhältnisse der schlesischen Weber mit Hilfe sogar von Statistiken und empirischen Umfragen, die sie von Einheimischen für sich durchführen ließ, kritisch-analytisch dar. Der preußische König, dem das erste Buch schon im Titel zugeeignet war, Friedrich Wilhelm IV., hat sich indes geweigert, diese Sozialkritik preußischer Verhältnisse überhaupt zur Kenntnis zu nehmen. *Bettine von Arnim* wurde hier beispielhaft

[1] Vgl. dazu jetzt Bettine von Arnims Politische Schriften im Rahmen der neuen Gesamtausgabe ihrer Werke, Frankfurt/M. 1995.

Franz von Baader (1765–1841)

für das soziale Interesse und Engagement der Romantiker vorgestellt.[2] Sie steht mit dieser Haltung indes keineswegs allein da. Auch andere Mitglieder der „Romantischen Bewegung" haben sich mit der „Sozialen Frage" befaßt und zu ihrer theoretischen Erkenntnis und praktischen Bearbeitung Beträchtliches und Wesentliches beigetragen. Dazu gehört an durchaus prominenter Stelle auch *Franz von Baader* (1765–1841), dessen politisch-sozialen Schriften wir uns in diesem Beitrag zuwenden wollen.

II. Wer war Franz von Baader?

Angesichts der offensichtlichen Tatsache, daß Person, Leben und Werk des Franz von Baader heute weitgehend in Vergessenheit geraten sind, wird es sinnvoll und angebracht sein, wenigstens in den Umrissen seine Biographie, die wichtigsten Stationen seines Lebens und Wirkens sowie seine wissenschaftlichen wie praktischen Leistungen vorzustellen. Dabei fällt erschwerend ins Gewicht, daß bis heute eine umfassende *Biographie* über Baader (noch) aussteht. Wenn man bedenkt, welche zweit- oder drittklassigen Politiker und Gelehrten ihre „Lebensbeschreibung" erhalten haben, ein verwunderlicher Tatbestand, dem auch wohl in Zukunft kaum wird abgeholfen werden können. Denn derjenige, der für eine solche Aufgabe von seinen Studien am ehesten kompetent und in der Lage gewesen wäre, der Münchner *Hans Grassl*, hat sich offensichtlich dazu nicht entschließen können – trotz der verdienstvollen Editionen ausgewählter Schriften von Baader[3], denen er jeweils als *Einleitungen* gründliche Studien über Baaders Leben und Denken vorangestellt hat und die zum Besten über Baader aus neuester Zeit gehören. Hans Grassl hat zudem in seinem bedeutenden Buch „Aufbruch der Romantik – Bayerns Beitrag zur deutschen Geistesgeschichte 1765–1785" (München 1968) die geistigen, sozialen und politischen *Voraussetzungen* der sogenannten „Münchner Romantik" erforscht, zu der in den ersten Jahrzehnten des 19. Jahrhunderts so namhafte Philosophen und Wissenschaftler der jungen Münchner Universität wie *Schelling* und *Görres*, aber auch *Baader* gehörten .[4] Die beiden Baader-Artikel in der „Allgemeinen Deutschen Biographie" (ADB) und in der „Neuen Deutschen Biographie"

---

2 Vgl. dazu auch: T. Stammen, Romantik und Revolution, in: 1848 Epochenjahr für Demokratie und Rechtsstaat in Deutschland (hg. v. d. Hanns-Seidel-Stiftung) Bd. 77, 1998, S. 23–44.

3 F. v. Baader, Über Liebe, Ehe und Kunst – aus den Schriften, Briefen und Tagebüchern, München 1953; und: Gesellschaftslehre, München 1957.

4 Vgl. dazu das ausführliche Literaturverzeichnis zu H. Grassl, Der Aufbruch der Romantik.

(NDB), letzterer von H. Grassl, vermögen das Fehlen einer großen und detaillierten Biographie über Franz von Baader nicht zu ersetzen. Am ausführlichsten unterrichtet immer noch über Franz von Baaders Leben und Werk die Monographie von *Johannes Sauter*, die er – unter dem Titel „Lebensbild Franz von Baaders und Erläuterung zu seinen Schriften" – seiner umfangreichen Ausgabe „Franz von Baaders Schriften zur Gesellschaftsphilosophie", erschienen in der von *Othmar Spann* herausgegebenen Sammlung „*Die Herdflamme* – Sammlung der gesellschaftswissenschaftlichen Grundwerke aller Zeiten und Völker" (1925) angefügt hat.[5] Auf diese Darstellung stützt sich die nachfolgende Skizze des Baaderschen Lebenslaufs.

Wir werden dabei so vorgehen, daß wir zuerst einen knappen Abriß der Biographie voranstellen und danach einige wenige, aber zentrale Stationen und Situationen herausgreifen, an denen sich das Eigentümliche der Baaderschen Lebensleistung charakterisieren läßt.

Der äußere Lebenslauf Baaders ist relativ rasch erzählt: *Franz Xaver Benedikt Baader* wurde am 23. März 1765 als Sohn des kurfürstlichen Hofmedikus Franz Josef Baader in München geboren; er wuchs in einem von katholischer Religiosität stark geprägten familiären Milieu auf. Schon früh geriet er unter den Einfluß der antiaufklärerischen Frömmigkeit von Johannes Michael Sailer, Theologieprofessor in Ingolstadt, später Bischof von Regensburg.

Bereits mit sechzehn Jahren begann Baader – gemeinsam mit seinem Bruder Josef – 1781 ein *Medizinstudium* an der bayerischen Landesuniversität in Ingolstadt, das er 1783 in Wien fortsetzte. 1786 schloß er sein Studium mit der Promotion in Medizin ab und wurde für kurze Zeit Assistenzarzt in der väterlichen Praxis. Doch „das Mitleid mit den Kranken hätte Franz aufgerieben und so verlegt er sich mit Zustimmung seines Vaters und seiner eigenen Neigung folgend ganz auf die *Naturwissenschaften*, insbesondere Chemie und Mineralogie, um sich für den *Bergbau* auszubilden"[6].

Dazu besuchte er von 1788 bis 1792 die damals berühmte Bergakademie im sächsischen Freiberg, wo auch Novalis und Alexander von Humboldt studierten. Mit dem jüngeren Humboldt verband Baader bald eine langwährende Freundschaft, die auf wechselseitiger Hochachtung und wissenschaftlicher Förderung beruhte. In diese Zeit fallen erste naturwissenschaftliche und bergbautechnische Publikationen, die Baader in Fachkreisen Reputation einbrachten: sogar aus dem Ausland (aus England und Brasilien) erhielt Baader Angebote. Er blieb jedoch fürs erste in Deutschland, um seinen Erfahrungshorizont in norddeutschen Bergwerken praktisch auszuweiten. Erst 1792 geht er – über das revolutionäre Frankreich – nach England und Schottland, um hier mehrere Jahre

---

5 A.a.O., S. 562–938.

6 J. Sauter, a.a.O., S. 566.

(bis 1796) praktische Erfahrungen in Industrie und im Bergbau zu sammeln. Diese Jahre waren für Baader eine wichtige formative Phase in seiner geistigen Entwicklung: einmal durch die unmittelbare Anschauung der Arbeits- und Lebensverhältnisse der Arbeiterschaft in der frühkapitalistischen Industriegesellschaft und ihren extremen sozialen Problemen. Hier sieht sich Baader zum ersten Mal mit der aufkommenden „Sozialen Frage“ aufs härteste konfrontiert. Seine Tagebücher aus dieser Zeit geben darüber Aufschluß. „Die neueren Probleme in der politischen Welt haben nicht bloß meinen Verstand, sondern auch mein Herz getroffen“[7]. Zugleich mit diesem wachsenden Interesse für politische und sozioökonomische Probleme ergibt sich während seines Aufenthalts in Edinburgh erstmals Gelegenheit, sich intensiv mit den neuen philosophischen Ideen und Systemen der maßgeblichen Theoretiker der Zeit zu befassen. Von *Hobbes* über *Locke, Berkeley* und *Hume* bis zu *A. Smith* und *Reid*, aber auch *Rousseau* und *Kant* reicht das Spektrum seiner philosophischen Interessen und Studien. Von besonderer Bedeutung für die Ausbildung seiner späteren „Gesellschaftslehre“ oder „Sozietätsphilosophie“ ist die Bekanntschaft mit den damals aktuellen Schriften des radikalen Gesellschaftskritikers und Sozialreformers *William Godwin*, dessen republikanischer Kommunismus und Anarchismus Baader herausfordert. Er wird auch mit den frauenemanzipatorischen Schriften der mit Godwin verbundenen *Marie Wollstonecraft* bekannt. Das Tagebuch vermerkt: „Den 10. April (1793) fing ich an Godwin zu lesen“ und bietet reichlich Exzerpte aus dessen Schriften, vor allem aus dessen Hauptwerk „Enquiry concerning Political Justice and its Influence on Morals and Happiness“ (1793). Parallel dazu verläuft eine zunehmend kritische Auseinandersetzung mit Kant; der Titel einer damals entstandenen Schrift Baaders gibt die Richtung dieser Kant-Kritik zu erkennen: „Über Kants Deduktion der praktischen Vernunft und die absolute Blindheit der Letzteren“[8]. Hier expliziert Baader die erkenntnistheoretischen, metaphysischen und ethischen Grundpositionen seiner Philosophie in kritischer Distanzierung von Kant.

1796 kehrt Baader nach Deutschland zurück; das erwachte philosophische Interesse bleibt weiterhin bestimmend. In Hamburg schließt er sich dem Freundeskreis um *F. H. Jacobi* und *M. Claudius*, den Herausgebern des „Wandsbekker Boten“, an. Jacobis auf dem Apriori des *Gefühls* beruhende Philosophie spricht ihn – wieder in Absetzung von Kant – deutlich an.

Erst 1799 kehrt Baader nach München zurück und tritt in den bayerischen Staatsdienst ein, wo er zunächst als Bergrat, später als Oberbergrat und schließlich ab 1807 als Oberstbergrat die Leitung und Aufsicht über alle bayerischen

---

7 F. v. Baader, Sämtliche Werke, Bd. 11, S. 201.

8 Ebd., Bd. I. Diese Schrift entstand 1796 in England, wurde aber erst 1809 in Berlin gedruckt.

und bayerisch-böhmischen Bergwerke übernimmt und als Ingenieur praktisch tätig ist. Als Wissenschaftler und auch als Erfinder (er macht eine wichtige Entdeckung, die die Herstellung von Glas wirtschaftlicher macht) gewinnt er rasch Ansehen: 1808 wird er zum Mitglied der Bayerischen Akademie der Wissenschaften berufen und im gleichen Jahr auch als Ritter des neueingerichteten Zivildienstordens geadelt.

Damit beginnt eine besonders vielfältige, durch praktische wie philosophische Herausforderungen und Arbeiten gleichermaßen ausgezeichnete Lebensphase Baaders, die vor allem durch enge Beziehungen und Kooperationen mit den namhaftesten Philosophen und Naturwissenschaftlern der Zeit charakterisiert ist. Herausragend war sicher die enge, zeitweise sogar freundschaftliche Verbindung zu dem 1806 als Mitglied der Bayerischen Akademie der Wissenschaften von Würzburg nach München berufenen Philosophen *Friedrich Wilhelm Joseph Schelling*. Diese Verbindung – das bestätigen Aussagen beider – war keineswegs einseitig dergestalt, daß lediglich Baader von Schelling profitiert hätte, sondern von wechselseitigem Vorteil und Nutzen für beide. Aus dieser Partnerschaft stammt auch eine der besonderen Charakterisierungen Baaders von seiten Schellings, die hier zitiert sei:

> „Einen kenne ich, der ist von Natur ein unterirdischer Mensch, in dem das Wissen substantiell und zum Sein geworden ist, wie in den Metallen der Klang und das Licht zu gediegener Masse. Dieser erkennt nicht, sondern ist eine lebendige, stets bewegliche und vollständige Persönlichkeit des Erkennens.“[9]

Von allgemein geistesgeschichtlicher Bedeutung ist, daß Baader in dieser Lebensphase einen maßgeblichen Einfluß auf die Ausbildung und Profilierung einer eigentümlichen romantischen *Naturphilosophie* und in der Folge davon auch einer spezifisch romantischen Gesellschaftslehre gewinnt. Das wird zum größeren Teil dadurch erzielt, daß Baader zunächst für sich, dann aber auch im „Symphilosophieren“ mit seinen Freunden und Weggefährten die mystisch-philosophischen Schriften des schlesischen Schuhmachers *Jakob Böhme* (1575–1624) und des französischen Theosophen *Louis C. de Saint-Martin* (1743–1803) entdeckte und in Deutschland bekanntmachte. Der Romantiker *F. Schlegel* hat später Baader einen „*Boehmius redivivus*“ genannt.

Voraussetzung für die breiter und intensiver werdende Wirkung Baaders und seiner Philosophie zwischen 1810 und 1820 war die Tatsache, daß zahlreiche Romantiker – sowohl Dichter als auch Philosophen und Naturwissenschaftler – damals nach Süddeutschland umsiedelten: nach Landshut zuerst, wohin die bayerische Landesuniversität von Ingolstadt umgezogen war, später nach München, als die Universität 1826 schließlich in die Landeshauptstadt

---

9 Zitiert nach: J. Sauter, a.a.O., S. 580.

verlegt wurde.10 In dieser sogenannten „*Münchner Romantik*“ nahm Franz von Baader eine maßgebliche Position ein: durch seine Kontakte zu bedeutenden romantischen Naturforschern wie *Ritter, Schubert* und *Steffens*; durch Verbindungen zu namhaften romantischen Dichtern und Dichtungstheoretikern wie *Tieck, Brentano* und *F. Schlegel* sowie durch die enge Zusammenarbeit mit Philosophen und Gelehrten wie *Schelling* und *Görres*. Seine Reputation bei diesen Persönlichkeiten war hoch; F. Schlegel nannte ihn den „*merkwürdigsten*, den *geistvollsten*, den *tiefsten* Menschen, den ich seit lange gesehen [...] Es ist mir vieles durch ihn klar geworden [...]“11. Eine eingehende und farbige Schilderung seiner Persönlichkeit, seiner geselligen Neigungen und Redefähigkeit hat Heinrich Steffens in seiner Autobiographie „Was ich erlebte“ überliefert.12 Selbst Goethe würdigte in einem Brief an Schiller Baaders naturwissenschaftliche Qualitäten.13 Durch die konsequente Berufungspolitik der bayerischen Regierung wurde die Münchner Universität damals zu einem Zentrum katholischer Romantik; dazu trug neben Baader nicht zuletzt der Gelehrte und Publizist *Joseph Görres* bei, der auf einen Lehrstuhl für allgemeine und Literaturgeschichte berufen wurde. Neben seinen großen wissenschaftlichen Werken wie „Christliche Mystik“, die hier entstehen, ist Görres Wirkung als katholischer Publizist hervorzuheben; gemeinsam mit Baader arbeitet Görres als Redakteur der Zeitschrift „Eos“, der maßgeblichen und einflußreichen Zeitschrift des restaurativen Katholizismus. 1826 hat Baader eine Honorarprofessur für Religions- und Sozialphilosophie an der neuen Münchner Universität erhalten, die er bis 1838 innehatte und auf der er eine umfangreiche Lehrtätigkeit entwickelte.14 1838 verlor indes Baader diese Professur aufgrund eines Erlasses der bayerischen Regierung wieder, nach dem es *Nichtklerikern* untersagt war, an bayerischen Universitäten über theologische und religiöse Themen Vorlesungen zu halten. Durch diese Maßnahme geriet Baader für seine letzten Lebensjahre in arge finanzielle Bedrängnis und Not.

Hervorhebenswert gerade im Hinblick auf unser Thema „*Soziale Frage*“ ist jedoch, daß um 1830 durch aktuelle soziale und ökonomische Entwicklungen – ziemlich lange nach den ersten Erfahrungen in England und Schottland (1792–

---

[10] Vgl. dazu: H. Schanze (Hg.), Romantik-Handbuch, Stuttgart 1994, S. 570–572.

[11] Zitiert nach: J. Sauter, a.a.O., S. 585.

[12] Vgl. H. Steffens, Was ich erlebte, München 1956, S. 394–395.

[13] Goethe an Schiller, 1. 8. 1800: „Von Baader habe ich eine Schrift gelesen über das Pythagoräische Quadrat in der Natur oder die vier Weltgegenden. Sei es nun, daß ich seit einigen Jahren mit diesen Vorstellungsarten mich mehr befreundet habe oder daß er uns seine Intentionen näher zu bringen weiß, das Werkchen hat mir wohl behagt“.

[14] Ein Teil seiner Vorlesungen aus dieser Zeit sind in seinen „Sämtlichen Werken“ später publiziert worden.

1796) – *soziale Probleme* und ihre praktische Bearbeitung erneut ins Zentrum von Baaders Denken und Interessen rückten. Sowohl in der wissenschaftlich-theoretischen Diskussion (Wirtschaftstheorie des Liberalismus und seiner Gegner) als auch in der praktischen Politik wurden diese Probleme brisant und verlangten nach Lösungen. Hier sah sich Baader veranlaßt, an seine früheren konkreten Erfahrungen anknüpfend und seine wirtschafts- und sozialphilosophischen Einsichten einsetzend, Stellung zu nehmen. Das geschah auf besonders intensive und auch aufsehenerregende Weise in der kleinen Schrift „Über das dermalige Mißverhältnis der Vermögenslosen oder Proletairs zu den Vermögen besitzenden Klassen" (1835). Auf diese Schrift wird gleich noch eingehender und genauer zurückzukommen sein.

Auch noch in zwei anderen Hinsichten tritt die *Politik* – einmal die große *internationale Politik*, zum anderen die *Kirchenpolitik* – ins Zentrum des späten Baaderschen Denkens und Bemühens. Dies kann hier nur angedeutet werden:

Seit geraumer Zeit hatte Baader damals bereits engere Kontakte mit wichtigen Vertretern des russischen Geisteslebens hergestellt: sein theosophisches Denken gewann in Rußland ziemlichen Einfluß, auch auf Kreise in unmittelbarer Nähe des Zaren. So wagte es Baader um 1815, in verschiedenen Denkschriften sich direkt an den Zaren, aber zugleich auch an den österreichischen Kaiser und den König von Preußen zu wenden und für die Idee einer „Heiligen Allianz" zu werben, wie sie dann zwischen diesen drei Herrschern auch geschlossen wurde. Das heißt: Baader hatte mit seinen theologisch-fundierten Ideen einen nachweisbaren Einfluß auf das Konzept der restaurativen „Heiligen Allianz", die nach dem Wiener Kongreß einen starken Einfluß auf die Neuordnung in Europa gewann.

Eng mit dieser an Rußland orientierten politischen Konzeption standen auch Baaders (etwas spätere) Ideen einer Wiedergewinnung der Einheit des Christentums, d. h. einer Einigung des katholischen, protestantischen und orthodoxen Christentums, wobei ihm als Organisationsprinzip dieser Vereinigung das der orthodoxen Ostkirchen vorschwebte. Baader war sich durchaus bewußt, daß seine ökumenische Idee notwendigerweise mit der päpstlichen Suprematie der römischen Kirche kollidieren mußte; daher trat er (zumindest zeitweise) konsequent sogar für die „Emanzipation des Katholizismus von Rom" (so der Titel einer späten Schrift Baaders) ein.

Fassen wir zusammen: Baaders Leben (1765–1841) fällt in jene *epochale Umbruchsphase* der europäischen und deutschen Geschichte, die durch die großen politischen *Revolutionen* in Amerika und Frankreich, durch die Napoleonische Epoche sowie durch die Freiheitskriege und den Wiener Kongreß und die nachfolgende Restaurationsära charakterisiert ist und die zugleich von den Anfängen der *Industriellen Revolution* begleitet und geprägt wird. Schon früh (bei seinem England-Aufenthalt) hat Baader die Wirkungen dieser Herausforderungen gespürt; die neueren Phänomene in der politischen oder auch der sozioökonomischen Welt haben ihn tief beeindruckt; der „Genius der Zeiten" hatte ihn getroffen.

In der geistigen wie praktischen Auseinandersetzung mit den bestimmenden Tendenzen dieser Epoche hat er drei bedeutende Beiträge geleistet, die „als tätiger Ausdruck seines Philosophierens [...] in die Geschichte des neunzehnten Jahrhunderts eingegangen sind: der sehr wahrscheinliche Einfluß, den der Philosoph auf die Abfassung der Urkunde der Heiligen Allianz der letzten christlich gemeinten Friedensstiftung unter den europäischen Völkern gehabt hat; seine russische Reise, um in Petersburg eine Akademie zur Annäherung der griechisch-orthodoxen, protestantischen und römisch-katholischen Kirche zu gründen, und seine Bemühung um einen Rechtsschutz der Arbeiter, in deren Verlauf er das Wort ‚*Proletair*' noch vor Marx gebraucht, freilich nicht im Zeichen des Klassengegensatzes, sondern im Zeichen der Versöhnung".[15]

III. Was war Franz von Baader?

Angesichts dieses komplexen, an geistigen und persönlichen Einflüssen und Einwirkungen überaus reichen Lebenslaufs, und der Begegnungen und Verbindungen, die Baader mit der philosophischen, theologischen, naturwissenschaftlichen und literarischen Elite der Epoche unterhielt und die ihn prägten, ist die Frage „*Was* war Franz von Baader?" nicht leicht und bündig zu beantworten.

Vielleicht kann man eine Antwort auf sie am ehesten finden, wenn man zusätzlich danach fragt, *wer* sich bis zur heutigen Gegenwart denn für Baader und sein (in der Ausgabe „Sämtliche Werke" 16 Bände umfassendes) schriftstellerisches Werk überhaupt (noch) interessiert und darüber geforscht und publiziert hat.

Die Vertreter zweier benachbarter Disziplinen – der *Philosophie* und der *Theologiegeschichte* – scheinen eine Vorrangstellung einzunehmen; die meisten neueren Monographien über Baader entstanden offensichtlich aus dieser Forschungsrichtung. Hinzutreten *Historiker* – sowohl *Ideen-* als auch *Sozialhistoriker* –, die sich ebenfalls mit Baader befaßt haben: im Rahmen der „Konservatismusforschung" und der Sozialgeschichte des „Pauperismus". Schließlich noch die *Literaturwissenschaftler* speziell im Kontext einer umfassenden „Romantikforschung".

---

[15] F. von Baader, Über Liebe, Ehe und Kunst – Aus den Schriften, Briefen und Tagebüchern, München 1953; Zitat aus der Einleitung von H. Grassl, S. 11–12.

Kurzum: Franz von Baader scheint nicht in eine einzige Fachwissenschaft und Denkrichtung einzuordnen zu sein; seine vielfältigen Schriften sind nicht *einer* wissenschaftlichen Disziplin zugehörig. Diese Tatsache hat einer umfassenden Erforschung von Person und Werk bis heute im Wege gestanden; das Fehlen einer großen Biographie wurde bereits erwähnt.

Erschwerend tritt hinzu der fast von jedem Baader-Interpreten erwähnte Umstand der extremen *Schwerverständlichkeit* seiner Schriften. So schreibt schon F. Schlegel in dem oben zitierten Brief: „Könnte er *schreiben*, so wie er zu *sprechen* versteht, so würde von Schelling und Fichte weniger mehr die Rede sein“[16]; Hans Grassl formuliert dieselbe Kritik an Baader so: „Er (Baader) war [...] von einer sonderbaren Prädestination zum *Scheitern* verurteilt. Es fehlte ihm die schriftstellerische Wendigkeit“[17].

Diese Schwerverständlichkeit seiner Schriften, die seltsam zum Glanz seiner mündlichen Rede kontrastierte (auch die wird von Zeitgenossen stets bewundernd hervorgehoben), hat Baader zu einem erheblichen Teil um die Wirkung und Verbreitung seiner vielfach originellen Ideen unter seinen Zeitgenossen behindert. Das ist auch zu bedenken und zu berücksichtigen bei den Schriften, in denen er sich vorwiegend mit der *„Sozialen Frage“* beschäftigt und denen wir uns jetzt zuwenden wollen.

IV. Franz von Baader und die Soziale Frage in seiner Zeit

Die nachfolgende Analyse von Baaders Auseinandersetzung mit der „Sozialen Frage“ seiner Zeit wird unter *zwei* leitenden Gesichtspunkten vorgetragen:

(1) Einmal unter dem Gesichtspunkt der *Erfahrungsanlässe* für Baader, sich mit den neuartigen sozialen Phänomenen zu befassen.

(2) Zum anderen dem Gesichtspunkt der *theoretischen Einordnung* und *Verarbeitung* dieser Erfahrungen im Rahmen einer umfassenden *„Gesellschaftslehre“* oder *„Societätsphilosophie“*[18].

Gehen wir zunächst auf den erstgenannten Gesichtspunkt ein: Zu erinnern ist vorab daran, daß Baaders gesamte Lebenszeit (1765–1841) in die Epoche der tiefgreifenden politischen, sozialen und zunehmend auch ökonomischen Umwälzungen des letzten Jahrzehnts des 18. und der ersten Jahrzehnte des

---

16 Zitiert nach J. Sauter, a.a.O., S. 585.

17 F. von Baader, Gesellschaftslehre, München 1957, Einleitung, S. 11.

18 „Gesellschaftslehre“ betitelt H. Grassl seine Edition einschlägiger Schriften Baaders, München 1957; „Societätsphilosophie“ ist der Titel der Bände 5 und 6 der Sämtlichen Werke, Leipzig 1854.

19. Jahrhunderts fällt, in die Zeit der *amerikanischen und französischen Revolutionen*, der Napoleonischen Zeit und der nachfolgenden Restauration in Europa sowie in die Zeit der immer stärker auf die sozialen und wirtschaftlichen Verhältnisse wirkenden *Industriellen Revolution.* Bemerkenswert ist zudem, daß Baader diese Ereignisse nicht aus distanzierter Entfernung als Zeitgenosse verfolgte, sondern daß er selbst Augenzeuge war, als er zwischen 1792 und 1796 über Frankreich zuerst nach England und dann für mehrere Jahre nach Schottland ging. Die neue Wirklichkeit der industriellen Arbeitswelt mit ihren Auswirkungen auf die sozialen Lebensverhältnisse in den Städten, die Entstehung des Proletariats und proletarischer Ausbeutungsverhältnisse in den Bergwerken und Fabriken hat er in Schottland hautnah und unmittelbar erlebt – Jahrzehnte früher als *Friedrich Engels*, der in den vierziger Jahren des 19. Jahrhunderts diese Verhältnisse in seinem Buch „Die Lage der arbeitenden Klasse in England" (1845) beschrieb, und auch erheblich vor *Lorenz von Steins* ebenfalls auf Primärerfahrungen in Frankreich fundiertem Werk „Der Sozialismus und Kommunismus zur Zeitgeschichte" (1842)[19], beides bekanntlich Werke, von deren Ergebnissen später *Karl Marx* profitierte.

Interessant ist indes, daß Franz von Baader seine anschaulichen Erfahrungen schottischer Sozialzustände damals noch nicht systematisch-literarisch verarbeitete. Seine zentrale sozialkritische Schrift über die „Vermögenslosen oder Proletairs" erschien erst 1835 in einer grundlegend veränderten Situation in Deutschland.

Wichtig ist aber, daß Baader seine sozialkritischen Erfahrungen in England und Schottland damals seinen *Tagebüchern* anvertraut hat. Diese Notate machen deutlich, welchen tiefen Eindruck sowohl die *politische* (Französische) *Revolution* als auch die *industrielle* und *soziale Revolution* damals auf den jungen Baader gemacht haben. So lesen wir unter dem Jahr 1793: „Die neueren Phänomene der politischen Welt haben nicht bloß meinen *Verstand*, sondern auch mein *Herz* getroffen [...] Ich fühle eine große Reform in meinem Innern [...] Der *Genius der Zeiten* hat mich getroffen."[20]

Diese Worte der kritischen Selbsteinschätzung Baaders wollen sorgfältig bedacht sein – einmal unter erkenntnistheoretischer, zum anderen unter sozialtheoretischer Hinsicht. Die *Welterfahrung* Baaders – das wird er vor allem gegen *Kant* geltend machen, mit dem er sich in Edinburgh auseinandersetzt – ist nicht nur Sache des *Verstandes*, sondern auch des *Herzens.* Später wird er an dieser Stelle sein Konzept der „Liebe" einsetzen; es ist diese Integration von Verstand und Herz zur Liebe, die eine *Reform* in seinem Innern bewirkt. Baader

---

[19] Dieses Werk erschien von der 3. Auflage an unter dem umfassenderen Titel: „Geschichte der sozialen Bewegung in Frankreich", 1850, in drei Bänden.

[20] F. v. Baader, Sämtliche Werke, Bd. 11, S. 201–203.

wird diese erkenntnistheoretische Position später in München – im Gespräch mit Schelling, aber auch im Zusammenhang mit seiner Rezeption Jacob Böhmes – noch weiter vertiefen und zu seiner eigentümlichen christlichen „*Societätsphilosophie*" oder „Gesellschaftslehre" ausbauen.[21]

Der zweite maßgebliche Erfahrungsanlaß, der auch den Impuls zur Abfassung der Schrift „Über das Mißverhältnis [...]" gab, war offensichtlich die in den 20er und 30er Jahren des 19. Jahrhunderts auch in Deutschland aufkommende Diskussion über den „*Pauperismus*". Aufgrund seiner Erfahrungen in den bayerischen Bergwerken und in der Glasindustrie konnte Baader hier durchaus mitreden – sowohl was die kritische Analyse der Verhältnisse der sozialen Unterschichten als auch was therapeutische und reformerische Vorschläge zu ihrer Behebung betrifft.

Gerade in die letzteren flossen zugleich *sozialtheoretische Gedanken* ein, die Baader seit seinem England-Aufenthalt – dort vor allem in der kritischen Auseinandersetzung mit den sozialrevolutionären und anarchistischen Schriften von William Godwin[22] – entwickelt hatte. Diese „Gesellschaftslehre" ist durch verschiedene positive und negative Komponenten charakterisiert. Einmal zeichnet sie sich durch eine eindeutige *Negation* der europäischen *Aufklärung* aus, was sich besonders in einer anhaltenden kritischen und ablehnenden Einstellung zu *Kants* theoretischer wie praktischer Philosophie ausdrückt. Damit eng verbunden ist die ablehnende Haltung gegenüber der *Französischen Revolution* und deren konstruktiven Ideen; schließlich auch noch die gegenüber dem *Liberalismus* als politische Ideenströmung und Bewegung. Französische Revolution und Liberalismus stehen für Baader in einer eindeutigen Traditionslinie. Aus der Ablehnung der einen ergibt sich für ihn konsequent die Ablehnung des anderen. Das verbindende Element dieser entschiedenen Kritik an Aufklärung, Revolution und Liberalismus ist die Tatsache, daß alle drei ihre Gesellschaftslehre auf einem *individualistischen* Ansatz begründen und z. B. über eine rationale Sozialvertragstheorie konstruieren. In der Konsequenz dieser Kritik lag auch Baaders entschiedene Distanzierung von der liberalen Philosophie und liberalen *Wirtschaftstheorie* eines *Adam Smith*, mit der er sich bereits in Edinburgh intensiv und kritisch auseinandergesetzt hatte und zu deren Ablehnung er – wie die *Tagebücher* aus dieser Zeit belegen – schon dort gekommen war.

Demgegenüber steht Baader auf einem *christlich-konservativen* Standpunkt und ist zugleich Anhänger einer in der deutschen Romantik weitverbreiteten *Organismus-Konzeption* menschlicher Gemeinschaft. Dies ist auch der maßgebliche Grund dafür, daß auf Baaders Sozialphilosophie in der Regel im Kon-

---

[21] Vgl. dazu: F. v. Baader, Schriften zur Sozietätsphilosophie, 1 und 2, Sämtliche Werke, Bd. 5 und 6; F. v. Baader, Gesellschaftslehre (hg. v. H. Grassl), München 1957.

[22] Vgl. dazu die frühen Tagebücher Baaders in: Sämtliche Werke, Bd. 1.

text von *Konservatismus-Theorien* eingegangen wird[23]. Diese Grundorientierung Baaders erhält ihr *Spezifikum* noch durch die (bereits erwähnte) Rezeption mystisch-theosophischer Gedanken aus den Schriften Jakob Böhmes und Saint Martins, aber auch von Gedanken der romantischen Philosophie (Schelling) und Naturwissenschaften (Ritter, Schubert).

Diese Hinweise mögen genügen, um jetzt zur Analyse und Interpretation von Baaders zentraler Schrift über die „Soziale Frage" seiner Zeit übergehen zu können.

V. Baaders Schrift „Über das dermalige Mißverhältnis der Vermögenslosen oder Proletairs [...]" (1835)

Baaders Schrift „Über das dermalige Mißverhältnis der Vermögenslosen oder Proletairs zu den Vermögen besitzenden Klassen der Sozietät in Betreff ihres Auskommens sowohl in materieller als intellektueller Hinsicht, aus dem Standpunkt des Rechts betrachtet" erschien 1835 als selbständige Broschüre im Verlag Georg Franz in München. Sie gehört sicher zu den bekanntesten Schriften Baaders, wenngleich ihr ziemlich umständlicher Titel eher etwas abschreckend wirken könnte. Daß im Titel der Begriff „*Proletairs*" (in der französischen Fassung noch für Proletarier) auftaucht, ist von begriffsgeschichtlichem Interesse. Es ist ein relativ früher Beleg des Wortes, wenngleich nicht der erste, wie gelegentlich zu lesen ist. Schon einige Zeit vorher (1822) findet sich der Begriff beim *Freiherrn vom Stein*. In einem Brief ist 1822 von der „Vervielfältigung der *Proletarier*" auf dem Lande die Rede; auch *Ernst Moritz Arndt* spricht damals vom „ländlichen *Proletariat*". Und im gleichen Jahr wie Baader schreibt *Robert von Mohl* in einem Aufsatz „Über die Nachteile, welche sowohl den Arbeitern selbst als dem Wohlstand und der Sicherheit der gesamten bürgerlichen Gesellschaft von dem fabrikmäßigen Betriebe der Industrie zugehen und über die Notwendigkeit gründlicher Vorbeugungsmittel" (1835)[24]. Dieses zu-

---

[23] Vgl. M. Greiffenhagen, Das Dilemma des Konservatismus in Deutschland, München 1971, mit vielen Bezügen auf Baader.

[24] Vgl. dazu den Artikel „Proletariat, Pöbel und Pauperismus" von Werner Conze in: O. Brunner/W. Conze/R. Koselleck (Hg.), Geschichtliche Grundbegriffe, Bd. 5, 19841, S. 27–68; ferner: C. Jantke/D. Hilger (Hg.), Die Eigentumslosen – der deutsche Pauperismus und die Emanzipationskrise in Darstellungen und Deutungen der zeitgenössischen Literatur, Freiburg 1965; H. U. Wehler (Hg.), Moderne deutsche Sozialgeschichte, Köln 1966; dort der wichtige Aufsatz von Werner Conze: Vom „Pöbel" zum „Proletariat", Sozialgeschichtliche Voraussetzungen für den Sozialismus in Deutschland", S. 111–136.

nehmende Auftreten des Begriffs „*Proletarier*" in den 20er und 30er Jahren des 19. Jahrhunderts ist kein Zufall, sondern Ausdruck der wachsenden Bemühungen auch in Deutschland, den Phänomenen des *Pauperismus* sowohl auf dem Lande als auch in den aufkommenden Industriestädten diagnostisch und therapeutisch zu begegnen. In diesen Kontext gehört auch die Schrift von Baader, der bei der Analyse dieser Probleme auf seine älteren Schottlanderfahrungen zu rekurrieren versucht. Auf dieser früheren Erfahrungsbasis sowie im Kontext der aktuellen *Pauperismus-Diskussion* im Vormärz-Deutschland entstand Baaders Schrift; aus diesem öffentlichen Diskurszusammenhang ist sie entstanden und versteht sich als Beitrag dazu. In der zeitgenössischen Publizistik finden sich Spuren und Hinweise dafür, daß Baaders Text auf seine Zeitgenossen Eindruck gemacht hat und diskutiert worden ist.

Rekonstruieren wir im folgenden die *Argumentationsstruktur* dieses Textes und fragen wir nach den *Intentionen*, die der Verfasser mit der Publikation seiner Schrift zu eben dieser Zeit verfolgt haben könnte.[25] In dieser Rekonstruktion ist zuerst auf die *diagnostisch-analytische* Dimension des Textes einzugehen, danach auf die *praktisch-therapeutische*.

Der Text beginnt mit einer *Exposition*, die dazu dient, *verschiedene Standpunkte* zu charakterisieren, die der Betrachter gegenüber der Wirklichkeit in Staat und Kirche einnehmen kann: „Es gibt zweierlei Reformer oder Protestierende" – die einen wollen „eine *Abstellung* der Verunstaltungen und Mißbräuche in Kirche und Staat [...], um beide zu *erhalten;* – den anderen seien dagegen diese Mißbräuche und Verunstaltungen willkommen [...], teils weil sie ihren Vorteil davon ziehen, teils weil sie eben dadurch Kirche und Staat *radikal zerstören* zu können hoffen". Zu der Gruppe der zuletzt genannten, auf Zerstörung ausgehenden Protestierenden, rechnet Baader bemerkenswerterweise die „Liberalen", die er entsprechend ablehnt. „So können Kirche und Staat zu jeder Zeit nur mit Hilfe der ersten Reformer, nämlich der *positiven*, vor den zweiten, *negativen* sich erwehren und nur in einer solchen nachdrücklichen und aufrichtigen *Assistenz* der *Evolution der Sozietät*, nicht aber im Mangel derselben oder wohl gar in einer *Resistenz* wider selbe kann, besonders in unserer Zeit, eine wahrhafte Contrerevolution Bestand haben" (S. 235).

Baader präzisiert seine Ortsbestimmung der „positiven Reformer", die er nach links hin von den „Liberalen" abgrenzt, noch dadurch, daß er sie auch nach rechts hin von dem, was er „Servilism" nennt, abhebt. Der Standort seiner kritischen Analyse der gegebenen Verhältnisse ist somit zwischen „*Liberalismus*" und „*Servilism*" gelegen; von diesem Standpunkt aus geht er sodann an die *Analyse*. Seine erste *Diagnose* lautet: die „leichte Revolutionierbarkeit oder

[25] Baaders Schrift wird zitiert nach: F. v. Baader, Gesellschaftslehre, hg. v. H. Grassl, München 1957.

Entzündbarkeit der Sozietät in unserer Zeit" beruht auf einem in ihr haftenden *Schaden* oder *Krankheit*, deren eigentliche Natur noch ziemlich im Dunkel liegt. Sie (die Krankheit) beruht nicht in einem Mißverhältnis zwischen den (politischen) Regierungsformen mit den Regierten (so daß eine politische Revolution wie in Frankreich dem Krankheitszustand abhelfen könnte), „sondern in einem bei der dermaligen Evolutionsstufe der *Sozietät*, ihrer *Gesittung* und *Lebensweise* eingetretenen *Mißverhältnis* der Vermögenslosen oder der armen Volksklasse hinsichtlich ihres Auskommens zu den Vermögenden" (S. 236).

So weist die diagnostische Feststellung in ihrem entscheidenden Punkt darauf darin, daß nicht die politischen Herrschaftsverhältnisse oder -systeme für Baader den Kernpunkt der gesellschaftlichen Pathologie bilden, sondern die ungleichen Eigentumsverhältnisse und deren Folgen und Auswirkungen auf Lebensweise und Gesittung vor allem der vermögenslosen *Proletairs*. Diese Lokalisierung des Übels oder der Krankheit – die medizinische *Metaphorik* ist natürlich für den als Mediziner ausgebildeten Baader naheliegend – ist entscheidend für den Ansatz einer *Therapie*, der der weitere Text der Baaderschen Schrift gewidmet ist.

Auch hier nimmt Baader zunächst wieder eine ausschließende Abgrenzung vor, in dem er nachdrücklich behauptet, daß die desolate Lage der Proletarier weder durch eine „bloße *Wohltätigkeitsanstalt*" noch durch „bloße *Polizeianstalten*" zu beheben sei[26]; beide nennt Baader „nur *Palliative* des Übels", die das Übel nicht wirklich beseitigen können.

Entsprechend schlägt seine Therapie auch eine andere Richtung ein. Dazu bedarf es zuerst jedoch noch einer *Vertiefung* der Diagnose: Im Hinblick auf die jakobinische Phase der Französischen Revolution (1793), aber auch aufgrund der Erfahrungen der frühkapitalistischen Industrialisierung in Großbritannien erkennt Baader die bedrohliche Gefahr, daß sich die Jakobiner oder Revolutionäre der „vermögenslosen Volksklasse als gleichsam ihrer *stehenden Armee* in ihren Angriffen auf die Ruhe und den Bestand der Sozietät bedienen". Indiz für diese gefährliche Tendenz ist ihm die Existenz von *Demagogen* und von ihnen geführten *Assoziationen des Arbeitervolks* in England und Frankreich; diese Demagogen suchten den Proletairs die Meinung beizubringen, „daß es mit allen bestehenden *Sozialformen* und *Instituten* dahin gekommen sei, daß sie nur durch gewaltsamen und brutalen Angriff auf selbe (Sozialformen), d. h. durch *Unrecht* zu ihrem *Rechte* zu gelangen vermögen" (S. 237).

---

[26] Bei diesem Begriff „Polizei" ist zu bedenken, daß er zu Beginn des 19. Jahrhunderts noch eine umfassendere Bedeutung hatte und die gesamte „innere Verwaltung" des Staates meinte; vgl. dazu: H. Maier, Die ältere deutsche Staats- und Verwaltungslehre, 1966.

Bei dieser vertieften Diagnose, die bereits theoriegeleitet in eine Interpretation übergeht, orientiert sich Baader auch 1835 noch an seinen persönlichen Erfahrungen von 1792–1796; denn „Wer als *Augenzeuge* nur einen Blick in den *Abgrund* des physischen und moralischen *Elends* und *Verwahrlosigkeit* geworfen hat, welchem der größere Teil der Proletairs in England und Frankreich preisgegeben ist, [...] der wird gestehen müssen, daß die Hörigkeit selbst in der härtesten Gestalt [...] doch noch minder grausam und unmenschlich, folglich *unchristlich* war [...] als diese Vogelfreiheit, Schutz- und Hilflosigkeit des bei weitem größten Teils unserer, wie man sagt, gebildetsten und kultiviertesten Nationen“ (S. 238).

Für Baader ist die Tatsache unbestreitbar, „daß im sogenannten christlichen und aufgeklärten Europa größtenteils noch die *Zivilisation der Wenigen* nur durch die *Unzivilisation*, ja *Brutalität* der Vielen besteht und daß man dem alten unmenschlichen Sklaven- und Helotentum bereits ungleich mehr sich wieder genähert hat, als dies zum Beispiel der Fall im Mittelalter war“ (S. 238). Daraus folgert Baader *rechtliche*, zuletzt *verfassungsrechtliche* Konsequenzen: Bereits im Titel seiner Schrift steht ja der wichtige Hinweis: „aus dem Standpunkt des *Rechts* betrachtet“. Die Argumentation des Textes macht klar, daß mit „Recht“ hier nicht *positives* Recht, also *Gesetze*, gemeint sind, sondern Grund- oder Menschenrecht. Denn – so argumentiert Baader im Hinblick auf das diagnostizierte Mißverhältnis zwischen Besitzlosen und Besitzenden: „Man sieht [...] das *Recht* der Proletairs auf Erleichterung ihres Lebens, welches wir hier verteidigen, um so klarer ein, wenn man erwägt, daß nachdem die ehemalige Kammerwirtschaft ganz zur Finanz- oder Geldwirtschaft geworden ist, [...] der größere Teil der im gleichen Verhältnisse zunehmenden Regierungsabgaben auf den Proletair fällt, welcher, einer Reaktion (d. h. einer Steigerung seiner Arbeit) unfähig, nicht wie früher wenigstens zum Teil durch Naturalgenüsse und Naturallöhnungen sich dieser Geldteuerung entziehen kann, obschon seine Lebensbedürfnisse durch den Fortschritt der Sozietät ungleich größer geworden sind“ (S. 238).

Gravierend kommt in Baaders Einschätzung hinzu: „Der Stachel und der Insult des zunehmenden Luxus bei den wenigen [...] Geldvermögenden“ und dadurch als Reaktion provoziert die „Herzensabkehr (des Proletairs) von den Tröstungen und Beruhigungen der Religion“. Diese Situation einer doppelten Entfremdung der Proletairs würde der (sozialistische) Demagoge dazu nutzen, „größtenteils bei ihm (dem Proletair) die Stelle des Priesters als Volkslehrer“ einzunehmen und ihm „Selbsthilfe“ in Gestalt revolutionärer Aktionen einzuflüstern.

Baader sieht dadurch das gesamtgesellschaftliche System in Gefahr, das er sich in seinem Aufbau als eine „*Pyramide*“ vorstellt, „an deren kleinem Gipfel sich *wenige Begünstigte* nur befinden, während die breite Basis ein hörloses und darum leicht bewegliches *Gesinde* oder vielmehr ein vogelfreies *Gesindel* bildet, welches weder mit seinem Herzen noch mit seinem Magen, weder durch seine Pflicht noch Ehre an die *bestehende Verfassung* geknüpft ist und welches, ohne *Bürger* (citoyen) zu sein, d. h. ohne sich geborgen zu finden, nur indifferent, wo nicht im Grunde *hassend* gegen diese Verfassung sich verhält" (S. 239).

Diese Passage macht deutlich, wie sich bei Baader *ökonomische, soziale* und *politische Analyse* und *Deutung* der problematischen Situation der modernen Proletarier und der frühen Industriegesellschaft verschränken und wie er zu einer Gesamtprognose fähig ist, die ihrerseits für ihn wieder zur Grundlage sozialer und politischer Therapie wird. Den Ansatz dazu findet Baader in der Erkenntnis, daß die Proletarier durch ihre ökonomische und soziale Notlage auch in den *konstitutionellen* Staaten, die auf einer Repräsentativverfassung beruhen, „auch noch zum nicht mehr gehört werdenden Teil des Volkes heruntergekommen" sind, insofern das Wahlrecht an das Geld und den Grundbesitz gebunden ist.

Hier liegt das eigentliche „*Mißverhältnis*" begründet, von dem Baaders Aufsatz handelt. Er spricht sogar von „offenbarem *Unrecht*", dem „am allerwenigsten in den Kammern und Parlamenten Abhilfe geschehen kann, da gerade *hier* die Fabrikherren Partei und Richter in *einer* Person sind und die Repräsentation des Interesses des armen Arbeitervolkes in diesen Kammern *verpönt* ist".

Angesichts dieser ungleichen und rechtlosen Verhältnisse fragt Baader sich laut, „ob man es diesen Proletairs verargen kann, wenn auch sie sich gegen ihre Lohnherren zu gleichem Zwecke zu assoziieren bestrebt sind" (S. 240).

So wie etwas später *Benjamin Disraeli* in seinem sozialkritischen Roman „Sybil" die Spaltung der Nation in „*two* nations" als politische Gefahr aus den sozialen Mißständen hervorkommen sah, so ähnlich auch Baader, der zur *Abwehr* dieser Gefahr Vorschläge zur verfassungsrechtlichen *Reintegration* der Arbeiterschaft in die Gesellschaft und in das politische Gemeinwesen mit seinen repräsentativen Körperschaften entwickelt.

Bedeutsam ist nun aber, daß Baader die Rekonstruktion des politischen Gemeinwesens mit Einschluß der Proletairs gedanklich-theoretisch mit einem *Rückgriff* auf ältere ständische Vorstellungen aus der christlich-katholischen Tradition verbindet. Hier wird erneut Baaders *Gegnerschaft* zum zeitgenössischen Liberalismus und seinem Gesellschaftsmodell offenbar. Das geht aus einem Satz wie dem folgenden besonders deutlich hervor: „Man muß sich nämlich überzeugen, daß ein einzelnes Individuum nicht durch seine individuelle Freiheit allein in bezug auf alle anderen Individuen [...] schon völlig frei ist, falls es nicht zugleich auch irgendeine *ständische* oder *korporative Freiheit* in der Sozietät genießt [...]"[27].

[27] Man denke an die ähnliche Bedeutung und Funktion der Korporationen in Hegels „Rechtsphilosophie", Paragraphen 250–256.

Daß diese Ansicht für Baader den Charakter unumstößlicher *Wahrheit* besitzt, drückt folgende allgemeine Aussage verbindlich aus: „Denn die *Freiheit* des sozialen Lebens ist so wie die des organischen Lebens überhaupt nur durch *Gliederung* [*subordinierende* und *koordinierende Korporation*] bedungen". Und es ist kein Zufall, daß Baader sich zur Stützung dieser seiner Argumentation auf den Romantiker *Friedrich Schlegel* bezieht, der zu Recht bemerkt habe, „daß das Gesellschaft bildende und organisierende Prinzip kein anderes als das *christliche*, als das *Innungsprinzip par excellence*" sei (S. 240/1). Insofern der Liberalismus Stände und Korporationen ablehne, zeige er zugleich seine „Indifferenz gegen das Christentum als Sozietätsprinzip". Er erweise sich darin als eigentlich „*antiliberal*, d. h. zum alten Despotismus und Servilismus zurückführend".

Welche Konsequenzen ergeben sich nun aus dieser gesellschaftstheoretischen Position für die *Therapie* der „Sozialen Frage"? – Baaders Vorschlag erscheint alles andere als revolutionär, sondern eher wie ein Kompromiß: „Wenn [...] schon die Proletairs als vermögenslos nicht gleiche *Rechte* der Repräsentation mit den vermögenden Klassen haben, so haben sie doch das *Recht*, in den Standesversammlungen ihre Bitten und Beschwerden in *öffentlicher Rede* vorzutragen". Das klingt wie das Recht zu einer vollkommenen parlamentarischen Repräsentation; es folgt in Baaders Text aber sogleich eine entscheidende *Einschränkung*; die Proletairs haben bei ihm „das Recht der *Repräsentation als Advokatie*". „Advokatie" bedeutet hier: Vertretung der Proletairs in den Versammlungen durch einen *Advokaten*. Man fühlt sich an die Vertretung der römischen Plebs in der Volksversammlung durch die Volkstribunen erinnert. Auch den Proletairs soll die Vertretung durch selbstgewählte *Spruchmänner* eingeräumt werden, die aber nicht aus ihren eigenen Reihen stammen.

Dazu eignen sich nach Baader weder Staatsbedienstete noch wirkliche Advokaten, sondern allein *Priester* der bestehenden Religionen.

Denn zu denen können die Proletairs „auch allein ein Herz fassen"; sie bieten „einen doppelten großen Vorteil für die Sozietät": einmal insofern sie die Proletairs dem verderblichen Einfluß von Demagogen und „streitsüchtigen Rechtsanwälten" entziehen können; zum anderen weil dadurch „der bis schier zur sozialen Nullität herabgekommene Klerus" aufgewertet werden würde, indem er das Amt des *Diakonats* für die materielle Pflege und Hilfestellung für die Vermögenslosen wieder neu – wie zu Zeiten des Urchristentums – ausüben könne.

Bei aller Rückwärtsgewandtheit sind diese Baaderschen Vorschläge nicht einfach „*restaurativ*" oder gar reaktionär; durch ihre immanente Kritik und ihre Bemühung um Erneuerung praktischer Wirksamkeit älterer Einrichtungen unterscheiden sie sich klar von den Restaurationsvorstellungen eines *de Maistre*. Es geht Baader *primär* um die nachhaltige Lösung eines *aktuellen* Problems („Mißverhältnis der Vermögenslosen"), das ihn seit seinen Erfahrungen in Schottland nicht mehr losläßt. Dazu bedient er sich – wo es ihm förderlich scheint – älterer Institutionen, die er für praktisch nützlich hält und denen er neue Funktionen zuweist.

So geht es ihm in diesem Aufsatz zentral darum, die öffentliche Aufmerksamkeit „auf das große, der Sozietät dermalen vorliegende Problem der *Einbürgerung der Proletairs* in selbe zu lenken und dieses bis jetzt freilich nicht nur nicht gelöste, sondern als absolut unauflösbar geachtete Problem näher ins Auge zu fassen" (S. 242). Daher stellt er sich auch denkbaren *Einwänden* – einmal solchen, die in der Bildung legaler Arbeiterassoziationen eine Gefahr sehen, sogleich entgegen und betont, daß in den bereits bestehenden spontanen Assoziationen eine gegen die Gesamtverfassung von Staat und Gesellschaft revolutionär gerichtete Gefahr bereits bestehe, die durch *legale* Assoziationen, die in die bestehende rechtliche Verfassung eingebunden seien, abgewendet werden könne. Auch den anderen Einwand, daß der so erneuerte Einfluß der Priester auf das Arbeitervolk gefährlich sei, läßt er nicht gelten angesichts des „verderblichen Einflusses von Demagogen", unter welchen diese (auch in dieser Hinsicht vogelfreie) Volksklasse dermalen steht (S. 242).

Nachdrücklich macht er darauf aufmerksam, welche *Folgen* eine *Nichtbeachtung* und *Nichtbearbeitung* des von ihm aufgewiesenen Mißverhältnisses zwischen Eigentumslosen und Vermögenden in den modernen Gesellschaften haben werde. „Falls nicht in Bälde dem hier nachgewiesenen bestehenden *Mißverhältnis* und *Mißhelligkeit* zwischen den Proletairs und den vermögenden Volksklassen durch öffentliche Erklärungen und Vorkehrungen Abhilfe geschieht", stehe „eine *Reaktion* jener (Proletairs)" bevor, „welche allgemeiner, besonnener und überlegter, folglich auch für die vermögenden Volksklassen ungleich verderblicher sich zeigen wird, als alle bisherigen *Aufstände* und meist doch nur gedungenen Zusammenrottungen (des *mobs*) ihnen waren, welche hauptsächlich nur durch die *Unachtsamkeit* und *Schwäche* der Regierungen zu wirklichen *Revolutionen* ausgeschlagen sind". Wäre es für die Entstehungszeit des Aufsatzes nicht anachronistisch gedacht, so könnte man vermuten, Baader denke hier an den *Übergang* vom „utopischen Sozialismus" der Frühsozialisten zum „wissenschaftlichen Sozialismus" eines *Engels* und *Marx* und dessen Wirkung auf die Bildung einer klassenbewußten, revolutionären Arbeiterschaft.

Baader sucht zu unterscheiden (und deswegen betrachtet er die Verhältnisse ja „vom Standpunkt des *Rechts*") zwischen *illegalen* Aktionen wie Aufständen und *legitimen* Ansprüchen der Proletairs auf Aufhebung der rechtlichen Mißverhältnisse zwischen Vermögenslosen und Vermögenden: Liegt den Ansprüchen nämlich ein *Recht* zugrunde, so müsse die „Anerkennung dieses Rechts von seiten der Regierung *sponte* geschehen", die Regierung solle nicht „zuwarten, bis ihr diese Anerkennung *abgenötigt* wird". Dann könne es leicht zu spät sein. Dies begründet Baader mit folgender allgemeiner Maxime: „Jede in der Sozietät sich aus irgendeinem *Rechtsgrunde* erzeugende *Puissance* wird der bestehenden Ordnung und ihren Organen nur damit *gefährlich*, daß man sie von der *Einverleibung (Repräsentation)* in diesem Gesamtorganismus *ausschließt*, anstatt sie in diesen mit aufzunehmen, wie denn bekanntlich eine Opposition nur dann gefährlich zu werden beginnt, wenn sie nicht mehr in den Regierungsorganen sich spürbar macht" (S. 243). Man wird die Wahrheit dieser Erkenntnis auch für heutige Verhältnisse nicht in Abrede stellen können.

Auch hier wehrt sich Baader gegen den Einwand, er propagiere „die Einimpfung des *Revolutionismus* als das beste Mittel gegen die *Infektion* des Staates im Sinne des Jakobinismus". Vielmehr habe er das Mittel der Integration der vermögenslosen Proletairs in das System der staatlichen Repräsentation allein deswegen vorgeschlagen, weil „durch dessen Ergreifung jede bestehende Regierung sich *wahrhaft populär* zu machen nicht verfehlen könnte (und) somit wahrhaft sich zu *konstituieren*" (verfassen) vermöge.

Abschließend verwirft er nochmals entschieden den Gedanken, „daß es damit schon getan sei, daß man diese *Proletairs* nur den *Polizeigerichten* zuweist". Daß dies eine nachhaltig befriedigende Lösung sei, „wird wohl niemand behaupten wollen" (S. 244).

Auch gerade diese letzten mahnenden Sätze an die Zeitgenossen lassen erkennen, daß Baader kein *„Sozial-Romantiker"* im negativen Sinn des Wortes ist, daß er vielmehr – von den *Prinzipien* seiner *Sozietätsphilosophie* geleitet – die *Diagnose* und die *Therapie* des von ihm konstatierten *Mißverhältnisses* zwischen den vermögenslosen Proletariern und den vermögenden Bürgern hinsichtlich ihrer ökonomischen *Ursachen* und ihren gesellschaftlichen wie politischen *Auswirkungen* ausgesprochen realistisch analysiert und gesellschaftspolitische Reformen vorschlägt, die zumindest *überlegenswert* sind.

VI. Zur Rezeptions- und Wirkungsgeschichte Franz von Baaders

Mit Absicht wurde im letzten Abschnitt Baaders wichtigste Schrift zur „Sozialen Frage" einer *mikroskopischen* Analyse unterzogen und ihre Argumentationsstruktur Schritt für Schritt – auch durch zahlreiche *Zitate* unterstützt – vorgestellt, was wegen der *Kürze* des Textes auch machbar war. Doch *warum* dieses Verfahren der „dichten Beschreibung" (C. Geertz)?

Dies *deswegen*, weil Baaders Schrift über das Mißverhältnis zwischen Vermögenslosen und Vermögenden zwar relativ häufig angeführt, selten aber genauer studiert und analysiert wird.

Meist bleibt man bei diesen Anführungen bei einer *allgemeinen* Charakterisierung des Textes und stellt bei der Beurteilung seiner Bedeutung auf Baaders vergleichsweise *sehr frühe* Verwendung des Begriffs „Proletairs“ im Deutschen ab – deutlich vor den Frühsozialisten oder gar Marx und Engels. Selbst *Carl Jantke* geht in der *Einleitung* zu seinem wichtigen Quellenband „Die Eigentumslosen – Der deutsche Pauperismus und die Emanzipationskrise in Darstellungen und Deutungen der zeitgenössischen Literatur“ (Freiburg 1965) nur in einem knappen Absatz auf Baader und seine Bedeutung ein; dort lesen wir:

> „Dies gilt auch für einen Denker, der die Gestalt und Wirklichkeit des ‚Proletariers‘ im Jahr 1835 zum ersten Mal ausdrücklich zum Thema einer in Deutschland erschienenen selbständigen Abhandlung gemacht hatte, dem katholischen Philosophen *Franz von Baader*, eine Persönlichkeit, die neben ihrer Inspiration durch die Mystik und ihren Umgang mit Schelling durch praktisch-berufliche Tätigkeit als Bergingenieur, Erfinder und Fabrikant auch das ökonomische und soziale Zeitgeschehen sorgfältig beobachtet hatte. Auch hier wird die Klassenproblematik, die Gefahr eines auf bloßen Geldbesitz begründeten Repräsentativsystems und die ‚Revolutionierbarkeit‘ der Gesellschaft aufgezeigt und durchaus realistisch von einem System sozialer Ungerechtigkeiten in Frankreich und England gesprochen. Die ‚Lösung‘ aber sieht auch Baader jenseits der rein ökonomischen Befreiung, nämlich vom Ansatzpunkt einer neuen, am Naturrecht orientierten Rolle der katholischen Kirche innerhalb der werdenden sozialen Bewegung an“[28].

Und dies ist noch eine der ausführlichsten und sachlich angemessensten und differenziertesten Charakteristiken von Baaders theoretischem Beitrag zur Analyse der „Sozialen Frage“. Es stellt sich daher abschließend die Frage nach den *Gründen* dieser auffallend zurückhaltenden und begrenzten *Rezeption und Wirkung* dieses Denkers der *„Sozialen Frage“* im späteren 19. und 20. Jahrhundert. Ich glaube, daß die dafür maßgebenden Gründe sich in *vier* Punkten zusammenfassen lassen:

1. Einen ersten, durchaus relevanten, wenngleich natürlich nicht entscheidenden Grund haben wir bereits angeführt, den bereits Baaders Zeitgenossen gegen ihn ins Feld geführt haben: „Ach, könnte er nur *schreiben*!“ hatten sie wiederholt geklagt. Die *Schwerverständlichkeit* der Baaderschen Schriften war sicher ein Hindernis für ihre Wirksamkeit und Popularität. Man braucht nur einmal die Schrift über das *„Mißverhältnis“* der Vermögenslosen und der Vermögenden mit einigen Abschnitten des *„Kommunistischen Manifestes“* von *Karl Marx* zu vergleichen, um die ganze *sprachlich-rhetorische Diskrepanz* wahrzunehmen, die natürlich auch wesentlich Rezeption und Wirkung von politisch intendierten Schriften – positiv oder negativ – beeinflußt.

2. Doch das ist nur ein *Nebengrund*. Denn für die Rezeption im späteren 19. Jahrhundert war sicherlich auch die *Einbettung* der Baaderschen Sozialkritik

[28] C. Jantke/D. Hilger (Hg.), Die Eigentumslosen, S. 42.

in die romantische „*Sozietätsphilosophie*“ oder „*Gesellschaftslehre*“, die unter den drastisch veränderten gesellschaftspolitischen Rahmenbedingungen nach 1850 kaum noch *Geltung*, ja nicht einmal mehr *Beachtung* beanspruchen konnte, nicht gerade *förderlich*. Dadurch waren die *philosophischen Voraussetzungen* der Baaderschen Sozialkritik eher *obsolet* geworden. Eine (auch öffentliche) Auseinandersetzung mit dieser Philosophie schien sich zu erübrigen. Erst im 20. Jahrhundert hat man sich der „romantischen Staatslehre“ ideengeschichtlich erinnert.

3. Ein weiterer, sicher besonders wichtiger Grund ist wohl in der Entwicklung der verschiedenen *sozialistischen Denkrichtungen* zu sehen, die mehr und mehr die öffentliche Diskussion der sozialen Fragen in Deutschland und Europa dominierten und auch – etwa im sog. „*wissenschaftlichen* Sozialismus“ von Marx und Engels – die maßgeblichen und epochenbestimmenden *Theorieparadigmen* bildeten. Dagegen konnte die auf romantische Gesellschaftstheoreme fundierte Baadersche Konzeption nicht mehr als konkurrenzfähig gelten und mithalten.

4. Schließlich entwickelte sich – wie wir in dem nachfolgenden *Beitrag* sicher noch gezeigt bekommen – auch die offizielle *katholische Soziallehre* in der zweiten Hälfte des 19. Jahrhunderts *auf anderen Wegen* und in *andere Richtungen*. Für sie konnte daher die Baadersche Vorarbeit kaum mehr von maßgeblicher Bedeutung sein. Mitgewirkt hat bei diesem Bedeutungs*verlust* des Baaderschen Beitrags zur Lösung der „Sozialen Frage“ im deutschen Katholizismus sicher auch noch die Entwicklung, die Baader in seiner *kirchenpolitischen* Position durchmachte: Wir hatten seine *ökumenischen* Bemühungen erwähnt, die so weit gingen, daß er eine Vereinigung des Christentums unter Einbeziehung der (russischen) *Orthodoxie*, des *Protestantismus* und des *Katholizismus* vorschlägt. Baader war dabei ja sogar so weit gegangen, einen von Rom und dem Papsttum *befreiten* Katholizismus zu fordern. Daß dies seine Position im *Rom-treuen* Katholizismus auch in Deutschland schwächen mußte, liegt auf der Hand. Man denke lediglich an die Entscheidungen des Ersten Vatikanus (1870) zur Suprematie des Papstes.

So standen also die *Zeichen* für eine angemessene Rezeption und Wirkung der Baaderschen Sozialschriften eher *ungünstig*. So blieb Baader – auch im 20. Jahrhundert – eher ein *Außenseiter* und sein von Romantik und Katholizismus, aber auch von Naturwissenschaften und praktischer Erfahrung geprägtes *soziales Denken* geriet dadurch weitgehend in Vergessenheit, aus der er nur gelegentlich durch Editionen seiner Schriften oder ideengeschichtlichen Studien für ein engeres Publikum herausgerissen werden konnte.

Der *einzige autochthone Münchner Philosoph* ist so eher ein *Unbekannter*. Gleichwohl – und ich hoffe, der Beitrag konnte das belegen – verdient sein

Denken eine Wiederaufnahme und Erinnerung; besonders sein *diagnostisches* und *therapeutisches Bedenken* der *Sozialen Frage* zu Anfang des 19. Jahrhunderts, in dem sich – für seine Zeit eher *ungewöhnlich* – *ökonomische, soziale* und *politische* Analysen zu einem integralen zeitkritischen Konzept verbinden und das vielleicht am ehesten in den Schriften seines großen Zeitgenossen *Alexis de Tocqueville* eine Entsprechung findet.

Wilhelm Emmanuel von Ketteler (1811–1877)

Ursula Nothelle-Wildfeuer

Wer sich mit dem Verhältnis von katholischer Kirche und sozialer Frage im 19. Jahrhundert beschäftigt, kommt an einer zentralen Gestalt nicht vorbei: Wilhelm Emmanuel von Ketteler ging als „sozialer Bischof" in die Geschichte ein. Dabei haben wir es hier – und das soll das Stichwort „sozialer Bischof" signalisieren – nicht so sehr mit einem Wissenschaftler und Sozialtheoretiker zu tun, sondern vielmehr mit einem Bischof, der sein Handeln in der Herausforderung durch die Realität seiner Zeit, Rückbindung an die Theologie und im Dialog mit anderen an der Lösung der sozialen Frage Interessierten reflektiert.

1. Vorbemerkungen

1.1. Ketteler als sozialer Bischof oder: Die soziale Frage berührt das depositum fidei

Wilhelm Emmanuel von Ketteler, geboren 1811, nahm 1841 sein Theologiestudium auf, nachdem er als Reaktion auf das „Kölner Ereignis" 1838 aus dem preußischen Staatsdienst ausgeschieden war, um damit gegen die Verhaftung des Kölner Erzbischofs Clemens August zu protestieren. Nach seiner Priesterweihe 1844 in Münster war er zunächst drei Jahre Kaplan in Beckum, sodann drei Jahre Pfarrer in Hopsten, bevor er 1849 Probst in Sankt Hedwig in Berlin und dann, im selben Jahr, Bischof von Mainz wurde. Auch als Staatsbürger blieb er nicht untätig: 1848 ging er als Abgeordneter in die Frankfurter Nationalversammlung, 1871 wurde er in den Deutschen Reichstag gewählt, das Mandat legte er aber bereits 1872 nieder. 1877 verstarb er bei einer Zwischenstation auf einer Reise im Kapuzinerkloster Burghausen in Oberbayern.

Wie ein roter Faden zieht sich die Sorge um die Not der Menschen durch alle Stadien seines priesterlichen Wirkens. In der Beschäftigung mit der sozialen

Frage sieht er eine zentrale Aufgabe der Kirche. So heißt es in seinem Referat vor der Fuldaer Bischofskonferenz 1869:

> „Die Kirche kann und soll hier helfen; alle ihre Interessen sind hierbei beteiligt. Freilich befasst sie sich zunächst nicht mit dem Kapital und der Industrie, sondern mit dem ewigen Seelenheile der Menschen [...] Aber gerade dieses von Christus ihr übertragene Amt kann sie an Millionen von Seelen nicht üben, wenn sie die soziale Frage ignorieren und ihr gegenüber sich auf die gewöhnliche hergebrachte Pastoration beschränken wollte [...] Die soziale Frage berührt das depositum fidei. Wenn es auch nicht evident sein sollte, dass das Prinzip der modernen Volkswirtschaftslehre, welche man treffend als den ‚Krieg aller gegen alle' charakterisierte, an sich mit dem Naturgesetz und mit den Lehren der christlichen Nächstenliebe in offenem Widerspruche sich befinde, so steht doch außer Zweifel, dass ein gewisser Grad der Entwicklung dieses Systems [...] mit der Würde des Menschen, geschweige denn des Christen, mit der von Gott gewollten Bestimmung der Güter dieser Welt zum Unterhalt des Menschengeschlechtes [...] und am meisten mit den Geboten der christlichen Nächstenliebe [...] allerdings in offenem Widerspruch steht und verdient, aus dogmatischen Gründen verworfen zu werden."[1]

Seine erste Beschäftigung mit dem gesamten Komplex der sozialen Frage findet seinen Ausdruck zunächst in seiner Stegreifrede vor dem ersten Katholikentag in Mainz 1848, die er noch als Pfarrer von Hopsten hielt, sodann in den wenige Wochen später gehaltenen und sehr berühmt gewordenen sechs Adventspredigten im Mainzer Dom über „Die großen sozialen Fragen der Gegenwart". Bereits in dieser Frühphase ist sein Gespür für die Brisanz dieser „wichtigsten Frage der Gegenwart, der sozialen"[2] um so erstaunlicher, als man in der Öffentlichkeit noch die politischen Fragen nach einem potentiellen deutschen Reich für die zentralen hielt.

---

1 W. E. v. Ketteler, Sozialcaritative Fürsorge der Kirche für die Arbeiterschaft (1869), in: Wilhelm Emmanuel von Kettelers Schriften, hg. v. J. Mumbauer, Bd. III, Kempten/München 1911,S. 145–166, 150 (im Original z.T. kursiv gedruckt).

2 Ders., Die großen sozialen Fragen der Gegenwart. Predigten gehalten im Dome zu Mainz, in: Wilhelm Emmanuel von Kettelers Schriften, hg. v. J. Mumbauer, Bd. II, Kempten/München 1911,S. 210–320, 215.

das Recht der Fürsorge und Verwaltung, zweitens das Recht des Fruchtgenusses“[17].

Das Recht der Fürsorge und Verwaltung gesteht er dem einzelnen Menschen durchaus zu; dies aus drei anthropologischen Gründen, die auch Thomas bereits aufweist: zunächst, weil jeder sich intensiver um das sorgt, was ihm selbst gehört als um das, was allen gemeinschaftlich gehört; sodann, weil dadurch die Ordnung besser aufrecht erhalten bleibt, als wenn alle für alles zu sorgen haben; und schließlich, weil nur so der Friede unter den Menschen erhalten bleiben könne.[18] Mit dieser Argumentation wird offensichtlich, daß die kommunistische Lehre eines Karl Marx der Lehre der Kirche unversöhnlich gegenübersteht.

Für das zweite Moment des Nutzungsrechts, nämlich die gewonnenen Früchte zu genießen, gibt Ketteler einen weiteren Grundsatz des Thomas von Aquin zu bedenken und wendet sich damit unter Verweis auf die ursprüngliche Bestimmung und natürliche Ordnung der Güter zugleich gegen die falsche Lehre des Kapitalismus: Die Früchte aus der Verwaltung der irdischen Güter „soll der Mensch [...] niemals als sein Eigentum, sondern als ein Gemeingut aller betrachten, und er soll gerne bereit sein, sie anderen in ihrer Not mitzuteilen.“[19] An dieser Stelle findet sich in der Originalausgabe von 1848 eine Anmerkung des Herausgebers, der sich als Freund des Verfassers erlaubt, durch ergänzende Erklärungen entstandene Mißverständnisse aus dem Weg zu räumen. Dort heißt es: „Der Prediger nimmt in dieser ganzen Predigt nicht den juristischen, sondern den moralischen Standpunkt ein [...] Diese Pflicht ist aber eine moralische, eine Liebespflicht, nicht aber eine Zwangspflicht.“[20]

Mit dieser Argumentation, die das Eigentum im Sinne des Privateigentums prinzipiell bejaht, aber zugleich seine – moralisch gesprochen – Sozialpflichtigkeit betont, wahrt Ketteler den Funken Wahrheit, welchen der von kommunistischer Seite dem Kapitalismus vorgeworfene Satz „Eigentum ist Diebstahl“ enthält.[21]

---

17 Ebd., S. 219.

18 Vgl. ebd., S. 220 f.

19 Ebd., S. 222.

20 Ebd.

21 Vgl. ebd., S. 223. – Die in der vorausgehenden Anmerkung (S. 119) genannte Aussage des Herausgebers läßt sich zwar nicht hundertprozentig verifizieren, aber in Bezug auf diese „Sozialpflichtigkeit“ des Eigentums bleibt tatsächlich unklar, „ob es dabei um eine Pflicht der sozialen Gerechtigkeit oder um eine der Nächstenliebe geht“. (E. Iserloh, Soziale Aktivität, 8.) Da die Predigten insgesamt noch vorrangig theologische und anthropologische Gründe für das soziale Elend verantwortlich machen, ist folglich eher letzteres anzunehmen. Das wiederum läßt offensichtlich werden, daß die hier aufgenommene Argumentation noch nicht in letzter Konsequenz und in voller Bedeutung erfaßt ist.

Mit diesem Ansatz bei der Eigentumsethik wurde auf der Ebene konkreter sozialer Reformen die Diskussion innerhalb des Katholizismus erweitert; es ging nicht mehr allein um Zustimmung zu oder Ablehnung aller Gesellschaftsordnungen ausschließlich einer ganz konkreten, als christlich qualifizierten. Das heißt „der Weg war frei zur Erkenntnis, daß, wenn man schon eine essentiell ‚christliche' Gesellschaftsordnung postulierte, sie nicht nur in der einmaligen und einzigen mittelalterlichen Form realisiert zu sein brauchte"[22].

Damit ist zugleich ein erster Schritt auf dem Weg zu einer nicht mehr reinen „sozialen Theologie" getan, d.h. positiver gesehen, zu einer Sozialethik, die auch philosophisch-ethische Überlegungen und die Logik der Sachbereiche einbezieht.

2.2 Neue Lösungsmöglichkeiten durch Erweiterung der Perspektive: „Die Arbeiterfrage und das Christentum" (1864)

Bischof Ketteler nimmt nach seinen Adventspredigten von 1848 einen zweiten Einstieg in das gesamte Problemfeld der sozialen Frage mit seinem Buch „Die Arbeiterfrage und das Christentum", das er 1864 veröffentlichte und das überaus große Zustimmung erhielt.[23] Angeregt wurde er zu diesem zweiten Ansatz intensiver Beschäftigung mit der sozialen Thematik dadurch, daß auf dem Katholikentag in Frankfurt 1863 die Arbeiterfrage erneut als zentraler Punkt der sozialen Frage angesprochen worden war.[24] Einen entscheidenden Impuls für die neue Sichtweise Kettelers gaben zum einen, allerdings geringeren Teil die Überlegungen des eher liberalen Hermann Schulze-Delitzsch zu freien individuellen Assoziationen der Arbeiter, zum anderen, weitaus größeren Teil aber Ferdinand Lassalle, der 1863 großen Eindruck auf die Arbeiterschaft in Frankfurt und Mainz gemacht hatte und mit dessen Idee der Produktivassoziationen Ketteler weitgehend übereinstimmte.

Die Beschäftigung mit diesen Lösungsvorschlägen seiner Zeitgenossen sowie seine tieferen Einsichten in die proletarische Lebensweise der Fabrikarbeiter[25] und die Erfahrungen, die er im Laufe der Zeit mit den immer drängen-

---

[22] C. Bauer, Wandlungen der sozialpolitischen Ideenwelt im deutschen Katholizismus des 19. Jahrhunderts, in: Sozialwissenschaftliche Sektion der Görres-Gesellschaft (Hg.), Die soziale Frage und der Katholizismus. Festschrift zum 40jährigen Jubiläum der Enzyklika „Rerum novarum", Paderborn 1931, S. 11–46, 20 f.

[23] Vgl. dazu G. v. Hertling, Bischof Ketteler und die katholische Socialpolitik in Deutschland, in: Historisch-politische Blätter 120. Bd. (1897), S. 873–900.

[24] Vgl. dazu E. Filthaut, Deutsche Katholikentage 1848–1958 und die soziale Frage, Essen 1960, S. 46 f.

[25] Bei dem Einfluß, den die Lebensweise der Fabrikarbeiter auf Kettelers Denken ausübte, bleibt allerdings zu berücksichtigen, daß das aufkommende Proletariat zwar bereits

der sich stellenden sozialen Problemen gemacht hatte, bildeten den Hintergrund für Kettelers fundamentale Erkenntnis, daß allein Gesinnungsreform, religiöse Erneuerung und kirchliche Caritas nicht zum gewünschten Ziel führen konnten, sondern daß es notwendig auch einer Reform der Zustände, der Strukturen und der Institutionen bedurfte.

Diese sich hier andeutende Wende Kettelers macht offenkundig, daß über seinen ersten religiös-caritativen Ansatz hinaus zusätzliche Aspekte zur sozialen Frage und ihrer Lösung in sein Blickfeld geraten sind. Ketteler erkennt die „sogenannte Arbeiterfrage [...] in ihrem Wesen [als] Arbeiterernährungsfrage“[26]. Er übernimmt das „eherne Lohngesetz“ von Ferdinand Lassalle als Instrument zur Beschreibung der Realität. Infolgedessen erkennt er, daß der Arbeiterlohn, der die einzige Grundlage für die materielle Existenz des Arbeiterstandes bildet, allein bestimmt wird „nach der Lebensnotdurft im strengsten Sinne“[27], also nach dem, was der Arbeiter für sich und seine Familie lebensnotwendig braucht, um in seiner physischen Existenz nicht vernichtet zu werden, nicht aber nach Kriterien, die knappe dreißig Jahre später die erste kirchliche Sozialenzyklika „Rerum novarum“ von Leo XIII. als entscheidend für einen gerechten Lohn nennen wird: Es heißt dort in der Nummer 34,3: Es bleibt „dennoch eine Forderung der natürlichen Gerechtigkeit bestehen, die nämlich, dass der Lohn nicht etwa so niedrig sei, dass er einem genügsamen, rechtschaffenen Arbeiter den Lebensunterhalt nicht abwirft.“

Zugleich beklagt Ketteler die völlig vereinseitigende Sicht der Bedeutung der menschlichen Arbeit, die „durchaus eine Ware geworden ist, die daher auch allen Gesetzen der Ware unterliegt“[28], d.h. dem Gesetz von Angebot und Nachfrage. „Wie der Preis der Ware sich bestimmt nach den Produktionskosten derselben, so bestimmt sich der Preis der Arbeit nach den allernotwendigsten Lebensbedürfnissen des Menschen an Nahrung, Kleidung und Wohnung.“[29] Wenn nun die entscheidende Frage ist: „Wer will die Arbeit tun für den *gering-*

---

zu Beginn des Jahrhunderts „eine entwurzelte Masse ohne inneren Zusammenhalt, ohne klares Selbstverständnis“ (J. Höffner, Wilhelm Emmanuel von Ketteler und die katholische Sozialbewegung im 19. Jahrhundert, Wiesbaden 1962, S. 21) war, daß aber erst in der zweiten Hälfte des 19. Jahrhunderts das Bewußtsein von dessen Klassenlage entstand (vgl. ebd.).

26 W. E. v. Ketteler, Die Arbeiterfrage und das Christentum (1864), in: Wilhelm Emmanuel von Kettelers Schriften, hg. v. J. Mumbauer, Bd. III, Kempten/München 1911, S. 1–144, 6 (im Original z.T. kursiv gedruckt).

27 Ebd., S. 14: „Die Wahrheit dieses Satzes ist durch die bekannten Kontroversen zwischen *Lassalle* und seinen Gegnern so evident gemacht, dass nur die Absicht, das Volk zu täuschen, sie bestreiten kann.“ (Ebd., S. 15.)

28 Ebd.

29 Ebd.

sten Lohn?“[30], so ist die notwendige Folge, daß „die Arbeiter […] sich als Mindestfordernde nach dem Maße ihrer Not [überbieten].“[31] Den Grund für diese Situation sieht Ketteler einerseits in der „allgemeinen Gewerbefreiheit“[32], die zwar durchaus positive Konsequenzen gezeigt[33], aber auch ihre notwendigen Grenzen hat – und wenn diese überschritten werden, zu dem eben aufgewiesenen Zustand führt. Andererseits verweist Ketteler auf die „Übermacht des Kapitals“[34], die darin bestehe, daß die Gruppe der Lohnarbeiter und Taglöhner ständig anwächst und der Preis der Ware „Arbeit“ in immer größerem Maße gedrückt wird.

Zu diesem zweiten Ansatzpunkt Bischof Kettelers zur sozialen Frage läßt sich ein wesentlicher Aspekt festhalten: Es wird nicht, wie in den ersten Anfängen katholischer Sozialkritik, die gesamte Industrialisierung abgelehnt – im Gegenteil: die Maschine als „Benutzung der Naturkräfte im Dienste des Menschen“ wird als „ein Sieg des Geistes über die Materie“ gewertet, der, „recht benutzt, zu einer immer größeren Befreiung des Menschen von der Not und Knechtschaft der materiellen Arbeit dienen [kann]“[35]. Die soziale Frage wird vielmehr als notwendiges Ergebnis aller „irrigen religiösen, politischen und wirtschaftlichen Grundsätze“ bezeichnet, wobei diese Kausalitätsangabe, die mehrere Faktoren benennt, äußerst bemerkenswert ist. Diese irrigen Grundsätze werden auf den „antichristliche[n] Liberalismus“[36] zurückgeführt und diesem wird letztendlich die Verantwortung für die Proletarisierung und die neue Gesellschaftsordnung aufgeladen.[37]

Die auf dieser Ursachenanalyse aufbauenden Lösungsvorschläge Kettelers machen deutlich, daß er in einer noch nicht abgeschlossenen Entwicklung steht. Auf ökonomischer Ebene deutet sich ein wesentliches Mittel an in dem Vorschlag der Produktivassoziationen, denen ein großer „Wert […] für die Verbesserung der Lage des Arbeiterstandes“ zukommt, weil nach Ketteler ihre Eigentümlichkeit gerade darin besteht, daß der „Arbeiter […] in ihnen zugleich Geschäftsunternehmer und Arbeiter [ist] und […] daher einen doppelten Anteil

---

30 Ebd., S. 16.

31 Ebd., vgl. ebd., S. 18 f.

32 Ebd., S. 19 (im Original kursiv gedruckt).

33 Vgl. ebd., S. 23 f, wo es im Blick auf die positiven Konsequenzen heißt, die „Gewerbefreiheit hat die Waren unermeßlich vermehrt, vielfach verbessert, den ungebührlichen Preis der Ware herabgedrückt und so den weitesten Kreisen der weniger bemittelten Menschenklassen die Befriedigung mancher Lebensbedürfnisse eröffnet, von denen sie früher ausgeschlossen waren.“

34 Ebd., S. 24.

35 Ebd., S. 25, Anm. 1.

36 Ebd., S. 5.

37 Vgl. dazu C. Bauer, Sozialpolitische Ideenwelt, S. 24.

an dem Einkommen [hat], den Arbeiterlohn und seinen Anteil an dem eigentlichen Geschäftsgewinne“[38]. Während Ketteler soweit die Theorie Lassalles übernimmt, lehnt er im Gegensatz zu diesem die Verstaatlichung der Finanzierung dieser Assoziationen strikt ab, denn er sieht hierin einen „Eingriff in das Eigentumsrecht und eine Überschreitung der rechtmäßigen Grenzen des staatlichen Besteuerungsrechtes“[39]. Er bezweifelt sogar, daß es überhaupt möglich ist, „mit den Mitteln, die diese Welt aufzubieten hat, den herrlichen Gedanken der Produktivassoziationen“[40] so auszudehnen, daß die Masse der Arbeiter in den Genuß ihrer Vorteile käme. Allerdings vertraut er darauf, daß sozial verantwortungsbewußte Stände, „die den Drang haben, für ihre Mitmenschen Gutes zu wirken“[41] – er meint hier selbstverständlich den Adel –, aus freier Initiative die Kapitalbeschaffung übernehmen, so daß wenigstens ein kleiner Teil der Arbeiter eine solche Produktivassoziation gründen könne.[42] Ketteler selbst hat unter Einsatz einer hohen Summe Eigenkapitals auch ein eigenes Experiment gewagt, das allerdings dann letztendlich genau an dem finanziellen Problem gescheitert ist.

---

38 W. E. v. Ketteler, Arbeiterfrage, S. 124.

39 Ebd., S. 125 vgl. dazu auch J.-D. Rosche, Katholische Soziallehre und Unternehmensordnung, Paderborn 1988, S. 42. – Neben der Frage des Eigentumsrechtes spielen sicher noch weitere ungenannte Gründe zumindest hintergründig eine Rolle bei der Ablehnung staatlicher Finanzhilfe für die Produktivassoziationen: zum einen kommt die geschichtliche Erfahrung zum Tragen, „dass der Staat in der Säkularisation die Sozialeinrichtungen der Kirche zerstörte und zur Entwurzelung der Unterschichten und zum sozialen Elend beigetragen hatte.“ (K. Schatz, Zwischen Säkularisation und Zweitem Vatikanum. Der Weg des deutschen Katholizismus im 19. und 20. Jahrhundert, Frankfurt/M. 1986, S. 148.) Man mußte fürchten, dem absolutistischen, auch die Kirche bedrängenden Staat wieder Tore zu öffnen, wenn man ihm durch die Finanzierung der Produktivassoziationen eine bedeutende Funktion zuwies (vgl. A. Langner, Grundlagen des sozialethischen Denkens bei W. E. v. Ketteler, in: Ders. (Hg.), Theologie und Sozialethik im Spannungsfeld der Gesellschaft. Untersuchungen zur Ideengeschichte des deutschen Katholizismus im 19. Jahrhundert, München 1974, S. 61–112, 80). Zum anderen ist es verständlich, daß es nicht angeht, auf der einen, der politischen Seite zu versuchen, zugunsten kirchlicher Freiheit die Staatsmacht zu beschneiden, und auf der anderen, der sozialen Seite eben diese Staatsmacht zu erweitern. Katholische Tendenz ist daher immer gewesen, Instanzen zwischen Staat und Einzelbürger zu installieren (vgl. K. Schatz, Säkularisation, S. 160).

40 W. E. v. Ketteler, Arbeiterfrage, S. 126.

41 Ebd., S. 133.

42 Vgl. L. Roos, Kapitalismus, Sozialreform, Sozialpolitik, in: A. Rauscher (Hg.), Der soziale und politische Katholizismus. Entwicklungslinien in Deutschland 1803–1963, Bd. 2, München/Wien 1982, S. 52–158, 81).

Zunächst ist die Idee der Produktivassoziationen ein bedeutsamer Schritt, da hier das Element genossenschaftlicher Selbsthilfe eine große Rolle spielt und der Arbeiter zugleich Eigentümer wird.[43] Sodann bleibt aber dieser Lösungsvorschlag immer noch eingebettet in eine Gesamthaltung, die „die Überwindung der [...] Wirtschafts- und Gesellschaftsordnung im Wege der Totalreform“[44] intendiert. Schließlich wird dieser Wunsch nach einer Gesamtsozialreform entscheidend getragen von der Überzeugung der sozialorganisatorischen Kraft der christlichen Liebe und Kirche[45]. Diese Auffassung wird deutlich, wenn Ketteler in dem Kontext in aller Ausführlichkeit die fast ausschließliche Motivationskraft der christlichen Liebe hervorhebt[46] und somit hofft, auf dieser christlichen Grundlage[47] die Produktivassoziationen aufbauen zu können. An anderer Stelle stellt Ketteler mit ähnlicher Intention eine Analogie zwischen der Situation der Proletarier im 19. Jahrhundert und der Sklaverei in der Antike her und betont, daß das „Christentum [...] diesem ganzen großen Teile des Menschengeschlechtes (sc. den Sklaven im Altertum, Anm. d. Verf.) die Menschenwürde wiedergegeben [hat].“[48] Er vertraut auf diesen „Geist des Christentums“[49] auch letztlich für die Lösung der sozialen Frage seiner Gegenwart.

Auf die gleichen christlichen Grundlagen verweist er, wenn er neben dem durchaus ökonomisch orientierten Lösungsmodell der Produktivassoziationen als weitere Hilfsmittel der Gesamtsozialreform „die Gründung und Leitung der Anstalten für den arbeitsunfähigen Arbeiter“[50], die Stabilisierung der christlichen Ehe und Familie[51], sowie die Bildung des Arbeiterstandes durch die Wahrheiten und Lehren des Christentums[52], also die ökonomische Problematik kaum tangierende Hilfsmittel, nennt[53].

---

43 Vgl. ebd., S. 80.

44 C. Bauer, Sozialpolitische Ideenwelt, S. 25. Vgl. dazu auch Kettelers dezidierte kritische Ausführungen zu den Vorschlägen sowohl der liberalen (W. E. v. Ketteler, Arbeiterfrage, S. 27–54) als auch der radikalen (ebd., S. 55–86) Partei.

45 Vgl. C. Bauer, Sozialpolitische Ideenwelt, S. 25.

46 Vgl. W. E. v. Ketteler, Arbeiterfrage, S. 130–133.

47 Vgl. ebd., S. 133.

48 Ebd., S. 90.

49 Ebd., u.ö.

50 Ebd., S. 95 (im Original kursiv gedruckt).

51 Vgl. ebd., S. 100.

52 Vgl. ebd., S. 107.

53 Wenn Ketteler auch, wie gezeigt, die Bedeutung von Religion und Kirche für die Gründung solcher Produktivassoziationen besonders hoch einschätzt, so erscheint es doch auf dem Hintergrund des bereits Erörterten unangebracht, „Kettelers Doktrin“ nicht als „,Staatssozialismus‘, wohl aber (als) ,Kirchensozialismus‘“ (A. M. Knoll,

Zum Abschluß seiner Schriften, mit denen er aufweisen möchte, „dass nur das Christentum die Mittel bietet, um die Verhältnisse des Arbeiterstandes mit Erfolg zu bessern“[54], argumentiert Ketteler in streng theologischer Weise: Christus habe die Welt von den „jammervollen Zuständen“ befreit, nicht nur die „Seelen der Menschen von den Fesseln der Sünde und der Lüge erlöst“, sondern auch zugleich „dem ganzen Arbeiterstande ein neues und menschliches Dasein auf Erden gegeben.“[55] Zur tieferen Begründung rekurriert Ketteler unter Hinweis auf den Schöpfungsbericht auf die Gottebenbildlichkeit des Menschen. Um die darin gegebene Würde und Freiheit des Menschen zu erlangen, ist, so führt Ketteler aus, gewalttätiges Vorgehen in keiner Weise haltbar[56]. Es ist vielmehr ein Verhalten gefordert, wie Paulus es am entlaufenen Sklaven Onesimus zeigt und im Philemonbrief verlangt. Es geht um ein gegenseitiges Sich-Annehmen als Brüder und um ein gegenseitiges Sich-Schenken von Freiheit, bzw., allgemeiner gesagt, um ein über das Geforderte hinausgehendes „Mehr“, das die Christen auch zur Lösung der sozialen Frage leisten sollen und können.

Damit ist – dies sei hier nur angemerkt – eine Gedankenführung angeklungen, die auch in der späteren Tradition christlicher Gesellschaftslehre immer wieder benutzt und zur spezifisch sozialtheologischen Argumentation ausgebaut wurde.[57]

Dieser zweite Zugang zur Lösung der sozialen Frage in Kettelers Schrift „Die Arbeiterfrage und das Christentum“ (1864) zeichnet sich durch die prinzipielle und grundsätzliche Erkenntnis der ökonomischen und gesamtgesellschaftlichen Problematik aus. Dabei scheint aber in diesem Stadium für ihn selber noch nicht ganz geklärt, wie seine christlich-theologische Sicht mit der komplexen Ursachenanalyse zu verbinden ist[58], um entsprechende Konsequenzen für mögliche Lösungen zu ziehen.

Der soziale Gedanke im modernen Katholizismus. Von der Romantik bis Rerum novarum, Wien/Leipzig 1932, S. 86; im Original z.T. kursiv gedruckt) zu bezeichnen.

[54] W. E. v. Ketteler, Arbeiterfrage, S. 134 (im Original kursiv gedruckt).

[55] Ebd., S. 137.

[56] Vgl. ebd., S. 138.

[57] Vgl. dazu ausführlicher U. Nothelle-Wildfeuer, Duplex ordo cognitionis. Zur systematischen Grundlegung einer Katholischen Soziallehre im Anspruch von Philosophie und Theologie, Paderborn 1991, S. 359 f.

[58] Vgl. H. Jedin, Freiheit und Aufstieg des deutschen Katholizismus zwischen 1848 und 1870, in: B. Hanssler (Hg.), Die Kirche in der Gesellschaft. Der deutsche Katholizismus und seine Organisation im 19. und 20. Jahrhundert, Paderborn 1961, S. 9–29, 25. Wenn A. Langner, Grundlagen, S. 82, schreibt, Kettelers 1864 erschienene Schrift „Die Arbeiterfrage und das Christentum“ bedeute „den durch das Auftreten Lassalles hervorgerufenen Versuch, die Arbeiterfrage von der gesellschaftspolitischen Ebene wieder auf die allein religiös-sittliche Ebene zurückzuführen“, so ergibt sich auf der

2. Naturrechtlicher Grundansatz bei der Menschenwürde: Rede vor der Fuldaer Bischofskonferenz und auf der Liebfrauen-Heide (1869)

Der eigentliche Durchbruch zu der sozialethischen Position, die sich bereits 1864 in Ansätzen andeutete, gelang Bischof Ketteler schließlich in der Fortentwicklung seiner Überlegungen, die er in der Ansprache vor den Arbeitern auf der Liebfrauen-Heide bei Offenbach[59] wie auch in seinem Referat vor der Fuldaer Bischofskonferenz[60], beides im Jahre 1869, öffentlich artikulierte.

Zunächst ist es entscheidend, daß Ketteler endgültig „zu einer umfassenden Einsicht in die ökonomischen Ursachen der sozialen Frage“[61] kommt und die Überlegungen zur Verantwortung für diese nicht mehr ausschließlich auf die weltanschauliche Problematik des Liberalismus und des Abfalls vom Christentum reduziert. Als wichtige Ursache nennt er die immer stärker überhandnehmende und zentralisierte Kapitalmacht[62] mit allen sich daraus ergebenden Konsequenzen, etwa – um nur eine bedeutende herauszuheben – die der Zerstörung des Verhältnisses von Arbeitgeber und Arbeitnehmer, das „nicht mehr nach sittlichen, die Menschenwürde respektierenden Gesetzen, nicht durch die wohlwollende Teilnahme christlicher Nächstenliebe geregelt ist, sondern lediglich nach den Gesetzen kaufmännischer Berechnung bestimmt wird“[63]. Bei aller wachsenden und blühenden Industrialisierung sieht er aus dieser starken Konzentration des Kapitals materielle, physische und moralische Nachteile für den Arbeiter entspringen, so u.a. die Ausrichtung des Lohns nach dem „ehernen

---

Basis der bisher dargelegten Position Kettelers, daß dieses Urteil Langners in solcher Pauschalität nicht aufrechtzuerhalten ist und man bei einer notwendigen differenzierteren Betrachtung erkennen muß, daß Ketteler auch in dieser in Frage stehenden Schrift bereits Ansätze auf gesellschaftspolitischer Ebene gemacht hat.

59 Der vollständige Titel der Rede lautet: Die Arbeiterbewegung und ihr Streben im Verhältnis zu Religion und Sittlichkeit. (1869), in: Wilhelm Emmanuel von Kettelers Schriften, hg. v. J. Mumbauer, Bd. III, Kempten/München 1911, S. 184–214.

60 Der vollständige Titel der Rede lautet: Sozialcaritative Fürsorge der Kirche für die Arbeiterschaft.

61 L. Roos, Kapitalismus, S. 82. Vgl. auch J. Aretz, Katholische Arbeiterbewegung und christliche Gewerkschaften – Zur Geschichte der christlich-sozialen Bewegung, in: A. Rauscher (Hg.), Der soziale und politische Katholizismus. Entwicklungslinien in Deutschland 1803–1963, Bd. 2, München 1982, S. 159–214, 161, der hier allerdings die verschiedenen Stadien der Entwicklung Kettelers nicht genügend differenziert. Vgl. dazu auch W. E. v. Ketteler, Sozialcaritative Fürsorge, S. 145 f.

62 Vgl. ebd., S. 146.

63 Ebd.

ıd[79]. Somit liefert die Kirche ein entscheidendes Kriterium zur Differenzie-ıng und Beurteilung der verschiedenen Vereinigungen des Arbeiterstandes, ınn Ketteler warnt davor, daß die Arbeiterführer, wenn sie gott- und religi-slos sind, oft dieselbe egoistische und unbarmherzige Natur haben, die sie n Kapitalisten vorwerfen[80]. Ketteler sieht sogar letzten Endes die religiöse otivation als notwendige Bedingung für wahre Erkenntnis in der Arbeiter-ıge an: „Wer dabei euch helfen will und dabei eure Religion antastet, von dem ınnt ihr ohne weiteres annehmen, dass er von der Arbeiterfrage nichts ver-ıht."[81]

Neben der bei Ketteler zunehmenden Gewißheit, daß die kirchliche Kompe-ız zur Lösung der sozialen Frage begrenzt ist, muß jedoch auch das Erwäh-ıng finden, was die Kirche im Sinne pastoral-praktischer Tätigkeit auf der ɔene des Handelns dennoch tun kann und was Ketteler im sogenannten „pasto-l-praktischen 7-Punkte-Programm"[82] fordert. Folgende Einzelforderungen erden genannt:[83]

Unterstützung und Förderung der Arbeitervereine.

Berücksichtigung der Arbeiterfrage bei der Priesterausbildung, insbesondere Studium der Nationalökonomie durch einzelne Geistliche.

Einstellung besonders befähigter Geistlicher in Fabrikorten.

Suche nach einer Persönlichkeit, die das für die Arbeiter wird, was Kolping für die Gesellen gewesen ist.

Aufstellung eines jeweiligen Diözesanbeauftragten für die Arbeiterfrage und Errichtung eines entsprechenden überdiözesanen Zusammenschlusses.

Benutzung der Presseorgane, um Interesse für die soziale Frage zu wecken.

Soziale Frage als bleibendes Thema für die jährliche Generalversammlung katholischer Vereine.

Vgl. ebd., S. 192: „Und diese kostbaren Güter: Mäßigkeit und Sparsamkeit, wird der Arbeiterstand nur dann besitzen, wenn sein ganzes Leben ein wahrhaft und innig religiöses ist." – In gleichzeitig angefertigten handschriftlichen Skizzen Kettelers heißt es, daß „die Kirche die sittliche Grundlage zu geben und den Geist der Liebe anzuregen [hat], der Staat dagegen […] Gesetze erlassen [soll] zur Erleichterung der Organisation, zum Schutze der Arbeit, über Arbeitszeit und -lohn" (E. Iserloh, Soziale Aktivität, S. 18).

Vgl. W. E. v. Ketteler, Arbeiterbewegung, S. 188.

Ebd., S. 210.

L. Roos, Kapitalismus, S. 84. Vgl. W. E. v. Ketteler, Sozialcaritative Fürsorge, S. 162 166.

Vgl. ebd.

Lohngesetz" und die völlig fehlende Garantie der Überlebenschance im Alter oder bei Krankheit[64].

Dabei kommt er aber endgültig zu der Erkenntnis, daß es „gar nicht abzusehen [ist], dass das moderne Industriesystem in naher Zukunft durch ein anderes, besseres ersetzt werde."[65] Keine Macht der Welt könne, trotz der nicht zu leugnenden und für jedermann einsichtigen schädlichen Auswirkungen, die Fortentwicklung der modernen Industrie und der modernen Volkswirtschaft aufhalten[66]. Hatten bislang immer noch gewisse Vorstellungen von einer völligen Sozialreform und einer Rückkehr zur früheren Wirtschafts- und Gesellschaftsordnung seine Überlegungen und vor allen Dingen Lösungsvorschläge partiell geprägt, so ändert sich das hier. Da das System nun einmal unumstößlich zu sein scheint, kann es nur um Veränderung *innerhalb* desselben gehen, letztlich also um partielle Sozialpolitik, die die Arbeiter an den Segnungen des Systems möglichst weitgehend teilhaben läßt und seine negativen Folgen zu mildern versucht.[67]

Diese gewandelte Einstellung Kettelers führt schließlich zu den konkreten Forderungen, die auf der komplexen Ursachenanalyse aufbauen und dem eben genannten Ziel der Heilung dienen sollen, die aber letztlich die Wiederherstellung und Achtung der Menschenwürde im Auge haben. Dabei bezieht er die Menschenrechte, von denen im liberalen Umfeld im Sinne der persönlichen Freiheits- und Abwehrrechte sehr viel die Rede ist, ganz deutlich zurück auf die Menschenwürde und kommt von daher zu der Frage: „Was helfen die sogenannten Menschenrechte in den Konstitutionen, wovon der Arbeiter wenig Nutzen hat, solange die Geldmacht die sozialen Menschenrechte mit Füßen treten kann?"[68] Während es in den Verfassungsdebatten seiner Zeit nur um die oben genannte Kategorie der liberalen Freiheits- und Abwehrrechte geht, hat Ketteler vorrangig die sozialen Menschenrechte im Blick, die in der sozialen Situation seiner Zeit den Arbeitern de facto vorenthalten sind. Damit sind seine Forderungen orientiert an einer bis zur Gegenwart gültigen und zentralen Kategorie sozialethischer Entscheidungen.

Zunächst lassen sich die von Ketteler in seinem Referat vor der Fuldaer Bischofskonferenz genannten „Heilmittel"[69] in einem sehr allgemeinen Sinn zusammenfassen: zum einen als eher individuelle Maßnahmen zur (Um-) Erziehung und Bildung der Fabrikarbeiter sowie zum anderen als strukturelle Maß-

---

64 Vgl. ebd., S. 146 f.

65 Ebd., S. 148 f.

66 Vgl. ebd., S. 154.

67 Vgl. ebd.

68 Ders., Arbeiterbewegung, S. 203.

69 Vgl. dazu W. E. v. Ketteler, Sozialcaritative Fürsorge, S. 154–162.

nahmen, die sowohl eine Arbeiterschutzgesetzgebung implizieren als auch Selbsthilfe der Arbeiter. In Konsequenz der Komplexität der fast bedrohlich gewordenen Situation tangieren nun auch die aufgewiesenen Heilmittel weite Bereiche und Dimensionen der sozialen Problematik, die in frühere Überlegungen gar nicht einbezogen worden sind.

Konkret bedeutete dies für Ketteler eine Lösung der sozialen Frage, gestützt auf drei Grundpfeiler: 1. Staatliche Sozialpolitik, 2. Selbsthilfe der Arbeiter in Form von Gewerkschaften nach dem Vorbild der unpolitischen englischen trade unions, 3. Kirchlich-caritative Tätigkeit, denn „Christus ist nicht nur dadurch der Heiland der Welt, dass er unsere Seelen erlöst hat, er hat auch das Heil für alle anderen Verhältnisse der Menschen, bürgerliche, politische und soziale, gebracht."[70] Zu diesen drei Säulen noch einige Erläuterungen:

Von besonderem Interesse ist der hier erstmals eingeschlagene Weg der Forderung staatlicher Sozialpolitik: Hatte Ketteler – ganz dem typisch katholischen distanzierten Verhältnis zum Staat gemäß – staatlichen Eingriffen immer sehr skeptisch gegenüber gestanden, so erkennt er jetzt die Möglichkeit und die Pflicht des Staates, einen gewissen Rechtsschutz für den Bereich der Arbeit zu gewährleisten. Diese sozialpolitischen Forderungen Kettelers nehmen vor allen Dingen während der Zeit des neu gegründeten Deutschen Reiches einen immer breiteren Raum in seinem Gesamtkonzept ein. Deutlich ist der prägende Einfluß dieses Kettelerschen Gedankengutes auch im späteren Antrag von Galens zu erkennen, der den ersten sozialpolitischen Antrag im Deutschen Reichstag stellte und mit seinen Forderungen zur Arbeiterschutzgesetzgebung den Anfang der systematischen Sozialpolitik des Zentrums bildete[71]. In Kettelers Forderungen geht es sowohl um die Arbeiterschutzgesetzgebung als auch um die Sozialversicherung. Damit postulierte er das Sozialstaatsprinzip als Verfassungsprinzip – eine Forderung, die heute im bundesdeutschen Grundgesetz verwirklicht ist.

Gerade die Selbsthilfe als zweiten Grundpfeiler seiner Überlegungen hebt er durch eine zentrale Forderung in seiner Rede auf der Liebfrauen-Heide besonders hervor: Sie zielt auf das heute als wichtiges soziales Menschenrecht bezeichnete Recht auf „Vereinigung der Arbeiter"[72], das den sonst völlig vereinzelt der geballten Macht des Kapitals gegenüberstehenden Arbeitern[73] die

---

[70] E. Iserloh, C. Stoll, Bischof Ketteler in seinen Schriften, Mainz 1977, hier S. 75.

[71] Vgl. dazu auch C. Bauer, Sozialpolitische Ideenwelt, S. 34.

[72] W. E. v. Ketteler, Arbeiterbewegung, S. 186. Seine diesbezüglichen Vorstellungen sind orientiert an den englischen Trade Unions (vgl. ebd., S. 190 f).

[73] Vgl. ebd., S. 187, wo Ketteler dazu sagt, der „Arbeiter mit seiner Kraft wurde [...] isoliert, die Geldmacht dagegen wurde zentralisiert. Der Arbeiterstand wurde in lauter vereinzelte Arbeiter aufgelöst, wo jeder gänzlich ohnmächtig war, die Geldmacht ver-

Möglichkeit geben soll, ihre Interessen mit vereinter Kraft
und ihre Rechte einzufordern. An einzelnen Forderungen w
teler genannt „eine den wahren Werten der Arbeit entsprecl
Arbeitslohnes", die Verkürzung der Arbeitszeit, Gewährung
schließlich das Verbot von Kinderarbeit für Kinder im scl
von Frauenarbeit und der Arbeit junger Mädchen in den Fa
Forderung nach Vereinigungen, nach Gewerkschaften, ge
beachten, daß letztlich nicht „der Kampf zwischen dem A
Arbeiter [...] das Ziel sein [muß], sondern ein rechtmäßi
beiden"[75]. Die kirchliche Sozialverkündigung spricht spä
Gewerkschaften „am Kampf *für die soziale Gerechtigkeit*"
dieser Kampf jedoch ein „normaler Einsatz *für* ein gerecht
aber „kein Kampf *gegen* andere" sein dürfe.[76]

Schließlich gelangt auch der dritte Grundpfeiler zur I
Problematik in den Blick, nämlich der Beitrag der Kirche. N
einen Dimension des kirchlichen Beitrags in Form der Un
stätigung des naturnotwendigen Rechts der Arbeiter auf V
sich aus Kettelers Ausführungen noch weitere Aspekte. Z
Kirche Wesentliches und Einzigartiges bei, indem sie die in
dadurch vertieft und vervollkommnet, daß sie „bis in die S
dringt"[77]. Wenn auch das Religiös-Sittliche nicht mehr a
Ausweg betrachtet wird, so spielt es trotzdem noch eine e
Zur friedlichen Lösung der sozialen Frage bedarf es nämlicl
sittlicher Heilkräfte, eines entscheidenden Einflusses auf
schen, einer Änderung seiner Gesinnung, denn, so führt K
aus, „ohne Religion verfallen wir alle dem Egoismus [...]
Nebenmenschen aus, sobald wir die Macht dazu haben.
erkennbar, daß es nicht um ökonomische Qualitäten geht, s
besserung von Tugenden, die für die Menschen in ihrer

teilte sich aber nicht in mäßige Kapitalanteile, sondern im Gege
immer größeren und übermäßigen Massen."

74 Vgl. ebd., S. 190–208.

75 Ebd., S. 194.

76 Vgl. dazu auch Johannes Paul II., Enzyklika „Laborem exercer
AAS 73 (1981), S. 577–647, deutscher Text nach: Der Wert de
zur Gerechtigkeit. Die Enzyklika über die menschliche A
Pauls II. Mit einem Kommentar von O. v. Nell-Breuning, Freibu

77 W. E. v. Ketteler, Arbeiterbewegung, S. 149.

78 Ebd., S. 189.

Er versucht aufzuweisen, daß im Gesamt der unterschiedlichen Dimensionen zur Lösung der sozialen Frage auch die klassischen Maßnahmen der Kirche, Seelsorge und Pastoration im weitesten Sinne, als spezifischer Beitrag nicht überflüssig werden, sondern daß es entscheidend darauf ankommt, die verschiedenen Dimensionen des kirchlichen Beitrags in ein entsprechendes Gesamtkonzept zu integrieren.

3. Kettelers verpflichtendes Erbe

Man kann immer wieder die Meinung hören oder lesen, auch die Kirche habe angesichts der sozialen Frage des 19. Jahrhunderts versagt und sei mit der ersten Sozialenzyklika „Rerum novarum" von Papst Leo XIII., die 1891 erschienen ist, zu spät gekommen. In der Tat ist es sicherlich so, daß sich die Kirche, die mit den traditionellen Lebens- und Arbeitsbedingungen der Agrargesellschaft vertraut war und diese humanisieren und schützen wollte, damit schwer tat, die neue Wirtschaftsweise der Marktwirtschaft zu verstehen und die komplexen Ursachen der sozialen Frage zu erkennen.

Um so erstaunlicher und wegweisender ist es, daß neben anderen, wie Franz von Baader und Franz Joseph von Buss, insbesondere Bischof Wilhelm Emmanuel von Ketteler gute 40 Jahre vor der ersten päpstlichen Sozialenzyklika und zeitgleich etwa mit Marx und Engels die soziale Problematik erkannte, analysierte und sie – im Unterschied zu Marx und Engels – mit der christlichen Botschaft in Verbindung brachte. Als entscheidende Elemente seiner Antwort auf die soziale Frage des 19. Jahrhunderts sind zu nennen die Erkenntnis der Notwendigkeit struktureller Veränderungen, die Betonung des Privateigentums und seiner Sozialpflichtigkeit, die Forderung des Sozialstaatsprinzips, also staatlicher Sozialpolitik, ebenso aber die Betonung der Selbsthilfe der Arbeiter – heute wird gerade dieser Punkt erneut diskutiert unter dem Stichwort der Subsidiarität und der aktiven Bürger- oder Zivilgesellschaft –, die Orientierung am Kriterium der Menschenwürde und die Forderung der Einhaltung der daraus abgeleiteten sozialen Menschenrechte sowie schließlich die auch für heute unverzichtbare Erkenntnis, daß es gerade in zunehmend säkularisierten Gesellschaften eines ökonomischen, politischen und sozialen Handelns bedarf, das seine Rahmenbedingungen aus anthropologisch-ethischen Kriterien ableitet. Daß für Ketteler diese Sicht des Menschen und der ethischen Prinzipien letztlich ohne Gottesglaube und damit die Beantwortung der sozialen Frage ohne die Kirche nicht möglich ist, hat er in allen Phasen seiner Beschäftigung mit der Arbeiterfrage deutlich gemacht.

Personenverzeichnis

Kursiv gesetzte Seitenzahlen beziehen sich auf den Fußnotentext.

Autorenverzeichnis

Prof. Dr. Wilhelm Bleek
geb. 1940, Professor für Politikwissenschaft an der Ruhr-Universität Bochum.

Prof. Dr. Hartwig Brandt
geb. 1936, Professor für Neuere Geschichte an der Universität Wuppertal.

Dr. Karl-Heinz Breier
geb. 1957, wissenschaftlicher Assistent an der Erziehungswissenschaftlichen Fakultät der Universität Kiel.

Dr. Gerd Fesser
geb. 1941, Historiker an der Friedrich-Schiller-Universität Jena.

Dr. Wilhelm Füßl
geb. 1955, Historiker, Leiter der Archive des Deutschen Museums München.

Prof. Dr. Gerhard Göhler
geb. 1941, Professor für Politische Theorie und Philosophie am Otto-Suhr-Institut für Politikwissenschaft der Freien Universität Berlin.

Dr. Bernd Heidenreich
geb. 1955, Historiker, Ständiger Vertreter des Direktors der Hessischen Landeszentrale für politische Bildung Wiesbaden.

Dr. Michael Henkel
geb. 1967, Politikwissenschaftler an der Friedrich-Schiller-Universität Jena.

Dr. Wilhelm Hofmann
geb. 1962, wissenschaftlicher Assistent am Lehrstuhl für Politische Wissenschaft der Universität Augsburg.

Prof. Dr. Rainer Koch
geb. 1944, Direktor des Historischen Museums Frankfurt/M., Professor für Geschichtswissenschaften an der Johann Wolfgang Goethe-Universität Frankfurt/M.

Dr. Hans-Christof Kraus
geb. 1958, Historiker, Forschungsreferent am Forschungsinstitut für öffentliche Verwaltung bei der Deutschen Hochschule für Verwaltungswissenschaften Speyer.

Priv.-Doz. Dr. Günther Kronenbitter
geb. 1960, Historiker, Privatdozent an der Universität Augsburg.

Jean-Jaques Langendorf
geb. 1938, Historiker, Forschungsdirektor beim „Institut de stratégie comparée" Paris.

Prof. Dr. Heinz-Joachim Müllenbrock
geb. 1938, Professor für Neuere Englische Literatur an der Georg-August-Universität Göttingen.

Dr. habil. Peter Paul Müller-Schmid
geb. 1941, Philosoph und Sozialwissenschaftler, wissenschaftlicher Referent an der Katholischen Sozialwissenschaftlichen Zentralstelle Mönchengladbach.

Priv.-Doz. Dr. Ursula Nothelle-Wildfeuer
geb. 1960, Oberassistentin am Seminar für christliche Gesellschaftslehre und Pastoralsoziologie an der Universität Bonn.

Prof. Dr. Thilo Ramm
geb. 1925, Jurist, em. Professor an der Universität Gießen und der Fernuniversität Hagen.

Dr. Wilfried Rudloff
geb. 1960, Historiker und Politikwissenschaftler, wissenschaftlicher Assistent an der Deutschen Hochschule für Verwaltungswissenschaften Speyer.

Prof. Dr. Theo Stammen
geb. 1933, Professor für Politikwissenschaft an der Universität Augsburg.

Heinz-Siegfried Strelow, M. A.
geb. 1965, Historiker und Publizist in Sehnde.

Priv.-Doz. Dr. Dieter J. Weiß
geb. 1959, Historiker, Oberassistent am Institut für Geschichte der Universität Erlangen.

Abbildungsnachweise

Seite 17: Titelblatt: Edmund Burke, Betrachtungen über die französische Revolution, herausgegeben von F. v. Gentz

Seite 73: Portrait Edmund Burke, Ullstein-Bild, Berlin

Seite 83: Portrait Joseph de Maistre, Privatarchiv Langendorf

Seite 85: Portrait L. G. A. de Bonald, Bildarchiv Preußischer Kulturbesitz, Berlin

Seite 95: Portrait Friedrich von Gentz, Privatarchiv Kronenbitter

Seite 111: Portrait Adam Heinrich Müller, Sächsische Landesbibliothek, Abt. Deutsche Fotothek, Dresden

Seite 141: Portrait Joseph von Görres, Privatarchiv Weiß

Seite 157: Portrait Leopold von Gerlach, Privatarchiv Kraus

Seite 157: Portrait Ernst Ludwig von Gerlach, Privatarchiv Kraus

Seite 181: Portrait Friedrich Julius Stahl, Bildarchiv Preußischer Kulturbesitz, Berlin

Seite 195: Portrait Wilhelm Heinrich von Riehl, Privatarchiv Strelow

Seite 209: Titelblatt: Wilhelm von Humboldt, Ideen zu einem Versuch, die Grenzen der Wirksamkeit des Staates zu bestimmen

Seite 231: Portrait Adam Smith, Privatarchiv Müllenbrock

Seite 241: Portrait Emanuel Joseph Sieyes, Privatarchiv Stammen

Seite 267: Portrait Alexis de Tocqueville, Privatarchiv Breier

Seite 291: Portrait John Stuart Mill, Privatarchiv Hofmann

Seite 315: Portrait Wilhelm von Humboldt, Privatarchiv Kronenbitter

Seite 331: Portrait Friedrich Christoph Dahlmann, Privatarchiv Bleek

Seite 345: Portrait Robert von Mohl, Privatarchiv Henkel

Seite 371: Portrait Karl von Rotteck, Stadtarchiv Karlsruhe, Karlsruhe

Seite 385: Portrait Julius Fröbel, Privatarchiv Koch

Seite 401: Portrait Friedrich Naumann, Privatarchiv Fesser

Seite 415: Titelblatt: Karl Marx/Friedrich Engels, Manifest der Kommunistischen Partei

Seite 435: Portrait Claude-Henri de Saint-Simon, Ullstein-Bild, Berlin

Seite 439: Portrait Robert Owen, Ullstein-Bild, Berlin

Seite 449: Portrait Karl Marx, Ullstein-Bild, Berlin

Seite 489: Portrait Ferdinand Lassalle, Privatarchiv Ramm

Seite 509: Portrait Eduard Bernstein, Ullstein-Bild, Berlin

Seite 539: Portrait Hermann Wagener, Privatarchiv Kraus

Seite 589: Portrait Lorenz von Stein, Bildarchiv Preußischer Kulturbesitz, Berlin

Seite 607: Portrait Franz von Bader, Privatarchiv Stammen

Seite 631: Portrait Wilhelm Emanuel von Ketteler, Bildarchiv Preußischer Kulturbesitz, Berlin